Directrice des éditions : Claire de Gramont
Directeur éditorial : Thierry Kremer
Éditeur : Marie Guernut
Conception graphique intérieure : Image in air
Mise en page : Image in air
Conception graphique et réalisation de la couverture : Catherine Lattuca
Fabrication : Anne-Lise Lapoire

DROIT et GESTION
des **Collectivités Territoriales**

Collectivités territoriales et énergie : ambitions et contradictions

Groupement de Recherche
sur l'Administration Locale en Europe

Groupement d'Intérêt Scientifique
constitué entre
Assemblée des communautés de France
Association des Régions de France
Centre national de la Recherche scientifique
Conseil régional Provence-Alpes-Côte d'Azur
Électricité de France
Institut d'Études Politiques d'Aix-en-Provence
Université de Lille-II – Droit et Santé
Université de Reims – Champagne-Ardenne
Université Paris-I – Panthéon-Sorbonne

ISBN : 978-2-281-12926-7
www.editionsdumoniteur.com

GIS-GRALE-CNRS
GROUPEMENT DE RECHERCHE
SUR L'ADMINISTRATION LOCALE EN EUROPE

DROIT et GESTION
des **Collectivités Territoriales**

Collectivités territoriales et énergie : ambitions et contradictions

Publié avec le concours d'EDF

2013

Textes
Jurisprudence
Doctrine et pratiques

EDITIONS
LE MONITEUR
editionsdumoniteur.com

Le GRALE

Un partenariat au service de la recherche

Le GRALE (Groupement de Recherche sur l'Administration Locale en Europe) est un groupement d'intérêt scientifique (GIS), rattaché au CNRS, et fondé sur un contrat de quatre ans renouvelable associant au Centre national de la recherche scientifique plusieurs institutions ou entreprises : les universités Paris-I – Panthéon-Sorbonne, Lille-II – Droit et Santé, et Reims – Champagne-Ardenne, l'Institut d'études politiques d'Aix-en-Provence, L'Association des Maires de France, l'Assemblée des communautés de France ; le conseil régional Provence-Alpes-Côte d'Azur, et Électricité de France. Ensemble, ces partenaires ont signé la convention 2011-2014 et apportent au GRALE les moyens nécessaires à son fonctionnement et à ses actions, et définissent ses orientations. La société Veolia Eau apporte son soutien à Droit et Gestion des collectivités Territoriales ; qu'elle en soit remerciée au nom de tous les auteurs.

Les partenaires partagent la conviction que le développement de la recherche est nécessaire à une meilleure connaissance des processus sociopolitiques et économiques locaux, de l'action publique territorialisée et des problèmes juridiques qu'ils soulèvent. Leur coopération avec les chercheurs aidera ces derniers à identifier plus rapidement les problèmes nouveaux et en facilitera l'étude. La recherche est en effet indispensable au renouvellement de la capacité d'expertise ; si elle ne s'alimente pas d'une recherche créative l'expertise se périme rapidement.

Le GRALE se donne donc pour mission de promouvoir des recherches, sur la base d'un programme pluridisciplinaire. Les opérations de recherche qui bénéficient du soutien du GRALE seront évaluées par les sections compétentes du Comité national de la recherche scientifique.

Le Groupement d'intérêt scientifique trouve sa raison d'être dans le réseau dense et diversifié des équipes de recherche ou associations scientifiques des diverses disciplines qu'il contribue à entretenir et à stabiliser. Ce réseau forme la base de l'Observatoire national de la décentralisation mis en place par le GRALE en 2004 en partenariat avec le ministère de l'Intérieur, et qui continue son activité de manière indépendante. La liste, reproduite ci-après, n'en est d'ailleurs pas close. Elles trouvent dans le GRALE de nouvelles opportunités de développer ou de renouveler leur activité scientifique.

Le contrat établit trois organes qui assurent le fonctionnement du GRALE :

– un conseil d'orientation, qui est l'instance commune de décision, réunissant les représentants des partenaires et présidé par le représentant du département des Sciences de l'homme et de la société du CNRS ;

– un conseil scientifique chargé de préparer les programmes scientifiques, les modalités de leur mise en œuvre et d'examiner les propositions ; ses membres sont désignés par le conseil d'orientation parmi les professeurs et les chercheurs des équipes du réseau, après avis du Comité national de la recherche scientifique. Son président est le professeur Jean-Claude Némery, Directeur du Centre de Recherche sur la Décentralisation Territoriale de l'université de Reims – Champagne-Ardenne ;

– Trois directeurs, Géraldine Chavrier, Gérard Marcou, professeurs à l'université Paris-I – Panthéon-Sorbonne, et Jacques Fialaire, professeur à l'université de Nantes.

Centres de recherche et institutions scientifiques participant au réseau GRALE

Alsace

– Centre de Recherches Administratives et Financières (CERAFI), université Robert Schumann, Strasbourg.

Aquitaine

– Territoire, IEP de Bordeaux.
– Institut de Recherche en Droit Public de Bordeaux – IRDPB, université Bordeaux-IV.
– SPIRIT, Science Politique Relations Internationales Territoire, IEP de Bordeaux.
– Centre d'Études des Collectivités Locales, Faculté de Droit, université de Pau et des Pays de l'Adour.
– Institut d'Études Juridiques Ibériques et Ibéro-Américaines IEJIIA, université de Pau et des Pays de l'Adour.

Auvergne

– Centre Michel de l'Hospital, université d'Auvergne, Clermont-Ferrand.

Basse-Normandie

– Centre de Recherche et d'Étude en droit et science politique (CREDESPO).

Bourgogne

– Centre de Recherche de Droit Public Économique (CRDPE), université de Bourgogne, Dijon.

Bretagne

– Centre de Recherche en Économie et Management (CREM), université Rennes-I.
– Centre de Recherche sur l'Action Politique en Europe (CRAPE), IEP de Rennes.
– Institut de recherche sur l'Environnement Juridique des Entreprises (IRETE), université de Bretagne Sud.
– Laboratoire IREA, Pôle de recherches « Collectivités locales », université de Bretagne Sud.

Centre

– Laboratoire d'Étude des Réformes Administratives et de la Décentralisation, université de Tours.
– Laboratoires des Collectivités Locales, Faculté de Droit, université d'Orléans.

Champagne-Ardenne

– Centre de Recherche et de Documentation Administratives sur la Décentralisation du Territoire CRDT, université de Reims.

- Institut d'Aménagement du Territoire et de l'Environnement de l'université de Reims (IATEUR).

Franche-Comté

- Centre de Recherches Juridiques de l'université de Franche-Comté, Besançon.

Haute-Normandie

- Normandie Innovation Marché Entreprise Consommation (NIMEC).
- Centre Universitaire Rouennais d'Études Juridiques (CUREJ), au 1er janv. 2012.

Île-de-France

- Centre d'Études et de Recherches de Science Administrative (CERSA), université Paris-II.
- Centre d'Études et de Recherches sur le Droit de l'Environnement, de l'Aménagement et de l'Urbanisme (CERDEAU), université Paris-I.
- Centre d'Étude et de Recherche Fondement du Droit public, université Cergy-Pontoise.
- Centre d'Étude des Mouvements Sociaux CEMS, EHESS Paris.
- Centre d'Études et de Recherches sur l'Administration Publique (CERAP), université Paris-I.
- Centre d'Études de la Vie Politique Française (CEVIPOF), FNSP Paris.
- Laboratoire de Sociologie du Changement des Institutions (LSCI), IRESCO, Paris.
- Laboratoire d'Analyse des Systèmes Politiques (LASP), université Paris-X – Nanterre.
- Centre de Sociologie des Organisations (CSO), Paris.
- Laboratoire d'Anthropologie des Institutions et des Organisations Sociales (LAIOS), IRESCO, Paris.
- Laboratoire d'Économie Sociale, Économie des Ressources Humaines et Gestion du Non Marchand, université Paris-I.
- Cultures et Sociétés Urbaines CSU, IRESCO, Paris.
- Laboratoire Dynamiques Sociales et Recomposition des Espaces, université Paris-I.
- Laboratoire de Recherche sur la Gouvernance Publique (LARGOTEC), université Paris-XII.
- Laboratoire Techniques Territoires et Sociétés (LATTS), ENPC Noisy-le-Grand.
- Laboratoires des Organisations Urbaines Espace Sociétés, Temporalités (LOUEST), université Paris-X – Nanterre.
- Modélisation appliquée, transformations institutionnelles et stratégies socio-économiques –(MATISSE), université Paris-I.
- Mutations Espace et Environnement de Travail et Emploi METIS, université Paris-I.
- Régulation Ressources Humaines et Économie Publique, CEPREMAP, Paris.
- Théorie des Mutations Urbaines (TMU), Institut Français d'Urbanisme, Champs-sur-Marne.
- Théorie Économique Modélisation et Application (THEMA), universités Cergy-Pontoise et Nanterre.

- UMR de droit comparé de Paris, université Paris-I.

Languedoc-Roussillon

- Centre Comparatif d'Études des Politiques Publiques et des Espaces Locaux (CEPEL) université Montpellier-I.
- Centre d'Étude et de Recherche Territoire, Administration et Politique, université de Perpignan.
- Centre d'Étude et de Recherche Constitutionnelle et Politique (CERCOP), université Montpellier-I.

Limousin

- Centre de Recherche Interdisciplinaires en droit de l'Environnement de l'Aménagement et de l'Urbanisme (CRIDEAU), université de Limoges.

Lorraine

- Centre d'Études et de Recherches Européennes et Internationales (CERDI) université de Lorraine (Nancy).
- Groupe de Recherches d'Études Politiques (GREP), université de Lorraine (Nancy).
- Institut Droit et Économie des Dynamiques en Europe (ID2), université de Lorraine (Nancy).
- Institut de Recherches sur l'Évolution de la Nation et de l'État en Europe (IRENEE), université de Lorraine (Nancy).
- Réseau d'Échanges entre Enseignants-Chercheurs en Management Public (RESEMAP), université de Lorraine (Nancy).

Midi-Pyrénées

- Centre d'Études et de Recherche Techniques Organisations Pouvoirs (CERTOP), université Toulouse-II.
- Centre de Recherches Constitutionnelles et Politiques, université Toulouse-I.
- Centre Interdisciplinaire d'Études Urbaines (CIEU), université Toulouse-II.

Nord-Pas-de-Calais

- Centre d'Études et de Recherches Administratives, Politiques et Sociales (CERAPS), université de Lille-II.

Pays de Loire

- Centre Jean-Bodin, Recherche juridique et politique, université d'Angers.
- Droit et Changement social, université de Nantes.

Picardie

- Centre Universitaire de Recherches Administratives et Politiques de Picardie (CURAPP), université Jules-Verne, Amiens.

Poitou-Charentes

- Centre d'Études Juridiques de La Rochelle, université de La Rochelle.

- Institut de Droit Public, université de Poitiers.

Provence-Alpes-Côte d'Azur

- Centre d'Étude des Services Publics (CESPU), IEP d'Aix-en-Provence.
- Centre de Recherches Administratives, université Aix-Marseille-III.
- Groupement de Recherche en Économie, Droit et Gestion – GREDEG, université de Nice Sophia-Antipolis.
- Laboratoire d'Analyse Spatiale Quantitatives, université de Nice.

Rhône-Alpes

- Centre d'Étude et de Recherche de l'Institut d'Études Politiques CERIEP, université Lyon-II.
- Centre de Recherches en Finances Publiques et en Fiscalité, université Lyon-III.
- Centre de Recherches sur les Institutions Publiques, université Lyon-II.
- Centre d'Études et de Recherche sur le Droit, l'Histoire et l'Administration Publique (CERDHAP), université Grenoble-II.
- Centre d'Étude et de Recherche en Administration Publique de Saint-Étienne.
- Centre de Recherches et d'Études Sociologiques Appliquées de la Loire (CRESAL), université de Saint-Étienne.
- Centre Lyonnais de Recherche en Sciences de Gestion, université Lyon-III.
- Environnement Ville et Société (EVS), université Lyon-III.
- Institut d'Études Administratives, université Jean-Moulin – Lyon-III.
- Centre de recherche sur le Politique, l'Administration, Ville et Territoire (CERAT), IEP de Grenoble, université Grenoble-II.

Martinique

- Centre de Recherche sur les Pouvoirs Locaux dans la Caraïbe (CRPLC), université Antilles-Guyane.

Le réseau international du GRALE

La liste qui suit recense les institutions scientifiques et les organisations internationales avec lesquelles ou pour lesquelles le GRALE a mené des actions de recherche, ou dont les membres ont participé aux travaux du GRALE, ou qui ont fait appel aux chercheurs du GRALE. Ils sont classés ci-dessous par grande région géographique, après les organisations internationales.

Organisations internationales intergouvernementales

– Banque mondiale.

– Conseil de l'Europe.

– Union européenne (programme SIGMA mis en œuvre par l'OCDE).

Organisations non gouvernementales

– Association européenne des Représentants territoriaux de l'État (AERTE).

– Cités et Gouvernements Locaux Unis (Barcelone).

– Eastern Region Organization of Public Administration (EROPA – Manille).

– Unions des Dirigeants Territoriaux en Europe (UDITE).

– Local Government Initiative (Budapest, Open University).

– Programme de Développement Municipal (Afrique).

Europe

Allemagne

– Académie d'Aménagement du Territoire et de Recherche sur le Territoire (Hanovre).

– École supérieure allemande des Sciences administratives (Spire).

– Université Humboldt, Berlin.

– Gesellschaft für Internationale Zusammenarbeit.

– Université de Fribourg-en-Brisgau.

– Université de Heidelberg et Institut Max Planck de Heidelberg.

Autriche

– Université de Salzbourg.

Belgique

– Université de Liège.

– Université de Louvain-la-Neuve.

Espagne

– Institut national d'Administration Publique (INAP, Madrid).

– Institut d'Administration locale (Barcelone).

– Université d'Alcala de Henares.
– Université de Barcelone.
– Université de Jaén.
– Université de Malaga.
– Université de Saint-Jacques-de-Compostelle.
– Université de Saragosse.

Grèce

– Université Capodistria d'Athènes.

Hongrie

– Ministère de l'Intérieur (Direction générale des Collectivités locales).
– Institut de Gestion publique (Budapest).
– Université de Debrecen.
– Université de Szeged.
– Institut de l'État et du Droit de l'Académie des Sciences.

Italie

– Université de Milan.
– Université Catholique de Milan et Piacenza.
– Université de Naples Federico II.
– Université de Naples II (Seconda Università di Napoli – SUN).
– Université de Rome La Sapienza.
– Université de Rome LLUIS.
– Université de Pavie.
– Centro Interuniversitario di Finanza Régionale e Locale, université de Ferrare.

Norvège

– Université d'Oslo.

Pays-Bas

– Ministère des Affaires intérieures.
– Université de Tilburg.

Pologne

– Université de Varsovie.
– Institut de l'État et du Droit de l'Académie polonaise des sciences.

Portugal

– Université de Coimbra.

Roumanie

– Université de Bucarest (Faculté de droit et Institut d'administration publique).

Royaume-Uni

– Université de Warwick (School of Law).

– Université de Cardiff.

– Université de Birmingham.

– Université de Leicester (Montfort University).

– Department for International Development.

Russie

– Institut de Législation et de Droit comparé près le Gouvernement de la Fédération de Russie (Moscou).

– École supérieure d'Économie, Université d'État (Moscou).

Serbie

– Université de Novi Sad.

Slovénie

– Université de Ljubljana.

Suède

– Université d'Uppsala.

Suisse

– Université de Genève.

– Université de Lausanne.

– Institut de Recherches Économiques et Régionales, université de Neuchâtel, Suisse.

– Institut des Sciences Économiques et Sociales, université de Fribourg, Suisse

Ukraine

– Académie d'études municipales (Kiev).

– Center for Adaptation of the Civil Service to the Standards of the European Union.

Afrique

Afrique du Sud

– South African League of Local Authorities (SALGA).

Egypte

– Université du Caire.

– Conseil d'État d'Egypte.

Maroc

– Université de Rabat.

Tunisie

– Université Tunis 1.

Amérique du Nord

Canada

– Université Laval (Québec).

– Université de Montréal.

États-Unis

– Georges Washington University (Washington).

– Université de Californie du Sud (Los Angeles).

Amérique latine

Mexique

– Université Nationala Autonome de Mexico.

Costa Rica

– Université nationale de Costa Rica.

Colombie

– Université Collegio Mayor del Rosario.

Brésil

– Université de Sao Paulo.

– Fondation Getulio Vargas.

– Université de Porto Alegre.

– Université de Curitiba.

Argentine

– Université de Buenos Aires.

– Université El Salvador.

Asie occidentale et Moyen-Orient

Turquie

– Université Galatasaray d'Istanbul.

– Université d'Ankara.

Liban

– CESMO (Tripoli).

Iran

– Université de Téhéran (faculté de droit).

Asie et Pacifique

Chine

– Université de Pékin, Association chinoise d'Administration publique.

– Université de Taïwan.

Corée

– Université Yeungnam.

– Association coréenne de Droit des collectivités locales.

– Institut coréen de Recherche sur la Législation (KLRI).

Japon

– Fondation Sasakawa.

– Université Meiji (Tokyo).

– Graduate and Research Institute of Political Studies (GRISP) (Tokyo).

– CLAIR (agence japonaise de coopération internationale sur les collectivités locales).

Publications récentes du GRALE

I. Annuaires des collectivités locales parus de 2000 à 2008, chez CNRS Éditions

- *Annuaire 2000 des collectivités locales*, « La Réforme de l'intercommunalité ».
- *Annuaire 2001 des collectivités locales*, « La Démocratie locale ».
- *Annuaire 2002 des collectivités locales*, « L'Organisation territoriale de la France, demain ».
- *Annuaire 2003 des collectivités locales*, « Les Services publics locaux ».
- *Annuaire 2004 des collectivités locales* « Réforme de la décentralisation, réforme de l'État. Régions et villes en Europe ».
- *Annuaire 2005 des collectivités locales,* « Le Financement des politiques locales ».
- *Annuaire 2006 des collectivités locales*, « La Gouvernance territoriale ».
- *Annuaire 2007 des collectivités locales,* « Les Collectivités territoriales et l'énergie ».
- *Annuaire 2008 des collectivités locale*s, « Où en est la gestion locale ? »

II. Droit et Gestion des collectivités territoriales, Éd. du Moniteur

- *Droit et Gestion des collectivités territoriales 2009*, « L'action sociale des collectivités territoriales ».
- *Droit et Gestion des collectivités territoriales* 2010, « Les enjeux de la gestion locale de l'eau ».
- *Droit et Gestion des collectivités territoriales* 2011, « L'enjeu de la dépense locale ».
- *Droit et Gestion des collectivités territoriales* 2012, « Transports et politiques locales de déplacement ».

III. Ouvrages publiés dans le cadre de l'Observatoire national de la décentralisation du GRALE

À La Documentation française : collection « Les travaux du Centre d'Études et de Prospective du ministère de l'Intérieur et de l'Aménagement du territoire ».

- *La décentralisation en mouvement*, Colloque des 10 et 11 janvier 2006, Assemblée nationale, 2007.
- LONG M. et RIHAL H. (dir.), *La décentralisation du revenu minimum d'insertion*, 2007.
- LUCHAIRE Y. (dir.), *Les collectivités locales et l'expérimentation : perspectives nationales et européennes* ; G. MARCOU, Rapport pour le ministère de l'Intérieur.
- MARCOU G. (dir.), *Les régions entre l'État et les collectivités locales. Étude comparative, Ministère de l'Intérieur*, éd. SIRP, 2003.

CNRS ÉDITIONS

- HOFFMANN-MARTINOT V. et SELLERS J. (dir.), *Politique et métropole. Une comparaison internationale*, 2007.
- Éditions L'Harmattan : collection « GRALE », et collection « Logiques juridiques »

2013

- MARCEAU A. (dir.), *La démocratie locale à la recherche d'un nouveau souffle*, L'Harmattan, coll. « GRALE », 2013.

Il y a trente ans, l'acte I de la décentralisation a apporté des bouleversements majeurs dans l'organisation institutionnelle française. Pourtant, malgré la volonté affichée de favoriser « la participation des citoyens à la vie quotidienne », la démocratie locale est restée bien en retrait. Pour preuve, les lois relatives au statut des élus et à la participation des citoyens à la vie locale, annoncées par l'article 1er de la loi du 2 mars 1982 comme venant s'inscrire dans l'ambitieux programme de réformes, font partie des trois seuls textes non adoptés avant la fin de cette législature en décembre 1985.

Il aura ainsi fallu attendre dix ans après la loi du 2 mars 1982 pour voir adopter les premières dispositions relatives à la démocratisation de la vie locale dans la loi du 3 février 1992 instaurant un « statut de l'élu » puis dix ans encore avant l'adoption de la loi du 27 février 2002 relative à la démocratie de proximité. Un an plus tard, l'acte II de la décentralisation est venu prolonger ce mouvement en instaurant un véritable référendum local et en ouvrant un droit de pétition au citoyen local dans la Constitution.

Ce véritable arsenal juridique pourrait laisser penser que la démocratie locale a atteint un degré satisfaisant. Elle semble cependant souffrir aujourd'hui encore de différents maux et ne pas être parvenue à la maturité nécessaire.

Cet ouvrage, fruit d'un colloque organisé à Besançon, entend répondre à de multiples interrogations. Comment peuvent se concilier démocratie représentative et démocratie participative ? La multiplication des procédures de consultation ne nuit-elle pas à leur efficacité ? Quels seront les acteurs de la démocratie locale demain : les élus, les citoyens, les habitants, les usagers ? Les outils de démocratie locale mis en place ces dernières années constituent-ils un véritable renouveau ou apparaissent-ils comme le simple réhabillage de formules anciennes ?

Anne Marceau est maître de conférences en droit public à l'université de Franche-Comté. Ses travaux portent essentiellement sur le droit des collectivités territoriales et le droit de la fonction publique.

- PISSALOUX J.-L., ORANGE G. (dir.), *La ville durable après le Grenelle de l'environnement*, L'Harmattan, coll. « GRALE », 2013.

Eu égard à leurs domaines prioritaires d'action, le Grenelle de l'environnement et les deux lois qui en sont directement issues ont relancé la notion de ville durable que les écoquartiers cherchent à promouvoir. Mais, au-delà de cet emblème, cette notion recouvre bien d'autres enjeux à l'échelle du territoire communautaire.

Cet ouvrage est un des premiers à traiter explicitement de la ville durable : conséquences du Grenelle sur les administrations locales, nouvelles sources de financement, construction d'indicateurs, écoquartiers, biodiversité, risques environnementaux… sans oublier de nouveaux outils en gestation comme les quotas individuels de carbone.

Avec cet ouvrage, les auteurs espèrent contribuer au débat sur l'avenir de la ville durable, indirectement initié par un Grenelle audacieux, autant qu'inédit !

Jean-Luc Pissaloux, juriste, ayant aussi une formation de chimiste et d'architecte, est professeur de droit public à l'université de Bourgogne, Vice-président du Conseil scientifique du GRALE et coresponsable avec Gérald Orange de la commission thématique « Collectivités territoriales et développement durable ». Il écrit notamment en droit des collectivités territoriales, en droit de l'urbanisme et en science administrative.

Gérald Orange, professeur émérite de sciences de gestion à l'université de Rouen (Nimec-IAE), membre du Conseil scientifique du GRALE, s'est spécialisé dans le management urbain et le management public. Il poursuit actuellement ses recherches sur les questions liées au développement durable et à la RSE, avec un accent sur la gouvernance des biens communs.

- MARCOU G. et PARK I.-S. (dir.), *La décentralisation en Corée du Sud et l'expérience européenne*, L'Harmattan, coll. « GRALE », 2013.

La Corée est connue en France pour son électronique et son industrie, mais ses institutions comme son histoire sont largement méconnues, y compris du public spécialisé. Cet ouvrage, issu de rencontres entre juristes français et coréens, a pour objet de mettre à la disposition du public des deux pays une vue d'ensemble et des clés de compréhension de l'organisation administrative à partir de l'administration locale et de ses relations avec le pouvoir central. On découvrira à cette occasion les traits essentiels du contentieux des actes administratifs en Corée et des relations financières entre l'État et les collectivités locales. Mais on s'apercevra que la notion du local n'est pas la même en Corée et dans la plupart des États européens. Cela se traduit par le fait que le pouvoir local est attribué en Corée à des autorités couvrant des circonscriptions beaucoup plus vastes qu'en Europe. Mais, dans le domaine des institutions comme dans celui de l'économie, le développement de la Corée est rapide. L'histoire de la décentralisation n'a vraiment commencé en Corée que depuis une vingtaine d'années ; pourtant, les pouvoirs locaux et leurs représentants ont déjà pris une place importante dans la vie politique et administrative du pays.

Gérard Marcou est professeur de droit public à l'université Paris-I – Panthéon-Sorbonne, directeur du GRALE et membre de l'UMR de Droit comparé.

In-soo Park est professeur de droit constitutionnel (Corée du Sud), où il dirige le Centre de droit de l'Union européenne, il est aussi le président de l'Association coréenne de Droit public.

– Fath B., *L'intelligence territoriale, une nécessité*, L'Harmattan, coll. « GRALE », 2013.

La démocratie locale évolue et avec elle, son administration. De nouveaux métiers émergent comme les développeurs territoriaux. Ils pourraient être le signe d'une appétence du monde local au développement, au portage de projets, de ceux qui refusent obstinément d'être laissés pour compte, au moment où l'aménagement du territoire semble illisible. L'enjeu majeur pour les années à venir serait pour les collectivités territoriales de se doter des moyens propres à imaginer leur futur et les ingénieries nécessaires à son portage. Cependant l'État retire son ingénierie des territoires et s'ouvrent les privatisations concurrentielles au moment où les incantations officielles font l'apologie de la recherche, de l'innovation, de la créativité... Par substitution, des solutions sont à imaginer. Or, le monde local maîtrise très inégalement la geste ingénériale. Malgré ce constat, nous postulons que l'imagination, la créativité, l'intelligence des acteurs des territoires peuvent faire naître de quasiment n'importe quel lieu un projet pour un territoire. Des solutions s'imposent, l'intelligence territoriale apparaît comme une hypothèse nécessaire pour impulser un futur mis en prospective. Elle ne fera pas l'économie d'une réflexion sur la gouvernance interne des collectivités locales par une analyse des enjeux de pouvoir managériaux au sein de la sphère administrative comme des conflits potentiels dans la relation entre la légitimité démocratique des élus et la légitimité de l'expertise détenue par des agents publics lors de la fabrication de la décision locale. Elle sera aussi le prétexte pour s'interroger sur l'émergence des idées nouvelles et le rôle tenu à cet égard par l'Europe et ses programmes de recherche comme de ses relais académiques. Pour autant, peut-on parler de science du territoire au prix de lectures transdisciplinaires ? De l'échange de bonnes pratiques à la recherche de nouveaux paradigmes, le monde local foisonne d'initiatives propres à donner corps à l'intelligence territoriale à travers laquelle il faut y voir l'une des clefs de résistance consubstantielle d'une démocratie apaisée et respectueuse de tous ses citoyens.

Bernard FATH est administrateur territorial hors-classe, docteur en Science politique UMR 5116, chercheur associé au Centre Émile Durkheim. Il est l'auteur d'ouvrages sur la gestion publique territoriale. Il partage une expérience d'élu local depuis plusieurs années.

– Joss E., *Contribution à l'histoire juridico-politique de l'outremer français. Guadeloupe, Guyane, Martinique, Mayotte, et la Réunion : vers des statuts sur mesure*, L'Harmattan, coll. « GRALE », 2013.

Ce recueil de textes est destiné à tous ceux qui s'intéressent à la vie politique des outre-mers et aux dispositions qui la régissent : citoyens, électeurs, élus, personnels de la fonction publique, étudiants, spécialistes de droit ou de science politique, journalistes, etc. Il entend contribuer à l'histoire de l'évolution juridico-politique de la Guadeloupe, de la Guyane, de la Martinique, de Mayotte et de La Réunion. Il rend ainsi accessibles, de façon inédite, les textes majeurs relatifs à l'évolution statutaire de ces territoires de 1946 à nos jours, en les mettant en perspective.

Cette évolution statutaire a résulté, notamment, de la volonté des présidents de la République et des chefs de gouvernement qui se sont succédé au pouvoir depuis 1946, des crises économiques et sociales récurrentes qu'ont connues ces cinq territoires et de la volonté des électorats locaux lorsqu'ils ont été consultés.

L'histoire juridico-politique de ces territoires a également été influencée, à des degrés divers par la pensée et l'action des leaders politiques comme Aimé Césaire.

Si les meilleures institutions peuvent être dévoyées par le comportement des hommes, il n'en demeure pas moins nécessaire de rechercher celles qui contribuent le plus efficacement à la démocratie et aux progrès économique, social, culturel et environnemental des populations concernées.

- FIALAIRE J., KIMBOO J., *Le nouveau droit du procès administratif. Les évolutions choisies, les évolutions subies,* L'Harmattan, coll. « Logiques juridiques », 2013.

Dix ans après l'entrée en vigueur du Code de justice administrative le 1er janvier 2001, l'office du juge s'est profondément transformé, dans le sens tantôt d'*évolutions choisies*, tantôt d'*évolutions subies* par le juge administratif.

Emblématique de ce dernier type d'évolution figure l'institution du « rapporteur public » par le décret n° 2009-14 du 7 janvier 2009, mettant en harmonie le contentieux administratif avec le principe d'égalité des armes entre les parties, développé dans la jurisprudence de la Cour EDH.

Davantage choisies semblent être certaines innovations procédurales introduites par le décret n° 2010-164 du 22 février 2010 destinées à accélérer l'instruction des affaires.

Le présent ouvrage est issu des travaux d'un colloque, organisé par l'IFSA OUEST, tenu le 8 novembre 2011 au tribunal administratif de Nantes avec le concours des juridictions administratives nantaises, ainsi que l'appui des laboratoires « Droit et Changement Social » (Nantes) et « Institut de Recherche sur les Entreprises et les Administrations » (Vannes).

Trois temps d'analyse issue de tables rondes croisant les regards de chercheurs, magistrats et avocats de droit public, ont porté sur :

l'équilibre entre l'office du juge et la protection effective du justiciable, aboutissant à une part substantielle d'évolutions subies ;

– *la sécurité juridique,* notion abordée à la fois *stricto sensu* et dans ses confluences ;

– *l'efficacité des décisions juridictionnelles,* amenant à aborder différentes branches de l'exécution des jugements, où les évolutions choisies tiennent plus de place.

2012

- DONIER V. (dir.), *Quelle place pour les collectivités territoriales dans la politique de l'emploi ?*, L'Harmattan, coll. « GRALE », 2012.

  La politique de l'emploi est une compétence qui demeure dans le giron étatique, et pourtant, les collectivités territoriales sont amenées à exercer des attributions susceptibles de servir et de compléter les orientations définies au niveau national. Cela se vérifie tant pour les politiques visant, directement ou indirectement, à soutenir l'emploi et à lutter contre l'exclusion professionnelle, que pour la politique de l'emploi public. Au regard des compétences exercées par les collectivités territoriales, la lutte contre le chômage apparaît en effet comme une compétence partagée. Mais les collectivités sont également des employeurs et à cet égard, elles peuvent contribuer à l'évolution de l'emploi public, la question étant de savoir si elles ont réellement la faculté de développer des politiques volontaristes en la matière. Cet ouvrage permet ainsi d'analyser les relations que les collectivités territoriales entretiennent avec l'État dans le domaine de l'emploi afin de s'interroger sur la complémentarité de leurs interventions respectives, et sur la marge de manœuvre dont disposent les échelons locaux.

  Virginie Donier est professeure de droit public à l'université de Franche-Comté, ses travaux portent essentiellement sur le droit des collectivités territoriales et le droit de l'action sociale.

- LERIQUE F. (dir.), *À l'heure de la métropolisation, quels contours juridiques ?*, coll. « GRALE », éd. L'Harmattan, 2012.

  Selon l'étude d'impact jointe au projet de loi de réforme des collectivités territoriales : « La métropole permettra de concentrer à un même niveau local l'exercice de compétences structurantes, qu'elles soient communales, départementales ou régionales afin d'éviter la fragmentation des intérêts sur le territoire métropolitain. » À la lecture de cette phrase, l'ambition des métropoles est vaste et n'a pas d'égal comparé aux autres formes de coopération intercommunale, précisément sur le terrain de leur intégration. Les enjeux de l'institutionnalisation des métropoles emportent des conséquences substantielles, comme les contributeurs de cette journée l'ont illustré, au regard du choix de la formule institutionnelle, des compétences, du patrimoine, des finances, de la démocratie locale, de l'assise territoriale ou encore par rapport à la confrontation avec un autre processus urbain qu'est le Grand Paris.

  La métropole a constitué l'objet d'une journée d'étude organisée par le Cerdare, Université Bordeaux-IV et le GRALE de Paris-I. La principale question qui a permis d'agréger les contributions était de définir les contours juridiques de cette nouvelle entité. En filigrane, les auteurs se sont penchés sur la densité juridique spécifique de la métropole et les raisons qui justifient la création d'une nouvelle forme de coopération intercommunale pour les plus grandes agglomérations françaises.

- REGOURD S., CARLES J., GUIGNARD D. (dir.), *Réformes et mutations des collectivités territoriales*, 2012.

  La loi de réforme des collectivités territoriales a été adoptée le 16 décembre 2010. En amont de la clôture des débats parlementaires, le colloque des 21 et 22 octobre 2010 organisé par l'IDETCOM à l'université de Toulouse-I –

Capitole en partenariat avec le GRALE a permis de décrypter un texte complexe sur l'ensemble des champs qu'il a l'ambition d'embrasser. Les communicants, issus de champs disciplinaires complémentaires dissèquent le contenu de la loi au regard des questions telles que la démocratie locale, le partage des compétences, la problématique de l'autonomie financière, la réforme des contrôles, l'intercommunalité à l'aune des nouvelles structures notamment de la métropole... La prise en compte des partenariats public/privé est complétée par l'analyse des différentes politiques publiques ainsi que l'avenir de la fonction publique territoriale. Une analyse comparative avec d'autres pays réalise la contextualisation générale de cette réforme.

2011

- Allemand R. (dir.), *Les effets du droit de l'Union européenne sur les collectivités territoriales. Approches comparées*, 2011.
- Daniel J. (dir.), *Les outre-mer à l'épreuve du changement. Réalités et perspectives des réformes territoriales*, 2011.
- Djalali M., La *question de la décentralisation en droit iranien*, L'Harmattan, coll. « Logiques juridiques », 2011.

La décentralisation mise en œuvre en Iran par le Président réformateur Khatami, à partir de 1999, après un siècle de tentatives peu fructueuses, marque un tournant majeur dans l'histoire de ce pays à forte tradition centralisatrice. Au lendemain de la victoire de la Révolution islamique, en 1979, l'État iranien s'engagea dans un processus radical et global de transformation de son système politique et administratif. Les révolutionnaires firent montre d'un engouement pour le concept de « conseils », conçu toutefois dans un sens difficilement compatible avec la notion moderne de la décentralisation. Après tant de temps de mise sous tutelle des collectivités locales, le mouvement aurait dû consacrer la rupture avec le système de pouvoir absolutiste antérieur que la Révolution avait mis à bas. Aujourd'hui, plus d'une décennie après son entrée en vigueur et malgré de nombreuses avancées, tant dans la théorie que dans la pratique, nous ne pouvons toujours pas la considérer comme un acquis politique, social et juridique. Les bases de cette notion juridico-administrative ne se trouvent en effet pas fermement établies. Les conseils locaux, pas encore responsabilisés, ne constituent toujours pas des partenaires à part entière de l'État et de véritables acteurs économiques et sociaux. Il est donc légitime de s'interroger sur la réalité de cette rupture ou sur la manière dont elle s'établit dans la sphère politico-administrative iranienne. À travers cette étude, nous tentons de répondre à deux questions principales : compte tenu des caractéristiques de l'État en Iran existe-t-il dans ce pays une décentralisation territoriale ? Dans le cas où la réponse est affirmative, est-ce qu'elle correspond aux conditions nécessaires pour une telle forme de l'État ?

Mohammad Djalali, docteur en droit public de la Sorbonne (université Paris-I), est enseignant de droit public aux universités de Téhéran.

- Dupéron O. (dir.), *Les services publics locaux et la concurrence, entre intérêt général et marché*, L'Harmattan, coll. « GRALE », 2011.

– Mamontoff C. (dir.), *La réforme aéroportuaire de la loi du 13 août 2004 à l'épreuve des faits*, L'Harmattan, coll. « GRALE », 2011.

La propriété et la gestion de 1 250 aéroports locaux ont été transférées aux collectivités territoriales ou à leurs groupements par la loi du 13 août 2004. L'originalité de ce texte est la procédure d'appel à candidatures instaurée au profit des acteurs locaux afin d'obtenir leur adhésion pour l'exercice de la nouvelle compétence. Ils ont été nombreux à se porter volontaires, manifestant ainsi leur résolution de s'impliquer fortement dans l'activité, car ils y ont vu une opportunité de développement et de rayonnement des territoires.

Or, aujourd'hui, cette question dépasse largement le cadre juridique de la décentralisation. Les collectivités territoriales nouvellement compétentes sont confrontées à la fin des monopoles, à un trafic souvent insuffisant, à un réseau aéroportuaire sans limite territoriale, aux stratégies économiques de redoutables partenaires économiques. Pour les incontournables compagnies *low cost*, l'aéroport est un client et elles mettent alors en compétition les différentes plateformes. La question se pose alors de savoir quelles politiques publiques aéroportuaires adopter, quels liens nouer avec les structures avoisinantes, particulièrement avec les grands aéroports régionaux restés à l'État. Les solutions ne sont pas uniformes et elles dépendent de nombreuses variables, distinctes selon les spécificités des régions. Mais, *in fine*, c'est le devenir des aéroports locaux qui est en jeu.

(Les travaux universitaires réunis dans cet ouvrage sont le résultat d'une vaste enquête menée par le GRALE, avec la participation des centres de recherche qui font partie de son réseau scientifique dans toutes les régions, sous la direction de Catherine Mamontoff, maître de conférences à l'université de Perpignan. Cette recherche a été rendue possible par l'Observatoire national de la décentralisation, programme mis en œuvre par le GRALE entre 2004 et 2010 avec le soutien du ministère de l'Intérieur.).

– Rabault H. et Tifine P. (dir.), *Responsabilité pénale et activité des collectivités territoriales. Évolutions et interactions*, 2011.

2010

– Chamard-Heim C., *Faut-il étatiser les SDIS ?* L'Harmattan, coll. « GRALE », 2010.

La publication du rapport de la Mission d'évaluation et de contrôle de l'Assemblée nationale sur le Financement des Services départementaux d'incendie et de secours le 8 juillet 2009 a suscité de nombreuses inquiétudes parmi les acteurs de la Sécurité civile.

Ce rapport suggère une clarification des compétences au sein des SDIS. Ceux-ci sont, en effet, des établissements publics locaux, financés majoritairement par les départements, mais qui sont placés sous l'autorité opérationnelle des maires et des préfets. Parallèlement, l'État est le garant de la cohérence de la sécurité civile au plan national. Les auteurs du rapport préconisent de « couper le cordon ombilical » dans les relations entre l'État et les SDIS et l'application du principe « qui paie commande ». Les SDIS sont également incités à une meilleure maîtrise de leurs dépenses, ce qui passe par une proposition de création d'une fiscalité additionnelle aux impôts locaux affectée aux SDIS.

Faut-il étatiser ou décentraliser les SDIS ? Telle est la question que cet ouvrage aborde en conjuguant les interventions d'enseignants-chercheurs et d'acteurs de la Sécurité civile.

- NEMERY J.-Cl. (dir.), *Quelle nouvelle réforme pour les collectivités territoriales françaises ?*, L'Harmattan, coll. « GRALE », 2010.

Deux ans après avoir lancé la réforme générale des politiques publiques (RGPP), le gouvernement a présenté les enjeux et les grandes lignes de la nouvelle réforme des collectivités territoriales qui va se mettre en place à partir de 2010 jusqu'en 2014.

Réorganisation des collectivités autour de deux pôles, un pôle départements-régions et un pôle communes-intercommunalités, création d'un nouvel élu, le conseiller territorial, nouveaux modes de scrutin, élection directe des conseillers communautaires, création des métropoles, refonte du financement local et remise en cause de la clause de compétence générale par une forme de spécialisation pour les départements et les régions, constituent l'essentiel des objectifs de cette réforme.

L'ambition affichée par le gouvernement tendrait à un exercice de simplification et de clarification du célèbre « mille-feuille » administratif français. Davantage que de poursuivre des transferts de l'État vers les collectivités territoriales à l'instar de l'acte II de la décentralisation, il conviendrait de circonscrire cette fois de manière plus étroite leurs interventions, de clarifier l'exercice des compétences entre les différents niveaux d'administration locale, d'encadrer la pratique de cofinancements. Tels sont les contours de ce que certains désignent déjà comme constituant « l'acte III » de la décentralisation.

Quelle nouvelle architecture territoriale peut-il ressortir de cette réforme d'une grande complexité qui risque bien de bouleverser certains équilibres anciens ? C'est à cette principale interrogation que cet ouvrage tente d'apporter des éléments de réponse.

Les travaux universitaires réunis dans cet ouvrage sont tirés des actes d'un colloque international organisé à Reims les 25 et 26 novembre 2009 à la Faculté de Droit et de Science Politique de l'Université de Reims Champagne-Ardenne par le Groupement de Recherches sur l'Administration Locale en Europe (GRALE GIS-CNRS) et le Centre de Recherche sur la Décentralisation Territoriale (CRDT).

- PAVIA M.-L. (dir.), *Les transferts de compétence aux collectivités territoriales : aujourd'hui et demain ?*, L'Harmattan, coll. « GRALE », 2010.

Le colloque international, objet de cette publication et intitulé « Les transferts de compétences aux collectivités territoriales ; aujourd'hui et demain ? » a rassemblé des experts issus de milieux professionnels aux horizons divers. Le but a été de confronter leur point de vue, d'établir un dialogue entre eux afin d'amener un éclairage sur la complexité du processus décentralisateur en France et à l'étranger et d'évaluer ce que pourrait être l'évolution de la décentralisation.

En effet, aujourd'hui le mouvement est le cœur battant de l'organisation du territoire étatique, mouvement qui s'est traduit par de nouveaux transferts, mais aussi par la multiplicité d'acteurs qui ont pu se saisir de nouvelles compétences. Si la décentralisation a déjà une longue histoire, celle-ci s'est néanmoins accélérée depuis près de trente ans. Ne dit-on pas que la loi de principe du 2 mars 1982 a marqué l'ouverture de son « acte I », tandis que la révision constitutionnelle du 28 mars 2003 en a inauguré l'« Acte II » ? Alors celui-ci est-il le dernier ou le troisième lui succédera-t-il ?

(Le présent ouvrage constitue la publication des actes du colloque qui s'est tenu le 29 et 30 juin à Montpellier sur le thème « Les transferts de compétences aux collectivités territoriales : aujourd'hui et demain ? » Cette manifestation a été organisée par Marie-Luce Pavia, professeur à l'université Montpellier-I et responsable du pôle Languedoc-Roussillon du GIS-GRALE-CNRS.)

- SAVY R., *Émergence d'une région, le cas du Limousin, 1986-2004*, L'Harmattan, coll. « Logiques juridiques », 2010.

La réforme annoncée de notre organisation territoriale est une bonne occasion de se demander où en sont les régions françaises depuis leur création voici un quart de siècle. À partir de son expérience du Limousin, qu'il a présidé pendant dix-huit ans, Robert Savy apporte des éléments de réponse.

Pour lui, les régions ne sont pas encore un espace identifié de débat politique : les enjeux de politique nationale occultent encore les enjeux régionaux. Cependant, un pouvoir politique régional s'affirme progressivement et prend sa place dans notre système de gouvernance territoriale. Surtout, le cas du Limousin montre comment une région peut imaginer et conduire des politiques originales, mieux adaptées aux particularités de son territoire.

Comme dans les autres grands pays européens, la région est partenaire principal de l'État et de l'Union européenne dans la déclinaison territoriale des grandes politiques publiques. Il ne faudrait pas qu'en l'assimilant au département ou en limitant le champ de ses compétences on l'empêche de remplir en France le rôle qui, partout ailleurs, est le sien.

(Robert Savy est agrégé de droit public et de science politique. Il a été professeur à la faculté de droit et de sciences économiques de Limoges (1966-1986), puis Conseilleur d'État. Ses principaux travaux ont porté sur le droit public économique et le droit de l'urbanisme. Homme politique, il a été président du conseil régional du Limousin (1986-2004). On lui doit, comme député, la création d'un système de péréquation interrégionale. Il a contribué à faire admettre par l'Union européenne l'idée de cohésion territoriale. Dans sa région, il a relancé la prospective territoriale (Limousin 2007) et créé le premier service public régional pour le haut et le très haut débit).

2009

- DE BRIANT V., *L'action commune en droit des collectivités territoriales. Contribution à l'étude des compétences exercées en commun par l'État et les collectivités territoriales*, L'Harmattan, coll. « Logiques juridiques », 2009.

- Michalon T., *L'outre-mer français. Évolution institutionnelle et affirmations identitaires*, L'Harmattan, coll. « GRALE », 2009.

2008

- Albert J.-L., De Briant V., Fialaire J., *L'intercommunalité et son coût*, L'Harmattan, coll. « GRALE », 2008.
- Allemand R. et Solis-Potvin L. (dir.), *Égalité et non-discrimination dans l'accès aux services publics et politiques publiques territoriales ?*, L'Harmattan, coll. « GRALE », 2008.
- Fialaire J., *Les stratégies du développement durable,* L'Harmattan, coll. « GRALE », 2008.
- Cités et Gouvernements Locaux Unis, direction scientifique : Marcou G., *Premier Rapport sur La décentralisation et la démocratie locale dans le monde*, 2008. Ouvrage coordonné par le GRALE.

2007

- Daniel J. (dir.), *L'Outre-mer à l'épreuve de la décentralisation : nouveaux cadres institutionnels et difficultés d'adaptation, L'Harmattan*, coll. « GRALE », 2007.
- Allemand R. et Gry Y. (dir.), *Le transfert des personnels TOS de l'Éducation nationale*, L'Harmattan, coll. « GRALE », 2007.
- Robbe F. (dir.), *La démocratie participative*, L'Harmattan, coll. « GRALE », 2007.
- Merley N. (dir.), *Où vont les routes ?*, L'Harmattan, coll. « GRALE », 2007.
- Bras J.-Ph. et Orange G. (dir.), *Les ports dans l'acte II de la décentralisation*, L'Harmattan, coll. « GRALE », 2007.

2003-2006

- Luchaire Y. (dir.), *Les contrats des collectivités locales*, L'Harmattan, coll. « GRALE », 2006.
- Guérard S. (dir.), *Regards croisés sur l'économie mixte*, L'Harmattan, coll. « GRALE », 2006.
- Caudal S., Robbe F. (dir.), *Les relations entre collectivités territoriales*, L'Harmattan, coll. « GRALE », 2005.
- Guérard Stéphane (dir.), *Crise et mutation de la démocratie locale, en Angleterre, en France et en Allemagne*, L'Harmattan, coll. « GRALE », 2004.
- Breuillard M. et Cole A., *L'école entre État et collectivités locales en Angleterre et en France*, L'Harmattan, coll. « GRALE », 2003.

Aux Éditions Lamy

- « Sécurité, exclusion et collectivités territoriales », colloque du 6 avril 2006, Lamy collectivités territoriales, juin et juillet 2006.

Autres éditeurs

- Wollmann H., Marcou G. (dir.), *The Provision of Public Services in Europe,* Edward Elgar, Cheltenham, 2010.

  This book is the first of its kind to provide a comparative analysis of the provision of social and public services in France, Italy, Germany, the UK and Norway.

  This volume, co-authored by leading national experts, topically examines whether, when, how and why the delivery of social services, which was historically a responsability of local authorities, has been significantly shifted to marketized and commodified forms. However, despite this considerable change, there have been recent indications of remunicipalization in some sectors. Combining both cross-country and cross-policy comparisons in a broad range of pertinent service fields, this volume fills a noticeable gap in the international literature currently available.

  Mirroring the underlyin interdisciplinary approach of the book, the findings will be useful and attractive to students of law and economics as well as political science and sociology. Academic researchers and politicians on all intergovenmental levels will also find this book insightful and stimulating.

  (Hellmut Wollmann is Professor Emeritus of Public Policy and Public Administration in the Social Science Institute at Humboldt-Universität, Berlin, Germany and Gérard Marcou is Professor of Public Law at the Université Paris-I – Panthéon-Sorbonne, and Director of GRALE, Paris, France.)

- Hastings-Marchadier A., La performance des contrôles de l'État sur les collectivités locales, LGDJ, 2010.

  Indissociables de la décentralisation, les contrôles de l'État jouent toujours un rôle déterminant dans les rapports entremêlés de force et d'interdépendance entre l'État et les collectivités, surtout en période de tensions budgétaires et d'incertitudes juridiques.

  S'adressant autant aux spécialistes des contrôles, praticiens ou universitaires, curieux d'approches nouvelles qu'à tous ceux qui souhaitent découvrir ou mieux comprendre leurs enjeux et arcanes, cet ouvrage présente une analyse du droit et des pratiques des contrôles ou la recherche universitaire est enrichie de nombreux points de vue d'acteurs des contrôles. Côté État, des représentants d'administrations centrales, des responsables de juridictions financières et administratives et d'administrations déconcentrées de l'État soulignent les principaux défis qu'ils entendent relever, ainsi que les efforts de modernisation déjà déployés. Côté collectivités locales, des élus et des représentants d'associations de collectivités ou de gestionnaires font part de leur scepticisme et de leurs attentes, reflétant la disparité et l'évolution des préoccupations locales.

Liberticides ou sécurisants, selon les perceptions, les contrôles font toujours débat, d'autant que leur efficacité est souvent contestée. Partant de ce constat, c'est à une lecture originale du dispositif de contrôles qu'invite cet ouvrage, en privilégiant le décloisonnement des contrôles juridiques et financiers pour réfléchir à la cohérence d'ensemble de cet édifice. La portée des réformes qui le traversent actuellement, qu'elles soient déjà bien avancées, en lien avec la RGPP (réforme des administrations territoriales de l'État et du contrôle préfectoral) ou seulement amorcées (réforme des juridictions financières) mérite aussi attention.

La démarche d'évaluation collective des contrôles à laquelle procède cet ouvrage, associant état des lieux et prospective, s'inscrit dans la perspective d'un renforcement de leur utilité et de leur adaptation au service de la qualité de l'action publique.

- REVEL M., BLATRIX C., BLONDIAUX L., *et al.*, *Le débat public : une expérience française de démocratie participative*, La Découverte, coll. « Recherches », 2007.

Articles

- Divers articles publiés à L'Actualité Juridique Droit Administratif, à la Revue Lamy Collectivités Territoriales, et à la Revue française de droit administratif, Revue française d'administration publique, notamment le dossier préparé par le GRALE, 2012/1 n° 141 (*http://www.univ-paris1.fr/autres-structures-de-recherche/grale/publications/dossier-pour-la-rfap-2012/*).

Autres publications

- CAISSE DES DÉPÔTS ET CONSIGNATIONS (avec le concours du GRALE), *Le Partenariat Public-privé et les collectivités territoriales*, Paris, La Documentation française, 2002.
- CAISSE DES DÉPÔTS ET CONSIGNATIONS/GRALE, *Comment améliorer la performance économique des territoires ?*, Éd. Société des Acteurs Publics, 2001.
- BREUILLARD M., *L'Administration locale en Grande-Bretagne entre centralisation et régionalisation*, Paris, L'Harmattan, coll. « GRALE », 2000.
- GABRIEL O. et HOFFMANN-MARTINOT V. (dir.), *Les Démocraties urbaines. L'état de la démocratie dans les grandes villes de douze pays industrialisés*, L'Harmattan, coll. « GRALE », 1999, 396 p.
- CAISSE DES DÉPÔTS ET CONSIGNATIONS/GRALE, *Quel avenir pour l'autonomie des collectivités locales ?*, La Tour-d'Aigues, éd. de l'Aube, 1999.

Rappel des publications du GRALE 1981-1998

- BRUNET J.-P., Un demi-siècle d'action municipale à Saint-Denis-La-Rouge, Cujas, 1981.

- Thœnig J.-Cl., *Les aides financières de l'État aux collectivités locales en France et à l'étranger*, D. Ashford, LITEC, 1981.
- Jacquemart S., *La question départementale Outre-mer*, PUF, 1983.
- Guengant A., *Équité territoriale et inégalité. Le rôle de la DGF dans la réduction des inégalités financières entre communes*, LITEC, 1983.
- Percheron A., *La Région, an I. État des régions françaises un an après les élections de 1986*, PUF, 1987.
- Becquart-Leclercq J., *La Démocratie locale à l'américaine*, PUF, 1988.
- Guengant A., Uhaldeborde J.-M., *Crise et réforme des finances locales*, PUF, 1989.
- Truchet D. (dir.), *Droit et politique des réseaux câblés*, PUF, 1994.
- Guengant A. (dir.), *Analyse financière des collectivités locales*, PUF, 1995.
- Gilbert G. (dir.), *La Péréquation financière entre les collectivités locales*, PUF, 1996.
- Palard J. (dir.), *L'Europe aux frontières. La coopération transfrontalière entre régions d'Espagne et de France*, PUF, 1997.

Prix de thèse

Chaque année le GRALE décerne le prix de thèse des collectivités territoriales, en partenariat avec l'Association des Anciens Élèves de l'ENA, et les Éditions Lamy, *Revue Lamy Collectivités Territoriales.*

La liste des ouvrages primés depuis 1980 se trouve sur le site web du GRALE : *http://grale.univ-paris1.fr.*

Contacts :

Direction et secrétariat du GRALE

Université Paris I – 9 rue Malher – 75181 PARIS Cédex 04

Tél. : 01 44 78 33 44

Fax : 01 44 78 33 90

Mel : grale@univ-paris1.fr

http://grale.univ-paris1.fr

Liste des auteurs

Sous la direction de :

– M. Gérard Marcou, Professeur de droit public, Université Paris-I – Panthéon-Sorbonne, École de droit de la Sorbonne

– M. Helmutt Wollmann, Professeur. Prof. (em.), Université Humboldt de Berlin, Allemagne.

Secrétariat de rédaction : Mme Maud Lesueur, Secrétaire générale du GRALE.

Première partie : Études

Allemand Roselyne

Professeur, université de Reims Champagne Ardenne, CRDT EA 3312.

Boutaud Benoit

Ingénieur de recherche à l'European Institute for Energy Research-EIFER (Karlsruhe), Laboratoire Techniques, Territoires et Sociétés (LATTS, Université Paris Est, École des Ponts ParisTech, CNRS).

Calandri Laurence

Maître de conférences de droit public, Université Toulouse-I - Capitole, IDETCOM (EA785).

Chong Eshien

IAE de Paris (Université Paris I), Chaire EPPP.

Delzangles Hubert

Professeur de droit public, Institut d'études politiques de Bordeaux. Membre associé du CRIDEAU (Centre de recherches interdisciplinaires en droit de l'environnement, de l'aménagement et de l'urbanisme), Université de Limoges.

Dubois Ute

Enseignant-chercheur à l'Institut Supérieur de Gestion.

GABILLET Pauline

Doctorante au LATTS, Université Paris-Est, École des Ponts ParisTech.

HURON David

Maître de Conférences HDR en sciences de gestion.

KROLIK Christophe

Docteur en droit public. Post-doctorant à l'université de Pau et des Pays de l'Adour GIS-GRALE-CNRS.

LE LANNIER Aude

IAE de Paris (Université Paris-I), Chaire EPPP.

LIBBE Jens

Collaborateur scientifique à l'Institut allemand d'urbanisme (Difu) à Berlin.

LONG Martine

Maître de conférences en droit public (HDR), Université d'Angers, DCS 3128 Université de Nantes.

MARCOU Gérard

Professeur à l'université Paris-I Panthéon-Sorbonne, Ecole de Droit de la Sorbonne, UMR de Droit comparé. Directeur du GRALE et du Département de Droit public économique de l'Institut de Recherche juridique de la Sorbonne.

MAYER Inès

Chercheur à l'Institut européen de recherche sur l'énergie (EIFER).

McELDOWNEY John

Professeur de droit, School of Law, University of Warwick.

MOZOL Patrick

Maître de conférences à l'Université François-Rabelais de Tours,

Membre du Laboratoire d'Étude et de Recherche sur l'Administration Publique (EA 2103).

NICINSKI Sophie

Professeur agrégé de droit public à l'Université Paris I Panthéon-Sorbonne.

PÁL Valentiny

Institute of Economics, CERS HAS.

Pissaloux Jean-Luc

Professeur à l'Université de Bourgogne, membre et Vice-président du Conseil scientifique du GRALE.

Pontier Jean-Marie

Professeur à l'Université d'Aix-Marseille.

Poupeau François-Mathieu

Chercheur CNRS au LATTS (Université Paris Est).

Prontera Andrea

Professeur, Université de Macerata.

Staropoli Carine

Centre d'Économie de la Sorbonne (Université Paris-I) et Chaire EPPP.

Wollmann Helmutt

Professeur (ém.), Université Humboldt de Berlin, Allemagne.

Deuxième partie : Chroniques

Binet Marie-Estelle

Maître de conférences, CREM-Université de Rennes-I.

Bon Pierre

Professeur, Université de Pau et des Pays de l'Adour.

Bourrel Antoine

Maître de conférences de droit public, Université de Pau et des Pays de l'Adour.

Bricault Jean-Michel

Maître de conférences de droit public, CRDT, Université de Reims Champagne-Ardenne.

Connetable Fabien

Docteur en droit. Fonctionnaire territorial.

Coudevylle Andrée

Maître de conférences, CECL, Université de Pau et des Pays de l'Adour.

Dauteribes André

Maître de conférences HDR, Université de Bourgogne.

Debarge Olivier

Maître de conférences, Université de Reims Champagne-Ardenne.

Derboulles Laurent

Maître de conférences HDR de droit public, Université de Reims-Champagne-Ardenne, membre du CRDT.

Douence Jean-Claude

Professeur émérite de droit public, université de Pau et des Pays de l'Adour, Vice-président de l'Association française de droit des collectivités locales.

Dyssli Bernard

Chargé d'études à l'Institut Éco-Conseil, Strasbourg.

Favro Karine

Maître de conférences, Université de Haute-Alsace. Membre du CERDACC.

Fitte-Duval Annie

Maître de conférences, Université de Pau et des Pays de l'Adour.

Fressoz Pierre-François

Maître de conférences de droit public, Doyen honoraire de la faculté de droit d'Avignon, Laboratoire Biens, Normes, Contrats (EA 3788).

Gourdou Jean

Professeur de droit public, Université de Pau et des Pays de l'Adour (UPPA). Premier Vice-président de l'UPPA. Directeur du centre de recherche « Pau droit public ».

Guengant Alain

Directeur de recherche CNRS, CREM, Université de Rennes-I.

Hertzog Robert

Professeur ém., Université de Strasbourg (IEP), Président de la Société française de finances publiques (SFFP).

Herrmann Laurence

Conseillère juridique, Agence de l'Eau Rhin-Meuse.

Hulné Anne
Docteur en droit, Attachée parlementaire.

Juen Philippe
Maître de conférences HDR à l'université de Bourgogne.

Lafargue Frédéric
Maître de conférences, Université de Pau et des Pays de l'Adour.

Lagarde Michel
Maître de conférences, Université de Pau et des Pays de l'Adour.

Laval Mader Nathalie
Maître de conférences de droit public HDR, Université Toulouse-I Capitole, Institut Maurice-Hauriou – GRALE.

Leprince Matthieu
Maître de conférences, CREM, Université de Rennes-I.

Nemery Jean-Claude
Professeur, Université de Reims Champagne-Ardenne.

Pissaloux Jean-Luc
Professeur, Université de Bourgogne, membre et Vice-président du conseil scientifique du GRALE. Responsable du pôle « Bourgogne ».

Schoch Élisabeth
Administrateur territorial honoraire.

Sempé Françoise
Maître de conférences, Université de Pau et des Pays de l'Adour.

Siat Guy
Maître de conférences, Directeur du Master Administrations locales et régionales en Europe (IEP), Université de Strasbourg.

Thuriot Fabrice
Docteur en droit public, HDR. Chercheur au CRDT, Université de Reims-Champagne-Ardenne (EA 3312).

Uhaldeborde Jean-Michel

Professeur, Université de Pau et des Pays de l'Adour.

Verpeaux Michel

Professeur, Université Paris-I – Panthéon-Sorbonne, École de droit de la Sorbonne.

Wizniak Jules

Juriste spécialisé en droit de l'environnement.

Troisième partie : Prix de thèse sur les collectivités territoriales

Hourson Sébastien

Maître de conférences à l'université Paris Descartes – Paris-V, Centre Maurice Hauriou.

Kodjovi Marie-Joëlle

Docteur en sciences économiques, Chargée d'enseignement à l'université de Paris-I – Panthéon Sorbonne, Chercheur rattachée au Centre d'Économie de la Sorbonne.

Prix de thèse du CNFPT

Bombenger Pierre-Henri

Docteur en aménagement et sciences de l'environnement. Chargé de recherche, Institut G2C, Heig-vd, Chercheur associé, UMR 7324 CNRS CITERES Université de Tours, Équipe Construction Sociale des Territoires (COST).

Principales abréviations

ACER	Agence de coopération des régulateurs de l'énergie
ADEeF	Association des distributeurs d'électricité en France
ADEME	Agence de l'environnement et de la maîtrise de l'énergie
ANROC	Association nationale des régies de service public et des organismes constitués par les collectivités locales
Adlc	Autorité de la concurrence
CEDEC	Confédération européenne des entreprises locales d'énergie
CEER	Conseil des régulateurs énergétiques européens
CPE	Contrat de performance énergétique
CPPE	Contrat de partenariat de performance énergétique
CRE	Commission de régulation de l'énergie
CSE	Conseil supérieur de l'énergie
DNN	Distributeurs non nationalisés
DGEC	Direction générale énergie climat
DREAL	Direction régionale de l'environnement, de l'aménagement et du logement
EDF	Électricité de France
ELD	Entreprise locale de distribution
ELE	Entreprise locale d'énergie
EPL	Établissement public local
ERDF	Électricité réseau distribution France
ERGEG	Groupe des régulateurs européens dans le domaine de l'électricité et du gaz
FACE	Fonds d'amortissement des charges d'électrification
FNCCR	Fédération nationale des collectivités concédantes et régies
FNSICAE	Fédération nationale des sociétés d'intérêt collectif agricole d'électricité
FPE	Fonds de péréquation de l'électricité
GDF	Gaz de France
GEODE	Groupement européen des entreprises et organismes de distribution d'énergie
GIEC	Groupe intergouvernemental d'experts sur l'évolution du climat
GRD	Gestionnaire du réseau de distribution
GrDF	Gaz réseau distribution France

MNE	Médiateur national de l'énergie
MPPE	Marché public de performance énergétique
PDU	Plan de déplacement urbain
PPA	Plan de protection de l'atmosphère
PRQA	Plan régional de la qualité de l'air
RTE	Réseau de transport d'électricité
SCRAE	Schéma régional climat, air et énergie
SEML	Société d'économie mixte locale
SPEGNN	Syndicat professionnel des entreprises gazières non nationalisées
SRCE	Schéma régional de cohérence écologique
SRE	Schéma régional de l'éolien
TURPE	Tarif d'utilisation des réseaux publics d'électricité
UFE	Union française de l'électricité
UNELEG	Union nationale des entreprises locales d'électricité et de gaz
UNEmIG	Union nationale des employeurs des industries gazières

PREMIÈRE PARTIE

Études

Sommaire

1. Les collectivités territoriales et l'énergie : ambitions et contradictions

Sous la direction de

Gérard Marcou, François-Mathieu Poupeau
et Carine Staropoli

Roselyne Allemand
Benoit Boutaud
Laurence Calandri
Eshien Chong
Hubert Delzangles
Ute Dubois
Pauline Gabillet
David Huron
Christophe Krolik
Aude Le Lannier
Martine Long
Inès Mayer
Gérard Marcou
Patrick Mozol
Sophie Nicinski
Jean-Luc Pissaloux
Jean-Marie Pontier
François-Mathieu Poupeau
Carine Staropoli

Ces contributions sont le fruit d'un travail collectif poursuivi pendant dix-huit mois par la commission de recherche « Énergie et Collectivités territoriales » du GRALE. Le GRALE remercie particulièrement Mme Anne-Christine Eiller (EDF R&D) et M. Pascal Girault (EDF R&D/EIFER European Institute For Energy Research), pour le soutien qu'ils ont apporté à ce travail et la part qu'ils ont prise à l'animation de cette commission.

Sommaire

I. Introduction

Électricité, marché unique et « transition énergétique » : les contradictions du nouveau système électrique et la place des collectivités territoriales

Gérard Marcou

Le développement de l'électricité a commencé pour répondre à des besoins locaux. Dans tous les pays européens, la fourniture d'énergie est apparue comme une fonction centrale des communes avant même le début du xxe siècle, d'abord pour l'éclairage public, puis les transports publics avec le développement des tramways, puis l'alimentation des particuliers[1].

La loi de 1906 ne réglait d'ailleurs que les distributions publiques locales d'électricité et de gaz ; il faut attendre la loi de 1922, qui ne faisait qu'amender la loi de 1906, pour qu'apparaisse la notion de transport d'électricité[2].

Mais la substitution progressive de l'électricité à la vapeur comme mode d'utilisation de l'énergie a déterminé un changement radical d'échelle dans le système de production et dans les réseaux. Avec l'industrialisation du secteur, les communes ont perdu l'initiative. La

1. H. Wollmann, H. Baldersheim, G. Citroni, G. Marcou, J. McEldowney, « From public service to commodity : the demunicipalization (or remunicipalization ?) of energy provision in Germany, Italy, France, the UK and Norway », p. 168 *in* H. Wollmann/G. Marcou (eds), *The provision of public services in Europe. Between State, local government and market*, Cheltenham, Edward Elgar, 2010.

2. P. Sablière, *Droit de l'électricité. Textes et commentaires*, Paris, Dalloz, 2003, p. 578.

loi de 1946 a été la réponse apportée après la guerre à la croissance rapide des besoins en énergie, et surtout en électricité.

Nous sommes aujourd'hui à l'aube d'une nouvelle mutation. Avec la diversification des sources d'énergie primaire, de nouvelles possibilités de production et de distribution apparaissent pour des bassins locaux de population et d'activités ; une nouvelle architecture des réseaux, moins hiérarchique, devient possible. Enfin, la satisfaction de la demande n'est plus la seule préoccupation ; il s'agit aussi de consommer moins pour économiser les ressources et limiter l'impact sur l'environnement. Dans ce nouveau contexte, les collectivités territoriales retrouvent de nouvelles possibilités d'initiative.

Cependant, la situation est plus complexe qu'il n'y paraît : on ne change pas de système énergétique comme on tourne la page ; les énergies renouvelables ont un coût élevé ; la politique de l'Union européenne comporte des contradictions qui risquent d'augmenter le coût de l'énergie et de contrarier d'autres politiques. Le nouveau cadre juridique offre de nouvelles possibilités aux collectivités territoriales dans le domaine de l'énergie, mais elles sont exposées à des contraintes nouvelles.

Pour comprendre les enjeux actuels et éviter de verser dans l'utopie, il convient de rappeler les caractéristiques essentielles du système électrique mis en place par la loi de 1946, un service public national avec la participation des collectivités territoriales (I). Le nouveau système électrique qui se met en place est le produit de la politique communautaire tendant à promouvoir la construction d'un marché unique de l'électricité par l'ouverture à la concurrence, beaucoup plus que du développement des énergies renouvelables, et il comporte des contradictions en raison des fictions juridiques sur lesquelles il repose (II). Les collectivités territoriales peuvent aujourd'hui intervenir dans toutes les activités intéressant le secteur de l'énergie, sauf le transport, sur les consommations comme sur les productions, la distribution et la fourniture, mais avec un fort coefficient d'incertitude sur le plan économique comme sur le plan juridique ; autorités organisatrices ou acteurs de marché, elles sont bien plus régulées que régulateurs, mais la multiplicité de leurs rôles appelle une redéfinition de leur place dans l'ensemble du système électrique (III).

I. Le système électrique de la loi de 1946 : un service public national avec la participation des collectivités locales

Avec la nationalisation de presque toutes les entreprises électriques et gazières, la loi de 1946 a permis l'organisation de deux grands services publics nationaux intégrant toutes les fonctions du secteur, de la production à la distribution, avec la participation des collectivités locales. Celle-ci se réalisait par le maintien du régime de la concession pour les distributions locales, mais aussi par la représentation des usagers dans les conseils d'administration des établissements publics nationaux.

A. La nationalisation

La loi du 8 avril 1946 a procédé à la nationalisation de la production, du transport, de la distribution, de l'importation et de l'exportation de gaz et d'électricité (art. 1er). Selon l'article 6, « L'ensemble des biens, droits et obligations des entreprises qui ont pour activité principale la production, le transport ou la distribution de l'électricité ou du gaz sur le territoire de la métropole est intégralement transféré aux services nationaux » sous réserve des biens non affectés à l'un des objets visés par l'article 1er ou à un service public concédé. Ce dernier article a été abrogé par la loi du 9 août 2004. Au total, 1 450 entreprises ont été nationalisées.

La nationalisation n'a cependant pas été complète et a laissé en dehors de son champ des entreprises produisant pour leur compte et cédant leur surplus de production à l'entreprise nationale, et surtout les entreprises locales de distribution (ELD)[3]. Ces dernières étaient maintenues dans leur situation à la date de la nationalisation (art. 23).

Ensuite, la loi confiait la gestion des entreprises nationalisées à deux établissements publics nationaux à caractère industriel et commercial : Électricité de France et Gaz de France. Elle prévoyait aussi l'adoption par décret d'un statut du personnel de ces entreprises, bien que les agents demeurassent des salariés de droit privé employés sur la base d'un contrat de travail. Le statut remplaçait la convention collective et visait à permettre aux nouveaux établissements publics de s'assurer de la permanence du personnel nécessaire à leur mission de service public.

B. Les réseaux

La loi ne remettait pas en cause le régime des distributions locales d'énergie, qui avait été fixé par la loi du 15 juin 1906. Elle maintenait en effet explicitement en vigueur les dispositions non contraires de cette loi. Les communes, et les syndicats d'électricité qu'elles avaient créés, demeuraient donc autorités concédantes de ces distributions locales, qui restaient leur propriété. Mais, désormais, il n'existerait plus qu'un seul concessionnaire, EDF pour les distributions locales d'électricité, sur la base de contrats de concession devant être conformes à un cahier des charges type approuvé par décret. La situation était identique pour les distributions locales de gaz, mais avec certaines particularités qui se sont accentuées par la suite. Ainsi, selon l'article 36 de la loi de 1946 : « Sauf convention expresse contraire, les collectivités locales restent propriétaires des installations qui leur appartiennent, ou de celles qui, exploitées sous le régime de l'affermage ou de la concession, devraient leur revenir gratuitement à l'expiration du contrat » (art. 36).

En revanche, la loi conduisait à l'établissement d'un réseau unique de transport d'électricité concédé par l'État. Il fut plus complexe d'établir l'unité du réseau de transport

3. Voir R. Allemand, « Les distributeurs non nationalisés d'électricité face à l'ouverture à la concurrence », *Annuaire 2007 des collectivités locales*, « Les collectivités territoriales et l'énergie », 2007, p. 31.

en raison, d'une part de la fragmentation du système avant la nationalisation et, d'autre part, de la nécessité de déterminer un critère de répartition entre les distributions locales et le réseau de transport, appelé alors « réseau d'alimentation générale ». En effet, à la veille de la nationalisation, existaient aussi de manière distincte des « réseaux de distribution aux services publics » (DSP), qui donnaient lieu à 300 concessions attribuées par l'État à une centaine de concessionnaires, et des réseaux de transport, qui donnaient lieu à 120 concessions attribuées, également par l'État, à 80 sociétés. Les « réseaux de distribution aux services publics » avaient pour objet la vente de l'électricité mais en gros ou en demi-gros, notamment aux distributions locales, et non au détail et au consommateur final. C'est la loi de 1922 qui avait autorisé la création de réseaux de transport d'électricité à haute tension, soit que l'État impose aux producteurs, distributeurs ou collectivités locales d'une même région d'en prendre l'initiative, soit qu'il en prenne lui-même l'initiative, ce qu'il fit au moyen de contrats de concession approuvés par décret.

Avec la nationalisation des entreprises d'électricité, EDF est devenu de plein droit le titulaire de toutes les concessions ; seules ont subsisté, jusqu'à nos jours et à titre résiduel (voir C. énergie, art. L. 324-1), quatre distributions aux services publics rattachées à des entreprises locales de distribution[4], et elles doivent être regardées comme des réseaux de distribution depuis la loi du 10 février 2000. L'autre difficulté tenait à la définition du « réseau d'alimentation générale » (RAG). Celui-ci n'a vu le jour qu'avec le contrat de concession de 1958, après le règlement des ouvrages haute tension de la SNCF et des Charbonnages de France, établissant une concession unique du réseau de transport attribuée à EDF. Cette concession était d'une durée de 75 ans, c'est-à-dire jusqu'en 2033.

La loi de 1946 a donc déterminé une séparation fonctionnelle et juridique entre les distributions locales et le réseau d'alimentation générale, les premières relevant de la compétence et de la propriété des collectivités locales, autorités concédantes, tandis que le réseau d'alimentation générale était de la compétence de l'État et constituait une unité fonctionnelle et juridique à l'échelle de l'ensemble du territoire métropolitain continental.

Il faudra pourtant attendre le cahier des charges de 1994 (formellement une modification de celui de 1956) pour que soit défini un critère de distinction entre le RAG et les distributions locales : les installations de tension égale ou supérieure à 63 kV, ainsi que celles, bien que de tension plus faible, qui remplissent une fonction de répartition ou de desserte de plusieurs distributions locales, constituent le réseau de transport. Cette différenciation du réseau de transport, initialement soumis au même régime que les distributions publiques, selon la loi de 1906 modifiée, allait dans le sens que devait consacrer la première directive de libéralisation du marché de l'électricité en 1996.

4. P. Sablière, *op. cit.*

C. Le service public

Cependant, la loi de 1946 ne définissait pas le service public qu'elle mettait en place. Elle créait deux établissements publics à caractère industriel et commercial, EDF et GDF, qui intégraient l'ensemble des entreprises nationalisées de leurs secteurs respectifs, la production et le transport, ainsi que l'importation ou l'exportation. Pour la distribution, elle prévoyait la création d'un ensemble d'établissements publics à compétence régionale (art. 2), mais ces établissements publics n'ont jamais vu le jour, si bien que le « service national » a également intégré la distribution. Celle-ci n'était pas distinguée de la vente ou de la fourniture d'électricité. L'électricité était un service public avant la nationalisation, mais seulement en ce qui concernait les réseaux concédés ; avec la nationalisation, la production est intégrée au service public.

On relèvera cependant que ces services régionaux de distribution devaient être administrés par un conseil comprenant huit représentants des usagers, dont six représentants des collectivités locales, un représentant des industries consommatrices, un représentant des associations familiales pour le gaz ou un représentant des associations agricoles pour l'électricité (L. 8 avril 1946, art. 22). L'absence de ces services régionaux a certainement déséquilibré la gestion de la distribution au détriment des collectivités locales.

La loi du 10 février 2000, adoptée pour la transposition de la directive 96/92 est la première qui ait défini, largement, la consistance du service public de l'électricité. L'ouverture à la concurrence l'imposait. Ses dispositions sont reprises aux articles L. 121-1 et suivants du Code de l'énergie, mais dans un chapitre au titre réducteur relatif aux « obligations de service public », terminologie reprise des directives de l'Union européenne. Elles sont cependant largement développées et intègrent les fonctions des collectivités territoriales en matière de distribution et de fourniture ; il serait justifié d'y intégrer à l'avenir le service public de la performance énergétique de l'habitat, créé par la loi du 15 avril 2013 (art. 12 : nouvel article L. 232-1 C. énergie), et qui reposera sans doute dans une large mesure sur les collectivités territoriales. La Commission de Régulation de l'Énergie (CRE) veille non seulement au bon fonctionnement des marchés, mais également, en principe, au respect de leurs obligations de service public par les différents opérateurs des secteurs de l'électricité et du gaz (C. énergie, art. L. 131-1, notamment al. 1er et 3).

En ce qui concerne l'électricité, le monopole a permis le développement des capacités de production répondant aux besoins de l'économie et la poursuite d'une politique d'indépendance énergétique, d'abord par l'achèvement de l'équipement hydroélectrique du pays, puis par le développement du parc électronucléaire[5].

La loi du 9 août 2004 a transformé l'établissement public EDF (et GDF) en société anonyme formant le *holding* de contrôle des entreprises de réseau, répondant à l'exigence de séparation juridique de ces activités imposée par la directive 2003/53, mais en permettant

5. Voir *Histoire de l'électricité en France*, Paris, Fayard, 1991 (t. 1), et 1996 (t. 2 et 3).

le maintien d'une entreprise intégrée. RTE et ERDF sont des filiales à 100 % d'EDF, et leur indépendance de décision est étroitement contrôlée.

II. La politique de l'Union européenne et ses contradictions

En libéralisant les marchés de l'énergie, et en particulier celui de l'électricité, les directives de l'Union européenne ont mis fin au monopole, mais elles n'ont pas entièrement remis en cause le système électrique issu de la loi de 1946. En particulier, la directive 2009/72 du 13 juillet 2009 permet le maintien de l'entreprise intégrée lorsqu'elle existait au 3 septembre 2009 (art. 9, par. 9 et 10), une possibilité qu'utilise la loi française (C. énergie, art. L. 111-9 et suiv.).

La politique de l'Union européenne comporte en outre des contradictions qui se reflètent dans le cadre juridique qu'elle a déterminé. Ces contradictions trouvent leur origine dans le dogme concurrentiel sur lequel repose la politique de libéralisation du secteur, et qui semble inadapté au secteur électrique, car il conduit la nouvelle organisation à ignorer les caractéristiques physiques de l'électricité.

A. L'ouverture à la concurrence porte sur la production et la fourniture alors que la satisfaction des besoins du consommateur ne dépend que du réseau

Les directives de 1996, puis de 2003 et de 2009 poursuivent la réalisation du marché unique de l'électricité par la stratégie du « *unbundling* » : la fourniture devient une activité indépendante de la production et de la distribution ; on ouvre la porte au négoce d'électricité, activité spéculative ; on introduit le principe du libre choix de son fournisseur par tout consommateur, soutenu par le droit d'accès au réseau[6]. La clé de voûte du nouveau système est le libre choix de son fournisseur par tout consommateur, et le traitement de la fourniture comme une activité juridiquement autonome.

Sur le plan juridique, c'est l'arrêt de la Cour de justice *Commune d'Almelo*, qui en forme le socle (CJCE 27 avril 1994, aff. C-393/92). Dans cet arrêt, la Cour décide que « l'électricité constitue une marchandise au sens de l'article 30 du traité » (par. 28) ; elle s'appuie sur le fait que l'électricité est considérée comme une marchandise dans la nomenclature tarifaire de la Communauté (NC 27.16), et que l'arrêt *Costa c./Enel* du 15 juillet 1964 (aff. C- 6/64) avait admis que l'électricité pouvait relever du champ d'application de

6. Pour l'analyse du système électrique mis en place par les directives de l'UE, sous l'angle de ses impacts sur les collectivités territoriales, voir : C. Isidoro, *L'ouverture du marché de l'électricité à la concurrence communautaire et sa mise en œuvre (Allemagne, France, Italie, Royaume-Uni)*, Paris, LGDJ Bibl. de Droit public n° 242, 2006, p. 161 et suiv. ; G. Marcou, « Le cadre juridique communautaire et national de l'ouverture à la concurrence : contraintes et opportunités pour les collectivités territoriales », *Annuaire 2007 des collectivités locales*, CNRS Éditions, 2007, p. 9-29.

l'article 37 prévoyant la suppression des monopoles commerciaux. Elle affirmait aussi que c'était aussi la position des droits nationaux, ce qui était pourtant loin d'être le cas, puisque le gouvernement français avait défendu la position contraire dans son intervention, et de même que le gouvernement italien qui, dans une autre affaire, soutenait que « l'électricité [...] ne pourrait pas être stockée et n'aurait pas d'existence économique propre », argument rejeté sans discussion au fond par la Cour qui confirmait l'arrêt *Commune d'Almelo* (CJCE 23 octobre 1997 *Commission c./Italie*, aff. C-158/94, par. 14 et 17). Dans un autre arrêt, la législation finlandaise était mise en cause car, établissant, dans un but environnemental, une fiscalité différenciée selon la source d'énergie primaire utilisée, elle soumettait l'énergie importée à un taux unique, supérieur au taux le plus bas applicable aux producteurs nationaux. La Cour de justice a déclaré la législation finlandaise incompatible avec le traité, au motif que celui-ci interdisait de taxer davantage des produits importés que des produits nationaux, sans répondre à l'argument du gouvernement finlandais qui faisait valoir qu'il était impossible d'identifier la source primaire de l'électricité importée (CJCE 2 avril 1998 *Outokumpu Oy*, C-213/96, par. 37, 39, 41).

Pourtant, cette qualification est un non-sens du point de la vue de la physique. Du point de vue du droit, elle s'analyse comme une fiction juridique visant à construire artificiellement un marché (*market design*)[7], par la « reconstruction » des droits des agents économiques, fût-ce en contradiction avec les caractéristiques physiques de l'électricité, mais en fonction de l'objectif d'instituer un marché.

En effet, la satisfaction des besoins ne dépend pas de la source d'énergie primaire, mais de la puissance disponible sur le réseau et de la qualité du réseau (stabilité de la tension, pas de coupures, etc.). Comme l'écrit Nadia Chebel-Horstmann : « Le réseau électrique n'achemine pas un produit identifiable, mais une puissance[8]. » Autrement dit, quand on allume la lumière, on n'achète pas des électrons ! En dehors de réseaux locaux non interconnectés, le choix du fournisseur n'a aucune incidence sur l'origine de la puissance consommée.

Pourtant, ce qui est nié avec obstination par la Cour de justice, et par les directives de l'Union européenne en général, est parfois reconnu, directement ou indirectement, par le droit ou les autorités de régulation chargées de le faire respecter. Ainsi la Commission de régulation de l'énergie (CRE) se trouve-t-elle confrontée à cette réalité lorsqu'elle analyse les coûts de production et de commercialisation d'EDF en vue de formuler des propositions tarifaires. Elle écrit ainsi dans son rapport : « L'électricité n'étant pas traçable, et l'utilisation du parc de production étant intégrée [...] il n'est pas possible de savoir de quel moyen de production provient l'électron consommé par un client donné et donc de lui associer directement son coût[9]. » Autrement, le « libre choix du fournisseur » procède d'un arrangement institutionnel qui transforme l'usage de l'électricité en achat d'un bien. Le client s'éclaire

7. Sur cette notion, voir J.-M. Glachant, « Les nouvelles analyses économiques de la régulation des marchés », en particulier p. 262-263 *in* G. Marcou, F. Moderne (dir.), *Droit de la régulation, service public et intégration régionale*, tome 1 : *Comparaisons et commentaires*, Paris, L'Harmattan, coll. « Logiques juridiques », 2005.

8. *La régulation du marché de l'électricité. Concurrence et accès aux réseaux*, Paris, L'Harmattan, 2006, p. 26.

9. CRE, *Analyse des coûts de production et de commercialisation d'EDF dans le cadre des tarifs réglementés de vente d'électricité*, Rapport de la CRE, 4 juin 2013, p. 40.

ou se chauffe grâce à la puissance disponible sur le réseau, non par la « combustion » des électrons qu'il aurait « achetés ». C'est pourquoi les « garanties d'origine » prévues par le Code de l'énergie (art. L. 314-14), à la suite des directives de l'UE, permettant à chaque personne achetant de l'énergie produite en France à partir d'énergies renouvelables d'obtenir la délivrance des garanties d'origine, relève de l'institution d'une fiction juridique, au mieux, et au pire de l'imposture intellectuelle. Acheter de l'« électricité verte », c'est soutenir une cause, comme la lutte contre le cancer ou contre les myopathies, ce n'est pas assurer son alimentation en électricité.

Cependant, le Code de l'énergie reflète aussi la réalité lorsqu'il consacre des dispositions à la « qualité de l'électricité ». Il en fait une obligation qui incombe, non au fournisseur, mais aux gestionnaires des réseaux : le réseau de transport (art. L. 321-18) et les réseaux de distribution locale (art. L. 322-12). C'est en effet du réseau, et non de la source de production, que dépend la satisfaction des besoins auxquels répond l'énergie électrique. La puissance disponible ne dépend pas de l'origine éolienne, nucléaire ou autre de l'électricité. Or, la libéralisation a ouvert à la concurrence les segments de la production et de la fourniture de l'électricité, mais elle ne pouvait établir un marché pour les réseaux, qui demeurent des monopoles naturels.

On est ainsi conduit à mettre en place un cadre juridique extrêmement complexe pour développer la concurrence sur le segment le moins approprié à la satisfaction du consommateur, et où la concurrence ne permet ni la baisse des prix (à cause de la volatilité de l'électricité qui ne se stocke pas) ni la diversification du produit.

Le Conseil constitutionnel est conduit à en tirer des conséquences juridiques. Dans sa décision du 11 avril 2013 (n° 2013-666 DC), à propos des dispositions nouvelles qui donnent un statut spécifique à la fonction d'effacement de consommation d'électricité (nouveaux articles L. 271-1 et L. 123-1 et suivants du Code de l'énergie), il valide celles qui permettent à l'opérateur d'effacement d'effacer des consommations sans l'accord du fournisseur pour le motif que « l'électricité est un bien d'une nature particulière, non stockable et dont les flux acheminés sur le réseau doivent être en permanence à l'équilibre » (cons. 24).

Le marché ainsi créé est donc très peu concurrentiel pour des raisons structurelles :
– l'acheminement représente plus de 33 % du prix de l'électricité pour un consommateur aux tarifs réglementés[10];
– les offres d'EDF et des distributeurs non nationalisés au tarif réglementé de vente représentent 94 % des sites résidentiels et de leur consommation annuelle (fin 2011) ; pour les clients non résidentiels, l'offre des opérateurs historiques représente 78 % de la consommation, dont 25 % aux conditions de marché[11] ;
– les « fournisseurs alternatifs » ne sont pas le résultat de l'ouverture à la concurrence, mais de dispositifs juridiques et financiers publics qui « créent » les conditions de leur entrée sur le « marché » :

10. Cour des comptes, *Rapport public annuel 2013*, février 2013, p. 107.
11. CRE, *Rapport annuel d'activité 2012*, p. 20.

– le prix du rachat de la production à partir d'énergies renouvelables par EDF, qui subventionne indirectement ces productions : l'obligation d'achat par EDF n'est que partiellement compensée par la « contribution aux charges de service public », prélevée sur chaque facture, alors que le coût de l'obligation d'achat augmente avec le développement de la production à partir d'énergies renouvelables. En 2013 celles-ci représenteront 62 % des charges à compenser en incluant la cogénération, dont 41 % uniquement pour le photovoltaïque (pour seulement 12 % de la production à partir d'énergies renouvelables). S'y ajoute le tarif de première nécessité, dont le nombre de bénéficiaires a doublé avec l'automatisation de son attribution à la suite du décret du 6 mars 2012[12]. Mais le montant de la CSPE est encore très inférieur au coût supporté par EDF, malgré le réajustement intervenu en 2011 (7,50 euros/MWh, pour un coût de 12,90 euros)[13]. En 2013, compte tenu des montants non couverts des années antérieures, les charges à compenser atteindraient 18 euros/MWh, ce qui au niveau actuel de la CSPE (13,5), laisse 2 milliards d'euros à la charge d'EDF[14],

– depuis la loi du 7 décembre 2010 sur la « nouvelle organisation du marché de l'électricité »[15], les fournisseurs « alternatifs » ont accès à l'électricité nucléaire historique (NOME), à concurrence d'un volume pouvant atteindre le quart de la production annuelle, à un prix régulé (actuellement 42 euros le MWh). Ils peuvent donc désormais concurrencer EDF avec l'énergie produite par celle-ci... 33 fournisseurs ont passé un accord-cadre avec EDF pour bénéficier de ce nouveau régime, et les capacités concernées pourraient approcher le plafond légal dans le scénario d'ouverture rapide à la concurrence de la CRE[16]. Fin 2011, l'offre de marché par les « fournisseurs alternatifs » bénéficiant de l'accès régulé à l'électricité nucléaire historique atteignait 22 % de la consommation des sites non résidentiels[17] ;

– seulement 10 fournisseurs d'électricité vont jusqu'au client résidentiel ; parmi lesquels GDF, qui concurrence ainsi EDF[18] ;

– enfin, le taux de changement de fournisseur, qui a augmenté, reste autour de 1 % par an ; il est de 0,6 % environ pour les consommateurs professionnels, mais de 1,2 % fin 2011 pour les clients résidentiels[19], bien que les consommateurs résidentiels aient une assez bonne information sur la possibilité de le faire sans frais[20].

---

12. *Décryptages. Lettre de la Commission de régulation de l'énergie*, n° 32, octobre-décembre 2012, p. 4.
13. CRE, *Rapport d'activité 2011*, juillet 2012.
14. *Décryptages*, *ibid.* p. 4.
15. S. Nicinski, « La loi du 7 décembre 2010 portant nouvelle organisation du marché de l'électricité », *Revue juridique de l'Économie publique*, n° 684, mars, étude n° 2, 2011.
16. CRE, doc. cit., p. 78.
17. CRE, doc. cit., p. 20.
18. CRE, doc. cit., p. 23.
19. *Ibid.*
20. LH2, *L'ouverture des marchés de l'électricité et du gaz naturel pour les clients résidentiels. Baromètre annuel, vague 5, septembre 2011*, étude commandée par la CRE.

B. *Les réseaux : monopole naturel et fiction concurrentielle*

Les directives européennes n'ont pas ouvert les réseaux à la concurrence. Mais elles n'interdisent pas aux États membres de mettre en concurrence l'attribution de leur exploitation. Certains estiment que, par application des principes généraux du droit de l'Union européenne, au moins une obligation de publicité permettant la présentation d'offres concurrentes devrait s'imposer[21]. Cet argument, qu'on ne peut analyser ici en détail, s'appuie essentiellement sur les arrêts *Telaustria* de 2001 et *Coname* de 2005 de la Cour de justice, selon lesquels, en l'absence d'une réglementation sur l'attribution d'une concession, il convient d'appliquer le droit primaire de l'Union, lequel interdit toute discrimination selon la nationalité ; en conséquence, toute attribution d'une concession de distribution locale, et par extension, de l'exploitation d'un réseau, devrait être soumise à une obligation de publicité permettant à toute entreprise intéressée de l'Union de faire une offre, même si on ne peut en déduire l'obligation de recourir à un appel d'offres[22].

Toutefois, dans le cas des réseaux de transport et de distribution d'électricité la directive 2009/72, comme la directive 2003/53 qu'elle remplace, règle les conditions minimales dans lesquelles la gestion d'un réseau est attribuée. Ses dispositions visent avant tout à assurer l'indépendance du gestionnaire de réseau par rapport aux activités concurrentielles (production et fourniture), et c'est l'obligation essentielle qui pèse sur les États membres. Toute entreprise qui possède un réseau de transport doit agir seulement comme gestionnaire du réseau de transport, en toute indépendance par rapport aux autres entreprises du secteur (art. 9.1), et s'il existait une entreprise intégrée au 3 septembre 2009, ce qui est le cas de la France, l'État membre désigne un gestionnaire de réseau indépendant (art. 9.8), ou peut maintenir les arrangements en vigueur qui assurent déjà une indépendance du gestionnaire de réseau plus effective que celle exigée par la directive (art. 9.9) ; dans ce dernier cas, l'État membre désigne un gestionnaire de réseau indépendant sur proposition du propriétaire du réseau, et cette désignation est soumise à l'approbation de la Commission européenne (art. 13.1). Une procédure de certification (art. 10) vient en outre garantir que le gestionnaire de réseau de transport satisfait bien aux exigences d'indépendance définies par la directive (art. 18 et 19).

Aucune de ces dispositions ne peut être interprétée dans le sens où la désignation du gestionnaire de réseau devrait comporter une procédure de publicité, si ce n'est de mise en concurrence, bien que rien non plus ne l'interdise. Le préambule de la directive, dans les paragraphes relatifs aux réseaux, ne fait allusion à aucune procédure de publicité ou de mise en concurrence (par. 11 à 23) ; il conclut au contraire à la liberté de choix laissée aux États membres entre la dissociation des structures de propriété et la mise en place d'un gestionnaire

21. Voir Ph. TERNEYRE, « Sur quelques problèmes juridiques contemporains à haute tension », *AJDA* 21 septembre 2009, 2009, p. 1640.

22. CJCE 7 décembre 2000, *Teleaustria Verlag GmbH, Telefonadress GmbH*, C-324/98, *AJDA*.2001.106, note L. RICHER, et p. 329 chron. LEGAL/LAMBERT/BELORGEY, et plus particulièrement CJCE 21 juillet 2005 *Consorzio Aziende Metano (Coname) c. Comune di Cingia de'Botti*, aff. C. 231/03, notamment paragraphes 16, 17 et 21, *AJDA* 2005.1541, chron. RICHER/JEANNENEY/CHARBIT.

de réseau indépendant (par. 17). Des dispositions analogues sont prévues pour les réseaux de distribution (art. 24 à 26), sans exclure la possibilité d'un gestionnaire de réseau combiné de transport et de distribution (art. 29) comme le prévoyait la directive précédente. Comme sous le régime des directives de 2003, il peut exister une ou plusieurs entreprises de transport ou de distribution, mais un seul gestionnaire de réseau de transport au sein d'une entreprise intégrée (voir art. 9 et 24).

Il est vrai que, dans l'arrêt *Coname* précité, la Cour de justice se réfère au droit primaire, mais c'est en raison de l'absence d'une législation communautaire applicable et, comme le note l'avocat général Stix-Hackl, le régime des marchés qui ne sont pas soumis aux directives « marchés » ne saurait être le même que celui des marchés soumis à l'une ou l'autre de ces directives, car cela reviendrait à éluder les dispositions des directives, adoptées selon la procédure législative communautaire (par. 83). Il en irait de même si on devait appliquer le droit primaire aux contrats de concessions prévus par la loi française pour la mise en œuvre des directives sur le marché intérieur de l'électricité et du gaz ; le régime établi par les deux directives ne laisse pas de place à l'application directe du droit primaire[23]. En l'état actuel du droit de l'Union européenne, il n'y a donc pas de raison de penser qu'il conduise à remettre en cause la législation nationale. Son objectif majeur est d'assurer l'indépendance du gestionnaire de réseau, non l'introduction de la concurrence dans l'attribution des réseaux, ce qui est conforme à la nature d'un monopole naturel ou d'une facilité essentielle.

Pourtant, c'est l'environnement concurrentiel des réseaux qui a conduit à redonner de la substance aux concessions des distributions locales, dont le maintien aurait pu être considéré comme une survivance de peu de portée dans le cadre d'une organisation nationale des réseaux. C'est également cet environnement concurrentiel qui soulève la question du régime des biens de la concession.

Avec la loi du 10 février 2000, le « réseau d'alimentation générale » devient le « réseau public de transport » d'électricité, suivant la terminologie de la directive de 1996, et sa consistance est définitivement fixée à la suite de la loi du 9 août 2004 (C. énergie, art. L. 321-3 – ancien article 12 modifié de la loi du 10 février 2000) par le décret n° 2005-172 du 22 février 2005. En application de ces dispositions, le réseau de transport se compose : 1) des ouvrages exploités par le gestionnaire du réseau public de transport (composante historique) ; 2) des ouvrages nouveaux d'une tension égale ou supérieure à 50 kV, à moins qu'un tel ouvrage n'assure exclusivement une fonction de distribution au bénéfice d'un distributeur non nationalisé et que son classement en distribution publique soit compatible avec le schéma de développement du réseau public de transport. Le décret donne également pour la première fois une définition fonctionnelle du réseau public de transport : il assure « les fonctions d'interconnexion des réseaux publics de distribution entre eux et avec les

23. En ce sens également F. SCANVIC, « Le système français de distribution publique de l'électricité », *AJ Collectivités territoriales*, 2011, p. 512.

principales installations de production et les fonctions d'interconnexion avec les réseaux de transport d'électricité des pays voisins » (art. 1er)[24].

Symétriquement, les réseaux publics de distribution se composent des ouvrages de tension inférieure à 50 kV et des ouvrages de tension supérieure qui ne sont pas exploités par le gestionnaire du réseau public de transport, ainsi que les transformateurs de haute en moyenne et basse tension ; ils ont pour mission de desservir les consommateurs finals et les producteurs raccordés en moyenne et basse tension (CGCT, art. L. 2224-31, IV).

Ces délimitations n'éliminent pas toutes les difficultés de classement des ouvrages, d'autant que les règles qui déterminent la propriété des ouvrages de réseau ne correspondent pas exactement aux règles de définition de la consistance du réseau public de transport et des réseaux de distribution publique. La loi prévoit des règles relatives au déclassement d'installations et à leur reclassement dans un autre réseau (C. énergie, art. L. 321-4 et 5).

En particulier, la propriété du réseau de transport a donné lieu à de nombreuses controverses, qui se sont résolues de manière paradoxale : transfert de la propriété à EDF, mais maintien du régime de concession pour l'exploitation du réseau de transport. En effet, si l'article 6 de la loi de 1946 opérait bien le transfert des biens ayant pour activité principale le « transport » d'électricité, l'article 16 précisait : « Le solde net des biens, droits et obligations transférés aux établissements publics prévus par la présente loi constitue le capital de l'établissement. Ce capital appartient à la Nation. Il est inaliénable… » C'est ce qui avait conduit le Conseil d'État, dans un avis du 16 mars 1948, à considérer que le capital social exploité par EDF appartenait à la Nation, et non à l'établissement public EDF, dont il formait seulement l'« actif social »[25]. Mais la concession de 1958 était restée muette sur le statut des biens de la concession.

La Cour des comptes a mis en cause en 1994 dans un rapport particulier le régime des ouvrages concédés à EDF sur la base de deux arguments[26]. Le premier concernait le régime comptable appliqué à ces biens qui avait pour conséquences des provisions substantielles de renouvellement et donc de faire échapper l'entreprise à l'impôt sur les sociétés ; le second pointait le caractère fictif de la concession, en principe temporaire, alors qu'EDF était le seul concessionnaire possible du fait de la loi de 1946. De plus, la jurisprudence administrative comme judiciaire avait manifesté une tendance à considérer EDF comme propriétaire des biens que la loi de nationalisation lui avait transférés[27]. EDF a soutenu ce mouvement, en rappelant que, dans les anciennes concessions de transport fondées sur la loi de 1906, les ouvrages étaient considérés comme des biens de reprise[28]. Ces données, et surtout le rapport

---

24. N. CHEBEL-HORSTMANN, *La régulation du marché de l'électricité : concurrence et accès aux réseaux*, Paris, L'Harmattan, coll. « Logiques juridiques », 2006, p. 119 et s.

25. *Ibid.*, p. 127.

26. Cour des comptes, 6e chambre, n° 1993-304, OC ; les arguments sont repris par le rapporteur du Sénat sur le projet de loi : A. LAMBERT, *Rapport sur le projet de loi portant mesures urgentes à caractère fiscal et financier*, Sénat, n° 434, session 1996-1997, commentaires sous l'article 4.

27. N. CHEBEL-HORSTMANN, *op. cit.*, p. 128.

28. P. SABLIÈRE, « La nouvelle concession du réseau de transport d'électricité », *AJDA* 462, 2009.

de la Cour des comptes, ont déterminé l'adoption de l'article 4.I de la loi n° 97-1026 du 10 novembre 1997, selon lequel : « Les ouvrages du réseau d'alimentation générale en énergie électrique sont réputés constituer la propriété d'Électricité de France depuis que la concession de ce réseau lui a été accordée », c'est-à-dire depuis le décret du 28 novembre 1958. Toutefois, cette réforme, ou cette clarification, s'inscrivait dans le contexte de l'ouverture du secteur à la concurrence. Elle devait améliorer le bilan d'EDF par rapport à ses concurrents et sa « crédibilité » auprès des prêteurs[29]. Cependant, pour préserver les intérêts des collectivités locales, rien n'a été changé au régime des biens des distributions publiques locales[30].

Avec la loi du 9 août 2004 qui a opéré la séparation juridique des activités de réseau et des activités concurrentielles, les biens constituant le réseau public de transport défini par l'article 12 de la loi du 10 février 2000 sont passés à RTE, la filiale constituée pour l'exploitation de ce réseau (C. énergie, art. L. 111-40 et 41).

Mais cette réforme n'a pas déterminé l'abandon du régime de la concession. Au contraire, la loi du 9 août 2004 a conduit à l'adoption du décret du 22 février 2005 précisant la consistance du réseau public de transport d'électricité, puis d'un nouveau cahier des charges type de concession de ce réseau. Le décret n° 2006-1731 du 23 décembre 2006, qui l'approuve, abroge les décrets du 28 novembre 1956 et du 23 décembre 1994 relatifs à la concession du réseau d'alimentation générale. La loi précise que « la concession de la gestion du réseau public de transport d'électricité est donnée par l'État au gestionnaire du réseau public de transport d'électricité mentionné à l'article L. 111-40 » (C. énergie, art. L. 321-1), qui l'exerce sur la base d'un cahier des charges type approuvé par décret (C. énergie, art. L. 321-2). L'article 1er du cahier des charges type définit le « service concédé » : « La concession [...] a pour objet le développement, l'entretien et l'exploitation du réseau public de transport... » Selon l'article 12, le concessionnaire « établit à ses frais tous les ouvrages du réseau public de transport », à l'exception des ouvrages de raccordement qui lui sont demandés. La durée de la concession est au maximum de 45 ans à compter de la signature du contrat (art. 39).

Le cahier des charges type de 2006, tout comme celui de 1956, est muet sur le sort des biens. Or, comme l'a rappelé récemment le Conseil d'État, au terme d'un contrat de concession, font retour au concédant, à titre gratuit s'ils sont amortis, non seulement les biens incorporés dès l'origine à son domaine public, mais également ceux qui, étant nécessaire au fonctionnement du service public, sont restés la propriété du concessionnaire en vertu du contrat et pendant sa durée dans la mesure où ils étaient établis sur des propriétés privées. Ces biens reviennent alors en pleine propriété à la personne publique[31]. Cela revient à ce que l'État conserve une sorte de droit de propriété éminent sur tous les biens nécessaires au fonctionnement d'un service public de sa compétence exploité sur la base d'une délégation

29. Voir le *rapport Lambert* précité, note 7, sous II, B.

30. *Ibid.*, sous I, B *in fine*.

31. CE Ass. 21 décembre 2012, *Commune de Douai*, n° 342788, *AJDA* 2013, chron. X. DOMINO/A. BRETONNEAU, p. 457 ; concl. B. DACOSTA, *RFDA* 2013.25 ; voir aussi les commentaires de E. FATÔME/Ph. TERNEYRE, « Le statut des biens des délégations de service public. Après l'arrêt Commune de Douai », *AJDA* 2013, p. 724, en particulier p. 732.

de service public. Cette jurisprudence rend également caduque la référence à la qualification de biens de reprise donnée aux ouvrages du réseau par les anciennes concessions : on ne peut guère contester, en effet, que ceux-ci soient « nécessaires » au fonctionnement du service public.

Cependant, si le Conseil d'État avait, dans son avis du 30 mars 1989, exclu que des biens immobiliers affectés au « service public ferroviaire » et faisant partie du domaine public puissent « faire l'objet, même de façon temporaire, de quelque appropriation privée que ce soit », il réservait l'hypothèse d'une intervention législative spécifique pouvant l'autoriser, à condition qu'elle contienne les mesures nécessaires afin de garantir la « pérennité de l'affectation des biens en cause »[32]. La loi du 10 novembre 1997 s'inscrivait dans le contexte de la concession et l'article 4 était présenté dans l'exposé des motifs du projet de loi comme répondant à la nécessité d'« expliciter la propriété d'EDF sur ces biens au moyen d'une disposition interprétative... »[33] Le maintien du régime de la concession conduit donc à la conclusion que les biens du réseau public de transport, dans la mesure où ils sont nécessaires au fonctionnement du service public, font retour à l'État au terme de la concession, dont le renouvellement est entre les mains de l'État (cahier des charges type : art. 39), alors même qu'ils sont dans la propriété d'EDF pendant la durée de la concession. Il permettra aussi de conserver, si nécessaire, un cadre potentiellement concurrentiel au terme de la concession.

En ce qui concerne les distributions locales, l'environnement concurrentiel a réveillé l'intérêt des collectivités locales pour la concession, mais il est peu plausible que le droit de l'Union européenne ou la législation nationale aille dans le sens d'une remunicipalisation des réseaux.

C. *Marché intérieur de l'électricité, énergies renouvelables et interconnexions*

Les réseaux électriques des États européens sont interconnectés depuis longtemps[34]. Mais ces interconnexions ont été dimensionnées pour permettre les exportations-importations entre les réseaux en fonction de leurs besoins et capacités respectifs et pour faire face à des problèmes d'équilibrage, non pour acheminer des flux déterminés par le libre choix de leurs fournisseurs par les consommateurs, et notamment les gros consommateurs industriels.

C'est en vue de la réalisation du marché intérieur de l'électricité que l'Union européenne a décidé de développer les interconnexions et les échanges transfrontaliers d'électricité (et de gaz). Le préambule de la directive 2009/72 le rappelle : « Les libertés que le traité garantit aux citoyens de l'Union [...] ne peuvent être effectives que dans un marché entièrement ouvert qui permet à tous les consommateurs de choisir librement leurs fournisseurs et à tous les fournisseurs de fournir librement leurs produits à leurs clients » (par. 3). Il

32. CE Assemblée générale, avis n° 345.332, 30 mars 1989, *TGV Sud-Est*, *Rapport public 1990*, p. 236-237.
33. Projet de loi portant mesures urgentes à caractère fiscal et financier, Assemblée nationale, doc. n° 201, 1997.
34. C. Isodoro, *op. cit.* pp. 165 et suiv.

s'agit de mettre en place un réseau interconnecté dans toute l'Union européenne, base d'un véritable marché intérieur de l'électricité (par. 59). L'intégration des marchés nationaux à un ou plusieurs niveaux régionaux serait « une première étape vers la création d'un marché intérieur totalement libéralisé » (art. 6).

L'objectif de séparation complète des réseaux et des activités concurrentielles, poursuivi par la directive 2009/72, vise à favoriser la libre circulation des flux sans que les intérêts commerciaux de l'opérateur historique puissent y faire obstacle. La Commission estime que les entreprises intégrées font obstacle aux investissements dans les infrastructures transfrontalières[35].

On sait déjà que cet objectif ne sera pas atteint puisque les entreprises intégrées sont maintenues. Mais pourrait-il l'être ? D'une part, l'éclatement des entreprises intégrées diminue la capacité d'investissement et d'emprunt de chaque nouvelle entreprise, et d'autre part, l'institutionnalisation d'un gestionnaire indépendant conduit à une dissociation plus ou moins poussée entre l'autorité qui décide du plan d'investissement (plan décennal actualisé chaque année : directive 2009/72, art. 22) et celle qui engage les moyens d'investissement (le management de l'entreprise, lequel rend compte à des actionnaires), sous le contrôle d'une troisième autorité, le régulateur indépendant qui peut imposer des choix au gestionnaire du réseau (art. 22.7). La France a opté pour la formule du « gestionnaire indépendant » au sein de l'entreprise verticalement intégrée[36]. La Commission avait estimé en 2006 que les besoins d'investissement dans les interconnexions devaient s'élever à 6 milliards d'euros jusqu'en 2013, pour les seuls projets prioritaires d'intérêt européen, qui sont loin d'avoir été réalisés[37]. Pour rendre effectif le marché unique de l'électricité, elle avait estimé que les interconnexions devaient atteindre 10 % de la capacité du réseau de transport, niveau qui est également loin d'être atteint. Cependant, des opérations importantes d'interconnexion sont engagées (par exemple entre la France et l'Espagne), et des lignes de transport *off-shore* pour les sites éoliens de la mer du Nord et de la mer Baltique sont en projet. Un plan décennal européen de développement des interconnexions devait être présenté en 2012. De plus, sous l'égide de la nouvelle agence européenne, l'harmonisation des codes-réseau a été entreprise[38].

Toutefois, et de manière en apparence contradictoire, la politique de promotion des énergies renouvelables favorise le développement d'unités de production destinées à alimenter des bassins locaux de consommation, et à diminuer les dépenses sur les réseaux, ce que la loi française encourage déjà les collectivités territoriales à faire (CGCT, art. L. 2224-32 et 33). La directive 2009/28 du 23 avril 2009 relative à la promotion de l'utilisation de l'énergie produite à partir de sources renouvelables encourage la production décentralisée d'énergie, et retient au titre des avantages de celle-ci « l'utilisation de sources d'énergie locales, une sécurité d'approvisionnement en énergie locale accrue, des distances de transport écourtées et une réduction des pertes liées au transport d'énergie » (préambule, par. 6). Les politiques

35. *Une politique de l'énergie pour l'Europe*, COM (2007) 1 Final, 10 janvier, par. 3.1.1.
36. CRE, doc. cit. p. 27.
37. *Plan d'interconnexion prioritaire,* COM (2006) 846.
38. CRE, doc. cit. p. 48 et s.

locales tendant à intégrer production locale et consommation locale d'énergie vont dans le même sens. Il est vrai, toutefois, que la promotion de l'utilisation des énergies renouvelables ne concerne pas seulement la production d'électricité, mais aussi l'utilisation directe des sources primaires (notamment les biocarburants). Mais le développement de tels systèmes électriques locaux semblerait réduire l'intérêt d'investissements massifs dans les interconnexions transfrontalières.

En réalité, le développement de l'utilisation de l'électricité produite à partir de sources d'énergie renouvelables rend nécessaire le renforcement des interconnexions à cause de l'irrégularité des flux générés par les sites de production, notamment en énergie éolienne et en énergie solaire. Les réseaux doivent être adaptés à la gestion de fluctuations accentuées des flux injectés, et l'augmentation du nombre et de la capacité des interconnexions permet de lisser ces fluctuations et de réduire les coûts d'équilibrage ; l'utilisation de ces sources d'énergie, pour les mêmes raisons, nécessite de leur assurer un accès prioritaire aux réseaux (voir par. 59 du préambule de la directive précitée).

Tous les pays ne sont pas placés, à cet égard, dans la même situation. Contrairement à une idée reçue, la part de la production d'électricité à partir de sources renouvelables en France dans la consommation totale est comparable à celle de l'Allemagne : 15 % (en 2010) contre 16 % (2009). Mais dans ce total, l'hydroélectricité représente en France 12 %, contre 3 % en Allemagne, alors qu'en Allemagne l'éolien représente 7 % contre 1,7 % en France ; la part du photovoltaïque est encore marginale (1 % en Allemagne, 0,1 % en France). L'Allemagne est donc beaucoup plus exposée que la France à l'intermittence de la production, l'énergie hydraulique étant la seule technique de stockage utilisable à grande échelle pour l'énergie électrique. L'Espagne est encore plus exposée, avec 15,3 % de sa consommation provenant de l'éolien et 2,6 % provenant de l'énergie solaire[39]. Mais cette situation est appelée à évoluer rapidement. C'est surtout de l'éolien et de l'énergie solaire que viendra l'augmentation de la part des sources d'énergie renouvelables dans la consommation totale d'électricité, tandis que la production hydroélectrique restera à peu près stable à l'horizon 2020. Le défi pour les réseaux est donc réel.

D. Introduire la concurrence pour faire baisser les prix ou augmenter les prix pour permettre l'ouverture à la concurrence ?

Comme le relevait le rapport Champsaur, qui a inspiré la loi du 7 décembre 2010, « le prix de marché est fixé par la plus chère des unités de production nécessaire pour satisfaire la demande » et il est en outre très volatil. C'est la conséquence des caractéristiques particulières de l'électricité, et en particulier de la contrainte d'équilibre et de l'impossibilité de stocker l'électricité. À partir du moment où le choix a été fait d'établir un marché de l'électricité à l'échelle d'un ensemble de pays européens, le prix de marché s'aligne sur l'unité la plus chère de l'ensemble interconnecté. Il en résulte que le prix de marché ne peut absolument pas

39. Syndicat des énergies renouvelables (2011), *État des lieux et perspectives de développement des énergies renouvelables. Focus sur l'électricité.*

refléter le coût de production du parc électronucléaire français, qui couvre plus de 80 % de la consommation nationale d'électricité, assure la base de l'alimentation des consommateurs et sur lequel repose le calcul des tarifs réglementés. Dans ces conditions économiques, les « fournisseurs alternatifs » n'ont pas de marge de développement[40], puisqu'ils ne peuvent fournir une électricité ayant un coût aussi bas – sauf dans certaines conjonctures où le prix du charbon ou du gaz aurait beaucoup baissé. En effet, le prix moyen de l'électricité est le quatrième moins cher après l'Estonie, la Bulgarie et la Finlande pour les consommateurs industriels ; les prix pour la consommation domestique sont supérieurs en Allemagne de 40 % aux prix français. Soulignons que cet écart de prix n'est pas dû, en soi, à l'existence de tarifs réglementés pour les consommateurs domestiques, mais au bas coût de la base, et le tarif réglementé a protégé le consommateur français contre la hausse rapide qui aurait résulté d'offres aux prix de marché.

Il est évident que cette situation fait obstacle au développement d'offres concurrentielles sur le marché français. Selon le rapport Champsaur, la concurrence serait pourtant bénéfique, car elle permettrait le développement d'« offres commerciales innovantes » favorisant le développement de nouveaux comportements économes en énergie[41]. Malheureusement, ce résultat est loin d'être démontré, et même crédible, en ce qui concerne l'électricité. Comme le montre Gilles Darmois, dans les pays qui ont introduit un régime concurrentiel, cinq ou six composantes s'ajoutent pour déterminer la facture du consommateur final, ce qui relativise considérablement la part du prix de la seule fourniture. Cela explique que très peu de consommateurs domestiques utilisent la possibilité de changer de fournisseur, ce qui, selon le même auteur, est « une conduite rationnelle car les économies qu'ils peuvent en attendre sont faibles et, sans doute, en voie de réduction », sans parler de la complexité, comme le montre l'exemple britannique (prix élevés et 400 offres tarifaires pour le consommateur domestique, avant que OFGEM ne renforce, en 2011 la réglementation de la tarification…)[42].

La logique du marché intérieur de l'électricité voulu par l'Union européenne n'est donc pas de faire baisser les prix par l'ouverture à la concurrence, mais d'imposer l'augmentation des prix pour que la concurrence puisse jouer[43]. En un sens, le rapport Champsaur et la loi NOME de 2010 représentent un compromis par rapport à cette exigence. En ouvrant aux « fournisseurs alternatifs » un accès régulé à l'énergie nucléaire historique (ARENH), il leur devient possible de concurrencer EDF… avec l'électricité produite par EDF (C. énergie, art. L. 336-1), ce qui évite un passage brutal aux prix de marché. Il s'agit d'un dispositif transitoire, pouvant s'appliquer jusqu'en 2025, mais avec une évaluation tous les cinq ans à partir de 2015, portant notamment sur l'impact sur la concurrence et sur la parti-

40. *Rapport de la Commission sur l'organisation du marché de l'électricité*, présidée par Paul Champsaur, avril 2009, p. 5-7.

41. *Ibid.* p. 7.

42. G. Darmois, « Le prix de l'électricité », p. 165, notamment p. 199 et 186-189 *in* M. Lapeyre (dir.), *Les nouvelles régulations électriques*, tome 1 : *Monopole et concurrence*, Paris, Éd. Lavoisier, coll. « EGEM Génie électrique », 2012.

43. En ce sens également, à propos de la loi « NOME » : S. Nicinski, « La loi du 7 décembre 2010 portant nouvelle organisation du marché de l'électricité », *Revue juridique de l'économie publique*, n° 684, mars, n° 33, 2011.

cipation aux investissements (C. énergie, art. L. 336-8). On envisage en effet des accords de partenariat à long terme entre EDF et des « fournisseurs alternatifs », comme avec de gros consommateurs, pour financer des investissements de long terme dans des capacités. Mais la loi du 7 décembre 2010 n'impose à ceux-ci aucune obligation en ce domaine. Chaque fournisseur doit disposer de capacités d'effacement et de consommation pouvant être mises en œuvre pour assurer l'équilibre, mais la certification de ces capacités repose sur un contrat entre RTE et l'exploitant de ces capacités, et non le fournisseur, et cet exploitant pourra donc être EDF pour un « fournisseur alternatif » (C. énergie, art. L. 335-2 et L. 335-3).

La loi du 7 décembre 2010 prépare pourtant l'alignement des tarifs réglementés sur les prix de marché, et donc leur disparition, en redéfinissant le mode de calcul des tarifs réglementés pour les consommateurs qui peuvent en bénéficier. Jusqu'alors, les tarifs réglementés étaient basés sur les coûts de production d'EDF et les coûts d'acheminement. Jusqu'au 31 décembre 2015, les tarifs réglementés de vente sont progressivement établis « en tenant compte du prix de l'accès réglementé à l'électricité nucléaire historique, du coût du complément à la fourniture d'électricité qui inclut la garantie de capacité, des coûts d'acheminement et des coûts de commercialisation ainsi que d'une rémunération normale » ; ces tarifs peuvent continuer à être différenciés selon les périodes de consommation, à condition de couvrir globalement l'ensemble de ces coûts (C. énergie, art. L. 337-6)[44]. Cela signifie que, pour assurer la « garantie de capacité », le tarif réglementé devra également intégrer le prix du marché de gros pour la couverture de la pointe. Quant à la « rémunération normale », seul l'avenir permettra de dire à combien elle se monte !

L'électricité est pourtant un secteur dans lequel le marché ne peut guère conduire à produire le bon « signal prix ». Comme l'écrit Gilles Darmois : « Le prix de l'électricité est toujours régulé car cette industrie est le lieu de monopoles naturels. La régulation est plus facile lorsque le producteur-commercialisateur est un monopole intégré car toute l'information nécessaire au régulateur lui est disponible[45]. » Au contraire, les hypothèses relatives au bon fonctionnement d'un marché sont très mal satisfaites dans le cas de l'électricité[46] : il n'y a pas de face à face entre un vendeur et un acheteur, car c'est du réseau que dépend l'alimentation en électricité ; le réseau est un monopole naturel ; l'électricité n'est pas stockable, ce qui rend impossible des arbitrages dans le temps ; les décisions d'investissement exigent des planifications à long terme qui ne peuvent être éclairées par les prix de gros, trop variables ; l'exigence absolue d'équilibre sur le réseau renforce les inconvénients des asymétries de marché. Selon le même auteur, la structure qui permettrait de corriger ces inconvénients est concevable, mais elle n'existe nulle part. En outre, la concurrence fait apparaître des prix négatifs sur le marché de gros. Dans un monopole intégré, il ne peut en être ainsi, car la surcapacité est traitée par un investissement du monopole, en principe sous la forme de

44. Peuvent bénéficier des tarifs réglementés de vente : les consommateurs finals, domestiques ou non, pour les sites ayant souscrit une puissance inférieure ou égale à 36 kVA (art. L. 335-7).

45. *Op. cit.*, p. 165.

46. Voir également : J.-M. GLACHANT, « The making of competitive electricity markets in europe : no single way and no single market », p. 8 *in* J.-M. GLACHANT, D. FINON (eds), *Competition in European electricity markets. A cross-country comparison*, Cheltenham, Edward Elgar, 2003.

pompage d'eau dans les retenues ; au contraire, dans un régime de marché, la surcapacité technique temporaire a un coût, en raison de la contrainte d'équilibre et ce coût est d'autant plus élevé que les fluctuations sont importantes. Ainsi, dans l'interconnexion entre la France et l'Allemagne, la priorité d'achat à l'électricité éolienne ou photovoltaïque est la cause de prix négatifs[47]. Gilles Darmois en conclut qu'« un monopole intégré sera beaucoup mieux placé pour minimiser la facture pour le consommateur final »[48]. La supériorité du modèle économique mis en place par les directives de l'Union européenne n'est donc nullement établie. Il faut ajouter à cela le coût de la financiarisation du marché de l'électricité, sous la forme d'intermédiaires financiers rendus nécessaires pour assurer la liquidité du marché, et qui montent des produits financiers à partir de l'offre physique de capacités.

À côté des facteurs structurels de hausse du prix de l'électricité imputables au choix d'un régime de marché, il existe d'autres facteurs qui sont liés à la promotion des énergies renouvelables. Du point de vue technique et économique, toutes ces énergies ne sont pas au même niveau de maturité. Soutenues par des tarifs d'achat obligatoire élevés elles favorisent le renchérissement du coût de l'électricité et imposent en outre des coûts de réseau supplémentaires. Par exemple, les coûts de production de l'éolien *off-shore* augmentent rapidement avec les difficultés géologiques et maritimes de l'implantation des sites de production (entre 50 et 100 % de plus au large des côtes françaises, par rapport à la Baltique) ; selon Julien Janes, la création sur appel d'offres d'un parc de 3 000 MW au large des côtes françaises représente un surcoût sur vingt ans de 30 milliards d'euros par rapport au prix du marché, pour produire 2 % de la consommation française, ce qui est le coût des investissements nécessaires à la prolongation de 30 ans de la durée de vie de toutes les centrales nucléaires en exploitation pour produire 75 % de la consommation[49] !

En outre, et contrairement à ce que l'on serait porté à croire, les sources d'énergie renouvelables ne génèrent pas d'économie dans le développement du réseau. Un renforcement du réseau est en effet nécessaire pour tenir compte des fluctuations importantes de la puissance produite, ce qui est vérifié aussi bien pour l'éolien que pour le photovoltaïque, même si le site de production est plus proche des consommateurs[50]. Bien plus, avec le développement de la production diffuse d'électricité à partir de sources d'énergie renouvelables, la multiplication des sites de production de peu de puissance, bien que peu rentable, impose la multiplication des points d'injection, notamment sur les réseaux basse et moyenne tension, alors que l'architecture classique du réseau les a concentrés sur le réseau haute tension. Un nombre croissant de sites doit permettre à la fois l'injection et le soutirage. L'architecture du réseau est donc en train de connaître une transformation profonde. En tendance, elle devient

47. *Ibid.*, *op. cit.* p. 173 et s., 184 et s., G. Darmois montre qu'aux États-Unis, les États se partagent entre régime concurrentiel et monopoles intégrés, et que ceux qui sont restés au monopole régulé délivrent l'électricité au consommateur à des prix inférieurs (p. 179 et 199).

48. *Ibid.*, p. 185.

49. J. JANES, « Les énergies renouvelables », p. 148 notamment, *in* M. LAPEYRE (dir.), *op. cit.*, tome 2 : *Productions, réseaux et demande*, 2012.

50. *Ibid.* p. 150. Voir également : CRE, Avis du 30 octobre 2008 sur le projet d'arrêté fixant les conditions d'achat de l'électricité produite par l'utilisation de l'énergie mécanique du vent, p. 6.

moins hiérarchique et la fonction d'équilibrage devient plus complexe et doit faire appel à des moyens électroniques sophistiqués.

III. La place des collectivités territoriales dans le nouveau système électrique

Le système électrique connaît une transformation profonde sous la double influence de la politique de libéralisation et du développement des énergies renouvelables. Il est certain que la place des collectivités territoriales dans ce système est en train de changer, et qu'elle sera à l'avenir plus importante. Cependant, bien des incertitudes affectent encore la direction de cette évolution. Pour essayer de les réduire, il convient de partir des compétences que la loi leur a attribuées en ce domaine et qui dessinent leurs principaux domaines d'intervention : les réseaux de distribution locale, la fourniture, la production et la consommation. En fait, aujourd'hui, aucun segment du secteur électrique n'échappe à la compétence des collectivités territoriales. Mais ces compétences s'inscrivent dans un système complexe combinant règles nationales et règles européennes, qui leur laissent des marges d'action variables selon les domaines, avec des risques également variables. À l'examen, c'est par l'action sur la consommation d'énergie, sous toutes ses formes, que les collectivités locales sont susceptibles d'avoir l'impact le plus important. On présentera dans ce qui suit les autres études réunies dans cette édition.

A. Les distributions locales concédées et les distributions locales non nationalisées : monopole et péréquation

La fonction d'autorité concédante est la plus ancienne et la plus traditionnelle des compétences des collectivités locales en matière d'électricité (et de gaz). Cependant, avec la loi du 8 avril 1946, celles-ci ont a perdu l'essentiel des pouvoirs habituellement exercés par l'autorité concédante, à commencer par le pouvoir de décider de concéder le service et à qui le concéder. Selon Jean-Marie Pontier[51], c'est la « quasi-disparition de la liberté contractuelle ». En effet, la loi a établi un régime de concession obligatoire, et substitué de plein droit EDF (respectivement GDF) aux anciens concessionnaires. Le Conseil d'État a également jugé qu'une collectivité locale ne pouvait, à la faveur d'un changement du régime juridique applicable à une distribution locale non nationalisée, étendre le périmètre de celle-ci[52]. Il veille ainsi au respect du monopole légal conféré à EDF et GDF ; *a fortiori* la loi feraitelle de même obstacle à la reprise en régie, ou sous une autre forme d'entreprise publique locale, du service concédé. Ce particularisme a été consacré par la loi Sapin du 29 janvier 1993 : l'article L. 1411-12 CGCT fait échapper les concessions des distributions locales

---

51. *Infra* IV : « Les entreprises locales de gaz et d'électricité ».

52. CE 7 juin 1995, *Lagourgue et autres*, n° 143647 et 143648, *Rec.* 226 ; CE 27 novembre 2002, *Société d'intérêt collectif agricole (SICAE) de la région de Péronne*, n° 246764.

d'électricité ou de gaz au droit commun des délégations de service public. L'autorité concédante n'a pas non plus la compétence tarifaire, puisque le concessionnaire doit appliquer le tarif unique d'utilisation du réseau (TURPE) fixé par la CRE, en contrepartie duquel ERDF applique, à la suite d'EDF, une « contribution d'équilibre » qui assure une péréquation entre les distributions dont l'économie est la plus favorable (surtout celles des zones urbaines) et celles dont la rentabilité est plus fragile[53]. La loi règle donc les rapports entre les AODE et le concessionnaire, car les grands défis auxquels les collectivités territoriales sont confrontées ne peuvent pas trouver de solutions étroitement locales[54] ; c'est ici le réseau qui impose sa loi. Comme l'écrit Sophie Nicinski, c'est un « service public local à envergure nationale »[55].

Cependant, les droits des autorités concédantes ont été progressivement renforcés par la loi et la jurisprudence, notamment depuis 2000. Qualifiées par la loi d'« autorités organisatrices de la distribution publique d'électricité » (AODE) (C. énergie, art. L. 121-4.II, al. 1er), elles « négocient et concluent » les contrats de concession et exercent « le contrôle du bon accomplissement des missions de service public » fixées par le cahier des charges (CGCT, art. L. 2224-31). Elles désignent à cet effet un « agent de contrôle » distinct du gestionnaire du réseau. La loi du 12 juillet 2010 a précisé dans cet article le contenu des obligations d'information du concessionnaire envers l'autorité concédante ; celui-ci devra rendre compte de sa contribution aux plans climat-énergie territoriaux et de la réalisation programme prévisionnel d'investissement. Comme on l'a vu, le Conseil d'État a fait de la communication de « toute information utile sur les biens de la délégation » l'un des principes de la délégation de service public s'appliquant à ces concessions[56]. Ces évolutions juridiques répondent au « dynamisme » des syndicats d'électricité[57], apparus dans l'entre-deux-guerres, qui ont joué un rôle majeur dans l'électrification des zones rurales et tirent encore aujourd'hui l'essentiel de leur légitimité des zones rurales, dans lesquelles ils exercent la maîtrise d'ouvrage des travaux sur le réseau. L'enfouissement des réseaux leur a donné l'occasion de renouveler leur mission et de lui donner une dimension environnementale[58].

Cependant, le système des concessions des distributions locales fait l'objet de critiques récurrentes. Le rapport 2013 de la Cour de comptes pointe les coûts de structure élevés qu'implique la fragmentation des distributions locales, comptant encore 736 concessions, avec seulement 55 départements comptant une concession unique, malgré la loi du 7 décembre 2006 qui incitait au regroupement en un syndicat unique au niveau départemental[59]. Elle relève aussi que l'« organisation technique du réseau est indépendante de celle des concessions »[60],

53. Cour des comptes, *Rapport public annuel 2013*, p. 113 et s.

54. J.-M. PONTIER, *infra* IV.

55. S. NICINSKI, « À propos des concessions locales de distribution d'électricité. Évitons les surtensions ! », *AJDA* 2010.1737, (2010).

56. CE Ass. 21 décembre 2012, *Commune de Douai*, précité.

57. P. MOZOL, *infra* II : « Le rôle des syndicats d'électrification et la gestion des réseaux publics de distribution d'électricité : entre opportunités et contraintes ».

58. *Ibid.*

59. Cour des comptes, *Rapport public annuel 2013*, p. 110.

60. Cour des comptes, doc. cit. p. 121.

ce qui est source de conflits, alors que le législateur a renforcé les obligations d'information du concessionnaire et les pouvoirs de contrôle des autorités concédantes. La Cour des comptes met aussi en évidence la contradiction entre le renforcement des pouvoirs de négociation des communes et de leurs groupements autorités concédantes et le fait que le concessionnaire gère au niveau national les moyens qu'il tire du tarif d'accès au réseau, fixé au niveau national par la CRE, ce qui implique des choix entre les concessions. De ce point de vue, si les engagements d'investissement pris par le concessionnaire dans les nouveaux contrats de concession se généralisent à l'occasion du renouvellement des concessions, cela jouera au détriment des concessions ne comportant pas ce type d'engagement (notamment celles qui ne sont pas encore venues à échéance), et cela rendra impossible une planification des investissements, de plus en plus nécessaires pour maintenir ou rétablir la qualité de l'électricité[61]. Dans la décision du 30 novembre 2006, le Conseil constitutionnel a jugé que l'intérêt général qui s'attache à l'intégration au niveau national des réseaux de distribution locale justifie l'atteinte portée au principe de libre administration des collectivités locales[62].

La Cour des comptes conclut sans surprise, mais sans prendre parti, à la nécessité de « s'interroger à plus long terme sur l'évolution du modèle de la distribution d'électricité ». Mais les implications des choix doivent être clairement posées : plus de décentralisation, et notamment le retour à de vraies concessions locales, mettra en cause la péréquation tarifaire ; une gestion intégrée des réseaux implique de limiter les pouvoirs des autorités concédantes. Ces choix pourraient être conditionnés par une nouvelle approche, plus globale, des réseaux au niveau local, ce qui pourrait aussi, à terme, conduire à remettre en cause le monopole légal d'ERDF. Les stratégies de développement de la « ville intelligente » *(smart city)*[63], qui consiste à rapprocher production et distribution au niveau local, à intégrer la gestion des réseaux dans une optique de performance énergétique tendent à définition de systèmes énergétiques urbains relativement autonomes, à l'opposé de la péréquation nationale qui caractérise le système électrique français. Au minimum, un premier effort de rationalisation serait de rapprocher le maillage des concessions de l'organisation technique du réseau, pour améliorer le dialogue entre ERDF et les collectivités territoriales, et d'associer leurs représentants au contrat national de service public que l'État devrait conclure avec ERDF, comme le prévoit la loi de 2004.

En revanche, une modification de la législation ayant pour objet d'ouvrir les concessions locales à la concurrence n'est pas à l'ordre du jour, et les collectivités territoriales n'y sont, en général, pas favorables. La FNCCR est hostile à l'ouverture à la concurrence de la gestion des réseaux, et se déclare attachée à la péréquation financière et tarifaire, mais demande un renforcement du pouvoir des autorités concédantes pouvant aller jusqu'à la

---

61. Cour des comptes, doc. cit. p. 121-122 ; le rapport cite l'exemple du nouveau contrat de concession signé en 2009 entre la Ville de Paris et ERDF.

62. CC n° 2006-543 DC, 30 novembre 2006, et : G. Marcou, « La décision du Conseil constitutionnel sur la privatisation de Gaz de France et le principe de libre administration des collectivités territoriales », *Revue Lamy Territorial*, mars, p. 23, 2007.

63. H. Delzangles, Ch. Krolik, *infra* XII : « Les évolutions des relations entre les autorités concédantes et leurs concessionnaires face au *smart grid* : du *smart grid* à la *smart city* ».

substitution en cas de carence du concessionnaire, et la reprise possible en régie en fin de contrat[64].

La forte prépondérance des concessions de distribution ne doit pas faire oublier les distributeurs non nationalisés, devenus entreprises locales de distribution, qui peuvent être de statuts divers. Au nombre de 158 en France, la libéralisation les a conduit à affirmer leurs propres intérêts, mais elles apparaissent divisées en deux tendances au niveau européen, qui ont donné naissance à des associations distinctes : celles qui sont favorables à libéralisation et celles qui entendent en limiter l'impact, dans lesquelles se rangent les ELD françaises, qui sont soumises aux sollicitations contradictoires d'ERDF et des nouveaux entrants à la recherche d'alliés[65].

La loi du 12 juillet 2010 a aussi donné la possibilité aux communes, en cas d'offre existante, insuffisante ou inadéquate sur leur territoire, de créer et entretenir des infrastructures de charge pour les véhicules électriques, ou créer un service chargé de créer, entretenir et exploiter ces infrastructures, ce qui peut comprendre l'achat de l'électricité nécessaire à l'alimentation de cette infrastructure (CGCT, art. L. 2224-37).

B. Les collectivités territoriales, autorités organisatrices du service public de fourniture au tarif réglementé

Dans le prolongement de la distribution, les communes et leurs groupements sont également autorités concédantes pour la fourniture d'électricité. Ces deux fonctions étaient indistinctes dans le service public intégré antérieur à la libéralisation. La loi du 7 décembre 2006 a consacré le maintien de cette unité en ce qui concerne le service public de la fourniture d'électricité. En effet, les AODE sont aussi les « autorités organisatrices du service public de la fourniture d'électricité aux clients raccordés à un réseau de distribution qui bénéficient des tarifs réglementés de vente » (C. énergie, art. L. 121-5, al. 4) tandis que la mission de fourniture incombe à EDF et aux entreprises locales de distribution.

Cette extension de la compétence des AODE a pour effet de donner un cadre juridique au double objet de la concession : le réseau (la distribution) et la fourniture d'électricité aux tarifs réglementés. Par voie de conséquence, EDF et, dans leurs zones de distribution ; les ELD, qui sont chargées de la fourniture d'électricité aux tarifs réglementés, doivent également signer le contrat de concession et ses avenants, au côté d'ERDF, gestionnaire du réseau, ou de l'ELD chargée du réseau[66]. L'avenir de cette fonction dépend étroitement de celui des tarifs réglementés. Leur suppression entraînerait la disparition du service public de la fourniture d'électricité, à l'exception des tarifs sociaux.

---

64. FNCCR, *Quel mode de gestion pour les services locaux de l'électricité ?, Livre blanc*, octobre 2011 ; P. Sokoloff, « Les régulations locales de la distribution et de la fourniture d'électricité », notamment p. 157-161, *in* M. Lapeyre (dir.), tome 1, *op. cit.*, 2012.

65. P. Gabillet, *infra* V : « Les entreprises locales de distribution d'énergie : construire des organisations pour être représenté dans le champ décisionnel national et européen ».

66. P. Sokoloff, *op. cit.*, p. 149.

L'autorité organisatrice est liée par les tarifs réglementés de vente fixés par l'État, et son influence sur la consistance du service public de la fourniture proprement dite est donc très réduite. Mais ceux-ci ont été contestés comme faisant obstacle à la concurrence, mais il convient de souligner qu'actuellement ce sont les tarifs réglementés aux clients finaux non résidentiels qui font l'objet d'une procédure en manquement ouverte par la Commission contre la France, d'abord en 2006, puis par un avis de manquement du 31 mai 2012[67]. L'Autorité de la concurrence considère que tous les tarifs réglementés de vente, quel qu'en soit l'objet ou la forme, ont une « influence défavorable sur la concurrence », et elle recommande leur abandon progressif[68]. Mais la véritable question est de savoir si le marché concurrentiel est la bonne technique pour assurer l'accès de tous à un bien de première nécessité.

Or la « précarité énergétique » est apparue dans les débats sur la politique énergétique en raison du nombre croissant de foyers qui ne parviennent pas à financer leurs besoins en électricité et en gaz. La notion a été définie en France par la loi du 12 juillet 2010 (Grenelle 2) et l'action publique s'appuie sur les tarifs sociaux, introduits respectivement en 2004 pour l'électricité et en 2008 pour le gaz naturel, et sur la mobilisation et l'adaptation des divers moyens d'aide aux plus démunis mis en œuvre par les départements et CCAS/CIAS[69]. En Allemagne, la question a été introduite dans le débat de manière plus récente, à partir d'initiatives locales et caritatives. Elle est prise en compte, désormais, dans les aides sociales. Mais le cas de l'Allemagne est exemplaire du problème tarifaire : le prix de l'électricité est l'un des plus élevés d'Europe, et la part du tarif d'achat de l'électricité d'origine renouvelable dans le prix payé par les consommateurs atteint en 2013 18,3 % ; cependant, les prix sont fixés par le marché, il n'existe pas de tarifs réglementés de vente[70].

On peut pourtant soutenir que les tarifs réglementés de vente aux clients résidentiels sont compatibles avec la directive de 2009, comme auparavant avec la directive de 2003. L'article 3.2 de la directive 2009/72 prévoit formellement la possibilité pour les États d'imposer aux entreprises du secteur de l'électricité des « obligations de service public » sur le « prix de la fourniture ». Sous réserve de définir la consistance de ces obligations de service public, on voit mal comment des obligations de service public portant sur les prix pourraient prendre une autre forme que la réglementation de ces prix. De plus, l'article 3.3 prévoit l'existence d'un service universel pour tous les clients résidentiels (et éventuellement les PME employant moins de 50 personnes et réalisant un chiffre d'affaires inférieur à 10 millions d'euros). Ce service universel est le droit, pour tous ces consommateurs « d'être approvisionnés, sur leur territoire, en électricité d'une qualité définie, et ce à des prix raisonnables, aisément et clairement comparables, transparents et non discriminatoires » ; il comporte la désignation par l'État membre d'un fournisseur de dernier recours. La fourniture aux tarifs réglementés de vente répond, en France, à ces conditions et correspond au service universel

67. IP/12/542.

68. Autorité de la concurrence : avis n° 13-A-19, 25 mars 2013 concernant un projet de décret relatif aux tarifs réglementés de vente de gaz naturel, notamment par. 55 et 56.

69. *Infra* XIV : J.-L. Pissaloux, « Collectivités locales et lutte contre la précarité énergétique ».

70. *Infra* XV : U. Dubois, I. Mayer,, « La problématique de la précarité énergétique : un état des lieux franco-allemand ».

que les États ont l'obligation de mettre en place. Des obligations de service public sur le prix de la fourniture peuvent se combiner avec le service universel. La directive distingue nettement l'obligation pour les États de veiller à ce que tous les clients résidentiels puissent bénéficier du service universel (art. 3.2) et les mesures destinées à protéger les « consommateurs vulnérables » et à « lutter contre la pauvreté énergétique » (art. 3.7 et 3.8).

Le Conseil constitutionnel, dans sa décision du 30 novembre 2006 n'a pas jugé les tarifs réglementés contraires à la Constitution, mais la disposition législative qui les établissait « manifestement » incompatible avec l'objectif d'ouverture des marchés concurrentiels de l'électricité et du gaz fixé par les directives et donc contraire à l'article 88-1 de la Constitution qui fait de la transposition loyale des directives une obligation constitutionnelle, parce que cette disposition était trop générale et discriminatoire dans ses modalités d'application[71]. Dans sa décision, cependant, le Conseil constitutionnel négligeait la différence entre obligations de service public et service universel, au sens de la directive 2003/54.

La Cour de justice, dans l'arrêt *Federutility*, a consacré la possibilité de tarifs réglementés selon la directive de 2003, mais elle en a posé des limites[72]. Selon la Cour, les termes de la directive 2003/54 (sur le gaz, repris sans changement dans les directives de 2009) confient à l'État membre le soin « d'apprécier si, dans l'intérêt économique général, après le 1er juillet 2007, il y a lieu d'imposer aux entreprises intervenant dans le secteur du gaz des obligations de service public afin, notamment, d'assurer que le prix de fourniture du gaz naturel au consommateur final soit maintenu à un niveau raisonnable… » (par. 32). Les limites fixées par la Cour découlent de l'application du principe de proportionnalité : l'application des « prix de référence » fixés par l'autorité de régulation italienne doit être limitée dans le temps à ce qui est « strictement » nécessaire au regard de l'objectif poursuivi, à la partie du prix qui justifie l'intervention de l'État, et à des catégories précises de bénéficiaires (par. 35 à 40).

Ces considérations permettent de mieux concevoir la différence entre obligations de service public et service universel, selon la directive. Si les obligations de service public relatives au prix de la fourniture sont temporaires, le service universel, lui, est un droit pour tous les consommateurs résidentiels, et il a un donc un caractère permanent. Alors que les obligations de service public relatives au prix de la fourniture doivent viser des catégories déterminées de bénéficiaires, le service universel bénéficie à tout client résidentiel ou assimilé. L'exigence de prix raisonnables et clairement comparables, transparents et non discriminatoires justifie l'introduction de tarifs réglementés, dès lors que les consommateurs ont accès à une offre de marché à laquelle ils peuvent comparer celle aux tarifs réglementés. Le service universel assuré au moyen de tarifs réglementés est ici la concrétisation du « droit de tous à l'électricité, produit de première nécessité » proclamé par la loi du 10 février 2000 (C. énergie, art. L. 121-1 *in fine*). Mais le tarif social s'analyse comme une obligation de

71. G. MARCOU, « L'exigence constitutionnelle de transposition des directives et les tarifs réglementés de l'électricité et du gaz (CC 2006-543 DC, 30 novembre 2006) », *AJDA*, n° 6, 12 février, 2007.

72. Cet arrêt est analysé plus en détail par M. LONG : *infra* XIII,« La tarification de l'énergie : la libéralisation au prisme de l'usager ».

service public à la charge d'EDF. Toutefois, la notion française de service public, telle qu'elle est utilisée dans le Code de l'énergie est plus large et englobe le service universel et d'autres missions (voir art. L. 121-1 et suivants).

La mise en place des tarifs sociaux d'alimentation en électricité ou en gaz, et la proposition de loi Brottes prévoyant la progressivité des tarifs, témoignent d'un regain d'intérêt pour les tarifs réglementés, même si le régime prévu par la loi Brottes a été invalidé par le Conseil constitutionnel. S'agissant de la tarification sociale, dont le principe n'est plus remis en cause, cela n'allait pas de soi, comme le rappelle Martine Long, pour un service public industriel et commercial, mais elle ajoute que « le tarif n'est pas un simple acte de réglementation. Il est un identifiant essentiel de l'accessibilité d'un service public »[73]. Quant aux tarifs progressifs, ce n'est pas le principe qui en a été jugé inconstitutionnel dans la décision du 11 avril, mais les modalités lorsque la différence de traitement prévue par la loi n'était pas en rapport avec l'objectif de la loi et constituait dès lors une violation du principe d'égalité[74].

Nous avons vu que la redéfinition des tarifs réglementés par la loi NOME pouvait conduire à leur disparition progressive, mais elle autorise aussi leur pérennité. L'avenir dira quelle direction le gouvernement entend imprimer à l'évolution, mais le droit de l'Union européenne n'impose pas la disparition des tarifs réglementés de vente.

Les communes et leurs groupements ont désormais de nouvelles possibilités de se lancer dans la production, et donc dans la fourniture en vue d'offrir de meilleures conditions pour leurs habitants, ou au moins pour leur propre consommation. Cependant, c'est surtout par leur capacité à agir sur les consommations qu'elles peuvent jouer le rôle le plus important dans le nouveau système électrique qui se met en place.

C. Les collectivités territoriales et la production locale d'électricité

La loi a progressivement élargi les possibilités pour les collectivités territoriales de s'engager dans le développement de la production locale.

Elles peuvent ainsi depuis longtemps aménager, exploiter, faire aménager et faire exploiter des installations hydroélectriques d'une puissance inférieure à 8 000 kVA ; elles peuvent aussi, depuis la loi du 23 juillet 2005, développer de même toute nouvelle installation utilisant les autres énergies renouvelables, ou de valorisation énergétique des déchets ménagers ou assimilés, ou de cogénération ou de récupération d'énergie provenant d'installations d'alimentation d'un réseau de chaleur, lorsque ces nouvelles installations se traduisent par une économie d'énergie ou une réduction des pollutions atmosphériques (CGCT, art. L. 2224-32). On remarquera qu'en dehors des installations hydroélectriques, la loi n'impose

73. *Ibid.*

74. CC n° 2013-666 DC, 11 avril 2013 précité, cons. 10 notamment : « Le principe d'égalité ne fait pas obstacle à ce que soient établies des impositions spécifiques ayant pour objet d'inciter les redevables à adopter des comportements conformes à des objectifs d'intérêt général, pourvu que les règles qu'il fixe à cet effet soient justifiées au regard desdits objectifs. »

aucun seuil ou plafond de puissance. Le même article précise que ces installations bénéficient de l'obligation d'achat, ce qui donne lieu trop souvent à des effets d'aubaine (vente de la production locale au tarif de l'obligation d'achat, et achat aux tarifs réglementés, etc.)[75].

En outre, les communes peuvent faire exploiter par leur concessionnaire de distribution toute installation de production de proximité d'une puissance inférieure à un seuil fixé par décret, si cette installation permet d'éviter l'extension ou le renforcement des réseaux de distribution relevant de leur compétence (CGCT, art. L. 2224-33).

La directive 2012/27, du 25 octobre 2012 (qui doit être transposée au plus tard le 5 juin 2014) demande aux États membres d'encourager le développement au niveau local et régional de systèmes de chaleur et de froid efficaces, et notamment les systèmes de cogénération (art. 14).

Toutefois, les collectivités locales sont soumises, en tant que producteur, à la régulation exercée par la CRE, tenues au respect des règles de l'Union européenne en matière de concurrence et d'aide d'État, sous réserve des dérogations justifiées par la directive 2009/28 mais qui sont réglementées par les États (art. 13), et le cas échéant aux règles relatives à la passation des marchés publics.

Comme le montre Benoît Boutaud, les énergies renouvelables apparaissent comme les énergies des collectivités territoriales, car elles sont à leur portée techniquement et financièrement, et la tendance à la décentralisation les met politiquement à leur portée. Mais la réalité est moins nette. La « traduction des stratégies en actes concrets est parfois difficile » et les conflits d'usage peuvent conduire les élus locaux à renoncer à certains projets. En outre, le rendement des initiatives locales en termes de bilan énergétique n'est pas toujours positif et l'État entend maintenir un encadrement visant à prévenir les risques environnementaux et la fragmentation des territoires[76].

L'impact des interventions des collectivités territoriales reste cependant de portée relativement limitée, au regard du potentiel offert par les actions sur la consommation.

D. L'action des collectivités territoriales sur la consommation

L'action sur la maîtrise de la consommation d'énergie de réseau est sans doute l'un des premiers domaines dans lesquels la décentralisation a touché le secteur de l'énergie, dès les années 1980. Mais les évolutions technologiques et la prise de conscience du fait que pratiquement toutes les compétences locales ont un impact énergétique, notamment depuis la loi Grenelle 2 du 12 juillet 2010, ont considérablement élargi le champ des interventions possibles, si bien que l'un problèmes majeurs est celui de leur mise en cohérence, sur le plan interne à la collectivité territoriale, mais aussi sur le plan externe, en relation avec les autres collectivités et avec la politique nationale de l'énergie.

75. Source : Entretiens. Voir également *infra* XI : B. BOUTAUD, « Les énergies renouvelables, énergies des collectivités territoriales ».

76. B. BOUTAUD, *op. cit.*

On a cherché à évaluer le rendement économique des mesures d'économie d'énergie, par rapport aux actions sur les nouvelles de production, faisant appel à des sources d'énergie renouvelables. Le résultat est sans appel : elles sont à la fois plus efficaces pour réduire les émissions de CO_2 et d'un meilleur rendement sur le plan économique. Le coût budgétaire de l'intervention publique pour l'isolation de parois opaques est de 2 euros par tonne de CO_2 évitée ; il est de 31 euros pour la mise en place de chaudières à condensation, mais se situe entre 200 et 500 euros pour le tarif d'achat applicable aux éoliennes (respectivement sur terre ou en mer)[77].

Si les actions de maîtrise de la consommation d'énergie en direction des consommateurs sont apparues dans les années 1970, c'était pour faire face à une relative pénurie ; aujourd'hui au contraire, l'objectif est de modifier durablement les comportements des consommateurs afin de contribuer à la diminution des émissions carbonées et à la prévention du changement climatique. La loi en fait une compétence des communes et de leurs groupements (CGCT, art. L. 2224-34). Le « démarketing » (D. Huron) est alors une stratégie à la disposition des collectivités locales pour atteindre leurs objectifs en ce domaine, à partir d'une segmentation appropriée des consommateurs en fonction de leurs besoins et de leurs contraintes[78].

Mais l'impact le plus important devrait venir de leur action sur les bâtiments, l'urbanisme et les transports.

On sait que les bâtiments sont la principale source de consommation d'énergie. Les interventions visant à réduire cette consommation peuvent donc avoir un rendement élevé. C'est ce constat qui est à l'origine du « contrat de performance énergétique », introduit par la directive 2006/32 et mis en œuvre dans le droit français par la loi du 3 août 2009 (Grenelle 1), et au moyen des contrats de partenariat ou des marchés globaux prévus par le décret du 25 août 2011. Le principe en est de financer la rénovation énergétique des bâtiments par les économies d'énergie escomptées[79]. La solution est innovante, mais sa mise en œuvre n'en est qu'à ses débuts ; elle suppose sans doute le développement de sociétés de tiers investissement, qui est encore hypothétique. Cela explique que peu de contrats de performance aient été signés à ce jour. Pourtant, le bilan de ceux qui existent est plutôt encourageant ; les coûts de construction et d'exploitation et les délais, qui conditionnent l'équilibre économique de l'opération ont été respectés[80].

Les communes et les intercommunalités utilisent aussi de plus en plus leurs compétences en matière d'urbanisme et de transports et déplacement pour agir sur la consommation d'énergie. Les impératifs énergétiques ont été introduits comme des objectifs directs

---

77. J. JANES, *op. cit.*, p. 163. L'auteur se réfère à l'étude du cabinet McKinsey, *Pathways to a low-carbon economy* (2009), à une étude de la Direction générale du Trésor de 2007 et à l'avis de la CRE précité du 30 octobre 2008 sur les tarifs d'achat de l'électricité produite par l'énergie mécanique du vent.

78. *Infra* VI : D. HURON, « Le démarketing, instrument de politique énergétique des collectivités territoriales ».

79. *Infra* VII : S. NICINSKI, « Les contrats de performance énergétique ».

80. *Infra* VIII : E. CHONG, A. LE LANNIER, C. STAROPOLI, « La rénovation énergétique des bâtiments : les collectivités territoriales au milieu du gué ».

des documents d'urbanisme par les modifications récentes du Code de l'urbanisme (lois du 12 juillet 2010 et du 17 mai 2011). Ainsi, l'ouverture de nouvelles zones à l'urbanisation peut être subordonnée par le SCoT à ce que les constructions, installations et aménagements respectent des obligations renforcées de performance énergétique (art. L. 122-1-5.V). Les plans de déplacement urbain et les choix relatifs aux technologies de transports publics peuvent aussi avoir un impact considérable sur la consommation d'énergie[81].

Jusqu'à maintenant, les compétences locales en matière d'énergie relevaient seulement des communes et des intercommunalités. La loi du 12 juillet 2010 a introduit des instruments de planification nouveaux devant permettre une approche plus globale, liée à l'aménagement du territoire des problèmes énergétique, touchant aussi bien à la production qu'à la consommation. Les régions sont en effet chargées d'élaborer et d'adopter, conjointement avec le préfet de Région, les schémas régionaux climat air énergie (SRCAE), qui encadrent les plans climat-énergie territoriaux (PCET) que doivent adopter les communes et intercommunalités de plus de 50 000 habitants ainsi que les documents d'urbanisme. Les PCET, mais aussi les PDU, et les plans de protection de l'atmosphère (PPA) doivent être compatibles avec les SRCAE, tandis que les SCoT et les PLU doivent prendre en compte les PCET. L'espace régional est ici utilisé comme l'interface de l'application des engagements internationaux de la France en matière de réduction des émissions de gaz à effets de serre, et les actions locales devant permettre d'y parvenir (R. Allemand). Sans être opposables aux tiers, les SRCAE ont donc une portée normative[82]. L'élaboration des SRCAE a été marquée par un fort investissement des DREAL pour assurer la prise en compte des orientations et des priorités nationales, et elle a mis en évidence des conflits entre une approche « réaliste » des services de l'État et une ambition plus « volontariste » des conseils régionaux[83].

Davantage encore, l'anticipation de nouvelles mutations technologiques conduit à imaginer une nouvelle organisation des réseaux et même de la ville, ce que reflètent les vocables nouveaux de « *smart grid* » (réseau intelligent) et de « *smart city* » (ville intelligente). De la conception de réseaux non hiérarchisés assurant la transmission bidirectionnelle des flux électriques, associés à la promotion des sources d'énergie renouvelables et à une organisation physique économe en énergie, on passe à une vision globale de la ville structurée autour ces fonctions techniques repensées dans une perspective de développement durable, et donc dans « une vision holistique et de long terme de l'action publique » (H. Delzangles, Ch. Krolik)[84]. En deçà, cependant, de la vision expérimentale ou utopique à laquelle on est porté, ces projets impliquent la remise en cause de l'organisation actuelle des concessions de distribution et le développement du contrôle des villes sur la produc-

81. Il convient de renvoyer ici à plusieurs publications récentes du GRALE : le *DGCT 2012*, consacré aux déplacements, mais aussi les ouvrages de Jacques Fialaire (dir.), *La mobilité durable*, 2012, et de Gérald Orange et Jean-Luc Pissaloux (dir.), *La ville durable après le Grenelle de l'environnement*, 2013, publiés aux éditions L'Harmattan dans la collection « GRALE ».

82. *Infra* IX : R. ALLEMAND, « Les effets juridiques du schéma régional climat air énergie ».

83. *Infra* X : F.-M. POUPEAU, « Les schémas régionaux climat air énergie : la démarche vue par les conseils régionaux ».

84. *Infra, op. cit.*

tion d'électricité à partir de sources renouvelables, avec le bénéfice de l'obligation d'achat pesant sur EDF. Toutes les implications n'en sont pas encore bien mesurées. On sent dans les discours et parfois dans les projets, comme dans certaines expériences, la tentation de l'autarcie, à l'égard de laquelle la prudence dont fait preuve la CRE semble justifiée[85]. D'une part, elle remet en cause la péréquation tarifaire, avec des conséquences négatives sur les territoires les moins bien dotés, et implique le maintien de coûts de réseau important en capacité. L'intégration des projets locaux innovants doit donc probablement être encadrée par une politique énergétique nationale.

E. Les collectivités territoriales et la régulation dans les secteurs de l'énergie

La multiplicité des fonctions remplies par les collectivités territoriales aujourd'hui dans le domaine de l'énergie, et davantage encore leurs interactions, posent la question de leur qualification globale. Il est tentant d'y voir des régulateurs. Mais une telle qualification globale suggère trop qu'elles exerceraient une fonction comparable à celle de la CRE. Or la régulation comporte par définition une l'indépendance et l'extranéité du régulateur par rapport au marché. Telle n'est pas le cas de la fonction d'autorité organisatrice, et encore moins lorsqu'elle est le cocontractant d'un partenaire obligé. Dans ces fonctions, et davantage encore si elles s'engagent directement dans la production et la fourniture, elles sont soumises à la régulation de la CRE, et ne sont certainement pas des régulateurs. Enfin, du côté de la consommation de l'énergie, ce sont leurs fonctions de planification et d'aménagement du territoire qui sont à l'œuvre.

Néanmoins, la question de leur relation avec la régulation des secteurs concernés pose des problèmes spécifiques en raison de la protection constitutionnelle des collectivités territoriales et de leur qualité de pouvoirs publics. Elles sont dotées de compétences par la loi, notamment pour l'organisation et la gestion de services publics, et en même temps elles représentent une population d'usagers du gaz et de l'électricité. Cette dernière qualité apparaît notamment dans le fait que la loi leur reconnaît qualité pour saisir l'Autorité de la Concurrence pour lui demander un avis sur une question concurrentielle. C'est ce qui justifie que l'on recherche les moyens appropriés de leur permettre de participer à la régulation de ces secteurs. Laurence Calandri[86] montre que, malgré certaines évolutions récentes, notamment avec la loi Brottes du 15 avril 2013, la place des collectivités territoriales est modeste et surtout mal définie. Comme elle le suggère, la participation des collectivités territoriales aux groupes de travail du régulateur pourrait être institutionnalisée à l'occasion de la transposition de la directive 2012/27 sur l'efficacité énergétique.

---

85. Voir colloque de la CRE du 11 octobre 2012, « L'évolution de la régulation face à la décentralisation énergétique », *Décryptages*, n° 32, octobre-décembre 2012, notamment p. 7 et 8.

86. *Infra* III : « Les rapports entre les collectivités territoriales et les régulateurs nationaux et européens de l'énergie ».

IV. Conclusion

L'équilibre du système électrique qui se met en place reste à trouver. Deux éléments sont clairs : 1) ce système, qui vise à constituer un marché intégré de l'électricité à l'échelle de l'Union européenne, reste très hétérogène, les systèmes électriques nationaux conservent de nombreuses caractéristiques nationales ; 2) les collectivités territoriales y prennent une place plus importante que par le passé en raison de l'importance croissante des sources d'énergie renouvelables et de l'importance économique et environnementale des actions tendant à réduire la consommation d'énergie, pour lesquelles les collectivités territoriales sont le plus souvent les mieux placées.

Mais des incertitudes demeurent sur des points essentiels et rien n'indique qu'elles puissent être rapidement dissipées. Le marché de la fourniture repose sur des arrangements institutionnels en contradiction avec la nature du bien que constitue l'électricité, mais ce marché fonctionne et tous les acteurs du secteur se sont positionnés en fonction de ses règles, et aucun État n'ose même douter de leur bien-fondé. Pourtant il n'est pas sûr que ce système soit soutenable à la fois pour des raisons sociales et pour des raisons économiques. La hausse des prix de l'électricité ne sera pas rendue acceptable simplement parce qu'elle sera habillée de considérations environnementales. Des tensions sociales peuvent naître des contradictions du nouveau système électrique. Il se peut qu'il évolue, pour y répondre, vers une régulation beaucoup plus forte sans que ses bases actuelles soient formellement remises en cause. La question des tarifs réglementés de vente, le statut des opérateurs de réseau et la péréquation seront ici des enjeux révélateurs.

II. Le rôle des syndicats d'électrification et la gestion des réseaux publics de distribution d'électricité : entre opportunités et contraintes

Patrick Mozol

Objet de vagues successives de nationalisation/monopolisation, de communautarisation/libéralisation ou, plus récemment encore, de codification législative[1], le secteur de l'électricité est demeuré pour une large part l'affaire des collectivités territoriales et de leurs groupements, véritables autorités pionnières en la matière. Ayant vu le jour dans les années 1880 avec l'apparition des premiers réseaux électriques consécutive à l'avènement de la lampe à incandescence[2], le service public de l'électricité présentait en effet à ses débuts une dimension fondamentalement locale. Comme dans la plupart des pays européens, il doit sa naissance et son essor en France à l'initiative des communes[3] qui, « souvent regroupées en syndicats, ont développé les réseaux de distribution sous la forme de concessions aux entreprises privées du secteur, ou parfois sous la forme de régies municipales »[4]. Comparée à cette dernière formule demeurée somme toute marginale dans son utilisation[5], la concession fut largement encouragée par la loi du 15 juin 1906[6] avec la reconnaissance de la qualité d'autorité concédante pour la distribution publique d'énergie des communes ou des syndicats

1. Ordonnance n° 2011-504 du 9 mai 2011 portant codification de la partie législative du Code de l'énergie, *JORF*, 10 mai 2011, p. 7954. Sur la question, voir P. Sablière, « Un code en manque d'énergie », *AJDA*, 2011, p. 1427 ; R. Peylet, « Le Code de l'énergie », *RFDA*, 2011, p. 905.

2. L. Ouvrard, *La maîtrise de l'énergie par les communes à travers leurs rôles de distributrices, productrices et de consommatrices d'énergie*, PUCA, septembre 2005, p. 5.

3. J.-Y. Faberon, « Énergie : les réticences de la décentralisation », *AJDA*, 1985, p. 578.

4. G. Marcou, « Le cadre juridique communautaire et national et l'ouverture à la concurrence : contraintes et opportunités pour les collectivités territoriales », *in Annuaire des collectivités locales, Les collectivités territoriales et l'énergie*, CNRS Éditions, Paris, 2007, p. 9.

5. Voir en ce sens R. Allemand, « Les distributeurs non nationalisés d'électricité face à l'ouverture de la concurrence », in *Les collectivités territoriales et l'énergie*, *op. cit.*, p. 31.

6. Loi du 15 juin 1906 sur les distributions d'énergie, *JORF*, 17 juin 1906, p. 4105.

formés entre plusieurs communes, ainsi que, de manière résiduelle, des départements et de l'État[7]. Mais l'augmentation des besoins en énergie et les progrès techniques conduisirent tout à la fois à la scission entre les activités de production et de distribution et à la conception d'une nouvelle fonction, celle de transport, nécessaire pour relier les unités de production aux réseaux locaux de distribution[8]. C'est dans le secteur de la distribution publique d'électricité, définie par le droit communautaire comme « le transport d'électricité sur des réseaux de *distribution à haute, à moyenne et à basse tension aux fins de fourniture à des clients, mais ne comprenant pas la fourniture* »[9], que les collectivités territoriales et leurs groupements assurent l'essentiel de leur action, quand bien même la législation les autorise également à exercer, sous condition et à titre subsidiaire, des activités de production[10] ou de maîtrise de l'énergie[11].

Aujourd'hui, les syndicats d'électricité, qui tirent avant tout leur légitimité du monde rural[12], se présentent toujours comme des acteurs essentiels en ce domaine, dans la mesure où la majorité des autorités concédantes est regroupée au sein de tels syndicats, qu'ils soient intercommunaux ou départementaux[13]. Apparus au cours de la période de l'entre-deux-guerres sous l'effet de nombreuses mesures incitatives adoptées par le pouvoir central dans le cadre de la politique d'électrification rurale[14], ces derniers se multiplièrent en quelques années au point de couvrir très rapidement la quasi-totalité du territoire français[15] et de contribuer fortement à la satisfaction des besoins en électricité de la majeure partie des populations

---

7. Art. 6.

8. *Le service public de distribution de l'électricité et l'intercommunalité*, Rapport de la Cour des comptes, 2001, p. 729. Cette séparation, issue à l'origine de la loi n° 2000-108 du 10 février 2000 relative à la modernisation et au développement du service public de l'électricité (*JORF*, 11 février 2000, p. 2143) était d'ordre comptable (art. 25). Elle a par la suite été renforcée avec l'article 13 de la loi n° 2004-803 du 9 août 2004 relative au service public de l'électricité et du gaz et aux entreprises électriques et gazières (*JORF*, 11 août 2004 p. 14256), modifiée par la loi n° 2006-1537 du 7 décembre 2006 (art. 23) relative au secteur de l'énergie (*JORF*, 8 décembre 2006, p. 18531).

9. Directive 2009/72/CE du 13 juillet 2009 du Parlement européen et du Conseil concernant les règles communes pour le marché intérieur de l'électricité et abrogeant la directive 2003/54 CE, *JO* n° L. 211 du 14 août 2009, p. 55.

10. Art. L. 311-3 C. énergie ; art. L. 2224-32 et L. 2224-33 CCGT.

11. Art. L. 2224-34 CGCT.

12. L. Ouvrard, *La maîtrise de l'énergie par les communes à travers leurs rôles de distributrices, productrices et de consommatrices d'énergie*, *op. cit.*, p. 22.

13. Ceci à plus forte raison que, comme l'ont fait à juste titre remarquer certains, les dispositions de l'article L. 5212-29 du CGCT, autorisant sous condition le retrait d'une commune d'un syndicat, ne s'appliquent pas aux syndicats de distribution d'électricité : P. Sablière, *Droit de l'électricité*, Dalloz, Paris, 2003, p. 810.

14. Sur cette question, voir entre autres *L'électrification rurale*, Travaux du 1er Congrès national de l'électrification rurale ; E. Pacorer, *L'électrification industrielle et rurale de la France*, Paris, 1924 ; C. Bardi de Fourtou, *L'électrification des campagnes en France et à l'étranger*, Thèse, Paris, 1926 ; G. Marty, *Législation et réglementation des réseaux ruraux de distribution d'énergie électrique*, Paris, 1934 ; J. Viple, *L'électrification rurale*, Sirey, Paris, 1938 ; Th. Nadau, « L'électrification rurale », *in Histoire de l'électricité en France*, T. II, Fayard, Paris, 1994.

15. Voir en ce sens P. Stahl, « L'essor des syndicats de communes pour la distribution publique d'énergie électrique », *BHE*, 6 déc. 1985, p. 61.

rurales[16]. La faculté pour les communes, encouragées par l'État, de se regrouper en syndicats intercommunaux à même de négocier l'électrification de leur territoire avec les sociétés privées[17], la mise en place d'un système d'aide aux communes et auxdits syndicats destiné à les soulager d'une partie des investissements réalisés[18] et l'élargissement des possibilités de financement des travaux d'électrification[19], ont ainsi fortement œuvré en faveur de ce que certains appelèrent « le premier grand mouvement d'*intercommunalité en France* »[20]. Celui-ci s'est accompagné de la création, en 1933, de la Fédération nationale des collectivités concédantes et régies (FNCCR), chargée de représenter les intérêts des communes au plan national. Sa participation a été essentielle dans l'institution en 1936 du Fonds d'amortissement des charges d'électrification (FACÉ)[21], récemment disparu[22], qui reposait sur l'idée d'une contribution financière de la distribution urbaine d'électricité à la distribution rurale[23] en vue d'inciter les compagnies privées concessionnaires à desservir les zones dites « non rentables »[24]. S'il n'a pas à proprement parler été altéré par la loi 8 avril 1946[25] qui, malgré la nationalisation de la production et de la distribution d'électricité, a maintenu le statut d'autorités concédantes des collectivités territoriales et de leurs établissements publics[26], ce mouvement ne s'est pas effectué sans heurts, car il a laissé apparaître plusieurs niveaux de coopération pour le moins source de difficultés. Hormis le cas de deux départements ayant fait le choix de conserver leur statut d'autorités concédantes[27], de nombreux syndicats intercommunaux ainsi constitués, appelés « syndicats d'électricité primaires » se sont progressivement fédérés, en vue de coordonner leur action, par leur adhésion à un syndicat

16. F.-M. Poupeau, « Un siècle d'intervention publique dans le secteur de l'électricité en France », *Gérer et comprendre*, septembre 2004, p. 10. Selon les sources de l'auteur, le taux de communes rurales desservies en électricité serait passé de 20 % à 91 % en 1934.

17. Circulaire interministérielle du 19 octobre 1919.

18. Lois des 5 août 1920 relatives au crédit mutuel et à la coopération agricole (*JORF*, 7 août 1920, p. 11383) et 2 août 1923 facilitant par des avances de l'État la distribution de l'énergie électrique dans les campagnes (*JORF*, 4 août 1923, p. 7618).

19. Loi du 2 août 1923, précitée ; loi du 29 avril 1926 portant budget général de 1926 (*JORF*, 30 avril 1926, p. 4914) et loi du 16 avril 1930 portant fixation du budget général, pour l'exercice 1930-1931, de la Compagnie nationale du Rhône (*JORF*, 17 avril 1930, p. 4311).

20. F.-M. Poupeau, « Un siècle d'intervention publique dans le secteur de l'électricité en France », *op. cit.*, p. 10 ; L. Ouvrard, *La maîtrise de l'énergie par les communes à travers leurs rôles de distributrices, productrices et de consommatrices d'énergie*, *op. cit.*, p. 6.

21. Loi du 31 décembre 1936 portant fixation du budget général de l'exercice 1937 (art. 108), *JORF*, 1er janvier 1937, p. 3.

22. Le FACÉ a en effet été supprimé par la loi n° 2011-1978 du 28 décembre 2011 de finances rectificative pour 2011 (*JORF*, 29 décembre 2011, p. 22510) qui lui a substitué un compte d'affectation spéciale intitulé « Financement des aides aux collectivités territoriales pour l'électrification rurale ». Sur la question, voir *infra* II, A.

23. Pour de nombreux développements sur ce dispositif, voir notamment P. Sablière, *Droit de l'électricité*, *op. cit.*, p. 882 et s. ; F. Lévêque, « Le Fonds d'amortissement des charges d'électrification (FACÉ) », *Contrats publics*, avril 2011, n° 109, p. 36.

24. *Rapport de M. Jean Proriol sur la sécurité et le financement des réseaux de distribution d'électricité*, *JOAN*, Doc. Parl., 5 avril 2011, n° 3307.

25. Loi n° 46-628 du 8 avril 1946 sur la nationalisation de l'électricité et du gaz, *JORF*, 9 avril 1946, p. 2651.

26. Art. 36 de la loi précitée.

27. Le Loiret et la Sarthe.

départemental (voire interdépartemental). Ce procédé de création des syndicats départementaux par regroupements de syndicats primaires préexistants a été vivement critiqué pour les errements auxquels il a pu conduire en termes de répartition des compétences entre les deux types de structures de coopération intercommunale. Il n'a pas soulevé de difficulté particulière lorsque les syndicats adhérents ont opté pour une départementalisation (complète) du service de distribution publique d'électricité, qui a conduit au transfert intégral ou presque de leurs compétences vers la structure d'intégration[28]. En revanche, dans d'autres cas, si l'adhésion des syndicats primaires à un syndicat départemental s'est soldée par le transfert des premiers vers le second de leur pouvoir concédant, cela n'a pas été le cas pour la maîtrise d'ouvrage des travaux d'électrification rurale[29]. Pour la Cour des comptes, cette séparation entre, d'un côté, le pouvoir concédant reconnu au syndicat départemental et, de l'autre, la maîtrise d'ouvrage desdits travaux conservée par certains syndicats primaires adhérents est apparue très critiquable sur le plan juridique. Elle méconnaissait selon ses propres termes « les principes généraux du droit de la concession selon lesquels seul le concédant est habilité à déterminer et à modifier l'étendue du service concédé et donc des ouvrages à travers lesquels ce service est rendu », ceci à plus forte raison que « *la loi [tendait] à établir un lien entre l'autorité concédante et la maîtrise des ouvrages* »[30]. De la même manière, il n'était pas rare de constater qu'un même syndicat départemental d'énergie regroupât à la fois des membres lui ayant délégué leur pouvoir concédant et d'autres en ayant conservé la maîtrise[31]. Enfin, la coexistence ou la superposition entre les syndicats départementaux ou tout autre EPCI agissant dans le ressort du département, et certains syndicats primaires n'ayant pas souhaité rejoindre ces derniers[32] a également conduit au développement d'une intercommunalité à plusieurs vitesses dans le service de distribution publique d'électricité, tout particulièrement en milieu rural[33]. Ces situations pour le moins gênantes en termes de répartition des compétences et de pertinence des territoires d'action peuvent en partie expliquer la volonté ayant animé le législateur d'accentuer le processus de départementalisation de l'organisation de la distribution publique d'électricité[34], *via* l'institution d'une procédure

28. *Le service public de distribution de l'électricité*, *op. cit.*, p. 732.

29. L. Ouvrard, *La maîtrise de l'énergie par les communes à travers leurs rôles de distributrices, productrices et de consommatrices d'énergie*, *op. cit.*, p. 23.

30. *Le service public de distribution de l'électricité*, *op. cit.*, p. 732.

31. L. Ouvrard, *La maîtrise de l'énergie par les communes à travers leurs rôles de distributrices, productrices et de consommatrices d'énergie*, *op. cit.*, p. 23.

32. Dans son rapport d'activité précité de 2001, la Cour des comptes faisait état d'un peu plus de 300 syndicats d'électricité primaires et de 85 syndicats départementaux, dont 45 d'entre eux étaient en 2011 départementalisées au sens de la concession et de la distribution publique d'électricité *(Rapport* précité *de M. Jean Proriol sur la sécurité et le financement des réseaux de distribution d'électricité*).

33. Selon certains en effet, ce phénomène a été moins marqué en milieu urbain dans la mesure où les communes, qui ne pouvaient bénéficier du FACÉ, avaient beaucoup moins intérêt à se regrouper au sein de syndicats d'électricité que celles issues du milieu rural : L. Ouvrard, *La maîtrise de l'énergie par les communes à travers leurs rôles de distributrices, productrices et de consommatrices d'énergie*, *op. cit.* p. 22.

34. Ch. Ménard, L. Phan Van, « Relations ERDF/autorités organisatrices : à la recherche d'un nouvel équilibre » ; Z. Bory, « Départementalisation de l'électricité : la taille critique de l'autorité organisatrice », *Contrats publics*, avril 2011, n° 109, p. 28 et p. 31.

autoritaire de regroupement par création de syndicats de communes ou de syndicats mixtes[35] agissant sur l'ensemble du territoire départemental ou sur un ensemble de territoires départementaux contigus[36].

À l'heure actuelle, le dynamisme des syndicats d'électrification, notamment ceux départementaux, n'est plus à démontrer. Il peut se vérifier à la lumière du phénomène de diversification de leurs compétences, qui a accompagné l'apparition et le développement de telles structures. Ces dernières ont ainsi été conduites, sous la demande, voire la pression de leurs adhérents respectifs, à embrasser, au côté des traditionnels secteurs de l'électricité et du gaz, d'autres domaines d'intervention tels que l'éclairage public, les feux de signalisation, l'eau et l'assainissement, la collecte et le traitement des ordures ménagères, les réseaux câblés, les relais hertziens, la voirie, la télédistribution, la digitalisation du cadastre, le génie civil des télécommunications ou encore la gestion d'équipements collectifs et touristiques[37]. De la même manière, il semble que, depuis la loi du 8 avril 1946, le rôle des syndicats d'électrification n'ait jamais été démenti en ce qui concerne la gestion des réseaux publics de distribution d'électricité, pour lesquels la loi du 10 février 2000 leur a reconnu un statut d'autorités organisatrices au côté de celui d'autorités concédantes[38]. Ces structures se sont ainsi largement emparées de la faculté offerte de longue date par le législateur d'assurer la maîtrise d'ouvrage des travaux de développement de tels réseaux, destinés à « desservir les consommateurs finals et les producteurs d'électricité en moyenne et basse tension »[39] (I). Cette initiative a néanmoins son revers de la médaille en ce que son efficacité réelle demeure grandement tributaire d'un soutien financier constant et conséquent de leur action menée en la matière (II).

I. L'exercice par les syndicats d'électrification de la maîtrise d'ouvrage des travaux de développement des réseaux publics de distribution d'électricité

Comme toute autorité concédante, les syndicats ont la possibilité (voire dans certains cas l'obligation) d'assurer la maîtrise d'ouvrage des travaux de développement des réseaux publics d'électricité. Il s'agit là d'une faculté à géométrie variable selon que l'on se projette

35. S. Nicinski, « À propos des concessions locales de distribution d'électricité. Évitons les surtensions ! », *AJDA*, 2010, p. 1738.

36. Art. L. 2224-31 CGCT.

37. Sur ce point, cette multiplication de leurs domaines d'intervention s'est d'autant plus opérée avec une relative facilité que les statuts desdits syndicats étaient rédigés en des termes imprécis, ce qui les a conduits pour bon nombre d'entre eux à déborder les limites de leur domaine statutaire et même à s'engager dans des directions que les compétences des syndicats primaires ne les autorisaient pas à emprunter : *Le service public de distribution d'électricité*, *op. cit.*, p. 733.

38. Art. L. 2224-31, IV, al. 2 CGCT.

39. Art. 35-2° de la loi n° 2004-803 du 9 août 2004, codifiée à l'article L. 2224-31, IV CGCT. Conformément à l'article L. 322-7 du Code de l'énergie, cette disposition définit également la consistance desdits réseaux.

dans le cadre du régime urbain ou rural d'électrification (A) et qui, dans ce second cas, se révèle beaucoup plus coûteuse pour de telles structures (B).

A. Une faculté à géométrie variable

En dépit de la nationalisation de la production et de la distribution d'électricité, les collectivités territoriales et les EPCI sont, en qualité d'autorités concédantes et en dehors d'exceptions prévues par la loi, demeurées propriétaires des ouvrages et des installations composant le réseau de distribution d'électricité. La loi du 8 avril 1946 disposait ainsi que, sauf convention expresse contraire, les collectivités territoriales restaient propriétaires des installations qui leur appartenaient ou de celles qui, exploitées sous le régime de la concession ou de l'affermage, devaient leur revenir gratuitement à l'expiration du contrat[40]. De la même manière, la loi du 9 août 2004 avait prévu le transfert à titre gratuit au profit des collectivités territoriales des ouvrages qui, appartenant à EDF et classés dans le réseau d'alimentation générale, relevaient des réseaux publics de distribution, tout en rappelant que les autres ouvrages des réseaux appartenaient aux mêmes collectivités et à leurs groupements[41]. De son côté, l'ordonnance du 9 mai 2011 a maintenu le principe de la pleine propriété de tels ouvrages par les autorités concédantes du service public de distribution d'électricité, y compris ceux qui, ayant appartenu à EDF, ont fait l'objet d'un transfert au 1er janvier 2005[42]. Malgré tout, ce droit de propriété ne se prolonge pas par un pouvoir d'exploitation des autorités concédantes, seul le gestionnaire de réseau de distribution étant au regard de la loi responsable de l'exploitation, de l'entretien, ainsi que, afin de permettre le raccordement des installations des consommateurs et des producteurs et son interconnexion avec d'autres réseaux, du développement dudit réseau[43]. Dans ces conditions, le régime de la concession implique en principe, dans le cadre du service public de la distribution d'électricité, que la maîtrise d'ouvrage et la charge financière des travaux de premier établissement ou de renouvellement des réseaux publics de distribution relèvent en principe du concessionnaire[44]. Cependant, compte tenu des aménagements opérés par le législateur en ce domaine, il n'interdit pas aux collectivités territoriales et à leurs établissements publics de prendre en charge sous leur maîtrise d'ouvrage de tels travaux et ainsi, en leur qualité d'autorités organisatrices du service public de distribution d'électricité, d'imposer à leurs concessionnaires des travaux de renouvellement des réseaux, notamment en cas de carences constatées en ce domaine. Ainsi, le législateur a conservé la possibilité pour les autorités concédantes de faire exécuter en tout ou partie à leur charge des travaux de premier établissement, d'extension, de renforcement et

40. Art. 36.

41. Exception faite de ceux mentionnés à l'article 37 de la présente loi, qui concernent les ouvrages relevant d'une concession de distribution d'électricité aux services publics, délivrée par l'État (art. 36).

42. Art. L. 322-4, C. énergie.

43. Art. 18 de la loi du 10 février 2000, modifié par article 61 de la loi n° 2003-590 du 2 juillet 2003 urbanisme et habitat (*JORF*, 3 juillet 2003, p. 11176).

44. P. TERNEYRE, « Sur quelques problèmes juridiques contemporains à haute tension. À propos des concessions locales de distribution et de fourniture d'électricité », *AJDA*, 2009, p. 1644 et s.

de perfectionnement des ouvrages de distribution[45]. De la même manière, l'article L. 2224-31 du CGCT, dont la rédaction a été légèrement remaniée par la loi du 15 avril 2013[46], autorise les collectivités territoriales et les EPCI à « assurer la maîtrise d'*ouvrage de travaux de développement des réseaux publics de distribution d'*électricité ». Cette faculté, pour laquelle le législateur ne procède à aucune distinction entre le milieu rural et urbain, relève de l'une des spécificités les plus marquantes des concessions de distribution publique d'électricité par rapport au droit commun des concessions[47]. Elle trouve néanmoins pour deux raisons principales son terrain d'expression le plus favorable dans le cadre du régime rural d'électricité. D'une part, celui-ci suppose, par distinction avec le régime urbain, que la maîtrise d'ouvrage des travaux de développement des réseaux relève pour une grande partie de l'autorité concédante au détriment du concessionnaire. D'autre part, elle est encouragée par de nombreuses aides et incitations financières, avec au premier plan le FACÉ, récemment supprimé au profit d'un mécanisme nouveau appelé « Financement des aides aux collectivités territoriales pour l'électrification rurale »[48]. La répartition des compétences dans la maîtrise d'ouvrage des travaux de développement des réseaux publics de distribution d'électricité entre les autorités concédantes et les concessionnaires a été précisée par le cahier des charges de juin 1992. En zone urbaine, ce texte ne laisse à la charge des autorités concédantes que les travaux d'amélioration esthétique des réseaux (enfouissement) pour lesquels la tranche C du FACÉ est apparue en vue d'assurer le financement des surcoûts dus aux contraintes d'environnement, tels que la dissimulation des lignes aériennes inesthétiques et la pose en ligne discrète des lignes nouvelles ou renforcées. En zone rurale en revanche, le champ de la maîtrise d'ouvrage dont disposent les autorités concédantes se révèle bien plus large quoique variable selon que les travaux sont réalisés sur des réseaux en haute ou en basse tension. Dans le premier cas, il porte également sur l'extension de ceux-ci pour l'alimentation des postes de distribution publique, le concessionnaire assurant de son côté le renouvellement, le renforcement, la fiabilisation, la sécurisation et le raccordement de tels réseaux. Dans la seconde situation, la maîtrise d'ouvrage fait l'objet d'un partage somme toute équilibré avec, outre l'amélioration de l'esthétique, l'extension, le renforcement des réseaux pour les autorités concédantes et le branchement, le renouvellement, la fiabilisation, ainsi que la sécurisation pour le concessionnaire. Elle suppose ici une implication beaucoup plus conséquente de la part des premières, qui ont dès lors à faire face à des charges financières sans commune mesure à celles qu'elles sont tenues de supporter au titre de l'électrification urbaine.

45. Cette disposition a été reprise à l'article L. 322-6 du Code de l'énergie issu de l'ordonnance du 9 mai 2011.

46. Loi n° 2013-312 du 15 avril 2013 visant à préparer la transition vers un système énergétique sobre et portant diverses dispositions sur la tarification de l'eau et sur les éoliennes, *JORF*, 16 avril 2013, p. 6208.

47. Ch. Ménard, L. Phan Van, « Relations ERDF/autorités organisatrices : à la recherche d'un nouvel équilibre », *op. cit.*, p. 29.

48. Sur la question, voir *infra*.

B. Une initiative beaucoup plus coûteuse en milieu rural

D'une manière générale, la réalité des concessions couvrant un périmètre rural fait état d'une maîtrise d'ouvrage (et de l'essentiel des financements correspondants) assurée par les autorités concédantes pour les travaux de renforcement, d'extension et de raccordement des réseaux publics de distribution d'électricité[49], pour lequel les dispositions modifiées de la loi du 18 février 2000 prévoient néanmoins que cette maîtrise d'ouvrage[50] peut être assurée soit par le gestionnaire de réseaux, soit par l'autorité organisatrice de celui-ci[51]. Dans la première hypothèse, cela n'exclut pas pour autant l'intervention des collectivités territoriales ou des EPCI, dont la participation éventuelle est ici de nature financière. Ces derniers sont en effet tenus, conformément à la loi du 2 juillet 2003, d'assumer une partie du financement du raccordement des usagers au réseau de distribution d'électricité[52]. Le gestionnaire de réseau, qui doit établir un barème des coûts de raccordement, partage ainsi avec le pétitionnaire les frais de branchement par l'intermédiaire du TURPE[53], tandis qu'il supporte avec la collectivité, l'EPCI ou le pétitionnaire producteur les coûts afférents à l'extension éventuelle dudit réseau, sous la réserve que ce raccordement s'inscrive dans le cadre d'une opération de construction ou d'aménagement autorisée en application du Code de l'urbanisme[54].

Seuls les travaux portant sur le renouvellement des réseaux relèvent de la maîtrise d'ouvrage du concessionnaire alors que, à l'opposé, cette dernière s'étend le plus souvent à tous les travaux en milieu urbain, quand bien même l'autorité concédante dispose d'une compétence légale en la matière pour les travaux de développement[55]. Cet état de fait s'inscrit directement dans le cadre de la distinction entre le régime de l'électrification rurale, et celui de l'électrification urbaine, qui repose ainsi sur l'identification de la personne titulaire de la maîtrise d'ouvrage, autorité concédante dans le premier cas, concessionnaire dans le second, des travaux de développement des réseaux. Dans de telles conditions, la charge financière induite par la réalisation de tels travaux pèse beaucoup plus lourdement sur les collectivités territoriales et les syndicats dans le cadre de l'électrification rurale. Elle trouverait une cause majeure dans la longueur et l'étendue du réseau rural de distribution d'électricité rendant d'autant plus difficiles l'entretien et le renouvellement de celui-ci, et dont la détermination de la consistance réelle se révèle de surcroît malaisée. En effet, comme la Cour des comptes

49. P. Terneyre, « Sur quelques problèmes juridiques contemporains à haute tension. À propos des concessions locales de distribution et de fourniture d'électricité », *op. cit.*, p. 1644 et s.

50. Selon les dispositions de l'article L. 342-1 du Code de l'énergie, introduit par l'ordonnance n° 2011-504 du 9 mai 2011, le raccordement d'un utilisateur aux réseaux publics comprend la création d'ouvrages d'extension, d'ouvrages de branchement en basse tension et, le cas échéant, le renforcement des réseaux existants.

51. Art. 4, II et 18 de ladite loi.

52. Art. 4, II de la loi du 10 février 2000, modifié par l'article 61 de la loi du 2 juillet 2003.

53. Tarif d'utilisation des réseaux publics de distribution d'électricité.

54. Dans un tel cas, la collectivité territoriale ou l'établissement public responsables de l'urbanisme ont la possibilité de récupérer les sommes supportées au titre de leur participation *via* l'instauration d'une participation pour voirie et réseaux prévue à l'article L. 332-11-1 du Code de l'urbanisme, et perçue auprès des titulaires d'autorisations d'urbanisme.

55. *Ibid.*

a pu le faire remarquer, la notion de ruralité des communes procède d'une question assez délicate dans la mesure où elle n'est pas appréciée et définie de la même manière selon les législations applicables[56]. Ainsi, selon l'INSEE, sont considérées comme rurales les agglomérations qui ne présentent pas un tissu urbain bâti comptant au moins 2 000 habitants, la référence à la notion de population agglomérée ayant disparu depuis le recensement de population effectué en 1990. C'est pourtant sur cette notion que se fonde l'article L. 5214-24 du CGCT, selon lequel lorsqu'il existe un syndicat de communes pour l'électricité, celui-ci peut percevoir et établir la taxe sur l'électricité au lieu et place des communes dont la population agglomérée au chef-lieu est inférieure à 2 000 habitants. De son côté, la circulaire interministérielle agriculture/industrie du 22 avril 1971 prévoit que doivent en principe être rattachées au régime rural les communes ne comportant aucune agglomération d'au moins 2 000 habitants et celles ne faisant pas partie d'une agglomération multicommunale d'au moins 5 000 habitants[57]. Il en est résulté que les communes intégrées au sein d'une telle agglomération se sont retrouvées inéligibles au titre du FACÉ, quand bien même elles se situaient en deçà du seuil démographique fixé par l'INSEE[58]. En 2011, 25 493 communes (dont 1 126 d'une population supérieure à 2 000 habitants) étaient ainsi placées sous le régime rural de distribution publique d'électricité, avec une longueur des réseaux à entretenir pour les collectivités territoriales et leurs EPCI s'élevant à 378 058 km en moyenne tension et 357 464 km en basse tension. Plus généralement encore, l'accentuation de l'effort financier des autorités concédantes est apparue d'autant plus nécessaire que le montant des investissements réalisés par les gestionnaires de réseaux (avec ERDF au premier plan) a considérablement chuté à partir de 1993, malgré une évidente reprise depuis 2004[59] que l'on doit pour une large part à l'institution par la loi du 10 février 2000 du TURPE, qui constitue la part de la facture d'électricité acquittée par le consommateur consacrée au financement des réseaux de transport et de distribution d'électricité et dont le Conseil d'État a dernièrement annulé (avec effet différé au 1er juin 2013) la troisième version[60]. Cet effondrement s'expliquerait tout d'abord par un cadre législatif et réglementaire peu contraignant pour lesdits gestionnaires, les investissements dits imposés demeurant peu nombreux comparé aux investissements « délibérés », qui sont évidemment ceux ayant connu la baisse la plus flagrante, avec notamment un montant divisé par trois entre 1992 et 2004. Ainsi, l'action financière d'ERDF a été principalement ciblée sur le raccordement des utilisateurs aux réseaux de distribution d'électricité (coûts de branchement et d'extension) et les déplacements d'ouvrage pour voirie. Elle a à l'opposé négligé les différentes catégories d'investissements susceptibles d'être réalisés

56. *Le service public de distribution de l'électricité*, *op. cit.*, p. 754 et s.

57. Néanmoins, ce texte laisse la possibilité au préfet, par arrêté pris après consultation des autorités concédantes, de maintenir au régime rural des communes qui devraient relever du régime urbain ou inversement.

58. Dans son rapport du 3 février 1997 sur les comptes et la gestion du FACÉ, la Cour des comptes soulignait que, selon les chiffres issus d'une enquête effectuée par les services du FACÉ, 28 164 communes pouvaient bénéficier des aides du FACÉ alors qu'on dénombrait 31 251 communes rurales au sens de la définition INSEE.

59. Voir en ce sens le *Rapport* précité *de M. J. Proriol sur la sécurité et le financement des réseaux de distribution d'électricité*.

60. CE 28 novembre 2012, *Société Direct Énergie et autres*, req. n° 330548, 332639 et 332643.

par le gestionnaire aux titres du « renforcement des réseaux »[61], de la « sécurité, de l'environnement et des obligations réglementaires »[62], de la « qualité de la desserte »[63] et des « moyens d'exploitation, systèmes d'information, logistique »[64]. Cette négligence s'est soldée par une dégradation significative des réseaux ayant contraint les autorités concédantes à prendre le relais d'une implication financière insuffisante des gestionnaires de réseaux. Leur intervention s'est logiquement concentrée sur le développement des réseaux en basse tension compte tenu, d'une part, de l'étendue de la maîtrise d'ouvrage dont lesdites autorités disposent en la matière et, d'autre part, des faiblesses de ces réseaux, notamment en ce qui concerne les segments « en bout de ligne »[65]. Certains syndicats sont même allés à l'encontre des stipulations des contrats de concession les liant à ERDF en supportant à la place de ce dernier la réalisation de la majeure partie des travaux réalisés sur leur réseau, y compris au titre du renouvellement de celui-ci[66]. Une telle initiative méconnaissait certes manifestement les règles de répartition des compétences entre les autorités concédantes et leur concessionnaire dans la maîtrise d'ouvrage des travaux de développement des réseaux publics de distribution d'électricité. Elle n'en demeurait pas moins louable en ce qu'elle témoignait d'une volonté affichée des syndicats de maintenir de tels réseaux à un niveau de qualité acceptable, niveau qui commande dans de telles conditions d'importants moyens financiers.

II. Le nécessaire soutien financier de l'action des syndicats d'électrification aux fins de développement des réseaux publics de distribution d'électricité

Si l'action des syndicats d'électrification, au même titre que celle des autres autorités concédantes, procède le plus souvent d'une démarche volontariste visant au maintien, voire à l'amélioration de la qualité et de la desserte des réseaux publics de distribution d'électricité, elle nécessite un important soutien financier s'étendant au-delà des seules recettes fiscales avec, d'un côté, le maintien législatif d'une aide à l'électrification rurale (A) et, de l'autre, la mise en place de partenariats dont l'enfouissement des réseaux fournit un bon exemple (B).

61. Suppression des contraintes de tension ou de courant.

62. Remplacement des transformateurs contenant des traces de polychlorobiphényles (PCB), versement du cofinancement des ouvrages entrant dans le cadre de l'« article 8 » du cahier des charges des concessions (amélioration de l'esthétique des ouvrages), programme de mise à la terre des neutres (MALTEN) et autres actions liées à l'environnement et à la sécurité.

63. Actions de sécurisation (dont notamment le Plan aléas climatiques), actions de renouvellement, actions liées à la fiabilité et à la réactivité du réseau face aux incidents.

64. Achat de véhicules, de matériels et d'outillage, amélioration des systèmes d'information cartographiques.

65. Voir en ce sens le *Rapport* précité *de M. Jean Proriol sur la sécurité et le financement des réseaux de distribution d'électricité*.

66. *Ibid.*

A. Le maintien législatif d'une aide à l'électrification rurale

Consacré de très longue date déjà par le législateur, le principe d'une aide à l'électrification, plus particulièrement en milieu, rural, n'a jamais été véritablement remis en cause compte tenu de son caractère impérieux. En effet, malgré le produit important qu'elles génèrent pour leurs bénéficiaires[67], les taxes locales sur la fourniture d'électricité, dont le régime a été refondu par la loi du 7 décembre 2010[68] pour tenir compte des exigences communautaires[69], se révèlent insuffisantes pour permettre aux autorités concédantes de faire face à tous les travaux d'électrification dont elles ont la maîtrise d'ouvrage, ceci à plus forte raison que, hormis le cas des syndicats d'électricité, seule une partie de ce produit est effectivement utilisé pour les travaux d'électrification[70].

Ainsi, l'institution par la loi du 31 décembre 1936 du FACÉ a été commandée par la nécessité de remédier à l'insuffisance des travaux d'électrification réalisés en zone rurale par les sociétés privées concessionnaires. C'est d'ailleurs la raison pour laquelle il a été maintenu par la loi du 8 avril 1946 en son article 38. Modifié à de nombreuses reprises par le législateur[71], et géré par un comité puis un conseil placé sous l'autorité du ministre chargé de l'Énergie et composé de représentants de l'État, des conseils généraux, des collectivités concédantes soumises au régime de l'électrification rurale, d'ERDF et des distributeurs non nationalisés, il connut sa réforme la plus profonde avec la loi du 3 janvier 2003. Celle-ci introduisit au sein de l'article L. 2224-31 du CGCT quatre alinéas relatifs au rôle et au financement de ce mécanisme tout en réformant les modalités de répartition des dotations accordées dans ce cadre[72]. Destiné à permettre de consentir des aides pour la réalisation de travaux d'électrification rurale dont la maîtrise d'ouvrage était assurée par les collectivités territoriales et leurs établissements publics[73], le FACÉ a sans nul doute encouragé la réalisation de nombreux ouvrages en zones rurales par les syndicats, qui ont ainsi bénéficié des concours financiers des concessionnaires et de l'État[74]. L'essentiel des travaux sous maîtrise d'ouvrage des autorités concédantes fut ainsi financé par l'intermédiaire de ce mécanisme, alimenté par des contributions annuelles versées au gestionnaire des réseaux publics de distribution,

---

67. Près de 1 740 milliards d'euros en 2009 avec 740 millions d'euros au profit des communes, 567 millions pour les départements, 421 millions au profit des syndicats (intercommunaux ou mixtes), 7 millions pour les régies personnalisées et 5 millions (0,3 %) au profit des communautés de communes ou d'agglomération.

68. Loi n° 2010-1488 du 7 décembre 2010 portant nouvelle organisation du marché de l'électricité (*JORF*, 8 décembre 2010, p. 21467).

69. Ici la directive 2003/96/CE du 27 octobre 2003 restructurant le cadre communautaire de taxation des produits énergétiques et de l'électricité.

70. Voir en ce sens le *Rapport* précité *de M. Jean Proriol sur la sécurité et le financement des réseaux de distribution d'électricité*.

71. Sur la question, voir P. SABLIÈRE, *Droit de l'électricité*, *op. cit.*, p. 881 et s.

72. Art. 33 et 34 de ladite loi.

73. Ancien art. L. 2224-31, al. 8 CCGT.

74. S. NICINSCKI, « À propos des concessions locales de distribution d'électricité. Évitons les surtensions ! », *op. cit.*, p. 1742.

assises sur le nombre de kilowattheures distribués à partir des ouvrages en basse tension[75] et réparties en trois tranches avec la « tranche AB » constituant le programme dit « principal » et consacré aux travaux d'extension et de renforcement ; la tranche C, créée en 1992 concernant les travaux d'« environnement » avec notamment l'enfouissement des réseaux et la tranche S destinée à financer les travaux de sécurisation du réseau. La répartition entre les départements des aides attribuées dans le cadre du programme principal du FACÉ s'effectuait au prorata du coût total de résorption des « départs mal alimentés ». Sur la base des propositions formulées par les collectivités concernées, chaque département bénéficiaire était tenu de répartir, entre ces dernières ou leurs groupements et les maîtres d'ouvrage des travaux d'électrification rurale pouvant bénéficier des participations du FACÉ, les dotations reçues[76]. Cependant, et en dépit de nombreux rapports ayant plaidé en faveur de son nécessaire maintien, le FACÉ a été dernièrement supprimé par la loi de finances rectificative pour 2011[77]. Il s'est ainsi vu substituer un compte d'affectation spéciale, intitulé « Financement des aides aux collectivités territoriales pour l'électrification rurale » retraçant, en recettes, les contributions dues par les gestionnaires des réseaux publics de distribution en application du I *bis* de l'article L. 2224-31 du CGCT et, en dépenses, les aides liées au financement d'une partie du coût des travaux de développement et d'adaptation des réseaux ruraux de distribution publique d'électricité, prévues aux septième et huitième alinéas du I du même article, ainsi que les frais liés à la gestion de ces aides. Les quatre derniers alinéas de cette dernière disposition, modifiés pour l'occasion, prévoient ainsi la possibilité pour toute autorité organisatrice d'un réseau public de distribution d'électricité de recevoir des aides pour le financement d'une partie du coût des travaux visés à l'article L. 322-6 du Code de l'énergie dont elle assure la maîtrise d'ouvrage en application de l'alinéa précédent sur les ouvrages ruraux de ce réseau. Cette faculté lui est également offerte pour la réalisation d'opérations de maîtrise de la demande d'électricité, de production d'électricité par des énergies renouvelables ainsi que, dans les zones non interconnectées au réseau métropolitain continental, pour la réalisation des installations de production de proximité mentionnées à l'article L. 2224-33 du CGCT lorsque ces différentes opérations permettent d'éviter des extensions ou des renforcements de réseaux. La répartition annuelle des aides est ici arrêtée par le ministre chargé de l'Énergie, après avis d'un conseil composé notamment, dans la proportion des deux cinquièmes au moins, de représentants des collectivités territoriales et des établissements publics maîtres d'ouvrage de travaux et présidé par un membre pris parmi ces représentants, en tenant compte de l'inventaire des besoins recensés tous les deux ans dans chaque département auprès des maîtres d'ouvrage des travaux mentionnés à l'article L. 322-6 du Code de l'énergie. Il revient ensuite au département, selon les mêmes modalités que celles définies par le législateur dans le cadre du FACÉ, de répartir l'ensemble des aides lui ayant ainsi été octroyées, entre les autorités organisatrices d'un réseau public de distribution d'électricité assurant la maîtrise d'ouvrage des travaux d'électrification rurale[78]. Comme dans le cadre du FACÉ, le financement des aides

75. 0,165 centime d'euro par kilowattheure en zone urbaine et 0,033 centime d'euro par kilowattheure en zone rurale.

76. Ancien art. L. 3232-2, al. 2 CGCT.

77. Loi n° 2011-1978 du 28 décembre 2011 de finances rectificative pour 2011, précitée.

78. Art. L. 3232-2, al. 2 CGCT.

relatives à ces différents travaux d'électrification rurale, pour lesquelles un décret n° 2013-46 du 14 janvier 2013[79] a précisé les règles d'attribution, les modalités de gestion, ainsi que les catégories d'opérations éligibles, suppose une participation de la part des gestionnaires de réseaux. Ces derniers sont ainsi tenus d'acquitter une contribution, assise sur le nombre de kilowattheures distribués à partir des ouvrages exploités en basse tension l'année précédant celle du versement de la contribution, dont le taux est fixé annuellement au début de l'exercice concerné par arrêté des ministres chargés du Budget et de l'Énergie[80].

En l'état actuel des choses et compte tenu de sa relative jeunesse, il est encore difficile de déterminer si ce nouveau mécanisme financier sera autant intéressant pour les autorités concédantes que celui du FACÉ, qui représentait en 2007 pas moins de 40 % des sources de financement des travaux réalisés par ces dernières (contre 32 % pour les taxes locales sur la fourniture l'électricité, 19 % pour les redevances de concession, 4 % pour la contribution des tiers au raccordement et 5 % pour les ressources diverses) et dont les aides versées à ce titre s'élevaient à près de 552 millions d'euros en 2010.

B. La mise en place de partenariats : l'exemple de l'enfouissement des réseaux

L'enfouissement des réseaux publics de distribution d'électricité s'inscrit tout à la fois dans une perspective de sécurisation de la distribution électrique, de prise en compte des préoccupations environnementales et d'amélioration du cadre de vie, de l'esthétique urbain et de l'invulnérabilité aux aléas climatiques[81]. Bien qu'il ne représente pas pour les communes et les syndicats départementaux la charge financière la plus lourde[82], cette dernière est partagée à différentes échelles avec d'autres acteurs, avec au premier plan ERDF et, dans une moindre mesure, les départements. Afin de rationaliser les coûts résultants de telles opérations, les autorités locales, encouragées en ce sens par les textes, se sont progressivement efforcées de coordonner ces actions de mises en souterrain avec les travaux de voirie, d'assainissement, d'eau ou d'enfouissement des réseaux de communications électroniques. Ainsi, l'article 51 de la loi du 21 juin 2004[83] introduisit au sein du CGCT un article L. 2224-35 mettant à la charge de tout opérateur de communications électroniques autorisé par une collectivité territoriale ou un EPCI compétent pour la distribution publique d'électricité à installer un ouvrage aérien non radioélectrique sur un support de ligne aérienne d'un réseau public de distribution d'électricité, les coûts de dépose, de réinstallation en

79. Décret n° 2013-46 du 14 janvier 2013 relatif aux aides pour l'électrification rurale, *JORF*, 16 janvier 2013, p. 1040.

80. Ce taux est compris entre 0,03 et 0,05 centime d'euro par kilowattheure pour les communes dont la population est inférieure à 2 000 habitants et entre 0,15 et 0,25 centime d'euro par kilowattheure pour les autres communes, sachant que, pour ces dernières, il doit être au moins cinq fois égal à celui fixé pour les premières.

81. Rapport précité de M. Jean Proriol sur la sécurité et le financement des réseaux de distribution d'électricité.

82. Selon certains rapports officiels, en moyenne entre 50 et 100 euros par mètre en haute tension et 150 euros par mètre en basse tension.

83. Loi n° 2004-575 du 21 juin 2004 pour la confiance dans l'économie numérique, *JORF*, 22 juin 2004, p. 11168.

souterrain et de remplacement des équipements de communications électroniques incluant les câbles, les fourreaux et les chambres de tirage (y compris les coûts d'études et d'ingénierie correspondants), ainsi que l'entretien par l'opérateur de ses propres équipements[84]. Ce même article prévoyait initialement aussi l'établissement d'une convention conclue entre la collectivité ou l'EPCI et l'opérateur de communications électroniques fixant la participation financière de celui-ci sur la base des principes énoncés ci-dessus, ainsi que le montant de la redevance qu'il devait éventuellement verser au titre de l'occupation du domaine public. Ses dispositions furent complétées à deux reprises, d'abord avec la loi du 7 décembre 2006 qui renvoya à un arrêté ministériel ultérieur, adopté le 2 décembre 2008, le soin de déterminer la proportion des coûts de terrassement pris en charge par l'opérateur de communications électroniques. Par la suite, la loi du 17 décembre 2009[85] ouvrit la possibilité à toute collectivité territoriale ou tout EPCI d'assurer la prise en charge financière partielle ou complète des infrastructures d'accueil, d'équipement de communications électroniques, en particulier les fourreaux et les chambres de tirage. Ce financement implique alors la jouissance d'un droit d'usage ou de propriété par la personne publique participante sur lesdites infrastructures dans des conditions fixées par convention avec, dans la seconde situation, l'exercice d'un droit d'usage de l'opérateur pour rétablir ses lignes existantes. Dans le cadre ainsi tracé et précisé à plusieurs reprises par le législateur et ayant constaté « *qu'il était nécessaire, pour les enfouissements coordonnés de réseaux existants, de mettre en place un dispositif national rationnel et efficace dans sa mise en œuvre afin de réduire les coûts de gestion* », la FNCCR, l'AMF et France Télécom ont signé le 7 juillet 2005 un accord national visant à répondre à cet objectif. Plusieurs fois remanié pour tenir compte des évolutions de la législation applicable en ce domaine, cet accord a dernièrement été refondu le 30 janvier 2012 au regard de nombreuses considérations. Il prévoit notamment la signature d'une convention, sur la base de deux modèles possibles, destinée à fixer les modalités de réalisation et d'occupation de l'ouvrage partagé, notamment les responsabilités et la participation financière de chaque partie, et à indiquer le mode de calcul de la redevance pour le droit d'usage de l'installation par la partie non propriétaire. Au titre de la convention dite *option A*, le financement des infrastructures souterraines de communications électroniques[86] est assuré par la « Personne publique »[87] qui en demeure ainsi propriétaire et en assure à la fois la gestion, l'entretien, l'usage et la maintenance. De son côté, l'opérateur jouit d'un droit d'usage non exclusif aux fins de rétablir ses équipements de communications électroniques existants[88] et il s'acquitte du prix de location des installations de communications électroniques mises à sa disposi-

84. Étant précisé ici que les infrastructures communes de génie civil créées par la collectivité territoriale ou l'EPCI lui appartiennent.

85. Loi n° 2009-1572 relative à la lutte contre la fracture numérique, *JORF*, 18 décembre 2009, p. 21825.

86. Chambres et fourreaux.

87. Celle-ci finance les frais d'étude et de réalisation desdites installations, tandis que l'opérateur paie les frais propres à ses équipements tels que la dépose et la mise en souterrain des câbles.

88. Il est à noter que dans le cas d'un enfouissement du réseau cuivre aérien (correspondant au service universel) dans un fourreau mis à disposition par la collectivité propriétaire, le droit d'usage afférent correspond uniquement à la reprise de ces mêmes lignes, la mise en place de câbles optiques par opportunité étant par contre subordonnée à une nouvelle demande de mise à disposition du fourreau.

tion[89]. Au titre de la convention dite *option B*, la personne publique limitant sa participation financière à la prise en charge des frais de réalisation des infrastructures souterraines créées, elle ne dispose sur ces dernières, sous réserve de disponibilité, que d'un droit d'usage portant sur un fourreau dédié à titre exclusif, qui pourra être mis à disposition dans le cadre d'un RIP. Seuls les frais de gestion de fourreau, à hauteur de 0,15 euro par mètre linéaire et par an, sont prélevés, la location étant gratuite du fait de la prise en charge par la collectivité des frais de pose. Ainsi propriétaire des installations, France Télécom assure le financement des frais d'étude et de fourniture, au même titre que ceux propres à ses équipements. En revanche, bien que laissant le choix entre, d'un côté le financement intégral des infrastructures par la personne publique concernée et, de l'autre, celui de leur seule réalisation, l'accord-cadre ne prévoit pas de troisième alternative possible avec la faculté pour la collectivité ou l'EPCI de ne pas financer les infrastructures d'accueil et de se priver en contrepartie d'un droit d'usage sur ces dernières[90]. Cette absence dénote d'un certain attachement du texte à ce que, quelle que soit la formule conventionnelle retenue, les autorités concédantes participent systématiquement au financement des opérations d'enfouissement coordonné. Si elle s'inscrit également dans une logique de partage entre tous les acteurs concernés de la charge financière inhérente à de telles opérations, elle constitue une illustration de plus du rôle central joué par lesdites autorités, syndicats d'électrification entre autres, dans la gestion des réseaux publics de distribution d'électricité dont elles sont chargées de l'organisation.

89. Le montant de ce prix est ici calculé sur la base d'une redevance par fourreau évaluée à 0,53 euro par mètre linéaire et par an.

90. Ainsi, dans les deux cas de figure, l'autorité locale finance systématiquement la dépose des appuis communs ainsi que les frais de réalisation de la tranchée commune et les coûts afférents, hormis 20 % des coûts de terrassement qui reviennent à l'opérateur, conformément à l'arrêté du 2 décembre 2008, pris en application de l'article L. 2224-35 du CGCT.

III. Les rapports entre les collectivités territoriales et les régulateurs nationaux et européens de l'énergie

Laurence Calandri

« La régulation coexiste difficilement avec la décentralisation [...]. À partir du moment où, comme c'est le cas dans le secteur électrique, la régulation est liée à l'intervention d'une autorité de régulation à caractère national, des restrictions sont forcément imposées à l'initiative locale »[1]. Si l'analyse de L. Richer soulignait déjà, il y a une décennie, la carence des relations des collectivités territoriales et les régulateurs de l'énergie, le constat paraît n'avoir fait que se renforcer durant la décennie écoulée caractérisée par la diversification des régulateurs nationaux énergétiques non seulement sectoriels comme la Commission de régulation de l'énergie (CRE), mais aussi transversaux telle l'Autorité de la concurrence (Adlc)[2], et ce concomitamment à une « européanisation » de la régulation du secteur tenant au rôle croissant de la Commission européenne et à l'apparition de nouveaux acteurs dont l'Agence de coopération des régulateurs de l'énergie (ACER)[3].

En effet, un constat général se dégage à l'issue de l'étude des rapports entre les collectivités territoriales et les régulateurs de l'énergie, nationaux et européens : celui d'une relation à peine esquissée qui s'explique par trois raisons principales.

La première tient au caractère récent des régulateurs de l'énergie dans l'histoire du paysage institutionnel de ce secteur, comparativement à l'ancienneté et par là même l'antériorité des collectivités territoriales, l'énergie étant historiquement une question territoriale ainsi qu'en témoigne leur rôle d'autorités organisatrices du service public de la distribution

1. L. Richer, *« La régulation et les collectivités locales : l'exemple de l'électricité », CJEG* 2004, chron. p. 109.

2. Voir également les liens entre la CRE et l'AMF, article L. 134-17 du Code de l'énergie.

3. Voir aussi au plan international la confédération internationale des régulateurs de l'énergie (ICER) regroupant une douzaine d'associations régionales de régulateurs représentant plus de 200 autorités de régulation nationales.

d'électricité[4]. À l'opposé, la première étape de la libéralisation du marché de l'électricité ne résulte que de la loi n° 2000-108 du 10 février 2000 relative à la modernisation et au développement du service public de l'électricité créant la CRE[5]. L'élargissement des compétences de la CRE au secteur gazier, de même que la création du Médiateur national de l'énergie (MNE), datent seulement de la loi n° 2006-1537 du 7 décembre 2006 relative au secteur de l'énergie[6].

La deuxième explication provient de l'hétérogénéité des régulateurs de l'énergie, ce qui corrélativement rend difficile l'identification des interlocuteurs des collectivités territoriales. L'usage souvent peu justifié du terme « régulation » en droit de l'énergie ne facilite guère leur reconnaissance. En droit national, si certains organismes sont officiellement dits de « régulation », d'autres organismes sont aussi qualifiés de « régulateurs » par les praticiens et/ou la doctrine, comme l'Adlc ou le MNE, alors que leurs textes institutifs sont silencieux sur l'attribution ce « label ». La même incertitude existe en droit de l'Union européenne, le principe de séparation du régulateur et de l'opérateur étant porteur de fortes ambiguïtés. Faute de définition officielle de la régulation dans le secteur énergétique, révélant plus généralement les ambiguïtés inhérentes à la notion de régulation en droit public[7], la liste des régulateurs de l'énergie peut être appréhendée de façon plus ou moins extensive. Une conception large conduit à y intégrer des autorités administratives nationales « classiques », aux statuts et pouvoirs hétérogènes, tels par exemple les ministres en charge de l'Énergie et de l'Économie[8]. Une approche stricte renvoie au contraire à des autorités administratives originales dont le statut juridique révèle une mise à distance à l'égard de l'exécutif, renvoyant schématiquement en droit national au modèle de l'autorité administrative indépendante (AAI), comme la CRE, ou de l'autorité publique indépendante (API) à l'instar du MNE[9]. Face à cet ensemble institutionnel « nébuleux », la seconde approche sera retenue dans la présente étude[10] et révèle déjà une régulation « pluriniveaux » à l'échelon national, confortée par l'existence d'autorités européennes dénommées, avec plus ou moins de pertinence d'un point de vue juridique, de « régulateurs » énergétiques.

Le troisième motif résulte de la variété et de la diversité des rôles des collectivités territoires dans ce secteur. D'une part, les collectivités sont potentiellement productrices, mais aussi distributrices, et consommatrices d'énergie ce qui induit des rapports différents avec les régulateurs de l'énergie. La période contemporaine renforce d'ailleurs l'hétérogénéité des missions des collectivités territoriales, acteurs de la politique publique de

4. Loi du 15 juin 1906 sur les distributions d'énergie *JO* 17 juin p. 4105 ; voir article L. 2224-31 du CGCT et article L. 322-1 et s. du Code de l'énergie.

5. *JO* 11 février p. 2143 ; sur la CRE, article L. 131-1 et s. du Code de l'énergie.

6. *JO* 8 décembre p. 18531 ; sur le Médiateur, article L. 122-1 et s. du Code de l'énergie.

7. Dans une littérature juridique abondante, voir not. G. Marcou, « La notion juridique de régulation », *AJDA* 2006, p. 347 ; L. Calandri, *Recherche sur la notion de régulation en droit administratif français,* LGDJ, coll. « Bibl. de droit public », t. 259, 2009 ; R. Rambaud, *L'institution juridique de régulation*, L'Harmattan, coll. « Logiques juridiques », 2012.

8. Voir not. les articles L. 142-4 et s. et L. 142-20 et s. du Code de l'énergie.

9. Article L. 122-5 du Code de l'énergie.

10. Pour les justifications d'une telle approche, voir L. Calandri, *Recherche sur la notion de régulation en droit administratif français,* LGDJ, coll. « Bibl. de droit public », t. 259, 2009.

l'efficacité énergétique[11] *via* la planification locale énergétique, mais aussi en raison de la production d'énergies renouvelables[12], et plus généralement en tant qu'organes décisionnaires en matière d'urbanisme et d'aménageurs des territoires. D'autre part, il n'existe pas de « maille territoriale » unique en dépit des efforts fournis par exemple en matière de distribution d'électricité par la voie de la « départementalisation ». Toutes les collectivités, et leurs nombreux démembrements sont donc de possibles protagonistes du secteur, utilisant les formes juridiques classiques (par exemple les syndicats d'électricité) ou récentes (comme les sociétés publiques locales).

Dès lors, si les collectivités territoriales, notamment dans leur rôle d'autorités organisatrices du service public de distribution de l'électricité, expriment de nouvelles attentes auprès des régulateurs de l'énergie[13] et qu'inversement ces derniers, en raison notamment des innovations technologiques du secteur, font du niveau local le lieu de la transition énergétique[14], de telles velléités peuvent-elles se réaliser sans que les conditions juridiques d'une véritable relation soient réunies ?

Précisément, le contexte national de réformes tant du secteur énergétique[15] que de la décentralisation[16], de même que la directive européenne relative à l'« Éfficacité énergétique »[17], jettent les bases de rapports renouvelés, permettant de dépasser des relations jusqu'ici marquées au mieux du sceau de l'indifférence, révélée par la place « embryonnaire » accordée aux collectivités territoriales au sein des régulateurs de l'énergie (I) et d'établir les bases d'un véritable partenariat (II).

I. La place « embryonnaire » des collectivités territoriales au sein des régulateurs de l'énergie

La représentation des collectivités territoriales est tout au plus modeste au sein des régulateurs nationaux (A) et extrêmement marginale lorsque l'étude se déplace vers les relations entretenues avec les régulateurs européens (B).

---

11. Voir par ex. la Déclaration des collectivités locales et territoriales françaises pour Rio +20 du 28 oct. 2011.

12. Voir not. Caisse des Dépôts et des consignations (CDC) Climat, « Le rôle des collectivités territoriales dans le soutien public aux énergies renouvelables. Exemples en Europe et en France », *Étude climat*, nov. 2011, n° 30.

13. Voir par ex. 14es Assises de l'énergie, 31 janvier 2013, *Gazette des communes*, 1er févr. 2013.

14. Voir le « Débat national sur la transition énergétique » associant les « territoires » *via* notamment « le comité de liaison du débat décentralisé », *www.transition-energetique.gouv.fr*.

15. Voir la loi n° 2013-312 du 15 avril 2013 *JO* du 16 avril 2013 p. 6208 dite « Brottes » visant à préparer la transition vers un système énergétique sobre et portant diverses dispositions sur la tarification de l'eau et sur les éoliennes, loi ayant fait l'objet d'une décision du Conseil constitutionnel n° 2012-666 DC du 11 avril 2013 (*JO* n° 0089 du 16 avril 2013 p. 6214).

16. Voir not. M. VERPEAUX, « Le projet de réforme des collectivités territoriales du gouvernement », *JCP A* 2013, act. 197 ; *AJDA* n° 11, 2013, p. 597.

17. Directive 2012/27/UE du Parlement européen et du Conseil du 25 octobre 2012 relative à l'efficacité énergétique, *JOUE*, n° L. 315, 14 nov. 2012, p. 1.

A. *Un rôle modeste au sein des régulateurs nationaux*

1. Collectivités territoriales et autorités de régulation sectorielles

Concernant la CRE, la place modeste octroyée jusqu'alors aux collectivités territoriales se manifeste par la composition de son collège. Si depuis sa création, le collège de la CRE est en principe ouvert aux représentants de la société civile dotés de compétences dans le secteur énergétique, il n'existe aucune obligation juridique de représentation des collectivités territoriales, et ce malgré les diverses modifications que celui-ci a subies a fil de la libéralisation du secteur de l'énergie. Ainsi, la loi du 7 décembre 2010 portant nouvelle organisation du marché de l'électricité dite « NOME »[18] qui a modifié la composition du collège de la CRE n'a pas accordé de statut spécifique aux collectivités, apparaissant sur ce point comme une « occasion manquée ». Davantage, la suppression des représentants des consommateurs a pu apparaître défavorable aux collectivités, car ces derniers pouvaient servir de relais ou d'appui des revendications notamment en tant qu'usagers du service public de la distribution d'électricité[19]. Certes, un des apports de la loi « NOME » consiste en l'accroissement du rôle joué par le Conseil supérieur de l'énergie[20] dont la composition révèle une place importante accordée aux collectivités territoriales qui disposent de « cinq représentants... dont trois désignés sur proposition d'associations représentatives d'élus territoriaux et deux désignés sur proposition d'associations représentatives des collectivités intéressées à la production et à la distribution d'énergie »[21]. Toutefois, le rôle consultatif de cette instance est par essence limité[22], notamment à l'égard de la CRE[23]. Reste la possibilité aux autorités investies du pouvoir de nomination de désigner discrétionnairement au sein du collège de la CRE d'anciens élus locaux, comme cela a été le cas lors de la nomination de Michel Lapeyre, ancien président de la FNCCR, ancien vice-président de la CRE, ou actuellement de Michel Thiollière, nommé par le président du Sénat comme commissaire de la CRE en mars 2010.

La loi n° 2013-312 du 15 avril 2013 marque sur ce point une véritable rupture avec le système antérieur. Pour la première fois dans l'histoire du collège de la CRE, une place est expressément réservée aux collectivités territoriales à l'article L. 132-2 I 2° modifié du Code de l'énergie qui dispose que le Collège, « composé de six membres... comprend... un membre nommé par le président du Sénat en raison de ses qualifications juridiques,

---

18. *JO* 8 décembre 2010, p. 21467.

19. L. CALANDRI, « Les collectivités territoriales et le service public local de l'électricité : menace ou défi ? », *in* S. REGOURD, J. CARLES, D. GUIGNARD (dir.), *Réformes et mutations des collectivités territoriales*, L'Harmattan, coll. « GRALE », 2012, p. 395 et s.

20. Art. 45 de la loi n° 46-628 du 8 avril 1946 sur la nationalisation de l'électricité et du gaz, mod. par loi n° 2005-785 du 13 juillet 2005 (*JO* 14 juill. 2005).

21. Décret n° 2006-366 du 27 mars 2006 relatif à la composition et au fonctionnement du Conseil supérieur de l'énergie (*JO* 29 mars 2006, p. 4712).

22. Voir néanmoins CE 18 juillet 2011, *Féd. nationale des familles rurales*, n° 335467 : annulation d'un arrêté ministériel pour défaut de consultation du CSE.

23. Article L. 134-9 du Code de l'énergie.

économiques et techniques dans le domaine des services publics locaux de l'énergie ». Si l'apport est indéniable, il n'en demeure pas moins relatif au regard de la multiplicité des acteurs publics locaux intéressés par les questions énergétiques, et de leurs intérêts divergents, carence déjà révélée par la représentation spécifique au sein du collège de la CRE des collectivités ultramarines[24].

Quant à la présence des collectivités territoriales près du MNE, celle-ci est inexistante, et ce alors même que cette instance a élargi ses missions empiétant sur les compétences locales. Le Médiateur a en effet interprété de façon extensive sa mission de règlement des différends, en intégrant dans la notion de « fournisseur » les gestionnaires de réseaux. Dès lors, ERDF, concessionnaire obligé des collectivités concédantes, peut faire l'objet de « recommandations » du MNE[25]. Or, les collectivités territoriales possèdent un rôle traditionnel de médiation dans le règlement des litiges avec le concessionnaire obligé[26] pouvant conduire à un chevauchement voire à une concurrence de compétences[27]...

2. Collectivités territoriales et autorités de régulation transversales

Du fait de la libéralisation du secteur énergique, l'Adlc est garante du respect des règles du droit de la concurrence et du contrôle des concentrations[28], compétence qu'elle exerce notamment avec la CRE *via* des procédures de consultations réciproques[29]. Or, là encore, aucun lien privilégié n'a été institué avec les collectivités territoriales. Pourtant, le législateur a choisi, dès l'origine, de rapprocher le régulateur de la concurrence des milieux qu'il surveille par la composition de son collège ouvert aux divers secteurs que l'Adlc régule. Ainsi, certains de ses membres sont choisis en raison de leur compétence en matière économique, de concurrence, de consommation ou encore en raison de leur expérience professionnelle dans les secteurs de production et de la distribution[30]. Toutefois, alors même que nombre de services publics locaux dits de « réseaux » sont soumis à des logiques concurrentielles,

24. Un membre est « nommé par décret sur proposition du ministre chargé de l'Outre-mer en raison de sa connaissance et de son expérience des zones non interconnectées ».

25. Voir par ex. les *Rapports annuels du Médiateur national de l'énergie* de 2008, (p. 7), de 2009 (p. 36 et s.), et de 2011 (p. 12), *www.energie-mediateur.fr.*

26. Articles L. 2224-31 I du CGCT et L. 111-51 du Code de l'énergie.

27. Voir en ce sens l'article 8 de la loi n° 2013-312 du 15 avril 2013 qui élargit les compétences du MNE à tous les contrats conclus avec un fournisseur ou un distributeur de gaz naturel ou d'électricité, dont les litiges relatifs au raccordement ou les contrats de services des fournisseurs (conseils sur les économies d'énergie), art. L. 122-1 du Code de l'énergie.

28. En 2011, trois avis et décisions ont été rendus par l'Adlc dans le secteur de l'électricité, *Rapport annuel de 2011*, p. 22 ; Voir aussi décision 13-D-04 du 14 février 2013 relative à une demande de mesures conservatoires concernant des pratiques mises en œuvre par le groupe EDF dans le secteur de l'électricité photovoltaïque.

29. Voir par ex. article L. 134-16 du Code de l'énergie.

30. Article L. 461-1 II 2° et 3° du Code de commerce.

dont le secteur énergétique, les collectivités territoriales demeurent en pratique non représentées au sein du collège du régulateur de la concurrence[31].

La seule technique juridique formalisée permettant une association des collectivités territoriales résulte de la possibilité qu'elles ont de saisir l'Adlc pour « avis »[32] sur des « questions de concurrence d'ordre général » permettant à l'Adlc de proposer des « solutions », des « réponses » à même d'éclairer « les décideurs dans leurs choix », dont les décideurs locaux. L'Adlc peut décider d'émettre des « recommandations sur un secteur ou un marché » lorsque des « blocages » résultent d'une « régulation insuffisante, notamment quand il s'agit de marchés récemment ouverts à la concurrence sur lesquels un opérateur historique est dominant »[33], ce qui est le cas du secteur de l'électricité. Toutefois, dans les faits, cet outil demeure encore très peu utilisé par les collectivités territoriales[34], et ce alors même qu'elles pourraient par exemple s'en saisir sur la question sensible de la libéralisation de la distribution de l'électricité[35], interrogation *a priori* résolue par la jurisprudence administrative dans le sens d'un *statu quo*[36], mais qui demeure d'actualité en raison de la proposition de directive européenne sur les concessions posant la question du devenir du régime juridique dérogatoire de ces contrats « *sui generis* »[37].

B. Un rôle marginal au sein des régulateurs européens

1. Collectivités territoriales et Commission européenne

Si la Commission européenne joue un rôle déterminant dans la libéralisation du secteur énergétique, rôle accru par le traité de Lisbonne[38], au point d'être qualifiée d'« organe régulateur »[39], il convient de constater l'absence de liens institutionnels privilégiés avec les collectivités territoriales. Certes, des techniques classiques d'association des représentants des collectivités territoriales existent, tel le rôle consultatif du Comité des Régions (CdR),

31. *www. autoritedelaconcurrence. fr*, rubrique « Organisation » ; au sein de l'Adlc, on note par exemple que le secteur énergétique est représenté par T. Tuot, conseiller d'État, ancien directeur général de la CRE.

32. Article L. 462-1 du Code de commerce.

33. *Adlc, Rapport annuel 2008*, p. 44.

34. *Adlc, Rapport annuel 2011*, p. 13 : entre 2004 et 2011 les demandes d'avis des collectivités territoriales oscillent entre 0 et 3 par an (contre 0 à 17 par le ministre en charge de l'Économie ou 23 à 39 pour les entreprises).

35. Voir not. Ph. Terneyre, « Sur quelques problèmes juridiques contemporains à haute tension. À propos des concessions locales de distribution et de fourniture d'électricité », *AJDA* 2009, p. 1640 ; S. Nicinski, « À propos des concessions locales de distribution d'électricité. Évitons les surtensions ! », *AJDA* 2010, p. 1737.

36. Voir not. CAA Paris, 25 févr. 2013, n° 12PA00593.

37. Proposition de directive du Parlement européen et du Conseil sur l'attribution de contrats de concession – COM (2011) 897 final du 20 déc. 2011.

38. Voir not. Titre XXI « Energie » du TFUE.

39. Voir L. Rodrigues, *Les aspects juridiques de la régulation européenne de réseaux*, Bruylant, coll. « Droit administratif », 2012, spéc. p. 131 et s.

mais les faiblesses inhérentes à cette institution[40] rejaillissent sur la représentation des acteurs locaux à l'échelon européen dans le secteur énergétique. Des progrès récents dans le secteur énergétique peuvent néanmoins être constatés[41] sous l'effet conjugué du renforcement du rôle du CdR par le traité de Lisbonne et de la création en son sein le 1er mars 2010 d'une nouvelle commission spécialisée en charge « de l'environnement, du changement climatique et de l'énergie » (ENVE)[42].

Reste pour l'essentiel la logique de concertation instaurée par la Commission européenne lors de l'adoption des actes « hors nomenclature » encore dits de « *soft law* » ou « atypiques »[43], qui visent à faciliter l'adoption d'une réglementation européenne à venir ou l'application d'une législation en vigueur, et qui sont, en principe, dépourvus de force obligatoire. Si ces actes trouvent un lieu d'épanouissement privilégié dans le secteur de l'énergie[44], ils s'adressent à toutes les autorités administratives, européennes, nationales, mais encore locales. Toutefois, les collectivités territoriales sont encore loin de saisir les opportunités fournies par de telles techniques. Ainsi, si le « Troisième Paquet Énergie-Climat » a été adopté le 13 juillet 2009[45] au terme de deux années d'âpres négociations, les obstacles rencontrés ne sont pas dus aux collectivités territoriales[46]. Les perspectives à venir paraissent néanmoins favorables à une implication accrue des collectivités territoriales en raison du souhait exprimé par la Commission européenne de collaborer plus étroitement avec elles dans le secteur énergétique[47], le rôle des acteurs locaux étant désormais expressément consacré dans la directive « Efficacité énergétique »[48].

40. Voir not. « Organes consultatifs », *JurisClasseur Europe Traité*, Fasc. 241.

41. Avis 2012/C54/09 du Comité des Régions sur « L'efficacité énergétique » (*JOUE* C54 23 févr. 2012, p. 49), spéc. point 13 ; Voir *2013 DA*, Étude 2.

42. Voir par ex. l'action du CdR sur le changement climatique intitulée « Le monde que j'aime. Le climat qui va avec », 20 mars 2013, *http://cor.europa.eu/fr/news/pr/Pages/cor-climate-change-campaign.aspx.*

43. Voir not. S. LEFEVRE, *Les actes communautaires atypiques*, Bruylant, CERIC, 2006 ; Voir aussi « Actes atypiques » *JurisClasseur Europe Traité*, Fasc. 194 ; « Recommandation », *Rép. Dalloz Droit communautaire.*

44. Voir not. L. RODRIGUES, *Les aspects juridiques de la régulation européenne de réseaux, op. cit.*, p. 139 et s.

45. Directives n° 2009/73/CE concernant des règles communes pour le marché intérieur du gaz naturel et n° 2009/72/CE concernant des règles communes pour le marché intérieur de l'électricité ; Règlements n° 713/200/CE instituant une Agence de coopération des régulateurs de l'énergie, n° 714/2009/CE sur les conditions d'accès au réseau pour les échanges transfrontaliers d'électricité, et n° 715/2009/CE concernant les conditions d'accès aux réseaux de transport de gaz naturel.

46. B. DU MARAIS, « L'adoption sous haute tension du troisième paquet énergie », *Gaz. Pal.*, 3 avril 2010, n° 93, p. 11.

47. Voir not. « Feuille de route sur l'énergie à l'horizon 2050 », COM (2011) 112/4.

48. Article 5 al. 7 de la directive précitée « Efficacité énergétique ».

2. Collectivités territoriales et « régulateurs européens sectoriels » de l'énergie

Les collectivités territoriales occupent une place marginale au sein des deux régulateurs européens de l'énergie. Le premier régulateur sectoriel européen de l'énergie a été créé à l'initiative des régulateurs nationaux en mars 2000. Il s'agit du Conseil des régulateurs énergétiques européens (CEER) regroupant les vingt-sept autorités de régulation nationales de l'Union européenne auxquels s'ajoutent celles de l'Islande et de la Norvège. Cette association a pour but de favoriser la création d'un marché commun de l'électricité et du gaz naturel en constituant un lieu « informel » d'échanges, de discussions, de réflexions et d'assistance entre régulateurs sectoriels nationaux, en coopération avec les institutions de l'Union européenne, dont la Commission européenne, mais aussi avec les autres structures européennes d'échanges informels dans le secteur énergétique tels les « Forums » de Florence et de Madrid. Les collectivités territoriales françaises n'y sont donc pas représentées. Néanmoins, il est à noter que M. Thiollière, en tant que membre de la CRE, et ex-élu local, est depuis février 2011 un des cinq vice-présidents du CEER[49], présence intéressante eu égard à la richesse du champ d'action de cette instance propice à des « *benchmarking* » et à des échanges de « bonnes pratiques », même si ses moyens relèvent *in fine* de la « *soft law* ».

Le Groupe des régulateurs européens dans le domaine de l'électricité et du gaz (ERGEG), créé par la Commission européenne[50] a été remplacé par le « Troisième Paquet Energie-Climat », par l'ACER[51]. Toutefois, cette « communautarisation » ne s'est pas accompagnée d'une refondation de son organisation[52]. Ainsi, l'ACER ne rompt pas radicalement avec le modèle antérieur de l'ERGEG, celle-ci ne se substituant ni à la Commission européenne, ni aux États membres et ni aux régulateurs nationaux sectoriels ou en charge de la concurrence. Les représentants des régulateurs sectoriels nationaux de l'énergie continuent donc à jouer un rôle dominant *via* le « Conseil des régulateurs »[53]. Les collectivités territoriales n'ont toujours pas, en droit ou en fait, de place au sein de cette instance. Une telle carence apparaît peu préjudiciable à leurs intérêts eu égard aux nombreuses faiblesses de l'ACER, qui s'apparente, pour l'essentiel, à une simple instance consultative placée auprès de la Commission européenne. Néanmoins, le programme de travail l'ACER depuis 2012 semble manifester une volonté de prise en compte des « territoires » par le développement, certes dans son champ d'intervention limité, d'une « coopération régionale »[54].

---

49. *www.energy-regulators.eu*, « Presidency and Board ».

50. Décision 2003/796/CE du 11 nov. 2003, *JOCE* L. 296/34, 14 nov. 2003.

51. Règlement n° 713/2009.

52. *www.acer.europa.eu*.

53. Article 3 du règlement n° 713/2009.

54. « Regional Initiatives Status Review Report 2012 – The regional initiatives and the road to 2014 », *www.acer.europa.eu*.

II. La recherche de nouvelles formes de partenariat entre les collectivités territoriales et les régulateurs de l'énergie

La « transition » et « l'efficacité » énergétique impliqueront nécessairement un rôle accru des collectivités territoriales. Le discours officiel des pouvoirs publics, nationaux et européens, est unanime sur ce point. Il s'agit là d'une opportunité pour les collectivités territoriales. Toutefois, au-delà du consensus idéologique, une telle démarche implique sur un plan juridique le dépassement des insuffisances des formes actuelles d'association des collectivités territoriales (A) et l'instauration d'une véritable coopération articulée autour d'un dialogue direct et formalisé avec les régulateurs de l'énergie (B).

A. La faiblesse des formes actuelles d'association des collectivités territoriales

1. Les limites des formes « médiatisées » de relations : l'exemple de la FNCCR

Au plan national, la Fédération nationale des collectivités concédantes et régies (FNCCR) joue un rôle traditionnel d'organisation représentative des collectivités territoriales dans le secteur énergétique. Cet organisme créé en 1934 regroupe des élus, des responsables de l'organisation des services publics locaux, et notamment des représentants des diverses collectivités, aux statuts juridiques variés, organisatrices des services publics d'énergie, propriétaires des réseaux d'électricité à basse et moyenne tension et qui concèdent le service public de l'électricité à des concessionnaires. Dans la mesure où l'une des missions de la FNCCR consiste à faire valoir aux niveaux national et européen le point de vue de ses adhérents auprès des pouvoirs publics et des entreprises concessionnaires, à perfectionner et développer les services publics, à améliorer leur gestion[55], ses membres siègent dans les diverses instances de concertation et de décision du secteur énergétique. La FNCCR constitue donc un lieu de discussion, d'échanges, mais aussi une force de proposition grâce notamment aux liens noués avec les régulateurs de l'énergie. Un exemple emblématique de cette influence est révélé par le *Livre blanc de la FNCCR du 20 octobre 2011* « Quel mode de gestion pour les services publics locaux de l'électricité ? »[56] dont les principales conclusions ont été reprises par le *Rapport annuel de 2013 de la Cour des comptes*[57] et par les juridictions administratives sur les conditions d'exercice de la mission de contrôle des

55. Articles 2 et 3 des statuts de la FNCCR, *www.fnccr.asso.fr*.

56. *www.fnccr.asso.fr*.

57. Voir not. Cour des comptes, *Rapport public annuel 2013, Les concessions de distribution d'électricité : une organisation à simplifier, des investissements à financer.*

autorités concédantes[58] et sur la question de l'ouverture à la concurrence de la distribution d'électricité[59].

Toutefois, cette représentation « médiatisée » des collectivités territoriales peut paraître aujourd'hui imparfaite. La diversification des missions des collectivités territoriales dans le secteur énergétique est susceptible de générer des formes de représentations complémentaires, voire concurrentes, par le biais, par exemple, de la fédération des entreprises publiques locales (EPL)[60]. En outre, les velléités de certaines collectivités territoriales qui envisagent de remettre en cause le monopole d'ERDF en matière de distribution d'électricité, position qui s'inscrit en rupture avec les propositions de la FNCCR, ou à tout le moins de renégocier les concessions en cours de renouvellement en dehors des modèles jusqu'ici négociés avec E (R) DF, impliquent qu'un dialogue direct soit instauré non seulement avec le concessionnaire obligé, mais aussi avec les régulateurs de l'énergie, dont le colloque organisé par la CRE le 11 octobre 2012, « Énergies et territoires : une régulation, des régulations ? », en est l'illustration en raison de la diversité des intervenants locaux et de l'expression de points de vue divergents notamment sur la « maille territoriale » pertinente[61].

2. Les carences des relations « informelles » : l'exemple des « consultations publiques »

Les régulateurs de l'énergie inscrivent leur action dans une logique de consensus avec les divers acteurs du secteur grâce notamment à la technique dite des « consultations publiques ». Toutefois, la pratique montre que ce mécanisme informel est encore peu utilisé par les collectivités territoriales, comparativement aux opérateurs économiques. L'exemple de la CRE est caractéristique. C'est souvent au terme d'une longue période ponctuée d'auditions, de réunions, de concertations avec les différents acteurs concernés que la CRE adopte les « règles du jeu » du secteur. À cette fin, elle lance régulièrement des « consultations publiques » afin que toutes les personnes intéressées formulent des « observations » qui seront ensuite « synthétisées ». Ces « consultations » visent tout particulièrement les acteurs du secteur qui ne bénéficient pas d'une représentation au sein du collège de la CRE. Or, les collectivités territoriales n'utilisent que très rarement cette possibilité. À l'occasion de la « consultation publique » sur les règles d'élaboration des procédures de traitement des demandes de raccordement aux réseaux publics de distribution d'électricité et du suivi de leur mise en œuvre, parmi 28 « contributeurs », seules 3 « autorités organisatrices de la

58. CE Ass., 21 décembre 2012, *Commune de Douai*, n° 342788, *Rec.* ; concl. B. DACOSTA, *RFDA* 2013, p. 25 ; G. ECKERT, « Droit à l'information du concédant », *CMP* n° 2, févr. 2013, comm. 42.

59. CAA Paris, 25 févr. 2013 préc.

60. Voir not. « Les Entreprises publiques locales et les énergies », *www.lesepl.fr/pdf/atouts_epl_energies.pdf* ; Voir aussi « Chiffres clefs 2012 » *http://www.lesepl.fr/chiffres_cles.php*. Voir par ex. la création de la première SPL d'efficacité énergétique par la Région Rhône-Alpes en 2012, *www.rhonealpes.fr*.

61. *colloque.cre.fr/*.

distribution »[62] y ont participé, contre 14 sociétés. Il semble en être de même au cours de la « consultation publique » lancée par la CRE le 5 février jusqu'au 28 février 2013[63] relative à l'élaboration des tarifs d'utilisation d'un réseau public d'électricité dans le domaine de tension HTA ou BT, à la suite de l'annulation par le Conseil d'État des troisièmes tarifs d'utilisation des réseaux publics de distribution d'électricité dits « TURPE 3 »[64], préjugeant des futures modalités de calcul par la CRE du TURPE 4[65], et ce alors même que les solutions contentieuses rendues récemment sont favorables aux autorités concédantes[66]. L'absence de participation des collectivités territoriales aux consultations des autres régulateurs de l'énergie se constate également[67].

B. L'émergence d'une véritable coopération avec les collectivités territoriales

1. Les fondements d'une nouvelle coopération

La période actuelle est marquée par une « transition juridique » sur des questions majeures nécessitant un renforcement des relations des collectivités territoriales avec les régulateurs de l'énergie.

Première transformation : le processus de rénovation, voire de remise en cause, du système concessif en matière de distribution de l'électricité. Il serait souhaitable que les autorités concédantes puissent mener cette réflexion avec l'ensemble des régulateurs concernés, et ce dans un souci de sécurisation juridique des relations contractuelles. La CRE s'est déjà prononcée sur cette question sensible dans un rapport sur « La qualité de l'électricité » d'octobre 2010 en considérant que le système actuel ne permet pas aux autorités concédantes « de réaliser leur mission de contrôle comme elles l'entendent »[68]. Ce dialogue doit être désormais renforcé avec la CRE, à l'aune notamment de la jurisprudence adminis-

62. En l'occurrence, *FDE 62, SIPPEREC, SIGEIF, cf. CRE, Synthèse de la consultation publique*, 13 mars 2013, *www.cre.fr*.

63. *www.cre.fr* ; dans l'attente de la publication de la synthèse de la consultation par la CRE, voir néanmoins la « réponse commune » du SIPPEREC et du SIEL 42, *www.sipperec.fr*.

64. CE 28 novembre 2012, *Soc. Direct Énergie et a.*, n° 330548, 332639, 332643, *AJDA* 2013, p. 364.

65. Communiqués de presse de la CRE des 28 et 29 novembre 2012, *www.cre.fr*.

66. Voir par ex. à propos de l'annulation des tarifs réglementés de vente de l'électricité CE 22 octobre 2012, *Sipperec*, n° 332641, *Rec.* ; *RJEP* 2012, Étude 8.

67. Voir par exemple la « consultation publique » organisée par le MNE du 15 septembre au 25 octobre 2010 portant sur l'information des consommateurs relative à la facturation, l'estimation et la facturation des consommations et le traitement des réclamations par les fournisseurs d'énergie indiquant que « l'ensemble des parties prenantes », dont les « collectivités », « sont invitées à faire part de leurs retours d'expérience et à formuler des propositions ». Seules trois collectivités territoriales et une autorité concédante, le Syndicat départemental d'énergies de la Dordogne, ont participé à ce processus, *Rapport sur la facturation des fournisseurs, l'information des consommateurs et le traitement des réclamations*, 16 décembre 2010, spéc. p. 40 et s., *www.energie-mediateur.fr*.

68. CRE, *Rapport sur la « qualité de l'électricité » : Diagnostics et propositions relatives à la continuité de l'alimentation en électricité*, 29 octobre 2010, *www.cre.fr*.

trative[69], et clairement étendue avec les autres régulateurs, notamment les « gardiens de la concurrence » (Autorité de la concurrence, Commission européenne).

Deuxième changement : la détermination du « coût réel de l'électricité »[70] et, plus largement, du « prix de l'énergie ». Les difficultés sur ce sujet ont été révélées lors de récents contentieux. Le questionnement se prolonge avec le projet de loi « Brottes » instaurant un système de « bonus/malus » écologique. Là encore, une coopération entre les collectivités territoriales et l'ensemble des régulateurs de l'énergie paraît nécessaire, notamment dans la politique de lutte contre la précarité énergétique qui en résulte.

Troisième mutation : la « transition énergétique ». Celle-ci est actuellement le fruit d'« expérimentations locales » expressément encouragées par les régulateurs de l'énergie nationaux et européens. Cela ressort très clairement du colloque du 11 octobre 2012 de la CRE, l'expérimentation locale apparaissant « de plus en plus comme un passage obligé de la transition énergétique »[71]. Les collectivités territoriales concourent donc dès à présent à la future « régulation du secteur », notamment en ce qu'elles apparaissent comme un vecteur essentiel de « démocratisation » de ce processus[72]. Il en résulte une sorte de « régulation ex ante » élaborée « au fil de l'eau » et de façon hétérogène en fonction des spécificités locales, les régulateurs de l'énergie attendant un « retour » sur ces diverses expériences locales pour envisager ensuite une « régulation ex post ». Ainsi, les partenariats locaux noués avec les acteurs industriels pour expérimenter de nouvelles technologies de l'énergie (comme par exemple les « *smart grids* » ou les « *smart cities* ») apparaissent comme un moyen de fonder de futures solutions juridiques nationales, voire européennes[73].

2. Les voies d'une nouvelle coopération

Le point de vue pluriel des acteurs publics locaux doit pouvoir être entendu dans le cadre du « dialogue de l'énergie ». C'est clairement ce que suggère le président de la CRE, Ph. Ladoucette, lorsqu'il considère que les régulateurs nationaux doivent avoir à la fois « la tête dans les étoiles » – à l'échelon européen – et « les pieds dans la glaise » c'est-à-dire dans les territoires[74]. Tel semble être aussi le souhait du Parlement européen lorsqu'il fait le constat « que la disparité géographique rend impossible de mettre en œuvre une politique énergétique identique pour tous dans l'ensemble des régions » et « invite l'ensemble des régions

69. CAA Paris, 25 févr. 2013 préc.

70. Sénat, Rapport, 11 juillet 2012, *Électricité : assumer les coûts et préparer la transition énergétique*, *www.senat.fr*.

71. Voir aussi CRE, « L'évolution de la régulation face à la décentration énergétique », *DéCRyptages* 2012, n° 32, p. 6.

72. Voir not. « 14e colloque annuel du Syndicat des ENR », 7 févr. 2013, *www.enr.fr*.

73. *DéCRyptages* 2012, n° 32, p. 7 et s.

74. CRE, « Énergies et territoires : une régulation, des régulations ? », *op. cit.*, p. 85.

à élaborer et mettre en œuvre des stratégies énergétiques » adaptées à leur situation et leur économie « pour une spécialisation intelligente »[75].

Si l'idée de nouvelles formes de coopération semble faire consensus, la démarche n'en soulève pas moins de nombreuses questions notamment sur la « maille territoriale » suffisamment représentative ou encore concernant le clivage rural/urbain... Une solution relativement aisée pourrait être trouvée dans la création, auprès des régulateurs nationaux et européens, de « groupes de travail » propres aux collectivités territoriales. Certes, de tels mécanismes existent déjà. Cependant, jusqu'à présent, les « groupes de travail » créés regroupent uniquement les opérateurs économiques et/ou les consommateurs sans que les collectivités territoriales soient associées, du moins de façon autonome. Tel est le cas par exemple de la CRE qui a mis en place des instances de concertation permanentes dénommées « Groupe de Travail Électricité 2007 » (GTE 2007), « Groupe de Travail Gaz 2007 » (GTG 2007)[76] ou « Groupe de Travail Consommateurs 2007 »[77]. Leur rôle est fondamental : ils procèdent à des « auditions », préconisent des « procédures », faisant ensuite l'objet de « communications » de la CRE qui les entérinent. À l'échelon européen, le constat est identique, le troisième paquet énergie ayant favorisé le développement de ce type de structures au profit des consommateurs d'électricité et de gaz[78].

Un tel modèle pourrait être désormais facilement étendu aux collectivités territoriales notamment dans le cadre de la transposition de la directive 2012/27/UE sur l'efficacité énergétique, le caractère informel et « collégial » de ces « groupes de travail » permettant de refléter leur diversité de statuts et de missions, sans pour autant bouleverser la composition et les méthodes de travail des régulateurs de l'énergie.

75. Résolution du Parlement européen du 14 mars 2013, « Feuille de route pour l'énergie à l'horizon 2050 », n° 103.

76. « Groupes de travail » qui bénéficient de sites internet spécifiques : *www.gtg2007.com*, *www.gte2007.com*.

77. *www.cre.fr*.

78. Voir par exemple le « Forum des citoyens pour l'énergie » créé le 28 octobre 2008 par la Commission européenne (IP/08/1594) ; Voir aussi le « Groupe de travail sur les consommateurs vulnérables », *ec. europa. eu/energy/gas_electricity/forum_citizen_energy_fr. htm.*

IV. Les entreprises locales de gaz et d'électricité

Jean-Marie Pontier

Deux politiques occupent aujourd'hui, dans les préoccupations des gouvernants, dans notre pays, une place qu'elles n'avaient pas auparavant, la politique de la décentralisation et la politique de l'énergie. Quant à la première, il n'est pas utile d'insister sur son actualité, une actualité qui demeure d'ailleurs au fil du temps, comme le montrent les nouveaux projets de lois concernant les collectivités territoriales. Quant à la seconde, elle est devenue indispensable en raison de la demande en énergie, de la nécessité de diversifier les sources d'énergie, du coût croissant de l'énergie – et notamment de l'électricité pour les consommateurs – et cela, quels que soient les choix qui sont faits ou pourront être faits sur le plan politique.

Les entreprises locales de gaz et d'électricité se trouvent au croisement de ces deux préoccupations. La France présente, une fois de plus, des particularités par rapport à un certain nombre de ses voisins, ne serait-ce qu'en raison de la nationalisation de l'électricité et du gaz par la loi du 8 avril 1946. Cette nationalisation n'a pas eu seulement des effets à l'encontre des personnes privées, mais également à l'égard des collectivités locales : « On ne dira jamais assez que les premières nationalisations ont atteint les entreprises qu'avaient créées ou qu'auraient pu créer des municipalités[1]. » Au début du XXe siècle, des textes législatifs autorisent la création de régies d'électricité par les communes ou les syndicats de communes[2].

1. M. Debré, *La mort de l'État républicain*, Gallimard, 4e éd. 1947, p. 48-49.

2. Il s'agit de la loi du 15 juin 1906, décret du 8 octobre 1917. Des auteurs écrivent : « On a dit que l'électrification de la France s'était poursuivie sous le signe de la liberté communale, et il en est bien ainsi en ce qui concerne la distribution publique de l'énergie », (S. Deglaire et E. Bordier, *Électricité, service public*, éd. Berger-Levrault, t. I, « Le cadre du service public », 1963, p. 38).

Le statut de ces régies, qui disposaient de la personnalité civile et de l'autonomie financière[3] était très libéral et le Conseil d'État, après avoir été, dans un premier temps, réticent[4] a admis ces interventions des communes[5], veillant à ce que les maires fassent une application correcte de leur pouvoir de réglementation[6]. Si des limitations sont ensuite apportées à ces régies locales, jugées trop indépendantes, ces dernières se développent jusqu'en 1946, qui marque un coup d'arrêt. En effet, même si l'on peut discuter, en théorie, de ce qu'est une nationalisation – certains auteurs ayant soutenu que « la départementalisation, la régie communale sont des formes de nationalisation »[7] – la loi de 1946 entend la nationalisation comme la remise à la « nation », avec toutes les interrogations que cela peut soulever.

Quant aux collectivités locales, la loi maintient les régies locales de gaz et d'électricité – il aurait été incohérent, au regard tout au moins de l'idéologie des gouvernants, de les supprimer[8] –, mais elle limite leur activité future, et cela doublement : d'une part, les collectivités locales qui n'étaient pas intervenues en ce domaine avant le vote de la loi ne le peuvent plus, les régies existantes ne peuvent que se maintenir ; d'autre part, la création d'entreprises nationales (EDF et GDF) entraîne nécessairement une tendance à la centralisation[9].

La problématique des régies d'électricité et de gaz a radicalement changé sous l'effet de deux phénomènes. Le premier est le développement du droit communautaire, et la pression de ce droit en faveur d'une « libéralisation » des marchés, le marché français du gaz et de l'électricité étant, depuis 1946, un marché fermé, à tel point que le monopole d'EDF et de GDF avait fini par paraître « naturel », les Français s'étant habitués à ce que ces entreprises soient les seuls opérateurs en ce domaine.

Le second phénomène a été l'évolution du marché de l'énergie, lui aussi bouleversé par divers facteurs, qu'il s'agisse de l'augmentation du prix du pétrole (avec les « chocs pétroliers ») avec la perspective d'une fin envisageable à un terme relativement bref (au

3. Il paraît à peine besoin de préciser que la terminologie était évidemment fausse, que juridiquement ces régies n'en étaient pas. Ce n'est pas le seul cas où le législateur a parlé de régies pour des structures qui étaient en fait très proches juridiquement de l'établissement public (ce qui a conduit d'ailleurs – enfin – le législateur à qualifier ces régies industrielles et commerciales des communes d'établissements publics, dans la loi du 13 août 2004).

4. Un auteur écrit, au début du XXe siècle, que le Conseil d'État ne fut pas favorable aux premières manifestations des régies communales : « Il redoutait de voir les communes s'affranchir trop fortement de la tutelle administrative » et le juge « s'est arrogé de cette façon une fonction économique au lieu de se borner à un examen juridique et légal des questions qui lui étaient soumises » (M. Galibert, *La régie municipale des distributions d'énergie électrique*, Thèse Toulouse 1924, p. 27 et p. 36).

5. Voir par exemple CE 29 juillet 1910, *Cadré, Rec.* p. 650.

6. Voir par ex. l'annulation par le Conseil d'État d'un arrêté municipal décidant que tous les usagers devraient se procurer les compteurs d'une marque déterminée, vendus par une seule société (CE 11 mai 1928, *Sieurs Mehaignery et Mouroux*, *Rec.* p. 610).

7. G. Lyon-Caen, *Les diverses formules de nationalisation*, Droit social, 1945, p. 41.

8. Le projet gouvernemental tendait cependant, dans son texte initial, à supprimer les régies locales. Mais celles-ci trouvèrent à l'Assemblée des défenseurs qui firent valoir, à la fois, que les régies locales étaient des nationalisations avant la lettre, et qu'elles répondaient à l'objectif d'instaurer l'autonomie locale, qui était proclamée par la Constitution.

9. Cela d'autant plus que la loi prévoyait que les établissements nationaux qu'étaient EDF et GDF devaient être doublés par la création d'établissements régionaux, qui ne furent pas créés.

regard de l'histoire humaine) de cette ressource, de l'énergie électrique d'origine nucléaire, largement développée par la France depuis trois décennies, des énergies dites renouvelables, qui bénéficient d'un préjugé favorable, ou encore, plus récemment, du développement de la ressource en gaz non conventionnels, qui paraissent rebattre une fois de plus les cartes de ce marché[10].

Un autre phénomène n'apparaît pas, alors que l'on aurait pu s'attendre à ce qu'il s'ajoute aux deux précédents qui viennent d'être cités, la décentralisation. Depuis plusieurs décennies, les lois de décentralisation, s'inscrivant dans une politique continue depuis le début de la Vᵉ République, ont accru les pouvoirs des collectivités territoriales, qui ont bénéficié de transferts de compétences comme de transferts de ressources[11]. Ces collectivités sont devenues de véritables acteurs du développement économique, social et culturel. Et cependant, ces collectivités ne se sont guère intéressées à la question de l'électricité et du gaz, comme si elles avaient considéré que le monopole conféré aux grands établissements nationaux était tel qu'en tout état de cause les choses étaient réglées une fois pour toutes et ne pouvaient être modifiées.

Or précisément, ce n'est pas exactement le cas, les questions soulevées par ces « régies » locales sont plus nombreuses aujourd'hui qu'elles ne le furent, même si elles déclenchent moins les passions, parce qu'elles sont moins médiatiques que d'autres. Le constat qui peut être établi est celui d'un rôle original des collectivités territoriales, qui est hérité de l'histoire, mais qui, face aux transformations de tous ordres qui se sont produites, doit s'adapter aux nouvelles données.

I. Un système de concession altéré au cours de l'histoire

La terminologie utilisée appelle une précision : dans la loi de 1946, il est question des régies de gaz et d'électricité. Une autre appellation est désormais utilisée, elle figure au Code de l'énergie, en son article L. 111-54 créé par l'ordonnance n° 2011-504 du 9 mai 2011[12]. Selon cette disposition, sont des entreprises locales de distribution « les sociétés d'économie mixte dans lesquelles l'État ou les collectivités locales détiennent la majorité du capital, les coopératives d'usagers et les sociétés d'intérêt collectif agricole concessionnaires de gaz ou d'électricité, ainsi que les régies constituées par les collectivités locales, existant au 9 avril 1946 et dont l'autonomie a été maintenue après cette date ». L'article ajoute que ces organismes doivent, pour demeurer de droit des gestionnaires de réseaux de distribution

10. Une seule chose paraît à peu près sûre dans ces évolutions rapides et ces retournements de situation : la demande mondiale d'énergie ne peut que s'accroître dans les années et les décennies à venir, les énergies renouvelables ne représenteront qu'une faible partie de la ressource énergétique, le charbon demeurant la première source d'énergie, et le coût de cette énergie ne pouvant que s'accroître pour les consommateurs, notamment les Français.

11. Ce n'est pas le lieu ici de discuter du point de savoir si ces ressources sont suffisantes, si elles compensent intégralement ou non les charges nouvelles résultant des transferts de compétences.

12. Ordonnance n° 2011-504 du 9 mai 2011 portant codification de la partie législative du Code de l'énergie, *JO* 10 mai 2011, p. 7954.

dans leur zone de desserte, conserver leur appartenance au secteur public, quelle que soit leur forme juridique ou leur nature coopérative.

Appartient-il à l'État de fournir, de produire et/ou de distribuer de l'électricité ou du gaz, la question étant de même nature s'il s'agit de l'eau ? La réponse ne va pas de soi, ou plus exactement ce qui paraissait peu discutable l'est aujourd'hui beaucoup plus[13]. Mais ce qui est certain, c'est que l'histoire continue de peser sur la situation des collectivités territoriales au regard de l'énergie.

A. Une histoire marquée par de profonds bouleversements

Le rapport des collectivités territoriales, particulièrement des communes, avec l'électricité, est celui d'une histoire, une histoire qui a vu les communes se voir reconnaître un rôle important avant que le Parlement ne modifie les données avec une restriction du rôle de ces collectivités.

1. L'histoire de l'électrification en France, une histoire largement locale

Il convient tout d'abord d'apporter une précision sur la nature du service de distribution, car cette qualification emporte de multiples conséquences : le service de distribution d'électricité et de gaz est un service public, et c'est un service public local. Cette qualification découle directement de la loi : les dispositions applicables, c'est-à-dire les articles L. 2224-31 à L. 2224-37 du CGCT font partie du chapitre VI « Services publics industriels et commerciaux », qui fait partie lui-même du Titre II « Services communaux » du livre deuxième de la deuxième partie « La commune » du CGCT.

Il est vrai que si la qualification de « service public » ne paraît guère contestable, on pourrait éprouver un doute sur la qualification de « local ». La nationalisation de 1946 n'aurait-elle pas entraîné la transformation de ce service public en un service public national ? En réalité, l'hésitation n'est guère permise, le Conseil constitutionnel ayant eu l'occasion de se prononcer sur ce point, même si la décision porte, s'agissant de la qualification, sur le gaz naturel, car il n'y a pas de raison particulière de se prononcer d'une manière différente pour l'électricité et le gaz. Saisi de la Loi relative au secteur de l'énergie le Conseil constitutionnel a été amené à se prononcer sur la question de l'existence d'un service public national. En

13. Dans un rapport sur la question un auteur répond : « Si les entreprises privées sont capables de fournir les prestations, la logique économique est d'affirmer qu'il n'appartient pas à l'État d'agir à leur place. Dans ce cas, l'obligation de l'État est de créer un cadre légal garantissant à l'ensemble de la population l'accès aux prestations dont elle a besoin, en dépit que ces prestations soient fournies par des entreprises privées qui répondent à une logique de marché et non à l'intérêt public. Dans cette perspective, l'État pourrait se retirer du marché pour autant qu'il en régule le fonctionnement de manière adéquate. » (F. BELLANGER, « Peut-il encore exister un service public de l'eau, du gaz, de l'électricité ? », *Annuaire européen d'administration publique*, 2005, p. 21 et s., p. 28).

dehors des services publics nationaux du fait des règles constitutionnelles[14], il appartient au législateur de qualifier les services publics. Selon le Conseil, en vertu de la loi Gaz de France conserve la qualité de service public national[15], mais si la loi déférée impose à Gaz de France des sujétions en termes de péréquation, en ce qui concerne les tarifs d'utilisation des réseaux publics de distribution, l'activité de distribution de gaz naturel constitue un service public local et non national[16].

2. La nationalisation et ses suites

La distribution de l'électricité est assurée en France, depuis la loi de nationalisation du 8 avril 1946, sous le régime de la concession de service public ou sous celui de la gestion directe par les communes, du fait que la loi a laissé subsister un certain nombre de distributeurs : la loi exclut de la nationalisation les sociétés de distribution à économie mixte dans lesquelles l'État ou les collectivités publiques possèdent la majorité, ainsi que les régies, les coopératives d'usagers et les sociétés d'intérêt collectif agricoles (SICAE)[17]. ERDF assure aujourd'hui environ 95 % de la distribution en termes d'énergie facturée ou de populations concernées, sous le régime de la concession.

Les distributeurs non nationalisés (DNN), également appelés entreprises locales de distribution (ELD) assurent donc les 5 % restants dans près de 2 500 communes et sont environ au nombre de 160. Ces DNN sont représentés par des régies, des coopératives d'usagers et des SICAE, certains de taille relativement importante (comme Électricité de Strasbourg, l'Usine d'électricité de Metz, la Régie des Deux-Sèvres, la Soregies [dans la Vienne], Gaz Électricité de Grenoble), d'autres ne desservant que quelques communes rurales.

Dans la quasi-totalité des cas, le mécanisme juridique retenu en 1946 est celui de la concession, le législateur ayant maintenu le rôle de collectivité concédante des collectivités locales (territoriales aujourd'hui). La commune est la collectivité détentrice du pouvoir concédant, elle délègue à un concessionnaire – qui s'avère être dans tous les cas, pour les raisons qui vont être explicitées, ERDF – la mission de distribuer l'électricité sur son

---

14. « Si la nécessité de certains services publics nationaux découle de principes ou de règles de valeur constitutionnelle, il appartient au législateur ou à l'autorité réglementaire, selon les cas, de déterminer les autres activités qui doivent être ainsi qualifiées », déclare le Conseil dans la décision citée ci-après.

15. En effet, déclare le Conseil, « le législateur avait maintenu à cette seule entreprise les missions de service public qui lui étaient antérieurement dévolues en ce qui concerne la fourniture de gaz naturel aux particuliers ; [...] le neuvième alinéa du Préambule de 1946 était respecté dès lors que la participation de l'État ou d'autres entreprises ou organismes appartenant au secteur public restait majoritaire dans le capital de cette société ; [...] l'abandon de cette participation majoritaire ne pouvait résulter que d'une loi ultérieure privant Gaz de France de son caractère de service public national ».

16. CC décision n° 2006-543 DC du 30 novembre 2006, cons. n° 18.

17. Voir par exemple CE 27 novembre 2002, *Société d'intérêt collectif agricole d'électricité (SICAE) de la région de Péronne*, req. n° 246764, décision dans laquelle le juge considère que parmi les « services analogues » figurent la Société d'intérêt collectif agricole d'électricité, mais que les dispositions de l'article 23 font obstacle à ce qu'à l'occasion d'un changement dans le mode de gestion de la distribution d'électricité d'une commune le périmètre géographique couvert par l'article 23 de la loi du 8 avril 1946 soit étendu.

territoire. La commune peut exercer directement ce pouvoir de concédant, soit le déléguer à un syndicat intercommunal, auquel cas ce dernier dispose de l'ensemble des prérogatives normalement dévolues au concédant, en particulier l'établissement du cahier des charges de concession et le contrôle du bon accomplissement des missions de service public fixées au concessionnaire par le cahier des charges.

La nationalisation n'a plus, aujourd'hui, l'importance politique et symbolique, encore moins économique, qu'elle eut en 1946, mais ses effets à l'égard des collectivités territoriales ont perduré, ils se sont en quelque sorte cristallisés.

B. Des relations entre le concédant et le concessionnaire organisées par la loi

La distribution de l'électricité est donc effectuée, en vertu de la loi, dans le cadre, apparemment classique, de la concession, le concédant étant représenté par les collectivités locales, spécialement les communes, le concessionnaire étant quasi exclusivement ERDF. C'est dire que la concession est assez particulière, elle est en réalité dénaturée.

1. L'article L. 2224-31 du CGCT

Les dispositions applicables sont représentées principalement par l'article L. 2224-31 du CGCT, un article qui a connu de multiples modifications et adjonctions, à la suite des lois qui ont été adoptées dans le domaine de l'énergie, la dernière modification[18], remontant à la loi n° 2011-1978 du 28 décembre 2011.

L'article L. 2224-31 commence par rappeler que, sans préjudice de l'article 23 de la loi n° 46-628 du 8 avril 1946 sur la nationalisation de l'électricité et du gaz, les collectivités territoriales ou leurs établissements publics de coopération, en tant qu'autorités concédantes de la distribution publique d'électricité et de gaz en application de l'article 6 de la loi du 15 juin 1906 sur les distributions d'énergie et de l'article 36 de la loi n° 46-628 du 8 avril 1946, négocient et concluent les contrats de concession, et exercent le contrôle du bon accomplissement des missions de service public fixées, pour ce qui concerne les autorités concédantes, par les cahiers des charges de ces concessions. Ces dispositions appellent les remarques suivantes.

En premier lieu, la loi de 1946 sur la nationalisation du gaz et de l'électricité maintient la qualité de collectivité concédante aux collectivités locales, qualité qui provient elle-même de la loi du 15 juin 1906. *A priori*, donc, la nationalisation n'entraîne aucun changement majeur pour les collectivités locales, un concessionnaire succédant à un autre. Cependant, déjà, le fait qu'il n'y ait plus que deux concessionnaires au lieu de la multiplicité que l'on connaissait auparavant ne peut pas ne pas changer la donne, et surtout le rapport de forces :

18. À la date à laquelle a été écrit ce texte, mars 2013.

la balance penche nécessairement en faveur du concessionnaire, autrement plus puissant que la collectivité concédante.

Cela conduit, en deuxième lieu, à une interrogation sur la concession : sommes-nous toujours dans le cadre de la concession telle qu'on la connaissait, le fait de se trouver face à deux grands concessionnaires, EDF et GDF, ne modifie-t-il pas la nature du contrat, la concession ne s'en trouve-t-elle pas dénaturée ? La question mérite d'autant plus d'être posée que l'on peut s'interroger sur la liberté des collectivités concédantes à l'égard d'EDF et de GDF, interrogation qui n'est pas seulement « existentielle », mais qui est proprement juridique, et si, sur ce dernier plan, les collectivités locales n'ont pas la liberté qui est normalement attachée à la qualité de concédant, il faut se demander ce que signifie la concession[19].

L'article L. 2224-31 ajoute que les autorités concédantes considérées assurent le contrôle des réseaux publics de distribution d'électricité et de gaz et, à cette fin, désignent un agent du contrôle distinct du gestionnaire du réseau public de distribution. Il énonce en détail les informations d'ordre économique, commercial, industriel, financier ou techniques utiles à l'exercice des compétences des autorités concédantes. D'autres dispositions figurant au cinquième alinéa du I de l'article concernent les missions de conciliation que peut conduire l'autorité organisatrice d'un réseau public de distribution d'électricité et de gaz en vue du règlement de différends relatifs à la fourniture d'électricité de secours.

Les collectivités territoriales peuvent assurer la maîtrise d'ouvrage des travaux de développement des réseaux publics de distribution d'électricité et de gaz. En effet, selon l'article L. 2224-31 du CGCT,

> « en application des dispositions du quatrième alinéa de l'article 36 de la loi n° 46-628 du 8 avril 1946 [...], les collectivités et établissements publics [...] peuvent assurer la maîtrise d'ouvrage des travaux de développement des réseaux publics de distribution d'électricité et de gaz. Le même droit est accordé aux collectivités territoriales et aux établissements publics de coopération compétents en matière de distribution publique d'électricité et de gaz ayant constitué un organisme de distribution mentionné à l'article 23 de la loi n° 46-628 précitée ou du III du présent article ».

Nous verrons plus loin que cette possibilité est revendiquée par une association de collectivités territoriales, qui souhaite que la collectivité puisse conduire librement de tels travaux.

2. Les relations entre le concédant et le concessionnaire

La théorie classique de la concession implique que le concédant a le choix du concessionnaire, *l'intuitu personae* est même ce qui caractérise traditionnellement la concession par rapport aux autres contrats publics conclus par les personnes publiques. Dans la loi de nationalisation de 1946, les communes sont maintenues comme collectivités concédantes. Mais

19. Dans diverses notes la Fédération nationale des collectivités concédantes et régies (FNCCR) a émis des doutes sur la nature juridique du mode de gestion, estimant qu'il ne s'agissait pas d'une concession, mais d'un affermage.

les relations qu'elles ont avec le concessionnaire répondent-elles aux règles habituelles ? En d'autres termes, les communes ont-elles la liberté de choix de leur concessionnaire ? Les établissements nationaux créés par la loi du 8 avril 1946 se sont vu reconnaître un monopole, mais que signifie ce monopole, à quoi s'applique-t-il exactement ?

Il a pu être soutenu, un temps, qu'il n'allait pas de soi d'affirmer qu'EDF et GDF disposaient d'un monopole de la distribution. D'une part, les droits des anciens concessionnaires étaient définis dans la loi du 15 juin 1906 et le décret d'application du 17 janvier 1928[20], et l'on peut considérer qu'EDF a hérité des droits et obligations des anciens concessionnaires, mais sans plus. D'autre part, la question s'est posée de savoir ce qu'il advenait en fin de concession : les collectivités territoriales sont-elles tenues de concéder leurs entreprises à EDF et GDF ou conservent-elles leur liberté de décision ? Cette seconde solution pouvait être soutenue[21].

Mais dans sa décision du 30 novembre 2006 précitée, le Conseil constitutionnel a clairement pris position sur cette question. Le Conseil considère que le législateur n'a pas remis en cause l'exclusivité des concessions de distribution publique de gaz (mais le raisonnement est évidemment identique pour l'électricité) dont bénéficient Gaz de France et les distributeurs non nationalisés dans leur zone de desserte historique, en vertu des dispositions combinées des articles 1er et 3 de la loi du 8 avril 1946, ainsi que de l'article 25-1 de la loi du 3 janvier 2003 et du III de l'article L. 2224-31 du CGCT, et

> « seules les communes ou leurs groupements qui, au 14 juillet 2005, ne disposaient pas d'un réseau public de distribution de gaz naturel ou des travaux de desserte n'étaient pas en cours de réalisation, peuvent concéder la distribution publique de gaz à une entreprise agréée de leur choix ».

Dans un document remis par EDF à l'Association des Maires de France[22] il est dit que :

> « Il résulte de la loi du 8 avril 1946 et de la loi du 10 février 2000 que seule EDF peut être désignée comme GRD par les collectivités, à l'exception des réseaux exploités par les entreprises locales de distribution. Ainsi, lors du renouvellement du contrat de concession, EDF ne peut pas être mise en concurrence avec d'autres acteurs. Mais le groupe ne peut garantir qu'une modification législative modifiant les dispositions ne sera jamais adoptée. »

Les collectivités territoriales concessionnaires se plaignent moins, à vrai dire, du monopole de la concession que détient EDF (ou GDF) que de l'impossibilité, selon elles,

---

20. L'article 2 de la loi du 15 juin 1906 précise : « Une distribution d'énergie électrique n'empruntant en aucun point de son parcours des voies publiques peut être établies et exploitée… ». L'article 2 du cahier des charges type (décret du 17 janvier 1928) vise « « le droit d'utiliser les voies publiques » pour l'établissement du réseau de distribution accordé au concessionnaire ».

21. Voir J.-M. PONTIER, « Les régies locales d'électricité et de gaz : *de minimis* ? L'interventionnisme économique de la puissance publique », *Études en l'honneur de G. Péquignot*, CERAM, Université de Montpellier-I, 1984, t. II p. 579 et s., p. 587.

22. Document cité dans le *Livre blanc de la FNCCR* précité, p. 54.

de peser sur ces concessionnaires, de leur imposer des travaux à réaliser, de pouvoir opter pour un opérateur local en cas d'incapacité avérée d'ERDF[23]. De ce fait les contentieux ont tendance à se multiplier, notamment en ce qui concerne la participation d'EDF aux travaux d'extension du réseau électrique réalisés par les collectivités territoriales[24].

Les changements, voire les bouleversements, pourraient plutôt provenir des normes européennes, avec le projet de directive consacré aux contrats de concession. Cependant l'évolution ne se produit pas obligatoirement dans l'intérêt des collectivités territoriales.

La pluralité des acteurs et des opérateurs a placé les collectivités territoriales concédantes dans une situation particulière, peu confortable pour elles. C'est une situation un peu inverse de celle que l'on décrit habituellement pour qualifier les évolutions de la décentralisation et le rôle de l'État par rapport aux collectivités territoriales : on fait valoir volontiers que l'État se trouverait concurrencé à la fois par le supranational, représenté par l'Union européenne, et par l'infranational, constitué par les collectivités territoriales. Et de fait l'État, en France, paraît être embarrassé pour parvenir à définir son nouveau rôle.

Mais ici, en matière de concession d'électricité par les communes, ce sont ces dernières qui se trouvent en quelque sorte « prises en tenaille » entre le niveau de l'Union et le niveau national. Les règles de l'Union appellent la mise en concurrence avec les directives qui visent « l'objectif d'ouverture des marchés concurrentiels de l'électricité et du gaz », pour reprendre la formule du Conseil constitutionnel invalidant des dispositions de la loi n° 2006-1537 relative au secteur de l'énergie[25]. Mais, sur le plan national, les collectivités territoriales, dont il est inutile de souligner le nombre et, donc, la faiblesse, se trouvent face à deux grands opérateurs que sont RTE et GrDF.

II. Des relations contractuelles à redéfinir

Les concessions, à supposer qu'il s'agisse bien de contrats pouvant être ainsi qualifiés (et encore que même si l'on estime qu'il s'agit d'un affermage cela ne change pas grand-chose), comportent nécessairement des cahiers des charges. L'établissement, ou plutôt l'adaptation de ces cahiers des charges a posé problème et, à ceci, s'ajoutent de nouveaux défis pour les collectivités territoriales.

23. *Livre blanc de la FNCCR*, p. 3. Le livre blanc affirme que les AOD ne souhaitent clairement pas privilégier l'hypothèse d'une ouverture à la concurrence de la distribution d'électricité (p. 80).

24. Voir par exemple CAA Nantes, 27 octobre 2009, *Syndicat départemental d'énergie et d'équipement de la Vendée*, req. n° 08NT03289.

25. CC, Décision n° 2006-543 DC du 30 novembre 2006, *AJDA* 2006 p. 473, note G. Marcou.

A. *La difficile « remise à jour » des cahiers des charges*

Une concession, pas plus qu'un autre contrat, n'est conclue *ad vitam æternam* : elle prend fin un jour, et à ce moment-là se pose la question du renouvellement. Pour les collectivités concédantes, ce renouvellement s'est présenté d'une manière particulière, le consensualisme caractéristique des contrats faisant défaut en l'espèce.

1. L'accentuation de la dimension légale et réglementaire

La loi du 8 avril 1946 avait maintenu dans leur intégralité les dispositions des cahiers des charges de 1928. Les concessions venant à expiration, un nouveau cahier des charges fut approuvé par un décret du 22 novembre 1960. Mais ce cahier des charges ne fut pas mis en œuvre. « Cet échec tient, semble-t-il, à l'absence de rapprochements significatifs entre collectivités concédantes communales ou syndicales, en dépit des incitations des pouvoirs publics à procéder à des regroupements de concessions »[26]. Deux autres tentatives eurent lieu en 1971 et en 1977 sans résultat, ce qui témoigne d'une capacité de résistance assez remarquable de la part des collectivités concernées.

EDF ayant été substituée aux droits et obligations des anciens concessionnaires, le Conseil supérieur de l'électricité et du gaz a considéré qu'en l'absence de la révision des contrats prévue par le deuxième alinéa de l'article 37 de la loi, les dispositions contractuelles des anciens cahiers des charges conservaient leur validité par tacite reconduction. Mais, naturellement, ces dispositions se révélaient de moins en moins adaptées à la réalité technique et économique de la distribution d'électricité. Au surplus, faisaient observer les pouvoirs publics, la diversité de certaines dispositions, d'un cahier des charges à un autre, est contraire au principe d'égalité de traitement, celle-ci devant s'entendre au plan national.

Cette situation a conduit à ce que les relations contractuelles entre les concédants, l'établissement public concessionnaire et les usagers soient progressivement régies soit par un certain nombre de textes législatifs ou réglementaires, soit sur la base de règles commerciales élaborées par EDF. Cette situation était peu satisfaisante sur le plan juridique, la plupart des dispositions relatives au service public de l'électricité figurant dans les cahiers des charges reconduits tacitement n'étant plus adaptées.

La remise à jour des obligations du concessionnaire concernait, selon les pouvoirs publics, quatre aspects fondamentaux : la qualité du service et du produit, EDF devant apporter une qualité du service améliorée, développer le conseil à tout abonné, améliorer constamment la qualité du courant fourni aux utilisateurs ; l'incitation aux économies d'énergie d'électricité, lorsqu'elles sont rentables pour la collectivité nationale, ces économies allant dans le sens de l'intérêt commun de l'usager et d'EDF ; la protection de l'environnement, des objectifs concrets devant être négociés avec les autorités concédantes, le

26. Instruction du 27 juillet 1993 relative à la révision des concessions de distribution d'énergie électrique, *JO* 11 septembre 1993. Il est rare que l'on trouve un tel aveu d'impuissance dans un texte officiel.

contrôle et l'instruction réglementaire des projets de ligne électrique devant être conduits sous l'autorité du représentant de l'État dans le département par les directions départementales de l'Équipement ; le caractère normatif sur l'ensemble du territoire des modalités d'achat aux producteurs autonomes.

Dans cette instruction du 27 juillet 1993 les pouvoirs publics affirmaient leur volonté de « redonner aux collectivités locales un pouvoir concédant effectif », la rénovation du cadre juridique du cahier des charges devant permettre à ces collectivités de « renouer avec les responsabilités qui sont les leurs en matière de pouvoir concédant et renforcées depuis la loi de décentralisation du 2 mars 1982 ». Ceci devait se faire, notamment, par l'adaptation locale de nombreuses dispositions telles que celles relatives à l'intégration des ouvrages dans l'environnement, à la durée de la concession, au contrôle de la bonne exécution du contrat, etc.

La contrepartie attendue de cette adaptation effectuée par les pouvoirs publics était le regroupement des pouvoirs concédants. Le gouvernement constatait que face à l'unicité de l'organisation d'EDF au niveau départemental il était essentiel, pour que les autorités concédantes puissent exercer leur rôle avec l'efficacité maximale, qu'elles n'interviennent pas en ordre dispersé. La formule de calcul de la redevance de concession approuvée par les ministres a donc été délibérément conçue pour inciter les collectivités locales à regrouper leur pouvoir concédant. Un tel regroupement était de nature, également, à faciliter l'exercice du contrôle revenant à l'autorité concédante et allait dans le sens de l'intérêt des consommateurs.

Il en est de la distribution d'électricité comme des autres domaines d'intervention à l'échelon local : le regroupement n'est pas seulement souhaitable, il est indispensable. Les organismes publics locaux de distribution d'électricité se rendent bien compte qu'il est nécessaire d'opérer des regroupements pour pouvoir continuer à être des acteurs « crédibles » en ce domaine. Mais, comme dans le cas des communes, et pour des raisons similaires, les regroupements ne vont pas de soi, des contentieux peuvent naître d'incompréhensions et d'opposition d'intérêts[27].

Soulignons encore que la nécessité de l'amélioration d'un autre contrôle a déterminé l'intervention des pouvoirs publics, le contrôle de légalité, mis à mal par la multiplication des actes (provenant de la multiplicité des autorités locales, elle-même accrue par les lois de décentralisation) et la faiblesse des moyens de contrôle du représentant de l'État. Il a été demandé aux directions départementales de l'Équipement de veiller en particulier à la compatibilité des clauses contractuelles des cahiers des charges avec la réglementation régissant notamment la sécurité des réseaux, les prescriptions techniques de construction des lignes, le droit de l'urbanisme.

27. Voir par exemple CAA Bordeaux, 3 mai 2011, *Syndicat intercommunal d'électricité et d'équipement du département de la Vienne (SIEEDV)*, req. n° 10BX02295 ; du même jour, et par la même cour, *Société de revente d'électricité et de gaz, investissement, exploitation et services (SOREGIES)*, req. n° 10BX02297.

2. La quasi-disparition de la liberté contractuelle

Le modèle de contrat a constitué un document de référence sur lequel les collectivités concédantes devaient s'appuyer pour la négociation et l'élaboration de leurs contrats de concession. Toutefois, la loi ayant conféré à l'État des compétences exclusives dans le secteur de l'énergie électrique, cette liberté contractuelle a été tempérée par la distinction entre deux sortes de dispositions, celles qui revêtent un caractère supplétif et celles qui revêtent un caractère impératif.

En principe, les dispositions inscrites dans le modèle de cahier des charges et dans les documents contractuels ont un caractère supplétif, dans le respect des lois et règlements en vigueur. Mais certaines dispositions du modèle ont un caractère impératif « parce qu'elles concernent l'exercice de compétences qui appartiennent à l'État ; ainsi en est-il de l'application des orientations définies par les pouvoirs publics s'inscrivant dans des contraintes nationales, par exemple : respect de la péréquation nationale des tarifs, respect des choix de politique énergétique définis sur le plan national »[28].

Le modèle de cahier des charges ainsi élaboré comporte un chapitre Ier définissant le service concédé, les ouvrages concédés, l'utilisation des ouvrages de la concession, les redevances dues par le concessionnaire à l'autorité concédante ainsi que le régime des prestations exécutées par une partie pour l'autre. Le chapitre 2 traite des travaux relatifs au réseau concédé, notamment des conditions d'utilisation des voies publiques, de l'intégration des ouvrages dans l'environnement et des participations du concessionnaire aux travaux dont l'autorité concédante est maître d'ouvrage, du partage de la maîtrise d'ouvrage entre autorité concédante et concessionnaire pour les travaux de renforcement et de raccordement, des déplacements d'ouvrages sur le domaine public ou privé. Le chapitre 3 concerne les services aux usagers et précise les droits des usagers, définit les branchements et leurs conditions d'entretien, fixe les principes de la participation des tiers aux frais de raccordement et de renforcement, définit le périmètre des installations intérieures, les notions de postes de livraison et de transformation des clients ainsi que les conditions d'utilisation des appareils de mesure et de contrôle et leur vérification. Le chapitre évoque également la qualité de l'énergie distribuée, les conditions de modification des caractéristiques de l'énergie distribuée, l'obligation de consentir des abonnements, les contrats d'abonnement et conditions de paiement ainsi que les conditions générales de services. Le chapitre 4 a trait aux principes et conditions de tarification (égalité de traitement, péréquation géographique, contrats avec les clients) ainsi qu'aux achats d'énergie aux producteurs autonomes. Le chapitre 5 traite de la durée, du terme et du renouvellement de la concession, le chapitre 6 du contrôle du réseau de distribution par l'autorité concédante et des documents que le concessionnaire doit fournir à l'autorité concédante (compte-rendu annuel d'activité notamment) ainsi que les documents annexés au cahier des charges.

---

28. Instruction précitée. Les ministres faisaient toutefois remarquer que ces dispositions laissaient une marge de manœuvre importante aux collectivités concédantes pour faire évoluer tant leurs relations avec EDF que celles de l'établissement public avec les usagers.

Il apparaît ainsi que la dimension réglementaire est extrêmement importante, beaucoup plus importante que dans d'autres concessions, la dimension contractuelle est plus faible que dans les autres contrats administratifs[29].

B. Les défis auxquels sont confrontées les collectivités territoriales

Nous ne sommes plus en 1946, ni même dans les années 1960, les données ont considérablement changé. Le « modèle » de 1946[30] a été mis à mal, il ne peut perdurer. Le facteur le plus puissant de changement n'est d'ailleurs pas national, mais européen, et les collectivités territoriales ne sont pas les seules, ni même les premières concernées.

Dans la proposition de directive, la Commission a pris une initiative visant à « réduire l'incertitude qui entoure l'attribution des contrats de concession pour le plus grand avantage des autorités publiques et des opérateurs économiques ». Le rapport établi après la consultation effectuée en ligne auprès du grand public d'abord, des entreprises, des partenaires sociaux et des entités adjudicatrices ensuite, a « confirmé la nécessité d'une nouvelle législation. Il dresse le constat selon lequel les opérateurs économiques sont confrontés à des conditions de concurrence inéquitables, qui leur font souvent rater des opportunités commerciales ». La proposition de directive a pour principal objectif de « préciser le cadre juridique applicable à l'attribution de concessions, mais aussi de délimiter clairement le champ d'application de ce cadre juridique ».

L'exposé des motifs insiste sur le risque économique que prend le concessionnaire, et qui caractérise la concession[31]. Il fait valoir aussi que les concessions étant généralement des accords complexes conclus sur le long terme, dans lesquels l'entrepreneur assume des responsabilités et des risques traditionnellement assumés par les pouvoirs adjudicateurs et les entités adjudicatrices et relevant normalement de leurs compétences, les autorités adjudicatrices devraient pouvoir disposer d'un pouvoir de négociation dans la procédure d'attribution de la concession[32], ce qui ne pourrait qu'entraîner, en France, des changements dans les relations entre les collectivités concédantes et leur concessionnaire.

---

29. Le rapporteur à l'Assemblée nationale de la commission des affaires économiques sur la sécurité et le financement des réseaux de distribution d'électricité relève que : « De fait, les cahiers des charges des concessions sont davantage des dispositions réglementaires que des contrats administratifs » (rapport précité p. 8).

30. En entendant par là, non point un système mis en place qui devrait servir d'objet d'imitation pour d'autres institutions ou d'autres domaines, mais un système présentant certaines caractéristiques qui s'appliquait à l'ensemble des collectivités concédantes.

31. « La principale caractéristique d'une concession, le droit d'exploitation de travaux ou de services, implique toujours le transfert au concessionnaire d'un risque économique, avec la possibilité qu'il ne recouvre pas les investissements effectués et les coûts supportés lors de l'exploitation des travaux ou des services attribués » (point 7).

32. Les pouvoirs adjudicateurs et les entités adjudicatrices « devraient conserver une certaine marge de manœuvre dans l'organisation de la procédure d'attribution et pouvoir éventuellement négocier le contenu du contrat avec les candidats » (point 27 de l'exposé des motifs).

Parmi les défis auxquels sont confrontées les collectivités territoriales, et qui sont traités plus en détail dans une autre contribution[33], il est possible d'en relever plus particulièrement trois.

Un premier défi est celui de la modernisation. Cette modernisation est celle des installations des collectivités territoriales comme des modes de gestion. En ce qui concerne les installations, les réseaux de distribution doivent être modernisés, adaptés, remplacés, pour tenir compte à la fois des nouveaux besoins, des nouvelles technologies et des nouvelles sources d'énergie. De ce point de vue, des appréciations divergentes sont portées par les analystes. Certains voient dans les énergies renouvelables un instrument et une occasion pour les collectivités territoriales de retrouver une place qu'elles avaient progressivement perdue. La décentralisation serait gagnante dans le développement des énergies renouvelables, parce que ces dernières se prêtent, disent ces auteurs, à une gestion décentralisée. Le soleil, le vent, la biomasse, d'autres formes d'énergie demain, seraient la promesse ou la possibilité d'une autonomie locale accrue, d'une décentralisation renouvelée. Mais d'autres pensent que les interconnexions à établir, les régulations indispensables, ne laisseront qu'une place réduite aux collectivités concédantes.

Les modes de gestion aussi doivent être adaptés. Le système ancien était, en simplifiant, celui d'une opposition entre la gestion directe, représentée par la régie, et la gestion déléguée, représentée par la concession. Cette opposition n'a plus grande signification aujourd'hui. Aucune de ces deux formes ne donne satisfaction et, d'ailleurs, depuis 1946, la notion de collectivité concédante n'a plus eu la signification qu'elle avait traditionnellement. Il faut trouver des modes de gestion souple qui permettent à la fois à la collectivité de conserver un rôle, d'imprimer sa marque, et aux opérateurs de pouvoir développer leur activité.

Un deuxième défi, lié au précédent, est celui de la tarification. Celle-ci a donné lieu à de multiples études, elle apparaît comme l'un des points de cristallisations des divergences et des oppositions entre les collectivités concédantes d'un côté, l'État et les opérateurs de l'autre. Des conflits sont d'ailleurs allés au contentieux[34]. La FNCCR a été virulente à l'égard de certains tarifs, notamment le TURPE, parlant de « dysfonctionnement »[35]. La difficulté est grande en ce domaine, car la France a pratiqué à la fois des tarifs réglementés et des tarifs sociaux[36], qui s'imposent aux opérateurs et aux collectivités territoriales, mais avec les contraintes et les exigences européennes, qui ont conduit précisément à la décision du Conseil constitutionnel de 2006 précitée annulant certaines dispositions de la Loi relative à l'énergie.

Un troisième défi, lié aux précédents, est celui de la coopération. Les collectivités territoriales ne peuvent plus agir seules, elles ne peuvent plus se considérer comme des

---

33. Voir *infra* II la contribution de P. MOZOL.

34. Voir par exemple, à propos du « ticket bleu » individuel, CAA Nantes 27 octobre 2009, *Syndicat départemental d'énergie et d'équipement de la Vendée*, req. n° 08NT03289.

35. FNCCR, *Quel mode de gestion pour les services publics locaux de l'électricité ? Livre blanc*, p. 62 et s.

36. Les deux ne sont pas assimilables, comme l'a fait observer G. MARCOU dans sa note précitée.

entités autonomes choisissant librement leur politique. Elles en sont d'ailleurs conscientes puisqu'elles se sont regroupées au sein d'associations comme la FNCCR[37]. Mais cela ne suffit pas. La dimension communale, ici comme en bien d'autres domaines, soulève des difficultés, la multiplicité de collectivités constituant une faiblesse de ces dernières face aux opérateurs quels qu'ils puissent être et compliquant en même temps la tâche de ces derniers. C'est pourquoi les pouvoirs publics ont incité, ici également, au regroupement, évoqué précédemment, et les syndicats, étudiés dans la contribution de P. Mozol, sont une tentative pour pallier les faiblesses du système. Mais cette solution est-elle suffisante pour faire face aux défis d'aujourd'hui ?

37. La FNCCR se donne comme buts (article 2 des statuts) d'aider ses membres : 1. À défendre et représenter les intérêts généraux et particuliers de ses collectivités et organismes du chef tant des services publics – quels qu'en soient l'objet, le régime et le mode d'exploitation – dont l'organisation et la gestion leur incombent, que de leur domaine public ou privé en général ; 2. À perfectionner et développer les services publics, à améliorer la gestion des services publics et du domaine public ou privé de ces mêmes collectivités et organismes.

V. Les entreprises locales de distribution d'énergie, construire des organisations pour être représenté dans le champ décisionnel national et européen

Pauline Gabillet

Certaines collectivités locales disposent d'entreprises locales de distribution d'énergie. Ces structures créées pour certaines dès la fin du XIXe siècle ont pu être conservées malgré la nationalisation du service public de l'électricité et du gaz. La loi de nationalisation du 8 avril 1946 inclut dans son article 23 la possibilité pour les collectivités locales disposant précédemment de ce type de structure de les conserver[1]. Il s'agit d'une logique dérogatoire[2] étant donné que seules les collectivités locales ayant fait le choix de créer des entreprises locales de distribution (ELD) avant la nationalisation ont pu les conserver et que la création de nouvelles ELD n'est pas possible.

158 ELD distribuent aujourd'hui 5 % de l'électricité en France. Caractérisées par des statuts très divers[3], elles distribuent de l'électricité et parfois du gaz, du chauffage urbain ou encore de l'eau sur un territoire de concession dont la taille varie d'une commune à un département. Leur capital est détenu en majorité ou en totalité par des actionnaires publics locaux, principalement les communes. Malgré leur situation locale, elles sont très dépendantes de l'échelle nationale, avec la nationalisation du service public de l'électricité en 1946, et

1. Loi n° 46-628 du 8 avril 1946 sur la nationalisation de l'électricité et du gaz.

2. Ces structures ont été dénommées dans la législation « distributeurs non nationalisés » jusqu'à l'élaboration du Code de l'énergie en 2011. Le terme utilisé aujourd'hui est celui d'entreprise locale de distribution.

3. G. Bouvier, *Les collectivités locales et l'électricité*, Thèse de géographie mention géopolitique, Université Paris-VIII, Institut français de géopolitique, 2005, p. 92-107.

européenne, du fait de la libéralisation de l'énergie en 1996. Peser à ces échelles est donc indispensable pour les ELD.

Les organisations de représentation des ELD illustrent la capacité de ces dernières à se positionner à différentes échelles. L'objet de ce travail est de proposer une cartographie de ces organisations pour comprendre comment des structures locales au caractère dérogatoire parviennent à être représentées à l'échelon national et européen. Trois types d'organisations s'articulent et s'ajoutent les uns aux autres, illustrant trois périodes de positionnement des ELD. La première période date de l'origine des ELD, mais surtout de la nationalisation. Bien que locales, les ELD doivent négocier les mécanismes permettant l'équilibre de leur modèle économique à l'échelle nationale. Leurs interlocuteurs principaux sont le ministère en charge de l'Électricité et EDF. Les prémisses de l'ouverture des marchés apportent une dimension européenne au cadre de régulation de l'énergie et conduit les ELD à s'impliquer à cette échelle. La troisième période date de 2000, lors de la transcription de la directive de 1996 dans la législation française. De nouvelles instances de négociation et de régulation sont mises en place et nécessitent le développement de syndicats professionnels.

I. Des outils pour peser à l'échelle nationale dans un secteur monopolistique

A. Les ELD enserrées dans des interactions avec EDF et l'État

La nationalisation et sa logique quasi monopolistique ont conduit à une dépendance économique des ELD vis-à-vis d'EDF. Peu d'ELD sont historiquement productrices d'électricité et aucune ne produit la totalité de ses besoins. Elles achètent donc à des fournisseurs extérieurs l'électricité qu'elles commercialisent. Or la nationalisation de la production conduit EDF à devenir l'unique fournisseur des ELD. Les tarifs d'achat de l'électricité des ELD à EDF ne sont pas réglementaires, mais fixés par un contrat de droit privé. La définition de ces tarifs d'achat est primordiale pour l'équilibre économique des ELD.

La création de l'établissement public EDF entraîne dans son sillage une tutelle *« de l'État en tant qu'autorité normative, garant de l'intérêt général, et de l'État comme personne, qu'il s'agisse de ses intérêts comme actionnaire ou de ceux du budget général »*[4]. Cette tutelle est exercée par les administrations centrales du ministère de l'Économie et des Finances ainsi que du ministère technique en charge de l'Énergie[5]. Dans cette organisation quasi monopolistique et fonctionnant sur une grande proximité entre EDF et l'État, les ELD doivent trouver leur place pour pouvoir négocier sur des points cruciaux pour leur fonctionnement économique. Pour cela, les ELD sont représentées par des associations, auxquelles elles adhèrent directement.

4. A. LAGET-ANNAMAYER, *La régulation des services publics en réseaux*, LGDJ, Bruxelles, 2002, p. 21.
5. *Ibid.*

Des négociations entre EDF et les ELD conduisent à l'achat d'électricité par les ELD au même tarif que les entreprises dont la puissance compteur est supérieure à 250 kVA. Ce tarif est fixé en fonction de la puissance et du nombre de points de livraison. À cette définition s'ajoutent des « ristournes », calculées par point de livraison en fonction de la structure des réseaux des ELD dans le but de refléter les coûts de distribution qu'elles supportent. Les services ministériels ont un rôle d'arbitrage dans ces négociations entre EDF et les ELD, par exemple au sujet des ristournes. Ces arbitrages s'expliquent par le caractère déséquilibré de la position des ELD vis-à-vis d'EDF du fait de la logique monopolistique du secteur.

B. FNSICAE, FNCCR et ANROC, fondement de la représentation nationale des ELD

Ces négociations ont été menées par trois associations qui coexistent, illustrant les différences de conception de la structuration des ELD. Ainsi s'articulent trois manières pour les ELD de se rassembler pour peser au niveau national : en fonction d'un de leur statut spécifique ; d'un rattachement aux autorités concédantes associé à des relais politiques forts ; d'une représentation plus strictement limitée aux ELD, avec comme interlocuteurs principaux les directeurs. S'y ajoute plus récemment une représentation propre aux ELD au statut de société d'économie mixte locale (SEML). Être attentif à ces distinctions entre structures nous renseigne sur les différentes manières de négocier que les ELD ont construites.

La FNSICAE est le plus ancien groupement d'entreprises locales de distribution. Cette association créée en 1920 regroupe les Sociétés d'intérêt collectif agricole d'électricité (SICAE). Structures de droit privé, les SICAE s'inscrivent dans la tradition des coopératives agricoles. Le choix de mettre en place une structure spécifique à une catégorie d'ELD renvoie à la diversité des ELD, mise en évidence par Guillaume Bouvier[6]. La FNSICAE regroupe aujourd'hui les douze SICAE et a vocation à défendre leurs intérêts. Elle est notamment présente au sein des instances du Fonds d'amortissement des charges d'électrification (FACE) et du Fonds de péréquation de l'électricité (FPE), outils de la péréquation nationale des investissements sur les réseaux d'électricité. Les ELD, et d'autant plus les SICAE de par leur caractère rural, sont impliquées de longue date dans ces instances.

Mis à part le cas particulier des SICAE, les ELD ont historiquement été représentées par la Fédération nationale des collectivités concédantes et des régies. La FNCCR est une association nationale d'élus locaux créée en 1933 par les communes autorités concédantes du service public de l'électricité. Leur objectif initial était de se rassembler pour faire contrôler plus efficacement les concessionnaires privés de plus en plus puissants. Avec la nationalisation, cette structure est devenue l'interlocutrice principale d'EDF pour les autorités concédantes. Jusqu'au changement de statut d'EDF d'établissement public en société anonyme[7],

---

6. G. BOUVIER, 2005, *op. cit.*

7. La loi n° 2004-803 du 9 août 2004 relative au service public de l'électricité et du gaz et aux entreprises électriques et gazières a conduit à la transformation d'EDF en société anonyme à conseil d'administration.

la FNCCR était représentante des collectivités locales au Conseil d'administration d'EDF[8]. La FNCCR intègre les régies et a plus largement vocation à représenter toutes les entreprises locales de distribution dont les collectivités locales sont propriétaires ou actionnaires majoritaires. Aujourd'hui, cinquante-quatre ELD sont adhérentes de la FNCCR. La représentation des régies par le biais des autorités concédantes renvoie au statut public de ces structures, parties intégrantes de la commune[9]. La position de la FNCCR est parfois complexe, car les intérêts des ELD et ceux des autorités concédantes peuvent diverger. Ainsi la départementalisation des autorités concédantes est un objectif majeur pour la FNCCR, qui vise au renforcement de la position des autorités concédantes vis-à-vis d'EDF et ERDF[10]. Cette ambition remet cependant en cause la stabilité des ELD. Si les communes disposant d'ELD délèguent leur rôle d'autorité concédante à un syndicat d'échelle départementale, ce dernier pourrait unifier son contrat de concession, ce qui entraînerait la disparition de l'ELD[11]. Si la FNCCR ne vise pas les ELD dans ce projet, il lui est cependant difficile de l'amender pour prendre en compte la particularité des ELD. Un de ces défis consiste donc à articuler son rôle principal de défense des autorités concédantes et son rôle de représentation des ELD.

L'Association nationale des régies de service public et des organismes constitués par les collectivités locales (ANROC) a été créée en 1962 d'une scission de la FNCCR. Une partie des régies ne se sentait plus représentée par la FNCCR, selon elles davantage axée sur la défense du pouvoir concédant que sur l'activité des ELD. *« Les problèmes, s'ils n'en demeurent pas moins politiques, sont abordés d'une manière plus technique et opérationnelle. Ceci étant, l'ANROC, dès sa création, est à la fois une association d'élus et d'entreprises et elle cultive cette double dimension »*[12]. L'ANROC se définit aussi comme un interlocuteur des pouvoirs publics et des entreprises énergétiques à l'échelle nationale (elle est notamment présente au FPE et au FACE) et européenne. L'une des caractéristiques clés de l'ANROC est l'organisation de réunions mensuelles des directeurs ainsi que de groupes de travail assurant notamment le suivi des évolutions législatives. Ces groupes de travail sont constitués de cadres des ELD qui mutualisent leurs compétences. L'ANROC regroupe aujourd'hui cent quinze ELD, une partie étant également adhérente de la FNCCR.

Si la FNCCR dispose d'un personnel nombreux, du fait de l'importance de la structure pour les autorités concédantes, bien que non orienté directement vers les ELD, celui de l'ANROC et de la FNSICAE est limité. L'ANROC et la FNSICAE assurent les moyens généraux de la structure ainsi que la mutualisation, mais la majeure partie de l'expertise provient directement des ELD, souvent les plus importantes en nombre de salariés. Les trois

8. J.-F. Picard, A. Beltran, M. Bungener, *Histoire(s) de l'EDF*, Bordas, Paris, 1985, p. 115-117.

9. À noter qu'en pratique l'on observe une dissociation entre une ELD et sa commune, ce même lorsque la commune en est propriétaire.

10. Les autorités concédantes signent un contrat de concession de distribution avec ERDF, gestionnaire du réseau public de distribution d'électricité et filiale d'EDF à 100 % ; ainsi qu'un contrat de concession pour le service public de la fourniture avec EDF.

11. La solution qui émerge aujourd'hui consiste pour les communes concernées à intégrer l'autorité organisatrice départementale sans transférer leur compétence d'autorité concédante.

12. G. Bouvier, 2005, *op. cit.*, p. 100-102.

organisations ont des relations avec EDF ainsi que le ministère en charge de l'Électricité. Pour reprendre le cas des négociations tarifaires, ce sont des cadres des ELD les plus importantes et les directeurs généraux des associations qui négocient avec le ministère et EDF. Le résultat de leurs négociations s'applique par la suite à l'ensemble des ELD. Pour peser sur d'autres questions d'ordre législatif, les associations travaillent à l'analyse des propositions et projets de loi et à l'élaboration d'amendements, négociés avec EDF et le ministère. Ces amendements sont ensuite portés par des parlementaires, souvent au travers de la FNCCR. Malgré la segmentation des associations primaires, on note donc régulièrement un travail commun.

C. FEDEPL, une représentation plus récente par le statut de société d'économie mixte locale

Certaines ELD sont adhérentes de la Fédération des entreprises publiques locales, qui rassemble les sociétés d'économie mixte locales et les sociétés publiques locales. Les ELD ne sont pas des adhérentes historiques de la FEDEPL. Cependant, avec l'ouverture des marchés, une partie des ELD a été transformée par les collectivités locales en SEML. La Fédération a impulsé une politique d'adhésion de ces dernières, caractérisées par leur bonne santé économique et leur nombre de salariés important au regard de la majorité des SEML. Pour conforter leur présence au sein de la Fédération, l'Association nationale des SEM d'énergie, a été créée en 2006 pour répondre à leurs besoins spécifiques. Une réunion mensuelle vise à former les dirigeants sur des éléments relatifs au statut de SEML, les éléments sectoriels étant abordés par les associations historiques.

II. Un investissement à l'échelle européenne avec les prémisses de l'ouverture des marchés

Les prémisses de l'ouverture des marchés au niveau européen dès les années 1980, ont conduit les ELD à se positionner auprès des institutions européennes bien avant la directive de 1996[13]. Cette structuration organisationnelle s'est construite autour d'une tension entre une approche majoritaire de méfiance et de défense du modèle public local et un rapprochement avec des acteurs privés en vue d'un positionnement plus offensif des structures locales au sein du secteur énergétique.

13. Directive 96/92 du 19 décembre 1996 sur la libéralisation du marché intérieur de l'énergie.

A. La CEDEC : limiter l'impact de la libéralisation de l'énergie sur les entreprises locales d'énergie

La Confédération européenne des entreprises locales d'énergie (CEDEC) a été créée en 1992. L'adhésion des ELD peut être directe ou indirecte par le biais des associations nationales de distributeurs locaux d'énergie. Les trois associations primaires françaises en sont adhérentes (ainsi que le syndicat ELE que nous aborderons en troisième partie). Les entreprises de six pays européens[14] y sont représentées. C'est par le biais de la CEDEC que les représentants des associations primaires françaises ont développé un rôle d'échange d'expériences entre distributeurs locaux d'énergie ainsi que de lobbying au niveau européen. La CEDEC, au titre de la défense du modèle public local, s'est opposée de manière intransigeante aux projets d'ouverture des marchés surtout sur les questions d'accès des tiers aux réseaux et de séparation comptable des activités avant de changer d'approche et de se positionner davantage en faveur de la prise en compte des particularités des entreprises qu'elle défend au niveau européen[15]. Le dossier majeur qu'elle traite actuellement concerne le suivi de l'élaboration de la directive « Concession de services » et la manière dont cette directive va prendre en compte les particularités du domaine énergétique.

B. GEODE, favorable à la libéralisation

Une autre organisation a intégré des membres français, le Groupement européen des entreprises et organismes de distribution d'énergie (GEODE). Fondé en 1991, GEODE représente aujourd'hui six cents entreprises indépendantes de distribution de gaz et d'électricité issues de dix États européens[16]. Orientée vers le *lobbying* en faveur de l'ouverture des marchés énergétiques dès l'élaboration de la directive de 1996, GEODE y voit une opportunité pour les entreprises locales d'énergie, qui disposeront ainsi de davantage de marges de manœuvre que précédemment. Un des membres de GEODE était Gaz Électricité de Grenoble (GEG). Première ELD à s'être transformée en SEML en 1986, GEG est alors marqué par la position du maire de Grenoble Alain Carignon, favorable à la privatisation des services urbains[17]. L'ELD hébergeait le groupement dans ses locaux jusqu'en 1995. GEODE ne compte aujourd'hui plus actuellement de membres français.

Les ELD françaises se sont ainsi positionnées dès les prémisses de la libéralisation dans des organisations de représentation et d'échange à l'échelle européenne et sont aujourd'hui réunies dans la CEDEC. Si la question de la relation avec les groupes privés est plus contrastée dans la réalité locale – de nombreuses ELD se transforment en SEML et font entrer des opérateurs privés à leur capital – il y a aujourd'hui consensus des associations

14. Allemagne, Autriche, Italie, Belgique, Pays-Bas, France.

15. Sur cette structuration à l'échelle européenne, voir F.-M. Poupeau, *Le service public à la française face aux pouvoirs locaux. Les métamorphoses de l'État jacobin*, CNRS Éditions, Paris, 2004, p. 81-86.

16. Autriche, Danemark, Allemagne, Hongrie, Italie, Norvège, Slovénie, Espagne, Suède, Suisse, Royaume-Uni.

17. F.-M. Poupeau, 2004, *op. cit.*

françaises au niveau de leur positionnement institutionnel à l'échelle européenne. Cependant, l'Union européenne reste secondaire par rapport à l'échelle nationale en termes d'investissement des ELD.

III. Se positionner dans les nouvelles instances nationales

La transposition de la directive de 1996 dans la législation française par le biais de la loi du 10 décembre 2000[18] entraîne l'introduction de la concurrence dans le secteur énergétique français. EDF, mais aussi les ELD[19] sont directement touchées et leur modèle est fortement recomposé. Cette libéralisation entraîne une clarification des rôles de l'État avec une réforme de la tutelle et la création d'une autorité de régulation séparée des fonctions de l'État actionnaire[20], mais aussi d'une branche en charge des questions sociales et d'un conseil rattaché au ministère pour l'évolution législative. Ces instances tirent en partie leur légitimité de la place qu'elles accordent à l'ensemble des opérateurs du secteur, quelle que soit leur taille. Il y a ainsi une multiplication des scènes de discussion auxquelles sont intégrées les ELD.

A. Les syndicats professionnels, leviers de représentation des ELD dans un secteur libéralisé

La participation des ELD se fait au travers de syndicats professionnels, des organisations patronales reconnues par l'État en tant qu'organisations syndicales représentatives. Cette reconnaissance est nécessaire pour participer aux scènes de discussion mises en place avec la libéralisation. Si un syndicat unique a un temps été envisagé par les associations primaires, plusieurs structures ont finalement été créées. Le Syndicat professionnel des entreprises gazières non nationalisées (SPEGNN) préexistait à l'ouverture des marchés. Il rassemble les vingt-neuf entreprises gazières non nationalisées. S'y ajoutent deux syndicats professionnels de l'électricité. Entreprises locales d'énergie (ELE) a été créé en mars 2000 par les ELD adhérentes de la FNCCR. Ce syndicat a assuré le portage national de la représentation des ELD de la FNCCR, qui s'est elle-même en partie désengagée de cette représentation jusqu'à son nouvel engagement depuis deux ans. ELE comprend actuellement cinquante-neuf ELD adhérentes, dont quarante-six *via* la FNCCR[21]. L'Union nationale des

18. Loi n° 2000-108 du 10 février 2000, relative à la modernisation et au développement du service public de l'électricité.

19. Sur l'impact de cette ouverture sur les ELD voir F.-M. POUPEAU, « Les entreprises locales d'énergie. Un levier d'action pour certaines villes françaises ? », *Les Annales de la recherche urbaine*, n° 103, 2007, p. 153-158 et R. ALLEMAND, « Les distributeurs non nationalisés d'électricité face à l'ouverture à la concurrence », *Annuaire des collectivités locales*, 2007, CNRS Éditions, p. 31-47.

20. A. LAGET-ANNAMAYER, 2002, *op. cit.*

21. ELE, en plus des ELD, regroupe aussi Électricité de Strasbourg ainsi que les producteurs d'énergie électrique qui ont du personnel au statut des industries électriques et gazières (la Compagnie nationale du Rhône et TIRU SA).

entreprises locales d'électricité et de gaz (UNELEG) a pour sa part été mise en place en avril 2000 par l'ANROC et la FNSICAE et rassemble soixante-quinze ELD. Les frontières entre les deux syndicats recoupent les distinctions des associations primaires. Ces syndicats professionnels sont de fait l'extension directe de la FNCCR, l'ANROC et la FNSICAE. Leurs ressources humaines sont puisées dans les associations primaires. Les projets d'unification de ces deux syndicats sont fréquents, de nombreuses prises de position sont préparées et portées conjointement, bien que n'ayant pour l'instant pas abouti. Les ELD sont ainsi représentées de la manière suivante :

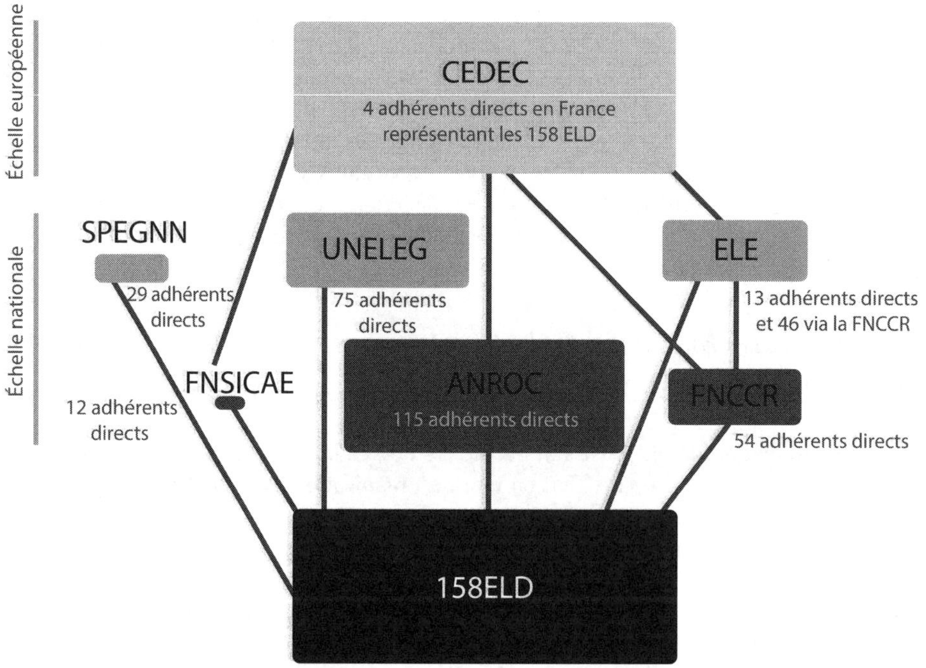

Le système de représentation des ELD aux échelles nationales et européenne

B. Une multiplication des scènes de discussion

Un des acteurs majeurs de l'ouverture des marchés est la Commission de régulation de l'énergie (CRE). Mise en place dans le cadre de la loi du 10 février 2000, la CRE est une autorité administrative indépendante dont la logique d'action formelle est fondée sur la transparence et la concertation[22]. Les deux axes de son action sont les suivants : réguler les réseaux d'électricité et de gaz naturel pour garantir aux utilisateurs un accès non discriminatoire aux infrastructures de transport et de distribution ; réguler les marchés pour permettre

22. A. LAGET-ANNAMAYER, 2002, *op. cit.*, p. 379-387.

le développement d'une concurrence libre et loyale[23]. Ses compétences sont de plus en plus larges, avec une augmentation notable de ses attributions du fait de la loi NOME du 7 décembre 2010[24]. Elle comprend différents groupes de travail dans lesquels tous les acteurs de l'énergie, notamment les ELD, sont entendus. La CRE a pu être un allié de circonstance des ELD sur quelques dossiers, mais que de nombreux conflits émaillent leurs relations, la CRE visant à assurer le développement d'un marché concurrentiel de l'énergie, ce qui va à l'encontre de la position des ELD[25].

Au niveau du ministère en charge de l'énergie, le Conseil supérieur de l'énergie (CSE) a remplacé le Conseil supérieur de l'électricité et du gaz (CSEG). Cet outil vise à assurer la consultation sur la politique énergétique nationale, notamment sur les actes réglementaires. Avant la libéralisation, les ELD avaient une place au sein de ce Conseil grâce à un accord avec la FNCCR, qui y accédait au titre de fédération des autorités concédantes. La FNCCR laissait un siège au président de l'ANROC, un parlementaire, avec comme suppléant la FNSICAE. Les ELD étaient ainsi représentées par le biais de la FNCCR, mais aussi au travers de ce siège ANROC/FNSICAE. Ce Conseil a permis une concertation au moment de l'élaboration du projet de loi de 2000, puis concernant l'élaboration des décrets d'application. En 2002, la composition de ce Conseil a évolué[26] et intégré les ELD au sein du collège des entreprises du secteur énergétique.

Au niveau social, la loi du 10 février 2000 a fait évoluer le statut du personnel des industries électriques et gazières. Auparavant, les évolutions de ce statut étaient décidées en interne à EDF et GDF et s'appliquaient à l'ensemble du secteur. La libéralisation a conduit à la création de la branche des industries électriques et gazières, ainsi que de l'Union française de l'électricité (UFE) et l'Union nationale des employeurs des entreprises gazières (UNEMIG). Ces associations professionnelles regroupent les employeurs des entreprises du secteur électrique et gazier et sont habilitées à négocier collectivement les accords de branche. L'objectif rappelé dans la lettre des dix ans de l'UFE est de *« faire en sorte que l'UFE réunisse toutes les entreprises de production ou d'acheminement d'électricité en dépit de la position dominante d'EDF »*[27]. EDF et GDF deviennent des opérateurs parmi d'autres au sein de leur branche. Les ELD sont représentées au sein de l'UFE par les syndicats professionnels ELE et UNELEG et à l'UNEMIG par le SPEGNN. Les ELD ont ainsi une place relativement importante au sein de l'UFE et de l'UNEMIG, avec une représentation au sein des commissions de ces structures, ainsi que la présidence de la Commission réseaux et service public de l'UFE. En outre l'UNELEG et ELE ont statutairement un droit de véto sur les décisions prises en Conseil d'administration de l'UFE, ce malgré les 5 % du marché qu'ils représentent.

---

23. *CRE, Rapport d'activité*, 2011.

24. Loi n° 2010-1488 du 7 décembre 2010 portant sur la nouvelle organisation du marché de l'énergie.

25. F.-M. POUPEAU, 2004, *op. cit.*, p. 121-126.

26. Le CSE est aujourd'hui composé de représentants des parlementaires, du Conseil d'État, de ministères, des collectivités territoriales, des consommateurs, du personnel des industries électriques et gazières et des entreprises du secteur énergétique.

27. *La Lettre de l'UFE*, « 10 ans édition spéciale anniversaire », janvier 2010, 15 p.

Un atout des ELD dans ces différentes instances est la spécificité de leur position dans le secteur. De par leur taille réduite, les ELD sont les seules entreprises du secteur à conserver une structure intégrée entre les différents segments de l'activité électrique, voire du gaz et du chauffage urbain. Un cadre d'une ELD dispose d'une vision davantage intégrée des enjeux énergétiques, son poste embrassant davantage d'activités qu'au sein des opérateurs historiques dont les cadres sont plus spécialisés. Il peut ainsi mettre en avant cette spécificité dans des groupes de travail de la CRE, du CSE, de l'UFE ou de l'UNEMIG. Les représentants des ELD peuvent ainsi valoriser leur expérience transverse entre les différents segments de l'activité du service public de l'énergie, et comme le note l'un d'eux, présent dans les groupes de travail de la CRE, *« une vision pratique de problèmes qu'ils [les opérateurs de taille importante] ne soupçonnent pas »*.

En avril 2012, l'Association des distributeurs d'électricité en France (ADEeF) a été créée dans le but de défendre les intérêts communs de l'ensemble des distributeurs français, soit ERDF et les ELD. ERDF ainsi que les ELD de plus de 100 000 clients, qui ont dû séparer juridiquement leurs activités, en sont des adhérents directs. Les ELD qui restent intégrées sont représentées par leur syndicat professionnel. Chaque adhérent dispose d'un représentant, quelle que soit sa taille, et les décisions ne sont validées que lorsqu'il y a consensus. Cette représentation égale par distributeur ne cache évidemment pas la réalité du déséquilibre entre eux. Outre les prises de position sur des intérêts communs, l'ADEeF permet le dialogue et des négociations entre distributeurs sur un certain nombre de dossiers en amont des arbitrages dans d'autres instances, ainsi que la possibilité d'une meilleure connaissance et compréhension mutuelle.

IV. Conclusion

Les ELD sont historiquement représentées dans de nombreuses instances aux échelles nationale ainsi qu'européenne. L'adaptation de leurs organisations de représentation en réponse à la complexification des espaces de régulation du secteur énergétique s'est construite davantage par adjonction de nouvelles structures que par transformation des structures déjà existantes. Ce morcellement des organisations de représentation des ELD, leur sédimentation, peut participer de l'affaiblissement de leur influence. On note de la part des ELD et de leurs organisations une volonté croissante de mutualisation et d'harmonisation. Cette harmonisation est d'autant plus nécessaire que leur position au sein du secteur énergétique et par rapport aux collectivités locales est à refonder. Les ELD peuvent être perçues par ERDF comme un allié contre l'ouverture des concessions de distribution, par les nouveaux entrants comme une porte d'entrée sur la distribution ou encore comme un moyen de pression des collectivités locales en faveur d'un accroissement de leurs propres compétences. Le besoin d'une approche unifiée par rapport à ces différentes sollicitations semble donc indispensable pour les ELD. L'émiettement actuel des ELD conduit à une fragilité de leur position dans une période qui nécessiterait une coordination accrue.

V. Bibliographie

– ALLEMAND R., « Les distributeurs non nationalisés d'électricité face à l'ouverture à la concurrence », *Annuaire des collectivités locales*, 2007, CNRS Éditions, p. 31-47.

– BOUVIER G., *Les collectivités locales et l'électricité*, Thèse de géographie mention géopolitique, Université Paris-VIII, Institut français de géopolitique, 2005, 535 p.

– LAGET-ANNAMAYER A., *La régulation des services publics en réseaux*, LGDJ, Bruxelles, 2002, 548 p.

– POUPEAU F.-M., *Le service public à la française face aux pouvoirs locaux. Les métamorphoses de l'État jacobin*, CNRS Éditions, Paris, 2004, 246 p.

– POUPEAU F.-M., « Les entreprises locales d'énergie. Un levier d'action pour certaines villes françaises ? », *Les Annales de la recherche urbaine*, n° 103, 2007, p. 153-158.

– WIEVIORKA M., TRINH S., *Le modèle EDF*, Éditions la Découverte/Textes à l'appui, Paris, 1989, 273 p.

VI. Le démarketing, instrument de politique énergétique des collectivités territoriales

David Huron

Le développement durable esquisse aujourd'hui de nouvelles perspectives pour le territoire. En effet, les politiques publiques semblent désormais privilégier la proximité et mettre en évidence les bienfaits du local. La consommation se veut plus responsable en préférant les produits et services dont l'empreinte carbone est moindre. Les transports collectifs urbains se développent pour diminuer les rejets de CO_2. Les nouvelles infrastructures (bâtiments publics et privés, recevant du public ou non) sont tenues de respecter les nouvelles règles destinées à mieux économiser l'énergie. La politique publique énergétique s'appuie, notamment depuis le Grenelle 2 de l'environnement[1] sur les acteurs locaux. Les collectivités territoriales sont ainsi *a minima* actrices de cette politique, et peuvent bien souvent s'emparer de leur mise en scène. Ainsi, le développement des énergies renouvelables, la maîtrise des dépenses énergétiques, la lutte contre la précarité énergétique sont autant de sujets non exhaustifs touchant à la politique énergétique et pouvant impliquer des initiatives des collectivités territoriales. Ces dernières ont un rôle d'autant plus important qu'elles sont tenues depuis le Grenelle 2 de l'environnement de se doter de documents permettant de décrire notamment les choix en matière de politique énergétique. En effet, les schémas régionaux climat air énergie (SRCAE) pour la région et les plans climat-énergie territoriaux (PCET) pour les autres collectivités territoriales s'inscrivent dans cette logique.

Les politiques publiques sont de nature différente suivant que l'objet est produit ou non par l'entité publique. Ainsi, il peut être aisé d'agir directement sur la variable prix lorsque l'on est soi-même producteur. En ce qui concerne le domaine de l'énergie, les collectivités territoriales se retrouvent dans un deuxième type de configuration. Leur objectif est bien souvent

1. Loi du 12 juillet 2010 sur « l'engagement national pour l'environnement ».

de faire en sorte de modifier les comportements des consommateurs tout en ayant une latitude d'action limitée à la réglementation, à la communication et aux mesures incitatives. En revanche leur action est primordiale dans le domaine de la coordination des acteurs destinés à intervenir sur la politique publique énergétique. Le marketing, *« ensemble des processus mis en œuvre par une organisation pour comprendre et influencer dans le sens de ses objectifs les conditions de l'échange entre elle-même et d'*autres entités, individus, groupes ou organisations »[2], fait ainsi partie intégrante de la politique publique énergétique. Par rapport à la plupart des cas, la logique de consommation est inversée. Il ne s'agit pas de viser à plus de consommation, mais au contraire d'orienter vers une limitation de la consommation d'énergie. Le « démarketing », ainsi nommé par Kotler et Levy[3] s'applique dans le cas d'une situation de consommation excessive : crise de pénurie temporaire, abandon de produit/service ou sur-popularité chronique. C'est cette dernière qui illustre clairement le cas de la politique énergétique.

Afin de mettre en évidence les tendances du démarketing en matière de politique énergétique à l'initiative des collectivités territoriales, une analyse des 22 SRCAE, et de 27 PCET d'autres collectivités (départements, villes, EPCI) a été réalisée. Il conviendra d'abord de définir le concept de démarketing appliqué à la politique énergétique et d'identifier les particularités opérationnelles de ce dernier. Ensuite, l'étude des documents traduisant la politique énergétique des différentes collectivités territoriales permettra d'identifier quelques expérimentations originales et d'esquisser une typologie de communes, EPCI, pays et départements sur l'appropriation de la thématique énergétique.

I. Du marketing de l'énergie à l'énergique démarketing…

Le marketing est par nature tourné vers un objectif d'augmentation de la consommation. Cet objectif est compatible avec des conditions particulières de la demande, notamment lorsque cette dernière est négative, nulle, latente, hésitante, irrégulière ou saturée[4]. Kotler et Levy insistent sur l'objectif suivi en cas de demande excessive, qui est de décourager les consommateurs de manière permanente ou temporaire[5]. Pouvant être généraux (réduction du niveau de la demande totale, notamment en période de pénurie de produits/services temporaires, de surcapacité chronique ou d'élimination de produits/services), sélectifs (découragement de la demande en provenance de certaines catégories de clients) ou ostensibles (découragement de la demande organisé à court terme afin d'augmenter la demande à moyen et long terme), ses terrains d'application sont multiples et parfois peu clairs. L'amalgame est souvent fait entre le démarketing (demande excessive) et le contre-marketing (demande malsaine). Se pose alors une question philosophique de la définition de ce qui est malsain et du positionnement du curseur entre le démarketing et le contre-marketing. Par exemple, la consommation

2. P.-L. DUBOIS, A. JOLIBERT, *Le marketing, fondements et pratique*, Paris, Economica, 1998.
3. P. KOTLER, S.J. LEVY, « Demarketing, yes, demarketing », *Harvard Business Review*, vol. 49, n° 6, 1971, p. 74-80.
4. P. KOTLER, « The major tasks of marketing management », *Marketing Management*, vol. 2, n° 3, 1973, p. 42-49.
5. P. KOTLER, S.J. LEVY, *op. cit.*

d'énergie répond à une logique de démarketing à cause de la raréfaction de l'énergie et du coût engendré par la surconsommation, mais pourrait relever du contre-marketing du fait de la pollution issue de cette activité, néfaste pour l'environnement. Ainsi des recherches portant sur la lutte contre l'obésité[6], ou contre la consommation de tabac[7] prennent en compte la dimension malsaine pour construire des stratégies de contre-marketing. D'autres travaux sont véritablement tournés vers la réduction de la demande pour des motifs d'excès. C'est le cas en ce qui concerne l'attrait pour certaines destinations où les effets d'encombrements ne garantissent plus une bonne qualité de service sur le territoire[8]. La situation est similaire lorsque les pouvoirs publics cherchent à limiter la consommation de produits/services importés ou de services afin de privilégier la production nationale[9].

L'énergie a été traitée pendant de nombreuses années comme les autres produits et services. Ainsi en France, le marketing essentiellement développé autour du « tout électrique » a permis à EDF dans les années d'après-guerre de rendre captifs des consommateurs qui ne l'étaient pas soit parce que les habitudes de consommation étaient limitées, soit parce que les sources d'énergie étaient multiples. Les différentes crises énergétiques, notamment les chocs pétroliers ont poussé les entreprises[10] et les pouvoirs publics[11] à utiliser le démarketing général. Celui-ci en France a pris par exemple la forme de l'adoption de l'heure d'été encore en place aujourd'hui[12]. D'autres mesures accompagnatrices, comme l'instauration de tarifs différenciés en fonction du moment de consommation ou la mise en place de campagnes de publicité prônant l'économie d'énergie, complètent de manière non exhaustive cette politique dans une période où l'État œuvrait avec un maximum de compétences (EDF était alors un établissement public à caractère industriel et commercial – EPIC – et les lois de décentralisation n'étaient pas encore votées). Si la problématique de l'énergie pousse à effectuer un parallèle entre les années 1970 et l'époque actuelle, rien ne permet de faire l'amalgame entre les deux situations. D'abord, les raisons du recours au démarketing sont différentes : dans les années 1970, il convenait de pallier la pénurie alors qu'aujourd'hui, il s'agit de faire changer durablement le comportement des consommateurs pour des raisons de surpopularité chronique. Ensuite, le démarketing était en 1970 à l'initiative de l'État ; EDF était alors un EPIC monopolistique, qui à ce titre consti-

6. Al. Kavas, Ay. Kavas, « Are demarketing tools used in reducing smoking applicable to the global obesity challenge ? », *International Journal of Business Research*, vol. 11, n° 2, 2011, p. 201-207.

7. E. Shiu, L.M. Hassan, G. Walsh, « Demarketing tobacco through governmental policies – The 4Ps revisited », *Journal of Business Research*, vol. 62, n° 2, 2009, p. 269-278. Voir aussi Z. Yang, C.M. Schaninger, M. Laroche, « Demarketing teen tobacco and alcohol use : negative peer influence and longitudinal roles of parenting and self-esteem », *Journal of Business Research*, vol. 66, n° 4, 2013, p. 559-567.

8. D. Medway, G. Warnaby, S. Dharni, « Demarketing places : rationales and strategies », *Journal of Marketing Management*, vol. 27, n° 1-2, 2011, p. 124-142.

9. A. Grinstein, U. Nisan, « Demarketing, minorities, and national attachment », *Journal of Marketing*, vol. 73, n° 2, 2009, p. 105-122.

10. M. Harvey, R. Kerin, « Perspectives on demarketing during the energy crisis », *Journal of the Academy of Marketing Science*, vol. 5, n° 4, 1977, p. 327-338. Voir aussi G.A. Frisbie, « Demarketing energy : does psychographic research hold the answer ? », *Journal of the Academy of Marketing Science*, vol. 8, n° 3, 1980, p. 196-211.

11. P. Kotler, « Reinventing marketing to manage the environment imperative », *Journal of Marketing*, vol. 75, n° 4, 2011, p. 132-135.

12. Réintroduite en 1976, cette mesure était déjà présente de 1917 à 1945.

tuait un levier d'action de la politique énergétique de l'État. EDF est devenue société cotée en bourse depuis 2004, détenue à près de 85 % par l'État. Les lois de décentralisation ont transféré un certain nombre de missions aux collectivités territoriales qui se trouvent être désormais un acteur majeur de la sphère énergétique. En effet, si la politique énergétique est toujours impulsée par l'État, les lois portant sur le Grenelle 2 de l'environnement apportent de nouvelles compétences aux collectivités territoriales. Ainsi, l'article 2224-34 du CGCT prévoit que

> « les collectivités territoriales, les établissements publics de coopération intercommunale ou les syndicats mixtes compétents en matière de distribution publique d'énergies de réseau peuvent, de manière non discriminatoire, réaliser des actions tendant à maîtriser la demande d'énergies de réseau des consommateurs finals ou faire réaliser [...] des actions tendant à maîtriser la demande d'énergies de réseau des consommateurs desservis en basse tension pour l'électricité ou en gaz, lorsque ces actions sont de nature à éviter ou à différer, dans de bonnes conditions économiques, l'extension ou le renforcement des réseaux publics de distribution d'énergies de réseau relevant de leur compétence ».

Le démarketing est donc désormais également à la charge des collectivités territoriales, parties prenantes de l'entreprise.

Le démarketing impulsé par les parties prenantes, également appelé démarketing par les autorités politico-légales[13], a la particularité de ne pas avoir de latitude d'action sur tous les éléments du *marketing mix*. Ainsi, en prenant le modèle de Cullwick[14] déclinant les constituants de chaque élément du *mix* et en le comparant à la politique énergétique impulsée par les collectivités territoriales d'aujourd'hui, il semble que certaines actions soient difficilement transposables (tableau 1). Le prix est par exemple une variable sur laquelle la commune, l'EPCI ou le syndicat mixte n'a aucune influence. De même, l'abandon de produit/service (*deft marketing*) n'est absolument pas envisageable, car la collectivité n'a pour l'instant pas d'alternative à l'énergie électrique. La collectivité n'a pas non plus la main sur la technologie et ne peut donc viser à proposer moins d'obsolescence. Enfin, en ce qui concerne la communication, la collectivité par définition ne vend rien. La communication à but commercial développé dans le modèle de Cullwick n'est donc pas adaptée au démarketing développé dans le cadre de la politique énergétique des collectivités territoriales.

En revanche, toutes les autres variables sont transposables. Encore faut-il dans certains cas redéfinir et adapter le contenu. La segmentation est pleinement utilisée ne serait-ce que parce que les consommateurs sont hétérogènes (entreprises, citoyens) comme leurs consommations et leurs attentes en énergie. Si les collectivités ne produisent pas d'énergie, elles peuvent pousser les consommateurs à consommer autrement, au moyen de produits ou de services de substitution (éolien, solaire, etc.) ou de produits/services créatifs (isolation, etc.). La distribution est par définition un service orienté client. Au niveau de la collectivité territoriale, c'est la dimension informative qui est concernée tant au niveau des cibles que des points de rencontre avec le consommateur

13. E. Milliot, « Démarketing environnemental : contours conceptuels et implications managériales », *Gestion 2000*, vol. 28, n° 3, 2011, p. 15-32.

14. D. Cullwick, « Positioning demarketing strategy », *Journal of Marketing*, vol. 39, n° 2, 1975, p. 51-57.

qui est également contribuable, électeur, et usager. Les collectivités territoriales utilisent des thématiques de conservation pour communiquer sur l'énergie, en dramatisant parfois les conséquences de l'absence de changement de comportement de la cible. Enfin, la communication de l'autorité politico-légale se traduit par un contrôle par la réglementation sur le territoire.

Tableau 1

Le démarketing opérationnel : application à la politique énergétique territoriale du modèle de Cullwick

Éléments du mix	Objectifs marketing : décourager les consommateurs selon Cullwick (1975)	Objectifs marketing : application à la politique énergétique territoriale
Produit	Segments spécialisés Abandon de produit/service Produits ou service de substitution Moins d'obsolescence Produits ou services créatifs	Oui Non adapté Oui Oui, mais pas à l'initiative des CT Oui
Prix	Croissance des bénéfices Augmentation des prix Prix ciblés Crédit limité Services spécialisés	Oui, mais pas à l'initiative des CT Oui, mais pas à l'initiative des CT Oui, mais pas à l'initiative des CT Oui, sous forme de baisse de fiscalité Oui, sous forme d'aides financières
Distribution	Service orienté client Cible de distribution Points de vente segmentés Stabilisation de l'offre	Oui Oui, pour l'information Oui, pour les points d'information Oui, mais pas à l'initiative des CT
Communication	Thématiques de conservation Vendeur à vocation commerciale Budgets au niveau des tâches Contrôle par la réglementation	Oui Non adapté Pas d'information Oui

Source : Adapté de Cullwick, *op. cit*

Cette réglementation n'est pas forcément coercitive. Elle fait référence à une règle s'appliquant sur le territoire, dont les valeurs sont partagées par tous ses habitants. Les SRCAE et PCET s'inscrivent dans cette logique. Les PCET sont obligatoires depuis le Grenelle 2 de l'environnement pour les départements, communautés urbaines, d'agglomération et de commune de plus de 50 000 habitants. Ils font l'objet de programmes d'action. Les schémas régionaux expriment plutôt des orientations.

II. SRCAE et PCET : traduction de politique énergétique du Grenelle 2 de l'environnement pour les collectivités territoriales

L'étude exhaustive des 22 SRCAE montre des orientations assez proches en matière de promotion du « consommer moins ». Encore très généralistes, ces propositions s'inscrivent plus dans une logique de développement durable que dans le cadre d'une politique énergétique spécifique. Pour exemple, « l'accompagnement du changement de comportement » concerne à la fois la consommation énergétique, l'éco-consommation ou le tri sélectif. Cet accompagnement est par ailleurs multiple. Il peut être technique, par une aide adaptée, notamment lorsqu'il s'agit de réhabiliter des logements ou d'effectuer des audits énergétiques. Il peut être financier, où l'accompagnement peut prendre la forme d'aides financières, de mise en place d'une société publique ayant pour objet de développer la rénovation thermique ou de création d'un fonds d'investissement adapté. En revanche, les objectifs de sensibilisation de publics cibles différents (habitants, entreprises, etc.) sont présents dans la quasi-totalité des schémas. Certaines régions focalisent leurs schémas sur des segments de cibles plus limités comme les jeunes, les foyers modestes ou les touristes. Quelques préconisations peuvent apparaître éloignées de la démarche de démarketing. Il en va ainsi de la rénovation et de l'amélioration de l'isolation thermique des bâtiments agricoles, industriels et résidentiels. Pourtant, ces investissements permettent d'économiser des kilowatts, donc du budget. Les orientations du SRCAE vont bien au-delà du « paternalisme mou » développé par Thaler et Sunstein, destiné à orienter les choix des populations ciblées[15].

En ce qui concerne l'étude des PCET, le choix des structures étudiées répond à une méthodologie particulière. Le vivier des collectivités territoriales concernées est constitué par le site internet de l'observatoire des PCET. Ce centre de ressources répertorie près de 400 plans en France au moment de l'enquête (février 2013). Chacun d'entre eux se situe à une des quatre phases du niveau d'engagement : préfiguration, diagnostic et mobilisation, construction du plan, et mise en œuvre. C'est cette dernière étape qui a été logiquement choisie pour filtrer les collectivités territoriales concernées par un PCET. Au final 27 d'entre eux, répartis dans 4 départements, 1 communauté urbaine, 8 communautés d'agglomération, 1 syndicat d'agglomération nouvelle, 1 communauté de commune, 4 villes et 8 pays, ont été étudiés. Il n'y a donc pas, contrairement à l'étude des SRCAE, d'exhaustivité recherchée. Les documents relatifs aux PCET sont plus ou moins longs (d'une soixantaine de pages à plus de 350). C'est sur la base des programmes d'actions que l'analyse de la politique énergétique des collectivités territoriales a été réalisée. Ainsi, plusieurs éléments ont été mesurés (tableau 2). D'abord le nombre d'actions dédiées rapporté au nombre total d'actions du PCET (AD/NA), constitue un premier indicateur permettant d'évaluer l'importance quantitative accordée au démarketing énergétique. Si l'on excepte le cas des communautés d'agglomération de Lorient et de Vienne (une à deux actions concernées) ayant des taux particulièrement faibles, les autres collectivités retenues ont des taux évoluant entre 7,9 % (Communauté d'agglomération de Plaine Commune) et 32 % (SAN

15. R.H. Thaler, C.H. Sunstein, « Nudge : la méthode douce pour inspirer les bonnes décisions », Vuibert, Paris, 2010.

de Sénart). Au regard de ces actions, il est apparu opportun d'identifier les publics cibles et de caractériser chaque action en fonction de son positionnement opérationnel. La cible peut être constituée des habitants, des enfants-adolescents, des touristes ou de publics internes (élus, personnels, etc.). La catégorie « autre » regroupe les entreprises, les bailleurs et/ou les bailleurs sociaux. Du point de vue du démarketing énergétique, les actions répondent rarement à plus de deux items opérationnels (le tableau 2 est le résultat de la consolidation de l'ensemble des actions poussant à consommer moins d'énergie pour chaque collectivité territoriale). Sans surprise, la communication s'avère l'élément du *mix* démarketing le plus mobilisé.

Tableau 2

Importance et nature du démarketing au regard des PCET des collectivités territoriales

Nom	AD/NA	Publics cibles					Démarketing			
		Interne	Hab.	Educ.	Tour.	Autre	Produit	Prix	Distr.	Com
Angers Loire Métropole (CA)	17,1%	42,8%	28,5%	14,3%	14,3%		28,5%	14,3%		85,7%
Ville d'Annecy	15,4%		50,0%		16,7%	33,3%	16,7%			83,3%
Grand Nancy (CU)	10,0%	20,0%	60,0%	20,0%			20,0%	40,0%		60,0%
Vallées de la Brèche et de la Noye (CC)	20,0%		75,0%	12,5%		12,5%	25,0%	12,5%		87,5%
Ville de Brest	23,1%		77,8%	11,1%		44,4%	22,2%	22,2%		66,7%
Pays du bassin de Briey	27,3%	16,7%	83,3%			16,7%	33,3%	16,7%		66,7%
Grand pays de Colmar	22,5%		100,0%			11,1%	22,2%	22,2%	11,1%	77,8%
Ville de Dijon	8,3%	33,3%	33,3%			33,3%	66,7%	33,3%		66,7%
Finistère (Département)	16,6%		100,0%	20,0%			40,0%	20,0%		40,0%
Grand Paris Seine Ouest (CA)	10%		100%			25%	25%	50%		50%
Ville d'Ivry-sur-Seine	24,0%		83,3%			33,3%	50,0%		16,7%	50,0%
Lorient (CA)	2,0%		100,0%				100,0%	100,0%		100,0%
Lot-et-Garonne (Département)	11,1%		100,0%	50,0%		50,0%	50,0%			50,0%
Metz métropole (CA)	9,3%		75,0%			50,0%		50,0%		75,0%
Pays d'Othe-Armance	22,6%		57,1%	14,3%		28,6%	14,3%			85,7%
Pays Barrois	23,3%	14,3%	28,6%	14,3%		42,8%	14,3%			85,7%
Pays d'Ouche Ornais	29,4%	20,0%	20,0%		20,0%	40,0%	80,0%			100,0%
Plaine commune (CA)	7,9%	20,0%	40,0%			40,0%	40,0%	20,0%		40,0%
SAN Sénart	32,0%		62,5%			50,0%	50,0%	37,5%		50,0%
Sicoval (CA)	9,0%		44,4%	14,3%		28,6%	28,6%	14,3%		71,4%
Pays de Sources & vallées	12,0%		33,3%	33,3%		33,3%		66,7%		66,7%

Nom	AD/NA	Publics cibles					Démarketing			
		Interne	Hab.	Educ.	Tour.	Autre	Produit	Prix	Distr.	Com
Pays Sundgrau	19,3%		66,7%			33,3%	33,3%	16,7%	16,7%	50,0%
Tarn (Département)	15,0%	66,7%	66,7%	33,3%	33,3%	33,3%	33,3%			100,0%
Tours Plus (CA)	10,7%	50,0%	33,3%			50,0%	16,7%	33,3%		66,7%
Pays de St-Louis et des Trois frontières	23,5%	25,0%	50,0%	37,5%		25,0%	25,0%			87,5%
Vienn'agglo (CA)	4,0%		100,0%			50,0%	50,0%	50,0%		50,0%
Vienne (Département)	23,3%	28,6%	57,1%	14,3%		28,6%	28,6%	28,6%	14,3%	42,8%

Source : l'auteur.

Le rôle des porteurs de projet dans le cadre des PCET peut varier. Certains plans prévoient que la totalité des actions de démarketing soient prises en charge par l'animateur du projet. Ainsi, les départements et la quasi-totalité des communautés (urbaine et d'agglomérations) prévoient que les actions soient impulsées et gérées par leurs propres services. Il est des situations différentes, notamment dans les pays où une multiplicité d'acteurs sont amenés à jouer un rôle dans le cadre de la mise en œuvre des actions du PCET. Ces résultats amènent à s'interroger sur le bilan des politiques publiques énergétiques territoriales.

III. Démarketing politico-légal : quel bilan pour les politiques publiques énergétiques territoriales ?

La traduction opérationnelle du démarketing n'apporte guère de surprise. Le modèle de Cullwick s'applique ainsi en partie à l'énergie. La communication, item le plus présent dans l'ensemble des collectivités territoriales étudiées mobilise des outils classiques : conférences, expositions, animations et événementiel, visites de sites, etc. La sensibilisation des publics constitue souvent la première étape vers une adhésion à une cause, voire un changement de comportement. Ainsi, lorsqu'un sujet est jugé important et que l'individu est déjà converti, il est plus opportun de recourir à des affirmations plutôt qu'à des suggestions[16]. Ces outils s'inscrivent dans cette perspective. Certains outils sont plus orientés en fonction des cibles. C'est le cas par exemple de la mise en place d'un annuaire de professionnels tournés vers l'économie d'énergie à destination de la population. Cette initiative de la ville d'Annecy est réalisée avec le concours de la fédération du BTP. De la même manière, les concours « familles à énergie positive » traduisent la volonté de motiver par un outil original, la cible famille à consommer moins d'énergie. Cet outil est présent dans des types de structures différentes (Communauté urbaine de Nancy, Agglomérations de Vienne et du SICOVAL, Pays

16. A. KRONROD, A. GRINSTEIN, L. WATHIEU, « Go green ! Should environmental messages be so assertive ? », *Journal of Marketing*, vol. 76, n° 1, 2012, p. 95-102.

du bassin de Briey). L'item communication comprend également l'Espace Info Énergie, qui dans bien des cas est créé et/ou développé grâce à l'initiative du PCET.

La politique produit est en grande majorité impactée lorsque la structure à l'initiative du PCET s'engage à apporter une aide technique permettant d'envisager un changement ou une modification de produit. L'isolation thermique, l'introduction d'énergies renouvelables constituent autant de façons de consommer autrement. Ainsi, bon nombre de PCET prévoient des pré-diagnostics (Pays barrois), des études de faisabilité (Pays du bassin de Briey), des audits (Communauté d'agglomération de Plaine commune), ou des aides techniques à la rénovation (Grand pays de Colmar, Tours plus). Mais la cible peut ne pas être uniquement centrée sur les habitants. Les touristes peuvent par exemple être au centre des préoccupations du point de vue du produit. Angers métropole a développé en ce sens des événements éco-conçus par le bureau des congrès permettant de privilégier le tourisme local tout en visant à consommer moins d'énergie.

Si les collectivités territoriales n'ont *a priori* pas d'emprise sur la fixation du prix de l'énergie, elles n'en ont pas moins adopté une politique prix adaptée au démarketing. Ainsi les aides aux ménages s'engageant dans des rénovations destinées à économiser l'énergie peuvent prendre des formes diverses : subventions (Communauté d'agglomération du Grand Paris Sud Ouest), aides à la rénovation (Grand Pays de Colmar), ou éco-primes (département du Finistère). Ces aides financières classiques cachent des initiatives plus originales pour favoriser la mise en œuvre de travaux de rénovation thermique, donc une moindre consommation de l'énergie. L'agglomération de Lorient propose un prêt à taux zéro, alors que Metz-Métropole prévoit notamment un crédit d'impôt pour ce type de travaux.

L'item distribution est moins développé dans le *mix* démarketing. La raison principale tient probablement au fait que la demande excessive est déjà territorialisée. Pour autant certains PCET prévoient un animateur itinérant pour apporter une information adaptée (Grand Pays de Colmar). La distribution se retrouve également dans la territorialisation des Espaces Info Énergie. Le pays Sundgau mise en effet sur le déploiement d'une telle infrastructure pour toucher de nouvelles cibles. Enfin, la politique de distribution peut se révéler dans certains cas très pragmatique. Par exemple, le département de la Vienne prévoit de distribuer à grande échelle des ampoules basse consommation, notamment à destination des ménages les plus modestes.

Les collectivités territoriales n'ont pas toutes la même attitude face au démarketing énergétique. Du point de vue des cibles visées, certaines d'entre elles n'en privilégient qu'une : les habitants (département du Finistère, Communauté d'agglomération du Grand Paris Seine Ouest, etc.). Le département de la Vienne, les communautés d'agglomération Sicoval, de Tours ou de Plaine Commune visent au contraire une pluralité de cibles dans le cadre d'une consommation énergétique moindre. Du point de vue du démarketing opérationnel, deux types de profils semblent être marqués. Les PCET où la communication constitue la majeure partie du démarketing laissent peu de place aux autres éléments du *mix* (ville d'Annecy, Angers métropole, Pays d'Othe-Armance, Pays Barrois). Au contraire, certaines collectivités territoriales jouent la carte de la complémentarité entre les éléments du *mix* (SAN de Sénart, villes de Brest et de Dijon).

IV. Conclusion

Parmi les moyens à disposition des collectivités territoriales pour mettre en œuvre une politique énergétique, le démarketing constitue probablement l'outil le plus pratique et paradoxalement le moins connu pour faire diminuer la consommation d'énergie. Au niveau des régions les SRCAE fixent des objectifs généraux auxquels doivent répondre les PCET développés dans les départements, les villes et les intercommunalités. Les choix politiques exprimés dans ces plans sont traduits en actions parfois de démarketing énergétique avec des cibles uniques ou multiples. Les actions peuvent s'inscrire dans chaque item du *mix* démarketing. Chaque animateur de plan se retrouve catégorisé en type de profil au regard des cibles visées et des items du *mix* mobilisés. L'une des difficultés à mettre en œuvre une campagne de démarketing est de ne pas entrer en contradiction avec des initiatives provenant d'autres acteurs[17]. Cela implique de concerner en amont l'ensemble des acteurs impactés afin de ne pas court-circuiter l'action initiale.

17. A. Wall, « Government Demarketing : Different Approaches and Mixed Messages », *European Journal of Marketing*, vol. 39, n° 5-6, 2005, p. 421-427.

VII. Les contrats de performance énergétique

Sophie Nicinski

Pour aborder la question du contrat de performance énergétique (CPE), il convient de commencer par définir les termes couramment utilisés en la matière (définitions issues de la directive 2006/32/CE du 5 avril 2006 relative à l'efficacité énergétique dans les utilisations finales et aux services énergétiques [article 3]) :

– *efficacité énergétique* : « le rapport entre les résultats, le service, la marchandise ou l'énergie que l'on obtient et l'énergie consacrée à cet effet » ;

– *amélioration de l'efficacité énergétique* : « accroissement de l'efficacité énergétique dans les utilisations finales à la suite de modifications d'ordre technologique, comportemental et/ou économique » ;

– *société de services énergétiques* (« SSE ») : personne physique ou morale qui fournit des services énergétiques et/ou d'autres mesures visant à améliorer l'efficacité énergétique dans des installations ou locaux d'utilisateurs, et qui accepte un certain degré de risque financier en jouant ce rôle. Le paiement des services fournis est fondé (en tout ou en partie) sur la réalisation des améliorations de l'efficacité énergétique et sur le respect des autres critères de performance qui ont été convenus ;

– *contrat de performance énergétique* : « accord contractuel entre le bénéficiaire et le fournisseur (normalement une SSE) d'une mesure visant à améliorer l'efficacité énergétique, selon lequel des investissements dans cette mesure sont consentis afin de parvenir à un niveau d'amélioration de l'efficacité énergétique qui est contractuellement défini ».

L'importation du contrat de performance énergétique en droit français ne va pas de soi, en ce que le droit de la commande publique comporte un certain nombre d'incompatibilités majeures avec l'économie interne du CPE. Elles sont aujourd'hui en voie de résorption grâce à une série de réformes.

I. L'utilité du CPE

Les CPE remplissent trois grandes fonctions : garantir une performance énergétique après réhabilitation d'un ouvrage ; utiliser l'économie d'énergie pour financer la rénovation énergétique et externaliser les investissements.

Pour *garantir une performance énergétique*, il est absolument nécessaire que le prestataire ait accès à la conception du processus, ce qui implique que le contrat soit un contrat de conception-réalisation. On se heurte là à l'un des obstacles majeurs dressés par le droit de la commande publique interne, qui n'admettait ce type de contrat que sous forme d'exception (CMP, art. 37), contrairement au droit communautaire (définition du marché de travaux, art. 1er de la directive 2004/18).

A. Les économies d'énergie sont utilisées pour financer la rénovation énergétique

Les économies d'énergies remboursent les investissements pendant la durée du contrat et à son issue, les économies bénéficient à l'occupant. Mais dans cette hypothèse, le temps de retour sur investissement est rarement inférieur à 25 ans. Si l'opération nécessite une intervention sur le bâti, des financements complémentaires seront indispensables. En droit, cela pose la question de la compatibilité de ces financements avec le droit des aides publiques.

B. Le CPE permet d'externaliser les investissements

Il est en effet possible de faire porter l'investissement par un autre acteur que le propriétaire, le tiers investisseur, qui peut être une société de services énergétiques ou une autre personne. En droit public, cela pose la question du positionnement du CPE par rapport aux critères de Maastricht. Comme pour le contrat de partenariat (CP), il conviendrait de solliciter une décision Eurostat. En effet, alors que tout le monde pensait que les flux financiers du CP n'allaient pas être considérés comme des dettes publiques, la décision Eurostat les concernant prend une position inverse, malgré un préfinancement privé de ces opérations. Cela pose aussi la question de l'étalement du paiement, c'est-à-dire en droit de la commande publique, du paiement différé. En effet, l'économie du CPE incluant des investissements ne fait pas apparaître de « loyer » pour l'utilisation d'un matériel énergétique, mais un paiement différé des investissements réalisés. Là encore, on se heurte à l'un des obstacles majeurs dressés par le droit de la commande publique et l'interdiction de paiement différé dans les marchés publics.

Il existe en réalité plusieurs catégories de CPE[1] :
– le CPE sans investissement, les actions ne portant que sur la seule amélioration de l'exploitation des installations existantes (contrats prévoyants : des actions portant sur la conduite des installations énergétiques et les achats d'énergie, accompagnées d'un service de suivi des consommations et assorties d'un engagement relatif à l'amélioration de la performance, mesurée en unités énergétiques dans la durée) ;
– le CPE avec investissements portant sur les équipements et systèmes énergétiques, mais n'impliquant pas l'enveloppe bâtie (contrats prévoyant, en combinaison avec les actions précédentes, des actions de renouvellement des systèmes énergétiques, un suivi des consommations, un engagement relatif à l'amélioration de la performance dans la durée) ;
– le CPE avec investissements sur l'enveloppe bâtie (contrats prévoyant, en combinaison avec les actions des deux précédents contrats, des actions sur l'enveloppe du bâtiment, suivi des consommations, engagement relatif à l'amélioration de la performance).

II. L'introduction du CPE en droit français

Le CPE (contrat de performance énergétique) est né de la *loi Grenelle 1 du 3 août 2009* de programmation relative à la mise en œuvre du Grenelle de l'environnement.

L'article 5 de la loi Grenelle 1 commence par fixer des objectifs en termes de réhabilitation du foncier bâti. L'État se fixe comme objectif de réduire les consommations d'énergie du parc des bâtiments existants d'au moins 38 % d'ici à 2020. À cette fin, l'État se fixe comme objectif la rénovation complète de 400 000 logements chaque année à compter de 2013. L'État se fixe enfin comme objectif la rénovation de l'ensemble du parc de logements sociaux.

Plus précisément, l'article 5-I de la loi n° 2009-967 du 3 août 2009 en tire des conséquences quant aux contrats de la commande publique :

> « Si les conditions définies par l'ordonnance n° 2004-559 du 17 juin 2004 sur les contrats de partenariat sont satisfaites, il pourra être fait appel à des contrats de partenariat pour réaliser les travaux de rénovation en matière d'économie d'énergie portant respectivement sur les 50 et 70 millions de mètres carrés de surface des bâtiments de l'État et de ses principaux établissements publics. Le droit de la commande publique devra prendre en compte l'objectif de réduction des consommations d'énergie visé au premier alinéa, en autorisant le pouvoir adjudicateur à recourir à un contrat de performance énergétique, notamment sous la forme d'un marché global regroupant les prestations de conception, de réalisation et d'exploitation ou de maintenance, dès lors que les améliorations de l'efficacité énergétique sont garanties contractuellement. »

1. *Cahier pratique du Moniteur* « Contrat de performance énergétique (CPE) en logement social », 7 octobre 2011, qui reprend des extraits du *Guide de mise en œuvre du CPE en logement social*, Groupe ICF, Azan Avocats et associés et Best Énergies Études et Conseil.

Ainsi, deux catégories de contrats pourraient venir servir de support au CPE : le contrat de partenariat et le marché public.

En 2009, aucun texte ne vient cependant concrétiser cet objectif s'agissant des marchés publics, objectif qui nécessite une modification du Code des marchés publics pour accueillir un nouveau contrat global.

Le support du contrat de partenariat est quant à lui utilisable sans réforme des textes, mais on rappelle qu'il n'est pas un contrat de droit commun. Il est utilisable sans réforme des textes parce qu'il est déjà un contrat global, comportant une mission obligatoire de financement, construction ou transformation, entretien, maintenance, exploitation ou gestion d'ouvrages et une mission facultative de conception. On note toutefois deux particularités du CP, susceptibles de s'opposer à son utilisation comme support d'un CPE : en premier lieu, le contrat de partenariat porte sur des biens nécessaires à un service public (art. 1er ordonnance de 2004). Or l'utilisation du CPE semble concerner un champ plus vaste de bâtiments. En second lieu, la personne privée doit avoir une mission de financement, ce qui s'oppose à ce que le CP soit le support d'un CPE dans lequel l'opérateur n'aurait aucune mission de pré-financement. L'opérateur doit aussi obligatoirement avoir une mission de construction ou de transformation d'ouvrages, puis d'exploitation ou de gestion, alors que certains CPE peuvent ne nécessiter qu'une maintenance de l'ouvrage ou son simple entretien. On pourrait aussi se demander si la seule intervention sur une installation de chauffage par exemple constitue la « transformation » d'un « ouvrage » au sens du contrat de partenariat (art. 1er ord. 2004).

En deuxième lieu, le recours au contrat de partenariat est soumis soit à une condition d'urgence, soit à une condition de complexité, soit à un bilan favorable (art. 2-II de l'ordonnance n° 2004-559). Seule la complexité semble offrir une voie d'introduction au CPE, puisque la personne publique ne sera pas en mesure de définir seule et à l'avance les moyens techniques répondant à ses besoins ou d'établir le montage juridique ou financier du projet. La condition d'urgence est à exclure puisque l'objectif de rénovation des bâtiments n'est ni une situation imprévisible, ni constitutif d'un retard à l'heure actuelle. Les textes exposent que l'argument du bilan favorable ne doit pas être utilisé uniquement pour étaler le paiement du prix, ce qui là encore incite à la prudence quant au recours au CP pour recevoir un CPE.

C'est la *loi grenelle 2* n° 2010-788 du 12 juillet 2010, dont l'article 74 modifie l'article 18 de la loi MOP, qui va donner un véritable coup d'envoi à la conclusion de CPE.

> « I-Nonobstant les dispositions du titre II de la présente loi, le maître de l'ouvrage peut confier par contrat à un groupement de personnes de droit privé ou, pour les seuls ouvrages d'infrastructure, à une personne de droit privé, une mission portant à la fois sur l'établissement des études et l'exécution des travaux, lorsque des motifs d'ordre technique *ou d'engagement contractuel sur un niveau d'amélioration de l'efficacité énergétique* rendent nécessaire l'association de l'entrepreneur aux études de l'ouvrage. Un décret précise les conditions d'application du présent alinéa en modifiant, en tant que de besoin, pour les personnes publiques régies par le Code des marchés publics, les dispositions de ce code. »

Pourquoi une telle modification était-elle indispensable ? En droit français, la loi n° 85-704 du 12 juillet 1985 relative à la maîtrise d'ouvrage publique, applicable notamment à la réalisation de tous ouvrages de bâtiment ou d'infrastructure de personnes publiques, interdit d'une part à la personne publique de transférer la mission de maîtrise d'ouvrage à un opérateur économique et, d'autre part, interdit les marchés de conception-réalisation (c'est-à-dire les marchés globaux portant à la fois sur la conception de l'ouvrage et sur sa réalisation) en dehors des exceptions fixées à son article 18 (et reprises à l'article 37 du CMP). Avant 2010, les exceptions étaient exclusivement fondées sur des motifs d'ordre technique qui rendent nécessaire l'association de l'entrepreneur aux études de l'ouvrage (par exemple la réalisation d'une usine de traitement de déchets avec valorisation énergétique, réalisation d'un grand stade, etc.). La loi Grenelle 2 a donc ajouté une exception notable, celle de l'engagement d'amélioration de performance énergétique, autorisant désormais la passation de marchés publics globaux dans cette hypothèse. Mais à ce stade, il restait encore à apporter au Code des marchés publics les modifications nécessaires.

Le troisième temps de la réforme repose sur le *Décret n° 2011-1000 du 25 août 2011*, modifiant les articles 37, 69 et 73 du Code des marchés publics.

Le marché de conception-réalisation, prévu à l'article 37 du CMP, accueille désormais lui aussi l'hypothèse de l'engagement contractuel sur un niveau d'amélioration de l'efficacité énergétique. Le décret n'ajoute rien à la loi Grenelle 2, mais se contente de modifier dans le CMP « l'article suiveur » des dispositions de l'article 18 de la loi MOP.

> Art 37 « Un marché de conception-réalisation est un marché de travaux qui permet au pouvoir adjudicateur de confier à un groupement d'opérateurs économiques ou, pour les seuls ouvrages d'infrastructure, à un seul opérateur économique, une mission portant à la fois sur l'établissement des études et l'exécution des travaux.
>
> Les pouvoirs adjudicateurs soumis aux dispositions de la loi du 12 juillet 1985 susmentionnée ne peuvent, en application du I de son article 18, recourir à un marché de conception-réalisation, quel qu'en soit le montant, que *si un engagement contractuel sur un niveau d'amélioration de l'efficacité énergétique* ou des motifs d'ordre technique rendent nécessaire l'association de l'entrepreneur aux études de l'ouvrage.
>
> Les motifs d'ordre technique mentionnés à l'alinéa précédent sont liés à la destination ou à la mise en œuvre technique de l'ouvrage. Sont concernées des opérations dont la finalité majeure est une production dont le processus conditionne la conception, la réalisation et la mise en œuvre ainsi que des opérations dont les caractéristiques, telles que des dimensions exceptionnelles ou des difficultés techniques particulières, exigent de faire appel aux moyens et à la technicité propres des opérateurs économiques. »

L'article 69 harmonise les procédures (procédures particulières de passation des marchés de conception-réalisation selon AO restreint avec intervention d'un jury ou procédure adaptée si inférieur au seuil) :

> « II. – Dans le cas des opérations limitées à la réhabilitation de bâtiments, et si les conditions définies aux articles 36 et 37 sont réunies, les marchés de conception-

réalisation peuvent également être passés selon la procédure du dialogue compétitif. Ils suivent alors les dispositions prévues à l'article 67 ».

Le décret du 25 août 2011 crée surtout deux nouveaux types de marchés globaux au sein du Code des marchés publics. Ce faisant, il concrétise le volet « marchés » de la loi Grenelle 1. Il s'agit de marchés de conception, réalisation, exploitation ou maintenance.

Art 73 :

« I. – Les *marchés de réalisation et d'exploitation ou de maintenance* sont des marchés publics qui associent l'exploitation ou la maintenance à la réalisation de prestations afin de remplir des objectifs chiffrés de performance définis notamment en termes de niveau d'activité, de qualité de service, d'*efficacité énergétique* ou d'incidence écologique. Ils comportent des engagements de performance mesurables. La durée du marché tient compte des délais nécessaires à la réalisation de ces objectifs et engagements qui constituent son objet.

II. – Les *marchés de conception, de réalisation et d'exploitation ou de maintenance* sont des marchés publics qui associent l'exploitation ou la maintenance à la conception et à la réalisation de prestations afin de remplir des objectifs chiffrés de performance définis notamment en termes de niveau d'activité, de qualité de service, d'efficacité énergétique ou d'incidence écologique. Ils comportent des engagements de performance mesurables. La durée du marché tient compte des délais nécessaires à la réalisation de ces objectifs et des engagements qui constituent son objet.

Si un tel marché comprend la réalisation de travaux qui relèvent de la loi n° 85-704 du 12 juillet 1985, l'entrepreneur ne peut être associé à la conception que pour la réalisation d'engagements de performance énergétique dans un ou des bâtiments existants, ou pour des motifs d'ordre technique tels que définis à l'article 37.

Le régime de primes du IV de l'article 69 est applicable aux marchés définis au présent II, quel que soit leur montant estimé.

III. – Lorsque la valeur estimée des marchés mentionnés aux I et II est inférieure aux seuils de procédure formalisée définis à l'article 26 ou lorsque ces marchés relèvent de l'article 30, ils peuvent être passés selon la procédure adaptée prévue à l'article 28.

Lorsque leur valeur estimée est égale ou supérieure aux seuils de procédure formalisée définis à l'article 26, ces marchés sont passés selon une des procédures prévues au I de cet article. Lorsqu'ils comprennent la réalisation de travaux qui relèvent de la loi n° 85-704 du 12 juillet 1985, les marchés mentionnés au II sont passés selon les règles prévues aux I et II de l'article 69.

IV. – Les marchés mentionnés aux I et II fixent le prix de l'ensemble des prestations et les modalités de rémunération du titulaire. La rémunération de l'exploitation et de la maintenance est liée à l'atteinte de performances mesurées fixées dans le marché pour toute sa durée d'exécution. *Les modalités de rémunération se conforment aux dispositions des deux dernières phrases de l'article 10 et de l'article 96 du présent code.*

Ces marchés prévoient, parmi les critères de choix des offres, le critère de coût global de l'offre ainsi qu'un ou plusieurs critères relatifs aux objectifs de performance prévus aux I et II, définis en fonction de l'objet du marché ».

Les deux catégories de marchés diffèrent par le contenu de la mission confiée à l'opérateur. Les REM (marchés de réalisation et d'exploitation ou de maintenance) correspondant au I de l'article 73. Les CREM (marchés de conception, de réalisation et d'exploitation ou de maintenance) correspondent au II de l'article 73.

S'agissant des CREM[2], on note au passage qu'il peut porter sur un ouvrage ne relevant pas du champ d'application de la loi MOP, ou sur un ouvrage en relevant intégralement, ou peut comprendre la réalisation de travaux portant en partie sur un ouvrage relevant de la loi MOP. Il n'a pour objet que les bâtiments existants, ce qui exclut les ouvrages neufs, mais aussi les ouvrages d'infrastructure ou de génie civil. En combinant les diverses dispositions précitées, il apparaît que l'on peut conclure un marché de conception-réalisation pour des ouvrages relevant de la loi MOP dans les cas visés par l'article 37 du code (performance énergétique et motifs d'ordre technique), pour des ouvrages neufs ou existants, mais on ne peut y ajouter les prestations d'exploitation ou de maintenance que si le marché porte sur les immeubles existants en vue de la réalisation d'engagements de performance énergétique.

À la fois pour les REM et les CREM, la maîtrise d'ouvrage reste publique et il n'y a pas de paiement différé. C'est en effet ce qui découle de la mention que les modalités de rémunération se conforment aux dispositions des deux dernières phrases de l'article 10 et de l'article 96 du présent code. Ainsi, les opérations de construction doivent être réglées immédiatement par la personne publique. Les opérations de maintenance sont réglées au fur et à mesure de leur exécution, ce qui ne constitue pas un paiement différé, mais l'exécution d'un contrat à exécution successive.

> Art 10 (deux dernières phrases) « S'il recourt à un marché global, celui-ci fait obligatoirement apparaître, de manière séparée, les prix respectifs de la construction et de l'exploitation ou de la maintenance. La rémunération des prestations d'exploitation ou de maintenance ne peut en aucun cas contribuer au paiement de la construction. »
>
> Art. 96 : « Est interdite l'insertion dans un marché de toute clause de paiement différé. »

III. Les questions juridiques non résolues

Premièrement, *il n'existe pas de cadre contractuel unique pour le CPE.* Le droit français n'a pas créé de nouvelle catégorie de contrats publics spéciaux. Cette position peut se comprendre dans la mesure où la création d'une nouvelle catégorie de contrats publics spéciaux en droit français pose irrémédiablement la question de son articulation avec le Code des marchés publics français et son éventuelle requalification en marché de travaux au sens communautaire. Dès lors, comme pour les concessions d'aménagement ou les contrats de partenariat, la rédaction du texte établissant la procédure de passation pour un contrat spécial s'avère très complexe. Il n'en reste pas moins que l'utilisation du contrat de partenariat ou

2. P. PINTAT, « Les marchés publics globaux après la réforme », AC-ACCP n° 114, octobre 2011, p. 37.

des nouveaux marchés de l'article 73 contraint les parties sur le choix des missions, le choix des bâtiments et des modalités de financement.

Deuxièmement, s'agissant du *paiement*, il s'avère que celui-ci peut être étalé si le support est un contrat de partenariat, mais pas dans l'utilisation des marchés publics. Les pouvoirs adjudicateurs soumis à l'ordonnance du 6 juin 2005 ne sont pas assujettis à la règle de l'interdiction du paiement différé, sauf si le marché est passé par EPIC de l'État.

Troisièmement, la question de la *maîtrise d'ouvrage* pose aussi de redoutables difficultés. Elle est transférée à l'opérateur dans le cadre des contrats de partenariat et pose ainsi moins de difficultés. Dans les marchés, elle continue d'incomber à la personne publique.

Quatrièmement, l'association de la mission de maîtrise d'œuvre (c'est-à-dire la *conception) à celle de réalisation* là encore est possible dans les contrats de partenariat. Elle relève d'une complexe combinaison des textes pour les marchés.

Cinquièmement, on n'a pas encore abordé la question de l'opérateur lui-même, c'est-à-dire le *choix d'une structure*. Selon une proposition du Guide de mise en œuvre du CPE en logement social (fondée sur le rapport de la CDC, Résumé pour décideurs. Utiliser le « Tiers Investissement » pour la rénovation thermique du patrimoine bâti français, 2010), si l'opération nécessite un investissement sur le bâti, le financement par la seule économie d'énergie est irréalisable et il conviendra de mobiliser des aides publiques. L'idée serait alors de constituer des STI (sociétés de tiers investissement) de nature publique ou semi-publique (sociétés publiques locales ou SEM).

> « Le rôle de la STI consisterait à faire le lien entre les propriétaires de bâtiments (bâtiments publics, logements sociaux, copropriétés, bureaux...) et les prestataires de CPE (maître d'œuvre, BTP, exploitants) qui seraient des sous-traitants. La STI est un spécialiste du CPE qui est capable d'évaluer la faisabilité, de structurer une offre de CPE, de financer et de porter le risque du contrat [...]. La STI a vocation à gérer un portefeuille de CPE dont la nature et le niveau de rentabilité sont différents. Une STI de nature publique ou semi-publique pourrait financer les CPE en mobilisant à la fois les économies d'énergie et des financements publics, privés et bancaires. Elle peut être garantie, dans le respect de la réglementation européenne, par les pouvoirs publics qui la créent et bénéficier ainsi de conditions d'emprunt avantageuses ».

Ainsi, une nouvelle structure, la STI, s'interposerait entre la personne publique et la SSE.

Évidemment, cette conclusion est éminemment critiquable du point de vue du droit de la concurrence et en particulier du point de vue du droit des aides publiques. La STI telle que proposée ci-dessus serait un opérateur économique public bénéficiant d'un volume conséquent d'aides publiques, ce qui pourrait avoir pour effet d'assécher le marché. Mais la proposition permet aussi d'envisager d'autres types de structures, pilotées par des sociétés privées. En effet, les opérateurs privés pourraient aussi se lancer dans la constitution de STI, afin de mutualiser les CPE et prétendre à l'obtention d'aides publiques dans le respect d'une stricte concurrence entre opérateurs.

VIII. La rénovation énergétique des bâtiments : les collectivités territoriales au milieu du gué

Eshien Chong
Aude Le Lannier
Carine Staropoli

Dans le cadre du débat national sur la transition énergétique, se pose la question de l'importance du rôle des collectivités territoriales et de leurs capacités d'actions à travers leurs politiques publiques (urbanisme, transport public, logements, déchets, etc.). La recherche de la préservation de l'environnement et du climat renchérit le coût de ces politiques publiques et le financement des collectivités rencontre des contraintes particulièrement fortes en raison de la diminution des dotations de l'État et du contexte de crise financière. Pour autant, les collectivités territoriales sont considérées dans le Grenelle de l'environnement comme l'un des pivots principaux dans la mise en œuvre des engagements pris au niveau national sur la voie des « 3 x 20 » et du facteur 4 en matière de réduction des émissions de gaz à effet de serre par le biais de l'utilisation accrue des énergies renouvelables et des actions de sobriété et d'efficacité énergétique.

Notre article se concentre sur les travaux d'amélioration thermique des bâtiments et des logements qui visent à améliorer la performance énergétique du patrimoine des collectivités territoriales. En France, le secteur du bâtiment est le plus gros consommateur d'énergie (43 % de l'énergie finale totale). Le poste « Énergie » représente en moyenne 4 % du budget de fonctionnement d'une commune ; la réduction de la consommation d'énergie devrait donc permettre de réduire la dépense dans la limite de l'augmentation des prix de l'énergie prévue pour les années à venir. Les bâtiments représentent les trois quarts de la consommation d'énergie des communes, avec 21 milliards de kWh (kilowattheure) consommés en 2005[1]. Le

1. Ces chiffres sont fournis par le rapport de P. Jarlier (2010), *Plan Bâtiment du Grenelle – Chantier Collectivités Territoriales*, *http://www.legrenelle-environnement.fr/Le-chantier-collectivites.html.*

patrimoine immobilier des collectivités territoriales présente souvent une mauvaise performance énergétique en raison du manque de ressources humaines et de moyens financiers suffisants pour en exploiter au mieux les gisements d'économie d'énergie et donc réaliser les économies.

L'amélioration des performances énergétiques des bâtiments existants passe par deux catégories d'actions qui portent selon les cas sur les travaux sur le bâti et sur un changement des équipements. Selon la situation de référence, l'ordre dans lequel les actions sont entreprises[2] et leur ampleur, ces actions peuvent permettre de réduire la consommation d'énergie jusqu'à 40 %.

Les collectivités territoriales disposent de plusieurs outils pour encadrer la rénovation énergétique. Parmi ces outils, le recours au Contrat de performance énergétique (CPE) est fortement encouragé dans les lois Grenelle 1 et 2 conformément à la directive 2006/32/CE du 5 avril 2006 relative à l'efficacité énergétique dans les utilisations finales et aux services énergétiques. Le CPE est défini comme « un accord contractuel entre le bénéficiaire et le fournisseur (normalement une Société de services énergétiques) d'une mesure visant à améliorer l'efficacité énergétique, selon lequel des investissements dans cette mesure sont consentis afin de parvenir à un niveau d'amélioration de l'efficacité énergétique qui est contractuellement défini ». Dans un CPE, les investissements et/ou les actions d'efficacité énergétique sont financés soit par le prestataire, soit par la personne publique (le propriétaire) ou encore par une tierce partie selon le principe du tiers financement. Grâce au tiers financement, le propriétaire ne finance pas les travaux, car les économies d'énergie sur la durée du contrat remboursent progressivement tout ou partie de l'investissement. La garantie d'un CPE porte d'abord sur les économies d'énergie (en kilowattheures) réalisées pendant la durée du contrat pour un niveau défini de confort et de qualité de service. La garantie peut aussi porter sur les émissions de gaz à effet de serre. Elle consiste, pour le prestataire, à dédommager le propriétaire, dès lors que l'objectif d'amélioration de la performance énergétique ou de réduction des émissions de gaz à effet de serre n'est pas atteint.

Force est de constater que le déploiement des CPE n'a pas été à la hauteur des espérances et des moyens mis en œuvre. En janvier 2012, seuls neuf CPE globaux représentaient la version la plus aboutie de ce type de contrat avaient été signés par l'État et les collectivités territoriales. Depuis, on assiste à une légère accélération qui concerne surtout les CPE sans travaux sur le bâti. Pour autant, la nouvelle directive sur l'efficacité énergétique 2012/27/UE réaffirme la nécessité de recourir à ce type de contrat et recommande donc de lever les obstacles d'ordre technique, économique et juridique à sa généralisation.

2. Il peut sembler moins coûteux dans l'absolu de changer une chaudière plutôt que d'intervenir sur le bâti avec des travaux d'isolation. C'est pourquoi dans un premier temps, certaines collectivités choisissent cette option, reportant à plus tard les travaux sur le bâti. Pourtant, du point de vue de l'efficacité environnementale, il serait plus judicieux de réaliser les travaux sur le bâti, ce qui serait certes plus coûteux, mais permettrait de réduire durablement les pertes de chaleur.

Les collectivités territoriales sont ainsi au milieu du gué : les objectifs sont ambitieux, le retard accumulé est déjà important et pourtant le cadre réglementaire les incite à recourir à ce véhicule juridique qu'elles ne se sont pas encore approprié.

Notre article vise à faire un état des lieux de l'utilisation des CPE dans les collectivités territoriales, et à revenir sur les enjeux et les perspectives liés à leur déploiement. Dans la première section, nous précisons les enjeux liés au CPE pour les collectivités territoriales. Le recours au CPE n'est pas automatique, d'autres solutions peuvent être utilisées. Nous présentons les choix auxquels font face les collectivités et identifions les déterminants et les conditions d'efficacité de ces choix. Dans la deuxième section, nous présentons les principaux résultats d'une étude qui montre que ce retard dans l'adoption de ces nouveaux contrats n'est pas une surprise. Toutes les conditions ne sont pas réunies pour que ce type de contrat, aux caractéristiques si spécifiques, se généralise. Nous identifions les points de blocages à la généralisation de ce dispositif et les perspectives de développement dans le contexte actuel qui se caractérise par un soutien institutionnel réaffirmé.

I. Les déterminants du choix d'un CPE

A. L'arbitrage entre faire et « faire-faire » dans le cas de la rénovation énergétique

Pour la fourniture de service énergétique, comme pour d'autres prestations de service public, les collectivités territoriales sont confrontées au choix entre faire et « faire-faire », c'est-à-dire externaliser ou bien réaliser en interne. Dans le cas de la rénovation énergétique, cette distinction revient à choisir entre une gestion en interne par une unité administrative, quelle qu'elle soit, ou une externalisation à une entreprise privée dans le cadre d'un CPE.

Selon le type de CPE (« fourniture et services », « travaux et services » ou CPE global), il s'agit de déléguer à une entreprise privée sur une période donnée la mise en œuvre des actions permettant de réduire la consommation d'énergie et de financer les investissements nécessaires par les économies d'énergie ainsi réalisées. Il existe en réalité un *continuum* de formes organisationnelles qui se caractérisent notamment par le degré d'implication des acteurs publics dans le schéma du « tiers financeur »[3]. Ces différentes solutions reflètent l'arbitrage classique entre la hiérarchie et le recours au marché étudié par l'économie des coûts de transaction initiée par les travaux de (Coase 1937) et (Williamson 1975).

Pour l'économie des coûts de transaction, le choix entre « faire et faire-faire » repose sur la comparaison entre les coûts de transaction et de production dans les deux situations. Le mode de gouvernance « efficace » est celui qui minimise ces coûts. Williamson (1985) définit les coûts de transaction comme « *les coûts de fonctionnement du système économique* », c'est-à-dire les coûts de planification, d'adaptation et de contrôle des échanges.

3. Pour une définition, voir Ortéga et Reinmann, 2013.

Ils se décomposent en coûts *ex ante* et *ex post*. Les coûts *ex ante* sont les coûts associés à la recherche d'un partenaire, à la définition des besoins, à la rédaction, la négociation et la garantie d'un accord. Les coûts *ex post* sont les coûts induits par une mauvaise adaptation des contrats aux circonstances dans lesquelles ils évoluent, les coûts de renégociation et de contrôle du respect des clauses contractuelles et, le cas échéant, les coûts de rupture du contrat. Ces coûts dépendent des caractéristiques des transactions identifiées par Williamson : la spécificité des actifs[4], la fréquence et l'incertitude. La théorie suggère ainsi d'internaliser les transactions qui sont récurrentes, incertaines et qui nécessitent des investissements spécifiques. Ce cadre d'analyse repose sur deux hypothèses comportementales : l'opportunisme et la rationalité limitée, qui complexifient les relations contractuelles et obligent à recourir à un contrat incomplet. Le risque d'opportunisme augmente les coûts de transaction, notamment les coûts de négociation et de supervision, ce qui incite à l'internalisation des transactions, afin de se prémunir des conséquences des comportements opportunistes.

En pratique, la solution interne « type » est celle qui a été créée en Allemagne par la ville de Stuttgart en 1995 sous le nom de contrat de performance interne (*Intracting*). Ce modèle consiste à doter une unité administrative de son propre fonds d'investissement. La dotation de ce fonds est investie dans des mesures d'économies d'énergie. Les montants correspondants à la réduction des dépenses qui en résulte sont imputés à l'unité administrative concernée et éventuellement réinvestis. Comme le montrent Kristof et Ramesohl (2001)[5], cette solution n'est pas forcément concurrente à un tiers financement dans le cadre d'un CPE, elles peuvent même être complémentaires et concertées.

En France, il n'existe pas, à ce jour, de solution interne « pure » dans les collectivités territoriales. En revanche, des schémas de tiers-financement portés par des acteurs publics commencent à apparaître et peuvent dans une certaine mesure être rapprochés d'une solution interne (Ortéga et Reinmann 2013). Il est encore trop tôt pour tirer les enseignements de ces expériences, mais elles révèlent la volonté de recourir à des solutions internes. Typiquement, une société publique locale (SPL) et une société d'économie mixte peuvent se positionner comme tiers financeur dans un CPE. C'est le cas de la SEM Énergies Posit'IF qui a été créée en janvier 2013 et qui regroupe quatorze collectivités d'Île-de-France (dont le conseil régional et la ville de Paris), en association avec la Caisse des Dépôts et Consignations et avec la Caisse d'Épargne Île-de-France. Cette SEM est dédiée à la rénovation énergétique des logements collectifs (copropriétés, petits bailleurs sociaux) et la production d'énergies renouvelables. Dans le prolongement de ce type de solutions, des sociétés d'investissement régional (SIR) peuvent être créées. Elles interviendraient en tant que support financier de sociétés de tiers investissement, la prise en charge de la gestion technique et opérationnelle de projets de rénovation énergétique devant être assurée par une autre société.

4. Les investissements spécifiques sont des investissements durables effectués pour réaliser une transaction et qui ne sont pas redéployables sans coût vers d'autres usages ou d'autres clients.

5. K. Kristof, S. Ramesohl, 2001, « Intracting – A better alternative to performance contracting ? », eceee Conference proceedings. Disponible sur le site : *http://www.eceee.org/conference_proceedings/eceee/2001/Panel_5/p5_2/paper*.

Une variante de cette solution consiste à créer une SPL exclusivement constituée par des collectivités territoriales et des établissements publics de coopération intercommunale (EPCI). Par principe, une SPL bénéficie du régime dit du « *in-house* » qui permet à ses actionnaires de lui accorder sans aucune mise en concurrence des missions rémunérées. En décembre 2012, onze collectivités dont le conseil régional de Rhône-Alpes, ont créé la SPL OSER pour la réalisation de leurs projets de rénovation, en allant de l'assistance à maîtrise d'ouvrage jusqu'au tiers investissement (complet ou partiel).

Enfin, les débats récents concernant l'opportunité de créer un service public de l'efficacité énergétique (SPEE) modifient les contours entre les solutions internes et externes. Dans cette hypothèse, le tiers financement pourrait être porté par des opérateurs, publics ou privés, qui rassembleraient les fonctions d'aide à la décision et de conseil sur le programme de rénovation, dans les mêmes termes que les SEM ou les SPL. Mais, dans cette hypothèse, ces opérateurs pourraient mobiliser un système de paiement innovant sous forme d'abonnement ou de redevance versée par les bénéficiaires des mesures de rénovation énergétique. Ce système se rapprocherait alors de la solution de délégation de service public (DSP).

B. Le choix du véhicule juridique d'un CPE

Une fois qu'une collectivité territoriale a choisi de déléguer la fourniture de service énergétique, il lui faut choisir le véhicule juridique adapté. Le CPE n'est pas un nouveau mode contractuel ; « il utilise les formes existantes des contrats en leur conférant une dimension amélioration de l'efficacité énergétique avec garantie de résultat dans la durée »[6]. Dans la loi Grenelle 1, deux véhicules juridiques sont utilisables pour le CPE[7] :

– le contrat de partenariat – sous la forme d'un Contrat de partenariat de performance énergétique (CPPE) ;

– le marché public global – sous la forme d'un Marché public de performance énergétique (MPPE).

Jusqu'à l'adoption du décret 2011-1000 du 2 août 2011 modifiant les articles 37, 69, et surtout 73 du Code des marchés publics (CMP) et autorisant deux nouvelles possibilités de contrat global – le marché REM (Réalisation et Exploitation ou Maintenance) et le marché CREM (Conception, Réalisation, Exploitation, Maintenance) –, le choix entre les deux véhicules juridiques possibles du CPE était biaisé. Lors de la mise en œuvre de la loi Grenelle 1, le CPPE a clairement la préférence du gouvernement, comme en témoignent les termes de la loi elle-même, mais surtout les efforts faits par le gouvernement (les publications ministérielles, guides et clausiers-type comme celui publié par la Mission d'appui à la réalisation des contrats de partenariat public-privé)[8] pour promouvoir les CPPE. Enfin, le soutien appuyé au dispositif du CPPE s'est manifesté de manière indirecte par le peu d'entrain à faire

6. *Http ://www.developpement-durable.gouv.fr/IMG/pdf/Ref21.pdf.*

7. On peut noter que tant que le SPEE n'est pas créé, le contrat de DSP n'est pas une solution envisageable.

8. *Http ://www.economie.gouv.fr/files/directions_services/ppp/cpe_clausier_type.pdf.*

évoluer rapidement le CMP, ce qui était pourtant nécessaire pour donner au MPPE toutes ses chances.

Indépendamment du véhicule juridique choisi, le CPE possède des caractéristiques propres qui déterminent ses conditions d'efficacité. Le CPE est un contrat global, incitatif et de long terme. Chacune de ces caractéristiques impose des conditions d'efficacité qui ont été analysées par l'économie des contrats notamment l'économie des coûts de transaction et la théorie de l'agence et qui permettent de comprendre les avantages et les limites de chaque véhicule.

1. Le CPE : l'archétype d'un contrat global incitatif

Dans un CPE, ce sont les économies d'énergie qui sont l'objet du contrat et non pas les travaux, actions ou investissements nécessaires pour atteindre les objectifs d'économie d'énergie. Dans la version la plus incitative, la rémunération du prestataire dépend entièrement des performances (même si d'autres sources de ressources existent comme les recettes annexes dans le cas d'un CPPE). Le prestataire peut aussi supporter des pénalités (ou bonus) en cas de sous-performances (ou surperformances).

Les propriétés des contrats incitatifs sont étudiées par la théorie normative de l'agence (Laffont et Tirole 1993). En situation d'asymétrie d'informations (sur l'effort fourni par l'Agent – situation de risque moral – ou sur son « type » – situation de sélection adverse), les décisions prises par l'Agent pour accomplir la tâche confiée n'ont aucune raison *a priori* de correspondre à celles souhaitées par le Principal. C'est pourquoi le Principal propose à l'Agent de signer un contrat dont le schéma de rémunération est tel que l'Agent œuvrera dans l'intérêt du Principal. Dans le cadre d'un CPE, la collectivité territoriale – *le principal* – délègue à une société de services énergétiques – *l'agent* – la tâche de réaliser des économies d'énergie. Un contrat incitatif permet de sélectionner le prestataire le plus efficace pour réaliser le projet, à condition que la procédure concurrentielle d'attribution du contrat soit efficace. En effet, la théorie démontre qu'en situation de sélection adverse, les entreprises les plus efficaces seront incitées à candidater à l'obtention d'un contrat incitatif, car elles seront capables d'en retirer des gains. À l'inverse, les entreprises relativement inefficaces auront intérêt à se tourner vers des contrats peu incitatifs.

La théorie normative de l'agence montre aussi que les contrats incitatifs génèrent des coûts pour le Principal. D'une part, la performance de l'Agent, observable *ex post* par les partenaires (e.g. les économies d'énergie en kWh), ne dépend pas toujours entièrement et uniquement des « efforts » effectivement réalisés par l'Agent. La performance *ex post* peut en effet être impactée par des éléments exogènes, non anticipés au préalable, et indépendants des moyens mis en œuvre par l'Agent. C'est typiquement le cas des CPE : le comportement des utilisateurs des bâtiments concernés par un CPE peut impacter, au moins en partie, la performance finale en termes d'économies d'énergie, indépendamment des efforts (investissements) réalisés par le prestataire. Dans ce cadre, l'Agent doit supporter d'autant plus de risques que le contrat est incitatif. En contrepartie, il exige une prime de risque qui correspond donc à un coût pour le Principal : le coût de recourir à un contrat incitatif. À cela s'ajoute une rente informationnelle que doit verser le Principal à l'Agent pour l'inciter à révéler son information privée (Laffont et Tirole 1993). Le choix de recourir à un contrat plus ou moins incitatif découle donc de cet arbitrage entre les bienfaits et les coûts associés à la dimension incitative des contrats.

Ces résultats reposent sur une hypothèse forte selon laquelle la mesure de performance utilisée et contractualisée par le principal reflète parfaitement son objectif. Si la mesure des performances est imparfaite, cela entraîne une distorsion des incitations, ce qui diminue l'efficacité du contrat incitatif (Holmstrom et Milgrom 1991) ; (Baker 2000).

Deux conséquences peuvent en être déduites pour les CPE. D'une part, la garantie de performance énergétique doit porter sur des données mesurables, dans le cadre d'un protocole contractualisé et accepté par les deux parties. C'est le cas avec l'utilisation de méthodes standardisées et de protocoles internationaux (notamment l'IPMVP – International Performance Measurement and Verification Protocol, largement utilisé dans les CPE). D'autre part, il faut s'assurer que la mesure utilisée porte réellement sur les objectifs du Principal : un décalage entre la mesure utilisée et l'objectif visé par le Principal peut augmenter les gains de l'Agent, sans se traduire par les gains espérés par le Principal. Pour éviter que l'Agent entreprenne des efforts non productifs du point de vue du Principal, dans le seul but d'apparaître « performant » vis-à-vis de la mesure utilisée d'énergie, la théorie suggère de diminuer le pouvoir incitatif du contrat. Transposée au cas des CPE, la littérature en économie des contrats suggère donc de diminuer le degré de dépendance entre la rémunération du prestataire, et la (ou les) mesures de performance, dès lors que la mesure des performances est imparfaite. Par conséquent, si l'on admet que la mesure des performances énergétiques est imparfaite ou contestable, le CPE peut être considéré comme « trop incitatif » ce qui remet en cause son efficacité.

2. Le CPE : un contrat de long terme

Pour permettre au prestataire d'obtenir un retour sur investissement suffisant, le CPE est généralement un contrat de durée relativement longue. Un contrat de long terme pose deux problèmes qui sont liés : l'incertitude sur les conditions futures (notamment le coût de l'énergie qui impacte la rentabilité des projets) est élevée et le contrat est incomplet.

Dans ces circonstances, pour se protéger contre d'éventuels comportements opportunistes, il conviendrait de spécifier préalablement et formellement les comportements à adopter face aux différentes contingences, c'est-à-dire d'adopter un contrat plutôt complet et rigide, ce qui n'est pas possible dans un environnement incertain. *A contrario*, pour éviter des coûts *ex ante* de contractualisation, les parties peuvent avoir intérêt à signer un contrat flexible qui leur permet d'apporter une réponse adaptée à chaque situation. Ces adaptations peuvent être bénéfiques pour le bien-être des deux parties, mais elles peuvent aussi être motivées par des comportements opportunistes. Ainsi, il existe un arbitrage entre le coût d'écriture d'un contrat complet et les gains à réduire l'incomplétude du contrat en raison des risques de comportement opportunistes lors des renégociations qui ne manqueront pas de survenir.

Indépendamment du caractère opportuniste, ou pragmatique, des renégociations, celles-ci entraînent des coûts de transaction qui réduisent l'efficacité du contrat. Bajari et Tadelis (2001) montrent qu'il existe un lien entre le caractère incitatif du contrat et l'efficacité des adaptations *ex post* : un contrat très incitatif fournit de fortes incitations à réduire les coûts, mais il se prête mal à des adaptations. Ainsi, si la probabilité de renégocier est élevée, alors les parties devraient opter pour un contrat faiblement incitatif et peu détaillé. C'est pourquoi, selon Levin et Tadelis (2010) un projet complexe, sujet à une forte incertitude, devrait faire l'objet d'un contrat peu incitatif alors qu'un projet simple, et sujet à peu d'aléas, peut faire l'objet d'un contrat très incitatif.

Transposées aux CPE, ces conclusions conduisent à considérer que plus un projet de performance énergétique est complexe et sujet à de l'incertitude, et plus il implique des investissements spécifiques importants, moins le CPE sera adapté, en raison des coûts de transaction élevés. Ces considérations vont à l'encontre de la nature même des CPPE tels qu'ils ont été conçus à l'origine (ordonnance du 17 juin 2004) et dans les lois Grenelle 1 et 2. En théorie, il faudrait diminuer la puissance du mécanisme incitatif, de façon à ce que la rémunération du prestataire dépende en partie seulement des économies d'énergie réalisées, ce qui revient tout simplement à remettre en cause les fondements mêmes d'un CPE.

Ainsi, la théorie des incitations d'une part, et la théorie des coûts de transaction d'autre part mettent en évidence le fait que la mise en œuvre de mécanismes incitatifs dans un contrat entraîne des coûts qu'il faut minimiser autant que possible. Il y a un arbitrage entre rente et efficacité des contrats incitatifs qui fait qu'il y a un niveau optimal de la puissance incitative du contrat. Par ailleurs, au-delà d'un certain niveau de coûts de transaction, l'efficacité du contrat comme mode de coordination n'est plus assurée et la solution interne (qu'elle qu'en soit la forme) peut être préférée.

On le voit, aucune solution organisationnelle et contractuelle n'est théoriquement plus efficace que les autres, toutes choses égales par ailleurs. Il faut tenir compte des spécificités du projet et des caractéristiques de la collectivité. En France, un CPE reposant sur l'externalisation à un prestataire privé *via* un CPPE et dans une moindre mesure un MPPE a été privilégié sans pour autant réussir à s'imposer. Les collectivités étant encore à la recherche d'un modèle adapté explorent les solutions innovantes[9]. La section suivante revient sur le bilan et les perspectives des CPE pour les collectivités territoriales.

9. Pour un état des lieux des solutions, voir Ortéga et Reinmann, 2013.

II. Les CPE des collectivités territoriales : bilan et perspectives

L'état des lieux des neuf premiers CPE globaux signés en France entre le 1er octobre 2007 et le 1er janvier 2012 est établi à partir d'une enquête de terrain menée auprès des acteurs publics ayant signé ces contrats en France (Chong *et al.* 2012)[10]. Sur ces neuf CPE, sept concernent des collectivités territoriales et se caractérisent par une grande diversité notamment au niveau du nombre et du type de bâtiments inclus dans le périmètre du contrat, de la durée et des objectifs d'économie d'énergie. Le tableau ci-dessous résume ces éléments.

Tableau 1

Les neuf CPE signés en France au 1er janvier 2012

	Bâtiments inclus dans le contrat	**Date de signature**	**Durée (années)**	**Objectifs d'économie d'énergie**
Ville de Tours	160 chaufferies dans 250 bâtiments de diverses natures	2007	12	7,5 %
Montluçon	94 bâtiments communaux et 4 sites communautaires	2009	10	16,4 % 26,47 % 38 %*
Conseil régional d'Alsace	Rénovation thermique de l'enveloppe et des équipements de 14 lycées	2009	20	35 %
Conseil général du Centre	18 lycées et 4 bâtiments administratifs	2010	15	35 %
Ville de Bougival	Optimisation du parc d'éclairage public et rénovation Bâtiment basse consommation d'un groupe scolaire	2011	20	82 %
Conseil général de la Manche	Rénovation énergétique de 20 collèges, 3 musées, et du siège du conseil général de la Manche	2011	17	32 %
Université Versailles Saint-Quentin-en-Yvclines	Amélioration de l'efficacité énergétique du parc immobilier	2011	25	25 %
Ministère de la Défense	Remise à neuf des installations de production de chaleur et travaux d'isolation thermique du Quartier Roc Noir	2011	20	36 %
Ville de Paris	100 écoles maternelles et primaires	2011	20	30 %

*. Les objectifs spécifiés pour Montluçon correspondent à des objectifs différenciés selon la nature des bâtiments concernés par le CPE.

10. L'enquête a été réalisée entre juin et décembre 2011 dans le cadre d'une étude financée par le Conseil français de l'Énergie. *http://www.wec-france.org/DocumentsPDF/RECHERCHE/62-rappportfinal.pdf.*

Les résultats de cette enquête indiquent que le faible nombre de CPE ayant été signé peut s'expliquer par des obstacles que nous soulignons dans un premier temps (A). Néanmoins, les collectivités sont malgré tout globalement satisfaites des CPE signés (B).

A. Des points de blocages limitant le développement des CPE

Nous avons cherché à évaluer les difficultés rencontrées par l'acteur public lors de la mise en œuvre du contrat, pour les 5 CPPE en exploitation au moment de l'enquête.

Concernant la phase précontractuelle, des problèmes d'anticipation des difficultés (pour 2 acteurs) et une mauvaise évaluation des besoins (pour 1 acteur) ont été soulignés.

L'un des acteurs souligne le fait que le partenaire public doit être capable d'anticiper les procédures, de superviser le projet et doit posséder une capacité d'expertise élevée (notamment juridique) afin de mener à bien un CPE. À ce titre, notons que la grande majorité des acteurs publics a eu recours à des prestataires externes pour les accompagner durant les différentes phases précontractuelles. Si l'ensemble des compétences requises pour pouvoir suivre un CPE a été énoncé par les acteurs publics (techniques, juridiques, économiques/financières) pour justifier l'externalisation de ces tâches, l'aspect juridique est le seul à faire l'unanimité. Les coûts associés à ces prestations externes sont variables d'un contrat à l'autre, mais globalement, les acteurs publics soulignent l'importance de ces coûts au regard de leur budget.

Concernant la phase d'exécution du contrat, les difficultés suivantes ont été soulignées :
- adaptation aux aléas (1 acteur) ;
- conflits ayant eu lieu entre les usagers et le partenaire privé (1 acteur) ;
- évolutions législatives (2 acteurs) ;
- organisation interne, pour faire face aux charges de travail supplémentaire liées à la mise en place du CPPE.
- Mésententes avec le partenaire privé lors des phases de renégociation.

Malgré ces difficultés, il ressort de notre enquête que les acteurs publics sont globalement satisfaits des CPE qu'ils ont signés, comme l'indique la section suivante.

B. Peu de contrats signés, mais des objectifs atteints et une satisfaction élevée des collectivités

Pour la phase de construction, les coûts de construction et les délais de mise à disposition ont été respectés pour les cinq CPE en exploitation. Le troisième critère d'évaluation du respect des engagements du prestataire est plus global. Il permet de distinguer les contrats selon que les principaux objectifs qualitatifs et le programme fonctionnel, dans sa globalité, ont été respectés ou non. Parmi les cinq CPPE dont la phase d'exploitation a commencé, seuls quatre interlocuteurs ont accepté de nous répondre sur leur niveau de satisfaction (sur une échelle de 1 à 7) pour se déclarer « plutôt satisfaits » ou « satisfaits ».

Par ailleurs, les coûts d'exploitation ont été respectés pour quatre des cinq CPE en exploitation. Concernant le CPE pour lequel ces coûts n'ont pas été respectés, il s'agit d'une cause légitime et non pas d'une faute de la part du prestataire privé. Pour l'atteinte des objectifs de performance énergétique, nous avons obtenu quatre réponses. Parmi ces quatre CPE, ces objectifs ont été atteints pour trois contrats. L'acteur public pour lequel ces objectifs n'ont pas été atteints invoque, ici encore, une cause légitime (des conditions climatiques particulièrement défavorables).

Ainsi, au regard de l'ensemble de ces éléments, on peut considérer que pour le moment, les objectifs fixés contractuellement dans le cadre des CPE ont été atteints, hormis un cas qui s'explique par des causes légitimes, ce qui ne remet pas en cause l'efficacité de ce contrat. Le graphique suivant résume les éléments « objectifs » observés.

Figure 1

Respect des engagements du prestataire (5 observations)

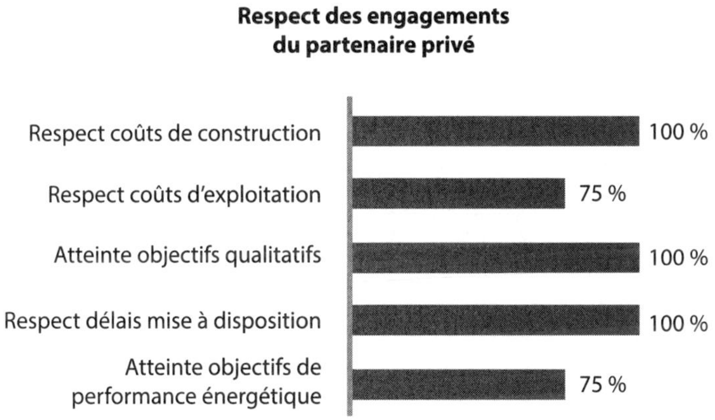

Notons également que sept acteurs se disent satisfaits ou très satisfaits du rapport qualité/prix de leur projet, tandis que deux acteurs ont considéré qu'il était trop tôt pour répondre à cette question.

Il est intéressant de comparer le respect des engagements contractuels et le niveau de satisfaction des acteurs publics ayant signé des CPE en comparaison avec les résultats obtenus par (Saussier et Tra Tran 2013) dans le cas des contrats de partenariat (CP), comme le résume le graphique ci-après. Nous avons calculé un niveau de performance moyen des contrats aux différentes phases : précontractuelle, construction, exploitation. Nous présentons ensuite la note moyenne du rapport qualité/prix des CPE (4 contrats) et des autres CP (26 contrats). Enfin, la satisfaction totale représente la moyenne de l'ensemble des performances[11].

Nous constatons que si les performances de CPE sont relativement bonnes pour le moment, il semblerait néanmoins qu'elles soient globalement inférieures aux autres contrats de partenariat, et ceci, sur les différentes phases contractuelles.

Figure 2

Performance moyenne comparée des CPE et autres CP

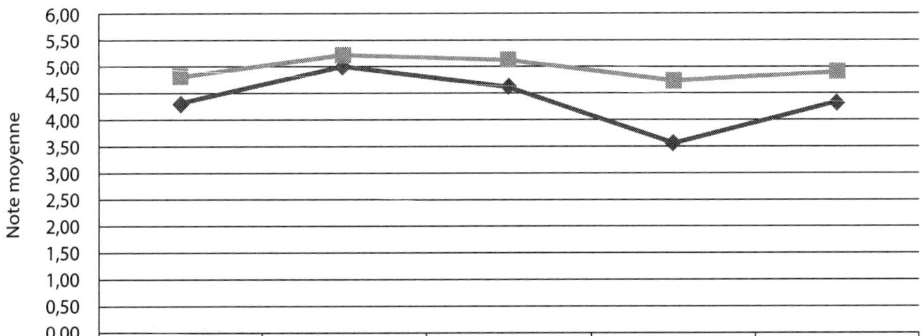

	Phase précontractuelle	Phase de construction	Phase d'exploitation	Rapport qualité/prix	Satisfaction totale
CPE	4,30	5,00	4,60	3,50	4,30
CP	4,80	5,20	5,10	4,70	4,90

III. Conclusion

Si des points de blocage persistent, le bilan des CPE signés en France paraît néanmoins assez encourageant, et laisserait penser que les CPE, malgré un départ difficile, sont voués à se développer. Si cela est effectivement le cas, alors il conviendra d'analyser plus en profondeur quelles sont les conditions d'efficacité des CPE ainsi que de s'interroger sur le choix du véhicule juridique le plus approprié (CREM ou CPPE).

En outre, suite aux dispositions du décret du 25 août 2011 (art. 73) relatif aux marchés globaux de CREM, deux contrats peuvent être recensés. La ville de Domène s'est lancée dans un programme de rénovation et d'amélioration de l'efficacité énergétique d'une partie de ses bâtiments. Il s'agit du premier CPE global français signé sous la forme d'un MPPE. Il est

11. La performance globale est la moyenne des notes obtenues sur les différentes phases. La satisfaction de l'autorité publique sur les différents aspects de la performance est mesurée avec une échelle de Likert sur six points, allant de 1 : « Pas du tout satisfait » à 6 : « Tout à fait satisfait ».

conclu sur une durée de huit ans, pour un investissement total de 1,6 M€. Il est contractuellement prévu une réduction de 14 % de l'ensemble des coûts énergétiques supportés par la commune. Par ailleurs, un MPPE a été attribué par le département des Hauts-de-Seine pour six collèges. Les économies d'énergie sont garanties pour l'ensemble des six collèges à partir de septembre 2014. Ce marché, d'une durée de sept ans et d'un montant d'investissement de l'ordre de 11 M€ garantit une économie d'énergie de plus de 30 %.

La question de l'efficacité des contrats de performance énergétique est donc une question ouverte pour laquelle il reste encore beaucoup à faire. Nul doute que dans les prochaines années, le développement de ces contrats dans les collectivités territoriales qui y sont fortement incitées permettra d'avancer dans la compréhension des mécanismes et dans le *design* contractuel.

IV. Bibliographie

– Bajari P., et Tadelis S., « Incentives versus Transaction Costs : A Theory of Procurement Contracts ». *The RAND Journal of Economics* 32 (3) (octobre 1) : 387-407. doi : 10.2307/2696361, 2001.

– Baker G., « The Use of Performance Measures in Incentive Contracting ». *The American Economic Review* 90 (2) (mai 1) : 415-420. doi : 10.2307/117261, 2000.

– Coase R. H., « The nature of the firm ». *Economica* 4 (16) : 386-405, 2007.

– Holmstrom B., et Milgrom P., « Multitask Principal-Agent Analyses : Incentive – Contracts, Asset Ownership, and Job Design ». *Journal of Law, Economics, and Organization 7* (special) (janvier 1) : 24-52. doi : 10.1093/jleo/7.special_issue.24 1991.

– Iossa E., et Martimort D., « Risk allocation and the costs and benefits of public-private partnerships ». *RAND Journal of Economics* 43 (3) : 442-474, 2012.

– Laffont J.-J., et Tirole J., *A theory of incentives in procurement and regulation*, Cambridge, Mass : MIT Press, 1993.

– Levin J., et Tadelis S., « Contracting for government services : theory and evidence from U.S. cities », *The Journal of Industrial Economics* 58 (3) (septembre 1) : 507-541. doi : 10.2307/40985898, 2010.

– Martimort D., et Pouyet J., « To build or not to build : Normative and positive theories of public – private partnerships ». *International Journal of Industrial Organization* 26 (2) (mars) : 393411. doi : 10.1016/j. ijindorg.2006.10.004, 2008.

– Ortéga O., et Reinmann I., « Plan Bâtiment Durable "Financements innovants de l'efficacité energétique" », 2013. *Http ://www.fiee.fr/.*

– Saussier S., et Phuong Tra T., « L'efficacité des contrats de partenariat en France : une première évaluation quantitative », *Revue d'économie industrielle* n° 140 (4) (mars 2020) : 81-110, 2013.

– Williamson O. E., *Markets and Hierarchies : Analysis and Antitrust Implications : a Study in the Economics of International Organization*, New York [N.Y.] [etc.] : Free Press, 1975.

– Williamson O. E., *The Economic Institutions of Capitalism : Firms, Markets, Relational Contracting*, Free Press, 1985.

IX. Les effets juridiques du schéma régional climat air énergie

Roselyne Allemand

Les schémas régionaux climat air énergie (SRCAE) sont prévus par l'art. 68 de la loi Grenelle 2 du 12 juillet 2010[1] (C. env., art. L. 222-1) Selon le décret d'application du 16 juin 2011[2], ce sont des documents d'orientation qui fixent à l'échelon régional aux horizons 2020 et 2050 les efforts à effectuer en matière de réduction des émissions de gaz à effet de serre, de lutte contre la pollution atmosphérique, de développement des énergies renouvelables et d'adaptation aux changements climatiques. Un volet « éolien » détermine les parties du territoire favorable au développement de l'énergie éolienne.

Le schéma régional est élaboré conjointement par le préfet de Région et le président du conseil régional, qui s'appuient sur un comité de pilotage rassemblant des représentants de l'État, des établissements publics de l'État et de la région, ainsi que sur un comité technique réunissant l'ensemble des acteurs et parties prenantes. Le projet est soumis pour avis aux collectivités territoriales ainsi qu'aux organismes professionnels et fait l'objet d'une consultation du public. Afin de définir des scénarios pour le futur, il doit s'appuyer sur un diagnostic énergétique du territoire.

Nous ne développerons pas ici les conditions de mise en place de ces schémas puisque ces aspects sont étudiés par François Mathieu Poupeau dans cet ouvrage. Le présent chapitre s'intéressera aux effets de ces schémas vis-à-vis des plans climat-énergie territoriaux (PCET) et des documents d'urbanisme. Mais au préalable, examinons quels sont les enjeux des schémas.

À travers ce schéma, l'espace régional apparaît comme un lieu d'interface, d'application d'engagements nationaux de réduction de gaz à effet de serre (GES) à l'horizon 2020

1. Loi n° 2010-788 du 12 juillet 2010 portant engagement national pour l'environnement dite loi ENE ou Grenelle 2.

2. Décret n° 2011-678 du 16 juin 2011 relatif aux schémas régionaux du climat, de l'air et de l'énergie, *JO* n° 0140 du 18 juin 2011, p. 10432.

et 2050, et de mise en œuvre des actions locales pour y parvenir. En effet, le schéma participe à l'atteinte d'engagements nationaux et les enjeux climatiques en constituent la toile de fond. Rappelons que les travaux du groupe intergouvernemental d'experts sur l'évolution du climat (GIEC) commencés dans les années 1980 et dont le dernier rapport a été publié en 2007[3] établissent un lien entre les activités humaines par l'utilisation des énergies fossiles (charbon, pétrole, gaz naturel) et l'accroissement de gaz à effet de serre (GES) – principalement dioxyde de carbone – facteur d'un réchauffement climatique.

Face à cette réalité, plusieurs engagements internationaux ont été pris visant une réduction des GES, parmi lesquels : la convention-cadre de Rio de Janeiro en 1992 ratifiée par 189 pays ; le protocole de Kyoto de 1997, entré en vigueur en 2005 et ratifié par 172 pays ; l'« accord » de Copenhague de 2009. Lors de ce dernier, la communauté internationale s'est entendue sur la nécessité de limiter l'augmentation de la température à + 2 °C à l'horizon 2100 par rapport à 1850 (ère préindustrielle). Les travaux du GIEC ont montré que, pour respecter ce plafond, les émissions mondiales de GES devraient commencer à décroître avant 2015 afin d'éviter des bouleversements environnementaux, sociaux et économiques irréversibles. Ces objectifs ont été déclinés au niveau européen et national et ont donné lieu à la rédaction de divers documents d'orientation.

En France, le livre blanc sur les énergies de novembre 2003[4] introduit le principe de facteur 4, soit la division par 4 du niveau des GES de 1990 à l'horizon 2050. Cet objectif est repris dans la loi d'orientation de la politique énergétique de 2005[5] et dans le plan climat (2004-2012) modifié en 2006[6]. Il a été validé par le Grenelle de l'environnement[7] et confirmé par le Grenelle 2 de 2010.

Par ailleurs, les institutions européennes ont adopté, le 23 avril 2009 le « paquet climat-énergie » qui engage les 27 pays de l'Union européenne à atteindre avant 2020 trois objectifs :

– un objectif qui vise à réduire de 20 % des émissions de GES par rapport à celles enregistrées en 1990 ;

– deux objectifs de moyen qui consistent, pour l'un, à porter la part des énergies renouvelables dans le *mix* énergétique à 20 % par rapport à la consommation énergétique finale. La directive 2009/28/CE du 23 avril 2009 module cet objectif en fonction de la situation des États et impose un objectif de 23 % à la France. Et, pour l'autre, à

3. GIEC, *Bilan 2007 des changements climatiques, Rapport de synthèse*, Cambridge University Press, Cambridge et New York.

4. N. FONTAINE, *Livre blanc sur les énergies*, Min. Économie, Finances et Industrie, nov. 2003, 106 p.

5. Loi de programme n° 2005-781 du 13 juillet 2005 fixant les orientations de la politique énergétique (dite POPE).

6. Plan climat de la France, document téléchargeable sur le site du ministère de l'Écologie, *www. Developpement-durable.gouv.fr*. Un plan national d'adaptation au changement climatique annoncé par l'article 42 de la loi Grenelle 1 a été adopté en 2011, il tient compte du plan climat, il précise les orientations pour cinq ans par grands secteurs d'activité relevant de l'État (santé, eau, forêt, tourisme...). Une évaluation à mi-parcours fin 2013 fera état des actions d'adaptation dans le cadre des SRCAE et PCET et appréciera leur articulation avec le plan national.

7. Loi n° 2009-967 du 3 août 2009 de programmation relative à la mise en œuvre du Grenelle de l'environnement (art. 2).

réduire de 20 % la consommation énergétique par rapport à 2005 selon un scénario tendanciel. Ce dernier, contrairement aux autres, n'a pas d'effet contraignant, ce qui est confirmé par la directive « Efficacité énergétique » adoptée le 15 juin 2012. Quoi qu'il en soit, les lois Grenelle 1 et 2 reprennent ce socle d'orientations européennes appelé « 3 x 20 ».

La nécessité d'impliquer les échelons locaux pour atteindre ces objectifs est mentionnée par les textes internationaux, européens et français. Elle est justifiée notamment par l'influence des acteurs locaux dans les domaines des transports, bâtiments, urbanisme, déchets, industrie, énergie renouvelable et qualité de l'air. En France, selon l'ADEME *et al.*[8], les collectivités territoriales et leurs groupements contribuent directement pour environ 12 % des émissions de GES. Mais à travers leurs politiques publiques, elles agissent indirectement sur plus de 50 % des émissions. C'est pourquoi les lois de Grenelle ont rendu obligatoire le plan climat-énergie territorial (PCET) pour les collectivités territoriales et leurs groupements de plus de 50 000 habitants, lequel a vocation à regrouper l'ensemble des actions énergie-climat que la collectivité mènera sur son territoire[9]. Le SRCAE, quant à lui, doit permettre à tous les acteurs concernés à l'échelle régionale, de faire émerger des visions partagées sur la manière de concevoir, dans une approche globale et transversale, les thématiques climat-air-énergie à l'exclusion du nucléaire et de l'éolien marin.

Dans le but d'harmoniser les actions des différentes collectivités territoriales de la région, le SRCAE s'impose aux PCET et aux documents d'urbanisme, par le biais de la compatibilité et de la prise en compte (II).

Avant d'évaluer la portée juridique du SRCAE vis-à-vis de ces documents, il convient de s'intéresser à sa qualification et à sa valeur juridique (I).

I. La qualification et la valeur juridique du SRCAE

Le SRCAE est un document d'orientation et d'objectif arrêté par le préfet de Région après délibération du conseil régional, il est publié au *Recueil des actes administratifs de la préfecture de R*égion. S'il ne comporte pas d'effet direct à l'encontre des particuliers, il est toutefois susceptible de faire l'objet d'un recours en annulation.

8. Agence de l'environnement et de la maîtrise de l'énergie, Ministère de l'Écologie et du Développement durable, Association des maires de France, *Un plan climat à l'échelle de mon territoire*, 2005.

9. Certaines collectivités n'ont pas attendu le Grenelle pour intervenir. Déjà en 1994, la Charte des villes européennes durables initiée par l'UE et signée à Aalborg, incitait les communes à établir des mesures de lutte contre le changement climatique au sein d'Agendas 21.

A. *Un acte administratif d'orientation et d'objectif dépourvus d'effet direct pour les particuliers*

Bien que le SRCAE soit co-élaboré et fasse appel à une large consultation, il ne s'agit pas d'un acte de nature contractuel, mais d'un acte unilatéral qui découle de son adoption par arrêté préfectoral. De même, le SRCAE ne comporte pas d'engagements réciproques précis, mais des orientations générales qui doivent guider l'État et les collectivités territoriales dans la mise en œuvre des politiques publiques. C'est un outil de planification prospectif puisqu'il établit des scénarios pour l'avenir, mais c'est un outil stratégique indissociable des plans climat-énergie territoriaux (PCET), il n'inclut pas le coût de réalisation des objectifs définis, contrairement aux PCET plus précis. Quoi qu'il en soit, le schéma est un acte administratif de portée générale, document-cadre, dont la nature réglementaire n'est pas évidente, mais qui prête à discussion pour au moins deux raisons.

Tout d'abord, certaines dispositions peuvent apparaître suffisamment précises et rédigées de manière impérative pour être contraignantes[10]. Ainsi, l'on peut s'interroger sur la valeur des normes de qualité de l'air prévues dans le cadre du plan régional de la qualité de l'air (PRQA), intégrés dans les SRCAE. Même si le Conseil d'État a jugé, dans un arrêt du 27 février 2006[11], que le PRQA est « un document qui se borne à fixer des orientations, lesquelles sont dépourvues de caractère réglementaire ». L'on peut également s'interroger sur la valeur des zones favorables au développement éolien définies au sein du schéma régional éolien annexé au SRCAE. Seules les installations éoliennes situées dans ces zones pourront bénéficier de l'obligation d'achat d'électricité au tarif préférentiel défini par l'État. Il s'agit bien ici de dispositions précises à caractère prescriptif.

Par ailleurs, bien que la valeur réglementaire ou non de certaines dispositions puisse prêter à discussion, le SRCAE présente un certain degré de normativité puisqu'il est opposable à l'administration, par le biais de la compatibilité et indirectement par le biais de la « prise en compte », ce que nous verrons plus loin.

Dans tous les cas, il est dépourvu d'effet direct dans la mesure où il n'impose pas de normes directement opposables à une demande d'autorisation administrative. Ainsi, les zones favorables au développement éolien n'ont pas pour objectif de permettre l'implantation d'éoliennes, elles ne préjugent pas de l'octroi ultérieur des permis de construire nécessaires à cette installation. L'on peut donc exclure leur opposabilité aux tiers. En l'état, il ne semble pas possible d'attaquer le SRCAE par la voie de l'exception d'illégalité à propos, par exemple, d'un contentieux sur le permis de construire d'une implantation éolienne.

10. Ph. Billet, « Caractère réglementaire, contenu et conditions d'opposabilité de la charte d'un PNR », *JCA A* 2009, 2231, commentaire CE du 29 avril 2009 n° 193896, *Commune de Manzat*. Le Conseil d'État avait à se prononcer sur le point de savoir jusqu'à quel degré de précision pouvait aller légalement le contenu d'une charte de PNR. Il admet qu'il ne pouvait lui être reproché « de comporter des dispositions réglementaires trop précises ». Selon Ph. Billet, cet arrêté consacre le caractère réglementaire de la charte du PNR.

11. CE 27 février 2006, *Assoc. Alcaly et al.*, n° 257688, 259624 et 260504, *Rec. Lebon*, p. 871.

B. Un acte pouvant faire l'objet d'un recours en annulation

Pour autant, les SRCAE (tout comme les PCET) sont susceptibles de faire l'objet d'un recours en excès de pouvoir : un recours en annulation est en effet recevable à condition d'être engagé dans le délai de deux mois à compter de la publication. Ce délai est prorogé de deux mois s'il est précédé d'un recours gracieux auprès de l'autorité administrative compétente.

De nombreux vices d'illégalité externe pourraient affecter leur procédure d'élaboration prévue par le décret du 16 juin 2011[12]. Par exemple, des vices concernant les modalités ou l'absence de consultation pour avis, concernant les 24 organismes cités ou les modalités ou l'absence de consultation du public. L'on peut encore citer des vices d'illégalité interne, relatifs au caractère éventuellement incomplet ou non sérieux des documents ayant servi à établir le bilan énergétique, le bilan de la qualité de l'air et les inventaires d'émissions de polluants atmosphériques et de GES. Ou encore une prise en compte insatisfaisante des objectifs dits « 3 x 20 » à l'horizon 2020 et des objectifs « facteur 4 » à l'horizon 2050 (orientations irréalistes ou incohérentes…).

De nombreux SRCAE et leur schéma régional éolien (SRE) annexés, une fois adoptés, ont fait l'objet de recours gracieux auprès du préfet de Région en vue d'obtenir le retrait de l'arrêté d'approbation. Un premier recours a été adressé le 24 août 2012 au préfet de Région Midi-Pyrénées par 24 associations et 391 particuliers. Désormais, ce sont les schémas de l'Alsace, de l'Aquitaine, de l'Auvergne, de la Bourgogne, du Centre et de la Champagne-Ardenne qui sont attaqués. Et de nouvelles actions sont en cours : Basse-Normandie, Bretagne, Lorraine, Nord-Pas-de-Calais, Pays de Loire, PACA, Poitou-Charentes, Rhône-Alpes. Les requérants invoquent de nombreux moyens à l'appui de leur recours : défaut de motivation de l'arrêté préfectoral, violation du principe de participation du public, violation du principe de consultation des collectivités territoriales et de leur groupement, violation du principe légal de planification, illégalité de la liste des communes annexées au schéma régional éolien, défaut de sincérité des schémas attaqués, erreur manifeste d'appréciation du fait de la violation des objectifs de développement durable.

Une des motivations principales repose sur la violation du principe de participation du public[13]. À la suite des refus de retrait de l'arrêté d'approbation par les préfets concernés, les requérants de plusieurs régions ont saisi le tribunal administratif compétent, d'un recours pour excès de pouvoir. L'intérêt à agir étant reconnu aux associations de protection de l'environnement et aux particuliers dans la mesure où la consultation du public les concerne directement.

L'on notera que les SRCAE ne font pas l'objet d'une enquête publique, contrairement aux schémas régionaux de cohérence écologique (SRCE) et l'évaluation environnementale

12. Décret n° 2011-678 du 16 juin 2011 relatif aux modalités d'élaboration des SRCAE (art. R. 222-1 et s., C. env.).

13. Selon l'article 7 de la Charte de l'environnement, « toute personne a le droit, dans les conditions et les limites de la loi, d'accéder aux informations relatives à l'environnement, détenues par les autorités publiques, et de participer à l'élaboration des décisions publiques ayant une incidence sur l'environnement ».

n'était prévue qu'à compter du 1er janvier 2013[14]. Par contre, la procédure prévoit la soumission du projet pour avis aux principaux acteurs publics de la région, au nombre de 24 (C. env., art. R. 222-4 II). L'avis est réputé favorable après un délai de deux mois. Le projet de schéma est également mis à disposition du public pour une durée minimale d'un mois, sous des formes, de nature à permettre de recueillir ses observations (consultation des registres aux sièges du conseil régional, préfectures et par voie électronique, éventuellement réunions publiques, ou autres). La consultation doit permettre à quiconque de s'informer et de s'exprimer, ce qui a été le cas dans toutes les régions qui ont approuvé le schéma. Toutefois, si les autorités administratives sont tenues d'apporter la preuve de cette participation, elles restent libres d'en tenir compte ou non dans le projet final. Comme le précise Pascale Idoux, bien que la consultation soit admise au rang des techniques de la participation du public, l'on doit souligner qu'il ne s'agit que « d'un mode de communication à sens unique, dont on remarque volontiers le caractère formel : que l'avis soit obligatoire ou non, il n'offre guère de prise sur le sens de la décision[15]. » Et c'est souvent le constat de la non-prise en compte des observations formulées, de l'absence de dialogue avec l'administration, et le sentiment que tout est déjà décidé à l'avance, qui pousse les associations et les citoyens à dénoncer l'absence d'une véritable participation, même si l'ensemble de la population a été convié à s'exprimer.

Selon une jurisprudence relative aux documents d'urbanisme, il n'y a pas de remise en cause de l'approbation d'un PLU, même en cas d'insuffisance de la concertation dès lors que les modalités de la concertation prévue par la délibération de la commune ont été respectées (C. urb., art. L. 300-2)[16]. *A fortiori*, il est peu probable, en l'espèce, que le juge retienne la violation du principe de participation dans la mesure où l'information a été suffisante (affiche, mise en ligne) et que chacun a pu s'exprimer par courriels, courriers ou registres. Mais les limites du procédé de la concertation affaiblissent d'autant la légitimité du SRCAE. On remarquera que la loi du 27 décembre 2012[17] précise désormais, que lorsqu'il n'existe pas de procédure spéciale, en matière de décision de l'État non individuelle ayant une incidence sur l'environnement, les observations du public doivent être recueillies, faire l'objet d'une synthèse et la décision doit mentionner les observations prises en compte.

14. Le décret n° 2012-616 du 2 mai 2012 (C. env., art. 122-17), précise que les SRCAE doivent faire l'objet d'une évaluation environnementale à compter du 1er janvier 2013. L'évaluation n'est pas applicable pour les SRCAE dont la mise à disposition du public a été publiée au 1er janvier 2013.

15. P. IDOUX, « Les eaux troubles de la participation du public », *Revue Lexis Nexis*, Jurisclasseur-environnement, juillet 2005, p. 85. Voir également Y. JÉGOUZO, selon lequel : « Les résultats de la participation doivent pouvoir influencer la décision finale. Sinon, c'est le principe même de la participation qui sera remis en cause », *in* « Principes et idéologie de la participation », *Mél. en l'honneur de M. Prieur*, Dalloz, 2007, p. 584.

16. CE 8 octobre 2012, *Commune d'Illats*, req. n° 338760 (réunions publiques non prévues dans la délibération fixant les modalités de la concertation – légalité du PLU), voir également : CAA Marseille, 17 déc. 2010, *Commune d'Artigues*, req. n° 10 MA02529 (D. GILLIG, *Environnement* 12/10, n° 152).

17. Loi n° 2012-1460 du 27 décembre 2012 relative à la participation du public, *JO*, 28 déc. 2012, p. 20578 (B. DELAUNAY, *AJDA*, 2013, p. 344).

II. La portée juridique des SRCAE

Si les SRCAE ne sont pas opposables aux tiers, ils sont opposables à l'administration sous l'effet d'un rapport de compatibilité à l'encontre des PCET, PDU (plan de déplacement urbain) et PPA (plan de protection de l'atmosphère)[18] et de « prise en compte » des SCoT et PLU vis-à-vis des PCET. Il s'agit d'affirmer la primauté des SRCAE sur les PCET régionaux et infrarégionaux ainsi que sur les documents de planification urbaine, afin que les actions locales dans le domaine de l'énergie et du climat n'entrent pas en contradiction avec les orientations et objectifs définis par le schéma régional. La portée juridique des SRCAE apparaît d'autant plus importante que les obligations de compatibilité et de prise en compte tendent à se rapprocher de la conformité.

A. Une obligation de compatibilité des PCET proche de la conformité

Les plans climat-énergie territoriaux sont désormais obligatoires selon l'article 75 de la loi Grenelle 2 pour les collectivités territoriales et les groupements de communes de plus de 50 000 habitants, ils doivent être élaborés avant le 31 décembre 2012. Ils définissent, à partir des orientations du SRCAE et d'un bilan de GES portant obligatoirement sur leur patrimoine et services, un programme d'actions à réaliser dans les domaines de leurs compétences, ainsi qu'un dispositif de suivi et d'évaluation (C. env., art. L. 229-26).

L'on doit remarquer que les PCET n'interviennent que dans les domaines de compétence de la collectivité ou leur groupement, mais seront nécessairement plus précis et plus contraignant que les SRCAE puisqu'ils doivent prévoir des mesures d'actions concrètes en fonction d'objectifs chiffrés compatibles avec les SRCAE. Afin d'assurer la compatibilité des PCET, le préfet de Région transmet dans les deux mois qui suivent le lancement de la démarche, les informations sur le SRCAE. À l'issue de la procédure, un avis du préfet de Région et du président du conseil régional (pour les PCET infrarégionaux) sur le projet de PCET vérifie la compatibilité du PCET avec le SRCAE dans un délai de deux mois. Les éventuelles remarques doivent être prises en compte par la collectivité concernée. En plus de cette vérification *a priori*, le juge peut être amené lors d'un contentieux, à examiner si la compatibilité a bien été respectée.

Pour déterminer la portée de la compatibilité, il est intéressant de s'appuyer sur la planification urbaine qui prévoit depuis 1967 un rapport de compatibilité entre le SDAU (devenu SD, puis SCoT) et le POS (devenu PLU). Dès cette époque, la question s'est posée de savoir quels effets juridiques pouvaient être attachés à un document d'aménagement à caractère prospectif. N'étant pas investi d'une fonction de réglementation, on ne pouvait pas lui conférer les mêmes effets contraignants que le POS. Ne lui conférer aucun effet juridique

18. Présentant de forts enjeux pour la qualité de l'air, les PDU et PPA devaient être déjà compatibles avec le PRQA lequel est désormais intégré dans le SRCAE. À noter que le PDU doit être également compatible avec le SCoT et le PPA. Nous nous intéressons plus spécialement dans cette étude à l'obligation de compatibilité des PCET.

l'aurait rendu inutile. C'est donc, en tenant compte de ces considérations que le législateur a prévu que les documents de planification sectorielle, dont le POS, devaient être compatibles avec le SDAU, lequel déterminait les grandes orientations relatives à l'occupation des sols. La jurisprudence a depuis dessiné les contours de cette notion.

D'une manière générale, « la compatibilité se distingue de la conformité en ce que la seconde implique un rapport de stricte identité, tandis que la première se satisfait d'une non-contrariété »[19]. Selon l'arrêt d'assemblée du Conseil d'État, *Adam*[20], la compatibilité suppose de ne pas remettre en cause les options fondamentales du schéma directeur, ni la destination générale des sols. Ainsi, il a été jugé qu'un projet d'autoroute n'était pas incompatible avec un SDAU – bien que son tracé ait été différent sur une longueur de 4,5 km du trajet préconisé par le SDAU.

Après les lois de décentralisation qui ont transféré la compétence d'urbanisme aux communes et leur groupement, le Conseil d'État veille à ce que le rapport de compatibilité laisse une marge de manœuvre suffisante à l'autorité subordonnée. Il précise, dans l'arrêt de 1998[21], que la compatibilité n'a pas pour effet d'imposer une stricte conformité même si la norme supérieure est précise, à condition que la dérogation soit minime, en l'occurrence la superficie concernée était très faible. En revanche, l'incompatibilité est soulevée lorsque la contradiction est trop importante. Par exemple si la dérogation au document supérieur concerne une superficie importante[22].

Le Conseil constitutionnel a, dans une décision de 2000, considéré que le rapport de compatibilité, à la différence de la conformité, permettait de garantir la libre administration des collectivités territoriales[23]. Selon J.-C. Bonichot, il en résulte deux conséquences, tout d'abord le rapport de compatibilité exprime un rapport de hiérarchie entre deux normes tout en maintenant une marge d'appréciation pour l'autorité subordonnée, quelle que soit la précision de la norme supérieure[24]. D'autres auteurs, au contraire, soulignent que c'est la précision

---

19. P. SOLER-COUTEAUX, *Droit de l'urbanisme,* Dalloz, 4e éd., p. 184.

20. CE Ass., 22 février 1974, *Adam*, n° 91848, 93520.

21. CE 10 juin 1998, *Société Leroy Merlin*, n° 176920 : « La zone II NAa créée par le plan d'occupation des sols révisé de la commune de Balma se situe à l'intérieur de la « coupure verte » de la vallée de l'Hers prévue par le schéma directeur ; que, si ce schéma prévoit que les « coupures vertes » [...] devront être inscrites dans les plans d'occupation des sols qui en assureront la protection intégrale, ces dispositions ne sauraient avoir légalement pour effet d'imposer une stricte conformité des plans d'occupation des sols aux prescriptions du schéma directeur en ce qui concerne les coupures vertes ; qu'en ce fondant sur ces dispositions pour estimer que le classement de la zone II NAa du plan d'occupation des sols révisé de la commune de Balma était incompatible avec les orientations du schéma directeur alors que la superficie de la zone, rapportée à la superficie totale du territoire de la commune située dans la coupure verte, est très faible, la cour a entaché son arrêt d'une erreur de droit. »

22. CE 26 mars 2001, *Le Blanc Coulon*, n° 205629. Une surface constructible prévue au POS de l'ordre de 5 ha, prise au détriment de la coulée verte prévue au SDAU a été jugée incompatible avec le schéma.

23. Cons. Const., 7 décembre 2000, n° 2000-436 DC relative à la loi SRU, considérant n° 12 et 13.

24. J.-C. BONICHOT, « Compatibilité, cohérence, prise en compte : jeux de mots ou jeux de rôles », *Mél. H. Jacquot*, avril 2005, p. 57.

du contenu du schéma qui importe plus que la relation hiérarchique[25]. Dans tous les cas, le juge administratif – dans le cadre de son contrôle de légalité – analyse de façon globale l'ampleur de la contrariété pouvant exister avec l'ensemble des dispositions du schéma.

En réalité, il ressort d'un certain nombre de décisions de justice[26] que la compatibilité est appréciée de façon plus stricte lorsque la prescription supérieure est claire et précise. En d'autres termes, plus le contenu du document est précis, moins la marge de manœuvre est grande. Jean-Luc Pissaloux souligne que dans certains cas d'espèce, la notion de compatibilité est proche de la conformité, ne laissant quasiment aucune marge de manœuvre à la collectivité concernée[27].

Qu'en est-il du lien de compatibilité entre le PCET et le SRCAE ? Conformément à la jurisprudence, les objectifs du PCET ne doivent pas être en contradiction avec les options fondamentales du SRCAE. Il semble qu'à cette obligation négative de non-contrariété, s'ajoute une obligation positive de mise en œuvre des objectifs du SRCAE. En effet, la circulaire du 23 décembre 2011 relative aux PCET indique que le préfet de Région, lors de son avis sur le PCET, vérifie que les objectifs du PCET ne sont pas en contradiction avec les options fondamentales du SRCAE adopté et que le PCET exprime bien la contribution de la collectivité à l'atteinte des objectifs régionaux, et dispose d'objectifs chiffrés. Il doit en particulier veiller à ce que les dispositions du PCET soient compatibles avec les objectifs territorialisés par zone géographique en matière de développement des énergies renouvelables (par exemple les zones favorables à l'éolien) ou encore concernant les enjeux propres aux zones sensibles à la qualité de l'air.

L'on peut donc s'attendre à ce que le juge opère un contrôle assez strict du lien de compatibilité. Même s'il peut admettre que les actions ne soient pas directement articulées sur les objectifs à condition de ne pas en compromettre la réalisation[28]. Ce qui semble important, c'est que les objectifs chiffrés des PCET aillent dans le sens des objectifs régionaux même si les moyens d'y parvenir n'ont pas été prévus dans le SRCAE. Enfin, les objectifs régionaux apparaissent d'autant plus contraignants pour les collectivités territoriales et leur groupement qu'ils sont étroitement liés aux engagements de l'État de réduire ses émissions de GES (3 x 20 en 2020 et facteur 4 en 2050). Alors que le SRCAE couvre tout le territoire régional, les PCET communaux ou intercommunaux n'en couvrent qu'une partie, la portée du schéma régional sera donc moindre sur les territoires non couverts. Toutefois, les PCET facultatifs devront, eux aussi, être compatibles avec le SRCAE.

---

25. Voir notamment : J.-P. Lebreton, « La compatibilité en droit de l'urbanisme », *AJDA*, 1991, p. 491-496 ; P. Hocreitère, « La loi SRU, la hiérarchie et la substance des normes d'urbanisme », *D.A.* février 2001, p. 4-6.

26. J.-L. Pissaloux, « Le contentieux relatif aux SDAGE de première génération », *BDEI* n° 22, juillet 2009, p. 29-34.

27. Voir notamment CE 21 mai 2008, *Sté du domaine de Sainte Marcelle*, n° 290241. Le CE juge que le POS ne peut prévoir l'implantation de nouvelles carrières dans une zone définie par le SD comme zone naturelle à vocation agricole, forestière ou touristique. Cité *in* J.-L. Pissaloux, précité.

28. CE 8 janvier 1992, *Gaillard Schouard*, Ajola, 1992, p. 447.

B. *Une « prise en compte » des PCET par les SCoT et PLU proche de la compatibilité*

Conformément à la loi Grenelle 2, les SCoT (C. urb., art. L. 122-1-12) et les PLU (C. urb., art. L. 111-1-1) sont tenus de prendre en compte les PCET. La loi, dans son article 14, a modifié l'article L. 121-1 du Code de l'urbanisme pour préciser que les documents d'urbanisme (SCoT, PLU, cartes communales) doivent contribuer à la « réduction des émissions de gaz à effet de serre, à la maîtrise de l'énergie et à la production énergétique à partir de sources renouvelables ». Ces objectifs doivent faire l'objet d'une traduction effective au sein des documents d'urbanisme[29]. Pour aider à la mise en œuvre de ces objectifs, les SCoT et PLU peuvent désormais obliger certaines constructions au respect de performances énergétiques renforcées (C. urb., art. L. 123-1-5). De son côté, le « porter à connaissance » transmis par le préfet de département aux communes et leur groupement doit désormais comporter l'ensemble des documents portant sur l'énergie et le climat, dont le SRCAE et les PCET qui concernent le territoire en question.

La « prise en compte » doit permettre l'articulation des documents relevant de législations différentes, cette notion suppose un lien moins contraignant que la notion de compatibilité. Elle implique que le PLU et le SCoT ne méconnaissent pas les orientations et moyens d'action définis par le PCET. Selon un arrêt de principe du 28 juillet 2004, la prise en compte n'exclut pas une dérogation possible aux dispositions du document supérieur, à condition d'être motivée par l'intérêt de l'opération envisagée et dans la mesure où ce motif le justifie[30]. Cet arrêt a été confirmé dans une autre affaire en 2010[31]. Concernant la prise en compte d'un PCET par un SCoT ou un PLU, Philippe Baffert et Olivier Bonneau considèrent que les possibilités de dérogation apparaissent bien limitées, dans la mesure où le PCET est tenu d'être précis sur les objectifs stratégiques et opérationnels, qu'il doit être compatible avec le SRCAE et qu'il doit mettre en œuvre un programme d'action visant à réaliser les engagements de l'État en matière de réduction des GES, objectif qualifié par la loi de priorité nationale (C. env., art. L. 229-1). Dans ce contexte, ils estiment difficile « d'imaginer des dérogations qui pourraient trouver des justifications suffisantes aux yeux du juge administratif » et

29. CAA Marseille 16 mai 2012, *Commune de Calcatoggio*, n° 11MA03466.

30. CE 28 juillet 2004, *Assoc. de défense de l'environnement et al.*, n° 256511, 256540, 256542 et 256554, *BJCL* 9/2004, p. 613 ; H. JACQUOT, *DAUH*, Mon. TP 2005, n° 9, p. 71. En l'espèce, il s'agissait de juger si une opération de travaux publics déclarée d'intérêt général prenait suffisamment en compte un schéma d'aménagement et de gestion des eaux (SDAGE). La haute assemblée a jugé : « Qu'il résulte de ces dispositions que les décisions administratives prises au titre de législations distinctes de celle de l'eau ne doivent pas, en principe, s'écarter des orientations fondamentales du schéma directeur d'aménagement et de gestion des eaux sauf, sous le contrôle du juge, pour un motif tiré de l'intérêt de l'opération envisagée et dans la mesure où le motif le justifie. » En l'espèce, le SDAGE prévoyait que les grandes infrastructures devaient éviter de traverser les champs captants, alors que le tracé retenu pour la RN2 traversait ces champs. Le Conseil d'État admet néanmoins la légalité du projet au motif qu'il a retenu une variante qui minimise son impact sur la ressource en eau, et prévu un ensemble de mesures propres à éviter les pollutions qui pourraient être favorisées par l'aménagement de la route.

31. CE 17 mars 2010, *Min. de l'Écologie et min de l'Intérieur c/Assoc. FRAPNA Ardèche*, req. n° 311443. Il s'agissait également dans cette affaire d'une opération d'aménagement entrant en contrariété avec un SDAGE.

concluent que la notion de « prise en compte » ne doit pas être « systématiquement regardée comme une contrainte de légalité interne plus légère que l'obligation de compatibilité »[32].

Lorsque le SCoT couvre plusieurs PCET, il doit donc les prendre en compte. L'on peut également se demander dans quelle mesure un PLU intercommunal ne doit pas, en plus du PCET de l'EPCI, prendre aussi en compte les PCET communaux. Au regard de ces éléments, il convient aux auteurs des SCoT et PLU d'être prudents et de s'assurer que les différents documents qui composent ces derniers (rapport de présentation, projet d'aménagement et de développement durable, document d'orientation et d'objectifs – DOO – ou orientations d'aménagement et de programmation – OAP –, et règlement) contribuent à atteindre les objectifs du PCET voire des PCET concernés.

En définitive, les orientations et objectifs du SRCAE présentent bien un aspect normatif dont le degré varie en fonction de leurs précisions. Et s'ils ne sont pas opposables aux tiers, ils pourront l'être indirectement par le biais de la compatibilité et de la prise en compte. Puisque le SCoT et le PLU – documents opposables aux demandes d'autorisation d'urbanisme- devront les intégrer[33].

Dans le souci d'éviter la superposition de plusieurs instruments similaires, le législateur a prévu la possibilité d'intégrer le PCET à d'autres documents élaborés par la collectivité (projet territorial de développement durable, agenda 21 local). Cette assimilation pourrait avoir pour effet de rendre opposables ces différents documents – dans leur volet climat-énergie – aux SCoT et aux PLU[34]. Quoi qu'il en soit, l'obligation de compatibilité et de « prise en compte » a une réelle portée contraignante et son non-respect pourra fonder un recours en annulation.

Plus généralement, à travers la compatibilité et la « prise en compte », c'est l'harmonisation des politiques publiques relatives au climat-air-énergie qui est recherchée conformément à l'article L. 110 du Code de l'urbanisme[35]. Afin d'anticiper le problème de la cohérence entre les documents de planification, certaines régions ont mis en place des

32. Ph. Baffert, O. Bonneau, La « prise en compte » par les SCoT et les PLU des documents de programmation indépendants du droit de l'urbanisme : de la nécessité de bien s'entendre sur les mots…, *Bulletin de jurisprudence de droit de l'urbanisme*, 4/2012, p. 260-264.

33. Si le PCET est approuvé après l'approbation du SCoT ou du PLU, ces derniers seront « rendus compatibles » dans un délai de trois ans (respectivement art. L. 122-1-12 et L. 111-1 du C. urb.).

34. Voir J.-P. Brouant, « Énergie et Climat : un certain manque de souffle… », *AJDA*, 2010, p. 1805.

35. Selon l'art. L. 110 modifié par la loi n° 2009-967 du 3 août 2009, art. 8 : Le territoire français est le patrimoine commun de la nation. Chaque collectivité publique en est le gestionnaire et le garant dans le cadre de ses compétences. Afin d'aménager le cadre de vie, d'assurer sans discrimination aux populations résidentes et futures des conditions d'habitat, d'emploi, de services et de transports répondant à la diversité de ses besoins et de ses ressources, de gérer le sol de façon économe, de réduire les émissions de gaz à effet de serre, de réduire les consommations d'énergie, d'économiser les ressources fossiles, d'assurer la protection des milieux naturels et des paysages, la préservation de la biodiversité notamment par la conservation, la restauration et la création de continuités écologiques, ainsi que la sécurité et la salubrité publiques et de promouvoir l'équilibre entre les populations résidant dans les zones urbaines et rurales et de rationaliser la demande de déplacements, les collectivités publiques harmonisent, dans le respect réciproque de leur autonomie, leurs prévisions et leurs décisions d'utilisation de l'espace. Leur action en matière d'urbanisme contribue à la lutte contre le changement climatique et à l'adaptation à ce changement.

rencontres techniques régionales réunissant les différentes collectivités territoriales et leur groupement concernés. Le ministère de l'Écologie envisage pour 2013 de constituer des conférences régionales de l'énergie ouvertes à la participation du public afin de mettre en cohérence les initiatives territoriales. Le dialogue avec l'État pourrait être institutionnalisé à travers la création d'une conférence territoriale de l'action publique.

Pour conclure, le SRCAE, document d'orientation stratégique à l'échelle régionale, bien que n'étant pas un document réglementaire, produit des effets juridiques directs à l'égard des collectivités territoriales, et indirects vis-à-vis des populations. Mais son effectivité sera largement conditionnée par la mise en cohérence de l'ensemble des documents qui intègrent les problématiques liées au climat-air-énergie et par la capacité des collectivités publiques à en maîtriser la mise en œuvre et à obtenir l'adhésion de la population. Le principe de développement durable (art. 6 de la Charte de l'environnement) et la poursuite des objectifs « facteur 4 et 3x20 » impliquent de repenser la décision publique en fonction de son impact sur tous les aspects environnementaux, économiques et sociaux. En prenant soin, de procéder à des évaluations environnementales, financières et sociales précises des actions, incluant les conséquences en cas d'inaction et les bienfaits à long terme de l'action[36]. À ce titre, l'absence d'une telle évaluation au sein des SRCAE en réduit la portée.

III. Bibliographie

A. Ouvrages et études

– AGENCE DE L'ENVIRONNEMENT ET DE LA MAÎTRISE DE L'ÉNERGIE, MINISTÈRE DE L'ÉCOLOGIE ET DU DÉVELOPPEMENT DURABLE, ASSOCIATION DES MAIRES DE FRANCE, *Un plan climat à l'échelle de mon territoire*, 2005.

– FONTAINE N., *Livre blanc sur les énergies*, Min. Économie, Finances et Industrie, novembre 2003.

– GIEC, *Bilan 2007 des changements climatiques*, Rapport de synthèse, Cambridge University Press, Cambridge et New York.

– STERN N., *Review on the economics of climate change. Executive summary*, H. M Treasury, London, 2007.

36. Selon un rapport de l'International Institute for Applied Systems Analysis, l'objectif de réduction des GES sera beaucoup plus coûteux que des mesures immédiates afin de lutter contre le changement climatique, voir, JOERI ROGELJ *et al.*, « Probabilistic cost estimate for climate change mitigation », revue *Nature*, 3 janvier 2013, vol. 493, p. 79. Voir également le rapport Stern, remis au gouvernement britannique le 30 octobre 2006, sur l'économie du changement climatique, selon lequel le coût de l'inaction est évalué entre 5 % et 20 % du PIB mondial et celui de l'action à 1 %. N. STERN, *Review on the economics of climate change*, Executive summary, H. M. Treasury, London, 2007.

– SOLER-COUTEAUX P., *Droit de l'urbanisme*, Dalloz, 4e édition.

B. Articles

– BAFFERT P., BONNEAU O., « « La prise en compte » par les SCoT et les PLU des documents de programmation indépendants du droit de l'urbanisme : de la nécessité de bien s'entendre sur les mots… », *Bulletin de jurisprudence de droit de l'urbanisme*, 4/2012.

– BILLET P., « Caractère réglementaire, contenu et conditions d'opposabilité de la charte d'un PNR », *JCP A* 2009, 2231.

– BONICHOT J.-C., « Compatibilité, cohérence, prise en compte : jeux de mots ou jeux de rôles », *Mél. H. Jacquot*, avril 2005.

– BROUANT J.-P., « Énergie et Climat : un certain manque de souffle… », *AJDA*, 2010.

– JACQUOT H., *DAUH (Droit Aménagement Urbanisme et Habitat)*, Mon. TP 2005, n° 9.

– JÉGOUZO Y., « Principes et idéologie de la participation », *Mél. M. Prieur*, Dalloz, 2007.

– JOERI R. *et al.*, « Probabilistic cost estimate for climate change mitigation », *Revue Nature*, 3 janvier 2013, vol. 493.

– HOCREITÈRE P., « La loi SRU, la hiérarchie et la substance des normes d'urbanisme », *D.A.* février 2001.

– IDOUX P., « Les eaux troubles de la participation du public », *Revue LexisNexis, Jurisclasseur-environnement*, juillet 2005.

– LEBRETON J.-P., « La compatibilité en droit de l'urbanisme », *AJDA*, 1991.

– PISSALOUX J.-L., « Le contentieux relatif aux SDAGE de première génération », *BDEI* n° 22, juillet 2009.

– ROCHER L., « Action locale et planification climatique », *JCP A* 2012, 2389.

C. Jurisprudence

– CE Ass., 22 février 1974, *Adam*, n° 91848, 93520.

– CE 8 janvier 1992, *Gaillard Schouard*, Ajola, 1992.

– CE 10 juin 1998, *Société Leroy Merlin*, n° 176920.

– Cons. Const., 7 décembre 2000, n° 2000-436 DC relative à la loi SRU, considérant n° 12 et 13.

– CE 26 mars 2001, *Le Blanc Coulon*, n° 205629.

– CE 28 juillet 2004, *Assoc. de défense de l'environnement et al.*, n° 256511, 256540, 256542 et 256554, *BJCL* 9/2004.

– CE 27 février 2006, *Assoc. Alcaly et al.*, n° 257688, 259624 et 260504, *Rec. Lebon*, p. 871.

– CE 21 mai 2008, *Sté du domaine de Sainte Marcelle*, n° 290241.

– CE 29 avril 2009, *Commune de Manzat*, n° 193896.

– CE 17 mars 2010, *Min. de l'*Écologie *et min. de l'Intérieur c/Assoc. FRAPNA Ardèche*, n° 311443.

– CAA Marseille, 17 décembre 2010, *Commune d'Artigues*, n° 10MA02529.

– CAA Marseille 16 mai 2012, *Commune de Calcatoggio*, n° 11MA03466.

– CE 8 octobre 2012, *Commune d'Illats*, n° 338760.

D. Textes législatifs et réglementaires

– Loi n° 2009-967 du 3 août 2009 de programmation relative à la mise en œuvre du Grenelle de l'environnement.

– Loi n° 2010-788 du 12 juillet 2010 portant engagement national pour l'environnement dite loi ENE ou Grenelle 2.

– Décret n° 2011-678 du 16 juin 2011 relatif aux schémas régionaux du climat, de l'air et de l'énergie, *JO* n° 0140 du 18 juin 2011, p. 10432.

– Circulaire du 23 décembre 2011 relative aux PCET.

– Décret n° 2012-533 du 20 avril 2012 relatif aux schémas régionaux.

X. Les schémas régionaux climat air énergie : la démarche vue par les conseils régionaux

François-Mathieu Poupeau

En droite ligne de la contribution précédente, qui a présenté les objectifs généraux et la portée juridique des schémas régionaux climat air énergie (SRCAE), nous nous intéresserons dans cet article à la manière dont les conseils régionaux français, coproducteurs, avec l'État, des documents, se sont approprié la démarche. Comment le processus s'est-il déroulé ? Quel intérêt les acteurs des conseils régionaux ont-ils pu voir à cette expérience présentée comme novatrice ? Quelles difficultés pratiques ont-ils rencontrées ? Quelles limites ont-ils pointées ? Pour ce faire, nous nous pencherons plus particulièrement sur l'analyse de la « fabrique » des schémas, plus qu'à leur contenu en tant que tel, même si ce dernier point sera abordé au fil des thèmes évoqués, notamment autour des zones de tension ou de conflits. Cette entrée par le point de vue des conseils régionaux, complétée par des apports plus ponctuels sur les autres acteurs impliqués dans la démarche (notamment l'État), nous conduira à nous demander si, au final, l'outil SRCAE participe (et dans quelle mesure) d'une transformation de la gouvernance du système énergétique français.

I. Dispositif d'enquête

L'enquête a été réalisée d'avril à juin 2012, dans le cadre d'un financement du Groupement de recherches sur l'administration locale en Europe (GRALE). Elle a été menée par deux étudiants de l'École des Ponts (Éric Boucher, Hadrien Forestier), sous la direction de François-Mathieu Poupeau, avec la collaboration de Roselyne Allemand. Elle a bénéficié du soutien de l'Association des Régions de France (ARF), qui a bien voulu relayer notre demande auprès de ses membres. L'auteur de l'article tient à remercier les interlocuteurs de l'ARF, ainsi que toutes les personnes qui ont accepté d'apporter leur témoignage, tout en précisant que les analyses développées ici sont de sa seule responsabilité.

L'enquête a été menée auprès des 22 régions métropolitaines françaises, auxquelles se sont ajoutés deux territoires ultramarins (Guadeloupe, Martinique). Les interlocuteurs ont été soit les chefs de projets des SRCAE, soit un élu référent en charge du suivi des schémas. Les entretiens ont été complétés par une participation de l'auteur à une réunion de la « Commission développement durable » de l'ARF organisée en mai 2012, dont l'ordre du jour portait notamment sur les SRCAE. L'enquête représente donc le point de vue des régions, bien que nous présenterons également quelques éléments relatifs aux services de l'État[1]. Nous avons en effet suivi un travail sur le SRCAE d'Île-de-France et eu accès à une monographie portant sur le cas de Rhône-Alpes[2]. Les entretiens ont duré entre une demi-heure et une heure et demie. Les différences de durée s'expliquent par le fait que certains interlocuteurs étaient relativement nouveaux à leur poste et avaient peu suivi le processus d'élaboration des SRCAE ou que celui-ci ne venait que de débuter. Les questions ont porté sur cinq thèmes principaux : (1) présentation de l'interviewé et de sa fonction au sein du conseil régional ; (2) processus d'élaboration des SRCAE et difficultés rencontrées ; (3) points de débats, voire de conflits ; (4) appréciation sur la collaboration avec les services de l'État ; (5) implication des autres acteurs dans le processus (groupes d'intérêts, consultations citoyennes…). Pour des raisons tenant au format limité de ce document, nous ne pourrons faire figurer des extraits d'entretiens.

L'enquête a permis d'identifier trois principales thématiques permettant de rendre compte de l'élaboration des SRCAE :

- l'intérêt limité des schémas, au regard des contraintes fortes imposées par l'État ;
- les problèmes pratiques d'élaboration des documents ;
- les conflits autour de l'usage des schémas, qui ont été source de tensions parfois importantes entre l'État et les régions.

II. L'élaboration des SRCAE, un processus long et complexe

Avant d'en arriver aux résultats de l'enquête, il nous semble important de revenir, dans un premier temps, sur la méthode d'élaboration des SRCAE qui a été suivie par les conseils régionaux et leurs partenaires de l'État (préfets de Région, DREAL[3]). Schématiquement,

1. Sur une analyse plus détaillée sur ce point, voir F.-M. Poupeau, « Quand l'État territorialise la politique énergétique… L'expérience des schémas régionaux climat air énergie (SRCAE) », *Politiques et management public*, à paraître.

2. S. de Mazancourt, « Le SRCAE d'Île-de-France », Projet d'ingénieur en laboratoire, École des Ponts ParisTech, juin 2013 ; E Quillien, « À qui profite la gestion concertée de l'environnement ? Logiques d'investissement des acteurs étatiques et régionaux dans l'élaboration du Schéma Régional Climat Air Énergie en Rhône-Alpes », Mémoire de TFE, École nationale des travaux publics de l'État, 4 juillet 2012.

3. Directions régionales de l'Aménagement, de l'Environnement et du Logement.

selon les termes définis par le document de cadrage proposé par la Direction générale énergie climat (DGEC)[4], la « production » d'un tel document fait intervenir trois principales étapes.

La première consiste à établir un *état des lieux* couvrant l'ensemble des domaines embrassés par le schéma. Six thèmes principaux sont *a priori* identifiés : le bilan énergétique régional, l'inventaire des émissions des gaz à effet de serre (GES) et de polluants atmosphériques, la qualité de l'air, le potentiel d'amélioration de l'efficacité énergétique, le potentiel de développement des énergies renouvelables et l'analyse de la vulnérabilité du territoire régional ainsi que son adaptation au changement climatique. Cet exercice a pour premier objectif de recenser l'ensemble des travaux et études existant sur ces questions. En cas de besoin, des travaux complémentaires peuvent être commandités auprès de bureaux d'études et de cabinets privés. Ce dernier apport est loin d'être négligeable, de nombreux consultants externes étant mobilisés pour travailler sur l'efficacité énergétique, la qualité de l'air ou le développement des énergies renouvelables.

La deuxième étape est consacrée à la *formulation des orientations générales* du schéma. Elle s'appuie sur l'élaboration de deux scénarios. Le premier, dit « tendanciel », se fonde sur les évolutions qui seraient à attendre au regard des politiques publiques ou initiatives menées avant le schéma par la région, l'État ou les autres acteurs, publics et privés. Il constitue, de ce fait, le jalon à partir duquel il est possible de repérer la « valeur ajoutée » du SRCAE. Le second scénario, dit « scénario Grenelle », est plus volontariste. Il présente les effets attendus des orientations prises dans le cadre du SRCAE, au regard des engagements nationaux et internationaux de l'État. De ces deux scénarios résultent une série d'objectifs et d'indicateurs de suivi permettant aux acteurs régionaux de mieux piloter les actions à venir.

La troisième étape correspond à l'*arrêt du schéma*. Elle fait intervenir les acteurs de la démocratie représentative (les exécutifs des conseils régionaux) et participative (collectivités locales, acteurs de la société civile, citoyens). Les modalités de la consultation sont définies par chaque région. Cette étape aboutit à l'approbation du schéma par arrêté du préfet de Région.

Afin de piloter la démarche, un dispositif de gouvernance est défini, qui associe de façon étroite services de l'État et conseils régionaux. Bien que susceptible de différer d'une région à une autre, il repose sur l'architecture suivante[5] :

---

4. DGEC, Service du climat et de l'efficacité énergétique, *Guide pour la co-élaboration des SRCAE*, version du 6 septembre 2010. Notre présentation formelle des SRCAE est tirée des éléments de ce guide.

5. Toujours d'après le *Guide*, p. 9-13.

Figure 1

Dispositif de gouvernance du SRCAE

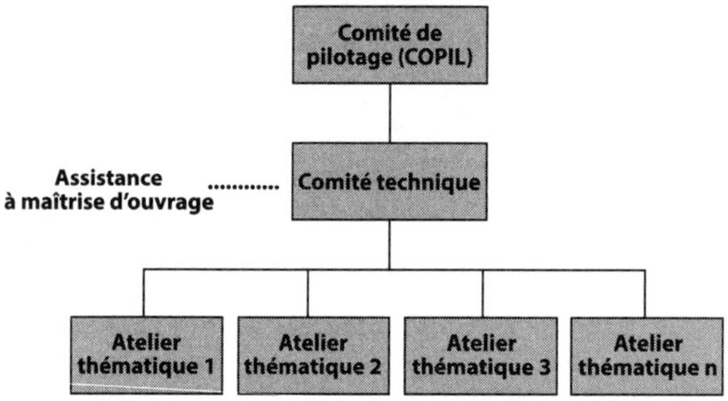

Présidé par le préfet de Région et le président du conseil régional, tous deux cosignataires du SRCAE, le *comité de pilotage* est un organe central dans le processus d'élaboration du SRCAE. Le guide de la DGEC n'imposant aucune obligation en la matière, sa composition est laissée à la libre appréciation du préfet de Région et du président du conseil régional. Il comprend en règle générale des représentants de la DREAL, de l'Agence de l'environnement et de la maîtrise de l'énergie (ADEME) et du conseil régional. Du côté des conseils régionaux, l'enquête montre qu'une majorité des élus référents des SRCAE (près de 60 %) sont issus des partis écologistes (EELV). Le comité peut inclure également des représentants d'autres collectivités territoriales (conseils généraux, communes) ou des services déconcentrés de l'État. Le comité de pilotage coordonne le travail confié aux différentes instances et valide les principales décisions prises à chacune des étapes. Il veille également à ce que les conclusions soient compatibles avec les autres démarches de planification qui sont pilotées par l'État, la région et l'ensemble des collectivités territoriales. Le comité exerce enfin une fonction d'arbitrage politique, surtout au moment de la rédaction finale du document.

Le *comité technique* est le relais opérationnel du comité de pilotage. Il est animé conjointement par la DREAL et le conseil régional. Dans la totalité des régions, ces chefs de projet ont recours à une assistance à maîtrise d'ouvrage (AMO), bureau d'études ou cabinet de conseil spécialisé dans l'animation et/ou la rédaction des documents préparatoires à l'élaboration du schéma. Le comité technique se réunit en formation plénière et sous forme d'ateliers thématiques spécialisés dans un domaine spécifique tels que les énergies renouvelables, les enjeux de la qualité de l'air ou l'adaptation au changement climatique. Ses membres sont en nombre beaucoup plus important que dans le comité de pilotage. On y trouve des représentants des autres collectivités territoriales et services déconcentrés de la région ainsi que des entreprises, agences et opérateurs de l'État, syndicats professionnels, associations agréées pour la protection de l'environnement et la surveillance de l'air…

Ces quelques rappels descriptifs montrent la grande complexité qui sous-tend la démarche. Complexité organisationnelle tout d'abord, car il s'agit de concevoir et d'articuler de multiples instances de concertation et d'échanges, d'en canaliser, à tous les stades, les conflits et les arbitrages. Complexité thématique également, car ce processus d'élaboration fait intervenir non pas un seul, mais plusieurs champs qui, traditionnellement, sont souvent pensés de façon disjointe (énergie et pollution de l'air par exemple).

III. De l'intérêt de la démarche pour les conseils régionaux

Un premier constat, très largement partagé par les interlocuteurs des conseils régionaux, a été de souligner l'intérêt limité des SRCAE, surtout au regard du dispositif mis en œuvre qui, on l'a vu, est complexe et lourd à gérer.

La première critique porte sur le champ même de ce qui doit être discuté. S'inscrivant dans la lignée des échanges du Grenelle de l'environnement, les SRCAE excluent d'emblée la question du nucléaire. Est également concerné l'éolien marin, considéré de même comme étant du ressort exclusif de l'État. S'agissant de deux types de sources essentielles dans le *mix* énergétique français, ces exclusions limitent d'emblée l'intérêt de l'exercice, donnant le sentiment d'agir à la marge. Suite à l'accident nucléaire de Fukushima (mars 2011), une contestation monte des régions (essentiellement des élus d'EELV) pour exiger que les SRCAE soient l'un des lieux où la place du nucléaire puisse être discutée. Mais la réaction ferme de l'État, à travers la circulaire du ministère de l'Écologie et du Développement durable[6] (MEDD) du 29 juillet 2011, ferme cette possibilité, provoquant des critiques très vives de la part de l'Association des Régions de France[7].

L'intérêt limité de l'outil SRCAE renvoie aussi au fait qu'aucune disposition nouvelle n'est envisagée en matière de financement, qui permettrait aux acteurs régionaux de disposer de réels leviers pour mettre en œuvre certains objectifs. Aussi DREAL et conseils régionaux doivent-ils se reposer assez largement sur les financements existants ou escompter mobiliser des ressources qui dépendent d'autres niveaux : Union européenne (fonds structurels), État (contrats de plan, fiscalité, subventions, etc.) ou collectivités territoriales. Ceci place d'emblée les régions dans une relation de dépendance forte vis-à-vis de leurs partenaires, posant la question de leur capacité à pouvoir faire exister les documents au-delà de la seule phase de l'élaboration. Ce constat vaut également pour les conseils régionaux de Guadeloupe et de Martinique qui ont demandé à faire jouer l'habilitation « Énergie » dans le cadre de l'alinéa 3 de l'article 73 de la Constitution. Cette disposition, qui leur donne de plus amples marges de manœuvre réglementaires que leurs homologues métropolitaines, bute, là encore, sur des aspects financiers.

Pour les régions métropolitaines qui restent dans le « droit commun », malgré cette double contrainte, les enquêtés mettent toutefois en avant trois effets bénéfiques de la démarche SRCAE. Le premier est de permettre de travailler avec des services de l'État que les conseils régionaux ne connaissent pas toujours. En matière énergétique, les interlocuteurs

6. Nous préférons mentionner cet acronyme simplifié, dans la mesure où le ministère a changé plusieurs fois de nom (et de périmètre) depuis le Grenelle de l'environnement.

7. F.-M. Poupeau, *opus* cité.

traditionnels des conseils régionaux étaient l'ADEME, beaucoup plus que les ex-DRIRE (directions régionales de l'Industrie, de la Recherche et de l'Environnement), ex-DRE (directions régionales de l'Équipement) ou ex-DIREN (directions régionales de l'Environnement), désormais regroupées au sein des DREAL. L'expérience de l'élaboration des SRCAE constitue ainsi très souvent une « première », qui permet de tisser des liens nouveaux et de favoriser un apprentissage institutionnel mutuel. L'autre intérêt de la démarche mis en évidence par beaucoup d'interlocuteurs est d'avoir permis de mieux travailler sur l'état des lieux régional. Sont mis en évidence le fait : de pouvoir confronter et regrouper des données qui n'étaient pas (ou peu) partagées ; de pouvoir faire dialoguer des domaines, champs et secteurs historiquement très cloisonnés comme l'énergie, les questions d'air et de pollution, d'agriculture… Enfin, les enquêtés soulignent la dimension pédagogique de l'exercice, qui permet de sensibiliser une partie de la société civile et, partant, de faire progresser les mentalités sur des sujets souvent ardus et peu débattus dans l'espace public.

IV. De nombreux problèmes pratiques : délais, organisation, acculturation

L'enquête fait également ressortir que l'élaboration des SRCAE n'a pas été un processus facile à gérer, car soumis à de nombreux écueils et difficultés.

Reproche classique, la question de la *gestion du temps* et du calendrier a été pointée de façon quasi unanime comme étant très problématique. Le problème découle en grande partie de la sortie tardive des décrets et circulaires précisant les modalités de mise en œuvre des schémas, ce qui a rendu très rapidement inenvisageable une élaboration des documents dans un délai d'un an à compter de l'entrée en vigueur de la loi (soit juillet 2011). Dans l'audit thématique commandité par la DGEC, le MEDD pointe déjà, fin 2009, le problème[8]. Cette recommandation n'a eu que peu d'effet sur la production administrative ministérielle. Le *Guide de co-élaboration* de la DGEC destiné à conseiller les chefs de projets en région n'est diffusé qu'au dernier trimestre 2010, soit un an avant la date limite à laquelle les SRCAE doivent être en théorie arrêtés par les préfets de Région. Mais surtout, le décret d'application du texte de la loi Grenelle ne paraît qu'en juin 2011[9]. Cette sortie tardive provoque un tollé dans les régions, bien que le texte repousse la date butoir d'arrêté des schémas au 30 juin 2012. Dans un communiqué de septembre 2011, Jean-Jack Queyranne dénonce, au nom de l'ARF, « une situation ubuesque. Le gouvernement est incapable de publier le décret sans un retard considérable et vient ensuite nous donner des leçons de réactivité. Une adoption

8. Conseil général de l'environnement et du développement durable, Conseil général de l'industrie, de l'énergie et des technologies, *Audit thématique d'initiative nationale sur les schémas régionaux climat-air-énergie (SRCAE)*, février 2010, p. 20.

9. Décret du 16 juin 2011 relatif aux schémas régionaux du climat, de l'air et de l'énergie, pris pour application des articles 68 et 90 de la loi n° 2010-788 du 12 juillet 2010.

des SRCAE avant la fin de l'année est inenvisageable dans la plupart des régions à moins de négliger les phases de concertation[10] ».

Cette contrainte temporelle est d'autant plus forte qu'elle intervient dans un contexte général qui n'est pas toujours propice à un travail de fond, transversal, sur l'ensemble des thématiques incluses dans le périmètre des SRCAE. Sur le plan des *moyens engagés*, les conseils régionaux souffrent d'un manque cruel de ressources. Les chefs de projets travaillent le plus souvent seuls ou avec l'aide d'un(e) collègue. L'élaboration des SRCAE ne constitue qu'une partie, souvent limitée, de leur temps de travail, d'autres chantiers d'importance étant menés conjointement. Face à eux, les DREAL apparaissent en position un peu plus favorable[11]. Malgré les baisses d'effectifs qu'elles subissent du fait de la RGPP, qui fragilise leur expertise et qui pose des problèmes de disponibilité des agents, elles peuvent compter sur des ressources plus nombreuses en interne, bien que parcellaires dans certains domaines.

Cette faiblesse des moyens humains dédiés à l'élaboration des SRCAE se double d'une difficulté à *faire émerger*, en interne aux régions et aux DREAL, *un point de vue véritablement transversal*. Suite aux élections de 2010, certains services de conseils régionaux voient leur mode d'organisation modifié ou doivent faire l'apprentissage de nouvelles relations avec des vice-présidents récemment désignés pour prendre en charge le portefeuille « développement durable », « environnement » ou « énergie ». Ces derniers ne s'impliquent pas toujours aussi fortement que les chefs de projet le souhaiteraient. Les délais très courts, le fort cadrage du processus par l'État central font que le degré de priorité accordé à l'élaboration du document n'est pas toujours très élevé. Ceci tend à rendre difficile, en interne, l'exercice d'une transversalité, la mise à contribution des autres services pouvant pâtir d'une telle attitude de désengagement. Du côté des services déconcentrés de l'État, les DREAL sont en pleine phase de construction, suite à la mise en œuvre de la Réforme de l'administration territoriale de l'État[12] (RéATE). Leur création date, selon les régions, de 2009 ou 2010, ce qui en fait des structures encore jeunes et au mode de fonctionnement peu stabilisé. De fortes rivalités subsistent entre anciennes DRIRE, DIREN et DRE. De ce fait, et dans un contexte de réductions d'effectifs, les agents sont bien souvent tentés de se recentrer sur leur « cœur de métier », de fonctionner en « tuyaux d'orgue »[13], ce qui rend difficile le travail transversal en interne, afin de porter un message unique, cohérent et lisible[14].

À ces contraintes temporelles, matérielles et organisationnelles s'ajoute un quatrième type de difficulté. Il tient à l'existence d'une *culture administrative* très différente entre DREAL et conseils régionaux, de nature à poser des problèmes de compréhension et de

10. « Schémas Régionaux du Climat, de l'Air et de l'Énergie (SRCAE) : précipitation plutôt que co-élaboration », Communiqué de l'ARF daté du 9 septembre 2011.

11. Comme le souligne l'Audit thématique, *opus* cité, p. 31.

12. F.-M. Poupeau, « L'émergence d'un État régional pilote. La recomposition des jeux administratifs autour du ministère de l'Écologie et du Développement durable dans une région française », *Gouvernement et action publique*, vol. 2, n° 2, avril-juin 2013, p. 249-277.

13. Constats déjà soulevés par l'Audit thématique (*ibidem*, p. 29-30).

14. Ce constat de visions antagonistes entre, notamment, ex-DRIRE et ex-DIREN ressort également d'une enquête réalisée en juillet 2011 par l'association AMORCE et portant sur l'élaboration des schémas régionaux de l'éolien.

coordination. Sauf quelques exceptions, les services des conseils régionaux en charge des questions d'énergie étaient, on l'a dit, surtout habitués à travailler avec l'ADEME, l'opérateur de l'État en région. Leur collaboration avec les directions régionales des ministères était plus épisodique. Elle était même inédite dans la configuration « DREAL ». L'élaboration des SRCAE constitue donc la première grande expérience de collaboration « post RéATE ». Globalement, les fonctionnaires des conseils régionaux portent un regard positif sur leurs relations avec les DREAL, même s'ils mettent en avant des « modes de faire » différents[15]. Considérées du point de vue des régions, les DREAL apparaissent comme très marquées par une culture de la réglementation et un rapport assez distant aux élus, ce qui se lit dans le style de rédaction des documents, jugé parfois un peu trop technique, ou dans la difficulté à comprendre les contraintes propres aux conseils régionaux. Les DREAL sont par ailleurs beaucoup moins habituées et sensibles aux questions de concertation, le principe de « gouvernance à 5 » étant un mot d'ordre relativement récent au sein du MEDD, surtout pour les agents des ex-DRIRE, qui jouent un rôle central dans le processus d'élaboration des SRCAE[16].

L'ensemble de ces difficultés pèse lourdement sur le processus d'élaboration des SRCAE. Certes, dans beaucoup de régions, tout n'est pas entièrement à construire. Des documents d'orientation existent parfois déjà, qui, repris en tout ou partie, peuvent servir de support à la production du schéma et permettre de soulager les acteurs : rédaction de schémas régionaux de l'éolien (SRE) antérieurs, pacte électrique breton, plans climat-énergie régionaux déjà élaborés... En outre, le recours à de nombreux bureaux d'études et de conseils permet d'alléger la charge de travail, voire de faciliter certains arbitrages[17]. Il n'en demeure pas moins que les contraintes de production ont au moins trois conséquences majeures sur la nature des documents produits.

La première est de *négliger certains thèmes*, faute d'expertise déjà constituée dans la région. Sur ce point, le sujet le moins largement traité a été l'adaptation au changement climatique[18].

L'autre conséquence de ce processus de production à marche forcée est de *compromettre une gestion globale et transversale* des thématiques du SRCAE. Dans beaucoup de régions, c'est plutôt sur le mode de la juxtaposition de constats et de mesures sectoriels que sont bâtis les SRCAE. Dans un contexte très contraint, la tendance « naturelle » des acteurs est de se concentrer sur leur « cœur de compétence », afin de faire progresser leurs revendications. Ce faisant, la « fertilisation croisée », la confrontation des points de vue reste assez circonscrite et les cloisonnements peuvent perdurer. Le cas vaut, notamment, pour les SRE, où les DREAL jouent un rôle majeur dans la plupart des régions, dans la mesure où il s'agit

15. Sur ce point, voir E. QUILLIEN, *opus* cité, p. 34-35 ; S. DE MAZANCOURT, *opus* cité, p. 14-15.

16. Ce constat est soulevé par le Comité de liaison sur les énergies renouvelables (CLER) lors de son assemblée générale de 2010 (p. 1).

17. S. DE MAZANCOURT, *opus* cité, p. 13.

18. Le CLER évoque un thème « parent pauvre du dispositif » (*Assemblée générale du CLER 2011, Compte-rendu des ateliers de travail*, p. 3).

d'un document ayant une portée juridique non négligeable, car opposable aux tiers. Souvent conçus et pensés à part, les SRE s'articulent peu aux autres dossiers énergétiques, notamment aux questions de consommation et d'efficacité énergétique. Face à cette tendance à la « sectoralisation », la gestion de la transversalité se cantonne plutôt à quelques arbitrages indispensables sans donner toujours lieu à une vision globale.

La troisième conséquence est relative à la *consultation publique*. Conformément aux obligations réglementaires, les SRCAE font l'objet d'un dispositif de concertation *ad hoc* auprès des organismes consulaires, des associations, des groupes professionnels, des collectivités territoriales et du grand public. Une grande majorité des interviewés soulignent toutefois l'aspect quelque peu formel et, somme toute, peu utile de cette phase[19]. D'une part, les documents ne sont pas toujours faciles à lire, car très volumineux et pas très accessibles pour les profanes. D'autre part, la mise en concertation des schémas reste un exercice difficile, eu égard aux contraintes de temps. Les remontées se concentrent surtout sur le schéma régional de l'éolien, seul document opposable, et sur lequel se focalisent les attaques des adversaires de l'implantation d'éoliennes.

V. Des « conflits d'usage » autour des SRCAE

Le dernier enseignement de l'enquête a trait aux « conflits d'usage » autour des SRCAE. Ces conflits ont notamment leur source dans le statut quelque peu flou des documents qui doivent être produits et qui sont considérés, selon les points de vue, comme de véritables outils de planification, de simples exercices de prospective ou des supports de mobilisation politique. Ce flou, qui vient en partie du caractère faiblement prescriptif des documents[20], génère de nombreuses tensions, en particulier entre les services de l'État et les conseils régionaux.

Schématiquement, on peut distinguer deux postures principales s'agissant de ces deux acteurs[21]. La première, que l'on retrouve en DREAL et chez les préfets de Région, est de considérer les SRCAE sous un angle réaliste et descendant. Réaliste car le SRCAE induit malgré tout des contraintes réglementaires susceptibles d'avoir des conséquences non négligeables sur l'action publique. Sont, par exemple, concernés les plans climat-énergie territoriaux quc doivent mettre en place les collectivités locales. Afficher des objectifs trop ambitieux (notamment en termes de réhabilitation thermique ou de construction neuve suivant des standards énergétiques élevés) serait de nature à poser des contraintes parfois fortes sur ces futurs documents et décourager des collectivités locales qui, en période de restriction

19. S. de Mazancourt, *opus* cité, p. 12 et 17.

20. Voir la contribution de Roselyne Allemand dans cet *opus*.

21. D'autres acteurs font également un usage propre du SRCAE, notamment autour des schémas régionaux de raccordement au réseau des énergies renouvelables avec, d'un côté, des opérateurs qui voudraient qu'ils aient une dimension planificatrice, de l'autre, des acteurs des conseils régionaux ou de l'État, qui estiment qu'un tel schéma n'a pas nécessairement une telle vocation.

budgétaire, n'ont pas nécessairement tous les moyens disponibles pour relayer les ambitions régionales. Rentrent également en ligne de compte la prise en compte d'autres réglementations ainsi que les risques de contestation voire contentieux à l'égard des projets d'implantation d'éoliennes, auxquels les préfets de Région sont sensibles. En second lieu, les chefs de projet des DREAL mettent plutôt en avant une conception descendante de la territorialisation du Grenelle de l'environnement. Ils sont en effet dans une position de relais des directives de la DGEC, laquelle considère les SRCAE (et notamment les SRE) comme des outils de déclinaison territoriale de la politique énergétique nationale, qui doivent être compatibles avec la programmation pluriannuelle des investissements et les orientations qu'elle préconise région par région. Cette attitude se traduit concrètement par un souci fréquent de limiter les éventuelles demandes des acteurs régionaux en faveur d'un développement beaucoup plus important des énergies renouvelables.

À l'opposé de cette conception, les conseils régionaux défendent très souvent une autre vision des schémas, plus volontariste et plus soucieuse de mobiliser le potentiel énergétique régional. Moins sensibles aux contraintes réglementaires que les DREAL, ils voient les schémas comme des outils davantage prospectifs, qui ne doivent pas nécessairement « coller » aux contraintes du moment (notamment réglementaires), mais qui doivent servir à enclencher une dynamique de mobilisation, à afficher des ambitions fortes, considérées comme étant à même de faire œuvre de pédagogie et de sensibiliser l'ensemble des acteurs locaux. Cette conception est notamment défendue par les élus verts (parti EELV), qui estiment qu'une vision réaliste ferait le jeu d'un conservatisme nucléaire et jacobin. Profondément décentralisateurs, ces derniers – mais pas seulement, d'autres élus ou agents des services régionaux partagent aussi cette vision – poussent donc beaucoup de régions à contester le manque d'ambition de l'État. L'attitude « prudente » des DREAL est soulignée explicitement en Alsace, Aquitaine, Centre, Franche-Comté, Île-de-France, Nord-Pas-de-Calais, Pays de la Loire, Provence-Alpes-Côte d'Azur, Poitou et Rhône-Alpes. Le constat est tiré plus largement par l'association AMORCE (de tendance elle aussi décentralisatrice), laquelle, dans une étude menée en 2011 sur les SRE souligne la « frilosité » de l'État en matière de développement des énergies renouvelables. Il faut toutefois signaler que l'ensemble des conseils régionaux ne souscrivent pas à cette conception volontariste. Plusieurs d'entre eux sont plus proches des positions défendues par l'État, soit parce qu'ils sont en phase avec la volonté des DREAL de pousser le développement des énergies renouvelables (Champagne-Ardenne, Picardie), soit parce qu'ils estiment que leur territoire offre trop de contraintes pour afficher de trop fortes ambitions (Lorraine).

Dans les régions où les conceptions sont frontalement opposées, des tensions naissent donc au fur et à mesure que les schémas arrivent au terme du processus d'élaboration. En Aquitaine, Île-de-France, Provence-Alpes-Côte d'Azur, Rhône-Alpes, les interlocuteurs ne cachent pas que d'importants conflits ont pu naître lorsqu'il s'est agi de passer de la phase de diagnostic à celle des orientations générales. Se sont alors ouvertes des phases de négociation plus ou moins longues, au cours desquelles les services de l'État se sont efforcés de trouver des compromis acceptables et de nature à être compatibles avec la vision réaliste qu'ils défendaient. . Par exemple, en Île-de-France, la question des émissions de gaz à effet de serre posait des difficultés s'agissant des aéroports internationaux de Roissy-Charles de

Gaulle et d'Orly. L'État souhaitait ne pas tenir compte de ces émissions dans le bilan énergétique de l'Île-de-France, contrairement au conseil régional. Une solution a été d'évoquer cet impact dans les textes, mais sans les chiffrer dans les bilans globaux[22]. Les enquêtés mettent toutefois en avant le caractère limité des acquis pour les conseils régionaux (ce que montre aussi l'exemple précédent), ces derniers n'étant guère en mesure d'aller au-delà de quelques avancées, eu égard à la position de force dans laquelle s'est trouvé l'État et à l'incapacité des élus les plus revendicatifs (EELV) à modifier les rapports de force régionaux[23].

VI. Conclusion

L'élaboration des SRCAE a été, au final, un exercice qui a suscité plus de frustrations que d'engouement de la part des conseils régionaux. Des raisons très pratiques expliquent, en première approche, ce sentiment général : complexité du dispositif de copilotage et de démocratie participative, contraintes de temps, difficultés matérielles multiples, problèmes intra et inter-organisationnels, etc. Elles renvoient aux conditions concrètes de « production administrative » des documents et au contexte tendu dans lequel les partenaires ont dû travailler. Ces constats ne sont d'ailleurs pas spécifiques aux SRCAE et se retrouvent dans bien d'autres démarches de type « gouvernance à 5 » impulsées ces dernières années par le MEDD.

Mais, au-delà de ces difficultés concrètes, l'expérience met aussi en évidence les limites mêmes de l'exercice de « territorialisation » des politiques publiques tel que l'envisage l'État au travers, notamment, du Grenelle de l'environnement. Ou plutôt elle en révèle la nature profonde, qui est de voir dans les régions (et, plus généralement, les collectivités territoriales) des relais locaux à mobiliser autour de la déclinaison d'objectifs nationaux, plutôt que des acteurs associés à la définition des grands choix de politique énergétique nationale. De ce point de vue, l'expérience SRCAE marque une avancée encore timide vers une décentralisation énergétique, dans l'attente, peut-être, de mesures plus ambitieuses prises à l'occasion du débat national sur la transition énergétique.

22. S. DE MAZANCOURT, *opus* cité, p. 9 et 13.

23. Sur ce dernier point, voir F.-M. POUPEAU, *opus* cité.

XI. Les énergies renouvelables, énergies des collectivités territoriales ?

Benoit Boutaud

Entre la loi de nationalisation et les directives engageant l'ouverture à la concurrence des marchés de l'électricité et du gaz, les collectivités territoriales ont joué un rôle réglementaire et opérationnel discret en matière d'énergie. Depuis cette période charnière, un certain nombre d'évolutions ont toutefois été révélatrices de leur implication croissante à la fois juridiquement, politiquement, économiquement et socialement dans un contexte marqué par l'évolution du coût de l'énergie, la raréfaction des ressources fossiles et la prise en compte du réchauffement climatique. À l'intérieur de cette thématique, les collectivités entretiennent des liens spécifiques avec les énergies renouvelables (EnR). Cette expression recouvre deux éléments qui sont les sources d'énergie renouvelable (soleil, vent, hydraulique, etc.) et les technologies servant à les exploiter (PV [photovoltaïque], éoliennes, turbines hydrauliques, etc.)[1]. Ces EnR sont, avec l'efficacité énergétique et les économies d'énergie, un des deux grands moyens par lesquels les collectivités se sont approprié la thématique énergie depuis plus d'une décennie[2]. Au point qu'aujourd'hui cette question s'est hissée au premier rang des préoccupations autour de l'autonomie des collectivités dans le sillage des discussions sur un possible nouvel acte de la décentralisation et de la réforme de l'État. Les collectivités, relayées par plusieurs groupements, plaident d'une manière générale pour un élargissement de leurs compétences à ce sujet et souhaiteraient une approche plus territorialisée de l'énergie (possibilité de créer des régies, assouplissement de la législation, maintien des subventions, etc.). Une revendication qui est en grande partie basée sur le développement des

1. Le législateur en a dressé une liste : éolien, solaire, géothermie, aérothermie (*e.g.* pompes à chaleur), hydrothermie, énergie marine et hydraulique, celle issue de la biomasse, du gaz de décharge, du gaz de stations d'épuration d'eaux usées et du biogaz (loi POPE du 13 juillet 2005). À l'intérieur de la catégorie EnR, la production d'électricité tient une place importante sur lesquels nous allons nous focaliser ici.

2. Une grande partie de ces EnR est valorisée sous forme d'électricité, mais l'est également dans l'objectif de produire de la chaleur, du froid, de l'eau chaude ou des biocarburants par l'intermédiaire de différents dispositifs techniques (méthanisation, générateurs, combustion, etc.).

EnR et qui s'inscrit dans un contexte favorable (production distribuée, plus grande décentralisation, etc.) et une forte volonté politique. Cependant, cette relation *a priori* idyllique est actuellement relativisée par plusieurs facteurs limitants qui posent question.

Par conséquent, les EnR représentent-elles actuellement l'énergie des collectivités ? Pour y répondre, nous allons tout d'abord présenter brièvement quelques-unes des principales attributions dont elles disposent. Ensuite, nous nous interrogerons sur les raisons de cette appropriation partielle. Tout d'abord en apportant quelques éléments présentant le caractère composite de l'approche des collectivités dans leur relation avec les différentes EnR, puis en nous intéressant à une des problématiques centrales expliquant ce caractère partiel qui fait des EnR le sujet mettant en contact deux conceptions antagoniques de l'organisation juridique du secteur énergétique.

I. Des attributions multiples

Toutes les collectivités ne sont pas concernées de la même façon par les EnR. La commune, spécialement l'intercommunalité, et la région, se sont imposées ces dernières années comme des acteurs clés de leur promotion et de leur développement[3]. Ceci à travers d'une part des prérogatives réglementaires et relatives à la planification territoriale, et d'autre part en raison d'un positionnement en tant qu'incitatrice et investisseuse.

A. Réglementation et planification

Les outils juridiques à disposition des collectivités pour s'approprier les EnR peuvent être regroupés en deux catégories.

La *première catégorie* regroupe les documents d'urbanisme élaborés par les communes et leurs groupements. Le schéma de cohérence territoriale (SCoT), le plan local d'urbanisme (PLU) et les opérations d'urbanisme comme la zone d'aménagement concerté peuvent intégrer des prescriptions. Cependant, SCoT et PLU ont vocation à fournir des orientations générales en faveur du développement des EnR mais ne constituent pas des outils coercitifs visant à imposer des objectifs précis[4]. L'énergie n'est d'ailleurs pas leur cible principale. Seul le cadre juridique de la ZAC est susceptible d'offrir une marge de manœuvre pour les maîtres d'ouvrage publics, principalement lorsque l'espace en question est convoité, permettant d'imposer des demandes spécifiques (e.g. la ZAC de Bonne à Grenoble)[5].

---

3. Les départements, s'ils ont pour certains des politiques d'aide en matière d'énergie, ont en effet un rôle plus modéré dans le domaine des EnR. Ils octroient par exemple des subventions aux particuliers ou aux entreprises, mais peuvent également accompagner leurs partenaires locaux dans le développement de solutions EnR dans le cadre des contrats de territoires (e.g. communes).

4. Voir : ETD, « La prise en compte de l'énergie et du climat dans les SCoT », *Les Notes d'ETD*, 2009, 27 p.

5. Voir : Direction générale de l'énergie et du climat, *Études sur les énergies renouvelables dans les nouveaux aménagements. Conseils pour la mise en œuvre de l'article L. 128-4 du Code de l'urbanisme*, 2011, 59 p.

La *seconde catégorie* regroupe les documents de planification et surtout le plan climat énergie territorial (PCET) qui doit notamment contribuer à atteindre les objectifs de 20 % d'EnR en 2020. Les mesures concernant les collectivités, leur important patrimoine et leurs consommations sont souvent efficaces et débouchent sur des réalisations concrètes. En revanche, les actions tournées vers l'extérieur mettent essentiellement en œuvre des leviers de type indirects et incitatifs (labellisation pour les partenaires, campagnes de communication auprès du public, etc.).

Au-delà des PCET, les dernières évolutions ont eu tendance à privilégier la région comme niveau de référence où s'élabore une planification à laquelle les autres collectivités infrarégionales sont invitées à participer, mais à laquelle elles doivent aussi se conformer. À cette échelle, le conseil régional s'est imposé comme un acteur de poids depuis 2010 et la création du schéma climat air énergie (SCRAE)[6]. Cependant, cette planification est coréalisée avec les services de l'État en région (DREAL) en concertation avec les collectivités. Ensuite, comme les précédents documents évoqués, les SRCAE n'a pas une vocation coercitive. Il s'agit principalement d'aider et d'accompagner le développement des EnR plus que de fixer des objectifs légaux à atteindre, même si des objectifs chiffrés existent.

B. Incitation et investissement

À côté de ce positionnement de facilitatrices et d'accompagnatrices dévolu par la loi, certaines collectivités ont mis en place plusieurs outils pour apporter des conseils et un soutien au développement des EnR.

Certaines ont tout d'abord mis en place des structures chargées de conseiller et d'orienter les autres acteurs du territoire dans leurs choix sous la forme d'espaces infos énergie (EIE) ou d'agences locales de l'énergie (ALE)[7]. Une démarche qui peut s'accompagner de mesures plus fortes avec l'octroi de subventions aux particuliers ou à d'autres acteurs comme les entreprises ou les associations[8]. Elles peuvent aussi procéder à des appels d'offres régionaux, souvent en association avec d'autres acteurs comme le FEDER ou l'ADEME[9]. Enfin, elles ont la possibilité d'investir directement. L'utilisation et la production d'énergie renouvelable pour une collectivité territoriale ne sont pas une nouveauté (e.g. les chaufferies utilisant la biomasse pour les réseaux de chaleur). Toutefois, cette relation s'est considérablement renforcée sous l'effet de l'instauration d'une législation spécifique et de plusieurs facteurs politiques et/ou financiers (exploitation et valorisation des ressources locales, politique économique, recherche d'autonomie, etc.). Ainsi, dans le cadre d'une démarche de diversification de revenus, posséder des moyens de production à base d'EnR peut repré-

6. Voir dans cet ouvrage F.-M. POUPEAU, « Les schémas régionaux climat air énergie (SRCAE) : la démarche vue par les conseils régionaux », et R. ALLEMAND, « Les effets juridiques du schéma régional climat air énergie ».

7. *http://www.pcet-ademe.fr*.

8. Voir : CONSONEO, « Observatoire des aides et subvention pour les énergies renouvelables en Région, 2011 » ; site web de l'association ENERPLAN *(http://www.enerplan.asso.fr)*.

9. Par exemple la Région Aquitaine pour le photovoltaïque depuis plusieurs années.

senter une opportunité intéressante grâce aux tarifs de rachat de l'électricité. Les collectivités peuvent pour cela compter sur des infrastructures d'accueil et des disponibilités foncières nécessaires à leur déploiement (terrains communaux, bâtiments publics, etc.). Ces investissements sont en mesure de se concrétiser à l'aide de plusieurs outils dont les plus en vue sont les *sociétés d'économie mixte* (SEML) et les *sociétés coopératives*. Les SEML spécialisées dans l'énergie suscitent actuellement le plus d'intérêt. Il existe en 2012 plus de 20 établissements publics locaux (EPL) ayant la distribution et/ou la production d'énergie comme activité principale[10]. Une centaine d'autres possèdent une compétence en matière d'EnR, surtout le photovoltaïque (PV), en complément de leur activité principale (e.g. l'immobilier). Ensuite, les *partenariats publics-privés* (PPP) sont possibles pour la production, mais restent encore très peu utilisés[11]. Enfin, les *sociétés coopératives* sont un moyen pour les collectivités d'investir dans les EnR, tout en diminuant potentiellement les risques de recours de la part des habitants qui peuvent en tirer des avantages financiers. Elles peuvent participer à hauteur de 20 % dans les sociétés coopératives d'intérêt collectif (SCIC) qui ont pour caractéristique d'avoir obligatoirement une finalité répondant aux besoins collectifs d'un territoire[12]. Ce modèle est depuis 2001 embryonnaire – 190 sociétés pour tout type d'activités : social, culturel, etc. –, mais pourrait connaître un certain engouement[13].

Il résulte de ce bref tour d'horizon que les collectivités sont dotées de prérogatives très diverses avec des modèles d'investissement qui gagnent progressivement en crédibilité. Toutefois, leur appropriation de la thématique EnR reste partielle. Si globalement les verrous législatifs les plus grands ont été levés, les collectivités se heurtent à certaines spécificités du secteur (e.g. montant des investissements, le partage des risques financiers ou le développement de pratiques organisationnelles et de compétences spécifiques).

II. Une appropriation qui reste inégale

A. Une diversité d'approches

La portée des actions en matière d'EnR varie selon qu'il s'agisse d'incitation ou d'accompagnement ou bien d'actions directes dans le cadre d'investissements. Ces leviers

10. Gaz et électricité de Grenoble (GEG) par exemple.

11. C'est le cas du PPP entre INEO et Le Grand Dijon pour les équipements et l'approvisionnement électrique du tram basé notamment sur l'utilisation du PV, mais aussi celui de la Région Poitou-Charentes avec le dispositif ESTER, reposant sur l'association entre une SEM et un opérateur industriel.

12. Il s'agit d'association de personnes sous la forme d'une entreprise dont la propriété est collective et où le pouvoir s'exerce démocratiquement. La SCOP, société coopérative de production, appartient en revanche majoritairement à ses salariés.

13. En ce qui concerne la production d'EnR, l'achat et la vente d'EnR, la fourniture d'électricité, l'exploitation de projets EnR et les investissements dans ce domaine, il existe par exemple aujourd'hui huit SCIC comme ENERCOOP *(http ://www.les-scic.coop)*.

ne sont également pas utilisés de la même façon par toutes les collectivités, pour toutes les sources EnR et pour les diverses technologies servant à les exploiter.

Tout d'abord, l'objet *énergies renouvelables* regroupe plusieurs moyens techniques de valorisation énergétique dont les caractéristiques divergent. Ainsi, une centrale de cogénération ne possédera pas la même signification que l'implantation d'un parc éolien en termes d'emprise au sol, de nuisance, de moyens techniques ou de montant d'investissement. Chacun des différents moyens de production d'énergie fera par conséquent l'objet de plus ou moins d'intérêt, d'approbation ou de rejet.

Il s'agit ensuite de présenter les rapports que peuvent entretenir ces différentes EnR avec des collectivités loin de former un bloc monolithique. Il s'agit en fait d'une agrégation d'entités hétéroclites présentant des caractéristiques différentes qui constitueront autant de variables à prendre en considération dans l'observation des politiques publiques énergétiques locales.

La première variable est relative à la *catégorie juridique* à laquelle cette collectivité appartient. Il n'existe pas de compétence « énergie », mais plutôt un faisceau de leviers et de prérogatives liées plus ou moins directement à l'énergie qui sont : pour la région, le développement économique et la mise en œuvre de plan pour la qualité de l'air ; pour le département, l'aide sociale et l'aménagement de l'espace ; enfin, pour la commune, la responsabilité des réseaux de distribution, l'urbanisme ou l'action sociale. La commune et la région restent les plus directement concernées en raison de leur rôle dans la planification et la mise en œuvre opérationnelle de la politique énergétique.

Ensuite, *l'échelle* à laquelle se situe la collectivité est en mesure d'influer sur son approche (commune, département, région). La commune procède à une gestion très concrète de son espace à l'intérieur duquel se superposent des éléments physiques (matériels ; gestion des implantations des dispositifs et leurs réseaux, gestion des conflits, etc.) et organisationnels (participation à la planification au plus près du terrain). À une autre échelle, la région aura des préoccupations pouvant être plus globales[14].

La troisième variable est relative à la *taille* à l'intérieur de chacune des catégories juridiques précitées (une petite commune et Paris). Les problématiques posées sont en lien avec la capacité d'investissement et les ressources humaines qui peuvent être allouées à la question. Les plus petites communes ne disposent souvent pas des moyens nécessaires à la poursuite d'une politique spécifiquement dédiée à l'énergie.

La quatrième variable concerne la *localisation* géographique. En fonction des ressources disponibles, certaines collectivités pourront déployer plus aisément des moyens de production et/ou bénéficier de conditions naturelles propices (e.g. géothermie en

14. Cette différence de vue est par exemple visible au Tréport dans le cadre de l'implantation d'éoliennes *offshore*. Les grandes collectivités normandes se sont réjouies de l'implantation d'un parc éolien à 18 km des côtes (Région Haute-Normandie, « Nouvel appel d'offres éolien, une chance pour notre territoire », Communiqué de presse, 17 septembre 2012), tandis que les petites, directement concernées, s'y sont opposées (P. Bottois, « Le Tréport, vent debout contre un champ éolien *offshore* », *Gazette des communes*, 20 septembre 2012).

Île-de-France). À une échelle plus importante, les potentiels de développement entre collectivités urbaines ou rurales sont également très différents, l'une ou l'autre n'ayant notamment pas à disposition les mêmes surfaces à allouer à la production d'énergie (e.g. grand éolien en zone urbaine).

Une cinquième variable concerne les *stratégies* des collectivités. Les politiques de valorisation territoriales se sont considérablement renforcées ces dernières années et l'approche développement durable, dont l'énergie fait partie, représente un outil de marketing important. Le développement des EnR a été très valorisé dans des villes comme Grenoble (PV, micro-cogénération) ou Besançon (chaufferies biomasse). Depuis, elles se sont vues emboîter le pas par d'autres afin de répondre à des attentes diverses : économies d'énergie, promotion de la circulation des flux monétaires ou physiques à l'intérieur du territoire, moyen de peser dans le rapport de force autour de la décentralisation politique, etc. Toutes n'ont cependant pas opté pour ces choix stratégiques. L'intense communication menée ces dernières années pour promouvoir ces politiques ne doit pas occulter le fait que les collectivités sont nombreuses et ne souhaitent pas obligatoirement s'engager sur cette voie[15]. D'autant plus que la traduction des stratégies en actes concrets est parfois difficile. Les communes ont sous leur responsabilité de nombreuses compétences qui demandent un investissement financier et humain important. Plus simplement, certains exécutifs ne souhaiteront pas que des moyens de production d'énergie de ce type s'implantent (e.g. opposition au développement éolien).

Une prise de position qui nous amène à l'ultime variable façonnant la relation entre collectivité et les EnR et qui est la *temporalité*. Les politiques ou les actions des collectivités sont amenées à évoluer au gré des événements politiques (élections, changement de majorité) ainsi que des éléments de contexte qui modifient ou bouleversent les projets (crise financière de 2008, modification des tarifs de rachat de l'électricité).

En fonction des combinaisons entre ces différentes variables, les collectivités présenteront des liens et des rapports parfois très différents qui pèseront dans les grandes problématiques qui se posent lorsqu'il est question des rapports entretenus avec les EnR. D'autant plus que leurs objectifs rencontrent également ceux d'un État peu disposé à laisser ce champ totalement libre pour les collectivités.

B. Les EnR, des leviers d'aménagement des territoires locaux s'inscrivant dans un contexte national

Un certain nombre de questions se posent aujourd'hui quant à l'évolution de pouvoirs détenus par les collectivités sur le développement ou non des EnR. Deux lignes de force importantes aux finalités en partie opposées se dégagent avec d'un côté les bénéfices que les collectivités peuvent et entendent tirer des EnR sur le plan social, économique et politique, et de l'autre le positionnement de l'État qui malgré des évolutions importantes du secteur

15. Il existe 36 786 communes, 2 581 établissements publics de coopération intercommunale, 101 départements et 27 régions.

de l'énergie et de son contexte souhaite orchestrer ce secteur comme il l'a fait depuis des décennies.

D'une manière générale, les collectivités considèrent avoir un rôle particulier à jouer en raison de leur ancrage local (e.g. connaissance des acteurs, du contexte). La « localisation » des EnR, le nécessaire accompagnement des projets et la forme souvent distribuée des dispositifs de production plaident en effet ce sens. Par ailleurs, parallèlement, l'État n'est pas en mesure d'effectuer une gestion territoriale rapprochée d'implantations multiples. L'État dirigiste tend donc à se muer en État contrôleur et régulateur en se recentrant sur des missions essentielles, qui permet aux collectivités de revendiquer un rôle plus important.

En vertu de cela, les EnR sont considérées comme l'« énergie des collectivités territoriales » sur la base de trois éléments. Elles sont à leur portée financièrement et techniquement, car elles sont exploitées par l'intermédiaire de technologies accessibles qui peuvent être distribuées. Une grande partie des collectivités sont donc par exemple en mesure d'investir dans des dispositifs PV ou biomasse (chaufferies) et disposent conjointement souvent de l'espace nécessaire à l'accueil de ces installations (toitures, foncier)[16]. Par ailleurs, elles sont à leur portée politiquement à la faveur d'une tendance lourde prônant une décentralisation des compétences fondée sur une légitimité croissante en matière de production et de gestion de l'énergie. De fait, les énergies renouvelables sont donc à la fois un des principaux moyens par lesquels les collectivités tentent de s'imposer et l'expression de cette tendance de fond depuis la libéralisation.

Par conséquent, les EnR pourraient devenir un instrument important d'aménagement du territoire local, un outil économique au service de sa population et un élément supplémentaire visant à justifier une plus grande autonomie décisionnelle locale.

Elles sont tout d'abord un outil d'aménagement du territoire local et de développement économique avec la possibilité de créer des emplois et de dynamiser le tissu industriel ou économique sur la base de l'exploitation de ressources naturelles locales (vent, biomasse, ensoleillement, géothermie, etc.). Elles peuvent aussi procurer un complément de ressources précieux rejaillissant sur toute l'économie locale *via* les taxes sur les producteurs[17] ou à la faveur des tarifs de rachat de l'électricité produite dans le cas d'investissements directs. Ensuite, les emplois créés par ce biais sont dans certains cas non délocalisables[18]. Dans ce cas, le positionnement des collectivités peut être vu comme celui d'un adjuvant auprès des investisseurs privés ou publics pour développer des projets sur leurs territoires (et non ailleurs) et d'un intercesseur auprès de l'administration. Une dynamique se dessine donc

16. Les plus grandes unités de production restent en revanche souvent moins accessibles. Le coût d'une éolienne terrestre est d'environ 1 million d'euros et 3 millions pour l'*offshore* (IFPEN, *Panorama 2013 : l'éolien* offshore, octobre 2012).

17. L'IFER par exemple, qui est l'imposition forfaitaire sur les entreprises en réseau.

18. Un thème largement mis en avant, en particulier par les associations plaidant pour une plus grande décentralisation énergétique (ex. Energy Cities).

entre trois acteurs principaux qui sont l'État, les opérateurs/investisseurs et les collectivités, voire directement entre l'État et les collectivités si la collectivité est investisseuse[19].

Ces éléments sont l'expression d'une tendance forte qui promeut le renforcement d'une boucle énergétique locale – du flux comme de ses revenus – présentée comme vertueuse, élément auquel les collectivités sont sensibles dans le cadre de la satisfaction de leurs obligations en matière économique comme de lutte contre le changement climatique. Toutefois, les EnR peuvent s'inscrire inégalement dans cette tendance. L'induction qui consiste à faire de toutes les collectivités des promoteurs des EnR, parce qu'un certain nombre d'entre elles sont très investies sur cette question, et le font savoir est courante mais partiellement inexacte. Une partie d'entre elles préfèrent en effet actionner d'autres leviers centrés sur des compétences plus classiques, d'autres y sont contraintes par manque de ressources naturelles et financières. Enfin, la question de la concurrence des usages et de l'impact local de ces dispositifs de production se pose pour de nombreux territoires, spécialement les communes qui sont au plus près des conflits suscités par les infrastructures énergétiques[20].

D'une manière générale, on constate néanmoins que les collectivités se sont emparées des EnR comme d'un outil politique, notamment dans les discussions autour de l'Acte III de la décentralisation. C'est un des points qui ressort des débats sur la transition énergétique qui se sont focalisés sur la question de la gouvernance. Les EnR constituent un point de tension avec l'État qui entend maintenir son rôle historique dans le secteur énergétique. Il en résulte un positionnement inégal des collectivités avec l'existence de réelles possibilités d'action contrebalancées par un encadrement fort. Une situation que le législateur a choisi de leur assigner par une série de lois et de règlements adoptés chemin faisant, à mesure que les EnR représentaient un enjeu d'un point de vue économique, politique et technique avec l'intégration de cette production parfois importante. Leur développement s'inscrit en effet dans un contexte où l'État a adopté depuis une douzaine d'années un positionnement indécis qui hésite entre néo-dirigisme et réserve dans un contexte d'ouverture des réseaux à la concurrence et de réforme de l'action publique. Le rôle clé de l'État dans la fixation des tarifs de rachat de l'électricité d'origine renouvelable l'illustre tout comme son rôle de financeur à travers des institutions situées dans son giron et omniprésentes lorsqu'il s'agit d'EnR comme l'ADEME ou la Caisse des dépôts[21]. D'un point de vue organisationnel, la mise en place des SRCAE a par exemple pu susciter un certain enthousiasme de la part des régions, mais celui-ci a rapidement été tempéré par le poids joué par les services de l'État en région dans la procédure[22].

---

19. A. Noury, « Les collectivités territoriales et les énergies renouvelables », Colloque du GRALE « Énergie et collectivités territoriales », EDF R & D, Clamart, 25 octobre 2012.

20. La loi prévoit de ne pas implanter de grand éolien à moins de 500 m d'une habitation, ce qui exclut une partie importante du territoire. Les traditions locales, le caractère touristique ou agricole d'une région sont des facteurs importants.

21. Le SYDEV, société d'économie mixte vendéenne, a par exemple gelé son projet de création de quatre centrales PV en avril 2011 en raison de la révision des tarifs de rachat en avril 2011, (J. Le-Brigand, « En Vendée, la régie d'électricité Reve se transforme en SEM », *Gazette des communes*, 6 juillet 2012).

22. En témoigne notamment le décret du 29 juillet 2011 de la ministre Kosciusko-Morizet rappelant la place de chacun en matière de planification.

Dans le cadre spécifique de l'éolien et du PV, l'observation des évolutions législatives et réglementaires apporte un éclairage intéressant. Concernant le grand éolien terrestre[23], caractérisé par un impact important dans le *mix* électrique en raison d'un potentiel de production élevé, les collectivités se sont vues progressivement dépossédées de prérogatives qu'elles exerçaient dans le cadre du droit de l'urbanisme par une série de mesures : obligation d'implantation dans les zones de développement éolien (ZDE), règle des 5 mâts pour bénéficier des tarifs de rachat d'électricité ou le classement aux installations classées pour la protection de l'environnement (ICPE)[24]. Lorsque les premières éoliennes sortent de terre au milieu des années 2000, la loi urbanisme et habitat du 2 février 2003 stipule que les mâts de plus de 12 mètres sont sous le régime du permis de construire et donc des communes. L'éolien n'est alors pas plébiscité à la différence du PV[25]. Cependant, avec la loi de programme fixant les orientations de la politique énergétique (POPE) du 13 juillet 2005 et la création des ZDE[26] sous la responsabilité des préfets sur proposition des collectivités, le cadre réglementaire devient plus contraignant. La loi de programmation du 3 août 2009 relative à la mise en œuvre du Grenelle de l'environnement et la loi du 12 juillet 2010 portant engagement national pour l'environnement vont confirmer ce rôle accru de l'État qui garde dans son champ de compétence tout ce qui relève de l'aménagement du territoire. Les services déconcentrés ont à connaître ce qui relève du droit électrique (déclaration préalable pour les installations) ou des demandes d'autorisation d'exploiter pour une puissance supérieure à 4,5 MW. Aujourd'hui, nonobstant le maintien du classement des installations éoliennes aux ICPE qui reste toujours en vigueur, certaines mesures restrictives ont toutefois été abrogées. La règle des cinq mâts qui limitait les possibilités d'investissement pour un plus large public – dont les collectivités – ou la mise en place des ZDE sont supprimées[27].

La situation concernant le PV offre des similitudes. Aujourd'hui, sauf exception (e.g. secteurs protégés), les collectivités ne peuvent plus s'opposer à son installation pour des dispositifs de très faible puissance. Néanmoins, comme pour l'éolien, à mesure que le PV et ses puissances installées se développaient, des procédures spécifiques ont été mises en place avec l'appel d'offres pour les installations supérieures à 36 kWc signifiant un contrôle étroit des services déconcentrés de l'État[28].

On peut supposer que cet encadrement croissant de la filière EnR s'inscrit dans un souhait de l'État d'éviter ce qu'il considère comme des écueils : fragmentation des territoires, inscription du développement de ces EnR dans un ensemble énergétique interconnecté, péréqué et solidaire, etc. Certaines problématiques se posent en effet dans l'éventualité d'un lien plus fort entre collectivités et EnR. L'une d'entre elles est l'articulation juridique entre ces collectivités, avec la question d'une collectivité-chef de file – surtout la région ou

23. L'éolien maritime dépend du régime de l'appel d'offres.

24. Introduits par la loi du 12 juillet 2010 portant engagement national pour l'environnement.

25. Comme le montre la publication de l'AdCF intitulée *Comment mettre en place la nouvelle compétence énergie dans les intercommunalités,* 2005.

26. Devenus depuis le Grenelle 2 des schémas régionaux éoliens (SRE).

27. La loi Brottes adoptée par le Parlement le 11 mars 2013 qui supprime la « règle des 5 mâts » et les ZDE.

28. Et également de la Commission de régulation de l'énergie (CRE).

les grandes intercommunalités – qui assurerait un minimum de cohérence entre les différents niveaux intervenant dans ce secteur. Une clarification du rôle de chacun des niveaux administratifs de gestion des EnR qui serait paradoxalement susceptible de retirer à certaines d'entre elles une partie de leurs prérogatives. En effet, il est difficile pour un acteur d'être simultanément réglementateur (urbanisme), planificateur (SRCAE, PCET), régulateur local (autorité organisatrice de la distribution), producteur et parfois même commercialisateur dans le cas des régies[29]. Une cohérence organisationnelle qui ne doit pas mettre en retrait les aspects infrastructurels et techniques, lesquels restent souvent éludés au profit d'éléments purement discursifs (investissements sur le réseau, mesures d'intégration, gestion de l'équilibre, etc.).

III. Conclusion

Les EnR sont une des quatre thématiques sur lesquelles les collectivités sont appelées à agir d'un point de vue énergétique avec la protection environnementale, l'efficacité énergétique et les économies d'énergie. Sous la pression de différents acteurs (industriels, collectivités, partis politiques ou associations) ou en raison des engagements européens, le cadre juridique des EnR tend vers un assouplissement qui ouvre des opportunités pour les nombreuses collectivités souhaitant s'engager sur cette voie. Elles sont aujourd'hui en mesure d'intervenir à toutes les étapes du développement des EnR mais n'ont paradoxalement pas la pleine et entière possibilité de le faire, soit légalement, soit pour d'autres raisons comme l'absence de traditions en la matière (sauf pour la biomasse ou les réseaux de chaleur), l'existence de certaines procédures administratives et surtout les difficultés à s'insérer dans l'économie de l'énergie (investissement, prise de risque). Elles n'ont également pas vocation à toutes s'impliquer de la même façon en raison de leur contexte territorial. Par conséquent, par-delà les orientations choisies et parce qu'il s'agit d'une question éminemment politique, l'objectif principal des collectivités est d'accéder à la liberté de pouvoir ou non développer les moyens de valoriser les EnR comme le suggère le principe de libre administration. Une évolution qui s'inscrit toutefois pour le moment davantage dans une trajectoire plus tendancielle que novatrice en termes de distribution des rôles. À moins que la réflexion ouverte dans le cadre de la transition énergétique, qui cristallise les attentes sur cette question des EnR, ne débouche sur des mesures fortes ouvrant sur un changement profond du paradigme de l'organisation énergétique locale ou que le fruit des abondantes recherches technologiques menées depuis plusieurs années en la matière ne vienne bouleverser la donne[30].

29. Voir G. MARCOU, « Introduction. Électricité, marché unique et "transition énergétique" : les contradictions du nouveau système électrique et la place des collectivités territoriales », dans cet ouvrage.

30. Un scénario de rupture qui pourrait être fondé sur l'existence d'un moyen de stockage de masse ou d'une technologie permettant un déploiement aisé et des investissements limités.

XII. Les évolutions des relations entre les autorités concédantes et leurs concessionnaires face au *smart grid* : du *smart grid* à la *smart city*

Hubert Delzangles
Christophe Krolik

« *Les hommes se rassemblent dans les villes pour vivre. Ils y restent ensemble pour jouir de la vie* »[1]. La ville s'adapte à l'esprit de son temps et fait l'objet de réflexions pour conduire au bien-être de ses habitants : « Façonnée par l'homme, à son image et à sa ressemblance[2]. » Cette émulation est à l'origine du terme de « *smart city* » bénéficiant d'un usage croissant dans les milieux politiques et scientifiques. Il se réfère généralement à des villes modernes, capables de mettre en œuvre des infrastructures communicantes et durables pour accroître le confort des citoyens dans le respect de l'environnement[3]. Cette vision finaliste est complétée par une dimension fonctionnelle basée sur trois approches[4]. L'approche instrumentale concentre l'attention sur un recours aux technologies de l'information et de la communication pour optimiser l'usage des ressources[5]. L'approche administrative appréhende la *smart city* comme un système dans lequel les politiques adoptent une vision holistique et de long terme de l'action publique dans un processus itératif et coordonné fondé sur des objec-

1. Aristote.
2. J. Godbout, Extrait du *L'Isle au dragon*.
3. The Economist Intelligence Unit conducted, *Sustainable Urban Infrastructure London Edition – a view to 2025*, 2008 ; Centre of Regional Science (SRF) Vienna University of Technology, Department of Geography University of Ljubljana, Research Institute for Housing, Urban and Mobility Studies (OTB) Delft University of Technology, *Smart cities Ranking of European medium-sized cities*, Final report, October 2007 ; A. Caragliu, C. DelBo and P. Nijkam, *Smart cities in Europe*, University Amsterdam, Faculty of Economics, Business Administration and Econometric, 2009.
4. A. Huber et I. Mayer, « Smart Cities : an emerging city concept to frame sustainable transitions ? », 2012, *www.eifer.uni-karlsruhe.de*.
5. IBM, *A vision of smarter cities. How cities can lead the way into a prosperous and sustainable future*, New York, 2009.

tifs[6]. L'approche basée sur la gouvernance met quant à elle l'accent sur les interactions du groupe social par sa participation au processus décisionnel et une communication renforcée entre les membres de la communauté[7].

Cette représentation est relayée dans des pratiques telles que le programme de la Commission européenne « *Villes et communautés intelligentes* » visant à faire des milieux urbains des vecteurs d'innovation dans le domaine des technologies énergétiques et de la réduction des émissions de gaz à effet de serre[8]. Cette action met en exergue le rôle essentiel de l'énergie dans une *smart city* et la place centrale des *smart grids*. Ce concept se réfère au développement des techniques de l'information et de la communication pour optimiser la gestion des flux d'énergie dans un environnement de plus en plus complexe[9]. Il peut donc être appréhendé comme une condition de l'avènement de la *smart city* parce que les informations générées assureront une liaison entre les services énergétiques (électricité, gaz, chaleur), mais également avec d'autres services publics locaux. Or, ces derniers s'inscrivent dans un processus de libéralisation matérialisé dans une gestion déléguée confiée par des autorités concédantes à des concessionnaires. Dès lors, ces concessions pourraient constituer un instrument clé dans le devenir de la *smart city*. Ce postulat invite à s'interroger sur les évolutions juridiques que la *smart city*, appréhendée dans ses dimensions finaliste et fonctionnelle, est susceptible d'engendrer entre les autorités concédantes et leurs concessionnaires. Il conduit à étudier deux voies complémentaires reposant sur une redéfinition des relations contractuelles (I) et une diversification de l'objet des contrats (II).

I. Une redéfinition des relations contractuelles

La dimension finaliste de la *smart city* se réfère à une société post-carbone dans laquelle la production énergétique est essentiellement assurée par des sources renouvelables. Dans ce domaine, les autorités concédantes disposent de prérogatives dont l'usage est susceptible de renouveler avec les concessionnaires de la distribution d'énergie leurs relations (A). L'approche instrumentale de la *smart city* repose sur l'emploi des nouvelles technologies de l'information et de la communication pour optimiser les flux d'énergies[10]. Elles permettent

---

6. A. Huber and I. Mayer, « Smart Cities : an emerging city concept to frame sustainable transitions ? », *op. cit.*

7. T. Campbell, *The Janus Face of Urban Learning. Exposure to New Knowledge and Informal Networks in Four Cities*, Urban Age Institute, 2010 ; J. Rotmans and D. Loorbach, « Managing transitions for sustainable development », *Environment & Policy*, n° 44, 2006, p. 187-206 ; J. Rotmans and D. Loorbach, « Towards a better understanding of transitions and their governance. Asystemic and reflexive approach », *in* J. Grin, Rothmans J. and Schot J. (Eds.), *Transitions to sustainable development – New directions in the study of long term transformation change*, Routledge, New York, 2010, p. 105-220.

8. Communication de la commission partenariat d'innovation européen pour des villes et communautés intelligentes, 0.7.2012 C (2012) 4701 final.

9. The Smart *Grid* : An introduction, Département de l'énergie des États-Unis, *http://oe.energy.gov.com* ; *www.smartgrids-cre.fr.*

10. Le dossier du débat national sur la transition énergétique *Imaginons ensemble notre énergie de demain*, février 2013, *www.transition-energetique.gouv.fr.*

une meilleure gestion de l'intermittence des moyens de production et une liaison entre les différentes mailles de production tel un réseau « nerveux » multi-échelle (local, régional, national et supra national). La généralisation de ces moyens implique des investissements conséquents susceptibles de conduire à un approfondissement des relations par des actions conjointes dans la distribution d'électricité[11] (B).

A. Un renouvellement des relations induit par la production d'énergie renouvelable par les autorités concédantes

Le développement des *smart grids* est interdépendant de l'évolution actuelle tendant vers une production croissante et décentralisée d'énergie renouvelable. En effet, la mutation envisagée du *mix* énergétique est fondée sur une série d'instruments juridiques de niveau, de valeur et de consistance tout à fait diverse, mais qui impliquent globalement une émergence des collectivités territoriales sur la scène de la transition énergétique.

Tout d'abord, les engagements du Protocole de Kyoto ont été relayés par les autorités européennes dans la directive 2001/77 dite directive « Énergies renouvelables » abrogée et remplacée par la directive 2009/28[12]. Dans ce cadre, la France s'est engagée à atteindre à l'horizon 2020 un taux de 23 % d'énergies renouvelables. Les objectifs de la politique énergétique fixés aux articles L. 100-1 et L. 100-2 du Code de l'énergie ont donc été adaptés en conséquence. Le législateur s'est fixé, entre autres, pour objectif la préservation de l'environnement, en particulier en luttant contre l'aggravation de l'effet de serre, la sécurité d'approvisionnement et la garantie de la cohésion sociale et territoriale en assurant l'accès de tous à l'énergie. Pour y parvenir, l'État, en cohérence avec les collectivités territoriales, veille notamment à diversifier les sources d'approvisionnement, réduire le recours aux énergies fossiles et augmenter la part des énergies renouvelables dans la consommation d'énergie finale.

Plusieurs outils de programmation ou de planification ont été conçus pour mettre en œuvre ces orientations politiques. D'une part, le ministre de l'Énergie fixe les objectifs chiffrés de la programmation pluriannuelle des investissements dans le domaine de la production d'énergie[13]. Il y inclut les prévisions en faveur des énergies renouvelables. D'autre part, pour parvenir à remplir ces objectifs, des instruments de planification énergétique, environnementale ou urbanistique ont été conçus.

Il s'agit, en premier lieu, des schémas régionaux climat air énergie prévus à l'article L. 222-1 du Code de l'environnement qui fixent, à l'échelon du territoire régional et à

11. Décret n° 2010-1022 du 31 août 2010 relatif aux dispositifs de comptage sur les réseaux publics d'électricité en application du IV de l'article 4 de la loi n° 2000-108 du 10 février 2000 relative à la modernisation et au développement du service public de l'électricité (*JORF* n° 0203 du 2 septembre 2010 p. 15993).

12. Directive 2009/28 du Parlement européen et du Conseil du 23 avril 2009 relative à la promotion de l'utilisation de l'énergie produite à partir de sources renouvelables (*JOUE*, L. 140 du 5 juin 2009, p. 16).

13. Arrêté du 15 décembre 2009 relatif à la programmation pluriannuelle des investissements de production d'électricité (*JORF* n° 8 du 10 janvier 2010, p. 526).

l'horizon 2020 et 2050, les orientations permettant d'atténuer les effets du changement climatique et de s'y adapter conformément, notamment, aux engagements pris par le législateur dans le cadre français et européen. Le SRCAE détermine, par zones géographiques les objectifs qualitatifs et quantitatifs à atteindre en matière de valorisation du potentiel énergétique terrestre, renouvelable et de récupération et en matière de mise en œuvre des techniques performantes d'efficacité énergétique telles que les unités de cogénération. À ce titre, les SRCAE valent schémas régionaux des EnR. Par ailleurs, le schéma régional éolien, annexé au SRCAE définit les parties du territoire favorables au développement de ce type d'énergie.

Les schémas régionaux de raccordement au réseau des énergies renouvelables (ci-après S3RENR), en deuxième lieu, ont été institués par la loi Grenelle 2 dans le but de définir les ouvrages à créer ou à renforcer afin d'évacuer l'électricité produite à partir de sources d'énergies renouvelables et atteindre les objectifs fixés par les SRCAE. Complément technique de la planification énergétique, le S3RENR doit être compatible avec le SRCAE. Les S3RENR mentionnent, pour chaque ouvrage existant ou à créer, les capacités réservées pour l'accueil de la production permettant d'atteindre les objectifs définis par le SRCAE[14].

En troisième lieu, depuis la loi Grenelle 2, les régions et la collectivité territoriale de Corse, si elles ne l'ont pas intégré dans le SRCAE, les départements, les métropoles, les communautés urbaines, les communautés d'agglomération ainsi que les communes et les collectivités de communes de plus de 50 000 habitants doivent avoir adopté un plan climat énergie territorial (PCET) conformément à l'article L. 229-26 du Code de l'environnement. Les plans, qui doivent être compatibles avec les SRCAE, contiennent les objectifs stratégiques et opérationnels de la collectivité afin d'atténuer et de lutter efficacement contre le réchauffement climatique et de s'y adapter. Ils incluent aussi le programme des actions à réaliser afin notamment d'améliorer l'efficacité énergétique, d'augmenter la production d'énergie renouvelable et de réduire l'impact des activités en termes d'émissions de gaz à effet de serre. Les objectifs opérationnels sont chiffrés.

En dernier lieu, les documents de planification urbanistique locale, qu'il s'agisse des schémas de cohérence territoriale ou des plans locaux d'urbanisme, doivent prendre en compte les PCET conformément à l'article L. 111-1-1 du Code de l'urbanisme. Par ailleurs, la mission de ces plans se comprend entre autres comme la détermination des conditions permettant d'assurer la réduction des émissions de gaz à effet de serre, la maîtrise de l'énergie et la production énergétique à partir de sources renouvelables. Ils doivent donc déterminer, avec une plus ou moins grande précision, l'affectation du sol pour permettre d'implanter, le cas échéant, les sources de production d'énergies renouvelables nécessaires pour que le PCET soit effectivement pris en compte.

Par conséquent, avec cet ensemble de textes, il convient de relever que le niveau local est complètement intégré et partie prenante dans la contribution et dans l'action visant à développer les sources d'énergie renouvelable. Il en va ainsi, d'autant plus que le législateur autorise désormais les collectivités territoriales à devenir producteur à part entière d'énergie.

14. C. énerg., art. L321-7.

En effet, l'article L. 2224-32 du Code général des collectivités territoriales précise que, dans la mesure où l'électricité produite n'est pas destinée à être vendue à des clients éligibles, les communes, sur leur territoire, et les établissements publics de coopération, sur le territoire des communes qui en sont membres peuvent, sous certaines conditions, aménager, exploiter, faire aménager et faire exploiter de nouvelles installations de production d'énergie qui utilisent des sources renouvelables lorsque ces nouvelles installations se traduisent par une économie d'énergie et une réduction des pollutions atmosphériques. Les communes et les établissements publics de coopération dont elles sont membres bénéficient, par ailleurs, et sur demande, de l'obligation d'achat d'électricité.

Par ailleurs, conformément à l'article L. 2224-33 du CGCT, les autorités concédantes de la distribution d'électricité, visées au I de l'article L. 2224-31 (les collectivités territoriales ou leurs établissements publics) peuvent aménager, exploiter directement ou faire exploiter par leur concessionnaire de distribution d'électricité toute installation de production d'électricité de proximité d'une puissance inférieure à un seuil fixé par décret, lorsque cette installation est de nature à éviter, dans de bonnes conditions économiques, de qualité, de sécurité et de sûreté de l'alimentation électrique, l'extension ou le renforcement des réseaux publics de distribution d'électricité relevant de leur compétence.

Mais il convient de relever que, selon ces dispositions, seuls les communes et les établissements publics de coopération dont elles sont membres peuvent produire de l'énergie renouvelable et bénéficier de l'obligation d'achat d'électricité produite à partir d'énergie renouvelable instaurée par l'article L. 314-1 du Code de l'énergie, pour les installations qu'elles exploitent. Les autres collectivités locales qui souhaitent mener une politique en faveur des énergies renouvelables ne bénéficient pas de cette obligation d'achat selon l'article L. 2224-32 CGCT.

Les communes peuvent donc être des producteurs à part entière d'énergies renouvelables. Ces collectivités territoriales ou les établissements publics de coopération auxquels elles participent sont aussi, en tant que propriétaire du réseau de distribution d'électricité, les autorités concédantes de ce dernier. À ce titre, comme le précise l'article L. 2224-31 CGCT, en application de l'article 6 de la loi du 15 juin 1906 sur les distributions d'énergie et de l'article 36 de la loi n° 46-628 du 8 avril 1946, elles négocient et concluent les contrats de concession, et exercent le contrôle du bon accomplissement des missions de service public fixées par les cahiers des charges de ces concessions.

Mais ces contrats de concession ont une double particularité. D'une part, ils doivent obligatoirement être conclus avec le gestionnaire du réseau de distribution[15]. Or, ce dernier est, selon l'article L. 111-52 du Code de l'énergie, soit ERDF soit un distributeur non nationalisé (les DNN représentent environ 5 % de la couverture du territoire métropolitain) dans leur zone exclusive de desserte. Dès lors, selon la formulation même de l'article L. 111-52,

15. Selon l'article L. 111-52 tiré de l'ancien article 18 de la loi n° 2000-108 du 10 février 2000, ERDF et les distributeurs non nationalisés (qui représentent environ 5 % de la couverture du territoire métropolitain) sont, dans leur zone exclusive de desserte, les gestionnaires du réseau public de distribution d'électricité.

les collectivités territoriales ne peuvent envisager de créer une quelconque régie[16] allant à l'encontre de la liberté dont elles disposent normalement dans le champ de la gestion des services publics locaux. D'autre part, ces contrats ont la particularité d'avoir un prix prédéterminé. Il s'agit du tarif d'utilisation du réseau public d'électricité, calculé selon un pourcentage versé par le fournisseur et prélevé sur le consommateur (environ 46 % de sa facture actuellement) fixé sur proposition de la Commission de régulation de l'énergie.

Au regard de ces deux éléments, l'obligation de conclure avec un concessionnaire prédéterminé et l'invariabilité du prix, il convient de souligner que la marge de manœuvre de l'autorité concédante est très mince, voire quasi nulle. Une partie de la doctrine estime d'ailleurs que cette situation est contraire à la libre administration locale, à la liberté contractuelle et au principe d'égalité[17]. D'ailleurs, ces derniers temps, des voix se sont élevées pour critiquer la consistance même de ces contrats. Il en va ainsi de la Fédération nationale des collectivités concédantes et régies (FNCCR). Dans une motion du 27 novembre 2012[18], la fédération estime qu'« ERDF tente d'imposer une profonde modification de l'économie générale des concessions, dans un sens plus favorable aux intérêts à court terme du groupe EDF, au détriment de l'intérêt général »[19]. La fédération dénonce « les multiples initiatives d'ERDF visant à priver les collectivités des moyens d'exercer efficacement leurs attributions de régulateurs locaux »[20]. En effet, le mélange des genres entre EDF producteur d'énergie et concurrent sur ce marché, EDF OA (agence obligation d'achat) contractant des communes et EPCI dans le cadre de l'obligation d'achat et ERDF (filiale à 100 % d'EDF même si juridiquement indépendante conformément au droit de l'UE) titulaire de la grande majorité des concessions de distribution d'électricité ne participe pas de la simplification des rapports de force contractuels.

Dès lors, la question est celle de savoir si la double révolution générée par le phénomène amorcé de décentralisation de l'énergie et de développement des *smart grids*, en particulier avec le déploiement des compteurs linky et l'évolution technologique qu'ils engendreront, ne va pas avoir une influence sur la renégociation des contrats de distribution[21]. Ils ont été conclus dans les années 1990[22] et, au-delà de la clause de revoyure quinquennale, devront

16. Il convient toutefois de noter que le Conseil d'État a estimé que lorsqu'une collectivité territoriale a confié la distribution d'électricité à un distributeur non nationalisé elle peut toujours, au terme du contrat, reprendre en régie directe la distribution d'électricité, sans que ce changement soit toutefois l'occasion d'accroître le périmètre géographique de la dérogation au monopole d'EDF (CE 27 nov. 2002, *SICAE de la région de Péronne*, n° 246764).

17. Propos de Dominique Rousseau recueillis par Agnès Sinaï dans *Actu-Environnement*, « Les verrous de la relocalisation de l'énergie », 23 janvier 2013. Voir aussi P. TERNEYRE, « Sur quelques problèmes juridiques contemporains à haute tension, à propos des concessions locales de distribution et de fourniture d'électricité », *AJDA* 2009, p. 1640.

18. Motion du 27 novembre 2012 disponible sur *http://www.fnccr.asso.fr/*, *JCP A*, n° 48, décembre 2012, act. 842.

19. *Ibid.*

20. *Ibid.*

21. L. CALANDRI, « Les collectivités territoriales et le service local de l'électricité : menace ou défi ? », *in* S. REGOURD, J. CARLES et D. GUIGNARD, (dir.), *Réformes et mutations des collectivités territoriales*, L'Harmattan, coll. « GRALE », 2012, p. 395-438.

22. Voir le nouveau modèle de cahier des charges de juin 1992.

pour la plupart être renouvelés entre 2017 et 2031[23]. Dans cette optique, la place centrale des collectivités territoriales peut être un élément de pression dans la négociation afin de se faire entendre et d'éviter toute asymétrie dans les relations contractuelles qu'elles nouent avec EDF et ERDF. En effet, comme cela a déjà été souligné, les collectivités territoriales peuvent être, lorsqu'elles décident d'être actives sur le domaine de la production d'énergie, au centre d'un schéma comprenant une multitude de contrats : le contrat d'obligation d'achat avec EDF OA, le contrat de raccordement au réseau avec ERDF[24] et le contrat de distribution avec la même entité. Néanmoins, comme le souligne Sophie Nicinski, si la négociation « doit nécessairement être l'occasion de repenser certaines règles, d'affermir les contrôles et de s'interroger sur le service rendu, son prix et sa qualité, [elle] ne doit pas devenir le théâtre de tous les excès »[25]. En tout état de cause, le renouvellement des relations contractuelles est au cœur de l'actualité et trouve bien son origine dans la perspective de création d'une *smart city*. Elles appellent, dès à présent, d'éventuelles actions conjointes dans le domaine de la distribution d'électricité.

B. *Un approfondissement des relations lié à des actions conjointes dans la distribution d'électricité*

Le coût du déploiement généralisé des compteurs communicants Linky est évalué à 4,2 milliards d'euros d'ici 2019[26]. Parallèlement, la Cour des comptes prévoit un besoin croissant d'investissements pour garantir la continuité et l'adaptation du service public de l'électricité[27]. Cette situation pourrait conforter l'implication des autorités concédantes dans la maîtrise d'ouvrage de la distribution d'électricité afin de renforcer les réseaux et les raccorder aux installations de production d'énergie renouvelable[28]. Elles interviennent alors comme opérateurs de réseaux et ont la faculté de faire exécuter en tout ou en partie à leur charge, les travaux de premier établissement, d'extension, de renforcement et de perfectionnement des ouvrages de distribution[29]. Cette possibilité ne peut être négligée dans la mesure où environ un quart des travaux réalisés dans la distribution d'électricité l'est actuellement sous une maîtrise d'ouvrage des autorités concédantes[30]. Celle-ci a vocation à s'appliquer en zones rurales dans lesquelles elles bénéficient de financements par le Fonds d'amortissement des charges d'électrification (FACÉ) qui leur garantit un taux d'aide unique de 65 % du

23. Paris, par exemple, a conclu un avenant en 2009.
24. Sur ce point voir L. RAPP, « Nature juridique et régime contentieux du contrat de raccordement électrique », *AJDA*, 2012, p. 764.
25. S. NICINSKY, « À propos des concessions locales de distribution d'électricité. Évitons les surtensions », *AJDA* 2010, p. 1737.
26. Cour des comptes, *Rapport public annuel 2013*, février 2013, p. 126.
27. *Ibid.*, p. 122 et s.
28. CGCT, art. L. 2224-31 ; J.-F. VAQUIERI, M.-H. PACHEN-LEFEVRE et C. FONTAINE, « Qui doit exercer la maîtrise d'ouvrage ? » *Contrats Publics*, n° 109, avril 2011, p. 34 et 35.
29. C. énerg., art. L. 322-6.
30. Cour des comptes, *Rapport public annuel 2013*, *op. cit.*, p. 122 et s.

montant TTC des travaux éligibles[31]. En complément, ces autorités disposent de ressources résultant des redevances du concessionnaire et de la taxe finale sur la consommation d'électricité[32]. Ces prérogatives offrent donc des perspectives pour suppléer l'action du concessionnaire dans le développement des *smart grids*. En conséquence, leur mise en œuvre impliquerait une résolution des lacunes pointées par la Cour des comptes dans la coordination des programmes d'investissement[33].

Cette exigence conduit à préciser les moyens juridiques susceptibles de favoriser ce rapprochement. D'une part, l'autorité concédante bénéficie d'informations du concessionnaire pour adapter ses programmes d'investissement. En sus du compte-rendu d'activité, le législateur prévoit une série de renseignements d'ordre économique, commercial, industriel, financier ou technique, sur la valeur des ouvrages concédés, ainsi que des données permettant d'élaborer et d'évaluer les SRCAE, les PCET et un bilan détaillé de la contribution du concessionnaire à ce dernier[34]. Le gestionnaire de réseau est également chargé de transmettre à l'autorité concédante lors d'une conférence départementale réunie sous l'égide du préfet, un programme prévisionnel de ses investissements faisant l'objet d'un bilan détaillé par celle-ci[35]. Selon la Cour des comptes, ce procédé constitue une réponse positive au besoin de coordination locale des investissements, celle-ci appelant plus largement une programmation commune[36]. D'autre part, l'autorité concédante pourrait influencer la politique d'investissement du concessionnaire en inscrivant dans le cahier des charges de la concession des objectifs de performance concernant la qualité de l'énergie distribuée. En cas de manquement, le gestionnaire de réseau pourrait être contraint de remettre une somme entre les mains d'un comptable public, restituée après constat du rétablissement du niveau de qualité[37]. La publication des décrets d'application dans ce domaine se présente comme une condition d'effectivité du dispositif.

L'autorité concédante dispose donc d'un ensemble de moyens pour coordonner ses investissements avec ceux du concessionnaire. Ceux-ci témoignent du fait que le passage d'une « ville communicante » à celle de « ville intelligente » implique des évolutions relationnelles en sus des adaptations technologiques. De surcroît, l'avènement de la *smart city* pourrait conduire à une diversification de l'objet des contrats.

---

31. CGCT, art. L2224-31 ; Décret n° 2013-46 du 14 janvier 2013 relatif aux aides pour l'électrification rurale (*JORF* n° 0013 du 16 janvier 2013 p. 1040).

32. CGCT, art. L. 2333-2 à 5.

33. Cour des comptes, *Rapport public annuel 2013*, *op. cit.*, p. 127 et s.

34. CGCT, art. L. 2224-31-I.

35. *Ibid.*

36. Cour des comptes, *Rapport public annuel 2013*, *op. cit.*, p. 130 et 145.

37. C. énerg., art. L. 322-12.

II. Une diversification de l'objet des contrats

L'approche administrative de la *smart city* insiste sur la nécessaire interconnexion des services publics pour renforcer leur efficacité. Or, bien que les contrats de concession constituent des instruments opérationnels de gestion, leur objet présente généralement un caractère sectoriel. Par conséquent, une harmonisation des contenus pourrait s'avérer nécessaire pour garantir la cohérence des services publics (A). L'approche de la *smart city* fondée sur la gouvernance met quant à elle l'accent sur une action conjuguée du corps social. Cette caractéristique pourrait conduire à une extension du contenu des conventions pour assurer une complémentarité des services publics et rapprocher les intérêts de l'autorité concédante, du concessionnaire et de l'usager (B).

A. Une harmonisation des contenus pour garantir la cohérence des services publics

Le développement des smart grids et, en parallèle, du recours aux énergies renouvelables nécessite une plus grande synergie entre les services publics locaux. En effet, on assiste à un phénomène d'interpénétration des réseaux. Il en va ainsi entre le domaine électrique et le domaine gazier. Il est possible de citer en exemple le stockage du surplus d'électricité produit par des éoliennes sous la forme de biogaz et/ou d'hydrogène[38]. Il en va de même entre ces deux derniers secteurs et celui des communications électroniques au regard du développement déjà amorcé des compteurs linky. De la même façon, les nouvelles techniques d'éclairage public intelligent nécessitent des formes de communication innovantes. Le secteur des transports terrestres, ensuite, qu'il soit individuel ou collectif, voit une recrudescence de l'utilisation de véhicules électriques qui nécessitent des bornes de recharge en ville. Enfin, la valorisation énergétique des déchets est aussi un point de rencontre entre deux types de service public jusqu'alors gérés de façon autonome. Ces quelques exemples donnent une idée de l'ampleur de l'évolution juridique à envisager pour adapter les concessions de distribution d'énergie et les autres concessions de service public local à cette complémentarité technique.

En premier lieu, il conviendrait de lancer une réflexion sur l'échelle institutionnelle pertinente pour encadrer la mise en cohérence entre les services publics locaux. Un regroupement des compétences au sein d'une même instance pourrait effectivement faciliter la complémentarité de ces services. Or, il convient de relever que la notion d'autorité concédante revêt des réalités juridiques variées selon les territoires, en fonction des transferts de compétences réalisés. La Cour des comptes, à ce sujet, relève que les autorités organisatrices de la distribution d'électricité sont soit des communes soit des EPCI. Or, l'article 33 de la loi du 7 décembre 2006 incite au regroupement des autorités organisatrices au sein d'un

38. Voir la centrale hybride biogaz et éolien de Prenzlau en Allemagne inaugurée en avril 2009. La centrale à biogaz se substitue aux éoliennes lorsqu'il n'y a pas de vent, et en cas d'excès de vent l'électricité produit de l'hydrogène par électrolyse. L'hydrogène, mélangé au biogaz, est utilisable sur place pour reproduire de l'électricité et de la chaleur (cogénération).

syndicat unique, pour l'ensemble du territoire départemental ou pour plusieurs départements connexes. Cette disposition, selon le même rapport, n'a été que partiellement mise en œuvre puisqu'il reste aujourd'hui 736 concessions, dont 537 communales et 199 intercommunales[39]. Seuls 55 départements disposent d'un syndicat unique alors que le maillage territorial de la distribution d'électricité est, selon ERDF, d'une échelle souvent supra-départementale. En outre, les autorités concédantes des autres services publics locaux[40] ne coïncident pas non plus de façon évidente avec le maillage de la distribution de l'électricité ce qui peut poser des problèmes de cohérence dans un avenir proche. Dès lors, il serait envisageable de mettre en avant le rôle que pourraient assumer des instances locales fédératives comme les commissions consultatives des services publics locaux prévues à l'article L. 1413-1 du CGCT pour avoir une vision rationnelle et harmonisée de la complémentarité de ces services.

En second lieu, la cohérence matérielle entre les outils juridiques servant de support à la gestion des services publics locaux est un élément qu'il conviendrait aussi d'anticiper. Il deviendra certainement nécessaire de rapprocher le contenu des concessions pour veiller à une certaine harmonie et cohérence entre les services publics locaux. Les contrats de délégation des services publics, qu'il s'agisse de l'eau, de l'énergie, des déchets ou, le cas échéant, des communications électroniques, pourraient être appréhendés non pas ensemble, mais plutôt en cohérence les uns par rapport aux autres. Il en va ainsi par exemple de la durée des contrats qui pourrait être envisagée de façon suffisamment homogène pour permettre des renouvellements synchronisés afin de satisfaire les principes de continuité et d'adaptabilité du service public. En effet, actuellement, le renouvellement des différentes catégories de concession n'est pas coordonné ce qui peut générer une forme d'inertie dans le développement des infrastructures pendant la durée du contrat, par l'absence d'investissement en fin de concession ou tant qu'un nouveau contrat n'est pas conclu. Or, même si le droit des contrats administratifs emporte possibilité de modification unilatérale moyennant compensation[41], la solution n'est pas idéale. Il en va de même des avenants éventuels ou de l'effet couperet de la fin de concession. L'harmonisation préalable des contenus et de la durée des contrats est une étape qui semble nécessaire pour que les services publics locaux soient matériellement complémentaires. Une extension des contenus de ces mêmes contrats participe de la même logique.

B. Une extension des contenus pour assurer la complémentarité des services publics

Le contrat de concession pourrait constituer un instrument de liaison entre des services publics distincts impliquant une même catégorie d'acteurs. En ce sens, un rapprochement pourrait être envisagé entre les services publics de la fourniture d'électricité et de la

39. Cour des comptes, *Rapport public annuel 2013*, *op. cit.*, p. 110.

40. Voir sur ce point l'article L. 2224-13 CGCT et le rapport de la Cour des comptes *Les collectivités territoriales et la gestion des déchets ménagers et assimilés*, septembre 2011, p. 21.

41. CE 2 février 1983, *Union des transports publics*, note AUBY, *RDP* 1984, p. 212.

performance énergétique de l'habitat dans la concession de fourniture d'électricité. L'article L. 121-5 du Code de l'énergie confère aux autorités concédantes chargées de la distribution publique d'électricité une mission de service public de la fourniture d'électricité consistant à assurer aux usagers raccordés au réseau le bénéfice des tarifs réglementés. En parallèle, ces autorités participent au service public de la performance énergétique de l'habitat ayant pour objet d'aider à la réalisation de travaux d'efficacité énergétique dans les logements résidentiels[42]. Ces actions se manifestent dans leur capacité de réaliser ou de faire réaliser des actions tendant à maîtriser la demande d'énergies de réseau des consommateurs finals lorsque ces actions sont de nature à éviter ou à différer, dans de bonnes conditions économiques, l'extension ou le renforcement des réseaux publics de distribution d'énergies relevant de leur compétence[43]. Ces interventions peuvent également tendre à maîtriser la demande d'énergies de réseau des personnes en situation de précarité. Leur soutien se traduit dans une prise en charge, en tout ou partie, des travaux d'isolation, de régulation thermique ou de régulation de la consommation d'énergies de réseau, ou l'acquisition d'équipements domestiques à faible consommation. Ces aides font l'objet de conventions avec les bénéficiaires et peuvent donner lieu à la délivrance de certificats d'économies d'énergie.

Les services publics de la fourniture d'électricité et de la performance énergétique de l'habitat peuvent se rejoindre puisque les opérateurs chargés de la première mission, à savoir EDF et les entreprises locales de distribution, sont également astreints au régime des certificats d'économie d'énergie, mécanisme consistant à promouvoir l'efficacité énergétique auprès de leurs clients[44]. Cette situation conduit à penser qu'en complément de sa fonction originelle, la convention de fourniture d'électricité pourrait servir les intérêts des autorités concédantes dans leurs actions relevant de la performance énergétique de l'habitat, de leur concessionnaire qui pourrait y voir un moyen de concrétiser ses obligations, ainsi que bien évidemment des usagers. Celle-ci servirait alors de cadre juridique pour des actions dans ce domaine, le législateur prévoyant la possibilité de préciser par décret les conditions dans lesquelles les autorités concédantes peuvent faire prendre en charge par leur concessionnaire des opérations de maîtrise de la demande d'électricité ou d'énergies de réseaux[45]. La convention de fourniture d'électricité préciserait alors les modalités de réalisation par le concessionnaire d'opérations matérielles et de programmes d'information et de formation en faveur de la maîtrise de la demande en énergie. Cette solution pourrait relancer les débats sur la mise en concurrence des concessions. Elle serait également révélatrice des capacités mimétiques du droit, qui en rapprochant les services publics dans un contrat, matérialiserait un élément essentiel de la *smart city* : l'interdépendance.

---

42. C. énerg., art. L. 232-1 ; M.-C. DE MONTECLER, « Adoption définitive de la proposition de loi Brottes sur la transition énergétique », *AJDA* 2013 p. 550 ; C. KROLIK, « Un prélude en demi-teinte : à propos de la décision n° 2013-666 DC Loi visant à préparer la transition vers un système énergétique sobre », *RJE*, 2013/3.

43. CGCT, art. L. 2224-34.

44. C. énerg., art. L. 221-1 et s. ; Décret n° 2010-1664 du 29 décembre 2010 relatif aux certificats d'économies d'énergie (*JORF* n° 0302 du 30 décembre 2010 p. 23224).

45. CGCT, art. L. 2224-31.

XIII. La tarification de l'énergie : la libéralisation au prisme de l'usager

Martine Long

« La tarification de l'énergie, une usine à gaz » tel était le titre d'un article de l'*Express* en septembre 2012, au moment du dépôt de la proposition de loi parlementaire visant à mettre en place une progressivité en matière de tarif de l'énergie, devenue loi n° 2013-312 du 15 avril 2013 visant à préparer la transition vers un système énergétique sobre et portant diverses dispositions sur la tarification de l'eau et sur les éoliennes[1]. Cette évolution traduit bien les préoccupations des gouvernants : tout en ayant accepté la libéralisation du secteur de l'énergie, ils tentent d'influer sur ce dernier dans un souci à la fois de considérations environnementales et de justice sociale.

L'histoire de l'intervention publique en matière de tarification énergétique obéit donc à une certaine logique qui est celle du maintien d'un pouvoir étatique dans des secteurs dont les tarifs ont été pendant longtemps réglementés. Cette réglementation des prix se justifiait dans un souci de respect du principe d'égalité et une volonté de l'État de conserver une mainmise sur des secteurs stratégiques d'un point de vue économique et social. Elle se justifiait également au regard du monopole conféré à deux opérateurs historiques qui bénéficiaient d'une quasi-exclusivité dans la fourniture de l'électricité et du gaz.

L'histoire ici a la dent dure d'autant que la libéralisation dans le secteur de l'énergie n'a pas amené véritablement à des économies d'échelle, mais au contraire à remettre en question les tarifs relativement bas, au regard de la concurrence étrangère, en matière d'électricité, en raison du choix de la France de privilégier le nucléaire.

La libéralisation de ces secteurs a ainsi amené avec elle la nécessité de définir une nouvelle stratégie. L'État tout en affirmant sa volonté d'être dans l'économie de marché a tenté par différents dispositifs de maintenir un encadrement des tarifs qui ont pu avoir un

1. *JO*, 16 avril 2013, p. 6208.

succès plus ou moins heureux. Le développement de situations de précarité énergétique a rendu cette nécessité impérative afin de garantir un droit à l'énergie pour tous.

Pendant longtemps l'idée générale a été essentiellement sociale, conserver une maîtrise de ces tarifs qui dans les charges des ménages constituent un enjeu non négligeable. La précarité énergétique ou des actions du type de celles menées par l'association « Robin des Bois » sont là pour témoigner des difficultés de certaines familles à payer leur facture d'énergie. Les collectivités territoriales ont d'ailleurs mis en place toute une série de dispositifs pour tenter d'appuyer ces dernières. L'État quant à lui tente régulièrement de maintenir un contrôle sur les prix qui bien souvent va se heurter à la nécessité pour les opérateurs historiques d'équilibrer leur budget.

Plus récemment, les préoccupations environnementales ont rattrapé ces logiques. L'enjeu n'est plus uniquement de maintenir des tarifs acceptables, mais bien d'agir sur l'usage et de diminuer les consommations.

L'exposé des motifs de la proposition de loi instaurant une tarification progressive de l'énergie souligne ainsi qu'« elle constitue le premier acte d'une mobilisation générale en vue d'économiser massivement l'énergie. Il s'agit de responsabiliser chaque ménage, dans une approche à la fois sociale et écologique. Sociale, parce que l'énergie est un bien essentiel dont personne ne doit être exclu pour ses besoins vitaux. Écologique, car la lutte contre l'effet de serre ou les surinvestissements dans la production énergétique passent par un changement de modèle de consommation, donc de tarification ».

Si ces objectifs sont louables, ils constituent une rupture. Rupture tout d'abord par rapport à la logique industrielle et commerciale du modèle ; rupture également dans les choix sociétaux et la volonté de faire primer les enjeux sociaux sur des enjeux purement gestionnaires et économiques.

Le dispositif souffre cependant d'une certaine complexité dans sa déclinaison, il n'en demeure pas moins intéressant en termes de modèle. Le tarif n'est en effet pas neutre, ni pour les pouvoirs publics, ni pour les ménages. Pour les premiers, il constitue à la fois un marqueur politique et un enjeu économique ; pour les seconds il vient impacter leur budget et conditionne l'accès au service. Dans cette optique, il sera souligné dans une première partie que le tarif constitue un élément clef du droit à l'énergie pour tous (I), il obéit à ce titre à des enjeux sociaux et environnementaux indéniables (II).

I. Le tarif : élément clef du droit à l'énergie pour tous

Le tarif n'est pas un acte de simple réglementation. Il est un identifiant essentiel de l'accessibilité d'un service public. Tout en étant libéralisés, les secteurs de l'énergie ont conservé une qualification de service public. Désormais, plusieurs opérateurs sont censés se partager le marché même si l'opérateur historique conserve une position dominante. La logique commerciale se heurte ici à la nécessité de faire en sorte que le service demeure accessible à l'ensemble de la population. Pour ce faire, des dispositions sont prévues à l'échelon européen, mais également en droit interne.

A. Une ambition européenne réduite

Comme ont pu le noter un certain nombre d'auteurs, il existe un lien indéfectible entre les droits fondamentaux, les droits économiques et sociaux et les services publics[2].

La Charte des droits fondamentaux souligne d'ailleurs dans son article 36 que « l'Union reconnaît et respecte l'accès aux services d'intérêt économique général. »

La mise en œuvre de ce droit est garantie en grande partie au niveau européen par la mise en place d'un service universel. Cependant, si le droit communautaire, aujourd'hui droit de l'Union européenne, a tendu à assurer l'interopérabilité des réseaux, à garantir la sécurité d'approvisionnement et à instaurer un marché de l'électricité, il n'a travaillé qu'à la marge la question de l'accessibilité pour le consommateur-usager. Le droit d'accès est vu essentiellement du côté des opérateurs économiques et assez peu du côté de l'utilisateur du service, si ce n'est au travers du droit de la consommation. Le raisonnement s'est fait essentiellement autour de l'imposition d'obligations de service public aux différents opérateurs et non autour d'une réflexion sur la construction de ce qui pourrait être un vrai service public européen. Les enjeux de souveraineté sont également très présents sur ces secteurs, les choix diffèrent d'ailleurs d'un État à l'autre pour garantir l'approvisionnement que ce soit de l'électricité ou du gaz.

L'introduction de la notion de service universel dans le secteur de l'énergie a été d'ailleurs partielle et tardive. Partielle dans la mesure où si l'on retrouve aujourd'hui une définition d'un service universel pour l'électricité ; le gaz, n'a pas été quant à lui qualifié comme tel.

Pour l'électricité, les directives européennes ont opté pour une définition assez étendue. La transposition française tout en reprenant la qualification de service public pour l'activité lui donne une ambition plus large que le simple approvisionnement des consommateurs finaux industriels ou particuliers. L'article L. 121-1 du Code de l'énergie souligne ainsi que :

> « Le service public de l'électricité a pour objet de garantir, dans le respect de l'intérêt général, l'approvisionnement en électricité sur l'ensemble du territoire national. Dans le cadre de la politique énergétique, il contribue à l'indépendance et à la sécurité d'approvisionnement, à la qualité de l'air et à la lutte contre l'effet de serre, à la gestion optimale et au développement des ressources nationales, à la maîtrise de la demande d'énergie, à la compétitivité de l'activité économique et à la maîtrise des choix technologiques d'avenir, comme à l'utilisation rationnelle de l'énergie. Il concourt à la cohésion sociale, à la lutte contre les exclusions, au développement équilibré du territoire, dans le respect de l'environnement, à la recherche et au progrès

2. A. Lyon-Caen et V. Champeil-Desplats, *Services publics et droits fondamentaux dans la construction européenne*, Dalloz, 2001.

technologique, ainsi qu'à la défense et à la sécurité publique. Matérialisant le droit de tous à l'électricité, produit de première nécessité, le service public de l'électricité est géré dans le respect des principes d'égalité, de continuité et d'adaptabilité et dans les meilleures conditions de sécurité, de qualité, de coûts, de prix et d'efficacité économique, sociale et énergétique. »

Ainsi on voit bien que le droit européen s'est attaché essentiellement à la libéralisation du secteur et à des considérations de sécurité alors même que le droit interne reconnaît l'électricité comme étant un produit de première nécessité. Certes, la 3e directive « Électricité » de 2009 accroît la dimension sociale du service, mais davantage comme un palliatif aux règles de la concurrence que comme une fin en soi. Pour autant, cette dernière précise que « les États membres prennent les mesures appropriées pour protéger les clients finals et veillent en particulier à garantir une protection adéquate aux consommateurs vulnérables. »

Il en résulte que dans les textes européens les dispositions concernant les questions tarifaires concernent essentiellement les tarifs d'accès aux infrastructures essentielles et le consommateur. Pour ce dernier les préoccupations se traduisent par des garanties qui portent sur le contenu des contrats et la transparence, assez peu finalement sur les modalités d'accès si ce n'est pour certaines catégories strictement définies.

B. La volonté de l'État français de conserver une mainmise sur ces secteurs

Matérialisant le droit de tous à l'électricité, produit de première nécessité, le service public de l'électricité est géré dans le respect des principes d'égalité, de continuité et d'adaptabilité et dans les meilleures conditions de sécurité, de qualité, de coût, de prix et d'efficacité économique, sociale et énergétique. La question du prix est donc bien au cœur de la libéralisation du secteur.

1. Un intérêt manifeste des politiques

La logique de la libéralisation aurait dû amener à un prix de l'énergie fixé en fonction du marché et de l'offre et de la demande. Tel n'a pas été le choix qui a été effectué en interne. Les pouvoirs publics ont ainsi entendu maintenir un contrôle sur les tarifs afin de garantir l'accès à ce produit de première nécessité.

Deux types d'offres existent sur le marché de détail de l'électricité, les tarifs réglementés de vente, dont les évolutions sont fixées par les pouvoirs publics et qui ne peuvent être proposés que par les fournisseurs historiques, et les offres de marché (ou offres libres), dont les prix sont fixés librement par les fournisseurs.

Conformément aux dispositions des articles L. 337-7 et suivants du Code de l'énergie, les tarifs réglementés de vente bénéficient (sauf cas particulier) aux consommateurs finals domestiques et non domestiques pour leurs sites souscrivant une puissance inférieure ou égale à 36 kilovolts ampères. Un dispositif similaire existe en matière gazière étant précisé que le seuil est ici de 30 MWh et qu'au-dessus de ce seuil toute nouvelle souscription doit se faire aux conditions du marché.

Ainsi, alors même que l'énergie a été libéralisée les pouvoirs publics ont souhaité maintenir un contrôle sur les prix et limiter les effets de la concurrence. Ces tarifs réglementés offrent d'ailleurs une position dominante aux opérateurs historiques, et ce même si des offres inférieures peuvent être faites sur le marché. Ainsi, les tarifs réglementés représentaient fin 2011, 94 % des volumes fournis.

La question du maintien d'un tarif réglementé s'est posée en France dès l'ouverture intégrale à la concurrence. Afin de limiter l'augmentation des prix, les pouvoirs publics ont souhaité maintenir pour les opérateurs historiques un prix réglementé offrant une protection contre le marché. Cette question a suscité des réactions à l'échelon européen.

Ainsi, par un avis motivé du 4 avril 2006 la France s'est vue adresser une mise en demeure de la Commission. Les faits concernaient notamment à l'époque le secteur professionnel seul à être libéralisé. La Commission reprochait à la France d'avoir généralisé les tarifs réglementés de vente d'électricité à l'ensemble du secteur professionnel, de n'avoir autorisé la vente de ces tarifs qu'à EDF et aux distributeurs non nationalisés et de maintenir des tarifs bas en dessous des prix du marché. À la suite de cette procédure, une enquête a été lancée à l'échelon européen qui a abouti en interne à la mise en place d'une commission : la commission Champsaur, chargée de formuler des propositions d'organisation du marché de l'électricité *« conciliant la protection des consommateurs, le développement de la concurrence et le financement des investissements »*.

Cette commission a préconisé d'une part d'ouvrir l'accès des fournisseurs à la production d'électricité du parc nucléaire historique d'EDF, à un prix régulé, ce qui a été rendu effectif avec la loi n° 2010-1488 du 7 décembre 2010 portant nouvelle organisation du marché de l'électricité (dite loi Nome) ; la suppression, d'autre part, des tarifs réglementés de vente pour les industriels et leur maintien pour les petits consommateurs.

Le Conseil constitutionnel a lui aussi souligné dans sa décision du 30 novembre 2006 l'incompatibilité du maintien d'un tarif réglementé général avec les objectifs du droit communautaire. Dans la mesure où ces tarifs sont inférieurs au prix du marché et sans lien avec des obligations de service public.

Pour autant dans un arrêt du 20 avril 2010 *Federutility e.a. contre Autorità per l'energia elettrica e il gas*[3] la CJCE a pu juger que

> « Les articles 3, paragraphe 2, et 23, paragraphe 1, de la directive 2003/55, concernant des règles communes pour le marché intérieur du gaz naturel, ne s'opposent pas à une réglementation nationale qui permet de déterminer le niveau du prix de fourniture du gaz naturel aux consommateurs finals par la définition de « prix de référence », après le 1er juillet 2007, à condition que cette intervention :

3. Aff. C-265/08 ; *Concurrences* n° 3-2010, rubrique secteur public 2-1, comm. RODRIGUÈS.

– poursuive un intérêt économique général consistant à maintenir le prix de fourniture du gaz naturel au consommateur final à un niveau raisonnable eu égard à la conciliation qu'il appartient aux États membres d'opérer, en tenant compte de la situation du secteur du gaz naturel, entre l'objectif de libéralisation et celui de la nécessaire protection du consommateur final poursuivis par la directive 2003/55 ;

– ne porte atteinte à la libre fixation des prix de la fourniture du gaz naturel après le 1er juillet 2007 que dans la seule mesure nécessaire à la réalisation d'un tel objectif d'intérêt économique général et, par conséquent, durant une période nécessairement limitée dans le temps, et

– soit clairement définie, transparente, non discriminatoire, contrôlable, et garantisse aux entreprises de gaz de l'Union européenne un égal accès aux consommateurs. »

Il en résulte que toute mesure de réglementation des prix n'est pas en soi prohibée par le droit européen. Pour autant, l'intervention publique doit ici être justifiée et limitée dans le temps.

Dans le même ordre d'idée, la directive 2009/73 concernant les règles communes pour le marché intérieur du gaz est venue préciser que « les États membres veillent à la réalisation d'un marché du gaz naturel concurrentiel, sûr et durable sur le plan environnemental, et s'abstiennent de toute discrimination pour ce qui est des droits et obligations des entreprises. Dans ce cadre, les États membres peuvent imposer aux entreprises, dans l'intérêt économique général, des obligations de service public qui peuvent notamment porter sur l'instauration de tarifs réglementés. »

2. Un tarif régulé

Le tarif de l'énergie est particulièrement sensible à la fois pour les particuliers, mais également pour les différents opérateurs. Le tarif réglementé étant l'apanage des opérateurs historiques il est normal que les modalités de fixation en soient contestées par les opérateurs qui interviennent sur le secteur libre qui, comme on l'a souligné, ont quelques difficultés à se développer.

Le contrôle des tarifs se fait à la fois par l'intervention de la Commission de régulation de l'énergie (CRE) et par la possibilité de saisine de la juridiction administrative ou de l'autorité de la concurrence.

La commission de régulation de l'énergie est tout d'abord amenée à intervenir en matière de prix de l'énergie. En vertu de l'article L. 131-2 du Code de l'énergie, cette dernière « peut formuler des avis et proposer toute mesure favorisant le bon fonctionnement et la transparence, notamment en matière de prix, du marché de détail. » La commission doit consulter les acteurs du secteur de l'énergie avant de former cet avis.

En vertu de l'article L. 337-4 du Code de l'énergie, la commission de régulation de l'énergie bénéficiera de pouvoirs renforcés à compter de décembre 2015. Il est à ce titre prévu que la commission transmettra aux ministres chargés de l'Économie et de l'Énergie ses propositions motivées de tarifs réglementés de vente d'électricité. La décision sera réputée acquise en l'absence d'opposition de l'un des ministres dans un délai de trois mois suivant la réception de ces propositions. Le schéma est ici on le voit, inversé, le gouvernement ne disposant plus que d'un pouvoir d'opposition aux tarifs proposés.

La régulation du système se fait également par la diffusion d'informations et l'existence de sites dédiés qui permettent d'opérer une comparaison des prix proposés. Le site *www.energie-info.fr* permet ainsi aux consommateurs d'obtenir toute une série de renseignements sur les prix pratiqués, le calcul de leur facture ainsi que l'impact de toute hausse tarifaire.

Deux adresses électroniques d'alerte : *elect.info@cre.fr* et *gaz.info@cre.fr* permettent par ailleurs aux grands consommateurs d'informer la CRE des offres qui leur sont faites et qui ne traduiraient pas l'existence d'une concurrence effective.

La question de la fixation du prix de l'électricité ou du gaz suscite aujourd'hui un contentieux abondant[4]. La question du prix de l'énergie est en effet selon la qualification utilisée par Jean-Bernard Auby[5] « une question piégée ». Entre obligation d'équilibre économique, augmentation mécanique des prix, maintien de tarifs réglementés et ouverture à la concurrence, les impératifs divergent. La marge de manœuvre des gouvernants se réduit et tend à être limitée par des contraintes mécaniques.

3. Efficacité économique et enjeux sociaux

La volonté de maintenir un encadrement des tarifs en France va très souvent se heurter aux impératifs économiques. Entre la volonté politique d'éviter la flambée des prix et les exigences économiques, l'équilibre n'est pas simple à trouver.

Ainsi, selon le rapport de commission de l'énergie sur le fonctionnement des marchés de détail français de l'électricité et du gaz pour 2011-2012, la situation des opérateurs s'est notamment dégradée en 2012 où l'augmentation tarifaire de 2 % décidée le 23 juillet 2012 s'avère insuffisante pour couvrir l'évolution des coûts de fournitures estimées entre 2011-2012. La CRE souligne par ailleurs, dans une vision prospective, que l'évolution des tarifs réglementés sur la période 2012-2017 devrait normalement être de 30 %. Une grande partie de cette évolution (1/3) serait due à l'augmentation de la contribution au service public de l'électricité (CSPE).

Cette contribution, rappelons-le, vise à financer : le budget du médiateur de l'énergie, le coût de la péréquation en faveur des zones non reliées au réseau de distribution et de transport de l'électricité français ; le surcoût associé aux politiques de soutien aux énergies

4. M. SCHLESINGER, « Contentieux de l'énergie : la fixation des tarifs réglementés et le juge des marchés régulés », *RJEP*, déc. 2012, n° 703.

5. « Prix de l'énergie », *Dr. adm.*, févr. 2013, n° 2.

renouvelables et à la cogénération selon les termes de la loi du 10 février 2000 ; le coût du tarif de première nécessité.

Ces différentes exigences et les contentieux qui se sont développés montrent bien l'ambiguïté actuelle et le resserrement des contraintes. Le gouvernement souhaite maintenir un encadrement des tarifs alors même que les impératifs économiques se font de plus en plus prégnants. La raréfaction des sources d'énergies primaires devrait d'ailleurs accentuer la pression sur les prix dans les années à venir.

À l'horizon 2015, l'article L. 337-6 du Code de l'énergie prévoit d'ailleurs que « dans un délai s'achevant au plus tard le 31 décembre 2015, les tarifs réglementés de vente de l'électricité sont progressivement établis en tenant compte de l'addition du prix d'accès régulé à l'électricité nucléaire historique, du coût du complément à la fourniture d'électricité qui inclut la garantie de capacité, des coûts d'acheminement de l'électricité et des coûts de commercialisation ainsi que d'une rémunération normale ».

II. Les enjeux sociaux et environnementaux de la tarification

Le secteur de l'énergie relève de la qualification de service public industriel et commercial. Cette qualification a été corroborée par la création d'un vaste marché de l'électricité. Pour autant, une tarification sociale a été mise en place qui évolue aujourd'hui au regard de nouvelles contraintes.

A. Une tarification sociale destinée aux plus nécessiteux

La mise en place d'une tarification sociale en matière d'énergie n'est pas nouvelle. Ainsi, si l'électricité n'a pas été incluse dans le champ du service universel dans un premier temps, la nécessité de la mise en place d'un tarif social a été cependant affirmée. Cette exigence a été étendue par la suite au gaz. Ce tarif est appelé « tarif de première nécessité » pour l'électricité et est exclusivement fourni par EDF et les fournisseurs locaux et « tarif spécial de solidarité » pour le gaz. Il est dans cette dernière hypothèse proposé par tous les fournisseurs.

Limité pendant longtemps aux bénéficiaires de la CMU complémentaire, ce tarif a été récemment élargi. Dans un souci de mise en conformité avec la législation applicable au RSA qui prévoit que désormais les aides doivent être accordées en fonction des revenus et non liées à un statut particulier, la loi d'avril 2013 prévoit d'étendre le bénéfice de ce tarif social à plus de 4 millions de foyers. Il s'agit là d'une demande appuyée par les acteurs sociaux. L'UNCCAS souligne ainsi[6] que depuis trois ans, 77 % des CCAS et CIAS sont confrontés à une hausse des demandes d'aides à l'énergie. Face à ce constat il est proposé de généraliser l'application des tarifs sociaux à toutes les personnes se situant en dessous du seuil de

6. Enquête de l'UNCCAS rendue publique le 27 mars 2013.

pauvreté, ainsi qu'une harmonisation des dispositifs mis en place par les départements dans le cadre des fonds de solidarité logement. La mesure s'accompagne de toute une réflexion sur la performance énergétique du bâti. La loi prévoit notamment la création d'un service public de la performance énergétique de l'habitat accompagnée d'un mécanisme d'alerte de l'Agence nationale d'amélioration de l'habitat pour les ménages bénéficiant des tarifs sociaux et dont la consommation serait excessive par rapport aux volumes de base auxquels ils ont droit.

L'enjeu ici est non seulement d'élargir les mesures sociales, mais également de faire en sorte que toutes les personnes éligibles puissent avoir accès à ce tarif. Il apparaît en effet qu'actuellement seulement un ayant droit sur deux en bénéficie. Un mécanisme de transmission d'informations est à ce titre prévu par l'article L. 337-3 du Code de l'énergie de la part de l'administration fiscale et des organismes de sécurité sociale qui doivent constituer un fichier des bénéficiaires potentiels. Il est également prévu que la tarification spéciale « produit de première nécessité » bénéficie aux gestionnaires des résidences sociales. Pour autant, ici aussi un bilan régulier devra être réalisé afin d'examiner si les objectifs ont bien été atteints.

B. Du tarif social au tarif progressif

La mise en place d'une tarification sociale est, aujourd'hui on le voit, un acquis. Elle n'allait pas de soi au regard du caractère industriel et commercial des services publics concernés[7]. Pour les services publics qui bénéficient d'une qualification de service universel, elle va se manifester par un pourcentage de déduction sur la partie fixe du tarif et sur le prix de l'énergie avec une double limite celle du revenu des bénéficiaires et d'un plafond mensuel de consommation. Cette mesure s'accompagne de plus de divers dispositifs qui vont permettre aux personnes de bénéficier d'une aide ou d'un accompagnement pour le paiement de leur facture. Acquise dès 2004 pour l'électricité[8], cette possibilité a été étendue au secteur gazier en 2008[9].

L'époque contemporaine a vu apparaître de nouvelles exigences avec la volonté de maîtrise de la consommation. Cette maîtrise est particulièrement prégnante au sein des services publics environnementaux. Ainsi une tarification incitative a été mise en place en matière de déchets, alors même qu'un tarif progressif est possible en matière d'eau.

Cette possibilité a été reconnue légale par le Conseil d'État dans un arrêt du 31 juillet 2009, *Soc. Les sables d'or et autres*[10] :

---

7. Voir, notamment, M. LONG : « La tarification des services publics industriels et commerciaux locaux » *in* S. BRACONNIER et J.-B. AUBY (dir.), *Services publics industriels et commerciaux : questions actuelles*, LGDJ, coll. « Décentralisation et développement local », 2003.

8. *D.* n° 2004-325 du 8 avril 2004 relatif à la tarification spéciale de l'électricité comme produit de première nécessité, *JO*, 10 avril 2004, n° 86, p. 6773.

9. *D.* n° 2008-778 du 13 août 2008 relatif à la fourniture de gaz naturel au tarif spécial de solidarité modifié notamment en 2012, *JO*, 14 août 2008, n° 189, p. 12873.

10. Req. n° 303876.

> « Considérant que ces dispositions n'obligent pas les organes délibérants des collectivités publiques ou établissements publics dont relève le service d'eau et d'assainissement à instituer un tarif uniforme par mètre cube prélevé ; qu'ils peuvent légalement instituer un tarif dégressif ou progressif, en fonction des tranches de consommation ; qu'une telle variation peut résulter de l'institution d'un tarif d'eau et d'une redevance d'assainissement comportant une partie fixe et une partie proportionnelle au volume d'eau prélevé ; que la collectivité publique peut prendre en considération, dans la tarification qu'elle adopte, les caractéristiques particulières du branchement, notamment celles ayant une incidence sur l'importance des besoins en eau ; que, de même, la collectivité publique peut légalement tenir compte des charges fixes du service, eu égard notamment à ses conditions d'exploitation et à l'importance des investissements à amortir et des extensions à réaliser pour garantir qu'en toute circonstance les usagers puissent disposer du volume et de la pression d'eau nécessaires. »

Elle est aujourd'hui prévue par le législateur.

La proposition de loi sur la progressivité des tarifs de l'énergie présentée par le député Brottes a fait couler beaucoup d'encre. Le dispositif est en partie calqué sur ce qui est applicable dans le secteur de l'eau depuis 2010. Dans ce secteur les communes ont en effet la possibilité de mettre en place un tarif progressif en fonction des consommations. On retrouve la même idée en matière de déchets avec une volonté de généralisation à l'horizon 2015.

Pour l'énergie, le dispositif est plus complexe dans la mesure d'une part où il serait rendu obligatoire et où la progressivité varierait en fonction des revenus des ménages, selon un système qualifié de bonus-malus. En pratique, il prévoit la création de trois paliers pour les énergies en réseau (gaz et électricité) et ce, quels que soient le fournisseur et le type d'offre souscrite : la consommation « de base », qui coûtera 3 à 10 % moins cher que les tarifs existants, puis des tarifs « de confort » et « de gaspillage », qui seront plus élevés. Pour adapter la facture au type de consommation de chacun, le volume de consommation sera déterminé en fonction de plusieurs critères : la zone climatique de l'habitation, la composition de la famille et le mode de chauffage. Un tel dispositif existe dans certains États[11] comme en Californie aux États-Unis ou encore en Italie, selon des modalités quelque peu différentes.

Cette mesure, si elle obéit à une logique très certainement positive n'en pose pas moins question. La principale difficulté réside dans le fait qu'un certain nombre de ménages consomme non pas par volonté, mais par nécessité. Effectivement, un certain nombre de logements du parc social n'obéissent pas à des critères environnementaux. Afin de pallier cet inconvénient, il est proposé, comme il a été souligné précédemment, de créer un service public de la performance énergétique de l'habitat qui sera saisi par l'Agence nationale de l'amélioration de l'habitat lorsqu'un ménage bénéficiaire de tarifs sociaux a une consommation excessive par rapport aux volumes de base auxquels elle a droit.

Pour autant, la limite des revenus risque de ne pas jouer son plein effet et le dispositif global peut se révéler pénalisant.

---

11. Voir en ce sens *Rapport Sénat n° 70,* R. Courteau, 23 octobre 2012, p. 7-11.

Le dispositif prévu a été censuré par le Conseil constitutionnel dans une décision du 11 avril 2013[12] pour rupture d'égalité devant les charges publiques.

Si le Conseil constitutionnel a pu estimer que le fait que le dispositif ne concerne que les industries de réseau n'était pas contraire à la Constitution au regard « des caractéristiques propres » de ces énergies, il a par contre invalidé l'exclusion du dispositif des consommateurs professionnels. Selon la haute juridiction, cette exclusion est sans rapport avec l'objectif de maîtrise des coûts de production et de distribution de ces énergies. En outre, « cette exclusion des consommations professionnelles conduisait à ce que les locaux dotés des mêmes dispositifs de chauffage, soumis aux mêmes tarifs et, pour certaines utilisant un dispositif de chauffage commun soient inclus ou exclus du seul fait qu'ils étaient ou non utilisés à des fins domestiques. »

Le Conseil constitutionnel a également relevé que dans les immeubles collectifs d'habitation pourvus d'installations communes de chauffage, les conditions de responsabilisation de chaque consommateur n'étaient pas remplies au regard de sa consommation d'énergie de réseau.

Cette décision illustre une nouvelle fois les difficultés pratiques de mise en place de mesures d'éco-responsabilisation. Ces dernières doivent prendre en compte l'ensemble des considérations pratiques et la jurisprudence du Conseil constitutionnel. Celui-ci assure en effet une lecture stricte du principe d'égalité devant les charges publiques, quel que soit le statut juridique de l'opérateur.

Cette décision vient par ailleurs valider les critiques émises à l'encontre du système, présenté par beaucoup comme complexe. Elle prouve que pour être viable un système tarifaire doit être à la fois juste et simple. À ce titre, l'expérimentation prévue par la loi de 2013 en matière de tarif social de l'eau paraît beaucoup plus pertinente dans la mesure où elle permettra une adaptation progressive du dispositif. Il est de ce fait laissé une certaine marge d'appréciation aux autorités compétentes dans la mesure où l'expérimentation peut inclure la définition de tarifs tenant compte de la composition ou des revenus du foyer, l'attribution d'une aide au paiement des factures d'eau ou d'une aide à l'accès à l'eau.

La tarification de l'énergie constitue un bon cas pratique de considérations économiques, sociales et environnementales. Elle illustre magnifiquement la difficulté aujourd'hui dans laquelle se trouvent les gouvernants de vouloir maintenir des logiques de service public fortes et réaffirmées dans des secteurs qui ont été libéralisés. Elle pose également la question de la coexistence d'un tarif réglementé accessible à l'ensemble notamment des ménages et d'un tarif social réservé aux plus fragilisés. À ce titre, dans un avis récent du 25 mars 2013[13] l'Autorité de la concurrence a pu estimer que le maintien de tarifs réglementés dans le secteur du gaz a une influence défavorable sur le fonctionnement de la concurrence,

12. Décision n° 2013-666 *Loi visant à préparer la transition vers un système énergétique sobre et portant diverses dispositions sur la tarification de l'eau et des éoliennes*, *JO*, 16 avril 2013, p. 6214.

13. Avis n° 13-A-09 du 25 mars 2013 concernant un projet de décret relatif aux tarifs réglementés de vente du gaz naturel.

sans pour autant contribuer à la compétitivité des entreprises françaises ni au pouvoir d'achat des ménages. Elle préconise de ce fait la disparition progressive de ces tarifs réglementés.

III. Conclusion

Les tarifs de l'énergie obéissent, on le voit, à différentes contraintes. La complexité est ici de mise dans des dispositifs qui se sont juxtaposés bien souvent sans réflexion d'ensemble.

La volonté de garantir l'accessibilité du service est ici contrecarrée par un coût de l'énergie qui mécaniquement augmente. La raréfaction des matières premières ainsi que la nécessité de développer les énergies renouvelables pèsent également dans la balance.

L'enjeu sera à l'avenir pour les pouvoirs publics dans la conciliation de ces différentes exigences, dans le respect des contraintes du droit de l'Union européenne et du droit interne.

XIV. Collectivités locales et lutte contre la précarité énergétique

Jean-Luc Pissaloux

Alors qu'en Grande-Bretagne est conduit depuis près d'un quart de siècle un travail sur la précarité énergétique, ce concept n'a en revanche que lentement émergé en France, et cela en dépit notamment d'analyses pertinentes[1] et de diverses actions menées depuis longtemps – conformément du reste à l'une de ses vocations – par l'Agence de l'environnement et de la maîtrise de l'énergie (ADEME).

Cela fait déjà un certain nombre d'années en effet que l'ADEME a mis l'accent sur l'importance du poste « énergie » dans les dépenses des ménages les plus modestes : dès 2008, elle soulignait que « les ménages les plus pauvres consacr(ai)ent 15 % de leur revenu aux dépenses énergétiques contre seulement 6 % pour les plus riches »[2] ; à l'époque, cet établissement public considérait donc implicitement qu'était en situation de précarité énergétique tout ménage dont le taux d'effort énergétique (i.e. la part du budget du ménage affectée à l'énergie) était supérieur à 15 %, étant précisé que – selon RAPPEL[3] – cette précarité énergétique peut simplement se définir comme la difficulté – voire l'incapacité – à pouvoir chauffer correctement son logement à un coût acceptable par rapport à son revenu.

Certes, également, et depuis plusieurs années, des textes législatifs visant à combattre la pauvreté n'ont point ignoré la précarité énergétique et son traitement ; à cet égard, il est

1. Voir notamment D. Chérel, *Maîtrise de l'énergie et lutte contre l'exclusion. Rôle de l'ADEME et perspectives d'action*, ADEME, Note de synthèse, février 2006.

2. Voir *ADEME & Vous*, Stratégie et Études n° 3, 03/04/2008.

3. RAPPEL : Réseau des Acteurs de la Pauvreté et de la Précarité Énergétique dans le Logement, créé en 2005.

possible de citer la loi n° 88-1088 du 1er décembre 1988 instituant le revenu minimum d'insertion, la loi n° 90-449 du 31 mai 1990 visant la mise en œuvre du droit au logement, ou encore la loi d'orientation n° 98-657 du 29 juillet 1998 relative à la lutte contre les exclusions ; il convient également de rappeler la loi n° 2004-809 du 13 août 2004 relative aux libertés et responsabilités locales, aux termes de laquelle l'État et les départements sont coresponsables de l'élaboration du plan départemental d'action pour le logement des personnes défavorisées et de la gestion du fonds de solidarité logement.

Il est clair, toutefois, que la reconnaissance officielle du phénomène de la précarité énergétique et la mise en œuvre effective d'actions précises visant à traiter aussi efficacement que possible ce problème sont récentes dans notre pays : elles ne datent en vérité que du Grenelle de l'environnement.

C'est ainsi que le II de l'article 2 de la loi n° 2009-967 du 3 août 2009 de programmation relative à la mise en œuvre du Grenelle de l'environnement, dite « loi Grenelle 1 », prévoit que « Les mesures nationales de lutte contre le changement climatique porteront en priorité sur la baisse de la consommation d'énergie des bâtiments et la réduction des émissions de gaz à effet de serre des secteurs des transports et de l'énergie »[4] : ce même article 2 ajoute que « Le programme d'économies d'énergie dans le secteur du logement comprendra des actions ciblées de lutte contre la précarité énergétique. »

Dans le prolongement de cette loi et dans le cadre du Plan Bâtiment Grenelle, le rapport « Pelletier », remis le 15 décembre 2009, a fait un certain nombre de propositions concrètes visant à lutter contre la précarité énergétique, propositions consacrant au demeurant un consensus de l'ensemble des acteurs concernés, et, en conséquence, largement reprises dans la loi n° 2010-788 du 12 juillet 2010 portant engagement national pour l'environnement, dite « loi Grenelle 2 », à commencer par la définition de la précarité énergétique, qui ne faisait point jusque-là l'objet d'une définition précise.

Aux termes de l'article 11 de la loi Grenelle 2 en effet : « Est en précarité énergétique une personne qui éprouve dans son logement des difficultés particulières à disposer de la fourniture d'énergie nécessaire à la satisfaction de ses besoins élémentaires en raison notamment de l'inadaptation de ses ressources ou de ses conditions d'habitat. »

Cette définition, qui a été insérée à l'article 4 de la loi précitée du 31 mai 1990, consacre une approche légale « multicritères » de la précarité énergétique, fondée à la fois sur la mauvaise qualité thermique du logement occupé (et dès lors sur un ressenti de froid dans le logement), sur un taux d'effort énergétique supérieur à 10 % (seuil finalement retenu par loi), mais aussi sur un troisième facteur, à savoir la vulnérabilité économique des ménages du fait de la faiblesse de leurs revenus c'est-à-dire en vérité sur leur pauvreté[5]. En France, selon

4. L'article 2 est le premier article du Titre Ier « Lutter contre le changement climatique » de la loi Grenelle 1.

5. Pour mesurer le retard pris par la France pour lutter contre la précarité énergétique, il suffit de faire observer que le Royaume-Uni avait proposé dès 2001 une première conceptualisation de cette notion, prolongée par celle de « pauvreté énergétique » définie comme le « stade ultime de la précarité énergétique » ; il convient également de rappeler que le droit communautaire a reconnu l'existence d'usagers particulièrement vulnérables en matière d'énergie dans ses directives « électricité » et « gaz » du 25 juin 2009.

les dernières évaluations qui font consensus[6] et qui sont rappelées dans le rapport Pelletier : « Au moins 3 400 000 ménages (13 % des ménages) sont aujourd'hui en précarité énergétique avec un taux d'effort énergétique supérieur à 10 %. Il s'agit de ménages défavorisés, mais aussi de ménages modestes. » Et au sein des segments de population les plus touchés parmi les ménages en situation de précarité énergétique : « 87 % d'entre eux sont logés dans le parc privé ; 70 % d'entre eux appartiennent au premier quartile de niveau de vie ; 62 % sont propriétaires ; 55 % d'entre eux ont plus de 60 ans. » Toujours selon les évaluations de l'Agence nationale d'amélioration de l'habitat (ANAH) citées par le rapport Pelletier, plus d'un million de propriétaires en situation de précarité énergétique seraient en maison individuelle[7]. Mais, depuis l'enquête précitée de l'ANAH, le nombre de personnes touchées par la précarité énergétique, il convient de l'observer, a malheureusement significativement augmenté[8].

La loi Grenelle 2 a donc – enfin, mais clairement – engagé la lutte contre la précarité énergétique dans notre pays, l'article 11 de cette loi ayant en effet ajouté l'obligation de mesures de lutte contre celle-ci à l'article 2 de la loi du 31 mai 1990. En outre, pour financer le plan national de lutte contre la précarité énergétique, cette loi a créé le Fonds d'aide à la rénovation thermique (FART), dont la gestion a été confiée à l'ANAH, et qui prévoit la rénovation de 300 000 logements des ménages à revenus modestes, propriétaires occupants[9].

Pour mener à bien cette lutte contre la précarité énergétique, et conformément du reste aux propositions du rapport Pelletier, existent, soit à l'échelon national soit à l'échelon local, divers programmes et dispositifs[10], dont certains sont dédiés spécifiquement à la lutte contre la précarité énergétique et d'autres ne le sont point. Ces derniers, généralement créés antérieurement à l'engagement national de lutte contre la précarité énergétique en vue de répondre à des préoccupations diverses comme l'insalubrité, l'habitat indigne ou l'insécurité,

6. Exploitation de l'enquête « INSEE ENL 2006 » par l'ANAH, *in Rapport ANAH 2009.*

7. La Région Île-de-France, dans le cadre de la préparation de son « Plan régional pour le climat » a diffusé les données suivantes sur la précarité énergétique (chiffres 2006) : 1/5e des Franciliens se plaint du froid, soit 2 300 000 Franciliens ; 24 % des locataires d'HLM déclarent souffrir du froid ; 126 000 ménages (290 000 Franciliens) se chauffent trop peu par manque de moyens. Les dépenses énergétiques domestiques représentent en moyenne 3,5 % du budget des ménages, alors que la moyenne nationale est de 3,8 % ; mais 330 000 ménages, soit 700 000 Franciliens, consacrent plus de 10 % de leurs revenus aux dépenses énergétiques dans l'habitat (à Paris, c'est le cas d'environ 54 000 ménages).

8. Il suffit, à cet égard, de se reporter aux constatations faites par ces acteurs de terrain que sont les CCAS, cf. l'enquête de l'UNCCAS « L'implication des CCAS/CIAS dans la lutte contre la précarité énergétique », *Enquêtes & Observations sociales*, mars 2013, n° 5.

9. Ce fonds a été doté pour la période 2010-2017 de 500 millions d'euros dans le cadre du Grand Emprunt pour le financement des investissements d'avenir, et de 250 millions par les fournisseurs d'énergie, auxquels s'ajoute la participation de l'ANAH à hauteur de 600 millions, ce qui fait en tout une enveloppe budgétaire de 1,35 milliard d'euros.
Dans le prolongement de la loi Grenelle 2, a également été créé le 1er mars 2011, sous l'égide des ministères chargés de l'Énergie, de l'Environnement et du Logement, un Observatoire national de la précarité énergétique, dont les débuts sont, semble-t-il, laborieux (voir Actes du colloque « La précarité énergétique : comprendre pour agir », Palais Bourbon, 22 mars 2012).

10. Un dispositif est volontiers défini comme un ensemble d'actions coordonnées mises en œuvre à l'échelle locale ; en vérité, c'est généralement une déclinaison d'un programme le plus souvent national.

ont bien souvent évolué pour prendre en compte la précarité énergétique et son traitement ; c'est ainsi que les schémas régionaux du climat, de l'air et de l'énergie (SRCAE) ou les plans climat-énergie territoriaux (PCET) peuvent prévoir des dispositions consacrées à la lutte contre la précarité énergétique ; il en va de même des plans locaux d'urbanisme (PLU) et des plans locaux de l'habitat (PLH), qui eux aussi comportent de plus en plus des dispositions visant à lutter contre la précarité énergétique à l'échelon communal et/ou intercommunal[11].

Aujourd'hui, il existe une multitude d'aides susceptibles d'être accordées aux personnes (propriétaires, occupants ou non, et locataires) en situation de précarité énergétique et/ou souhaitant réhabiliter thermiquement leur logement ; ces aides relèvent notamment de mécanismes nationaux, parmi lesquels l'on peut citer les tarifs sociaux de l'énergie[12], l'éco-prêt à taux zéro (pour tous les propriétaires sans condition de ressources), le crédit d'impôt développement durable (pour tous les contribuables, propriétaires et locataires, sans condition de ressources), les aides du programme « Habiter Mieux », le tiers-investissement[13] ; mécanismes nationaux auxquels il convient d'ajouter tous les mécanismes et dispositifs d'aides auxquels participent – plus ou moins directement, et le plus souvent en partenariat avec d'autres acteurs – les collectivités locales, leurs groupements et/ou leurs établissements publics comme les centres communaux ou intercommunaux d'action sociale (CCAS/CIAS).

Au niveau local, il apparaît que l'échelon départemental joue le rôle essentiel, conformément du reste à la vocation sociale du département collectivité locale : en pratique, il est en effet le plus fréquemment impliqué dans les mécanismes visant à lutter contre la précarité énergétique, que ce soit au travers des plans locaux d'action pour le logement des personnes défavorisées, instrument de planification et de politique locale pourtant non spécifique (I), ou des contrats locaux d'engagement de lutte contre la précarité énergétique, outil contractuel en revanche spécifique à cette lutte et également conclu dans la très grande majorité des cas au niveau départemental (II) ; cependant, outre les aides prévues par ces documents, il existe encore toute une gamme d'aides accordées par les collectivités locales et/ou leurs établissements publics, qui peuvent apparaître – surtout aux personnes souffrant de précarité énergétique – comme un maquis quasi inextricable (III).

11. D'autant que l'échelon intercommunal est désormais privilégié pour l'élaboration des PLU.

12. En 2009, 940 000 foyers ont bénéficié de ces tarifs pour l'électricité (tarif de première nécessité ou TPN), et 298 000 pour le gaz (tarif spécial de solidarité ou TSS).

13. Il s'agit là d'un nouveau mécanisme proposé aux particuliers par le gouvernement lors de la Conférence environnement de septembre 2012 : il consiste à ne plus demander aux particuliers d'avancer des sommes importantes pour diminuer leur facture énergétique ; en effet, un tiers, qui se rémunérera sur les économies d'énergie obtenues grâce à l'amélioration de la performance énergétique du logement, prendra en charge une partie ou la totalité des travaux de rénovation thermique. Ce mécanisme concernera les logements anciens, soit 600 000 habitations par an.

I. Le plan départemental d'action pour le logement des personnes défavorisées et la précarité énergétique

Le plan départemental d'action pour le logement des personnes défavorisées (PDALPD) est le cadre de définition et d'harmonisation des initiatives en direction du logement des familles en situation précaire : il peut être qualifié d'*institutionnel* dans la mesure où son instauration est obligatoire dans chaque département ; mais il ne constitue point, comme on l'a déjà souligné, un dispositif spécifique de lutte contre la précarité énergétique.

Le PDALPD a été créé par l'article 2 de la loi n° 90-449 du 31 mai 1990 visant la mise en œuvre du droit au logement, loi qui lui consacre son chapitre Ier (articles 2 à 8). Mais cette loi et en particulier les dispositions consacrées aux PDALPD ont été modifiées à plusieurs reprises. La loi n° 2006-872 du 13 juillet 2006 portant engagement national pour le logement, dite « loi ENL », a renforcé en son article 60 le rôle de ces PDALPD ; le décret n° 2007-1688 du 29 novembre 2007[14], modifié depuis, a en outre précisé leur procédure d'élaboration, leur contenu et leur mise en œuvre. Ultérieurement, la loi n° 2009-323 du 25 mars 2009 de mobilisation et de lutte contre l'exclusion (dans ses articles 59, 69, 74, 84, 95), la loi n° 2010-769 du 9 juillet 2010 relative aux violences faites spécifiquement aux femmes, aux violences au sein des couples et aux incidences de ces dernières sur les enfants (dans son article 19), et la loi Grenelle 2 (dans son article 11) ont précisé des notions justifiant le caractère prioritaire de certains publics, notamment celles d'habitat indigne, de violences conjugales et de précarité énergétique : c'est ainsi, comme on l'a déjà souligné, que l'article 11 de la loi Grenelle 2 a complété l'article 2 de la loi précitée du 31 mai 1990 en prévoyant que le PDALPD comprend, i.e. doit comprendre[15], des mesures destinées à lutter contre ce problème. Plus récemment, l'article 12 (V) de l'ordonnance n° 2012-576 du 26 avril 2012 a modifié et complété substantiellement les dispositions de l'article 4 de la loi de 1990, notamment celles concernant le contenu du plan, en y précisant également le rôle du comité responsable du plan.

A. Le PDALPD : un instrument non spécifique de lutte contre la précarité énergétique relevant d'une procédure concertée

De façon générale, le PDALPD contribue à garantir le droit au logement considéré comme un devoir de solidarité pour l'ensemble de la nation en vertu du premier alinéa de l'article 1er de la loi du 31 mai 1990 modifiée, et cela par des mesures destinées à permettre à toute personne éprouvant des difficultés particulières, en raison notamment de l'inadaptation de ses ressources ou de ses conditions d'existence, d'accéder à un logement décent et indépendant ou de s'y maintenir et d'y disposer de la fourniture d'eau, d'énergie et de

14. Ce décret a abrogé en son article 16 le décret n° 99-897 du 22 octobre 1999 modifié relatif aux plans départementaux d'action pour le logement des personnes défavorisées et aux fonds de solidarité pour le logement.

15. Est-il besoin de rappeler que l'indicatif vaut impératif en droit !

services téléphoniques pour reprendre les termes de l'article 2 de cette loi tel que modifié par l'article 11 de la loi Grenelle 2 ; toujours en application de la même disposition, le PDALPD doit inclure le plan d'accueil, d'hébergement et d'insertion des personnes sans domicile prévu par l'article L. 312-5-3 du Code de l'action sociale et des familles (CASF) et comprendre des mesures destinées à lutter contre la précarité énergétique. Plus précisément, aux termes de l'article 4 modifié et actuellement en vigueur de la loi précitée du 31 mai 1990, le PDALPD précise les besoins des personnes en difficulté ; il prend également en compte ceux des personnes victimes de violences ainsi que ceux des personnes et des familles hébergées dans des établissements ou services sociaux et médico-sociaux ; il accorde en outre une priorité aux personnes et familles sans aucun logement ou menacées d'expulsion sans relogement, hébergées ou logées temporairement ou encore exposées à des situations d'habitat indigne[16].

En vertu de l'article 3 actuellement en vigueur de la loi du 31 mai 1990, le PDALPD, établi pour une durée minimale de trois ans[17], est conjointement élaboré et mis en œuvre par l'État et le département. Un comité responsable du plan, coprésidé par le préfet et le président du conseil général, dont les membres sont du reste désignés par le préfet et le président du conseil général, et qui se réunit au moins deux fois par an, est chargé de sa mise en œuvre. Ce comité peut déléguer tout ou partie de ses compétences (à l'exception de la décision de création d'une commission spécialisée de coordination des actions de prévention des expulsions locatives) à un comité technique composé des représentants des membres du comité responsable du plan[18]. Cependant, sont également associés à l'élaboration du plan les communes ou leurs groupements (EPCI délégataire, EPCI ayant prescrit ou approuvé un PLH) ainsi que les autres personnes morales concernées, notamment les associations dont l'un des objets est l'insertion ou le logement des personnes défavorisées et les associations de défense des personnes en situation d'exclusion par le logement, les caisses d'allocations familiales, les caisses de mutualité sociale agricole, les distributeurs d'eau et les fournisseurs d'énergie, les opérateurs de services téléphoniques, les bailleurs publics ou privés et les collecteurs de la participation des employeurs à l'effort de construction. Logiquement, ces personnes morales, à l'exception des distributeurs d'eau et d'énergie et des opérateurs de services téléphoniques, composent le comité responsable du plan : chaque partenaire associé au plan a en effet un représentant au comité, étant précisé que chaque EPCI présent dispose d'un représentant.

En outre, en application de l'article 5, des conventions passées entre les partenaires mentionnés à l'article 3 précisent les modalités de mise en œuvre du plan départemental

16. Rappelons que constituent un habitat indigne les locaux ou installations utilisés aux fins d'habitation et impropres par nature à cet usage, ainsi que les logements dont l'état, ou celui du bâtiment dans lequel ils sont situés, qui expose les occupants à des risques manifestes pouvant porter atteinte à leur sécurité physique ou à leur santé.

17. À titre d'exemple, le quatrième PDALPD de la Seine-Maritime, entré en vigueur le 1er janvier 2009, couvre une période cinq ans, de 2009 à 2013.

18. En Île-de-France, une commission du comité régional de l'habitat prévu à l'article L. 364-1 du Code de la construction et de l'habitation est chargée d'assurer la coordination des plans départementaux d'action pour le logement des personnes défavorisées. Elle réunit, sous la présidence du représentant de l'État dans la région, le président du conseil régional, les représentants de l'État dans les départements et les présidents de conseils généraux (art. 3 al. 2 loi du 31 mai 1990 modifiée).

et définissent annuellement les conditions de financement des dispositifs qu'il prévoit. Des conventions sont également passées avec les bailleurs de logements pour réserver dans chaque département un nombre suffisant de logements, répartis géographiquement, à destination des personnes victimes de violences, protégées ou ayant été protégées par l'ordonnance de protection prévue aux articles 515-9 et suivants du Code civil.

L'élaboration d'un PDALPD relève donc d'une procédure concertée, fondée sur un partenariat entre plusieurs personnes morales de droit public et de droit privé : le département y joue certes un rôle fondamental, mais il en va de même de l'État, de sorte que le PDALPD apparaît comme un instrument de planification de type mixte, ni décentralisé, ni déconcentré totalement. Au niveau de son élaboration et de sa mise en œuvre, le PDALPD consacre en vérité une coresponsabilité de l'État et du département, en partenariat avec les acteurs locaux du logement, de l'habitat et de la solidarité. En outre, par son objet et son contenu, cet instrument ne constitue point, à l'évidence, un outil spécifique de lutte contre la précarité énergétique, à laquelle il n'est pas en effet exclusivement dédié.

B. Le fonds de solidarité logement : l'outil financier du PDALPD

Le financement des mesures destinées à répondre aux objectifs du PDALPD a été renouvelé par la loi n° 2004-809 du 13 août 2004 relative aux libertés et responsabilités locales, dont l'article 65 a substantiellement modifié l'article 6 originaire de la loi du 31 mai 1990 et transféré – depuis le 1er janvier 2005 – aux départements la gestion du Fonds de solidarité logement (FSL).

Comme le proclame en effet le premier alinéa de cet article 6 modifié, il est en effet créé dans chaque département un tel fonds ; et selon l'article 6-3 de la loi de 1990, tel que modifié par l'article 4 de la loi n° 2010-1488 du 7 décembre 2010, le financement de ce fonds « est assuré par le département ». Cependant, toujours en vertu de cet article 6-3, une convention est passée entre le département, d'une part, et les représentants de chaque fournisseur d'énergie ou d'eau livrant des consommateurs domestiques, d'autre part, afin de définir le montant et les modalités de leur concours financier au fonds de solidarité pour le logement ; et en outre, les autres collectivités territoriales, les EPCI et les diverses autres personnes mentionnées au premier alinéa de l'article 3[19] peuvent également participer au financement du fonds.

L'article 6 modifié de la loi du 31 mai 1990 énonce les différentes aides financées par le FSL : certaines sont obligatoires ; d'autres sont facultatives et/ou conditionnelles[20].

C'est ainsi que le fonds de solidarité accorde, dans les conditions définies par son règlement intérieur et conformément aux priorités définies à l'article 4 de la loi[21], des aides

19. Voir *supra*.

20. Cela résulte simplement de l'emploi du verbe « peut » dans le texte de la loi.

21. Le règlement intérieur est élaboré et adopté par le conseil général après avis du comité responsable du PDALPD (voir art. 6-1 al. 1er).

financières sous forme de cautionnements, prêts ou avances remboursables, garanties ou subventions à des personnes remplissant les conditions de l'article 1er et qui entrent dans un logement locatif ou qui, étant locataires, sous-locataires ou résidents de logements-foyers, se trouvent dans l'impossibilité d'assumer leurs obligations relatives au paiement du loyer, des charges et des frais d'assurance locative, ou qui, occupant régulièrement leur logement, se trouvent dans l'impossibilité d'assumer leurs obligations relatives au paiement des fournitures d'eau, d'énergie et de services téléphoniques : le FSL assure ainsi des aides aux particuliers pour leur permettre de faire face à leur situation de précarité énergétique.

Le Fonds de solidarité peut aussi accorder des aides à des personnes propriétaires occupants, qui remplissent les conditions de l'article 1er de la loi et se trouvent dans l'impossibilité d'assurer leurs obligations relatives au paiement de leurs charges collectives, ou aux remboursements d'emprunts contractés pour l'acquisition du logement dont ils ont la propriété ou la jouissance si celui-ci est situé dans un groupe d'immeubles bâtis ou un ensemble immobilier faisant l'objet d'un plan de sauvegarde en application de l'article L. 615-1 du Code de la construction et de l'habitation ou dans le périmètre d'une opération programmée d'amélioration de l'habitat (OPAH) définie à l'article L. 303-1 du Code de la construction et de l'habitation, limitée à un groupe d'immeubles bâtis en sociétés d'attribution ou en société coopérative de construction donnant vocation à l'attribution d'un lot ou soumis au régime de la copropriété.

Par ailleurs, le Fonds de solidarité prend en charge des mesures d'accompagnement social, individuelles ou collectives, lorsqu'elles sont nécessaires à l'installation ou au maintien dans un logement des personnes et des familles bénéficiant du plan départemental, qu'elles soient locataires, sous-locataires, propriétaires de leur logement ou à la recherche d'un logement. Il peut aussi accorder une garantie financière aux associations qui mettent un logement à la disposition des personnes défavorisées mentionnées à l'article 1er ou qui leur accordent une garantie. Ces aides peuvent être accordées soit directement aux bénéficiaires, soit par l'intermédiaire de fonds locaux de solidarité pour le logement ou d'associations dont l'un des objets est l'insertion ou le logement de personnes défavorisées[22].

Telles sont les principales aides financées par le FSL au niveau de chaque département.

Il est essentiel de souligner que les critères d'éligibilité pour le FSL varient d'un département à un autre, en fonction non seulement des besoins recensés et connus, mais aussi – bien évidemment – des orientations politiques de chaque département et de l'état de ses finances. Au demeurant, dans la gestion du FSL, la loi laisse une grande latitude au département : celui-ci peut confier par convention, sous sa responsabilité et son contrôle, la gestion financière et comptable du fonds à un organisme de sécurité sociale, une association agréée à cet effet ou un groupement d'intérêt public[23] ; par ailleurs, le conseil général peut créer des fonds locaux pour l'octroi de tout ou partie des aides du fonds de solidarité pour le logement

22. Ces mesures d'accompagnement social donnent lieu à l'établissement de conventions, conclues par le département avec les organismes ou les associations qui les exécutent, et auxquelles peuvent être partie les organismes d'habitations à loyer modéré visés à l'article L. 411-2 du Code de la construction et de l'habitation.

23. Voir art. 6-4 de la loi du 31 mai 1990 créé par l'art. 65 de la loi n° 2004-809 du 13 août 2004.

et en confier la gestion, par convention, aux communes et aux EPCI qui en font la demande, étant précisé que la création d'un fonds de solidarité intercommunal est de droit lorsque la demande émane d'un EPCI ayant conclu une convention avec l'État dans les conditions définies à l'article L. 301-5-1 du Code de la construction et de l'habitation[24].

Ainsi, le Fonds de solidarité logement est à la fois l'outil social et financier du Plan départemental d'action pour le logement des personnes défavorisées ; il est également essentiel de souligner le caractère mutualiste de ce dispositif de solidarité, dans la mesure où les aides financières attribuées reposent certes sur les crédits réservés par le département dans son budget annuel, mais aussi sur les contributions des autres financeurs du fonds, à savoir les communes, les EPCI, les caisses d'allocations familiales, les fournisseurs d'eau et énergie, les bailleurs sociaux.

En 2008 (derniers chiffres publiés), le Fonds de solidarité logement a permis de venir en aide à 572 000 ménages, dont 306 000 spécifiquement au titre des aides à l'énergie, pour leur permettre de régler leurs factures d'électricité ou de gaz ; et la part de l'aide affectée à l'énergie dans le FSL a représenté 66 millions d'euros au niveau national sur un montant global de l'ordre de 307 millions, soit un peu plus de 20 %.

II. La conclusion au niveau départemental de contrats locaux d'engagement de lutte contre la précarité énergétique

En 2010, a été lancé le programme national « Habiter Mieux », dont la dotation s'élève à 1,25 milliard d'euros, répartis en 500 millions d'euros des Investissements d'avenir de l'État et 750 millions d'euros de l'ANAH. Ce programme a pour objectif d'aider, d'ici 2017, à la réalisation de travaux de rénovation thermique pour 300 000 ménages propriétaires occupants en vue d'améliorer leur logement, leur qualité de vie et leur pouvoir d'achat. Mais pour pouvoir bénéficier des aides de ce programme, il faut relever d'un département ayant signé un contrat local d'engagement (CLE) de lutte contre la précarité énergétique (A), dont l'objet et le contenu méritent d'être précisés (B).

A. L'obligation de conclure un CLE pour pouvoir être éligible au programme « Habiter Mieux »

Pour être éligible à une aide « Habiter Mieux », il faut en effet satisfaire un certain nombre de conditions cumulatives : être propriétaire occupant de son logement, bénéficier d'une subvention de l'ANAH, réaliser des travaux améliorant d'au moins 25 % la performance énergétique du logement, et habiter un logement situé dans un département ayant signé un CLE.

24. Voir art. 7 de la loi du 31 mai 1990 tel que modifié par l'art. 65 de la loi n° 2004-809 du 13 août 2004.

La conclusion d'un CLE de lutte contre la précarité énergétique des logements privés est donc indispensable pour engager les aides financières du programme « Habiter Mieux ». Elle permet en outre de mobiliser au mieux les acteurs locaux de l'action sociale, à savoir notamment – en plus de l'État, de l'ANAH, de telle ou telle collectivité locale (dans la quasi-totalité des cas, un département, mais aussi éventuellement des communes et/ou des structures intercommunales) – les caisses d'allocations familiales, les caisses d'assurance vieillesse et de santé au travail, les caisses de la mutualité sociale agricole, les acteurs du réseau bancaire dont Procivis, et de préciser les modes d'intervention de chacun d'entre eux. La signature d'un CLE permet enfin d'aider les propriétaires occupant leur logement à réaliser les travaux d'économie d'énergie nécessaires à l'amélioration de leurs conditions de vie, et de mettre en place un accompagnement individualisé[25].

L'échelle départementale a été privilégiée afin d'assurer au mieux le déploiement sur l'ensemble du territoire national du programme « Habiter Mieux ». Cela permet en effet à des propriétaires occupants, dont le logement n'est situé ni dans le périmètre d'un programme d'intérêt général (PIG) ni dans celui d'une opération programmée d'amélioration de l'habitat (OPAH), de pouvoir prétendre aux aides « Habiter Mieux ».

Le CLE, signé pour une durée de trois ans, est élaboré sous l'autorité du préfet, délégué départemental de l'ANAH : il constitue un outil souple et évolutif, permettant à d'autres partenaires de rejoindre le dispositif pendant toute la durée du contrat par voie de protocoles, car, comme on l'a déjà souligné, il rassemble – le plus souvent à l'échelle du département – des acteurs divers et variés (des politiques, des financiers, des opérationnels).

Ainsi, a été signé le 26 octobre 2010 dans le Bas-Rhin le premier contrat local d'engagement du programme « Habiter Mieux »[26]. Cette première signature a été suivie de plusieurs autres, de sorte qu'aujourd'hui, la quasi-totalité du territoire métropolitain est couvert – au niveau des départements – par un CLE[27].

Mais, il convient de le signaler, un contrat local d'engagement de lutte contre la précarité énergétique peut aussi être signé à un échelon infra-départemental, lequel peut être communal ou intercommunal. À titre d'exemple, a été signé le 27 octobre 2010 un protocole d'aide pour la rénovation thermique des logements privés des foyers les plus modestes de Saint-Flour, premier CLE signé au niveau d'une commune ; en signant ce protocole, la commune de Saint-Flour a en effet été la première commune de France à s'inscrire dans le plan national de lutte contre la précarité énergétique, afin de répondre – dans une approche de

25. Concrétisé par le repérage des situations à traiter, le diagnostic énergétique et financier, le montage du projet de rénovation thermique, et *in fine* la réalisation des travaux.

26. Son objectif était de rénover 600 logements en trois ans.

27. Citons encore, en raison de sa spécificité, le CLE de Paris, signé le 23 mai 2011 entre l'État, le département de Paris, le Centre d'action sociale de la ville de Paris (CASVP), la Caisse nationale d'assurance vieillesse (CNAV), les Sociétés anonymes coopératives d'intérêts collectifs pour l'accession à la propriété (SACICAP), et l'Agence parisienne du climat (APC : association locale d'intérêt général, créée en 2011 et rassemblant plus de 65 partenaires adhérents).

proximité – aux besoins de sa population[28]. Comme exemple de CLE conclu à un niveau intercommunal, peut être cité le « Contrat local d'engagement contre la précarité énergétique » de la communauté d'agglomération de Châlons-en-Champagne, qui réunit les partenaires suivants : l'État et l'ANAH, la Communauté d'agglomération de Châlons-en-Champagne, la caisse régionale d'assurance retraite et de santé au travail du Nord-Est, le Centre communal d'action sociale de Châlons-en-Champagne, et la société immobilière Plurihabitat qui est une SACICAP[29].

B. L'objet et le contenu d'un CLE

Le CLE peut donc être défini comme la déclinaison opérationnelle, au niveau le plus généralement du département, du programme « Habiter Mieux ». Aussi, s'inscrit-il dans le cadre du PDALPD, dont il constitue finalement une modalité de mise en œuvre, en ayant pour objet de décrire en somme le mode de coopération concerté mis en place au niveau local, et cela du repérage des situations éligibles à la réalisation des travaux nécessaires grâce à l'octroi d'aides spécifiques visant donc à lutter contre la précarité énergétique.

De manière opérationnelle, les CLE reprennent les processus mis en place par les PIG ou OPAH, en y incluant le versement d'une somme forfaitaire (prime « Habiter Mieux »)[30]. En outre, ils peuvent incorporer des dispositifs déjà existants au plan local (en plus des PIG et des OPAH), de sorte que ces CLE peuvent *in fine* concerner un public plus large que les propriétaires occupants modestes éligibles aux aides du programme « Habiter Mieux »[31]. En bref, les CLE s'appuient toujours au maximum sur les dispositifs et les acteurs existants dont ils s'efforcent d'articuler les interventions en les complétant si besoin.

Les CLE cherchent à apporter une réponse globale pour lutter au mieux contre la précarité énergétique. Aussi, visent-ils d'abord à identifier et évaluer les situations méritant d'être aidées, puis d'orienter vers les solutions les plus appropriées en distinguant des réponses de court terme (concernant notamment les comportements inadéquats à faire évoluer ou les petits équipements à changer) et des réponses sur le long terme consistant à intervenir durablement sur le bâti et à responsabiliser les ménages afin de les faire sortir durablement de leur situation difficile, et en particulier de leur état de précarité énergétique. Tout cela implique de disposer d'acteurs de terrain pour identifier et qualifier les situations et pour accompagner les bénéficiaires des aides.

---

28. Avec ce protocole, la commune de Saint-Flour s'est engagée à rénover le logement de 60 propriétaires occupants modestes sur 353, soit près de 20 % du parc de logements de propriétaires occupants éligibles aux aides de l'ANAH.

29. SACICAP : Société Anonyme Coopérative d'Intérêts Collectifs pour l'Accession à la Propriété.

30. L'aide « Habiter Mieux » est fixée à 1 600 euros (voir décret n° 2012-447 du 2 avril 2012). Si cette aide est complétée par la collectivité, une prime du même montant plafonnée à 500 euros est octroyée. Une aide de 438 euros est également ouverte pour les prestations d'assistance à maîtrise d'ouvrage contractées auprès des opérateurs.

31. L'ouverture des CLE aux propriétaires bailleurs, aux locataires des parcs privés et publics, et aux bailleurs publics est particulièrement pertinente en Île-de-France dont la réalité ne correspond pas au constat national, selon lequel la majorité des ménages est propriétaire occupant de maisons individuelles, anciennes et situées en zone rurale.

III. L'existence d'une multitude d'aides mises en œuvre par les collectivités locales et/ou leurs établissements publics pour lutter contre la précarité énergétique

Les aides octroyées par les départements et relevant du FSL/FSE ainsi que les aides « Habiter Mieux » accordées en cas de signature d'un CLE le plus souvent à l'échelon départemental mais aussi à l'occasion au niveau communal n'épuisent pas tous les dispositifs mis en place par les collectivités locales et leurs établissements publics ou dans lesquels ils interviennent plus ou moins directement. En vérité, les aides proposées par les collectivités locales pour lutter contre la précarité énergétique constituent un véritable maquis non uniformisé sur l'ensemble du territoire national (A). Il faut aussi noter le développement de l'éco-prêt « logement social » qui peut concerner les communes en tant que bailleur social (B) et aussi – voire surtout – l'intervention grandissante ces dernières années des CCAS/CIAS (C).

A. Un maquis non uniformisé territorialement d'aides proposées par les collectivités locales

Outre les partenariats divers et variés dans lesquels elles peuvent être impliquées, les régions, d'une part, et les communes et/ou les structures intercommunales, d'autre part, peuvent également accorder des aides conditionnées en vue de maîtriser les dépenses d'énergie et ainsi lutter contre la précarité énergétique.

Ainsi, à titre d'exemple, la Région Haute-Normandie a prévu un dispositif d'aide aux travaux en deux étapes, consacrées respectivement par un chèque « Énergie Audit » et un chèque « Énergie Travaux ». Le premier permet de faire réaliser un audit énergétique de la maison par un bureau d'études conventionné[32] ; cette première étape constitue le préalable indispensable pour pouvoir ensuite bénéficier du chèque « Énergie travaux », destiné quant à lui à financer la réalisation – par des professionnels qualifiés – des travaux préconisés par l'audit et relevant au surplus d'une liste limitative. Pour pouvoir bénéficier de ce chèque « Énergie travaux », il faut être propriétaire occupant d'une maison individuelle construite depuis plus de dix ans et constituant la résidence principale ; mais ce n'est pas la seule condition à satisfaire, car il faut en effet ne pas dépasser un certain seuil de ressources annuelles, ne pas avoir bénéficié pour ce logement au cours des cinq dernières années d'une subvention régionale pour le même type de travaux et/ou l'installation d'équipement utilisant les énergies renouvelables, et – comme on l'a déjà indiqué – avoir fait réaliser un audit énergétique par un bureau d'études conventionné par le conseil régional[33]. Il convient enfin de noter, observation qui s'applique de façon générale à la majorité des aides accordées, que le chèque

32. Cette aide s'élève à 400 euros sur un coût de 650 euros.

33. Si le logement est suffisamment performant au regard de l'audit énergétique réalisé, le propriétaire peut alors demander une aide à l'installation d'équipement utilisant les énergies renouvelables : appareil indépendant de chauffage au bois ou chaudière individuelle au bois, chauffe-eau solaire individuel.

« Énergies Travaux » ne couvre jamais le montant total des travaux, et qu'il permet d'obtenir le remboursement d'une partie de la ou des factures de travaux.

Les départements peuvent aussi proposer une palette d'aides diversifiées, parmi lesquelles méritent d'être mentionnés les fonds sociaux d'aide aux travaux de maîtrise de l'énergie (FATSME), qui n'existent pas dans tous les départements.

Les FSATME, constitués en effet le plus souvent à l'initiative des conseils généraux, sont des fonds destinés à financer la réalisation de travaux de maîtrise d'énergie en faveur des ménages défavorisés et à engager une politique de prévention tant technique que sociale du reste, car tout FSATME comporte à la fois un volet « ingénierie » et un volet « travaux » ; les ménages concernés sont des ménages occupant des logements de mauvaise qualité thermique, mal isolés et/ou équipés de chauffages vétustes, et confrontés en outre à des difficultés financières pour régler leurs factures d'énergie et donc en situation de précarité énergétique, ou susceptibles de l'être.

Selon l'ADEME, constitue un FSATME un fonds répondant aux critères cumulatifs suivants relatifs à ses objectifs, à ses membres fondateurs, et à sa mise en œuvre. Le fonds doit tout d'abord avoir pour objectifs : le repérage, sur le territoire concerné, des ménages en situation de précarité énergétique ; la réalisation d'audits énergétiques individuels chez ces ménages ; l'accompagnement des travaux de rénovation des logements jusqu'à leur réception ; et la sensibilisation des ménages aux économies d'énergie. Il doit ensuite reposer sur l'association de plusieurs partenaires, dont au minimum : un organisme ou une institution œuvrant dans le champ social assurant le pilotage du fonds (ce qui est le cas d'un département, mais aussi par exemple d'une caisse d'allocation familiale) ; ainsi qu'un organisme, une institution ou une association ayant des compétences dans les domaines de la maîtrise de l'énergie et de l'habitat (le réseau « Habitat et Développement » par exemple). Enfin, la mise en œuvre du fonds doit s'appuyer : en premier lieu, sur la distinction des postes budgétaires relatifs à l'ingénierie (animation, audits énergétiques, suivi des travaux), d'une part, et aux aides pour réaliser les travaux (primes et subventions), d'autre part ; en deuxième lieu, sur un règlement ou une convention précisant les critères définissant les publics bénéficiaires, les types d'intervention retenus, les règles d'attribution des aides ; et, en troisième et dernier lieu, sur un bilan annuel et une évaluation réalisée au plus tous les trois ans.

Nombre de FSATME ont en vérité été créés en liaison avec les FSL, dont le volet « énergie » prend en charge les impayés d'énergie[34]. Les FSATME permettent en effet de mobiliser d'autres acteurs, comme notamment les réseaux de l'habitat, de la maîtrise de l'énergie, des associations de consommateurs, des associations caritatives, ou encore des bailleurs sociaux, que ceux impliqués dans les FSL. Par ailleurs, les FATSME peuvent ou non être inscrits dans le PDALPD, ce qui montre bien que celui-ci ne recense pas nécessairement toutes les aides disponibles en matière de lutte contre la précarité énergétique. Il est clair, en outre, que tous les FATSME ne proposent pas nécessairement les mêmes montants d'aides : comme pour les FSL/FSE, les dispositifs peuvent varier d'un département à un autre.

34. Voir *supra*, I B.

B. Le développement de l'éco-prêt « logement social »

L'éco-prêt « logement social » (éco-PLS) est un dispositif, issu du Grenelle de l'environnement, mis en place pour assurer la réhabilitation thermique du parc de logements sociaux les plus consommateurs en énergie, dont le nombre a été évalué à 800 000. Ce dispositif consiste simplement en un prêt d'un montant de 9 000 à 16 000 euros par logement[35], ouvert aux organismes d'habitations à loyer modéré (HLM), aux sociétés d'économie mixte (SEM) mais également aux communes possédant des logements sociaux : en cela, il peut intéresser et concerner directement l'échelon communal.

Rappelons que la loi Grenelle 1 a fixé un programme de réhabilitation thermique s'étalant de 2009 à 2020, et prévoyant pour la période 2009-2010 la rénovation de 100 000 logements sociaux, puis – à partir de 2011 – un nombre annuel de 70 000 logements rénovés. Une première enveloppe de prêts de 1,2 milliard d'euros a été débloquée par l'État et la Caisse des dépôts et consignations (CDC)[36], à un taux de 1,90 % sur quinze ans ou de 2,35 % sur vingt ans selon le choix de l'organisme emprunteur, en vue de la réhabilitation des 100 000 premiers logements sociaux. Dans la mesure où cette enveloppe s'est trouvée entièrement consommée à la date du 1er juin 2011, un nouveau prêt a été mis en place à compter du 1er décembre 2011[37] en vue de financer 70 000 rénovations par an jusqu'en 2020, conformément aux termes de la loi Grenelle 1[38].

Les 800 000 « logements énergivores » identifiés au sein du parc de logements locatifs sociaux comme devant faire l'objet avant 2020 d'une rénovation thermique correspondent à des logements classés E, F ou G en termes de classes de diagnostic de performance énergétique (DPE). Cependant, depuis le 17 septembre 2010, la première version du prêt a été ouverte également aux logements de classe énergétique D, dans la limite de 20 000 logements sur les 100 000 logements rénovés. Cette disposition a été reconduite dans le cadre de la nouvelle version du prêt mise en place en décembre 2011, mais dans la limite de 14 000 logements par an. L'éco-prêt logement social permet en outre de financer les travaux d'économies d'énergie réalisés dans des logements énergivores situés en zone ANRU, en complétant par conséquent les dotations budgétaires allouées à ces zones pour favoriser leur rénovation : les logements dont la rénovation peut bénéficier de l'éco-prêt « logement social » doivent satisfaire des conditions d'ordre technique, consacrant une obligation de résultat sur leur performance

35. Susceptible au demeurant être majoré de 2 000 euros par logement si les travaux réalisés permettent de justifier d'un label réglementaire de performance énergétique.

36. Dans ce but, le 26 février 2009, a été signée par l'État et la CDC une convention prévoyant notamment les conditions dans lesquelles les bailleurs sociaux peuvent accéder au prêt.

37. Une nouvelle convention a dès lors été signée le 4 mai 2012 par l'État et la CDC pour préciser les conditions d'éligibilité et les exigences portant sur les travaux et les consommations énergétiques.

38. Ce nouvel éco-PLS est accordé à un taux variable, adossé au livret A et fonction de la durée du prêt.

énergétique après travaux[39] et différentes selon qu'ils sont situés avant travaux soit dans la classe énergétique E, F ou G soit dans la classe D[40].

C. L'intervention grandissante des CCAS et CIAS

L'enquête réalisée par l'UNCCAS entre octobre et décembre 2012 auprès de 3 900 CCAS/CIAS avec un retour de 20 %[41], intitulée « L'implication des CCAS/CIAS dans la lutte contre la précarité énergétique » montre une hausse considérable des demandes d'aides à l'énergie adressées aux CCAS/CIAS[42]. Selon les résultats de cette enquête en effet : 73 % des CCAS constatent une hausse des sollicitations relatives à l'énergie depuis trois ans (hors eau et carburants) ; 94 % des CCAS sont sollicités pour la prise en charge d'un impayé de facture énergétique, et 58 % pour l'aide au paiement d'une facture énergétique (avant l'impayé) ; les publics demandeurs d'aide à l'énergie sont le plus souvent des personnes isolées et des familles monoparentales, et sont bien souvent des actifs. Il apparaît, en outre, que, selon un tiers des CCAS interrogés, les ménages demandeurs d'une aide à l'énergie bénéficient en général déjà d'une aide provenant du FSL.

Si cet accroissement des demandes d'aides formulées auprès des CCAS/CIAS en matière d'énergie est inquiétant, il n'est guère étonnant eu égard à la situation de crise qui perdure, au coût croissant de l'énergie et à la vocation historique des CCAS, héritiers des anciens bureaux de bienfaisance. Le CCAS constitue en vérité au niveau local l'institution de l'action sociale par excellence, puisque ses principaux champs d'intervention sont notamment la lutte contre l'exclusion, la prévention et l'animation pour les personnes âgées, les services d'aide à domicile, le soutien aux personnes en situation de handicap, le soutien au logement et à l'hébergement, la gestion d'établissements d'hébergement pour personnes âgées.

Cependant, bien qu'étant un établissement public administratif, bénéficiant dès lors de la personnalité morale et disposant d'un conseil d'administration ainsi que de ressources propres censées garantir son autonomie financière, le CCAS, eu égard à la composition de ce conseil d'administration (dont le président est de plein droit le maire de la commune, et qui est constitué paritairement d'élus locaux désignés par le conseil municipal et de personnes

39. Obligation de résultat appréciée selon la méthode réglementaire « TH-C-E-ex » ; celle-ci n'étant pas applicable aux bâtiments achevés avant le 1er janvier 1948, seule une obligation de moyens est dès lors exigée des bailleurs sociaux pour la rénovation thermique de ces bâtiments.

40. L'ensemble des conditions à remplir est précisé dans la convention du 4 mai 2012 précitée (voir *supra*, note 37).

41. La *Gazette des communes* s'en est fait l'écho, voir S. LE GALL, « Précarité énergétique : les CCAS/CIAS face à l'explosion des demandes d'aides », *Gazette des communes*, 28 mars 2003.

42. Le centre intercommunal d'action sociale permet, pour les communes qui le souhaitent, de se regrouper et de créer un établissement public intercommunal dédié à des actions sociales concertées, démultipliées par un territoire d'intervention et des moyens plus importants. Quatre communes sur dix confient toute leur politique sociale au CCAS ; celui-ci peut en outre être délégataire de compétences sociales globales sur le territoire communal par convention avec le conseil général.

qualifiées dans le secteur de l'action sociale, elles aussi nommées par le maire)[43] et à sa principale source de financement, à savoir la subvention communale obligatoire[44], développe une politique sociale *lato sensu*, y compris en matière de lutte contre la précarité énergétique, qui dépend et relève évidemment avant tout de sa commune de rattachement. Les aides apportées par le CCAS dans le domaine énergétique s'avèrent ainsi pour celle-ci un moyen d'action dans ce domaine, auquel il est donc – hélas – de plus en plus recouru.

IV. Conclusion

La lutte contre la précarité énergétique constitue, à l'évidence, une cause cruciale, aux enjeux considérables, qui nécessite l'implication de multiples acteurs. Même au niveau local, il apparaît que se développent, ne peuvent nécessairement se développer que des partenariats, faisant intervenir non seulement des acteurs publics (l'État, les collectivités locales, certains établissements publics nationaux tels que l'ANAH et l'ADEME, mais aussi des établissements publics locaux comme les CCAS et CIAS en plus des EPCI), mais aussi des acteurs privés (en particulier, les fournisseurs d'énergie). Conformément à sa vocation en matière sociale, le département, collectivité territoriale, s'avère être l'échelon de référence, étant souligné qu'il n'agit jamais seul, mais toujours en concertation avec d'autres partenaires, à commencer par l'État : dans le domaine de l'énergie comme dans celui de l'environnement, sont privilégiés des mécanismes concertés, et il existe une coresponsabilité entre l'État et le département. Tel est le premier enseignement susceptible d'être dégagé de l'étude de l'action des collectivités locales en matière de lutte contre la précarité énergétique.

Une deuxième constatation s'impose également rapidement en la matière, à savoir l'existence d'iniquités territoriales du fait de la variabilité des critères d'éligibilité aux aides proposées, notamment des aides FSL et donc d'un département à un autre ; mais cette observation ne concerne donc pas uniquement ce type d'aides. La variabilité des critères d'éligibilité n'est en vérité que le reflet de la diversité des situations : des besoins différents d'une collectivité locale à une autre ; des collectivités plus ou moins riches ; sans oublier des options politiques qui peuvent elles-mêmes varier (en dépit des enjeux d'intérêt général attachés à la lutte contre la précarité énergétique). Il faut, à l'évidence, harmoniser les différentes aides publiques au logement.

La lutte contre la précarité, c'est une conclusion qui s'impose encore, est un problème particulièrement complexe, et la complexité des mécanismes et des dispositifs proposés pour y remédier n'en est simplement que la conséquence. Diverses actions doivent être entreprises

43. On compte parmi celles-ci un représentant des associations familiales, un représentant des associations de personnes handicapées, un représentant des associations de retraités et de personnes âgées, et un représentant des associations œuvrant dans le domaine de la lutte contre l'exclusion.

44. Les autres sources de financement sont : les ressources propres (dons et legs, produits des quêtes ou des collectes) ; et les ressources liées aux services créés et gérés par le CCAS (comme le remboursement par le service départemental d'aide sociale des frais d'enquête pour constitution des dossiers d'aide sociale, les participations de divers organismes au financement de certaines actions et prestations).

et menées conjointement si l'on veut résoudre la question : il faut certes, bien souvent, parer à l'urgence et aider les personnes confrontées à des difficultés liées à leur « situation énergétique » ; mais il faut également agir dans le moyen et le long terme. Il faut en effet non seulement accorder des aides financières aux ménages pour surmonter des difficultés conjoncturelles comme un impayé, mais il faut surtout octroyer des aides aux travaux en vue de la constitution d'un habitat durable. Cependant, il ne faut point se contenter d'une approche en somme *curative* vis-à-vis des logements défaillants thermiquement, il faut aussi développer une approche *préventive* à l'égard des personnes concernées ou susceptibles de l'être : il faut donc agir sur les comportements individuels. Tel est du reste l'objectif du tout récent programme SLIME pour « Service local d'intervention pour la maîtrise de l'énergie »[45], proposé par le Comité de liaison des énergies renouvelables (CLER). Un SLIME constitue en vérité un *guichet unique* local de prise en charge de *toutes* les situations de précarité énergétique, quel que soit le statut d'occupation des ménages ; il permet de traiter *tous* les volets du problème, depuis la détection des ménages (ou des personnes) en difficulté (par le biais de visites à domicile) jusqu'à la prise financière de leurs factures d'énergie, en passant par des conseils personnalisés[46]. La mise en place des SLIME confirme la nécessité d'une approche globale de la lutte contre la précarité énergétique[47].

À l'évidence, la lutte contre la précarité énergétique est une grande cause nationale d'intérêt général.

Le plan de rénovation énergétique des logements annoncé le 21 mars 2013, et dont l'objet annoncé est de rénover 500 000 logements par an d'ici à 2017 dans le but de parvenir à une diminution de 38 % des consommations d'énergie d'ici à 2020, le prouve du reste parfaitement. Ce plan est censé non seulement renforcer le soutien apporté aux ménages les plus modestes, mais aussi apporter des aides aux ménages des classes moyennes, qui – en raison de la persistance de la crise et du coût toujours croissant de l'énergie – peuvent eux aussi tomber dans une situation de précarité énergétique. Il est intéressant de noter que reprenant notamment le principe du programme SLIME, ce plan de rénovation énergétique prévoit la création d'un guichet unique offrant un véritable service public de la rénovation énergétique. En revanche, concernant le financement des travaux, il n'y a point de mécanismes véritablement innovants puisqu'il est simplement envisagé d'optimiser en matière de logements privés le crédit d'impôt développement durable (CIDD) et l'éco-prêt à taux zéro (éco-PTZ)[48], de diminuer dans le secteur HLM le taux de l'éco-prêt logement social en le fixant à 1 %, de développer à compter de 2015 le dispositif déjà mentionné du tiers-financement lequel viendra ainsi suppléer les subventions publiques, et d'accorder en 2013 et 2014 une prime

45. L'arrêté portant validation du programme SLIME a été signé par la Direction générale énergie climat le 26 décembre 2012 et publié au *Journal officiel* le 15 janvier 2013.

46. Concrètement, les collectivités locales engagées financièrement dans ce type d'actions pourront « récupérer » une partie des sommes investies (environ 30 %) *via* le dispositif des certificats d'économie d'énergie, en intégrant le programme SLIME.

47. Au demeurant déjà mise en œuvre dans d'autres programmes (voir *supra*, et à titre d'exemple, les FSATME).

48. Voir *supra*.

exceptionnelle de 1 350 euros[49] : à part la relance de l'éco-PLS susceptible d'intéresser les communes possédant des logements sociaux, il n'y a donc point, on peut le déplorer, de dispositifs concernant directement les collectivités territoriales.

L'entrée en vigueur de la loi n° 2013-312 du 15 avril 2013 visant à préparer la transition vers un système énergétique sobre et portant diverses dispositions sur la tarification de l'eau et sur les éoliennes[50], qui prévoit notamment la création d'un service public de la performance énergétique de l'habitat, devrait également contribuer à renforcer la lutte contre la précarité énergétique.

49. Prime atteignant 3 000 euros pour les ménages très modestes, éligibles aux aides de l'ANAH.

50. *JO* du 16 avril 2013.

XV. La problématique de la précarité énergétique : un état des lieux franco-allemand

Ute Dubois
Inès Mayer

La précarité désigne le caractère de ce dont l'avenir, la durée ne sont pas assurés, et peut être assimilée à une fragilité, une instabilité et au caractère incertain d'une situation. La pauvreté quant à elle désigne l'état d'une personne qui manque de moyens matériels ou d'argent, donc une insuffisance de ressources. Dans la plupart des pays, c'est le terme de « pauvreté énergétique » qui est employé pour qualifier les difficultés des ménages à satisfaire leurs besoins énergétiques. Ainsi, au Royaume-Uni, qui fait figure de précurseur en Europe en matière de politiques dans ce domaine, le terme de *« fuel poverty »* désigne les cas où un ménage *doit* consacrer plus de 10 % de ses revenus à la consommation énergétique de son logement. En France, on évoque plus volontiers le terme de « précarité énergétique » et la loi française a retenu ce terme pour qualifier les difficultés énergétiques des ménages. En Allemagne, c'est le terme de pauvreté énergétique (*Energiearmut*) qui est généralement employé, mais il n'existe pour l'instant aucune définition officielle du phénomène.

Bien qu'un certain flou persiste autour de la définition de la précarité énergétique, les difficultés des ménages à satisfaire leurs besoins énergétiques font désormais partie des débats politiques des deux pays quand il est question de hausse des prix de l'énergie, ou plus généralement de l'avenir énergétique. Partant du constat que la manière d'aborder le phénomène est très différente en France et en Allemagne, la présente contribution a un double objectif : d'une part, celui de présenter le contexte de la réflexion sur la question en France et en Allemagne (I) et d'autre part, d'analyser les politiques mises en place ou envisagées dans les deux pays pour y remédier (II).

I. La problématique de la précarité énergétique dans un contexte de transformation des secteurs énergétiques

Plusieurs évolutions expliquent la montée de la problématique de la précarité énergétique, tant en France qu'en Allemagne. Il y a tout d'abord les directives européennes « Électricité » et « Gaz » de 2009 qui obligent les États membres à prendre en compte explicitement cette problématique. Il y a ensuite le constat, par les acteurs qui se trouvent au contact avec les ménages, que ceux-ci rencontrent de plus en plus de difficultés pour disposer d'une fourniture d'énergie suffisante. Il y a enfin les débats récents autour de la transition énergétique qui correspondent à un véritable changement de paradigme tant sur le plan de la production d'énergie (développement des énergies renouvelables) que sur le plan de la consommation (l'efficacité et la « sobriété » énergétique étant désormais mis en avant). Cette transition pose notamment la question de la manière dont on parviendra à garantir une fourniture d'énergie abordable pour les plus démunis.

A. La précarité énergétique dans la libéralisation des industries électriques et gazières

La volonté de l'Union européenne de créer un marché intérieur de l'électricité et du gaz s'est traduite, à partir de 1996, par un mouvement de libéralisation des marchés de l'énergie. Les directives européennes « Électricité » et « Gaz » actuellement en vigueur correspondent à la troisième étape législative et ont été adoptées en 2009. La « pauvreté énergétique » y est abordée pour la première fois, traduisant la reconnaissance par le législateur européen des difficultés que peuvent poser, pour les ménages vulnérables, les hausses des prix de l'énergie intervenues au cours de la décennie 2000. Cependant, les directives ne définissent pas la pauvreté énergétique, confiant cette tâche aux législateurs nationaux. Ainsi, les États membres doivent définir le concept de « consommateur vulnérable », l'accent étant mis sur l'interdiction d'interrompre la fourniture d'énergie à ces consommateurs lorsqu'ils traversent des difficultés. Il incombe aussi aux États membres de définir des plans nationaux d'action visant à assurer à ces consommateurs les aides nécessaires au maintien de leur approvisionnement en énergie. En confiant la responsabilité des actions en matière de pauvreté énergétique aux États membres, l'Union européenne autorise donc des choix politiques différents, comme le montrent les exemples de la France et de l'Allemagne.

En France, plusieurs dispositifs d'aide et de protection des consommateurs à bas revenus ou en difficultés de paiement préexistaient aux directives de 2009, comme des aides aux impayés d'énergie, des tarifs sociaux pour l'électricité[1] et le gaz[2], l'interdiction des

1. Décret n° 2004-325 du 8 avril 2004 relatif à la tarification spéciale de l'électricité comme produit de première nécessité.

2. Décret n° 2008-778 du 13 août 2008 relatif à la fourniture de gaz naturel au tarif spécial de solidarité.

coupures hivernales[3] pour certains ménages en difficultés et un médiateur de l'énergie chargé d'examiner les litiges en matière de fourniture d'électricité et de gaz. Même si la France n'a pas défini le concept de consommateur d'énergie vulnérable, elle s'est dotée en 2010 d'une définition de la précarité énergétique (voir II B).

En Allemagne, la mise en œuvre des directives de 2009 est moins avancée pour ce qui concerne la protection des consommateurs d'énergie vulnérables et la pauvreté énergétique, ces deux concepts n'ayant d'ailleurs jamais été définis en droit allemand. Dans un contexte où les tarifs de vente de l'énergie ne sont pas réglementés, il n'existe pas de tarifs sociaux et les interruptions de la connexion n'ont pas été encadrées à ce jour. Le régulateur de l'énergie (la *Bundesnetzagentur*) est chargé d'assurer la protection de tous les consommateurs, mais n'a pas de responsabilité explicite pour les consommateurs vulnérables. Cependant, des mesures existent pour protéger les ménages en difficultés, notamment en matière de paiement de l'énergie. Si elles n'ont pas été mises en place dans un but de lutte contre la précarité énergétique, elles sont cependant souvent mises en avant pour montrer que l'Allemagne est active dans ce domaine.

B. La mise en évidence de la précarité énergétique par les acteurs au contact des publics concernés

La problématique de précarité énergétique n'a pas toujours été présente dans le débat public. Tantôt associée à la pauvreté en général, tantôt considérée comme une forme particulière de mal-logement, la précarité énergétique a progressivement émergé comme un objet d'analyse et d'intervention politique à part. Cette construction de l'objet politique « précarité énergétique » est en grande partie le fait d'acteurs qui se trouvent au contact des populations concernées : fournisseurs d'énergie, collectivités locales, associations de consommateurs et organisations caritatives.

En France, des initiatives destinées aux ménages en difficulté ont été initiées assez tôt. Dès 1985, un contrat entre EDF-GDF et l'État instaurait un système d'aides aux impayés d'électricité, les Fonds de solidarité énergie, qui furent par la suite intégrés aux Fonds de solidarité logement. Dans un contexte de hausse des prix de l'énergie au début de la décennie 2000, la problématique de la précarité énergétique est entrée dans le champ de réflexion d'acteurs publics et associatifs du domaine de l'environnement et de l'habitat, avec la mobilisation de l'Agence de l'environnement et de la maîtrise de l'énergie (ADEME) à partir de 1999, puis d'acteurs du monde associatif, avec la publication d'un manifeste « Habitat, précarité sociale et énergie » en 2005, la création du réseau RAPPEL (Réseau des acteurs de la pauvreté et de la précarité énergétique dans le logement) en 2007 et le lancement d'un programme de recherche européen sur le sujet, le projet EPEE. Ce n'est qu'en 2009 que la précarité énergétique a été quantifiée pour la première fois[4], puis définie en 2010 dans la loi

3. Décret n° 2008-780 du 13 août 2008 relatif à la procédure applicable en cas d'impayés des factures d'électricité, de gaz, de chaleur et d'eau.

4. Plan Bâtiment Grenelle, « Groupe de travail Précarité énergétique, Rapport », 2009.

Grenelle 2[5]. D'après cette loi, « est en situation de précarité énergétique [...] une personne qui éprouve dans son logement des difficultés particulières à disposer de la fourniture d'énergie nécessaire à la satisfaction de ses besoins élémentaires en raison de l'inadaptation de ses ressources ou de ses conditions d'habitat ».

En Allemagne, la précarité énergétique est entrée dans le débat public plus tardivement. On note cependant un certain nombre d'initiatives qui façonnent le débat public. En premier lieu, on peut mentionner l'action de Caritas, une organisation caritative qui propose depuis plusieurs années un service de réduction des consommations énergétiques destiné aux bénéficiaires de l'aide sociale (voir II. C). Notons également la mobilisation d'associations de consommateurs sur le sujet des coupures électriques et une tarification spéciale destinée aux ménages à bas revenus mise en place en 2007 (mais rapidement abandonnée) par E. On, l'un des quatre grands fournisseurs[6].

Aujourd'hui, c'est de plus en plus à l'échelle locale que des initiatives voient le jour, témoignant d'une attention plus grande portée à la précarité énergétique. En Rhénanie-du-Nord-Westphalie, un programme a été lancé par l'association de consommateurs sur huit communes en coopération avec les acteurs locaux (fournisseurs d'énergie, les pôles emploi, Caritas, etc.). Son objet principal est d'offrir aux ménages bénéficiant de l'aide sociale et qui le souhaitent un service de consultation juridique et budgétaire[7]. Ce service est proposé aux ménages en difficulté de paiement qui sont alors directement contactés par leurs fournisseurs d'énergie. Au-delà de ces aides, il s'agit aussi de réunir autour d'une table tous ces acteurs pour faciliter leur coopération. À Berlin, un groupement d'associations locales, le « *Berliner Energietisch* », milite en faveur de l'organisation d'un référendum visant à recommunaliser le réseau électrique et à créer une entreprise municipale (*Stadtwerk*). Une proposition de loi a été faite qui comporte, en plus d'objectifs démocratiques (référendum) et écologiques, un objectif social visant principalement à lutter contre la précarité énergétique. Parmi les mesures proposées, on trouve la garantie de la fourniture d'énergie à tous les consommateurs, donc l'interdiction des coupures. À cela s'ajoutent des programmes de rénovation thermique en direction des ménages défavorisés, ainsi que l'échange d'appareils électroménagers peu efficaces[8].

C. La précarité énergétique dans les politiques nationales de transition énergétique

Les politiques énergétiques nationales s'inscrivent désormais dans un cadre européen caractérisé par trois objectifs principaux : la réduction des gaz à effet de serre, le développement

5. Loi n° 2010-788 du 12 juillet 2010 portant engagement national pour l'environnement.

6. M. KOPATZ, *et al.*, « Energiearmut. Stand der Forschung, nationale Programme und regionale Modellprojekte in Deutschland, Österreich und Großbritannien », Wuppertal Institut für Klima, Umwelt, *Energie GmbH*, Wuppertal, 2010.

7. Modellvorhaben « NRW bekämpft Energiearmut ».

8. Berliner Energietisch, « Neue Energie für Berlin. Demokratisch, ökologisch, sozial ».

des énergies renouvelables et le renforcement de l'efficacité énergétique[9]. Dans ce contexte tant la France que l'Allemagne se sont engagées dans la voie de la transition énergétique.

En France, ce concept est relativement récent (2012) et aucune loi ne précise pour l'instant quelles en seront les modalités. Comme la réflexion sur la précarité énergétique préexistait au débat actuel sur la transition énergétique, celui-ci intègre dès le départ une réflexion sur les impacts sociaux de cette transition. Plusieurs étapes ont jalonné la réflexion sur la transition énergétique. Il y a d'abord un rapport du Sénat de juillet 2012 qui a évalué l'évolution des coûts de l'électricité à +50 % entre 2011 et 2020[10]. Avec le lancement du débat national sur la transition énergétique, en novembre 2012, un vaste programme de consultations a été lancé au printemps 2013, dans lequel les organisations mobilisées sur le thème de la précarité énergétique rappellent l'importance de prendre en compte la question sociale et la précarité énergétique[11]. Ce débat devrait aboutir à une loi de programmation à l'été 2013.

En parallèle, la loi dite « loi Brottes » adoptée le 11 mars 2013[12] qui instaure une tarification progressive de l'énergie comporte aussi un important volet « précarité énergétique ». Ainsi, la loi inscrit la lutte contre la précarité énergétique parmi les objectifs de la politique énergétique. Par ailleurs, la mise en place d'un « bouclier énergétique pour les plus précaires » devrait être étudiée. Enfin, un « service public de la performance énergétique de l'habitat » devrait être créé[13].

En Allemagne la décision de s'engager dans la voie de la transition énergétique *(Energiewende)* est plus ancienne. En 2000, le gouvernement fédéral avait décidé un désengagement de la production d'électricité d'origine nucléaire pour miser désormais sur les énergies renouvelables. La Loi sur les énergies renouvelables adoptée la même année garantit aux producteurs d'électricité d'origine renouvelable un tarif de rachat sur vingt ans pour chaque kilowattheure injecté dans le réseau. La coalition gouvernementale arrivée au pouvoir en 2005 a d'abord décidé de prolonger la durée d'exploitation des centrales nucléaires, mais après l'accident à Fukushima de 2011, elle a mis en place un programme de sortie du nucléaire d'ici à 2022, accompagné d'un développement massif des énergies renouvelables.

C'est dans ce contexte que la précarité énergétique a émergé comme sujet de débat public en 2011. En effet, l'obligation de rachat de l'électricité d'origine renouvelable est financée par une contribution payée par les consommateurs sous la forme d'un prélèvement payé pour chaque kilowhattheure consommé. Ce prélèvement est passé de 0,69 ct/kWh

9. Commission européenne, « Europe 2020. Une stratégie pour une croissance intelligente, durable et inclusive », Bruxelles, 2010.

10. Sénat, *Rapport fait au nom de la commission d'enquête sur le coût réel de l'électricité afin d'en déterminer l'imputation aux différents agents économiques*, Paris, 2012.

11. « La transition énergétique pour tous. Cahier d'acteur collectif pour une vraie prise en compte de la question sociale et de la précarité énergétique dans la transition énergétique », février 2013.

12. Proposition de loi visant à préparer la transition vers un système énergétique sobre et portant diverses dispositions sur la tarification de l'eau et sur les éoliennes, adoptée par l'Assemblée nationale le 11 mars 2013.

13. Notons que si le principe du « bonus-malus » a été censuré par le Conseil constitutionnel en avril 2013, les autres dispositions ont été validées.

en 2005 à 5,25 ct/kWh en 2013[14] et sa part dans le prix de l'électricité payé par les ménages s'élève à 18,3 % en 2013[15]. Dans un contexte où l'électricité est fortement taxée – en 2013, les taxes représentent 50 % de la facture énergétique des ménages[16] – le débat public porte désormais sur le financement de la transition énergétique et sur les impacts du système actuel sur les ménages les plus démunis. Outre le fait que ces ménages assument un poids financier qui, relativement à leurs revenus, est plus important que pour les ménages aisés, ils sont aussi moins à même d'investir dans des installations produisant de l'électricité d'origine renouvelable et profitent donc moins des tarifs de rachat[17].

II. Les actions pour réduire la précarité énergétique en France et en Allemagne

On distingue habituellement trois facteurs de précarité énergétique : l'insuffisance des revenus des ménages, le coût élevé des énergies et la faible efficacité énergétique des logements et des équipements. Ni la France ni l'Allemagne ne se sont dotées, à ce jour, de plans d'action nationaux de lutte contre la précarité énergétique, même si des actions ont été engagées dans ces trois domaines. Nous présentons ici ces actions qui illustrent la diversité des approches possibles pour lutter contre la précarité énergétique.

A. Améliorer les revenus des ménages en précarité énergétique

L'action sur les revenus des ménages vise à atténuer les difficultés financières des ménages et donc de leur permettre de continuer à consommer de l'énergie. Il s'agit alors essentiellement de limiter les effets de la précarité énergétique, mais sans véritablement remédier à ses causes. Les aides accordées dans les deux pays sont de natures différentes – ponctuelles et à caractère d'urgence en France et plus systématiques en Allemagne.

En France, il n'existe pas une aide aux revenus unique pour les ménages à bas revenus ou en situation de précarité énergétique qui serait versée de manière systématique. Du coup, les aides sont le plus souvent accordées pour remédier aux situations d'urgence telles que l'incapacité à payer ses factures d'énergie. Les communes gèrent des aides volontaires à l'énergie (propres à chaque commune) et instruisent une grande partie des dossiers d'aide des Fonds de solidarité logement (FSL) départementaux. Ces fonds de solidarité comportent un volet « énergie » dont l'origine remonte aux années 1980. Actuellement, on estime à

14. BDEW, « Strompreis für private Haushalte – Drei wesentliche Bestandteile », Berlin, 2013.

15. P. Altmaier, « Energiewende sichern – Kosten begrenzen. Vorschlag zur Einführung einer Strompreis-Sicherung im EEG », *Bundesministerium für Umwelt, Naturschutz und Reaktorsicherheit,* 2013.

16. Bundesverband der Energie- und Wasserwirtschaft, « BDEW-Strompreisanalyse Oktober 2012. Haushalte und Industrie », Berlin, 2012.

17. H. Techert *et al.*, « Verteilungswirkungen des Erneuerbaren-Energien-Gesetzes », *Wirtschaftsdienst*, Leibniz-Informationszentrum Wirtschaft, 2012.

300 000 le nombre de ménages en France aidés chaque année par les FSL pour l'énergie, ce qui représente 81 millions d'euros d'aides en 2009[18]. Et on estime à 150 000 le nombre de ménages aidés par les centres communaux d'action sociale (CCAS), pour un montant total d'environ 23 millions d'euros[19]. Ces chiffres sont à comparer avec l'estimation de 3,8 millions de ménages en situation de précarité énergétique faite en 2006, c'est-à-dire avant la crise actuelle. Récemment, les acteurs en relation avec les ménages à bas revenus (CCAS, Médiateur national de l'énergie et organisations caritatives) mentionnent tous une aggravation des difficultés des ménages, comme l'augmentation des dettes énergétiques et la hausse des demandes d'aide concernant les dépenses quotidiennes. Pour contrer cette intensification de la précarité énergétique, une solution envisagée est de créer un « chèque énergie » qui viendrait se substituer aux aides existantes en matière d'énergie[20] et qui pourrait s'élever à 270 euros par an et par ménage.

En Allemagne, il existe des aides systématiques accordées aux ménages bénéficiant de l'aide sociale (soit 3,3 millions de ménages)[21]. Elles prennent en compte les coûts du chauffage et de l'eau chaude sanitaire, chaque commune définissant quel est le seuil de coûts « raisonnable » qui ne peut pas être dépassé. En moyenne, cette aide était de 54 euros par mois et par ménage en novembre 2012. De plus, les ménages perçoivent un forfait mensuel pour subvenir à leurs besoins, dont une partie est consacrée au paiement du reste de la facture d'énergie (cuisson et usages spécifiques d'électricité). En 2013, ce forfait se monte à environ 30 euros[22]. Bien qu'il soit mis à jour chaque année pour refléter l'évolution des revenus et des prix, les ménages semblent de moins en moins à même de payer leurs factures d'électricité, comme le suggère la forte augmentation ces dernières années des prêts accordés par les agences pour l'emploi en cas de besoin impérieux[23], ces besoins incluant les impayés d'énergie.

B. Agir sur les prix de l'énergie

Agir sur les prix de l'énergie ne va pas de soi dans un environnement concurrentiel où les prix sont fixés sur les marchés, comme c'est le cas en Allemagne. Il est plus facile de définir des prix spéciaux pour certaines catégories de ménages dans un contexte de prix réglementés, comme c'est le cas en France. Cependant, certaines questions demeurent, notamment comment ces prix doivent être définis, et quelle doit être la procédure d'attribution pour éviter au maximum la stigmatisation des ménages. Une autre question est celle du poids

18. Présentations faites à l'atelier de l'Observatoire national de la précarité énergétique en octobre 2012.

19. UNCCAS, « L'implication des CCAS/CIAS dans la lutte contre la précarité énergétique », *Enquêtes & Observations sociales*, n° 5, 2013.

20. Voir Sénat (2012), *op. cit.*, p. 234-235.

21. Bundesagentur für Arbeit, « Analyse der Grundsicherung für Arbeitsuchende », mars 2013.

22. Bekanntmachung über die Höhe der Regelbedarfe nach § 20 Abs. 5 des zweiten Buches Sozialgesetzbuch für die Zeit ab 1. Januar 2013 (*BGBl.* 2012, I. 2175).

23. Bundesagentur für Arbeit, « Runder Tisch beim Bundesumweltministerium am 9. Oktober 2012: Initiative Klimaschutz – Energieeffizienz zahlt sich aus », 2012.

des taxes. Comme les énergies sont soumises à de nombreuses taxes, la fiscalité de l'énergie peut jouer sur le caractère abordable de l'énergie pour les ménages les plus pauvres. Cette problématique prend de plus en plus d'importance dans les deux pays, dans un contexte de développement des énergies renouvelables avec des tarifs de rachat de ces énergies financés par des contributions sur les factures d'électricité.

En France, les prix de l'énergie ont connu de fortes hausses ces dernières années. L'électricité reste bon marché en comparaison européenne, le prix pour les ménages étant de 45 % moins cher qu'en Allemagne en 2012[24]. Cependant, le prix du gaz a beaucoup augmenté sur la période récente (près de 6 % en moyenne par an entre 2007 et 2012)[25]. Les prix du fuel domestique quant à eux ont augmenté de plus de 20 % par an en 2010 et 2011, l'évolution sur longue période étant spectaculaire (+240 % sur quinze ans)[26]. Face à ces hausses, l'action sur les prix a concerné principalement l'électricité et le gaz, avec la création de tarifs sociaux dès 2004 pour l'électricité (le Tarif première nécessité, ou TPN) et en 2008 pour le gaz (Tarif spécial de solidarité, ou TSS). Les allégements des factures qui en résultent sont relativement faibles, de 95 euros par an en moyenne pour l'électricité et de 142 euros par an pour le gaz. Et le nombre de bénéficiaires (1,1 million de ménages pour le TPN)[27] reste bien en deçà du nombre de ménages en situation de précarité énergétique. Les tarifs sociaux ne peuvent donc pas être considérés comme un véritable remède à la précarité énergétique.

En matière de taxation de l'électricité, de fortes hausses sont à prévoir d'ici 2020 pour la Contribution au service public de l'électricité (CSPE). La CSPE vise à couvrir les charges de service public de l'électricité, parmi lesquelles figurent les surcoûts supportés par les fournisseurs historiques résultant des politiques de soutien à la cogénération et aux énergies renouvelables, les surcoûts dus à la péréquation territoriale et le coût des dispositions sociales[28]. Cette contribution devrait voir son poids augmenter dans la facture d'électricité des ménages, passant de 77 euros en 2011 à 199 euros en 2020[29].

En Allemagne, le prix de l'électricité est parmi les plus élevés d'Europe. Entre 2007 et 2012, le prix de l'électricité a augmenté de 4,9 % par an en moyenne[30]. Sur la même période, l'augmentation du prix du fuel domestique suit une tendance similaire, avec une augmentation de 4,45 % par an en moyenne. Mais comme en France, la hausse de 234 %

24. Statistisches Bundesamt, « Preise. Daten zur Energiepreisentwicklung. Lange Reihen von Januar 2000 *bis* Februar 2013 », Wiesbaden, 2013.

25. Statistisches Bundesamt, 2013, *op. cit.*

26. INSEE, « Prix à la consommation, moyenne annuelle et Indice mensuel des prix à la consommation de l'ensemble des ménages ».

27. Données pour début 2013.

28. Le poids des dispositions sociales ne représente qu'une petite partie de la CSPE (96,3 millions d'euros en 2012, sur un montant total des charges de service public d'électricité de 4 253,7 millions d'euros). Voir Sénat (2012), *op. cit.*

29. Sénat, 2012, *op. cit.*

30. Statistisches Bundesamt, 2013, *op. cit.*

sur une période plus longue (entre 1997 et 2012) est prodigieuse[31]. Le prix du gaz reste plus stable, et s'accroît seulement d'environ 2,4 % par an en moyenne[32].

L'impact de la transition énergétique sur les prix de l'électricité a été largement commenté par les médias à partir de l'été 2012 suivis, quelques mois plus tard, par les partis politiques. Tandis que les sociaux-démocrates et le parti de gauche proposent de supprimer la taxe sur l'électricité pour les premiers 1 000 kWh consommés, les libéraux considèrent qu'il ne s'agirait que d'une nouvelle subvention pour contrer les effets négatifs d'une autre subvention (issue de la loi sur les énergies renouvelables). Les verts dénoncent les exemptions pour les industries fortement consommatrices d'électricité (qui ne paient que 0,05 ct/kWh de prélèvement) et les chrétiens-démocrates misent sur une réforme de la Loi sur les énergies renouvelables. Le ministre de l'Environnement et le ministre de l'Économie ont donc présenté, début 2013, des propositions visant à mieux maîtriser les coûts de la transition énergétique[33]. Ce sont les premiers documents officiels faisant explicitement le lien entre la *Energiewende* et les éventuelles répercussions pour les ménages à bas revenus.

C. Renforcer l'efficacité énergétique

Parmi les trois facteurs de précarité énergétique, l'efficacité énergétique est véritablement le moyen de remédier à long terme aux causes de la précarité énergétique. Mettre en place des politiques d'efficacité énergétique à destination des ménages en précarité énergétique pose des problèmes spécifiques : du fait de la faiblesse de leurs revenus, ces ménages ont une capacité à investir très faible et n'ont souvent pas accès au crédit. Et pour les inciter à réaliser des mesures d'efficacité énergétique, l'outil fiscal n'est pas adapté, car ces ménages ne sont souvent pas soumis à l'impôt sur le revenu. À cela s'ajoute le fait qu'une partie des ménages en précarité énergétique sont locataires et dépendent donc de la volonté du propriétaire d'effectuer des travaux de rénovation énergétique.

La France s'est dotée en 2011 d'un premier programme national de rénovation thermique destiné aux ménages en situation de précarité énergétique. D'une durée de sept ans, le programme « Habiter Mieux » finance des travaux dans les logements construits depuis plus de quinze ans et occupés par des ménages à très faibles revenus. Les propriétaires occupants âgés de 65 ans ou plus en sont la cible prioritaire. Les rénovations doivent améliorer l'efficacité énergétique des logements d'au moins 25 %. Coordonné par l'Agence nationale de l'habitat (ANAH), « Habiter Mieux » est mis en œuvre à l'échelle des départements, avec la création de réseaux locaux pour repérer les ménages concernés. À la fin de l'année 2012, 19 447 ménages ont bénéficié de ce programme avec un gain d'efficacité énergétique moyen estimé à 38 %[34].

31. BMWi, « Entwicklung von Energiepreisen und Preisindizes zu nominalen Preisen. Deutschland », Berlin, 2013.
32. Statistisches Bundesamt, 2013, *op. cit.*
33. BMU et BMWi, « Energiewende sichern – Kosten begrenzen. Gemeinsamer Vorschlag zur Dämpfung der Kosten des Ausbaus der Erneuerbaren Energien », Berlin, 2013.
34. ANAH, *Bilan 2012, Habiter Mieux*, 2013.

Par ailleurs, la France a mis en place à partir de 2009 l'éco-prêt à taux zéro pour financer la réalisation de travaux de rénovation thermique. Leur montant maximal est de 30 000 euros, et ils sont accordés sans condition de ressources, pour une durée allant jusqu'à quinze ans. Destinés aux copropriétés, propriétaires bailleurs et propriétaires occupants de logements construits avant 1990, ils n'ont pas pour l'instant permis de contribuer à l'objectif de réduction de la précarité énergétique. En effet, ils ont principalement bénéficié aux ménages les plus aisés et ont été mal promus par les réseaux bancaires[35].

D'autres actions concernent la sensibilisation des ménages et la distribution de petits équipements permettant de réaliser des économies d'énergie et d'eau. Citons le « kit énergie solidarité » d'EDF ou bien le dispositif de « Service local d'intervention pour la maîtrise de l'énergie » (SLIME) qui permet aux opérateurs de bénéficier du système des certificats d'économie d'énergie.

En Allemagne, parmi les programmes nationaux visant à réduire la consommation d'énergie des ménages, un seul s'adresse aux ménages à faibles revenus : le programme « *Stromspar-Check* » (évaluation d'économies d'électricité) initié par l'ONG Caritas, et qui propose aux ménages bénéficiaires d'aides sociales une visite à domicile et un diagnostic pour réduire leurs consommations d'énergie et d'eau. La lutte contre la précarité énergétique n'est pas le seul objectif de ce projet. Il vise aussi à réintégrer des chômeurs de longue durée sur le marché de travail, en les formant aux questions d'efficacité énergétique et à la réalisation des diagnostics. Les diagnostics, qui sont aujourd'hui effectués par environ 750 conseillers en énergie, sont complétés par la mise en place de petits équipements qui permettent de réduire les consommations. Depuis le début du projet en 2008, 70 000 ménages dans plus de 100 villes ont bénéficié du programme. Les économies réalisées par chaque ménage s'élèvent à environ 133 euros par an[36].

III. Conclusion

La France et l'Allemagne ont en commun le fait que la précarité énergétique y soit de plus en plus débattue, dans un contexte où les secteurs énergétiques subissent d'importantes mutations. Cependant, comme il s'agit d'un concept multidimensionnel et difficile à appréhender, différents arguments et acteurs sont mobilisés dans le processus d'élaboration de l'objet politique « précarité énergétique ». Il n'est donc pas étonnant de constater que les voies suivies pour remédier au problème sont elles aussi différentes, l'Allemagne s'appuyant encore largement sur son système social, tandis que la France développe un ensemble d'outils plus diversifié, incluant des mesures d'efficacité énergétique destinées aux plus démunis.

35. Voir Sénat (2012), *op. cit.*, p. 242-244.

36. Deutscher Caritasverband, « Aktion Stromspar-Check ».

2. Comparaisons internationales

Sous la direction de
Hellmut Wollmann

Jens Libbe
John McEldowney
Andrea Prontera
Pál Valentiny

Sommaire

INTRODUCTION

LE « COME-BACK » DES COMMUNES ET DE LEURS ENTREPRISES COMMUNALES DANS LA POLITIQUE ÉNERGÉTIQUE DANS UNE PERSPECTIVE COMPARATIVE EUROPÉENNE[1]

Hellmut WOLLMANN

I. Contexte

Les articles proposés pour la section internationale de l'édition 2013 de *Droit et Gestion des Collectivités Territoriales* ont pour objectif de contribuer par une approche comparative au niveau international au thème général de cette édition. Pour ce faire, de courts rapports par pays ont été recueillis, sur le Royaume-Uni (*John McEldowney*), l'Italie (*Andrea Prontera*), l'Allemagne (*Jens Libbe*) et la Hongrie (*Pal Valentiny*).

Le DGCT 2013 poursuivant le questionnement sur le thème de l'*Annuaire 2007 des collectivités locales, « Les collectivités territoriales et l'*énergie », les quatre rapports par pays rassemblés ici font également écho aux contributions publiées alors sur le Royaume-Uni[2],

1. Traduit de l'allemand par Claire Barthélemy.

2. Voir McElldowney 2007.

l'Italie[3], l'Allemagne[4], la Suède[5], la Norvège[6] et la Hongrie[7] – accompagnées d'une introduction comparative[8]. Ces contributions à l'*Annuaire 2007* ont fourni l'impulsion nécessaire permettant, sous l'égide du GRALE et sous le titre de « L'offre de services publics en Europe. Entre État, collectivités locales et marché », que soit initié un projet de recherche comparée au niveau international, auquel ont participé des chercheurs de France, d'Allemagne, d'Italie, de Grande-Bretagne et de Norvège et qui mettait l'accent sur les secteurs des services de l'eau, des déchets et de l'énergie ainsi que les services sociaux et de santé. Le soutien du programme de la Villa Vigoni a pu être obtenu pour la réalisation de ce projet de recherche. Dans ce cadre, trois séminaires de recherche ont eu lieu entre 2007 et 2009 à la Villa Vigoni au Lac de Côme. Les rapports de recherche, rédigés par une équipe internationale d'auteurs[9], ont été publiés dans un recueil paru chez l'éditeur Edward Elgar[10].

Ces études comparatives ont eu notamment pour résultat de mettre en lumière le développement, depuis les années 1980, d'une tendance largement partagée à un glissement des autorités responsables de la fourniture de services publics étatiques et municipales vers le privé – dans le cadre de la privatisation. Mais, d'autre part, dans les périodes les plus récentes, on peut observer une tendance à la « remunicipalisation » des services et à un « *come-back* » des collectivités locales (le « retour du balancier »)[11].

II. Vue d'ensemble sur les contributions de ce volume

Les contributions internationales contenues dans le présent volume s'intéressant au secteur de l'énergie en Grande-Bretagne, Allemagne, Italie et Hongrie et, dans ce cadre, plus particulièrement à l'évolution récente. Cela leur permet d'offrir une perspective très intéressante et prometteuse au niveau analytique en examinant – dans une approche comparative « révisée » au niveau historique – la question de savoir si des modifications importantes ont eu lieu, notamment ces cinq dernières années, par rapport au niveau de développement décrit et présenté dans les contributions de l'*Annuaire 2007*, et avec quelle ampleur et sur quelles bases.

3. Voir Prontera/Citroni 2007.
4. Voir Wollmann 2007b.
5. Voir Palm 2007.
6. Voir Baldersheim 2007.
7. Voir Valentiny 2007.
8. Voir Wollmann 2007a.
9. Pour le secteur de l'énergie voir WOLLMANN/BALDERSHEIM/MARCOU *et al.* 2010.
10. Voir Wollmann/Marcou 2010a.
11. Voir Wollmann/Marcou 2010, ainsi que Wollmann 2011.

A. Situation initiale

Pour avoir un point de départ pour la comparaison pour cette approche « révisée », il convient de rappeler au préalable la « situation initiale » dans laquelle les communes se trouvaient concernant le secteur de l'énergie jusqu'au milieu des années 1990 environ.

Les principales différences entre les quatre pays traités ici[12] sont les suivantes :
1. En Grande-Bretagne, les missions de fourniture de l'énergie étaient historiquement prises en charge dans un premier temps par les « *local authorities* » (collectivités locales). Après 1945, le secteur de l'énergie (sous le gouvernement travailliste) a été nationalisé, et après 1990 (sous le gouvernement conservateur) complètement privatisé. Suite à ces évolutions, les missions des « local authorities » en matière de fourniture d'énergie étaient réduites au minimum, comprenant notamment encore le chauffage urbain (*district heating*)[13].
2. En Italie, le secteur de l'énergie a été largement nationalisé en 1962 par le biais de la création du géant étatique du secteur énergétique ENEL. Par contre les entreprises locales existantes (« *municipalizzate* ») ont été exclues de la nationalisation. Après 1992, la privatisation d'ENEL a été engagée tout d'abord par sa transformation en une société anonyme cotée en bourse, et dont les actions ont été acquises en grande partie par des investisseurs privés. Les entreprises énergétiques locales (*municipalizzate*) ont continué à rester de propriété et de gestion communale.
3. En Allemagne, les communes, en particulier grâce à leurs entreprises (ce qu'on appelle les « *Stadtwerke* »), jouaient traditionnellement un rôle tout à fait notable dans le secteur de l'énergie, même quand celui-ci était dominé par de grosses entreprises privées de fourniture d'énergie. Dans le cadre de la libéralisation du marché, les « *Stadtwerke* » ont eu à faire face à une concurrence renforcée de la part des « quatre grandes » entreprises du secteur de l'énergie (RWE, E. On, EnBW et Vattenfall). Les communes voyaient déjà se profiler le danger d'une « mort des *Stadwerke* »[14] à l'horizon.
4. En Hongrie, le secteur de l'énergie était jusqu'au « changement de régime » partie intégrante du secteur public socialiste. Après 1990, les services de fourniture d'énergie sont restés majoritairement propriété de l'État ; ils ont été en partie transférés dans la propriété des communes. À partir de 1990 le secteur de l'énergie a été largement privatisé – en particulier par la vente à des entreprises internationales du secteur (comme RWE ou EDF)[15]. Seules des missions telles que le chauffage urbain sont restées entre les mains des communes ou de sociétés d'économie mixte[16].

12. Voir WOLLMANN/BALDERSHEIM/MARCOU *et al.* 2010, voir aussi WOLLMANN 2011.
13. Voir McElldowney 2007.
14. Voir Wollmann 2007b, 2011: 898.
15. Voir la présentation de VALENTINY 2007 p. 181, WOLLMANN 2007a : 117.
16. Voir Valentiny dans ce volume.

B. *Influence de l'Union européenne*

Au début des années 1990, la politique de l'Union européenne (UE) concernant le secteur de l'énergie visait en première ligne à mettre en œuvre la libéralisation du marché dans un « marché unique européen » en particulier dans le secteur de l'énergie[17]. Par la suite, et de plus en plus depuis le début des années 2000, elle a été définie et complétée en intégrant les objectifs en matière de protection du climat, de l'environnement et des ressources énergétiques. La politique de l'UE pour une protection globale du climat a été engagée avec le « Programme européen sur le changement climatique » de 2000. La « transition énergétique » a été tout particulièrement l'objectif de la directive européenne 2009/28[18], par le biais de laquelle les États membres ont eu l'obligation d'atteindre d'ici 2020 une certaine part d'énergies renouvelables (en moyenne 20 %) dans leur consommation totale d'énergie. D'autres directives européennes, et en dernier lieu la directive 2012/27 sur l'efficacité énergétique, ont eu par ailleurs pour objectif d'obliger les États membres à un comportement économe vis-à-vis de l'énergie – de la transformation à la consommation finale, en passant par la distribution.

Pour ces deux orientations (utilisation d'énergies renouvelables et efficacité énergétique), la politique énergétique de l'UE a concentré son attention de manière renforcée sur les capacités d'action respectives des niveaux et acteurs infra-nationaux, en particulier communaux.

C. *Politiques nationales*

L'orientation nouvelle prise par la politique énergétique, qui correspond à une réaction des gouvernements nationaux par rapport aux besoins en matière de protection du climat et d'économie d'énergie, répondant ainsi aux exigences de l'UE, peut être observée de manière très nette à l'exemple de la Grande-Bretagne, où le gouvernement de coalition conservateurs-libéraux démocrates – élu en mai 2010 – a adopté tout un paquet législatif (*Localism Act 2010*, *Green Deal*, *Energy Act 2011*) qui a essentiellement pour but de transférer aux « *local authorities* » de nouvelles missions, devoirs et droits pour le déploiement et la réalisation de leurs propres initiatives et activités en matière de politique énergétique[19]. En Allemagne aussi, où le gouvernement fédéral conservateur-libéral a décidé, dans le cadre d'une « transition énergétique » spectaculaire, de sortir de l'énergie nucléaire d'ici 2022, d'autres programmes d'actions et réglementations qui se traduisent par tout une gamme d'objectifs politiques en matière de climat et d'énergie[20] sont entrés en vigueur. En Italie – dans la prolongation de la décentralisation engagée en 2001 – l'utilisation renforcée des énergies renouvelables

17. Voir WOLLMANN 2007a : 115, WOLLMANN/BALDERSHEIM/MARCOU *et al.*, 2010: 174 ff.

18. Directive 2009/28/CE du Parlement européen et du Conseil du 23 avril 2009 relative à la promotion de l'utilisation de l'énergie produite à partir de sources renouvelables.

19. Voir McEldowney dans ce volume.

20. Voir Libbe dans ce volume.

et la mise en place de mesures d'économie d'énergie ont été confiées aux régions et aux communes (« *comuni* »)[21]. De même en Hongrie, le « Programme environnement et énergie » de 2007[22] vise à renforcer l'engagement politique en matière climat-énergie des communes.

D. Mesures

Les stratégies et mesures politiques en matière climat-énergie qui ressortent dans les quatre pays traités ici – avec des différences quant à leur combinaison, leur densité et leur intensité – comprennent :

1. La production et l'utilisation accrue des sources d'énergie renouvelables (vent, eau, biomasse, etc.).
2. Le recours accru à de techniques de production économes en énergie (en particulier la cogénération).
3. Des approches en termes d'économie d'énergie dans l'aménagement urbain et la construction (« *smart cities* »[23] ; principe selon lequel des parts déterminées des énergies utilisées dans une nouvelle zone d'aménagement proviennent de l'énergie générée par la zone d'aménagement elle-même, ou « *Merton Rule* »)[24].
4. L'utilisation intelligente (« *smart* ») de l'énergie, par exemple la mise en valeur des potentiels d'économie d'énergie dans les comportements, par ce qu'on appelle les « compteurs intelligents » (« *smart metering* »)[25].

E. Autorités locales

La forme et l'étendue de l'engagement des acteurs locaux dépendent largement des structures d'intervention locales traditionnelles des pays concernés.

Malgré les incitations des niveaux de gouvernement centraux envers les acteurs locaux, les activités des autorités locales en la matière sont encore largement à leurs débuts en Grande-Bretagne. Cela concerne notamment les services/entreprises des autorités locales, qui jouent encore un « rôle limité »[26] dans la production d'énergie. Cependant un certain nombre de villes élaborent déjà depuis les années 1980 des stratégies intéressantes[27].

En Italie les communes (« *comuni* ») et leurs entreprises (« *municipalizzate* »), en s'engageant dans des activités en matière de politique énergétique – même si elles interviennent traditionnellement plutôt à la marge du secteur de l'énergie – ont étendu leur marge

21. Voir Prontera dans ce volume.
22. Voir Valentiny dans ce volume, note de bas de p. 9.
23. Voir Libbe dans ce volume.
24. Voir McEldowney dans ce volume.
25. Voir Libbe dans ce volume.
26. Voir McEldowney dans ce volume.
27. Voir McEldowney dans ce volume, note de bas de p. 13.

de manœuvre en matière de politique du climat et de l'énergie dans la période récente[28]. De plus en plus souvent, ce sont d'ailleurs les petites communes (« *comuni* ») qui se sont mises à fusionner leurs entreprises énergétiques (« *municipalizzate* »), à fonder des coopérations intercommunales et à créer des « entreprises mixtes » (« *joint ventures* ») avec des entreprises privées du secteur de l'énergie (notamment étrangères)[29].

Malgré le fait qu'en Hongrie le secteur de l'énergie soit largement privatisé et que le marché de l'énergie soit donc largement dominé par les entreprises étrangères[30], les communes s'efforcent de plus en plus de conclure des partenariats avec les entreprises existantes afin de poursuivre et de réaliser leurs propres objectifs politiques en matière de climat, d'environnement et d'énergie[31].

En Allemagne, les communes et leurs entreprises (*Stadtwerke*) – dans la continuité de leurs missions, telles qu'elles sont traditionnellement décrites et comprises – ont largement (et, à ce qu'il semble, de plus en plus) étendu leurs interventions en matière de politique énergétique au niveau organisationnel et opérationnel, et accru leur « part du marché » face aux « quatre grandes » entreprises de l'énergie dans la production, le transport et la distribution de l'énergie[32]. En résumé, il a été dit à ce sujet qu'aurait « commencé » « un processus de transformation »[33] de l'ensemble du secteur de l'énergie.

F. Remarques conclusives : un « come-back » des communes en matière énergétique ?

En conclusion, on peut dire – sur la base des rapports par pays présentés ici – que la tendance à une « remunicipalisation » du secteur de l'énergie et à un « *come-back* » des communes et de leurs entreprises dans la fourniture de l'énergie au niveau communal, comme elle a été identifiée dans les contributions de l'*Annuaire 2007*[34], dans les recherches du projet Villa Vigoni[35] déjà évoqué ainsi que dans les articles ci-dessous, est assurément confirmée dans les contributions rassemblées pour le *DGCT* 2013. Cela est tout particulièrement apparent, et de manière très nette, dans l'évolution en Grande-Bretagne, où la marginalisation considérable que le niveau local avait connue dans un premier temps avec la nationalisation du secteur de l'énergie puis avec sa privatisation s'est « inversée » dans le cadre des évolutions récentes, du moins partiellement. Ici aussi se profile un « retour du balancier »[36].

28. Voir Pronterea dans ce volume.
29. Voir par exemple Acca (à Rome) avec Electrabel/Suez en Italie, voir Prontera pour d'autres exemples.
30. Voir Valentiny 2007 avec une vue d'ensemble de la structure des entreprises.
31. Voir. Valentiny dans ce volume.
32. Voir en détail Libbe dans ce volume.
33. Dans ce sens, Libbe dans ce volume.
34. Voir ci-dessus note de bas de page 1 à 7.
35. Voir Wollmann/Marcou 2010a, 2010b.
36. Voir Wollmann/Marcou 2010b, Wollmann 2011.

III. Bibliographie

– BALDERSHEIM H., CLAES D.H., « Comment un marché de l'énergie a été créé sans que (presque) personne ne le remarque. La révolution de 1990 de l'approvisionnement en électricité en Norvège et l'évolution du rôle des collectivités locales », *Annuaire 2007 des Collectivités Locales*, CNRS Éditions Paris, 2007, p. 131-143.

– MCELDOWNEY J., « La fourniture d'énergie et l'administration locale : Une étude de cas du Royaume-Uni », *Annuaire 2007 des Collectivités Locales*, CNRS Éditions Paris, 2007, p. 121-129.

– PALM J., « L'administration communale du système de l'énergie en Suède – une perspective historique et les développements actuels », *Annuaire 2007 des Collectivités Locales*, CNRS Éditions Paris, 2007, p. 145-160.

– PRONTERA A., CITRONI G., « L'énergie et les administrations locales en Italie : Dénationalisation, libéralisation et concurrence », *Annuaire 2007 des Collectivités Locales,* CNRS Éditions Paris, 2007, p. 190-198.

– VALENTINY P., « Les services locaux et nationaux de l'énergie en Hongrie », *Annuaire 2007 des Collectivités Locales*, CNRS Éditions, Paris, 2007, p. 172-190.

– WOLLMANN H., « L'engagement des collectivités locales (les communes) dans la fourniture d'énergie (l'électricité), une perspective internationale », *Annuaire 2007 des Collectivités Locales,* CNRS Edition Paris, 2007a, p. 111-119.

– WOLLMANN H., « La fourniture d'énergie, l'administration locale et le marché : le cas de l'Allemagne », *Annuaire 2007 des Collectivités Locales*, CNRS Éditions Paris, 2007b, p. 161-171.

– WOLLMANN H., « Provision of Public Services in European Countries : From Public/Municipal to Private and Reverse ? », *Croatian and Comparative Public Administration*, vol. 11, n° 4, 2011, p. 889-910. *http://en.iju.hr/ccpa/ccpa/downloads_files/001-Wollmann.pdf.*

– WOLLMANN H., MARCOU G., « From public sector-based to privatized service provision. Is the pendulum swinging back again ? Comparative summary », *in* H. WOLLMANN, G. MARCOU eds. 2010, Elgar, Cheltenham, 2010, p. 240-260.

– WOLLMANN H., BALDERSHEIM H., CITRONI G., MARCOU G., MCELDOWNEY J., « From public service to commodity : the demunicipalization (or remunicipalization ?) of energy provision in Germany, Italy, France, the U.K. and Norway » *in* H. WOLLMANN, G. MARCOU (eds) (2010), Elgar : Cheltenham, *op. cit.*, 2010, p. 168-190.

I. La transition énergétique en Allemagne et le rôle des communes[1]

Jens Libbe

I. Les objectifs en matière de politique énergétique, un défi

L'Allemagne s'est dotée d'objectifs ambitieux en matière de politique énergétique : d'ici 2050, la consommation des énergies primaires doit baisser de 50 %, la part des énergies renouvelables dans la consommation finale brute d'énergie pour l'électricité et la chaleur doit augmenter de 50 % et les émissions de CO_2 être réduites d'au moins 80 % par rapport à 1990. De plus, d'ici 2050, les bâtiments devront être quasiment neutres pour le climat, et l'énergie qui leur est nécessaire provenir de sources d'énergie renouvelables (voir BMWI/BMU 2010, Die Bundesregierung 2010). Le renforcement des énergies renouvelables est concomitant d'une désaffection pour les sources d'énergie jusque-là dominantes : d'ici 2022 une sortie progressive du nucléaire doit avoir lieu (voir Die Bundesregierung 2011). Il n'y a plus, du fait des objectifs politiques en matière climatique, de perspective à terme pour le charbon (lignite et houille). Tout cela aboutit à une restructuration fondamentale – une transformation

1. Traduit de l'allemand par Claire Barthélémy.

– du système de fourniture d'énergie (électricité et chaleur). Tous les acteurs de la société et niveaux politiques sont appelés à y contribuer.

Les communes ne sont pas prises au dépourvu. Dès le milieu des années 1980, des critiques ont vu le jour concernant le système de fourniture d'énergie existant et reposant sur les centrales électriques et l'énergie nucléaire. Dans un premier temps, la notion de « transition énergétique » a circulé, synonyme d'un système de fourniture d'énergie décentralisé et basé sur des sources d'énergie renouvelables (voir Hennicke *et al.* 1985), et déjà à l'époque le rôle central des villes et des communes, avec leurs *Stadtwerke* [entreprises municipales délégataires de service public] de gaz, d'électricité et d'eau, était souligné pour la mise en œuvre de cette vision d'avenir. Dans les décennies qui ont suivi, les premiers schémas énergie-climat au niveau communal ont été travaillés, puis ont suivi des mesures pour la rénovation énergétique des bâtiments, pour la protection du climat dans le cadre de la planification urbaine, et plus encore. Cependant, la transition énergétique reste un défi important et surtout sur le long terme.

II. *Conséquences techniques et en matière urbaine de la transition énergétique*

Alors que l'alimentation en électricité de l'Allemagne est jusqu'à présent basée sur de grosses centrales dans les zones de conurbation ou par connexion à un réseau à haute tension, l'engagement dans les énergies renouvelables conduit à une délocalisation de la production d'énergie dans les zones rurales. Un processus qui va être poussé encore plus loin. Dans le domaine de l'électricité, les villes seront ainsi toujours dépendantes des importations de l'extérieur, cependant à l'avenir, du fait du besoin décroissant en chauffage, l'enjeu sera finalement de produire de l'électricité là où de la chaleur sera nécessaire. L'augmentation de l'efficacité énergétique par le renforcement de la cogénération est donc de première importance. Ce sont les grosses installations de turbines à vapeur et à gaz qui se prêtent le mieux à la fourniture des gros réseaux de chaleur à distance. De plus, l'alimentation de quartiers ou de bâtiments nécessite le renforcement des réseaux de chaleur de proximité reliés à de petites centrales de cogénération, qui pour la combustion peuvent également être alimentées par des sources d'énergie renouvelables. L'utilisation locale de chaleurs résiduelles permet d'atteindre un rendement des sources d'énergie primaires qui se situe entre 80 et 90 %. Pour de petits immeubles collectifs ou de grosses maisons individuelles, on peut recourir à de mini-centrales de cogénération.

Les réseaux de chaleur à distance et de proximité peuvent compenser des dispositifs d'isolation des bâtiments réduits ou non souhaitables. Cela suppose, au vu de l'approvisionnement central en chaleur par le biais de réseaux de chaleur à distance, que même en cas de baisse des besoins en chaleur les systèmes puissent encore être suffisamment exploités au niveau technique et économique. Les structures urbaines compactes et denses sont des lieux à fort besoin en chaleur et ainsi voués à un approvisionnement par le biais des réseaux de chaleur. Un autre avantage de la cogénération est sa flexibilité en ce qui concerne les sources d'énergie utilisables. La cogénération n'est pas rattachée à une source d'énergie précise. De ce fait, à côté du gaz naturel, des énergies renouvelables disponibles au niveau régional comme la biomasse, le biogaz, mais aussi les déchets ou bientôt la géothermie peuvent être intégrées dans des schémas décentralisés d'approvisionnement (voir VKU 2012).

Le renforcement de toutes les possibilités d'utilisation des énergies renouvelables est capital pour atteindre les objectifs politiques en matière climatique. Cela suppose la poursuite du développement des éoliennes (*offshore* et *onshore*) et de l'installation de photovoltaïque et de solaire thermique, l'utilisation de la géothermie peu profonde et profonde, l'exploitation de centrales de biomasse, la valorisation thermique des déchets non recyclables, la récupération d'énergie thermique des eaux usées dans les habitations ou dans le réseau de canalisations, ou encore l'installation de nouveaux systèmes sanitaires avec une valorisation électrique et thermique des substances contenues dans l'eau. Nombre de ces options techniques sont réalisables dans les zones urbaines.

Il existe également des potentiels en termes d'économie d'énergie et d'augmentation de l'efficacité énergétique dans le domaine de la consommation d'énergie. Cela concerne à la fois l'optimisation de la consommation énergétique et la gestion par régulation électronique de l'énergie en utilisant les technologies modernes de l'information et de la communication (par exemple par la surveillance à distance), la mise en valeur des potentiels d'économie d'énergie dans les comportements (visualisation de la consommation énergétique, Smart Metering/compteurs intelligents, etc.), ainsi que la domotique au sens d'une commande intégrée pour les maisons et immeubles des installations de chauffage, des appareils ménagers et de la lumière ou des installations de production (Smart Home, Smart Building). Des tarifs de fourniture d'énergie et de chaleur structurés selon une variable de temps et de consommation peuvent constituer des incitations à adapter le type de demande et sa structure temporelle. De cette manière, on peut diminuer les pointes de charges et réduire les coûts pour les consommateurs.

Tout cela implique la réalisation de ce qu'on appelle les centrales électriques virtuelles, dans le sens où des réseaux de distribution électrique intelligents (*smart grids*) relient différents producteurs d'énergie ainsi que des utilisateurs d'électricité (bâtiments, véhicules électriques) et des producteurs d'électricité (comme des centrales de cogénération). Et cela pas seulement à grande échelle, mais également à l'échelle plus petite des réseaux d'approvisionnement locaux (*micro-grids*), correspondant à différentes parties ou quartiers de la ville. La charge de consommation générée par les utilisateurs individuels et la production depuis des installations décentralisées sont pilotées par le biais du réseau de distribution intelligent. L'objectif est la bidirectionnalité des flux électriques, en faisant par exemple en sorte que, par une gestion flexible de la demande, l'énergie soit toujours livrée à des moments où elle est suffisamment disponible, ou que de l'énergie de stocks locaux (par exemple du stockage thermique ou des batteries de voitures électriques) non utilisée soit réinjectée dans le réseau. Pour les villes ce développement se concrétise dans l'expression de « smart cities », qui se caractérisent par une mise en réseau et un pilotage optimisés des producteurs, des capacités de stockage, des utilisateurs et des moyens d'exploitation du réseau avec les technologies de l'information et de la communication adaptées.

Dans le domaine du bâtiment neuf, on installe des maisons passives ou même à énergie positive. Les nouveaux quartiers urbains et complexes de bâtiments à l'écart des réseaux d'alimentation en chaleur existants sont ainsi tout désignés pour des systèmes d'alimentation semi ou totalement décentralisés faisant usage des énergies renouvelables. Il est en revanche difficile de répondre à la question de savoir quelles formes d'approvisionnement prévaudront à terme pour le bâti. On peut s'attendre à ce que les espaces d'approvisionnement jusqu'alors homogènes se développent tels un puzzle de pics et de cycles de consommation et de formes d'approvisionnement individuelles. Le développement du bâti d'un point de vue énergétique est dans ce cadre la clé centrale permettant d'évaluer les modalités de mise en œuvre de la transition énergétique au niveau spatial.

Dans ce contexte, la transition énergétique en milieu urbain est à nuancer selon les niveaux (région urbaine, quartier, complexe d'immeubles, bâtiment individuel). Selon la densité de l'urbanisation et de la population, le besoin d'énergie est plus ou moins grand et les potentiels en matière d'énergies renouvelables sont différents. On ne peut ainsi déterminer le système d'approvisionnement approprié et les potentiels d'économie et d'efficacité énergétiques à exploiter que dans le contexte de la structure d'habitat et d'urbanisation existante. En résumé, l'alimentation en énergie, en particulier l'alimentation en chaleur, sera différente en fonction du type d'espace urbain.

III. Stratégies des fournisseurs d'énergie communaux dans le cadre du processus de transformation

Les stratégies entrepreneuriales dans le cadre du processus de transformation concernent surtout, à côté de l'utilisation d'options techniques appropriées, le positionnement des fournisseurs locaux sur le marché de l'énergie libéralisé depuis 1998. Elles sont, au-delà de la question de la transition énergétique, fortement influencées par la pression continue à la concurrence, les réglementations incitatives en vigueur pour les réseaux d'énergie, ainsi que les prix fluctuants de l'énergie. Une série d'études a été conduite ces dernières années sur cette situation et l'ajustement stratégique nécessaire des *Stadtwerke* concernées (voir notamment Wübbels/Weber 2011, Ernst & Young 2011, Richter/Thomas 2009). Malgré des approches et des résultats très différents, et plus ou moins représentatifs, elles ont pour résultat commun le constat qu'une politique d'entreprise relativement décentralisée, proche des citoyens et tournée vers le développement durable constituerait un signe distinctif et une chance pour les entreprises communales.

IV. Modèles d'activité des fournisseurs d'énergie locaux

Actuellement, dans le domaine des *Stadtwerke*, différents modèles d'activité peuvent être identifiés :

– À la première place, on trouve ce qui est appelé le *modèle d'activité intégré*. On le trouve majoritairement dans les stratégies d'entreprise des grosses *Stadtwerke*. La stratégie de l'entreprise vise, au niveau local ou même supra-régional, à se positionner non seulement comme distributeur d'énergie et opérateur de réseau, mais aussi comme producteur d'énergie, en cherchant à avoir une production énergétique décentralisée à partir de différentes sources d'énergie en fonction des options techniques susmentionnées. Dans ce cadre, le renforcement d'installations et de réseaux décentralisés est actuellement au centre de l'attention, et, de plus en plus, la gestion d'installations des clients ou de bâtiments (gestion énergétique des bâtiments, gestion de la recharge pour l'électromobilité) ainsi que des prestations de service comme le conseil, l'optimisation et le contrôle de l'énergie sont vues comme des secteurs d'activité.

– En deuxième position et de manière alternative à la stratégie du modèle d'activité intégré, on trouve la *croissance ciblée*. Elle se caractérise soit par la spécialisation et la concentration (c'est-à-dire que les entreprises se concentrent sur des niveaux précis de la chaîne de valeur ajoutée), soit par la concentration ou la coopération des entreprises (la coopération verticale entre des partenaires qui interviennent aux différents niveaux de la chaîne de valeur ajoutée, la coopération horizontale en tant qu'association de partenaires du même niveau de la chaîne de valeur ajoutée, ou la coopération triangulaire avec des entreprises extérieures à la branche, comme par exemple des investisseurs financiers).

– En troisième lieu, on trouve la stratégie de la *coopération intercommunale, voire régionale*, qui apparaît aussi souvent liée au modèle d'activité intégré. Par ce biais les bénéfices en termes d'efficience et d'efficacité sont augmentés, les risques pour les entreprises sont minimisés ou les économies d'échelle augmentées.

– En quatrième lieu, on trouve la stratégie de la *constitution de communautés d'intérêts* (par exemple : 8kU, coopération sur l'ensemble du territoire fédéral de huit opérateurs énergétiques, *http://www.8ku.de/*).

On trouve des exemples de toutes ces stratégies dans le paysage des *Stadtwerke* au niveau local. Le choix de la stratégie parmi ces différents modèles dépend de la taille de l'entreprise, de la composition de la clientèle, de la disponibilité en personnel ainsi que de la capacité financière. Les stratégies des entreprises deviennent d'une part plus « individuelles » et d'autre part, presque tous les fournisseurs font l'effort d'orienter dorénavant les chaînes de création de valeur ajoutée vers l'efficacité énergétique et la neutralité pour le climat.

Le positionnement en tant que prestataire régional de services d'infrastructures de même que la coopération régionale semblent être les principales options pour d'un côté pouvoir être en concurrence et de l'autre maîtriser la transition énergétique. Le spectre des coopérations dans ce cadre est vaste, allant de la coopération souple, sans engagements, jusqu'à la création de réseaux ou de services de distribution communs. La coopération horizontale entre les *Stadtwerke* est, pour la plupart de leurs gérants et pour l'heure, la variante préférée (voir notamment Ernst & Young 2011, PWC 2011).

V. Activité entrepreneuriale dans le cadre du processus de transformation : décentralisation, intégration et offre de services

Les options techniques d'une part et les modèles d'activité entrepreneuriaux d'autre part permettent de dégager des tendances significatives pour l'approvisionnement en énergie.

En premier lieu, il convient de mentionner la tendance à la *décentralisation,* ou plutôt vers un système moins centralisé de fourniture d'énergie. C'est-à-dire qu'il ne s'agit en aucun cas lors du processus de décentralisation d'un développement dans une seule direction, mais de systèmes décentralisés qui, de leur côté par contre, impactent les structures centralisées dans lesquelles ils s'intègrent. Dans ce sens, la décentralisation doit en outre être comprise principalement comme concernant la mise en place d'éléments d'ordre technique, et non forcément au regard de l'organisation des entreprises ou du marché. Les entreprises communales par exemple veulent se positionner en tant que fournisseurs décentralisés (voir VKU 2012), mais ce que cela signifie exactement reste indéterminé. Sans doute qu'en comparaison avec les grandes entreprises de l'énergie on peut parler à propos des entreprises communales d'acteurs décentralisés. Mais ces fournisseurs locaux construisent concurremment et de manière renforcée ces dernières années des coopérations supra-régionales, s'établissent comme fournisseurs régionaux pour la ville et sa périphérie ou achètent des parts dans de grosses entreprises existantes. Au vu de leur organisation et de leurs stratégies de concurrence, leur caractère décentralisé devient incontestablement relatif. D'un autre côté, ce sont seulement de telles coopérations qui souvent rendent possible l'exploitation des potentiels de développement des énergies renouvelables, étant donné que les possibilités sur place sont limitées. Autrement dit, les processus de concentration des fournisseurs locaux ne doivent de toute évidence pas être en contradiction avec une décentralisation technique des modes de production.

Deuxièmement, il convient de souligner une *intégration* renforcée de secteurs jusque-là séparés, c'est-à-dire des interactions se renforçant entre secteurs dans le sens d'une influence mutuelle. Cela est particulièrement marqué là où les technologies intelligentes d'information et de contrôle permettent de relier de manière ciblée l'offre d'énergie et la demande d'énergie, comme cela était possible dans le passé. Mais ces interactions sont aussi de plus en plus visibles là où des potentiels énergétiques jusque-là inutilisés pourront contribuer considérablement au chauffage urbain (en particulier les potentiels énergétiques des eaux usées et des déchets). Reste en suspens la question de savoir quelle intensité ces interactions entre ces secteurs auront dans le futur, s'il s'agira de relations souples au niveau technique ou aussi d'intégration durable d'entreprises au sens de la *Multi-Utility*.

Troisièmement, on constate *le développement croissant de l'offre de services*, c'est-à-dire une évolution de la philosophie des entreprises concernées qui consiste à se développer au-delà de la pure entreprise de distribution et à répondre de diverses manières à certains besoins déterminés de consommation comme par exemple en matière de chauffage ou de lumière. Il apparaît comme indispensable pour un approvisionnement énergétique à haut rendement que la réflexion sur le service soit encore développée, d'autant plus que le besoin de conseil des clients finaux concernant les nouvelles possibilités techniques augmente énormément. Là où la séparation entre les secteurs tend à disparaître, de plus en plus de questions apparaissent sur la gestion d'entreprise en termes d'organisation ainsi que sur la garantie de la qualité de l'approvisionnement. Il reste à voir avec quelle profondeur le développement de l'offre de services déterminera l'action des entreprises dans le futur. Beaucoup d'éléments portent à croire que la plupart des entreprises énergétiques vont continuer à suivre la voie les conduisant à proposer une large gamme de prestations. Pour les entreprises locales de fourniture d'énergie, c'est-à-dire en particulier les *Stadtwerke*, cela représente des opportunités considérables, pas seulement parce qu'elles exploitent une grande partie du réseau d'approvisionnement, mais aussi et surtout du fait de leur connaissance des réalités locales et de la compétence qui en découle, ainsi que de leur grande proximité avec les clients.

VI. Vers une meilleure concertation stratégique

L'existence parallèle prévisible d'infrastructures centrales et décentralisées, accompagnée de standards énergétiques plus pointus au niveau des bâtiments, soulève actuellement de nombreuses questions en termes d'aménagement urbain et en termes économiques dans le secteur de l'énergie.

Du côté de l'aménagement urbain, la question de savoir combien d'énergie à long terme sera nécessaire pour quel bâtiment et surtout quelles seront les caractéristiques de l'alimentation en énergie pour les différents types d'habitat ou de quartier reste très incertaine. Quelles seront les zones qui relèveront durablement d'un approvisionnement central, dans quelles zones s'institueront des structures décentralisées ? Quels sont les besoins en termes d'aménagement de l'espace à prendre en compte pour les systèmes décentralisés ?

Du côté du secteur de l'énergie se pose la question de savoir comment empêcher des concurrences improductives entre systèmes centralisés et décentralisés. Comment par exemple s'assurer que les zones avec un chauffage urbain central généreront toujours une demande suffisante ? Quelles sont les éventuelles mesures d'extension ou de restructuration du point de vue urbanistique qui peuvent être mises en œuvre pour l'introduction de nouveaux systèmes de fourniture d'énergie ?

Des attentes réciproques sont formulées dans ce cadre : les urbanistes espèrent plus d'orientation stratégique concernant les effets à attendre de la transition énergétique en termes d'aménagement du territoire et d'urbanisme ainsi que des priorisations dans le temps et l'espace concernant l'alimentation de sous-espaces urbains. Du côté des fournisseurs, le vœu d'une meilleure prise en compte dans la planification des enjeux liés aux infrastructures a été exprimé, par exemple en accordant une place de choix à la priorité que constitue le chauffage urbain. De concert, tous les acteurs émettent le souhait de plus de compréhension mutuelle des problèmes, d'une réflexion conceptuelle et transversale, de bases de données communes et de meilleure qualité et d'une meilleure concertation au niveau stratégique.

VII. Le processus de transformation a commencé

Les réflexions sur les défis que représente la transition énergétique au niveau local en termes politiques et de planification ont commencé. Toutefois, il y a encore peu de villes qui s'engagent de manière structurée dans ce processus. C'est surtout le cas dans les communes qui ont commencé au cours de rénovations urbaines en matière énergétique à élaborer des stratégies de développement intégrées et à haute performance énergétique pour la ville et la région, déclinées en mesures jusqu'au niveau des quartiers puis des complexes de bâtiments. Récemment, on trouve d'autres exemples lorsque dans le cadre d'une stratégie climatique intégrée une coordination transversale de mesures est prévue. Cela prouve que le processus de transformation ne réussira que si les acteurs de l'aménagement urbain, les fournisseurs d'énergie, les industries du bâtiment, les acteurs dans les domaines de la protection du climat et de l'énergie ainsi que tous les autres acteurs pertinents s'asseyent aujourd'hui ensemble autour d'une table et développent pour leurs villes respectives des solutions adaptées. Si l'on prend comme point de départ les objectifs politiques prioritaires en matière climat-énergie, les efforts devraient d'abord se concentrer sur les prochaines étapes qui, pour les années à venir, devraient consister à préciser puis, après un certain temps selon leur succès, à réévaluer vers le haut les mesures nécessaires. Dans ce cadre, c'est principalement la planification urbaine qui devrait donner les impulsions nécessaires et exercer une fonction de coordination.

VIII. Bibliographie

– BMWI/BMU – Bundesministerium für Wirtschaft und Technologie/Bundesministerium für Umwelt, Naturschutz und Reaktorsicherheit (Hrsg.) (2007) : *Bericht zur Umsetzung der in der Kabinettsklausur vom 23./24.08.2007 in Meseberg beschlossenen Eckpunkte für ein Integriertes Energie- und Klimaprogramm*, Berlin.

– DIE BUNDESREGIERUNG (2011) : *Energiewende – die einzelnen Maßnahmen im Überblick*, Berlin.

– DIE BUNDESREGIERUNG (2010) : *Das Energiekonzept : Deutschlands Weg zu einer bezahlbaren, zuverlässigen und umweltschonenden Energieversorgung*, Berlin.

– Ernst & Young (Hrsg.) (2011) : *Neue Geschäftsfelder in stagnierenden Märkten. Stadtwerkestudie 2011*, Düsseldorf.

– Hennicke P., Johnson J. P. ; Kohler St., Seifried D. (1985) : *Die Energiewende ist möglich. Für eine neue Energiepolitik der Kommunen*, Francfort s/Main.

– PWC – PricewaterhouseCoopers (2011) : *Kooperation von Stadtwerken – heute noch ein Erfolgsmodell ? Ergebnisse einer Befragung von Stadtwerke-Geschäftsführern im Frühjahr 2011*, München,

– Richter N. ; Stefan T. (2009) : *Perspektiven dezentraler Infrastrukturen im Spannungsfeld von Wettbewerb, Klimaschutz und Qualität. Endbericht der Forschungspartnerschaft INFRAFUTUR*, Francfort s/Main.

– Wübbels M., Weber H. (2011) : « Strategien für den Markt von morgen », dans : *ZfK – Zeitung für kommunale Wirtschaft* 4/2011, p. 13.

– VKU – Verband kommunaler Unternehmen (Hrsg.) (2012c) : *Energiezukunft gestalten. Perspektiven kommunaler Energieerzeugung*, Berlin.

II. Les autorités locales britanniques et la politique énergétique[1]

John McEldowney

L'administration locale britannique dispose d'un énorme potentiel pour atteindre les objectifs énergétiques, faciliter une alimentation des foyers et des entreprises conforme aux normes du développement durable, et fournir une énergie à faibles émissions de CO_2 à un prix abordable. Son rôle dans la planification stratégique de l'énergie est limité : c'est l'administration centrale qui en a la charge, au sein du ministère de l'Énergie et du Dérèglement climatique (*Department of Energy and Climate Change – DECC*). En 2010, on a étendu les pouvoirs des autorités locales pour la vente d'électricité provenant de sources renouvelables, une mesure qui les encouragera certainement à s'investir dans la politique énergétique. Les opportunités pour les collectivités locales de s'imposer comme des acteurs clef sur les marchés de l'énergie se multiplient, avec l'augmentation du prix de l'énergie, la fermeture des centrales nucléaires, et les efforts engagés en faveur d'alternatives comme les turbines éoliennes, la combustion des déchets et les microprogrammes de production combinée électricité-chaleur[2]. Le Royaume-Uni, qui a été pendant vingt-cinq ans un exportateur net d'énergie, en est devenu un importateur net[3] en 2004. Les exigences de sécurité, et d'approvisionnement[4], compatibles avec la réduction des émissions de CO_2, ont assujetti les fournisseurs d'énergie et la politique gouvernementale à une pression considérable. L'Ofgem,

1. Traduit de l'anglais par Véronique Marcou.

2. House of Commons, Energy Prices SN/SG/4153 (8 mars 2013).

3. ENDS Report 457 *Reshaping the power industry* (mars 2013), p. 48.

4. Houses of Parliament, *Measuring Energy Security* POSTNOTE n° 399 (janvier 2012). House of Commons Library, *Energy imports and exports* SN/SG/4046 (4 mars 2013).

l'instance de régulation de l'industrie britannique de l'énergie, s'inquiète de la capacité de la production d'électricité à répondre à la demande. Ce chapitre passe en revue le rôle des collectivités locales dans la production et les économies d'énergie.

I. Politiques et mesures d'encouragement à la production et à l'utilisation d'énergies renouvelables

L'administration locale intervient peu comme fournisseur d'énergie[5]. Suite aux privatisations des années 1990, l'industrie britannique du gaz et de l'électricité est majoritairement privée. Les centrales électriques communales sont rares, et jusqu'à une date récente, la production locale d'énergie ne suscitait que peu d'intérêt.

Au Royaume-Uni, la politique énergétique est centralisée au sein du ministère de l'Énergie et du Dérèglement climatique (DECC), responsable des décisions politiques stratégiques, de la taille du marché de l'énergie, de l'introduction des nouvelles technologies et de la gestion de l'infrastructure énergétique[6]. Les collectivités locales ayant l'expérience de la planification énergétique stratégique et des nouvelles technologies qui s'imposent progressivement sont relativement rares. Seuls 35 % environ de l'ensemble du chauffage et de l'énergie britanniques proviennent de sources renouvelables[7]. On assistera sans doute, dans le futur, à des divergences substantielles entre la politique et sa mise en œuvre, avec l'attribution croissante de responsabilités en matière d'énergie et de changement climatique aux collectivités locales et aux pouvoirs régionaux d'Écosse, du Pays de Galles et d'Irlande du Nord. Le transfert de responsabilités relatives aux objectifs nationaux concernant le changement climatique aux niveaux locaux et régionaux offre aux collectivités locales l'opportunité de s'engager dans la planification stratégique énergétique.

Depuis 2010, le DECC applique dans tout le Royaume-Uni une législation permettant aux autorités locales de vendre de l'électricité produite par un certain nombre de sources renouvelables désignées. Jusque-là, les collectivités locales n'étaient autorisées à vendre que l'électricité générée par la combustion des déchets ou la production combinée électricité-chaleur (Combined Heat and Power – CHP). Le gouvernement central et les administrations locales ont signé en 2011 un mémorandum concrétisant la promesse passée en 2000 de combattre le dérèglement climatique par des initiatives de l'administration locale, particulièrement par la réduction des émissions de CO_2. La loi de 2011 sur le Localisme (Localism Act 2011) reconnaît l'autonomie locale, mais cela n'a pas conféré davantage de pouvoir aux autorités locales, en raison de tendances inverses vers la centralisation. On a créé un

5. Voir : S. Fudge, M. Peters, J. Wade, *Locating the agency and influence of local authorities ds. UK energy governance*, University of Surrey, 2011.

6. NAO, *A Summary of the NAO's work on the Department of Energy and Climate Change 2011-12* Londres, novembre 2012.

7. ENDS Report 455, décembre 2012, *Environment Trends,* p. 44.

service majeur de Planification de l'infrastructure, au sein de l'Inspection à l'aménagement du territoire, dont les décisions finales sont validées par le secrétaire d'État[8], dans le but de réduire l'influence des collectivités locales. On a mis en place des procédures accélérées pour faire aboutir les projets afin de surmonter la lenteur des collectivités locales les moins performantes, notamment des procédures destinées à alléger les lourdeurs administratives associées aux décisions de planification. On lui a donné des pouvoirs supplémentaires pour contourner les permis de construire locaux et parvenir à une résolution rapide des demandes de permis de construire à grande échelle comme pour les grandes centrales électriques[9]. Depuis 2005, on a vu apparaître un grand nombre de projets de planification dans lesquels les autorités locales jouaient un rôle déterminant dans le développement durable national[10], dont l'énergie. En 2006, le ministère du Commerce et de l'Industrie (Department of Trade and Industry – DTI) a publié une *Stratégie britannique pour la microproduction* qui détaillait le rôle des autorités locales dans les technologies des énergies renouvelables pour de petites unités. Le gouvernement a publié *La Stratégie de gestion de l'*énergie dans les foyers 2010 pour promouvoir une utilisation plus efficace de l'énergie et de l'isolation. Le gouvernement de coalition a simplifié la réglementation relative à la planification et a créé un Cadre national de la politique de planification, finalisé en mars 2012[11]. On a intégré les priorités énergétiques dans les instructions relatives à la politique de planification dans une démarche de développement durable, avec une forte présomption en faveur du permis de construire dans ce dernier cas. On peut encore mentionner la « Règle de Merton »[12], consistant à s'assurer qu'une proportion de l'énergie utilisée pour les nouveaux développements soit produite sur place à partir de sources renouvelables. On rencontre également une multiplicité d'initiatives disparates, nées de la Proposition de l'administration locale sur le dérèglement climatique (2011). Il s'agit d'un accord passé entre les administrations centrales et locales dans le but de contribuer à la réalisation des objectifs relatifs au dérèglement climatique par la production de l'énergie. Le gouvernement a déposé un nouveau projet de loi sur l'énergie, en novembre 2012, en cours de discussion au Parlement (mai 2013), visant une réduction du prix de l'électricité, l'adoption de tarifs de subventionnement fondés sur des contrats relatifs à l'utilisation d'énergies renouvelables (« *contracts for difference* ») dans des projets locaux, et une réglementation sur l'efficacité énergétique[13].

Les autorités locales avaient, en concertation avec les agences régionales de développement, qui ont été remplacées en 2011 par les partenariats locaux, la charge du développement économique régional. Des changements dans la politique énergétique, et l'extension des possibilités, pour les autorités locales, de vendre de l'électricité en provenance de sources renouvelables, ont encouragé les autorités locales à intervenir dans la politique énergétique.

8. Voir : House of Commons Library, *Major Infrastructure Planning* SN/SC/50411 (17 mai 2012).

9. House of Commons Library, *Planning Reform Proposals* SN/SC/6418 (20 mars 2013).

10. UK Government, Planning Policy Statement 1 (PS1) 2005 ; the Planning and Climate Change Section, PPS 1 (2006), Policy Planning Statement 22 Renewable Energy and the UK Micro-generation Strategy DTI (2006).

11. DCL, *National Planning Policy Framework*, mars 2012.

12. Cette règle tire son nom du quartier londonien de Merton, où l'on a testé cette politique.

13. House of Commons Library, *Energy Bill : Committee Stage Report* Research Paper 13/19 (12 mars 2013).

Personne ne les oblige à investir dans la politique énergétique, la décision relève de leur seule volonté. Les premiers exemples d'engagement des autorités locales sont peu nombreux[14] et reflètent l'absence d'un *leadership* fort, de compétences entrepreneuriales et de coopération entre les entreprises locales et leur autorité locale. Quantité d'obstacles, tels que le financement, le permis de construire, et la réglementation environnementale locale dissuadent les moins déterminés. Les autorités locales sont contraintes de collaborer avec les entreprises locales et les consommateurs, ce qui peut être frustrant, et comporter des difficultés. Les compétences politiques et techniques doivent servir la perception de l'utilité d'un projet parmi les entreprises locales et les communautés. On a mené récemment à Leeds une étude qui a mis en évidence « des barrières financières, structurelles et (peut-être, dans une moindre mesure) culturelles à la mise en œuvre d'un organisme pour la stratégie énergétique »[15]. L'analyse conclut à la nécessité d'en créer un. C'est probablement essentiel si les autorités locales souhaitent réaliser tout leur potentiel dans le domaine de la production d'énergie.

II. Promotion, production et utilisation des ressources énergétiques renouvelables

La loi de 2008 sur le dérèglement climatique fixe un objectif obligatoire pour la réduction des émissions de CO_2 de 80 % par rapport aux niveaux de 1990, d'ici à 2050. Elle intervient en réponse aux actions menées aux niveaux national, international et européen. Les initiatives liées à l'Agenda 21, publié par les Nations Unies après la Conférence de Rio de Janeiro de 1992 sur le dérèglement climatique, ont participé à la délégation de l'action aux autorités locales. La loi de 2008 requiert une action à la fois des administrations centrales et locales pour adopter une approche stratégique de la politique énergétique et de sa mise en œuvre. Le *Plan d'action sur les émissions de gaz carbonique* publié en mars 2011 définit la stratégie du DECC pour les cinq prochaines années[16] au Royaume-Uni, pour réduire les émissions de CO_2 en changeant les modes de production de l'électricité, et la façon de chauffer les foyers et les entreprises. On espère produire 15 % de l'électricité à partir de sources renouvelables d'ici à 2020. On a pris différentes mesures, telles que des tarifs subventionnés, des primes aux énergies renouvelables, le Fonds de l'énergie verte, et autres stratégies voisines. Il existe une politique de l'UE sur la production d'énergie[17] à partir de sources renouvelables, fixant un objectif de 20 % d'énergie en provenance de sources renouvelables

14. Dans les années 1980, plusieurs villes pionnières telles que Sheffield, Newcastle, Belfast, Leicester, Birmingham et des quartiers de Londres, dont Waltham Forest, Coventry, ont mis en place les premières centrales produisant de l'électricité à partir des déchets. Dans les années 2010, Woking et Kirklees les ont rejointes. On recourt largement à la production combinée électricité-chaleur, notamment dans les universités et les hôpitaux.

15. C. S.E. Bale *et alii*, « Strategic energy planning within local authorities in the UK : A study of the city of Leeds » (2012) 48 *Energy Policy* 242-251, p. 251.

16. House of Commons Library, *Carbon Price Floor* SN/SC/5927 (15 mars 2013).

17. HC Deb 14th January 2013 col. 480 w.

sur l'ensemble de l'énergie utilisée, d'ici à 2020[18]. L'administration britannique a publié en 2012 une *Stratégie britannique de la biomasse*[19]. La biomasse devrait contribuer à hauteur de 21 % à l'objectif britannique de produire 15 % de l'énergie britannique à partir de sources renouvelables. La biomasse est un terme générique englobant tout matériau organique utilisé pour produire de la chaleur, de l'électricité ou du carburant pour les transports[20]. La combustion de la biomasse pour produire de l'électricité correspond à un taux d'émission de CO_2 de zéro, et l'utilisation des déchets communaux comme biomasse encourage fortement les autorités locales à participer. L'Agence pour l'environnement a relevé que, si la biomasse doit répondre aux exigences du développement durable, elle doit être transformée de façon à réduire les émissions de gaz carbonique et à éviter tout impact négatif sur les sols, les nappes phréatiques, la qualité de l'air, les forêts et les ressources en eau[21].

Dans le domaine de l'énergie, le DECC oriente les tendances au moyen d'une publication trimestrielle. Au Royaume-Uni, la tendance est au développement des énergies éolienne, hydroélectrique, et autres sources renouvelables. Ceci est appelé à se confirmer, l'augmentation la plus marquée revenant aux éoliennes en haute mer, et, en second lieu, à l'énergie hydroélectrique.

Il existe une grande variété d'autres ressources énergétiques renouvelables, et les autorités locales se trouvent dans une position centrale pour étendre leur usage, émettant les permis de construire et assurant le chauffage de nombreux bâtiments et institutions publics. La taxe sur le dérèglement climatique constitue un mécanisme majeur pour promouvoir un usage efficace des ressources énergétiques.

Depuis août 2010, les autorités locales sont habilitées à vendre toute énergie renouvelable qu'elles produisent. Cela comprend l'énergie générée par quantité de sources renouvelables[22]. Ce dispositif permet potentiellement aux autorités locales de développer une stratégie énergétique. Les autorités locales peuvent utiliser les tarifs subventionnés (*Feed-in Tariff – FIT*) et les Certificats de sources renouvelables obligatoires pour la production à partir de sources renouvelables, à petite ou grande échelle. Les programmes de chauffage urbain sont également pris en charge par la prime au chauffage par énergies renouvelables (Renewable *Heat Incentive – RHI*) initiée à la mi-2011. On ne dispose pas de statistiques sur l'adoption de ces options par les autorités locales. Les principales formes d'énergie renouvelable que les autorités locales peuvent utiliser comprennent les fermes éoliennes, l'électricité

18. Voir la directive sur les énergies renouvelables.

19. House of Commons Library Standard Note : *Biomass* SN/SC/6586 (18 mars 2013).

20. On dénombre quatre catégories principales de matériaux pour la biomasse : le bois de coupe forestier et les copeaux de saule ; le colza, la betterave à sucre, le blé et le maïs, des produits de l'agriculture ; le gaz des décharges publiques ; des déchets solides communaux, des déchets de bois et des déchets d'huilerie végétale.

21. *Environment Agency* 2012.

22. *Local Authorities (England and Wales) Regulations 2010*, Les sources d'énergie renouvelables incluent l'énergie éolienne, l'énergie solaire, l'énergie aérothermique, l'énergie géothermique, la biomasse, le gaz des décharges publiques, l'énergie hydrothermale et l'énergie marémotrice, les gaz des usines de traitement des eaux usées et les biogaz.

produite par la digestion anaérobique, l'électricité produite à partir des déchets[23], et l'énergie solaire. Les accords sur le dérèglement climatique prévoient des clauses en faveur de la production combinée électricité-chaleur.

III. La politique des économies d'énergie – les bâtiments publics et privés et les transports

La loi de 1995 sur les économies d'énergie par les ménages se proposait d'éradiquer la pauvreté énergétique par une utilisation plus efficace de l'énergie dans les foyers. Elle n'a rencontré qu'un succès limité. Depuis août 2011, les propriétaires peuvent demander une subvention pour l'installation d'un équipement de chauffage alimenté par des énergies renouvelables, mais à ce jour, seuls 9 000 foyers ont bénéficié de ces subventions[24]. Le gouvernement ambitionne d'étendre ce nombre à 513 800 d'ici à 2020[25]. Le gouvernement de coalition a adopté le Green Deal[26], soutenu par la loi sur l'énergie de 2011, qui visait à encourager les économies d'énergie dans les usages domestiques. Il est entré en vigueur le 28 janvier 2013 en Angleterre et au Pays de Galles, et le 25 février 2013 en Écosse.

Les principes sur lesquels il repose sont de permettre aux consommateurs d'énergie de recevoir des prêts pour améliorer la performance énergétique de leur maison. La règle d'or en est que les mensualités ne doivent pas excéder les économies effectuées sur une facture moyenne. Le Green Deal comprend une nouvelle obligation des compagnies d'énergie (*Energy Company Obligation – ECO*) qui s'adresse aux plus pauvres et aux foyers les plus vulnérables dans une tentative d'éradiquer la pauvreté énergétique[27]. Il comporte trois axes : le système du chauffage abordable, l'obligation de réduction des émissions de gaz carbonique, et l'obligation de réduction des émissions de gaz carbonique au niveau local. Les mécanismes potentiels de promotion de l'efficacité énergétique comprennent : les tarifs subventionnés, et, pour réduire la consommation d'énergie, les réductions d'impôts locaux pour les habitations à faible consommation énergétique, et sur divers droits de taxe tels que la taxe sur les transactions immobilières, et l'extension de la réduction de 5 % sur la TVA sur les habitations[28], les chauffe-eaux et les fenêtres[29] à faible consommation énergétique. En octobre 2012, le gouvernement a pris l'initiative de rationaliser les tarifs de l'énergie pour

23. DEFRA, *Energy from Waste A Guide to the Debate,* Londres : février 2013. Pour le contexte, voir : House of Commons Library SNC-05958 (13 juillet 2011).

24. ENDS Report 455, décembre 2012, *Environment Trends,* p. 44.

25. Les plus populaires sont les chauffe-eau à biomasse, qui atteignent 99 % de la chaleur produite.

26. House of Commons Library *The Green Deal* SN/SC/5763 (15 mars 2013). ENDS Report 446, mars 2012, Risk or reward : assessing the Green Deal, p. 28.

27. Voir : House of Commons Library, *Fuel Poverty* SN/SG/5115 (23 juillet 2012).

28. Houses of Parliament, *Residential Heat Pumps POSTNOTE* Number 426, janvier 2013.

29. On trouve aussi des compteurs intelligents. House of Commons Library, *Smart meters* SN/SC/6179 3 décembre 2012.

aider les ménages à acheter une énergie meilleur marché par l'identification des tarifs les moins chers[30]. Cette mesure est également susceptible d'encourager les autorités locales à s'investir dans des projets de production d'énergie.

L'énergie renouvelable britannique est dominée par les fermes éoliennes, avec 796 turbines produisant 2,6 gigawatts. On en construit actuellement 437 autres[31]. On observe une quantité de programmes de chauffage urbain desservant les bâtiments résidentiels et commerciaux, les hôpitaux et les universités, environ 130 programmes au jour d'aujourd'hui, alimentant 72 000 habitations. On projette de connecter 46 000 maisons supplémentaires d'ici à 2017[32].

L'engagement des autorités locales dans la question des transports et de l'énergie se traduit entre autres par l'adoption de métros légers et de tramways de centre-ville. Le recours aux biocarburants[33] représente également une part de la stratégie des transports des autorités locales, ainsi que de la fourniture d'électricité pour les transports publics et la création de points d'alimentation pour encourager le développement des voitures électriques.

IV. Les entreprises communales et la libéralisation du marché

Les entreprises communales n'occupent qu'un rôle limité dans la production d'énergie. Depuis 2010, on peut établir des partenariats locaux d'entreprises, sous la forme d'une société associant des autorités locales et des entreprises, pour la promotion du développement économique local. On a défini des zones pour le développement économique, offrant aux autorités locales et aux entreprises la possibilité de travailler ensemble dans le cadre de projets d'amélioration générale de leur zone[34]. On a également impliqué les partenariats public-privé dans des projets de cogénération. Par le passé, certains des montages PFI se sont avérés sujets à controverse, et ont mené à des coûts élevés à la charge d'organismes du secteur public[35]. L'implication des autorités locales a pourtant pour but de faire passer les risques financiers sur le secteur privé.

Cette démarche va de pair avec l'expérience pilote des Cadres locaux d'émission de CO_2, qui relève de l'agenda issu du Localism Act. On rencontre en outre des initiatives telles que le Programme local d'économie de l'énergie, un projet expérimental destiné à explorer le développement d'une relation de travail entre les sociétés d'énergie et les autorités locales.

30. House of Commons Library, *Simplifying energy tariffs* SNSC -6440 (23 novembre 2012).

31. ENDS Report 453, octobre 2012, *Environment Trends,* p. 52.

32. ENDS Report 450, juillet 2012, *Environment Trends,* p. 52.

33. Il existe une obligation de carburants renouvelables pour les transports consistant à encourager les biocarburants. En 2012, on a consommé 1 405 millions de litres de biocarburants dans les transports. Voir *Renewables Statistics*, Ministère de l'Énergie et du Dérèglement climatique – DECC.

34. House of Commons Library, *Business Improvement Districts (BIDs)* SN/PC/4591 (7 novembre 2012).

35. Voir HM Treasury, *A new approach to public private partnerships,* décembre 2012.

Ceci constitue une part essentielle de la future stratégie énergétique. Les autorités locales disposent d'autres moyens de coopération avec des organisations commerciales, telles que les structures exploitées par leur propriétaire. Certains de ces outils offrent aux autorités locales un contrôle total sur la conception et les politiques de l'entreprise. Enfin, on relève des projets entre *alter ego*, sans apport financier de la part de l'administration locale, mais où les autorités locales dégagent des opportunités, par exemple des panneaux solaires sur les logements sociaux[36]. La participation des autorités locales est plus importante au sein des 214 programmes britanniques reposant sur la digestion anaérobique. Nombre d'entre eux sont alimentés par les déchets des autorités locales[37].

V. OFGEM : l'autorité de régulation britannique

La loi de 2000 sur les équipements et les services a remplacé les régulateurs individuels de l'électricité et du gaz par un régulateur unique et collégial, l'Agence des marchés du gaz et de l'électricité (*Office of Gas and Electricity Markets – OFGEM*). L'énergie fait partie des attributions du régulateur. Le secrétaire d'État a le pouvoir d'émettre des recommandations sur les affaires sociales et environnementales, et le régulateur doit en tenir compte. La loi fait également obligation au régulateur de protéger les intérêts des consommateurs. La loi sur l'énergie de 2008 a encore renforcé ce devoir, et se réfère à la fois aux « consommateurs présents et futurs ». La principale fonction de l'OFGEM est la régulation économique, plus spécifiquement la promotion de la concurrence, la surveillance des sociétés monopolistiques des industries du gaz et de l'électricité, dont les systèmes de transport pour l'électricité et le gaz. L'organisation et la structure de l'OFGEM ressemblent à une forme de gouvernance entrepreneuriale, avec son organigramme et ses membres exécutifs. L'OFGEM peut procéder à des évaluations de la politique énergétique, mais c'est le gouvernement central, conseillé par l'OFGEM, qui définit les grandes lignes de la politique. Le Comité restreint à l'environnement[38] a critiqué l'absence d'une stratégie cohérente de lutte contre la pauvreté énergétique, et celle d'un plan national d'efficience énergétique. On a cherché à créer un marché ouvert et concurrentiel, à même d'assurer la sécurité de l'approvisionnement et le choix du consommateur[39], par un ensemble de réglementations.

36. Voir The Scottish Future Trust, *Report on the Commercial Aspects of Local Authority Renewable Energy Production* (août 2011) p. 24-40.

37. ENDS Report 449, juin 2012, *Environment Trends,* p. 52.

38. Environment Food and Rural Affairs Affairs Committee Energy *Efficiency and Fuel Poverty* HC 37 200-07 p. 154-180.

39. Voir L. HANCHER, P. LABROUCHE, « EU Regulation of Network Industries and Services » *in* P. CRAIG et G. DE BURCA, *The Evolution of EU law* seconde édition Oxford : Oxford University Press, 2011.p. 753-756.

VI. Conclusions

Depuis la privatisation, la politique énergétique britannique a favorisé l'expansion de la concurrence et la libéralisation du marché, bien que les prix au consommateur en demeurent un élément important. Les autorités locales jouissent d'un potentiel considérable quand elles interviennent effectivement dans la production et l'économie des énergies renouvelables sur le marché actuel. La loi de 2011 sur le Localisme, le *Green Deal*, la loi de 2011 sur l'énergie et la nouvelle obligation énergétique aux entreprises stimuleront sans doute les initiatives. L'administration locale, par ses différents pouvoirs et responsabilités, est susceptible de jouer un rôle non négligeable, par la promotion d'initiatives contre le dérèglement climatique, telles que l'encouragement à la production et à l'utilisation des sources d'énergie renouvelables. De nombreuses autorités locales développent progressivement des stratégies dans le but de favoriser les énergies renouvelables correspondant aux normes du développement durable, minimisant l'impact du gaz carbonique[40], apportant une réponse à la pauvreté énergétique, et constituant un filet de secours contre la hausse prévisible des prix de l'énergie. Les autorités du Grand Londres supervisent actuellement un nouveau type de licence pour la fourniture d'électricité, pour l'achat de programmes de production combinée électricité-chaleur à douze arrondissements londoniens[41]. Le développement durable, intégrant des considérations environnementales, sociales et économiques, prendra sans doute une importance capitale dans le rôle et la performance énergétiques futurs des autorités locales[42].

40. T. LAING, M. SATO, M. GRUBB et C. COMBERTI, *Assessing the effectiveness of the EU Emissions Trading System,* Centre for Climate Change, Economics and Policy, Working Paper n° 216.

41. Voir : Ends Report, 19 mars 2013 Licence Lite.

42. Voir *Energy, Efficiency and Reduction in Energy Costs* Bill 2013. C'est un exemple de tentative d'utilisation de la régulation pour réduire le coût de l'énergie.

III. Le rôle des autorités locales dans la politique énergétique hongroise[1]

Pál Valentiny

I. La réforme de l'administration locale

L'auto-administration locale hongroise s'organise sur deux niveaux : les collectivités municipales (3 177 en 2012) et les départements (19 en 2012). Suite à une série de nouvelles lois[2], à partir de janvier 2012, les administrations locales du pays ont connu des changements conséquents dans leur rôle de gestion, de prestation de services et d'auto-administration. Les missions obligatoires des collectivités locales couvrent toujours le maintien de l'ordre public, la distribution d'eau, le traitement des eaux usées, la gestion des déchets, le chauffage urbain, etc., mais les institutions de l'éducation publique et les hôpitaux seront désormais entretenus par l'État. L'État a repris à son compte la majeure partie de la dette et des actifs des départements, et une part substantielle de la dette des collectivités locales. Afin d'enrayer le processus d'endettement, les critères pour la candidature à un prêt ou pour l'émission d'obligations vont devenir plus stricts dans le futur. Au-delà d'un certain seuil, les nouveaux emprunteurs devront recevoir une autorisation gouvernementale, ce qui constitue une rupture avec le système précédent. L'analyse suivante se concentre sur les événements du passé

1. Traduit de l'anglais par Véronique Marcou.

2. Les deux lois qui ont eu le plus d'influence sont la Loi cardinale sur la stabilité économique en Hongrie (2011. évi *CXCIV. törvény Magyarország gazdasági stabilitásáról*) et la Loi cardinale sur l'administration locale (2011. évi *CLXXXIX. törvény Magyarország helyi* önkormányzatairól).

récent, parce que l'on ne connaît pas les effets potentiels de ces changements d'envergure, que l'on n'a pas testé le processus d'autorisation et qu'on ne dispose d'aucune évaluation accessible au public de l'impact de la réforme de l'administration locale.

II. La politique énergétique hongroise

Sa situation géographique permet à la Hongrie de jouer un rôle actif dans la coopération régionale. Il n'y avait pourtant, jusqu'ici, que peu d'interconnexions avec les pays voisins dans les réseaux de transmission du gaz et de l'électricité. Les efforts de libéralisation du marché européen, la transposition du troisième volet des directives européennes, et les interruptions dans la fourniture du gaz russe entre 2006 et 2009 ont changé cette attitude et révélé le besoin de diversifier les sources et les voies de l'approvisionnement. Plusieurs nouveaux projets interfrontaliers sont en cours, pour l'amélioration de la coopération énergétique régionale et la création de marchés régionaux de l'énergie[3], ce qui a suscité l'enthousiasme de l'AIE – International Energy Agency (Agence internationale de l'énergie). Le gaz naturel détient la part la plus importante (37,8 %) dans la consommation énergétique hongroise, contre 7,7 % aux ressources énergétiques renouvelables en 2010[4]. La part de la production combinée électricité-chaleur représente un cinquième de la production électrique.

La compétence de l'agence de régulation (Hungarian Energy Office – HEO, créée en 1994) s'est étendue au cours des dernières années[5]. À partir de 2011, on a renforcé le rôle de l'agence dans l'attribution des licences et la détermination des prix dans le domaine du chauffage urbain. À partir du début 2012, ses responsabilités se sont étendues non seulement à l'électricité et au gaz, mais aux services de l'eau et, à compter de 2013, à la collecte des déchets. En contrepoint à ces changements, une nouvelle loi[6] a en outre changé son nom en Agence hongroise de l'énergie et des services.

On a également changé à plusieurs reprises l'instance en charge de fixer les prix. Après une ère d'intervention ministérielle, l'agence a repris la responsabilité de la formulation des prix jusqu'en 2010, date à laquelle une loi a attribué au ministère du Développement la charge de déterminer les prix de l'énergie. À partir de 2013, l'agence pourra émettre des décrets, mettre les prix en vigueur, mais la formulation des règles demeure la compétence du ministre. Ces fréquents changements dans la régulation peuvent s'expliquer par le rôle que jouent les prix de l'énergie sur l'agenda politique hongrois. Le gel des prix au consommateur, la baisse obligatoire des prix régulés du gaz, de l'électricité, et du chauffage urbain aux foyers de 10 % à partir du 1er janvier 2013, et des tarifs de l'eau et de la collecte des déchets de 10 % à compter du 1er juillet 2013 sont les principaux éléments des récentes interventions

3. Voir Energy Policies of IEA Countries. Hungary 2011 *Review. OCDE*/AIE, 2011.

4. Energy Markets in the European Union in 2011. European Union, 2012.

5. *Report on the activities of the Hungarian Energy Office in 2011*. Hungarian Energy Office, Budapest 2012.

6. Loi sur l'Agence hongroise de l'énergie et des services (2013. évi XXII. *törvény a Magyar Energetikai* és *Közmű-szabályozási Hivatalról*).

gouvernementales. Il en résulte une augmentation des risques de la régulation, une dissuasion des investissements et la poursuite de l'affaiblissement d'une concurrence déjà insuffisante sur le marché du détail. Les sociétés d'énergie étrangères ont même référé certaines des mesures prises par la Hongrie devant l'Union européenne.

Les administrations locales comptent au nombre des bénéficiaires des tarifs régulés universels de la fourniture d'électricité. Cette mesure réduit la taille du marché ouvert à la concurrence. Avant 2011, les administrations locales, sans produire elles-mêmes d'électricité, délivraient les licences aux centrales thermiques, et aux fournisseurs des services de chauffage urbain. Depuis 2011, c'est l'agence qui les délivre[7]. Les prix au consommateur du chauffage urbain étaient réglementés par les collectivités locales, mais, à dater d'avril 2009, toute initiative de modification des prix a nécessité une autorisation de l'agence. On a à nouveau changé le mécanisme de définition des prix en 2011, et c'est le ministre de l'Énergie qui en a repris le contrôle. Si ce changement a atténué le conflit inhérent aux administrations locales entre leurs fonctions de propriétaire et leurs fonctions de régulateur des prix, toutes ces mesures marquent une gouvernance économique plus centralisée, caractéristique du gouvernement au pouvoir depuis les élections de 2010.

III. Le chauffage urbain

Les prestataires de services de chauffage urbain (196 systèmes sur 94 zones d'habitation en 2010) sont presque tous la propriété des administrations locales. Les sociétés de chauffage existent sous une forme privée, communale ou en propriété mixte (70 sociétés en 2010)[8]. Les sociétés de chauffage urbain sont en concurrence avec les distributeurs de gaz. Le coût total du chauffage par le chauffage urbain est de 100 % plus élevé que le chauffage au gaz individuel, en partie à cause de problèmes de construction, en raison du manque de contrôle individuel et de compteurs, et, dans une certaine mesure, à cause du mécanisme de détermination des prix, les différences de prix définies par les autorités locales n'étant justifiées qu'en partie par des conditions de service différentes. Outre les interventions de régulation susmentionnées, on a réduit la TVA sur le chauffage urbain de 20 % à 5 % en 2010.

L'extension du système des tarifs subventionnés n'était pas viable à long terme en Hongrie. De plus en plus de centrales électriques en cogénération sont devenues éligibles au programme de tarifs subventionnés obligatoires (*feed-in obligation* – FIO) grâce à des changements favorables dans la régulation, qu'elles utilisent des combustibles fossiles ou des énergies renouvelables. Dans le cas de la cogénération, les tarifs subventionnés obligatoires finançaient unilatéralement la production d'électricité sans encouragement à l'activité de chauffage. En 2011, le gouvernement a supprimé les tarifs subventionnés pour les combustibles fossiles (seules les énergies renouvelables et la combustion des déchets ont continué à

7. Pour obtenir une licence, il fallait avoir une production supérieure à 5 MW.
8. Report on the activities of the Hungarian Energy Office in 2011. Hungarian Energy Office, Budapest 2012.

bénéficier des tarifs subventionnés), et il projette de revoir en profondeur le système en place. Un foyer hongrois sur cinq est connecté sur le chauffage urbain. La plupart des bâtiments bénéficiant du chauffage urbain ont été construits il y a plus de quarante ans. La modernisation des systèmes de chauffage, l'introduction d'un minimum de standards d'efficacité et l'amélioration de l'isolation des bâtiments représentent une priorité.

IV. Le problème de la performance énergétique

Le principal instrument financier pour l'amélioration de la performance énergétique et l'encouragement à l'utilisation des énergies renouvelables est le Programme opérationnel pour l'environnement et l'énergie (*Environment and Energy Operative Programme*[9] – EEOP). Ce programme, dans la même mouvance que le Plan pour une stratégie énergétique nationale[10], le Plan national d'action pour la performance énergétique[11], le Plan national d'action pour l'énergie renouvelable (*National Renewable Energy Action Plan* – NREAP)[12] et le Nouveau Plan Széchenyi,[13] canalise des fonds de l'Union européenne pour les projets relatifs à ce domaine. Les mesures prévues par l'EEOP comportent un financement par des tiers pour le développement de la performance énergétique des bâtiments[14], en conjonction avec le recours à des sources énergétiques renouvelables, la réfection de l'éclairage public[15] et le chauffage urbain. Jusqu'à la fin de l'année 2011, on a attribué 37,2 milliards de HUF (125 millions d'euros) de subventions à 577 projets pour la performance énergétique, et 43,2 milliards de HUF (145 millions d'euros) à 761 projets pour l'énergie renouvelable[16]. La proportion de subventions ayant trait à l'énergie n'a pas dépassé 1,6 % parmi les subventions approuvées s'inscrivant dans les directives stratégiques communautaires hongroises. En raison du nombre croissant de petits projets relatifs aux énergies renouvelables, et de l'augmentation exponentielle des demandes de subventions pour des projets de performance énergétique, en 2012, on a décidé une réorganisation financière aux dépens des projets pour les transports, perpétuellement reportés, et en faveur des projets énergétiques, ce qui a plus que doublé les fonds disponibles (avec une hausse de 328 millions d'euros). Les principaux bénéficiaires en seront les instances qui gèrent les locaux publics (majoritairement les

---

9. Programme opérationnel pour l'environnement et l'énergie 2007-2013. Government of the Republic of Hungary, 2007.

10. National Energy Strategy 2030, Ministère du Développement national, 2012.

11. 2nd National Energy Efficiency Action Plan (*Magyarország II. Nemzeti Energiahatékonysági Cselekvési Terve, Nemzeti Fejlesztési Minisztérium*, 2011).

12. National Renewable Energy Action Plan 2010-2020. Ministère du Développement national, 2011.

13. New Széchenyi Plan (Új *Széchenyi Terv. A talpraállás, megújulás* és *felemelkedés fejlesztéspolitikai programja. Magyarország Kormánya*, 2011).

14. Contrats de performance énergétique (NdlR).

15. Le distributeur local et le propriétaire de l'infrastructure pour l'éclairage public, mais la fourniture du service et l'entretien des équipements relèvent des communes.

16. National Strategy Report (*Nemzeti Stratégiai Jelentés a 1083/2006/EK 29. alapján*).

administrations locales) et les administrations locales prévoyant des investissements à la fois pour améliorer leur performance énergétique, et pour passer aux énergies renouvelables.

En Hongrie, la plupart des appartements sont occupés par leur propriétaire, et des programmes nationaux d'économie d'énergie proposent des subventions aux foyers, pour isoler leur logement, en améliorer le chauffage ou passer aux énergies renouvelables pour produire de la chaleur. On a également mis en place un plan d'action pour la rénovation, en vue d'économiser de l'énergie, des immeubles en préfabriqué. Les administrations locales et les syndicats de propriétaires peuvent se porter candidats pour des prêts couvrant les deux tiers des dépenses, le troisième tiers étant accordé à titre de subvention. La participation active des administrations locales a contribué au succès de types d'investissements complexes. En 2006, l'administration locale de l'un des quartiers de Budapest s'est portée candidate à un projet pilote, dans le cadre du programme Concerto de l'Union européenne. On a achevé en 2009 la modernisation du plus important immeuble en préfabriqué, qui comptait plus de 8 000 appartements. Le projet pilote a été dirigé et étudié avec soin, et a servi d'exemple pour des entreprises similaires. Les travaux de rénovation ont diminué de 30 % l'énergie thermique requise pour le chauffage et l'eau chaude, obtenant un certificat énergétique de catégorie A-B[17].

Les banques ont identifié un potentiel financier substantiel dans la performance énergétique communale hongroise. Les économies d'énergie, l'éclairage public, l'éclairage intérieur et la rénovation du chauffage dans les bâtiments communaux représentaient une opportunité nouvelle. La plus grande banque de Hongrie, OTP, leader du marché dans les finances communales, a participé à l'appel d'offres de l'EEOP (Programme opérationnel pour l'environnement et l'énergie) pour un financement privé pour l'amélioration de la performance énergétique des écoles communales. Le consortium comprenait une société de services énergétiques (SSE)[18], la banque OTP et quelques sociétés spécialisées dans les économies d'énergie, dont General Electric Hongrie. OTP fournit des crédits à la SSE pour mettre en œuvre les projets dans les écoles publiques, la SSE loue ses équipements aux exploitants des écoles et aux écoles, et les administrations locales récupèrent leur investissement au moyen des économies d'énergie. La Société financière internationale (SFI) a également participé au financement, un élément rassurant pour les banques qui supportaient une part du risque communal[19]. Entre 2007 et 2011, ce programme de l'EEOP a apporté des améliorations dans environ 1 300 écoles, dans le cadre de 125 projets différents. Son coût atteint au total 30 millions d'euros, dont 5,4 millions d'euros de subventions.

17. Toutes premières expériences du « Faluház ». Publié dans *Energiaklub Climate Policy Institute and Applied Communications* (*hhtp ://energiaklub. hu*). Depuis le 1er janvier 2013, les bâtiments doivent nécessairement avoir été homologués par un certificat énergétique.

18. En Hongrie, le concept de « société de services énergétiques » s'est diffusé très tôt, et le pays est fier de posséder plus de SSE que certains des membres les plus anciens de l'UE. Voir : Energy Efficiency Policies around the World : Review and Evaluation 3.6 ESCOs. *http://www.worldenergy.org* et P. Valentiny, : Les services locaux et nationaux de l'énergie en Hongrie, *in* G. Marcou, H. Wollmann (dir.), *Annuaire 2007 des collectivités locales : Les collectivités territoriales et l'énergie*, Paris : CNRS éditions, 2007, p. 173-191.

19. ECA : Hungary OTP Schools Energy Efficiency. *http://goo.gl/Gw41L.*

Les dépenses énergétiques représentent une part considérable du budget annuel des collectivités locales hongroises. En 2011, la Erste Bank Hungary, en coopération avec la Banque européenne pour la reconstruction et le développement (BERD), a saisi l'opportunité et introduit un système de prêts pour stimuler les projets relatifs à la performance énergétique dans les collectivités locales hongroises. Dans le cadre de ce dispositif, la BERD avance 15 millions d'euros à la Erste Bank Hungary, que cette dernière prête aux collectivités locales hongroises, aux sociétés communales ainsi qu'aux sociétés privées spécialisées dans les économies d'énergie, travaillant pour les autorités locales. L'accord bénéficie de subventions européennes qui permettent aux collectivités locales d'évaluer les opportunités d'économies d'énergie[20].

La nécessité d'aider les collectivités locales en matière de planification énergétique est apparue dès les premières évaluations des projets pour l'environnement et la performance énergétique au sein de l'Agence nationale pour le développement. Suite à des échecs dans les études de faisabilité financière et dans la coordination au niveau local, les évaluateurs ont recommandé plus de rigueur dans le processus d'appel d'offres. Ils ont, entre autres, suggéré que l'on ne devait attribuer de subventions aux collectivités locales que sous réserve d'une stratégie énergétique locale détaillée. Améliorant les connaissances relevant du domaine énergétique au niveau de l'administration locale, la mise en place d'un réseau de consultants est devenue l'une des mesures les plus importantes du Plan d'action national pour les énergies renouvelables[21]. En 2009, on a créé l'Agence unique régionale de consultation, dans le cadre du programme Europe de l'énergie intelligente. Celui-ci coordonne l'approbation des subventions aux administrations locales. On a également recommandé une meilleure circulation des bonnes pratiques.

Certaines administrations locales ont démontré une volonté constante d'améliorer leur profil énergétique. Tata, une collectivité locale située à proximité du Danube et de la Slovaquie, a eu recours à toute la gamme des méthodes d'économie d'énergie et d'écologisation. Elle renouvelle perpétuellement son plan d'action énergétique. Cette autorité locale s'est portée candidate pour des subventions dans le cadre du programme d'amélioration de l'isolation des bâtiments résidentiels en préfabriqué (58 bâtiments comptant 1 900 appartements entre 2006 et 2011), pour la modernisation du chauffage urbain (22 bâtiments comptant 600 appartements entre 2007 et 2011) et du système de l'éclairage public, et pour des projets complexes d'économie de l'énergie dans les écoles publiques. L'administration locale s'est beaucoup investie dans l'éducation du public relativement à une utilisation efficace de l'énergie. Elle a rejoint, en 2008, l'Association des villes de l'énergie, et le mouvement du Pacte des maires en 2009. La société de chauffage urbain de la collectivité locale a investi dans la production de chaleur par la biomasse, et a utilisé les conditions, alors favorables, de tarifs subventionnés

---

20. La BERD alimente les projets communaux pour la performance énergétique *via* la Erste Bank Hungary. *http://www.ebrd.com/pages/news/press/2011/110519.shtml.*

21. Une gestion énergétique respectueuse de l'environnement (« *Energiagazdálkodás Környezetbarát fejlesztése* » *című intézkedés* értékelése, *Nemzeti Fejlesztési* Ügynökség, 2008).

pour la cogénération à l'aide d'un moteur à gaz. Elle envisage d'employer le moteur à gaz, récemment arrêté, en supplément d'une future pompe à chaleur[22].

V. Les énergies renouvelables

Comme la plupart des pays de l'UE, la Hongrie compte beaucoup sur la biomasse solide pour remplir les objectifs 2020 de l'UE. Concurremment, la Hongrie dispose d'un potentiel non négligeable pour accroître le rôle de l'énergie géothermique. La Commission européenne lui a accordé plus de 1,2 milliard d'euros dans le cadre du programme de la Réserve destinée aux nouveaux entrants (NER). Ce programme est financé par la vente de 300 millions de bons d'émissions de CO_2. L'un des projets retenus est le premier Système géothermique amélioré hongrois (*Enhanced Geothermal System – EGS*). Sur les 300 millions d'euros du fonds du NER, on a attribué presque 40 millions d'euros à ce projet, l'investissement total s'élevant à plus de 100 millions d'euros. Le projet hongrois crée une ressource géothermique commercialement viable pour la production électrique (9 MWh) dans le sud-est de la Hongrie[23]. Le réseau électrique n'étant en mesure d'intégrer le courant éolien que dans une certaine limite, l'EEOP n'apporte son soutien qu'à des projets dont la capacité ne dépasse pas 50 kW. L'IEA incite l'administration à améliorer la souplesse du système électrique.

Les fonds à disposition des administrations locales pour développer l'utilisation des énergies renouvelables recoupent les objectifs de ceux dédiés à la performance énergétique. Les programmes de l'EEOP couvrent l'un et l'autre objectif. On a placé nombre de projets pour la performance énergétique sous l'égide du Programme d'investissements verts. Le dernier appel de capitaux pour le Programme national d'économies d'énergie a levé 7,2 millions d'euros pour les énergies renouvelables en 2009. Après les changements intervenus dans le système des tarifs subventionnés, seules les énergies renouvelables reçoivent ce type de financement. Le gouvernement a envisagé d'amender le système vers un programme d'achat obligatoire d'énergies alternatives et renouvelables (METÁR). Le nouveau programme d'achat vise à introduire différents prix à l'achat pour différents types de technologies et différentes échelles de production. Le système du METÁR est construit de façon à apporter un soutien complet, sur le long terme, pour la production et l'usage des énergies renouvelables, offrant des conditions de contrat prévisibles pour une planification à long terme[24]. On a reporté l'introduction du nouveau système à la fin de 2012. Le gouvernement a émis un

22. *A tatai BIOCALOR fűtőmű – távfűtési rendszer* önkormányzati *tulajdonban*. Exposé sur la conférence, « Biomass Use for Local Governments – Planning, Technology, Capital » Szekszárd, 2011. október 20. *http://energiaklub.hu/sites/default/files/murkl_levente.ppt.*

23. *Magyar geotermikus beruházás is a kiemelt projektjek között. http://www.bruxinfo.hu/cikk/20121218-magyar-geotermikus-beruhazas-is-a-ner300-kiemelt-projektjei-kozott.html.*

24. Les énergies renouvelables en Hongrie. Agence hongroise pour le commerce et les investissements, 2012.

document sur la régulation des achats verts en 2013, mais les experts n'étaient pas satisfaits, parce qu'il ne s'étendait pas jusqu'aux administrations locales.

Nombre d'administrations locales sont partenaires dans différents programmes européens pour les énergies renouvelables. Elles remportent en outre des succès dans des concours lancés dans différentes catégories d'énergies renouvelables. Dans la Ligue des Champions (4 500 autorités locales européennes ont participé à la troisième saison) des sources d'énergie renouvelables (Renewable Energy Sources – RES) la ville de Bóly a conquis la seconde place au classement général de 2012. Le maire de la ville a réuni une équipe d'experts pour rationaliser la consommation d'énergie et les investissements. Au jour d'aujourd'hui, tous les locaux publics sont chauffés par au moyen d'énergies renouvelables (énergie géothermique, chauffe-eaux à bois, énergie solaire). L'administration locale a mis en œuvre un programme exhaustif d'adaptation des équipements : on a isolé tous les bâtiments éducatifs et on les a équipés avec des lampes à diode électroluminescente. La même année, une autre ville hongroise, Szarvas, a conquis la troisième place dans la catégorie des petites villes, avec un chauffage urbain géothermique et l'achat et exploitation de l'usine à biogaz la plus importante et la plus moderne du pays. En 2011, Nagypáli, et, en 2010, Orosháza ont remporté la seconde place, respectivement dans les catégories énergie solaire, et bois. La version hongroise de la Ligue des Champions des énergies renouvelables se limite à l'énergie solaire (de chauffage et photovoltaïque). Le nombre des participants a augmenté, de 82 en 2010, à 146 en 2011, et à 174 en 2012[25].

Le programme LEADER, financé par l'UE, était très attractif pour certaines collectivités locales. En Hongrie du Nord, 27 d'entre elles ont pris part au projet « Un groupe d'habitations – un mégawatt », organisé par l'agence régionale LEADER. Elles ont installé des capteurs solaires, des usines photovoltaïques, des chauffe-eaux à bois, des turbines éoliennes et des minicentrales électriques au diesel bio. La poursuite du développement de ces projets est liée aux mesures du NREAP (National Renewable Energy Action Plan – « Plan d'action nationale pour les énergies renouvelables »), lesquelles ont pour but la mise en place d'un réseau énergétique local décentralisé, et de systèmes de réseaux intelligents.

VI. Conclusion

Une prise de décision décentralisée et la subsidiarité représentent des éléments de base qui apportent aux collectivités locales la motivation nécessaire pour améliorer leur performance énergétique et l'utilisation des énergies renouvelables. Par ailleurs, le récent engagement, soutenu, des administrations dans les stratégies nationales énergétiques pour les économies d'énergie et la réduction des émissions de CO_2 sont susceptibles d'aider les responsables locaux à trouver la meilleure solution coordonnée pour leurs besoins locaux. On a, depuis peu, identifié des faiblesses des deux côtés en Hongrie : dans certains cas,

25. Voir : *http://napkoronabajnoksag.hu/.*

l'administration a manqué à définir des priorités claires, et, concurremment, on assiste à un effort marqué vers la centralisation. Toutefois, les collectivités locales hongroises multiplient les candidatures pour obtenir des subventions pour des projets énergétiques, et le nombre croissant d'agences pour l'énergie, de cabinets de consultation et de programmes de formation peut contribuer à identifier les processus, ainsi que les associations nationales et internationales, ayant un véritable effet d'entraînement positif. Des initiatives privées contribueront sans doute également à combler le déficit de connaissance, et suggérer de nouvelles propositions, comme, par exemple, le financement d'un nouveau fonds au moyen du revenu généré par la vente de bons d'émission de CO_2, pour des travaux de rénovation, et pour régénérer des transports publics hors d'usage.

IV. Les politiques énergétiques locales en Italie[1]

Andrea Prontera

Jusqu'aux années 1990, les collectivités locales jouaient un rôle marginal dans la politique énergétique italienne. Dans le domaine de l'électricité et du gaz, on pouvait constater une prédominance de structures publiques monopolistiques et intégrées verticalement, et la réglementation des questions énergétiques était confiée au gouvernement central. À la suite des chocs pétroliers des années 1970 un processus de planification a été lancé, avec les Plans énergétiques nationaux (PEN), qui prend cependant fin avec l'approbation du dernier PEN en 1988. Récemment, on a commencé à modifier l'organisation de cette politique. En particulier, trois dynamiques de changement ont permis aux collectivités régionales et locales de développer un rôle plus important : I) le passage *de l'État au marché*, grâce aux processus de libéralisation et de privatisation dans le secteur électrique et du gaz ; II) celui *du centre à la périphérie*, favorisé par la décentralisation administrative et les réformes constitutionnelles ; et, enfin III) celui des *sources conventionnelles aux sources renouvelables* d'énergie, avec le développement de modalités de production d'énergie, surtout électrique, sur l'ensemble du territoire.

I. De l'État au marché : les collectivités locales et le secteur électrique

En ce qui concerne la première dynamique, le gouvernement a entrepris un processus de libéralisation et de privatisation, tout d'abord dans le secteur électrique puis dans celui du gaz, à la fin des années 1990, dans la lignée des politiques européennes liées à la création de

1. Traduit de l'italien par Claire Barthélemy.

l'*Internal Energy Market* (Prontera 2008a). Suite à cette transformation, diverses collectivités locales, à travers leurs entreprises (« *municipalizzate* »), ont commencé à occuper – ou réoccuper dans de nombreux cas – d'importants espaces à différents niveaux dans l'industrie électrique et du gaz. En effet, d'une part, les libéralisations ont offert de nouvelles opportunités pour les entreprises locales et, d'autre part, les réformes des administrations locales en lien avec le *New Public Management* ont permis aux *municipalizzate* de se redéfinir et de s'orienter vers les marchés avec des fusions, acquisitions ou *joint ventures*. Les *municipalizzate* les plus grandes, surtout dans le secteur électrique, se sont non seulement transformées en sociétés par actions publiques-privées, mais sont également devenues des acteurs importants sur le marché national, à travers les participations croisées dans diverses sociétés de production (Prontera et Citroni 2007 ; Wollmann *et al.* 2010). En outre, des alliances et des fusions se sont également développées entre les *municipalizzate* plus petites, souvent sous l'impulsion des administrations régionales, comme par exemple dans le cas de l'Emilie Romagne où une *holding* régionale, HERA, a progressivement étendu son influence sur tout le territoire. Dans d'autres cas (Lombardie, Piémont, Rome), au contraire, ce sont – même si c'est avec un rôle limité – les administrations provinciales qui ont soutenu les initiatives des *municipalizzate*. Un premier résultat a été la création d'un nombre restreint de « pôles », structurés en alliances régionales (plus ou moins claires) autour des *municipalizzate* les plus importantes : ACEA (Rome) alliée avec Electrabel/Suez en Italie centrale et en Toscane, AEM (Turin) et AMGA (Gênes) alliées avec North-West, HERA en Emilie Romagne et AEM Milan alliée avec EDF (Prontera et Citroni 2007).

Par la suite, le processus de restructuration s'est poursuivi avec un fort dynamisme, fruit des alliances et acquisitions ultérieures, et avec un rôle croissant également pour les grands groupes industriels internationaux (en particulier EDF et E. On). La part de marché de l'ex monopole public, ENEL, s'est réduite de façon notable, passant de 45 % de la production nationale brute en 2005 à 26 % en 2011. En outre, les principales participations des collectivités locales se sont par la suite regroupées dans le nord et le centre de l'Italie, grâce à diverses fusions, qui entre 2006 et 2010 ont profondément redessiné la structure de propriété du secteur électrique. En effet en 2006 est née IREDE, de la fusion entre AEM Turin et AMGA Gênes, qui ensuite en 2010 a fusionné avec ENIA (née de son côté en 2005 de la fusion entre les *municipalizzate* de Reggio d'Emilie, Plaisance et Parme) pour donner vie au groupe IREN. Par ailleurs en 2008 A2A est née de la fusion d'AEM Milan et d'ASM Brescia. À la suite de ces processus, le rôle des collectivités locales s'est consolidé dans les grandes sociétés de production du nord et du centre de l'Italie, soit directement à travers A2A (septième groupe au niveau national), soir indirectement par le biais de la participation conjointe dans Edipower et Tirrenopower (respectivement cinquième et sixième groupes au niveau national) (tableau 1). Par ailleurs, les entreprises des collectivités locales jouent aussi un rôle de plus en plus important dans le secteur de la distribution d'électricité. Après ENEL, qui reste de très loin l'acteur principal avec plus de 80 % de l'énergie distribuée au niveau national, on trouve à la deuxième place A2A (avec une part d'environ 4 %), à la troisième ACEA (avec 3,2 %), à la quatrième AEM Turin du groupe IREN (avec 1,3 %) et, enfin à la cinquième HERA (avec environ 1 %) (AEEG 2012).

Tableau 1

Les dix premiers groupes sur le marché de l'électricité italien (en production brute) : structure de la propriété et rôle des collectivités locales

Producteurs	% de la *production électrique nationale brute*	Structure de la propriété (participations significatives)		Industrie	
		Propriété étatique	*Municipalizzate* et collectivités locales	italienne	internationale
1. ENEL	26,4 %		31,24 %		
2. ENI	9,4 %		30,1 %		
3. Edison	8,4 %				
4. E. On Italia	5,2 %				
5. Edipower	4,8 %				70 % (Delmi) 20 % (A2A) 10 % (IREN*)
6. Tirreno Power	3,8 %				5,5 % (HERA)* 5,5 % (IREN)* 39 % (Sorgenia)
7. A2A	3,5 %			27, 5 % (Milan) 27,5 % (Brescia) 1,5 % (Bergame)	2,5 % (Carlo Tassara Spa)
8. GDF-Suez	3,1 %				
9. ERG	2,5 %				55 % (Garrone)
10. Sorgenia	2 %				52 % (Cir – De Benedetti)
Autres	30,9 %				

*. Participations significatives des collectivités locales dans « l'industrie italienne » : IREN (7,7 % Reggio d'Emilia ; 7,8 % Plaisance ; 6,1 % Parme ; 7,4 % Turin) ; HERA (18,7 % Bologne ; 12,7 % Modène ; 3,2 % Ferrare ; 26 % autres communes de l'Emilie Romagne).

Sources : AEEG 2012 ; Sites internet des entreprises.

Parallèlement aux processus de libéralisation et de privatisation, on a assisté au transfert de nombreuses compétences en matière d'énergie du gouvernement central aux collectivités locales. Cette évolution est le fruit de divers processus, généraux et sectoriels. Du point de vue général, la dernière décennie a été caractérisée par diverses réformes administratives et constitutionnelles, qui ont augmenté dans de nombreux domaines de politiques publiques le poids des collectivités locales. Dans le cas spécifique du secteur énergétique, cette évolution est renforcée par divers facteurs, parmi lesquels l'attention croissante pour l'efficacité énergétique et les énergies renouvelables et l'articulation entre les politiques énergétiques et celles de développement local jouent assurément un rôle important.

II. Du centre à la périphérie : les politiques énergétiques régionales

Les régions ont désormais acquis un rôle central dans la programmation énergétique et dans les mesures visant à réduire les émissions de gaz à effet de serre. Ce résultat est dû en grande partie au processus de décentralisation engagé par la loi n° 10 de 1991, qui a confié aux régions la mission d'élaborer les plans énergétiques. Par la suite, la loi n° 59 de 1997 a conféré aux régions et aux collectivités locales toutes les fonctions et missions administratives dans le secteur de l'énergie, ne laissant à la compétence de l'État que les missions « d'intérêt national ». Avec le décret législatif n° 112 de 1998 ont été ensuite également attribuées aux collectivités locales les compétences sur les procédures d'autorisation pour les réseaux électriques en dessous de 150 kW et pour la construction d'équipements pour la production d'énergie électrique de sources renouvelables, de déchets et de sources conventionnelles en dessous de 300 MW. Enfin, la réforme constitutionnelle de 2001 a inclus l'énergie parmi les matières de législation concurrente entre l'État et les régions : l'État a la mission de définir les lignes directrices et les principes généraux, alors que les régions ont toutes les autres compétences législatives et réglementaires, à l'exception de quelques limitations importantes qui visent à protéger l'intégrité et la fonctionnalité du système énergétique national dans son ensemble (application de la réglementation de l'UE, législation sur la concurrence, standards environnementaux, etc.). En particulier, le nouvel article 118 de la Constitution a attribué les fonctions administratives aux communes, avec la possibilité – pour assurer l'exercice unitaire des compétences énergétiques – de transférer des pouvoirs aux provinces, aux villes métropolitaines, aux régions et à l'État sur la base des principes de subsidiarité, différenciation et adéquation.

Dans la même période, la dimension environnementale des politiques énergétiques a pris de plus en plus d'importance. Cette dimension a été explicitement rappelée en juin 2001 dans le « Protocole de Turin ». En effet, avec le « Protocole de Turin », les régions ont désigné la planification énergétique comme le principal instrument pour promouvoir et soutenir les interventions dans le domaine environnemental, adoptant au niveau régional des engagements et des objectifs conformes à ceux pris par l'Italie au niveau européen et international. Pour ce faire, les régions ont cherché à traduire les objectifs nationaux et européens de maîtrise des émissions de CO_2 dans les orientations du Plan énergétique (qui pour cette raison est devenu énergétique et environnemental), indiquant l'ampleur et l'efficacité environnementale des différentes options et choix technologiques prévus dans les scénarios du Plan.

Récemment, l'article 8 *bis* de la loi n° 13 de 2009 a prévu que les objectifs communautaires concernant la production d'énergie de sources renouvelables soient répartis entre les régions italiennes. Selon ce qui est établi par la directive 2009/28 CE (dite directive « Énergies renouvelables »), en 2020 l'Italie devra couvrir 17 % des consommations finales d'énergie par le biais de sources renouvelables. Le décret du 15 mars 2012 du ministère du Développement économique (dit « décret Burden Sharing ») a défini les modalités de répartition de cet objectif entre les différentes régions et les éventuelles sanctions en cas de manquement à l'atteinte des objectifs assignés.

Sur cette base, toutes les régions ont adopté des lois régionales et approuvé des programmes spécifiques de soutien aux sources d'énergie renouvelables et à l'économie d'énergie (ENEA 2006 ; 2011). Actuellement, les principaux piliers de l'activité régionale sont : *a)* l'élaboration et la mise en œuvre des plans énergétiques et environnementaux régionaux (Pear) ; *b)* la mise en œuvre des programmes nationaux et européens avec l'aide des fonds communautaires ; *c)* la promotion et le soutien normatif et économique à l'efficacité énergétique.

En ce qui concerne la programmation, de 2000 à 2010 les vingt régions (et les provinces autonomes de Trente et Bolzano pour la région Trentin-Haut-Adige) ont élaboré, et en grande partie mis en œuvre, les Pear avec l'objectif de promouvoir l'utilisation des sources d'énergie renouvelables disponibles sur le territoire et l'efficacité énergétique.

Figure 1

La diffusion de la programmation énergétique au niveau régional (2000-2010)

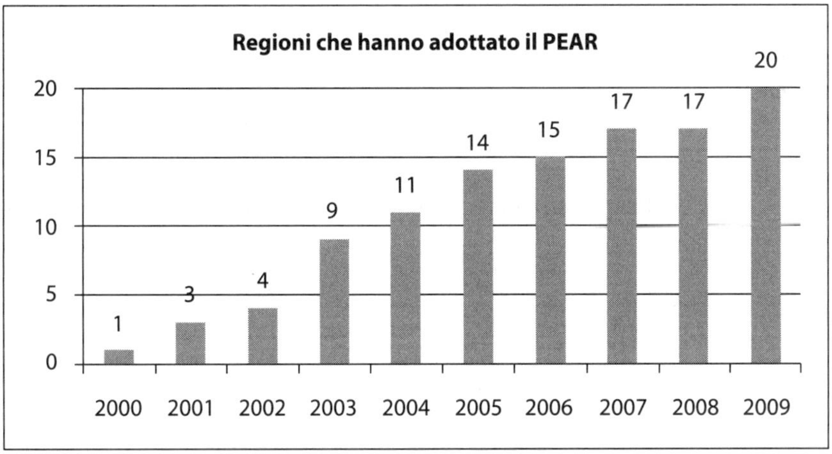

Les programmes opérationnels régionaux (POR) dans le domaine des fonds structurels européens 2007-2013 ont, de plus, un rôle significatif dans la mise en œuvre des interventions régionales. En effet, les ressources financières que les régions ont été appelées à gérer à travers ces instruments sont notables : il s'agit de près de 2 200 millions d'euros pour la promotion des sources d'énergie renouvelables et de 1 700 millions d'euros pour l'économie d'énergie (ENEA 2011).

Enfin, les régions ont pris de nouvelles mesures pour réduire la consommation d'énergie et améliorer l'efficacité énergétique. Au vu des potentiels importants en termes d'économie d'énergie, le secteur privé est celui qui est en train de traverser l'évolution la plus forte en termes normatifs. La certification énergétique, introduite par la directive CE 2002/91, a été transposée en Italie dans les décrets législatifs n° 192/2005 et n° 311/2006, et a été finalement mise en œuvre avec le DPR (décret du président de la République) n° 59/2009, qui a reconnu la compétence des régions et des provinces autonomes en matière d'efficacité énergétique. En 2012, 15 régions sur 20 avaient déjà adopté des normes régionales spécifiques en matière de certification énergétique des bâtiments.

III. Les collectivités locales et la promotion des sources d'énergie renouvelables

En plus des régions, un rôle important dans la programmation est confié aux provinces et aux communes. Les provinces peuvent adopter les Plans énergétiques provinciaux (PEP) et, sur la base de la loi 10/1991, les communes ayant une population supérieure à 50 000 habitants doivent également approuver un Programme énergétique communal (PEC) spécifique pour promouvoir les sources d'énergie renouvelables et l'économie d'énergie. La diffusion de ces instruments n'a pas été très rapide. Les difficultés organisationnelles et le manque de connaissance et d'expertise au sein des administrations locales ont, en effet, ralenti ce processus. En 2005, seulement 28 % des communes de plus de 50 000 habitants avaient élaboré un PEC, et seulement 34 % des provinces un PEP (Silvestrini et Villani 2005).

Figure 2

La diffusion de la programmation énergétique au niveau local

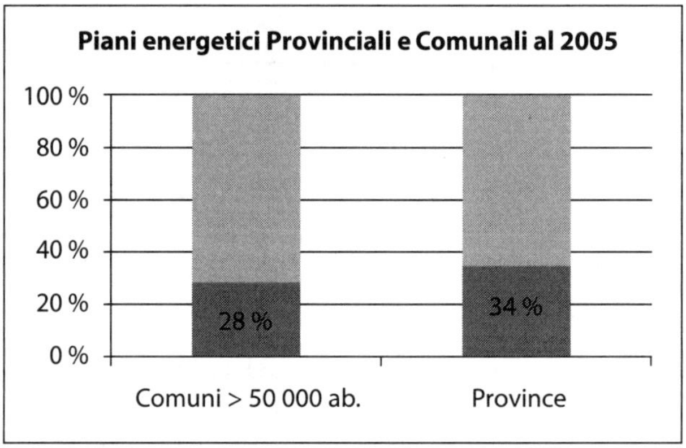

La programmation, cependant, n'est pas l'unique mode par lequel les collectivités locales peuvent intervenir dans le champ des sources d'énergie renouvelables. L'analyse des politiques énergétiques a mis en évidence, en effet, la présence de trois autres modalités d'intervention différentes, qui permettent aux collectivités locales d'élaborer les politiques publiques en utilisant un ensemble plus ample de ressources. En particulier, on peut faire la distinction entre un mode *directif*, un mode *intégratif* et un mode *participatif* (Prontera 2008b). Dans le mode *directif*, les collectivités locales, à travers la constitution et la gestion de sociétés *ad hoc*, ou par le biais de formes spécifiques d'investissement public, interviennent directement pour promouvoir la production d'énergie de sources renouvelables. Ce mode d'action est assez pratiqué surtout par les petites communes et a donné lieu à la diffusion d'expériences depuis le bas, qui ont favorisé le développement des technologies vertes (Amatucci et Vestito 2009 ; Legambiente 2012). L'instrument de l'entreprise publique est utilisé pour poursuivre des objectifs spécifiques en matière énergétique (promotion des énergies renouvelables), mais aussi pour poursuivre d'autres objectifs concernant le développement du territoire. L'idée est celle de contrôler les ressources locales (renouvelables) pour influencer le développement économique local de manière directe.

Le mode *intégratif* se caractérise par l'intégration de la politique énergétique aux autres domaines de politique publique. Le rôle des collectivités locales n'est pas orienté vers la gestion directe des activités connexes à la production de l'énergie, mais vers la promotion et le soutien aux accords entre les acteurs privés. Dans ce cas, un rôle significatif est également exercé par les intérêts organisés et leurs associations de représentation. De nombreuses interventions visant au développement des agro-énergies, qui se basent sur l'intégration entre politique énergétique et politique agricole, entrent dans cette catégorie. Dans ce cadre, les instruments politiques privilégiés regroupent diverses formes de gouvernance, comme les accords de programme, les accords de filière ou les protocoles d'accord. L'intervention des collectivités locales est ainsi guidée par la concertation avec les acteurs non institutionnels (par exemple les associations d'agriculteurs) pour la formulation et la mise en œuvre des politiques publiques. Un mode similaire d'intervention se rencontre également dans d'autres secteurs, comme par exemple les stratégies visant à la création de districts énergétiques de production et de consommation par le biais de l'intégration entre politique énergétique et politiques industrielles (Carrosio 2009 ; Osti 2010).

Enfin, le mode *participatif* se caractérise par l'inclusion du processus de définition des politiques énergétiques au sein des pratiques de démocratie participative, comme celles liées aux Agenda 21. En 2005, 48 communes de plus de 50 000 habitants (soit 35 %) et 33 provinces (soit 32 %) avaient amorcé un processus d'Agenda 21 local, souvent en y incluant de nombreuses thématiques énergétiques et environnementales (Silvestrini et Villani 2005). Par le biais de ces pratiques, la formulation de la politique publique est partagée entre l'administration publique et divers autres acteurs au travers d'instruments ouverts comme les tables rondes et les ateliers thématiques. Ces instruments participatifs visent à réduire la conflictualité inhérente à certains choix énergétiques, en promouvant une inclusion large des diverses instances présentes sur le territoire dans les arènes décisionnelles.

Tableau 2

Modes d'intervention en matière d'énergies renouvelables et caractéristiques de l'élaboration des politiques publiques

Modes d'intervention dans le domaine énergétique	Acteurs	Instruments	Principe directeur	Objectif
Directif	Institutionnels	Entreprises publiques	Dirigisme	Gestion directe des ressources locales
Intégratif	Institutionnels/ non institutionnels	Protocoles d'accord, contrats de production	Concertation	Garantir des synergies au niveau local
Participatif	Institutionnels/ non institutionnels	Tables rondes, arène participative	Participation	Minimiser les conflits

IV. Conclusion : opportunités et défis pour les collectivités locales

Avec les mesures prises à partir des années 1990, l'élaboration des politiques publiques dans le domaine énergétique s'est déplacée vers les niveaux de gouvernement régionaux et locaux. Cependant, ce processus n'a pas été sans problème. En théorie la coordination entre les différents niveaux institutionnels devait être assurée par la « Conférence État-Régions » et la « Conférence unifiée », qui comprend les acteurs responsables des politiques énergétiques. Cependant, l'absence d'une stratégie claire au niveau national a eu des implications négatives sur le développement de la décentralisation. Les politiques régionales n'ont pas toujours été cohérentes avec les politiques nationales, et on constate une forte différence entre les stratégies poursuivies par chaque région. En octobre 2012 le gouvernement a lancé un grand débat qui s'est soldé par l'élaboration d'une *Nouvelle Stratégie énergétique nationale*, avec pour objectif de rapporter à un cadre unitaire toutes les initiatives entreprises dans le pays (MSE 2012). Par ailleurs, un second problème est lié aux procédures d'autorisation pour la localisation des équipements alimentés par des sources renouvelables d'énergie. La délégation de nombreuses fonctions administratives aux régions, provinces et communes, ainsi qu'un cadre normatif national assez complexe ont créé diverses difficultés dans la phase de mise en œuvre. Les analyses comparées entre l'Italie et les autres pays européens ont en effet démontré à quel point les barrières administratives constituaient un fort obstacle au développement des énergies renouvelables, malgré les incitations économiques considérables prévues par la législation nationale (Commission européenne 2008 ; PV 2012). Avec l'approbation du décret législatif 28/2011 de transposition de la directive « Énergies renouvelables », le gouvernement a mis en œuvre une redéfinition du cadre normatif, pour simplifier et accélérer les procédures et autorisations, mais il est encore tôt pour évaluer l'impact réel de ces mesures.

Malgré ces problématiques, cependant, les changements survenus ces dernières années ont incité les collectivités locales à mettre en œuvre des stratégies innovantes dans le domaine des sources renouvelables d'énergie, et des pratiques et expériences vertueuses de développement durable ont été diffusées sur le territoire, surtout grâce à l'activisme des petites communes.

V. Bibliographie

– AEEG, *Relazione annuale sullo stato dei servizi e sull'attività svolta, Autorità per l'Energia elettrica e il Gas*, 2012, Roma.

– Amatucci F., Vestito D., *Lo sviluppo di fonti energetiche innovative per la realizzazione di ambienti urbani sostenibili*, Paper 5/2009, 2009, Cittalia.

– Carrosio G., *I distritti rurali delle energie rinnovabili e la produzione locale di energia*, Padoue, Progetto Equal, 2008.

– Wollmann H. Baldersheim H., Marcou G., Citroni G., McEldowney J., « From Public Service to Commodity : The De-municipalization of Energy Provision in Germany, Italy, France, the UK and Norway », *in* H. Wollmann, G. Marcou (ed.) *The Provision Of Public Services In Europe : Between State, Local Government and Market*, Cheltenham, Edward Elgar, 2010.

– Commission européenne, *The support of electricity from renewable energy sources*, Commission Staff Working Document, Brussels, 2008.

– Enea, *Situazione ed indirizzi energetico-ambientali regionali*, Roma, 2006.

– Enea, *Politiche e misure nazionali sui cambiamenti climatici*, Roma, 2011.

– Legambiente, *Rapporto Comuni Rinnovabili* 2012, 2012, Roma.

– Mse, *Strategia Energetica Nazionale : per un'energia più competitiva e sostenibile*, Ministero Sviluppo Economico, Roma, 2012.

– Osti G. (a cura di), *La co-fornitura di energia in Italia. Casi di studio e indicazioni di policy*, EUT, Trieste, 2010.

– Prontera A., *L'Europeizzazione della politica energetica in Francia e Italia. Il cambiamento della politica elettrica fra pressioni europee ed evoluzioni nazionali*, EUM, Macerata, 2008a.

– Prontera A., « Politiche energetiche e governo locale : il caso delle Marche », *Istituzioni del federalismo*, n° 3-4, 2008b, p. 483-517.

– Prontera A., Citroni G., « Énergie et administrations locales en Italie : dénationalisation, libéralisation et concurrence », *in* G. Marcou, H. Wollmann (dir.), « Les collectivités territoriales et l'énergie », *Annuaire 2007 des collectivités locales*, CNRS éditions, Paris, 2007, p. 191-209.

– PV Final Report, *Reduction of Bureaucratic Barriers for Successful PV Deployment in Europe*, 2012.

– Silvestrini G., Villani P., *Il contributo degli Enti locali alla riduzione dei gas serra*, Kyoto Club-ANCI, Roma, 2005.

DEUXIÈME PARTIE

Chroniques

1. Chronique législative et réglementaire

Michel Verpeaux
Fabien Connétable

Sommaire

I. Introduction générale

Michel Verpeaux
Fabien Connétable

Les années électorales ne sont pas toujours propices aux grandes réformes, qu'il s'agisse de la période précédant ces élections ou celle suivant immédiatement ces dernières. 2012 qui a connu une élection présidentielle et des élections législatives n'échappe guère à ce constat, tout au moins en ce qui concerne le droit des collectivités territoriales. Il faut dire que ces élections ont été marquées par une alternance complète, présidentielle et gouvernementale, après celle, qui se voulait historique, intervenue au Sénat lors des élections sénatoriales de septembre 2011. Une telle situation, assez inédite sous la Ve République en faveur de la gauche de gouvernement, pourrait ou devrait être l'occasion de traduire en actes, législatifs ou réglementaires. Dans le domaine des collectivités territoriales, l'après-élections a surtout été l'occasion de préparer des réformes présentées comme un véritable acte III de la décentralisation. Il faudra observer si ces engagements seront tenus ou non, en 2013 ou plus tard…

Les lois promulguées au cours de l'année 2012 ont manifesté, tout d'abord, le souci d'assouplir les conditions de mise en œuvre de la loi de réforme des collectivités territoriales du 16 décembre 2010 dans le domaine de l'intercommunalité. Ce souci a été partagé, quelles que soient les majorités au pouvoir, comme en témoignent la loi n° 2012-281 du 29 février 2012 visant à assouplir les règles relatives à la refonte de la carte intercommunale ou la loi n° 2012-1561 du 31 décembre 2012 relative à la représentation communale dans les communautés de communes et d'agglomération. Si le titre de la première loi indique d'emblée son objet et son but, en allongeant les délais fixés aux communes par la loi de 2010, la seconde a pour objet l'augmentation du nombre de conseillers communautaires et du nombre des vice-présidents, tout en maintenant le montant total des indemnités dues à ces élus.

Des textes, soit plus ponctuels, soit ayant un objet plus éloigné des collectivités territoriales, mais susceptibles de les intéresser peuvent être relevés. Peut être mentionnée dans la deuxième catégorie la loi n° 2012-1559 du 31 décembre 2012 relative à la création de la Banque publique d'investissement (*JO* du 1er janvier 2013 p. 44), dont l'article 1er dispose que « La Banque publique d'investissement est un groupe public au service du financement et du développement des entreprises, agissant en appui des politiques publiques conduites par l'État et conduites par les régions. » D'une certaine façon, la création de cette nouvelle banque s'inscrit dans la volonté de renforcer le rôle des régions en matière de développement économique, ce qui pourrait constituer un premier signal dans un futur acte III de la décentralisation et une nouvelle répartition des compétences. En témoigne la présence au sein de son conseil d'administration de deux représentants des régions, nommés par décret sur proposition d'une association représentative de l'ensemble des régions.

Appartient aussi à cette catégorie la loi n° 2012-1270 du 20 novembre 2012 relative à la régulation économique outre-mer et portant diverses dispositions relatives aux outre-mer dont l'article 4 prévoit, par exemple que

> « Dans les collectivités relevant de l'article 73 de la Constitution et dans les collectivités d'outre-mer de Saint-Barthélemy, de Saint-Martin, de Saint-Pierre-et-Miquelon et de Wallis-et-Futuna, les entreprises de grande distribution ont l'obligation de réserver une surface de vente dédiée aux productions régionales. »

Le droit de l'urbanisme a donné lieu, néanmoins, à l'application de l'alternance : après la publication de la loi n° 2012-376 du 20 mars 2012 relative à la majoration des droits à construire qui a modifié plusieurs dispositions applicables aux plans locaux d'urbanisme et avait pour objet de majorer de 30 % les droits à construire qui résultent de l'application des règles des plans d'occupation des sols (POS) et des plans locaux d'urbanisme (PLU) afférentes au gabarit, à la hauteur, à l'emprise au sol et au coefficient d'occupation des sols, la loi n° 2012-955 du 6 août 2012 visant à abroger la loi n° 2012-376 du 20 mars 2012 relative à la majoration des droits à construire s'est contentée, malgré son titre apparemment très « agressif » de modifier le Code de l'urbanisme en ces termes :

> « 1° Aux deuxième et troisième phrases du sixième alinéa de l'article L. 123-1-11, le taux : « 30 % » est remplacé par le taux : « 20 % » ; 2° L'article L. 123-1-11-1 est abrogé ; 3° Le second alinéa de l'article L. 128-3 est supprimé. »

Selon l'exposé des motifs de la proposition à l'origine de la loi du 6 août 2012, la portée et l'efficacité de la loi du 20 mars 2012 étaient très incertaines. La majoration des droits à construire, qui reste de la décision des communes, implique qu'au lieu de disposer du droit de choisir si elles souhaitent procéder à une majoration de la constructibilité, les collectivités ne disposent désormais plus que de la liberté de refuser d'appliquer cette majoration. Cette démarche singulière en matière d'urbanisme peut paraitre pernicieuse et contraire à l'esprit d'une libre administration des collectivités territoriales.

À côté de ces lois, dont on constate le nombre assez peu élevé, on peut aussi indiquer les traditionnelles ordonnances visant à étendre ou à adapter le droit applicable dans certaines collectivités situées outre-mer. En témoignent, pour Mayotte, l'ordonnance n° 2012-510 du 18 avril 2012 portant adaptation de la législation relative au service public de l'électricité dans le département de Mayotte, l'ordonnance n° 2012-579 du 26 avril 2012 portant réforme de certaines professions judiciaires et juridiques dans le département de Mayotte, l'ordonnance n° 2012-787 du 31 mai 2012 portant extension et adaptation à Mayotte du Code de l'urbanisme. Héritage de l'ancien droit colonial, ce recours aux ordonnances, prises sur le fondement de l'article 38, concerne les collectivités territoriales régies par l'article 73. L'article 74-1, qui a été introduit en 2003 pour faciliter ces extensions et adaptations du droit métropolitain, ne régit que les collectivités d'outre-mer et la Nouvelle-Calédonie. Elles se distinguent, notamment en cela, de l'ordonnance n° 2012-396 du 23 mars 2012 portant adaptation de l'aide juridictionnelle en matière pénale en Nouvelle-Calédonie et dans les îles Wallis et Futuna, de l'ordonnance n° 2012-514 du 18 avril 2012 portant extension et adaptation aux îles Wallis et Futuna, à la Nouvelle-Calédonie et à la Polynésie française des dispositions de la loi n° 2011-814 du 7 juillet 2011 relative à la bioéthique, de l'ordonnance n° 2012-515 du 18 avril 2012 portant extension et adaptation à la Polynésie française et à la Nouvelle-Calédonie de dispositions du Code de la santé publique et de l'ordonnance n° 2012-1222 du 2 novembre 2012 portant extension et adaptation à Wallis-et-Futuna, en Polynésie française et en Nouvelle-Calédonie des dispositions du droit civil et du droit de l'action sociale relatives à la protection juridique des majeurs. Parmi ces quatre textes, seule l'ordonnance n° 514 du 18 avril 2012 a été publiée sur le fondement de l'article 38, les autres l'ont été sur celui de l'article 74-1 et répondent bien à l'objet de cette disposition constitutionnelle.

D'autres ordonnances sont les conséquences de réformes institutionnelles importantes, comme les ordonnances n° 2012-1397 du 13 décembre 2012 déterminant les règles budgétaires, financières et comptables applicables aux collectivités territoriales de Guyane et de Martinique et n° 2012-1398 du 13 décembre 2012 relative au transfert des personnels et des biens et obligations des départements et des régions aux collectivités territoriales de Guyane et de Martinique, ces deux textes étant la suite de la loi n° 2011-884 du 27 juillet 2011 relative aux collectivités territoriales de Guyane et de Martinique, notamment son article 15

À titre beaucoup plus anecdotique, mais sur un sujet dont on ne se lasse pas, signalons que les communes de Boën (Loire), de Châlons (Isère), de Saint-Martin (Var), de Peumérit (Finistère), de Braisnes (Oise), de Saints (Yonne), et de Saint-Denis (Yonne), prennent respectivement le nom de Boën-sur-Lignon, de Chalon, de Saint-Martin-de-Pallières, de Peumerit, de Braisnes-sur-Aronde de Saints-en-Puisaye, et de Saint-Denis-lès-Sens (décret n° 2012-938 du 1er août 2012 portant changement du nom de communes).

II. Répertoire chronologique des lois, décrets, arrêtés et circulaires publiés au cours de l'année 2012

I. Dispositions générales

Loi n° 2012-918 du 27 juillet 2012 autorisant l'approbation du protocole d'amendement et d'adhésion de la Principauté d'Andorre au traité entre la République française et le Royaume d'Espagne relatif à la coopération transfrontalière entre collectivités territoriales (*JO*, 28 juillet 2012, p. 12338).

Loi n° 2012-1471 du 28 décembre 2012 autorisant l'approbation du protocole n° 3 à la convention-cadre européenne sur la coopération transfrontalière des collectivités ou autorités territoriales relatif aux groupements eurorégionaux de coopération (GEC) (*JO*, 29 décembre 2012, p. 20786).

Loi n° 2012-1559 du 31 décembre 2012 relative à la création de la Banque publique d'investissement (*JO*, 1er janvier 2013, p. 44)

Décret n° 2012-1436 du 20 décembre 2012 relatif aux modalités de mise en œuvre de l'article L. 1617-5 (9°) du Code général des collectivités territoriales (*JO*, 22 décembre 2012, p. 20291).

A. Déconcentration

Décret n° 2012-509 du 18 avril 2012 pris en application de l'article 59-1 du décret n° 2004-374 du 29 avril 2004 modifié relatif aux pouvoirs des préfets, à l'organisation et à l'action de l'État dans les régions et départements (*JO*, 20 avril 2012, p. 7097).

B. Finances

Décret n° 2012-716 du 7 mai 2012 pris pour l'application des articles L. 1111-8 et L. 1111-10 du Code général des collectivités territoriales (*JO*, 8 mai 2012, p. 8563).

Décret n° 2012-717 du 7 mai 2012 relatif aux dotations de l'État aux collectivités territoriales et à la péréquation des ressources fiscales (*JO*, 8 mai 2012, p. 8564).

Décret n° 2012-1534 du 28 décembre 2012 relatif aux modalités de compensation des pertes de ressources de contribution économique territoriale et de ressources de redevance des mines subies par les collectivités territoriales et les établissements publics de coopération intercommunale (*JO*, 30 décembre 2012, p. 21123).

C. Parcs naturels

Décret n° 2012-83 du 24 janvier 2012 relatif aux parcs naturels régionaux et portant diverses dispositions relatives aux parcs naturels marins et aux réserves naturelles (*JO*, 26 janvier 2012, p. 1449).

Décret n° 2012-245 du 22 février 2012 portant création du parc naturel marin des Glorieuses (*JO*, 23 février 2012, p. 3068).

Décret n° 2012-421 du 28 mars 2012 portant classement du parc naturel régional des Préalpes d'Azur (Région Provence-Alpes-Côte d'Azur), (*JO*, 30 mars 2012, p. 5739).

Décret n° 2012-618 du 2 mai 2012 portant classement du parc naturel régional des ballons des Vosges (Régions Alsace, Franche-Comté et Lorraine) (*JO*, 4 mai 2012, p. 7893).

Décret n° 2012-1183 du 23 octobre 2012 portant classement du parc naturel régional des Causses du Quercy (Région Midi-Pyrénées) (*JO*, 25 octobre 2012, p. 16602).

Décret n° 2012-1184 du 23 octobre 2012 portant classement du parc naturel régional de la Martinique (Région Martinique) (*JO*, 25 octobre 2012, p. 16602).

Décret n° 2012-1185 du 23 octobre 2012 portant renouvellement de classement du parc naturel régional du Pilat (Région Rhône-Alpes) (*JO*, 25 octobre 2012, p. 16603).

Décret n° 2012-1209 du 30 octobre 2012 portant prorogation du classement du parc naturel régional de Millevaches en Limousin (Région Limousin) (*JO*, 1er novembre 2012, p. 17135).

Décret n° 2012-1383 du 10 décembre 2012 portant classement du parc naturel régional de Guyane (Région Guyane) (*JO*, 12 décembre 2012, p. 19402).

Décret n° 2012-1389 du 11 décembre 2012 portant création du parc naturel marin des estuaires picards et de la mer d'Opale (*JO*, 13 décembre 2012, p. 19487).

Décret n° 2012-1390 du 11 décembre 2012 portant classement du parc naturel régional du Haut-Languedoc (Régions Midi-Pyrénées et Languedoc-Roussillon) (*JO*, 13 décembre 2012, p. 19489).

D. Population

Décret n° 2012-909 du 24 juillet 2012 modifiant l'annexe au décret n° 2003-561 du 23 juin 2003 portant répartition des communes pour les besoins du recensement de la population (*JO*, 26 juillet 2012, p. 12236).

Décret n° 2012-1479 du 27 décembre 2012 authentifiant les chiffres des populations de métropole, des départements d'outre-mer de la Guadeloupe, de la Guyane, de la Martinique et de La Réunion, de Saint-Barthélemy, de Saint-Martin et de Saint-Pierre-et-Miquelon (*JO*, 29 décembre 2012, p. 20790).

E. Transports et réseaux

Décret n° 2012-513 du 18 avril 2012 relatif à la communication d'informations à l'État et aux collectivités territoriales sur les infrastructures et réseaux établis sur leur territoire (*JO*, 20 avril 2012, p. 7113).

Décret n° 2012-555 du 23 avril 2012 relatif à l'accès de l'État, des collectivités territoriales et de leurs établissements publics à certaines informations et données sur le transport ferroviaire (*JO*, 25 avril 2012, p. 7377).

II. Communes

A. Communes nouvelles

Décret n° 2012-124 du 30 janvier 2012 relatif à la mise en œuvre de diverses dispositions de la loi n° 2010-1563 du 16 décembre 2010 de réforme des collectivités territoriales (*JO*, 31 janvier 2012, p. 1762).

B. Changements de nom

Décret n° 2012-938 du 1er août 2012 portant changement du nom de communes (*JO*, 3 août 2012, p. 12745).

C. Domaine public et urbanisme

Loi n° 2012-376 du 20 mars 2012 relative à la majoration des droits à construire (*JO*, 21 mars 2012 p. 5121).

Loi n° 2012-955 du 6 août 2012 visant à abroger la loi n° 2012-376 du 20 mars 2012 relative à la majoration des droits à construire (*JO*, 7 août 2012, p. 12924).

Décret n° 2012-87 du 25 janvier 2012 relatif aux exonérations de la taxe d'aménagement prévues par l'article L. 331-7 du Code de l'urbanisme (*JO*, 27 janvier 2012, p. 1514).

Décret n° 2012-274 du 28 février 2012 relatif à certaines corrections à apporter au régime des autorisations d'urbanisme (*JO*, 29 février 2012, p. 3563).

Décret n° 2012-290 du 29 février 2012 relatif aux documents d'urbanisme et pris pour l'application de l'article 51 de la loi n° 2010-874 du 27 juillet 2010 de modernisation de l'agriculture et de la pêche (*JO*, 2 mars 2012, p. 4006).

Décret n° 2012-489 du 13 avril 2012 pris pour l'application des articles L. 142-4, L. 213-2 et L. 214-1 du Code de l'urbanisme et relatif à la dématérialisation de la déclaration d'intention d'aliéner (*JO*, 15 avril 2012, p. 6924).

Décret n° 2012-995 du 23 août 2012 relatif à l'évaluation environnementale des documents d'urbanisme (*JO*, 25 août 2012, p. 13811).

III. Dispositions communes à l'outre-mer

Loi n° 2012-1270 du 20 novembre 2012 relative à la régulation économique outre-mer et portant diverses dispositions relatives aux outre-mer (*JO*, 21 novembre 2012, p. 18329).

A. Action sociale

Décret n° 2012-414 du 23 mars 2012 portant revalorisation du revenu de solidarité dans les départements d'outre-mer, à Saint-Barthélemy, à Saint-Martin et à Saint-Pierre-et-Miquelon (*JO*, 28 mars 2012, p. 5631).

B. Finances

Décret n° 2012-908 du 23 juillet 2012 relatif à la péréquation des ressources fiscales des communes et établissements publics de coopération intercommunale de Mayotte, de la Nouvelle-Calédonie, de la Polynésie française, de Saint-Pierre-et-Miquelon et des circonscriptions territoriales des îles Wallis et Futuna (*JO*, 25 juillet 2012, p. 12192).

C. Justice

Décret n° 2012-839 du 29 juin 2012 relatif à la désignation des autorités administratives compétentes pour transiger ou saisir la juridiction civile ou administrative en matière de consommation et de concurrence et représenter le ministre chargé de l'Économie pour l'application de l'article L. 470-5 du Code de commerce dans les départements et régions d'outre-mer, le département de Mayotte et à Saint-Pierre-et-Miquelon (*JO*, 1er juillet 2012, p. 10837).

D. Protection sociale

Décret n° 2012-1336 du 30 novembre 2012 relatif aux modalités de recouvrement par voie de prélèvement mensuel des cotisations sociales des personnes non salariées des professions agricoles dans les départements d'outre-mer et dans les collectivités de Saint-Barthélemy et de Saint-Martin (*JO*, 2 décembre 2012, p. 18938).

Décret n° 2012-1503 du 27 décembre 2012 fixant les modalités de financement du régime de retraite complémentaire obligatoire des non-salariés agricoles pour l'année 2012 dans les départements d'outre-mer et dans les collectivités de Saint-Barthélemy et de Saint-Martin (*JO*, 29 décembre 2012, p. 20830).

IV. Départements d'outre-mer

A. Dispositions communes

Ordonnance n° 2012-1397 du 13 décembre 2012 déterminant les règles budgétaires, financières et comptables applicables aux collectivités territoriales de Guyane et de Martinique (*JO*, 14 décembre 2012, p. 19542).

Ordonnance n° 2012-1398 du 13 décembre 2012 relative au transfert des personnels et des biens et obligations des départements et des régions aux collectivités territoriales de Guyane et de Martinique (*JO*, 14 décembre 2012, p. 19548).

Décret n° 2012-105 du 27 janvier 2012 portant application du titre II de la loi n° 2011-884 du 27 juillet 2011 relative aux collectivités territoriales de Guyane et de Martinique (*JO*, 28 janvier 2012, p. 1666).

Décret n° 2012-497 du 16 avril 2012 relatif au recueil des images numérisées du visage dans certaines communes des départements et collectivités d'outre-mer et des empreintes digitales des demandeurs de passeport (*JO*, 18 avril 2012, p. 6989).

Décret n° 2012-1102 du 1er octobre 2012 relatif à l'organisation et au fonctionnement des grands ports maritimes de la Guyane, de la Guadeloupe, de la Martinique et de La Réunion (*JO*, 2 octobre 2012, p. 15435).

B. Guyane

Décret du 1er août 2012 accordant une concession de mines d'or dite « Espérance » à la Compagnie minière Espérance – CME (Guyane) (*JO*, 5 août 2012, p. 12885).

C. Martinique

Décret n° 2012-935 du 1er août 2012 relatif à la création d'un centre hospitalier régional à la Martinique par fusion du centre hospitalier universitaire de Fort-de-France, du centre hospitalier du Lamentin et du centre hospitalier Louis Domergue de Trinité (*JO*, 3 août 2012, p. 12743).

Décret n° 2012-1104 du 1er octobre 2012 instituant le grand port maritime de la Martinique (*JO*, 2 octobre 2012, p. 15438).

D. Guadeloupe

Décret du 16 février 2012 autorisant pour une période de cinq années la Société d'aménagement foncier et d'établissement rural de la Guadeloupe à exercer le droit de préemption et à bénéficier de l'offre amiable avant adjudication volontaire (18 février 2012, p. 2840).

Décret n° 2012-1103 du 1er octobre 2012 instituant le grand port maritime de la Guadeloupe (*JO*, 2 octobre 2012, p. 15437).

E. La Réunion

Décret n° 2012-187 du 6 février 2012 portant publication de l'accord-cadre entre le gouvernement de la République française et le gouvernement de la République des Seychelles sur la coopération entre La Réunion et les Seychelles, signé à Victoria le 9 décembre 2011 (*JO*, 9 février 2012 p. 2299).

Décret n° 2012-1106 du 1er octobre 2012 instituant le grand port maritime de La Réunion (*JO*, 2 octobre 2012, p. 15439).

F. Mayotte

1. Action sociale

Ordonnance n° 2012-785 du 31 mai 2012 portant extension et adaptation du Code de l'action sociale et des familles au département de Mayotte (*JO*, 1er juin 2012, p. 9442).

Décret n° 2012-658 du 4 mai 2012 portant extension et adaptation du contrat unique d'insertion au département de Mayotte (*JO*, 6 mai 2012, p. 8104).

Décret n° 2012-661 du 4 mai 2012 portant extension et adaptation du contrat unique d'insertion au département de Mayotte (*JO*, 6 mai 2012, p. 8111).

Décret n° 2012-1168 du 17 octobre 2012 relatif au développement de la sécurité sociale à Mayotte (*JO*, 20 octobre 2012, p. 16355).

Décret n° 2012-1204 du 30 octobre 2012 portant extension et adaptation à Mayotte de l'allocation de solidarité spécifique et de la prime forfaitaire pour reprise d'activité (*JO*, 31 octobre 2012, p. 17084).

Décret n° 2012-1212 du 31 octobre 2012 relatif au montant journalier de l'allocation de solidarité spécifique à Mayotte (*JO*, 1er novembre 2012, p. 17147).

Décret n° 2012-1469 du 27 décembre 2012 relatif aux aides exceptionnelles de fin d'année attribuées à certains allocataires du revenu de solidarité active du département de Mayotte (*JO*, 28 décembre 2012, p. 20593).

Décret n° 2012-1497 du 28 décembre 2012 portant attribution d'une aide exceptionnelle de fin d'année aux bénéficiaires de l'allocation de solidarité spécifique à Mayotte (*JO*, 29 décembre 2012, p. 20827).

2. Coopération intercommunale

Loi n° 2012-281 du 29 février 2012 visant à assouplir les règles relatives à la refonte de la carte intercommunale (*JO*, 1er mars 2012, p. 3930).

Loi n° 2012-1561 du 31 décembre 2012 relative à la représentation communale dans les communautés de communes et d'agglomération (*JO*, 1er janvier 2013, p. 52).

Décret n° 2012-1337 du 30 novembre 2012 relatif à la commission départementale de coopération intercommunale de Mayotte (*JO*, 2 décembre 2012, p. 18939).

3. Économie

Décret n° 2012-968 du 20 août 2012 réglementant le prix du gaz de pétrole liquéfié dans le département de Mayotte (*JO*, 22 août 2012, p. 13677).

Décret n° 2012-527 du 19 avril 2012 relatif aux conseils de la formation institués auprès des chambres de métiers et de l'artisanat de région, des chambres régionales de métiers et de l'artisanat et de la chambre de métiers et de l'artisanat de Mayotte (*JO*, 21 avril 2012, p. 7167).

4. Éducation

Décret n° 2012-964 du 20 août 2012 relatif à la revalorisation des taux servant au calcul de l'allocation de rentrée scolaire dans le département de Mayotte (*JO*, 21 août 2012, p. 13640).

5. Finances

Décret n° 2012-330 du 6 mars 2012 relatif au concours particulier de la dotation générale de décentralisation pour l'établissement et la mise en œuvre des documents d'urbanisme dans le département de Mayotte (*JO*, 8 mars 2012, p. 4341).

Décret n° 2012-1505 du 28 décembre 2012 fixant pour l'année 2012 la quote-part des ressources du budget du département de Mayotte destinée à alimenter le Fonds intercommunal de péréquation (*JO*, 29 décembre 2012, p. 20832).

6. Fonction publique

Décret n° 2012-1256 du 13 novembre 2012 relatif au règlement des droits à pension de retraite des agents publics de Mayotte intégrés ou titularisés dans des corps ou cadres d'emplois des fonctions publiques (*JO*, 15 novembre 2012).

7. Justice

Ordonnance n° 2012-579 du 26 avril 2012 portant réforme de certaines professions judiciaires et juridiques dans le département de Mayotte (*JO*, 27 avril 2012, p. 7539).

Décret n° 2012-397 du 23 mars 2012 fixant les modalités particulières d'application à Mayotte de la loi n° 91-647 du 10 juillet 1991 relative à l'aide juridique et la rétribution de l'avocat ou de la personne agréée intervenant sur désignation d'office au cours de la garde à vue ou de la retenue douanière en Nouvelle-Calédonie et dans les îles Wallis et Futuna (*JO*, 24 mars 2012, p. 5373).

8. Législation

Décret n° 2012-1205 du 30 octobre 2012 portant création d'une partie réglementaire unique au sein du Code du travail applicable à Mayotte (*JO*, 31 octobre 2012, p. 17086).

9. Population

Décret n° 2012-635 du 3 mai 2012 organisant le recensement de la population de Mayotte en 2012 (*JO*, 5 mai 2012, p. 7976).

Décret n° 2012-1453 du 24 décembre 2012 authentifiant les résultats du recensement de la population effectué à Mayotte en 2012 (*JO*, 27 décembre 2012, p. 2050).

10. Protection sociale

Décret n° 2012-15 du 5 janvier 2012 relatif au régime d'assurance maladie, maternité, invalidité et décès en vigueur à Mayotte (*JO*, 6 janvier 2012, p. 267).

11. Service public

Ordonnance n° 2012-510 du 18 avril 2012 portant adaptation de la législation relative au service public de l'électricité dans le département de Mayotte (*JO*, 20 avril 2012, p. 7101).

12. Urbanisme

Décret n° 2012-1529 du 28 décembre 2012 portant extension et adaptation à Mayotte du Code de l'urbanisme (*JO*, 30 décembre 2012, p. 21108).

V. Collectivités d'outre-mer

A. Dispositions communes

Ordonnance n° 2012-396 du 23 mars 2012 portant adaptation de l'aide juridictionnelle en matière pénale en Nouvelle-Calédonie et dans les îles Wallis et Futuna (*JO*, 24 mars 2012, p. 5372).

Ordonnance n° 2012-514 du 18 avril 2012 portant extension et adaptation aux îles Wallis et Futuna, à la Nouvelle-Calédonie et à la Polynésie française des dispositions de la loi n° 2011-814 du 7 juillet 2011 relative à la bioéthique (*JO*, 20 avril 2012, p. 7117).

Ordonnance n° 2012-515 du 18 avril 2012 portant extension et adaptation à la Polynésie française et à la Nouvelle-Calédonie de dispositions du Code de la santé publique (*JO*, 20 avril 2012, p. 7120).

Ordonnance n° 2012-1222 du 2 novembre 2012 portant extension et adaptation à Wallis-et-Futuna, en Polynésie française et en Nouvelle-Calédonie des dispositions du droit civil et du droit de l'action sociale relatives à la protection juridique des majeurs (*JO*, 3 novembre 2012, p. 17219).

Décret n° 2012-607 du 30 avril 2012 relatif aux procédures de contrôle, d'inscription, de discipline et de contestation d'honoraires applicables à la profession de commissaire aux comptes et à l'extension à la Nouvelle-Calédonie et aux îles Wallis et Futuna de certaines dispositions du titre II du livre VIII du Code du commerce relatif à cette profession (*JO*, 3 mai 2012, p. 7809).

Décret n° 2012-908 du 23 juillet 2012 relatif à la péréquation des ressources fiscales des communes et établissements publics de coopération intercommunale de Mayotte, de la Nouvelle-Calédonie, de la Polynésie française, de Saint-Pierre-et-Miquelon et des circonscriptions territoriales des îles Wallis et Futuna (*JO*, 25 juillet 2012, p. 12192).

Décret n° 2012-962 du 20 août 2012 portant extension en Nouvelle-Calédonie, en Polynésie française et dans les îles Wallis-et-Futuna du décret n° 2010-777 du 8 juillet 2010 modifiant le Code de la défense (partie réglementaire) (*JO*, 21 août 2012, p. 13639).

Décret n° 2012-1091 du 27 septembre 2012 instaurant des conseils pour les anciens combattants et victimes de guerre et la mémoire de la Nation en Nouvelle-Calédonie et en Polynésie française (*JO*, 29 septembre 2012, p. 15351).

Décret n° 2012-1195 du 26 octobre 2012 portant extension et adaptation des dispositions relatives au crédit immobilier et au prêt viager hypothécaire en Nouvelle-Calédonie et en Polynésie française et aux services financiers à distance dans ces collectivités et dans les îles Wallis et Futuna (*JO*, 28 octobre 2012, p. 16753).

Décret n° 2012-1269 du 19 novembre 2012 portant relèvement du plafond du livret A en Nouvelle-Calédonie, en Polynésie française et dans les îles Wallis et Futuna (*JO*, 20 novembre 2012, p. 18280).

Décret n° 2012-1452 du 24 décembre 2012 portant actualisation du droit bancaire en Nouvelle-Calédonie, en Polynésie française et dans les îles Wallis et Futuna (*JO*, 27 décembre 2012, p. 20506).

B. Saint-Pierre-et-Miquelon

Décret n° 2012-106 du 27 janvier 2012 fixant la composition et les modalités de fonctionnement de l'observatoire de la fonction publique de Saint-Pierre-et-Miquelon (*JO*, 28 janvier 2012).

Décret n° 2012-138 du 30 janvier 2012 relatif aux majorations de durée d'assurance pour enfants des assurés sociaux du régime général, du régime agricole et des régimes de retraite des artisans, commerçants, professions libérales, avocats, ministres des cultes et membres des congrégations et collectivités religieuses et de Saint-Pierre-et-Miquelon (*JO*, 31 janvier 2012, p. 1793).

VI. Nouvelle-Calédonie

Décret n° 2012-299 du 2 mars 2012 portant transfert à la Nouvelle-Calédonie du service de l'État chargé des phares et balises (*JO*, 4 mars 2012, p. 4111).

Décret n° 2012-374 du 16 mars 2012 portant extension en Nouvelle-Calédonie de diverses dispositions relatives à l'ordre public, au droit électoral et à l'état civil (*JO*, 18 mars 2012, p. 4941).

Décret n° 2012-829 du 27 juin 2012 relatif aux dispositions applicables aux régies de recettes, aux régies d'avances et aux régies de recettes et d'avances des collectivités publiques de la Nouvelle-Calédonie et de leurs établissements publics (*JO*, 29 juin 2012, p. 10625).

Décret n° 2012-1493 du 27 décembre 2012 portant extension en Nouvelle-Calédonie des articles D. 132-6, D. 132-6-1 et D. 132-8 à D. 132-12 du Code de l'aviation civile (*JO*, 29 décembre 2012, p. 20815).

A. Déconcentration

Décret n° 2012-1450 du 24 décembre 2012 portant diverses mesures de déconcentration pour la gestion de certains personnels enseignants du second degré mis à la disposition de la Nouvelle-Calédonie (*JO*, 27 décembre 2012).

B. Finances

Décret n° 2012-829 du 27 juin 2012 relatif aux dispositions applicables aux régies de recettes, aux régies d'avances et aux régies de recettes et d'avances des collectivités publiques de la Nouvelle-Calédonie et de leurs établissements publics (*JO*, 29 juin 2012, p. 10625).

VII. Polynésie française

Population

Décret n° 2012-636 du 3 mai 2012 organisant le recensement de la population de la Polynésie française en 2012 (*JO*, 5 mai 2012, p. 7976).

Décret n° 2012-1454 du 24 décembre 2012 authentifiant les résultats du recensement de la population effectué en Polynésie française en 2012 (*JO*, 27 décembre 2012, p. 20509).

VIII. Fonction publique territoriale

A. Dispositions générales

Loi n° 2012-347 du 12 mars 2012 relative à l'accès à l'emploi titulaire et à l'amélioration des conditions d'emploi des agents contractuels dans la fonction publique, à la lutte contre les discriminations et portant diverses dispositions relatives à la fonction publique (*JO*, 13 mars 2012, p. 4498).

Décret n° 2012-224 du 16 février 2012 modifiant le décret n° 82-447 du 28 mai 1982 relatif à l'exercice du droit syndical dans la fonction publique (*JO*, 17 février 2012).

Décret n° 2012-525 du 20 avril 2012 modifiant le décret n° 95-1018 du 14 septembre 1995 fixant la répartition des fonctionnaires territoriaux en groupes hiérarchiques en application de l'article 90 de la loi du 26 janvier 1984 portant dispositions statutaires relatives à la fonction publique territoriale (*JO*, 21 avril 2012).

Décret n° 2012-601 du 30 avril 2012 relatif aux modalités de nominations équilibrées dans l'encadrement supérieur de la fonction publique (*JO*, 2 mai 2012).

Décret n° 2012-1060 du 18 septembre 2012 portant application de l'article 126 de la loi n° 2012-347 du 12 mars 2012 relative à l'accès à l'emploi titulaire et à l'amélioration des conditions d'emploi des agents contractuels dans la fonction publique, à la lutte contre les discriminations et portant diverses dispositions relatives à la fonction publique (*JO*, 19 septembre 2012).

Décret n° 2012-1061 du 18 septembre 2012 modifiant les règles applicables en matière de congé parental pour les fonctionnaires et les agents non titulaires des trois fonctions publiques (*JO*, 19 septembre 2012).

Décret n° 2012-1146 du 11 octobre 2012 modifiant diverses dispositions relatives à certains cadres d'emplois de la fonction publique territoriale (*JO*, 13 octobre 2012).

Décret n° 2012-1293 du 22 novembre 2012 pris pour l'application du chapitre II du titre Ier de la loi n° 2012-347 du 12 mars 2012 relative à l'accès à l'emploi titulaire et à l'amélioration des conditions d'emploi des agents contractuels dans la fonction publique, à la lutte contre les discriminations et portant diverses dispositions relatives à la fonction publique (*JO*, 24 novembre 2012).

B. Avancement

Décret n° 2012-552 du 23 avril 2012 relatif à l'échelon spécial de la catégorie C de la fonction publique territoriale (*JO*, 25 avril 2012).

C. Rémunération et avantages sociaux

Décret n° 2012-37 du 11 janvier 2012 portant relèvement du minimum de traitement dans la fonction publique et attribution de points d'indice majoré à certains personnels civils et militaires de l'État, personnels des collectivités territoriales et des établissements publics de santé (*JO*, 12 janvier 2012, p. 589).

Décret n° 2012-438 du 29 mars 2012 modifiant le décret n° 2010-330 du 22 mars 2010 fixant l'échelonnement indiciaire applicable aux membres des cadres d'emplois régis par le décret n° 2010-329 du 22 mars 2010 portant dispositions statutaires communes à plusieurs cadres d'emplois de fonctionnaires de la catégorie B de la fonction publique territoriale (*JO*, 31 mars 2012).

Décret n° 2012-624 du 3 mai 2012 pris en application de l'article 88 de la loi n° 84-53 du 26 janvier 1984 portant dispositions statutaires relatives à la fonction publique territoriale et fixant les modalités et les limites de la prime d'intéressement à la performance collective des services dans les collectivités territoriales et leurs établissements publics (*JO*, 4 mai 2012).

Décret n° 2012-625 du 3 mai 2012 fixant le plafond annuel de la prime d'intéressement à la performance collective des services dans les collectivités territoriales et leurs établissements publics (*JO*, 4 mai 2012).

Décret n° 2012-853 du 5 juillet 2012 portant relèvement du minimum de traitement dans la fonction publique et attribution de points d'indice majoré à certains personnels civils et militaires de l'État, personnels des collectivités territoriales et des établissements publics de santé (*JO*, 6 juillet 2012).

Décret n° 2012-1525 du 28 décembre 2012 portant modification du taux de la contribution employeur due à la Caisse nationale de retraites des agents des collectivités locales (*JO*, 30 décembre 2012).

Protection sociale

Décret n° 2012-170 du 3 février 2012 modifiant le décret n° 85-603 du 10 juin 1985 relatif à l'hygiène et à la sécurité du travail ainsi qu'à la médecine professionnelle et préventive dans la fonction publique territoriale (*JO*, 5 février 2012).

D. Statuts particuliers

1. Assistants territoriaux d'enseignement artistique

Décret n° 2012-437 du 29 mars 2012 portant statut particulier du cadre d'emplois des assistants territoriaux d'enseignement artistique (*JO*, 31 mars 2012).

2. Rédacteurs territoriaux

Décret n° 2012-924 du 30 juillet 2012 portant statut particulier du cadre d'emplois des rédacteurs territoriaux (*JO*, 31 juillet 2012).

3. Sapeurs-pompiers

Décret n° 2012-520 du 20 avril 2012 portant statut particulier du cadre d'emplois des sapeurs et caporaux de sapeurs-pompiers professionnels (*JO*, 21 avril 2012).

Décret n° 2012-521 du 20 avril 2012 portant statut particulier du cadre d'emplois des sous-officiers de sapeurs-pompiers professionnels (*JO*, 21 avril 2012).

Décret n° 2012-522 du 20 avril 2012 portant statut particulier du cadre d'emplois des lieutenants de sapeurs-pompiers professionnels (*JO*, 21 avril 2012).

Décret n° 2012-526 du 20 avril 2012 modifiant l'article R. 1424-23-1 du Code général des collectivités territoriales (*JO*, 21 avril 2012).

2. Jurisprudence administrative
Centre d'études des collectivités locales

Sous la direction de
Jean-Claude DOUENCE

Pierre BON
Antoine BOURREL
Andrée COUDEVYLLE
Jean-Claude DOUENCE
Annie FITTE-DUVAL
Jean GOURDOU
Frédéric LAFARGUE
Michel LAGARDE
Françoise SEMPE

Sommaire

I. Institutions

Aucun arrêt significatif n'a été relevé cette année dans cette matière.

II. Élections

Jean-Claude Douence

1. Élections municipales. Non dépôt du compte de campagne. Inéligibilité du candidat (Non). Application de la loi nouvelle plus douce

CE 1er juin 2012, *M. Choquenet*, req n° 345026, *Lebon T* ; *AJDA* 20121085

La législation sur le financement des campagnes électorales frappait d'inéligibilité les candidats qui ne déposaient pas leur compte de campagne dans les délais, sous réserve de rares assouplissements. Cette sanction rigoureuse a certainement contribué à la moralisation de la vie politique. À l'expérience, elle est toutefois apparue comme excessive et contre-productive. Son caractère quasi automatique a donc été atténué par la loi du 14 avril 2011. Le Conseil d'État en fait ici une application rétroactive en tant que loi pénale plus douce.

Les circonstances étaient favorables à cette solution. Le candidat élu à des élections municipales partielles en 2010 avait été victime des agissements de son mandataire financier qui avait refusé de lui remettre son compte de campagne, n'avait pas donné suite à ses démarches et avait empoché l'argent du compte sans payer les créanciers... Il avait néanmoins été déclaré inéligible par le tribunal administratif, en application de la loi alors en vigueur.

Pour revenir sur cette décision, le Conseil d'État a d'abord dû analyser la loi de 2011 comme une loi nouvelle plus douce, du moins dans le 2° alinéa de l'article L. 118-3 du Code électoral.

Le juge peut désormais déclarer inéligible le candidat qui n'a pas déposé son compte de campagne dans les délais alors qu'auparavant il pouvait ne pas prononcer l'inéligibilité du candidat dont la bonne foi est établie ou il pouvait le relever de cette inéligibilité. La règle est inversée : l'inéligibilité n'est plus qu'une faculté laissée à l'appréciation du juge alors qu'elle était une sanction automatique sauf appréciation contraire. La nuance est subtile, mais les travaux préparatoires confirment la volonté d'assouplissement qui anime le législateur.

La suite va de soi : l'inéligibilité est incontestablement une sanction ayant le caractère d'une punition (et même sans doute la seule à avoir un impact sur les candidats aux élections). Une abondante jurisprudence intervenue dans des domaines variés assimile ce type de sanction à une sanction pénale. Il est donc normal de faire usage du principe selon lequel la loi pénale plus douce s'applique immédiatement aux situations en cours.

L'absence de dépôt du compte de campagne n'est pas imputable à M. Choquenet, mais aux agissements de son mandataire financier. Aucune autre irrégularité ne pouvant être reprochée au candidat, son élection est validée. Le Conseil d'État aurait pu parvenir à la même décision en appliquant la loi en vigueur au moment des faits, car la bonne foi du requérant était évidente, mais l'exemplarité aurait été moindre.

> Considérant que M. Choquenet, candidat élu aux élections municipales partielles de Pont-à-Mousson en 2010, n'a pas déposé son compte de campagne auprès de la Commission nationale des comptes de campagne et des financements politiques ; que, saisi par cette commission, le tribunal administratif de Nancy a, par un jugement du 23 novembre 2010, déclaré l'intéressé inéligible par cette commission, le tribunal administratif de Nancy a, par un jugement du 23 novembre 2010, déclaré l'intéressé inéligible aux fonctions de conseiller municipal, annulé son élection, et proclamé élu M. B en qualité de conseiller municipal de la commune de Pont-à-Mousson ; que M. A fait appel de ce jugement ;
>
> Considérant, d'une part, qu'en vertu de l'article L. 52-15 du Code électoral, lorsque la commission constate que le compte de campagne n'a pas été déposé dans le délai prescrit, en méconnaissance des dispositions de l'article L. 52-12 du même code, elle saisit le juge de l'élection ; que celui-ci, selon l'article L. 118-3 du même code dans sa rédaction issue de la loi du 10 avril 1996 : « Peut ne pas prononcer l'inéligibilité du candidat dont la bonne foi est établie, ou relever le candidat de cette inéligibilité. » ; qu'aux termes des mêmes dispositions, s'il a déclaré l'inéligibilité, le juge de l'élection « annule son élection ou, si l'élection n'a pas été contestée, le déclare démissionnaire d'office » ;
>
> Considérant que l'inéligibilité prévue par les dispositions précitées de l'article L. 118-3 du Code électoral constitue une sanction ayant le caractère d'une punition ; qu'il incombe, dès lors, au juge de l'élection, lorsqu'il est saisi par la Commission nationale des comptes de campagne et des financements politiques en application des dispositions de l'article L. 52-15 du Code électoral, de faire application, le cas échéant, d'une loi nouvelle plus douce entrée en vigueur entre la date des faits litigieux et celle à laquelle il statue ;
>
> Considérant que, par la loi du 14 avril 2011 portant simplification de dispositions du Code électoral et relative à la transparence financière de la vie politique, le législateur a modifié l'article L. 118-3 du Code électoral ; qu'aux termes de cet article, dans sa rédaction issue de cette loi : « Saisi par la commission instituée par l'article L. 52-14, le juge de l'élection peut déclarer inéligible le candidat dont le compte de campagne, le cas échéant après réformation, fait apparaître un dépassement du plafond des dépenses électorales./Saisi dans les mêmes conditions, le juge de l'élection peut déclarer inéligible le candidat qui n'a pas déposé son compte de campagne dans les conditions et le délai prescrits à l'article L. 52-12./Il prononce également l'inéligibilité du candidat dont le compte de campagne a été rejeté à bon droit en cas de volonté de

fraude ou de manquement d'une particulière gravité aux règles relatives au financement des campagnes électorales./L'inéligibilité déclarée sur le fondement des premier à troisième alinéas est prononcée pour une durée maximale de trois ans et s'applique à toutes les élections. [...] » ; qu'il résulte de ces dispositions, éclairées par les travaux préparatoires, que la déclaration d'inéligibilité d'un candidat qui n'a pas déposé son compte de campagne dans les conditions et le délai prescrits à l'article L. 52-12 est désormais une simple faculté dont dispose le juge de l'élection, qui doit prendre en compte, pour déterminer s'il y a lieu d'en faire usage, la nature de la règle méconnue, le caractère délibéré ou non du manquement, l'existence éventuelle d'autres motifs d'irrégularité du compte, le montant des sommes en cause ainsi que l'ensemble des circonstances de l'espèce ; que, par suite, les dispositions du deuxième alinéa de l'article L. 118-3 présentent, à la différence des nouvelles dispositions du quatrième alinéa de cet article, qui prévoient que l'inéligibilité est désormais prononcée pour une durée maximale de trois ans et qu'elle s'applique à toutes les élections, le caractère d'une loi nouvelle plus douce, immédiatement applicable au présent litige ;

Considérant que, si l'absence de dépôt par un candidat de son compte de campagne constitue, en principe, un manquement de nature à justifier une déclaration d'inéligibilité, il en va autrement, notamment, lorsqu'il est établi que cette omission ne présente pas un caractère délibéré, parce que le candidat a été abusé par un mandataire dont il pouvait légitimement estimer qu'il respecterait ses obligations et qu'il s'est trouvé dans l'impossibilité, en dépit de toutes les diligences accomplies en temps utile, d'effectuer le dépôt du compte ; que, dans ce cas, le juge de l'élection peut, en application de l'article L. 118-3 du Code électoral, après avoir invité la Commission nationale des comptes de campagne et des financements politiques à présenter ses observations, ne pas déclarer le candidat inéligible s'il ressort des pièces du dossier et, en particulier, des pièces versées par celui-ci au dossier de l'instruction, qu'il n'a pas commis, dans le financement de sa campagne, d'autres irrégularités de nature à justifier une déclaration d'inéligibilité ;

Considérant, d'une part, qu'en l'espèce, M. A, candidat élu aux élections municipales partielles de Pont-à-Mousson en 2010 ayant désigné comme mandataire financier M. C, qui était trésorier du « Groupement d'employeurs du pays du Val de Lorraine », n'a pas déposé son compte de campagne ; que, toutefois, il ressort de l'instruction que le mandataire financier du candidat a refusé de lui remettre après l'élection le compte de campagne et ses justificatifs, n'a pas répondu à ses messages téléphoniques et a refusé de le rencontrer ; que M. A a, le 4 août 2010, déposé une plainte pénale contre son mandataire financier ; qu'il est constant, ainsi que l'a constaté le juge de proximité de Nancy par un jugement du 17 février 2011 condamnant civilement M. C, que celui-ci a transféré les fonds de la campagne sur son compte bancaire personnel, sans que les créanciers aient été payés ; qu'ainsi, l'absence de dépôt du compte de campagne n'est pas imputable à M. A, qui justifie avoir entrepris les démarches nécessaires tant auprès de M. C que des services de police et de la préfecture pour pouvoir déposer son compte de campagne, mais aux agissements de son mandataire financier ;

Considérant, d'autre part, qu'il résulte de l'instruction que les recettes de la campagne de M. A se sont élevées à 9 210 euros, composés de dons de personnes physiques et d'apports personnels de M. A et de ses colistiers ; que ses dépenses se sont élevées à 8 072 euros, entièrement dépensés auprès d'une entreprise de « conseils et création graphique en communication visuelle » ; que le compte de campagne ainsi reconstitué est excédentaire, et répond de la sorte aux exigences de l'article L. 52-12 du Code électoral ; qu'en outre, il ne fait pas apparaître d'autres irrégularités de nature à justifier une déclaration d'inéligibilité ;

Considérant qu'eu égard à l'ensemble de ces circonstances, il n'y a pas lieu pour le juge de l'élection de déclarer M. A inéligible ;

2. Élections municipales. Obligation pour le préfet de déclarer démissionnaire d'office l'élu déclaré inéligible par un tribunal répressif. Pas de renvoi au Conseil constitutionnel d'une QPC

CE 20 juin 2012, *M. Simonpieri*, req. n° 356685, *Lebon* ; *AJDA* 2012.1257

Le requérant, conseiller municipal et conseiller communautaire, a été condamné par le tribunal correctionnel à douze mois d'emprisonnement et à la peine complémentaire de privation de ses droits électoraux et de son droit d'éligibilité pour une durée de cinq ans avec exécution provisoire. En conséquence, le préfet le déclare démissionnaire d'office de ses mandats. Le requérant conteste cette décision par la voie du recours pour excès de pouvoir et soumet au juge administratif la question de la conformité aux droits et libertés garantis par la Constitution des dispositions du Code de procédure pénale qui lui ont été appliquées.

Le Conseil d'État examine d'abord la QPC ainsi soulevée à l'encontre de l'article 471, 4° al. du CPP qui permet au tribunal répressif de déclarer exécutoires par provision certaines des sanctions qu'il prononce. Il refuse de la renvoyer au Conseil constitutionnel au motif que la disposition contestée n'est pas applicable au litige.

Le raisonnement est simple : M. Simonpieri ne peut utilement contester devant le juge (administratif) électoral une disposition qui fonde la décision du juge judiciaire prononçant une sanction pénale et décidant son exécution provisoire. Le juge administratif est saisi de la légalité de l'arrêté préfectoral prononçant la démission d'office ; il ne se prononce pas sur la régularité ou le bien-fondé de la décision du juge répressif.

Le Conseil d'État peut alors confirmer sa solution constante selon laquelle le préfet est tenu de déclarer démissionnaire d'office l'élu devenu inéligible pour une cause survenue postérieurement à son élection.

Considérant qu'il résulte de l'instruction que, par un jugement du 9 novembre 2011, le tribunal correctionnel d'Aix-en-Provence a condamné M. A à douze mois d'emprisonnement avec sursis, à une amende de 10 000 euros et à la peine complémentaire de privation de ses droits électoraux et de son droit d'éligibilité pour une durée de 5 ans avec exécution provisoire ; que, par un arrêté du 18 novembre 2011, le préfet des Bouches-du-Rhône l'a déclaré démissionnaire d'office de ses mandats de conseiller municipal de la commune de Marignane et de conseiller de la communauté urbaine de

Marseille Provence Métropole ; que M. A interjette appel du jugement du 17 janvier 2012 par lequel le tribunal administratif de Marseille a rejeté sa requête tendant à l'annulation de cet arrêté ; qu'il conteste, à l'occasion de cet appel, l'ordonnance du 3 janvier 2012 par laquelle le président de la première chambre du tribunal administratif a refusé de transmettre au Conseil d'État la question de la conformité aux droits et libertés garantis par la Constitution des dispositions du quatrième alinéa de l'article 471 du Code de procédure pénale ;

Considérant qu'il y a lieu d'évoquer et d'examiner immédiatement la question prioritaire de constitutionnalité soulevée devant le tribunal administratif de Marseille par M. Simonpieri.

Considérant qu'il résulte des dispositions de l'article 23-5 de l'ordonnance du 7 novembre 1958 portant loi organique sur le Conseil constitutionnel que le Conseil constitutionnel est saisi de la question prioritaire de constitutionnalité par le Conseil d'État à la triple condition que la disposition contestée soit applicable au litige ou à la procédure, qu'elle n'ait pas déjà été déclarée conforme à la Constitution dans les motifs et le dispositif d'une décision du Conseil constitutionnel, sauf changement des circonstances, et que la question soit nouvelle ou présente un caractère sérieux ;

Considérant qu'aux termes du quatrième alinéa de l'article 471 du Code de procédure pénale : « Les sanctions pénales prononcées en application des articles 131-5 à 131-11 et 132-25 à 132-70 du Code pénal peuvent être déclarées exécutoires par provision » ; qu'en application de ces dispositions, le tribunal correctionnel d'Aix-en-Provence a décidé que serait exécutée par provision la peine complémentaire de privation de ses droits électoraux et de son droit d'éligibilité à laquelle il a condamné M. A ; que celui-ci a demandé au juge administratif l'annulation de l'arrêté préfectoral qui, ayant constaté cette condamnation, l'a déclaré démissionnaire d'office de ses mandats de conseiller municipal et de conseiller communautaire ; que, dès lors que M. A ne peut utilement contester devant le juge électoral la régularité ou le bien-fondé de la décision par laquelle la juridiction judiciaire a prononcé une sanction pénale et a décidé son exécution provisoire en application des dispositions du quatrième alinéa de l'article 471 du Code de procédure pénale, ces dispositions ne peuvent être regardées comme applicables, au sens de l'article 23-5 de l'ordonnance du 7 novembre 1958, au litige dont le juge administratif est saisi ;

Considérant qu'il résulte de ce qui précède que, sans qu'il soit besoin de renvoyer au Conseil constitutionnel la question prioritaire de constitutionnalité invoquée, le moyen tiré de ce que les dispositions du quatrième alinéa de l'article 471 du Code de procédure pénale portent atteinte aux droits et libertés garantis par la Constitution doit être écarté ;

Sur les autres moyens de la requête :

Considérant qu'il résulte de ces dispositions que, dès lors qu'un conseiller municipal ou un membre de l'organe délibérant d'un établissement public de coopération intercommunale se trouve, pour une cause survenue postérieurement à son élection, privé du droit électoral en vertu d'une condamnation devenue définitive ou d'une condamnation dont le juge pénal a décidé l'exécution provisoire, le préfet est tenu de le déclarer démissionnaire d'office ;

III. Coopération entre collectivités territoriales

Françoise Sempé

3. Schéma départemental de coopération intercommunale. QPC. Atteinte au principe constitutionnel de libre administration. Non. Recours pour excès de pouvoir. Non. Exception d'illégalité. Organisation décentralisée de la République. QPC. Non

CE 21 septembre 2012, *Commune de Couvrot*, req. n° 361632 ; CE 21 septembre 2012, *Commune de Poligny*, req. n° 360984, *AJDA* 2013.240, note Faure

Ces deux décisions rendues par le Conseil d'État le 21 septembre 2012 ont le grand intérêt d'être les premières à fixer la valeur juridique du schéma départemental de coopération intercommunale (SDCI) adopté dans le cadre de la loi n° 2010-1563 du 10 décembre 2010 de réforme des collectivités territoriales. Elles sont aussi parmi les rares interventions de la Haute juridiction dans le droit de l'intercommunalité.

On sait qu'un des principaux objets de la loi du 10 décembre 2010 est de mettre en place un dispositif assez étoffé visant à l'achèvement et à la rationalisation de la carte intercommunale française. Ce dispositif s'appuie sur l'élaboration du SDCI que le représentant de l'État dans le département peut mettre en œuvre avec des pouvoirs renforcés, certes tempérés par l'intervention de la commission départementale de coopération intercommunale, jusqu'au 1er juin 2013. La procédure a donc aussi un caractère contraignant et les deux communes requérantes choisissent de contester le SDCI prévu à l'article L. 5210-1-1 du CGCT en soumettant celui-ci à une question prioritaire de constitutionnalité. La commune de Poligny et celle de Couvrot soutiennent que cette disposition porterait atteinte au principe de libre administration des collectivités territoriales consacré à l'article 72 de la Constitution. Sans grande difficulté juridique, le Conseil d'État réfute leurs arguments. Il juge que la question ne présentant pas un caractère nouveau et sérieux, il n'y a pas lieu de la renvoyer au Conseil constitutionnel.

Le principal moyen invoqué par les communes est que le SDCI obéit à des règles de fond et de procédure qui lui confèrent une portée contraignante portant atteinte au principe constitutionnel de libre administration. On ne peut contester que ce document, dont l'existence était déjà prévue par la loi de 6 février 1992, mais qui présentait alors un caractère purement indicatif, se trouve investi d'une force renouvelée dans le cadre de la loi du 10 décembre 2010. Celle-ci prend soin notamment de prescrire les critères de rationalisation des périmètres qui s'imposent lors de l'élaboration du schéma départemental. Pour autant, le SDCI présente-t-il le caractère d'une décision administrative qui impose l'adoption des arrêtés de création, fusion, dissolution, modification de périmètre des établissements publics de coopération intercommunale (EPCI) qu'il comporte ? On pouvait en douter car, tout en posant ces règles strictes, la loi réserve des marges de souplesse. Ainsi, l'article L. 5210-1-1 dispose que le schéma « prévoit » les modalités de rationalisation, qu'il « peut proposer » la création, la suppression, la fusion d'EPCI. En outre, la loi autorise le préfet à définir un projet qui ne figure pas au SDCI. Nous savons aussi qu'il est acquis depuis l'origine du droit de l'intercommunalité que le préfet dispose d'un large pouvoir discrétionnaire en matière de création (CE 13 mars 1985, *Ville de Cayenne* : Rec. 76 ; *AJDA* 1985.376, obs Richer ; CE 2 oct. 1996, *Cne de Civaux*, *Rec.* 764 ; *AJDA* 1996.1022, concl. Touvet) ou de modification de périmètre (CE 3 avril 1998, *Cté de cnes du pays d'Issoudun*, *Rec.* 123) et il lui appartient d'apprécier, après l'adoption du schéma et au terme des procédures de consultation prévues par la loi, l'opportunité de mettre en œuvre ou pas les évolutions qu'il prévoit. Dans chacune des espèces, le Conseil d'État écarte donc le premier moyen en décidant :

> Considérant que la commune de Poligny soutient que ces dispositions portent atteinte au principe de libre administration des collectivités territoriales énoncé à l'article 72 de la Constitution ;
>
> Considérant, toutefois, que les dispositions de l'article L. 5210-1-1 du Code général des collectivités territoriales, dans leur rédaction issue de la loi du 16 décembre 2010, n'ont, par elles-mêmes, ni pour objet, ni pour effet d'assujettir les collectivités territoriales ou leurs groupements à des obligations ou à des charges ; qu'il ne résulte pas de ces dispositions que la décision arrêtant le schéma de coopération intercommunale implique, par elle-même, la création, la modification ou la dissolution d'établissements intercommunaux, auxquels certaines communes seraient tenues d'adhérer, ni la définition des compétences obligatoirement transférées par les communes à ces établissements ; que, par suite, ces dispositions ne peuvent être regardées comme affectant la libre administration des collectivités territoriales ;
>
> Considérant qu'il résulte de ce qui précède qu'il n'y a pas lieu de renvoyer au Conseil constitutionnel la question prioritaire de constitutionnalité invoquée ;

La Haute juridiction confirme ainsi une solution déjà dégagée par le juge du fond et de laquelle il déduisait que le SDCI ne peut faire l'objet d'un recours pour excès de pouvoir (TA Grenoble, 21 juin 2012, *Commune de Saint-Martin-de-Belleville et autres*, req. n° 1200991, *JCP Adm.* 2012, n° 2269, concl. Habchi).

Le SDCI apparaît donc comme un document de programmation préparatoire des arrêtés définitifs portant création, dissolution, modification ou fusion. On peut penser que la contestation d'un de ces arrêtés définitifs devant le juge pourrait offrir l'occasion de faire valoir, par voie d'exception, les illégalités éventuelles liées au SDCI.

La commune de Couvrot invoque aussi des griefs à l'encontre de la commission départementale de coopération intercommunale dont les pouvoirs seraient contraires aux alinéas 5 et 6 de l'article 72 de la Constitution. Le Conseil d'État juge que :

> « en confiant à la commission départementale de coopération intercommunale le pouvoir de modifier le projet de schéma départemental de coopération intercommunale, le législateur n'a pas restreint ou privé d'effet les prérogatives de l'État énoncées par les dispositions précitées du dernier alinéa de l'article 72 de la Constitution ».

De même, le pouvoir de modification du SDCI que détient la commission ne méconnaît pas l'alinéa 5 de l'article 72 qui consacre le principe d'interdiction de toute tutelle d'une collectivité sur une autre, car cette commission ne peut être regardée comme une collectivité territoriale au sens de cet article.

L'arrêt *Commune de Couvrot* précise enfin les contours du droit constitutionnel concret des collectivités territoriales en jugeant que le principe énoncé à l'article 1er de la Constitution, selon lequel l'organisation de la République est décentralisée, n'est pas au nombre des droits et libertés garantis par la Constitution au sens de son article 61-1.

4. Communauté de communes. Compétence. Intérêt communautaire. Définition. Organe compétent

CE 12 déc. 2012, *Communauté de communes Lodévois et Larzac*, req. n° 342175, *Rec.* : *BJCL* 2013.61, concl. Vialettes ; *AJDA* 2012.2407, note Montecler

Le projet de ZAC envisagé par la commune de Lodève à la sortie de l'autoroute A 75 offre au Conseil d'État l'occasion de clarifier deux questions litigieuses qui faisaient pourtant déjà l'objet de solutions explicites.

Après que les conseils municipaux aient approuvé la redéfinition plus large de l'intérêt communautaire nécessaire à la prise en charge de ce projet de ZAC par la communauté de communes à laquelle appartient Lodève, le conseil communautaire l'approuve à son tour et par une seconde délibération du même jour, il approuve le bilan de la concertation ainsi que le dossier de création de la ZAC et décide de sa création. La contestation de cette seconde délibération a conduit la cour administrative d'appel de Marseille à juger qu'elle est entachée d'incompétence, car la délibération du même jour approuvant la nouvelle définition de l'intérêt communautaire n'avait pas encore acquis force exécutoire faute d'avoir été transmise au représentant de l'État. Le Conseil d'État tranche le litige et sanctionne l'erreur en rappelant tout simplement la lettre du IV de l'article L. 5214-16 du CGCT qui régit la définition de l'intérêt communautaire d'une compétence transférée à une communauté de communes :

> « qu'il résulte de la combinaison de ces dispositions que la définition de l'intérêt communautaire d'une compétence transférée à une communauté de communes intervient ou est modifiée après accord des seuls conseils municipaux des communes membres, dans les conditions prévues au II de l'article L. 5211-5 du Code général des collectivités territoriales ; que, par suite, la cour administrative d'appel de Marseille a commis une erreur de droit en jugeant que la définition de cet intérêt communautaire était également subordonnée à l'adoption d'une délibération concordante de l'organe délibérant de la communauté de communes ; »

La décision confirme en second lieu une solution déjà retenue en matière de transfert de biens et de personnels relatifs aux ZAC. La Haute juridiction avait déjà jugé que les délibérations relatives aux conditions financières et patrimoniales du transfert des biens immobiliers nécessaires à l'exercice de la compétence en matière de zones d'activité économique peuvent intervenir après le transfert de compétence (CE 24 avr. 2012, *Cne de Saint-Langis-les-Mortagne,* req. n° 336745). Elle reprenait en cela la solution dégagée pour les communautés d'agglomération selon laquelle le transfert des biens et personnels relatif aux ZAC d'intérêt communautaire est décidé par les communes membres, au plus tard à la date de la reconnaissance de l'intérêt communautaire (CE 22 novembre 2002, *Commune de Beaulieu-sur-Mer, Rec. T* 858, concl. F. Austry ; *AJDA* 2003.734, note F. Sempé). Le transfert des biens immobiliers ne peut intervenir tant que l'intérêt communautaire n'a pas été défini et sur ce point aussi, dans l'affaire de la ZAC de Lodève, la cour administrative de Marseille a commis une erreur de droit :

> « que ces dispositions n'impliquent pas que les transferts de biens et de personnels relatifs aux créations de ZAC reconnues d'intérêt communautaire doivent intervenir par délibérations concordantes de l'organe délibérant de l'établissement et des conseils municipaux des communes membres avant la date de la reconnaissance de l'intérêt communautaire de l'opération en cause ; »

La meilleure audience à cette solution est assurée par la publication de la décision au *Recueil Lebon.*

5. Communauté d'agglomération. Convention d'entente. Formalités de publicité et de mise en concurrence. Non

CE 3 février 2012, *Commune de Veyrier-du-Lac et Communauté d'agglomération d'Annecy*, req. n° 353737, *Rec.* : *AJDA* 2012.239, note Grand ; *Ibid.* 555, note Richer ; *Dr. Adm.* 2012, n° 33, note Brenet ; *JCP Adm.* 2012, n° 2085, note Pauliat ; *BJCL* 2012.77, concl. Dacosta, obs. Martin ; *AJCT* 2012.205, note Hul

Voici un arrêt qui, en mettant au goût du jour la vieille formule des ententes intercommunales (article L. 5221-1 du CGCT), illustre la diversité des voies juridiques qu'empruntent aujourd'hui les relations de coopération entre personnes publiques pour la gestion de leurs services publics. Au terme de la délégation de service public qui la liait à la société Lyonnaise des eaux, la commune de Veyrier-du-Lac a conclu une convention d'entente intercommunale de trente ans avec la communauté d'agglomération d'Annecy qui lui est limitrophe, pour lui confier l'exploitation de son service de distribution d'eau potable.

La question posée était de savoir si ce contrat est ou pas soumis aux obligations du droit de la commande publique autrement dit s'il est constitutif d'une délégation de service public ou pas. Le juge des référés du tribunal administratif de Grenoble, saisi par la Lyonnaise des eaux, s'est reconnu compétent et a annulé la convention pour méconnaissance des obligations de publicité et de mise en concurrence. Le Conseil d'État juge au contraire que la condition imposée pour la compétence du juge du référé contractuel par l'article L. 551-1 du Code de justice administrative n'est pas remplie : la convention d'entente ne peut être qualifiée de délégation de service public. Elle est une convention conclue « à des fins de coopération entre personnes publiques dans le cadre de relations qui ne sont pas celles du marché » et elle échappe donc aux obligations de publicité et de mise en concurrence. Le juge abandonne la jurisprudence *Communauté de communes du Piémont-de-Barr* (CE 20 mai 1998, *RFDA* 1998.609, concl. H. Savoie), mais dans un cas d'espèce dont les données sont très différentes (ne serait-ce que parce que la commune de Veyrier-du-Lac n'appartient pas à la communauté d'agglomération tandis que dans l'affaire de 1998 la convention liait un syndicat mixte et un de ses membres. Le jeu de la théorie du contrat « *in house* » ne peut donc fonctionner dans le litige qui nous occupe) et l'on hésite à déduire de cette décision que toute convention d'entente échappe aux règles de la commande publique lorsqu'elle a pour objet l'exploitation en commun de services publics.

Sur ce point déjà, la Haute juridiction force les faits pour parvenir à démontrer que l'on est en présence d'une convention de mutualisation des moyens entre collectivités. Certes, la continuité territoriale entre les deux personnes publiques justifie leur souci de rationalisation de la gestion du service d'eau potable. Mais on sait que l'arrêt de la CJUE du 9 juin 2009 *Commission c/Allemagne*, pour exclure les règles de passation des contrats publics, exige une réelle coopération entre personnes publiques ayant pour objet d'assurer une mission de service public qui leur est commune. Dans cette affaire, chacune des parties contribuait au fonctionnement du service de traitement des déchets de la ville de Hambourg. Mais dans l'espèce qui nous occupe, on peut douter qu'il y ait contrat de coopération conduisant à un service commun : les deux services restent juridiquement distincts, le contrat a pour objet de confier la gestion du service communal de l'eau « aux risques et périls de la communauté d'agglomération » la commune conservant les pouvoirs d'organisation du service. La convention ne prévoit aucune contrepartie apportée par la commune de Veyrier-du-Lac à l'EPCI.

Le Conseil d'État fonde à titre principal sa solution sur l'idée que la communauté d'agglomération ne peut être assimilée à un « opérateur sur un marché concurrentiel ». Cette notion, consacrée par l'arrêt *Commune d'Aix-en-Provence* du 6 avril 2007 (*AJDA* 2007.1020, chron. F. Lenica et J. Boucher, *RFDA* 2007.812, concl. F. Séners et 821, note J.-C. Douence ; *Dr Adm.* 2007.95, note M. Bazex et S. Blazy) est en l'espèce déduite de ce que le prix est déterminé dans des conditions telles que la convention « n'a pas provoqué de transferts financiers indirects entre collectivités autres que ceux résultant strictement de la compensation des charges d'investissement et d'exploitation du service ». La Haute juridiction en déduit, contrairement à ce qu'avait décidé le juge des référés, que cette convention d'entente ne permet pas une intervention à des fins lucratives de l'EPCI ce qui justifie qu'elle soit conclue hors règles de la commande publique.

> Considérant qu'une commune peut accomplir les missions de service public qui lui incombent par ses propres moyens ou en coopération avec d'autres personnes publiques, selon les modalités prévues par le législateur ; qu'elle peut ainsi conclure, hors règles de la commande publique, sur le fondement de l'article L. 5221-1 du Code général des collectivités territoriales, une convention constitutive d'une entente pour exercer en coopération avec des communes, établissements publics de coopération intercommunale ou syndicats mixtes, de mêmes missions, notamment par la mutualisation de moyens dédiés à l'exploitation d'un service public, à la condition que cette entente ne permette pas une intervention à des fins lucratives de l'une de ces personnes publiques, agissant tel un opérateur sur un marché concurrentiel ;
>
> Considérant, en premier lieu, qu'il ressort des pièces du dossier soumis au juge des référés que la convention litigieuse a pour objet de faire prendre en charge par la communauté d'agglomération le service public de distribution d'eau de la commune de Veyrier-du-Lac, jusqu'alors exploité dans le cadre d'une délégation de service public ; que la communauté d'agglomération exerçant cette compétence de la distribution d'eau sur son propre territoire, l'entente tend à l'exploitation d'un même service public, en continuité géographique, sur l'ensemble du territoire couvert par ces deux personnes publiques, sous la responsabilité opérationnelle de la communauté d'agglomération ; que la convention doit ainsi permettre à la commune de Veyrier-du-Lac, qui met à disposition de l'entente l'intégralité de ses propres infrastructures, de bénéficier des installations plus performantes de la communauté d'agglomération ;
>
> Considérant, en deuxième lieu, que le tarif de l'eau fixé par la convention pour les usagers de la commune de Veyrier-du-Lac correspond, en sa partie fixe, à la répartition entre usagers de la quote-part de la commune dans les investissements à réaliser sur les installations mutualisées, et en sa partie proportionnelle au prix coûtant de la production et de l'acheminement par mètre cube d'eau potable, supporté par la régie directe de la communauté d'agglomération ; que la convention stipule que ce prix proportionnel est révisé chaque année selon le même indice que celui du tarif appliqué aux usagers de la communauté d'agglomération d'Annecy par la régie gestionnaire du service, dont les recettes doivent strictement équilibrer les dépenses ; qu'ainsi, la convention litigieuse n'a pas provoqué de transferts financiers indirects entre collectivités autres que ceux résultant strictement de la compensation de charges d'investissement et d'exploitation du service mutualisé, et la communauté d'agglomération ne peut être regardée comme agissant tel un opérateur sur un marché concurrentiel ;
>
> Considérant qu'il résulte de ce qui précède que la convention litigieuse, conclue à des fins de coopération entre personnes publiques dans le cadre de relations qui ne sont pas celles du marché, n'était pas soumise aux règles de la commande publique ; que, par suite, cette convention était hors du champ d'application de l'article L. 551-13 du Code de justice administrative ; que le juge des référés du tribunal administratif de Grenoble a ainsi commis une erreur de droit en l'annulant au motif que les collectivités contractantes avaient méconnu leurs obligations de publicité et de mise en concurrence ;

6. Syndicat mixte. Retrait d'une commune membre. Avis des autres communes. Possibilité de revenir sur l'avis donné. Conditions

CE 23 juillet 2012, *M. Laurans*, req. n° 342849, *Rec. T* : *AJDA* 2012.631 ; *BJCL* 2012.678, concl. Daumas, obs. Poujade ; *JCP Adm.* 2012, n° 2008

Le présent arrêt précise de façon intéressante et particulièrement utile en cette période de rationalisation de la carte intercommunale, la procédure de retrait d'une commune d'un EPCI.

Cette procédure est fixée par l'article L. 5211-19 du CGCT rendu applicable aux syndicats mixtes par l'article L. 5711-1 du même code, visé en l'espèce. Le problème posé tient à la chronologie des décisions successives qui doivent être prises par les diverses autorités et le Conseil d'État témoigne d'un souci de pragmatisme et d'efficacité dans la conduite des adaptations institutionnelles en donnant une interprétation souple des dispositions légales. Celles-ci prévoient qu'une commune (ou un groupement) peut se retirer d'un EPCI avec le consentement de l'organe délibérant de cet établissement s'il y a accord à la majorité qualifiée des conseils municipaux des communes membres, chacun disposant pour se prononcer d'un délai de trois mois à compter de la notification de la délibération de l'organe délibérant de l'EPCI. À défaut de délibération dans ce délai, la décision du conseil municipal est réputée défavorable. La décision de retrait est prise par le représentant de l'État.

Le fait que des communes se soient prononcées avant que l'EPCI n'ait adopté la délibération exprimant son consentement au retrait est-il de nature à vicier la procédure ? Le Conseil d'État suit les conclusions du rapporteur public qui souligne que le délai de trois mois a pour seule justification de clore rapidement la procédure, ce qui importe étant que l'organe délibérant de l'EPCI et chaque conseil municipal se prononcent en toute connaissance de cause sur le même objet, à savoir le périmètre du retrait. Dès lors que tel est le cas, rien ne s'oppose à ce que l'accord des communes soit exprimé avant que l'organe délibérant de l'EPCI ait formulé le sien. La solution se justifie d'autant plus que les communes se prononcent ici sur le principe du retrait tandis que ses conditions financières et patrimoniales feront l'objet d'une autre décision conformément à l'article L. 5211-25-1 du CGCT.

Il en découle aussi que l'absence de délibération de ces communes trois mois après que l'organe délibérant de l'EPCI se soit prononcé, ne peut être interprétée comme un refus du retrait de leur part. La Haute juridiction précise également qu'une commune peut, dans ce délai de trois mois, revenir sur un premier avis qu'elle aurait donné sur le retrait d'une autre commune, mais cette faculté vaut seulement tant que le représentant de l'État n'a pas pris l'arrêté portant décision de retrait. Or, elle rappelle aussi la solution classique selon laquelle le préfet peut adopter cet arrêté sans attendre l'épuisement du délai de trois mois dès lors que les avis de tous les conseils municipaux ont été recueillis.

> Considérant, en deuxième lieu, que, s'il résulte des dispositions précitées de l'article L. 5211-19 du Code général des collectivités territoriales que le retrait d'une

commune membre d'un établissement public de coopération intercommunale autre qu'une communauté urbaine requiert l'avis favorable, d'une part, de l'organe délibérant de l'établissement public et, d'autre part, des conseils municipaux d'au moins deux tiers de ses communes membres, ces dispositions n'imposent pas que les conseils municipaux des communes membres se prononcent postérieurement à la notification de la délibération de l'organe délibérant de l'établissement public de coopération intercommunale ; que, par suite, la cour n'a commis aucune erreur de droit en jugeant que les communes d'Ancy-sur-Moselle et de Dornot avaient valablement approuvé les retraits des autres communes par leurs délibérations des 30 septembre et 4 octobre 2004 et qu'elles ne pouvaient être regardées comme ayant donné un avis défavorable sur ces retraits au motif qu'elles ne s'étaient pas prononcées à nouveau dans un délai de trois mois après la notification de la délibération du comité du syndicat du 14 octobre 2004 ;

Considérant, en troisième lieu, que si une commune membre d'un établissement public de coopération intercommunale autre qu'une communauté urbaine peut, dans un délai de trois mois à compter de la notification de la délibération de l'organe délibérant de l'établissement public, revenir sur un premier avis qu'elle aurait donné sur le retrait d'une autre commune, cette faculté ne peut être exercée que tant que la décision du représentant de l'État dans le département n'a pas été prise ; que si celle-ci ne peut intervenir qu'après qu'ont été recueillis les avis, explicites ou implicites, des conseils municipaux de toutes les communes membres de l'établissement public ainsi que l'accord de l'organe délibérant de l'établissement, le préfet n'est pas tenu d'attendre l'expiration d'un délai de trois mois après la notification de la délibération de l'organe délibérant ; qu'ainsi, la cour n'a commis aucune erreur de droit en jugeant, après avoir relevé que tous les membres du syndicat mixte s'étaient prononcés sur les projets de retrait avant le 15 novembre 2004 et que l'organe délibérant du syndicat mixte les avait approuvés le 14 octobre 2004, que le préfet avait pu autoriser légalement les retraits par un arrêté du 9 décembre 2004 ;

IV. Outre-mer

Jean-Claude Douence

7. Droit d'outre-mer. Droit à Saint-Barthélemy. Procédure spécifique de contrôle des délibérations intervenant dans le domaine de la loi et référé suspension de droit commun

CE ord., 22 février 2012, *Société France Télécom*, req. n° 356207, *AJDA* 2012.1356, note B. Faure

La première décision de justice mettant en cause la nouvelle collectivité d'outre-mer de Saint-Barthélemy a les honneurs d'une publication au *Recueil Lebon*. Elle doit cette notoriété, non à l'intérêt du litige (qu'elle ne résout d'ailleurs pas puisqu'elle se borne à rejeter une demande de référé suspension pour défaut d'urgence) mais à l'éclairage qu'elle apporte sur le régime juridique et contentieux des actes de cette collectivité régie par l'article 74 de la Constitution depuis 2007.

L'île de Saint-Barthélemy constituait une commune de la colonie (de 1877 à 1946) puis du département de la Guadeloupe (depuis 1946). À ce titre, son régime législatif relevait du droit commun en vertu du principe d'identité législative figurant à l'article 73 de la Constitution. Mais de même que Saint-Martin, l'autre « île du Nord », elle conservait un certain nombre de particularités héritées de son passé colonial (notamment son port franc et des exonérations fiscales).

Pour régulariser cette situation et faire droit aux vœux des habitants (référendums du 7 décembre 2003), les deux îles communes sont séparées du département et érigées en collectivités d'outre-mer régis par l'article 74 de la Constitution. La seule règle commune posée par cet article, depuis la révision constitutionnelle du 28 mars 2003, est que le statut des collectivités concernées est fixé par une loi organique.

Le statut de Saint-Barthélemy résulte ainsi de la loi organique n° 2007-223 du 21 février 2007, codifiée aux articles L.O. 6211-1 et suivants du CGCT, dans une 6° partie créée pour la circonstance.

Compte tenu de ses dimensions (24 km^2, 9 000 habitants), Saint-Barthélemy constitue une collectivité unique concentrant les compétences d'une commune, d'un département et d'une région d'outre-mer, ainsi qu'un certain nombre de compétences spécifiques.

Son régime législatif est nettement plus complexe. Le principe est que les lois et règlements (nationaux) y sont applicables de plein droit (art. L.O. 6213-1). C'est donc le principe d'identité législative qui prévaut, mais il est tempéré par des possibilités d'adaptation prévues par la Loi organique, et analogues à celles qui résultent de l'article 73 de la Constitution. Toutefois, les lois et règlements relatifs à l'entrée et au séjour des étrangers ainsi qu'au droit d'asile ne sont applicables que sur mention expresse (c'est le principe opposé de spécialité législative) et surtout la collectivité fixe elle-même les règles applicables dans un certain nombre de matières énumérées à l'article L. 6214-3 (fiscalité, urbanisme, environnement, tourisme, etc.).

Ces matières relèvent normalement du domaine de la loi. Mais le statut donne compétence pour en fixer les règles à une autorité administrative, le Conseil territorial de Saint-Barthélemy. La primauté du critère organique et formel sur le critère matériel en droit public français a conduit de longue date le juge administratif à considérer que de tels actes sont des actes administratifs soumis à son contrôle (CE Ass. 27 févr. 1970, *Saïd Ali Tourqui*, *Lebon* 138). Cette analyse a été conservée tout au long de l'évolution institutionnelle des outre-mers, à l'exception de la Nouvelle-Calédonie où le congrès dispose d'un véritable pouvoir législatif.

Tous les actes pris par les autorités de la collectivité de Saint-Barthélemy sont donc des actes administratifs relevant du juge administratif. Mais leur régime contentieux n'est pas uniforme parce que la Loi organique introduit certaines particularités.

Ses articles L.O. 6241-1 à L.O. 6242-7 sont calqués sur les articles L. 2131-1 et suivants, c'est-à-dire qu'ils organisent un contrôle de légalité du représentant de l'État conforme au droit commun.

Toutefois, l'article L.O. 6241-5 prévoit que si un litige devant le tribunal administratif concerne la répartition de compétences entre l'État et la collectivité, le tribunal transmet le dossier pour avis au Conseil d'État qui examine la question dans un délai de trois mois. Cette disposition est empruntée aux statuts de Polynésie et de Nouvelle-Calédonie. Elle vise à soustraire les problèmes de compétences à la connaissance du juge local.

La Loi organique ajoute enfin un chapitre consacré au contrôle juridictionnel spécifique des actes du Conseil territorial intervenant dans le domaine de la loi (art. L.O. 6243-1 à LO. 6243-5). Les recours contre ces délibérations, y compris les déférés préfectoraux, sont portés directement devant le Conseil d'État qui statue sur leur conformité au regard de la Constitution, des lois organiques, des engagements internationaux de la France et des principes généraux du droit. Si la question est posée par voie d'exception, elle fait l'objet d'une demande d'avis au Conseil d'État. Dans tous les cas, ce dernier se prononce dans les trois mois de sa saisine. Ici aussi, ce régime est emprunté à la Polynésie (mais sans le qualificatif de loi du pays).

Ces généralités préliminaires permettent d'en venir au cas d'espèce (pour plus de détails, voir Diemert, « La création de deux nouvelles collectivités d'outre-mer : Saint-Barthélemy et Saint-Martin », *RFDA* 2007-669 ; Natale, « Évolution statutaire de Saint-Martin et Saint-Barthélemy : la consolidation de la catégorie de collectivités d'outre-mer », *BJCL* 2007.622).

Une délibération du Conseil territorial institue une taxe sur les installations électriques et de télécommunications aériennes. L'opérateur qui en est redevable en conteste la légalité et, parallèlement, demande la suspension de son exécution.

Mais les dispositions de la Loi organique relative au contrôle du Conseil d'État sur les délibérations intervenant dans le domaine de la loi ne prévoient pas de référé suspension, sauf à la demande du représentant de l'État.

Pourtant le Conseil d'État va estimer que ces dispositions « ne font pas obstacle à l'application de l'article L. 521-1, CJA », c'est-à-dire à la recevabilité d'une demande de suspension. Il ne motive pas davantage sa décision. Il est vrai que les parties ne semblent pas avoir argumenté leurs conclusions contradictoires sur cette question (si l'on en croit l'exposé des requêtes figurant en tête de l'ordonnance).

On peut penser que dans une matière comme la procédure contentieuse administrative qui relève de la compétence de l'État et non de la collectivité, le droit commun s'applique de plein droit sauf s'il est clairement écarté par une disposition spéciale incompatible avec lui. Le principe d'identité législative suffit donc à justifier la solution. En ce sens, l'article L.O. 6243-3, al. 2, précise que la procédure contentieuse applicable au contrôle spécifique est celle du recours pour excès de pouvoir devant le Conseil d'État. Or il n'est pas contestable que le référé suspension de l'article L. 521-1 est un élément indissociable de tout recours en annulation d'une décision administrative. La recevabilité de la demande de suspension paraît donc assez facile à justifier.

Mais le juge des référés va rejeter la demande en estimant que la condition d'urgence n'est pas satisfaite. Après avoir affirmé qu'il s'agit d'une appréciation concrète, il consacre quatre considérants à analyser les conséquences que pourraient entraîner aussi bien l'exécution que la suspension sur la situation du requérant, ses intérêts et sur l'intérêt public. La lecture de l'arrêt montre le soin qu'il apporte à cette appréciation. On peut noter que, parmi les justifications, figure l'existence d'un recours au fond sur lequel il doit être statué dans les trois mois de la saisine, ce qui réduit l'intérêt d'une suspension pour urgence.

La condition d'urgence n'étant pas remplie, la demande de suspension est rejetée sans qu'il soit besoin d'examiner si la condition du doute sérieux quant à la légalité de la décision pouvait l'être. Aucun arrêt sur le fond n'étant recensé par *Légifrance* dans les trois mois, on peut penser que la Société France Télécom s'est désistée de son recours en annulation et on ignorera donc si la délibération était ou non légale.

> Considérant qu'aux termes du premier alinéa de l'article L. 521-1 du Code de justice administrative : « Quand une décision administrative, même de rejet, fait l'objet d'une requête en annulation ou en réformation, le juge des référés, saisi d'une demande en ce sens, peut ordonner la suspension de l'exécution de cette décision, ou de certains

de ses effets, lorsque l'urgence le justifie et qu'il est fait état d'un moyen propre à créer, en l'état de l'instruction, un doute sérieux quant à la légalité de la décision. » ;

Considérant qu'en application du 1° de l'article L.O. 6214-3 du Code général des collectivités territoriales, la collectivité de Saint-Barthélemy fixe les règles applicables en matière d'impôts, droits et taxes ; que par une délibération du 28 octobre 2011, le Conseil territorial de Saint-Barthélemy a créé une taxe sur les installations électriques et de télécommunications aériennes, afin d'inciter les opérateurs à procéder à l'enfouissement des lignes de transport électriques et de télécommunication ; que la société France Télécom demande au juge des référés, sur le fondement de l'article L. 521-1 du Code de justice administrative, la suspension de l'exécution de cette délibération ;

Considérant qu'en application des articles L.O. 6243-1 et L.O. 6251-2 du Code général des collectivités territoriales, les délibérations par lesquelles le Conseil territorial fixe les règles applicables à Saint-Barthélemy dans les matières énumérées à l'article L.O. 6214-3 de ce code relevant du domaine de la loi peuvent être contestées par la voie d'un recours motivé porté devant le Conseil d'État dans les deux mois qui suivent leur publication au *Journal Officiel de Saint-Barthélemy* ; que l'article L.O. 6243-4 de ce même code dispose que : « Le Conseil d'État statue sur la conformité des actes prévus à l'article L.O. 6251-2 au regard de la Constitution, des lois organiques, des engagements internationaux de la France et des principes généraux du droit./Le Conseil d'État se prononce dans les trois mois de sa saisine. [...] » ; que si le législateur organique a, comme l'article 74 de la Constitution l'y autorisait, déterminé les conditions dans lesquelles le Conseil d'État exercerait un contrôle juridictionnel spécifique sur certaines catégories d'actes de l'assemblée délibérante de la collectivité d'outre-mer de Saint-Barthélemy au titre des compétences qu'elle exerce dans le domaine de la loi, les modalités particulières du contrôle juridictionnel défini par les articles L.O. 6243-1 à L.O. 6243-5 du Code général des collectivités territoriales ne font pas obstacle à l'application de l'article L. 521-1 du Code de justice administrative ; que la collectivité de Saint-Barthélemy n'est donc pas fondée à opposer une fin de non-recevoir à la demande de suspension présentée par la société France Télécom ;

Considérant que la possibilité pour le juge des référés d'ordonner la suspension de l'exécution d'une décision administrative est subordonnée notamment à la condition qu'il y ait urgence ; qu'il lui appartient d'apprécier concrètement, compte tenu des justifications fournies par le requérant, si les effets de l'acte litigieux sont de nature à porter à un intérêt public, à la situation du requérant ou aux intérêts qu'il entend défendre une atteinte suffisamment grave et immédiate pour caractériser une urgence justifiant que, sans attendre le jugement de la requête au fond, l'exécution de la décision soit suspendue ; que s'agissant de la contestation d'une délibération créant une taxe, le juge des référés doit, pour vérifier si la condition d'urgence est satisfaite, apprécier la gravité des conséquences que pourraient entraîner, à brève échéance, l'obligation de payer sans délai l'imposition ou les mesures mises en œuvre ou susceptibles de l'être pour son recouvrement, eu égard aux capacités du contribuable à acquitter les sommes qui lui sont demandées ; que, lorsqu'il est saisi d'une demande de suspension des actes mentionnés à l'article L.O. 6251-2 du Code général des collectivités territoriales relevant du domaine de la loi, il appartient au juge des référés du Conseil d'État de tenir compte, dans son appréciation de la condition d'urgence, de l'existence d'un recours au fond sur lequel, en application de l'article L.O. 6243-4 du Code général des collectivités territoriales, le Conseil d'État se prononce dans les trois mois de sa saisine ;

Considérant que, pour demander la suspension de la délibération du Conseil territorial de Saint-Barthélemy en date du 28 octobre 2011, la société France Télécom fait valoir que l'exécution de la délibération contestée lui cause un préjudice financier important, résultant de l'obligation de payer une somme de 194 000 euros, au titre de son réseau aérien de télécommunications d'une longueur de 97 km, avant le 28 février 2012 ; qu'elle n'a pas été en mesure d'anticiper l'instauration d'une telle taxe, rendue exigible à brève échéance ; que l'exécution de la délibération contestée porterait également atteinte à l'intérêt public qui s'attache à la couverture du territoire national par le réseau de téléphonie ;

Mais considérant, d'une part, qu'il ne ressort pas des pièces versées au dossier soumis au juge des référés que l'obligation de payer sans délai la taxe litigieuse entraînerait à brève échéance, pour la société France Télécom, des conséquences graves, eu égard aux capacités financières de la société requérante ; que l'exécution de la délibération n'est ainsi susceptible d'avoir qu'un impact limité sur la situation et l'activité de la société requérante ; que par suite, l'exécution de la délibération attaquée n'est pas de nature, à la date de la présente ordonnance, à porter une atteinte suffisamment grave et immédiate aux intérêts de la société requérante pour justifier que cette exécution soit suspendue en référé dans l'attente du jugement de la requête au fond ;

Considérant, d'autre part, qu'il ne ressort pas des pièces versées au dossier que l'exécution de la délibération serait par elle-même susceptible de mettre en cause la couverture du territoire de la collectivité de Saint-Barthélemy par le réseau de téléphonie ; que l'exécution de la délibération contestée ne peut ainsi être regardée comme portant une atteinte grave et immédiate à l'intérêt public qui s'attache à la couverture du territoire national par le réseau de téléphonie justifiant que, sans attendre le jugement de la requête au fond, l'exécution de la délibération soit immédiatement suspendue ;

Considérant qu'il résulte de ce qui précède que la condition d'urgence, requise par l'article L. 521-1 du Code de justice administrative, n'est pas remplie ; qu'ainsi, sans qu'il soit besoin d'examiner si la société France Télécom fait état de moyens propres à créer, en l'état de l'instruction, un doute sérieux quant à la légalité de la décision, les conclusions de la requête tendant à la suspension de la délibération du 28 octobre 2011 du Conseil territorial de Saint-Barthélemy portant création d'une taxe sur les installations électriques et de télécommunications aériennes doivent être rejetées et, par voie de conséquence, les conclusions présentées par la société requérante sur le fondement des dispositions de l'article L. 761-1 du Code de justice administrative.

8. Droit d'outre-mer. Droit applicable en Nouvelle-Calédonie. Loi du pays (loi de validation). Question prioritaire de constitutionnalité

CE 22 avril 2012, *Établissements Bargibant SA*, req. n° 356339 ; Cons. const., 22 juin 2012, n° 2012-258 QPC, *Établissements Bargibant SA*, *RFDA* 2012.977, note Charles-Edouard Sénac

Depuis l'accord de Nouméa (5 mai 1998), la loi constitutionnelle du 20 juillet 1998 et la loi organique du 19 mars 1999 relative à la Nouvelle-Calédonie, le congrès de cette collectivité peut adopter des normes juridiques qualifiées de « lois du pays » et ayant « force de loi ». Très logiquement, la nature législative des lois du pays entraîne leur intégration dans le champ d'application de la QPC (question prioritaire de constitutionnalité) après la révision constitutionnelle du 23 juillet 2008. C'est chose faite avec la loi organique du 10 décembre 2009 relative à l'application de l'article 61-1 de la Constitution qui ajoute un alinéa à l'article 107 du statut de la Nouvelle-Calédonie. Mais l'assimilation aux lois nationales peut-elle être totale ? Les choses ne sont peut-être pas aussi simples, comme le montre la divergence d'analyse entre Conseil d'État et Conseil constitutionnel survenue lors de la première demande de QPC relative à une loi du pays.

De prime abord, l'affaire se déroule sans aspérités. En 2003, le congrès de Nouvelle-Calédonie avait donné à un établissement public local le monopole de l'importation des viandes. Saisie de recours contre le refus de délivrer des licences d'importation à des sociétés privées, la juridiction administrative déclare cette délibération illégale, comme portant une atteinte excessive à la liberté du commerce et de l'industrie. Pour faire échec à cette censure, le congrès adopte en 2011 une loi du pays portant validation des actes pris en application de la délibération de 2003. Une entreprise intéressée conteste la constitutionnalité de cette validation législative par voie de QPC. Le Conseil d'État saisi de cette demande estime que les conditions sont remplies et qu'il y a lieu de renvoyer la QPC au Conseil constitutionnel. Ce dernier admet la conformité de la loi du pays à la Constitution, conformément à sa jurisprudence classique en matière de validations.

Tout irait donc pour le mieux si la motivation des décisions prises par les deux hautes juridictions ne révélait de sérieuses divergences relatives au régime de la QPC.

Au niveau national, l'article 34 de la Constitution de 1958 donne une double définition de la loi : acte voté par le Parlement selon la procédure législative et acte intervenu dans un domaine qui lui est réservé. De même, la Loi organique du pays (acte adopté par le congrès de Nouvelle-Calédonie selon une procédure spécifique) et un critère matériel (acte intervenu dans une série de matières énumérées à l'article 99).

On sait que l'élément matériel a été effacé de la loi nationale par la jurisprudence *Blocage des prix* (décision n° 82-143 DC, *Loi sur les prix et les revenus*, du 30 juillet 1982 : *Rec. Cons. const.* 57) selon laquelle une loi n'est pas frappée d'inconstitutionnalité lorsqu'elle empiète sur le domaine réglementaire (et s'expose seulement à une procédure spécifique de déclassement).

Le Conseil constitutionnel ne s'est pas à ce jour prononcé sur la transposition de cette solution au cas des lois du pays mais la situation est différente en Nouvelle-Calédonie : pouvoir législatif et pouvoir réglementaire ne sont pas attribués à des autorités différentes, mais relèvent tous deux du Congrès (lois du pays et délibérations ordinaires). Cela suffit-il à justifier des analyses différentes ?

Pour « se prononcer sur le caractère législatif ou réglementaire des dispositions d'une loi du pays », le Conseil d'État recherche le domaine dans lequel elle est intervenue. Ce faisant, et conformément à la lettre de la Loi organique, il privilégie l'élément matériel de la définition.

Mais il rencontre une difficulté : la validation d'actes illégaux n'entre dans aucune des matières énumérées à l'article 99. Le Conseil d'État s'en sort en affirmant que « le congrès de la Nouvelle-Calédonie peut, seul, valider par une loi de pays, dans un but d'intérêt général, un acte réglementaire ou individuel dès lors que cette validation intervient dans un domaine ressortissant à l'usine des compétences » de la Nouvelle-Calédonie. Comme au niveau national, la validation se justifie par sa nécessité : seul un acte de valeur législative peut avoir un effet rétroactif que l'intérêt général rend souhaitable.

Le raisonnement du Conseil constitutionnel ne s'explique pas non plus de façon théorique, mais il n'en est pas moins clair :

> « La loi du pays contestée a été adoptée selon la procédure prévue par les articles 100 à 103 de la loi organique du 19 mars 1999 susvisée ; (...) elle n'a pas fait l'objet, depuis lors d'une décision du Conseil d'État constatant qu'elle serait intervenue en dehors des matières énumérées par l'article 99 ; (...) par suite, elle constitue une disposition pouvant faire l'objet d'une question prioritaire de constitutionnalité (...) »

Le Conseil privilégie le critère organique et formel. Il ne s'interroge pas sur le domaine dans lequel est intervenue la loi de validation, ce qui signifie que cette considération est indifférente : comme au plan national, la loi du pays qui sort de son domaine assigné n'est pas inconstitutionnelle de ce seul fait, mais elle peut être déclassée selon une procédure qui fait intervenir le Conseil d'État.

Cette procédure de déclassement est l'occasion d'une autre divergence entre Conseil d'État et Conseil constitutionnel. Le Conseil d'État estime que cette procédure lui permet non seulement de constater, le cas échéant, qu'une disposition d'une loi du pays est intervenue hors de son domaine, mais plus largement de se prononcer sur son caractère législatif ou réglementaire dans le cadre de la QPC. Cette position s'inscrit logiquement dans l'adoption de critère matériel de la loi du pays. Mais c'est donner au Conseil d'État un rôle exclusif dans l'admission d'une demande de QPC !

Le Conseil constitutionnel réfute évidemment cette analyse. Pour lui « la procédure relative à l'examen d'une QPC portant sur une loi du pays de la Nouvelle-Calédonie exclut l'application des dispositions des 3° et 4° alinéas de l'article 107 » (instituant la procédure de déclassement). Cette position est logique si l'on privilégie le critère organique et formel. Elle signifie qu'une loi du pays intervenue hors de son domaine conserve sa valeur législative tant qu'elle n'est pas déclassée. Elle consacre le caractère prioritaire de la procédure de QPC sur la procédure de déclassement. Plus largement, elle implique que le pouvoir d'apprécier la qualité de « disposition législative » d'une loi du pays n'est pas réservé au Conseil d'État, mais appartient à toutes les juridictions intervenant à tous les stades de la procédure.

En conclusion, le conflit est feutré, mais réel autour de textes relativement ambigus. Quelle en sera l'issue ? La position du Conseil constitutionnel devrait logiquement prévaloir, mais il n'a aucun moyen d'en imposer le respect au Conseil d'État. Au-delà de ce contrat, l'épisode montre la difficulté d'élaborer un nouvel ordre juridique répondant à de nouvelles exigences politiques.

> Considérant qu'aux termes du deuxième alinéa de l'article 107 de la loi organique du 19 mars 1999 relative à la Nouvelle-Calédonie : « Les dispositions d'une loi du pays peuvent faire l'objet d'une question prioritaire de constitutionnalité, qui obéit aux règles définies par les articles 23-1 à 23-12 de l'ordonnance n° 58-1067 du 7 novembre 1958 portant loi organique sur le Conseil constitutionnel. » ;
>
> Considérant qu'il résulte des dispositions de l'article 23-4 de l'ordonnance du 7 novembre 1958 portant loi organique sur le Conseil constitutionnel que, lorsqu'une juridiction relevant du Conseil d'État a transmis à ce dernier, en application de l'article 23-2 de cette même ordonnance, la question de la conformité à la Constitution d'une disposition législative, le Conseil constitutionnel est saisi de cette question de constitutionnalité à la triple condition que la disposition contestée soit applicable au litige ou à la procédure, qu'elle n'ait pas déjà été déclarée conforme à la Constitution dans les motifs et le dispositif d'une décision du Conseil constitutionnel, sauf changement des circonstances, et que la question soit nouvelle ou présente un caractère sérieux ;
>
> Considérant que les articles 1er et 2 de la délibération n° 116/CP du 26 mai 2003 ont confié à l'office de commercialisation et d'entreposage frigorifique l'exclusivité de l'importation en Nouvelle-Calédonie des viandes et abats des espèces bovines, porcines, ovines, caprines, chevalines et des cervidés ;
>
> Considérant qu'aux termes de l'article unique de la loi du pays n° 2011-6 du 17 octobre 2011 : « Sous réserve des décisions de justice passées en force de chose jugée, les actes réglementaires et individuels pris en application des articles 1er et 2 de la délibération n° 116/CP du 26 mai 2003 relative à la régulation des importations de viandes et abats en Nouvelle-Calédonie sont validés en tant que leur légalité serait contestée par le moyen tiré de ce que l'exclusivité que ces dispositions confèrent à l'office de commercialisation et d'entreposage frigorifique pour importer des viandes et abats des espèces bovines, porcines, ovines, caprines, chevalines et cervidés porterait au principe de liberté du commerce et de l'industrie une atteinte excessive qui ne serait pas justifiée par un motif d'intérêt général suffisant. » ;
>
> Considérant que, pour demander au Conseil d'État de renvoyer au Conseil constitutionnel la question de la conformité aux droits et libertés garantis par la Constitution de la loi du pays n° 2011-6 du 17 octobre 2011, les Établissements Bargibant SA soutiennent que ses dispositions méconnaissent les principes de la

séparation des pouvoirs et du droit à un recours juridictionnel garantis par l'article 16 de la Déclaration des droits de l'homme et du citoyen de 1789 ;

Considérant, en premier lieu, qu'il résulte des dispositions de l'article 107 de la loi organique du 19 mars 1999 qu'il appartient au Conseil d'État de se prononcer sur le caractère législatif ou réglementaire des dispositions d'une loi du pays de Nouvelle-Calédonie ;

Considérant qu'il résulte des articles 22 et 99 de la loi organique du 19 mars 1999 qu'afin de respecter l'équilibre des compétences transférées de façon définitive à la Nouvelle-Calédonie en application de l'article 77 de la Constitution, le congrès de la Nouvelle-Calédonie peut, seul, valider par une loi du pays, dans un but d'intérêt général, un acte réglementaire ou individuel dès lors que cette validation intervient dans un domaine ressortissant à l'une de ces compétences définitivement transférées et énumérées à l'article 22 de la loi organique, même si les dispositions ainsi validées ne relèvent pas des matières mentionnées à l'article 99 de la loi organique ;

Considérant que les actes administratifs validés par la loi du pays contestée ressortissent à des matières réservées à la Nouvelle-Calédonie par l'article 22 de la loi organique du 19 mars 1999 ; qu'il résulte de ce qui précède que la loi du pays contestée est intervenue avec force législative pour valider ces actes ; que, par suite, elle est au nombre des dispositions visées par le deuxième alinéa de l'article 107 de la loi organique ; qu'elle est en conséquence susceptible de faire l'objet d'une question prioritaire de constitutionnalité ;

Considérant, en second lieu, que la loi du pays n° 2011-6 du 17 octobre 2011 est applicable au litige dont est saisi le tribunal administratif de Nouvelle-Calédonie ; que cette disposition n'a pas déjà été déclarée conforme à la Constitution par le Conseil constitutionnel ; que le moyen tiré de ce qu'elle porte atteinte aux droits et libertés garantis par la Constitution soulève une question présentant un caractère sérieux ; qu'ainsi, il y a lieu de renvoyer au Conseil constitutionnel la question prioritaire de constitutionnalité invoquée.

9. Droit d'outre-mer. Polynésie française. Compétence juridictionnelle et droit applicable à la relation de travail établie entre la collectivité et un agent en fonction auprès de l'Union européenne

T. confl. 5 mars 2012, *Mlle Sylvie A c/Polynésie française*, req. n° C3807 ; *Leb. T*

Mlle A a été recrutée en 2003 sur un contrat à durée déterminée comme responsable de l'antenne de Bruxelles de la délégation de Polynésie française à Paris. Deux ans plus tard, son contrat n'est pas renouvelé et elle demande réparation du préjudice qu'elle estime avoir subi. Après la déclaration d'incompétence de la cour d'appel de Papeete, le tribunal administratif de Polynésie décide de renvoyer au Tribunal des conflits le soin de décider sur la question de compétence.

À la recherche du juge compétent pour connaître de ce litige, le Tribunal des conflits se livre à un curieux jeu de ping-pong entre les normes susceptibles d'être applicables.

Il pose d'abord que les personnels non statutaires travaillant pour le compte d'une personne publique gérant un service public administratif sont soumis à un régime de droit public, quel que soit leur emploi. C'est une réaffirmation de la célèbre jurisprudence *Berkani* (T. confl. 25 mars 1996, *Berkani* ; *Leb.* 555, concl. Martin). Mais la solution ne vaut qu'à défaut de dispositions législatives contraires.

Le tribunal s'interroge ensuite sur l'applicabilité de la loi du 17 juillet 1986 qui est la source du droit du travail de Polynésie. En effet, ce territoire relève d'un régime de spécificité législative et d'autonomie normative. La loi de 1986 a pour trait original de soumettre la situation des agents non titulaires des personnes publiques au droit du travail et à la compétence judiciaire. Mais, selon ses propres termes, son champ d'application est le territoire de Polynésie. Elle ne peut donc s'appliquer à un agent qui exerce son activité hors de ce territoire.

L'échange suivant se déroule entre le droit international privé qui donnait compétence au juge judiciaire pour des contrats qui ne sont pas régis par la loi française et le droit public appliqué par le juge administratif dans le cadre de la loi française.

Cette hypothèse est la bonne : le contrat de Mlle A est soumis au statut du personnel de la délégation de Polynésie française à Paris, fixé par délibération de l'assemblée polynésienne. Il établit donc une relation de travail qui est régie par la loi française (sous-entendu : métropolitaine). Il en résulte la compétence du juge administratif en vertu de la jurisprudence *Berkani* et la boucle est bouclée !

Au bout de sept ans, Mlle A sait enfin quel est son juge. Elle était sans doute dans une situation inédite, à la tête de la représentation d'une collectivité d'outre-mer dotée de l'autonomie auprès de l'Union européenne. Mais ce genre de situation a des chances de se multiplier à l'avenir.

> Considérant que, sauf dispositions législatives contraires, les personnels non statutaires travaillant pour le compte d'une personne publique gérant un service public administratif sont soumis à un régime de droit public, quel que soit leur emploi ;
>
> Considérant qu'aux termes de l'article 1er de la loi du 17 juillet 1986 relative aux principes généraux du droit du travail et à l'organisation et au fonctionnement de l'inspection du travail et des tribunaux du travail en Polynésie française : « La présente loi est applicable dans le territoire de la Polynésie française... elle s'applique à tous les salariés exerçant leur activité dans le territoire... » ; que Mlle A a été recrutée par la Polynésie française pour remplir les fonctions, hors du territoire, de représentante de la Polynésie française à Bruxelles auprès de l'Union européenne ; qu'elle ne peut être regardée comme exerçant son activité sur le territoire de la Polynésie française ; qu'ainsi cette loi ne lui est pas applicable ;

Considérant que le juge administratif, juge d'attribution en matière de contrat international de travail, n'est pas compétent pour connaître des litiges nés de l'exécution et de la rupture de contrats qui ne sont pas régis par la loi française et dont la connaissance appartient au seul juge judiciaire en vertu des règles de conflits de lois et de compétence juridictionnelle ; qu'en revanche, il est compétent pour connaître de tels litiges afférents à des relations de droit public régies par la loi française ;

Considérant qu'en l'espèce, Mlle A, personnel non statutaire, a été recrutée sur un contrat « à durée déterminée » par un arrêté du président du gouvernement de la Polynésie française en date du 29 avril 2003 pour le service public administratif de représentation de la Polynésie française ; que la commune intention de l'administration et de Mlle A a été de soumettre cette embauche à la délibération de l'assemblée de Polynésie française n° 98-122 APF du 6 août 1998 « relative au statut du personnel de la délégation de Polynésie française à Paris » ; que la relation de travail que les parties ont entendu faire régir par cette délibération est ainsi soumise à la loi française ; qu'il s'ensuit, qu'à défaut de dispositions législatives ou réglementaires contraires, le litige qui oppose Mlle A à la Polynésie française au sujet du non-renouvellement de son recrutement relève de la compétence de la juridiction administrative.

10. Droit d'outre-mer. Droit applicable à Mayotte. Principe d'identité législative et applicabilité des lois antérieures à son entrée en vigueur

CE 5 juillet 2012, *Mme Bahire*, req. n° 358266 ; *Rec. T. ; BJCL* 2012.683

À soixante-cinq ans d'intervalle, la départementalisation de Mayotte pose les mêmes problèmes d'applicabilité du droit commun, postulée par l'entrée en vigueur du régime d'identité législative, que pour les quatre « vieilles colonies » de Guyane, Guadeloupe, La Réunion et Martinique, départementalisées par la loi du 19 mars 1946 et la Constitution du 27 octobre 1946. Elle appelle normalement les mêmes solutions. Mais l'échelonnement du processus sur plusieurs années complique quelque peu la donne.

La requérante, de nationalité rwandaise, est admise à Mayotte en qualité de demandeur d'asile. Elle demande à bénéficier d'un centre d'hébergement d'urgence et d'une allocation temporaire d'attente. Elle saisit le juge des référés pour qu'il enjoigne au préfet de lui donner satisfaction. Sa demande est rejetée au motif que les articles L. 348-1 et suivants du Code de l'action sociale et des familles relatifs à l'accueil des demandeurs d'asile ne sont pas applicables à Mayotte. Son pourvoi devant le Conseil d'État est enfin rejeté, le juge des référés n'ayant commis aucune des erreurs de droit qui lui étaient reprochées.

Longtemps après s'être séparée du reste des Comores pour rester au sein de la République française (1974-1976), Mayotte a gardé un statut marqué du sceau du provisoire et de l'ambiguïté. Successivement collectivité innommée à statut spécifique (loi du 24 décembre 1976), puis « collectivité départementale » et non véritable département (loi du 11 juillet 2001), elle est restée soumise au principe de spécialité législative, hérité du territoire d'outre-mer dont elle faisait auparavant partie. Pour des raisons tenant au contexte international et à la situation économique et sociale de l'île, les pouvoirs publics hésiteraient à donner suite à la revendication de pleine et entière départementalisation que la population mahoraise exprimait avec constance.

Le processus de départementalisation s'est enfin engagé avec la loi organique du 21 février 2007. Il est arrivé à son terme le 31 mars 2011 avec l'entrée en vigueur de la loi organique n° 2010-1486 du 7 décembre 2010. Les faits de l'espèce se situent pendant cette période intermédiaire. Il faut donc envisager deux états du droit successifs.

Dans un premier temps, le principe d'identité législative est écarté dans six matières, dont la protection et l'action sociale ainsi que l'entrée et le séjour des étrangers et le droit d'asile, qui restent régis par le principe de spécialité législative. Dans ces matières, les lois et règlements nationaux ne s'appliquent donc que sur mention expresse, à défaut de quoi le droit spécial à cette collectivité reste en vigueur.

Depuis le 31 mars 2011, en vertu de l'article L.O. 3511-1, le régime d'identité législative prévu à l'article 73 de la Constitution est généralisé. Il ne s'ensuit pas que les dispositions invoquées par la requérante, qui ont été édictées avant cette date, deviennent applicables de plein droit. C'est ce qui résulte d'un avis du Conseil d'État du 29 mai 2012 qui reprend en substance les solutions adoptées par un avis du 29 avril 1947.

Le principe d'identité législative n'a pas d'effet rétroactif. En conséquence, seules les dispositions législatives et règlementaires postérieures à son adoption sont normalement applicables de plein droit. Et encore faut-il observer que l'article 73 permet qu'elles fassent l'objet de mesures d'adaptation tenant aux caractéristiques et contraintes propres aux territoires concernés. Cela ne suffit pas à épuiser la question, mais ce n'est pas l'objet du litige.

En effet, l'article L. 348-1 du Code de l'action sociale et des familles est antérieur au 31 mars 2011. Il est donc inapplicable à Mayotte sauf s'il fait l'objet d'une mesure spéciale d'extension, ce qui n'est pas le cas.

Il importe peu qu'il n'ait pas d'équivalent dans le droit spécial en vigueur à Mayotte. Cela signifie simplement qu'il n'y a pas de dispositif d'aide sociale aux demandeurs d'asile à Mayotte, parce que le législateur n'a pas voulu en créer un.

Par ailleurs, le droit de l'Union européenne, et particulièrement la directive du 27 janvier 2003 relative aux normes minimales pour l'accueil des demandeurs d'asile dans les États membres, n'est pas applicable à Mayotte. En effet, cette dernière relève de la catégorie des PTOM (pays et territoires d'outre-mer) soumis à un régime d'association à l'Union et non partie intégrante de cette dernière.

La rigueur du raisonnement suivi par le juge ne devrait pas faire oublier que cette situation de « vide juridique » (selon l'expression du rapporteur public) n'aide guère Mayotte à accueillir décemment le flot de réfugiés économiques et de demandeurs d'asile qui la submerge peu à peu.

> Considérant que le département de Mayotte relève, depuis le 31 mars 2011, en application de l'article L.O. 3511-1 du Code général des collectivités territoriales, du

régime de l'identité législative prévu à l'article 73 de la Constitution ; que l'instauration d'un tel régime n'a pas pour effet de rendre applicable au département de Mayotte l'ensemble du droit applicable en métropole en lieu et place de la législation spéciale en vigueur dans cette collectivité, mais permet l'applicabilité de plein droit, au département de Mayotte, des lois et règlements édictés à compter de cette date, sous réserve des adaptations éventuelles tenant aux caractéristiques et contraintes particulières de cette collectivité ; qu'ainsi, le régime de l'identité législative n'a pas eu pour effet de rendre applicable à Mayotte l'article L. 348-1 du Code de l'action sociale et des familles, qui a été édicté avant le 31 mars 2011 et n'a pas d'équivalent dans les dispositions particulières du Code de l'action sociale et familiale applicables à Mayotte ; que cet article n'a pas non plus été rendu applicable à ce département par d'autres dispositions, notamment par une ordonnance prise en application de l'article 30 de la loi du 7 décembre 2010 relative au département de Mayotte ; qu'ainsi, le juge des référés du tribunal administratif de Mayotte n'a pas commis d'erreur de droit en jugeant que l'article L. 348-1 du Code de l'action sociale et des familles, même s'il avait été pris pour mettre en œuvre le droit d'asile, n'était pas applicable à Mayotte ;

Considérant, en second lieu, que la directive 2003/9/CE, du 27 janvier 2003 relative à l'édiction de normes minimales pour l'accueil des demandeurs d'asile n'est, en l'absence d'une disposition expresse, pas applicable à la catégorie des pays et territoire d'outre-mer au sens du droit de l'Union européenne à laquelle appartient le département de Mayotte ; que la requérante ne saurait donc utilement soutenir que le juge des référés a commis une erreur de droit en ne faisant pas application des dispositions de cette directive.

11. Droit d'outre-mer. Répartition des compétences entre la Nouvelle-Calédonie et les provinces en matière d'urbanisme. Notion de « principes directeurs »

CE avis 27 juillet 2012, *M. Philippe Michel*, req. n° 357824 : *Rec. T., BJCL* 2012.688, conclusions E. Créfey, obs. B. Poujade

L'article 205 de la loi organique du 19 mars 1999 relative à la Nouvelle-Calédonie organise une procédure de question préjudicielle selon laquelle le tribunal administratif, saisi dans un contentieux de la légalité d'un moyen sérieux relatif à la répartition des compétences entre l'État, la Nouvelle-Calédonie, les provinces et les communes d'État. L'objectif est de réserver au juge suprême le traitement des questions politiquement sensibles.

C'est la première fois que le Conseil d'État est amené à se prononcer sur les compétences respectives des collectivités implantées sur le Caillou. Le statut de 1999 donne une compétence de principe aux trois provinces (Nord, Sud, Îles Loyauté) et une compétence d'attribution aux autorités de Nouvelle-Calédonie, l'État ne conservant que des compétences résiduelles. Quant aux communes, elles tiennent leurs compétences d'une loi ordinaire, devenue Code des communes de Nouvelle-Calédonie.

L'esprit général du statut est que le congrès de Nouvelle-Calédonie exerce son pouvoir normatif (par des lois du pays ou des délibérations règlementaires) dans la liste des matières qui lui sont réservées pour préserver l'unité normative du territoire tout entier. Par contre les provinces, en vertu de leur compétence générale, peuvent être chargées de l'exécution et de la gestion des services dans certaines de ces matières.

C'est le cas dans la présente espèce. La province Sud affronte le problème de l'habitat désordonné et insalubre qui se développe dans l'agglomération de Nouméa. Pour y répondre, son assemblée adopte une délibération instituant des « zones de restructuration de l'habitat spontané » (ZRHS). Un membre de l'assemblée, hostile à cette politique, en conteste la légalité. Selon lui, la province a empiété sur les compétences de la Nouvelle-Calédonie chargée de fixer les « principes directeurs du droit de l'urbanisme » (21° matière de la liste figurant à l'article 22 du statut). Il est à noter que le gouvernement de la Nouvelle-Calédonie ne revendique rien en l'affaire.

Il n'est pas douteux que les 2 RHS constituent une opération d'aménagement relevant du droit de l'urbanisme. Mais la détermination de leur régime touche-t-elle aux principes directeurs de ce droit ?

Le Conseil d'État affirme à juste titre que les « principes directeurs du droit de l'urbanisme » constituent une notion autonome, propre au statut calédonien et distinct des notions voisines. Mais il ne dispose d'aucune indication, ni dans le statut, ni dans les travaux préparatoires, pour en fixer le contenu. Il se prononce donc de façon prétorienne, véritablement créatrice de droit.

Il peut néanmoins s'appuyer sur un avis déjà émis par la section des travaux publics à la demande du tribunal administratif de Nouméa, dans le cadre d'une autre procédure (CE avis sect. travaux publics 18 mai 2012, req. n° 383819 : Rapport pub. 2011.383). Il va donc, très naturellement, confirmer au contentieux, l'analyse de la section administrative.

Pour le Conseil d'État, les principes directeurs qu'il identifie et énumère couvrent l'essentiel des règles générales d'urbanisme, indépendamment des collectivités qui peuvent être chargées de les mettre en œuvre. Le pouvoir normatif des provinces, *a contrario*, se limiterait à la fixation des modalités d'application. Mais le Conseil d'État n'indique pas ce qu'il resterait de leur compétence de principe.

Le juge fait une lecture centralisatrice de la répartition des compétences, dont l'effet concret sera de paralyser une politique de la province Sud, seule concernée par le problème de l'habitat spontané. Mais même une lecture minimaliste des principes directeurs n'aurait sans doute pas permis de « sauver » les ZRHS.

Aux termes de l'article 20 de la loi organique du 19 mars 1999 relative à la Nouvelle-Calédonie : « Chaque province est compétente dans toutes les matières qui ne sont pas dévolues à l'État ou à la Nouvelle-Calédonie par la présente loi, ou aux communes par la législation applicable en Nouvelle-Calédonie. » Aux termes de l'article 22 de la même loi : « La Nouvelle-Calédonie est compétente dans les matières suivantes : [...]/21° Principes directeurs du droit de l'urbanisme ; [...] ». Ces principes directeurs doivent s'entendre non comme correspondant aux principes fondamentaux dont la détermination est réservée au législateur par l'article 34 de la Constitution, ni aux normes adoptées en métropole par le législateur, mais comme les principes relatifs à l'urbanisme et concernant, sur le fond et quant à la procédure, l'encadrement des atteintes au droit de propriété, la détermination des compétences et la garantie de la cohésion territoriale. Constituent donc des principes directeurs du droit de l'urbanisme, au sens de ces dispositions, les règles générales relatives à l'utilisation du sol, aux documents d'urbanisme, aux procédures d'aménagement et au droit de préemption, ainsi que celles relatives à la détermination des autorités compétentes pour élaborer et approuver les documents d'urbanisme, conduire les procédures d'aménagement, délivrer les autorisations d'urbanisme et exercer le droit de préemption. Font également partie de ces principes directeurs les règles générales régissant l'exercice de ces compétences. En ce qui concerne plus précisément les procédures d'aménagement, relèvent des principes directeurs la fixation des finalités des actions ou opérations d'aménagement, la définition de leur champ d'application, la détermination des autorités compétentes pour les mettre en œuvre, des procédures et modalités auxquelles cette mise en œuvre est soumise ainsi que des pouvoirs qui peuvent y être exercés.

L'institution, par la délibération litigieuse, d'une nouvelle procédure d'aménagement telle que les « zones de restructuration de l'habitat spontané », la détermination de son contenu, de ses effets, notamment sur les zonages résultant des documents locaux d'urbanisme en vigueur, et des collectivités qui peuvent la mettre en œuvre ainsi que des modalités de cette mise en œuvre, relèvent des principes directeurs du droit de l'urbanisme, alors même que son application ne porterait pas nécessairement atteinte au droit de propriété et qu'elle tendrait à la réalisation d'opérations temporaires. Par conséquent, la province Sud n'était pas compétente pour instituer une telle procédure d'aménagement, alors même qu'elle est compétente en matière de logement social, dès lors que la nature sociale des objectifs que cette procédure est susceptible de poursuivre est sans incidence sur le fait que sa création relève des principes directeurs du droit de l'urbanisme. Enfin, la circonstance alléguée que de telles zones ne seraient susceptibles d'être instituées que dans la province Sud, compte tenu de ce que l'habitat spontané ne s'est développé que sur son territoire, est sans incidence sur les règles de répartition des compétences.

L'incompétence de la province pour instituer une procédure d'aménagement du territoire rend sans objet la question de savoir si, ce faisant, la province a porté atteinte aux compétences des communes.

V. Contentieux

Jean-Claude Douence

12. Contrôle de légalité. Déféré préfectoral à l'encontre d'un contrat administratif. Demande de suspension. Contentieux de pleine juridiction. Office du juge des référés

CE 9 mai 2012, *Syndicat départemental des ordures ménagères de l'Aude*, req. n° 355665 : *Lebon*. *AJDA* 2012.1688, note Martin ; *BJCL* 2012.511, concl. Dacosta ; *RFDA* 2012.683, note Delvolvé

Avec cette décision, le Conseil d'État parachève l'évolution qu'il avait engagée quelques mois auparavant en matière de déféré préfectoral formé contre un contrat administratif. Dans un premier arrêt, il avait qualifié le déféré préfectoral de recours de pleine juridiction (CE 21 déc. 2011, *Min. de l'Intérieur, de l'Outre-mer, des Collectivités territoriales et de l'Immigration*, req. n° 348647 et 348648 : *Lebon* ; *AJDA* 2012.5 et 1064, note Quyollet ; *BJCL* 2012.94, concl. Dacosta, note Martin ; *DGCT* 2012, n° 14, obs. Douence ; *RFDA* 2012.683, note Delvolvé ; *Dr. Adm.* 2012 n° 27, note Claeys ; *RJEP* mai 2012, p. 25, note Brenet). Cette fois-ci, il tire les conséquences de cette qualification sur la demande de suspension dont le préfet peut assortir son déféré.

Les faits sont simples mais, pour bien comprendre l'arrêt, leur chronologie doit être rappelée. Une délibération du conseil du syndicat requérant, en date du 12 avril 2011, approuve un contrat de délégation de service public déjà approuvé et un projet d'avenant conclu le 13 avril 2011. La délibération est transmise au contrôle de légalité le 18 avril, l'avenant l'est pour sa part le 13 mai. Le préfet forme un recours gracieux tendant au retrait de la libération, le 29 juin 2011, et, faute d'avoir obtenu satisfaction (voir *infra*), forme le 5 octobre 2011 un déféré assorti d'une demande de suspension contre l'ensemble de ces actes.

Le Conseil d'État intervient comme juge de cassation de l'ordonnance du juge des référés de la cour de Marseille prononçant la suspension de l'avenant au contrat de délégation.

La chronologie explique tout d'abord que le préfet n'ait pu se prévaloir des dispositions de l'article L. 2131-6, 4° al., selon lesquelles une demande de suspension formée dans les dix jours de la réception d'un acte en matière notamment de délégation entraîne automatiquement la suspension de cet acte jusqu'à la décision du juge des référés. Ce délai de dix jours est trop bref pour être compatible avec une discussion entre le préfet et la collectivité, qui peut au contraire se développer dans le cadre d'un recours gracieux.

Le préfet a donc voulu négocier. Il n'obtient qu'un courrier des avocats du syndicat exprimant un refus de retirer l'avenant. Ce courrier doit-il être considéré comme une décision expresse de rejet du recours gracieux, décision qui fait courir le délai de recours contentieux ? C'est ce que pense le juge des référés du tribunal de Montpellier qui, pour cette raison, se fonde sur la tardiveté du déféré pour rejeter la demande de suspension.

Mais le Conseil d'État censure cette analyse par un considérant de principe qui est un apport de l'arrêt. Il rappelle que les avocats ont qualité pour représenter leurs clients devant les administrations publiques sans avoir à justifier d'un mandat. Ces dispositions légales valent aussi bien pour la représentation des personnes publiques. Mais une correspondance d'avocat ne peut valoir décision administrative.

En d'autres termes, puisque dans la théorie du recours gracieux, le délai de recours contentieux est prorogé jusqu'à l'intervention d'une décision implicite ou explicite de rejet du recours gracieux, une décision prise par le syndicat lui-même aurait dû être jointe à la correspondance d'avocats. Faute de décision, le délai a continué à courir jusqu'à la décision implicite résultant du silence de l'administration. Formé le 5 octobre, à l'intérieur du délai de deux mois suivant la décision implicite née le 29 août, le déféré préfectoral n'était pas tardif non plus que la demande de suspension qui l'accompagnait sur le fondement de l'article L. 2131-6, 3° alinéa.

Cette précision apportée, il est temps d'en venir au point essentiel de l'arrêt : quelle est la nature du référé-suspension et quelles sont les conditions d'octroi d'une suspension, dans le cadre d'un déféré préfectoral contre un contrat ? Le raisonnement du Conseil d'État est parfaitement rigoureux.

Le déféré contre un contrat administratif (le Conseil d'État ne cite que les contrats soumis à l'obligation de transmission, mais on sait déjà que la solution vaut pour tous les contrats administratifs) est un recours de pleine juridiction. Par conséquent, la demande de suspension qui l'accompagne relève, elle aussi, « eu égard à son objet », du contentieux de pleine juridiction.

Le juge du recours principal dispose d'un large pouvoir d'appréciation pour tirer les conséquences d'un vice entachant la validité du contrat et le Conseil d'État reprend presque textuellement la liste des éléments que le juge du fond doit prendre en considération pour prononcer la sanction adéquate. Par conséquent, il appartient au juge des référés de prendre en considération les mêmes éléments pour se prononcer sur la demande de suspension.

Plus simplement, le juge des référés se prononce au regard de la sanction que pourrait prononcer le juge du fond. Il ne décide de suspendre l'exécution du contrat que si l'appréciation du juge du fond peut conduire à une résiliation ou une annulation du contrat.

La solution s'inscrit parfaitement dans la logique de l'évolution qu'emporte le contentieux des contrats depuis l'arrêt *Tropic* du 16 juillet 2007 (req. n° 291545). Comme l'indique le Conseil d'État dans son rapport, (« Le contrat mode d'action publique et de production de normes, *EDCE* 2008.270 »), l'esprit de cette jurisprudence est de favoriser la réfection et la poursuite du contrat. La suspension de l'exécution d'un contrat ne doit pas être plus fréquente que son annulation ou sa résiliation. Et le meilleur moyen d'y parvenir est d'unifier les conditions de la suspension sur celles de l'annulation.

Le Conseil d'État fait ainsi bon marché de la lettre même du texte qu'il invoque : faut-il rappeler que, selon l'article L. 2131-6, 3° al., il est fait droit à la demande de suspension formée par le préfet si l'un des moyens invoqués paraît, en l'état de l'instruction, propre à créer un doute sérieux quant à la légalité de l'acte attaqué ? La suspension n'est plus de droit si elle dépend d'une appréciation (complexe) de la nature de l'illégalité commise. Mais était-il possible d'éviter cette conséquence de la requalification du déféré ?

Compte tenu de cette observation, les moyens invoqués par le préfet étaient-ils propres à créer un doute sérieux sur la validité de l'avenant contesté ? Le principal de ces moyens (le seul commenté ici) tenant à l'absence de transmission de la délibération d'approbation avant la conclusion de l'avenant. Renversant sa jurisprudence antérieure, le Conseil d'État a déjà jugé que ce vice n'entraîne pas nécessairement l'illégalité du contrat et son annulation.

Mais la loyauté des relations contractuelles qui interdit aux parties de se prévaloir d'une irrégularité dont elles ont profité, comme dans l'arrêt *Commune de Béziers* du 28 décembre 2009 n'est pas de mise ici. Le déféré préfectoral relève d'un contentieux objectif de la légalité, et le vice invoqué affecte bien l'exercice du contrôle de légalité.

Toutefois, le Conseil d'État écarte le moyen « si les conditions de la transmission n'ont pas privé le préfet de sa capacité à exercer le contrôle de légalité et dès lors que cette délibération a été prise avant la signature du contrat ». Ces deux hypothèses devraient être rares. L'absence de transmission empêche de toute façon le délai de recours de courir. D'autre part, la transmission de la délibération avant celle de l'avenant permet au préfet de s'assurer de l'existence d'une délibération préalable.

On observe enfin que le préfet avait déféré tant la délibération préalable que l'avenant au contrat et demandé la suspension des deux. Or le Conseil d'État ne se prononce que sur l'avenant. Est-ce à dire qu'en ne se prononçant pas sur la délibération, il considère que le préfet ne peut plus attaquer les actes préalables détachables du contrat sur des moyens tirés de l'irrégularité du contrat lui-même dès lors qu'il peut attaquer le contrat ? Ce serait dans la logique de la jurisprudence *Tropic* qui écarte le recours du concurrent évincé contre un acte détachable. Mais ce serait s'écarter encore un peu plus du régime légal du déféré qui prévoit expressément que toutes les délibérations sont susceptibles d'être déférées. L'évolution du contentieux contractuel devra donc s'accompagner d'une révision de la théorie des actes détachables.

Considérant qu'il ressort des pièces du dossier soumis au juge des référés que le préfet de l'Aude a déféré au tribunal administratif de Montpellier, d'une part, la délibération du 12 avril 2011 du conseil syndical du Syndicat départemental des ordures ménagères de l'Aude, réitérant l'approbation du contrat de délégation de service public portant sur la conception, la réalisation, le financement et l'exploitation du centre de traitement des déchets du site de Lassac, conclu le 31 juillet 2009, et approuvant le projet d'avenant n° 2 à cette convention, et, d'autre part, le contrat initial de délégation du 31 juillet 2009 ainsi que l'avenant n° 2 conclu le 13 avril 2011 ; que le préfet a assorti ce déféré d'une demande de suspension de l'application de ces trois actes sur le fondement de l'article L. 554-1 du Code de justice administrative ; que, par une ordonnance du 24 octobre 2011, le juge des référés du tribunal administratif de Montpellier a rejeté la demande du préfet de l'Aude ; que, par l'ordonnance attaquée, le juge des référés de la cour administrative d'appel de Marseille a annulé l'ordonnance du juge des référés du tribunal administratif de Montpellier en tant seulement qu'elle a rejeté la demande de suspension de l'application de l'avenant n° 2 et prononcé cette suspension ;

Considérant que le préfet peut, sur le fondement des dispositions des articles L. 2131-2 et L. 2131-6 du Code général des collectivités territoriales, rendues applicables aux établissements publics de coopération intercommunale par l'article L. 5211-3 de ce code, saisir le juge administratif d'un déféré tendant à l'annulation d'un marché public passé avec formalités préalables ou de conventions portant concession ou affermage de services publics locaux ; qu'il peut assortir ce recours d'une demande de suspension sur le fondement des dispositions du troisième alinéa de cet article L. 2131-6, auquel renvoie l'article L. 554-1 du Code de justice administrative ; qu'eu égard à son objet, un tel recours formé à l'encontre d'un contrat relève du contentieux de pleine juridiction ;

Considérant qu'il appartient au juge, lorsqu'il constate l'existence de vices entachant la validité du contrat, d'en apprécier les conséquences, après avoir pris en considération la nature de l'illégalité commise, soit en décidant que la poursuite de l'exécution du contrat est possible, éventuellement sous réserve de mesures de régularisation prises par la personne publique ou convenues par les parties, soit en prononçant, le cas échéant avec un effet différé, après avoir vérifié que sa décision ne portera pas une atteinte excessive à l'intérêt général, la résiliation du contrat ou son annulation ; qu'il lui appartient également de prendre en considération la nature de l'illégalité commise pour se prononcer sur les conclusions à fin de suspension de l'exécution du contrat sur le fondement de l'article L. 2131-6 du Code général des collectivités territoriales ; que s'agissant ainsi du vice tenant à la signature d'un contrat par le représentant de la personne publique avant la transmission au représentant de l'État chargé du contrôle de légalité de la délibération l'autorisant, ce vice n'entraîne pas nécessairement l'illégalité du contrat si les conditions de la transmission n'ont pas privé le préfet de sa capacité à exercer le contrôle de légalité et dès lors que cette délibération a été prise avant la signature du contrat ;

Considérant qu'il résulte des dispositions des articles 4 et 6 de la loi du 31 décembre 1971 portant réforme de certaines professions judiciaires et juridiques que, sous réserve des dispositions législatives et réglementaires excluant l'application d'un tel principe dans les cas particuliers qu'elles déterminent, les avocats ont qualité pour représenter leurs clients devant les administrations publiques sans avoir à justifier du mandat qu'ils sont réputés avoir reçu de ces derniers dès lors qu'ils déclarent agir pour leur compte ; que si ces dispositions autorisent également les personnes publiques à se faire représenter par des avocats dans leurs relations avec les autres personnes publiques ou avec les personnes privées, aucune décision administrative ne saurait toutefois résulter des seules correspondances de ces derniers, en l'absence de transmission, à l'appui de ces correspondances, de la décision prise par la personne publique qu'ils représentent ;

Considérant qu'il résulte de ce qui précède que le Syndicat départemental des ordures ménagères de l'Aude, ayant été saisi le 29 juin 2011 d'un recours gracieux du préfet de l'Aude tendant au retrait de la délibération du 12 avril 2011 réitérant l'approbation du contrat de délégation de service public conclu le 31 juillet 2009 et approuvant le projet d'avenant n° 2 à ce contrat, un rejet de ce recours gracieux ne pouvait naître du seul envoi par les conseils du syndicat d'un courrier au préfet faisant état d'un refus de la personne publique de faire droit à ce recours, dès lors que n'était pas jointe à ce courrier la décision prise par le syndicat lui-même ; que, par suite, ce courrier, reçu par le préfet le 22 juillet 2011, n'a pu faire courir le délai dont disposait le préfet pour saisir le tribunal ; qu'une décision implicite de rejet de la demande du préfet de l'Aude étant née le 29 août 2011, les conclusions du déféré préfectoral enregistré le 5 octobre 2011 au greffe du tribunal administratif de Montpellier n'étaient pas tardives en ce qu'elles tendaient à l'annulation de l'avenant n° 2 au contrat de délégation ;

Considérant qu'il résulte de tout ce qui précède que le préfet de l'Aude est fondé à soutenir que c'est à tort que, par l'ordonnance attaquée, le juge des référés du tribunal administratif de Montpellier s'est fondé sur l'irrecevabilité de son déféré pour rejeter sa demande de suspension de l'avenant n° 2 du 13 avril 2011 ; qu'il y a lieu, dans cette seule mesure, d'annuler l'ordonnance du juge des référés du tribunal administratif de Montpellier du 24 octobre 2011 et d'évoquer pour statuer immédiatement sur cette demande ;

Considérant, qu'ainsi qu'il a été dit, l'illégalité tenant à la conclusion de l'avenant n° 2 le 13 avril 2011, après la délibération du 12 avril 2011 autorisant sa signature, mais avant la transmission de celle-ci au représentant de l'État chargé du contrôle de légalité, n'entraîne pas l'illégalité du contrat compte tenu du fait que le préfet avait pu exercer le contrôle de légalité qui lui incombait, la délibération lui ayant été transmise le 18 avril 2011 après la signature de l'avenant, mais avant la transmission de l'avenant lui-même ; que, par suite, ce moyen ne paraît pas, en l'état de l'instruction, propre à créer un doute sérieux sur la validité de l'avenant n° 2 ; que de même, les moyens tirés de ce que, d'une part, la fixation des modalités de calcul et du montant de la redevance d'occupation du domaine public ne pouvait légalement faire l'objet d'un avenant au regard des dispositions de l'article R. 1411-2 du Code général des collectivités territoriales et des règles de publicité et de mise en concurrence et, d'autre part, que la réduction de vingt-cinq pour cent de l'emprise foncière nécessaire à la construction du centre d'enfouissement, opérée par l'avenant n° 2 au contrat de délégation, a entraîné une modification substantielle du montant des investissements à la charge du délégataire, ne paraissent pas, en l'état de l'instruction, propres à créer un doute sérieux sur la validité de ce contrat ;

Considérant qu'il résulte de ce qui précède que la demande du préfet de l'Aude tendant à la suspension de l'application de l'avenant n° 2 du 13 avril 2011 au contrat de délégation doit être rejetée.

13. Contentieux de la validité d'un contrat. Déféré préfectoral. Vice du consentement tenant à l'information insuffisante de l'assemblée délibérante ayant approuvé le contrat. Possibilité de régularisation rétroactive de la délibération

CE 4 juillet 2012, *Communauté d'agglomération de Chartres-Métropole et société Véolia Eau-Compagnie générale des eaux*, req. n° 352417, *Lebon T*

L'arrêt commenté apporte une précision bienvenue, mais largement prévisible en ce qui concerne la durée d'une délégation de service public. L'article L. 1411-2 CGCT prévoit que lorsque les installations sont à la charge du délégataire (c'est le cas classique de la concession), cette durée ne peut dépasser la durée normale de leur amortissement. Cela n'interdit pas par principe d'adopter une durée inférieure à celle de l'amortissement des investissements réalisés. La solution va de soi, mais il faut admettre en conséquence qu'au terme du contrat, le délégataire a droit à une indemnisation pour la partie non amortie des biens. L'hypothèse n'est pas fondamentalement différente de celle d'une indemnisation pour résiliation anticipée du contrat fondée sur un motif d'intérêt général. Il existe néanmoins une différence : le contrat fixant sa durée peut aussi prévoir le montant de l'indemnisation due, c'est même un élément important du montage financier de l'opération.

Mais l'intérêt essentiel de l'arrêt concerne le contentieux de la validité de la procédure de passation de la délégation. Le Conseil d'État joint quatre pourvois portant sur la même procédure pour y être statué par une seule décision, ce qui permet d'avoir une vision complète de l'affaire et de préciser les conditions de validité d'une délégation et les possibilités de régularisation d'un vice qui est *a priori* d'une certaine gravité.

La communauté d'agglomération de Chartres Métropole a délégué à la société Véolia la construction et la gestion d'une station d'épuration. L'opération est contestée. Quatre communes attaquent la délibération autorisant la conclusion du contrat par la voie du recours pour excès de pouvoir, seule possibilité offerte aux tiers pour contester un contrat. Le préfet pour sa part défère le contrat lui-même comme le prévoit la loi du 2 mars 1981. Si l'on ne s'attarde pas sur les moyens secondaires, le grief principal, qui sera retenu par les juges du fond, est l'information insuffisante donnée au conseil communautaire : le dossier d'information présentait une synthèse des offres des candidats pour une durée de trente ans, mais restait évasif sur les conséquences du choix finalement fait pour un contrat de vingt ans et notamment sur le montant de l'indemnité due au titre des investissements non amortis. Tant la délibération que la convention sont annulées, mais les parties se pourvoient en cassation.

Le pourvoi contre l'arrêt annulant la délibération est rejeté : la cour de Nantes a porté sur les faits une appréciation souveraine exempte de dénaturation en estimant que les conseillers communautaires n'avaient pas été suffisamment informés.

Le problème est plus complexe pour le déféré préfectoral contre la convention. Les juges du fond l'ont analysé comme un recours pour excès de pouvoir conformément à la jurisprudence établie au moment où ils ont statué. Mais le Conseil d'État considère désormais qu'il relève du contentieux de pleine juridiction (CE 23 déc. 2011, *Ministre de l'Intérieur de l'Outre-mer, des Collectivités territoriales et de l'Immigration*, req. n° 348647 ; voir *DGCT* 2011, n° 14).

Un changement de jurisprudence produit un effet rétroactif et s'applique aux litiges en cours. La cour de Nantes, après le tribunal d'Orléans, aurait dû mettre en œuvre une solution qui n'était pas encore adoptée. Au lieu de confirmer l'annulation pure et simple de la convention pour le vice de procédure tenant à l'information insuffisante du conseil communautaire, la cour aurait dû procéder à l'appréciation que lui ouvre la nouvelle jurisprudence et que le Conseil d'État rappelle dans un considérant de principe reprenant celui de l'arrêt du 23 décembre 2011 ; elle aurait donc dû « rechercher si, compte tenu de la nature de l'irrégularité constatée, la poursuite de l'exécution du contrat était possible ou si d'autres mesures que l'annulation devraient être prononcées ».

Son arrêt est donc annulé pour erreur de droit, de même que le jugement du tribunal d'Orléans. Le Conseil d'État décide de régler l'affaire au fond. Il évoque l'affaire et statue immédiatement sur le déféré préfectoral.

La plupart des moyens soulevés par les requérantes sont rejetés sans grandes difficultés. Sans grande surprise, le seul moyen jugé fondé est l'insuffisante information du conseil communautaire, qui affecte nécessairement le consentement donné par le conseil.

La nature de l'illégalité pose évidemment la question de la régularisation éventuelle de l'acte illégal. Le vice du consentement est un vice très grave justifiant l'annulation. Mais c'est aussi un vice aisé à régulariser, si la procédure peut être reprise sur la base d'un consentement éclairé par une information suffisante.

L'arrêt du 23 décembre 2011, *Ministre de l'Intérieur*, admet expressément la possibilité de mesures de régularisation, mais n'a pas l'occasion d'en faire usage. L'arrêt du 16 juillet 2007, *Société Tropic*, l'admet aussi en principe, mais dans le cadre du recours du concurrent évincé. L'arrêt du 8 juin 2011, *Commune de Divonne-les-Bains* (req. n° 327515 : *BJCP* 2011.381, concl. Dacosta, obs. R. S ; *DGCT* 2012, n° 15) la met en œuvre effectivement, mais dans le cadre d'un recours pour excès de pouvoir contre un acte détachable. Les circonstances sont ici favorables à ce que le contrôle de légalité débouche sur une mesure de régularisation, ce qui est bien dans l'esprit de ce contrôle.

Sur le plan procédural, le rapporteur public proposait de surseoir à statuer pour laisser à la personne publique la possibilité de régulariser ou non. Le Conseil d'État préfère conserver la méthode qu'il a déjà pratiquée dans les espèces précédentes : il annule la convention si le conseil communautaire n'adopte pas dans un délai déterminé une nouvelle délibération autorisant régulièrement sa signature.

Deux observations terminales : tout d'abord, la méthode retenue donne nécessairement un effet rétroactif à la mesure de régularisation par hypothèse postérieure à la signature de la convention. Enfin, le vice du consentement n'est certainement pas la seule hypothèse où une régularisation est possible et il n'ouvre pas nécessairement cette possibilité. D'autres espèces seront nécessaires pour avoir un panorama de la question.

En ce qui concerne la durée de la délégation :

Considérant, en premier lieu, que le préfet soutient que la convention ne pouvait avoir une durée inférieure à celle de l'amortissement des investissements réalisés, l'indemnisation du délégataire pour la valeur des biens non amortie ne pouvant être prévue en début de convention ; qu'aux termes de l'article L. 1411-2 du Code général des collectivités territoriales : « Les conventions de délégation de service public doivent être limitées dans leur durée. Celle-ci est déterminée par la collectivité en fonction des prestations demandées au délégataire. Lorsque les installations sont à la charge du délégataire, la convention de délégation tient compte, pour la détermination de sa durée, de la nature et du montant de l'investissement à réaliser et ne peut dans ce cas dépasser la durée normale d'amortissement des installations mises en œuvre [...] » ; que si ces dispositions limitent la durée de la convention et imposent qu'elle tienne compte, pour la déterminer, de la nature et du montant de l'investissement à réaliser, elles n'interdisent pas, par principe, que cette durée puisse être inférieure à celle de l'amortissement des investissements réalisés et ne font pas obstacle au droit du délégataire d'être indemnisé à hauteur des investissements non amortis à l'issue du contrat ; qu'il en résulte que la convention pouvait légalement prévoir le montant de l'indemnisation due au titre des investissements non encore amortis au terme du contrat ;

En ce qui concerne l'insuffisante information du conseil communautaire :

Considérant qu'aux termes de l'article L. 5211-1 du Code général des collectivités territoriales : « Les dispositions du chapitre Ier du titre II du livre Ier de la deuxième partie, relatives au fonctionnement du conseil municipal sont applicables au fonctionnement de l'organe délibérant des établissements publics de coopération intercommunale, en tant qu'elles ne sont pas contraires aux dispositions du présent titre [...] » ; qu'aux termes de l'article L. 2121-13 du même code : « Tout membre du conseil municipal a le droit, dans le cadre de sa fonction, d'être informé des affaires de la commune qui font l'objet d'une délibération » ; qu'aux termes de l'article L. 1411-5 : « [...] Les plis contenant les offres sont ouverts par une commission composée :/ [...] Lorsqu'il s'agit :/[...] d'un établissement public, par l'autorité habilitée à signer la convention de délégation de service public ou son représentant, président, et par cinq membres de l'assemblée délibérante élus en son sein à la représentation proportionnelle au plus fort reste ; [...]/Au vu de l'avis de la commission, l'autorité habilitée à signer la convention engage librement toute discussion utile avec une ou des entreprises ayant présenté une offre. Elle saisit l'assemblée délibérante du choix de l'entreprise auquel elle a procédé. Elle lui transmet le rapport de la commission présentant notamment la liste des entreprises admises à présenter une offre et l'analyse des propositions de celles-ci, ainsi que les motifs du choix de la candidate et l'économie générale du contrat [...] » ;

Considérant qu'il résulte de l'instruction que les négociations avec les deux candidats dont les offres avaient été jugées recevables ont été menées sur la base d'une durée de la convention de trente ans et que le rapport au conseil communautaire présentait une synthèse des offres formulées pour cette seule durée ; que, toutefois, ce rapport proposait aux membres du conseil communautaire d'autoriser la signature de la convention pour une durée de vingt ans seulement, en précisant que la conséquence de cette orientation, qui se traduirait par une indemnisation à hauteur de la valeur des biens non amortis à l'issue du contrat, serait « un moindre renchérissement du coût au m^3 de l'investissement (environ 0,02 euro/m^3) [...] », mais sans préciser le montant de la valeur de cette indemnisation alors qu'elle s'élevait à près de dix-sept millions d'euros ; qu'une telle omission, qui caractérise une insuffisance d'information des membres du conseil communautaire, affectant nécessairement le consentement donné par le conseil, a entaché d'illégalité la délibération du 11 juin 2009 par laquelle le conseil communautaire de la communauté d'agglomération Chartres Métropole a décidé la signature de la convention avec la société Veolia Eau – Compagnie générale des eaux ;

Considérant toutefois que, eu égard à la nature de l'irrégularité commise, affectant les modalités selon lesquelles la personne publique a donné son consentement, il y a lieu d'annuler la convention passée entre la communauté d'agglomération et la société Veolia Eau – Compagnie générale des eaux si le conseil communautaire ne procède pas, au plus tard le 31 octobre 2012, à la régularisation de cette convention en adoptant une nouvelle délibération autorisant régulièrement sa signature.

VI. Compétences locales, services publics locaux

Jean-Claude Douence

14. Compétences locales. Soumission des forêts communales au régime forestier. Atteintes au droit de propriété et à la libre administration (Non). QPC sans caractère sérieux

CE 1er février 2012, *Commune des Angles*, req. n° 353945 : *Rec. T*

Le régime forestier sera-t-il le dernier bastion de la tutelle de l'État sur les collectivités territoriales (et les autres personnes publiques) alors que dans tous les domaines les exigences de la libre administration ont profondément bouleversé les relations qu'ils entretiennent ? Il est permis de le penser à la lecture d'un arrêt par lequel le Conseil d'État refuse de renvoyer au Conseil constitutionnel une question prioritaire de constitutionnalité invoquée par une commune à l'encontre de l'article L. 144-1 du Code forestier relatif aux ventes de coupes de bois.

« Le régime forestier est un droit forgé essentiellement sous l'Ancien Régime et qui a pour conséquence de transférer une large part de l'administration et de la gestion des forêts des mains de certaines personnes publiques entre celles de l'État, dans l'intérêt de la collectivité nationale… » (M. Lagarde, « Le domaine forestier. Introduction », *Encyclopédie Dalloz des collectivités locales*, 5166-5. Pour plus de détails, voir les chapitres suivants du même auteur, p. 5170-1 et s. et p. 5180-1 et s.). Le droit forestier d'Ancien Régime, élaboré tout au long du Moyen Âge et des temps modernes atteint son point culminant avec la célèbre ordonnance de 1669 « sur le fait des Eaux et Forêts ». L'œuvre de Colbert subsiste presque inchangée dans l'actuel Code forestier restructuré par la loi du 15 avril 1991.

L'article L. 1411-1 du Code forestier, seul en cause dans l'affaire, donne à l'Office national des forêts le monopole des ventes et coupes de bois appartenant aux communes et à d'autres personnes morales sous peine de nullité de la vente et d'amende pour les représentants des propriétaires qui y auraient procédé eux-mêmes. Les juges du fond avaient estimé que la question de constitutionnalité soulevée par la commune des Angles méritait d'être renvoyée au Conseil constitutionnel. Le Conseil d'État s'y oppose en estimant qu'elle n'est pas nouvelle et ne présente pas un caractère sérieux.

Pour se prononcer lui-même, le Conseil d'État a d'abord dû franchir un obstacle procédural. Le préfet dont le référé est à l'origine du litige avait fait appel du jugement de première instance, puis s'était désisté purement et simplement de son appel. Entre-temps, la cour administrative d'appel avait transmis la question au Conseil d'État. Faute pour la cour d'avoir donné acte de son désistement au préfet, le Conseil d'État s'estime fondé à se prononcer sur la question. La solution est dans le droit fil d'une jurisprudence classique (CE 26 mars 2001, *Mme Poinot-Thibaud*, req. n° 227921 ; *Lebon* 1139, à propos d'une demande d'avis contentieux. Arrêt cité par Chapus, *Droit contentieux administratif*, 12e éd., n° 1071). Elle a l'inconvénient d'exposer le Conseil constitutionnel à se prononcer sur une question dépourvue d'incidence sur le contentieux qui l'a suscitée, ce qui n'est guère dans la logique de l'institution.

Mais le problème ne se pose pas en l'espèce puisque le Conseil d'État décide qu'il n'y a pas lieu de renvoyer la question au Conseil constitutionnel. Il estime qu'elle n'est pas nouvelle, ce qui peut s'admettre, et qu'elle n'a pas un caractère sérieux, ce qui est plus discutable.

Si les moyens tirés de la méconnaissance du principe d'égalité ou de la Charte de l'environnement ou encore du 9° alinéa du Préambule de 1946 relatif aux nationalisations ne paraissent effectivement guère sérieux, il n'en va peut-être pas de même de ceux tirés de la méconnaissance des exigences constitutionnelles relatives à la propriété des personnes publiques ou des atteintes à la libre administration des collectivités territoriales.

Ces dernières ne sont certes pas privées de leur propriété, mais les limitations que le régime forestier apporte à leur droit de disposer de leurs biens et d'administrer librement leur domaine sont considérables (frais de garderies et d'administration fixés par la loi de finances et non par contrat, autorisation de distraction du régime forestier préalable à l'aliénation ou au défrichement, planification de la gestion, etc.). Le Conseil d'État évoque les prérogatives conservées par les communes qui les associent, selon lui, à une gestion menée par l'ONF.

Au terme de cette analyse quelque peu biaisée, le Conseil d'État juge que les objectifs d'intérêt général poursuivis par le législateur justifient les atteintes portées aux droits et libertés des collectivités territoriales.

Le raisonnement est classique, mais s'agissant de la conformité de dispositions législatives à des droits et libertés garanties par la Constitution, il aurait sans doute mieux valu qu'il soit mené par le juge constitutionnel plutôt que par le juge administratif.

La raison d'être d'un filtre préalable au renvoi au Conseil constitutionnel n'est pas remise en cause, mais le Conseil d'État nous a habitués à plus de retenue dans son appréciation des conditions de renvoi.

On comprend qu'il hésite à bouleverser une institution multiséculaire renforcée par un interventionnisme croissant de l'État en matière forestière. Mais il n'est pas convenable qu'il empêche le juge constitutionnel de statuer sur une question qui est plus sérieuse qu'il ne veut bien le dire.

Considérant qu'il résulte des dispositions de l'article 23-4 de l'ordonnance du 7 novembre 1958 portant Loi organique sur le Conseil constitutionnel que, lorsqu'une juridiction relevant du Conseil d'État a transmis à ce dernier, en application de l'article 23-2 de cette même ordonnance, la question de la conformité à la Constitution d'une disposition législative, le Conseil constitutionnel est saisi de cette question de constitutionnalité à la triple condition que la disposition contestée soit applicable au litige ou à la procédure, qu'elle n'ait pas déjà été déclarée conforme à la Constitution dans les motifs et le dispositif d'une décision du Conseil constitutionnel, sauf changement des circonstances, et que la question soit nouvelle ou présente un caractère sérieux ;

Considérant que, par une ordonnance du 7 novembre 2011, le président de la 7e chambre de la cour administrative d'appel de Marseille a décidé, avant qu'il soit statué sur l'appel que le préfet des Pyrénées-Orientales a interjeté du jugement du tribunal administratif de Montpellier du 17 novembre 2009, de transmettre au Conseil d'État la question de la conformité aux droits et libertés garantis par la Constitution de l'article L. 144-1 du Code forestier, posée par la commune des Angles ; que, si le préfet des Pyrénées-Orientales a informé la cour administrative d'appel de Marseille, par un mémoire enregistré à son greffe le 30 novembre 2011, qu'il entendait se désister purement et simplement de son appel, la cour administrative d'appel n'a pas, à la date de la présente décision, donné acte de ce désistement ; que dès lors, la question prioritaire de constitutionnalité transmise par le président de la 7e chambre de la cour administrative d'appel de Marseille n'a pas perdu son objet ; qu'il y a donc lieu, pour le Conseil d'État, de se prononcer sur le renvoi de cette question au Conseil constitutionnel ;

Considérant qu'aux termes de l'article L. 144-1 du Code forestier : « Les ventes des coupes de toutes natures sont faites à la diligence de l'Office national des forêts, dans les mêmes formes que pour les bois de l'État et en présence du maire ou d'un adjoint pour les bois communaux et d'un administrateur pour les personnes morales mentionnées à l'article L. 141-1, sans toutefois que l'absence des maires ou administrateurs, régulièrement convoqués, puisse entraîner la nullité des opérations./ Toute vente ou coupe effectuée par ordre des représentants des collectivités et personnes morales mentionnées à l'article L. 141-1, en infraction aux dispositions de l'alinéa précédent, donne lieu contre eux à une amende de 4 500 euros, sans préjudice des dommages-intérêts qui sont dus aux propriétaires. Les ventes ainsi effectuées sont déclarées nulles » ;

Considérant, en premier lieu, que les dispositions précitées de l'article L. 144-1 du Code forestier n'entraînent aucune privation de propriété pour les collectivités territoriales propriétaires de bois et forêts soumis au « régime forestier » ; que si, en imposant que les coupes et produits des coupes de ces bois et forêts soient mis en vente par l'Office national des forêts (ONF), elles apportent une limitation au droit que les collectivités territoriales ont de disposer de leurs biens, une telle limitation répond à l'objectif d'intérêt général, que poursuit le régime forestier mis en place par le Code forestier, de cohérence de la politique forestière nationale et de mise en valeur de la forêt et de ses produits dans des conditions économiques satisfaisantes pour ses propriétaires et, notamment, pour les communes ; qu'il résulte en outre des dispositions des chapitres III et IV du titre IV du livre Ier du Code forestier, notamment de son article L. 144-1-1, que les collectivités territoriales ont un rôle déterminant dans la programmation des coupes, choisissent les quantités mises en vente et la façon dont les coupes sont mises à disposition de l'ONF, et sont associées aux opérations de vente, dont le produit leur est reversé ; que, dès lors, les dispositions contestées ne méconnaissent pas les exigences constitutionnelles relatives à la propriété des personnes publiques ;

Considérant, en deuxième lieu, que, eu égard, d'une part, aux objectifs d'intérêt général précédemment rappelés, et, d'autre part, aux prérogatives que conservent les collectivités territoriales, le législateur ne peut être regardé comme ayant porté, en interdisant aux collectivités territoriales de procéder elles-mêmes aux ventes des coupes et produits de coupes issus de leurs bois et forêts, une atteinte à leur libre administration contraire à l'article 72 de la Constitution ou à la liberté garantie par les articles 4 et 5 de la Déclaration des droits de l'homme et du citoyen de 1789 ;

Considérant, en troisième lieu, que les dispositions précitées n'ont ni pour objet, ni pour effet, de prévoir un traitement différencié des ventes de coupes et produits de coupes dans les bois et forêts selon les collectivités territoriales ou les groupements de collectivités propriétaires ; qu'elles n'ont, en tout état de cause, pas davantage pour objet ou pour effet de priver les collectivités territoriales de la possibilité de prendre part, à travers la mise en œuvre de la politique forestière et la gestion de leurs forêts, à l'amélioration de l'environnement et à la promotion d'un développement durable ; qu'elles ne méconnaissent donc ni le principe d'égalité ni, en tout état de cause, les articles 2 et 6 de la Charte de l'environnement ;

Considérant, enfin, que les dispositions de l'article L. 144-1 du Code forestier ne sauraient en tout état de cause être regardées comme contraires aux dispositions du neuvième alinéa du Préambule de la Constitution de 1946 selon lesquelles : « Tout bien, toute entreprise, dont l'exploitation a ou acquiert les caractères d'un service public national ou d'un monopole de fait, doit devenir la propriété de la collectivité » ;

Considérant qu'il résulte de tout ce qui précède que la question de constitutionnalité soulevée, qui n'est pas nouvelle, ne présente pas un caractère sérieux ; que, par suite, il n'y a pas lieu de renvoyer au Conseil constitutionnel la question invoquée par la commune des Angles.

15. Service public. Changement du mode de gestion. Reprise d'un service public administratif par une personne publique. Situation du personnel repris

CE 27 juin 2012, *Mme Capitaine, épouse Perrot*, req. n° 335489 : *JCP A* 2012.2342, note Didier Jean-Pierre ; *BJCL* 2012.672, concl. Escaut, obs. B.P.

La liberté de choix du mode de gestion de leurs services publics a été progressivement reconnue aux collectivités publiques sans être cependant expressément consacrée dans son principe. Elle suppose que le choix initial ne soit pas définitif, mais réversible sinon à tout moment, tout au moins périodiquement. La loi du 29 janvier 1993 avait marqué une étape importante en ce sens en aménageant le régime des délégations de service public.

Mais le changement a un coût plus ou moins incompressible et se heurte à de nombreux obstacles, notamment juridiques. Ceux-ci concernent surtout la situation du personnel du service : très légitimement, ce dernier ne veut pas faire les frais du changement et veut sauvegarder ses droits et avantages acquis.

Le changement de mode de gestion est assimilé, de façon un peu artificielle, à un transfert d'entreprises régi par une directive communautaire du 14 février 1977 qui pose en principe que le repreneur doit assurer le maintien des droits des travailleurs de l'entreprise qu'il reprend. Cette exigence communautaire est transposée en droit français par l'article L. 122-12, du Code du travail qui pose le principe du maintien des contrats de travail en cours au jour de la modification dans la situation de l'employeur. Cet article est devenu l'article L. 1224-1 sans modification substantielle.

Il régit sans difficultés spécifiques les hypothèses où le personnel du service relève du droit privé. Mais l'application du droit public et le statut de la fonction publique dressent un obstacle, longtemps insurmontable, au principe de continuité, malgré les injonctions de la jurisprudence communautaire. Il en résulte une grave asymétrie dans les possibilités de changement de mode de gestion du service.

Si le service public a un caractère industriel et commercial, son personnel relève du droit privé en toutes hypothèses : peu importe qu'il soit en régie directe, confié à un établissement public ou délégué à une personne privée, le personnel en place conserve inchangé son contrat de travail de droit privé. C'est la continuité contractuelle à l'état pur.

La « privatisation » d'un service reste relativement facile. Elle recouvre deux hypothèses distinctes : soit le service public administratif est érigé en SPIC, soit, plus fréquemment, sa gestion est confiée à une personne privée alors qu'elle était assurée par une personne publique. Les fonctionnaires du service sont dans une situation favorable : ils peuvent être mutés dans un autre service de la collectivité et garder ainsi leur statut ; ils peuvent rester dans le service en concluant avec le nouvel opérateur un contrat de droit privé, tout en étant placés en position de détachement ou de mise à disposition, ce qui préserve aussi leur statut. Les agents contractuels de droit public n'ont au contraire guère de droits à faire valoir mais, normalement, ils devraient être peu nombreux et n'avoir que des contrats à durée déterminée appelés de toute façon à prendre fin.

L'hypothèse la plus délicate est celle de la reprise d'un service public administratif par une personne publique. On devrait assister dans ce cas à une « republicisation » du service. Le personnel en place, de droit privé, ne peut intégrer la fonction publique sans passer les contrats de recrutement requis. Il ne peut être recruté sur des contrats de droit public à durée indéterminée puisque les emplois permanents sont en principe réservés aux fonctionnaires titulaires. La perspective de devoir licencier la plupart des salariés en place est de nature à dissuader les élus de reprendre le service en régie directe, en raison des problèmes sociaux que cela peut provoquer.

Il faudra pour débloquer la situation et rétablir un certain équilibre, une initiative prétorienne (CE 23 oct. 2004, *Lamblin*, req. n° 245154 : *Lebon* 382 ; *Dr. Soc*. 2005.37, concl. Glaser), suscitant une intervention législative (loi n° 2005-843 du 26 juillet 2005, art. 20). Désormais dans cette hypothèse « il appartient à cette personne publique de proposer à ces salariés un contrat de droit public, à durée déterminée ou indéterminée, selon la nature du contrat dont ils sont titulaires » (C. travail, art. L. 1224-3). C'est une solution de compromis : les exigences de la fonction publique sont assouplies ; le contrat initial de droit privé n'est pas maintenu, mais ses clauses essentielles sont respectées dans le nouveau contrat de droit public.

Le cas d'espèce est antérieur à la modification législative. En janvier 2004, un centre communal d'action sociale reprend la gestion d'un foyer-logement pour personnes âgées, géré jusqu'alors par une congrégation religieuse. Une personne qui exerçait les fonctions de lingère depuis 1992 est alors reprise avec un contrat de droit public, puis licenciée en 2006 pour inaptitude physique sans que son ancienneté soit prise en compte dans son indemnité de licenciement.

Contrairement aux premiers juges, le Conseil d'État estime que la requérante devait conserver l'ancienneté qu'elle avait acquise auprès de l'entité transférée. Avant même l'évaluation législative, il donne de l'article L. 122-12 une lecture favorisant les possibilités de reprise.

La jurisprudence *Lamblin* admet qu'il y a continuité conforme à la loi lorsque le contrat de droit public reprend les clauses substantielles du contrat de travail. Ici la conservation de l'ancienneté est assurée alors qu'il ne s'agit pas à proprement parler d'une clause du contrat de travail, mais d'un droit attaché à l'exécution du contrat initial.

Ce glissement se heurte à une disposition du décret du 15 février 1988 relatif aux agents non titulaires de droit public, qui ne prévoit pas la prise en compte de l'ancienneté acquise auprès d'un employeur privé. Le Conseil d'État écarte cette disposition du champ d'application de la procédure de reprise d'un service.

Le juge administratif comprend en effet qu'un traitement équitable des agents (ici la conservation de l'ancienneté) est la condition, sur le plan social, d'une possibilité effective de reprise d'un service public administratif par une personne publique et donc d'une véritable réversibilité des choix.

> Considérant qu'aux termes du second alinéa de l'article L. 122-12 du Code du travail, alors en vigueur, dont les dispositions sont aujourd'hui reprises à l'article L. 1224-1 de ce code : « S'il survient une modification dans la situation juridique de l'employeur, notamment par succession, vente, fusion, transformation du fonds, mise en société, tous les contrats de travail en cours au jour de la modification subsistent entre le nouvel employeur et le personnel de l'entreprise » ;
>
> Considérant qu'il résulte de ces dispositions, interprétées conformément aux objectifs poursuivis par les dispositions de l'article 3 de la directive 77/187/CEE du Conseil du 14 février 1977 concernant le rapprochement des législations des États membres relatives au maintien des droits des travailleurs en cas de transferts d'entreprises, d'établissements ou de parties d'établissements, dont elles assurent,

pour ce qui concerne les salariés de droit privé, la transposition, que lorsque l'activité d'une entité économique employant des salariés de droit privé est reprise par une personne publique gérant un service public administratif et que ce transfert n'entraîne pas de changement d'identité de l'entité transférée, le contrat de droit public proposé aux intéressés doit reprendre les clauses substantielles de leur ancien contrat, dans la mesure où des dispositions législatives ou réglementaires n'y font pas obstacle ;

Considérant qu'il ressort des pièces du dossier soumises aux juges du fond qu'à compter de janvier 2004, la gestion du foyer-logement pour personnes âgées de Lannion, établissement géré par une congrégation, a été reprise par le centre communal d'action sociale de Lannion ; que Mme A, qui exerçait depuis février 1992 auprès du foyer-logement les fonctions de lingère en vertu d'un contrat de travail à durée indéterminée passé avec la congrégation, a continué d'exercer les mêmes fonctions, en vertu d'un contrat de droit public à durée indéterminée la liant au centre communal d'action sociale et ayant pris effet le 12 janvier 2004 ; qu'elle a été licenciée pour inaptitude physique à compter du 1er octobre 2005 ; que l'indemnité de licenciement qui lui a alors été allouée a été calculée sur la base de la seule ancienneté qu'elle avait acquise au sein du centre communal d'action sociale ; que, par l'arrêt attaqué du 30 octobre 2009, la cour administrative d'appel de Nantes a confirmé le jugement du 16 octobre 2008 du tribunal administratif de Rennes rejetant sa demande tendant à l'annulation de la décision implicite de rejet, résultant du silence gardé par le président du centre communal d'action sociale sur sa demande du 11 octobre 2005 tendant à la prise en compte, pour le calcul de son indemnité de licenciement, de la totalité de l'ancienneté qu'elle avait acquise depuis février 1992 au sein du foyer-logement ;

Considérant que, pour écarter le moyen tiré de ce que cette absence de prise en compte de l'ancienneté acquise par Mme A depuis cette date méconnaissait les dispositions de l'article L. 122-12 du Code du travail, la cour a estimé que la requérante était, depuis le 12 janvier 2004, partie à un contrat de droit public régi par le décret du 15 février 1988 pris pour l'application de l'article 136 de la loi du 26 janvier 1984 portant dispositions statutaires relatives à la fonction publique territoriale et relatif aux agents non titulaires de la fonction publique territoriale, et que les dispositions de l'article 47 de ce décret, en vertu desquelles « ne sont pris en compte pour le calcul de l'indemnité de licenciement que les services effectifs ininterrompus accomplis pour le compte de la même collectivité territoriale, de l'un de ses établissements publics à caractère administratif ou de l'un des établissements publics à caractère administratif auquel elle participe », faisaient obstacle à la prise en considération de l'ancienneté acquise par la requérante auprès de son précédent employeur ;

Considérant qu'en statuant ainsi, alors que le contrat de droit public signé par l'intéressée était réputé, conformément aux dispositions de l'article L. 122-12 du Code du travail auxquelles il ne peut être légalement dérogé, reprendre les clauses substantielles de son contrat de travail et que les dispositions de l'article 47 du décret du 15 février 1988 n'ont pas pour objet de régir, dans l'hypothèse d'un transfert relevant de l'article L. 122-12, les modalités de reprise d'un salarié de droit privé par une collectivité territoriale ou un établissement public local à caractère administratif et ne pouvaient, dès lors, avoir pour effet de porter atteinte au droit de Mme A à la conservation de l'ancienneté qu'elle avait acquise auprès de l'entité transférée, la cour a commis une erreur de droit ; que, par suite, la requérante est fondée à demander l'annulation de l'arrêt attaqué ;

Considérant qu'il y a lieu, dans les circonstances de l'espèce, de régler l'affaire au fond, en application des dispositions de l'article L. 821-2 du Code de justice administrative ;

Sur la légalité de la décision attaquée :

Considérant qu'il résulte de ce qui a été dit que Mme A tenait des dispositions de l'article L. 122-12 du Code du travail le droit de conserver l'ancienneté qu'elle avait acquise depuis 1992 auprès du foyer-logement, dont l'activité a été transférée au centre communal d'action sociale de Lannion et où elle a continué à exercer les mêmes fonctions ; que, par suite, et sans qu'il soit besoin d'examiner les autres moyens de la requête, laquelle n'était pas tardive contrairement à ce que soutient le centre communal d'action sociale, Mme A est fondée à soutenir que c'est à tort que, par le jugement attaqué, le tribunal administratif de Rennes a rejeté sa demande tendant à l'annulation de la décision implicite par laquelle le président du centre communal d'action sociale de Lannion a refusé de réviser le montant de son indemnité de licenciement ;

Sur les conclusions à fin d'injonction :

Considérant qu'aux termes de l'article L. 911-1 du Code de justice administrative : « Lorsque sa décision implique nécessairement qu'une personne morale de droit public [...] prenne une mesure d'exécution dans un sens déterminé, la juridiction, saisie de conclusions en ce sens, prescrit par la même décision cette mesure assortie, le cas échéant, d'un délai d'exécution. » ;

Considérant que l'exécution de la présente décision implique nécessairement que l'indemnité de licenciement versée à Mme A soit calculée en fonction de l'ancienneté que celle-ci avait acquise depuis février 1992 auprès du foyer-logement pour personnes âgées de Lannion ; qu'il y a donc lieu d'enjoindre au centre communal d'action sociale de Lannion de réviser le montant de cette indemnité et de verser à la requérante le complément d'indemnité requis, dans le délai de trois mois à compter de la notification de la présente décision ;

Sur les conclusions présentées au titre de l'article L. 761-1 du Code de justice administrative :

Considérant qu'il y a lieu, dans les circonstances de l'espèce, de mettre à la charge du centre communal d'action sociale de Lannion la somme de 2 000 euros à verser à Mme A au titre de l'article L. 761-1 du Code de justice administrative ; que ces dispositions font obstacle à ce qu'une somme soit mise à ce titre à la charge de Mme A qui n'est pas, dans la présente instance, la partie perdante.

16. Délégation de service public. Convention d'exploitation d'un casino. Activité de jeux sans caractère de service public. Participation obligatoire à des missions d'intérêt général

CE 19 mars 2012, *SA Groupe Partouche*, req. n° 341562 : *Rec* ; *BJCP* 2012-193, concl. Boulouis, obs. R.S. ; *RJEP* 2012, n° 8-9, p. 17, note Pelissier

« Les conventions d'exploitations des casinos : des délégations de service public sans service public ». Le titre d'une note sous l'arrêt *SA Groupe Partouche* (Pélissier, *op. cit.*) souligne bien et le caractère paradoxal de la solution, et de l'étonnement qu'elle peut susciter. Et pourtant elle s'explique à la fois par l'histoire et par le but qu'elle poursuit.

Le régime des casinos résulte d'une loi du 15 juin 1907, codifiée dans le récent Code de la sécurité intérieure (art. L. 321-1 et s.), ce qui souligne incidemment la primauté des préoccupations de police. Il combine une autorisation de police accordée par le ministre de l'Intérieur sur avis conforme du conseil municipal, et une convention entre la commune et l'exploitant, assortie d'un cahier des charges qui impose à ce dernier la prise en charge du financement d'infrastructures et de missions d'intérêt général en matière de développement économique, culturel et touristique. Autorisation et convention ont une durée maximale de dix-huit ans, fixée par le ministre.

Ce cadre général (qui prolonge le précédent, remontant à un décret du 24 juin 1806) s'explique par le souci de donner aux stations thermales, seules habilitées à héberger un casino, les ressources nécessaires à leur développement et à la distraction des curistes. Il contraste avec l'hostilité généralement manifestée par le législateur envers les jeux d'argent.

Après une brève période d'hésitation, la jurisprudence se fixe pour analyser la convention conclue entre la commune et l'exploitant comme une concession de service public (arrêt classique : CE 25 mars 1966, *Ville de Royan* : *Rec.* 237) puis, après la loi de 1993, comme une délégation de service public (CE avis sect. intérieur 4 avril 1995, n° 357274 : rapport public, 1995.414). Par contre, elle dénie systématiquement le caractère de service public aux autres jeux d'argent (par ex. CE 27 oct. 1999, *M. Rollin* : *Rec.* 327, à propos de la Française des jeux).

La justification traditionnelle de la qualification s'effrite progressivement. L'apport des casinos aux stations balnéaires, thermales ou climatiques n'est plus qu'un appoint minime et la loi du 5 janvier 1988 qui étend la possibilité d'ouvrir un casino aux villes principales d'une agglomération de plus de 500 000 habitants qui disposent d'une scène nationale dilue encore plus la justification par le développement local.

Le litige en cause offre une excellente occasion de revisiter la jurisprudence classique. En effet, la société requérante, concurrente évincée, conteste la délibération du 9 octobre 2006 par laquelle le conseil municipal de Lille approuve la convention conclue avec le groupe

Barrère (le recours est antérieur à l'arrêt *Tropic* qui lui aurait permis de contester directement le contrat). La convention comporte les trois activités exigées par un arrêté de 1958, à savoir « le spectacle, la restauration et le jeu » puisqu'elle ajoute au jeu une salle de spectacle, trois restaurants, des bars et en outre un hôtel de catégorie quatre étoiles.

Le Conseil d'État réaffirme que la convention a le caractère d'une délégation de service public mais il indique expressément pour la première fois, que les jeux de casinos ne constituent pas, par eux-mêmes, une activité de service public. Il rejoint, par là, sa jurisprudence classique sur les jeux d'argent.

La qualification de délégation de service public se justifie alors par le cahier des charges qui impose à l'exploitant une participation à des missions d'intérêt général en matière de développement local. Ces activités sont indissociables des activités de jeu même si elles sont prévues dans deux contrats distincts (CE 19 mars 2012, *SNC Malortigue*, req. n° 306192 : *Contrats et marchés publics* 2012, n° 225, note Eckert *DGCT 2011*, n° 50, note Douence). Si donc l'activité principale n'est pas un service public, les activités accessoires pourraient l'être.

Mais même cette justification est extrêmement fragile. La participation du casino à ces activités n'en fait pas des services publics délégués, faute d'obligations de service public imposées par la commune et contrôlées par elle, faute aussi sans doute de véritable besoin de la population justifiant la prise en charge par la collectivité. La motivation affichée par le juge n'est donc pas vraiment convaincante car les critères d'identification d'un service public délégué à une personne privée ne se retrouvent pas dans la plupart des cas.

La solution se justifie en réalité par sa finalité. Il est important pour le juge de soumettre la passation de la convention à des exigences de transparence et de mise en concurrence qui évitent, ou au moins limitent, les risques de dérives malheureusement liées aux activités de jeux. En l'état actuel du droit positif, seul le régime des contrats de la commande publique permet de répondre à ces exigences et seul le régime des délégations paraît adapté à la gestion d'une activité.

À défaut de disposition législative instaurant un mode de passation convenable, la solution jurisprudentielle mérite donc d'être approuvée, malgré ses faiblesses théoriques.

L'arrêt ajoute que pour être qualifiée de délégation, la convention doit prévoir que la rémunération de l'exploitant est substantiellement assurée par les résultats de l'exploitation. Cette précision est largement superflue dans le cas d'un casino.

Sur le fond, la requête est rejetée. Deux points seulement méritent d'être mentionnés. L'activité hôtelière est un complément accessoire à l'activité de jeux qui ne contrevient pas à l'article L. 1411-2 interdisant la prise en charge de services ou de paiement entre étrangers à l'objet de la délégation. Enfin, le prélèvement prévu par l'article L. 2333-54 est assis sur le produit brut des jeux, sans pouvoir déduire de son assiette la redevance d'occupation du domaine instituée en outre par la commune.

Considérant qu'il résulte des dispositions de la loi du 15 juin 1907 relative aux casinos, ainsi que des travaux parlementaires qui ont précédé son adoption et de ses modifications successives, que le législateur, tout en soumettant à une surveillance particulière les jeux de casino, a entendu que ces activités concourent aux objectifs de développement touristique, économique et culturel des communes autorisées à les accueillir ; qu'ainsi, en vertu de l'article 2 de la loi du 15 juin 1907 modifiée, les jeux de casino sont autorisés par arrêté du ministre de l'Intérieur, sur avis conforme du conseil municipal de la commune concernée ; que ces dispositions imposent à la commune, d'une part, de conclure à cette fin avec le titulaire de l'autorisation une convention et, d'autre part, d'assortir celle-ci d'un cahier des charges fixant des obligations au cocontractant, relatives notamment à la prise en charge du financement d'infrastructures et de missions d'intérêt général en matière de développement économique, culturel et touristique ; que si ces jeux de casinos ne constituent pas, par eux-mêmes, une activité de service public, les conventions obligatoirement conclues pour leur installation et leur exploitation, dès lors que le cahier des charges impose au cocontractant une participation à ces missions et que sa rémunération est substantiellement assurée par les résultats de l'exploitation, ont le caractère de délégation de service public.

17. Compétences locales. Services publics locaux. Mise à disposition conventionnelle des services de l'État. Contrat de louage d'ouvrage. Responsabilité contractuelle de l'État en cas d'inexécution ou de mauvaise exécution

CE 13 février 2012, *Min. d'État, Min. de l'Écologie c/M. Ferrante*, req. n° 330122 : *Lebon T* ; *JCP A* 2012.2303, note Pauliat ; *BJCP* 2012.456, concl. Escaut, note Ch. M.

Les époux Ferrante obtiennent d'être indemnisés pour les dommages subis par leur propriété du fait de travaux de voirie réalisés par le département de l'Isère. Ce dernier et les entreprises concernées, condamnés solidairement, peuvent-ils appeler en garantie l'État à qui le département avait confié la mission d'œuvre ?

Le concours accordé par les services extérieurs de l'État aux collectivités territoriales a longtemps été une forme de tutelle qui conférait à l'État un quasi-monopole de l'expertise technique tout en consacrant sa quasi-irresponsabilité.

Les progrès de la décentralisation et l'irruption du droit communautaire de la concurrence ont progressivement démantelé ce système. Et désormais, la majorité des concours qu'une personne publique peut apporter à une autre se situe dans le cadre du droit commun notamment du Code des marchés publics ou du droit des délégations de service public. Parallèlement se développent de nouvelles formes de coopération entre personnes publiques, notamment avec les formules de mutualisation des services encouragées par la loi.

Il subsiste néanmoins des traces du système antérieur, plus ou moins remodelé pour faire droit aux exigences de concurrence et de transparence. C'est le cas en l'espèce. Les lois du 2 mars 1982, 7 janvier 1985 et 2 décembre 1992 organisent notamment un système de mise à disposition des services de l'Équipement par convention conclue entre le préfet et le président du conseil général.

Depuis des arrêts de 2004 et 2008, le Conseil d'État admet que les conventions conclues à titre onéreux et en dehors de toute obligation entre l'État et les collectivités territoriales sont des contrats de louage d'ouvrage dont l'inexécution ou la mauvaise exécution est susceptible d'engager la responsabilité de l'État dans les conditions de droit commun (CE 27 oct. 2008, *Cne de Poilly-lez-Gien*, req. n° 297434 : *Lebon* 371 ; *BJCP* 2009.76 concl. Courrèges ; *ACL* 2009 n° 25, obs. Douence). Il en va ainsi même si les services de l'État sont (théoriquement) placés sous l'autorité du maire (pour la voirie communale) (CE sect. 12 mai 2004, *Cne de La Ferté-Milon*, req. n° 192595 : *Lebon* n° 226 ; *RFDA* 2004.1183, concl. Glaser, note Moderne ; *ACL* 2005, n° 23, obs. Douence).

Deux éléments se conjuguent : le contrat est conclu à titre onéreux et à titre facultatif. L'arrêt du 13 février 2012 se borne à ajouter deux précisions.

La convention est conclue à titre onéreux dès lors qu'il y a rémunération des prestations fournies, ce qui signifie sans doute que l'État fournit ses services à prix coûtant.

Surtout, la convention est conclue à titre facultatif alors même que l'intervention des services de l'État est de droit lorsque le département la demande. Ce dernier n'a aucune obligation d'y recourir et peut faire appel à d'autres prestataires. Quant à l'État, il peut au moins négocier le volume et la nature des prestations qu'il fournit (sous-entendu dans la limite de ses moyens).

Ce système de mise à disposition s'efface avec la loi du 13 août 2004 qui parachève un véritable transfert de compétences au profit des départements en matière de voirie et s'accompagne d'un démantèlement des directions départementales de l'équipement (DDE). Reste le problème récurrent de communes trop petites pour se doter des services nécessaires à l'exercice de leurs compétences, notamment en matière d'urbanisme.

> Considérant qu'il ressort des pièces du dossier soumis aux juges du fond que la propriété de M. et Mme A a subi divers dommages à la suite de travaux de voirie réalisés en 1999, pour le département de l'Isère, sur une portion de la route départementale 512 située dans la commune de La Tronche ; que, par un arrêt du 5 mai 2009, la cour administrative d'appel de Lyon, d'une part, a ramené à 45 250 euros, avec intérêts, la somme que le département de l'Isère et les sociétés Cabinet Sage, Screg Sud-Est et Cofex Régions avaient été condamnés solidairement, par le tribunal administratif de Grenoble, à verser à M. et Mme A en réparation de leurs préjudices et, d'autre part, a condamné l'État à garantir la société Cofex Régions à hauteur de 25 % des condamnations prononcées contre elle, compte tenu de ce que les services de la direction départementale de l'Équipement avaient assuré une mission de maîtrise d'œuvre des travaux pour le compte du département ; que, sous le n° 330162, M. et Mme A demandent l'annulation de cet arrêt en tant qu'il a réduit la condamnation prononcée en première instance ; que, par la voie de conclusions qu'elle qualifie de pourvoi incident, la SNC Cofex Régions en demande l'annulation, en tant qu'il a limité à 25 % la garantie de l'État ; que, sous le n° 330122, le ministre chargé de l'Écologie se pourvoit contre le même arrêt en tant qu'il a condamné l'État à garantir la SNC Cofex Régions ; qu'il y a lieu de joindre ces pourvois pour statuer par une seule décision ;

Sur le pourvoi n° 330162 :

Considérant, en premier lieu, qu'il ressort des pièces du dossier soumis aux juges du fond, notamment du rapport d'expertise du 15 janvier 2002, qu'en relevant, pour rejeter les conclusions de M. et Mme A tendant à être indemnisés au titre des dommages occasionnés aux fondations de leur maison, qu'aucun élément précis ne confirmait la nécessité d'une reprise de ces fondations, la cour administrative d'appel de Lyon n'a pas entaché de dénaturation l'appréciation qu'elle a portée sur les faits de la cause ;

Considérant, en second lieu, qu'il ressort des énonciations mêmes de l'arrêt attaqué, qui cite notamment les constats d'huissiers réalisés à l'initiative des requérants postérieurement à la remise du rapport de l'expert, que la cour a recherché si, à la date à laquelle elle a statué, la reprise des fondations n'était pas devenue nécessaire en raison de l'absence de stabilisation du terrain concerné ; qu'ainsi, la cour administrative d'appel de Lyon n'a pas commis d'erreur de droit dans l'appréciation du préjudice subi par M. et Mme A ;

Considérant qu'il résulte de ce qui précède que M. et Mme A ne sont pas fondés à demander l'annulation de l'arrêt du 5 mai 2009 de la cour administrative d'appel de Lyon en tant qu'il a ramené à un montant total de 45 250 euros, avec intérêts, les sommes versées en réparation des dommages causés à leur propriété par les travaux litigieux ;

Considérant que, dans son mémoire en défense tendant au rejet du pourvoi de M. et Mme A, la SNC Cofex Régions demande en outre que l'arrêt attaqué soit annulé, en tant qu'il n'a pas condamné les coauteurs du dommage à la garantir en totalité des condamnations prononcées contre elle ; que de telles conclusions, qui ne sont pas dirigées contre l'auteur du pourvoi n° 330162, doivent être regardées comme un pourvoi provoqué ; que, dès lors que les conclusions de ce pourvoi ne sont pas accueillies, les obligations résultant de l'arrêt attaqué, pour la SNC Cofex Régions, ne peuvent s'en trouver aggravées ; qu'ainsi, les conclusions de son pourvoi provoqué doivent être rejetées ;

Sur le pourvoi n° 330122 et sans qu'il soit besoin d'en examiner les autres moyens :

Considérant que, pour accueillir l'appel en garantie formée par la SNC Cofex Régions à l'encontre de l'État, la cour administrative d'appel de Lyon s'est bornée à relever que la maîtrise d'œuvre des travaux avait été confiée par le département de l'Isère, maître d'ouvrage, aux services de la direction départementale de l'Équipement et que l'État n'était pas fondé à soutenir que la seule circonstance que les travaux auraient été réalisés pour le compte du département suffisait à l'exonérer de toute responsabilité ; qu'en statuant ainsi, sans répondre à l'argumentation du ministre, selon laquelle la responsabilité de l'État ne peut être engagée lorsque, comme c'était le cas en l'espèce, les services des directions départementales de l'Équipement sont mis à disposition des départements en vertu des dispositions combinées de la loi du 2 mars 1982 relative aux droits et libertés des communes, des départements et des régions, de la loi du 7 janvier 1983 relative à la répartition de compétences entre les communes, les départements, les régions et l'État et de la loi du 2 décembre 1992 relative à la mise à la disposition des départements des services déconcentrés du ministère de l'Équipement et à la prise en charge des dépenses de ces services, la cour a insuffisamment motivé son arrêt ; que, par suite, le ministre est fondé, pour ce motif, à demander l'annulation de l'article 5 de l'arrêt du 5 mai 2009 ;

Considérant qu'il y a lieu, dans les circonstances de l'espèce, de régler, dans cette mesure, l'affaire au fond en application des dispositions de l'article L. 821-2 du Code de justice administrative ;

Considérant qu'aux termes de l'article 1er de la loi du 2 décembre 1992, applicable au litige : « Les services ou parties de services déconcentrés du ministère de l'Équipement qui concourent à l'exercice des compétences des départements sont mis à leur disposition au titre de l'article 10 de la loi n° 83-8 du 7 janvier 1983 relative à la répartition de compétences entre les communes, les départements, les régions et l'État, dans les conditions prévues par la présente loi./Le président du conseil général exerce sur les services ou parties de services concernés les pouvoirs qui lui sont dévolus par l'article 27 de la loi n° 82-213 du 2 mars 1982 relative aux droits et libertés des communes, des départements et des régions. » ; que l'article 6 de cette loi précisait que : « I. – Les missions que les services ou parties de services déconcentrés du ministère de l'Équipement, autres que le parc, peuvent accomplir pour le compte du département sont définies, soit par une convention, soit forfaitairement dans les conditions prévues à l'article 8 de la présente loi./II. – La convention mentionnée au I, intitulée « convention relative à la mise à disposition des services de l'Équipement », est conclue entre le préfet et le président du conseil général pour une durée de trois années civiles./Elle fixe pour chaque année :/1° Le volume et la nature des prestations à réaliser pour le compte du département par les services ou parties de services concernés ainsi que les garanties d'exécution de celles-ci en termes de délais et de qualité ;/2° Et, en contrepartie, les montants et les modalités de la participation du département aux dépenses de fonctionnement et d'équipement de ces services ou parties de services, ainsi qu'aux dépenses d'heures supplémentaires et d'indemnités liées à la nature et à l'organisation du travail pour les agents concernés. » ;

Considérant qu'en application des dispositions de l'article 6 de la loi du 2 décembre 1992, les conventions portant mise à disposition des départements des services ou parties de services déconcentrés du ministère de l'Équipement sont conclues à titre onéreux ; que, si elles prévoient que l'intervention de ces services est de droit si ces collectivités le demandent, elles ne mettent toutefois pas à la charge des départements une obligation d'y recourir, ceux-ci restant libres de faire appel à d'autres prestataires pour assurer la maîtrise d'œuvre de leurs travaux ; que, dès lors, ces conventions constituent des contrats de louage d'ouvrage dont l'inexécution ou la mauvaise exécution est susceptible d'engager la responsabilité de l'État selon les conditions de droit commun applicables à de tels contrats ;

Considérant que les services de la direction départementale de l'Équipement de l'Isère, auxquels le département a décidé, alors qu'il n'y était pas tenu, de confier la maîtrise d'œuvre des opérations litigieuses, ont été mis à sa disposition en application des dispositions législatives rappelées ci-dessus et dans le cadre d'une convention prévoyant une rémunération des prestations fournies ; qu'il résulte de ce qui précède que, en cas de mauvaise exécution par ses services des missions qui leur avaient été confiées, l'État pouvait, à ce titre, être appelé en garantie par les parties condamnées solidairement à la réparation des dommages causés par les travaux litigieux ; que la SNC Cofex Régions est dès lors fondée à soutenir que c'est à tort que le tribunal administratif de Grenoble s'est fondé, pour rejeter ses conclusions tendant à ce que l'État soit appelé en garantie, sur le motif tiré de ce que des dommages imputables à des travaux exécutés sous la conduite de la direction départementale de l'Équipement, mais sur une route départementale et pour le compte du département, ne pouvaient engager la responsabilité de l'État ;

Considérant qu'il résulte de l'instruction que les dommages occasionnés à la propriété de M. et Mme A sont la conséquence de l'insuffisance des études préalables de sol et de l'examen des conséquences des travaux sur les terrains en contrebas desquels se situait la route départementale voisine de leur habitation ; que ces insuffisances sont en partie imputables aux services de la direction départementale de l'Équipement, en tant que maître d'œuvre des travaux ; que, par suite, il y a lieu d'accueillir les conclusions de la SNC Cofex Régions tendant à ce que l'État soit appelé en garantie ; qu'il sera fait une juste appréciation de la part de responsabilité incombant à l'État à ce titre en le condamnant à garantir cette société à hauteur de 25 % des condamnations prononcées contre elle ; qu'il résulte de ce qui précède que la SNC Cofex Régions est fondée, dans cette mesure, à demander la réformation du jugement attaqué ;

Sur les conclusions présentées au titre des dispositions de l'article L. 761-1 du Code de justice administrative :

Considérant que ces dispositions font obstacle, s'agissant des conclusions présentées sous le n° 330162, à ce que soit mis à la charge du département de l'Isère et des sociétés Cabinet Sage, Screg Sud-Est et Cofex Régions, qui ne sont pas parties perdantes dans cette instance, la somme que demandent M. et Mme A au titre des frais exposés par eux et non compris dans les dépens ; qu'il n'y a pas lieu, dans les circonstances de l'espèce, de mettre à la charge de M. et Mme A les sommes que demandent au même titre la société Screg Sud-Est, la SNC Cofex Régions et la SARL Cabinet Sage, ni de mettre à la charge de la SNC Cofex Régions les sommes demandées sur ce même fondement par la SARL Cabinet Sage ;

Considérant, en revanche, qu'au titre des conclusions présentées sous le n° 330122, il y a lieu, dans les circonstances de l'espèce, de mettre à la charge de l'État la somme de 2 000 euros à verser à la SNC Cofex Régions, au titre des mêmes dispositions.

VII. Finances et fiscalité

Frédéric Lafargue

18. Communes. Recettes. Établissement ou recouvrement des impôts locaux. Erreurs commises par l'administration fiscale. Responsabilité de l'État. Faute simple. Existence d'un préjudice pour la commune

CE 24 avril 2012, *Commune de Valdoie*, req. n° 337802 : *JCP Adm.* 2012, n° 2305, note Erstein

Il avait été jugé par le Conseil d'État que les erreurs commises par l'administration fiscale lors de l'exécution d'opérations qui se rattachent aux procédures d'établissement ou de recouvrement de l'impôt ne sont, en principe, susceptibles, en raison de la difficulté que présente généralement la mise en œuvre de ces procédures, d'engager la responsabilité de l'État que si elles constituent une faute lourde, y compris lorsqu'une telle erreur, portant sur la détermination des bases d'imposition des impôts locaux, serait susceptible d'affecter les ressources fiscales d'une collectivité locale. Le Conseil d'État avait précisé qu'il n'en allait différemment que lorsque l'appréciation de la situation du contribuable ne comporte pas de difficulté particulière (CE 24 juillet 2009, *Commune de Coupvray*, req. n° 308517).

Mais le Conseil d'État semblait toutefois avoir abandonné l'exigence d'une faute lourde, en considérant qu'une faute commise par l'administration lors de l'exécution d'opérations se rattachant aux procédures d'établissement et de recouvrement de l'impôt est de nature à engager la responsabilité de l'État à l'égard d'une collectivité territoriale ou de toute autre personne publique si elle leur a directement causé un préjudice. Un tel préjudice peut être constitué des conséquences matérielles des décisions prises par l'administration, et notamment du fait de ne pas avoir perçu des impôts ou taxes qui auraient dû être mis en recouvrement (CE 16 novembre 2011, *Commune de Cherbourg-Octeville*, req. n° 344621 : *AJDA* 2011.2261).

Dans sa décision *Commune de Valdoie*, le Conseil d'État est venu confirmer cette jurisprudence, en réaffirmant dans un considérant de principe qu'une faute commise par l'administration lors de l'exécution d'opérations se rattachant aux procédures d'établissement ou de recouvrement de l'impôt est de nature à engager la responsabilité de l'État à l'égard d'une commune si elle lui a directement causé un préjudice.

Considérant qu'il ressort des pièces du dossier soumis aux juges du fond que la commune de Valdoie, après avoir vainement réclamé en août puis en décembre 1999 à l'administration fiscale de procéder à la rectification des valeurs locatives d'immeubles situés sur son territoire et d'émettre pour ces immeubles des rôles supplémentaires de taxe professionnelle et de taxe foncière sur les propriétés bâties au titre des années 1998 et 1999, a demandé à être indemnisée pour le préjudice subi du fait de la minoration de ces bases d'imposition au titre de ces deux années ; que, saisi de sa demande, le tribunal administratif de Besançon a, par les articles 2 et 3 du jugement du 3 avril 2003, annulé la décision de refus du directeur des services fiscaux de rectifier les bases d'imposition et condamné l'État à payer à la commune de Valdoie la somme de 100 000 euros ; que, statuant sur le recours du ministre de l'Économie, des Finances et de l'Industrie, la cour administrative d'appel de Nancy a, par un premier arrêt du 29 juin 2006, annulé les articles 2 et 3 du jugement attaqué et rejeté les conclusions en excès de pouvoir et les conclusions indemnitaires de la commune ; que, par décision du 27 avril 2009, le Conseil d'État statuant au contentieux a annulé l'arrêt de la cour et lui a renvoyé l'affaire ; que, par un second arrêt, rendu le 21 janvier 2010, la cour, après avoir confirmé le bien-fondé du jugement en tant qu'il a annulé la décision de refus de rectifier les bases d'imposition, a annulé l'article 3 du jugement du tribunal administratif et rejeté les conclusions indemnitaires ; que la commune de Valdoie se pourvoit en cassation à l'encontre des articles 1er et 2 de cet arrêt ;

Considérant qu'une faute commise par l'administration lors de l'exécution d'opérations se rattachant aux procédures d'établissement ou de recouvrement de l'impôt est de nature à engager la responsabilité de l'État à l'égard d'une commune si elle lui a directement causé un préjudice ;

Considérant qu'en jugeant que lorsque l'appréciation de la situation du contribuable comporte des difficultés particulières, la responsabilité de l'État ne pouvait être engagée que sur le terrain de la faute lourde à raison des erreurs qui auraient pu être commises par l'administration fiscale lors de l'établissement de la taxe professionnelle ou de la taxe foncière sur les propriétés bâties, la cour a commis une erreur de droit ; que, dès lors, la commune de Valdoie est fondée à demander l'annulation des articles 1er et 2 de l'arrêt attaqué ;

Sur le principe de la responsabilité de l'État :

Considérant, en premier lieu, qu'en refusant de déterminer la valeur locative des immeubles commerciaux situés sur le territoire de la commune par comparaison avec des locaux types situés en dehors de son territoire au motif qu'ils ne constituaient pas des immeubles présentant un caractère particulier ou exceptionnel, alors que, saisie d'une contestation, il lui incombait de rechercher un terme de comparaison approprié dans une autre commune présentant une situation économique analogue, et en rejetant, par voie de conséquence, la demande formulée par la commune d'émettre des rôles supplémentaires pour ces immeubles au titre des années 1998 et 1999, l'administration fiscale a méconnu les dispositions de l'article 1498 du Code général des impôts ; que, par suite, contrairement à ce que soutient le ministre, la faute commise par l'administration lors de l'exécution de ces opérations se rattachant aux procédures d'établissement de l'impôt est de nature à engager la responsabilité de l'État si elle a directement causé à la commune un préjudice ;

Considérant, en second lieu, qu'il résulte de l'instruction que la commune de Valdoie a demandé dans ses courriers des 17 août et 22 décembre 1999 que soit rehaussée au titre des années 1998 et 1999 la valeur locative d'un local situé 6 rue Charles Gudelmann ; qu'elle a également mentionné ce local dans les pièces jointes à sa demande au tribunal administratif ; que la circonstance que ce local initialement classé dans la catégorie des locaux commerciaux ait été requalifié en local industriel ne faisait pas obstacle à ce que la commune formulât une telle demande et maintînt sa demande indemnitaire ; que, par suite, en refusant de rehausser la valeur locative de ce bien au titre des années 1998 et 1999, l'administration, qui ne conteste pas la sous-estimation de cette valeur locative et qui a fait droit à la demande de réévaluation au titre de l'année suivante, a commis une faute qui est également de nature à engager la responsabilité de l'État si elle a directement causé à la commune un préjudice ;

Sur le préjudice :

Considérant que le préjudice subi par une commune en raison de la faute commise par l'administration lors de l'évaluation de la valeur locative d'un bien pour le calcul de la taxe professionnelle ou de la taxe foncière sur les propriétés bâties est constitué des conséquences matérielles des décisions prises par l'administration ; que le ministre n'apporte aucun élément de nature à établir que le préjudice invoqué ne trouve pas sa cause directe et certaine dans la faute de l'administration ; qu'il n'invoque aucun fait de la commune susceptible de constituer une cause d'atténuation ou d'exonération de la responsabilité de l'État.

19. Communes. Dépenses facultatives. Subvention à une association ayant des activités cultuelles. Conditions d'attribution

CE 4 mai 2012, *Fédération de la libre pensée et de l'action sociale du Rhône*, req. n° 336462 : *AJDA* 2012.973 ; *AJCT* 2012.442, obs. Péchillon ; *JCP Adm.* 2012, note Amédro ; *RGCT* 2012.217, note Chaminade

Il résulte des dispositions de la loi du 9 décembre 1905 que les collectivités territoriales ne peuvent accorder aucune subvention, à l'exception des concours, pour des travaux de réparation d'édifices cultuels, aux associations cultuelles au sens du titre IV de cette loi. Il leur est également interdit d'apporter une aide quelconque à une manifestation qui participe de l'exercice d'un culte.

Elles ne peuvent accorder une subvention à une association qui, sans constituer une association cultuelle au sens du titre IV de la loi du 9 décembre 1905, a des activités cultuelles, qu'en vue de la réalisation d'un projet, d'une manifestation ou d'une activité qui ne présente pas un caractère cultuel et n'est pas destiné au culte et à la condition, en premier lieu, que ce projet, cette manifestation ou cette activité présente un intérêt public local et, en second lieu, que soit garanti, notamment par voie contractuelle, que la subvention est exclusivement affectée au financement de ce projet, de cette manifestation ou de cette activité et n'est pas utilisée pour financer les activités cultuelles de l'association.

Une association dont l'une des activités consiste en l'organisation de prières collectives de ses membres, ouvertes ou non au public, doit être regardée, même si elle n'est pas une « association cultuelle » au sens du titre IV de la loi du 9 décembre 1905, comme ayant, dans cette mesure, une activité cultuelle. Tel n'est pas le cas, en revanche, d'une association dont des membres, à l'occasion d'activités associatives sans lien avec le culte, décident de se réunir, entre eux, pour prier.

> Considérant qu'il ressort des pièces du dossier soumis aux juges du fond que, par une délibération du 20 juin 2005, le conseil municipal de Lyon a attribué à l'association Communauté Sant'Egidio France une subvention pour l'organisation à Lyon, du 11 au 13 septembre 2005, de la 19e rencontre internationale pour la paix ; que la Fédération de la libre pensée et d'action sociale du Rhône et M. Picquier ont demandé au tribunal administratif de Lyon l'annulation de cette délibération ; que, par un jugement du 22 mars 2007, le tribunal a fait droit à cette demande ; que, par un arrêt du 21 avril 2009, contre lequel la Fédération de la libre pensée et d'action sociale du Rhône se pourvoit en cassation, la cour administrative d'appel de Lyon a, sur l'appel de l'association Communauté Sant'Egidio France et de la commune de Lyon, annulé ce jugement et rejeté la demande présentée devant le tribunal administratif de Lyon ;
>
> Considérant, en premier lieu, qu'aux termes de l'article 1er de la loi du 9 décembre 1905 concernant la séparation des églises et de l'État : « La République assure la liberté de conscience. Elle garantit le libre exercice des cultes sous les seules restrictions édictées ci-après dans l'intérêt de l'ordre public » ; que l'article 2 de cette loi dispose : « La République ne reconnaît, ne salarie ni ne subventionne aucun culte. En conséquence, à partir du 1er janvier qui suivra la promulgation de la présente loi, seront supprimées des budgets de l'État, des départements et des communes, toutes dépenses relatives à l'exercice des cultes. » ; qu'enfin, aux termes du dernier alinéa de l'article 19 de cette même loi, les associations formées pour subvenir aux frais, à l'entretien et à l'exercice d'un culte en vertu du titre IV de cette loi « ne pourront, sous quelque forme que ce soit, recevoir des subventions de l'État, des départements et des communes. Ne sont pas considérées comme subventions les sommes allouées pour réparations aux édifices affectés au culte public, qu'ils soient ou non classés monuments historiques » ;
>
> Considérant qu'il résulte des dispositions précitées de la loi du 9 décembre 1905 que les collectivités territoriales ne peuvent accorder aucune subvention, à l'exception des concours pour des travaux de réparation d'édifices cultuels, aux associations cultuelles au sens du titre IV de cette loi ; qu'il leur est également interdit d'apporter une aide quelconque à une manifestation qui participe de l'exercice d'un culte ; qu'elles ne peuvent accorder une subvention à une association qui, sans constituer une association cultuelle au sens du titre IV de la même loi, a des activités cultuelles, qu'en vue de la réalisation d'un projet, d'une manifestation ou d'une activité qui ne présente pas un caractère cultuel et n'est pas destiné au culte et à la condition, en premier lieu, que ce projet, cette manifestation ou cette activité présente un intérêt public local et, en second lieu, que soit garanti, notamment par voie contractuelle, que la subvention est exclusivement affectée au financement de ce projet, de cette manifestation ou de cette activité et n'est pas utilisée pour financer les activités cultuelles de l'association ;

Considérant, d'une part, qu'une association dont l'une des activités consiste en l'organisation de prières collectives de ses membres, ouvertes ou non au public, doit être regardée, même si elle n'est pas une « association cultuelle » au sens du titre IV de la loi du 9 décembre 1905, comme ayant, dans cette mesure, une activité cultuelle ; que tel n'est pas le cas, en revanche, d'une association dont des membres, à l'occasion d'activités associatives sans lien avec le culte, décident de se réunir, entre eux, pour prier ; que, dès lors, en jugeant que les seules circonstances qu'une association se réclame d'une confession particulière ou que certains de ses membres se réunissent, entre eux, en marge d'activités organisées par elle, pour prier, ne suffisent pas à établir que cette association a des activités cultuelles, la cour n'a pas commis d'erreur de droit ;

Considérant, d'autre part, qu'il ressort des pièces du dossier soumis à la cour que la 19e rencontre internationale pour la paix a donné lieu à un ensemble de tables rondes et de conférences consacrées, dans l'esprit des rencontres d'Assise du 27 octobre 1986, au « courage d'un humanisme de paix » et a réuni plusieurs centaines d'invités et plusieurs milliers de participants ; qu'après avoir relevé que cette manifestation ne comportait la célébration d'aucune cérémonie cultuelle et que l'association organisatrice s'était bornée à prévoir un horaire libre, afin que les fidèles des différentes confessions puissent, s'ils le souhaitaient, participer, dans des édifices cultuels de leur choix, à des prières, la cour a jugé que, alors même que des personnalités religieuses figuraient parmi les participants et que certaines conférences portaient sur des thèmes en rapport avec les différentes religions représentées, la manifestation ne présentait pas un caractère cultuel et que la commune de Lyon avait pu, sans méconnaître les dispositions précitées de la loi du 9 décembre 1905, apporter un concours financier pour son organisation ; qu'en statuant ainsi, la cour a exactement qualifié les faits qui lui étaient soumis et n'a pas commis d'erreur de droit ;

Considérant, en troisième lieu, qu'aux termes du premier alinéa de l'article L. 2121-29 du même code : « Le conseil municipal règle par ses délibérations les affaires de la commune » ;

Considérant qu'en jugeant que la tenue à Lyon de la 19e rencontre internationale pour la paix, qui respectait le principe de neutralité à l'égard des cultes, était, eu égard au nombre important des participants, notamment étrangers, et à l'intervention au cours des tables rondes de nombreuses personnalités nationales et internationales, positive pour « l'image de marque » et le rayonnement de la commune de Lyon et qu'elle était de nature à contribuer utilement à la vie économique de son territoire, et en en déduisant que l'octroi de la subvention en litige présentait un caractère d'intérêt public communal et que la délibération du conseil municipal du 20 juin 2005 trouvait dès lors un fondement légal dans les dispositions précitées de l'article L. 2121-29 du Code général des collectivités territoriales, la cour a exactement qualifié les faits qui lui étaient soumis et n'a entaché son arrêt ni de contradiction de motifs ni d'erreur de droit.

20. Communes. Dépenses facultatives. Subvention à une association ayant des activités cultuelles. Établissements privés d'enseignement supérieur. Financement de travaux d'extension de bâtiments. Annulation de la décision attributive d'une subvention. Responsabilité de la commune. Montant du préjudice réparable

CE 20 juin 2012, *Commune de Dijon*, req. n° 342666 : *AJDA* 2012.1252 ; *AJCT* 2012.560, note Grillet-Carabajal ; *BJCL* 2012.721, concl. Cortot-Boucher et obs. Poujade ; *JCP Adm.* 2012, n° 2341, note Jean-Pierre

Il avait déjà été jugé que l'attribution par les collectivités locales de subventions aux établissements privés d'enseignement supérieur est autorisée par la législation en vigueur. La subvention en cause avait pour objet de financer des travaux d'aménagement de locaux afin qu'un centre universitaire catholique y développe ses activités d'enseignement supérieur (CAA Lyon, 2 février 2006, *Mlle Nathalie Bougaud et a.*, req. n° 00LY00905 : *AJDA* 2006.821, concl. Besle).

En l'espèce, l'objet du centre universitaire catholique était de prévoir, créer et gérer des structures d'enseignement, de formation, d'hébergement, d'animation de recherche et de diffusion de la doctrine et de la culture chrétiennes : ainsi l'objet de cette association était d'exercer une activité d'enseignement supérieur et non la pratique d'un culte, et, dès lors, la délibération litigieuse n'avait pas pour objet de subventionner des activités ou des établissements à caractère cultuel au sens des dispositions de l'article 2 de la loi du 9 décembre 1905.

Dans notre affaire, le Conseil d'État confirme cette jurisprudence, en estimant que la délibération d'un conseil municipal, par laquelle celui-ci accorde une subvention à une association dans le but de contribuer au financement de l'extension de bâtiments destinés à l'enseignement supérieur, ne méconnaît pas le principe de laïcité de l'État et des collectivités publiques défini par la loi du 9 décembre 1905, alors même que cette association, sans constituer une association cultuelle au sens du titre IV de cette loi, aurait des activités cultuelles et que ses biens seraient susceptibles, à terme, de devenir la propriété de l'Église catholique.

Mais l'intérêt de cette décision porte surtout sur les incidences de l'annulation d'une délibération attributive d'une subvention. En effet, il avait déjà été jugé, dans la même affaire, que l'illégalité de la délibération attributive d'une subvention à une association et l'annulation juridictionnelle qui en résulte ont pour effet de priver ladite association d'une subvention qui, sans l'illégalité imputable à la collectivité, lui aurait été définitivement acquise. Dès lors, la responsabilité de la commune peut être engagée du fait de l'illégalité commise (en l'espèce, l'absence de note de synthèse annexée à la convocation du conseil municipal) et du préjudice ainsi subi par l'association (CAA Lyon, 24 juin 2010, *Commune de Dijon,* req. n° 09LY02945 : *AJDA* 2010.2127).

La responsabilité de la collectivité ne saurait être atténuée par le comportement de l'association qui s'est bornée à affecter les fonds, après les avoir reçus, conformément à son plan de financement sans que, d'ailleurs, son attention ait été attirée sur la probabilité d'une perte définitive de la subvention (même arrêt).

Cette solution a été confirmée par le Conseil d'État qui, dans notre décision, a estimé que dans la mesure où, d'une part, la commune avait effectivement procédé au versement de la subvention à l'association, que celle-ci l'avait utilisée conformément à son objet, que l'association avait dû rembourser la subvention et supporter des frais financiers à cette fin, que la perte par l'association de la subvention litigieuse résultait directement de la méconnaissance fautive par la commune des dispositions du CGCT et, d'autre part, qu'aucune imprudence imputable à l'association n'était susceptible d'atténuer la responsabilité de la commune, le montant du préjudice réparable devait inclure le montant de la subvention et celui des intérêts versés par l'association au titre de l'emprunt souscrit pour son remboursement, sans avoir à rechercher si le financement accordé par la commune conditionnait en tout ou partie la réalisation du projet auquel il était affecté ni si l'association était tenue d'emprunter pour rembourser la subvention.

> Considérant qu'il ressort des pièces du dossier soumis aux juges du fond que, par une délibération de son conseil municipal du 15 novembre 1999, la commune de Dijon a accordé à l'association d'éducation populaire « Centre universitaire catholique de Bourgogne » une subvention d'un million de francs affectée au financement des travaux de délocalisation et d'extension des locaux de cet établissement d'enseignement supérieur ; que, par un jugement du 19 octobre 2000, le tribunal administratif de Dijon a annulé cette délibération au motif que la note explicative de synthèse prévue par les dispositions du premier alinéa de l'article L. 2121-12 du Code général des collectivités territoriales n'avait pas été remise aux membres du conseil municipal ; que cette annulation est devenue définitive après que la cour administrative d'appel de Lyon a, par un arrêt du 24 décembre 2002, pris acte du désistement de la commune de Dijon de l'appel qu'elle avait formé contre ce jugement ; que, par une requête enregistrée le 3 février 2004, l'association a saisi le tribunal administratif de Dijon de conclusions tendant à ce que la commune de Dijon soit condamnée à lui verser la somme de 219 860 euros en réparation du préjudice subi du fait de l'obligation dans laquelle elle s'est trouvée de rembourser la subvention qui lui avait été versée ; que, par un jugement du 13 octobre 2005, le tribunal administratif de Dijon a condamné la commune à verser à l'association, en réparation de son préjudice, la somme de 174 052,89 euros incluant, d'une part, le montant de la subvention litigieuse et, d'autre part, des frais financiers liés au reversement de la subvention ; que, par un arrêt du 23 septembre 2008, la cour administrative d'appel de Lyon a annulé ce jugement ; que, toutefois, par un arrêt du 16 novembre 2009, le Conseil d'État a annulé son arrêt et lui a renvoyé l'affaire ; que la commune de Dijon se pourvoit en cassation contre l'arrêt du 24 juin 2010 en tant qu'il rejette l'appel qu'elle a interjeté du jugement du 13 octobre 2005 du tribunal administratif de Dijon ;
>
> Considérant, en premier lieu, qu'en jugeant, après avoir relevé que la subvention versée à l'association d'éducation populaire « Centre universitaire catholique de Bourgogne » avait exclusivement pour objet de contribuer au financement de l'extension de bâtiments destinés à l'enseignement supérieur, que la délibération du

conseil municipal de Dijon du 15 novembre 1999 n'avait pas méconnu « le principe de laïcité de l'État et des collectivités publiques défini par la loi du 9 décembre 1905 », alors même que cette association, sans constituer une association cultuelle au sens du titre IV de cette loi, aurait eu des activités cultuelles et que ses biens seraient, comme le soutient la commune, susceptibles, à terme, de devenir « la propriété de l'Église catholique », la cour administrative d'appel de Lyon n'a pas commis d'erreur de droit ;

Considérant, en deuxième lieu, que le moyen tiré de ce que la cour aurait inexactement qualifié les faits qui lui étaient soumis en jugeant que la subvention litigieuse « n'était pas étrangère » à l'intérêt public local n'est pas assorti des précisions permettant d'en apprécier le bien-fondé ;

Considérant, en troisième lieu, qu'en jugeant que la commune de Dijon n'apportait « aucun commencement de démonstration » à l'appui de l'allégation selon laquelle les membres du conseil municipal auraient pu ne pas allouer la subvention litigieuse s'ils avaient reçu la note de synthèse prévue par l'article L. 2121-12 du Code général des collectivités territoriales, la cour n'a pas dénaturé les faits du dossier qui lui était soumis ni commis d'erreur de droit ;

Considérant, en quatrième lieu, qu'en jugeant, d'une part, après avoir successivement relevé qu'aucun principe ni aucune disposition ne faisaient obstacle à l'octroi de la subvention litigieuse, que la commune avait effectivement procédé au versement de la subvention à l'association, que celle-ci l'avait utilisée conformément à son objet, enfin que l'association avait dû rembourser la subvention et supporter des frais financiers à cette fin, que la perte par l'association de la subvention litigieuse résultait directement de la méconnaissance fautive, par la commune, des dispositions de l'article L. 2121-12 du Code général des collectivités territoriales et, d'autre part, qu'aucune imprudence imputable à l'association n'était susceptible d'atténuer la responsabilité de la commune, la cour, qui a porté sur les faits qui lui étaient soumis une appréciation souveraine exempte de dénaturation, n'a entaché son arrêt d'aucune erreur de qualification juridique ;

Considérant, en cinquième lieu, qu'en déduisant de ces circonstances que le montant du préjudice réparable devait inclure le montant de la subvention et celui des intérêts versés par l'association au titre de l'emprunt souscrit pour son remboursement, la cour, qui a suffisamment motivé son arrêt, n'a commis aucune erreur de droit, alors même qu'elle n'a pas recherché si le financement accordé par la commune conditionnait en tout ou partie la réalisation du projet auquel il était affecté ni si l'association était tenue d'emprunter pour rembourser la subvention.

21. Communes. Péréquation financière. Fonds national de péréquation des ressources intercommunales et communales. Question prioritaire de constitutionnalité. Constitutionnalité

CE QPC, 21 septembre 2012, *Commune de Vitry-sur-Seine*, req. n° 360602 : *RJF* 2012, n° 1151

Les articles L. 2336-1, L. 2336-2 et L. 2336-3 du Code général des collectivités territoriales, relatifs au Fonds national de péréquation des ressources intercommunales et communales (FPIC), ne portent pas atteinte aux droits et libertés garantis par la Constitution. Dès lors, il n'y a pas besoin de renvoyer au Conseil constitutionnel la question prioritaire de constitutionnalité invoquée par un requérant.

Considérant que l'article L. 2336-1 du Code général des collectivités territoriales, issu de la loi du 28 décembre 2011 de finances pour 2012, crée un fonds national de péréquation des ressources intercommunales et communales, dont les ressources en 2012, 2013, 2014 et 2015 sont respectivement fixées à 150, 360, 570 et 780 millions d'euros, et dont les ressources à compter de 2016 sont fixées à 2 % des recettes fiscales des communes et de leurs groupements dotés d'une fiscalité propre ;

Considérant que la commune de Vitry-sur-Seine soutient que les articles L. 2336-1, L. 2336-2 et L. 2336-3 portent atteinte au principe d'égalité garanti par les articles 1er, 6 et 13 de la Déclaration des droits de l'homme et du citoyen de 1789, au principe de libre administration des collectivités territoriales énoncé à l'article 72 de la Constitution, au principe de péréquation énoncé à son article 72-2 et au droit énoncé à l'article 14 de la Déclaration de 1789 et dont disposent « tous les citoyens » de suivre l'emploi de la contribution publique ;

Considérant, en premier lieu, qu'aux termes du dernier alinéa de l'article 72-2 de la Constitution : « La loi prévoit des dispositifs de péréquation destinés à favoriser l'égalité entre les collectivités territoriales » ; que, si cette disposition a pour but de concilier le principe de liberté avec celui d'égalité par l'instauration de mécanismes de péréquation financière, sa méconnaissance ne peut, en elle-même, être invoquée à l'appui d'une question prioritaire de constitutionnalité sur le fondement de l'article 61-1 de la Constitution ;

Considérant, en deuxième lieu, que les dispositions de l'article 14 de la Déclaration de 1789 sont mises en œuvre par l'article 34 de la Constitution et n'instituent pas un droit ou une liberté qui puisse être invoqué, à l'occasion d'une instance devant une juridiction, à l'appui d'une question prioritaire de constitutionnalité ;

Considérant, en troisième lieu, que si la péréquation peut corriger non seulement les inégalités affectant les ressources mais également les inégalités relatives aux charges, le principe d'égalité entre collectivités territoriales n'impose pas au législateur de faire porter tout dispositif de péréquation entre les collectivités territoriales à la fois sur leurs ressources et sur leurs charges ; qu'au demeurant, si la définition des contributeurs au fonds national de péréquation des ressources intercommunales et communales est fondée sur le seul critère du potentiel financier par habitant, d'une part, ce critère est pondéré, de manière plus que proportionnelle, en vertu de l'application d'un coefficient logarithmique, par le nombre d'habitants, d'autre part, la répartition des ressources du fonds est opérée, en vertu de l'article L. 2336-5 du code, sur la base d'un indice synthétique de ressources et de charges ;

Considérant, en quatrième lieu, que le critère du potentiel financier, sur la base duquel sont fixés la liste des contributeurs au fonds et le montant de leur contribution, est en lien direct avec l'objectif poursuivi par le législateur de réduire les écarts de ressources entre collectivités territoriales ; que ce critère est objectif et rationnel ; que si le calcul du potentiel financier agrégé des ensembles intercommunaux diffère du calcul du potentiel financier des communes n'appartenant à aucun groupement à fiscalité propre, et n'intègre pas la dotation d'intercommunalité prévue à l'article L. 5211-28 du code dont bénéficient les établissements publics de coopération intercommunale, il n'en résulte aucune rupture caractérisée d'égalité devant les charges publiques au détriment des communes n'appartenant à aucun groupement à fiscalité propre ;

Considérant, en cinquième lieu, que si, en règle générale, le principe d'égalité impose de traiter de la même façon des personnes qui se trouvent dans la même situation, il n'en résulte pas pour autant qu'il oblige à traiter différemment des personnes se trouvant dans des situations différentes ; que par suite, le principe d'égalité n'imposait pas au législateur de traiter différemment des autres communes et groupements, dans la fixation des règles de contribution au fonds national de péréquation des ressources intercommunales et communales, les communes et groupements d'Ile-de-France, au motif qu'ils sont également susceptibles de contribuer au fonds de solidarité des communes de la région d'Ile-de-France, mécanisme intercommunal de redistribution des ressources propre à cette région ;

Considérant, en sixième lieu, que le principe d'égalité n'imposait pas davantage au législateur de traiter différemment des autres communes les communes bénéficiaires de la dotation de solidarité urbaine et de cohésion sociale ;

Considérant, en septième lieu, que le montant prélevé pour la contribution au fonds national de péréquation des ressources intercommunales ne peut, après addition, le cas échéant, de la contribution due au titre du fonds de solidarité de la région d'Ile-de-France, excéder, pour chaque ensemble intercommunal ou chaque commune, 10 % du produit perçu au titre des ressources prises en compte dans le calcul du potentiel fiscal agrégé en vertu de l'article L. 2336-2 ; que dès lors, compte tenu de la définition précédemment rappelée du potentiel fiscal agrégé, le législateur ne peut être regardé comme ayant, dans l'immédiat ou à terme, restreint les ressources des collectivités territoriales au point de dénaturer le principe de libre administration de ces collectivités ; que par suite, l'augmentation progressive des ressources du fonds ne saurait être regardée comme portant atteinte au principe de libre administration des collectivités territoriales du fait d'un étalement dans le temps insuffisant ;

Considérant, en huitième lieu, que la circonstance qu'une commune éligible à la dotation de solidarité urbaine et de cohésion sociale puisse être contributrice au fonds national de péréquation des ressources intercommunales et communales ne saurait être regardée comme portant atteinte au principe de libre administration des collectivités territoriales ;

Considérant qu'il résulte de tout ce qui précède que, sans qu'il soit besoin de renvoyer au Conseil constitutionnel la question prioritaire de constitutionnalité invoquée, le moyen tiré de ce que les articles L. 2336-1, L. 2336-2 et L. 2336-3 du Code général des collectivités territoriales porte atteinte aux droits et libertés garantis par la Constitution doit être écarté.

22. Collectivités territoriales. Titre de recettes. Évaluation du bien-fondé de la créance. Pouvoirs du juge. Recours à un expert

CE 9 mai 2012, *Commune de Fleury-d'Aude*, req. n° 344388 : *BJCL* 2012.471, concl. Boulouis et obs. Poujade

Il appartient au juge, pour déterminer si la créance de la collectivité publique présente un caractère exigible, certain et liquide, de se faire communiquer directement par le débiteur les éléments et documents permettant d'établir la réalité et le montant des paiements qu'il a effectués, et non d'ordonner une expertise afin d'évaluer le bien-fondé de la créance litigieuse.

Considérant qu'il ressort des pièces du dossier soumis au juge du fond que, par une convention en date du 9 février 1988, reconduite le 13 mai 1988, la commune de Fleury d'Aude a confié au syndicat mixte d'aménagement et de développement de la Basse Vallée de l'Aude (SMABVA) une mission de conseil pour la création d'un observatoire sous-marin ; que, par un marché signé le 31 mars 1988, la commune de Fleury d'Aude a confié à la société Rougerie la maîtrise d'œuvre de cet ouvrage puis, par convention en date du 24 mai 1988, en a délégué la maîtrise d'ouvrage à la société d'économie mixte d'équipement et d'aménagement de l'Aude, devenue société Aude Aménagement ; que, par une convention de cession de créance conclue le 27 décembre 1995, la société Aude Aménagement a cédé au département de l'Aude, pour un montant de 15 000 000 francs, soit 2 286 735,26 euros, la créance qu'elle détenait à l'encontre de la commune de Fleury d'Aude à raison de la convention de mandat qui les liait ; que, le 6 août 2002, le département a émis à l'encontre de la commune un titre exécutoire en vue de recouvrer cette somme ; que, par un jugement du 29 décembre 2006, le tribunal administratif de Montpellier a rejeté la demande de la commune de Fleury d'Aude tendant à l'annulation de ce titre ; que, par l'arrêt attaqué, la cour administrative d'appel de Marseille a ordonné avant dire droit une expertise en vue de déterminer le montant exact de la créance du département de l'Aude ;

Sur l'arrêt attaqué en tant qu'il a ordonné une expertise avant de statuer sur les conclusions de la commune de Fleury d'Aude tendant à l'annulation du titre exécutoire :

Considérant, en premier lieu, que par une appréciation souveraine non susceptible d'être discutée devant le juge de cassation, la cour administrative d'appel de Marseille a relevé que les bases de liquidation de la créance pour le recouvrement de laquelle le titre litigieux avait été émis devaient être regardées comme ayant été, préalablement à la notification de ce titre à la commune de Fleury d'Aude, portées à la connaissance de celle-ci ;

Considérant, en deuxième lieu, que la cour, qui n'était pas tenue de répondre à l'ensemble de l'argumentation de la requérante, a suffisamment motivé son arrêt en relevant que les documents annexés au titre litigieux permettaient de connaître les bases de liquidation de la créance pour le recouvrement de laquelle il avait été émis ;

Considérant, en troisième lieu, qu'après avoir souverainement relevé que la convention de cession de créance du 27 décembre 1995 avait été, en application des dispositions de l'article 1690 du Code civil, régulièrement notifiée au comptable de la commune de Fleury d'Aude le 29 novembre 1999 par exploit d'huissier, la cour administrative d'appel de Marseille n'a pas méconnu la portée de ces dispositions ni commis d'erreur de droit en jugeant que cette seule notification avait pour effet de rendre la créance opposable à la commune ;

Considérant toutefois, en dernier lieu, qu'en vue de déterminer le montant exact de la créance détenue par le département de l'Aude à l'encontre de la commune de Fleury d'Aude, la cour administrative d'appel de Marseille, après avoir souverainement relevé, d'une part, que le département avait apporté un commencement de preuve de sa créance mais, d'autre part, que la commune soutenait avoir réglé certaines sommes directement à son mandataire et que l'état du dossier ne lui permettait pas de déterminer dans quelle mesure la créance du département présentait un caractère exigible, certain et liquide, a désigné un expert auquel elle a demandé de lui « fournir tous les éléments factuels et comptables utiles » à la détermination de cette créance ; que, s'agissant de rechercher la réalité et le montant des paiements effectués par la commune de Fleury d'Aude auprès de son mandataire, la société Aude Aménagement, il appartenait à la cour, pour déterminer le montant des sommes versées par la commune qui devait venir en diminution du montant de la créance du département de l'Aude exigée par le titre exécutoire litigieux, de se faire communiquer directement par la commune les éléments et documents permettant d'établir la réalité et le montant des paiements qu'elle avait effectués auprès de son mandataire ; qu'en recourant cependant à une expertise pour en obtenir communication et procéder à l'évaluation de la créance réelle du département, la cour administrative d'appel de Marseille a méconnu son office et commis une erreur de droit ; que, par suite, la commune de Fleury d'Aude est fondée à demander l'annulation de l'arrêt attaqué en tant qu'il a ordonné une expertise avant d'évaluer le bien-fondé de la créance litigieuse.

23. Collectivités territoriales. Titre de recettes. Contestation du titre de recettes. Procédure

CE 23 février 2012, *Société Sceria*, req. n° 348211 : *AJDA* 2012.405

Il résulte des dispositions du 1° de l'article L. 1617-5 CGCT que seule l'opposition formée contre un titre exécutoire devant la juridiction fait obstacle au recouvrement de la créance, à l'exclusion de toute autre instance ayant pour objet de contester le bien-fondé de la créance pour le paiement de laquelle l'ordonnateur émet un titre exécutoire.

Dès lors, une instance relative à la contestation du décompte général d'un marché n'a pas pour effet de suspendre la force exécutoire du titre émis en vue du paiement à la collectivité territoriale du solde débiteur de ce marché.

En effet, la demande qui tendait à contester le décompte général du marché, portant ainsi sur le bien-fondé de la créance, n'était pas dirigée contre le titre de recettes émis en vue du paiement de cette créance. Ainsi, l'introduction de cette instance n'a pu priver ce titre de force exécutoire, ni dès lors empêcher le déclenchement du délai de prescription de l'action en recouvrement prévu au 3° de l'article L. 1617-5 CGCT.

Considérant qu'il ressort des pièces du dossier soumis à la cour administrative d'appel de Nantes qu'après la résiliation par le Syndicat intercommunal d'abattage de la région du Faou du marché conclu avec la société Sceria, celle-ci a refusé le décompte général notifié par le syndicat intercommunal, dont le solde était pour elle débiteur, puis a saisi le tribunal administratif de Rennes, le 23 mars 2000, d'une demande tendant à la condamnation du syndicat à lui verser la somme de 67 411,27 euros TTC au titre du solde de ce décompte, en contestant les réfactions et déductions opérées par le maître de l'ouvrage ainsi que les pénalités infligées par ce dernier ; que sa demande a été rejetée par un jugement du 26 août 2004, confirmé par un arrêt de la cour administrative d'appel de Nantes du 21 avril 2006 ; que le Conseil d'État, statuant au contentieux, a refusé par une décision du 25 juillet 2007 d'admettre le pourvoi en cassation de la société ; que le syndicat intercommunal ayant émis le 4 avril 2000 à l'encontre de la société un titre de recettes tendant au paiement du solde du décompte, le comptable public du syndicat a émis le 30 novembre 2004, postérieurement au jugement rejetant la demande de la société, puis les 5 mars 2007 et 20 février 2008, des commandements de payer tendant au recouvrement de la somme mise à la charge de la société par le titre de recettes du 4 avril 2000, en tenant compte des décisions successives de la juridiction administrative relatives au décompte du marché ; qu'ayant saisi le tribunal administratif de Rennes, les 13 janvier 2005, 28 avril 2007 et 16 avril 2008, respectivement, de demandes tendant à être déchargée de l'obligation de payer les sommes dont le recouvrement était poursuivi par ces commandements, la société a notamment soutenu devant celui-ci puis devant la cour administrative d'appel de Nantes, en défense à l'appel interjeté à l'encontre du jugement du 9 juillet 2009 la déchargeant totalement de l'obligation de payer ces sommes, que l'action en recouvrement engagée par le comptable public était prescrite, la demande du 23 mars 2000 tendant à la condamnation du syndicat intercommunal n'ayant pas eu pour effet de suspendre le caractère exécutoire du titre de recettes émis le 4 avril 2000, ni d'interrompre le délai de prescription de l'action en recouvrement de ce titre ; que par l'arrêt attaqué, la cour administrative d'appel de Nantes a au contraire jugé que l'action en recouvrement n'était pas prescrite, et n'a déchargé la société de son obligation de payer la somme réclamée que pour le montant excédant celui de 72 136,56 euros, réformant le jugement du 9 juillet 2009 en ce qu'il avait de contraire ;

Considérant qu'aux termes de l'article L. 1617-5 du Code général des collectivités territoriales, dans sa rédaction applicable à la présente affaire : « 1° En l'absence de contestation, le titre de recettes individuel ou collectif émis par la collectivité territoriale ou l'établissement public local permet l'exécution forcée d'office contre le débiteur./Toutefois, l'introduction devant une juridiction de l'instance ayant pour objet de contester le bien-fondé d'une créance assise et liquidée par une collectivité territoriale ou un établissement public local suspend la force exécutoire du titre [...]/2° L'action dont dispose le débiteur d'une créance assise et liquidée par une collectivité territoriale ou un établissement public local pour contester directement devant la juridiction compétente le bien-fondé de ladite créance se prescrit dans le délai de deux mois suivant la réception du titre exécutoire ou, à défaut, du premier acte procédant de ce titre ou de la notification d'un acte de poursuite [...]/3° L'action des comptables publics chargés de recouvrer les créances des régions, des départements, des communes et des établissements publics locaux se prescrit par quatre ans à compter de la prise en charge du titre de recettes./Le délai de quatre ans mentionné à l'alinéa précédent est interrompu par tous actes comportant reconnaissance de la part des débiteurs et par tous actes interruptifs de la prescription [...] » ;

Considérant qu'il résulte des dispositions, citées ci-dessus, du 1° de l'article L. 1617-5 du Code général des collectivités territoriales que seule l'opposition formée contre un titre exécutoire devant la juridiction fait obstacle au recouvrement de la créance, à l'exclusion de toute autre instance ayant pour objet de contester le bien-fondé de la créance pour le paiement de laquelle l'ordonnateur émet un titre exécutoire ; que, dès lors, en jugeant qu'une instance relative à la contestation du décompte général du marché notifié à la société Sceria par le Syndicat intercommunal d'abattage de la région du Faou avait eu pour effet de suspendre la force exécutoire du titre émis à l'encontre de la société en vue du paiement au syndicat du solde débiteur, pour la société, de ce marché, la cour administrative d'appel de Nantes a commis une erreur de droit ; que la société Sceria est par suite fondée, sans qu'il soit besoin d'examiner les autres moyens de son pourvoi, à demander l'annulation de son arrêt, en tant qu'à son article 1er il ne l'a déchargée de l'obligation de payer les sommes mises à sa charge par le titre exécutoire du 4 avril 2000, et dont le recouvrement était poursuivi par les commandements de payer des 30 novembre 2004, 5 mars 2007 et 20 février 2008, que pour le montant excédant celui de 72 136,56 euros, qu'il a, par son article 2, réformé le jugement du tribunal administratif de Rennes en ce qu'il avait de contraire et qu'il a mis à sa charge, par son article 4, le versement au syndicat intercommunal de la somme de 2 000 euros au titre de l'article L. 761-1 du Code de justice administrative ;

Considérant qu'il y a lieu, dans les circonstances de l'espèce, de régler, dans cette mesure, l'affaire au fond en application des dispositions de l'article L. 821-2 du Code de justice administrative ;

Sur l'appel du Syndicat intercommunal d'abattage de la région du Faou :

Considérant que la demande de la société Sceria enregistrée au greffe du tribunal administratif de Rennes le 23 mars 2000, si elle tendait à contester le décompte général du marché qui lui avait été notifié, portant ainsi tant sur le bien-fondé de la créance qu'elle invoquait au titre du solde de ce marché que sur celui de la créance que faisait valoir au même titre le Syndicat intercommunal d'abattage de la région du Faou, n'était pas dirigée contre le titre de recettes émis en vue du paiement de cette créance ; qu'ainsi qu'il a été dit, l'introduction de cette instance n'a pu priver ce titre de force exécutoire en vertu des dispositions, citées ci-dessus, du 1° de l'article L. 1617-5 du Code général des collectivités territoriales ni, dès lors, empêcher le déclenchement du délai de prescription de l'action en recouvrement prévu au 3° du même article ;

Considérant qu'il résulte de l'instruction que le titre de recettes relatif à cette créance, émis par l'ordonnateur le 4 avril 2000, a été pris en charge par le comptable public le 5 avril 2000 ; que le premier commandement de payer ayant été émis le

30 novembre 2004, il a nécessairement été reçu au-delà de cette date ; que, dès lors, le délai de quatre ans fixé au 3° de l'article L. 1617-5 était, à la date de la réception de ce commandement de payer par la société, comme à la date de la réception des commandements de payer émis postérieurement, écoulé ; que, par suite, l'action en recouvrement était prescrite ; que, par conséquent, sans qu'il soit besoin de statuer sur la fin de non-recevoir opposée par la société Sceria à la requête en appel du Syndicat intercommunal d'abattage de la région du Faou, celui-ci n'est pas fondé à se plaindre de ce que, par le jugement qu'il attaque, le tribunal administratif de Rennes a déchargé la société de l'obligation de payer les sommes mises à sa charge par le titre exécutoire du 4 avril 2000 et dont le recouvrement était poursuivi par les commandements de payer des 30 novembre 2004, 5 mars 2007 et 20 février 2008.

24. Collectivités territoriales. Dépenses. Prescription quadriennale. Contestation. Recours de plein contentieux. Irrecevabilité du recours pour excès de pouvoir

CE 15 novembre 2012, *Commune de Cavalaire-sur-Mer*, req. n° 355755 : *AJDA* 2012.2192, obs. De Montecler

Lorsque, dans le cadre d'un litige indemnitaire, l'administration oppose à la créance objet de ce litige la prescription prévue par les dispositions de la loi du 31 décembre 1968, le créancier qui entend contester le bien-fondé de la prescription doit le faire devant le juge saisi de ce même litige.

Dans cette hypothèse, le créancier n'est, par conséquent, pas recevable à demander au juge de l'excès de pouvoir l'annulation de la décision opposant la prescription quadriennale à la créance dont il se prévaut.

En l'espèce, le créancier avait saisi le tribunal administratif d'une demande d'annulation de la décision du maire opposant la prescription quadriennale à ses demandes indemnitaires, alors que la prescription avait déjà été opposée à l'intéressé par la commune dans le cadre du recours de plein contentieux de ce dernier tendant à la condamnation de la commune à lui payer cette indemnité en réparation du préjudice résultant de son éviction illégale de la procédure d'attribution d'une délégation de service public. Dès lors, ce créancier n'était pas recevable à exercer un recours pour excès de pouvoir contre la décision du maire.

Considérant qu'aux termes de l'article 1er de la loi du 31 décembre 1968 relative à la prescription des créances sur l'État, les départements, les communes et les établissements publics : « Sont prescrites, au profit de l'État, des départements et des communes, sans préjudice des déchéances particulières édictées par la loi et sous réserve des dispositions de la présente loi, toutes créances qui n'ont pas été payées dans un délai de quatre ans à partir du premier jour de l'année suivant celle au cours de laquelle les droits ont été acquis./Sont prescrites, dans le même délai et sous la même réserve, les créances sur les établissements publics dotés d'un comptable public » ;

Considérant que, par un jugement du 3 septembre 2009, le tribunal administratif de Toulon, après avoir écarté l'exception de prescription quadriennale opposée par la commune de Cavalaire-sur-Mer, a condamné celle-ci à verser une somme de 89 000 euros à M. A. en réparation du préjudice né de son éviction illégale et de sa perte de chance sérieuse de se voir attribuer les contrats de délégation de la gestion de la plage du centre-ville ; que, par un arrêt du 21 octobre 2011 qui fait l'objet d'un pourvoi en cassation, la cour administrative d'appel de Marseille a annulé ce jugement et rejeté la demande indemnitaire de M. A, sans statuer sur l'exception de prescription quadriennale ; que, parallèlement à ce litige indemnitaire, M. A. a saisi le tribunal administratif de Toulon d'une demande tendant à l'annulation de l'arrêté du 2 juillet 2009 par lequel le maire de la commune de Cavalaire-sur-Mer a opposé la prescription quadriennale à cette même demande indemnitaire ;

Considérant que, par l'ordonnance attaquée, le président de la 6e chambre de la cour administrative d'appel de Marseille a prononcé un non-lieu à statuer sur l'appel de la commune contre le jugement du 11 mars 2011 par lequel le tribunal administratif de Toulon a annulé cet arrêté ; que, pour juger ainsi que le litige relatif à la contestation de la décision opposant la prescription quadriennale était devenu sans objet, il a relevé que les conclusions indemnitaires de M. A. avaient été rejetées par l'arrêt du 21 octobre 2011 de la même cour, passé en force de chose jugée ;

Considérant, toutefois, que le délai de pourvoi en cassation contre cet arrêt n'était pas expiré à la date de l'ordonnance attaquée, de sorte que le rejet de la demande indemnitaire de M. A. n'était pas irrévocable ; qu'eu égard à la possibilité qui demeurait ainsi d'une annulation par le Conseil d'État de l'arrêt du 21 octobre 2011, l'auteur de l'ordonnance attaquée ne pouvait, sans commettre d'erreur de droit, juger que le rejet de cette demande par la cour rendait sans objet la contestation par la commune de Cavalaire-sur-Mer du jugement qui avait annulé la décision opposant la prescription quadriennale ; que, par suite, la commune est fondée à demander l'annulation de cette ordonnance ;

Considérant qu'il y a lieu, dans les circonstances de l'espèce, de régler l'affaire au fond en application des dispositions de l'article L. 821-2 du Code de justice administrative ;

Considérant que lorsque, dans le cadre d'un litige indemnitaire, l'administration oppose à la créance objet de ce litige la prescription prévue par les dispositions de la loi du 31 décembre 1968, le créancier qui entend contester le bien-fondé de la prescription doit le faire devant le juge saisi de ce même litige ; que, dans cette hypothèse, le créancier n'est par conséquent pas recevable à demander au juge de l'excès de pouvoir l'annulation de la décision opposant la prescription quadriennale à la créance dont il se prévaut ;

Considérant qu'il ressort des pièces du dossier qu'à la date du 31 décembre 2009, à laquelle M. A. a saisi le tribunal administratif de Toulon d'une demande d'annulation de la décision du maire de Cavalaire-sur-Mer du 2 juillet 2009 opposant la prescription quadriennale à ses demandes indemnitaires, la prescription avait déjà été opposée à l'intéressé par la commune dans le cadre du recours de plein contentieux de ce dernier tendant à la condamnation de la commune à lui payer la somme de 178 550 euros en réparation du préjudice résultant de son éviction illégale de la procédure d'attribution de la délégation de service public portant sur l'exploitation du lot de plage n° 3 dit du centre-ville ; qu'il résulte de ce qui vient d'être dit que M. A. n'était pas recevable à exercer un recours pour excès de pouvoir contre l'arrêté du 2 juillet 2009 ; que, dès lors, et sans qu'il soit besoin d'examiner les moyens de la requête, le jugement attaqué, par lequel le tribunal a annulé cette décision, doit être annulé.

25. Collectivités territoriales. Comptabilité publique. Comptable. Contrôles. Pièces justificatives. Absence de contrôle de légalité

CE 8 février 2012, *Ministre du Budget, des Comptes publics et de la Réforme de l'*État, req. n° 342825 et n° 340698 : *Dr. Adm.* 2012, n° 39, note Hoepffner ; *AJDA* 2012.245 et 698 ; *JCP Adm.* 2012, n° 2084, note Guigue ; *BJCL* 2012.213, concl. De Lesquen, obs. Renouard et Girardi

De manière générale, le Conseil d'État estime qu'il résulte des dispositions de l'article 12 du décret du 29 décembre 1962, portant règlement général sur la comptabilité publique (décret abrogé et remplacé par le décret du 7 novembre 2012), que les comptables doivent exercer leur contrôle sur la production des justifications, mais alors même qu'il leur appartient, pour apprécier la validité des créances, de donner aux actes administratifs une interprétation conforme à la réglementation en vigueur, ils n'ont pas le pouvoir de se faire juges de leur légalité (CE 13 juillet 2006, *Ministre de l'Économie, des Finances et de l'Industrie,* req. n° 276135 : *Dr. Adm.* 2006, n° 168 ; *RFDA* 2006.1100 ; *BJCL* 2006.592, concl. Guyomar). En l'espèce, la subvention accordée par une commune à la mutuelle générale des personnels des collectivités locales avait été supérieure à ce que la réglementation autorise. Le Conseil d'État avait estimé qu'il n'était pas dans les pouvoirs du comptable de la commune de se faire juge de la légalité de la délibération du conseil municipal dont il faisait application.

Le Conseil d'État a précisé sa jurisprudence en estimant qu'il revient aux comptables d'apprécier si les pièces fournies présentent un caractère suffisant pour justifier la dépense engagée. Pour établir ce caractère suffisant, il leur appartient de vérifier, en premier lieu, si l'ensemble des pièces requises au titre de la nomenclature comptable applicable leur a été fourni et, en deuxième lieu, si ces pièces sont, d'une part, complètes et précises, d'autre part, cohérentes au regard de la catégorie de la dépense définie dans la nomenclature applicable et de la nature et de l'objet de la dépense telle qu'elle a été ordonnancée. Si ce contrôle peut conduire les comptables à porter une appréciation juridique sur les actes administratifs à l'origine de la créance et s'il leur appartient alors d'en donner une interprétation conforme à la réglementation en vigueur, ils n'ont pas le pouvoir de se faire juges de leur légalité.

Ainsi, un comptable qui a payé des dépenses correspondant à des bons de commande, dont les dates étaient toutes postérieures à celles d'émission des factures correspondantes, ne saurait exercer un contrôle de légalité sur les pièces justificatives fournies par l'ordonnateur alors que celles-ci ne présentaient, à elles seules et quelle que soit en tout état de cause leur validité juridique, ni incohérence au regard de la catégorie de la dépense définie dans la nomenclature applicable, ni incohérence au regard de la nature et de l'objet de la dépense engagée (1re espèce).

De même, un comptable qui a payé des dépenses relatives à des marchés publics supérieurs à 4 000 euros, mais qui n'avaient pas fait l'objet de contrats écrits, doit suspendre le paiement et demander à l'ordonnateur la production des justifications nécessaires. En revanche, dès lors que l'ordonnateur a produit, en réponse à cette demande, un certificat administratif par lequel il déclare avoir passé un contrat oral et prend la responsabilité de l'absence de contrat écrit, il appartient au comptable, qui n'a pas à se faire juge de la légalité de la passation du marché en cause, de payer la dépense (2e espèce).

1re espèce

Considérant qu'en vertu de l'article 60 de la loi de finances du 23 février 1963, la responsabilité personnelle et pécuniaire des comptables publics se trouve engagée dès lors notamment qu'une dépense a été irrégulièrement payée ; que selon le VI de l'article 60, le comptable public dont la responsabilité pécuniaire est ainsi engagée ou mise en jeu a l'obligation de verser immédiatement de ses deniers personnels une somme égale à la dépense payée à tort ; que s'il n'a pas versé cette somme, il peut être, selon le VII de l'article 60, constitué en débet par le juge des comptes ;

Considérant qu'en vertu de l'article 19 du décret du 29 décembre 1962 portant règlement général sur la comptabilité publique, les comptables publics sont, dans les conditions fixées par les lois de finances, personnellement et pécuniairement responsables de l'exercice régulier des contrôles prévus aux articles 12 et 13 ; qu'aux termes de l'article 12 du même décret : « Les comptables sont tenus d'exercer :/[...] B. – En matière de dépenses, le contrôle : [...] De la validité de la créance dans les conditions prévues à l'article 13 ci-après [...] » ; qu'aux termes de l'article 13 du même décret : « En ce qui concerne la validité de la créance, le contrôle porte sur :/ La justification du service fait et l'exactitude des calculs de liquidation ;/L'intervention préalable des contrôles réglementaires et la production des justifications [...] » ; qu'aux termes de l'article 37 du même décret : « Lorsque, à l'occasion de l'exercice du contrôle prévu à l'article 12 (alinéa B) ci-dessus, des irrégularités sont constatées, les comptables publics suspendent les paiements et en informent l'ordonnateur. [...] » ; qu'enfin, en vertu de l'article 47 du même décret, les opérations de dépense « doivent être appuyées des pièces justificatives prévues dans les nomenclatures établies par le ministre des Finances avec, le cas échéant, l'accord du ministre intéressé » ;

Considérant qu'il résulte de ces dispositions que, pour apprécier la validité des créances, les comptables doivent notamment exercer leur contrôle sur la production des justifications ; qu'à ce titre, il leur revient d'apprécier si les pièces fournies présentent un caractère suffisant pour justifier la dépense engagée ; que pour établir ce caractère suffisant, il leur appartient de vérifier, en premier lieu, si l'ensemble des pièces requises au titre de la nomenclature comptable applicable leur ont été fournies et, en deuxième lieu, si ces pièces sont, d'une part, complètes et précises, d'autre part, cohérentes au regard de la catégorie de la dépense définie dans la nomenclature applicable et de la nature et de l'objet de la dépense telle qu'elle a été ordonnancée ; que si ce contrôle peut conduire les comptables à porter une appréciation juridique sur les actes administratifs à l'origine de la créance et s'il leur appartient alors d'en donner une interprétation conforme à la réglementation en vigueur, ils n'ont pas le pouvoir de se faire juges de leur légalité ; qu'enfin, lorsque les pièces justificatives fournies sont insuffisantes pour établir la validité de la créance, il appartient aux comptables de suspendre le paiement jusqu'à ce que l'ordonnateur leur ait produit les justifications nécessaires ;

Considérant qu'il ressort des pièces du dossier soumis aux juges du fond que, pour justification des dépenses engagées au titre de prestations fournies par la société Raba Sarp Sud-Ouest, l'agent comptable du Port autonome de Bordeaux a été destinataire de pièces intitulées « bons de commande » dont les dates étaient toutes postérieures à celles d'émission des factures correspondantes ; que, pour retenir qu'il lui appartenait, contrairement à ce qu'il a fait, de suspendre le paiement des sommes réclamées, la Cour des comptes a estimé que les bons de commande litigieux ne pouvaient être considérés par le comptable public comme des pièces justificatives valides au regard des exigences posées à l'article 5 du Code des marchés publics relatives à la définition préalable des besoins ; que s'il appartenait au comptable, en cas de doute quant au caractère suffisant des justifications produites, de suspendre le paiement et de demander à l'ordonnateur de lui communiquer tout élément de nature à lui permettre d'exercer pleinement le contrôle de la régularité des pièces qui lui incombe, en revanche, il n'avait pas à se faire juge de la légalité des « bons de commande » en cause ; qu'en l'espèce, en reprochant au comptable de ne pas avoir suspendu le paiement des sommes litigieuses au seul motif que les bons de commande étaient d'une date postérieure à celle des factures qui se rattachaient à eux, le juge des comptes a en réalité exigé du comptable qu'il exerce un contrôle de légalité sur les pièces justificatives fournies par l'ordonnateur alors que celles-ci ne présentaient, à elles seules et quelle que soit en tout état de cause leur validité juridique, ni incohérence au regard de la catégorie de la dépense définie dans la nomenclature applicable ni incohérence au regard de la nature et de l'objet de la dépense engagée ; que, dès lors, la Cour des comptes a entaché son arrêt d'une erreur de droit.

2ᵉ espèce

Considérant qu'en vertu de l'article 60 de la loi de finances du 23 février 1963, la responsabilité personnelle et pécuniaire des comptables publics se trouve engagée dès lors notamment qu'une dépense a été irrégulièrement payée ; que selon le VI de l'article 60, le comptable public dont la responsabilité pécuniaire est ainsi engagée ou mise en jeu a l'obligation de verser immédiatement de ses deniers personnels une somme égale à la dépense payée à tort ; que s'il n'a pas versé cette somme, il peut être, selon le VII de l'article 60, constitué en débet par le juge des comptes ; que s'agissant des comptables locaux, l'article L. 1617-2 du Code général des collectivités territoriales dispose que : « Le comptable d'une commune, d'un département ou d'une région ne peut subordonner ses actes de paiement à une appréciation de l'opportunité des décisions prises par l'ordonnateur. Il ne peut soumettre les mêmes actes qu'au contrôle de légalité qu'impose l'exercice de sa responsabilité personnelle et pécuniaire » ;

Considérant, en premier lieu, qu'en vertu de l'article 19 du décret du 29 décembre 1962 portant règlement général sur la comptabilité publique, les comptables publics sont, dans les conditions fixées par les lois de finances, personnellement et pécuniairement responsables de l'exercice régulier des contrôles prévus aux articles 12 et 13 ; qu'aux termes de l'article 12 de ce décret : « Les comptables sont tenus d'exercer : [...]/B. – En matière de dépenses, le contrôle :/[...] De la validité de la créance dans les conditions prévues à l'article 13 ci-après [...] » ; que l'article 13 du même décret dispose que : « En ce qui concerne la validité de la créance, le contrôle porte sur :/La justification du service fait et l'exactitude des calculs de liquidation ;/L'intervention préalable des contrôles réglementaires et la production des justifications [...] » ; qu'aux termes de l'article 37 du même décret : « Lorsque, à l'occasion de l'exercice du contrôle prévu à l'article 12 (alinéa B) ci-dessus, des irrégularités sont constatées, les comptables publics suspendent les paiements et en informent l'ordonnateur [...] » ; qu'en vertu de l'article 47 du même décret, les opérations de dépense « doivent être appuyées des pièces justificatives prévues dans les nomenclatures établies par le ministre des Finances avec, le cas échéant, l'accord du ministre intéressé » ;

Considérant qu'il résulte de ces dispositions que, pour apprécier la validité des créances, les comptables doivent notamment exercer leur contrôle sur la production des justifications ; qu'à ce titre, il leur revient d'apprécier si les pièces fournies présentent un caractère suffisant pour justifier la dépense engagée ; que pour établir ce caractère suffisant, il leur appartient de vérifier, en premier lieu, si l'ensemble des pièces requises au titre de la nomenclature comptable applicable leur ont été fournies et, en deuxième lieu, si ces pièces sont, d'une part, complètes et précises, d'autre part, cohérentes au regard de la catégorie de la dépense définie dans la nomenclature applicable et de la nature et de l'objet de la dépense telle qu'elle a été ordonnancée ; que si ce contrôle peut conduire les comptables à porter une appréciation juridique sur les actes administratifs à l'origine de la créance et s'il leur appartient alors d'en donner une interprétation conforme à la réglementation en vigueur, ils n'ont pas le pouvoir de se faire juges de leur légalité ; qu'enfin, lorsque les pièces justificatives fournies sont insuffisantes pour établir la validité de la créance, il appartient aux comptables de suspendre le paiement jusqu'à ce que l'ordonnateur leur ait produit les justifications nécessaires ;

Considérant, en second lieu, d'une part, que selon le dernier alinéa de l'article L. 1617-3 du Code général des collectivités territoriales : « La liste des pièces justificatives que le comptable peut exiger avant de procéder au paiement est fixée par décret » ; qu'aux termes de l'article D. 1617-19 du même code dans sa rédaction applicable au litige : « Avant de procéder au paiement d'une dépense ne faisant pas l'objet d'un ordre de réquisition, les comptables des communes, des départements, des régions et de leurs établissements publics [...] ne doivent exiger que les pièces justificatives prévues pour la dépense correspondante dans la liste définie à l'annexe I du présent code et établie conformément à celle-ci » ; que la liste des pièces justificatives figurant à l'annexe I du Code général des collectivités territoriales était, à la date des paiements litigieux, fixée par le décret n° 2003-301 du 2 avril 2003 ; que le point 41 de cette annexe, relatif aux travaux, fournitures ou services entrant dans le champ d'application du Code des marchés publics, dans sa rédaction issue de ce décret, précise que : « La dépense est présentée sous la seule responsabilité de l'ordonnateur selon l'une des modalités suivantes :/marché public sans formalités préalables :/– ne faisant pas l'objet d'un contrat écrit ;/– faisant l'objet d'un contrat écrit ;/marché public avec formalités préalables » ; que pour les dépenses présentées par l'ordonnateur comme correspondant à un marché public passé sans formalités préalables ne faisant pas l'objet d'un contrat écrit, les pièces justificatives exigées sont : « mémoire ou facture comportant les énonciations définies en annexe C » ; que pour les dépenses présentées par l'ordonnateur comme correspondant à un marché public passé sans formalités préalables faisant l'objet d'un contrat écrit, l'ordonnateur doit en outre produire, lors du premier paiement, le contrat ;

Considérant, d'autre part, qu'aux termes de l'article 11 du Code des marchés publics issu du décret du 1er août 2006 et en vigueur depuis le 1er septembre 2006, dans sa rédaction alors applicable : « Les marchés et accords-cadres d'un montant égal ou supérieur à 4 000 euros hors taxes sont passés sous forme écrite [...]. » ;

Considérant qu'il résulte des dispositions citées ci-dessus que lorsqu'elle distingue, parmi les marchés publics sans formalités préalables, entre ceux faisant l'objet d'un contrat écrit et ceux ne faisant pas l'objet d'un tel contrat, la nomenclature des pièces justificatives dont les comptables des collectivités territoriales et de leurs établissements publics doivent exiger la production doit être regardée comme se référant, pour déterminer les cas dans lesquels les marchés doivent faire l'objet d'un contrat écrit, aux dispositions de l'article 11 du Code des marchés publics en vertu desquelles, dans leur rédaction alors applicable, les marchés d'un montant égal ou supérieur à 4 000 euros doivent être passés sous forme écrite ; qu'il suit de là que lorsque la dépense est présentée par l'ordonnateur, sous sa seule responsabilité, sous la forme d'un marché public sans formalités préalables et que la facture produite fait état d'un montant égal ou supérieur à 4 000 euros hors taxes, sans qu'un contrat écrit ne soit produit pour justifier la dépense engagée, il appartient au comptable, devant cette insuffisance apparente des pièces produites pour justifier la dépense correspondant à un marché public sans formalités préalables faisant nécessairement l'objet d'un contrat écrit en vertu de la réglementation applicable, de suspendre le paiement et de demander à l'ordonnateur la production des justifications nécessaires ; qu'en revanche, dès lors que l'ordonnateur a produit, en réponse à cette demande, un certificat administratif par lequel il déclare avoir passé un contrat oral et prend la responsabilité de l'absence de contrat écrit, il appartient au comptable, qui n'a pas à se faire juge de la légalité de la passation du marché en cause, de payer la dépense ;

Considérant qu'il ressort des pièces du dossier soumis aux juges du fond que la dépense relative à des prestations de livraison de repas au foyer des personnes âgées du centre communal d'action sociale de Polaincourt avait été présentée par l'ordonnateur sous la forme d'un marché public sans formalités préalables, et justifiée par la seule production de factures, établies à l'automne 2006, dont chacune était d'un montant supérieur à 4 000 euros, seuil qui, depuis l'entrée en vigueur du Code des marchés publics de 2006 et dans la version alors applicable de l'article 11 de ce code, rendait obligatoire la passation du marché sous forme écrite ; qu'en fondant son arrêt sur le fait que M. A, comptable du centre communal d'action sociale de Polaincourt, s'est à tort abstenu d'exiger avant tout paiement de la dépense, dès lors que les factures présentées étaient chacune d'un montant supérieur à 4 000 euros, la production d'un contrat écrit, sans rechercher si le comptable avait demandé et obtenu de l'ordonnateur un certificat par lequel ce dernier engageait sa responsabilité en justifiant l'absence de contrat écrit, la Cour des comptes a commis une erreur de droit ; que son arrêt doit, dès lors, être annulé.

26. Département. Aide sociale. Aides aux grévistes. Aides directes. Subventions à une association. Modalités d'attribution

CE 8 février 2012, *Département de la Seine-Saint-Denis*, req. n° 338523 : *AJCT* 2012.321, obs. Philip-Gay ; *BJCL* 2012.246

Il avait déjà été jugé que s'il n'appartient pas à un conseil général d'intervenir dans un conflit collectif du travail en réduisant au profit d'une partie l'effet des pertes financières qui en résultent, il peut toutefois prendre des mesures en faveur des personnes que le conflit a placées dans le besoin, dès lors que l'aide ainsi consentie répond exclusivement à des préoccupations sociales (CE 2 octobre 1996, *Territoire de Belfort,* req. n° 170034 : *Lebon* 360 ; *Dr. Adm.* 1996, n° 514 ; *LPA* 29 janv. 1997).

En l'espèce, avait été jugée illégale la délibération d'un conseil général décidant, à la suite d'un mouvement de grève, de faire bénéficier ceux des salariés résidant dans le département qui avaient subi des pertes de salaires d'une aide modulée en fonction de leur situation financière, aide qui devait être versée par l'intermédiaire des établissements bancaires, dans le cadre d'une convention passée entre ces établissements et le département, à raison des prêts consentis à leurs clients. Eu égard notamment à la nature de cette aide financière, au caractère indirect de son attribution et aux critères de revenus retenus, qui ne permettaient pas à la collectivité d'apprécier l'état de besoin des demandeurs, cette délibération ne pouvait, en effet, être regardée comme répondant exclusivement à des préoccupations d'ordre social.

Dans notre affaire, le Conseil d'État a réaffirmé cette solution en rappelant que s'il n'appartient pas au conseil général d'intervenir dans un conflit collectif du travail en réduisant, au profit de l'une des parties à ce conflit, l'effet des pertes financières qui en résultent, un département peut toutefois prendre des mesures à l'attention des personnes résidant sur son territoire qu'un tel conflit a placé dans le besoin, dès lors que l'aide ainsi consentie répond exclusivement à des préoccupations d'ordre social.

Mais l'intérêt de cette décision est de préciser les modalités d'attribution de cette aide. En effet, ces mesures peuvent prendre la forme soit de l'attribution d'aides à ces personnes, soit de l'octroi d'une subvention à un organisme de droit privé aux fins de soutenir l'action de ce dernier en direction des personnes résidant sur le territoire départemental qui sont fragilisées par le conflit, sous réserve que l'organisme attributaire de la subvention ne soit lié à aucune des parties et soit neutre dans ce conflit collectif du travail et que soit garantie l'utilisation de la subvention pour des actions profitant à ces seules personnes à raison de leurs difficultés, à l'exclusion de toute action susceptible d'apporter un soutien à l'une des parties au conflit.

> Considérant qu'il ressort des pièces du dossier soumis aux juges du fond que, par une délibération du 3 avril 2007, la commission permanente du conseil général de la Seine-Saint-Denis a décidé de prendre des mesures à l'attention des familles rencontrant des difficultés financières en raison de la durée du conflit social au sein de la société

PSA à Aulnay-sous-Bois et établi le montant de ce soutien à hauteur de 20 000 euros qui seront versés sur le compte de l'association Entraide Solidarité Salarié 93 et Famille ; que, estimant que cette délibération était entachée d'illégalité, le préfet de la Seine-Saint-Denis, dont la lettre d'observations adressée sur ce point au département de la Seine-Saint-Denis était demeurée sans effet, a déféré cette délibération au tribunal administratif de Cergy-Pontoise, qui l'a annulée par un jugement du 24 juin 2008 au motif que l'aide n'avait pas été attribuée directement aux familles des salariés rencontrant des difficultés, mais à une personne morale de droit privé, et ne pouvait par suite être regardée comme répondant exclusivement à des préoccupations d'ordre social ; que, par un arrêt du 29 décembre 2009, contre lequel le département de la Seine-Saint-Denis se pourvoit en cassation, la cour administrative d'appel de Versailles a confirmé ce jugement ;

Considérant qu'il n'appartient pas au conseil général chargé, en vertu de l'article L. 3211-1 du Code général des collectivités territoriales dans sa rédaction applicable à la délibération en litige, de régler par ses délibérations les affaires du département, d'intervenir dans un conflit collectif du travail en réduisant, au profit de l'une des parties à ce conflit, l'effet des pertes financières qui en résultent ; que, toutefois, un département peut prendre des mesures à l'attention des personnes résidant sur son territoire qu'un tel conflit a placé dans le besoin, dès lors que l'aide ainsi consentie répond exclusivement à des préoccupations d'ordre social ; que ces mesures peuvent prendre la forme soit de l'attribution d'aides à ces personnes, soit de l'octroi d'une subvention à un organisme de droit privé aux fins de soutenir l'action de ce dernier en direction des personnes résidant sur le territoire départemental qui sont fragilisées par le conflit, sous réserve que l'organisme attributaire de la subvention ne soit lié à aucune des parties et soit neutre dans ce conflit collectif du travail et que soit garantie l'utilisation de la subvention pour des actions profitant à ces seules personnes à raison de leurs difficultés, à l'exclusion de toute action susceptible d'apporter un soutien à l'une des parties au conflit ;

Considérant, dès lors, qu'en jugeant que la délibération en litige devant elle ne pouvait être regardée comme répondant exclusivement à des préoccupations d'ordre social au seul motif que la mesure adoptée par le département de la Seine-Saint-Denis en vue de soutenir les familles rencontrant des difficultés financières en raison de la durée du conflit social au sein de la société PSA à Aulnay-sous-Bois ne prenait pas la forme d'une aide attribuée directement par le conseil général à ces personnes, la cour administrative d'appel de Versailles a commis une erreur de droit.

VIII. Police

Pierre Bon

27. Police de la circulation et du stationnement. Chemin rural. Article L. 161-5 du Code rural en confiant au maire la police et la conservation. Article n'imposant pas à la commune une obligation d'entretien

CE 26 septembre 2012, *Garin*, req. n° 347068 ; *JCP A* 2012, n° 2393, conclusions N. Escaut ; *RLCT* 2012, n° 2340, observations E. Glaser

Aux termes de l'article L. 161-1 du Code rural, « les chemins ruraux sont les chemins appartenant aux communes, affectés à l'usage du public, qui n'ont pas été classés comme voies communales ». Bien qu'affectés à l'intérêt général, ils font toutefois « partie du domaine privé de la commune » (même article). Il y a donc là une exception aux règles traditionnelles de distinction entre le domaine public et le domaine privé.

Autre originalité de leur régime, alors que, s'ils faisaient partie de la voirie communale, la responsabilité de la commune pourrait être engagée pour défaut d'entretien normal, il est de jurisprudence constante que ne pèse en principe sur elle aucune obligation de les entretenir et, en particulier, de les mettre en état de viabilité (CE 30 octobre 1968, *D^lle^ Boudillet*, *Rec. CE*, p. 531 ; CE 20 avril 1977, *Consorts Prinson*, *Rec. CE*, p. 176). Il n'en va différemment que dans le cas particulier où, postérieurement à leur incorporation à la voirie rurale, la commune aurait exécuté des travaux destinés à en assurer ou en améliorer la viabilité et ainsi accepté, en fait, d'en assurer l'entretien (CE 8 novembre 1968, *Sieur Fayemendy*, *Rec. CE,* p. 555 ; CAA Nantes 28 juin 2002, *GAEC du Gilar et SARL des travaux agricoles de l'Authon, JCP Coll. terr.* 2002, n° 1167, observations J. Moreau ; CAA Bordeaux 16 juin 2011, *Commune de Flayat*, *AJDA* 2011, p. 2063, conclusions J.-M. Vié).

Dans l'affaire qui a donné lieu à l'arrêt ci-dessus rapporté, M. Garin, dont la parcelle n'était desservie que par un chemin rural ouvert à la circulation publique comportant des nids-de-poule et des nappes d'eau stagnante, avait demandé à la commune réparation des préjudices subis du fait de l'absence d'entretien de ce chemin. Relevant qu'il ne résulte pas de l'instruction que la commune ait effectué (ou ait l'intention d'effectuer), contrairement au premier moyen invoqué par le requérant, des travaux d'entretien de ce chemin et ait ainsi accepté d'en assumer, en fait, l'entretien, le Conseil d'État rejette sa demande par application du principe traditionnel d'absence d'obligation d'entretien précédemment rappelé.

Ce principe n'est-il pas toutefois en contradiction avec l'article L. 161-5 du Code rural selon lequel « l'autorité municipale est chargée de la police et de la conservation des chemins ruraux » ? C'est ce que soutenait le requérant dans son second moyen, un moyen qui a conduit la Haute juridiction administrative à répondre négativement à cette question jusqu'alors inédite en jurisprudence (ce qui explique que l'arrêt ci-dessus rapporté sera mentionné sur ce point au *Recueil Lebon*).

En premier lieu, lorsque l'article L. 161-5 confie au maire la police des chemins ruraux, il l'habilite à exercer la police de la sécurité sur ces chemins en prenant notamment les mesures d'interdiction, de réglementation et d'information des dangers que cela impose. Comme le souligne le rapporteur public, « si cela peut inclure une obligation de réalisation de travaux, c'est uniquement pour prévenir un danger grave et imminent... De simples travaux d'entretien ne peuvent être assimilés à de tels travaux ».

En second lieu, lorsque l'article L. 161-5 charge le maire de la conservation des chemins ruraux, cela ne veut pas dire qu'il le charge de leur entretien. Comme le souligne ici encore le rapporteur public, « les notions de conservation et d'entretien des voies ne sont pas identiques. En effet, l'entretien implique le maintien en bon état des chemins alors que leur conservation se limite aux mesures destinées à éviter leur disparition ». Par exemple, dans le cadre de ses pouvoirs de conservation des chemins ruraux, le maire pourra y interdire la circulation de véhicules supérieurs à un certain poids mais cela n'implique pas la réalisation de travaux d'entretien.

C'est pourquoi le Conseil d'État rejette également le second moyen du requérant en affirmant que si, en application des dispositions de l'article L. 161-5 du Code rural, « il appartient au maire de faire usage de son pouvoir de police afin de réglementer et, au besoin, d'interdire la circulation sur les chemins ruraux et s'il lui incombe de prendre les mesures propres à assurer leur conservation, ces dispositions n'ont, par elles-mêmes, ni pour objet ni pour effet de mettre à la charge des communes une obligation d'entretien de ces voies ».

28. Police de la santé publique. Antennes relais de téléphonie mobile. Police spéciale des communications électroniques confiée par le législateur aux autorités de l'État. Incompétence du maire pour prendre une décision relative à l'implantation d'une antenne relais de téléphonie mobile et au niveau d'émission des champs électromagnétiques de cette antenne

CE 26 décembre 2012, *Commune de Saint-Pierre d'Irube*, req. n° 352117

Par trois arrêts d'assemblée déjà évoqués dans ces colonnes (CE 26 octobre 2011, *Commune des Pennes-Mirabeaux,* req. n° 329904 ; CE 26 octobre 2011, *Société française de radiotéléphone*, req. n° 341767 ; CE 26 octobre 2011, *Commune de Saint-Denis,* req. n° 326492, *Rec. CE*, p. 529 ; *RJEP* 2012, n° 1, conclusions Y. de Lesquen ; *AJDA* 2011, p. 2219, chronique J.-H. Stahl et X. Domino ; *Droit administratif* 2012, n° 8, note F. Melleray ; *JCP A*. 2012, n° 2004, note N. Charmeil ; *JCP A* 2012, n° 2005, note P. Billet ; *JCP* 2012, n° 60, note D. Del Prete et J.-V. Borel ; *RLCT* 2012, n° 2090, observations E. Glaser ; *AJCT* 2012, p. 37, observations M. Moliner-Dubost ; *RDI* 2012, p. 153, observations A. Van Lang ; *RGCT*, mars 2012, p. 101, note A. Chaminade ; *DGCT* 2012, p. 431, obs. P. Bon. Annulation de CAA de Versailles, 15 janvier 2009, *Commune de Saint-Denis*, req. n° 07VE01770, *AJDA* 2009, p. 768, note J. Grand d'Esnon), le Conseil d'État avait déjà affirmé que le maire était incompétent pour adopter, dans sa commune, une réglementation portant sur l'implantation des antennes relais de téléphonie mobile et destinée à protéger le public contre les effets des ondes émises par ces antennes. Il avait en effet considéré que, si le maire édictait une telle réglementation, il empiéterait sur la police spéciale des communications téléphoniques que le législateur a confiée aux seules autorités de l'État.

L'arrêt ci-dessus rapporté précise que le maire est également incompétent pour prendre une décision relative à l'implantation d'une antenne relais de téléphonie mobile et au niveau d'émission des champs électromagnétiques de cette antenne. En d'autres termes, il n'est pas plus compétent pour prendre en la matière des décisions non réglementaires qu'il n'est compétent pour prendre des décisions réglementaires.

En l'espèce, le maire avait demandé à la société Orange France, par lettre en date du 4 juillet 2008, d'envisager le déplacement d'une antenne relais et, dans cette attente, d'en limiter la puissance. La société avait alors intenté un recours pour excès de pouvoir contre cette lettre qui avait été jugé par les premiers juges et notamment par la cour administrative de Bordeaux (CAA Bordeaux 21 juin 2011, *Commune de Saint-Pierre d'Irube*, req. n° 10BX02447) tant recevable (la lettre présentant un caractère décisoire et étant donc susceptible de recours pour excès de pouvoir) que fondé (pour empiétement sur la compétence de police spéciale des autorités de l'État). La commune avait alors formé un pourvoi en cassation qui est rejeté par le Conseil d'État aux termes d'un raisonnement qui ne réserve guère de surprises.

Le Conseil d'État commence par rappeler, dans des termes quasiment identiques à ceux de ses décisions d'assemblée de 2011, qu'il résulte des dispositions des articles L. 32-1, L. 34-9-1, L. 34-9-2, L. 42-1 et L. 43 du Code des postes et des communications électroniques, complétées par celles du décret n° 2002-775 du 3 mai 2002 relatif aux valeurs limites d'exposition du public aux champs électromagnétiques émis par les équipements utilisés dans les réseaux de télécommunication ou par les installations radioélectriques, que le législateur a organisé de manière complète une police spéciale des communications électroniques confiée à l'État. Les pouvoirs de police spéciale ainsi attribués au ministre chargé des Communications électroniques, à l'Autorité de régulation des communications électroniques et des postes et à l'Agence nationale des fréquences, qui reposent sur un niveau d'expertise et peuvent être assortis de garanties indisponibles au plan local, sont conférés à chacune de ces autorités, notamment pour veiller, dans le cadre de leurs compétences respectives, à la limitation de l'exposition du public aux champs électromagnétiques et à la protection de la santé publique.

Il poursuit ensuite, toujours dans la ligne des arrêts d'assemblée de 2011 (mais en appliquant le raisonnement à une décision non réglementaire), que, si le législateur a par ailleurs prévu que le maire serait informé, à sa demande, de l'état des installations radioélectriques exploitées sur le territoire de la commune, et si les articles L. 2212-1 et L. 2212-2 du CGCT habilitent le maire à prendre les mesures de police générale nécessaires au bon ordre, à la sûreté, à la sécurité et à la salubrité publiques, celui-ci ne saurait, sans porter atteinte aux pouvoirs de police spéciale conférés aux autorités de l'État, prendre sur le territoire de la commune une décision relative à l'implantation d'une antenne relais de téléphonie mobile ou au niveau d'émission des champs d'électromagnétiques de cette antenne et destinée à protéger le public contre les effets des ondes émises par cette antenne.

Il poursuit enfin, toujours dans la même veine, que le principe de précaution auquel fait référence l'article 5 de la Charte de l'environnement, s'il est applicable à toute autorité publique dans ses domaines d'attribution, ne saurait avoir ni pour objet ni pour effet de permettre à une autorité publique d'excéder son champ de compétence et d'intervenir en dehors de ses domaines d'attribution.

L'arrêt de la cour administrative d'appel de Bordeaux est donc confirmé.

Il convient toutefois de noter que le Conseil d'État se livre à une substitution de motif.

La cour administrative (tout comme d'ailleurs le tribunal administratif de Pau) avait considéré que les articles L. 2112-1 et L. 2112-2 n'autorisaient pas le maire à s'immiscer dans l'exercice de la police spéciale des télécommunications « en l'absence de péril imminent ou de circonstances exceptionnelles propres à la commune » et que l'article 5 de la Charte de l'environnement ne permettait pas de déroger à ces règles de compétences hormis « l'existence d'un péril imminent ou de circonstances locales particulières », péril imminent ou circonstances locales non justifiées en l'espèce. On sait en effet que, alors même que le pouvoir de police a été expressément confié à d'autres autorités que le maire, il est admis que ce dernier puisse néanmoins agir lorsque l'on se trouve face à un danger grave ou imminent voire, mais l'hypothèse est plus controversée, lorsque des circonstances locales le justifient alors même qu'elles ne présentent pas les caractéristiques d'un danger grave ou imminent (voir par exemple P. Bon, « Les règles de compétence », folio 2210 et s., n° 210-220, *Encyclopédie Dalloz des collectivités locales*).

Procédant à une substitution de motifs, le Conseil d'État se borne toutefois à affirmer simplement que, « compte tenu de l'existence d'une police spéciale des communications électroniques organisée de manière complète et confiée à l'État, le maire de la commune... n'était, en tout état de cause, pas compétent pour prendre la décision du 4 juillet 2008 ». Il a donc implicitement mais clairement entendu exclure en la matière l'exception du péril imminent ou celle de circonstances locales. En d'autres termes, la compétence des autorités de l'État est exclusive et le maire ne dispose d'aucune possibilité d'intervention.

L'exclusion de l'exception de circonstances locales particulières nous semble logique. D'une part, elle est loin de jouer de façon systématique. D'autre part, les arrêts d'assemblée de 2011 relevaient déjà que les pouvoirs de police spéciale attribués aux autorités nationales « reposent sur un niveau d'expertise et peuvent être assortis de garanties indisponibles au plan local ».

Plus délicate est en revanche l'exclusion de l'exception du péril imminent. Il ne faut pas en effet oublier que l'article L. 2212-4 du CGCT dispose que, « en cas de danger grave ou imminent..., le maire prescrit les mesures de sûreté exigées par les circonstances ». Or, si l'exception du péril imminent ne peut guère justifier une mesure réglementaire de police municipale (voir *infra* nos observations sous CE 24 septembre 2012, *Commune de Valence*), elle peut justifier l'édiction d'une mesure non réglementaire. Or, en l'espèce, et à la différence des arrêts d'assemblée de 2011, était bien en cause une mesure non réglementaire. Dès lors, il n'aurait pas été illogique que le Conseil d'État réserve, au niveau des principes, l'hypothèse d'un péril imminent même si, en l'espèce et comme l'avaient relevé les premiers juges, la commune n'apportait aucun élément justifiant l'existence d'un tel péril. Péril imminent que, d'ailleurs, le juge doit entendre de façon particulièrement exigeante afin d'éviter des initiatives intempestives des maires qui, au surplus, doivent se limiter, comme le souligne l'article L. 2212-4, aux seules mesures de sûreté exigées par les circonstances.

29. Police de la santé publique. Organismes génétiquement modifiés. Police spéciale de la dissémination volontaire d'OGM confiée par le législateur aux autorités de l'État. Incompétence du maire pour s'immiscer dans l'exercice de cette police spéciale par l'édiction d'une réglementation locale

CE 24 septembre 2012, *Commune de Valence*, req. n° 342990, *BJCL* 2012, p. 726, conclusions F. Lambolez et note M. Degoffe ; *AJDA* 2012, p. 2122, note E. Untermaier ; *AJCT* 2013, p. 57, observations M. Moliner-Dubost ; *JCP A* 2013, n° 2006, note P. Billet ; *RJEP* 2013, n° 9, note S. Caudal ; *RLCT* 2012, n° 2339, note M.-C. Rouault ; *Environnement* 2012, commentaire n° 92 par P. Trouilly

L'arrêt *Commune de Valence* est, à notre connaissance, le premier arrêt dans lequel le Conseil d'État prend position sur la question de savoir si le maire peut, dans le cadre de ses pouvoirs de police, édicter une réglementation locale en matière de dissémination volontaire d'organismes génétiquement modifiés. Il met fin à une certaine discordance des prises de position des premiers juges (voir la jurisprudence citée dans le *Code général des collectivités territoriales Dalloz* 2013 sous l'article L. 2212-2, n° 535 à 537) en développant un raisonnement directement inspiré de celui qui avait été le sien, dans ses arrêts d'assemblée de 2011, à propos du point de savoir si le maire pouvait arrêter d'édicter une réglementation locale des antennes relais de téléphonie mobile : la police spéciale de la dissémination volontaire d'OGM a été confiée par le législateur aux autorités de l'État ; le maire est incompétent pour s'immiscer dans l'exercice de cette police spéciale par l'édiction d'une réglementation locale.

Sur le premier point, il est souligné que, par les articles L. 533-3 et s. du Code de l'environnement, le législateur a organisé une police spéciale de la dissémination volontaire d'OGM. Cette police spéciale, dont l'objet est de prévenir les atteintes à l'environnement et à la santé publique pouvant résulter de l'introduction intentionnelle d'OGM dans l'environnement, est confiée à des autorités de l'État qui ont pour mission d'apprécier, au cas par cas, éclairées par l'avis scientifique d'un organisme spécialisé et après avoir procédé à une analyse approfondie qui doit prendre en compte les spécificités locales, y compris la présence d'exploitations d'agriculture biologique, s'il y a lieu d'autoriser la dissémination.

Sur le second point, il est indiqué que, s'il appartient au maire, responsable de l'ordre public sur le territoire de sa commune de prendre les mesures de police générale nécessaires au bon ordre, à la sûreté, à la sécurité et à la salubrité publiques, il ne saurait en aucun cas s'immiscer dans l'exercice de cette police spéciale par l'édiction d'une réglementation locale d'autant plus que l'article 5 de la Charte de l'environnement relative au principe de précaution n'a jamais eu pour objet ni pour effet de permettre à une autorité publique d'excéder son champ de compétence.

Est donc rejeté le pourvoi en cassation contre l'arrêt de la cour d'appel de Lyon (CAA Lyon, 30 juin 2010, *Commune de Valence*, req. n° 09LY01065) qui avait confirmé l'annulation de l'arrêté du maire de Valence interdisant pour une durée de trois ans la culture de plantes génétiquement modifiées en plein champ dans certaines zones du plan d'urbanisme de la commune.

Le Conseil d'État se livre toutefois, ici encore, à une substitution de motifs.

La cour administrative d'appel avait certes considéré que le maire ne pouvait s'immiscer dans la police spéciale de la dissémination des OGM, mais elle avait réservé l'hypothèse d'un péril imminent tout en relevant que, au cas d'espèce, le maire n'établissait pas l'existence d'un tel péril.

Le Conseil d'État écarte cette exception du péril imminent puisqu'il n'y fait pas référence mais, comme nous l'avons déjà indiqué, affirme au contraire de façon catégorique que le maire ne saurait en aucun cas (la formule est évidemment à souligner) s'immiscer dans l'exercice de la police spéciale de la dissémination d'OGM par l'édiction d'une réglementation locale.

Sans doute le Conseil d'État a-t-il suivi les conclusions de son rapporteur public pour qui l'intervention du maire fondée sur l'existence d'un péril imminent n'a pas de sens lorsqu'il entend édicter une mesure de réglementation générale mais seulement (et encore) lorsqu'il prend une mesure individuelle. Dans la mesure où, en l'espèce, était en cause une réglementation générale, toute compétence résiduelle du maire devait être exclue. En revanche, le Conseil d'État n'avait pas à prendre parti sur le point de savoir s'il en allait de même en matière des décisions individuelles, ce qui le dispensait de se pencher « aujourd'hui sur l'épineuse question de savoir si une situation de « péril imminent » est susceptible de se présenter dans une matière gouvernée par le principe de précaution – et donc l'incertitude des connaissances scientifiques » (F. Lambolez, conclusions précitées, *BJCL* 2012, p. 729).

Quelques semaines après l'arrêt *Commune de Valence*, le Conseil d'État a dû toutefois se pencher sur cette question, non pas à propos de la police de la dissémination volontaire d'OGM, mais à propos de la police des antennes relais de téléphonie mobile. Comme on l'a déjà indiqué (voir *supra* nos observations sous CE 26 décembre 2012, *Commune de Saint-Pierre d'Irube*) et alors qu'était en cause, non pas l'édiction d'une réglementation, mais d'une décision non réglementaire, le Conseil d'État a écarté l'exception du péril imminent, ce qui peut ne pas convaincre. Il n'y a donc pas, en matière d'antennes relais, de compétence résiduelle du maire. Il ne devrait donc pas y en avoir non plus en matière de dissémination volontaire d'OGM. Les deux polices spéciales sont exclusives de toute intervention municipale.

30. Police de la sécurité. Incendie. Imputation de la responsabilité. Méconnaissance par un service départemental d'incendie et de secours des règles d'engagement des moyens figurant dans son règlement opérationnel. Faute de nature à engager la responsabilité du SDIS

CE 26 novembre 2012, *M. Thillard*, req. n° 344778, *RLCT*, janvier 2013, p. 32, observations S. Dordevic

L'un des problèmes posés par la police des incendies a trait à l'imputation de la responsabilité.

Traditionnellement, c'est la commune lieu du sinistre qui était seule responsable envers la victime d'un sinistre des fautes (alors lourdes) commises par les services de lutte contre l'incendie. Il en allait ainsi même si les services d'incendie en cause étaient venus d'un centre de secours relevant d'une commune voisine (CE 12 juin 1953, *Ville de Toulouse*, *Rec. CE*, p. 284), ou s'il s'agissait des services départementaux de lutte contre l'incendie auxquels le décret du 20 mai 1953 avait pourtant attribué la personnalité morale de droit public (CE 13 mars 1963, *Service départemental et d'incendie de l'Aisne*, *Rec. CE*, p. 159) ou, plus généralement, si certaines des équipes engagées dans la lutte contre le feu ne relevaient pas de l'autorité municipale (CAA Lyon 20 décembre 1989, *Commune de Roquevaire*, *Rec. CE T.*, p. 523). Cette solution s'expliquait par le fait que les services d'incendie, quel qu'en soit le statut juridique, participaient à une mission que les textes rangent sans contestation possible dans le champ de la police municipale (voir l'article L. 2212-2, 5°, du CGCT selon lequel la police municipale comprend notamment le soin de prévenir, par des précautions convenables et de faire cesser, par la distribution des secours nécessaires les accidents et fléaux calamiteux tels que les incendies). Évidemment, si la victime du sinistre ne pouvait ainsi actionner que la commune lieu du sinistre, il était possible à cette dernière d'appeler en garantie toute personne publique qui aurait, par sa faute, aggravé les conséquences du sinistre (CE 19 janvier 1962, *Ministre de l'Agriculture c/Barcons et Commune de Vernet-les-Bains*, *Rec. CE*, p. 52). Il n'empêche que si ce système était vécu par les communes comme particulièrement rigoureux, ce qui explique qu'il ait été progressivement assoupli.

En premier lieu, de façon générale, l'article 91 de la loi n° 83-8 du 7 janvier 1983 relative à la répartition des compétences entre les communes, les départements et les régions, devenu l'article L. 2216-2 du CGCT, s'il confirme que « les communes sont civilement responsables des dommages qui résultent des attributions de police municipale quel que soit le statut des agents qui y concourent », poursuit, et là est l'essentiel, que, « toutefois, au cas où le dommage résulte, en tout ou partie, de la faute d'un agent ou du mauvais fonctionnement d'un service ne relevant pas de la commune, la responsabilité de cette dernière est atténuée à due concurrence. La responsabilité de la personne morale autre que la commune dont relève l'agent ou le service concerné ne peut être engagée que si cette personne morale a été mise en cause, soit par la commune, soit par la victime du dommage. S'il n'en a pas été ainsi, la commune demeure seule et définitivement responsable ». Dorénavant, la victime du sinistre peut donc attaquer directement la personne publique intervenante, par exemple le service départemental d'incendie et de secours (CAA Bordeaux, 18 décembre 1990, *Jouannem*, n° 89BX00575).

En second lieu, dans le domaine particulier de la police des incendies, l'article 8 de la loi n° 96-369 du 3 mai 1996 relative aux services d'incendie et de secours, devenu l'article L. 1424-8 du CGCT, dispose que, « sans préjudice des dispositions de l'article L. 2216-2 du CGCT, le transfert des compétences de gestion prévu par la présente loi au profit du service départemental d'incendie et de secours emporte transfert de la responsabilité civile des communes ou des établissements publics de coopération intercommunale au titre des dommages résultant de l'exercice de ces compétences ».

Compte tenu de ces évolutions, il ne faut donc pas s'étonner que, dans l'affaire qui a donné lieu à l'arrêt ci-dessus rapporté (une maison détruite partiellement par un incendie), la victime du dommage ait pu mettre en jeu la responsabilité de la commune lieu du sinistre, la responsabilité d'une commune voisine et la responsabilité du service départemental d'incendie et de secours.

À dire vrai, la responsabilité de la commune voisine ne pouvait être retenue, car elle s'était bornée à exécuter les instructions que lui avait données le SDIS.

En revanche, la responsabilité du SDIS a été retenue par le Conseil d'État, car il n'avait pas respecté les règles d'engagement des moyens figurant dans son règlement opérationnel pris par le préfet. Informé de ce qu'un feu de cheminée avait éclaté dans la maison du requérant, le chef de salle du traitement des appels du SDIS n'avait pas en effet envoyé les moyens prescrits par le règlement pour ce type de sinistre mais des moyens sensiblement inférieurs, d'où la commission d'une faute de nature à engager sa responsabilité.

Quant à la commune lieu du sinistre, il lui était reproché le débit insuffisant de la pompe à incendie située à proximité de la maison en feu et l'inutilisation d'un poteau à incendie situé à 550 m. Mais, au moment de l'arrivée des secours sur les lieux, l'intérieur de la maison du requérant était déjà détruit, la charpente affaissée et la toiture embrasée de telle sorte que le débit insuffisant de la pompe et l'inutilisation du poteau à incendie ont été considérés comme sans lien de causalité direct avec le dommage invoqué.

31. Agents de police municipale. Retrait ou suspension d'agrément par le préfet. Article L. 412-49 du Code des communes permettant au maire de proposer à l'agent un reclassement dans un autre cadre d'emploi mais n'instituant pas un droit de l'agent au reclassement

CE 19 octobre 2012, *Commune de Loupian*, req. n° 360790, *JCP A* 2012, n° 2410, conclusions G. Pellissier

Condamné à une peine de prison avec sursis par le juge pénal pour violence, un agent de police municipale a vu son agrément retiré par le préfet en application des dispositions de l'article L. 511-2 du Code de la sécurité intérieure.

Dans le passé, le retrait de l'agrément imposait au maire de mettre fin aux fonctions de l'intéressé (CE 24 novembre 1982, *Graciano, Rec. CE T*, p. 503) par une décision qui n'avait pas le caractère d'une sanction (CE 30 avril 1990, *Commune d'Aix-en-Provence*, req. n° 75231) et qui, dès lors, pouvait intervenir sans communication du dossier (CAA Paris, 2 juillet 1998, *Garde des Sceaux, Ministre de la Justice c/Charmont*, req. n° 97PA01703).

Dorénavant, l'article 25, second alinéa, de la loi n° 99-291 du 15 avril 1999 relative aux polices municipales (aujourd'hui article L. 412-49, Code des communes) dispose que, lorsque l'agrément de l'agent est retiré ou suspendu, le maire ou le président de l'établissement public de coopération intercommunale « peut proposer un reclassement dans un autre cadre d'emplois dans les mêmes conditions que celles prévues à la section III du chapitre VI de la loi n° 84-53 du 26 janvier 1984 portant dispositions statutaires relatives à la fonction publique territoriale à l'exception de celles mentionnées au second alinéa de l'article 81 » (aux termes duquel « le reclassement est subordonné à la présentation d'une demande par l'intéressé »).

Au cas d'espèce, le maire n'avait pas toutefois fait à l'agent une telle proposition de reclassement et avait préféré le révoquer. L'agent a alors intenté un recours pour excès de pouvoir contre la mesure de révocation qu'il a assorti d'une demande de référé suspension fondée sur le fait qu'il n'avait pas bénéficié de la garantie de reclassement prévue par l'article L. 412-49 du Code des communes. Pour sa défense, la commune soutenait à l'inverse que ledit article ne prévoyait que la possibilité de proposer un reclassement et non l'obligation de ce faire de telle sorte que la demande de référé suspension devait être rejetée.

Comme on pouvait s'y attendre, le Conseil d'État a tranché en faveur de l'absence d'obligation pour le maire de proposer un reclassement et n'a donc pas accordé la suspension de la décision litigieuse.

En premier lieu, une telle interprétation de l'article L. 412-49 est conforme à sa lettre puisque cet article dispose, comme on l'a déjà indiqué, que le maire « peut proposer un reclassement ».

En second lieu, elle est également conforme aux travaux préparatoires de la loi de 1999 dont est issue la disposition en cause et qui montrent clairement que le législateur n'a pas entendu faire peser sur les maires une obligation de proposer un reclassement.

Toutefois, comme le relève dans ses conclusions le rapporteur public, un doute pouvait naître compte tenu du fait que le Conseil d'État a dégagé un principe général du droit applicable tant aux salariés de droit privé qu'aux fonctionnaires selon lequel, lorsqu'un employé se trouve de manière définitive atteint d'une inaptitude physique à occuper son emploi, il appartient à l'employeur de le reclasser dans un autre emploi et ce n'est que si cela s'avère impossible qu'il peut s'en séparer (CE 2 octobre 2002, *Chambre de commerce et d'industrie de Meurthe-et-Moselle*, *Rec. CE*, p. 319 ; *AJDA* 2002, p. 1294, conclusions D. Piveteau et note M.-C. de Monteclerc ; *Droit administratif*, décembre 2002, p. 22, note D.P. ; *Les Petites affiches* du 17 juin 2003, p. 17, note A. Toublanc). En d'autres termes, s'agissant des employés atteints d'une inaptitude physique, l'employeur a l'obligation de les reclasser et non pas seulement la faculté de leur proposer un reclassement. Ne conviendrait-il pas de raisonner de la même manière à propos du reclassement des agents de police municipale privés d'agrément ? Le rapporteur public ne le pensait pas compte tenu notamment de la différence de situation qui existe entre les employés atteints d'une inaptitude physique et les agents de police municipale privés d'agrément. Dans la première hypothèse, l'impossibilité pour l'employé de continuer à exercer ses fonctions résulte d'une dégradation de son état de santé et il est dès lors normal de le faire bénéficier d'un dispositif protecteur. Dans la seconde hypothèse, le retrait de l'agrément est souvent provoqué par un comportement de l'agent qui est incompatible avec l'exercice de ses fonctions de telle sorte qu'il n'y a pas les mêmes raisons de le faire bénéficier d'un régime similaire. Aussi le rapporteur public estimait-il finalement qu'il suffisait de s'en tenir à une lecture littérale de l'article L. 412-49 pour conclure que le maire n'avait aucune obligation de proposer un reclassement. C'est ce qu'a jugé le Conseil d'État.

IX. Domaines et biens

Michel Lagarde

I. Domaine public

A. Domanialité

32. Contrôle minimum de la domanialité au référé

CE 7 mars 2012, *Mme Dominique A. c/Cne de Breuillet*, req. n° 352367

Le juge des référés n'a pas à établir que la dépendance relève de manière certaine du domaine public, sur la base des critères relatifs à la définition de ce domaine avant de se reconnaître compétent pour statuer.

CE 26 mars 2012, *M. Vincent A. c/Cne de Saint-Dié-des-Vosges*, req. n° 353681

Il n'est tenu que de vérifier que les locaux n'étaient pas manifestement insusceptibles d'être qualifiés de dépendances du domaine public dont le contentieux relève de la compétence administrative.

33. Critères. Affectation au service public et aménagements. Local de gendarmerie

CE 7 mai 2012, *(SCP) Mercadier et Krantz c/Cne de Gagny* et autre, req. n° 342107

L'immeuble qui comprenait deux bâtiments était affecté au service public de la gendarmerie nationale ; chacun de ces bâtiments était aménagé en vue de son affectation à ce service public et comportait des éléments tels que des chambres de sûreté, destinées notamment, à la rétention et au dégrisement des personnes interpellées, un bureau d'accueil du public, deux bureaux, deux salles d'archives ; les six logements des gendarmes se situaient dans chacun de ces deux bâtiments et en étaient indissociables ; dès lors cet immeuble appartenait dans son ensemble au domaine public communal ; en l'absence d'acte de déclassement, il a conservé ce caractère à la date de la cession.

34. Absence de déclassement des dépendances du domaine public incorporées à ce domaine avant l'entrée en vigueur du CGPPP

CE 3 octobre 2012, *Cne de Port-Vendres*, req. n° 353915

Avant l'entrée en vigueur, le 1er juillet 2006, du CGPPP, l'appartenance au domaine public d'un bien était, sauf si ce bien était directement affecté à l'usage du public, subordonnée à la double condition que le bien ait été affecté au service public et spécialement aménagé en vue du service public auquel il était destiné ; en l'absence de toute disposition en ce sens, l'entrée en vigueur de ce code n'a pu, par elle-même, avoir pour effet d'entraîner le déclassement de dépendances qui appartenaient antérieurement au domaine public et qui, depuis le 1er juillet 2006, ne rempliraient plus les conditions désormais fixées par son article L. 2111-1.

B. Gestion

35. Occupation du domaine public. Autorisation. Conditions de délivrance

CE 29 octobre 2012, *Cne de Tours c/EURL Photo Josse*, req. n° 341173

L'autorité de la gestion du domaine public peut autoriser une personne privée à occuper une dépendance de ce domaine ou à l'utiliser en vue d'y exercer une activité économique, à condition que l'occupation ou l'utilisation soit compatible avec son affectation et sa conservation ; la décision de refuser une telle autorisation, que l'administration n'est jamais tenue d'accorder, n'est pas susceptible, par elle-même, de porter atteinte à la liberté du commerce, dont le respect implique, d'une part, que les personnes publiques n'apportent pas aux activités de production, de distribution ou de services exercées par des tiers des restrictions qui ne seraient pas justifiées par l'intérêt général et proportionnées à l'objectif poursuivi et, d'autre part, qu'elles ne puissent prendre elles-mêmes en charge une activité économique sans justifier d'un intérêt public.

36. Redevances d'occupation privative du domaine public. Compétences pour fixer le montant

CE 7 mai 2012, *Syndicat intercommunal du canal des Alpines septentrionales*, req. n° 343697

Il résulte des dispositions des anciens articles L. 28 et L. 29 du Code du domaine de l'État (abrogés au 1er juillet 2006), d'une part, que toute occupation privative du domaine public est subordonnée à la délivrance d'une autorisation et au paiement d'une redevance et, d'autre part, qu'il appartient à l'autorité chargée de la gestion de ce domaine, en l'absence de dispositions contraires, de fixer les conditions de délivrance des permissions d'occupation et, à ce titre, de déterminer le tarif des redevances en tenant compte des avantages de toute nature que le permissionnaire peut retirer de l'occupation du domaine. En l'absence de toute stipulation réservant au concédant la détermination du montant des redevances, ces règles trouvent à s'appliquer, même en l'absence de décision autorisant le concessionnaire à fixer ce montant, au concessionnaire délivrant les autorisations d'occupation du domaine public dont l'exploitation lui est concédée. Par suite, la légalité des redevances instituées par le concessionnaire n'est, dans une telle hypothèse, pas subordonnée à la justification par celui-ci d'une décision l'autorisant à percevoir de telles redevances.

37. Compétence du conseil municipal pour fixer les redevances d'occupation du domaine public

CE 21 nov. 2012, *Cne d'Ivry-sur-Seine*, req. n° 351454

Il résulte des articles L. 2121-29 et L. 2241-1 CGCT qu'il appartient au conseil municipal, en tant qu'autorité chargée de la gestion du domaine public communal, d'octroyer les permissions d'occupation et de fixer les conditions d'occupation auxquelles il entend subordonner leur délivrance et, à ce titre, de déterminer le tarif des redevances en tenant compte des avantages de toute nature procurés à ses occupants ; dès lors, en se bornant à juger que le conseil municipal était incompétent pour constater l'existence, la quotité et l'exigibilité de chaque créance et en exiger le recouvrement, pour en déduire que les états exécutoires contestés avaient été régulièrement émis par l'ordonnateur principal de la commune, la CAA n'a pas répondu au moyen tiré de ce qu'aucune délibération du conseil municipal n'était intervenue pour fixer le montant de la redevance afférente à l'utilisation privative du logement occupé par une personne et insuffisamment motivé son arrêt.

38. Occupation du domaine. Foire. Règlement de gestion. Refus d'occupation pour métier installé ne correspondant pas à celui de la demande initiale. Légalité

CE 27 avril 2012, *M. A. et Mme B. c/Cne de Nancy* : n° 358794

Il appartient à l'autorité chargée de la gestion du domaine public de fixer, tant dans l'intérêt de ce domaine et de son affectation que dans l'intérêt général, les conditions auxquelles elle entend subordonner les permissions d'occupation ; en l'espèce, le maire a par arrêté adopté le règlement de gestion de la foire attractive, dont un article prévoit que le bénéficiaire de l'autorisation d'occuper un emplacement s'engage à présenter le métier pour lequel l'autorisation a été obtenue et à signaler tout changement ayant pu intervenir entre la date de la demande et le montage de la foire et que le maire peut refuser un métier installé qui ne correspond pas à celui présenté dans la demande initiale. Une telle disposition n'est pas manifestement illégale ; de plus, en refusant pour ce motif l'autorisation sollicitée d'exploiter l'attraction litigieuse, destinée à optimiser l'utilisation de l'emplacement loué par les requérants, le maire n'a pas porté une atteinte grave et manifestement illégale à une liberté fondamentale.

39. Photographie commerciale des œuvres d'un musée. Conditions de l'autorisation

CE 29 octobre 2012, *Cne de Tours c/EURL Photo Josse*, req. n° 341173

La prise de vues d'œuvres des collections d'un musée, à des fins commerciales de reproductions photographiques, doit être regardée comme une utilisation privative du domaine public mobilier impliquant, pour celui qui entend y procéder, d'obtenir une autorisation ainsi que le prévoit l'article L. 2122-1 CGPPP ; une telle autorisation peut être délivrée dès lors qu'en vertu de l'article L. 2121-1 du même code, cette activité demeure compatible avec l'affectation des œuvres au service public culturel et avec leur conservation ; toutefois, la collectivité publique affectataire d'œuvres relevant de la catégorie des biens mentionnés au 8° de l'article L. 2112-1 CGPPP, peut, dans le respect du principe d'égalité, ne pas autoriser un usage privatif de ce domaine public sans qu'il puisse utilement y être opposé aucun droit, fondé sur le principe de la liberté du commerce, à exercer une activité économique sur le domaine.

C. Protection

40. Ouvrages nécessaires au service public et établis sur la propriété publique, compatibilité des droits réels

CE 21 décembre 2012, *Cne de Douai*, req. n° 342788

Lorsque des ouvrages, nécessaires au fonctionnement du service public, et ainsi constitutifs d'aménagements indispensables à l'exécution des missions de ce service, sont établis sur la propriété d'une personne publique, ils relèvent de ce fait du régime de la domanialité publique ; la faculté offerte aux parties au contrat d'en disposer autrement ne peut s'exercer, en ce qui concerne les droits réels dont peut bénéficier le cocontractant sur le domaine public, que selon les modalités et dans les limites définies aux articles L. 2122-6 à L. 2122-14 CGPPP ou aux articles L. 1311-2 à L. 1311-8 CGCT et à condition que la nature et l'usage des droits consentis ne soient pas susceptibles d'affecter la continuité du service public.

41. Empiétement d'un portail et clôture privés sur domaine public, enlèvement, compétence juridictions administratives

T. confl. 17 déc. 2012, *Cne Le Revest-les-Eaux*, req. n° C3884

La juridiction administrative est seule compétente pour connaître de l'action engagée par des particuliers contre la commune en vue d'obtenir la destruction d'un portail et d'une clôture réalisés par des tiers sur une voie publique communale qui ont le caractère de travaux d'entretien de la voirie publique et donc de travaux publics, ainsi que la réalisation des travaux de reconstitution de la portion de voirie supprimée.

42. Occupation irrégulière du domaine, indemnisation, rétroactivité financière

CE 1er juin 2012, *Ville de Paris*, req. n° 334475

Une commune est fondée à réclamer à l'occupant sans titre de son domaine public, au titre de la période d'occupation irrégulière, une indemnité compensant le préjudice induit, indemnité dont elle détermine, sous le contrôle du juge, le montant, qu'elle peut modifier à tout moment pour l'avenir ; par suite, la ville de Paris a légalement pu, sans entacher sa décision d'une rétroactivité illégale, porter le montant de la redevance due par un stagiaire d'IUFM pour logement de 548,21 euros à 2 142 euros.

D. Voiries

43. Aisance de voirie. Atteinte

CE 4 mai 2012, *Cne d'Étampes c/Association locale pour le culte des Témoins de Jéhovah*, req. n° 358939

Quand le maire délivre un permis de construire, qu'un poteau est implanté sur le domaine public pour empêcher tout accès au terrain des engins de chantier nécessaires à l'exécution des travaux autorisés ; qu'aucun motif tiré des nécessités de la conservation du domaine ou de l'entretien de la voie ne justifie un tel aménagement ; qu'en faisant procéder à l'installation du poteau empêchant l'accès au terrain des véhicules nécessaires à la réalisation des travaux projetés, le maire a porté au libre accès des riverains à la voie publique, lequel constitue un accessoire du droit de propriété, et par là même une liberté fondamentale, une atteinte grave et manifestement illégale.

44. Suspension du plan d'alignement. Prise de possession antérieure à la suspension. Référé à l'encontre de la suspension du plan

CE 26 mars 2012, *Association des habitants des quartiers sud de Colmar et autres*, req. n° 350834, *AJDA*, 2012, p. 1741, note Seydou Traoré

Un plan d'alignement provoque l'appropriation publique et l'incorporation au domaine public routier des biens situés dans l'emprise de l'alignement. Une ordonnance de suspension d'un tel plan d'alignement peut constituer un obstacle à la prise de possession des biens. La collectivité propriétaire de la voie publique bénéficiaire de l'alignement peut obtenir par le recours de l'article L. 521-4 du CJA, qu'un terme soit mis à la suspension de son plan d'alignement, dès lors que la prise de possession est antérieure à la mesure de suspension.

II. Domaine privé

45. Dommages pour suppression d'une installation de ski, compétence administrative

CE 9 mai 2012, *Cne d'Orcières*, req. n° 340103

La décision de supprimer la gare de départ d'une télécabine prise en vue de la réalisation d'un projet de nouvelle remontée mécanique sur le domaine skiable d'une station de sports d'hiver et à ce titre concerne l'organisation du service public des remontées mécaniques ; alors même que la gare faisait partie du domaine privé communal, les litiges nés des conséquences dommageables de cette décision relèvent de la compétence de la juridiction administrative.

46. Refus de conclure un titre d'occupation. Compétence juge administratif

T. confl. 5 mars 2012, *M. Dewailly c/Centre communal d'action sociale de Caumont*, req. n° 3833, *AJDA*, 2012, p. 1684, note F. Mokhtar

Le refus de conclure un titre d'occupation de locaux du domaine privé est un acte administratif, en dehors de toute relation contractuelle, et son contentieux relève du juge administratif.

47. Relation contractuelle mettant en cause uniquement des rapports de droit privé

CE 15 novembre 2012, *Ville de Paris*, req. n° 346997

Ressort à la compétence de la juridiction judiciaire la contestation par une personne privée de l'acte, délibération ou décision du maire, par lequel une commune ou son représentant gestionnaire du domaine privé initie avec cette personne, conduit ou termine une relation contractuelle, quelle qu'en soit la forme, dont l'objet est la valorisation ou la protection de ce domaine et qui n'affecte ni son périmètre ni sa consistance, dès lors qu'une telle contestation ne met en cause que des rapports de droit privé.

48. Régime forestier communal et constitutionnalité

CE 1er février 2012, *Cne des Angles c/Préfet des Pyrénées-Orientales*, req. n° 353945

Les dispositions de l'article L. 144-1 du Code forestier n'entraînent aucune privation de propriété pour les collectivités territoriales propriétaires de bois et forêts soumis au régime forestier ; si, en imposant que les coupes et produits des coupes de ces bois et forêts soient mis en vente par l'Office national des forêts (ONF), elles apportent une limitation au droit que les collectivités territoriales ont de disposer de leurs biens, une telle limitation répond à l'objectif d'intérêt général, que poursuit le régime forestier mis en place par le Code forestier, de cohérence de la politique forestière nationale et de mise en valeur de la forêt et de ses produits dans des conditions économiques satisfaisantes pour ses propriétaires et, notamment, pour les communes ; il résulte en outre des dispositions des chapitres III et IV du titre IV du livre Ier du Code forestier, notamment de son article L. 144-1-1, que les collectivités territoriales ont un rôle déterminant dans la programmation des coupes, choisissent les quantités mises en vente et la façon dont les coupes sont mises à disposition de l'ONF, et sont associées aux opérations de vente, dont le produit leur est reversé ; dès lors, les dispositions contestées ne méconnaissent pas les exigences constitutionnelles relatives à la propriété des personnes publiques ; en deuxième lieu, eu égard, d'une part, aux objectifs d'intérêt général précédemment rappelés, et, d'autre part, aux prérogatives que conservent les collectivités territoriales, le législateur ne peut être regardé comme ayant porté, en interdisant à ces collectivités de procéder elles-mêmes aux ventes des coupes et produits de coupes issus de leurs bois et forêts, une atteinte à leur libre administration contraire à l'article 72 de la Constitution ou à la liberté garantie par les articles 4 et 5 de la Déclaration des droits de l'homme et du citoyen de 1789 ; en troisième lieu, les dispositions précitées n'ont ni pour objet, ni pour effet, de prévoir un traitement différencié des ventes de coupes et produits de coupes dans les bois et forêts selon les collectivités territoriales ou les groupements de collectivités propriétaires ; elles n'ont, en tout état de cause, pas davantage pour objet ou pour effet de priver les collectivités territoriales de la possibilité de prendre part, à travers la mise en œuvre de la politique forestière et la gestion de leurs forêts, à l'amélioration de l'environnement et à la promotion d'un développement durable ; elles ne méconnaissent donc ni le principe d'égalité ni, en tout état de cause, les articles 2 et 6 de la Charte de l'environnement ; en outre, les dispositions de l'article L. 144-1 du Code forestier ne sauraient en tout état de cause être regardées comme contraires aux dispositions du neuvième alinéa du Préambule de la Constitution de 1946 selon lesquelles : « Tout bien, toute entreprise, dont l'exploitation a ou acquiert les caractères d'un service public national ou d'un monopole de fait, doit devenir la propriété de la collectivité » ; il résulte de tout ce qui précède que la question de constitutionnalité soulevée, qui n'est pas nouvelle, ne présente pas un caractère sérieux.

49. Biens vacants et sans maître. Incorporation au domaine privé communal

CE 28 déc. 2012, *Cne de Montsinéry-Tonnégrande (Guyane)*, req. n° 351361

Si des particuliers soutiennent qu'ils occupent une parcelle et qu'ils l'ont mise en valeur en aménageant des pâturages, qu'ils l'exploitent de manière paisible depuis 1995 et qu'ils avaient entrepris des démarches pour se voir attribuer ce bien en tant que succession vacante lorsque la commune a engagé la procédure d'incorporation à son domaine privé de ce bien au motif qu'il était vacant et sans maître, ils ne justifient d'aucun droit ou titre à occuper cette parcelle à raison de l'activité agricole dont ils se prévalent ; la seule circonstance qu'ils l'exploitaient ne leur confère pas, eu égard au caractère irrégulier de cette occupation, un intérêt de nature à leur donner qualité pour demander l'annulation des actes administratifs ayant conduit à cette incorporation.

III. Section de commune

50. Qualité d'ayant droit sectionnal

CE 7 mars 2012, *M. Joseph A c/Cne de Trélans*, req. n° 334898

La Cour a pu juger que le requérant n'établissait pas par la production d'un constat d'huissier qu'il disposait d'un bâtiment d'exploitation hébergeant pendant la période hivernale ses animaux sur la section.

CE 8 février 2012, *Mme Marie-Josèphe A c/Cne de Roffiac*, req. n° 330120

Une personne qui a son domicile réel et fixe ainsi que le siège de son exploitation agricole sur le territoire de l'une des sections propriétaires des parcelles dont elle demande l'attribution au titre du deuxième alinéa de l'article L. 2411-10 CGCT doit être regardée comme ayant la qualité d'ayant droit prioritaire des terres dont elle a demandé l'attribution à son profit en application des dispositions précitées. La prétention de la commune selon laquelle il n'existait plus aucun lot vacant à la date de la demande de la requérante, dès lors que, d'une part, les conventions conclues par le maire avec les sept exploitants agricoles ayant bénéficié de l'attribution de biens sectionaux ont été signées postérieurement aux demandes présentées par la requérante, et que d'autre part et en tout état de cause, ces conventions stipulaient que les preneurs s'engageaient à accepter à tout moment les modifications susceptibles d'y être apportées en raison de l'arrivée d'un nouvel exploitant remplissant les conditions pour se voir attribuer une partie de ces biens.

51. Procédure en appel, puis en Conseil d'État

CE 7 mars 2012, *M. Joseph A c/Cne de Trélans*, req. n° 334899

Le requérant n'a pas soutenu devant la cour (et par suite, ne peut le faire en cassation) que, dans l'hypothèse où il ne serait pas regardé comme un ayant droit prioritaire, il avait droit à l'attribution de terres en sa qualité d'exploitant de biens agricoles sur la section, au titre de l'attribution subsidiaire prévue par les dispositions précitées de l'article L. 2411-10 du Code général des collectivités territoriales, et que le refus qui lui aurait été opposé d'une telle attribution serait fondé sur un motif illégal ou entaché d'une erreur manifeste d'appréciation.

IV. Département

52. Voirie. Compétence juridictionnelle

CE 23 janvier 2012, *Dép. des Alpes-Maritimes*, req. n° 334360

Il appartient au juge administratif de se prononcer sur l'existence, l'étendue et les limites du domaine public, même en l'absence d'acte administratif délimitant ce domaine, sauf à renvoyer à l'autorité judiciaire la solution d'une question préjudicielle de propriété lorsque, à l'appui de la contestation, sont invoqués des titres privés dont l'examen soulève une difficulté sérieuse ; mais, il n'appartient pas à cette juridiction, lorsqu'elle est saisie d'une question préjudicielle en interprétation, de trancher d'autres questions que celle qui lui a été renvoyée par l'autorité judiciaire ; en l'espèce, le juge administratif est compétent pour statuer sur l'appartenance du mur litigieux au domaine public du département, sans qu'il y ait lieu pour le Conseil d'État, en l'absence de titre privé de propriété dont l'examen soulèverait une difficulté sérieuse, de subordonner la reconnaissance de cette appartenance au jugement, par l'autorité judiciaire, de la question de la propriété de ce mur (en l'espèce, terrain à forte pente, mur nécessaire à la sécurité de la circulation et appartenant au département alors même qu'il n'aurait pas été construit par ce dernier).

53. Pont servant à la voirie départementale à franchir une voie ferrée. Propriété départementale. Entretien

CE 23 juillet 2012, *Département de la Marne*, req. n° 341932, *AJDA* 2012, p. 2008, note J.-F. Finon

Les ponts ne constituent pas des éléments accessoires des cours d'eau ou des voies ferrées qu'ils traversent mais sont au nombre des éléments des voies dont ils relient les parties séparées de façon à assurer la continuité du passage ; par suite, un pont supportant une route départementale appartient à la voirie départementale ; les articles L. 131-2 c. voirie routière et L. 3321-1 CGCT ne font pas obstacle à ce que le département conclue avec le propriétaire ou l'exploitant de la voie franchie par un pont de la voirie départementale une convention mettant à la charge de celui-ci les frais d'entretien de l'ouvrage ; si le département peut, lorsqu'une telle convention a été conclue, réclamer sur ce fondement le versement d'une indemnité réparant le préjudice que lui a causé l'inexécution fautive du contrat par l'autre partie, il reste tenu d'assurer l'entretien normal du pont en faisant procéder aux réparations nécessaires et en inscrivant les dépenses correspondantes à son budget.

X. Contrats et marchés publics

I. Délégations de service public

Jean-Claude Douence

54. Délégation de service public. Régime de la concession de service public. Compétence judiciaire pour les marchés de travaux publics conclus entre le concessionnaire et les entreprises

T. confl. 9 juillet 2012, *Société Compagnie des eaux et de l'ozone (Société CEO), Lebon T*

La société CEO, chargée par le SIVOM de la côte Vermeille de la construction et de l'exploitation d'une station d'épuration, passe des marchés de travaux pour la construction de l'ouvrage. Victime de désordres après réception des travaux, elle recherche la responsabilité décennale des entreprises. Elle se heurte à une déclaration d'incompétence du juge judiciaire. Puis le juge administratif, s'estimant incompétent, renvoie au Tribunal des conflits le soin de décider sur la question de compétence.

Ce dernier réaffirme une jurisprudence ancienne et constante : les contrats entre deux personnes privées agissant pour leur compte sont des contrats de droit privé, relevant du juge judiciaire devant lequel sont renvoyées la cause et les parties.

Une citation de l'ouvrage classique de R. Chapus (*DAG* 15e éd., n° 739) analyse cette jurisprudence : « Un organisme de droit privé investi d'une mission de service public passe contrat avec une partie privée : c'est en principe un contrat de droit privé, en vertu d'une solution jurisprudentielle que le Tribunal des conflits présente comme une « règle de valeur législative » (voir T. conf. 26 juin 1989, *SA Cie gén. d'entreprises de chauffages* : *D.* 1990, *SC* 191, obs. X. Prétot). Alors que les considérations organiques s'effacent quand il s'agit d'une activité qualifiée d'administrative, par exemple, une décision d'un tel organisme, elles font obstacle au caractère administratif d'un contrat. Il est difficile de savoir et de comprendre pourquoi. Mais la jurisprudence est certaine, insensible aux objections et abondamment illustrée ».

Il est donc vain de poursuivre l'analyse, sauf à souligner que le Tribunal des conflits n'entend pas démordre de sa solution, même dans le cas d'une délégation de service public.

Néanmoins, l'arrêt présente l'intérêt d'analyser le contrat conclu entre le SIVOM et la société CEO. Il présente toutes les caractéristiques classiques d'une concession de service public. Le Tribunal des conflits confirme qu'en conséquence le concessionnaire agit pour son propre compte et non pour celui de la personne publique.

> Considérant que le litige né de l'exécution d'un marché de travaux publics et opposant des participants à l'exécution de ces travaux relève de la compétence de la juridiction administrative, sauf si les parties sont unies par un contrat de droit privé ; que dans ce dernier cas, la compétence demeure administrative si l'une des parties au contrat agit pour le compte d'une personne publique ;
>
> Considérant que la convention conclue le 15 janvier 1993 a confié à la société CEO la construction d'une station d'épuration et son exploitation pendant une durée de trente ans ; que le SIVOM ne prend possession de l'ouvrage qu'au terme de cette période et que c'est à cette date que la personne publique est subrogée dans les droits de son contractant ; que la rémunération de ce dernier, nonobstant l'apport de subventions pour la réalisation des investissements, est essentiellement assurée par les résultats de l'exploitation ; qu'il s'ensuit que cette convention ayant le caractère d'une concession, la société CEO a agi pour son propre compte et non pour celui de la personne publique ; qu'ainsi les contrats relatifs à la construction de l'ouvrage conclus avec les sociétés Sogéa et OTV par le concessionnaire, personne morale de droit privé agissant pour son compte, sont des contrats de droit privé de sorte que le litige né de leur exécution ressortit à la compétence des juridictions de l'ordre judiciaire.

55. Délégation de service public. Délibération de principe, susceptible de recours pour excès de pouvoir. Moyens utiles et moyens inopérants

CE 4 juillet 2012, *Association fédération d'action régionale pour l'environnement (FARE Sud)*, req. n° 356752, *Lebon T* ; *AJDA* 2012.1376 ; *JCP A* 2012.2280, note Pauliat

La décision FARE Sud n'appelle pas de longs commentaires tant la solution est simple et logique. Mais elle met fin aux hésitations antérieures sur la portée exacte de la délibération de principe qui selon les articles L. 1411-4 et L. 1411-5 marque le début de la procédure de passation d'une délégation de service public.

Le conseil de la communauté urbaine de Marseille Provence métropole approuve le principe d'une délégation de service public comme mode de gestion de la future unité de valorisation énergétique de déchets. Une association de protection de l'environnement conteste cette délibération. Après diverses péripéties procédurales, le Conseil d'État rejette le pourvoi contre l'arrêt de rejet rendu par la cour de Marseille.

Le considérant de principe est très clair : il résulte des dispositions précitées que la délibération de principe présente le caractère d'une décision susceptible d'être déférée au juge de l'excès de pouvoir. Elle produit en effet des effets de droit, ce qui exclut de la considérer comme une simple mesure préparatoire. Mais la solution a déjà été adoptée l'année précédente (CE 19 janvier 2011, *Cne de Limoges*, req. n° 323924 : *AJDA* 2011.136 et 616, note Dreyfus ; *Dr. Adm.* 2011, n° 38, note Brebet ; *JCP A* 2011.2101, note Vila ; *Contrats et marchés publics* 2011, n° 87, note Eckert).

Le considérant, très pédagogique, poursuit en indiquant quels sont les moyens qui peuvent être utilement invoqués à l'appui du recours et quels sont ceux qui sont inopérants. La distinction découle logiquement de l'objet de la délibération.

Peuvent être invoqués les moyens relatifs aux vices propres de la délibération : on pense évidemment aux moyens de légalité externe : incompétence, vice de forme ou de procédure (y compris les irrégularités entachant la consultation de la commission consultative des services publics locaux). La légalité du recours à une délégation pour gérer le service peut également être contestée, notamment s'il s'agit d'un service qui ne peut être géré qu'en régie directe ou confié à un établissement public.

Sont en revanche inopérants des moyens relatifs aux caractéristiques et aux modalités de mise en œuvre ultérieures de la délégation ou des prestations que la délibération n'a pas pour objet d'arrêter définitivement. Cette solution est seule à même de préserver la liberté des candidats et de l'autorité délégante dans la suite de la procédure qui s'achève sur une phase de libre négociation.

Deux autres considérants concrétisent le principe ainsi posé. La légalité de la délibération de principe ne peut dépendre de la légalité de décisions ultérieures de mise en œuvre, en l'espèce d'un bail à construction destiné à réaliser l'équipement délégué. La consultation du TPG (Trésorier payeur général) pour les délégations supérieures à vingt ans n'a pas à précéder la délibération de principe qui n'a pas pour objet de fixer les caractéristiques et notamment la durée de la délégation.

Il y a là une part de fiction : le juge affecte de considérer que le rapport présentant le document contenant les caractéristiques des prestations que doit assurer le délégataire « qui doit être obligatoirement communiqué à l'assemblée délibérante » et qui doit être assez précis pour lui permettre de statuer en connaissance de cause n'a qu'une valeur indicative qui interdit d'en contester le contenu devant le juge, alors même qu'il annoncerait des illégalités susceptibles d'entacher le contrat conclu ultérieurement.

Dans ces conditions, un recours contre la délibération de principe est assez vain, car il a peu de chances d'aboutir. Le débat, contentieux sur le fond, ne peut véritablement être mené qu'à l'occasion de la délibération approuvant la signature du contrat.

C'est le prix à payer pour distinguer nettement les étapes de la procédure et préserver la libre négociation du contrat qui est une caractéristique fondamentale de la délégation de service public.

> Considérant, en deuxième lieu, qu'aux termes de l'article L. 1411-4 du Code général des collectivités territoriales : « Les assemblées délibérantes des collectivités territoriales, de leurs groupements et de leurs établissements publics se prononcent sur le principe de toute délégation de service public local après avoir recueilli l'avis de la commission consultative des services publics locaux prévue à l'article L. 1413-1. Elles statuent au vu d'un rapport présentant le document contenant les caractéristiques des prestations que doit assurer le délégataire » ; qu'aux termes de l'article L. 1411-5 du même code. « Après décision sur le principe de la délégation, il est procédé à une publicité et à un recueil d'offres [...] » ; qu'il résulte de ces dispositions que la délibération par laquelle l'assemblée délibérante d'une collectivité territoriale, d'un groupement de collectivités territoriales ou d'un établissement public local se prononce sur le principe d'une délégation de service public local présente le caractère d'une décision susceptible d'être déférée au juge de l'excès de pouvoir ; qu'à l'appui d'un tel recours peuvent être utilement invoqués des moyens relatifs aux vices propres dont cette décision serait entachée ou à la légalité du principe du recours à un délégataire pour la gestion du service ; que sont, en revanche, inopérants des moyens relatifs aux caractéristiques et aux modalités de mise en œuvre ultérieure de la délégation ou des prestations que cette délibération n'a pas pour objet d'arrêter définitivement.

56. Délégation de service public. Convention unique portant sur deux activités. Obligation faite aux candidats de constituer un groupement ou de recourir à un sous-traitant. Absence d'atteinte aux principes de la commande publique

CE 13 juillet 2012, *Commune d'Aix-en-Provence*, req. n° 58512 ; *Lebon T.* ; *BJCP* 2012.347, concl. Dacosta, obs. Ch. M.

Une fourrière est un établissement destiné à accueillir et garer pendant un certain délai les chiens et chats trouvés errants ou en état de divagation. Un refuge est un établissement qui prend en charge des animaux provenant d'une fourrière ou donnés par leur propriétaire et les propose à l'adoption (pour éviter l'euthanasie en fourrière). Les deux activités sont manifestement complémentaires.

Il paraît donc de bonne gestion de regrouper les deux activités et de les confier à un même délégataire. C'est ce qu'a entendu faire la commune d'Aix-en-Provence. Mal lui en a pris. Elle s'est heurtée à des cloisonnements juridiques qui, selon un candidat évincé, faisaient obstacle à la passation d'un unique contrat de délégation. Après deux tentatives de passation d'un contrat censurées par le juge des référés, la ville a dû se pourvoir en cassation pour faire reconnaître par le Conseil d'État la régularité de son choix de gestion.

L'activité de fourrière se rattache à l'exercice d'une mission de police administrative. Elle est obligatoire pour la commune. Doit-elle être gérée directement par la commune ou peut-elle être déléguée, malgré ses liens avec la police ? Le célébrissime arrêt *Thérond* du 4 mars 1910 a tranché la question depuis plus d'un siècle. Le service de fourrière qui n'emporte pas l'exercice de pouvoirs de police peut être délégué, sans qu'aucun texte ne s'y oppose.

Le refuge pour animaux est pour sa part une activité d'intérêt général, mais à caractère privé. Elle a été soumise à un certain nombre de règles. Notamment, elle doit être exercée, sans but lucratif, par une fondation ou une association de protection des animaux désignée à cet effet par le préfet. Cela ne suffit pas à en faire un service public, comme en atteste un précédent (CE 26 février 2003, *SPA*, req. n° 212943 : *Leb. T.* 786 ; *ACL* 2004 n° 29 obs. Douence). Une simple aide financière de la commune ne suffit pas non plus (même arrêt).

La création d'un service public est donc le préalable nécessaire à sa délégation. Le Conseil d'État estime qu'en déléguant cette activité, à son initiative et sous contrôle, conjointement avec l'activité de fourrière dont le refuge constitue le prolongement, la commune a érigé l'ensemble en mission de service public. Les caractères mêmes de l'activité n'impliquent pas l'octroi de prérogatives de puissance publique (comp. CE sect. 6 avr. 2007, *Cne d'Aix-en-Provence*, req. n° 284736 : *Lebon* 155 ; *ACL* 2008, n° 17 et n° 73, obs. Douence ; *RFDA* 2007.812, concl. Seners, note Douence… à propos du festival d'Aix-en-Provence).

Les deux activités constituant des services publics susceptibles d'être délégués, la commune pouvait-elle les réunir dans une même délégation ? C'est le point essentiel de l'arrêt.

Le juge des référés précontractuel a estimé que la convention unique portait atteinte aux principes de liberté d'accès à la commande publique et d'égalité des candidats puisque l'activité de refuge ne pouvait être exercée que par certaines fondations ou associations et qu'en conséquence les sociétés commerciales étaient discriminées. Cette position, juridiquement défendable, paraît excessivement rigide.

Le Conseil d'État adopte, sans motivation détaillée, une position beaucoup plus souple. La formule de la convention unique oblige certes une société commerciale candidate à s'associer avec une fondation ou une association par la constitution d'un groupement ou prévoir de recourir à un sous-traitant habilité à gérer l'activité refuge. Mais il y a là une « circonstance » qui n'affecte pas les principes de la commande publique.

En matière de délégation de service public (et contrairement aux marchés publics), il n'y a ni obligation, ni interdiction d'allotir. Et cette souplesse est souhaitable pour des raisons de bonne gestion économique mais surtout de bonne gestion administrative : il s'agit ici de services publics administratifs que l'on n'imagine guère rentables.

Pour autant, il ne convient pas de réunir artificiellement des activités distinctes. En soulignant que le refuge est le prolongement de la fourrière, le Conseil d'État marque bien que les activités conjointes doivent être complémentaires.

Considérant, d'une part, qu'aux termes de l'article L. 211-24 du Code rural et de la pêche maritime : « Chaque commune doit disposer soit d'une fourrière communale apte à l'accueil et à la garde des chiens et chats trouvés errants ou en état de divagation jusqu'au terme des délais fixés aux articles L. 211-25 et L. 211-26, soit du service d'une fourrière établie sur le territoire d'une autre commune, avec l'accord de cette commune [...] » ; que, d'autre part, le II de l'article L. 214-6 du même code dispose que : « On entend par refuge un établissement à but non lucratif géré par une fondation ou une association de protection des animaux désignée à cet effet par le préfet, accueillant et prenant en charge des animaux soit en provenance d'une fourrière à l'issue des délais de garde fixés aux articles L. 211-24 et L. 211-25, soit donnés par leur propriétaire. »

Considérant qu'il ressort des pièces du dossier soumis au juge des référés que la commune d'Aix-en-Provence a entendu regrouper en un même lieu un site de fourrière et un second site de fourrière-refuge en activité sur son territoire et confier, par une unique délégation de service public, la gestion de ces activités à un même délégataire ; que saisi par la société Service pour l'assistance et le contrôle du peuplement animal d'une demande d'annulation de la procédure de passation de cette délégation de service public sur le fondement de l'article L. 551-1 du Code de justice administrative, le juge des référés du tribunal administratif de Marseille a, par l'ordonnance attaquée, annulé cette procédure au motif que les principes de liberté d'accès à la commande publique et d'égalité de traitement des candidats avaient été méconnus, dès lors que les sociétés commerciales, qui ne sont pas habilitées par la loi à gérer des refuges pour animaux, ne pouvaient, en l'absence de séparation des activités de fourrière et de refuge par allotissement de la délégation, se dispenser de former un groupement ou de s'associer par voie de sous-traitance avec une association ou une fondation pour présenter utilement leur candidature ;

Considérant que la circonstance que des candidats doivent s'associer par la constitution d'un groupement ou prévoir de recourir à un sous-traitant pour présenter leur candidature à une délégation de service public ne peut constituer en soi une atteinte aux principes de libre accès à la commande publique et d'égalité de traitement des candidats ; que, par suite, en jugeant que la commune d'Aix-en-Provence avait méconnu ses obligations de mise en concurrence en imposant aux sociétés commerciales de s'associer, par la voie d'un groupement ou d'un contrat de sous-traitance, avec une fondation ou une association habilitée à gérer la partie refuge de l'activité déléguée, le juge des référés du tribunal administratif de Marseille a commis une erreur de droit ;

Considérant qu'il y a lieu, dans les circonstances de l'espèce, de statuer sur la demande en référé en application des dispositions de l'article L. 821-2 du Code de justice administrative ;

Considérant, en premier lieu, que pour les motifs indiqués précédemment, la procédure de délégation de service public engagée par la commune ne peut être regardée, contrairement à ce que soutient la société, comme méconnaissant les principes de libre accès à la commande publique et d'égalité de traitement des candidats ;

Considérant, en second lieu, que les dispositions du II des articles L. 211-6 et L. 211-25 du Code rural et de la pêche maritime, en confiant l'exercice de l'activité de refuge, c'est-à-dire d'accueil et de prise en charge des animaux soit en provenance d'une fourrière, laquelle relève d'un service public communal obligatoire en vertu des dispositions des articles L. 211-24 et suivants de ce code, soit donnés par leurs propriétaires, aux seules fondations et associations de protection des animaux agissant dans un but non lucratif, lui ont conféré un caractère de mission d'intérêt général ; qu'en déléguant cette activité, à son initiative et sous son contrôle, conjointement avec l'activité de fourrière dont le refuge constitue le prolongement, la commune d'Aix-en-Provence a érigé l'ensemble formé par la fourrière-refuge en mission de service public ; que, par suite, la société Service pour l'assistance et le contrôle du peuplement animal n'est pas fondée à soutenir que la procédure de délégation litigieuse serait irrégulière en ce qu'elle porterait sur une activité ne relevant pas d'un service public.

57. Délégation de service public. Notion de « société en cours de constitution » admise à présenter sa candidature. Exclusion en l'absence d'informations certaines et précises sur les garanties offertes

CE 19 décembre 2012, *Département de l'Aveyron*, req. n° 354873 : *Lebon T*

Dans le cadre d'une procédure de passation d'une délégation de service public, « les sociétés en cours de constitution ou nouvellement créées peuvent être admises à présenter une offre dans les mêmes conditions que les sociétés existantes ». Mais à quel stade de sa constitution, une société qui par hypothèse n'existe pas encore, est-elle recevable à présenter une offre ? L'arrêt commenté permet d'éclairer la portée de cette disposition, ajoutée à l'article L. 1411-1 par l'article 6 de la loi n° 2002-1 du 2 janvier 2002.

Le département de l'Aveyron a décidé de confier la gestion de son laboratoire départemental d'analyses à une société d'économie mixte qu'il décidait de créer à cet effet. Une société privée, dont l'offre a été rejetée, conteste ce choix. La cour administrative d'appel de Toulouse annule la délibération approuvant la délégation à la SEM parce que cette dernière n'était pas en cours de constitution. Le Conseil d'État rejette le pourvoi du département, car ce faisant la cour n'a pas commis d'erreur de qualification juridique.

Il convient donc d'examiner les données de fait. Il apparaît qu'à la date limite de réception des candidatures, le département avait bien approuvé le principe de la création de la SEM et adopté des projets de statuts, mais que l'ensemble des personnes sollicitées pour entrer au capital n'avaient ni donné leur accord de principe, ni fixé le montant de leur participation : le contrat de société était donc loin d'être défini. La cour estime à juste titre qu'il n'y a pas d'informations certaines et précises sur les caractères de la SEM à la date limite d'examen des candidatures.

Le glissement, d'un considérant au suivant, de la date de réception des candidatures à la date de leur examen par la commission de l'article L. 1411-5 n'est pas fortuit : la constitution de la société doit être assez avancée pour permettre d'apprécier ses garanties professionnelles et financières.

Dans le cas d'une SEM, l'engagement de la collectivité à la créer apporte certaines garanties, notamment financières puisque la collectivité est nécessairement actionnaire majoritaire. Mais dans la plupart des cas, les actionnaires autres que la collectivité apportent une expertise technique, une capacité de gestion financière et d'autres éléments utiles à la gestion du service. La loi permet d'apprécier les garanties professionnelles dans la personne des associés mais encore faut-il que ces associés soient connus. L'absence d'informations certaines et précises sur la participation de ces actionnaires ne permet pas de porter une appréciation éclairée sur les garanties offertes par la future société et, encore moins, de les confronter aux garanties que présentent les autres candidats.

La notion de « société en cours de constitution » et la possibilité de présenter une candidature s'apprécient donc au regard des informations données dans le dossier de candidature indépendamment de la procédure de conclusion de l'acte de société.

> Considérant, en second lieu, que, d'une part, aux termes de l'article L. 1411-1 du Code général des collectivités territoriales : « [...] Les délégations de service public des personnes morales de droit public relevant du présent code sont soumises par l'autorité délégante à une procédure de publicité permettant la présentation de plusieurs offres concurrentes [...]. Les garanties professionnelles sont appréciées notamment dans la personne des associés et au vu des garanties professionnelles réunies en son sein. Les sociétés en cours de constitution ou nouvellement créées peuvent être admises à présenter une offre dans les mêmes conditions que les sociétés existantes./ La commission mentionnée à l'article L. 1411-5 dresse la liste des candidats admis à présenter une offre après examen de leurs garanties professionnelles et financières [...] » ; que, d'autre part, selon les articles L. 1522-1 et L. 1522-2 du même code, les collectivités territoriales peuvent créer des sociétés d'économie mixte, revêtant la forme de sociétés anonymes en principe régies par le livre II du Code de commerce, dans lesquelles elles détiennent séparément ou à plusieurs, plus de la moitié du capital, la participation des actionnaires autres que les collectivités territoriales et leurs groupements ne pouvant être inférieure à 15 % du capital social ;
>
> Considérant que, pour refuser de regarder la société d'économie mixte locale Aveyron Labo comme étant en cours de constitution et susceptible comme telle de présenter une candidature à l'attribution de la délégation de service public du laboratoire départemental d'analyses dont la recevabilité pouvait être appréciée au travers des garanties apportées par ses futurs associés, la cour administrative d'appel de Bordeaux a relevé que si, au 28 février 2005, date limite de réception des candidatures, le département avait approuvé le principe de sa création et adopté des projets de statuts, l'ensemble des personnes sollicitées pour entrer au capital n'avaient, à cette date, ni donné leur accord de principe, ni fixé le montant de leur éventuelle participation ;
>
> Considérant que, pour porter cette appréciation sur la recevabilité de cette candidature, la cour a pu se fonder sur l'absence, à la date limite d'examen des candidatures, d'informations certaines et précises sur la participation au capital de la future société, même en présence de garanties résultant de la volonté manifestée par le département de créer la société et alors même qu'en vertu de l'article L. 210-6 du Code de commerce, les personnes agissant au nom d'une société en cours de formation peuvent prendre des engagements susceptibles d'être ensuite repris par la société constituée ; que, ce faisant, la cour n'a pas commis d'erreur de qualification juridique.

58. Délégation de service public. Annulation de l'acte détachable. Conséquences sur le contrat : injonction de résilier le contrat avec effet différé

CE 10 décembre 2012, *Société Lyonnaise des eaux France*, req n° 355127, *Lebon T*

Voici un nouvel épisode de la lutte acharnée que mènent les grandes sociétés concessionnaires (ici la société Lyonnaise des eaux) pour essayer de préserver leur oligopole contre des nouveaux venus (ici la société AGUR, Aquitaine gestion urbaine et rurale, dont l'acronyme évoque les origines basques). Un syndicat intercommunal délègue ses services d'eau et d'assainissement à la société AGUR. La Lyonnaise des eaux conteste les délibérations approuvant les deux contrats de délégation et obtient leur annulation par les juges du fond au motif que les candidats n'avaient pas été informés des critères de sélection des offres.

Nous n'en saurons pas plus sur cette irrégularité parce que les faits qui la constituent relèvent de l'appréciation souveraine des juges du fond et surtout parce que, devant le Conseil d'État, le débat ne porte que sur les conséquences à tirer de l'annulation de l'acte détachable du contrat. Le tribunal administratif a enjoint au syndicat de rechercher la résolution des contrats ; la cour administrative d'appel annule cette mesure que la requérante souhaite évidemment voir reprise pour pouvoir à nouveau candidater.

En statuant sur le pourvoi principal, le Conseil d'État va faire application de la jurisprudence inaugurée par l'arrêt *Société Ophrys* (CE 21 févr. 2011, *Société Ophrys, Cté d'agglomération Clermont Cté*, req. n° 337349 : *Lebon* 54 ; *BJCP* 2011.133, concl. Dacosta, obs. Dourlens et de Moustier ; *DGCT* 2012, n° 63, obs. Douence…). Mais il lui faut auparavant se prononcer sur le pourvoi incident du syndicat intercommunal qui invoque la fin de non-recevoir tirée de la tardiveté du recours en annulation des délibérations. Sur ce point également le Conseil d'État va appliquer une jurisprudence bien établie. L'arrêt n'apporte donc guère d'éléments nouveaux mais il illustre parfaitement l'office du juge tel qu'il se dessine actuellement.

Il semble que le recours juridictionnel intenté par la Lyonnaise des eaux à la suite du rejet de son recours gracieux ait été tardif mais la cour avait estimé que ce délai ne pouvait lui être opposé, faute de mention des voies et délais de recours dans la décision de rejet du recours gracieux. Le Conseil d'État censure la cour pour erreur de droit : l'obligation de mentionner les délais et voies de recours ne s'applique pas aux décisions de rejet d'un recours administratif formé par un tiers contre un acte créateur de droits au profit de son bénéficiaire.

La solution n'est pas nouvelle ; elle résulte d'un avis contentieux relatif à un permis de construire (CE sect., avis contentieux 15 juill. 2004, *Époux Darmon*, *Lebon* 331, concl. Stahl…). Le Conseil d'État l'étend ici au cas d'une délégation de service public, car sa justification est la même : ne pas porter atteinte à la stabilité d'une situation juridique résultant d'un acte administratif par une possibilité indéfinie de recours.

Le recours devrait donc être considéré comme tardif. Mais le Conseil d'État substitue un autre motif à ce motif erroné en droit. Il observe que la société a également présenté, dans les délais, une demande de déféré préfectoral. L'absence de réponse du préfet a fait naître une décision implicite de rejet.

Aux termes de la jurisprudence *Brasseur* (CE sect. 25 janv. 1991, req. n° 80969 : *Lebon* 23, concl. Stirn ; *JCP* 1991.II.21654, note Moreau, *AJDA* 351 et 395, chron. Maugüé et Schwartz ; *RFDA* 1991.587 concl. Stirn et note Douence), la demande de déféré présentée au préfet peut proroger le délai de recours direct contre l'acte local, à l'instar d'un recours gracieux adressé à l'auteur de l'acte attaqué. Le refus de déférer du préfet, qu'il soit explicite ou implicite, ne constitue pas un acte susceptible de recours pour excès de pouvoir mais il marque le point de départ du délai de recours direct dont disposait de toute façon le tiers intéressé. La chronologie montre qu'en l'espèce le délai de recours avait été régulièrement prorogé et que le recours contre les délibérations devant le tribunal administratif était donc recevable.

L'arrêt fait une exacte application de la jurisprudence *Brasseur* mais l'occurrence est tellement rare qu'elle mérite d'être notée. On sait que les demandes de déférés, prévues à l'article L. 2131-8, sont désormais rarissimes : le préfet ne leur donne pratiquement jamais de suite, car il préfère agir de sa propre initiative, comme il peut toujours le faire, et, le cas échéant, se désister librement ; le tiers intéressé dispose d'un recours direct et ne peut contester le refus du préfet de déférer ; mieux vaut donc pour lui agir directement sans s'engager dans l'impasse à laquelle conduit la demande de déféré.

C'est donc à bon droit que le recours du candidat évincé a été jugé recevable et que les délibérations ont été annulées. Mais le Conseil d'État censure l'erreur de droit commise à ne pas avoir appliqué la jurisprudence *Ophrys* (par anticipation !) et décide de régler lui-même l'affaire au fond, en choisissant la mesure d'exécution appropriée.

Le considérant 6 cite l'article L.911-1 CJA, qui fonde le pouvoir d'injonction du juge lorsque sa décision implique nécessairement qu'une mesure soit prise dans un sens déterminé et à condition d'avoir été saisi de conclusions en ce sens. Le considérant suivant reproduit exactement le considérant de principe de l'arrêt *Ophrys* et définit tout autrement l'office du juge lorsqu'il s'agit de tirer les conséquences de l'annulation d'un acte détachable sur un contrat. Le contraste est saisissant et montre la liberté que se reconnaît le Conseil d'État dans l'interprétation des textes.

Le juge de l'exécution est invité à opérer une pesée des intérêts en jeu et à rechercher dans une palette de solutions celle qui lui paraît la plus appropriée ; la poursuite de l'exécution du contrat est privilégiée, le cas échéant avec des mesures de régularisation ; la résolution par le juge du contrat est la sanction ultime en cas d'illégalité d'une particulière gravité.

Le cas d'espèce est l'occasion d'éprouver et de préciser la portée de ces directives abstraites. Le considérant 10 pèse soigneusement au trébuchet les différents motifs qui orientent finalement le choix vers une résiliation avec effet différé de quelques mois : la gravité du vice entachant les délibérations (en fait la passation du contrat) exclut la poursuite pure et simple du contrat mais cette illégalité n'a pas le caractère de particulière gravité qui justifierait une résolution *ab initio*. Nouveau balancement : la gravité du vice et l'absence de régularisation possible conduisent alors à prononcer une mesure de résiliation. L'intérêt général est enfin pris en considération : il ne fournit pas de motif d'écarter la résiliation mais il en donne un (la continuité du service public) pour différer son effet (afin de pouvoir mener à bien une procédure légale de délégation).

Formellement, chaque élément du choix se rattache à des considérations de légalité (y compris la prise en compte de l'intérêt général). Mais globalement, la recherche d'une « solution appropriée » s'apparente à un choix discrétionnaire du juge (qui ne laisse d'ailleurs aucune place à un pouvoir discrétionnaire de l'administration).

En tout cas, l'office du juge de l'exécution en matière de contrat n'a plus grand-chose à voir avec celui du même juge en matière d'excès de pouvoir. Révélatrice à cet égard est l'affirmation selon laquelle, dans la détermination des mesures à prendre, le juge n'est pas tenu par les demandes du requérant. C'est le cas en l'espèce : le juge prononce une résiliation différée dans le temps alors que le requérant réclamait la résolution amiable ou juridictionnelle du contrat.

> Considérant qu'il ressort des pièces du dossier soumis aux juges du fond que le 29 juin 2004, le syndicat intercommunal d'eau potable et d'assainissement (SIEA) de Ludon-Macau-Labarde a engagé deux procédures de passation de délégation de service public ayant pour objet l'exploitation du service de distribution d'eau potable, d'une part, et du service d'assainissement, d'autre part ; que, par deux délibérations du 17 juin 2005, le conseil du SIEA a autorisé son président à conclure la délégation de ces deux services avec la société Aquitaine gestion urbaine et rurale (Agur) ; que, par un jugement du 27 avril 2010, le tribunal administratif de Bordeaux, joignant les conclusions de la société Lyonnaise des eaux France dirigées contre ces deux délibérations, a annulé pour excès de pouvoir celles-ci, au motif de l'absence d'information aux candidats relative aux critères d'attribution des délégations, et a enjoint au syndicat, à l'article 2 du jugement, de rechercher la résolution des contrats signés avec la société Agur ; que, par un arrêt du 10 novembre 2011, la cour administrative d'appel de Bordeaux a confirmé ce jugement s'agissant de l'annulation des délibérations fondement des deux conventions, mais a annulé son article 2 ; que les conclusions de la société Lyonnaise des eaux France sont uniquement dirigées contre la partie de l'arrêt relative à l'annulation de cet article ; que le syndicat a formé un pourvoi incident contre l'arrêt en tant qu'il a confirmé l'annulation des délibérations du conseil du syndicat du 17 juin 2005 ;
>
> Sur le pourvoi incident :
>
> Considérant, en premier lieu, que pour rejeter la fin de non-recevoir opposée par le syndicat et tirée de ce que la demande de la société Lyonnaise des eaux France d'annulation des délibérations litigieuses avait été présentée tardivement au tribunal, après l'expiration des délais de recours, la cour s'est fondée sur ce qu'en application de l'article R. 421-5 du Code de justice administrative, ces délais ne pouvaient lui être opposés dès lors que la notification du rejet du recours gracieux adressé par la société au syndicat ne mentionnait pas les voies et délais de recours ; que, ce faisant, la cour a commis une erreur de droit dès lors que ces dispositions ne sont pas applicables à la détermination du délai imparti aux tiers pour saisir la juridiction compétente à la suite du rejet du recours gracieux ou hiérarchique formé à l'encontre des délibérations

par lesquelles les collectivités territoriales ou les établissements publics de coopération intercommunale choisissent le délégataire d'un service public et autorisent la signature du contrat de délégation ;

Considérant, toutefois, qu'il ressort des pièces du dossier soumis aux juges du fond que la société Lyonnaise des eaux France a également, dans le délai de recours contentieux, par un courrier du 11 juillet 2005 reçu en préfecture le 13 juillet suivant, demandé au préfet de Gironde de déférer au juge les délibérations litigieuses dans le cadre de son contrôle de légalité ; que le préfet n'ayant pas répondu à cette demande, une décision implicite de rejet est née le 13 septembre 2005 ; que la saisine du préfet a eu pour effet d'interrompre le délai de recours dont disposait la société jusqu'à l'intervention de la décision implicite du préfet rejetant la demande ; que, par suite, la demande de la société Lyonnaise des eaux France, enregistrée au tribunal administratif de Bordeaux le 11 novembre 2005, soit dans le délai de deux mois courant à compter de l'intervention de cette décision, n'était pas tardive ; que ce motif doit être substitué au motif erroné en droit retenu par l'arrêt attaqué ;

Considérant en second lieu, que la cour a, par une appréciation souveraine exempte de dénaturation, relevé que les candidats n'avaient pas été informés des critères de sélection des offres ;

Considérant qu'il résulte de ce qui précède que le pourvoi incident formé par le syndicat doit être rejeté ;

Sur le pourvoi principal :

Considérant qu'aux termes de l'article L. 911-1 du Code de justice administrative : « Lorsque sa décision implique nécessairement qu'une personne morale de droit public ou un organisme de droit privé chargé de la gestion d'un service public prenne une mesure d'exécution dans un sens déterminé, la juridiction, saisie de conclusions en ce sens, prescrit, par la même décision, cette mesure assortie, le cas échéant, d'un délai d'exécution » ;

Considérant que l'annulation d'un acte détachable d'un contrat n'implique pas nécessairement que le contrat en cause doive être annulé ; qu'il appartient au juge de l'exécution, après avoir pris en considération la nature de l'illégalité commise, soit de décider que la poursuite de l'exécution du contrat est possible, éventuellement sous réserve de mesures de régularisation prises par la personne publique ou convenues entre les parties, soit, après avoir vérifié que sa décision ne portera pas une atteinte excessive à l'intérêt général, d'enjoindre à la personne publique de résilier le contrat, le cas échéant avec un effet différé, soit, eu égard à une illégalité d'une particulière gravité, d'inviter les parties à résoudre leurs relations contractuelles ou, à défaut d'entente sur cette résolution, à saisir le juge du contrat afin qu'il en règle les modalités s'il estime que la résolution peut être une solution appropriée ; que, dans la détermination des mesures rendues nécessaires par l'annulation, le juge de l'exécution n'est pas tenu par celles demandées par le requérant ;

Considérant qu'en annulant l'injonction tendant à la résolution des conventions, prononcée par le tribunal administratif de Bordeaux, sans rechercher si l'illégalité affectant les actes détachables annulés par le juge de l'excès de pouvoir constituait ou non un vice d'une particulière gravité, la cour a commis une erreur de droit ; que, par suite, sans qu'il soit besoin d'examiner les autres moyens du pourvoi, l'arrêt attaqué doit être annulé en tant qu'il s'est prononcé sur les conclusions aux fins d'injonction de la société Lyonnaise des eaux France ;

Considérant qu'il y a lieu, dans les circonstances de l'espèce, de faire application des dispositions de l'article L. 821-2 du Code de justice administrative et de régler l'affaire au fond dans cette mesure ;

Considérant que le vice entachant les délibérations annulées, tiré de l'absence d'information des candidats sur les critères de sélection des offres, a affecté gravement la régularité de la mise en concurrence et la légalité du choix du délégataire ; que, toutefois, cette illégalité, qui n'affecte ni le consentement de la personne publique ni le bien-fondé de la délégation de ces services publics, et en l'absence de toutes circonstances particulières révélant notamment une volonté de la personne publique de favoriser un candidat, ne justifie pas que soit recherchée une résolution des conventions ; que ce vice implique cependant, par sa gravité et en l'absence de régularisation possible, que soit ordonné aux parties de résilier les conventions ; que si le syndicat invoque un intérêt général tenant au maintien de l'exécution des deux délégations de service public en raison du coût de résiliation de ces deux délégations pour la personne publique, il ne résulte pas de l'instruction, compte tenu notamment de ce que la poursuite de l'exploitation en régie ou dans le cadre d'une nouvelle délégation de service public serait susceptible de couvrir le coût des investissements non amortis, que les conséquences de la résiliation puissent constituer un tel motif d'intérêt général ; que, cependant, l'intérêt général tenant à la continuité du service public justifie que la résiliation ne prenne effet qu'au 1er mai 2013, afin que le syndicat, s'il entend ne pas reprendre en régie l'exploitation, puisse mener à bien la procédure légalement requise de choix d'un cocontractant ; que, dès lors, il y a lieu d'enjoindre à ce syndicat de résilier les conventions litigieuses à compter du 1er mai 2013 ;

59. Délégation de service public. Procédure de passation. Conditions d'indemnisation d'un candidat irrégulièrement évincé

CE 19 décembre 2012, *M. Simon*, req. n° 355139

Les déboires de M. Simon, concessionnaire d'un lot de plage et désireux d'obtenir le renouvellement de son contrat, ne se sont pas limités à la procédure de passation de la délégation. Ses offres ont été rejetées deux fois de suite mais les deux procédures ont été successivement annulées pour manquement aux obligations de publicité et de mise en concurrence. La troisième tentative n'a pas été plus heureuse, la commune ayant renoncé à réattribuer le lot qu'il convoitait. Demandant alors réparation du préjudice subi, il obtient une indemnité que lui dénient la cour administrative d'appel de Marseille, puis le Conseil d'État.

C'est l'occasion pour ce dernier d'exposer les règles qui gouvernent la matière (considérant 2) avant de constater que la cour en avait fait une juste application (considérants 3, 4 et 5).

Le point de départ est qu'une illégalité commise par l'administration est susceptible d'engager sa responsabilité à condition que la victime ait subi un préjudice certain. La perte d'une chance est constitutive d'un préjudice certain, s'il s'agit d'une chance sérieuse. La théorie s'applique dans de multiples hypothèses et convient notamment à celle de l'attribution d'un contrat public, tel qu'une délégation.

Mais le Conseil d'État dédouble la condition selon le type de préjudice subi par le candidat victime d'une éviction irrégulière. Il a droit au remboursement des frais de présentation de son offre, s'il apparaît qu'il n'était pas dépourvu de toute chance de remporter le contrat (dans le cas contraire, il n'a droit à rien). Mais pour être indemnisé de son manque à gagner (incluant nécessairement les frais de présentation de l'offre qui sont inclus dans les charges), il faut en outre qu'il ait eu des chances sérieuses d'emporter le contrat.

L'application de la distinction traditionnelle du *damnum emergens* et du *lucrum cessans* à la gradation des chances perdues paraît raisonnable. Les candidats dépourvus de toute chance sont faciles à identifier : ce sont ceux qui ne remplissent pas les conditions de recevabilité de leur offre et notamment ne présentent pas les garanties exigées. Il est par contre délicat d'apprécier le caractère sérieux de la chance perdue, sans pour autant que le juge substitue son appréciation des mérites des candidats à celle qui incombe normalement à la collectivité délégante. Et après avoir posé la distinction, le juge de cassation n'est pas d'un grand secours puisque la question semble bien relever de l'appréciation souveraine du juge du fond.

Le considérant de principe ne s'arrête pas là. Il revient à l'objet du litige qui porte sur la possibilité d'indemniser un candidat irrégulièrement évincé si finalement le contrat n'est pas conclu. Le Conseil d'État est catégorique : le candidat ne peut prétendre à une indemnisation du manque à gagner si la personne publique renonce à conclure le contrat pour un motif d'intérêt général.

La formule jurisprudentielle appelle deux précisions.

Le refus d'indemniser un manque à gagner devenu éventuel en raison de l'absence de conclusion du contrat n'exclut pas l'indemnisation des frais de participation à une procédure annulée qui, eux, sont certains. La renonciation de la personne publique à conclure le contrat doit être justifiée par un motif d'intérêt général (et non résulter par exemple d'une nouvelle illégalité).

En l'espèce, la cour administrative d'appel a correctement mis en œuvre les règles qu'a énoncées le Conseil d'État et qui répondent à une logique incontestable. Elle distingue deux périodes dans le déroulement de l'affaire.

Après l'annulation des deux procédures successives d'attribution d'un contrat, la commune renonce à mener une troisième tentative. La raison en est que la concession qu'elle a reçue de l'État et qu'elle sous-traite à des exploitants privés est près d'expirer et ne laisse plus une durée d'exploitation suffisante à l'éventuel cocontractant : il y a bien là un motif d'intérêt général pour renoncer à conclure le contrat. M. Simon ne peut donc être indemnisé pour ne pas avoir obtenu un lot de plage qui n'a finalement pas été attribué.

Après une période transitoire, une nouvelle concession de plage est conclue entre l'État et la commune. Elle prévoit que la plage du « centre-ville », formant le lot litigieux, ne sera pas sous-concédée. M. Simon ne peut se plaindre d'avoir été évincé d'un contrat puisqu'aucune procédure de passation n'a été menée depuis lors et il n'y a pas à rechercher s'il aurait eu une chance sérieuse d'emporter un contrat en cas d'appel à la concurrence.

Enfin et conformément à la brièveté habituelle du juge administratif, la cour estime que le détournement de pouvoir invoqué n'est pas établi. Au total, le refus d'indemnisation du manque à gagner à compter du troisième échec est justifié malgré sa rigueur apparente.

Considérant qu'il ressort des pièces du dossier soumis aux juges du fond que la commune de Cavalaire-sur-Mer, à laquelle l'État avait accordé la concession des plages sur son territoire jusqu'au 31 décembre 2004 avec l'autorisation de les sous-concéder, a, par une délibération du 6 juin 2001, lancé un appel à candidatures en vue de renouveler l'attribution par la voie de délégations de service public, jusqu'à l'échéance de la concession, de treize lots de plage à des établissements de bains de mer ; que M. A., concessionnaire du lot de plage n° 3 dit du « centre-ville » jusqu'en 2001, a présenté pour le même lot une offre qui, classée deuxième, n'a pas été retenue ; que par une ordonnance du 31 décembre 2001, le juge des référés du tribunal administratif de Nice a annulé la procédure d'attribution relative à ce lot en raison des manquements du pouvoir adjudicateur à ses obligations de publicité et de mise en concurrence ; que l'offre présentée par M. A. pour la nouvelle procédure de délégation de service public lancée pour le lot de plage n° 3, à nouveau classée deuxième, a été rejetée une seconde fois ; qu'à la suite de l'ordonnance du 30 avril 2003, par laquelle le juge des référés du tribunal administratif de Nice a prononcé l'annulation de cette seconde procédure, en raison de nouveaux manquements à des obligations de publicité et de mise en concurrence, la commune n'en n'a pas repris de nouvelle et n'a pas réattribué ce lot ; qu'ayant obtenu de l'État la prolongation de la concession de plage en 2005 et 2006, la commune de Cavalaire-sur-Mer a elle-même prolongé les délégations de service public accordées au titre des autres lots à l'issue de la procédure lancée en 2001 ; que l'État a ensuite délivré à ces personnes, pour l'année 2007, des autorisations d'occupation temporaire de son domaine sur les mêmes lots ; que la convention, approuvée par arrêté préfectoral du 19 juillet 2007, passée entre l'État et la commune pour la concession des plages à compter du 1er janvier 2008, ne prévoyait pas de possibilité de sous-concession à l'emplacement du lot litigieux ; que M. A. a obtenu du tribunal administratif de Toulon, par jugement du 3 septembre 2009, la condamnation de la commune à lui verser la somme de 89 000 euros en réparation du préjudice résultant pour lui de la perte de la chance sérieuse de se voir attribuer, de 2002 à 2007, la gestion du lot auquel il était candidat ; que par l'arrêt attaqué, la cour administrative d'appel de Marseille a annulé ce jugement et rejeté la demande indemnitaire de M. A. ;

Considérant, d'une part, que lorsqu'un candidat à l'attribution d'un contrat public demande la réparation du préjudice né de son éviction irrégulière de ce contrat, il appartient au juge de vérifier d'abord si le candidat était ou non dépourvu de toute chance de remporter le contrat ; que, dans l'affirmative, il n'a droit à aucune indemnité ; que, dans la négative, il a droit en principe au remboursement des frais qu'il a engagés pour présenter son offre ; qu'il convient, d'autre part, de rechercher si le candidat irrégulièrement évincé avait des chances sérieuses d'emporter le contrat conclu avec un autre candidat ; que, dans un tel cas, il a droit à être indemnisé de son manque à gagner, incluant nécessairement, puisqu'ils ont été intégrés dans ses charges, les frais de présentation de l'offre, lesquels n'ont donc pas à faire l'objet, sauf stipulation contraire du contrat, d'une indemnisation spécifique ; qu'en revanche, le candidat ne peut prétendre à une indemnisation de ce manque à gagner si la personne publique renonce à conclure le contrat pour un motif d'intérêt général ;

Considérant, en premier lieu, que la cour administrative d'appel de Marseille a relevé qu'eu égard à la date d'échéance de la concession, le 31 décembre 2004, la commune n'avait pas relancé la procédure de délégation de service public initialement engagée pour la durée restant à courir, annulée pour la seconde fois par ordonnance du 30 avril 2003, et que le lot auquel M. A. était candidat n'avait alors pas été réattribué ; qu'elle a pu en déduire, sans contradiction de motifs, que M. A., bien qu'irrégulièrement évincé des procédures initialement engagées et disposant alors d'une chance sérieuse de l'emporter, ne pouvait prétendre à l'indemnisation d'un manque à gagner pour la période antérieure au 31 décembre 2004 ; que la cour ayant exclu par ces motifs, pour toute cette période, l'indemnisation de ce manque à gagner au titre des années comprises entre la fin de l'exploitation qui lui avait été précédemment confiée et l'échéance de la concession, l'erreur dont elle a pu entacher son arrêt sur la date, au cours de la même période, de la fin de cette exploitation est sans incidence sur le bien-fondé de cet arrêt ;

Considérant, en deuxième lieu, qu'ayant relevé qu'après le 31 décembre 2004, pour les années au titre desquelles M. A. demandait également l'indemnisation d'un manque à gagner, aucune procédure de délégation de service public n'avait été conduite et attribuée ni aucune autorisation d'occupation temporaire délivrée pour le lot litigieux, à la différence des autres lots, la cour a pu en déduire, sans erreur de droit ni contradiction de motifs ou insuffisance de motivation, que M. A. n'avait été évincé, au titre de ces années, de la conclusion d'aucun contrat et ne pouvait dès lors davantage prétendre à l'indemnisation d'un manque à gagner au titre de cette seconde période, sans avoir à rechercher les chances qui auraient pu être les siennes de se voir attribuer de tels contrats si la commune avait sollicité d'éventuels cocontractants ;

Considérant, en dernier lieu, que pour écarter le moyen tiré de ce que l'abstention de la commune de Cavalaire-sur-Mer à attribuer la gestion du lot auquel M. A. était candidat, après la suspension des procédures de délégation dont il a été irrégulièrement évincé, et la conclusion avec l'État d'une nouvelle concession de plage qui ne définissait plus à cet endroit de lot dont la gestion aurait pu être déléguée par la commune, n'étaient inspirées que par la volonté de lui porter préjudice, la cour a pu, sans entacher son arrêt d'une insuffisance de motivation, se borner à énoncer que M. A. n'établissait pas le détournement de pouvoir invoqué ; que la cour ayant ainsi suffisamment répondu à ce moyen, la circonstance, invoquée par M. A. en cassation, qu'elle aurait également répondu, en mentionnant la délibération du 4 juillet 2008, à un moyen, qu'il n'invoquait pas, tiré de l'illégalité de cette délibération, est sans incidence sur la régularité de son arrêt ;

Considérant qu'il résulte de ce qui précède que M. A. n'est pas fondé à demander l'annulation de cet arrêt ; qu'il y a donc lieu de rejeter son pourvoi, y compris ses conclusions tendant à l'application de l'article L. 761-1 du Code de justice administrative ;

Considérant qu'il y a lieu, dans les circonstances de l'espèce, de mettre à la charge de M. A. la somme de 3 000 euros au titre des frais exposés par la commune de Cavalaire-sur-Mer et non compris dans les dépens, sur le fondement des mêmes dispositions ;

60. Délégation de service public. Règles applicables aux biens de la concession

CE Assemblée 21 décembre 2012, *Commune de Douai*, req. n° 342788, *Lebon* : *AJDA* 2013.7 et 457, chron. Domino et Bretonneau

L'interdiction multiséculaire des arrêts de règlement n'empêche pas le Conseil d'État d'énoncer par voie générale « les règles applicables aux biens de la concession ». Au-delà du cas d'espèce, la portée de l'arrêt est soulignée par le fait qu'il est rendu en assemblée et publié au *Lebon*. Un commentaire approfondi dépasserait les limites de cette chronique. Mais quelques indications suffisent à montrer que le Conseil d'État vise surtout à systématiser et préciser des règles déjà bien établies.

Sept des seize considérants sont consacrés à l'énoncé des règles applicables aux délégations de service public ou aux concessions de travaux lorsqu'elles mettent à la charge du cocontractant les investissements correspondant à la création ou à l'acquisition de biens nécessaires au service public. Pour l'essentiel, le Conseil d'État reprend le vocabulaire et le régime qui caractérisent traditionnellement la concession de service public.

Sans surprise, il rappelle que l'ensemble de ces biens, meubles ou immeubles, appartient, dans le silence de la convention, dès leur réalisation ou leur acquisition, à la personne publique.

L'application du régime de la domanialité publique lorsque les conditions sont réunies ne surprend pas davantage. Les parties ne peuvent en disposer autrement que selon les modalités et dans les limites définies par les dispositions relatives aux autorisations d'occupation temporaire (AOT) ou aux baux emphytéotiques administratifs (BEA) ; la précision n'a valeur que de rappel.

Le cocontractant peut se voir attribuer, pour la durée de la convention, la propriété (ou des droits réels) d'ouvrages nécessaires au service qui ne sont pas établis sur une propriété publique. Le contrat doit alors prévoir des garanties propres à assurer la continuité du service public. Le Conseil d'État généralise ici des solutions appliquées par des lois spéciales à certaines entreprises publiques mais l'assouplissement est plus apparent que réel.

Les biens qui ne proviennent pas du délégant et qui ne sont pas indispensables au service public sont la propriété du délégataire, sauf convention contraire.

À l'expiration de la convention, le principe est le retour gratuit à la personne publique des biens qui lui appartiennent dès l'origine ou qui sont nécessaires au service. Il suppose que ces biens soient amortis. Le cocontractant peut être tenu par le contrat de reprendre des biens qui ne seraient plus nécessaires au service.

À l'opposé, le contrat peut prévoir une faculté de reprise par le délégant de biens appartenant au délégataire et non nécessaires au service. La reprise peut être faite moyennant un prix convenu mais aussi à titre gratuit.

Enfin, une résiliation anticipée du contrat entraîne le retour anticipé des biens à titre gratuit, alors qu'ils ont pu n'être pas totalement amortis. Le préjudice qui en résulte est indemnisable. Le principe n'est pas nouveau mais le Conseil d'État précise les modalités d'évaluation de l'indemnité qui font encore débat entre experts.

Pour fixer la durée normale d'amortissement des installations, le juge a adopté une conception souple à caractère économique au sens de l'article L. 1411-2 qui résulte d'un équilibre global de l'exploitation (voir CE 11 août 2009, *Société Maison Comba*, req. n° 303517, *BJCP* 2009.470, concl. Dacosta, obs. Ch. M ; *JCP A* 2009.2261, note Vila ; *DCGT* 2010, n° 27 ; CE 8 février 2010, *Commune de Chartres*, req. n° 323158, *BJCP* 2010.208, concl. Dacosta, obs. R. S ; *JCP A* 2010.2146, note Vila ; *DGCT* 2011, n° 49).

Si la durée d'amortissement est supérieure à celle du contrat, ce dernier a normalement recours à la pratique des amortissements de caducité pour aligner la première sur la seconde, ce qui permet un amortissement plus rapide et le retour gratuit des biens à échéance. Cette notion globale ne coïncide pas nécessairement avec la durée d'amortissement comptable de chaque bien. C'est pourtant cette dernière qui va être prise en considération en cas de résiliation anticipée du contrat : si l'amortissement d'un bien est calculé sur la base d'une durée d'utilisation inférieure à la durée du contrat, l'indemnité correspond à la valeur nette comptable inscrite au bilan ; si la durée d'utilisation est supérieure à la durée du contrat, l'indemnité est égale à la valeur nette comptable qui résulterait d'un amortissement sur la durée du contrat. D'autres modalités de calcul peuvent être fixées contractuellement mais elles ne peuvent aboutir à une indemnisation supérieure à celle qui résulte de ces règles (en vertu du principe qui interdit à une personne publique de verser une somme qu'elle ne doit pas).

Le tableau ainsi dressé est beaucoup plus large que ne l'exigeait le cas d'espèce, résultat d'un différend entre la commune de Douai et son concessionnaire de distribution d'électricité. Le contrat de concession conclu initialement en 1923 avait été transféré à EDF en 1946, puis à ERDF. Son exécution s'était poursuivie, nonobstant son arrivée à échéance en 1964. À cette époque, le caractère concessif de la distribution d'électricité n'était plus guère qu'une fiction, que seuls quelques universitaires, comme le doyen Jean-Marie Auby, relevaient encore. Mais, vers les années 2000, les réformes du régime de l'électricité ont réveillé l'attention des collectivités concédantes. C'est le cas de la commune de Douai qui, à défaut de pouvoir changer de concessionnaire, cherche au moins à améliorer le contrat qui les lie.

La commune demandait d'abord une interprétation du cahier des charges de la concession pour identifier les biens de retour. La cour en a donné une définition conforme aux principes posés par le Conseil d'État mais s'est abstenue de qualifier les biens non identifiés par le cahier des charges. Ayant omis de se prononcer sur une partie des conclusions, l'arrêt est cassé dans cette mesure.

Beaucoup plus intéressante est la demande de la commune tendant à obtenir communication de l'inventaire des ouvrages concédés. Cette demande est parfaitement justifiée, car « il résulte des principes mêmes de la délégation de service public que le cocontractant du concédant doit lui communiquer toute information utile sur les biens de la délégation ». Cette exigence de principe est détaillée et précisée par l'article L. 2224-31 du CGCT (issu de la loi n° 2000-108 du 18 février 2000, modifiée) au sujet des concessions de distribution d'électricité et de gaz. Sur cette base, le Conseil d'État indique le contenu précis des obligations du concessionnaire et renvoie, après cassation, l'affaire devant la cour de Douai.

Considérant qu'il ressort des pièces du dossier soumis aux juges du fond que, par un contrat de concession du 17 décembre 1923, la commune de Douai a concédé le service public de distribution d'électricité sur son territoire à la société Saint-Quentinoise d'Éclairage ; que le contrat de concession a été transféré à la société Électricité de France en application de la loi du 8 avril 1946 portant nationalisation et création d'un monopole pour le transport et la distribution de l'électricité en France, puis à la société Électricité Réseau Distribution France (ERDF) ; que les parties ont poursuivi l'exécution de ce contrat après son arrivée à échéance le 9 janvier 1964 ; qu'à la suite d'un différend sur les biens affectés à la concession, la commune a saisi le tribunal administratif de Lille de demandes tendant, d'une part, à ce qu'il soit enjoint à la société ERDF de lui fournir un inventaire des biens de la concession situés sur le territoire de la commune et, d'autre part, à l'interprétation du cahier des charges du contrat de concession sur la nature des biens accessoires au service public de la distribution électrique ; que, par un jugement du 6 juin 2008, le tribunal a fait droit à la demande d'injonction de la commune et, interprétant l'article 22 du cahier des charges du contrat de concession, a jugé que les biens litigieux devaient être qualifiés de biens de retour ; que, par un arrêt du 30 juin 2010 contre lequel la commune de Douai se pourvoit en cassation, la cour administrative d'appel de Douai a annulé ce jugement ;

Sur les règles applicables aux biens de la concession :

Considérant, en premier lieu, que, dans le cadre d'une délégation de service public ou d'une concession de travaux mettant à la charge du cocontractant les investissements correspondant à la création ou à l'acquisition des biens nécessaires au fonctionnement du service public, l'ensemble de ces biens, meubles ou immeubles, appartient, dans le silence de la convention, dès leur réalisation ou leur acquisition à la personne publique ;

Considérant, d'une part, que, lorsque des ouvrages nécessaires au fonctionnement du service public, et ainsi constitutifs d'aménagements indispensables à l'exécution des missions de ce service, sont établis sur la propriété d'une personne publique, ils relèvent de ce fait du régime de la domanialité publique ; que la faculté offerte aux parties au contrat d'en disposer autrement ne peut s'exercer, en ce qui concerne les droits réels dont peut bénéficier le cocontractant sur le domaine public, que selon les modalités et dans les limites définies aux articles L. 2122-6 à L. 2122-14 du Code général de la propriété des personnes publiques ou aux articles L. 1311-2 à L. 1311-8 du Code général des collectivités territoriales et à condition que la nature et l'usage des droits consentis ne soient pas susceptibles d'affecter la continuité du service public ;

Considérant, d'autre part, que le contrat peut attribuer au délégataire ou au concessionnaire, pour la durée de la convention, la propriété des ouvrages qui, bien que nécessaires au fonctionnement du service public, ne sont pas établis sur la propriété d'une personne publique, ou des droits réels sur ces biens, sous réserve de comporter les garanties propres à assurer la continuité du service public, notamment la faculté pour la personne publique de s'opposer à la cession, en cours de délégation, de ces ouvrages ou des droits détenus par la personne privée ;

Considérant qu'en outre, les biens qui n'ont pas été remis par le délégant au délégataire en vue de leur gestion par celui-ci et qui ne sont pas indispensables au fonctionnement du service public sont la propriété du délégataire, à moins que les parties n'en disposent autrement ;

Considérant, en deuxième lieu, qu'à l'expiration de la convention, les biens qui sont entrés, en application des principes énoncés ci-dessus, dans la propriété de la personne publique et ont été amortis au cours de l'exécution du contrat font nécessairement retour à celle-ci gratuitement, sous réserve des clauses contractuelles permettant à la personne publique, dans les conditions qu'elles déterminent, de faire reprendre par son cocontractant les biens qui ne seraient plus nécessaires au fonctionnement du service public ; que le contrat qui accorde au délégataire ou concessionnaire, pour la durée de la convention, la propriété des biens nécessaires au service public autres que les ouvrages établis sur la propriété d'une personne publique, ou certains droits réels sur ces biens, ne peut, sous les mêmes réserves, faire obstacle au retour gratuit de ces biens à la personne publique en fin de délégation ;

Considérant, par ailleurs, que les parties peuvent convenir d'une faculté de reprise par la personne publique, à l'expiration de la délégation ou de la concession, et moyennant un prix, des biens appartenant au délégataire qui ne sont pas nécessaires au fonctionnement du service ; que, toutefois, aucun principe ni aucune règle ne fait obstacle, s'agissant de ces biens susceptibles d'une reprise, à ce que le contrat prévoie également leur retour gratuit à la personne publique au terme de la délégation ;

Considérant, enfin, que lorsque la personne publique résilie la convention avant son terme normal, le délégataire est fondé à demander l'indemnisation du préjudice qu'il subit à raison du retour anticipé des biens à titre gratuit dans le patrimoine de la collectivité publique, en application des principes énoncés ci-dessus, dès lors qu'ils n'ont pu être totalement amortis ; que lorsque l'amortissement de ces biens a été calculé sur la base d'une durée d'utilisation inférieure à la durée du contrat, cette indemnité est égale à leur valeur nette comptable inscrite au bilan ; que, dans le cas où leur durée d'utilisation était supérieure à la durée du contrat, l'indemnité est égale à la valeur nette comptable qui résulterait de l'amortissement de ces biens sur la durée du contrat ; que si, en présence d'une convention conclue entre une personne publique et une personne privée, il est loisible aux parties de déroger à ces principes, l'indemnité mise à la charge de la personne publique au titre de ces biens ne saurait en toute hypothèse excéder le montant calculé selon les modalités précisées ci-dessus ;

Sur l'arrêt en tant qu'il se prononce sur les biens de la concession :

Considérant qu'interprétant le cahier des charges de la concession, la cour administrative d'appel a déclaré que « les immeubles et ouvrages affectés à l'activité de distribution concédée ainsi que leurs dépendances constituent des biens de retour dont font partie les sous-stations et postes transformateurs, le matériel électrique et mécanique ainsi que les canalisations et branchements », les autres immeubles constituant des biens de retour « sous réserve qu'ils soient indispensables à l'exploitation constituée par l'activité de distribution » ; qu'elle n'a ainsi, par une motivation suffisante, ni méconnu les principes énoncés ci-dessus, ni inexactement qualifié de biens de retour, outre les sous-stations, les postes transformateurs, le matériel électrique et mécanique et les canalisations et branchements, expressément inclus dans cette catégorie par le deuxième alinéa de l'article 22 du cahier des charges, les immeubles nécessaires au fonctionnement du service concédé à un moment quelconque de l'exécution de la convention ; qu'en écartant comme inopérantes, pour l'interprétation du cahier des charges, eu égard, expressément, à la date de celui-ci, les dispositions postérieures du décret du 15 octobre 1947 déterminant aux fins d'application de l'article 15 de la loi n° 46-628 du 8 avril 1946 la nature des éléments d'actifs affectés à la production, au transport ou à la distribution de l'électricité et du gaz, la cour administrative d'appel, contrairement à ce que soutient la commune de Douai, a nécessairement, par une motivation suffisante, et sans erreur de droit, interprété à la date de leur conclusion les stipulations contractuelles relatives à la nature des biens de la concession ; que l'interprétation qu'elle en a faite, étant exempte de dénaturation, n'est pas susceptible d'être contestée en cassation ;

Considérant, toutefois, qu'il résulte des termes mêmes de l'article 2 de son arrêt que la cour administrative d'appel de Douai, après avoir annulé le jugement du tribunal administratif de Lille du 6 juin 2008, si elle a précisé le critère permettant d'apprécier la nature des biens de la concession au regard du contrat, s'est abstenue de qualifier elle-même les biens autres que les sous-stations, les postes transformateurs, le matériel électrique et mécanique, les canalisations et les branchements ; qu'elle a ainsi omis de se prononcer sur une partie des conclusions en interprétation dont elle était saisie et a de ce fait entaché son arrêt d'une irrégularité ; que la commune de Douai est par suite fondée, pour ce motif, à en demander l'annulation dans cette mesure ;

Sur l'arrêt en tant qu'il statue sur la demande de la commune tendant à obtenir communication de l'inventaire des ouvrages concédés :

Considérant qu'il résulte des principes mêmes de la délégation de service public que le cocontractant du concédant doit lui communiquer toute information utile sur les biens de la délégation ; que s'agissant des concessions de distribution d'électricité ou de gaz consenties par les collectivités territoriales, l'article L. 2224-31 du Code général des collectivités territoriales dispose : « [...] les collectivités territoriales ou leurs établissements publics de coopération, en tant qu'autorités concédantes de la distribution publique d'électricité et de gaz en application de l'article 6 de la loi du 15 juin 1906 sur les distributions d'énergie et de l'article 36 de la loi n° 46-628 du 8 avril 1946 précitée, négocient et concluent les contrats de concession, et exercent le contrôle du bon accomplissement des missions de service public fixées, pour ce qui concerne les autorités concédantes, par les cahiers des charges de ces concessions./Les autorités concédantes précitées assurent le contrôle des réseaux publics de distribution d'électricité et de gaz. À cette fin, elles désignent un agent du contrôle distinct du gestionnaire du réseau public de distribution./Chaque organisme de distribution d'électricité et de gaz tient à la disposition de chacune des autorités concédantes précitées dont il dépend les informations d'ordre économique, commercial, industriel, financier ou technique utiles à l'exercice des compétences de celle-ci, dans les conditions prévues par les dispositions de l'article 20 de la loi du 10 février 2000 relative à la modernisation et au développement du service public de l'électricité et de l'article 9 de la loi du 3 janvier 2003 relative aux marchés du gaz et de l'électricité et au service public de l'énergie. Il communique chaque année, notamment, la valeur brute, la valeur nette comptable et la valeur de remplacement des ouvrages concédés. [...] » ; qu'il résulte de ces dispositions que le concessionnaire est tenu, pour permettre à l'autorité concédante d'exercer son contrôle sur le service public concédé, de lui communiquer, à sa demande, toutes informations utiles, notamment un inventaire précis des ouvrages de la concession, avec la détermination de leur valeur brute, de leur valeur nette comptable et de leur valeur de remplacement ; que, par suite, en jugeant que la société ERDF n'était pas tenue de communiquer à la commune de Douai un inventaire des biens de la concession, la cour a commis une erreur de droit ; que, dès lors, son arrêt doit être annulé dans cette mesure ;

Considérant qu'il résulte de tout ce qui précède que l'arrêt de la cour administrative d'appel de Douai du 30 juin 2010 doit être annulé en tant que, d'une part, il a omis de qualifier les biens autres que les sous-stations, les postes transformateurs, le matériel électrique et mécanique, les canalisations et les branchements, et d'autre part, il a annulé le jugement du tribunal administratif de Lille du 6 juin 2008 en tant qu'il a enjoint à la société ERDF de fournir à la commune de Douai un inventaire des biens de la concession situés sur son territoire ;

Considérant qu'il n'y a pas lieu, dans les circonstances de l'espèce, de faire droit aux conclusions de la commune de Douai et de la société ERDF présentées sur le fondement des dispositions de l'article L. 761-1 du Code de justice administrative ;

61. Délégation de service public. Déféré préfectoral à l'encontre d'un contrat administratif. Demande de suspension. Contentieux de pleine juridiction. Office du juge des référés

CE 9 mai 2012, *Syndicat départemental des ordures ménagères de l'Aude*, req. n° 355665, *Lebon* : *AJDA* 2012.1688, note Martin ; *BJCL* 2012.511, concl. Dacosta ; *RFDA* 2012.683, note Delvolvé

Voir n° 12.

62. Délégation de service public. Durée du contrat. Vice du consentement tenant à l'information insuffisante de l'assemblée délibérante ayant approuvé le contrat. Possibilité de régularisation rétroactive de la délibération

CE 4 juillet 2012, *Communauté d'agglomération de Chartres-Métropole et Société Véolia Eau – Compagnie générale des eaux*, req. n° 352417, *Lebon T*

Voir n° 13.

II. Marchés publics

Jean GOURDOU
Antoine BOURREL

A. Notion de marché public

63. Convention d'entente entre collectivités

CE 3 février 2012, *Commune de Veyrier-du-Lac et Communauté d'agglomération d'Annecy*, req. n° 353737, *Dr. adm.* 2012, suppl. n° 10, note Brenet ; *BJCP* 2012.153, concl. Dacosta, obs. RS ; *JCP* 2012.2085, comm. Pauliat ; *BJCL* 2012.177, concl. Dacosta, obs. Martin ; *ACCP* 2012.90, note Le Chatelier ; *AJDA* 2012.555, note Richer

Le Conseil d'État juge dans cette affaire qu'une convention d'entente de l'article L. 5221-1 CGCT conclue entre des collectivités territoriales ne relève pas du champ de la commande publique si l'intervention de l'une d'entre elles ne peut s'analyser comme celle d'un opérateur économique sur un marché concurrentiel. Aux termes de l'article L. 5221-1 du CGCT, « deux ou plusieurs conseils municipaux, organes délibérants d'établissements publics de coopération intercommunale ou de syndicats mixtes peuvent provoquer entre eux, par l'entremise de leurs maires ou présidents, une entente sur les objets d'utilité communale ou intercommunale compris dans leurs attributions et qui intéressent à la fois leurs communes, leurs établissements publics de coopération intercommunale ou leurs syndicats mixtes respectifs. Ils peuvent passer entre eux des conventions à l'effet d'entreprendre ou de conserver à frais communs des ouvrages ou des institutions d'utilité commune ».

Il est en effet jugé qu'« une commune peut accomplir les missions de service public qui lui incombent par ses propres moyens ou en coopération avec d'autres personnes publiques, selon les modalités prévues par le législateur ; elle peut ainsi conclure, hors règles de la commande publique, sur le fondement de l'article L. 5221-1 du CGCT, une convention constitutive d'une entente pour exercer en coopération avec des communes, établissements publics de coopération intercommunale ou syndicats mixtes, de mêmes missions, notamment par la mutualisation de moyens dédiés à l'exploitation d'un service public, à la condition que cette entente ne permette pas une intervention à des fins lucratives de l'une de ces personnes publiques, agissant tel un opérateur sur un marché concurrentiel ».

En l'espèce une convention d'entente avait été conclue entre une commune et un EPCI afin que ce dernier exploite le service public de distribution de l'eau potable sur le territoire de la commune. Un référé contractuel avait alors été engagé par la société Lyonnaise des eaux, délégataire sortant, contre cette convention. La recevabilité du référé dépendait de la nature réelle de cette convention. Le Conseil d'État juge alors que la convention litigieuse, « conclue à des fins de coopération entre personnes publiques dans le cadre de relations qui ne sont pas celles du marché, n'était pas soumise aux règles de la commande publique » et que dès lors elle était hors du champ d'application de l'article L. 551-13 du CJA. Le Conseil d'État relève plusieurs éléments pour aboutir à cette conclusion : d'une part, « la communauté d'agglomération exerçant cette compétence de la distribution d'eau sur son propre territoire, l'entente tend à l'exploitation d'un même service public, en continuité géographique, sur l'ensemble du territoire couvert par ces deux personnes publiques, sous la responsabilité opérationnelle de la communauté d'agglomération », la convention doit ainsi permettre à la commune de Veyrier-du-Lac, qui met à disposition de l'entente l'intégralité de ses propres infrastructures, de bénéficier des installations plus performantes de la communauté d'agglomération ; d'autre part, « la convention litigieuse n'a pas provoqué de transferts financiers indirects entre collectivités autres que ceux résultant strictement de la compensation de charges d'investissement et d'exploitation du service mutualisé, et la communauté d'agglomération ne peut être regardée comme agissant tel un opérateur sur un marché concurrentiel ».

64. Contrat d'assurance

CE 6 juin 2012, *Commune de la Vallée-au-Blé*, req. n° 346126

Le Conseil d'État juge dans cette affaire que le contrat d'assurance conclu entre un établissement public médico-social et la société Assurances Générales de France IART le

6 mai 1985 n'a ni le caractère d'un marché public relevant du code ni celui d'un contrat administratif. D'une part en effet, ce contrat ayant été conclu antérieurement à l'entrée en vigueur du décret du 27 février 1998 qui les soumet au Code des marchés publics, il ne pouvait être qualifié de marché public passé en application du code et l'article 2 de la loi du 11 décembre 2001 ne pouvait lui conférer un caractère administratif. D'autre part, le contrat ne contenant aucune clause exorbitante, et ne faisant pas participer le contractant à l'exercice d'une mission de service public il relevait donc de la compétence des juridictions judiciaires.

65. Mandat de vente immobilière

T. confl. 14 mai 2012, *Commune d'Egry*, req. n° C3860

Une commune avait confié à une société un mandat exclusif de vente d'un bien immobilier appartenant à son domaine privé. Le Tribunal des conflits juge que s'il résulte du 3° de l'article 3 du Code des marchés publics que ce dernier n'est pas applicable aux contrats qui ont pour objet l'acquisition d'un bien immeuble, le contrat de mandat en cause n'a pas lui-même un tel objet, mais a été conclu en vue de la fourniture à la commune d'une prestation de service à titre onéreux, au sens de l'article 1er de ce code relatif à son champ d'application. Ayant le caractère d'un marché public, le juge administratif est compétent pour connaître du litige relatif à l'exécution du contrat.

B. Organisation du marché

66. Variantes

CE 12 mars 2012, *Société Clear Channel France*, req. n° 353826

La jurisprudence est revenue sur la notion de « variantes » dans le droit des marchés publics et les cas dans lesquels elles sont admises. Il est possible désormais d'y avoir recours alors qu'elles ne répondent pas à la solution de base, afin d'attirer l'attention du pouvoir adjudicateur sur l'inadéquation potentielle de sa solution de base par rapport à ses propres besoins. Le Conseil d'État les définit ici comme des « modifications, à l'initiative des candidats, de spécifications prévues dans la solution de base décrite dans les documents de la consultation ». Les « variantes », lorsqu'elles sont présentées à l'initiative des candidats, doivent être expressément autorisées par le pouvoir adjudicateur ; si ce n'est pas le cas, les candidats doivent présenter « une seule offre qui doit être conforme aux exigences des documents de la consultation ». En l'espèce, bien que les variantes avaient été autorisées, le recours qui pouvait y être fait était limité par le règlement de la consultation pour la procédure d'attribution d'un marché de services de mobiliers urbains, afin de ne pas porter atteinte au principe d'égalité entre candidats. Il convient, ainsi, de respecter l'esprit de l'offre, ce qui n'a pas été le cas en l'espèce, puisque le candidat a proposé plusieurs modèles et « *design* » de mobiliers urbains alors que le règlement de la consultation n'autorisait aucune variante sur ce point. De sorte que le Conseil d'État a choisi d'analyser ces variantes comme plusieurs offres jugées comme telles irrégulières dans leur ensemble : la société requérant a méconnu les documents de la consultation « en s'abstenant d'indiquer au pouvoir adjudicateur, pour chaque type de mobilier urbain exigé, le mobilier qu'elle entendait proposer, [...] le mettant ainsi dans l'impossibilité d'apprécier son offre sur ce point et de faire application du jugement des offres relatif à la valeur esthétique des mobiliers ».

67. Conflit d'intérêts – conseiller municipal actionnaire d'une société candidate

CE 9 mai 2012, *Commune de Saint-Maur-des-Fossés*, req. n° 355756

La seule circonstance qu'un membre du conseil municipal soit actionnaire d'une des entreprises candidates à un marché de la commune et ait un lien de parenté avec son dirigeant ne justifie pas d'écarter par principe l'offre de cette société, alors qu'il s'agit d'un marché de travaux habituels dont l'utilité n'est pas contestée et qu'il n'est pas allégué que le conseiller municipal, qui n'a participé qu'à la délibération autorisant la procédure de passation du marché, aurait exercé une influence particulière sur le vote.

C. Passation du marché

1. Examen des candidatures

68. Garanties et capacités financières des candidats

CE 23 janvier 2012, *Commune de Six-Fours-les-Plages*, req. n° 346970

Le juge de l'excès de pouvoir exerce un contrôle de l'erreur manifeste d'appréciation du pouvoir adjudicateur sur les garanties et capacités financières des candidats ainsi que sur leurs références professionnelles. En l'espèce, la commission d'appel d'offres écarte la candidature d'une entreprise à un marché de travaux relatif à la construction d'un réseau d'assainissement pluvial en considérant que les références fournies par l'entreprise candidate n'étaient pas équivalentes à la qualification exigée. Elle commet une erreur manifeste d'appréciation sur les capacités de l'entreprise en repoussant sa candidature sur le fondement du défaut de qualification dès lors que la preuve de la qualification « travaux publics 5500 » pouvait, selon le règlement de la consultation, être rapportée par tout moyen, l'entreprise ayant fourni de nombreuses références de travaux exécutés ou en cours et des certificats attestant la réalisation de travaux analogues à ceux du marché pour le compte de collectivités publiques.

69. Dématérialisation

CE 3 octobre 2012, *Département des Hauts-de-Seine*, req. n° 359921

Par cet arrêt, il est jugé que le pouvoir adjudicateur n'est pas tenu de s'assurer de la réception d'un mail informant un candidat qu'un message lui a été adressé sur sa plate-forme de dématérialisation. En effet, dans cette affaire, le juge du référé, saisi par la société dont la candidature avait été rejetée en raison de son caractère incomplet, avait annulé la procédure d'appel d'offres lancée par le département des Hauts-de-Seine au motif que celui-ci avait méconnu le principe d'égalité : d'une part, en ne s'assurant pas qu'était bien parvenu sur la messagerie électronique de la société candidate le message électronique indiquant qu'une demande tendant à compléter sa candidature lui avait été adressée et, d'autre part, en ne réexpédiant pas à celle-ci le message contenant l'information qu'un document la concernant pouvait être consulté sur la plate-forme de dématérialisation des marchés publics du département des Hauts-de-Seine. Le Conseil d'État juge cependant que le juge du référé commet une erreur de droit en estimant que le département devait s'assurer que les candidats avaient effectivement pris connaissance de ce message alors que le département, au terme du guide d'utilisation de la plate-forme dématérialisée imposé aux candidats par le règlement de la consultation, devait seulement, pour inviter les candidats à compléter leur candidature, leur adresser, à l'adresse électronique indiquée par eux, un message d'alerte les invitant à se rendre sur cette plate-forme pour prendre connaissance des compléments d'information demandés et y répondre.

70. Renseignements erronés

CE 3 octobre 2012, *Société Déménagements Le Gars – Hauts-de-Seine Déménagements*, req. n° 360952

Dans cette affaire le Conseil d'État rappelle le principe selon lequel le Code des marchés publics fixe précisément et limitativement la liste des documents qui peuvent être exigés par le pouvoir adjudicateur à l'appui des candidatures, ainsi que les motifs pour lesquels les candidatures peuvent être écartées sur la foi de ces informations. Aussi la prise en compte par le pouvoir adjudicateur de renseignements erronés relatifs aux capacités professionnelles, techniques et financières d'un candidat est susceptible de fausser l'appréciation portée sur les mérites de cette candidature au détriment des autres candidatures et ainsi de porter atteinte au principe d'égalité de traitement entre les candidats. En l'espèce, le département du Val-de-Marne ayant attribué un marché à une entreprise qui s'était prévalue, dans son dossier de candidature, de données erronées relatives notamment au montant de son chiffre d'affaires, une société évincée avait obtenu du tribunal administratif l'annulation de la procédure de passation en raison de l'atteinte portée au principe d'égalité de traitement des candidats et de transparence des procédures. Le Conseil d'État confirme alors l'ordonnance du juge des référés. Par ailleurs, faisant application de la jurisprudence *Smirgeomes*, le Conseil d'État juge qu'en estimant que le manquement relevé par le juge du référé avait été susceptible d'avoir lésé la société requérante, quel qu'ait été son propre rang de classement à l'issue du jugement des offres, le tribunal administratif n'a pas commis d'erreur de droit. En effet, le choix de l'offre d'un candidat dont la candidature a été retenue sur la base d'informations relatives à ses capacités financières et professionnelles erronées est susceptible d'avoir lésé le candidat qui invoque ce manquement, à moins qu'il ne résulte de l'instruction que sa candidature devait elle-même être écartée, ou que l'offre qu'il présentait ne pouvait qu'être éliminée comme inappropriée, irrégulière ou inacceptable.

2. Critères de sélection des offres

71. Information sur les critères en procédure adaptée

CE 26 septembre 2012, *GIE « Groupement des poursuites extérieures »*, req. n° 359389

Dans cette affaire, le Conseil d'État précise les règles relatives à l'information sur les critères dans les marchés passés en procédure adaptée. En l'espèce, la direction départementale des finances publiques des Hauts-de-Seine avait engagé une procédure adaptée pour l'intervention des huissiers de justice en vue du recouvrement amiable des créances, amendes, condamnations pécuniaires et produits locaux pris en charge par les comptables de la Direction générale des finances publiques. Un candidat non retenu a engagé un référé précontractuel contre cette procédure.

Le Conseil d'État, saisi en cassation contre l'ordonnance de référé précontractuel rendue à la suite du recours d'un candidat évincé rappelle que pour assurer le respect des principes de la commande publique, l'information appropriée aux candidats sur les critères d'attribution d'un marché est nécessaire dès l'engagement de la procédure dans l'avis d'appel à la concurrence. Il précise ainsi que s'il est loisible au pouvoir adjudicateur, lorsqu'il passe un marché selon une procédure adaptée en application de l'article 28 du CMP, de pondérer ou de hiérarchiser les critères de sélection qu'il retient, y compris en leur attribuant une égale importance, il est tenu d'informer les candidats de son choix de mise en œuvre des critères de sélection. En l'espèce, le règlement de consultation indiquait les critères de jugement des offres, sans préciser s'ils étaient pondérés ou hiérarchisés. Le Conseil d'État en déduit que le pouvoir adjudicateur avait manqué à son obligation d'information suffisante et ajoute que le fait que l'acheteur ait indiqué au tribunal que les critères étaient hiérarchisés n'avait aucune conséquence dès lors que ces critères avaient été énumérés sans aucune indication quant à leur pondération ou à leur hiérarchisation. Le Conseil d'État juge de plus que l'incertitude relevée constituait, pour le pouvoir adjudicateur, un manquement à ses obligations de publicité et de mise en concurrence susceptible, eu égard à sa portée et au stade de la procédure auquel il se rapporte, de léser le requérant. Il confirme alors l'ordonnance du juge des référés annulant la procédure.

72. Critères environnementaux

CE 23 novembre 2011, *Communauté urbaine Nice-Côte d'Azur*, req. n° 351570

Le juge administratif clarifie la portée des obligations environnementales pesant sur le pouvoir adjudicateur et les candidats lorsqu'est en cause la passation d'un marché d'évacuation et de traitement des déchets dangereux des ménages. Ainsi, si la détermination préalable des besoins implique de « concilier » les objectifs environnementaux, économiques et sociaux du développement durable, les critères d'attribution du marché ne sont pas soumis à la même exigence. Les critères sur lesquels se fondent les pouvoirs adjudicateurs pour attribuer leurs marchés publics sont soit uniquement le prix le plus bas, soit, lorsque l'attribution se fait à l'offre économiquement la plus avantageuse, divers critères liés à l'objet du marché, parmi lesquels figurent, comme c'était le cas en l'espèce, au titre des sous-critères, la préoccupation environnementale.

73. Méthode de notation des offres

CE 18 décembre 2012, *Département de la Guadeloupe*, req. n° 362532

Il est de jurisprudence constante que la méthode de notation n'a pas à être portée à la connaissance des candidats (CE 2 août 2011, req. n° 348711, *Syndicat mixte la Vallée d'Orge Aval* ; CE 26 septembre 2012, req. n° 359706, *Communauté agglomération Seine-Eure*). À la différence d'un sous-critère, la méthode de notation est sans influence sur la présentation des offres : elle permet au pouvoir adjudicateur d'attribuer une valeur chiffrée au regard d'un critère donné. En l'espèce, s'agissant d'une procédure de passation d'un marché de transport scolaire, le juge des référés avait estimé que le pouvoir adjudicateur avait méconnu les obligations de publicité et de mise en concurrence en ne communiquant pas aux candidats la note qui correspondrait, pour le critère du prix, au prix moyen des offres présentées pour chaque lot. Le Conseil d'État censure donc l'erreur de droit commise et juge que la note attribuée au prix moyen des offres est un élément relatif à la méthode de notation des offres que le pouvoir adjudicateur n'était donc pas tenu de communiquer aux candidats.

Examinant ensuite les autres moyens soulevés, le Conseil d'État juge que si les pouvoirs adjudicateurs sont libres de recourir à des méthodes de notation qu'ils ne sont pas tenus de porter à la connaissance des candidats, ils ne peuvent, lorsqu'ils choisissent d'évaluer les offres par plusieurs critères pondérés, recourir à des méthodes de notation conduisant à l'attribution, pour un ou plusieurs critères, de notes négatives.

3. Offre anormalement basse

CE 1er mars 2012, *Département de Corse-du-Sud*, req. n° 354159

L'identification de l'offre anormalement basse est complexe lorsque doit être pris en compte le coût salarial lié à la reprise du personnel, en cas de reprise des contrats de travail sur le fondement des articles L. 1224-1 et suivants du Code du travail. Selon le juge administratif, il ne fait pas de doute que l'offre doit intégrer tous les coûts nécessaires à la réalisation de la prestation objet du marché, ce qui vise spécialement le coût de la reprise des personnels lorsque l'exécution du marché suppose la reprise des personnels affectés à l'exécution du précédent marché, sur le fondement des articles L. 1224-1 et suivants ou sur le fondement de conventions collectives. Cependant, le Conseil d'État n'exige pas que cette prise en compte soit intégrale et tout sera fonction des circonstances. Ainsi, lorsque le personnel n'effectuait pas l'ensemble de son service de travail relativement à l'activité objet du marché, le coût salarial dont il faudra tenir compte en vue du calcul de l'offre pourra ne retenir que les seules heures effectivement effectuées en rapport avec l'exécution du marché. Ce n'est que pour la proportion où une obligation de reprise du personnel pèse sur le candidat qu'il devra l'intégrer dans le calcul de son offre. Par conséquent, la part du coût salarial des personnels mais non affectés à l'activité objet du marché peut ne pas être intégrée dans le prix de l'offre sans que celle-ci ne soit considérée comme anormalement basse.

4. Modification de l'offre

CE 16 janvier 2012, *Département de l'Essonne*, req. n° 353629

Sous couvert de rectification d'erreur matérielle, il convient de ne pas procéder, en réalité, à une modification de l'offre. C'est ce qui vient d'être rappelé à une entreprise qui, originellement, avait pu se prévaloir d'une erreur susceptible d'être qualifiée d'erreur matérielle : elle avait proposé dans son offre un coût journalier là où le document de la consultation lui avait demandé un coût horaire. Une telle proposition erronée pouvait effectivement être qualifiée d'erreur matérielle. Elle pouvait donc être légalement rectifiée par cette entreprise. Cependant, cette dernière, à cette occasion en profita pour proposer un prix horaire plus élevé que celui qui résultait de la décomposition du coût journalier initialement présenté. Il y avait donc en réalité là modification du montant de l'offre, dont on sait qu'elle est interdite, que ce soit par l'entreprise ou le pouvoir adjudicateur, sauf à ce qu'elle soit entachée d'erreur matérielle (CMP, art. 59).

CE 26 septembre 2012, *Communauté d'agglomération Seine-Eure*, req. n° 359706

Dans cette affaire, le Conseil d'État était saisi par la communauté d'agglomération Seine-Eure d'une requête en annulation d'une ordonnance par laquelle le juge des référés avait annulé la procédure de passation d'un lot d'un marché qu'elle avait lancé. Le juge des référés avait notamment estimé que la communauté d'agglomération n'aurait pas dû attribuer le marché à l'une des deux sociétés candidates sans avoir préalablement fait application de l'article 59 du CMP en leur proposant de compléter la teneur de leur offre qui était pour l'une contradictoire et pour l'autre incomplète. Précisons que lorsque le pouvoir adjudicateur invite un candidat à préciser ou compléter la teneur de son offre, comme le lui permet l'article 59 du CMP, il doit, pour respecter le principe d'égalité, offrir, le cas échéant, la même possibilité aux autres candidats. Toutefois, la question se posait de savoir s'il y a véritablement une obligation pour le pouvoir adjudicateur de mettre en œuvre les dispositions de l'article 59 du code et d'inviter les candidats à préciser ou compléter leur offre. Le Conseil d'État a ainsi considéré qu'une telle obligation ne pesait pas sur le pouvoir adjudicateur et que le juge des référés avait commis une erreur de droit dans la mesure où le pouvoir adjudicateur n'est jamais tenu de procéder à une telle invitation lorsque lui sont remises des offres comportant des contradictions ou ambiguïtés ou des offres qui ne sont pas complètes.

D. Exécution du marché

1. Sous-traitant

CE 15 novembre 2012, *M. Caval*, req. n° 354255

Arrêt jugeant qu'un sous-traitant non déclaré ne peut pas former une action directe à l'encontre du maître d'ouvrage lorsque celui-ci n'a pas eu connaissance de son intervention sur le chantier.

En l'espèce, les Hospices civils de Lyon avaient conclu avec une société un marché portant sur des travaux réalisés sur les pavillons d'un hôpital. Cette société avait sous-traité une partie de ses prestations au requérant, lequel avait demandé aux Hospices civils le paiement direct de plusieurs factures en application de la loi du 31 décembre 1975 relative à la sous-traitance. S'étant heurté au refus du maître d'ouvrage au motif que ces factures avaient déjà été réglées auprès de l'entreprise principale, le sous-traitant avait saisi le tribunal administratif en vue de la condamnation des hospices civils à lui verser cette somme. Sa requête ayant été rejetée, et ses prétentions n'ayant étant qu'en partie satisfaites en appel, il avait donc saisi le Conseil d'État en cassation. Ce dernier souligne ainsi que s'imposent à l'ensemble des marchés de sous-traitance les dispositions de l'article 14-1 de la loi de 1975, selon lequel, pour les contrats de travaux de bâtiment et de travaux publics, le maître d'ouvrage, s'il a connaissance de la présence sur le chantier d'un sous-traitant non déclaré, est tenu de mettre l'entrepreneur principal ou le sous-traitant en demeure de s'acquitter de leurs obligations.

2. Mandataire d'un groupement solidaire

CE 19 mars 2012, *Communauté urbaine de Lyon*, req. n° 346263

Conformément aux dispositions du CCAG applicable au marché, les membres d'un groupement solidaire sont engagés pour la totalité des obligations du marché et ils sont représentés pour l'exécution du marché par le mandataire, tandis que le mandataire du groupement est habilité à présenter les projets de décompte et à accepter le décompte général. Aussi, lorsque le membre défaillant du groupement est le mandataire de celui-ci et qu'il n'a pas été remplacé, si seules deux entreprises forment le groupement, la seconde en devient nécessairement le nouveau mandataire : du fait du renoncement du mandataire initial à continuer l'exécution du marché et de la poursuite des travaux par le seul cotraitant solidaire, celui-ci devient nécessairement le mandataire du regroupement ; dès lors, il est habilité en cette qualité à accepter le décompte du marché, qui acquiert un caractère définitif pour les deux membres du regroupement.

3. Règlement définitif

CE 3 octobre 2012, *Société Eiffage travaux publics Méditerranée*, req. n° 348476

Dans cette affaire, la question était posée au Conseil d'État de savoir si, dans le cadre d'un marché de travaux à bons de commande, chaque commande de travaux peut donner lieu à un règlement définitif sans être regardé comme un règlement partiel définitif interdit par l'article 92 al. 2 du CMP qui prévoit que « les marchés de travaux ne donnent pas lieu à des règlements partiels définitifs ».

En l'espèce, il s'agissait d'un marché de travaux à bons de commande conclu entre le département des Bouches-du-Rhône et la société Appia 13, aux droits de laquelle est venue la société Eiffage travaux publics Méditerranée pour la pose d'enrobés sur les routes départementales. L'article 3-3.6.3 du CCAP prévoyait, par dérogation aux articles 13 et 13 *bis* du CCAG, que le paiement de l'ensemble d'une commande est considéré comme paiement définitif. Le conseil d'État juge alors que chaque commande d'un marché de travaux à bons de commande donne lieu à des prestations propres pouvant faire l'objet d'une réception et d'un règlement dès leur réalisation et que, en conséquence, sauf à ce que le contrat renvoie le règlement définitif de l'ensemble des commandes au terme du marché, chaque commande de travaux peut donner lieu à un règlement définitif qui ne saurait donc être regardé comme un règlement partiel définitif interdit par le deuxième alinéa de l'article 92 du CMP. Ainsi, il en déduit que l'article 3-3.6.3 du CCAP du marché de travaux pouvait, sans contrevenir à cette disposition, prévoir, dans le cadre d'un marché de travaux à bons de commande, que soit considéré comme définitif le paiement de l'ensemble d'une commande.

4. Travaux supplémentaires

74. Indemnisation

CE 3 octobre 2012, *Société Eiffage travaux publics Méditerranée*, req. n° 348476

Dans cette affaire, le Conseil d'État rappelle le principe selon lequel le cocontractant de l'administration peut demander à être indemnisé, sur la base du contrat, des travaux supplémentaires réalisés sans ordre de service, dès lors que ces travaux ont été indispensables à l'exécution du contrat dans les règles de l'art. En conséquence, la cour, n'a pas commis d'erreur de droit ni méconnu les règles d'indemnisation des travaux supplémentaires en jugeant que la société Eiffage travaux publics Méditerranée ne pouvait fonder sa demande sur un autre fondement que le contrat, ni en alléguant l'enrichissement sans cause du département, ni en invoquant sa responsabilité fautive à avoir tardé à établir un bordereau de prix complémentaire.

5. Fin des contrats

75. Résiliation

CE 15 novembre 2012, *Société Travaux Guil-Durance*, req. n° 349840

CE 15 novembre 2012, *Société Axima Concept*, req. n° 356832

Par deux arrêts rendus le même jour, le Conseil d'État apporte des précisions sur les conséquences financières d'une résiliation irrégulière d'un marché.

Le premier arrêt indique que le caractère irrégulier d'une décision de résiliation d'un marché même justifiée au fond peut faire obstacle à ce que le surcoût résultant de cette résiliation soit mis à la charge du titulaire.

Le département des Bouches-du-Rhône avait prononcé la résiliation d'un marché de travaux aux torts de la société avec laquelle il l'avait conclu. La société avait alors saisi le juge administratif d'un recours tendant à la condamnation du département à lui verser le solde du marché, la résiliation étant intervenue, selon elle, au terme d'une procédure irrégulière.

Saisi en cassation, le Conseil d'État précise que « le caractère irrégulier de la décision de résilier un marché public est susceptible de faire obstacle à ce que le surcoût résultant de cette résiliation soit mis à la charge de son titulaire, alors même que la résiliation serait justifiée au fond ». Aussi, la décision de résiliation n'ayant pas été précédée d'une délibération du conseil général, il est jugé que la société était fondée à soutenir que la décision de résiliation n'a pas été prise par l'autorité compétente et que, eu égard à l'incompétence qui entache ainsi la décision de résilier le contrat, le surcoût qui en résulte pour le département ne peut être mis à la charge de la société.

La seconde décision vient préciser qu'un cocontractant dont le marché a été résilié à ses frais et risques peut saisir le juge du contrat afin de faire constater l'irrégularité de cette résiliation et ainsi demander le règlement des sommes qui lui sont dues avant tout règlement définitif du nouveau marché.

76. Réception. Réfaction du prix

CE 15 novembre 2012, *Commune de Dijon*, req. n° 349107

Le Conseil d'État vient préciser qu'une réception avec réserves exclut toute réfaction sur le prix et impose au maître d'œuvre de fournir au titulaire du marché un ordre de service de procéder à la reprise des malfaçons qui ont donné lieu à ces réserves. En effet, l'intervention d'une réception avec réserves fait obstacle à l'application d'une réfaction sur les prix, dès lors que l'entreprise concernée est alors tenue d'effectuer les travaux qui sont la condition de la levée des réserves.

E. Responsabilités

1. Responsabilité extra-contractuelle

77. Illégalité d'un acte se rapportant à la formation du contrat

CE 23 décembre 2011, *Société Jean-Claude Decaux*, req. n° 342394

Lorsque le pouvoir adjudicateur commet une illégalité lors du choix de la procédure de passation du marché, l'indemnisation du candidat évincé ne peut intervenir que dans l'hypothèse où ledit candidat disposait bien d'une chance sérieuse de remporter le marché si la procédure correcte avait été retenue en vue de la passation. Dès lors, le choix de procédure irrégulier ne suffit pas à lui seul à justifier l'indemnisation du manque à gagner de la société dont l'offre a été repoussée lorsque les critères mis en œuvre par la collectivité publique dans la procédure auraient pu être légalement prévus dans un appel d'offres non dérogatoire, puisque cela n'aurait pas entraîné un choix distinct dans les offres, ce qui manifeste, aux yeux du juge, l'absence d'une chance sérieuse de remporter le marché et donc le droit à indemnisation sur ce fondement.

2. Garantie décennale

CE 9 mai 2012, *Commune de Prouvy*, req. n° 346757

Le Conseil d'État précise dans cet arrêt le champ d'application de la garantie décennale. Il juge ainsi que le maître de l'ouvrage peut rechercher la responsabilité décennale des constructeurs à raison des nuisances causées aux tiers par l'exploitation de l'ouvrage du fait d'un défaut de conception ou d'exécution des travaux qui, empêchant le fonctionnement normal de l'ouvrage, le rendent impropre à sa destination. Aussi, commet une erreur de droit le juge du fond qui écarte cette garantie sans rechercher si les nuisances sonores n'avaient pas pour conséquence d'empêcher le fonctionnement normal de l'ouvrage et, ainsi, de le rendre impropre à sa destination.

F. Contentieux

1. Compétence juridictionnelle

T. confl. 9 juillet 2012, *Cie des Eaux et de l'Ozone c/Min. Écologie et Développement durable*, req. n° 3834

Le Tribunal des conflits était saisi dans cette affaire à propos d'un contentieux lié à la construction d'une station d'épuration. La société CEO s'était vue confier, par un SIVOM dans le cadre d'une concession, la construction et l'exploitation pendant trente ans de la station d'épuration. La société concessionnaire avait alors conclu des contrats de travaux avec deux autres sociétés pour la réalisation de l'ouvrage. Des désordres étant apparus après la réception sans réserve, la société CEO avait cherché à engager la responsabilité décennale et la responsabilité contractuelle des constructeurs devant le juge judiciaire, lequel avait décliné sa compétence. Le juge administratif saisi par la suite ayant également écarté sa compétence pour connaître du litige, le Tribunal des conflits était saisi pour trancher ce conflit négatif de compétence. Il rappelle ainsi la règle selon laquelle « le litige né de l'exécution d'un marché de travaux publics et opposant des participants à l'exécution de ces travaux relève de la compétence de la juridiction administrative, sauf si les parties sont unies par un contrat de droit privé ; que dans ce dernier cas, la compétence demeure administrative si l'une des parties au contrat agit pour le compte d'une personne publique ». En effet, un contrat conclu entre des personnes privées est en principe un contrat de droit privé même si ce contrat poursuit un but d'intérêt général, renvoie à des règles de droit public telles que celles du Code des marchés publics ou a pour objet la réalisation de travaux publics (ex. :

contrat signé par un concessionnaire avec une entreprise de travaux publics). Aussi, lorsque les participants à l'exécution d'un marché de travaux publics sont unis par un contrat de droit privé, le litige qui les oppose sur l'exécution du marché relève de la compétence de la juridiction judiciaire (T. confl. 24 nov. 1997, req. n° 03060, *Sté de Castro c/Bourcy et Sole*), sauf si l'un des signataires agit pour le compte d'une personne publique : dans ce cas celle-ci étant considérée comme intervenant à travers son mandataire, le contrat est administratif. Il appartient donc au juge saisi du litige de déterminer, pour décider de la compétence juridictionnelle, si l'un des signataires a agi pour le compte d'une personne publique. En l'espèce, le Tribunal des conflits juge que tel n'était pas le cas pour deux raisons : d'une part, le SIVOM ne prend possession de l'ouvrage qu'au bout de trente ans, à la fin de la concession ; d'autre part, nonobstant l'apport de subventions pour la réalisation des investissements, la rémunération du concessionnaire était essentiellement assurée par les résultats de l'exploitation. Au total, la société CEO doit être regardée comme ayant agi pour son propre compte et non pour celui de la personne publique et les contrats relatifs à la construction de l'ouvrage conclus avec les autres sociétés par le concessionnaire, personne morale de droit privé agissant pour son compte, sont des contrats de droit privé de sorte que le litige né de leur exécution relève de la compétence des juridictions de l'ordre judiciaire.

2. Recours pour excès de pouvoir contre un acte détachable

78. Office du juge de l'exécution

CE 10 décembre 2012, *Société Lyonnaise des eaux France*, req. n° 355127

Cet arrêt du Conseil d'État apporte deux séries de précisions sur l'office du juge de l'exécution chargé de déterminer les conséquences à tirer l'annulation d'un acte détachable du contrat (en l'espèce, la délibération autorisant la signature du contrat). D'une part, le Conseil d'État complète la motivation de l'arrêt *Société Ophrys* (CE 21 février 2011, req. n° 337349), en précisant que « dans la détermination des mesures rendues nécessaires par l'annulation, le juge de l'exécution n'est pas tenu par celles demandées par le requérant ». En conséquence, après avoir obtenu de la part du juge de l'excès de pouvoir l'annulation d'un acte détachable, le requérant n'est pas assuré que l'injonction dont il demandera le prononcé au juge de l'exécution en application de l'article L. 911-1 du CJA lui sera accordée, ce dernier disposant en effet d'un pouvoir d'appréciation l'autorisant à opter pour une mesure différente. D'autre part, il est précisé que si le vice tiré du défaut d'information des candidats sur les critères de sélection des offres affecte gravement la régularité de la mise en concurrence et la légalité du choix du délégataire, ce vice n'est cependant pas de nature à justifier la résolution du contrat dès lors qu'il n'affecte ni le consentement de la personne publique ni le bien-fondé de la délégation de ces services publics et qu'il n'existe aucune circonstance particulière révélant notamment une volonté de la personne publique de favoriser un candidat. En revanche, ce vice implique, par sa gravité et en l'absence de régularisation possible, que soit ordonné aux parties de résilier les conventions.

3. Recours de plein contentieux

79. Recours en reprise des relations contractuelles « Béziers II »

CE 30 mai 2012, *Sarl Promotion de la restauration touristique*, req. n° 357151

Le Conseil d'État apporte d'utiles précisions sur les conditions d'exercice du recours en reprise des relations contractuelles exercé à la suite d'une mesure de résiliation du contrat. Il juge ainsi qu'eu égard aux particularités de ce recours contentieux, un recours administratif concernant une mesure d'exécution d'un contrat n'a pas pour effet d'interrompre le délai de deux mois dans lequel un cocontractant peut former devant le juge du contrat un recours de plein contentieux pour contester la validité d'une mesure de résiliation et demander la reprise des relations contractuelles. Il en va ainsi, précise le Conseil d'État, quel que soit le motif de résiliation du contrat et notamment lorsque cette résiliation est intervenue en raison des fautes commises par le cocontractant. Il souligne en outre que dans cette dernière hypothèse, la personne publique est toujours dans l'obligation de mettre le cocontractant en mesure de faire valoir ses observations avant l'intervention de cette décision.

80. Recours « Tropic-Travaux ». Notion de concurrent évincé

CE 11 avril 2012, *Sté Gouelle*, avis n° 355446

Cet avis du Conseil d'État précise ce qu'il convient d'entendre par l'expression « concurrent évincé », au sens de la jurisprudence *Tropic Travaux* de 2007. Saisi par un tribunal administratif en application des dispositions de l'article L. 113-1 du CJA, il précise qu'il s'agit de « tout requérant qui aurait eu intérêt à conclure le contrat, alors même qu'il n'aurait pas présenté sa candidature, qu'il n'aurait pas été admis à présenter une offre ou qu'il aurait présenté une offre inappropriée, irrégulière ou inacceptable ». Il ajoute que la recevabilité des moyens soulevés n'est pas subordonnée à la condition qu'ils aient été susceptibles de léser le requérant.

4. Référé précontractuel

81. Pouvoir d'injonction

CE 12 mars 2012, *Communauté d'agglomération de Montbéliard*, req. n° 354279

La communauté d'agglomération avait demandé au juge des référés de Besançon, en défense à la demande de la requérante tendant à l'annulation de la procédure de passation engagée et à ce qu'il lui soit enjoint de la reprendre dans des conditions régulières, de faire application des dispositions de l'article L. 551-7 du CJA permettant au juge, bien qu'il ait relevé un manquement aux obligations de publicité et de mise en concurrence susceptible de léser le requérant, de ne pas prononcer de mesures à l'encontre de l'entité adjudicatrice. En effet, la communauté d'agglomération soutenait à l'appui de cette demande que les conséquences négatives de telles mesures pouvaient l'emporter sur leurs avantages. Le juge des référés avait toutefois enjoint sous astreinte à la communauté d'agglomération de suspendre l'exécution de toute décision relative à la procédure et de faire procéder à un nouvel examen des candidatures reçues par le jury, sans répondre à ce moyen. Le Conseil d'État juge alors que l'ordonnance est entachée d'une insuffisance de motivation et prononce son annulation. Jugeant l'affaire en qualité de juge des référés, le Conseil d'État relève cependant que, après avoir fait procéder à un nouvel examen des candidatures reçues par le jury, conformément à l'ordonnance du juge des référés du tribunal administratif de Besançon du 8 novembre 2011, l'entité adjudicatrice a conduit la procédure de passation du contrat à son terme et conclu le marché. En conséquence, il n'y avait plus lieu de statuer sur la demande de la société requérante.

82. Portée du pouvoir d'annulation du juge du référé

CE 23 mars 2012, *Caisse des écoles Commune de Six-Fours-les-Plages*, req. n° 355439

Compte tenu de son office, le juge des référés doit toujours limiter les mesures qu'il prononce à celles qui sont nécessaires en vue d'assurer le respect des principes auxquels cette procédure est destinée. En l'espèce, le juge du référé ne devait, dès lors, pas annuler l'ensemble de la procédure du fait d'une erreur commise par le pouvoir adjudicateur dans la sélection des offres, dans la mesure où, cette erreur se limitant à la phase de sélection des offres, elle aurait seulement dû le conduire à annuler la procédure à compter de l'examen de ces offres et non pas l'intégralité de la procédure.

5. Référé contractuel

CE 29 juin 2012, *Société Chaumeil*, req. n° 358353

Il est jugé dans cet arrêt que le juge du référé contractuel ne saurait prononcer la nullité du contrat sur le fondement du premier alinéa de l'article L. 551-18 du CJA, dès lors que ces dispositions ne visent que les cas dans lesquels aucune des mesures de publicité requises pour la passation du contrat n'a été prise ou dans lesquels une publication obligatoire au *Journal officiel de l'Union européenne* a été omise et que, en outre, les modalités de remise en concurrence mentionnées au deuxième alinéa de l'article L. 551-18 ne concernent que les contrats fondés sur un accord-cadre attribué à plusieurs opérateurs économiques en application du III des dispositions de l'article 76 du CMP. Aussi, en l'espèce, les dispositions de l'article L. 551-18 du CJA ne pouvaient pas être invoquées par la société Chaumeil retenue par la région Auvergne pour l'attribution d'un accord-cadre : d'une part, elle ne pouvait se prévaloir de la seule insuffisance des mesures de publicité ; d'autre part, étant seule titulaire de l'accord-cadre, les modalités de remise en concurrence mentionnées au deuxième alinéa de l'article L. 551-18 du CJA qui ne concernent que les contrats fondés sur un accord-cadre attribué à plusieurs opérateurs économiques en application du III des dispositions de l'article 76 du CMP ne pouvaient trouver à s'appliquer.

6. Articulation du référé précontractuel et du référé contractuel

CE 1er mars 2012, *OPAC Rhône*, req. n° 355560

Cet arrêt s'inscrit dans le prolongement de la jurisprudence *France Agrimer* (CE 10 nov. 2010, req. n° 340944) et *Commune de Maizières-les-Metz* (CE 30 sept. 2011, req. n° 350148).

Par principe, le référé contractuel n'est pas ouvert au requérant ayant déjà fait l'usage du recours en référé précontractuel. Cependant, et conformément aux dispositions de l'article L. 551-14 du CJA, le recours en référé contractuel demeure ouvert au demandeur ayant fait usage du référé précontractuel, lorsque le pouvoir adjudicateur n'a pas respecté la suspension, prévue à l'article L. 551-4 ou à l'article L. 551-9, ou ne s'est pas conformé à la décision juridictionnelle rendue sur le recours en référé précontractuel. Aussi, en cas d'introduction d'un référé précontractuel, le pouvoir adjudicateur doit, conformément aux dispositions de l'article 551-4 CJA, suspendre la signature de ladite convention. Il faut cependant que la collectivité publique ait bien connaissance de l'existence de ce référé. Le Conseil d'État vient préciser ici que cette connaissance peut résulter non seulement de la notification par le requérant, mais aussi de l'information directe par le greffe du tribunal administratif. Ainsi, le Conseil d'État souligne que si le recours précontractuel n'avait, certes, pas été notifié au pouvoir adjudicateur (OPAC), ce dernier en avait, néanmoins, eu connaissance par le biais de la communication opérée par le greffe du tribunal administratif et que la signature du contrat était bien intervenue irrégulièrement. Le pouvoir adjudicateur ne pouvant ignorer l'existence du référé précontractuel et ayant malgré tout délibérément signé le marché, le candidat évincé pouvait alors exercer un recours contractuel alors même qu'il avait préalablement saisi le juge des référés précontractuels.

XI. Urbanisme

Andrée Coudevylle

83. Certificat d'urbanisme. Annulation. Conséquences

CE 6 juin 2012, *Époux Viudal,* req. n° 329123, *AJDA* 2002.2019, note Trémeau

Cette décision reconnaît aux certificats d'urbanisme ordinaires la qualité d'acte faisant grief pouvant faire de ce fait l'objet d'un recours pour excès de pouvoir. Est ainsi réaffirmé que cette information a pour effet de stabiliser la réglementation d'urbanisme existante à la date de la délivrance du certificat. (CE 11 févr. 2004, *Sté anonyme France Travaux c/Cne de Carquerianne*, req. n° 212855, *AJDA* 2004.1151).

En conséquence, devient possible un contrôle juridictionnel par voie directe ou par voie d'exception (voir par ex. CE 2 déc. 1987, *Cezian*, req. n° 70723) sur l'exactitude du contenu du certificat et sur la légalité de la réglementation.

En outre cette décision contrairement à la CAA de Marseille retient que le retard dans la délivrance du certificat (en l'espèce plusieurs années) constitue une faute, car aux termes de l'article R. 410-9 du C. de l'urb. le certificat doit être délivré dans un délai de deux mois. Et l'absence d'une telle décision, le silence de l'administration a fait naître une décision implicite de refus. Le silence ne vaut pas certificat d'urbanisme positif, car le demandeur n'a pas connaissance des dispositions d'urbanisme applicables au terrain.

Et le juge en l'espèce retient que le préjudice lié à la perte de valeur vénale du terrain ne résulte pas du caractère fautif de la non-délivrance du certificat mais est la conséquence de nouveau classement de la parcelle résultant de la révision du POS.

84. Permis de construire. Instruction. Propriétaire apparent. Contrôle

CE 15 février 2012, *Mme Quennesson*, req. n° 333631, *Lebon* : *AJDA* 2012, concl. Aladjidi 1017, note Hachem

Par cette décision, le Conseil d'État consacre la fin de la théorie du propriétaire apparent.

En effet, il ressort des articles R. 431-35, R. 431-36 et R. 431-37 du Code de l'urbanisme que les pièces jointes au dossier de déclaration de travaux obligatoires ne comprennent pas l'autorisation de l'assemblée générale des copropriétaires d'effectuer les travaux. En conséquence, seule la déclaration d'un des copropriétaires suffit à partir du moment où il atteste remplir les conditions définies à l'article R. 423-1 du Code de l'urbanisme.

En conséquence, il n'appartient plus à l'administration de vérifier si le demandeur d'une autorisation d'urbanisme revêt bien les apparences du propriétaire de la parcelle d'assiette du projet de construction ou s'il dispose de l'autorisation adéquate lorsqu'il s'agit d'un immeuble en indivision ou en copropriété.

XII. Fonction publique territoriale

Annie Fitte-Duval

85. Stage. Licenciement en cours de stage. Droit à une période probatoire

CE 1er février 2012, *Commune d'Incarville*, req. n° 336362, *Rec.*

La question des droits du stagiaire est régulièrement posée au regard de la situation du fonctionnaire. Le stagiaire a en effet vocation à intégrer la fonction publique, seule la titularisation en fera un fonctionnaire. Si l'agent stagiaire est soumis aux mêmes obligations que le fonctionnaire, l'autorité administrative a la possibilité de se séparer de l'agent à la fin du stage. Le stagiaire, peut faire l'objet d'un licenciement dès la moitié de son stage jusqu'à titularisation. Le décret n° 92-1194 du 4 novembre 1992 fixant les dispositions communes applicables aux fonctionnaires stagiaires de la fonction publique territoriale prévoit en effet que l'agent ne peut être licencié pour insuffisance professionnelle qu'après avoir accompli un stage d'une durée au moins égale à la moitié de la durée normale de celui-ci. Le licenciement de stagiaire prononcé avant l'écoulement de cette durée minimale est sanctionné par le juge administratif (CE 15 nov. 1995, *Cne de Lons-le-Saunier c/Rossignol*, req. n° 119391).

La jurisprudence administrative reconnaît depuis fort longtemps que le stagiaire en cours de stage est mieux protégé que le stagiaire en fin de stage.

En particulier, les règles de forme ne sont pas identiques selon que le licenciement intervient en cours ou en fin de stage. Si dans les deux cas, l'intervention de la commission administrative paritaire est requise (CE 22 novembre 1978, *Jarry* ; CE 9 décembre 1987, *Commune de Gouvieux)*, le licenciement en fin de stage ne contraint pas à communication du dossier (CE sect. 16 mars 1979, *Stéphan).* Il peut intervenir sans préavis (CE 10 juillet 1996, *Olivet*). La décision n'est pas soumise à l'obligation de motivation au sens de la loi de 1979 (CE 29 juillet 1983, *Commune de la Just c/Mlle Lorraine, Lebon* p. 762 ; CE 13 juin 2007, req. n° 284748).

Prononcé en cours de stage, le licenciement doit se faire avec préavis puisqu'il donne lieu à communication du dossier, et la motivation est de rigueur. Il importe de ce fait, de bien distinguer les deux situations, et cela n'est pas toujours aisé. Il y a licenciement en cours de stage dès lors que la décision intervient dans la période probatoire, c'est-à-dire soit pendant la durée initiale du stage, soit pendant la prolongation explicite de stage (à l'inverse, à l'issue de la prolongation, le licenciement est de nouveau considéré comme en fin de stage, CE 29 janvier 1986, *Mme Catella,* req. n° 64758). Il y a licenciement en fin de stage dès que la période probatoire est définitivement terminée, et ce, même si le stagiaire n'a pas fait l'objet d'une mesure expresse, de titularisation ou de refus.

L'arrêt rendu par le Conseil d'État le 1er février 2012 donne une traduction particulièrement solennelle de cette différence de traitement, selon le moment du licenciement.

Mme C., adjointe administrative, lauréate du concours de rédacteur territorial, avait été nommée en qualité de secrétaire de mairie, sur le poste de rédacteur stagiaire, le 1er mai 2006. En décembre de la même année, le maire a fait savoir à l'intéressée, par un courrier, son intention de ne pas la titulariser. En effet, en juin 2007, le maire a mis fin au stage et réintégré Mme C. comme adjointe administrative. Sur recours de celle-ci, le tribunal administratif de Rouen a annulé la décision et la commune s'est pourvue en cassation. Le courrier du maire de décembre 2006 est ainsi interprété par le tribunal comme traduisant l'existence d'une décision de ne pas titulariser Mme C., et cette décision est jugée prématurée par le tribunal, appréciation que vient confirmer l'arrêt du Conseil d'État.

Le Conseil d'État énonce ainsi un principe solennel selon lequel « sous réserve d'un licenciement intervenant en cours de stage et motivé par ses insuffisances ou manquements professionnels, tout fonctionnaire stagiaire a le droit d'accomplir son stage dans des conditions lui permettant d'acquérir une expérience professionnelle et de faire la preuve de ses capacités pour les fonctions auxquelles il est destiné ; que, s'il est loisible à l'autorité administrative d'alerter, en cours de stage, l'agent sur ses insuffisances professionnelles et, le cas échéant, sur le risque qu'il encourt de ne pas être titularisé s'il ne modifie pas son comportement, la collectivité employeur ne peut, avant l'issue de la période probatoire, prendre d'autre décision que celle de licencier son stagiaire pour insuffisance professionnelle dans les conditions limitativement définies à l'article 5 du décret du 4 novembre 1992 ». On observe, à cet égard, que la question de l'insuffisance professionnelle a jusque-là été appréciée de manière extensive par le juge. En particulier, la manière de servir des stagiaires est en effet définie très largement et bien des aspects sont pris en compte : l'administration peut ainsi retenir « le comportement général dans les relations de travail », (CE 12 juillet 1978, *Ministre de l'Éducation nationale c/Lampérier*) ou la difficulté d'intégration au service, (CE 16 octobre 1987, *Hôpital Saint-Jacques de Dieuze*), qui peut prendre la forme de difficultés avec la hiérarchie (CE sect. 16 mars 1979, *Stéphan*).

L'arrêt du 1er février 2012 vient cependant reconnaître que le fonctionnaire stagiaire bénéficie d'un droit statutaire à cette période probatoire, de durée incompressible, qui constitue une garantie pour le stagiaire, contre toute décision de l'autorité de mettre fin à son stage et de ne pas le titulariser avant qu'il n'ait pu être mis en situation de s'installer dans ses nouvelles fonctions et de démontrer ses capacités professionnelles. Reste que le stage doit demeurer un moment clef de vérification du mérite et des capacités.

Considérant qu'aux termes du premier alinéa de l'article 5 du décret du 4 novembre 1992 fixant les dispositions communes applicables aux fonctionnaires stagiaires de la fonction publique territoriale : « Le fonctionnaire territorial stagiaire peut être licencié pour insuffisance professionnelle lorsqu'il est en stage depuis un temps au moins égal à la moitié de la durée normale du stage ; qu'en vertu de l'article 7 du décret du 10 janvier 1995 portant statut particulier du cadre d'emplois des rédacteurs territoriaux, les candidats inscrits sur la liste d'aptitude prévue à son article 4 en cas de réussite à l'un des concours qui y sont mentionnés et recrutés sur un emploi d'une collectivité territoriale sont nommés rédacteurs stagiaires pour une durée d'un an par l'autorité territoriale investie du pouvoir de nomination » ; qu'aux termes du premier alinéa de l'article 9 du même décret, dans sa rédaction alors en vigueur : « La titularisation des stagiaires intervient, par décision de l'autorité territoriale, à la fin du stage [...] au vu, notamment d'un rapport établi par le président du Centre national de la fonction publique territoriale. Lorsque la titularisation n'est pas prononcée, le salarié est soit licencié, s'il n'avait pas auparavant la qualité de fonctionnaire, soit réintégré dans son cadre d'emplois, corps ou emploi d'origine » ;

Considérant qu'il résulte de la combinaison de ces dispositions que, sous réserve d'un licenciement intervenant en cours de stage et motivé par ses insuffisances ou manquements professionnels, tout fonctionnaire stagiaire a le droit d'accomplir son stage dans des conditions lui permettant d'acquérir une expérience professionnelle et de faire la preuve de ses capacités pour les fonctions auxquelles il est destiné ; que, s'il est loisible à l'autorité administrative d'alerter, en cours de stage, l'agent sur ses insuffisances professionnelles et, le cas échéant, sur le risque qu'il encourt de ne pas être titularisé s'il ne modifie pas son comportement, la collectivité employeur ne peut, avant l'issue de la période probatoire, prendre d'autre décision que celle de licencier son stagiaire pour insuffisance professionnelle dans les conditions limitativement définies à l'article 5 du décret du 4 novembre 1992 ;

Considérant qu'en relevant que Mme A. avait produit un courrier du 8 décembre 2006 par lequel le maire l'informait du mécontentement de plusieurs élus et de l'impossibilité d'envisager sa titularisation contre l'avis du bureau municipal, et l'invitait à entamer une démarche de mutation, puis en déduisant des faits ainsi souverainement caractérisés l'existence d'une décision du maire de ne pas titulariser l'intéressée dès le mois de novembre 2006, le tribunal administratif n'a ni dénaturé les pièces du dossier ni entaché son jugement d'une erreur de qualification juridique ; qu'il résulte de ce qui a été dit ci-dessus qu'en jugeant illégale une telle décision, prise en cours de stage, le tribunal administratif, qui n'avait pas à rechercher si les motifs retenus par l'administration pour prendre cette décision étaient ou non fondés, n'a pas entaché son jugement d'erreur de droit ;

Considérant qu'il résulte de tout ce qui précède que la commune d'Incarville n'est pas fondée à demander l'annulation du jugement qu'elle attaque ;

Sur les conclusions tendant à l'application de l'article L. 761-1 du Code de justice administrative :

Considérant que ces dispositions font obstacle à ce qu'il soit fait droit aux conclusions présentées par la commune d'Incarville à ce titre ; qu'il y a lieu en revanche de mettre à la charge de cette dernière la somme de 3 000 € qui sera versée à Mme A. au même titre ;

Décide :

Article 1er : Le pourvoi de la commune d'Incarville est rejeté.

Article 2 : La commune d'Incarville versera à Mme Catherine A. la somme de 3 000 € au titre de l'article L. 761-1 du Code de justice administrative.

86. Disponibilité d'office. Procédure de renouvellement

CE 7 mai 2012, *Commune de Roissy-en-France*, req. n° 346613

Le fonctionnaire bénéficie d'un droit statutaire à la mobilité notamment sous la forme de la disponibilité, position qui le place hors de son administration ou service d'origine et où il cesse alors de bénéficier, dans cette position, de ses droits à l'avancement et à la retraite. Dans certains cas, la demande ne peut pas être refusée par l'administration : la mise en disponibilité est de droit pour donner des soins à son conjoint, à un enfant ou à un ascendant, pour élever un enfant de moins de huit ans ou pour suivre son conjoint dans le cas d'un éloignement professionnel, voire pour exercer un mandat d'élu local. Dans d'autres cas, elle peut être accordée sous réserve des nécessités du service, notamment pour faire des études, pour créer ou reprendre une entreprise, ou pour convenances personnelles. Le renforcement des situations de mobilité et les aléas qui en résultent ont d'ailleurs conduit à l'adoption d'une circulaire du 21 février 2011 relative à l'indemnisation du chômage des agents du secteur public (NOR : BCRF1033362C) qui évoque la situation, au regard des droits aux allocations d'assurance-chômage, des fonctionnaires non réintégrés faute de poste vacant suite à une disponibilité.

Quel que soit le motif de la disponibilité, le fonctionnaire a aussi un droit à réintégration dans son administration d'origine, car elle ne rompt pas le lien avec le service. À l'issue d'une disponibilité, ou d'un détachement, un fonctionnaire peut se retrouver sans poste. Il arrive cependant fréquemment qu'à l'issue de la disponibilité, le poste laissé temporairement vacant soit pourvu, ce qui crée quelques difficultés à l'administration d'origine pour retrouver un poste au fonctionnaire à la fin de sa disponibilité. Faute de poste vacant, l'administration d'origine ne peut pas prolonger la période de disponibilité normale et doit nécessairement placer le fonctionnaire en disponibilité d'office alors même qu'il a demandé sa réintégration. Mais le fonctionnaire placé en congé de maladie, de longue maladie ou de longue durée est également placé en disponibilité d'office à l'expiration des droits statutaires à congés de maladie […] s'il ne peut, dans l'immédiat, être procédé à son reclassement.

Dans l'arrêt du 7 mai 2012, *Commune de Roissy-en-France*, le Conseil d'État précise que la décision par laquelle l'autorité territoriale renouvelle la disponibilité d'office pour raison de santé d'un fonctionnaire doit être motivée et, s'il s'agit du deuxième renouvellement, précédée d'un avis de la commission de réforme. Après l'expiration de ses droits à congé de longue durée, M. A., agent d'entretien de la commune de Roissy-en-France, avait été placé, en application de l'article 19 du décret n° 86-68 du 13 janvier 1986, en disponibilité d'office pour un an. Cette disponibilité avait été renouvelée une première fois sans difficulté.

En revanche, quand le maire a prononcé un deuxième renouvellement, M. A. en a obtenu l'annulation du tribunal administratif de Cergy-Pontoise.

La commune a alors saisi d'un pourvoi le Conseil d'État. Celui-ci le rejette et met en avant les arguments qui rapprochent la disponibilité d'office à l'expiration des droits statutaires à congés de maladie de la disponibilité pour convenances personnelles (CE 26 mai 1993, *Merdrignac*, req. n° 98689, *Lebon T*). Il considère d'abord que « la réintégration d'un fonctionnaire territorial dans son administration à l'issue d'une disponibilité prononcée d'office à l'expiration des droits statutaires à congés de maladie est un droit pour ce fonctionnaire dès lors qu'il est déclaré apte à l'exercice de ses fonctions ». Il considère ensuite que la décision par laquelle l'autorité territoriale refuse la réintégration d'un fonctionnaire territorial, dans le cas d'un deuxième renouvellement, doit faire l'objet d'un second avis de la commission de réforme. Cette disponibilité d'office est une décision qui refuse un avantage dont l'attribution constitue un droit pour les personnes qui remplissent les conditions légales pour l'obtenir, au sens de l'article 1er de la loi du 11 juillet 1979, et doit être motivée en application de l'article 3 de la même loi.

> Considérant, en premier lieu, d'une part, qu'aux termes de l'article 1er de la loi du 11 juillet 1979 relative à la motivation des actes administratifs et à l'amélioration des relations entre l'administration et le public : « Les personnes physiques ou morales ont le droit d'être informées sans délai des motifs des décisions administratives individuelles défavorables qui les concernent./À cet effet, doivent être motivées les décisions qui : [...] – refusent un avantage dont l'attribution constitue un droit pour les personnes qui remplissent les conditions légales pour l'obtenir » ; qu'aux termes de l'article 3 de cette même loi : « La motivation exigée par la présente loi doit être écrite et comporter l'énoncé des considérations de droit et de fait qui constituent le fondement de la décision » ;
>
> Considérant, d'autre part, qu'aux termes de l'article 19 du décret du 13 janvier 1986 relatif aux positions de détachement, hors cadres, de disponibilité et de congé parental des fonctionnaires territoriaux, dans sa rédaction en vigueur à la date de la décision attaquée : « La mise en disponibilité peut être prononcée d'office à l'expiration des droits statutaires à congés de maladie [...] et s'il ne peut, dans l'immédiat, être procédé au reclassement du fonctionnaire [...]/La durée de la disponibilité prononcée en vertu du premier alinéa du présent article ne peut excéder une année. Elle peut être renouvelée deux fois pour une durée égale. Si le fonctionnaire n'a pu, durant cette période, bénéficier d'un reclassement, il est, à l'expiration de cette durée, soit réintégré dans son administration dans les conditions prévues à l'article 26 ci-après, soit admis à la retraite, soit, s'il n'a pas droit à pension, licencié./Toutefois, si, à l'expiration de la troisième année de disponibilité, le fonctionnaire est inapte à reprendre son service, mais s'il résulte d'un avis du comité médical qu'il doit normalement pouvoir reprendre ses fonctions ou faire l'objet d'un reclassement avant l'expiration d'une nouvelle année, la disponibilité peut faire l'objet d'un troisième renouvellement. » ; qu'enfin, aux termes de l'article 26 du même décret : « [...] Le fonctionnaire qui a formulé avant l'expiration de la période de mise en disponibilité une demande de réintégration est maintenu en disponibilité jusqu'à ce qu'un poste lui soit proposé [...]/Le fonctionnaire qui, à l'issue de sa disponibilité ou avant cette date, s'il sollicite sa réintégration anticipée, ne peut être réintégré pour cause d'inaptitude physique est soit reclassé dans les conditions prévues par la réglementation en vigueur, soit mis en disponibilité d'office dans les

conditions prévues à l'article 19, soit, en cas d'inaptitude physique à l'exercice des fonctions, admis à la retraite ou, s'il n'a pas droit à pension, licencié » ;

Considérant qu'il résulte de la combinaison des articles 19 et 26 du décret du 13 janvier 1986 que la réintégration d'un fonctionnaire territorial dans son administration à l'issue d'une disponibilité prononcée d'office à l'expiration des droits statutaires à congés de maladie est un droit pour ce fonctionnaire dès lors qu'il est déclaré apte à l'exercice de ses fonctions ; que, par suite, la décision par laquelle l'autorité territoriale refuse la réintégration d'un fonctionnaire territorial au regard de la condition d'aptitude à l'exercice des fonctions et renouvelle cette disponibilité d'office est une décision qui refuse un avantage dont l'attribution constitue un droit pour les personnes qui remplissent les conditions légales pour l'obtenir, au sens de l'article 1er de la loi du 11 juillet 1979, et doit être motivée en application de l'article 3 de la même loi.

87. Service fait. Accomplissement partiel des obligations de service

CE 19 octobre 2012, n° 329636, *Commune de Molsheim, Rec.* T

Corollaire du droit à rémunération du fonctionnaire, la règle du service fait connaît de nombreuses applications et quelques exceptions. Surtout, ce principe difficilement contournable selon lequel les fonctionnaires n'ont droit à rémunération qu'après service fait, implique une définition fiable de ce dernier. Les textes statutaires ne donnent pas de définition précise du service fait. Implique-t-il la simple présence durant les heures de service ou faut-il aussi satisfaire aux obligations de service ?

La jurisprudence administrative avait pu considérer qu'il y avait service fait dès lors que l'agent avait accompli ses heures de service, même sans avoir effectué l'ensemble des obligations attachées à sa fonction (CE Ass. 20 mai 1977, *Quinteau*, *Rec. CE*, 1977, p. 230), excluant de ce fait, une appréciation qualitative du fait. Elle privilégiait ainsi la portée du principe comme règle de comptabilité publique, excluant toute appréciation sur le comportement personnel ou la valeur professionnelle. La loi n° 77-826 du 22 juillet 1977 est cependant venue modifier la définition du service fait donnée par l'article 4 de la loi n° 61-825 du 29 juillet 1961 de finances rectificative pour 1961 et a retenu un critère alternatif.

L'absence de service fait est constituée soit lorsque l'agent s'abstient d'effectuer tout ou partie de ses heures de service, soit lorsque l'agent, bien qu'effectuant ses heures de service, n'exécute pas tout ou partie des obligations de service qui s'attachent à sa fonction. Le législateur retient ainsi une hypothèse quantitative tenant compte des heures de service effectivement accomplies et une hypothèse qualitative, impliquant une inexécution au moins partielle des obligations de service, parfois difficile à distinguer du refus d'obéissance (CE 2 juillet 2006, *France Télécom*, n° 287394). La seconde hypothèse d'un service qualitativement insuffisant admise pour la fonction publique d'État est-elle applicable à la fonction publique territoriale ? Les collectivités territoriales s'interrogent parfois sur la possibilité d'opérer une retenue sur traitement à l'encontre d'un fonctionnaire qui, de manière partielle ou intégrale, n'a pas exécuté ses obligations de service.

En l'occurrence, la commune de Molsheim avait décidé d'effectuer une retenue sur traitement, motivée par la circonstance que l'agent avait, depuis son poste de travail, passé des appels téléphoniques personnels. La présence effective de l'agent sur son lieu de travail et l'accomplissement de la totalité de ses heures de service n'était cependant pas contestée. Sans doute la rigueur de la décision explique-t-elle pour partie le désaveu de la haute juridiction. Celle-ci considère dans son arrêt du 19 octobre 2012 que si le service d'un fonctionnaire territorial n'est pas fait lorsque celui-ci s'est abstenu d'effectuer tout ou partie de ses heures de service, il n'est pas de même en cas d'inexécution totale ou partielle de ses obligations de service, et cette hypothèse est réservée exclusivement par les textes à la fonction publique de l'État. Mais il est vrai que l'appréciation d'un service « mal fait » se révèle d'autant plus difficile à établir, que les obligations de service ne sont pas minutieusement énumérées.

Le Conseil d'État avait déjà eu l'occasion de constater à propos de retenues sur traitement pour fait de grève que la notion de service mal fait n'était pas applicable à la fonction publique territoriale (CE 27 avr. 1994, n° 146119, *SDIS de la Haute-Garonne*). La différence entre la fonction publique territoriale et la fonction publique de l'État en la matière vient conforter celle résultant en matière de retenue sur traitement. Celle-ci sera en effet proportionnelle à l'absence de l'agent, dans la fonction publique territoriale du fait de l'inapplicabilité de la règle dite du « trentième indivisible » prévue pour la seule fonction publique de l'État.

> Considérant qu'aux termes de l'article 20 de la loi du 13 janvier 1983 portant droits et obligations des fonctionnaires, auquel renvoie l'article 87 de la loi du 26 janvier 1984 portant dispositions statutaires relatives à la fonction publique territoriale : « Les fonctionnaires ont droit, après service fait, à une rémunération [...] » ;
>
> Considérant que si, en vertu du 2° inséré à l'article 4 de la loi du 29 juillet 1961 par la loi du 22 juillet 1977, il n'y a pas de service fait « Lorsque l'agent, bien qu'effectuant ses heures de service, n'exécute pas tout ou partie des obligations de service qui s'attachent à sa fonction telles qu'elles sont définies dans leur nature et leurs modalités par l'autorité compétente dans le cadre des lois et règlements. », il résulte du premier alinéa du même article, qui se réfère aux traitements exigibles en application de l'article 22 de l'ordonnance du 4 février 1959, qu'il est applicable aux seuls fonctionnaires de l'État et de ses établissements publics ; que cette définition de l'absence de service fait pouvant donner lieu à retenue sur traitement ne saurait, par suite, être appliquée aux fonctionnaires des collectivités territoriales.
>
> Considérant qu'il résulte de ce qui précède que, si l'absence de service fait par un fonctionnaire d'une collectivité territoriale peut donner lieu à une retenue sur rémunération proportionnelle à cette absence, cette retenue ne peut être opérée que dans l'hypothèse où le fonctionnaire s'est abstenu d'effectuer tout ou partie de ses heures de service ;
>
> Considérant que, pour procéder à une retenue sur le traitement de Mme A, le maire de Molsheim s'est fondé sur la circonstance que celle-ci avait passé, depuis son poste de travail, des appels téléphoniques personnels ; qu'il résulte de ce qui précède

qu'en jugeant, après avoir relevé qu'il n'était pas allégué que Mme A n'avait pas accompli pendant la période en cause la totalité de ses heures de service, que celle-ci ne pouvait être privée du droit de percevoir l'intégralité de ses rémunérations, le tribunal administratif de Strasbourg n'a pas commis d'erreur de droit ; que, par suite, la commune de Molsheim n'est pas fondée à demander l'annulation du jugement attaqué en tant qu'il a annulé la décision du 30 mars 2005 par laquelle le maire de la commune a opéré une retenue sur le traitement de Mme A ;

88. Reclassement. Police municipale. Retrait d'agrément

CE 19 octobre 2012, n° 360790, *Commune de Loupian, Rec. T*

Un agent de police municipale s'est vu retirer son agrément à la suite d'une condamnation par un tribunal correctionnel sanctionnant son attitude violente après une altercation avec un groupe de jeunes.

Une telle situation ne laissait au maire avant l'intervention de la loi du 15 avril 1999 relative aux polices municipales, que le choix de licencier l'agent désormais privé d'agrément. Le reclassement n'était prévu que pour les agents devenus physiquement inaptes à l'exercice de leurs fonctions (CE 15 mars 2000, n° 205371, *Cne d'Istres*). Le retrait d'agrément plaçait le maire en situation de compétence liée, le licenciement s'imposant comme conséquence automatique de ce retrait (CE 30 avr. 1990, n° 75231, *Cne d'Aix-en-Provence c/Azuelo)*. La loi du 15 avril 1999 puis l'ordonnance du 12 mars 2012 ont modifié l'article L. 412-49 du Code des communes et prévu que le maire *« peut proposer un reclassement »* à l'agent de police municipale dont l'agrément a été retiré ; Cette formulation doit-elle être analysée comme une simple faculté ouverte à l'autorité territoriale, ou l'agent bénéficie-t-il d'un droit à reclassement ?

Une analyse rapide pourrait conduire à rapprocher le dispositif de reclassement prévu en cas de retrait d'agrément de celui prévu pour les fonctionnaires devenus inaptes. L'article 81 de la loi du 26 janvier 1984 prévoit en effet que « les fonctionnaires territoriaux reconnus, par suite d'altération de leur état physique, inaptes à l'exercice de leurs fonctions peuvent être reclassés dans les emplois d'un autre cadre d'emploi emploi ou corps s'ils ont été déclarés en mesure de remplir les fonctions correspondantes. Le reclassement est subordonné à la présentation d'une demande par l'intéressé ».

Le Conseil d'État, s'agissant d'un salarié d'une chambre de commerce, a identifié « un principe général du droit, dont s'inspirent tant les dispositions du Code du travail relatives à la situation des salariés qui, pour des raisons médicales, ne peuvent plus occuper leur emploi que les règles statutaires applicables dans ce cas aux fonctionnaires, que lorsqu'il a été médicalement constaté qu'un salarié se trouve de manière définitive atteint d'une inaptitude physique à occuper son emploi, il appartient à l'employeur de le reclasser dans un autre emploi et, en cas d'impossibilité, de prononcer, dans les conditions prévues pour l'intéressé, son licenciement » (CE sect. 2 oct. 2002, n° 227868, *CCI Meurthe-et-Moselle*).

Dans ce cadre, l'administration est tenue de reclasser l'agent si ce reclassement est possible. Le Conseil d'État ne retient pas dans le cas du fonctionnaire à qui l'agrément est retiré, une interprétation aussi contraignante pour l'autorité territoriale qui conserve la liberté d'user ou non de la faculté de reclasser. Dans le premier cas en effet, l'incertitude porte sur la possibilité de reclasser, dans le second visiblement, elle s'attache à la volonté de l'autorité territoriale qui peut aussi exclure le reclassement.

> Considérant qu'il ressort des pièces du dossier soumis au juge des référés du tribunal administratif de Montpellier que M. Laurent A. a été recruté en octobre 2010 en qualité d'agent de police municipale par la commune de Loupian (Hérault) ; qu'à la suite de sa condamnation à une peine d'emprisonnement avec sursis par un jugement du tribunal correctionnel de Montpellier du 2 mai 2011, le préfet de l'Hérault, par un arrêté du 14 septembre 2011, lui a retiré l'agrément qui lui avait été délivré le 29 octobre 2010 pour exercer cette fonction ; que, par une première décision du 30 avril 2012, le maire de la commune de Loupian a substitué à la sanction de révocation prononcée initialement à l'encontre de M. A. une sanction d'exclusion temporaire de cinq mois sans traitement pour la période du 30 novembre 2011 au 29 avril 2012 ; que, par une seconde décision du même jour, le maire a prononcé sa radiation des cadres ; que, par l'ordonnance attaquée, le juge des référés du tribunal administratif de Montpellier a suspendu l'exécution de cette seconde décision et enjoint au maire de la commune de Loupian de réintégrer provisoirement M. A. dans les effectifs de la commune jusqu'à ce qu'il soit statué sur la légalité de cette décision ;
>
> Considérant qu'aux termes de l'article L. 412-49 du Code des communes, dans sa version issue de l'ordonnance du 12 mars 2012 relative à la partie législative du Code de la sécurité intérieure : « Lorsque l'agrément d'un agent de police municipale est retiré ou suspendu dans les conditions prévues au troisième alinéa de l'article L. 511-2 du Code de la sécurité intérieure, le maire ou le président de l'établissement public de coopération intercommunale peut proposer un reclassement dans un autre cadre d'emplois dans les mêmes conditions que celles prévues à la section 3 du chapitre VI de la loi n° 84-53 du 26 janvier 1984 portant dispositions statutaires relatives à la fonction publique territoriale, à l'exception de celles mentionnées au second alinéa de l'article 81 » ; que ces dispositions accordent au maire la faculté de rechercher les possibilités de reclassement dans un autre cadre d'emplois de l'agent de police municipale dont l'agrément a été retiré ou suspendu et qui n'a fait l'objet ni d'une mesure disciplinaire d'éviction du service ni d'un licenciement pour insuffisance professionnelle ; qu'elles n'instituent pas au bénéfice des agents de police municipale un droit à être reclassés ; que, par suite, en jugeant que le moyen tiré ce que M. A. n'avait pas bénéficié de la « garantie de reclassement instituée par les dispositions de l'article L. 412-49 du Code des communes dans sa rédaction issue de l'ordonnance n° 2012-351 du 12 mars 2012 » était de nature à faire naître un doute sérieux quant à la légalité de la décision de radiation des cadres du 30 avril 2012, le juge des référés du tribunal administratif de Montpellier a commis une erreur de droit ; que, dès lors, et sans qu'il soit besoin d'examiner les autres moyens du pourvoi, l'ordonnance attaquée doit être annulée. [...].

89. Centre de gestion. Irrégularité de la procédure disciplinaire

CE 26 novembre 2012, *Commune de Nogent-sur-Marne*, n° 347000

Les centres de gestion de la fonction publique territoriale disposent de compétences nombreuses à l'égard des collectivités qui leur sont affiliées, compétences renforcées d'ailleurs par les textes les plus récents qui réorganisent les missions des organes de gestion et de formation (loi du 19 juillet 2007), favorisent la mobilité (loi du 3 août 2009) ou prévoient la résorption de l'emploi précaire (loi du 12 mars 2012). Une de leurs compétences traditionnelles est aux termes de l'article 23 de la loi du 26 janvier 1984, d'assurer « le fonctionnement des commissions administratives paritaires et des conseils de discipline ». Le centre de gestion peut-il dès lors porter la responsabilité de l'irrégularité d'une procédure disciplinaire à l'encontre d'un fonctionnaire ?

Par un arrêté en date du 28 juillet 2003, le maire de la commune de Nogent-sur-Marne a révoqué l'un de ses agents, il était reproché à ce dernier d'avoir acheté de l'alcool et d'en avoir consommé alors qu'il était en service et d'avoir utilisé des véhicules du service en dehors du territoire communal. Le tribunal administratif de Melun avait cependant annulé la mesure le 15 juin 2004 au motif que l'avis du conseil de discipline avait été rendu dans des conditions irrégulières, certains témoins ayant été entendus en dehors de la présence du fonctionnaire poursuivi. La commune avait en effet réitéré sa procédure, mais aussi initié une requête en vue de faire condamner le centre interdépartemental de gestion de la petite couronne d'Île-de-France organisateur du conseil de discipline litigieux en raison de l'irrégularité du déroulement du conseil de discipline et du préjudice qui en était résulté pour la commune.

La cour administrative d'appel de Versailles sur cette affaire avait jugé que, « si le centre interdépartemental de gestion de la petite couronne d'Île-de-France a pour mission, comme les autres centres de gestion, d'assurer le fonctionnement des commissions administratives paritaires, il résulte des dispositions précitées que, notamment lorsque la commission siège en formation disciplinaire, il exerce cette mission au nom et pour le compte de la collectivité territoriale dont relève l'agent poursuivi, laquelle est seule compétente pour exercer le pouvoir disciplinaire [...], dans ces conditions, la circonstance que le fonctionnement des commissions administratives paritaires, statuant ou non en formation de conseil de discipline, soit assuré par le centre de gestion n'a pas pour effet de faire perdre à ces commissions leur caractère d'organe de la commune ».

Le Conseil d'État en cassation, sans affirmer expressément comme la cour administrative d'appel que le conseil de discipline est un « organe de la commune », va confirmer le jugement, considérant à son tour que lorsqu'une commune décide « de réunir un conseil de discipline, lequel est une instance paritaire relevant de cette collectivité territoriale », le centre de gestion « est seulement tenu de fournir les moyens matériels et humains nécessaires au bon fonctionnement de ce conseil, le cas échéant contre remboursement des frais engagés » et « que la responsabilité du centre de gestion ou du centre interdépartemental de gestion de la petite couronne d'Ile-de-France n'est susceptible d'être engagée à l'égard de la collectivité territoriale employeur qu'en raison d'un manquement à cette obligation ».

Bien que la distinction n'ait pas été effectuée par le juge, on peut penser que l'assimilation du conseil de discipline à un organe de la commune est plus facile lorsque siège dans le conseil de discipline réuni par le centre de gestion un élu ou un fonctionnaire de cette collectivité.

Aux termes même de l'arrêt, la responsabilité du centre de gestion pourrait être engagée dans le cas où il aurait manqué à son obligation « de fournir les moyens matériels et humains nécessaires au bon fonctionnement de ce conseil ». L'arrêt ne répond pas à la question de savoir dans quelles autres situations, cette responsabilité pourrait être engagée. Mais on peut penser que le développement des compétences des centres de gestion pourrait contribuer à accroître les mises en jeu potentielles de la responsabilité de ces organes.

Considérant qu'il ressort des pièces du dossier soumis aux juges du fond que l'arrêté du maire de la commune de Nogent-sur-Marne du 28 juillet 2003 prononçant la révocation de M. A. a été annulé par un jugement du tribunal administratif de Melun du 15 juin 2004 au motif que l'avis du conseil de discipline, réuni le 17 juin 2003, avait été émis dans des conditions irrégulières, les témoins dont l'audition avait été demandée par la commune ayant été entendus au cours de la séance du conseil de discipline en dehors de la présence de M. A. ; que l'appel de la commune de Nogent-sur-Marne contre ce jugement a été rejeté par un arrêt de la cour administrative d'appel de Paris du 31 décembre 2004 ; que cette commune a ultérieurement engagé une action en responsabilité tendant à la condamnation du centre interdépartemental de gestion de la petite couronne d'Île-de-France à réparer le préjudice résultant pour elle de l'annulation de l'arrêté de révocation du 28 juillet 2003 imputable à l'irrégularité de procédure commise au cours de la séance du conseil de discipline du 17 juin 2003 ; que la commune de Nogent-sur-Marne se pourvoit en cassation contre l'arrêt du 30 décembre 2010 par lequel la cour administrative d'appel de Versailles, faisant droit à la requête du centre interdépartemental de gestion de la petite couronne d'Île-de-France, a, d'une part, annulé le jugement du 9 juin 2009 par lequel le tribunal administratif de Cergy-Pontoise a condamné ce centre de gestion à lui verser une somme de 5 000 euros au titre du préjudice qu'elle a subi du fait de l'annulation de la procédure de révocation de l'un de ses agents et, d'autre part, rejeté son appel incident et sa demande d'indemnisation ;

Considérant qu'en vertu de l'article 13 de la loi du 26 janvier 1984 portant dispositions statutaires relatives à la fonction publique territoriale, les centres de gestion de la fonction publique territoriale sont des établissements publics locaux à caractère administratif ; que l'article 17 de cette même loi a institué un centre interdépartemental unique, dénommé centre interdépartemental de gestion de la petite couronne d'Île-de-France, assurant les missions normalement dévolues aux centres de gestion, auxquels sont affiliées, obligatoirement ou volontairement selon le cas, les communes des départements des Hauts-de-Seine, de la Seine-Saint-Denis et du Val-de-Marne et les établissements publics en relevant ; qu'aux termes de l'article 23 de cette loi, dans sa rédaction alors applicable : « Les centres de gestion assurent [...] pour l'ensemble des fonctionnaires des collectivités et établissements affiliés le fonctionnement des commissions administratives paritaires et des conseils de discipline [...] » ; qu'aux termes de l'article 1er du décret du 18 septembre 1989 relatif à la procédure disciplinaire applicable aux fonctionnaires territoriaux : « Le conseil de discipline est une formation de la commission administrative paritaire dont relève le fonctionnaire poursuivi [...] » ; que l'article 3 du même décret prévoit que : « Le conseil de discipline est convoqué par son président. L'autorité investie du pouvoir disciplinaire ne peut siéger./Le secrétariat du conseil de discipline est assuré par la personne publique auprès de laquelle est placée la commission administrative paritaire. Ses frais de fonctionnement sont à la charge de cette personne publique et sont remboursés, le cas échéant, au centre de gestion de la fonction publique territoriale à l'occasion de chaque affaire par la collectivité ou l'établissement dont relève le fonctionnaire » ;

Considérant qu'il résulte de la combinaison de ces dispositions que lorsqu'une collectivité territoriale, qui dispose seule du pouvoir disciplinaire à l'encontre de ses agents, décide de réunir un conseil de discipline, lequel est une instance paritaire relevant de cette collectivité territoriale, le centre de gestion ou le centre interdépartemental de gestion de la petite couronne d'Île-de-France est seulement tenu de fournir les moyens matériels et humains nécessaires au bon fonctionnement de ce conseil, le cas échéant contre remboursement des frais engagés ; que la responsabilité du centre de gestion ou du centre interdépartemental de gestion de la petite couronne d'Île-de-France n'est susceptible d'être engagée à l'égard de la collectivité territoriale employeur qu'en raison d'un manquement à cette obligation ; que, dès lors, en jugeant, par une décision suffisamment motivée, que si les collectivités territoriales peuvent mettre en jeu la responsabilité d'un centre de gestion à l'occasion d'une faute commise dans l'exercice de sa mission de secrétariat du conseil de discipline, elles ne peuvent, en revanche, mettre en jeu la responsabilité de l'établissement à raison d'une irrégularité commise dans le déroulement de la procédure disciplinaire, la cour n'a commis aucune erreur de droit ; que, par suite, la commune de Nogent-sur-Marne n'est pas fondée à demander l'annulation de l'arrêt qu'elle attaque...

Table alphabétique des décisions

Conseil d'État

Tribunal des conflits

Décision	Numéro
Commune d'Egry	65
Commune Le Revest-les-Eaux	41
Compagnie des Eaux et de l'Ozone c/Min. Écologie et Développement durable	77
M. Dewailly c/Centre communal d'action sociale de Caumont	46
Mlle Sylvie A. c/Polynésie française	9
Société Compagnie des eaux et de l'ozone (Société CEO)	54

Conseil constitutionnel

Décision	Numéro
Établissements Bargibant SA	8

TABLE ALPHABÉTIQUE DES INTITULÉS DES DÉCISIONS DU DGCT 2012

Conseil d'État

Décision	Numéro
Association amicale des intérêts moraux et matériels des anciens détenus et exilés politiques de l'Algérie française (ADIMAD)	24
Association pour la promotion de l'image et autres	20
Centre hospitalier intercommunal de Poissy-Saint-Germain-en- Laye	78
Chambre de commerce et d'industrie de Pointe-à-Pitre	29
Communauté d'agglomération du Pays de Saint-Malo	6, 102
Communauté d'agglomération Saint-Étienne Métropole	5
Communauté de communes de Verdun	80
Communauté urbaine de Cherbourg	77
Communauté urbaine du Mans - Le Mans Métropole	5, 18, 92
Commune d'Ajaccio	72, 75
Commune de Béziers	83
Commune de Bourgoin-Jallieu	67
Commune de Cherbourg-Octeville	94
Commune de Clavans en Haut-Oisans	52
Commune de Clermont-Ferrand	55
Commune de Clermont-Ferrand	91
Commune de Divonne-les-Bains	15, 81
Commune de Faa'a	87
Commune de Galluis	51
Commune de La Ciotat	113
Commune de La Garde	98
Commune de Larmor-Plage	114
Commune de Limoges	62
Commune de Maizières-les-Metz	86
Commune de Malause c./Mme A.	54

Décision	Numéro
Commune de Montpellier	18, 43
Commune de Moulins	93
Commune de Moulins c/Paput Boissons Moulins	31
Commune de Saint-Benoît	69
Commune de Saint-Denis	23
Commune de Saint-Tropez	36
Commune de Saint-Martin-d'Arrossa	49
Commune de Six-Fours-les-Plages	68
Commune de Trélazé	18, 42, 92
Commune de Wittelsheim	9
Commune des Pennes-Mirabeaux	23
Concas	3
Confédération générale des PME de la Polynésie française	12
Coudouneau	95
Département de la Guyane	66
Département de Haute-Savoie	85
Département de la Seine-Saint-Denis	106
Département de l'Ariège	57, 58
Département des Hauts de Seine	74
Département des Vosges	59
Département du Nord	116
EARL du Peyrou	46
Élections régionales d'Île-de-France, Mme E., M. M.	1
Ely	109
Époux Sanchez	104
Fédération de libre pensée et de l'action sociale du Rhône et M. Picquier	18, 92
Fédération nationale des ayants droit de section de commune et Fédération des ayants droit de section de commune de la Haute-Loire, M. et Mme A. et autres	47
Fédération Sud Collectivités	112
M. A c/Préfet du Cher	48
M. Antone A. c/SARL Le Duguesclin	44
M. Auguste	96
M. B. c/Département des Pyrénées-Orientales	34
M. Bayou	16

Décision	Numéro
Société Voyages Dupas Lebeda et autres	60
Syndicat intercommunal d'électrification rurale de Châteauroux, Syndicat intercommunal d'électrification de Valençay	7
Syndicat mixte de la vallée Orge Aval	72
Syndicat mixte pour la protection et la gestion de la Camargue gardoise	27
Syndicat mixte pour la valorisation touristique du Pic du Midi	88, 99
Syndicat mixte pour le traitement des résidus urbains	61
Syndicat national des installations en radiocommunications	10
Ville de Paris et Association Jean Bouin	28
Ville de Paris et autres	21
Cour administrative d'appel	
Décision	**Numéro**
CAA Marseille, Ville de Marseille	38
CAA Nancy, M. D.	30
CAA Nancy, Société Floréal SARL	111
CAA Versailles, Commune de Merobert	110
Tribunal administratif	
Décision	**Numéro**
TA Montpellier, Mme Dunleavy, Association Roc Paradet	39
TA Nancy, Mme Villaume	2
Tribunal des conflits	
Décision	**Numéro**
Société Fraikin Assets c/Département du Val-de-Marne	90
Société Mona Parfume holding	17
Conseil constitutionnel	
Décision	**Numéro**
Département de Haute-Savoie	103
Département des Landes	19, 105
Époux Anastasio	56
M. Patelise F.	13

3. Jurisprudence pénale de la gestion locale

Nathalie LAVAL MADER

Sommaire

Délits intentionnels

I. Favoritisme. Article 432-14 du Code pénal

Rappelons que le délit de favoritisme est constitué par la réunion de deux éléments : un élément matériel (un avantage injustifié procuré à autrui par un acte contraire à une disposition législative ou réglementaire garantissant la liberté d'accès et l'égalité des candidats dans l'attribution des marchés publics et délégations de service public), et un élément intentionnel, une intention dolosive souplement interprétée par le juge.

Contrat conclu par une association. Association transparente. Non-respect du Code des marchés publics. Personne dépositaire de l'autorité publique. Condamnation du maire. Oui

(1) Cass. crim., 7 novembre 2012, n° 11-82961

Le délit de favoritisme, selon l'article 432-14 du Code pénal est surtout commis par « une personne dépositaire de l'autorité publique ou chargée d'une mission de service public ou investie d'un mandat électif public »[1].

Une commune avait attribué sans mise en concurrence à une société le marché relatif à l'organisation d'un festival international des folklores et traditions populaires, d'un montant de 1,3 million de francs, considérant que le contrat ne relevait pas de la procédure de mise en concurrence mais de l'exception prévue par l'article 104- II du Code des marchés public alors en vigueur ; le code autorise, en effet, dans cet article, la conclusion de marchés négociés sans mise en concurrence préalable, lorsque l'exécution ne peut être réalisée que par un entrepreneur ou un fournisseur déterminé. Le préfet, par courrier, demanda au maire d'Asnières de résilier ce contrat, en relevant qu'il s'agissait de prestations de services et qu'il convenait, compte tenu du montant de l'opération, de satisfaire aux procédures prévues par le Code des marchés publics. L'exception prévue par l'article 104- II du code, alors en vigueur, disposait qu'« il peut être passé des marchés négociés sans mise en concurrence préalable

1. «… ou exerçant les fonctions de représentant, administrateur ou agent de l'État, des collectivités territoriales, des établissements publics, des sociétés d'économie mixte d'intérêt national chargées d'une mission de service public et des sociétés d'économie mixte locales ou par toute personne agissant pour le compte de l'une de celles susmentionnées ».

lorsque l'exécution ne peut être réalisée que par un entrepreneur ou un fournisseur déterminé ». Cette analyse ne pouvait en effet être retenue selon le préfet, saisi dans le cadre du contrôle de légalité : aucun élément du dossier ne permettait de retenir qu'il s'agissait d'une prestation ne pouvant être exécutée que par le seul intervenant choisi[2]. Le maire se rangea à la position du préfet et résilia le contrat, mais se trouva alors confronté à un dilemme. Estimant la municipalité engagée vis-à-vis de la société et craignant qu'elle soit tenue de dédommager le prestataire, il rechercha une solution juridiquement acceptable pour permettre la réalisation de la manifestation telle que prévue. C'est dans ces conditions qu'il a accepté que le contrat soit passé avec une association. En effet, un second contrat, reprenant les termes du premier, sera conclu entre la société et une association, suivi de la délibération affectant une subvention de 1,3 million de francs à l'association.

Le maire sera reconnu par la cour d'appel coupable d'atteinte à la liberté d'accès ou à l'égalité des candidats dans les marchés publics qui le condamnera à la peine d'un an d'emprisonnement avec sursis ainsi qu'à une amende de 15 000 euros. La cour d'appel considéra que l'association contractante était une association paramunicipale transparente qui s'était substituée à la mairie pour conclure un contrat lequel restait soumis aux règles de passation des marchés publics. Selon elle,

> « lorsqu'une association est créée à l'initiative d'une personne publique qui en contrôle l'organisation et le fonctionnement et lui procure l'essentiel de ses ressources, le juge pénal est compétent pour qualifier cette personne privée d'association « transparente » et en déduire que les contrats qu'elle conclut pour l'exécution de la mission qui lui est confiée sont des contrats administratifs soumis au Code des marchés publics ».

Il apparaît en effet que l'association, dont l'activité principale étant la rédaction du journal de la commune, vecteur de communication de la mairie, n'avait aucune autonomie de fonctionnement. Son financement était exclusivement assuré par des subventions municipales sans autre apport, le budget communication de la commune étant quasi essentiellement dévolu à la structure. Il résulte clairement de tous ces éléments que le statut associatif de la structure n'était qu'une façade du service de communication de la mairie. Dans ces conditions, le fait de faire endosser par cette association « transparente » le contrat passé avec la société pour une commande publique répondant aux besoins de la commune ne permettait pas à celle-ci de se dispenser de respecter les procédures de mise en concurrence.

2. Le programme était constitué essentiellement d'un défilé, d'une parade de rues et d'un spectacle exécuté par deux cents artistes organisés en troupe folklorique de différents pays dont la France, sans autre précision que le fait que les groupes représenteraient au minimum douze pays différents pas même identifiés ; les artistes, non professionnels, étaient donc interchangeables et leur organisation pour le défilé non déterminée aucune chorégraphie particulière n'étant évoquée.

Marchés passés sans mise en concurrence. Manœuvre afin de procurer à autrui un avantage injustifié

(2) Cass. crim., 5 décembre 2012, n° 12-80032

Cet arrêt, c'est l'essentiel de son intérêt, constitue un concentré d'atteintes à la probité publique commises par le maire d'une commune de Guyane. Le prévenu a été déclaré coupable des chefs d'atteinte à la liberté d'accès et à l'égalité des candidats dans les marchés publics, de prise illégale d'intérêts et de détournement de fonds publics tandis que sa concubine et son fils l'ont été du chef de recel.

Sur le premier chef de prévention de l'article 432-14 du Code pénal, l'édile sera condamné pour avoir, de 2004 à 2008, d'une part, attribué sans mise en concurrence des marchés d'entretien d'espaces verts et, d'autre part, des marchés de fourniture de produits d'entretien et d'articles ménagers à quatre sociétés installées en métropole, l'ensemble de ces sociétés appartenant à son cousin. S'agissant du premier marché passé sans aucune publicité légale ni mise en concurrence avec la société, il convenait d'observer, pour qualifier la manœuvre dolosive, que cette société, dont 80 % de son chiffre d'affaires était fait pour la commune, avait été créée par celui-ci quatre mois avant la conclusion des contrats passés avec la commune et qu'elle avait commencé ses interventions pour la commune avant la conclusion du premier contrat. Rajoutons que la commune avait eu recours à cette société tandis qu'elle rémunérait plusieurs agents municipaux pour entretenir ses espaces verts. S'agissant des quatre autres sociétés, installées en métropole, les marchés de produits d'entretien avaient été conclus sans mise en concurrence, alors même que, pris globalement, les contrats conclus avec ces sociétés représentées par le même dirigeant, ayant tous eu pour objet la fourniture de produits d'entretien et d'articles ménagers, avaient dépassé les seuils de 230 000 et 210 000 euros, applicables respectivement à partir de janvier 2004 et janvier 2006, au-delà desquels la mise en concurrence était obligatoire.

En défense, le maire avait justifié l'appel à ces sociétés par les difficultés d'approvisionnement auprès des fournisseurs guyanais qui auraient refusé les marchés en raison des problèmes de paiement de la commune ; mais selon la cour d'appel, le prévenu n'avait pas apporté d'éléments prouvant ces refus et son explication était contredite par le fait que les marchés passés avec de nombreuses sociétés guyanaises avaient bel et bien été payés. Selon la Cour de cassation, la cour d'appel, « qui a répondu aux chefs péremptoires des conclusions dont elle était saisie et n'a méconnu aucune des dispositions conventionnelles invoquées, a justifié sa décision ».

II. Prise illégale d'intérêts. Article 432-12 du Code pénal

L'article 432-12 du Code pénal relatif à la prise illégale d'intérêts permet de condamner un agent public qui a pris une décision dans le cadre de ses fonctions publiques, laquelle privilégie directement ou indirectement ses propres intérêts ou ceux de ses proches. Cette interférence entre intérêts publics et privés, constitutive d'un manquement au devoir de probité, est réprimée par une peine de cinq ans d'emprisonnement et une peine d'amende de 75 000 euros.

Personne dépositaire de l'autorité publique. Personne investie d'un mandat électif. Pouvoir de surveillance et de contrôle de l'opération. Oui. Rejet

(1) Cass. crim. 7 mars 2012, n° 11-81838

Le maire de la commune, également président du syndicat mixte d'aménagement de la base de plein air, était poursuivi du chef de prise illégale d'intérêts pour avoir fait réaliser par des employés communaux ou du syndicat mixte, sur leur temps de travail, des travaux d'entretien et de rénovation de biens immobiliers ou de terrains lui appartenant. Selon la Cour, le prévenu est coupable de ce chef dès lors que, d'une part, en sa qualité de maire, ayant seul l'administration de l'ensemble des affaires de la commune en application de l'article L. 2122-18 du Code général des collectivités territoriales, d'autre part, en sa qualité de président d'un syndicat mixte, ordonnateur des dépenses, il a prescrit l'exécution des recettes dudit syndicat. La cour d'appel a donc justifié sa décision.

Prescription du délit. Non. Pouvoir de surveillance et d'administration. Insuffisance des motifs pour justifier la condamnation. Cassation

(2) Cass. crim. 21 mars 2012, n° 11-83477

Par délibération, la commission permanente du conseil général du Cantal, dans laquelle siégeait le prévenu qui n'avait cependant pas pris part au vote, avait attribué une subvention à une laiterie industrielle, dont ce dernier était le président-directeur-général. Le paiement de cette subvention avait fait l'objet de deux mandatements en 2005 et 2006. Pour ces faits, l'élu fut poursuivi du chef de prise illégale d'intérêts et condamné par la cour d'appel de Riom considérant non prescrits les faits visés à la prévention. Selon les juges du fond en effet, quand bien même il s'est écoulé plus de trois ans entre l'attribution de la subvention et l'ouverture d'une enquête préliminaire par réquisition du procureur de la République, le délai de prescription n'a commencé à courir qu'à compter de la date du dernier acte de paiement de la subvention en 2006. Mais la Cour de cassation a annulé et renvoyé devant la cour d'appel de Limoges les parties pour insuffisance des motifs : en ne recherchant pas si le prévenu avait réalisé lors du mandatement de 2006 un « acte d'administration ou de surveillance », au sens de l'article 432-12 du Code pénal, le plaçant en position de surveillant et de surveillé, la cour d'appel n'a pas justifié sa décision.

Cette affaire peut retenir l'attention s'agissant de l'interprétation du critère organique. Pour entrer en condamnation, la personne, « dépositaire de l'autorité publique » ou « chargée d'une mission de service public » ou « investie d'un mandat électif », doit avoir eu, au moment des faits incriminés, une parcelle d'autorité se concrétisant par la surveillance, l'administration, la liquidation ou le paiement de l'opération en cause. Sachant que, en vertu de la jurisprudence de la chambre criminelle de la Cour de cassation, le degré d'implication de l'agent dans l'opération est variable selon sa fonction et son niveau de responsabilité. En dehors des exécutifs locaux, pour lesquels la jurisprudence pénale est très sévère, la responsabilité pénale des agents publics ne pourra être engagée que si le juge démontre dans quelle mesure ceux-ci étaient personnellement impliqués dans l'administration ou la surveillance de l'activité en cause. En d'autres termes, le seul fait qu'ils aient eu un intérêt dans une affaire ne suffit pas pour caractériser le délit. Il est nécessaire que la personne, quelque fut son rôle, ait eu une responsabilité particulière dans l'administration, la liquidation, le paiement ou la surveillance de l'activité en cause. Il importe que la personne, qui a pris un intérêt, ne dispose pas du pouvoir de décision final, ou qu'elle n'ait pu accomplir seule l'acte répréhensible. Il suffit que, dans le cadre d'une mission d'intérêt général, elle soit intervenue dans le processus décisionnel : qu'elle ait partagé son pouvoir de décision avec d'autres ou simplement participé à la proposition, au débat, à la préparation d'une décision prise par d'autres ou au contrôle d'une activité. Un élu local qui détient une simple voix délibérative dans un organe collégial, en l'espèce, la commission permanente du conseil général, ne peut commettre le délit d'ingérence de par sa seule fonction de membre d'un organe délibérant. Mais à une condition : l'élu ne doit pas avoir participé (réunion préparatoire, rapporteur du projet, débats, et bien sûr vote) à la délibération qui concerne l'affaire dans laquelle il a pris ou conservé un intérêt. C'est ici la preuve qui manquait…

Personne dépositaire de l'autorité publique. Dérogation de l'article 432-12 al. 2 du Code pénal. Communes de moins de 3 500 habitants. Dépassement des seuils. Condamnation

(3) Trib. correc. des Sables d'Olonnes, 18 octobre 2012, n° 935

La rigueur des critères d'imputation de l'article 432-12 alinéa 1 du Code pénal exclue en pratique que les exécutifs chefs d'entreprises, commerçants ou artisans puissent nouer quelconque relation professionnelle avec la collectivité qu'il dirige. On comprend évidemment ce souci de prévenir et condamner les interférences entre les intérêts personnels et intérêt général. Mais, sur la base d'un motif légitime de développement économique, le législateur a assoupli la sévérité du régime général, en organisant un régime de prise légale d'intérêts dans trois hypothèses et dans le cadre particulier des communes de moins de 3 500 habitants. Le second alinéa autorise ainsi les élus à traiter avec la commune pour le transfert de biens mobiliers, immobiliers, ou la fourniture de biens ou de services mais dans la limite d'un montant annuel des factures cumulées fixé à 16 000 euros.

Justement, dans cette affaire, une commune de 1 000 habitants avait contracté avec deux entreprises, une entreprise de transports et un garage pour des montants cumulés annuels allant de 16 484 euros à 28 416 euros. Les deux entreprises étaient gérées par le maire de la commune. Les arguments apportés en défense auront été inopérants : l'absence d'autres entreprises sur le secteur, l'inaction du trésorier-payeur qui n'a jamais soulevé la moindre difficulté s'agissant du paiement des factures litigieuses, le manque de personnel au sein de la collectivité pour vérifier le dépassement du seuil sont, selon les juges, sans incidence sur les faits reprochés.

III. Corruption passive. Article 432-11 du Code pénal

La corruption nécessite la conclusion entre le corrupteur (art. 433-1 CP) et le corrompu (art. 432-11 CP) d'un pacte corrupteur. Le corrompu, « dépositaire de l'autorité publique, chargé d'une mission de service public, ou investi d'un mandat électif », s'engage à accomplir ou s'abstenir d'accomplir un acte qui relève de ses fonctions. En échange, le corrupteur sollicite ou agréé des offres, des dons, ou des avantages quelconques au profit du corrompu ou pour autrui.

Pacte corrupteur. Versement d'espèces. Délivrance d'une autorisation d'urbanisme. Qualité de dépositaire de l'autorité publique. Oui. Confirmation de culpabilité

Cass. crim. 25 janvier 2012, n° 11-82130

Voici un cas d'école de manœuvre dolosive constitutive de corruption active et passive : le versement d'espèce par le corrupteur en échange de l'accomplissement d'un acte relevant des fonctions du corrompu : la délivrance d'un document d'urbanisme.

Le gérant d'une société a acquis dans les années 1990 des parcelles de terrain sur une commune, lui permettant ainsi de créer un lotissement. Au début du mois de juillet 2006, au moment où la notaire préparait deux actes de vente de terrains situés sur le lotissement, celle-ci constata que l'arrêté de lotir, initialement délivré en 2003, était arrivé à échéance en juin 2006. Craignant que les ventes futures deviennent impossibles, elle en informa le gérant, lequel demanda à la mairie de lui délivrer une attestation de prorogation d'arrêté de lotir. Une adjointe administrative à la mairie rédigea l'acte dans l'urgence et sans en référer à la DDE qui était pourtant chargée d'instruire l'ensemble des dossiers d'urbanisme de la commune, acte qui sera signé par le maire. L'enquête révélera que 25 000 euros auront été transférés sur un compte d'une société dont le maire était le gérant associé.

En défense, le maire contestait sa condamnation pour corruption passive, considérant que les éléments constitutifs de la prévention n'étaient pas réunis. D'une part, n'intervenant pas en tant qu'élu mais en qualité d'homme d'affaires (gérant de société), l'un des éléments constitutifs des délits de corruption active et passive, à savoir la qualité de dépositaire de l'autorité publique, n'était pas constitué ; à ce titre, les versements avaient été effectués, selon le prévenu, afin de financer, non pas de manière occulte l'obtention de l'attestation litigieuse, mais l'acquisition d'un terrain à Marrakech. Ce terrain s'étant révélé non constructible par la suite, le projet avait été abandonné et les premiers remboursements avaient été effectués. D'autre part, la circonstance que l'attestation n'avait aucune valeur juridique et était totalement inutile, puisque selon l'article R. 315-31 du Code de l'urbanisme « le non achèvement des travaux de finition, dans le délai de validité de l'autorisation de lotir, ne peut entrainer la caducité de cette autorisation, à partir du moment où le lotisseur a vendu au moins un lot pendant cette durée… » constituait pour le prévenu un autre motif de relaxe.

Toutefois, selon la chambre criminelle, par une exacte analyse des faits, les juges du fond ont estimé que les délits de corruption active et passive visés à la prévention étaient caractérisés en tous leurs éléments, tant matériels qu'intentionnel, à l'égard du maire et du gérant. En conséquence, la déclaration de culpabilité prononcée par les premiers juges fut confirmée.

IV. Détournement de fonds, art. 432-15 du Code pénal

Subventions. Utilisation à des fins étrangères à celles prévues. Financement d'activités communales. Condamnation du maire

(1) Cass. crim. 19 décembre 2012, n° 11-88190

On mesure, dans cette affaire, la vulnérabilité judiciaire des décideurs publics face à « la rigueur du droit pénal de la probité publique »[3], et le caractère finalement peu approprié que peut revêtir, par l'exemplarité de la sanction, la réponse pénale dans certaines circonstances.

L'article 432-15 du Code pénal récrimine l'acte de détournement et de soustraction commis par une personne dépositaire de l'autorité publique ou chargée d'une mission de service public. La commission de l'infraction suppose la réunion d'un élément matériel, l'acte

3. R. Salomon, « La rigueur du droit pénal de la probité publique », *Droit pénal*, janv. 2012, p. 11 et suiv.

de détournement lui-même, et d'un élément intentionnel, la connaissance de la qualité des biens détournés et la volonté éclairée de commettre une infraction, sans qu'il faille montrer une intention frauduleuse, ni même l'existence d'un préjudice pour la collectivité. C'est la constitution de l'élément moral qui nous intéresse ici : l'agent doit avoir ainsi accompli l'acte délictueux en connaissance de cause. Il doit être animé d'une intention délictueuse en vertu de l'exigence générale de l'article 121-3 du Code pénal, c'est-à-dire la volonté de réaliser un acte qu'il sait interdit par la loi. Une erreur, même grave dans l'exercice des fonctions, ne saurait caractériser l'élément moral. L'intention coupable se trouve alors établie lorsque les fonds ont été utilisés à des fins étrangères à leur destination normale, le cas typique étant l'utilisation des fonds pour régler des dépenses personnelles.

L'affaire illustre l'acception jurisprudentielle large du critère de l'utilisation de fonds à « des fins étrangères » à la destination normale et rappelle la construction jurisprudentielle par le Conseil d'État du détournement de pouvoir : selon le Conseil d'État, se rend coupable d'un détournement de pouvoir devant la juridiction administrative (ou de fonds devant le juge pénal) celui qui utilise ses pouvoirs (ou fonds) dans un but personnel, mais également dans un but d'intérêt public, mais autre que celui qui était assigné à l'acte (en l'espèce aux fonds).

Un maire était poursuivi du chef de détournement de fonds publics pour avoir détourné des subventions de l'Union européenne et du conseil général qui avaient été attribuées à la commune pour l'exécution d'un programme inter-régional franco-italien, dont l'objet était la promotion de la lecture chez les enfants et dont il était le coordinateur français. Il lui était reproché d'avoir financé par les subventions l'édition d'un livre précédemment réalisé pour le centenaire de la commune, la réalisation par une société de production audiovisuelle d'un DVD et enfin des articles et dossiers de presse, facturés par une société créée par un employé communal chargé de l'édition du journal municipal. Pour le déclarer coupable de ce chef, l'arrêt de la cour d'appel relève que le livre édité n'a pas été commandé pour les besoins du programme inter-régional et que ce n'est que pour permettre son imputation au budget de ce dernier que deux adjonctions de vignettes par encollage, dont l'une faisait référence audit programme, ont été réalisées postérieurement à son façonnage ; les juges ajoutent que les images facturées par la société de production audiovisuelle ont été prises dans le cadre d'un projet relatif aux célébrations du centenaire de la création de la commune, abandonné pour des raisons budgétaires et que c'est fallacieusement que le financement de leur tournage a été imputé au projet inter-régional. En outre, les prestations facturées par la société, dont la création répondait au seul objectif de dissimuler l'identité réelle du prestataire, ne correspondaient pas à des activités spécifiquement créées pour l'exécution du programme européen, mais ressortent de celles habituellement assumées par la commune. Selon la Cour de cassation, « les subventions ayant été utilisées à des fins étrangères à celles prévues, la cour d'appel a justifié sa décision ».

Occupation sans contrepartie d'une maison communale. Ordre de paiement par la commune de dépenses personnelles sans contrepartie. Versement de rémunération indue. Confirmation de la condamnation

(2) Cass. crim. 5 déc. 2012, n° 12-80032

On retrouve ici l'affaire impliquant notre maire de Guyane poursuivi pour favoritisme. Il lui était également reproché un ensemble de manœuvres entrant dans les préventions de l'article 432-15 du Code pénal. Il était poursuivi pour avoir occupé une maison communale sans contrepartie. À la suite de la plainte d'un habitant de la commune qui contestait l'occupation gratuite de la maison communale par le maire, un premier bail avait été signé en décembre 2003 entre sa compagne et une agence immobilière ; ce premier bail avait été conclu pour un loyer particulièrement modique de 381,12 euros par mois, suivi d'un second bail conclu en juin 2004, mais cette fois pour un loyer de 1 200 euros par mois. Cependant, malgré la signature du contrat, aucun loyer n'avait été perçu par la commune sur la période visée dans la prévention. En défense, le maire faisait valoir, en premier lieu, qu'il avait procédé à des travaux de réhabilitation à hauteur de la somme de 12 000 euros, et que le mécanisme de la compensation permettait l'extinction de la dette de loyers à cette hauteur. Mais, selon la cour, cet argument ne pouvait prospérer dès lors que le prévenu n'établissait pas que les travaux, pour partie non déclarés, qu'il avait financés relevaient des travaux dont le bailleur devait supporter la charge ou que ces travaux avaient été autorisés par le bailleur avec paiement par compensation.

En outre, le maire était poursuivi pour avoir ordonné le paiement par la commune de dépenses personnelles ou de factures dépourvues de contrepartie. La commune avait supporté le coût de consommations d'eau, d'électricité, de connexions internet, de communications téléphoniques, provisions de bouche, engagées par lui et sa compagne dans leur occupation de la maison communale ; selon les juges, ces dépenses, étrangères au fonctionnement des services de la commune, ce que le prévenu ne pouvait ignorer, caractérisaient en tous ses éléments constitutifs le délit de détournement de fonds publics.

Mais le maire n'en est pas resté là : il fut également condamné pour avoir versé des rémunérations indues à son fils. Celui-ci avait été engagé par son père au poste de directeur de cabinet dont le conseil municipal avait voté la création. Le conseil municipal avait autorisé en juin 2006 le fils du maire à suivre un stage d'économie et de gestion des projets musicaux qui devait se dérouler à Nanterre pendant six mois. Cependant la préfecture avait refusé d'enregistrer cette délibération au motif que celui-ci ne remplissait pas les conditions d'expérience et d'ancienneté ; le mandat de paiement qui avait été émis pour la prise en charge d'un billet d'avion Cayenne-Paris avait également été rejeté par le Trésor. Face au refus de l'autorité préfectorale, le maire avait fait droit à la demande de son fils de prendre en charge des heures supplémentaires qu'il aurait effectuées lorsqu'il travaillait au centre culturel de la commune, pour un total de 4 240 heures. Cependant l'examen des bulletins de salaire montrait qu'il avait exagéré le décompte desdites heures ; la réalité de ces heures supplémentaires n'ayant jamais été établie, c'est donc à bon droit que la cour d'appel a condamné l'élu pour détournement de fonds et son fils pour recel.

V. Concussion. Article 432-10 du Code pénal

Occupation à titre gratuit et non autorisée du terrain communal. Avantage illégal. Manquements aux obligations légales du maire. Confirmation de la condamnation

Cass. crim. 10 oct. 2012, n° 11-85914

La gestion domaniale est un foyer à risque pénal vivace pouvant tomber dans les préventions de la prise illégale d'intérêts, mais également de la concussion. Toute négligence ou simple tolérance dans le retard pris, par exemple, par une entreprise dans le recouvrement des loyers, ou l'exonération du paiement d'une redevance d'occupation du domaine public par des commerçants, peuvent en effet constituer une concussion, sans qu'il faille démontrer un intérêt personnel recherché par l'auteur des faits. Cette affaire en constitue une parfaite illustration.

Par délibération du 26 mai 2003 du conseil municipal, une commune avait autorisé la vente d'une parcelle communale. L'acquéreur, après avoir obtenu un permis de construire, avait édifié sa maison mais n'avait versé le prix de la vente en l'étude du notaire que le 6 décembre 2006. Entre-temps, le maire avait laissé gratuitement ce terrain à la disposition de l'acquéreur en dépit de la délibération qui avait autorisé, non pas à consentir à l'intéressé une autorisation d'occupation à titre gratuit, mais bien à lui vendre le même terrain. Suite au changement de majorité municipale, la nouvelle équipe porta plainte et se constitua partie civile. Pour ces agissements, l'ancien maire sera déclaré coupable du chef de concussion, l'acquéreur du chef de recel, et tous deux solidairement condamnés à indemniser la commune pour le préjudice subi par cette exonération irrégulière équivalant, selon les juges, à un avantage au profit de l'acquéreur en occupant gratuitement de façon illégale, une partie du domaine communal pendant deux ans.

Une manœuvre dolosive est constitutive d'une concussion par la réunion de deux éléments, un élément matériel et un élément intentionnel. S'agissant de la matérialité des faits, le délit de concussion est constitué, nous dit le Code pénal, lorsqu'une personne dépositaire de l'autorité publique ou chargée d'une mission de service public accorde une exonération ou franchise de droit, de contributions, d'impôts et de taxes publics. Ont ainsi été condamnés sur ce chef de prévention : l'agent municipal, placier d'un marché communal, pour avoir perçu des « pourboires » ou des fruits et légumes en contrepartie d'attribution d'emplacements privilégiés à des commerçants (Cass. crim., 8 sept 2004, n° 03-87428) ; le maire d'une commune pour avoir attribué gratuitement un logement de fonction à l'entraîneur du club de foot local (Cass. crim., 31 janv. 2007, n° 06-81273) ; le directeur général de services d'une commune pour avoir perçu des rémunérations et primes sur le fondement d'un grade administratif auquel il ne pouvait prétendre (Cass. crim., 31 janv. 2007, n° 05-87096) ; le président et le vice-président de conseil général qui s'étaient abstenus volontairement d'émettre des titres de recouvrement obligatoires pour obtenir le remboursement des indemnités de frais de représentation ou de fonctions indues (Cass. crim. 16 novembre 2011, n° 10-88838, 6569).

Le délit de concussion est en outre une infraction intentionnelle qui nécessite, pour être constituée, que le prévenu ait délibérément et en toute connaissance de cause décidé d'accorder indûment l'avantage. Selon les juges, l'acquéreur a bénéficié, dans notre affaire, d'un avantage indu trouvant son origine dans un manquement commis par le maire à ses obligations légales qui lui imposaient de passer l'acte de vente décidé par le conseil municipal. De tels faits ne résultaient ni d'une inertie ni d'une négligence mais ont été commis sciemment. Le maire avait en effet laissé complaisamment l'acquéreur s'installer sur le terrain. Ce dernier, confronté à des difficultés financières, avait ainsi délibérément retardé le paiement du prix de vente du terrain pour pouvoir prioritairement assurer la construction de sa maison. Selon la Cour, « de tels faits générateurs à la fois d'une exonération irrégulière au profit d'un citoyen et d'une perte de ressource potentielle pour la commune, relèvent incontestablement des prévisions de l'article 432-10, alinéa 2 du Code pénal ».

VI. Diffamation publique envers un citoyen chargé d'un mandat public

Nous avons vu dans les éditions précédentes que les « atteintes à l'honneur » (diffamation, injure, dénonciation calomnieuse), second motif de poursuites après les atteintes à la probité, connaissent depuis une dizaine d'années une notable progression dans le monde local. Les affaires d'atteintes à l'honneur sont particulièrement nombreuses cette année. L'approche des élections municipales, crispant davantage les relations politiques peut être un début d'explication. Les juges semblent devenir au gré des saisines les arbitres des confrontations politiques, avec le souci de déterminer jusqu'où peut aller la liberté d'expression, de tracer une frontière entre ce qui relève de l'expression d'une opinion critique sur l'action politique fût-elle énergiquement exprimée, et ce qui relève du propos diffamatoire, attentatoire à l'honneur et à la considération de la personne.

L'injure et la diffamation publique se définissent comme des délits de presse, soumis au régime de la loi n° 1881-07-29 du 29 juillet 1881 sur la liberté de la presse dont l'article 29 dispose : « Toute allégation ou imputation d'un fait qui porte atteinte à l'honneur ou à la considération de la personne ou du corps auquel le fait est imputé est une diffamation. La publication directe ou par voie de reproduction de cette allégation ou de cette imputation est punissable, même si elle est faite sous forme dubitative ou si elle vise une personne ou un corps non expressément nommé, mais dont l'identification est rendue possible par les termes des discours, cris, menaces, écrits ou imprimés, placards ou affiches incriminés. »

Aussi faut-il rappeler que la loi de 1881 est plus sévère pour réprimer les diffamations à l'encontre des élus qu'à l'encontre des simples particuliers. Cette position française est aujourd'hui à contre-courant de la jurisprudence de la CEDH, laquelle a plusieurs fois condamné la France pour violation de la liberté d'expression. Dans son arrêt du 12 avril 2012 (n° 54216/09, *Lesquen*), la Cour considère ainsi que les « limites de la critique admissible sont plus larges à l'égard des hommes politiques, visés en cette qualité, que d'un simple particulier : à la différence du second, les premiers s'exposent inévitablement et consciemment à un contrôle attentif de ses faits et gestes tant par les journalistes que par la masse des citoyens ». Selon elle, lorsque les élus prennent la parole dans un conseil municipal, leurs déclarations ne sont pas couvertes par une quelconque immunité, ils doivent néanmoins disposer d'une plus grande liberté.

Les arrêts suivants témoignent de cette pénalisation des rapports politiques, particulièrement de la difficile constitution de la preuve de la bonne foi pour échapper aux poursuites ou condamnations. En effet, pour être relaxé, le prévenu, présumé de mauvaise foi, n'est pas forcément tenu d'apporter la preuve de la véracité des faits jugés discriminatoires (exception de vérité). Il doit apporter la preuve de sa bonne foi. Cette preuve doit reposer sur quatre critères cumulatifs : la sincérité et l'absence d'animosité personnelle, la poursuite d'un but légitime (le but d'informer et non de nuire), le sérieux de l'enquête préalable, et enfin le souci d'une certaine prudence et de retenue dans l'expression.

Préfet de Région. Président de Région. Diffamation publique envers un citoyen chargé d'un mandat public. Oui. Liberté d'expression. Art. 10 de la Convention européenne des droits de l'homme. Bonne foi. Non. Obligation de réserve. Oui

(1) Cass. crim. 19 juin 2012, n° 11-84235

Dans cette affaire, c'est la qualité des protagonistes qui suscite l'intérêt. L'arrêt de la chambre criminelle nous montre surtout que la considération de la bonne foi de l'auteur du propos outrancier dans un débat politique est à géométrie variable, selon le contexte et la qualité des prévenus.

Le préfet de la Région Provence-Alpes-Côte d'Azur, a été cité directement devant le tribunal correctionnel par le président de cette Région, du chef de diffamation publique envers un dépositaire de l'autorité publique. Le tribunal correctionnel l'a relaxé pour certains propos mais l'a reconnu coupable d'avoir diffamé la partie civile en tenant les propos suivants : « Je décerne un prix citron à tous les parangons et autres ayatollahs du *statu quo* qui se sentent attaqués et déposent plainte. L'État a le droit de parler et que je sache aucun préfet ou sous-préfet n'a été accusé de détournement de fonds. Sur le plan moral, nous sommes aussi valables que d'autres. » Le prévenu et le procureur de la République ont interjeté appel. La cour d'appel confirmera le refus d'accorder le bénéfice de la bonne foi au prévenu, et par conséquent la condamnation. La cour retient qu'en sa qualité de préfet de Région, représentant au niveau régional le pouvoir exécutif, le prévenu n'est pas un membre élu de ce pouvoir mais un agent de haut rang de l'État et ne saurait, dans le respect de la neutralité devant s'attacher à l'exercice de sa mission républicaine, se prévaloir de l'outrance permise dans le débat politique ; mais au contraire, « son éminente qualité, lors de l'intervention au cours de laquelle il a tenu les propos incriminés, lui imposait mesure, retenue et prudence dans l'expression libre de ses propos publics de manière à ne pas porter atteinte à la dignité et à l'honneur de quiconque ». Dès lors,

> « Attendu qu'en se déterminant de la sorte, la cour d'appel, à laquelle il ne saurait être reproché d'avoir méconnu les dispositions conventionnelles invoquées dès lors que les propos en cause, même s'ils faisaient suite à un débat public, constituaient, par leur caractère outrancier, une attaque personnelle excédant les limites de la liberté d'expression accordée à un membre du corps préfectoral tenu à une obligation de réserve, a justifié sa décision. »

Diffamation publique à l'égard des serviteurs de l'État. Atteinte à l'honneur d'un citoyen chargé d'un mandat. Non. Bonne foi. Poursuite d'un but légitime. Oui

(2) Cour d'appel Montpellier, 6 sept. 2012, 2012-032841

Le prévenu était poursuivi pour avoir diffamé publiquement la partie civile à l'occasion de la parution d'un article de journal intitulé : « Scandale, un terrain à prix social », illustré par sa photographie. L'article affirmait qu'en habitant dans une maison construite sur un terrain acheté à la ville, dont elle était élue en qualité de maire adjoint chargé de l'urbanisme, elle avait commis le délit de prise illégale d'intérêt, un encadré rappelant les dispositions légales et la définition du délit.

En défense, le prévenu invoquait sa bonne foi, que les juges considérèrent à bon droit, dès lors que l'article s'inscrivait dans le cadre d'une enquête sur les logements qui ont été construits sur des terrains vendus par la commune. En effet, en faisant une recherche sur la manière dont la partie civile vivait dans une résidence appartenant à son fils, construite sur un terrain vendu par la commune, le journal poursuivait un but légitime d'information sur la régularité des opérations immobilières locales relatives à l'attribution de terrains municipaux. En posant un certain nombre de questions auxquelles l'élu n'avait pas voulu répondre antérieurement, le journal avait agi dans le respect du devoir de l'enquête préalable qui avait été opéré et avec la prudence nécessaire dans l'expression de la pensée lorsqu'il indique que les faits sont susceptibles de caractériser pour un élu chargé de l'urbanisme une prise illégale d'intérêts. En outre, il n'existait aucune animosité à l'encontre de la partie civile. En conséquence, la bonne foi étant caractérisée par le cumul de ces quatre éléments, le prévenu a été relaxé.

Diffamation envers un particulier. Absence de preuve de la bonne foi. Diffamation. Oui

(3) Cour d'appel Saint-Denis de la Réunion, 27 septembre 2012, n° 11/00439

Dans cet arrêt de cour d'appel, en revanche, les éléments constitutifs de la bonne foi n'ont pu être réunis. L'action en diffamation a été qualifiée par le juge de « diffamation envers un particulier » et non « envers un citoyen chargé d'un mandat public ». La partie civile étant une association qui avait pour objet de promouvoir l'insertion des personnes en situation précaire par des chantiers d'insertion, l'activité relevait du seul droit privé et ne pouvait être assimilée selon les juges à une activité d'intérêt général lui conférant des prérogatives de puissance publique. Ainsi, constitue une diffamation envers un particulier, le fait de présenter dans des articles de journaux le vice-président d'un conseil général et représentant du département au sein d'une association, créée à l'initiative de son épouse et financée par la collectivité que celle-ci dirige, s'être approprié ladite association à des fins électorales à son profit et au profit de son parti politique. Le vice-président est également mis en cause pour avoir commis des malversations dans le recrutement et l'utilisation des personnels, pour avoir détourné ou dissipé des fonds publics destinés à l'action sociale et pour s'être rendu coupable de prise illégale d'intérêts à travers une société dont il est associé. De telles assertions constituent, selon la Cour, une atteinte à l'honneur et à la considération de la partie civile visée en tant qu'élu départemental, citoyen chargé d'un mandat public mais également de l'association. Ni le sérieux de l'enquête journalistique, ni la prudence et la mesure dans l'expression, ni l'absence d'animosité personnelle n'ayant pas été établies, la bonne foi ne peut donc être retenue.

Diffamation publique à l'égard des serviteurs de l'État. Partie civile. Maire. Condamnation justifiée. Oui. Atteinte à l'honneur d'un citoyen chargé d'un mandat

(4) Cass. crim., 2 octobre 2012, n° 11-84972, 5578

Un maire de Côte-d'Or, en son nom et au nom de sa commune, a fait citer le prévenu sous la prévention de diffamation envers un citoyen chargé d'un mandat ou d'un service public, pour avoir publié sur un « blog », en 2010, un billet intitulé « Le Maire invalidé… et toujours là », comportant les propos suivants : « Un maire du canton, il y a plusieurs mois a été invalidé par le tribunal, car il avait financé son entreprise avec des fonds communaux. Il n'a plus le droit d'être maire et est inéligible pendant cinq ans. Il est pourtant toujours en place, car le préfet n'a pas demandé sa démission ! » Un mois et demi plus tard, l'auteur récidive dans une note intitulée « Deux mois de blog, premier bilan », ainsi rédigée : « D'autres réactions plus étonnantes, un maire de mon canton qui s'est senti visé par un article et qui a entraîné des visites nombreuses sur mon blog (la gendarmerie, le préfet, l'association des maires de Côte-d'Or, les sénateurs) sans conséquences défavorables, je fais toujours très attention dans mes écrits à ne diffamer personne. Ce n'est pas pour cela que je tourne autour du pot, et quand j'ai envie de dire quelque chose, je le dis franchement sans détours et sans fioritures. »

Pour la Cour de cassation, cette

> « franchise revêt bel et bien un caractère diffamatoire. Pour refuser au prévenu le bénéfice de la bonne foi, pour défaut d'enquête sérieuse, l'arrêt retient, notamment, que M. X... impute à M. Y... d'avoir commis, en sa qualité de maire de la commune, un détournement de fonds publics au profit d'une entreprise lui appartenant, délit établi par une procédure judiciaire, alors qu'il s'agissait d'une prise illégale d'intérêts, et de se maintenir dans ses fonctions, en dépit d'une inéligibilité résultant de cette décision de justice, alors que, lors de la publication du premier billet sur son « blog », la partie civile avait recouvré, par jugement, sa capacité électorale ».

La cour d'appel a exactement apprécié le sens et la portée des propos incriminés et caractérisé les circonstances propres à écarter l'exception de bonne foi invoquée par le prévenu.

Affichage sur un panneau syndical. Caractère public de la diffamation. Non-qualification contraventionnelle de l'article R. 621 du Code pénal. Diffamation privée. Condamnation partielle

(5) Trib. correc. de Paris, 18 octobre 2012, n° 1216308325

Un syndicat dénonçait le comportement irrespectueux et le mode de management d'un agent de maîtrise. Une lettre fut adressée en ce sens au supérieur hiérarchique de l'intéressé, accompagnée d'une copie du courrier affichée sur le panneau syndical du service concerné. Il y était fait état du manque de respect et de considération mais aussi d'actes d'intimidation, voire de harcèlement de l'agent, ainsi que des antécédents dans un autre service. L'intéressé porta plainte pour diffamation publique contre le syndicaliste.

Le premier point que devait trancher le tribunal portait sur le caractère public ou privé de la diffamation, sachant que, dans le premier cas, il s'agit d'un délit passible de 45 000 euros d'amende si elle est commise contre un fonctionnaire public, dans l'autre, il ne s'agit que d'une contravention de première classe passible d'une amende de 38 euros (!). L'agent estimait, quant à lui, que la diffamation était publique compte tenu de l'affichage sur un panneau destiné à la communication syndicale dans les locaux du service. Selon lui, ce panneau, situé dans le couloir menant à la machine à café, pouvait être emprunté par des personnes extérieures au service et notamment par des fournisseurs.

Le tribunal ne laissa pas prospérer l'argument, considérant qu'il n'était pas démontré que cette partie des locaux était bien accessible au public.

> « Le simple affichage de la lettre sur le panneau syndical ne suffit pas à caractériser une publicité au sens de la loi sur la presse dès lors que le message est diffusé à des destinataires qui sont liés entre eux par une communauté d'intérêts, s'agissant de fonctionnaires qui appartiennent au même service et qui travaillent dans les mêmes locaux. »

Les faits entrent donc dans les préventions de l'article R. 621-1 du Code pénal.

Nous avons vu que le prévenu peut s'exonérer de toute responsabilité s'il établit sa bonne foi en prouvant qu'il a poursuivi un but légitime, étranger à toute animosité personnelle, et qu'il s'est conformé à des exigences de sérieux dans son enquête et de retenue dans l'expression. En l'espèce, Le tribunal a précisé que ces critères doivent être appréciés avec moins de rigueur lorsque l'auteur des propos n'est pas un journaliste qui fait profession d'informer. Plus grande mansuétude donc pour le syndicaliste qui pourra plus aisément établir sa bonne foi. Justement, le tribunal reconnaît que le prévenu a agi dans un but légitime en qualité de syndicaliste dans le cadre d'un conflit du travail, sans animosité personnelle, et dans des termes non excessifs. En outre le courrier a été adressé au supérieur hiérarchique du plaignant dans un contexte de tension entre l'intéressé et les agents placés sous sa responsabilité, tensions liées à la fixation par l'agent de maîtrise de nouvelles exigences au personnel de son service. Le tribunal caractérise donc la bonne foi s'agissant du passage de courrier dénonçant la brutalité du mode de management. Tel n'a pas été jugé le cas en revanche s'agissant du paragraphe faisant état d'antécédents de l'intéressé dans un autre service. Les juges correctionnels ont reproché ici au syndicaliste de ne pas avoir vérifié l'information en réalisant une enquête ou en se rapprochant de l'intéressé pour recueillir ses observations, justifiant ainsi la condamnation du syndicaliste à 30 euros d'amende et à verser un euro symbolique de dommages-intérêts au plaignant.

4. Économie et finances locales

Marie-Estelle BINET
Alain GUENGANT
Alain Matthieu LEPRINCE
Jean-Michel UHALDEBORDE

Sommaire

Hommage et remerciements à Alain Guengant et Jean-Michel Uhaldeborde

À partir de l'édition 2013 du *Droit et Gestion des Collectivités territoriales*, Matthieu Leprince, Marie-Estelle Binet et d'autres enseignants-chercheurs vont assurer la chronique « Économie et finances locales ».

Ils prennent ainsi la suite d'Alain Guengant et de Jean-Michel Uhaldeborde qui l'ont assurée dans l'*Annuaire des Collectivités locales*, puis dans le *DGCT*, sans discontinuer depuis 1981, c'est-à-dire dès la deuxième année d'existence du GRALE, d'abord sous la direction d'Yves Fréville, puis dès 1984 sous leur propre responsabilité scientifique. Le GRALE, c'est-à-dire tous les centres de recherche et tous les chercheurs qui le font vivre, souhaitent leur exprimer sa gratitude pour leur fidélité et son administration pour l'œuvre qu'ils ont ainsi réalisée.

Leur chronique représente une source irremplaçable pour quiconque veut comprendre l'évolution des finances locales en France au cours des trente dernières années, grâce à la continuité de leurs analyses. Alain Guengant et Jean-Michel Uhaldeborde ont ainsi donné du sens à des mesures, rendu intelligible une évolution, qui paraîtraient, sinon, bien chaotiques. Ils ont toujours su allier la rigueur de l'analyse économique, soutenue par des tableaux et des graphiques toujours lisibles par les non spécialistes, à la compréhension des enjeux politiques qui étaient à l'arrière-plan de toutes les réformes.

Les finances locales ont été et sont toujours l'un des échecs – hélas, pas le seul ! des réformes de la décentralisation. En trente ans il n'a jamais été possible de doter les collectivités territoriales d'une base fiscale rénovée en rapport avec leurs missions. Personne ne l'a vraiment voulu, et les élus locaux, peu intéressés à porter une plus grande responsabilité dans le fardeau fiscal de leurs concitoyens, ont accepté l'érosion continue de la fiscalité propre. La péréquation, loin d'être négligeable globalement, reste aveugle, en raison du nombre de communes et d'organismes intercommunaux et de la modification incessante des dispositions qui l'organisent et qui interdisent toute véritable évaluation. En relisant ces chroniques on comprendra les raisons de l'échec de la dotation globale d'équipement, de l'impossible mise en œuvre de la révision des bases locatives, le succès du transfert des droits de mutation, la solidarité intercommunale imposée par la taxe professionnelle dans la loi de 1999, les difficultés de la compensation de la liquidation de la taxe professionnelle, l'impact de la crise financière sur les finances locales.

Alain Guengant et Jean-Michel Uhaldeborde ont beaucoup donné, non seulement au GRALE, mais aussi à l'université et à leur discipline. On s'en rendra compte en lisant les chroniques des années suivantes, qui seront assurées par certains de leurs anciens élèves, et dans lesquelles on retrouvera, n'en doutons pas, les qualités des maîtres.

Économie et finances locales

Marie-Estelle Binet
Alain Guengant
Matthieu Leprince
Jean-Michel Uhaldeborde

La chronique « Économie et finances locales » du DGCT 2013 connaît une évolution majeure en cette année 2013. En effet, pour la première fois depuis 1980, Alain Guengant et Jean-Michel Uhaldeborde ne participent pas directement à l'élaboration de cette œuvre collective. Néanmoins, en signe de reconnaissance personnelle pour leur contribution décisive à notre formation, et en amical hommage pour tout ce que la recherche en finances locales leur doit en France, nous avons souhaité les associer une dernière fois à la liste des signataires, bien entendu sans les engager sur le fond.

Marie-Estelle Binet et Matthieu Leprince

Les finances locales subissent depuis quelques années des chocs majeurs, avec la réforme de la taxe professionnelle, la stagnation ou la récession économique, la montée du chômage. Avec la réduction annoncée pour 2014 et 2015 des concours de l'État, les collectivités locales entrent donc dans une période d'incertitudes majeures sur le plan de leurs finances. La chronique « Économie et finances locales » de ce volume est donc dédiée à la mise à jour des grands constats de l'analyse des finances locales, alimentée par un retour sur l'histoire longue des finances locales avec une mise en perspective sur la période 1982-2010 (I) et un état des lieux tiré de l'analyse des comptes locaux pour l'année 2012 (II). Enfin, les concours de l'État aux collectivités locales sont présentés dans leur structure adoptée en loi de finances pour 2013 (III).

I. Trois décennies de finances locales : mise en perspective sur la période 1982-2010

A. Les données mobilisées

Les données agrégées utilisées décrivent l'évolution des principaux indicateurs des budgets des communes, départements et régions entre 1982 et 2010. Cette période inclut donc les deux actes de la décentralisation et la crise économique et financière de 2008. Mais elle ne permet pas d'analyser les effets de la réforme de la taxe professionnelle sur les budgets locaux. L'utilisation de ces séries chronologiques permet de décrire les tendances générales de l'évolution des choix budgétaires locaux, sans toutefois différencier les collectivités de même rang entre elles. On s'intéresse donc ici exclusivement aux évolutions communes ou moyennes.

Les informations comptables proviennent du retraitement (essentiellement par homogénéisation des nomenclatures et des périmètres) des séries financières publiées par la Direction générale des finances publiques (DGFIP) du ministère des Finances, et la Direction générale des collectivités locales (DGCL) du ministère de l'Intérieur.

B. L'évolution de l'investissement local

Le graphique suivant décrit l'évolution des dépenses totales d'investissement en valeur des collectivités territoriales françaises entre 1982 et 2010.

Graphique 1

Dépenses totales d'investissement des collectivités locales, 1982-2010 (en milliards d'euros)

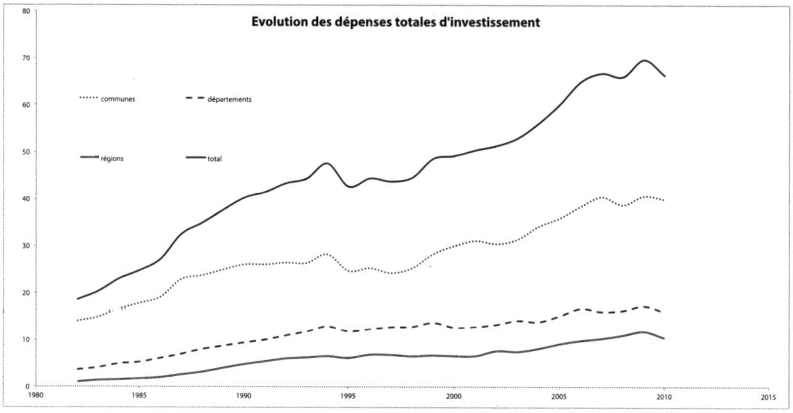

Les dépenses d'investissement des collectivités territoriales égales à 18,6 milliards en 1982 ont atteint 66,34 milliards en 2010, et sont caractérisées par une tendance commune à la hausse (excepté en 1995 et plus récemment en 2010). Depuis trente ans, l'échelon communal est le premier investisseur local avec 75 % du total des investissements en 1982 contre 60 % en 2010. La part des autres collectivités a donc augmenté de 19 % à 24 % pour les départements et de 5,5 à 15,7 % pour les régions.

Au cours de la période, le taux correspondant d'investissement moyen s'élève à 3,5 % du PIB, avec un minimum à 3,17 % en 1983 et un maximum à 4,11 % en 1994. Depuis 2008, le taux d'investissement direct baisse excepté en 2009 en raison de la contraction sans précédent du produit intérieur brut provoquée par la crise financière de 2008. Il est égal à 3,43 % en 2010.

L'investissement local se compose, d'une part, de nouveaux équipements qui élargissent l'offre de services publics locaux et, d'autre part, de dépenses de renouvellement et d'entretien qui maintiennent en l'état les immobilisations existantes.

En euros constants, l'investissement local en nouveaux équipements est égal en moyenne à 10 milliards par an, toutes collectivités territoriales confondues. La part du secteur communal dans le total (toutes collectivités confondues) est prépondérante, s'élevant en moyenne à 57 % entre 1982 et 2010. Mais elle baisse, s'élevant à 88 % du total en 1982 et à seulement 64 % en 2010. Et elle fluctue fortement, comme le montre le graphique suivant.

Graphique 2

Dépenses en nouveaux équipements locaux, 1982-2010, (en milliards d'euros)

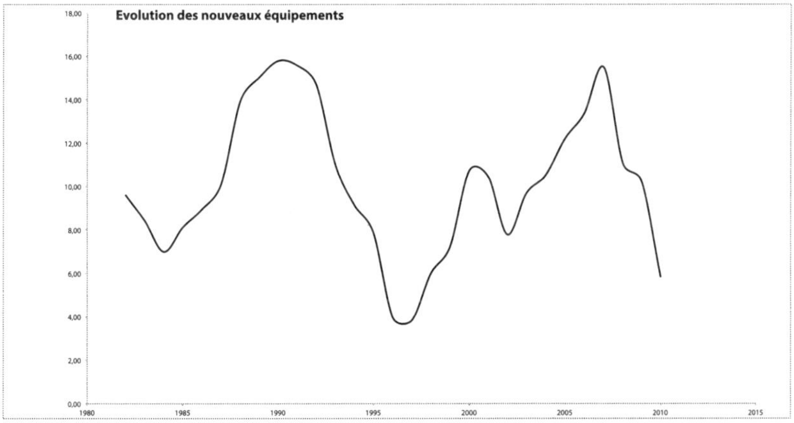

Après une phase de décollage, l'investissement en nouveaux équipements a doublé entre 1984 et 1992 (de 7 milliards par an en 1984 à plus de 14 milliards en 1992). L'effort d'équipement se replie ensuite sensiblement pour atteindre une valeur de 3,83 milliards en 1997. Malgré une légère baisse en 2002, les investissements en nouveaux équipements repartent à la hausse jusqu'en 2007 après l'acte II de la décentralisation. Ils retombent à 5,5 milliards en 2010. Plusieurs facteurs contribuent conjointement aux oscillations du niveau d'équipements, à l'exemple du cycle électoral (avec des investissements nouveaux élevés à proximité des élections municipales) ou encore les fluctuations du marché immobilier (les investissements locaux étant pour partie des dépenses d'accompagnement des nouvelles constructions) et la conjoncture économique.

Enfin, les dépenses de maintenance et de renouvellement des équipements en volume (euros constants de 2010) dépendent du stock d'immobilisations en début d'année précédente. Elles sont caractérisées par une tendance régulière à la hausse, créant une inertie dans les dépenses d'investissement des collectivités territoriales, principalement au sein des communes qui concentrent l'essentiel de ces dépenses (78 % en moyenne au cours de la période 1982-2010).

Graphique 3

Dépenses de maintenance des équipements locaux (en milliards d'euros)

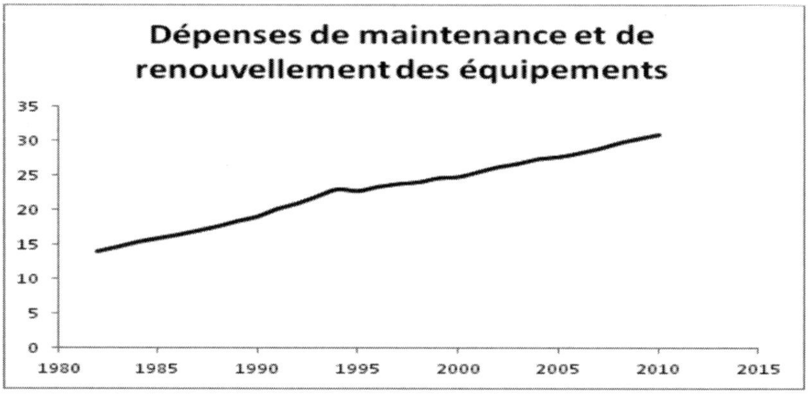

C. *Un effet d'entraînement de l'investissement sur le fonctionnement*

Le graphique suivant décrit l'évolution des dépenses totales de fonctionnement en valeur des collectivités territoriales françaises entre 1982 et 2010.

Graphique 4

Dépenses de fonctionnement des collectivités locales, 1982-2010 (en milliards d'euros)

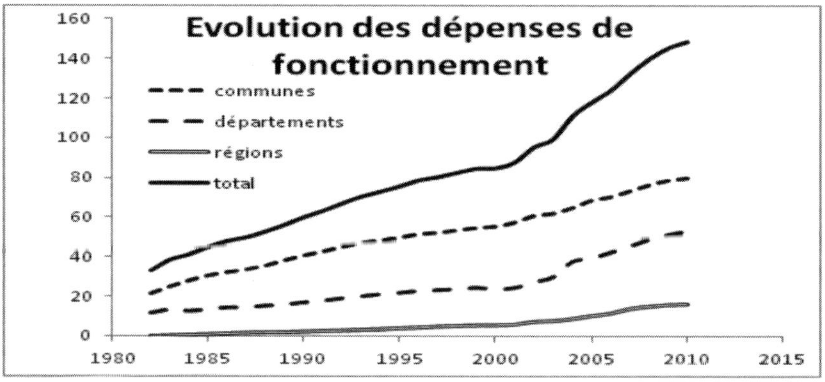

Les dépenses de fonctionnement des collectivités territoriales sont également caractérisées par une tendance à la hausse, avec une accélération à partir de 2002. Elles s'élèvent à près de 33 milliards en 1982 et plus de 148 milliards en 2010. L'accélération observée en 2003 et 2004 provient de la prise en charge des nouvelles compétences transférées par l'État aux collectivités. Cependant, sur le long terme, la source importante d'alourdissement des dépenses de fonctionnement résulte de l'effet d'entraînement de l'investissement sur le fonctionnement : pour fournir un service public aux bénéficiaires, les collectivités doivent non seulement investir pour créer les infrastructures et superstructures, mais également engager des dépenses de fonctionnement courant et de rémunération des personnels qui seront en charge du contact avec le public ou de l'entretien des réseaux.

Toutes collectivités locales confondues, les deux premiers postes de dépenses de fonctionnement sont les dépenses de personnels (correspondant à 30 % des dépenses totales en 1982 et à 35 % en 2010) et les achats de biens et services (21,7 % en 1982, 26 % en 2007 et 19 % en 2010). La progression des investissements de superstructures, à forte intensité en main-d'œuvre et en consommations fongibles explique en partie ces parts prépondérantes.

À l'opposé, le poids des charges d'intérêt s'est fortement réduit passant de 12,5 % à un peu plus de 2 % en 2010. Cet infléchissement provient essentiellement des départements et des régions.

Les dépenses d'intervention concentrées essentiellement au sein des départements constituent un autre poste important de dépenses de fonctionnement. En forte augmentation depuis les premières lois de décentralisation, elles s'élevaient à 4,2 milliards en 1984 contre plus de 29 milliards en 2010. On observe une accélération de ces dépenses depuis 2001 (rupture de tendance) qui peut être expliquée par de nouveaux transferts de compétences (acte II, 2003), le vieillissement de la population (Allocation personnalisée d'autonomie) ou le contexte économique (Revenu minimum d'insertion ou de solidarité active). Depuis l'acte II de la décentralisation, en 2003, les dépenses sociales sont relativement réparties de manière équilibrée entre 4 postes principaux. Les valeurs moyennes des dépenses versées au titre du RMI s'élèvent à 5,9 milliards entre 2002 et 2010 (respectivement 5,8 milliards à destination des familles, 4,5 milliards pour les personnes handicapées, 4,2 milliards au titre de l'APA).

D. Évolution des recettes et effet ciseaux

Le tableau ci-dessous décrit l'évolution du produit de la fiscalité directe locale en euros courants.

Graphique 5

Produits de la fiscalité directe locale, 1983-2010 (en milliards d'euros)

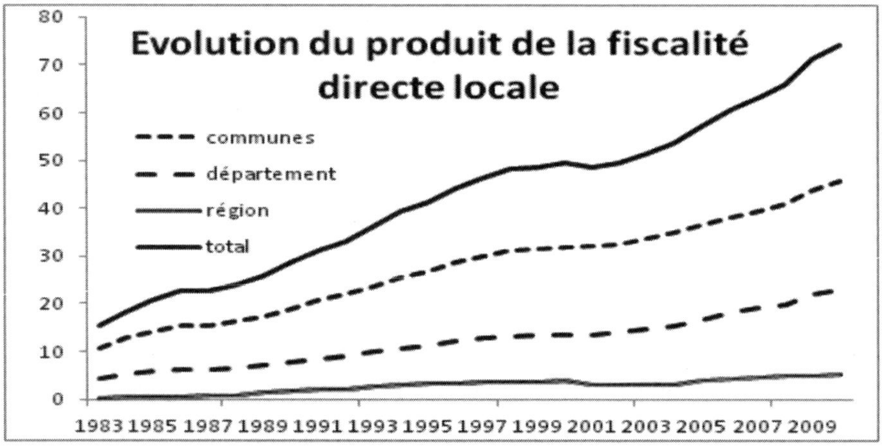

Depuis 1983, le produit total des impôts directs locaux a plus que quadruplé, passant de 15 milliards en 1983 (soit 38 % des recettes de fonctionnement) à plus de 74 milliards en 2010 (43 %). L'échelon communal prélève 62 % des impôts directs locaux en 2010 (respectivement 69 % en 1983). Le poids de la taxe professionnelle est prépondérant (44 % du total des produits de la fiscalité directe en 2010). L'accroissement du produit voté des quatre taxes directes provient à 46 % du relèvement des taux d'imposition et à 54 % de la croissance des bases.

En dépit de cette tendance, la faible croissance de l'économie et des dotations de l'État n'a pas permis d'ajuster la progression des recettes à l'augmentation des dépenses. En conséquence, la propension à épargner s'est dégradée sous l'impact d'un « effet de ciseaux » défavorable du fonctionnement. De ce fait, toutes collectivités territoriales confondues, la part de l'épargne brute dans les recettes de fonctionnement a tendance à baisser. Après avoir atteint un pic de 19 % en 1994, cette part a été réduite à 14,8 % en 2008.

E. Une solvabilité préservée mais en baisse

L'annuité de la dette représente la somme des intérêts d'emprunts et du montant du remboursement du capital des emprunts passés de la collectivité. Le graphique ci-dessous montre l'évolution de cet indicateur mesuré en euros courants.

Graphique 6

Annuités de la dette des collectivités locales (en milliards d'euros)

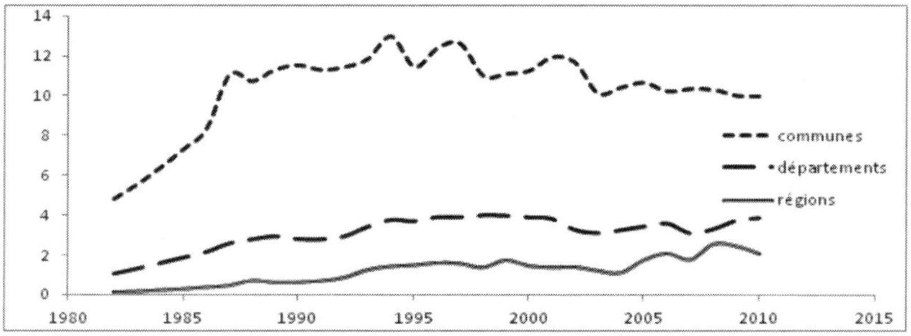

Après avoir connu une très forte hausse pendant les dix premières années de la décentralisation, pour atteindre 18 milliards en 1997, l'évolution de l'annuité de la dette des communes françaises semble désormais maîtrisée, avec une légère tendance à la baisse (un peu moins de 16 milliards en 2010).

De manière comparable, à la suite d'une rapide augmentation à partir de 1982 jusqu'au milieu des années 1990, l'annuité de la dette des départements s'est désormais stabilisée. Égale à 1 milliard en 1982 si on considère l'ensemble des départements, elle a atteint 3,75 milliards en 1994. Elle s'élève à 3,84 milliards en 2010. Les régions, quant à elles, ont atteint une valeur maximale égale à 1,6 milliard en 1996, puis ont connu une phase de stabilisation, suivie d'un nouvel épisode d'augmentation de son annuité, pour atteindre un peu plus de deux milliards en 2010. Le profil de l'annuité de la dette des collectivités territoriales communes est sensiblement différent de la situation nationale. Comparées à l'État, les collectivités territoriales sont donc plutôt caractérisées par une bonne situation financière d'ensemble même si ces observations agrégées masquent l'existence de certaines collectivités surendettées, et des disparités importantes.

Ce constat n'est pas surprenant, car la loi soumet les collectivités locales à une obligation d'équilibre budgétaire en imposant notamment une épargne suffisante pour amortir le capital des emprunts à échoir au cours de l'exercice. Contrôlée chaque année par le préfet, l'obligation d'équilibre implique que la proportion d'épargne brute affectée au remboursement du capital des emprunts n'excède pas 100 % (condition stricte d'équilibre budgétaire annuel). Le graphique 7 décrit l'évolution de ce ratio entre 1982 et 2010 pour les trois niveaux de collectivités locales.

Compte tenu de son statut de premier investisseur local, l'échelon communal est le plus exposé. Toutefois, après avoir atteint 90 % en 1994 si on considère l'ensemble des communes, leurs conditions d'équilibre et de solvabilité se sont toutefois améliorées pour atteindre un peu moins de 44 % en 2010. Les autres collectivités territoriales ont des ratios plus bas, avec des valeurs moyennes égales à 36,5 % pour les départements et à 23,5 % pour les régions.

Graphique 7

Équilibre annuel (Remboursements de capital de la dette rapportés à l'épargne brute, en %)

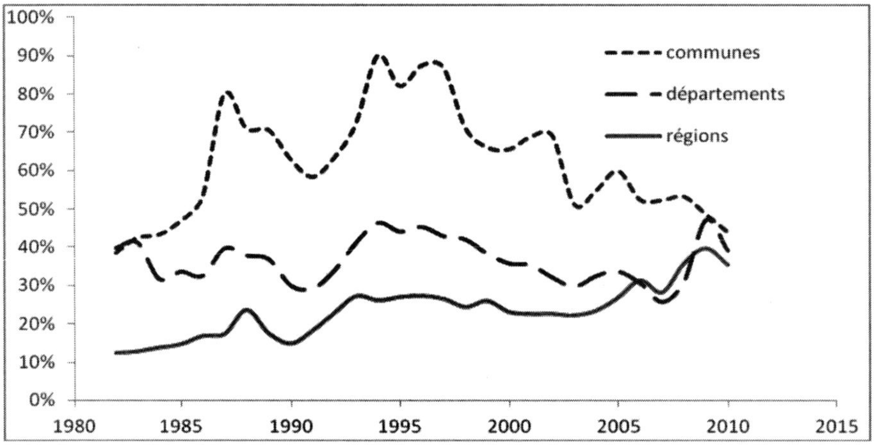

En somme, le secteur public local connaît donc une situation financière soutenable depuis le début des lois de décentralisation. Cependant, la situation budgétaire des collectivités territoriales au cours des prochaines années pourrait connaître de profondes mutations. Dans un contexte budgétaire national difficile, elles vont voir les dotations de l'État diminuer. En même temps, la réforme de la taxe professionnelle a considérablement réduit leur marge de manœuvre, favorisant ainsi le pilotage de la dépense publique locale par les recettes.

II. Les comptes des collectivités locales en 2012

En complément de l'analyse sur longue période des grandes tendances d'évolution des finances locales sous l'angle de la comptabilité publique, la publication annuelle des comptes des administrations publiques constitue, sous l'angle de la comptabilité nationale, une source majeure d'information pour caractériser les finances locales. La dernière publication des comptes de 2012 est ici exploitée.

Rappelons qu'en comptabilité nationale, le champ des dépenses et des recettes est différent de celui recensé en comptabilité publique : les remboursements du capital des emprunts passés sont en effet ignorés, ainsi que les nouveaux emprunts. De ce fait, le solde de financement, appelé besoin de financement s'il est négatif, correspond à la différence entre l'emprunt de l'année et le remboursement des emprunts passés. Autrement dit, un solde négatif s'interprète comme un endettement net. En contrepartie de cet inconvénient de disposer d'un champ tronqué de recettes et de dépenses, la comptabilité nationale présente un avantage majeur : les comptes des administrations publiques sont consolidés, par élimination des double-comptes. Enfin, rappelons que la notion d'administrations publiques renvoie à un champ plus vaste d'acteurs publics locaux que les collectivités locales (communes, intercommunalités, départements et régions). Néanmoins, celles-ci déterminent l'essentiel des grandes tendances analysées au niveau des administrations publiques, ce qui conduira, dans le texte qui suit, à utiliser alternativement les termes de collectivités et d'administrations locales.

L'analyse des comptes des administrations publiques en 2012, tels qu'ils sont fournis par l'INSEE, fournit plusieurs résultats majeurs.

A. Le poids de l'investissement dans la dépense locale

Les dépenses publiques en France en comptabilité nationale s'élèvent à 1 151 milliards d'euros en 2012, soit 56,6 % du PIB. Elles sont réparties en consommations intermédiaires (10 %), rémunérations des salariés (23 %), charges des intérêts de la dette (5 %), prestations sociales (46 %) et investissement brut (au sens de formation brute de capital fixe, 6 %). Cette structure moyenne des dépenses publiques cache d'importantes disparités, pondérées par le poids de chaque sous-secteur dans le total des administrations publiques.

Ainsi, la dépense des administrations de sécurité sociale est marquée par le poids des prestations (76 % d'un total de 549 milliards d'euros), alors que celles-ci ne représentent que 16 % pour l'État et 10 % pour les collectivités locales. L'originalité de la structure des dépenses de l'État est constituée par le poids des intérêts (11 %), en lien avec une dette très élevée (1 439 milliards d'euros, soit 71 % du PIB), alors que ceux-ci ne pèsent que 2 % et 1 % des budgets, respectivement, pour les collectivités locales et la sécurité sociale, qui restent peu endettées en comparaison (174 milliards et 210 milliards, soit 8,5 % et 10,3 % du PIB). Le poids élevé des frais de personnel (28 % du budget de l'État) est une caractéristique partagée avec les collectivités locales (30 %), en fort décalage avec la sécurité sociale (11 %).

Tableau 1

Principales dépenses et recettes des administrations publiques en 2012

	Admin. publiques centrales (y compris État)	État	Admin. publiques locales	Admin. de sécurité sociale	Admin. publiques[1]
	En milliards d'euros				
Total des dépenses[1], dont :	**453,00**	**421,2**	**242,5**	**548,9**	**1 151,1**
consommations intermédiaires	*36,3*	*25,1*	*49,1*	*25,5*	*111,0*
rémunérations des salariés	*134,7*	*117,5*	*72,3*	*60,7*	*267,7*
intérêts[2]	*44,3*	*44,3*	*5,4*	*5,9*	*55,1*
prestations sociales en espèces et en nature	*87,2*	*66,5*	*23,5*	*418,0*	*528,7*
formation brute en capital fixe	*9,7*	*4,9*	*45,4*	*8,6*	*63,7*
Total des recettes[1], dont :	**370,5**	**341,2**	**239,4**	**535,8**	**1 052,3**
impôts et cotisations sociales	*331,1*	*313,8*	*124,3*	*493,8*	*942,2*
Capacité (+) / Besoin (-) de financement	**-82,6**	**-80,0**	**-3,1**	**-13,1**	**-98,8**

1. Les transferts au sein d'un même secteur sont consolidés si bien que la somme des dépenses (ou des recettes) des secteurs est supérieure à celle des APU dans leur ensemble.

Source : Insee, comptes nationaux, base 2005.

Finalement, c'est bien le poids relatif élevé des dépenses d'investissement (19 % en 2012) qui constitue l'originalité de la structure des dépenses locales. Cela contraste avec le même indicateur pour l'État (1 %) et la sécurité sociale (2 %, principalement dans les hôpitaux). L'investissement local en 2012 représente donc 71 % de l'investissement public, contre 8 % pour l'investissement par l'État, 7 % par les divers organismes centraux, et 14 % pour la sécurité sociale. Les collectivités locales sont bien les acteurs majeurs de l'investissement public en France. Cependant, celui-ci (63,7 milliards d'euros) reste secondaire (16 %) dans l'investissement total (402 milliards d'euros en 2012) par rapport à l'investissement des entreprises (52 % du total pour les seules entreprises non financières) et des ménages (28 % du total, avec le gros entretien et la construction de logements), qui s'élèvent respectivement à 208 et 110 milliards d'euros en 2012.

B. Une dette locale stabilisée en proportion du PIB

La structure des recettes est également fortement différente selon sous-secteurs publics considérés. En effet, hors emprunts (non pris en compte en comptabilité nationale), État comme sécurité sociale bénéficient de recettes qui sont essentiellement (à 92 %) des recettes fiscales et des cotisations sociales. Au contraire, les collectivités ne tirent que 52 % de leurs recettes de leurs impôts, le reste provenant de tarifs, mais surtout de dotations versées par l'État.

Pour chaque type d'administration publique, le solde de financement est la différence entre recettes publiques et dépenses publiques. En 2012, toutes les composantes publiques sont en « déficit », encore appelé solde de financement, pour un total de 99 milliards d'euros, soit près de 5 % du PIB (contre 7,9 % en 2009). La décomposition par sous-secteur fait ressortir la contribution dominante de l'État au besoin global, pour plus de 81 % du total, contre 3 % pour les diverses administrations centrales, 3 % pour les collectivités locales et 13 % pour la sécurité sociale.

Ce solde négatif de financement public de 5 % du PIB en 2012 fait donc gonfler la dette publique d'autant, passant de 85 % du PIB en 2011 à 90 % en 2012, essentiellement par une hausse de la dette de l'État de 67 % à 71 % du PIB, alors que la dette des collectivités locales (174 milliards d'euros en 2012) reste à peu près constante en proportion du PIB, passant de 8,3 % à 8,5 % du PIB en 2012.

Tableau 2

La dette publique en France en 2012 par sous-secteur d'administration publique

	Au 31/12/2012	
	Dette publique notifiée	
	En milliards d'euros	**En % du PIB**
État	1 439,9	70,9
Organismes divers d'administration centrale	9,9	0,5
Administrations locales	173,7	8,5
Administrations de sécurité sociale	210,3	10,3
Total administrations publiques	**1833,8**	**90,2**

Source : Insee, comptes nationaux, base 2005.

III. Les concours de l'État aux collectivités territoriales en 2013

Les concours de l'État aux collectivités territoriales forment la part essentielle des transferts de l'État (A) et ils se décomposent en concours « sous enveloppe » et « hors enveloppe » (B).

A. Le poids des concours de l'État dans ses transferts financiers aux collectivités locales

Les transferts financiers de l'État aux collectivités constituent, en loi de finances pour 2013, la nouvelle appellation de ce qui auparavant s'intitulait l'effort financier de l'État en faveur des collectivités locales. Le périmètre reste cependant identique avec trois ensembles.

Les concours aux collectivités territoriales *stricto sensu* (60 milliards d'euros à périmètre courant en loi de finances 2013) forment le principal ensemble de transferts regroupent les prélèvements sur les recettes de l'État, les crédits budgétaires du budget général relevant de la mission « Relations avec les Collectivités Territoriales », la DGD Formation professionnelle inscrite au sein de la mission « Travail et emploi », ainsi que la part des amendes de police réservée aux collectivités territoriales.

Le deuxième ensemble de transferts rassemble les dégrèvements d'impôts locaux, les subventions des ministères et pour travaux d'intérêt local, ainsi que les crédits consacrés à la Direction générale des collectivités locales (12 milliards) pour constituer, avec les concours précédents, un ensemble cumulé de 72 milliards d'euros à périmètre courant.

Enfin, le montant prévu de fiscalité transférée s'élève à 27 milliards d'euros. Au titre de la compensation des transferts de l'acte I de la décentralisation, on trouve la carte grise (2 milliards) pour les régions et l'essentiel des droits de mutation (près de 8 milliards d'euros). Au titre de la compensation de l'acte II, on trouve la TICPE pour les départements (6 milliards) et pour les régions (3 milliards), et la TSCA pour les départements (3,6 milliards). Au titre de la compensation des effets de la réforme de la taxe professionnelle, on trouve la TSCA pour plus de 3 milliards.

Au total, ajoutée aux concours et transferts précédents, l'État consacre donc en 2013 un total de 100 milliards d'euros aux collectivités locales. Hors fiscalité transférée, les concours nationaux représentent 21 % des dépenses de l'État (hors mouvements de dettes et en assimilant les prélèvements sur recettes à des dépenses) et 29 % des ressources définitives des collectivités locales.

B. La partition des concours de l'État selon leurs modes d'indexation

Les concours de l'État aux collectivités locales sont répartis en deux sous-ensembles qualifiés, l'un « sous-enveloppe », l'autre « hors enveloppe ». La loi de programmation des finances publiques pour les années 2007 à 2011 avait gelé en euros courants les concours « sous-enveloppe ». Plus récente, la loi de programmation des finances publiques pour les années 2012 à 2017, du 31 décembre 2012, prévoit leur réduction à compter de 2014 et 2015 pour que les collectivités territoriales contribuent à l'effort de redressement financier de l'ensemble du secteur public. Les concours seront diminués de 750 millions d'euros en 2014 et 2015, soit d'environ 1,5 % par an. De 50,5 milliards en 2012 et 2013 à périmètre constant, l'enveloppe baissera ainsi à 49,8 milliards en 2014 puis à 49 milliards en 2015.

1. Concours « sous enveloppe »

Les concours de l'enveloppe sont globalement gelés en 2013. Ils correspondent, dans la loi de finances pour 2013, d'une part, aux prélèvements sur recettes (notamment la dotation globale de fonctionnement [DGF], mais à l'exception du fonds de compensation pour la TVA [FCTVA] qui s'élève à 5,6 milliards d'euros), et de diverses dotations pour un montant total de 46 milliards, et, d'autre part, aux crédits de la mission « Relations avec les collectivités territoriales » et de la DGD Formation professionnelle inscrite au sein de la mission « Travail et emploi », pour un montant de plus de 4 milliards d'euros. Au total, l'enveloppe s'élève à 50,5 milliards d'euros à périmètre courant.

Au sein de l'enveloppe, différentes règles de calcul s'appliquent aux dotations. De ce fait, chaque dotation a sa propre évolution. La dotation globale de fonctionnement (DGF) s'élève à 41,5 milliards d'euros et n'est pas gelée en valeur, mais très faiblement croissante (+0,29 %). En revanche, un gel en valeur s'applique à un grand nombre de dotations moins importantes que la DGF : dotation générale de décentralisation (DGD), dotation globale de décentralisation relative à la formation professionnelle (DDFP), dotation particulière élu local (DPEL), dotation de développement urbain (DDU), dotation globale d'équipement (DGE) des départements, dotation départementale d'équipement des collèges (DDEC), dotation régionale d'équipement scolaire (DRES), dotation d'équipement des territoires ruraux (DETR), notamment… ainsi que le Fonds de mobilisation départementale pour l'insertion (FMDI).

Pour permettre dans une enveloppe gelée (50,532 milliards d'euros à périmètre constant) la progression de la DGF et éventuellement des autres dotations, un ajustement à la baisse de compensations d'exonérations doit être opéré. Or, la décroissance programmée des concours de l'État de -750 millions d'euros en 2014 puis à nouveau en 2015 doit également s'accompagner d'un renforcement de la péréquation de 120 millions d'euros. En conséquence, si la progression de la DGF doit se poursuivre, comme en 2013, la ponction sur les compensations d'exonération servant de variables d'ajustement devra atteindre 870 millions en 2014, entrainant leur quasi-disparition dès 2014, et donc un nouvel élargissement de la liste des variables d'ajustement pour financer, en 2015, la reconduction de la baisse de -750 millions.

2. Concours « hors enveloppe »

Les concours de l'État « hors enveloppe » s'élèvent à 22 milliards d'euros dans la loi de finances pour 2013. Il s'agit d'abord des prélèvements sur recettes tels que le FCTVA, qui est évalué à 5,6 milliards d'euros (en hausse de 120 millions d'euros [+2,17 %] par rapport à la loi de finances initiales de 2012), de la part du produit des amendes de police attribuée aux collectivités territoriales (682 millions d'euros, en hausse de 20 millions d'euros [+3,02 %]), des dotations d'ajustement de la réforme de la taxe professionnelle (révisées à 3,8 milliards en 2013), de la dotation de compensation de la taxe professionnelle (DCRTP) révisée à 3,4 milliards en 2013 (contre 3 milliards en 2012 et 2,5 milliards en 2011), notamment.

Hors enveloppe, on trouve également les dégrèvements d'impôts locaux, qui s'élèvent à 9,8 milliards d'euros, et renvoient à la contribution économique territoriale (5 milliards d'euros), à la taxe d'habitation pour 3,5 milliards et aux taxes foncières pour moins de 1 milliard.

5. La fonction publique territoriale

Pierre-François FRESSOZ

Sommaire

LA FONCTION PUBLIQUE TERRITORIALE

Pierre-François FRESSOZ

L'immobilisme, c'est maintenant ? Au regard du bilan d'une année de réformettes et de procrastination, c'est une question que l'on pourrait se poser pour la fonction publique territoriale. Mais si cette question abrupte s'avère légitime, la réponse qu'il convient de lui apporter devra se montrer plus nuancée pour gagner en crédibilité.

En effet, s'il est vrai que le panorama statistique de la fonction publique territoriale révèle un relatif *statu quo* (I), une importante réflexion sur la fonction publique territoriale a accompagné de nombreux projets (II) dont certains, déjà concrétisés, marquent l'évolution législative et réglementaire de la fonction publique territoriale (III).

I. Faits et chiffres : le statu quo *?*

Les enjeux sociaux, politiques et financiers de la fonction publique territoriale sont restés bien présents depuis l'alternance présidentielle.

Certes, le regard posé par la nouvelle majorité sur les fonctionnaires est différent. Ce nouvel état d'esprit se manifeste par exemple à travers le droit d'inventaire sur la RGPP : promue pendant cinq ans en pensée unique de l'action gouvernementale, elle est désormais remise en question, au moins quant aux méthodes employées, dans un important rapport[1] établi par l'IGA, l'IGF et l'IGAS ; demandé par le Premier ministre, ce document présente des conclusions (peut-être un peu trop) prévisibles, mais fondées.

Toutefois, les difficultés que le nouveau gouvernement doit affronter restent entières. Cela le conduit à associer les collectivités territoriales à la réflexion, mais aussi à l'effort de réduction des déficits publics. Les questions des effectifs (A), de la rémunération (B) et des conditions de travail (C) des fonctionnaires méritent une attention particulière dans

1. IGA, IGF, IGAS, *Bilan de la RGPP et conditions de réussite d'une nouvelle politique de reforme de l'État*, Paris, La Documentation française, coll. « Rapports publics », 2012, 367 p. : *http://www.ladocumentationfrancaise.fr/var/storage/rapports-publics/124000520/0000.pdf.*

un contexte marqué par la crise des dettes souveraines et le désenchantement des agents du service public local.

A. *Effectifs à la peine : diminution des recrutements, départs à la retraite et stabilisation*

Pour aider les pouvoirs publics à déterminer une politique à l'égard de la fonction publique, plusieurs expertises ou avis d'organismes publics se sont succédé[2]... au risque d'analyses divergentes.

Les difficultés du recensement des fonctionnaires sont anciennes et bien connues. Les résultats diffèrent selon les organismes qui les produisent, les méthodologies mises en œuvre, les critères retenus et les objectifs poursuivis. Les enseignements que l'on peut tirer des statistiques disponibles seront donc toujours plus ou moins sujets à caution[3].

Le panorama que l'INSEE dresse de la fonction publique territoriale en 2010 est celui d'une augmentation globale de 16,55 % des effectifs sur la période.

2. L. Besson, « La croissance des effectifs dans la fonction publique territoriale ralentit depuis 2008 », *Bulletin d'information statistique de la DGCL*, n° 89, juillet 2012, 4 p. : *http://www.collectivites-locales.gouv.fr/files/files/BIS_89_version_en_ligne%281%29.pdf*;
Voir aussi : *http://www.collectivites-locales.gouv.fr/effectifs-et-remunerations* ; J.-P. Bouquet, État des lieux des effectifs de la fonction publique territoriale, Paris, CSFPT, 2013, 79 p. : *http://www.csfpt.org/documents/032013/0403 1311034926EtatdeslieuxdeseffectifsdanslaFPT.pdf;* Voir aussi le communiqué de presse du CSFPT : *http://www.csfpt.org/documents/022013/2802131533252Communiqudepressedu28fvrier2013rsultatsdugroupedetravaileffectifs.pdf ;* É. Ernst, « En 2010, 5,5 millions de salariés travaillent dans la fonction publique », *Insee Première*, n° 1442, avril 2013, 4 p. : *http://www.insee.fr/fr/ffc/ipweb/ip1442/ip1442.pdf ;* « Emploi et salaires dans les collectivités territoriales », *in* Paris, INSEE, *Emploi et salaires : Fiches thématiques – Synthèse des actifs occupés*, coll. « Insee Références », 2013, pp. 98-99 : *http://www.insee.fr/fr/publications-et-services/sommaire.asp?codesage=EMPSAL13* ; *http://www.insee.fr/fr/ffc/docs_ffc/ref/EMPSAL13g_FTLo1synt.pdf ;* CNET, *Panorama de l'emploi territorial*, Paris, FNCDG, ANDCDG, 2012, 12 p. : *http://www.fncdg.com/fncdg/htm/cnet/Docs/Panorama%20de%20l%27emploi%20territorial.pdf* ; MREDFP, DGAFP, *Rapport annuel sur l'état de la fonction publique*, Paris, La Documentation française, coll. « Rapports publics », 2012, 426 p. : *http://www.fonction-publique.gouv.fr/files/files/statistiques/rapports_annuels/2011-2012/RA-2011-2012-projet.pdf.*

3. B. Fleury, « Les collectivités territoriales dans le rapport annuel de la Cour des comptes », *JCP-A*, n° 14, 2 avril 2013, p. 26 : « Il convient donc d'être prudent avec les chiffres tant le nombre de fonctionnaires constitue une figure classique du débat politique dont la progression des fonctionnaires territoriaux n'est qu'un prolongement. »

Tableau n° 1

Évolution des effectifs entre 2005 et 2010

	2005		2010			
	Effectifs x 1 000	***Effectifs %***	***Effectifs x 1 000***	***Effectifs %***	***Part de femmes***	***Âge médian***
Titulaires	1 162	80	1 372	81	58	45
Catégorie A	95	8	117	9	62	48
Catégorie B	160	14	179	13	66	45
Catégorie C	907	78	1 064	78	56	45
Catégorie indéterminée			13	1	59	46
Non titulaires	294	20	325	19	68	37
Ensemble	**1 456**	**100**	**1 697**	**100**	**60**	**44**

Source : INSEE, « Emploi et salaires dans les collectivités territoriales », préc.

La progression n'est toutefois pas linéaire : elle ralentit fortement en fin de période. Surtout, les facteurs de cette évolution peuvent être analysés de différentes manières. La stabilisation progressive des effectifs (en-dehors des personnels transférés de l'État) constatée en fin de période[4] peut trouver son origine dans une plus grande vigilance des employeurs locaux[5]... soutenue par des départs à la retraite conjoncturellement en hausse[6] à partir de l'année 2011. Employeurs traditionnellement dynamiques même en période de crise, les collectivités territoriales sont dépassées par le secteur privé en 2011 (Graphique

4. L. BESSON, « La croissance des effectifs dans la fonction publique territoriale ralentit depuis 2008 », préc : « Fin 2010, près de 1,88 million d'agents, tous statuts confondus, sont employés par environ 43 600 collectivités locales : en six ans ce sont près de 287 000 emplois nets qui ont été créés, dont environ 135 000 dus aux transferts de personnel induits par la loi relative aux libertés et responsabilités locales (LRL) de 2004. Le rythme d'augmentation des effectifs – sans tenir compte de ces transferts – décroît sensiblement depuis 2008. »

5. ACOSS, « Éclairage 3 : La masse salariale et l'emploi de la fonction publique territorial », *Bilan ACOSSTAT*, n° 152, juin 2012, p. 7 : « En 2011, l'emploi de la fonction publique territoriale ralentit sensiblement : + 0,3 % après + 1,9 % en 2010 [...]. Dans les départements et les régions, l'emploi n'augmente plus que de 0,7 % alors qu'il progressait encore de 3,8 % en 2010. Les communes enregistrent quant à elles une baisse de 0,4 % (après + 0,8 % en 2010). Dans les autres structures, les effectifs connaissent également un important ralentissement : + 2,5 % en 2011 après + 4,7 % en 2010 » : *http://www.acoss.fr/dmdocuments/acoss/Acoss_Stat_152.zip.*

6. *Rapport sur les pensions de retraite de la fonction publique*, Annexe au projet de loi de finances pour 2013, p. 90 : « Les départs à la retraite de titulaires de la fonction publique territoriale et de la fonction publique hospitalière connaissent un ressaut plus important que celui constaté dans la fonction publique d'État (+ 22,7 % par rapport à 2010), qui vient confirmer la tendance observée en 2010 (+ 14,3 %) » : *http://www.performance-publique.budget.gouv.fr/farandole/2013/pap/pdf/Jaune2013_pensions.pdf* ; M. FLACHÈRE, L. GAUTIER, O. JEAN, « Les départs à la retraite dans les trois versants de la fonction publique » *in* MREDFP, DGAFP, *Rapport annuel sur l'état de la fonction publique*, préc, p. 116 : « La hausse du nombre de départs à la retraite dans les trois versants de la fonction publique se poursuit en 2011.
Le nombre de pensions de droit direct entrées en paiement en 2011 suite au départ à la retraite de titulaires est en forte augmentation dans la FPT et la FPH par rapport à 2010, notamment du fait des derniers départs anticipés des parents de trois enfants : ce dispositif est en effet fermé depuis le 1er janvier 2012. »

n° 1). Rattrapées à leur tour par la RGPP et ses contraintes budgétaires, elles ont tout intérêt à anticiper la MAP[7] et la rigueur qui en résultera[8].

Graphique n° 1

Évolution de l'emploi en moyenne annuelle dans la fonction publique territoriale et dans le secteur privé

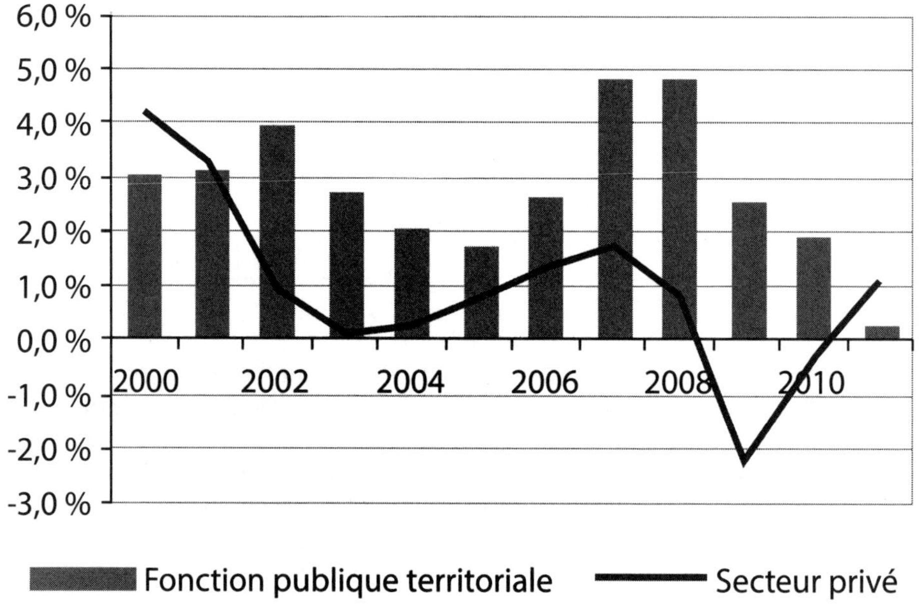

Source : ACOSS - URSSAF.

7. J. PAQUIER, « Édito : Après la RGPP, vous allez adorer la Map ! », *Gazette des communes*, 1er février 2013 : « La baisse de la DGF dès 2014 pourrait donc être plus sévère qu'annoncée et inégalement répartie, le bloc communal, toujours dans le viseur de Bercy, en payant la plus grande part. »

8. COMITÉ DES FINANCES LOCALES, *Compte-rendu de la séance du 12 février 2013* : « M. Jérôme Cahuzac, ministre chargé du Budget, Mmes Marylise Lebranchu, ministre de la Réforme de l'État, de la Décentralisation et de la Fonction publique, et Anne-Marie Escoffier, ministre chargée de la Décentralisation, étaient présents pour annoncer une baisse de 1,5 milliard d'euros des dotations versées aux collectivités territoriales en 2014 et 2015 afin de financer le crédit d'impôt compétitivité emploi (CICE). Une réduction des dotations de 750 millions d'euros en 2014 et 2015 avait déjà été prévue en septembre dernier. Au total, la baisse des dotations s'élèvera à 1,5 milliard d'euros par an en 2014 et 2015 » : *http://www.collectivites-locales.gouv.fr/files/files/cflcr_120213.pdf.*

Ce « grand moment de rigueur », d'ailleurs annoncé par la ministre de la Fonction publique sur les ondes d'une radio luxembourgeoise[9] et moqué par son prédécesseur[10], concerne également les rémunérations.

B. Rémunérations en panne : gel du point d'indice, recul du pouvoir d'achat et saupoudrage

Après une diminution d'environ 10 % du pouvoir d'achat des fonctionnaires depuis l'année 2000, deux années de gel du point d'indice et une alternance politique majeure, des revendications salariales devaient inévitablement revenir au premier plan des négociations entre le gouvernement et les syndicats[11].

La ministre de la Fonction publique a toutefois annoncé la prorogation du gel du point d'indice au moins jusqu'à la fin de l'année, à l'occasion d'une réunion avec les organisations syndicales le 7 février 2013[12].

Le maintien de l'austérité salariale produit des effets d'une part sur les fonctionnaires : si l'on peut affirmer que leur sentiment de déclassement, autant réel que supposé, s'avère multifactoriel[13], il est non moins vrai que la paupérisation d'une partie des fonctionnaires prend des formes inquiétantes ; cela se traduit par exemple par la renonciation à des soins pour 32 % des agents interrogés (parmi eux, 42 % l'expliquent par « le manque d'argent, les difficultés pour avancer les frais »)[14]. Cette austérité, d'autre part, n'est pas sans conséquence sur l'image de la fonction publique et son attractivité pour les nouvelles générations : le « niveau des rémunérations » est, pour 34 % des jeunes interrogés, le premier « frein à

---

9. « Marylise Lebranchu, ministre de la Réforme de l'État, de la Décentralisation et de la Fonction publique : "Un grand moment de rigueur pour les fonctionnaires" » : *http://www.rtl.fr/emission/l-invite-de-rtl/voir/marylise-lebranchu-ministre-de-la-reforme-de-l-etat-de-la-decentralisation-et-de-la-fonction-publique-un-grand-moment-de-rigueur-pour-les-fonctionnaires-7750348436.*

10. « François Sauvadet dénonce "le grand moment de rigueur" promis aux fonctionnaires », *Gazette des communes*, 5 juillet 2012.

11. S. Fagnart, « Fonction publique : les agents dans l'attente, sur les rémunérations surtout », *Gazette des communes*, 11 septembre 2012 : « Chauffés à blanc par cinq années d'austérité sous le mandat de Nicolas Sarkozy, les syndicats de fonctionnaires attendent le gouvernement de Jean-Marc Ayrault au tournant.
Il faut dire que les fonctionnaires ont constitué un gros bataillon d'électeurs pour la gauche lors des dernières présidentielles et législatives. 65 % d'agents du secteur public ont ainsi, lors du second tour du 7 mai dernier, accordé leur vote à François Hollande. »

12. « Fonctionnaires : pas de revalorisation du point d'indice », *AFP Actualité*, 7 février 2013 : « "Il n'y aura pas de remise en cause du gel du point d'indice pour 2013", a dit la ministre à la presse à l'issue d'une rencontre avec les syndicats de la fonction publique, en annonçant néanmoins des mesures "immédiates" pour les plus basses rémunérations » : *http://www.afp.com/fr/node/818193.*

13. S. Fagnart, « [Entretien avec Jean Viard] "Le déclassement, un sentiment surtout lié aux nouveaux modes de vie" », *Gazette des communes*, 13 juin 2011.

14. F. Dabi, *Baromètre de la protection sociale Vague 3 – 2e conférence nationale de la protection sociale*, Paris, IFOP, MNT, 2013, pp. 14-15 : *http://www.lagazettedescommunes.com/telechargements/Barometre-Ifop.pdf.*

l'entrée dans la fonction publique », devant, notamment, la nécessité de passer un concours (31 %)[15].

Dans ce contexte, il était politiquement impératif pour le gouvernement de donner quelques raisons de ne pas désespérer aux 5,5 millions d'agents publics, dont les deux tiers ont accordé leurs suffrages à François Hollande au second tour de l'élection présidentielle. C'est ainsi que les maigres marges de manœuvre budgétaires ont été mobilisées pour deux mesures concrètes et immédiates : la suppression de la journée de carence d'une part et, d'autre part, le relèvement du minimum de traitement et l'attribution de quelques points d'indice majoré.

– Instaurée sous la précédente législature et présentée alors comme une mesure d'équité avec le secteur privé, la journée de carence a généré des économies dont le montant est discutable[16] ; en outre, selon les auditions menées le 14 février 2013 par la Mission d'évaluation et de contrôle des lois de financement de la sécurité sociale, la journée de carence ne semble pas avoir induit un recul sensible de l'absentéisme dans la fonction publique[17]. Tout comme son instauration, la suppression de la journée de carence doit donc s'analyser à l'aune politique autant que budgétaire – fustigeant une « erreur »[18], l'ancien ministre de la Fonction publique ne s'y est pas trompé.

– Les revalorisations successives de 0,2 et 0,3 % du SMIC ont entraîné le relèvement du minimum de traitement dans la fonction publique par les décrets des 5 juillet 2012[19] et 10 janvier 2013[20] ; le minimum de traitement atteint désormais l'indice majoré 309, soit une rémunération mensuelle brute de 1 430,76 euros. Cette mesure sera suivie d'autres décisions favorables aux agents de catégorie C[21], telles que l'ouverture d'une

15. IPSOS, LOGICA BUSINESS CONSULTING, *Les jeunes et l'emploi public* [Enquête pour *Emploipublic.fr* et *Le Monde*], Paris, IPSOS, LBC, mars 2012, p. 5 : *http://www.ipsos.fr/sites/default/files/attachments/presentation_ipsos_jeunes_et_emploi_public.pdf.*

16. M. DORIAC, « L'instauration d'un "jour de carence" a-t-elle généré des économies ? », *Gazette des communes*, 15 avril 2013.

17. *Vidéo des auditions de la Mission d'évaluation et de contrôle des lois de financement de la sécurité sociale*, 14 février 2013 : *http://www.assemblee-nationale.tv/media.12.3961.*

18. F. SAUVADET, « Suppression de la journée de carence : une erreur », *Gazette des communes*, 8 avril 2013 : « L'annonce par Marylise Lebranchu de la suppression de la journée de carence dans la fonction publique a suscité une large levée de boucliers. En tant qu'ancien ministre de la Fonction publique et auteur de cette mesure, je partage cette indignation et cette colère.
L'impréparation de la décision, injuste et contre-productive, était telle que le Premier ministre l'aurait découverte dans la presse ! »

19. Décret n° 2012-853 du 5 juillet 2012 portant relèvement du minimum de traitement dans la fonction publique et attribution de points d'indice majoré à certains personnels civils et militaires de l'État, personnels des collectivités territoriales et des établissements publics de santé, *JORF*, 6 juillet 2012.

20. Décret n° 2013-33 du 10 janvier 2013 portant relèvement du minimum de traitement dans la fonction publique et attribution de points d'indice majoré à certains personnels civils et militaires de l'État, personnels des collectivités territoriales et des établissements publics de santé, *JORF*, 11 janvier 2013.

21. M. DORIAC, « Marylise Lebranchu donne la priorité aux catégories C de la fonction publique, pas aux rémunérations », *Gazette des communes*, 7 février 2013.

voie d'accès à l'échelon spécial[22], doté de l'indice brut 499, dans des conditions comparables à celles dont ont bénéficié les fonctionnaires de l'État. Cette politique salariale favorable prioritairement aux bas salaires entraîne, sur le long terme, un effet pervers : le tassement de la grille indiciaire. Ainsi, en début de carrière, certains fonctionnaires de catégorie A perçoivent une rémunération supérieure de 20 % seulement au SMIC. Le gel du point d'indice n'incite donc pas les diplômés à entrer dans la fonction publique et, limitant l'évolution vers le haut de la rémunération des cadres, tend à les démotiver. L'austérité salariale de la fonction publique finira-t-elle en « lutte des cadres » ?

Annonce de la suppression de la journée de carence et augmentation des plus bas salaires : ces mesures ponctuelles et aux effets incertains ne sauraient donc compenser le gel du point d'indice ; mais les contraintes budgétaires ne laissaient pas d'autre choix au gouvernement que celui de décevoir les attentes salariales légitimes des agents publics.

Le désenchantement vis-à-vis des conditions de travail est désormais un phénomène palpable et qui s'avère bien partagé par l'ensemble des fonctionnaires territoriaux.

C. Conditions de travail : désenchantement des agents des collectivités territoriales

Une enquête réalisée au début de l'année 2013[23] met en lumière les angoisses statutaires croissantes des agents des collectivités territoriales. Les réponses aux questions portant sur les rapports collectifs renvoient la satisfaction de la majorité des agents ; ce bilan globalement positif accuse toutefois une chute sévère en une année seulement. Plus inquiétant : si les agents gardent foi dans le service public local, les réponses qu'ils apportent aux questions d'ordre individuel marquent une grande défiance.

22. Décret n° 2012-552 du 23 avril 2012 relatif à l'échelon spécial de la catégorie C de la fonction publique territoriale, *JORF*, 25 avril 2012.

23. Ph. Catta, *Deuxième Baromètre national de la fonction publique territoriale – « Le bien-être au travail des agents de la FPT »*, Paris, *Gazette*, *Emploipublic.fr*, PRAGMA, 2013, 22 p. : *http://www.pragma-management.fr/avril2013/barometre-FPT-2013.pdf.*

Tableau n° 2
Satisfaction des rapports collectifs, mais insatisfaction individuelle

	Réponse Oui	Variation 2012-2013
Êtes-vous globalement satisfait(e) de travailler pour votre collectivité (ou établissement) ?	66 %	- 8 %
Êtes-vous fier (e) de travailler pour votre collectivité (ou établissement) ?	68 %	- 6 %
Pour réaliser votre travail, disposez-vous : – du temps nécessaire ? – des moyens matériels suffisants ?	 58 % 63 %	 - 3 % - 1 %
Ressentez-vous une pression excessive de la part de votre hiérarchie directe ?	43 %	+ 4 %
Globalement, avez-vous confiance dans : – votre avenir professionnel en général ? – vos perspectives professionnelles au sein de votre collectivité ou établissement ?	 48 % 32 %	 - 1 % - 2 %

Source : Deuxième Baromètre national de la fonction publique territoriale, préc.

La plupart des indicateurs connaissent donc une dégradation révélatrice d'un mal-être grandissant dans la fonction publique territoriale.

Pourtant, selon la même enquête, les agents des collectivités territoriales adhèrent toujours aux valeurs fondatrices du service public. Dans le classement des motifs de satisfaction professionnelle, l'exercice d'une mission de service public, la satisfaction des usagers puis l'intérêt du travail arrivent en tête, tandis que les rémunérations se classent en dernière position – « certes… », a-t-on envie d'ajouter.

L'on pourrait être tenté de conclure que les fonctionnaires territoriaux sont plus particulièrement exposés aux risques psychosociaux : ordres contradictoires, pression et insuffisance de reconnaissance de la hiérarchie et des élus, journées de travail nerveusement épuisantes, interruptions excessivement fréquentes. Il convient toutefois de relativiser ces motifs d'insatisfaction en les comparant avec les résultats de deux autres études récentes, non moins sérieuses, mais fondées sur des méthodologies différentes.

– D'une part, la Direction de l'animation de la recherche, des études et des statistiques (Dares), du ministère du Travail, a mené une enquête[24] dite de « Surveillance médicale des expositions aux risques professionnels (Sumer) » : dans cette cartographie des expositions des salariés aux principaux risques professionnels en France, les agents des collectivités territoriales occuperaient presque une position privilégiée (tableau n° 3). L'un des enseignements que l'on peut tirer de cette enquête est que,

24. « Les risques professionnels en 2010 : de fortes différences d'exposition selon les secteurs », *Dares analyses*, n° 10, février 2013, 12 p. : *http://travail-emploi.gouv.fr/IMG/pdf/2013-010.pdf.*

par rapport aux agents de la fonction publique et de l'État et, surtout, de la fonction publique hospitalière, ceux des collectivités territoriales connaissent globalement de moins mauvaises conditions de travail. Par exemple, les interruptions fréquentes, les contraintes et les rythmes de travail difficiles s'imposent à des effectifs proportionnellement moins nombreux dans les collectivités territoriales.

Tableau n° 3

Intensité du travail et marges de manœuvre

		Ensemble des salariés		Ensemble des salariés		Privé					Public		
	Ensemble des salariés	Privé	Public	Hommes	Femmes	Agriculture	Industrie	Construction	Tertiaire		FPH	FPE*	FPT
									Commerce/ transports	Autres services			
Subir au moins 3 contraintes de rythme de travail**	38,8	40,2	32,5	42,0	35,0	20,5	50,2	32,1	42,8	36,0	40,9	38,3	24,7
Avoir un rythme de travail imposé par:													
le déplacement automatique d'un produit ou d'une pièce	4,1	4,7	1,2	4,9	3,1	2,5	14,2	1,5	2,9	2,1	2,5	0,7	0,8
la cadence automatique d'une machine	4,5	5,1	1,4	5,4	3,3	4,3	16,7	1,6	2,3	2,3	2,9	0,8	0,9
d'autres contraintes techniques	14,7	15,4	11,5	19,1	9,3	15,7	26,3	21,1	13,2	10,5	13,2	15,8	8,3
une demande extérieure obligeant à une réponse immédiate	56,8	56,7	57,0	55,5	58,3	25,3	49,6	42,1	66,9	57,3	58,9	63,4	52,8
des normes de production ou des délais à respecter en une heure ou plus	20,2	21,2	15,5	21,5	18,7	8,7	28,0	13,3	24,3	17,9	25,4	12,3	11,4
un contôle ou un suivi informatisé	29,4	30,8	22,7	30,8	27,7	7,4	34,3	10,7	35,2	31,0	20,9	37,1	16,6
Devoir fréquemment interrompre une tâche pour en faire une autre non prévue	56,6	55,5	61,7	54,4	59,1	41,3	55,7	47,5	55,5	57,5	64,8	65,1	58,3
Être obligé de se dépêcher pour faire son travail (toujours, souvent)	37,1	37,8	33,8	35,0	39,6	21,8	35,6	29,9	41,2	38,7	46,3	29,0	28,9
Changer de poste en cas d'urgence ou d'absence d'un collègue	22,1	21,8	23,4	22,9	21,2	15,1	28,3	20,6	24,5	17,4	23,9	21,4	24,1
Impossibilité de faire varier les délais fixés	35,4	36,4	30,7	33,8	37,3	25,7	39,2	34,5	37,5	35,0	27,4	30,9	32,6
Impossibilité de changer l'ordre des tâches à accomplir	12,7	13,6	8,7	13,3	12,1	10,8	16,2	10,7	16,5	10,9	10,0	6,4	9,2
Ne pas pouvoir interrompre momentanément son travail quand on le souhaite	15,7	15,5	16,3	13,1	18,8	6,0	11,6	9,2	20,7	15,4	22,5	7,7	17,1

*Hors ministère de la Justice, ministères sociaux et enseignants de l'éducation nationale

**Parmi lesquelles: le déplacement automatique d'un produit ou d'une pièce, la cadence automatique d'une machine, d'autres contraintes techniques, la dépendance immédiate vis-à-vis du travail d'un ou plusieurs collègues, des normes de production ou des délais à respecter en une journée au plus, des normes de production ou des délais à respecter en une heure ou plus, une demande extérieure obligeant à une réponse immédiate, les contrôles ou surveillances permanentes exercés par la hiérarchie, un contrôle ou un suivi informatisé.

Champ: salariés France métropolitaine et La Réunion.

Source: Fares-DGT-DGAFP, enquête Sumer 2010.

– D'autre part, le CNFPT a mené sa propre enquête, plus qualitative, sur les risques psychosociaux[25] et parvient à des conclusions proches : il n'existe pas de spécificité des risques psychosociaux dans la fonction publique territoriale, mais un contexte qui nécessite une vigilance particulière pour certains agents[26] et la mise en œuvre de solutions originales avec un soutien des centres de gestion[27].

Ce panorama des chiffres clefs de la fonction publique territoriale donne un éclairage aux débats qui ont dominé les douze derniers mois et aux projets qui ont vu le jour.

II. Projets, propositions, protocoles : des serpents de mer ?

Si l'on ne pouvait pas attendre de changement *hic et nunc*[28], de nombreux thèmes importants ont néanmoins resurgi à la faveur de l'alternance politique de 2012. Il est possible de les regrouper selon qu'ils concernent la décentralisation (A), la déontologie (B) ou l'égalité dans la fonction publique (C).

A. Décentralisation, Acte III, scène 1

« La République, elle est forte par son État, mais aussi par ses territoires »[29]. Candidat en campagne, François Hollande avait entonné un hymne vibrant à la France des territoires trente ans et un jour après la loi du 2 mars 1982 et annoncé un Acte III de la décentralisation.

---

25. *La prise en compte des risques psychosociaux dans les collectivités territoriales*, Paris, CNFPT, coll. « Étude », juin 2012, 20 p. *http://www.cnfpt.fr/sites/default/files/etude_risques_psychosociaux_2012.pdf.*

26. *Idem*, p 6 : « Si une spécificité [des risques psychosociaux dans la fonction publique territoriale] existe, elle ne se situe pas au niveau des différents risques psychosociaux eux-mêmes, mais elle est liée au contexte particulier de la "gestion publique territoriale". Les collectivités présentent en effet "des évolutions, dans certains contextes, ou des caractéristiques qui peuvent devenir des facteurs de risques". »
Les facteurs suivants ont été fréquemment évoqués par nos interlocuteurs :
 – un continuum de réforme : les transferts de compétences, [...], la réforme territoriale et l'évolution de la carte intercommunale [...] placent les collectivités dans un environnement complexe, mouvant et incertain. [...] ;
 – la particularité du diptyque élus-encadrants place parfois l'agent territorial dans un double système hiérarchique plus propice à provoquer des problèmes d'injonctions directes et de « court-circuitages » ;
 – les alternances politiques peuvent potentiellement induire des changements organisationnels et managériaux ;
 – l'optimisation de l'action publique dans un contexte de moindres ressources conduit à des exigences croissantes de qualification, de polyvalence et d'adaptation des agents. Elle peut aussi engendrer des changements organisationnels fréquents et radicaux, des modes de management transverses (projet, organisation matricielle) qui sont parfois perçus comme insécurisants et déstabilisants ».

27. *Idem*, p. 16 : « Les collectivités font surtout remarquer qu'elles sont confrontées, quelle que soit leur taille, aux mêmes problématiques de souffrance au travail sans qu'elles puissent partager les mêmes moyens et les mêmes ressources pour déployer des plans d'action et des mesures. Dans ce contexte, les collectivités les plus petites, notamment rurales, attendent un appui et un accompagnement très présents des centres de gestion à toutes les étapes des dispositifs de prévention et de lutte contre les risques psychosociaux. »

28. M.-C. DE MONTECLER, « Quel changement pour la fonction publique ? », *AJDA*, n° 20, 11 juin 2012, p. 1081.

29. F. HOLLANDE, *Discours de Dijon*, 3 mars 2012 : *http://www.parti-socialiste.fr/articles/meeting-de-francois-hollande-dijon-revivez-le-direct.*

Mais faut-il, après les « trente glorieuses »[30] de la décentralisation française, craindre une décennie piteuse ? Le texte de l'Acte I de la décentralisation était écrit avec *maestria* pour des acteurs amoureux de liberté ; dans la veine de la métaphore théâtrale, l'acte III s'ouvre en revanche sur une tragédie budgétaire[31] et un imbroglio politique. Les ingrédients étaient donc réunis pour susciter rapidement non seulement de nouvelles inquiétudes pour les agents des collectivités territoriales[32] et l'opposition de certains syndicats[33], mais aussi l'incompréhension de nombreux élus locaux, y compris de la majorité. Cette conjonction explique que, malgré un « dialogue fructueux »[34], le projet n'ait pas reçu un seul vote en sa faveur au Conseil supérieur de la fonction publique territoriale[35].

Un facteur de complexité supplémentaire vient peut-être de ce qu'un grand nombre d'institutions concernées ont, légitimement, souhaité faire part de leurs propres propositions... intéressées. Pour se limiter aux trois principaux organismes intervenant dans la fonction publique territoriale, l'on rappellera simplement les propositions du CSFPT[36] et de la FNCDG[37] et l'on mentionnera notamment celles du CNFPT. Très rapidement, sept

30. B. Faure, « La glorieuse trentenaire – À propos du 30e anniversaire de la loi du 2 mars 1982 », *AJDA*, n° 14, 16 avril 2012, *Dossier spécial, Trente ans de décentralisation*, pp. 738-742.

31. M. Rouzeau, « Le coût de la décentralisation – Le débat sur la dépense publique locale : un net changement de prisme depuis les "temps héroïques" de l'Acte I de la décentralisation », *JCP-A*, n° 44, 5 novembre 2012, pp. 39-41 : « Au début des années 1980, le débat sur la décentralisation se focalisait sur la conquête d'une liberté nouvelle : à l'œuvre "multiséculaire" de centralisation, succédait la prise de possession des exécutifs locaux par des représentants élus. Ceux qui le regrettaient alors, et dont les voix se sont tues, évoquaient un risque d'éclatement de la collectivité nationale qui apparaît aujourd'hui comme un argument bien désuet.
Aujourd'hui, la rareté de la ressource publique, amplifiée par une crise profonde et durable, place le débat sur le niveau de mise en œuvre des politiques publiques sous un angle presque exclusivement financier et budgétaire. »

32. M. Doriac, « Acte 3 : les syndicats de la fonction publique exigent des garanties pour les agents », *Gazette des communes*, 17 décembre 2012 ; M. Doriac, « Projet de loi de modernisation de l'action publique et de décentralisation : les organisations syndicales dans le flou », *Gazette des communes*, 19 décembre 2012.

33. « Les fonctionnaires FO contre "toute nouvelle étape de décentralisation" », *Gazette des communes*, 15 octobre 2012 ; M. Doriac, E. Quémard, A. Wemaere, « Décentralisation : les syndicats de la fonction publique partagés sur les bénéfices pour les agents », *Gazette des communes*, 15 février 2013.

34. CSFPT, *Dialogue fructueux entre le Conseil supérieur de la fonction publique territoriale et la DGCL dans le cadre du projet d'Acte III de la décentralisation* [Communiqué de presse du 6 février 2013] : *http://www.csfpt.org/documents/022013/0702130924531Communiqudepressedu06fvrier2013.pdf.*

35. CSFPT, *Dialogue social fructueux avec la ministre, Marylise Lebranchu, autour du projet de loi de décentralisation et de réforme de l'action publique* [Communiqué de presse du 27 mars 2013] : « Le vote, effectué sur les seuls articles relevant de la compétence du Conseil supérieur, a été défavorable (contre : 11, pour : 0, abstention : 8), les auteurs de ces votes n'étant nullement engagés sur l'ensemble du projet de loi. » *http://www.csfpt.org/documents/042013/0204131500133Communiqudepressedu27mars2013.pdf.*

36. M. Doriac, « Réforme des collectivités : le CSFPT avance ses pions devant la DGCL », *Gazette des communes*, 8 février 2013.

37. Voir cette chronique, *DGCL 2012* ; Voir aussi : *http://www.fncdg.com/fncdg/htm/cnet/Docs/Les%2015%20propositions.pdf.*

mesures urgentes ont été présentées par François Deluga à Marylise Lebranchu[38]. Par la suite, ce sont non moins de quarante-six propositions qui ont été formulées par le président du CNFPT[39] ; elles ne pouvaient pas toutes, au demeurant, intégrer la Loi de décentralisation : certaines ont un caractère réglementaire ; d'autres, telles que celles relatives à la déontologie, inspireront la future loi consacrée à la fonction publique[40].

La grande réforme de décentralisation annoncée a ensuite été scindée, lors de sa présentation en Conseil des ministres le 10 avril 2013[41], en trois projets de loi[42]. Il ne s'agit pas pour le gouvernement de céder à la mode des trilogies, mais de reprendre à son compte la méthode qui avait, avec succès, servi à l'élaboration du premier train de lois de décentralisation[43]. Sur le fond, les objectifs de simplification, d'efficacité et d'économie sont clairement affichés par les ministres concernées[44].

---

38. S. FAGNART, « François Deluga reçu par Marylise Lebranchu jeudi 31 mai pour exposer sept mesures pour la FPT », *Gazette des communes*, 29 mai 2012 :
   - allonger les formations d'intégration des agents de catégories A et B ;
   - prolonger la validité de l'examen professionnel de rédacteur territorial ;
   - contribuer aux actions en direction de la jeunesse, par le biais de l'apprentissage, et d'actions ciblées au profit de publics prioritaires en collaboration avec les régions ;
   - accompagner les mesures concernant l'emploi dans le secteur public ;
   - inscrire un volet « fonction publique territoriale » dans l'acte III de la décentralisation ;
   - renouveler la gouvernance de l'École normale supérieure des officiers de sapeurs-pompiers (ENSOSP) ;
   - rétablir la cotisation formation à 1 % dès le 1er janvier 2013.

39. F. DELUGA, *Quelle fonction publique territoriale pour réussir la décentralisation ? 46 propositions d'adaptation*, Paris, CNFPT, 2012, 31 p. : *http://www.elunet.org/IMG/pdf/46_propositions_CNFPT.pdf.*

40. Voir *infra*.

41. « Décentralisation et réforme de l'action publique » [Compte rendu de la réunion du Conseil des ministres, 10 avril 2013] : « La ministre de la Réforme de l'État, de la Décentralisation et de la Fonction publique a présenté un projet de loi de modernisation de l'action publique territoriale et d'affirmation des métropoles, un projet de loi de mobilisation des régions pour la croissance et l'emploi et de promotion de l'égalité des territoires et un projet de loi de développement des solidarités territoriales et de la démocratie locale. » : *http://www.gouvernement.fr/gouvernement/decentralisation-et-reforme-de-l-action-publique.*

42. Projet de loi de modernisation de l'action publique territoriale et d'affirmation des métropoles : *http://www.action-publique.gouv.fr/files/PJL_1.pdf* ; Projet de loi de mobilisation des régions pour la croissance et l'emploi et de promotion de l'égalité des territoires : *http://www.action-publique.gouv.fr/files/PJL_2.pdf* ; Projet de loi de développement des solidarités territoriales et de la démocratie locale : *http://www.action-publique.gouv.fr/files/PJL_3.pdf.*

43. P. POTTIÉE-SPERRY, J. PAQUIER, J.-B. FORRAY, « Décentralisation : "La grande innovation, c'est l'instauration de métropoles" [Entretien avec Jean-Marc Ayrault] » ; *Gazette des communes*, 12 avril 2013 : « Devant l'importance de ce chantier constitué de 124 articles souvent complexes, j'ai préféré procéder de manière méthodique et tenir compte d'un calendrier parlementaire chargé. Le découpage est le fruit d'un dialogue constructif que nous avons eu avec les sénateurs. C'est la méthode qui avait été choisie lors des premières lois de décentralisation de 1982, qui ont libéré les énergies locales et transformé nos villes et nos territoires. »

44. M. LEBRANCHU, A.-M. ESCOFFIER, *Pour une action publique simplifiée, plus proche des citoyens, donc plus efficace et moins coûteuse*, Paris, ministère de la Réforme de l'État, de la Décentralisation et de la Fonction publique, 2013, 44 p. : *http://www.gouvernement.fr/sites/default/files/fichiers_joints/dossier_de_presse_decentralisation.pdf.*

S'il est encore trop tôt pour connaître le contenu des textes qui seront adoptés[45], l'on peut en revanche indiquer les quelques dispositions qui concernent la fonction publique territoriale. Celles qui concernent les transferts de service sont communes aux trois projets de loi : par exemple, un droit d'option est ouvert pour les fonctionnaires de l'État transférés et le sort des agents non-titulaires de l'État transférés est réglé dans les mêmes conditions par chacun des trois textes. D'autres dispositions sont spécifiques et doivent être abordées successivement. Ainsi, dans le projet de loi de modernisation de l'action publique territoriale et d'affirmation des métropoles, l'article 27 assimile la future métropole de Lyon, pour ses emplois fonctionnels, à un département. L'article 41 introduit dans ce projet de loi les propositions exprimées par le CSFPT lors de sa séance du 6 février 2013 : principe du maintien du régime indemnitaire et des droits acquis pour tous les personnels concernés par une réorganisation entraînant un changement d'employeur, ainsi que des prestations d'action sociale après négociation locale sur ce sujet. Dans le projet de loi de mobilisation des régions pour la croissance et l'emploi et de promotion de l'égalité des territoires, l'article 20, relatif aux « maisons de services au public », permet à ces organismes de bénéficier d'une plus grande souplesse dans la gestion des agents mis à leur disposition en introduisant des dérogations au décret du 8 juin 2008[46].

B. Déontologie de la fonction publique

À l'occasion de la première présentation de ses vœux aux partenaires sociaux, la ministre de la Fonction publique avait annoncé les priorités de l'année 2013 et réaffirmé les valeurs de la fonction publique en référence au trentième anniversaire de l'adoption du titre Ier du statut général de la fonction publique[47]. Les droits et obligations des fonctionnaires devraient donc être rénovés au cours de l'année 2013. François Deluga, président du CNFPT mais également membre du « pool de campagne » de la future ministre, avait également porté des propositions relatives à la déontologie des fonctionnaires[48] et aux valeurs du service public. Il faut bien reconnaître que plusieurs affaires ont « fait le *buzz* » autour de

45. Seul le projet de loi de modernisation de l'action publique territoriale et d'affirmation des métropoles a été déposé au Sénat ; il sera débattu en séance le 30 mai 2013.

46. Décret n° 2008-580 du 18 juin 2008 relatif au régime de la mise à disposition applicable aux collectivités territoriales et aux établissements publics administratifs locaux, *JORF*, 20 juin 2008.

47. M. Lebranchu, *Vœux aux partenaires sociaux de la fonction publique*, 17 janvier 2013 : « 2013 s'annonce en effet décisive pour l'avenir de la fonction publique. Le choix que nous avons fait en juillet dernier a été d'ouvrir sur une même année l'ensemble des grands chantiers de la fonction publique. [...] En cette année du trentième anniversaire de la loi Le Pors, nous devons réaffirmer les valeurs fondamentales de la fonction publique et actualiser les droits et obligations qui constituent la spécificité et la raison d'être du statut général des fonctionnaires. » : *http://www.fonction-publique.gouv.fr/files/files/Espace_Presse/Lebranchu/20130117-voeux-aux-partenaires-sociaux.pdf.*

48. M.-C. de Montecler, « Questions à... François Deluga, président du Centre national de la fonction publique territoriale », *AJDA*, n° 29, 6 septembre 2012, p. 1612 : « L'un des points sur lesquels il faut avancer, c'est la transparence, la déontologie et les valeurs. Il faut qu'il y ait au niveau de la fonction publique territoriale – mais cela peut aller au-delà – une affirmation des valeurs du service public, sous forme par exemple d'une charte de déontologie pour s'assurer que nous sommes bien en phase avec ce que pensent nos concitoyens sur la transparence, la déontologie, la rigueur, l'honnêteté, le service des autres... »

ces questions depuis deux ans. Le devoir de réserve, notamment, semble avoir été quelque peu malmené depuis les affaires Zoé Shepard I[49] et II[50], les réactions épidermiques[51] et les émules[52] qu'elle a suscités et, finalement, le rejet du recours qu'elle avait formé contre son exclusion temporaire du Conseil régional d'Aquitaine[53]. Il nous semble que la souffrance au travail ne saurait être exorcisée par des « essais », « témoignages » et autres exercices plus ou moins humoristiques. Il nous semble également désormais souhaitable que le législateur siffle la fin de la récréation littéraire ; mais l'inclusion du devoir de réserve dans la future loi ne semble pas encore avoir été décidée. Il faut aussi replacer la priorité donnée à la déontologie dans le cadre plus général des attentes sociales fortes de transparence de la vie et des affaires publiques, au moment où un effort est demandé aux Français. Bien perçues par le gouvernement, ces exigences sociales ont fait l'objet de deux rapports récents[54]. C'est probablement dans le même esprit que le législateur mettra la déontologie au cœur de ses préoccupations pour l'avenir de la fonction publique.

Ces exigences démocratiques rejoignent, d'une certaine manière, un autre principe républicain.

C. Principe d'égalité dans la fonction publique

Les avancées du principe d'égalité dans la fonction publique ont pris deux directions complémentaires : l'égalité d'accès aux emplois publics d'une part et l'égalité entre hommes et femmes d'autre part.

L'égalité d'accès aux emplois publics constitue un problème récurrent de la fonction publique territoriale depuis la loi du 13 juillet 1987, qui a substitué des concours de réserve aux concours avec classement par ordre de mérite imaginés dans la première version du titre III du statut général, certes jamais mis en œuvre, mais validés par le Conseil constitutionnel[55]. Si ce rappel historique est nécessaire, il convient également de souligner que le Conseil constitutionnel n'a pas non plus censuré les concours de réserve, dans le cadre de « procédures de sélection » comparables[56]. Le rétablissement des concours au mérite n'est

49. Z. Shepard, *Absolument dé-bor-dée ! ou le paradoxe du fonctionnaire*, Paris, Albin Michel, 2010, 194 p.

50. Z. Shepard, *Ta carrière est fi-nie !*, Paris, Albin Michel, 2012, 288 p.

51. E. Parker, *Au boulot Zoé ! ou le quotidien d'un fonctionnaire engagé*, Paris, Gualino, 2012, 112 p.

52. H. Rouant-Pleuret, *Abruti de fonctionnaire*, Paris, Éditions du Panthéon, coll. « Témoignage », 2011.

53. TA Bordeaux, 1re ch., 31 décembre 2012, n° 1003360, *Mme Boullet*, JurisData n° 2012-031805.

54. J.-M. Sauvé, *Pour une nouvelle déontologie de la vie publique* [Rapport de la Commission de réflexion pour la prévention des conflits d'intérêts dans la vie publique, remis au Président de la République le 26 janvier 2011], Paris, La Documentation française, coll. « Rapports officiels », 2011, 121 p. : *http://www.conflits-interets.fr/pdf/rapport-commission-conflits-interets-vie-publique.pdf.*

L. Jospin, *Pour un renouveau démocratique* [Rapport de la Commission de rénovation et de déontologie de la vie publique], Paris, La Documentation française, coll. « Rapports officiels », 2012, 129 p. : *http://www.gouvernement.fr/sites/default/files/fichiers_joints/rapport_commission_rdvp.pdf.*

55. CC, n° 83-168 DC, 20 janvier 1984, *Loi portant dispositions statutaires relatives à la fonction publique territoriale*, considérants n° 11 et s.

56. CC, n° 2010-20/21 QPC, 6 août 2010, *M. Jean C. et autres*, considérants n° 3-14.

certes pas à l'ordre du jour et les concours de réserve satisfont les employeurs locaux. Ils sont pourtant à l'origine des difficultés bien réelles que connaissent les lauréats « reçus-collés ». Depuis vingt-cinq ans, ces candidats constituent un point noir du titre III, malgré la limitation du nombre de postes mis aux concours et l'allongement de la durée maximale d'inscription sur la liste d'aptitude. C'est pourquoi l'IGA a rendu un rapport[57] sur la situation des lauréats « reçus-collés ». La mesure du phénomène est difficile, mais l'IGA l'estime à 10 %, tandis qu'une autre étude récente du CNFPT et de la FNCDG établissait ce ratio à 13,91 %. Au-delà de la querelle de chiffres, la plupart des propositions de l'IGA méritent seulement un commentaire rapide : elles s'attachent à prévenir la reconstitution du « stock » des lauréats « reçus-collés » par des procédés malthusiens destinés à limiter le flux entrant (fréquence moindre des concours, harmonisation des dates de concours, dissuasion des candidats). Deux propositions retiennent toutefois davantage l'attention. D'une part, l'IGA préconise une limitation territoriale de la validité des listes d'aptitude[58], ce qui serait contraire à l'unité de la fonction publique territoriale. D'autre part, l'IGA propose[59] « d'inciter » les Centres de gestion à recruter eux-mêmes les candidats : incitative, cette mesure ne serait donc pas obligatoire ; elle emprunte ses caractéristiques aux dispositions fort onéreuses de la prise en charge des fonctionnaires territoriaux momentanément privés d'emploi et, si elle devait se généraliser, elle ressemblerait à s'y méprendre aux dispositions relatives à l'accès à la fonction publique territoriale imaginées par le législateur... de 1984. Rendre possible l'accès à la fonction publique territoriale de tous les lauréats serait, en toute hypothèse, une façon juridiquement acceptable de remédier aux lourds soupçons qui pèsent sur les recrutements locaux selon la doctrine opérés, depuis 1987, sur la base de « critères incertains, ou trop certains... »[60]. Ce serait même « la meilleure solution »[61].

Le principe d'égalité entre hommes et femmes dans la fonction publique se heurte à des obstacles non moins anciens. Des avancées majeures avaient eu lieu au début de l'année 2012[62] ; déjà étudiées dans ces colonnes l'an dernier, ces réformes ont poursuivi leur

57. M.-H. Debart, F. Langlois, R. Fournalès, *Rapport relatif a la situation des lauréats « reçus-collés » aux concours de la fonction publique territoriale – Analyse et propositions*, Paris, ministère de l'Intérieur, de l'Outre-Mer, des Collectivités territoriales et de l'Immigration – Inspection générale de l'administration, 2012, 78 p.

58. *Idem*, p. 62 : « Recommandation n° 19 : Mettre à l'étude la possibilité qui serait offerte aux CDG organisateurs de concours, soit de limiter le bénéfice du concours au seul territoire concerné, soit d'exiger des candidats un engagement à accepter un poste sur ce territoire. »

59. *Idem*, p. 60 : « Recommandation n° 16 : Inciter au recrutement de fonctionnaires stagiaires remplaçants, parmi les lauréats inscrits pour la troisième et dernière année par les CDG, qui les mettraient à disposition des collectivités locales. »

60. B. Pouyet, « La fonction publique territoriale en 1986 », *Annuaire des collectivités locales 1987*, 1987, p. 357.

61. D. Jean-Pierre, « Le rapport de l'Inspection générale de l'administration sur les "reçus-collés" aux concours de la fonction publique territoriale : des propositions, mais pas de véritables solutions », *JCP-A*, n° 24, 18 juin 2012, p. 4.

62. Loi n° 2012-347 du 12 mars 2012 relative à l'accès à l'emploi titulaire et à l'amélioration des conditions d'emploi des agents contractuels dans la fonction publique, à la lutte contre les discriminations et portant diverses dispositions relatives à la fonction publique, *JORF*, 13 mars 2012, p. 4498 ; Décret n° 2012-601 du 30 avril 2012 relatif aux modalités de nominations équilibrées dans l'encadrement supérieur de la fonction publique, *JORF*, 2 mai 2012.

carrière réglementaire pendant l'été[63]. L'égalité, toutefois, ne se décrète pas. C'est pourquoi l'adhésion des acteurs concernés a été recherchée dans le cadre d'un protocole d'accord[64] signé le 8 mars 2013 à l'unanimité[65]. Il conviendra d'observer, au cours de l'année 2013, comment ce protocole sera traduit et mis en œuvre. L'on peut s'autoriser un certain optimisme en raison d'autres avancées parallèles : la présentation en conseil des ministres, le 5 décembre 2012, du plan d'action en faveur de l'égalité entre les femmes et les hommes dans les administrations publiques[66], la « feuille de route »[67] fixée en comité interministériel au ministère de la Fonction publique et le remplacement de l'Observatoire de la parité entre les femmes et les hommes par le nouveau Haut Conseil à l'égalité entre les femmes et les hommes[68], doté d'une mission plus large. Autant d'avancées qui contribuent à ce qu'il y a de plus difficile : faire évoluer les mentalités[69].

La fonction publique territoriale atteint ainsi, progressivement, à la veille de ses trente ans, « une majorité perfectible »[70]. Or, les perfectionnements qui lui ont été apportés en 2012-2013 doivent à présent être exposés.

III. Évolutions législatives et réglementaires

Ces évolutions seront distinguées selon qu'elles concernent les institutions (A), l'ensemble des fonctionnaires territoriaux (B) ou une partie d'entre eux seulement (C).

---

63. Circulaire du 20 août 2012 relative à l'application du décret n° 2012-601 du 30 avril 2012 relatif aux modalités de nominations équilibrées dans l'encadrement supérieur de la fonction publique : *http://circulaire.legifrance.gouv.fr/pdf/2012/08/cir_35690.pdf.*

64. *Protocole d'accord relatif à l'égalité professionnelle entre les femmes et les hommes dans la fonction publique*, Paris, MREDFP, DGAFP, coll. « Politiques d'emploi public », 2013, 21 p. : *http://www.fonction-publique.gouv.fr/files/files/publications/politiques_emploi_public/20130308-Protocole-d-accord-egalite-professionnelle.pdf*

65. M.-C. DE MONTECLER, « 15 mesures pour l'égalité hommes-femmes dans la fonction publique », *AJDA*, n° 10, 18 mars 2013, p. 549.

66. « Le plan d'action en faveur de l'égalité entre les femmes et les hommes dans les administrations publiques » : *http://www.gouvernement.fr/gouvernement/le-plan-d-action-en-faveur-de-l-egalite-entre-les-femmes-et-les-hommes-dans-les-adminis.*

67. COMITÉ INTERMINISTÉRIEL DES DROITS DES FEMMES ET DE L'ÉGALITÉ PROFESSIONNELLE ENTRE LES FEMMES ET LES HOMMES, *Feuille de route du Ministère de la Réforme de l'État, de la Décentralisation et de la Fonction publique*, 8 p. : *http://www.fonction-publique.gouv.fr/files/files/carrieres_et_parcours_professionnel/egalite_des_chances/CIDF-FeuilledeRoute-REDFP.pdf.*

68. Décret n° 2013-8 du 3 janvier 2013 portant création du Haut Conseil à l'égalité entre les femmes et les hommes, *JORF*, 5 janvier 2013, p. 407.

69. C. MONIOLLE, « L'évolution de la distinction hommes-femmes en droit de la fonction publique », *AJFP*, n° 1, janvier-février 2013, pp. 19-24.

70. B. DREYFUS, « La fonction publique territoriale, une majorité perfectible ! », *AJDA*, n° 31, 24 septembre 2012, pp. 1712-1716.

A. Évolutions institutionnelles : le CNFPT fait recette

Le parti a été pris d'exposer seulement, et séparément, la principale évolution institutionnelle récente : le rétablissement de la cotisation due au CNFPT au taux de 1 %.

Le feuilleton des cotisations avait fort mal commencé pour l'établissement, clef de voute institutionnelle de la fonction publique territoriale : adoptée par la précédente législature[71] dans des conditions discutables[72], la limitation à 0,9 % du taux de la cotisation était abrupte et amputait de quelque 33 millions d'euros le budget du CNFPT[73] au risque de le déséquilibrer (Graphique n° 2).

Graphique n° 2

Effet ciseaux du taux de croissance des dépenses de formation et de la cotisation

Évolution des dépenses directes de formation et de la cotisation

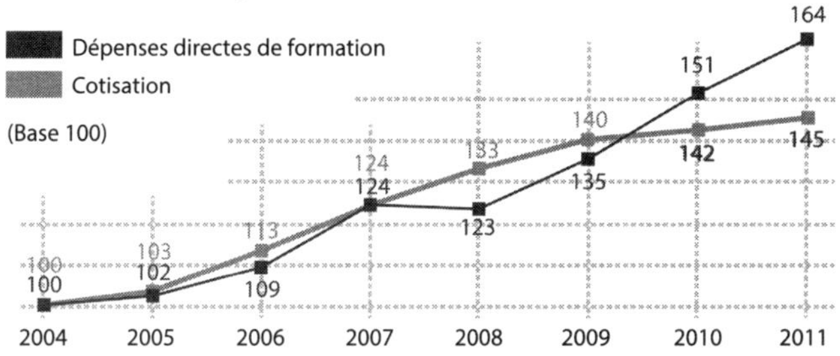

	Dépenses directes de formation	Cotisation
2004	103,1 M€	235,4 M€
2005	105,3 M€	243,1 M€
2006	112,4 M€	266,3 M€
2007	127,8 M€	291,0 M€
2008	127,0 M€	313,9 M€
2009	139,3 M€	328,4 M€
2010	155,6 M€	335,4 M€
2011	169,0 M€	342,3 M€

Source : CNFPT[74].

Toutefois, au terme d'une course d'obstacles et en négociant au mieux un calendrier parlementaire serré, le rétablissement du taux de cotisation à sa valeur initiale de 1 % a pu être introduit dans la loi de finances rectificative[75], de sorte que le budget du CNFPT a pu être rehaussé dès l'année 2013[76], au profit de la qualité et des modalités de mise en œuvre des formations[77].

---

71. Article 38, Loi n° 2011-900 du 29 juillet 2011 de finances rectificative pour 2011, *JORF*, 30 juillet 2011.

72. A. Mangiavillano, « Le CNFPT vote-t-il le taux d'impôt ? », *AJDA*, n° 24, 9 juillet 2012, pp. 1352-1356.

73. Voir cette *chronique*, *DGCL 2012*.

74. *Comment est utilisée la cotisation formation des collectivités ?*, Paris CNFPT, coll. « Comptes rendus », 2e éd. 2012, 25 p. *http://www.cnfpt.fr/sites/default/files/compterendu.pdf.*

75. Loi n° 2012-958 du 16 août 2012 de finances rectificative pour 2012, *JORF*, 17 août 2012, p. 13479.

76. A. Vovard, « Le taux de la cotisation au CNFPT ramené à 1 % dès 2013 », *Gazette des communes*, 20 juillet 2012 : « Le monde de la FPT respire. La mesure tant décriée de la loi n° 2011-900 du 29 juillet 2011 de finances rectificative pour 2011 – qui prévoyait l'abaissement du taux de la cotisation versée par les collectivités et leurs établissements publics au CNFPT de 1 à 0,9 % pour les exercices 2012 et 2013 – est désormais de l'histoire ancienne. »
M.-C. de Montecler, « La cotisation CNFPT rétablie à 1 % dès 2013 », *AJDA*, n° 27, 30 juillet 2012 p. 1476.
M.-C. de Montecler, « Promulgation de la loi de finances rectificative », *AJDA*, n° 28, 3 septembre 2012, p. 1554.

77. M. Doriac, « CNFPT : un budget 2013 rehaussé après le retour au 1 % », *Gazette des communes*, 24 janvier 2013.

Enfin, cette chronique resterait incomplète sans la présentation des principales évolutions générales ou ponctuelles qui ont marqué le statut de la fonction publique territoriale.

B. Évolutions statutaires générales

Sans surprise, ces évolutions sont disparates à défaut d'un projet d'ensemble pour la fonction publique. L'on peut tenter de les regrouper selon leur objet : l'amélioration de certains congés (1) et la protection contre diverses formes de précarité (2).

1. Amélioration de certains congés

L'amélioration concerne le congé maladie : il s'agit de la suppression du « jour de carence », déjà mentionnée dans cette chronique.

Cette amélioration concerne également certains congés liés à la famille.

– D'abord, le régime du congé parental est modifié par un décret du 18 septembre 2012[78], pour le mettre en conformité avec la directive 2010/18/UE du Conseil du 8 mars 2010 instituant un droit individuel à un congé parental accordé aux travailleurs, hommes ou femmes, en raison de la naissance ou de l'adoption d'un enfant. Le congé parental est ainsi étendu et ouvre désormais la possibilité pour les deux parents de le prendre simultanément.

– Ensuite, dans un même esprit d'adaptation du droit aux évolutions de la famille, la loi de financement pour la sécurité sociale[79] remplace le congé de paternité par le congé de paternité et d'accueil de l'enfant[80].

– Enfin, deux décrets du 18 janvier 2013[81] précisent les modalités d'application du congé pour solidarité familiale et de l'allocation d'accompagnement des personnes en fin de vie.

78. Décret n° 2012-1061 du 18 septembre 2012 modifiant les règles applicables en matière de congé parental pour les fonctionnaires et les agents non titulaires des trois fonctions publiques, *JORF*, 19 septembre 2012.

79. Loi n° 2012-1404 du 17 décembre 2012 de financement de la sécurité sociale pour 2013, *JORF*, 18 décembre 2012, p. 19821.

80. Art. 38 *bis* et 57, 5°, al. 2, Titre III du SGFP.

81. Décret n° 2013-67 du 18 janvier 2013 relatif au congé pour solidarité familiale et à l'allocation d'accompagnement des personnes en fin de vie pour les fonctionnaires relevant de la loi n° 83-634 du 13 juillet 1983 portant droits et obligations des fonctionnaires, *JORF*, 20 janvier 2013 ; Décret n° 2013-68 du 18 janvier 2013 relatif au congé pour solidarité familiale pour les agents non titulaires des fonctions publiques de l'État, territoriale et hospitalière, *JORF*, 20 janvier 2013.

2. Protection contre certaines formes de précarité

Largement consacrée à la résorption de l'emploi précaire, la loi du 12 mars 2012[82] a déjà fait l'objet de commentaire dans ces colonnes[83]. Le décret d'application de ces dispositions a été édicté relativement rapidement pour les agents de l'État[84], beaucoup plus tardivement pour ceux des collectivités territoriales[85] (et juste avant la fin de l'année pour la circulaire d'application dans la fonction publique territoriale)[86]. Les deux décrets ne s'avèrent pas strictement identiques quant aux modalités de la titularisation. À ce jeu des sept erreurs, certaines différences sont justifiées par la pluralité des employeurs territoriaux ; d'autres ne semblent guère justifiées, s'agissant par exemple des modalités de classement et des rémunérations qui seront perçues par ces futurs fonctionnaires[87].

La lutte contre une tout autre forme de précarité a été engagée par la loi du 26 octobre 2012[88] avec la création des emplois d'avenir. Porté par une volonté politique forte, ce nouveau dispositif de contrat aidé a été mis en œuvre dans les meilleurs délais[89]. Il crée logiquement des obligations financières pour l'État[90], mais aussi pour les collectivités territoriales employeurs[91]. Malgré cet encadrement réglementaire et un accompagnement proposé par

82. Loi n° 2012-347 du 12 mars 2012, préc.

83. Voir cette chronique, *DGCL 2012*.

84. Décret n° 2012-631 du 3 mai 2012 relatif aux conditions d'éligibilité des candidats aux recrutements réservés pour l'accès aux corps de fonctionnaires de l'État des catégories A, B et C et fixant les conditions générales d'organisation de ces recrutements en application de la loi n° 2012-347 du 12 mars 2012 relative à l'accès à l'emploi titulaire et à l'amélioration des conditions d'emploi des agents contractuels dans la fonction publique, à la lutte contre les discriminations et portant diverses dispositions relatives à la fonction publique, *JORF*, 4 mai 2012.

85. Décret n° 2012-1293 du 22 novembre 2012 pris pour l'application du chapitre II du titre Ier de la loi n° 2012-347 du 12 mars 2012 relative à l'accès à l'emploi titulaire et à l'amélioration des conditions d'emploi des agents contractuels dans la fonction publique, à la lutte contre les discriminations et portant diverses dispositions relatives à la fonction publique, *JORF*, 24 novembre 2012.

86. Circulaire NOR : INTB1240384C, 12 décembre 2012, Mise en œuvre du dispositif d'accès à l'emploi titulaire dans la fonction publique territoriale prévue au chapitre II du titre I de la loi n° 2012-347 du 12 mars 2012, relative à l'accès à l'emploi titulaire et à l'amélioration des conditions d'emplois des agents contractuels dans la fonction publique, à la lutte contre les discriminations et portant diverses dispositions relative à la fonction publique : *http://circulaires.legifrance.gouv.fr/pdf/2012/12/cir_36227.pdf*.

87. Art. 16, décret n° 2012-1293 du 22 novembre 2012, préc.

88. Loi n° 2012-1189 du 26 octobre 2012 portant création des emplois d'avenir, *JORF*, 27 octobre 2012, p. 16688.

89. Décret n° 2012-1210 du 31 octobre 2012 relatif à l'emploi d'avenir, *JORF*, 1er novembre 2012, p. 17141.
Circulaire DGEFP n° 2012-20 du 2 novembre 2012 relative à la mise en œuvre des emplois d'avenir :
http://circulaires.legifrance.gouv.fr/pdf/2012/11/cir_36039.pdf

90. Arrêté du 31 octobre 2012 fixant le montant de l'aide de l'État pour les emplois d'avenir, *JORF*, 1er novembre 2012, p. 17149.

91. Décret n° 2013-37 du 10 janvier 2013 portant fixation du taux de la cotisation obligatoire versée par les collectivités territoriales et leurs établissements publics pour la formation des bénéficiaires des contrats conclus au titre de l'article L. 5134-110 du Code du travail, *JORF*, 12 janvier 2013, p. 893.

le CNFPT[92], des incertitudes demeurent et semblent avoir ralenti le démarrage des contrats d'avenir[93].

Enfin, la précarité sanitaire n'étant pas absente de la fonction publique territoriale[94], un décret du 8 novembre 2011[95] avait ouvert la possibilité de la participation des employeurs territoriaux au financement des mutuelles complémentaires de leurs agents[96]. Une circulaire du 25 mai 2012[97] est intervenue pour en préciser les modalités[98] et la liste des contrats labellisés a ensuite été publiée[99], rendant cette réforme opérationnelle. Les collectivités territoriales semblent toutefois souhaiter un accompagnement, voire confier un mandat aux centres de gestion[100]. L'ensemble des acteurs concernés a tout intérêt à se montrer prudent après la réprimande adressée par la Cour des comptes aux administrations de l'État[101].

Si ces évolutions statutaires générales semblent disparates, les aménagements spécifiques à certains fonctionnaires territoriaux le sont nécessairement davantage.

C. Évolutions spécifiques

La poursuite de la construction du « nouvel espace statutaire » (NES) en catégorie B a entraîné l'édiction de plusieurs textes réglementaires (1) ; d'autres réformes sont spécifiques à certaines filières (2).

---

92. *Dispositif d'accompagnement des « emplois d'avenir »*, Paris, CNFPT, 2013, 4 p. : *http://www.cnfpt.fr/sites/default/files/plaquette-emploi-avenir.pdf.*

93. A. VOVARD, « Les emplois d'avenir dans les collectivités peinent à démarrer… pour l'instant », *Gazette des communes*, 28 mars 2013.

94. Voir *supra* I.

95. Décret n° 2011-1474 du 8 novembre 2011 relatif à la participation des collectivités territoriales et de leurs établissements publics au financement de la protection sociale complémentaire de leurs agents, *JORF*, 10 novembre 2011.

96. Voir cette chronique, *DGCL 2012*.

97. Circulaire NOR : RDFB1220789C, 25 mai 2012, Participation des collectivités territoriales et de leurs établissements publics à la protection sociale complémentaire de leurs agents : *http://circulaires.legifrance.gouv.fr/pdf/2012/06/cir_35387.pdf.*

98. S. FAGNART, « Une circulaire précise les modalités du décret sur la participation des employeurs aux complémentaires », *Gazette des communes*, 15 juin 2012 : « La circulaire précise ainsi que les délibérations sur la participation aux contrats, par le biais de la labellisation, ne peuvent être entreprises qu'après le 31 août 2012. Le texte lève aussi le voile sur une des questions laissées en suspens par le décret. Il souligne que seule la décision de participer financièrement peut justifier le lancement, par une collectivité, d'une procédure de convention de participation – une sorte de "contrat de groupe" pour une collectivité, la deuxième voie possible après la labellisation ».

99. Liste des contrats et règlements « labellisés » au titre de la participation des collectivités territoriales et de leurs établissements publics à la protection sociale complémentaire de leurs agents (décret n° 2011-1474 du 8 novembre 2011) : *http://www.collectivites-locales.gouv.fr/files/files/liste_contratslabellises_040613.pdf.*

100. G. GINIBRIÈRE, « Les centres de gestion accompagnent la participation employeur », *Gazette des communes*, 8 octobre 2012.

101. Cour des Comptes, Référé du 21 février 2012, *La protection sociale complémentaire des agents de l'État* : *http://www.ccomptes.fr/content/download/44621/772689/version/1/file/refere_62386_protection_sociale_complementaire_agents_Etat.pdf.*

1. NES, « *What else…* »

On est NES ou pas. Les cadres d'emplois NES sont en principe clonés sur cette réforme mise en œuvre dans la fonction publique territoriale à partir de l'année 2010[102] pour harmoniser les carrières des fonctionnaires de catégorie B.

Plusieurs cadres d'emplois appartenant aux filières administrative, culturelle, sanitaire et sociale rejoignent le NES en 2012-2013.

– Dans la filière administrative, une série de décrets du 30 juillet et du 1er août 2012[103] refonde le cadre d'emplois des rédacteurs territoriaux pour le fondre immédiatement dans le NES[104]. Ces décrets étaient attendus avec d'autant plus d'impatience que le cadre d'emplois concerné est le seul de cette filière classé en catégorie B. Le déroulement de la carrière est rendu plus cohérent, le recrutement est professionnalisé dans la continuité d'un mouvement désormais puissant, les dispositions transitoires règlent favorablement certaines situations particulières pour l'accès à ce cadre d'emplois, mais les voies de promotion interne semblent en revanche rendues plus difficiles.

– Dans la filière culturelle, suite au NES, trois décrets du 3 septembre 2012[105] réorganisent le concours et l'examen professionnel du cadre d'emplois des assistants territoriaux d'enseignement artistique.

---

102. Décret n° 2010-329 du 22 mars 2010 portant dispositions statutaires communes à divers cadres d'emplois de fonctionnaires de la catégorie B de la fonction publique territoriale, *JORF*, 26 mars 2010.

103. – Décret n° 2012-924 du 30 juillet 2012 portant statut particulier du cadre d'emplois des rédacteurs territoriaux ;
– Décret n° 2012-939 du 1er août 2012 fixant les modalités d'organisation de l'examen professionnel prévu à l'article 12 du décret n° 2012-924 du 30 juillet 2012 portant statut particulier du cadre d'emplois des rédacteurs territoriaux ;
Décret n° 2012-940 du 1er août 2012 fixant les modalités d'organisation de l'examen professionnel prévu à l'article 18-II du décret n° 2012-924 du 30 juillet 2012 portant statut particulier du cadre d'emplois des rédacteurs territoriaux ;
– Décret n° 2012-941 du 1er août 2012 fixant les modalités d'organisation de l'examen professionnel prévu à l'article 18-III du décret n° 2012-924 du 30 juillet 2012 portant statut particulier du cadre d'emplois des rédacteurs territoriaux ;
– Décret n° 2012-942 du 1er août 2012 fixant les modalités d'organisation des concours pour le recrutement des rédacteurs territoriaux.

104. D. Jean-Pierre, « L'entrée des rédacteurs territoriaux dans le "nouvel espace statutaire" », *JCP A*, n° 41, 15 octobre 2012, pp. 4-6.

105. – Décret n° 2012-1017 du 3 septembre 2012 fixant les modalités d'organisation de l'examen professionnel prévu à l'article 16-II du décret n° 2012-437 du 29 mars 2012 portant statut particulier du cadre d'emplois des assistants territoriaux d'enseignement artistique ;
– Décret n° 2012-1018 du 3 septembre 2012 fixant les modalités d'organisation de l'examen professionnel prévu à l'article 16-III du décret n° 2012-437 du 29 mars 2012 portant statut particulier du cadre d'emplois des assistants territoriaux d'enseignement artistique ;
– Décret n° 2012-1019 du 3 septembre 2012 fixant les modalités d'organisation des concours pour le recrutement des assistants territoriaux d'enseignement artistique.

– Dans la filière sanitaire et sociale, un nouveau cadre d'emplois est créé : celui des techniciens paramédicaux territoriaux[106], résultant de la fusion des deux cadres d'emplois de catégorie B, les rééducateurs et les assistants médico-techniques. Ce nouveau cadre d'emplois concerne des professions paramédicales réglementées réparties en dix spécialités. Bien qu'inclus dans le NES, ce statut particulier se distingue par une grille indiciaire *sui generis*.

2. Réformes spécifiques

À l'exception de celle qui concerne les administrations parisiennes[107], ces dernières évolutions peuvent également être déclinées par filière.

– Dans la filière culturelle, un décret du 21 décembre 2012[108] harmonise les épreuves des concours externe et interne des conservateurs territoriaux de bibliothèque avec celles des concours des conservateurs de bibliothèque de l'État. Le programme des épreuves est désormais commun et les épreuves identiques. La scolarité des lauréats étant également partagée à l'ENSSIB, le sentiment de communauté professionnelle devrait croître encore.

– Intervenant dans la filière animation, un décret du 11 octobre 2012, d'une part, complète le descriptif des missions des cadres d'emplois des adjoints territoriaux d'animation (catégorie C) et des animateurs territoriaux (catégorie B) lorsqu'ils interviennent dans le domaine de la médiation sociale : prévention des conflits ou rétablissement du dialogue entre les personnes et les institutions dans les espaces publics ou ouverts au public, maintien de la cohésion sociale par le développement de partenariats avec les autres professionnels. D'autre part, il assouplit les conditions de diplômes nécessaires pour l'accès aux concours de ces deux cadres d'emplois.

– Le même décret du 11 octobre 2012 concerne aussi la filière sportive : il assouplit également les conditions de diplômes nécessaires pour l'accès au concours d'éducateurs territoriaux des activités physiques et sportives (catégorie B). Enfin, il apporte un toilettage de pure forme pour l'accès de ceux-ci au cadre d'emplois des conseillers territoriaux des APS (catégorie A).

– Enfin, dans la filière sanitaire et sociale, les infirmiers territoriaux (catégorie B) pourront devenir infirmiers territoriaux en soins généraux (catégorie A) dans les

106. – Décret n° 2013-262 du 27 mars 2013 portant statut particulier du cadre d'emplois des techniciens paramédicaux territoriaux ;
– Décret n° 2013-263 du 27 mars 2013 portant échelonnement indiciaire applicable aux techniciens paramédicaux territoriaux ;
– Décret n° 2013-339 du 22 avril 2013 fixant les modalités d'organisation du concours pour le recrutement des techniciens paramédicaux territoriaux.

107. Décret n° 2012-1229 du 5 novembre 2012 modifiant le décret n° 94-415 du 24 mai 1994 portant dispositions statutaires relatives aux personnels des administrations parisiennes, *JORF*, 7 novembre 2012.

108. Décret n° 2012-1438 du 21 décembre 2012 modifiant le décret n° 92-899 du 2 septembre 1992 fixant les conditions d'accès et les modalités d'organisation des concours pour le recrutement des conservateurs territoriaux de bibliothèques, *JORF*, 23 décembre 2012.

conditions prévues par des décrets du 18 décembre 2012[109]. Il s'agit avant tout d'une mesure de cohérence : les infirmiers de la fonction publique hospitalière avaient obtenu la satisfaction de cette revendication depuis deux ans déjà[110]. Le nouveau cadre d'emplois des infirmiers territoriaux en soins généraux sera constitué par l'intégration des infirmiers territoriaux, dont le cadre d'emplois sera progressivement éteint. Un droit d'option, à exercer dans les six mois, leur est toutefois laissé : ils peuvent choisir de poursuivre leur activité en catégorie B avec certains avantages : traitement revalorisé et maintien éventuel dans la catégorie « active » pour bénéficier d'une retraite anticipée (mais cet avantage est à la merci d'une future réforme des retraites). Le nouveau cadre d'emplois de catégorie A offre quant à lui des conditions d'intégration avantageuses et des perspectives de carrières améliorées.

Cette montée en gamme des infirmiers entraînera probablement des revendications similaires d'autres fonctionnaires territoriaux. Dans les contextes de crise économique et de durcissement de leurs conditions de travail, certains travailleurs sociaux pourront légitimement prétendre à intégrer également la catégorie A[111].

109. – Décret n° 2012-1415 du 18 décembre 2012 fixant les modalités d'organisation du concours pour le recrutement des infirmiers territoriaux en soins généraux ;
– Décret n° 2012-1419 du 18 décembre 2012 modifiant le décret n° 92-861 du 28 août 1992 portant statut particulier du cadre d'emplois des infirmiers territoriaux ;
– Décret n° 2012-1420 du 18 décembre 2012 portant statut particulier du cadre d'emplois des infirmiers territoriaux en soins généraux ;
– Décret n° 2012-1421 du 18 décembre 2012 portant échelonnement indiciaire applicable aux infirmiers territoriaux en soins généraux ;
– Décret n° 2012-1422 du 18 décembre 2012 portant échelonnement indiciaire applicable aux infirmiers territoriaux.

110. Décret n° 2010-1139 du 29 septembre 2010 portant statut particulier du corps des infirmiers en soins généraux et spécialisés de la fonction publique hospitalière, *JORF*, 30 septembre 2010.

111. M. Doriac, « Les travailleurs sociaux exigent que l'on s'occupe d'eux rapidement », *Gazette des communes*, 10 avril 2013.

6. Innovation et gestion des grands services publics locaux

Robert HERTZOG

En collaboration avec

Bernard DYSSLI
Karine FAVRO
Laurence HERRMANN
Anne HULNÉ
ÉLISABETH SCHOCH
Guy SIAT
JULES WIZNIAK

Sommaire

Introduction

Face à une crise durable : compétences à la carte ou révision des cartes des collectivités ?

Robert Hertzog

Les problèmes de l'administration territoriale française ne changent pas beaucoup. Certains sont inhérents au système, presque génétiques, de sorte qu'ils sont en débat permanent, sans conséquence réelle : le nombre et la taille des communes, celle des départements, les finalités des régions. D'autres sont moins visibles et ne se sont aggravés que sous l'effet de la décentralisation : la confusion des compétences, leur manque de pertinence, l'inadéquation des financements, notamment pour les départements. Bien que les inconvénients qui en résultent s'amplifient, tout changement en profondeur reste rare en raison du nombre et de la puissance des intérêts en jeu, dont les gardiens sont aussi ceux qui devraient décider la réforme, le cumul des mandats déployant ici tous ses effets pervers.

Deux tendances lourdes demandent pourtant qu'on change vigoureusement le système : une décentralisation qui, en trente ans, en a substantiellement modifié le contenu et une sévère crise économique et financière durable qui impose efficacité et économies, termes qui, associés, n'ont jamais été les objectifs des réformes passées. On pouvait penser que la gravité de cette crise pousserait à des réformes hardies, mais les gouvernants craignent davantage les troubles politiques que la dépression économique, surtout quand on peut cacher celle-ci par des emprunts bon marché !

I. La décentralisation passée exige la réforme des institutions décentralisées !

Le processus de décentralisation a multiplié les institutions locales autonomes en supprimant les régulations anciennes assurées par l'État et a, par glissements successifs, renforcé considérablement le poids et les moyens des collectivités. Cela se mesure en effectifs d'agents où, hors Défense et Éducation nationale, les collectivités sont à un niveau équivalent de celui de l'État[1]. Le même constat vaut pour les masses financières. Dans l'espace territorial, les situations sont à présent inversées ; REATE et RGPP ont amaigri les administrations déconcentrées à un degré préoccupant, alors que les collectivités ont continué à embaucher, un peu moins vite, et à avoir des budgets en expansion, fussent-ils tendus ! Le basculement vers les départements et régions d'importants et coûteux services d'État (enseignement, aide sociale, voirie, trains régionaux, etc.) et l'implication des collectivités dans toutes les grandes politiques de l'État (développement durable, habitat, sécurité, culture, recherche et enseignement supérieur) ont considérablement modifié les services et « productions » assumés par l'administration locale. Cela s'est fait par à-coups, sans vision d'ensemble ni prospective, comme l'ont noté la Cour des comptes[2], des rapports au Parlement ou des comités d'experts (Balladur en 2009).

La distorsion entre l'armature territoriale et les contenus s'est ainsi fortement aggravée et les corrections, qui ont consisté à rajouter de complexes structures supplémentaires, se révèlent très coûteuses. À défaut de regrouper les départements, comme cela fut envisagé dans les années 1950, on a créé la région qui s'est elle-même dédoublée par phases successives (1964, 1972, 1982-1986) ; faute de fusionner les 36 767 communes, on a vu fleurir les syndicats, qui, après avoir atteint le chiffre effarant de 18 000, soit un pour deux (petites) communes, sont encore 14 305, qu'il a fallu ensuite coiffer de 2 456 communautés[3].

Cette accumulation d'institutions locales, entamée dans une période de croissance économique, s'est poursuivie malgré le ralentissement de celle-ci dès le milieu des années 1970[4] et des difficultés croissantes des finances publiques.

Mais personne ne mettait en cause la performance de ce système et le recours à l'emprunt pour le financer, d'autant que les responsables locaux ont su se valoriser par un discours de management et que, globalement, les collectivités étaient plutôt bien gérées en termes de ratios financiers. Les élus locaux pouvaient, en conséquence, répéter inlassablement : « On a besoin de plus d'argent », et l'obtenir par les impôts locaux, malgré ou à cause de leurs défauts, ainsi que par les dotations, qui s'imputent sur les ressources disponibles pour l'État. Les dépenses locales ont constamment progressé plus vite que le PIB, même corrigées des transferts de compétences (voir les études dans *l'Annuaire du GRALE* 2011). Et c'est ainsi, avec la protection sociale il est vrai, que la France atteint un record de dépenses publiques (57 % du PIB en 2013).

Les procédures inventées au fil du temps (mutualisation, chef de file inscrit à l'art. 72 de la Constitution, qui nécessite une autorisation législative compétence par compétence) pour compenser certains inconvénients ont eu des applications limitées et produit des gains

1. 1 811 000 agents dans la FPT en 2010, contre 1 266 000 en 1998. La croissance du secteur communal sur cette période (+ 318 000) est équivalente au total des régions et départements en 2010 : 370 000 ! (*Les collectivités locales en chiffres 2013*, DGCL La Documentation française, avril 2013).

2. Cour des comptes, *La conduite par l'État de la décentralisation*, octobre 2009, 176 p.

3. *Les collectivités locales en chiffres 2013*, précité.

4. Époque où l'on vit aussi les derniers budgets en équilibre ou proches de celui-ci !

modestes, mais continuent à connaître un succès dans les discours politiques et dans la littérature destinée aux praticiens parce qu'elles permettent de laisser les choses en l'état tout en nourrissant les pratiques bureaucratiques.

II. Crise économique et financière et réforme des structures

Le second facteur qui appelle de grands changements est bien connu aussi : la mutation irréversible des systèmes économiques et des équilibres géopolitiques. La crise des finances publiques, qui en est un aspect, ne s'atténue guère, car la seule amélioration qui pourrait alléger le poids de la dette et des déficits est la croissance économique, dont on est loin sur un horizon prévisible !

L'État a, jusqu'à présent, consenti l'essentiel des efforts, notamment par une réduction continue de ses services opérationnels, c'est-à-dire de son administration territoriale ou de prestation (Éducation nationale). Il reste de la mauvaise graisse dans les administrations centrales et leur redéploiement mériterait un effort, mais ce sera difficile et insuffisant.

Les marges d'action se trouvent ainsi mécaniquement reportées vers la protection sociale et les collectivités territoriales. Il n'est pas de notre propos de traiter de la première. Un regain de dépenses locales ne sera pas possible tant que la sécurité sociale présente des déficits importants.

Depuis dix ans se suivent les rapports qui demandent une participation des collectivités territoriales à la maîtrise des finances publiques. Avec peu de résultats. Tout est bon pour justifier le maintien de la dépense locale à un haut niveau : transferts de compétences, création des communautés, crise et plan de relance. De fait, les transferts de compétences opérés par la loi du 13 août 2004 concernent des dépenses à évolution contrainte ou avec peu de marge de manœuvre locale (aide sociale, personnels TOS des lycées et collèges, routes, TER). Leur décentralisation, qui déchargeait les services de l'État, n'apportait aucune économie d'échelle, un peu d'efficacité de gestion qui n'a cependant jamais été mesurée, et aucun gain budgétaire net, tous les progrès étant payés au prix fort et, insidieusement, par de l'endettement public. La principale différence est d'ordre comptable : dans les budgets locaux l'emprunt est mis en face des dépenses d'équipement et apparaît donc plus légitime.

Alors qu'il prétend depuis quinze ans programmer l'évolution des dépenses locales[5], l'État n'a aucun moyen pour influencer les choix financiers des collectivités. Le seul instrument d'emploi facile, mais d'une efficacité ambiguë, est le plafonnement puis la réduction des dotations dont la trajectoire est inscrite dans la Loi de programmation pluriannuelle des finances publiques (2012-2017). Selon la théorie économique, l'essentiel n'est d'ailleurs pas

5. Dans les programmes de stabilité adressés chaque année à la Commission européenne en vertu des règles du Pacte de stabilité et de croissance de 1997, puis dans les lois de programmation pluriannuelle des finances publiques depuis la révision constitutionnelle de 2008. Les chiffres des APUL ont servi de variable d'ajustement pour obtenir une trajectoire présentable à l'UE, car ils ont constamment été « optimistes ».

de baisser brutalement les dépenses, mais de les rendre plus performantes et pertinentes. Or, rien ne garantit que la pression ainsi exercée sur les responsables locaux les conduise à choisir cette voie. Comme le fit l'État antérieurement, les collectivités tendent à réduire l'investissement plutôt que le fonctionnement[6], ce qui est d'autant plus inquiétant qu'elles assurent environ 70 % de l'investissement public civil. Et, si les choix doivent viser l'utilité des services et équipements publics, conformément à la doctrine de la *Nouvelle gestion publique* popularisée par la LOLF, il est encore plus important qu'ils recherchent un effet de levier sur l'économie générale afin de contribuer à une relance de la croissance. Or, la plupart des administrations locales sont trop petites ou mal outillées pour concevoir de telles stratégies.

Malgré plus de dix ans de marketing de la gestion des performances et de l'évaluation des politiques publiques, le pouvoir politique reste bien démuni. Si l'on a diffusé nombre d'intéressantes et utiles pratiques, elles sont loin de permettre de faire face aux enjeux des temps ! La grande réforme des EPCI, par exemple, qui peut afficher des résultats, n'a pas fait l'objet d'aucune balance coûts/avantages d'ensemble et les juridictions financières ont fait des constats très mitigés. Suite à la loi du 16 décembre 2010, une révision de la carte des EPCI a certes été engagée et la définition de leurs compétences a souvent été revue[7], ce qui est bien, mais personne n'en sait mesurer les bénéfices.

L'adaptation des administrations locales aux réalités du XXIe siècle ne peut passer que par deux voies complémentaires : une redistribution drastique des compétences avec une recherche méthodique de leur pertinence et efficacité ; une révision courageuse des périmètres et des structures.

III. La redistribution des compétences : une décision remise et des méthodes contestables

S'agissant de la première solution, malgré d'innombrables études et de solennelles proclamations sur l'irrationalité de l'attribution des compétences aux collectivités territoriales et EPCI, qui était au centre de gravité du rapport Balladur de mars 2009, rien ne s'est passé dans les faits. On a le sentiment que ce thème est devenu l'alternative et l'alibi pour ne pas toucher aux structures, sujet politiquement explosif. Puisque celles-ci sont figées, optimisons la définition des missions des personnes publiques. Cela a d'abord inspiré toute la politique des intercommunalités, avec l'idée complémentaire que ces redistributions sont décidées par les responsables locaux eux-mêmes en fonction des circonstances propres à chaque territoire. L'État n'impose rien aux acteurs locaux qui savent trouver les meilleurs

6. En trajectoire tendancielle, le phénomène est clair. 2011 est « la première année de hausse de l'investissement local depuis 2007 », grâce à un bond du secteur communal ; pour les départements et les régions, le repli reste marqué. *Rapport de l'Observatoire des Finances locales 2012,* Ministère de l'Intérieur, 9/2012.

7. *Bulletin d'information statistique* – BIS n° 94 de la DGCL : *Refonte de la carte intercommunale : bilan provisoire sur l'année 2012.*

arrangements ! Affirmation à la valeur douteuse, car la construction d'institutions doit viser le long terme, qui est rarement l'horizon du responsable politique.

Néanmoins, cette philosophie se retrouve dans la loi du 16 décembre 2010 qui donne de larges pouvoirs aux départements et aux régions pour réorganiser à leur gré leurs compétences facultatives selon un schéma négocié, y compris avec le secteur communal[8]. Bien que ces dispositions n'aient guère eu de suites et que sur le principe elles soient fortement discutables, elles sont reprises dans les projets de réforme territoriale du gouvernement au début de 2013.

Il faut insister sur le signal de faiblesse que cela donne de l'État, qui affiche ainsi son incapacité de concevoir et d'imposer l'architecture des territoires, impotence transformée en vertu politique auprès de la classe politique locale, flattée de rester libre de son inertie comme de ses éventuelles actions. Qui peut avoir confiance dans un méli-mélo de compétences où la complexe diversité des intercommunalités sera amplifiée par celles des régions et départements ? On passe d'un excès d'uniformité, en fait déjà ancienne, et d'une absurdité (tout le monde a les mêmes missions du village de 150 habitants à la ville de 200 000 habitants) à d'autres où rien n'est plus semblable dès qu'on passe une de nos minuscules frontières administratives.

En matière de compétences, deux mesures très simples auraient pourtant un effet vigoureusement structurant. D'une part, la compétence de principe (la clause générale) passe de la commune à la communauté, les statuts de celle-ci énumérant les missions restant aux communes membres, avec un socle minimal fixé par la loi. Et, d'autre part, la région reste investie d'une compétence générale, alors que le département a des missions strictement énumérées par la loi et, à la marge, dans un schéma régional.

IV. L'impossible redécoupage des structures, ou la tyrannie des « petits »

Reste le redécoupage des territoires. Pour le secteur communal, l'avenir paraît tout tracé : personne n'osera, dans un délai prévisible, aller plus loin que la rationalisation de la carte des intercommunalités décidée par la loi du 16 décembre 2010 et qui doit se terminer en 2013 (voir note 6). Les dispositions visant à faciliter les fusions, notamment entre les communes d'un même EPCI qui serait ainsi devenu la nouvelle commune, n'ont eu aucune suite. La fusion entre départements[9] ou entre régions, souhaitée par le comité Balladur et dont la procédure a été redéfinie par la loi de 2010, n'en a également eu aucune quoiqu'elle

8. Notre article : « La réforme des collectivités territoriales : une ambition financière », *RFAP* n° 141, p. 121-137.

9. Le 6 juillet 2003, les électeurs corses avaient déjà rejeté à une faible majorité (51 %) un projet gouvernemental de fusion des deux départements de Haute-Corse et de Corse-du-Sud, pourtant présenté par le gouvernement comme un moyen d'élargir l'autonomie locale.

ait fait apparaître quelques velléités (les deux Régions de Normandie), dont la concrétisation est très hypothétique.

Si l'on veut montrer quelque optimisme, il faut se contenter de quelques rares cas qui montrent que des évolutions peuvent ponctuellement réussir, soit à l'initiative de l'État, soit à celle de responsables politiques locaux. De façon peut-être surprenante, ils concernent des *fusions verticales*, entre collectivités de nature différente, lesquelles semblent être plus faciles que des fusions horizontales qui additionnent des collectivités de même nature dont l'identité disparaît au profit d'une plus grande, qui n'apporte cependant aucun surcroît de pouvoir ou d'être !

Le 24 janvier 2010, des référendums organisés en *Guyane* et en *Martinique* ont accepté le principe d'une fusion du département et de la région en une collectivité unique de nature particulière. La mise en place des nouvelles institutions est laborieuse et les gains n'en seront pas mesurables avant quelque temps. Cette réforme de bon sens n'a cependant été souhaitée ni par La Réunion, ni par la Guyane ; la pluralité de collectivités favorise l'emploi public et permet à tous les courants d'être présents dans au moins une des structures.

Plus audacieuse et innovante est la réforme négociée entre la *Communauté urbaine de Lyon et le département du Rhône* en 2012, dans des circonstances politiques, démographiques et géographiques particulières qui permettent difficilement d'en prévoir une extension vers d'autres territoires. Elle est consacrée dans le *projet de loi de modernisation de l'action publique territoriale et d'affirmation des métropoles* déposé par le Premier ministre au Sénat le 10 avril 2013. Son article 20 décide que sera créée au 1er avril 2015 une collectivité territoriale à statut particulier dénommée « Métropole de Lyon » par transformation de la Communauté urbaine de Lyon et en lieu et place du département. La métropole aura vocation à exercer dans son ressort les compétences d'un département, certaines compétences régionales et les compétences d'un établissement public de coopération intercommunale (EPCI) de type métropole. Cette fusion fonctionnelle de trois étages est cependant compliquée par la création de « conférences locales des maires » qui auront le pouvoir d'intervenir dans divers domaines et une conférence métropolitaine des maires qui devra définir un schéma de redistribution de compétences au sein de la nouvelle collectivité ! Entre négociations politiques et nouvelles procédures bureaucratiques, il n'est pas certain que simplification et transparence seront fortement améliorées.

Autre initiative originale lancée par les forces politiques locales, mais qui s'est brisée sur un échec du référendum : *la fusion des deux départements du Haut et du Bas-Rhin et de la Région Alsace.* Elle a laissé croire que la classe politique alsacienne avait la capacité d'ouvrir une voie que d'autres pourraient suivre. En effet, un tel projet était débattu de façon plus ou moins explicite et continue depuis 1983, lorsque fut proposée une fusion des deux départements, vue comme un moyen de faire l'économie d'une région de superposition. En 1994, un groupe de travail avait présenté un projet très avancé, mais qui se heurtait à des obstacles constitutionnels. La reconnaissance du droit à l'expérimentation par la réforme constitutionnelle de 2003 ouvrit de nouvelles perspectives et en 2007, une analyse très complète et solide a été présentée au Conseil économique et social, qui a largement approuvé un avis conforme.

Le projet reprit de la vigueur avec l'élection au printemps 2010 de Philippe Richert comme président du conseil régional. Partisan depuis longtemps de la fusion, il fit la campagne des élections régionales sur ce thème, lui donnant une légitimité pour pousser le projet au-delà des habituelles déclarations d'intention. Comme sénateur, il contribua à faire voter un amendement qui devint l'article 29 de la loi n° 2010-1563 du 16 décembre 2010 qui prévoit expressément la possibilité de fusions verticales et en établit la procédure. Puis, comme ministre chargé des Collectivités territoriales, à partir de novembre 2010, il eut quelques facilités pour mener le projet.

La procédure de fusion d'une région et des départements qui la composent est codifiée à l'article L. 4124-1 du CGCT :

> « Une région et les départements qui la composent peuvent, par délibérations concordantes de leurs assemblées délibérantes, demander à fusionner en une unique collectivité territoriale exerçant leurs compétences respectives. »

Le projet de fusion doit recueillir, par référendum, dans chacun des départements concernés, l'accord de la majorité absolue des suffrages exprimés, correspondant à un nombre de voix au moins égal au quart des électeurs inscrits. La création de la nouvelle collectivité territoriale unique est décidée par la loi, qui détermine son organisation et les conditions de son administration.

L'enjeu concernait trois administrations d'environ 8 300 agents[10] et des organigrammes comportant plus de 120 services différents. Les budgets se montaient en 2011 à près de 800 millions d'euros pour la région, 1,15 milliard pour le département du Bas-Rhin et 800 millions pour le Haut-Rhin, soit 2,75 Mrds€, la région ne représentant que 35 % du total. Néanmoins, on voyait l'opération comme une absorption des départements par la région, alors qu'on aurait dû plutôt y voir l'inverse !

Les trois assemblées réunies en Congrès, en décembre 2011, puis dans des délibérations concordantes en 2012, s'étaient prononcées à d'écrasantes majorités, tous partis confondus, en faveur de la fusion. Le Conseil économique, social et environnemental de la région, dans des avis en 2011 et 2012, en avait démontré les bénéfices. Universitaires, économistes et entrepreneurs défendaient ce projet depuis plus de vingt ans. Un nouveau président de Région, élu sur ce programme, s'y consacrait avec passion, après avoir abandonné ses autres mandats. Les sondages annonçaient de longue date un soutien de 60 à 70 % des citoyens dans les deux départements. La démarche, suivie avec attention dans d'autres régions et par le gouvernement, n'était pas motivée par des caractères particuliers à l'Alsace, mais par le souci de corriger les défauts structurels bien connus de l'administration territoriale française. Dans cette région frontalière, confrontée aux puissants voisins suisses et allemands, on avait peut-être une conscience plus aiguë de la nécessité de renforcer le pouvoir local et d'en rechercher une meilleure efficacité.

10. Dans la région, par exemple, sur 1 900 agents près de 1 400 sont des agents BIATOS, techniciens, ouvriers et agents de service dans les lycées. Pour les départements ces chiffres sont plus élevés.

Les partis politiques, hors EELV, fermement favorable à la fusion, furent tous divisés sur le sujet, selon des dosages variables, parfois sur pression des instances nationales (FN). La campagne précédant le référendum fut plutôt terne. Le scrutin eut lieu le 7 avril 2013 et marqua un échec du référendum. Dans les deux départements, la participation fut trop faible pour atteindre le seuil requis par la loi et dans le département du Haut-Rhin une nette majorité d'électeurs vota « non ». Globalement le « oui » l'emportait toutefois avec près de 58 % des suffrages exprimés.

De multiples raisons expliquent ce résultat.

Une des analyses les plus méthodiques a été présentée par le journal régional *Les Dernières Nouvelles d'Alsace* du 7 mai, sous forme d'une étude cartographique des votes. Elle montre que c'est le rapport à la ville, et notamment à la métropole strasbourgeoise, qui fut le facteur le plus déterminant. S'y ajouta l'opposition des habitants – et du maire – du chef-lieu du Haut-Rhin, Colmar, qui craignaient de perdre leur préfecture et leur statut. Le monde rural se méfiait d'un changement qui lui donnait un sentiment d'éloignement accru. Dans la disparition du département, on craignait souvent plus la perte du préfet ou du sous-préfet que celle du conseil général dont peu de citoyens connaissent les fonctions. Toutefois, les élus ruraux refusaient aussi la perte du conseiller général, efficace relais vers les subventions publiques.

Une autre raison fondamentale est l'incompréhension par les citoyens du système actuel, qui leur rendit peu accessibles les arguments et enjeux *rationnels* en faveur du changement, d'autant que le compromis institutionnel élaboré entre grands élus manquait singulièrement de simplicité ! Cela a permis aux rumeurs les plus extravagantes (emprise allemande, éclatement de la République, recul du droit du travail, licenciements massifs dans les administrations...) de saper le vaste consensus qu'on croyait voir en surface.

Pour la plupart des acteurs, le 7 avril 2013 met un terme au projet de fusion des trois collectivités, alors qu'on a vu de nouveaux référendums renverser l'opinion. Dorénavant, le propos des exécutifs concernés est : répartissons mieux les missions, partageons les tâches et vive la subsidiarité ! Attendons de voir ce qui sortira des conciliabules et si l'on osera chiffrer les gains ainsi réalisés !

Alors que de nouveaux textes sur la décentralisation vont être mis en discussion, quels sont les enseignements qu'on peut tirer de ce revers ?

Il faut assumer lucidement le fait que la France gardera la stratification en départements et régions, que d'autres pays ignorent ou tentent d'effacer (Italie ou Espagne). Mais comme le *statu quo* est insupportable, l'État doit oser impulser un changement volontariste, sur quelques principes structurants clairs – renforcement des régions, allégement des départements – afin de rationaliser le système local *pour le renforcer* sur la durée. Cela suppose un gouvernement inflexible. Naïve utopie ?

Le cœur de tout progrès est la distribution des compétences entre les deux niveaux, opérée au fil du temps sur les schémas anciens de l'organisation préfectorale d'État. Le renvoi à des arrangements locaux, qui conduira à un capharnaüm institutionnel, n'est acceptable qu'à la marge et devra être encadré *et* stimulé. Les formules compliquées de substitution, chef de file ou mutualisation, qui permettent d'afficher de la nouveauté en gardant les choses en l'état, ont été peu utilisées, n'apportent pas les gains d'efficacité à la hauteur des besoins et obscurcissent la gestion locale en interdisant d'en identifier les responsables.

La clause générale de compétence doit être conservée aux régions, dont les ressources financières mériteraient d'être rendues plus flexibles, non pour les augmenter, mais pour y permettre des politiques modulaires. Les départements garderont des missions spécialisées, d'ailleurs difficiles à énoncer. L'élection des conseillers départementaux doit être radicalement modifiée afin que les candidats se présentent sur des programmes départementaux et non d'arrosage cantonal. Il faut revoir la place du social dans le département, qui n'est pas l'échelon approprié pour financer la solidarité *nationale.* Il conviendrait d'individualiser le lourd paquet social en le dotant d'un budget annexe ou autonome, avec gestion distincte et financement dédié, afin de séparer ce qui est politiques locales et ce qui est d'une nature différente.

Un solide encadrement du pouvoir financier local reste indispensable. La pression des citoyens, celle des élus et la thématique de la *compétition des territoires* poussent à la dérive des dépenses, comme on l'a vu dans les régions italiennes et les communautés espagnoles.

I. Action sociale – Solidarité

Élisabeth Schoch

Le financement de l'action sociale : le cri d'alarme des départements

En septembre 2012, « l'Assemblée des départements de France a réclamé la création d'un fonds d'urgence de 400 à 500 millions d'euros pour aider une trentaine de départements à boucler leur budget » (*France Info*, 7 septembre 2012), notamment en raison de la hausse continue des dépenses sociales.

Un tel fonds d'urgence de 150 millions d'euros a été mis en place par la loi de finances rectificative pour 2010. Trente départements ont bénéficié de ce fonds. Un second fonds de 170 millions d'euros a été constitué par la loi de finances rectificative pour 2012 par prélèvement sur les ressources de la Caisse nationale de solidarité pour l'autonomie.

Il convient ici de noter que les difficultés financières des départements ne résultent pas uniquement de l'augmentation des dépenses sociales, mais également de la diminution des droits de mutation en raison de la crise immobilière et de la réforme de la fiscalité locale lors de la suppression de la taxe professionnelle. Par ailleurs, la situation financière d'un département à l'autre est très variable.

I. Les causes de l'augmentation des dépenses sociales des départements

A. Des transferts de compétences successifs

Sur plus de deux décennies, des transferts de compétences successifs ont été réalisés parfois dans la précipitation et sans vision d'ensemble des dimensions gestionnaires et financières.

1. L'acte I de la décentralisation

La loi n° 83-663 du 22 juillet 1983 a transféré aux départements, en 1984, les trois quarts des missions des DDASS (Direction départementale de l'action sanitaire et sociale) relevant de l'État. Il s'agissait alors de l'aide sociale à l'enfance en danger, de la protection maternelle et infantile, de l'aide médicale générale des personnes dépourvues de ressources suffisantes, de l'aide à l'hébergement des personnes âgées et, pour partie, de l'aide aux personnes handicapées et des actions de prévention sanitaire.

Ces transferts se sont révélés insatisfaisants en raison de l'enchevêtrement des compétences d'action sociale de l'État et du département. Par la suite, le législateur a transféré, voire imposé, aux départements de nouvelles missions. Rappelons pourtant que le rapport Guichard intitulé *Vivre ensemble*, remis à Valérie Giscard d'Estaing alors président de la République, le 22 octobre 1976, avait fait des propositions novatrices en matière de décentralisation, dont notamment le transfert de blocs entiers de compétences d'action sociale. La loi « Defferre » de 1983 n'a pas osé aller aussi loin. Il aura fallu presque trente ans pour arriver à confier aux départements l'ensemble de l'action sociale départementale.

2. Le revenu minimum d'insertion (RMI) transféré en trois étapes

La loi n° 88-1088 du 1er décembre 1988 instaurant le RMI a mis à la charge du département les dépenses d'insertion des bénéficiaires du RMI, dépenses représentant 20 % du montant des allocations versées par l'État. Il ne s'agissait pas d'un transfert de compétence, mais d'une charge nouvelle pour le département, sans compensation financière.

La loi n° 2003-1201 du 18 décembre 2003 portant décentralisation en matière de RMI et instaurant le revenu minimum d'activité (RMA) a opéré un transfert vers le département de ces allocations à compter du 1er janvier 2004.

La loi n° 2008-1249 du 1er décembre 2008 généralisant le revenu de solidarité active (RSA) et réformant les politiques d'insertion entra en vigueur le 1er juillet 2009 pour la mise en œuvre du RSA par les départements.

3. L'allocation personnalisée d'autonomie (APA)

La loi n° 2001-647 du 20 juillet 2001 créant l'allocation personnalisée d'autonomie (APA), remplaçant la prestation spécifique d'autonomie (PSD) issue de la loi n° 97-60 du 24 janvier 1997, a alourdi la charge du département avec une assiette plus large et l'abandon de l'obligation alimentaire et du recours sur succession.

4. Des compétences reprises par l'État

En 2000, la création de la couverture maladie universelle (CMU) par la loi n° 99-641 du 27 juillet 1999 a provoqué la reprise par l'État de la compétence Aide médicale générale (AMG) et la loi n° 2004-809 du 13 août 2004 redonne à l'État les quelques compétences que le département avait conservées en matière sanitaire de lutte contre les fléaux sociaux (cancer, tuberculose, lèpre, maladies sexuellement transmissibles).

5. L'acte II de la décentralisation

La loi n° 2004-809 du 13 août 2004 relative aux libertés et responsabilités locales va donner aux départements une compétence générale en matière d'action sociale. Elle va mettre fin à nombre de cogestions État-département de dispositifs désormais entièrement gérés par le département. Mais, la marge d'autonomie du département reste très réduite, la loi définissant les prestations d'aide sociale, un décret déterminant les conditions requises pour leur attribution, ainsi que leur montant.

6. Les maisons départementales du handicap

La loi n° 2005-102 du 11 février 2005 créé les maisons départementales du handicap sous forme de GIP (département, État, organismes de protection sociale, associations) sous l'autorité du président du conseil général. Elle instaure la prestation de compensation du handicap (PCH) qui a progressivement remplacé, à partir de 2006, l'allocation compensatrice pour tierce personne versée aux personnes handicapées de moins de 60 ans. Depuis le 1er avril 2008, cette prestation peut être attribuée aux enfants.

B. Une augmentation du nombre de bénéficiaires de l'aide sociale

Au 31 décembre 1998, près de 704 000 personnes bénéficiaient de l'aide sociale en France métropolitaine. Au 31 décembre 2007, on comptait 2,857 millions de bénéficiaires et au 31 décembre 2011, 3,5 millions, soit une progression de 400 % de 1998 à 2011 et de 22 % de 2007 à 2011 (Sources : DREES).

Cette augmentation considérable s'explique par l'accroissement de la population et son vieillissement, par la dégradation de la situation économique, par l'élargissement de l'assiette de certaines prestations et par l'instauration du RMI, puis du RSA.

1. L'aide aux personnes âgées

L'aide sociale aux personnes âgées est passée de près de 387 000 personnes bénéficiaires en 1998 à 1 210 993 personnes en 2007 et à 1 364 731 personnes en 2011, soit une progression de 252 % de 1998 à 2011.

2. L'aide aux personnes handicapées

Le nombre de bénéficiaires de l'aide aux handicapés de moins de 60 ans s'élevait à 176 000 personnes en 1998, à 255 744 personnes en 2007 et à 356 502 personnes en 2011, soit une progression de 39 % de 1998 à 2011.

3. L'aide sociale au titre de l'insertion

Le nombre de bénéficiaires des différentes aides à l'insertion (RMI, RSA, contrat d'insertion) est passé de 1 107 545 personnes en 2007 à 1 474 513 personnes en 2011, soit une progression de 33 %.

4. L'aide sociale à l'enfance

En 1998, le nombre d'enfants accueillis à l'aide sociale à l'enfance s'élevait à 141 000. Ce nombre est passé de 141 407 en 2007 à 148 442 en 2011, soit une progression de 5 % de 1998 à 2011. Cette faible progression résulte vraisemblablement de meilleures stratégies de prévention mises en œuvre par les départements depuis 1985 et par l'utilisation accrue de mesures éducatives en milieu ouvert (AMO).

II. Des ressources insuffisantes transférées aux départements pour compenser les nouvelles charges d'action sociale

A. Les ressources transférées

La loi dite « acte I de la décentralisation » a transféré au département des recettes nouvelles sur la base des dépenses réalisées l'année précédente par l'État pour le fonctionnement et sur la base des trois années précédentes pour les dépenses d'investissement. Ces éléments sont devenus principe constitutionnel par la loi constitutionnelle n° 2003-277 du 28 mars 2003 relative à l'organisation décentralisée de la République. Elle prévoit également l'instauration par la loi de dispositifs de péréquation « destinés à favoriser l'égalité entre les collectivités territoriales ».

L'évolution des dépenses de 1985 à 1989 a été faible en raison d'une meilleure maîtrise de l'action sociale par les collectivités décentralisées et d'une conjoncture économique favorable. Les principales ressources transférées étaient les droits de mutation à titre onéreux et le produit de la taxe différentielle sur les véhicules à moteur dit « vignette automobile », dont chaque département pouvait fixer le taux. La suppression d'abord partielle de la « vignette », impôt dynamique (art. 24 LFI 2002), puis la suppression définitive en 2006 (art. 14 LFI 2006) a sans doute été une grande erreur.

Par la suite, dans une conjoncture économique difficile, les dépenses transférées (RMI, RSA, APA, PCH) au département ont augmenté de manière forte. La pauvreté et l'allongement de la durée de vie jouent un rôle important dans ces augmentations du nombre de bénéficiaires. Les allocations servies restent fixées par l'État central et évoluent chaque année, le département pouvant tout au plus accorder des allocations plus favorables. La gestion décentralisée de l'action sociale reste enfermée dans des réglementations étatiques uniformes.

Les ressources transférées au département pour le financement de ses nouvelles compétences sociales lors de la mise en œuvre de la loi « Libertés et responsabilités locales » de 2004 représentent une fraction de la taxe spéciale sur les conventions d'assurance (TSCA) afférente aux véhicules terrestres à moteur. Cette taxe n'étant plus suffisante pour financer la totalité des compétences transférées depuis 2005, la loi de finances pour 2008 a attribué au département la TSCA afférente aux contrats incendie et navigation, ainsi qu'en complément, une part de la taxe intérieure sur les produits pétroliers (TIPP), désormais appelée « taxe intérieure sur la consommation des produits énergétiques » (TICPE). S'y ajoutent une contribution du Fonds de financement de l'APA (FFAP), puis de la Caisse nationale de solidarité pour l'autonomie (CNASEA) pour les personnes handicapées et les personnes âgées.

B. Une situation inquiétante pour les finances départementales

L'étude *25 ans d'action sociale dans les finances départementales*, réalisée par l'Assemblée des départements de France (ADF) et Dexia Crédit Local, révèle qu'entre 1985 et 2010, les dépenses d'action sociale des départements ont quasiment quintuplé en valeur passant de 6,3 milliards d'euros (117 euros/habitant) à 29,1 milliards (472 euros/habitant). Leur poids dans les budgets départementaux est passé de 50 % des dépenses de fonctionnement en 1986 à 57 % en 2010.

Depuis 2004, les départements sont confrontés à une croissance soutenue de leurs dépenses sociales, les compensations financières restant fixées au niveau de la dépense d'avant le transfert de compétence, alors que le nombre de bénéficiaires ne cesse d'augmenter et que l'État majore, chaque année, le montant des aides dues. Toutefois, dans un souci de justice, l'État a mis en place des régularisations de compensations financières dans les domaines du RMI, RSA et PCH ; elles sont financées par majoration des fractions de TICPE transférées.

Prenons l'exemple du département du Haut-Rhin (source : comptes administratifs approuvés et compte 2012 estimé). Pour les seules dépenses relatives à l'APA, la PCH et le RMI/RSA, les dépenses totales passent de 88 millions d'euros à 136,8 millions d'euros de 2007 à 2012, soit une augmentation de 55 %. Le coût à la charge du département, hors régularisation, s'élève à 37 millions d'euros en 2007 et à 64,3 millions d'euros en 2012, soit une augmentation de 74 %. En 2012 est intervenue une régularisation de la compensation RMI/RSA ramenant la charge nette totale de l'année 2012 à 59,7 millions d'euros représentants 43,67 % de la charge de l'année 2012. Les départements ont donc dû trouver des ressources d'appoint dans la fiscalité générale, dont la liberté de modulation a cependant été fortement réduite par la redistribution des impôts locaux directs entre les collectivités suite à la suppression de la taxe professionnelle.

C. Les solutions proposées par la Cour des comptes

Dans son rapport public 2013, la Cour des comptes souligne l'accroissement du poids des dépenses sociales des départements, passées de 58,7 % à 65 % des dépenses de fonctionnement. L'écart entre la charge supportée au titre de l'APA, de la PCH et du RMI/RSA et le financement reçu de l'État s'élevait à 5 milliards d'euros en 2011.

La Cour estime que des marges de manœuvre financières et fiscales pourraient être dégagées par le renforcement de la responsabilité des départements dans la gestion des différents dispositifs de solidarité qui leur ont été confiés, favorisant la recherche d'économies de gestion.

Elle estime

> « qu'il est manifeste qu'une meilleure maîtrise de la dépense passe par une implication plus forte des départements dans la définition des aides et des modalités de leur mise en œuvre ainsi que leur adaptation à des situations locales, sans qu'il soit cependant porté atteinte au principe constitutionnel d'égalité des droits sur le territoire national ».

Un défi difficile à relever dans un pays qui reste bien jacobin !

III. Bibliographie

– Adf – Crédit local « 25 ans d'action sociale dans les finances départementales », 2012. *www.dexia-creditlocal.fr.*

– Ministère de l'Intérieur, Circulaire n° INT/B/13/00615/C du 4 janvier 2013 sur les compensations financières des transferts de compétences.

– Cour des comptes, *Rapport public annuel 2013*, *www.ccomptes.fr.*

– *France Info*, 7 septembre 2012, « Budget : les départements appellent l'État au secours », *www.franceinfo.fr*.

– DREES, É*tudes et résultats n° 20*, « Les bénéficiaires de l'aide sociale en 1998 », juin 1999 et n° 820, « Les bénéficiaires de l'aide sociale départementale en 2011 », novembre 2012.

II. DÉCHETS – ÉNERGIE

Laurence HERRMANN

Déchets

I. Réalisations – Innovations

Le domaine des déchets a fait l'objet en 2012, comme les années précédentes, d'une activité réglementaire assez riche, car les objectifs de finalisation des dispositifs voulus par les lois Grenelle restent d'actualité.

Les actions liées notamment au recyclage et à la valorisation des déchets sont soutenues et favorisées par la publication de nouveaux décrets.

A. La nécessaire amélioration des consignes de tri

Les nombreuses filières de collecte et de traitement des déchets sont à l'origine d'une complexité voire d'une confusion pour les citoyens sur les consignes à suivre en matière de tri. Entre les divers modes de collecte, les couleurs de contenants et autres signalétiques, une harmonisation s'est révélée nécessaire. C'est l'objectif du décret du 29 février 2012 qui met en œuvre un dispositif harmonisé des consignes de tri sur les emballages ménagers.

Ce décret établit la liste des déchets d'emballages ménagers faisant l'objet d'une collecte séparée ; sont concernés tous les déchets d'emballage ménager constitués majoritairement soit de verre, soit d'acier, soit d'aluminium, soit de papier ou de carton, soit de plastique, ainsi que leurs bouchons et leurs couvercles, vidés de leur contenu, avec certaines exceptions. Les déchets présentant un risque significatif pour la santé et l'environnement sont exclus du tri sélectif (solvants, peintures, colles, produits de nettoyage, produits phytosanitaires…) ainsi que les déchets d'emballage ménagers en plastique, autres que les bouteilles et les flaconnages.

Toutes les personnes morales participant à la collecte séparée des déchets d'emballage ménagers, les collectivités territoriales et leurs groupements notamment et les éco-organismes agréés devront mettre en œuvre ce dispositif au plus tard le 1er janvier 2015.

Toutefois, sans attendre la publication de ce nouveau texte et sa mise en œuvre, de nombreuses initiatives locales se sont développées pour améliorer les performances du tri à la source.

Plusieurs acteurs locaux ont été récompensés par Éco-emballages pour leur action de sensibilisation au tri auprès de la population locale dans le cadre des « trophées du point vert ». Ainsi, dans la catégorie « acteurs de proximité », l'Office public de l'habitat de la Communauté d'agglomération de Montpellier a été distingué pour l'implication de ses locataires par des signalétiques claires, des animations ponctuelles, des locaux-poubelles améliorés et une communication sur les performances quantitatives et qualitatives du tri.

Il convient de rappeler que la loi Grenelle I fixe un taux de recyclage à atteindre de 75 %.

Or, ces opérations de communication sont d'autant plus nécessaires que le recyclage a connu une période de stagnation ; celui-ci a cependant repris en 2011 pour atteindre 67 % des emballages ménagers mis sur le marché contre 64 % en 2010.

Éco-Emballages s'est d'ailleurs fixé de nouvelles priorités pour la période 2011-2016 de son agrément. Un nouveau contrat pour l'action et la performance a été signé avec 90 % des collectivités en leur proposant un nouveau barème de rémunération en fonction des résultats du recyclage. De ce fait, 519 millions d'euros ont été versés en 2011 aux collectivités territoriales par l'éco-organisme contre 410 millions en 2010.

De nouvelles actions ont été lancées également pour renforcer l'efficacité du tri en collaboration avec des marques qui se sont engagées à apposer sur leur produit la signalétique « Info Tri Point Vert » expliquant le tri aux consommateurs. Il s'agit là d'un point sensible et encore non résolu, le marquage des produits et des emballages qui dépend du secteur privé et dont l'harmonisation n'est pas encore mise en œuvre.

Du côté des collectivités, Éco-Emballages a lancé avec l'Association des maires de France le plan « 36 000 pour le tri » un programme de rencontres avec les maires pour optimiser les systèmes de collecte et partager les bonnes pratiques entre les communes.

Enfin, l'amélioration du tri en milieu urbain est jugée primordiale, car les performances du tri y sont les plus faibles : 30 kg/habitant/an contre 54 kg/habitant/an en zones rurales et semi-rurales.

B. Les nouvelles règles de collecte des déchets d'équipements électriques et électroniques (DEEE)

Les déchets électroniques émanant entre autres des téléviseurs, ordinateurs portables et téléphones mobiles usagés représentent l'un des flux de déchets à la croissance la plus rapide. Leur collecte est en hausse grâce à l'action des collectivités locales (57 % des volumes repris), des distributeurs (35 %) et de l'économie sociale (8 %), Emmaüs en tête.

Ces déchets offrent en effet des perspectives importantes de matières premières secondaires ; des matériaux tels que l'or, l'argent, le cuivre et autres métaux rares présents dans ces objets doivent être collectés et traités de manière appropriée.

Ainsi la directive 2012/19/UE du 4 juillet 2012 relative aux déchets d'équipements électriques et électroniques lutte contre le transfert illicite de ces déchets qui sont notamment présentés par les importateurs comme de simples transferts de matériels usagés pour contourner les règles applicables au traitement des déchets de l'Union européenne. La directive impose aux importateurs de vérifier si les appareils sont en état de fonctionnement et de fournir des documents sur la nature des transferts suspectés d'illégalité.

À partir de 2016, les États membres devront garantir que 45 % des équipements électriques et électroniques vendus sont collectés.

S'agissant des campagnes d'information menées auprès du grand public, Éco-systèmes a soutenu l'installation d'espaces « Ici je recycle » notamment dans les magasins afin que le grand public y dépose sans obligation d'achat les petits appareils d'électroménager, les téléphones portables, les piles, les batteries. Depuis fin 2011, 3 500 espaces de ce type ont été installés dans les magasins. Des solutions ont par ailleurs été mises en œuvre avec les collectivités et les bailleurs sociaux pour que les habitants non motorisés puissent déposer ces déchets lors de collectes ponctuelles en pied d'immeubles. Trois tonnes de DEEE ont pu être collectées de cette manière dans plusieurs quartiers de Toulouse fin 2012.

C. Le lancement de deux nouvelles filières fondées sur la responsabilité élargie des producteurs

1. Responsabilité élargie du metteur sur le marché de produits chimiques issus de déchets ménagers

Prévue par les lois Grenelle, la filière de responsabilité élargie des producteurs des déchets chimiques des ménages est créée par le décret n° 2012-13 du 4 janvier 2012. Ce sont les résidus de produits chimiques liés au bricolage et à l'entretien qui sont concernés : peintures, vernis, colles, solvants, mastic, produits d'entretien dangereux, etc., pouvant présenter des risques significatifs pour la santé et l'environnement en polluant les milieux naturels. Les déchets issus de produits exclusivement utilisés par des professionnels sont exclus de cette filière alors qu'ils représentent les trois quarts de la production nationale.

Pour les ménages, cela représente environ 50 000 tonnes de déchets par an dont seul un tiers est collecté séparément. La création de cette nouvelle filière vise à augmenter la part de ces déchets collectés de manière sélective et à diminuer le risque sanitaire que constitue la manipulation par les professionnels de ces déchets mélangés aux déchets ménagers.

Les personnes qui mettront ces produits sur le marché devront participer à leur collecte, leur enlèvement et leur traitement, soit selon un système qu'ils mettent en place et qui doit être approuvé par arrêté ministériel, soit en adhérant à un éco-organisme agrée, solution qui devrait majoritairement recueillir leur faveur.

Les déchetteries municipales continueront à réceptionner ces déchets moyennant une prise en charge financière des coûts par les éco-organismes. Un dispositif complémentaire est également prévu à la charge des éco-organismes qui devront organiser en lien avec les collectivités territoriales et les distributeurs une collecte au moins une fois par semestre sur le territoire national.

La procédure d'agrément des futurs éco-organismes a été précisée par la publication d'un arrêté le 29 juin 2012. La demande d'agrément du postulant doit démontrer qu'il « dispose des capacités techniques et financières permettant de répondre aux exigences du cahier des charges ». Le cahier des charges n'a pas encore été publié au *Bulletin officiel du ministère de l'Écologie.*

2. Responsabilité élargie des producteurs pour la prévention, la collecte et le traitement des déchets d'éléments d'ameublement

Un second décret en date du 6 janvier 2012 crée pour sa part la filière de responsabilité élargie des producteurs pour la prévention, la collecte et le traitement des déchets d'éléments d'ameublement.

Les metteurs sur le marché de ces produits devront soit pourvoir à la collecte et au traitement de manière individuelle avec un agrément ministériel soit adhérer à un éco-organisme moyennant une contribution financière.

Cette filière devra atteindre d'ici fin 2015 l'objectif de recyclage de 45 % pour les déchets d'ameublement ménagers et de 75 % pour les déchets d'ameublement professionnel.

D. Les nouvelles obligations réglementaires des déchetteries

L'année 2012 a été marquée par un profond bouleversement de la réglementation relative aux déchetteries. Les textes qui régissaient ce type d'installation dataient de 1997 alors que le nombre de déchetteries n'a cessé d'augmenter passant de moins de 500 sites en 1992 à plus de 4 500 aujourd'hui.

La publication d'un décret du 20 mars 2012 fixant les prescriptions applicables à certaines installations classées pour la protection de l'environnement définit de nouveaux critères de classement. Le classement était auparavant établi en fonction de la superficie de l'installation. Désormais, le critère distingue les déchets dangereux pour lesquels le seuil sera exprimé en tonnage et les déchets non dangereux pour lesquels le seuil sera exprimé en volume de déchets susceptibles d'être présents dans l'installation.

De ce fait, certaines installations vont passer d'un régime à un autre, ce qui pourra, dans le cas du passage à un régime plus contraignant, nécessiter des investissements de remise aux normes importants.

Ces nouvelles prescriptions sont entrées en vigueur au 1er juillet 2012 pour les installations neuves et au 1er janvier 2013 pour les installations existantes laissant peu de temps aux déchetteries pour se mettre en conformité si besoin.

II. Législation – Réglementation

– Directive 2012/19/UE du Parlement européen et du Conseil du 4 juillet 2012 relative aux déchets d'équipements électriques et électroniques, *JOUE* n° L. 197 du 24 juillet 2012.
– Décret n° 2012-13 du 4 janvier 2012 relatif à la prévention et à la gestion des déchets ménagers issus de produits chimiques pouvant présenter un risque significatif pour la santé et l'environnement, *JO* du 6 janvier 2012.
– Décret n° 2012-22 du 6 janvier 2012 relatif à la gestion des déchets d'éléments d'ameublement, *JO* du 8 janvier 2012.
– Décret n° 2012-291 du 29 février 2012 relatif à l'harmonisation des consignes de tri des déchets d'emballages ménagers, *JO* du 2 mars 2012.
– Décret n° 2012-384 du 20 mars 2012 modifiant la nomenclature des installations classées, *JO* du 22 mars 2012.
– Arrêté du 15 juin 2012 relatif à la procédure d'agrément et portant cahier des charges des éco-organismes de la filière des déchets d'éléments d'ameublement conformément à l'article R. 543-252 du Code de l'environnement, *JO* du 29 juin 2012.
– Arrêté du 15 juin 2012 relatif à la procédure d'agrément et portant cahier des charges des éco-organismes de la filière des déchets ménagers issus de produits chimiques pouvant présenter un risque significatif pour la santé et l'environnement conformément à l'article R. 543-234 du Code de l'environnement, *JO* du 29 juin 2012.

III. Bibliographie

– *« 36 000 pour le tri », Guide 2012-2013 pour les maires et les élus, www.36000pourletri.fr.*
– *www.lagazettedescommunes.com/121363/assises-des-dechets-les-professionnels-expriment-leurs-attentes-a-la-ministre.*

Énergie

I. Réalisations – Innovations

Les collectivités territoriales sont plus que jamais associées aux grandes questions énergétiques. Elles sont déjà d'importants acteurs dans l'élaboration des documents de planification en la matière, mais elles sont également sollicitées pour répondre aux défis climatiques et énergétiques à travers leurs politiques publiques. Dans ce domaine, les enjeux nationaux sont également devenus des enjeux territoriaux.

Ainsi, l'année 2012 aura été marquée par l'engagement du débat national sur la transition énergétique qui doit préciser les conditions d'un renouveau énergétique pour aboutir à une loi de programmation à l'automne 2013. En effet, la France s'est engagée dans un objectif de réduction de la part du nucléaire dans la production d'électricité de 75 % à 50 % en 2025.

Sur le plan local, ce sont les régions qui sont chargées d'organiser le débat dans les territoires, lequel abordera les principales questions : quelle énergie à l'horizon 2030 et 2050 ? Quels sont les investissements nécessaires ? Comment développer les énergies renouvelables ? Comment optimiser au maximum les consommations, utiliser au mieux l'énergie disponible ?

Sur ces différents points et en dehors du débat qui vient de s'ouvrir, l'on peut constater que les collectivités s'engagent dans des actions de plus en plus nombreuses pour impulser un changement de comportement plus vertueux dans le domaine énergétique ; la recherche d'énergies renouvelables, la maîtrise de la consommation qui contribue à renforcer l'efficacité énergétique sont des préoccupations qui intéressent au premier chef les collectivités.

Tout d'abord, l'un des enjeux majeurs pour les territoires sera d'organiser des sources de production d'énergie locales et adaptées aux ressources disponibles (bois, vent, soleil, géothermie...) pour sortir du système classique et centralisé de la production d'énergie fondée sur les énergies fossiles dont on connaît l'inexorable raréfaction. Il s'agit par conséquent de modifier les modes de production pour abandonner ceux jugés « archaïques ».

Ainsi des installations se développent partout en France, comme l'implantation de 750 000 panneaux solaires sur un parc de 130 hectares par le conseil général d'Eure-et-Loir. Cette centrale alimentera environ 28 000 personnes y compris pour leurs besoins en chauffage.

Le conseil régional de Midi-Pyrénées a lancé un grand chantier d'installation de panneaux photovoltaïques d'origine française sur les toits de plus de la moitié des lycées de la région. Cette opération ne devrait rien coûter à la collectivité qui a choisi de retenir des entreprises qui vont concevoir, installer, exploiter et entretenir ces panneaux en échange du produit de la vente d'électricité à EDF qu'elles pourront en retirer.

Par ailleurs, la maîtrise de la consommation d'énergie et la réduction des déperditions restent des priorités pour les collectivités.

Dans la Somme, la commune de Montdidier qui s'est fixé comme objectif la maîtrise de l'énergie et la couverture de ses besoins grâce aux énergies renouvelables d'ici 2020, a inauguré en 2012, un parc de quatre éoliennes couvrant 53 % des besoins en électricité de la population locale. En Moselle, la ville de Metz dispose d'un réseau local de chaleur d'une centaine de kilomètres construit dès les années 1960, ce qui constitue un avantage permettant une certaine maîtrise de la consommation d'énergie par rapport aux collectivités qui en sont dépourvues.

Cette démarche est d'autant plus justifiée que les prix du gaz et du pétrole ne cessent d'augmenter et placent une partie de la population en situation de précarité énergétique ; quatre à cinq millions de ménages français seraient concernés. Là aussi, les collectivités sont attendues pour trouver des solutions concrètes, car elles peuvent agir par le biais du parc de logements sociaux dont elles peuvent améliorer les caractéristiques thermiques notamment.

Toujours dans l'objectif de maîtrise de la consommation, la ville de Metz investit cinq millions d'euros par an sur la période 2012-2014 afin de mener un programme de rénovation thermique de ses bâtiments recensés comme les plus énergivores ; les écoles seront ensuite concernées par l'isolation de leur toiture. La ville espère ainsi réaliser une économie de 30 % sur le chauffage de ces dernières.

L'efficacité énergétique, qui est définie comme une consommation d'énergie moins importante pour un même service rendu, est à ce propos un gisement d'économies à exploiter notamment dans le bâtiment, secteur qui concentre plus de 40 % de l'énergie consommée en France et émet un quart des émissions nationales de gaz à effet de serre. Le plan « bâtiment » du gouvernement, qui vise à renforcer l'efficacité énergétique d'un million de logements dans le neuf et l'ancien, propose la création d'un guichet unique décliné par territoires qui permettrait de coordonner les différents outils financiers proposés aux particuliers.

La question des compétences des collectivités territoriales en matière d'énergie et du cadre juridique dans lequel elles pourraient s'exercer mérite d'être approfondie et pourrait faire l'objet de l'acte III de la décentralisation en projet. Pour des élèves administrateurs de l'INET qui ont publié un rapport sur la gouvernance énergétique avec l'Association des maires de grandes villes de France et l'Association des communautés urbaines de France, les territoires urbains représentent l'échelon de proximité et de coordination à privilégier, car ils peuvent entreprendre des actions dans des domaines mobilisant l'énergie : transport, éclairage, déchets, eau, développement urbain, habitat, développement économique, etc.

Enfin, sur la question des choix énergétiques, le débat reste toujours vif autour de l'interdiction légale d'explorer et d'exploiter les gaz de schiste par la technique de la fracturation hydraulique.

Deux conseils généraux, la Dordogne et le Lot-et-Garonne ont créé une commission d'information et de vigilance sur ce sujet et demandent à auditionner les services de l'État.

Ces départements sont en effet concernés par des demandes de permis d'exploration de gaz de schiste dont les dossiers sont en attente d'une réponse du ministère.

II. Législation – Réglementation

– Directive 2012/27/UE du Parlement européen et du Conseil du 25 octobre 2012 relative à l'efficacité énergétique, *JOUE* n° L. 315 du 14 novembre 2012.

III. Bibliographie

– *Entre autonomie et solidarités territoriales, quelle gouvernance énergétique dans les territoires urbains ?*, Étude AMGVF-ACUF-INET.

– *http://www.grandesvilles.org/thematiques/developpement-urbain-durable.*

– *Service public territorial* (magazine du Centre national de la fonction publique territoriale) n° 6, Dossier « Les collectivités face à la transition énergétique », décembre 2012, p. 10.

– « Politique énergétique et développement durable, quel mix énergétique pour le futur ? », *Valeurs vertes* n° 114, janvier-février 2012, p. 30.

– TESSON F. et BONNEAU O., « Vers un droit public de l'économie d'énergie ? » *AJDA*, n° 41, 3 décembre 2012, 2256.

http://www.developpementdurable.gouv.fr/IMG/pdf/Feuille_de_Route_pour_la_Transition_Ecologique.pdf.

III. Eau – Assainissement

Jules Wizniak

I. *Réalisations – Innovations*

A. Alimentation en eau potable

1. Le développement du recours à la maîtrise foncière autour des captages utilisés pour l'alimentation en eau potable

La délimitation de périmètres de protection autour des points de prélèvement utilisés pour l'alimentation en eau potable (art. L. 1321-2 du Code de la santé publique[1], issu à l'origine de la loi n° 64-1245 du 16 décembre 1964) permet d'interdire ou de réglementer les installations, travaux, activités, dépôts, ouvrages, aménagement ou occupation des sols de nature à nuire directement ou indirectement à la qualité des eaux.

Or, non seulement la mise en place de ces périmètres accuse aujourd'hui encore un retard considérable (voir *ACL* 2002, p. 677) en raison de la lourdeur de la procédure, mais il s'avère en outre que ceux-ci ne permettent pas de protéger efficacement la ressource en eau contre les pollutions diffuses d'origine agricole[2]. Il faut noter, sur ce second aspect, que l'article L. 1321-3 du Code de la santé publique prévoie que des indemnités peuvent être dues aux propriétaires ou occupants de terrains compris dans un périmètre de protection, en contrepartie des mesures prises pour protéger le captage.

Plus récemment, la loi du 30 décembre 2006 est intervenue pour créer des zones de protection des aires d'alimentation des captages (voir *DGCT* 2010, p. 570).

---

1. G. Sachon (coord.), « Dossier : Protection des captages d'eau de distribution publique », *Techniques, sciences, méthodes* n° 4, 2005.

2. P. Invernon (Agence de l'eau Rhône Méditerranée Corse), *Protection des captages d'eau potable contre les pollutions diffuses : contribution à l'élaboration du 9e programme d'intervention*, septembre 2005, p. 12.

À l'intérieur de ces zones, l'autorité administrative peut établir un programme d'action (article R. 114-6 du Code rural et de la pêche maritime) pour définir les mesures à promouvoir par les propriétaires et les exploitants – par exemple en matière de protection des captages, la remise en herbe de parcelles, la mise en place de cultures intermédiaires « piège à nitrates » ou encore l'utilisation des techniques de désherbage alternatives – ces mesures pouvant bénéficier d'aides publiques.

En outre, l'article R. 114-8 du Code rural et de la pêche maritime prévoit que le préfet peut, à l'expiration d'un délai de trois ans suivant la publication du programme d'action, compte tenu des résultats de la mise en œuvre de ce programme en regard des objectifs fixés, décider de rendre obligatoires certaines des mesures préconisées par le programme.

Si ce nouveau dispositif est encore trop jeune pour qu'un bilan puisse en être établi, les premières années de sa mise en œuvre ont toutefois été très décevantes[3] :

– dans le bassin Rhin-Meuse par exemple, les aides attribuées concernaient à peine, à l'issue du 9e programme d'interventions de l'agence de l'eau, 10 % des bassins d'alimentation des captages dégradés ;

– dans le bassin Artois-Picardie, il est même fait état d'un « blocage total » : pour près de 24 000 exploitations, dont 5 000 situées dans les zones prioritaires pour la ressource en eau, seuls 209 dossiers avaient été financés à la fin 2008.

Témoin de la défiance de la profession agricole envers l'outil, un amendement déposé au cours des débats sur la loi du 27 décembre 2012 relative à la mise en œuvre du principe de participation du public visait purement et simplement à la suppression des ZPAAC[4] (zones de protection de l'aire d'alimentation du captage) et quelques jours plus tôt, la fédération nationale des syndicats d'exploitants agricoles avait critiqué « l'approche simpliste et réductrice qui semble vouloir être imposée dans bon nombre de périmètres » : « Concilier la protection des captages et le maintien de l'activité agricole ne doit pas se traduire systématiquement par le « tout bio », le « tout herbe » ou la réduction quantitative d'intrants », déclarait ainsi le président de la FNSEA[5].

Au final, confrontées à de telles oppositions, les collectivités compétentes sont de plus en plus enclines à recourir à la maîtrise foncière sur des surfaces toujours plus élevées autour de leurs points de prélèvement.

Il convient de noter d'ailleurs que le bilan financier mené par l'agence de l'eau Rhône Méditerranée Corse sur un exemple concret démontre qu'après trois campagnes de mesures

3. V. FREY, P. BRUN, (Conseil général de l'alimentation, de l'agriculture et des espaces ruraux), mai 2009, *Rapport sur la mise en œuvre des mesures agricoles dans les SDAGE et les zones soumises à contraintes environnementales, Rapport n° 1764*.

4. « Les agriculteurs sont déjà assez exposés à toutes sortes de maux, notamment la rareté du foncier et l'étalement urbain, pour qu'on ne les prive pas en plus de tout ou partie d'une exploitation sur une zone de captage, de surcroît sans les indemniser. Cette affaire pose en effet un double problème : la limitation voire l'interdiction de l'activité ; l'absence d'indemnisation pour couvrir le déficit d'exploitation » (A. GENEVARD, *Compte rendu intégral de la 2e séance du 21 novembre 2012*, *JO AN* n° 82 [2] du 22 novembre, p. 5542).

5. *Lettre d'informations FNSEA* 76 et *JA* 76 n° 5, 19 novembre 2012.

agro-environnementales, « la dépense publique est comparable au prix d'acquisition des parcelles, alors que la maîtrise foncière assure la pérennité des pratiques prescrites »[6].

Dès 2004, l'article L. 1321-2 du Code de la santé publique était modifié de manière à permettre aux communes et aux établissements publics de coopération intercommunale compétents d'instaurer un droit de préemption dans les périmètres de protection rapprochée de leurs points de prélèvement.

Et dès 2005, l'assemblée permanente des chambres d'agriculture et la Fédération nationale des sociétés d'aménagement foncier et d'établissement rural (FN Safer) avaient signé une convention aux termes de laquelle elles s'engageaient « à conduire des actions communes auprès des pouvoirs publics, des collectivités territoriales et des partenaires de la gestion de l'espace pour une meilleure prise en compte des problématiques foncières »[7].

Depuis, les opérations d'acquisition par des collectivités locales de parcelles situées dans le bassin d'alimentation de leur ressource en eau n'ont cessé de se multiplier :

– en Poitou-Charentes, au titre d'un programme intitulé « Re-Sources », des acquisitions foncières ont été réalisées sur les bassins d'alimentation de captages de La Rochelle, Seneuil, Fleury, etc., pour une superficie de plus de 160 hectares ;

– Eau de Paris, pour protéger les sources de la vallée de la Vanne dans la région de Sens, s'est assuré la maîtrise foncière de 250 hectares environ : 92 ha pour la protection immédiate des sources, 100 ha à proximité, entretenus en herbe, en bois, ou en en agriculture biologique *via* des baux ruraux environnementaux. Eau de Paris a acquis, fin 2010, 80 ha supplémentaires dont la moitié en agriculture biologique[8] ;

– pour mettre en place une agriculture sous cahier des charges environnemental sur l'ensemble du périmètre de protection rapprochée des forages des Hauts Prés, qui assurent l'approvisionnement en eau potable d'environ 40 000 habitants autour de Val-de-Reuil, la communauté d'agglomération Seine-Eure a acquis les 110 hectares que représente ce périmètre et entamé une réflexion autour de la conversion à l'agriculture biologique de ces parcelles[9] et du développement du maraîchage ;

– pour protéger son champ captant, qui fournit environ 2,5 millions de m^3 par an et alimente en eau potable une population d'environ 40 000 habitants également, le Syndicat des eaux du Centre-Ouest (Deux-Sèvres) envisage d'acquérir, par conventionnement avec la SAFER, 20 ha des parcelles les plus sensibles, puis de mettre en place une gestion adaptée de ces parcelles ;

– le Syndicat des eaux de Volmunster (Moselle) a lui aussi choisi de devenir propriétaire des 60 hectares inclus dans le périmètre de protection rapprochée. Les acquisitions

6. V. FREY, P. BRUN, *Rapport n° 1764* précité, p. 14.

7. *Droit rural* n° 335, août 2005, alerte n° 65.

8. V. FREY, P. BRUN (Conseil général de l'alimentation, de l'agriculture et des espaces ruraux, Conseil général de l'environnement et du développement durable), mai 2011, *Rapport sur la mise en place des programmes de protection des aires d'alimentation des captages pour l'eau potable, Rapport n° 1911*, p. 38.

9. Pour un exemple souvent cité, voir I. KRIMMER, « La protection de l'eau potable grâce à l'agriculture biologique : l'exemple de la ville de Munich », *Les Cahiers de droit*, vol. 51, n° 3-4, septembre-décembre 2010, p. 705-728.

foncières ont commencé dès 1998 et ont permis à la Safer de devenir propriétaire de 34 hectares au sein du périmètre ; ces terrains ont ensuite été rétrocédés au syndicat des eaux, qui a conclu une convention de mise à disposition avec la Safer afin que celle-ci conclue des baux avec des agriculteurs s'engageant à respecter un cahier des charges respectueux de la ressource en eau.

Les agences de l'eau inscrivent désormais dans leurs programmes d'intervention, et généralement à des taux élevés, des aides à l'acquisition foncière.

L'Agence Seine-Normandie accorde ainsi 60 % de subvention et 40 % d'avance pour les aires d'alimentation des captages « Grenelle », l'octroi de la subvention étant subordonné à une gestion à très bas niveau d'intrants des parcelles acquises (herbe, agriculture biologique, forêt...). Le résultat obtenu est sans appel : le montant des aides accordées aux collectivités est passé de 200 000 € en 2008 à 1,2 M€ en 2010[10].

Les opérations de maîtrise foncière autour des captages paraissent donc promises à un bel avenir. Si cet engouement soulève ici encore des oppositions dans les rangs des acteurs directement concernés – agriculteurs[11] et, dans une moindre mesure, propriétaires de forêts[12] – ceux-ci devront pourtant choisir la manière dont ils souhaitent poursuivre leurs nécessaires efforts en faveur de la reconquête de la qualité de l'eau.

2. L'aboutissement d'un projet transfrontalier d'alimentation en eau potable entre la France et la Belgique

Depuis août 2012, les communes meusiennes de Thonne-la-Long et d'Avioth sont alimentées en eau potable par un captage situé en Belgique.

La réfection des forages existants ou la création de nouveaux ouvrages côté français était envisagée de longue date, mais représentaient un coût très important pour chacun des deux villages (qui comptent respectivement 266 et 126 habitants).

Lorsque la commune belge de Meix-devant-Virton (2 732 habitants), située à quelques kilomètres, a engagé un programme de travaux visant à accroître la production de son captage, les deux communes françaises ont décidé de s'associer au projet.

10. V. FREY, P. BRUN, *Rapport n° 1911* précité, p. 38.

11. « [...] l'acquisition foncière ne doit être utilisée qu'en dernier recours, sur les zones extrêmement sensibles aux pollutions et où toutes les autres solutions sont inapplicables. », Assemblée permanente des chambres d'agriculture, Fédération professionnelle des entreprises de l'eau, L. BLASQUEZ (coord.), juillet 2010, *Protection des aires d'alimentation de captage d'eau potable vis-à-vis des pollutions diffuses. Recommandations de bonnes pratiques partenariales*, p. 28.

12. « [...] les collectivités sont incitées à l'acquisition foncière, laquelle revient à exclure les propriétaires forestiers, alors qu'une gestion privée serait tout à fait à même de répondre à leurs attentes en termes de protection de la ressource en eau. » J. FIQUEPRON, « Forêt et eau : entre contraintes et contrats », *Floréal : Bulletin d'information du Centre régional de la propriété forestière de Lorraine-Alsace* n° 92, mars 2013, p. 7.

En raison de son caractère transfrontalier, le projet a fait l'objet d'un financement par le FEDER dans le cadre d'un programme « Interreg »[13], ce qui a permis de diminuer notablement les coûts à supporter par les communes. Pour le raccordement de Thonne-la-Long par exemple, le montant des travaux s'est élevé à environ 595 000 euros, dont 103 000 euros restant à la charge de la commune une fois déduites les subventions du FEDER, de l'agence de l'eau et du conseil général[14].

D'autres initiatives en matière de coopération transfrontalière pour l'alimentation en eau potable ont pu bénéficier du soutien de l'Union européenne. Il en a été ainsi, dès 2001, d'études hydrogéologiques menées sur les nappes transfrontalières de la région de Wissembourg (Bas-Rhin) et de Bad Bergzabern (Rhénanie-Palatinat) en vue de leur exploitation en commun.

S'agissant toujours de coopération entre la France et l'Allemagne, le programme Interreg a également permis un programme[15] visant à concevoir et à des indicateurs de suivi qualitatifs et quantitatifs des actions de protection de la nappe rhénane dans la vallée du Rhin supérieur, les informations étant acquises lors de campagnes de mesures réalisées régulièrement de part et d'autre du fleuve.

B. Assainissement des eaux usées

1. Premières expériences d'instauration de la taxe pour la gestion des eaux pluviales urbaines

Le ministère chargé de l'Environnement a publié à la fin du mois de juillet 2012 un *Guide d'accompagnement à la mise en place de la taxe pour la gestion des eaux pluviales urbaines*.

Il faut rappeler que cette taxe, que les collectivités compétentes sont libres d'instaurer ou non, a été créée par la loi du 30 décembre 2006 sur l'eau et les milieux aquatiques[16] et que, près de deux ans après la publication du décret en précisant les modalités de mise en œuvre[17], elle n'a pratiquement été créée nulle part.

La communauté d'agglomération du Douaisis (150 000 habitants environ) figure parmi les très rares collectivités à avoir instauré la taxe pour la gestion des eaux pluviales urbaines ; les lecteurs assidus de l'*Annuaire* se souviennent que la collecte des eaux pluviales

13. Voir le règlement n° 1080/2006 du 5 juillet 2006 relatif au Fonds européen de développement régional.

14. *L'Est Républicain*, édition de Verdun, des 9 octobre 2011 et 26 août 2012.

15. « Indicateurs de suivi des actions de protection de la nappe rhénane dans la vallée du Rhin supérieur » (Interreg III A).

16. Voir art. L. 2333-97 à L. 2333-101 du Code général des collectivités territoriales.

17. Décret n° 2011-815 du 6 juillet 2011, codifié aux articles R. 2333-139 et suivants du Code général des collectivités territoriales.

est une problématique cruciale dans cette agglomération confrontée à des inondations lors des orages importants (*ACL* 2001, p. 600).

Conformément à l'article L. 2333-97 du Code général des collectivités territoriales, la communauté d'agglomération a choisi de soumettre à la taxe tous les propriétaires, publics et privés, de terrains et de voiries situés dans les zones urbaines ou les zones à urbaniser ouvertes à l'urbanisation, telles que délimitées par les plans locaux d'urbanisme.

Pour épargner les petits terrains, le conseil communautaire a prévu une superficie minimale – fixée à 500 m^2 imperméabilisés – en deçà de laquelle la taxe ne sera pas recouvrée. Ce seuil de 500 m^2 a l'avantage de générer les deux tiers de la recette escomptée (estimée à environ 710 000 euros), en ne soumettant à la taxe que 10,5 % des propriétés taxables, parmi lesquelles très peu appartiennent à des particuliers. Les principaux contributeurs de la taxe sont donc des entreprises (pour environ deux tiers de la recette, donc) et les collectivités gestionnaires de voirie (pour le tiers restant).

Le taux de la taxe a été fixé à 0,05 euro par mètre carré.

Enfin, pour l'application de l'article R. 2333-142 du Code général des collectivités territoriales, la communauté d'agglomération a décidé de consentir aux propriétaires ayant mis en place des dispositifs évitant ou limitant le déversement des eaux pluviales hors de leur terrain d'un abattement de :
– 100 % si le dispositif permet d'éviter tout rejet au réseau ;
– 40 % si le rejet est inférieur à 2 litres par seconde et par hectare ;
– 20 % si le rejet est limité sans respecter cette limite.

Il apparaît ainsi que, même si les ressources générées par la taxe ne sont pas négligeables (elles devraient représenter près d'un tiers du budget du service d'assainissement pluvial), l'instauration de celle-ci a clairement été conçue comme une incitation à l'utilisation de techniques alternatives au déversement des eaux pluviales au réseau public de collecte.

La petite commune de Sauzé-Vaussais (1 600 habitants, dans le département des Deux-Sèvres) a elle aussi décidé d'instaurer sur son territoire la taxe pour la gestion des eaux pluviales, par une délibération de son conseil municipal en date du 7 septembre 2011. Le taux a été fixé à 0,50 euro par m^2 de surfaces imperméabilisées.

Il n'est pas sans intérêt, pour illustrer les obstacles auxquels s'opposent les collectivités confrontées à la gestion des eaux pluviales, de signaler la réaction virulente qu'a déclenchée l'initiative de la commune de Sauzé-Vaussais chez la chambre de commerce et d'industrie des Deux-Sèvres : celle-ci a en effet adressé aux entrepreneurs du département un courrier alarmant les invitant à réagir rapidement auprès de leurs élus, afin de les alerter « *sur les dangers que représenterait une imposition supplémentaire pour le développement ou la pérennité* [des entreprises] »[18].

18. *La Nouvelle République* du 19 juillet 2012.

Dans une lettre ouverte adressée en réponse, le maire de Sauzé-Vaussais a dû justifier que l'instauration de la taxe répondait – comme ci-dessus à Douai – au souhait d'inciter les propriétaires à réaliser les aménagements leur permettant de ne plus rejeter leurs eaux pluviales dans le réseau public d'assainissement, et donc de ne plus être assujettis à la taxe : selon la commune, les eaux pluviales, mélangées aux eaux usées dans le réseau unitaire perturbent en effet le fonctionnement de la station d'épuration, sur laquelle sont justement entrepris de coûteux travaux de remise aux normes[19].

Si les solutions alternatives aux rejets d'eaux pluviales dans les réseaux de collecte sont nombreuses et bien connues[20], elles restent aujourd'hui insuffisamment mises en œuvre. Les partisans du développement durable ne peuvent donc que souhaiter la généralisation de la taxe pour la gestion des eaux pluviales : conçue judicieusement, celle-ci accompagnera sans doute le développement des solutions les mieux adaptées aux contextes locaux.

2. Traitement des eaux usées par filtres plantés de roseaux : les réalisations récentes confirment l'engouement pour la filière

L'intérêt des collectivités compétentes en matière d'assainissement pour les filières dites « végétales » de traitement des eaux usées semble avoir encore progressé.

On estime en effet, en 2010, que plus de 2 000 stations – c'est-à-dire entre 10 et 15 % du parc français – sont des filtres plantés de roseaux[21]. Le développement de cette filière a été particulièrement rapide : encore expérimentale dans les années 1990 (voir *ACL* 2002, p. 686), elle est devenue en l'espace d'une dizaine d'années le procédé majoritaire pour les stations de capacité inférieure à 2 000 équivalents habitants (EH)[22].

Le procédé cumule de nombreux avantages : en plus d'une bonne intégration paysagère, il garantit des performances épuratoires très satisfaisantes à des coûts d'investissement et de fonctionnement faibles.

La seule limite de la filière tient finalement aux surfaces importantes qu'elle nécessite par rapport aux stations classiques de type « boues activées » : toutefois, dans les petites collectivités, fréquemment rurales ou péri-urbaines, l'acquisition d'un terrain, même de grandes dimensions, ne pose généralement pas de difficultés insurmontables.

---

19 *La Nouvelle République* du 5 décembre 2012.

20 voir notamment, pour une synthèse des recherches menées dès les années 1980 par les centres d'études techniques de l'Équipement : J. Leroux, J.-D. Baladès (CETE de Bordeaux), M. Roche (service technique de l'urbanisme), *La maîtrise des eaux pluviales : des solutions « sans tuyau » dans l'agglomération de Bordeaux*, Ministère de l'Équipement, du Logement et des Transports, janvier 1993, 63 p.

21 G. Golla, K. Petit, C. Hocquet (Office international de l'eau), « Bilan 2008 de l'assainissement en France. Étude réalisée dans le cadre des travaux du Système d'information sur l'eau, juillet 2010 ».

22 P. Molle, « Les filtres plantés de roseaux : évolution de la recherche et tendances actuelles », *Sciences Eaux & Territoires : la revue d'Irstea* n° 9, 2012, p. 24-31.

C'est ainsi qu'ont été inaugurés en 2012 des filtres plantés de roseaux pour le traitement des eaux usées un peu partout en France :

– à Solignac et Le Vigan, près de Limoges, pour une capacité de 1 500 EH et un coût de 810 290 euros HT, la station couvrant près de 1,5 hectare (dont 2 285 m^2 pour le premier étage, 1 900 m^2 pour le deuxième et 3 900 m^2 pour le troisième) ;

– à Châtillon-sur-Colmont (Mayenne), pour une capacité de 700 EH et un coût de 315 000 euros HT, les bassins couvrant environ 8 000 m^2 ;

– à Pontailler et Perrigny-sur-l'Ognon (Côte-d'Or), pour une capacité de 1 300 EH et un coût de 1,2 M€ ; le syndicat intercommunal Saône-Ognon-Vingeanne, maître d'ouvrage, a fait le choix de la filière « filtres plantés de roseaux » au regard de son expérience sur une autre station de ce type située sur son territoire, à Cheuge-Jancigny ;

– à Saint-Tugdual (Morbihan), où 7 000 roseaux viennent d'être plantés dans des bassins de 3 000 m^2. Ils seront 70 000 d'ici trois ans[23] ;

– à Dohem (Pas-de-Calais), pour une capacité de 900 EH et un coût de 456 800 euros HT ;

– à Valeilles (Tarn-et-Garonne), pour une capacité de 125 EH et un coût de 175 656 euros HT ;

– à Calonges (Lot-et-Garonne) pour un coût de 450 000 euros ;

– à Paraza (Aude), à Saint-Michel-d'Euzet (Gard), etc.

Dans les années qui viennent, les filtres plantés de roseaux ne peuvent donc que se généraliser plus encore. Sans compter que d'autres potentialités de la filière restent sans doute encore à découvrir, par exemple pour le traitement d'effluents spécifiques (effluents viticoles...), le traitement des matières de vidange issues des installations d'assainissement non collectif ou encore le traitement des eaux urbaines de temps de pluie.

Sur ce dernier aspect, le projet « Systèmes extensifs pour la gestion et le traitement des eaux urbaines de temps de pluie », initié en janvier 2009 et associant quatre organismes de recherche et deux bureaux d'études apportera de précieux enseignements sur de nouvelles utilisations des filtres plantés de roseaux. La communauté urbaine de Lyon y apporte son soutien en mettant à disposition, sur l'emprise de la station d'épuration de Fontaines-sur-Saône, un site d'expérimentation pour la mise en place de « pilotes ».

C. Gestion des services publics

L'activité « aléatoire » des commissions consultatives des services publics locaux en matière d'alimentation en eau potable et d'assainissement des eaux usées

Créées par l'article 26 de la loi n° 92-125 du 6 février 1992 relative à l'administration territoriale de la République, et profondément réformées par la loi du 27 février 2002 dite

23. *Le Télégramme* du 16 octobre 2012.

« loi Vaillant », les commissions consultatives des services publics locaux (CCSPL) ont pour vocation de permettre aux usagers des services publics d'obtenir des informations sur le fonctionnement effectif de ces services, d'être consultés sur certaines mesures relatives à leur organisation et d'émettre toutes propositions utiles[24].

Du point de vue quantitatif, le nombre de CCSPL créées par les collectivités locales est estimé à 1 168 par le ministère de l'Intérieur[25]. Ce chiffre laisse penser que de nombreuses commissions restent à constituer ; en effet, l'article L. 1413-1 du Code général des collectivités territoriales impose la création d'une CCSPL – pour l'ensemble des services publics confiés à un tiers par convention de délégation de service public ou exploités en régie dotée de l'autonomie financière – aux régions, aux départements, aux communes de plus de 10 000 habitants, aux établissements publics de coopération intercommunale de plus de 50 000 habitants et aux syndicats mixtes comprenant au moins une commune de plus de 10 000 habitants.

Du point de vue qualitatif, le problème est plus complexe encore. La Direction générale des collectivités locales qualifie leur activité d'« *aléatoire* », suivant l'existence des projets qu'elles sont appelées à connaître[26]. En outre, selon une enquête menée par la Fédération nationale des collectivités concédantes et régies (FNCCR) auprès de 180 CCSPL, celles-ci rencontrent de nombreuses difficultés en matière d'installation et de fonctionnement. Les principaux obstacles identifiés sont[27] :

- la mobilisation insuffisante des représentants des associations locales et le problème de la fidélisation des membres, à moyen et long terme, aux travaux de la commission ;
- l'absence de relais avec le grand public des travaux des CCSPL ;
- le manque d'implication des services, et parfois également un défaut de motivation des élus ;
- la difficulté à définir le rôle et les missions d'une CCSPL dans le fonctionnement de la collectivité ;
- et la difficulté à organiser une réflexion véritablement collective et à créer les conditions d'un processus délibératif.

Au-delà de ces difficultés, certaines CCSPL paraissent tout de même permettre une bonne implication des administrés dans le contrôle de la bonne exécution de leur mission par les délégataires, ainsi que l'expression d'un débat sur les modes de gestion des services publics d'eau et d'assainissement.

---

24. Plus généralement, voir aussi Ch. PEZON, « La dérégulation discrète de la distribution d'eau potable en France et l'émergence d'un nouvel acteur collectif, les abonnés », *Flux* vol. 2002/2, n° 48-49, 2002 p. 62-72.

25. Direction générale des collectivités locales, 2011 : « Éléments de bilan des consultations, concertations et référendums dans les collectivités territoriales », *in* Conseil d'État, *Consulter autrement, participer effectivement, Rapport public 2011*, p. 159.

26. Ibid.

27. Colloque « Démocratie participative et gestion des services publics locaux : les commissions consultatives des services publics locaux, dix ans après la Loi démocratie de proximité », 15 novembre 2012 : discours d'ouverture, par D. Saint-Pe, seconde vice-présidente de la FNCCR.

C'est ainsi qu'au cours de sa séance de janvier 2012, la CCSPL de Saintes (Charente-Maritime), composée de quatre élus et de quatre représentants associatifs, a émis un avis défavorable au projet de gestion des services d'eau et d'assainissement de la commune en régie intéressée[28]. Certes, l'avis de la commission est purement consultatif[29], mais la réunion de la CCSPL aura cependant permis aux associations de consommateurs militant pour le retour en régie directe de faire entendre leur voix.

S'agissant du contrôle minutieux par certaines CCSPL de la qualité du service rendu par la société fermière des services d'eau ou d'assainissement, les commissions de la ville de Beauvais (Oise) et de la Communauté de communes du Pays de Gex (département de l'Ain) méritent d'être citées en exemple.

À Beauvais (réunion du 10 septembre 2012), la CCSPL a ainsi obtenu du délégataire qu'il produise le CARE (compte annuel de résultat d'exploitation)[30] en respectant le cadre fourni à l'époque de la négociation du contrat, ceci afin de permettre une comparaison ligne à ligne des charges prévisionnelles d'exploitation et des charges réellement supportées : le non-respect de ce formalisme interdisait toute analyse des données financières produites, ce que la commission ne pouvait tolérer.

À Gex, la CCSPL dénonce quant à elle (lors de sa réunion du 28 octobre 2011) les insuffisances de la société fermière dans ses travaux de renouvellement des branchements et des compteurs : pour les compteurs, l'engagement contractuel de 1 020 compteurs remplacés à chaque exercice n'est pas respecté et, pour les branchements, entre 15 et 41 sont effectivement renouvelés chaque année, alors qu'il en était prévu 150 au contrat.

II. Législation – Réglementation

– Décret n° 2012-84 du 24 janvier 2012 relatif à la participation financière des préleveurs irrigants aux dépenses liées aux missions de l'organisme unique de gestion collective des prélèvements d'eau pour l'irrigation, *JO* du 26 janvier 2012, p. 1452.
– Décret n° 2012-97 du 27 janvier 2012 relatif à la définition d'un descriptif détaillé des réseaux des services publics de l'eau et de l'assainissement et d'un plan d'action pour la réduction des pertes d'eau du réseau de distribution d'eau potable, *JO* du 28 janvier 2012, p. 1641.
– Décret n° 2012-274 du 28 février 2012 relatif à certaines corrections à apporter au régime des autorisations d'urbanisme, *JO* du 29 février 2012, p. 3563.
– Instruction DGS/EA4 n° 2012-98 du 29 février 2012 relative à la mise en œuvre de l'arrêté du 23 novembre 2011 fixant le tarif des prélèvements des eaux destinées

28. Sud-Ouest des 20 octobre 2011 et 18 janvier 2012.

29. Par délibération du 13 février, le conseil municipal a d'ailleurs décidé que les services publics en question seraient exploités… en régie intéressée (voir aussi Sud Ouest du 22 décembre 2012).

30. Voir art. R. 1411-7 CGCT.

à la consommation humaine, des eaux minérales naturelles, des piscines et des eaux de baignade, *BO Santé – Protection sociale – Solidarité* n° 2012/4 du 15 mai 2012.
– Arrêté du 7 mars 2012 modifiant l'arrêté du 7 septembre 2009 fixant les prescriptions techniques applicables aux installations d'assainissement non collectif recevant une charge brute de pollution organique inférieure ou égale à 1,2 kg/j de DBO5, *JO* du 25 avril 2012, p. 7348.
– Loi n° 2012-354 du 14 mars 2012 de finances rectificative pour 2012, *JO* du 15 mars 2012, p. 4690.
– Arrêté du 16 mars 2012 relatif à la sécurité sanitaire des eaux destinées à la consommation humaine sur les sites relevant du ministre de la Défense, *JO* du 11 avril 2012, p. 6499.
– Arrêté du 27 avril 2012 relatif aux modalités de l'exécution de la mission de contrôle des installations d'assainissement non collectif, *JO* du 10 mai 2012, p. 8658.
– Décret n° 2012-676 du 7 mai 2012 relatif aux programmes d'actions régionaux en vue de la protection des eaux contre la pollution par les nitrates d'origine agricole, *JO* du 8 mai 2012, p. 8188.
– Arrêté du 7 mai 2012 relatif aux actions renforcées à mettre en œuvre dans certaines zones ou parties de zones vulnérables en vue de la protection des eaux contre la pollution par les nitrates d'origine agricole, *JO* du 8 mai 2012, p. 8254.
– Circulaire du 14 mai 2012 portant modification de la circulaire du 3 janvier 2011 définissant l'articulation entre les différents intervenants qui mettent en œuvre les réseaux de surveillance de l'état quantitatif des eaux souterraines en application de l'article R. 212-22 du Code de l'environnement et de la directive-cadre sur l'eau (DCE), *BO MEDDE – METL* n° 2012/12 du 10 juillet 2012, p. 124.
– Arrêté du 22 juin 2012 relatif aux conditions de mise sur le marché et de mise en œuvre des modules de filtration membranaire utilisés pour le traitement d'eau destinée à la consommation humaine pris en application de l'article R. 1321-50 (I et II) du Code de la santé publique, *JO* du 30 juin 2012, p. 10663 (rectificatif au *JO* du 11 août 2012, p. 13207).
– Arrêté du 2 juillet 2012 portant modification de l'arrêté du 17 décembre 2008 établissant les critères d'évaluation et les modalités de détermination de l'état des eaux souterraines et des tendances significatives et durables de dégradation de l'état chimique des eaux souterraines, *JO* du 14 septembre 2012, p. 14709.
– Arrêté du 23 juillet 2012 portant modification de l'arrêté du 17 juillet 2009 relatif aux mesures de prévention ou de limitation des introductions de polluants dans les eaux souterraines, *JO* du 9 août 2012, p. 13053.
– Circulaire du 13 septembre 2012 concernant la consultation du public de 2012 sur les questions importantes et le programme de travail relatifs aux futurs schémas directeurs d'aménagement et de gestion des eaux 2016-2021 ; NOR : DEVL1228280C, *BO MEDDE – METL* n° 2012/18 du 10 octobre 2012, p. 66.
– Arrêté du 20 septembre 2012 pris pour l'application du II de l'article 3 du décret n° 2009-235 du 27 février 2009 relatif à l'organisation et aux missions des directions régionales de l'environnement, de l'aménagement et du logement et modifiant les annexes de l'arrêté du 7 novembre 2006 désignant les services de police de l'eau

compétents sur la liste des cours d'eau, définis par l'arrêté du 24 février 2006 pris en application de l'article 7 du décret n° 2005-636 du 30 mai 2005 relatif à l'organisation de l'administration dans le domaine de l'eau et aux missions du préfet coordonnateur de bassin, *JO* du 27 septembre 2012.

– Décret n° 2012-1078 du 24 septembre 2012 relatif à la facturation en cas de fuites sur les canalisations d'eau potable après compteur, *JO* du 26 septembre 2012, p. 15174.

– Arrêté du 9 octobre 2012 relatif aux conditions de mise sur le marché et d'emploi des réacteurs équipés de lampes à rayonnements ultraviolets utilisés pour le traitement d'eau destinée à la consommation humaine pris en application de l'article R. 1321-50 (I et II) du Code de la santé publique, *JO* du 18 octobre 2012, p. 16229.

– Instruction DGS/EA4/2012/366 du 18 octobre 2012 relative au repérage des canalisations en polychlorure de vinyle susceptibles de contenir du chlorure de vinyle monomère résiduel risquant de migrer vers l'eau destinée à la consommation humaine et à la gestion des risques sanitaires en cas de dépassement de la limite de qualité des eaux destinées à la consommation humaine pour le chlorure de vinyle monomère en application des articles R. 1321-26 à R. 1321-36 du Code de la santé publique, *BO Santé – Protection sociale – Solidarité* n° 2012/11 du 15 décembre 2012, p. 432.

– Circulaire du 23 octobre 2012 relative à l'application de l'arrêté du 17 décembre 2008 établissant les critères d'évaluation et les modalités de détermination de l'état des eaux souterraines et des tendances significatives et durables de dégradation de l'état chimique des eaux souterraines, *BO MEDDE – METL* n° 2012/21 du 25 novembre 2012, p. 76.

– Arrêté du 17 décembre 2012 relatif à la définition du bon état écologique des eaux marines, *JO* du 30 décembre 2012, p. 21138.

III. Bibliographie

– ADVIELLE F., « Les chambres régionales et territoriales des comptes et les mutualisations de services », *AJDA* 2012, p. 1952.

– AMARD G., *Le guide de la gestion publique de l'eau*, « Les guides républicains », éd. Bruno Leprince, mars 2012.

– BARON Fl., FROMONT S. (dir.), *Remunicipalisation du service public d'eau potable : Paris se jette à l'eau*, Institut d'études politiques de Lille, 51 p.

– BELMEZITI A., *Impact potentiel de l'utilisation de l'eau de pluie dans le bâtiment sur les consommations d'eau potable à l'échelle urbaine : le cas de l'agglomération parisienne*, thèse, 2012, 318 p.

– BILLET Ph., « Distribution communale d'eau potable : une obligation contractuelle de résultat », note sous Cass. civ. 28 novembre 2012, n° 11-26814, *Mataillet c/Cne de Saint-Hilaire-de-Lavit*, *La Semaine Juridique Administrations et Collectivités territoriales* n° 9, 25 février 2013, 2059.

– Bonnefond M., Fournier M., « Maîtrise foncière dans les espaces ruraux : un défi pour les projets de renaturation des cours d'eau », *Économie rurale* vol. 2013/2, n° 334, mars 2013, p. 55-68.

– Bonnet Beaugrand F., *La gouvernance locale face à l'incomplétude des contrats de délégation des services publics : l'exemple de l'eau et de l'assainissement*, éd. Mines ParisTech, 2012, 452 p.

– Brelet Cl., *Anthrop'eau : l'anthropologie de l'eau racontée aux hydrologues, ingénieurs et autres professionnels de l'eau*, éd. L'Harmattan, 2012, 138 p.

– Brun A., Lasserre F., *Gestion de l'eau : approche territoriale et institutionnelle*, Presses de l'Université du Québec, 2012, 228 p.

– Collart Dutilleul F., Fercot C., Bouillot P.-E., Collart Dutilleul C., « L'agriculture et les exigences du développement durable en droit français », *Droit rural* n° 402, avril 2012, étude 5.

– Corbet Ch., Bérion P. (dir.), *Les réseaux d'eau potable et d'assainissement en Franche-Comté*, Université de Franche-Comté, UFR des Sciences du langage, de l'homme et de la société, 2012, 99 p.

– Decarout J. (Société des Amis du Vieil Annecy), « Naissance d'une ville moderne : l'eau, le gaz et l'électricité à Annecy de 1840 aux années 1920 », *Annesci* vol. 47, 2012, 258 p.

– Demaye-Simoni P., « Le principe de libre administration autorise la modulation des aides financières entre collectivités territoriales », Cons. const. 8 juillet 2011, n° 2011-146 QPC, *Département des Landes*, *Constitutions*, 2012, p. 51.

– Ducharne J.-P., « La stratégie contentieuse des entreprises partenaires : exemple de la Lyonnaise des eaux », *AJ Collectivités territoriales*, 2012, p. 192.

– Dumesnil A.-L., « Frontière entre les notions de pouvoir adjudicateur et d'entité adjudicatrice en matière d'alimentation en eau potable », note sous TA Poitiers, ord., 23 décembre 2011, n° 1102620, *Sté Lyonnaise des eaux France c/Cté cnes de Parthenay*, *La Semaine Juridique Administrations et Collectivités territoriales* n° 19-20, 14 mai 2012, 2165, p. 32.

– Graindorge J., Landot E., *La qualité de l'eau potable : techniques et responsabilités*, éd. Voiron « Territorial », 2012, 146 p.

– Hernandez Zakine C., « La planification de l'eau : expression nouvelle d'une publicisation de la gestion de l'espace rural », *Droit rural* n° 399, janvier 2012, dossier 5.

– Houser M., « Le service public d'assainissement non collectif (SPANC) : état des lieux, financement et incertitudes », *AJ Collectivités territoriales*, 2012, p. 421.

– Kervasdoué (de) J., Voron H., *Pour en finir avec les histoires d'eau : l'imposture hydrologique*, Plon, septembre 2012, 309 p.

– Lakel A., Centre scientifique et technique du bâtiment (CSTB) : *Procédés non traditionnels d'assainissement autonome. Procédés compacts de filtration, micro-stations et filtres plantés de roseaux : conception, mise en œuvre, entretien et maintenance : en application de la procédure d'agrément ministériel, des avis techniques et de la norme NF EN 12566-3 + A1*, Centre scientifique et technique du bâtiment, 2012, 103 p.

– Lefort J., Bain-Thouverez J., « La coopération intercommunale soustraite aux règles de concurrence », *AJDA* 2013, p. 23.

– Legrand Ch., *Le Guide de l'assainissement des collectivités*, deux volumes, éd. Techni-Cités, mars 2012.

– Méténier B., Grasset E., *L'eau de Grenoble : un patrimoine en héritage*, Critères éditions, 2012, 127 p.

– Organisation de coopération et de développement économiques (OCDE), *Qualité de l'eau et agriculture : un défi pour les politiques publiques*, juin 2012, 172 p.

– Pauliat H., « L'évolution des modes de gestion des services publics locaux : un retour à la gestion publique ? », *La Semaine Juridique Administrations et Collectivités territoriales* n° 44, 5 novembre 2012, 2355.

– Prival M. (Académie des sciences, belles-lettres et arts de Clermont-Ferrand), *De la source à la fontaine et à la maison : histoire de l'eau potable dans le Puy-de-Dôme*, éd. des Monts d'Auvergne, juillet 2012.

– Richer L., « Un contrat d'entente intercommunale n'est pas une délégation de service public », *AJDA* 2012, p. 555.

– Rioust E., « Gouverner l'incertain : adaptation, résilience et évolutions dans la gestion du risque d'inondation urbaine : les services d'assainissement de la Seine-Saint-Denis et du Val-de-Marne face au changement climatique », Thèse de doctorat de l'Université Paris-Est, 2012, 427 p.

– Santoni L., « La PRE est morte, vive la PAC ! » *Construction – Urbanisme* n° 5, mai 2012, comm. 92.

– Schriver-Mazzuoli L., *La gestion durable de l'eau : ressources, qualité, organisation*, Dunod, 2012, 250 p.

– Sirinelli J., « Les recours des usagers contre les gestionnaires de services publics », *Droit administratif* n° 1, janvier 2012, étude 1.

– Smets H., *La part fixe dans la tarification de l'eau des ménages : plaidoyer pour plus d'équité*, éd. Johanet, juin 2012, 148 p.

– Smets H., *Le droit à l'eau potable et à l'assainissement en Europe*, éditions Johanet, février 2012, 766 p.

– Strebler J.-Ph., « La nouvelle participation au financement de l'assainissement collectif », *AJ Collectivités territoriales*, 2012, p. 614.

– Subra de Bieusses P., « Sort des provisions pour renouvellement à la fin d'une délégation de service public », *AJDA* 2012, p. 2112.

– Travet L., « Principales modifications opérées par la loi Grenelle 2 », *La Semaine Juridique Administrations et Collectivités territoriales* n° 9, 5 mars 2012, 2073.

– Vernières Ch., « Les annexes à l'acte notarié » *La Semaine juridique éd. Notariale et Immobilière* n° 4, 27 janvier 2012, 1061.

– Vila J.-B., Wels Y., « L'intercommunalité et la gestion de l'eau dans l'est du bassin parisien : « Ensemble, c'est tout » », note sous TA Montreuil, 31 mai 2012, n° 1104429, *Soc. « Coordination Eau Ile-de-France », La Semaine Juridique Administrations et Collectivités territoriales* n° 40, 8 octobre 2012, 2324.

– Zimmer W., « Convention conclue par deux collectivités territoriales en vue d'exercer en coopération un service public », note sous CE, 3 févr. 2012, n° 353737, *Cne Veyrier-du-Lac, Contrats et Marchés publics* n° 3, mars 2012, comm. 78.

IV. Enseignement – Formation

Guy Siat

I. Réalisations – Innovations

Alors que l'échéance de 2015 se rapproche et que les pouvoirs publics semblent inflexibles sur l'obligation de rendre parfaitement accessibles aux personnes handicapées l'ensemble des établissements recevant du public, le 17e rapport de l'Observatoire national de la sécurité et de l'accessibilité des établissements d'enseignement (*Rapport J.-M. Schléret*, 19 mars 2013, 193 p.) pointe les insuffisances de mises aux normes des lycées... Les régions ont engagé 290 millions d'euros de travaux d'ici 2015... alors que l'Observatoire présidé par le député Jean-Marie Schléret estime le coût à 1,5 milliard d'euros pour l'ensemble des établissements !

A. Restauration scolaire : interdiction d'accès, gratuité... et menaces sur l'équilibre nutritionnel

Un incident regrettable a relancé la question du droit d'accès aux cantines scolaires. En janvier 2013, la police municipale d'un village des Pyrénées-Atlantiques, sur ordre du maire, a fait sortir d'autorité une fillette de cinq ans de la cantine scolaire, au motif que ses parents n'avaient pas payé les frais de restauration depuis plusieurs mois. Le défenseur des droits a ouvert une enquête sur cette initiative pour le moins maladroite... et qui ne permet pas pour autant de recouvrer les créances. En cas de non-paiement, le maire peut signer un ordre de recettes qui permet au comptable public, sans intervention préalable d'un juge, de mettre la créance en recouvrement forcé (Réponse ministérielle, *JO*, éd. Q, 11 janvier 2011, p. 172).

Il faut rappeler ici que les cantines des écoles primaires sont un service public administratif facultatif (CE, section, 5 octobre 1984, *Commissaire de la République de l'Ariège c/ Commune de Lavelanet*, *Rec.* p. 315). La gestion du service peut être déléguée, sauf la surveillance des élèves (Avis du Conseil d'État, 7 octobre 1986). Les communes qui organisent un service public de restauration scolaire sont le plus souvent victimes de leur succès, ce qui pose la question de l'accès à ce service lorsque le nombre de demandeurs dépasse les capacités d'accueil. Quels sont les critères pertinents pouvant être légalement invoqués par les communes pour limiter le nombre d'usagers, donc établir des discriminations ? Il faut évidemment décliner le principe d'égalité devant le service public... Par rapport aux différences de situation appréciables (CE, section, 10 mai 1974, *Denoyez et Chorques*, *Lebon* p. 274) : l'étude de Laurent Quessette citée en bibliographie fait le point sur la jurisprudence (voir ci-dessous).

Une étude publiée par *UFC-Que choisir* fait le point sur l'application de l'obligation pour les cantines scolaires de respecter les critères de la qualité nutritionnelle. Les auteurs de l'étude ont passé au crible plus de 600 cantines scolaires : une amélioration d'ensemble se dessine, mais il y a des signes inquiétants (*UFC Que choisir*, « Étude sur l'équilibre nutritionnel dans les restaurants scolaires de 606 communes et établissements scolaires de France », mars 2013, 25 p. et annexes).

Il aura fallu des années de revendications du corps médical et des associations de parents d'élèves pour qu'un dispositif contraignant réglemente la composition des menus dans les restaurants scolaires. L'article 1er de la loi 2010-874 du 27 juillet 2010 de modernisation de l'agriculture et de la pêche pose le principe d'une obligation de composer des menus équilibrés dans les cantines scolaires. Il a encore fallu attendre les textes d'application, en l'occurrence le décret 2011-1227 du 30 septembre 2011 (*JO* 2 octobre 2011, p. 16572) et l'arrêté ministériel du même jour pour que les gestionnaires tiennent compte réellement de l'impératif de proposer des menus équilibrés. Sans la contrainte réglementaire entrée en application au 1er septembre 2012, les cantines n'auraient pas commencé à modifier leurs habitudes. Le surpoids et l'obésité touchent 18 % des enfants ! Il y a 6 millions de jeunes qui fréquentent quotidiennement les restaurants scolaires. Ces derniers constituent donc un vecteur privilégié pour corriger les mauvaises habitudes alimentaires qui menacent la santé des jeunes et pour mettre en œuvre une politique de lutte contre le surpoids.

Par une lettre du 21 décembre 2012, le premier ministre a confié à deux parlementaires la mission de diminuer le nombre d'obligations réglementaires qui s'appliquent aux collectivités territoriales. L'obligation posée par le décret du 30 septembre 2011 est menacée.

Le mode de gestion de la restauration scolaire n'a pas d'incidence majeure : les cantines des écoles primaires sont majoritairement concédées à des groupes spécialisés, alors que dans les lycées et collèges, la restauration reste majoritairement confiée aux personnels TOS, transférée il y a quelques années aux départements et régions.

Un phénomène inquiétant se développe : des restaurants scolaires ouvrent des cafétérias ou des stands ou les produits malsains sont proposés à la vente : frites, pizzas, etc. Il appartient aux chefs d'établissement de s'assurer que les élèves ne délaissent pas la cantine au profit du « *junk food* ».

La ville de Strasbourg gère 42 restaurants scolaires municipaux. Une diététicienne assure le contrôle qualité des assiettes des élèves : équilibre nutritionnel, mais aussi respect d'un quota d'ingrédients bio, limitation de l'utilisation d'huile de palme, etc. Ce sont 10 000 repas servis chaque jour (40 % des élèves sont demi-pensionnaires) avec systématiquement le choix entre quatre menus : standard, casher, halal et végétarien…

À l'automne 2012, Dominique Baudis, le Défenseur des droits, avait ouvert une consultation des parents d'élèves sur l'accueil des élèves dans les cantines scolaires. Plus de mille témoignages et réclamations lui sont revenus… C'est la raison pour laquelle le Défenseur des droits a publié le 28 mars 2013 un *Rapport sur « l'*égal accès des enfants à la cantine de l*'*école primaire ». Selon le rapport, tous les enfants doivent avoir accès à la cantine, sans que la situation des parents puisse être prise en compte pour leur en refuser l'accès. Une expertise juridique montre aussi que les cantines doivent s'adapter aux demandes de menus spécifiques en cas d'intolérances alimentaires (problèmes d'allergies alimentaires), mais que les cantines ne sont pas tenues de présenter des repas adaptés aux diverses convictions religieuses.

Il y a aujourd'hui deux fois plus de rationnaires (demi-pensionnaires) que dans les années 1970…

B. Rythmes scolaires : la précipitation nuit à l'efficacité…

Encore une réforme des rythmes scolaires… sur la base d'expertises et de consultations qui arrivent à des conclusions radicalement contraires à celles qui ont prévalu en 2007 et qui avaient abouti à rendre obligatoire, dans les écoles primaires, à compter de la rentrée 2008, la semaine de quatre jours ! Alors que le choix de la meilleure organisation du temps scolaire est débattu en France depuis une vingtaine d'années à la fois par les enseignants, les médecins et chronobiologistes, le décret du 24 janvier 2013 supprime la semaine de quatre jours instituée par le décret du 15 mai 2008 et recrée une semaine de quatre jours et demi, mais en privilégiant comme demi-journée supplémentaire le mercredi matin à la place du samedi matin, comme cela était le cas avant la rentrée 2008 (il est intéressant de relire le dossier publié en son temps par la *Gazette* sur cette question : « Éducation, la semaine de quatre jours à l'épreuve des faits », la *Gazette*, 1er septembre 2008, p. 22 et suiv.). La nouvelle réforme se veut plus ambitieuse que les précédentes, en intégrant d'office des activités périscolaires dans le prolongement du temps strictement scolaire, d'où l'implication obligée des communes. En effet, les élèves pourront accéder à des activités culturelles, sportives et artistiques, celles-ci devant donc être organisées par les communes. Ces activités périscolaires doivent être distinguées des activités pédagogiques complémentaires qui sont organisées, elles, par les enseignants dans le cadre de leurs obligations de service (36 heures par enseignant et par année scolaire) et qui remplacent le dispositif Fillon de l'aide personnalisée.

Il apparaît clairement que la réforme nécessite des moyens considérables qui devront être mis en place par les communes essentiellement, mais aussi par les départements en ce qui concerne l'organisation des transports scolaires (une demi-journée d'école en plus représente en moyenne 20 % de dépenses de transports scolaires en plus pour le département !). L'impact pour les personnels enseignants, instituteurs et professeurs des écoles, est somme toute réduit par rapport aux conséquences pour les communes et les parents. Pour ces derniers, c'est l'organisation de la semaine de travail qui va se trouver affectée par la mise en œuvre de la réforme : moins de femmes utiliseront le mercredi comme jour de congé ou de récupération. Pour les associations sportives, artistiques et culturelles, les activités traditionnellement organisées le mercredi matin devront être réparties sur d'autres créneaux : mercredi après-midi, samedi… c'est dire que les salles sportives et culturelles, les équipements mis à la disposition par les communes et EPCI, seront utilisés différemment (et ne le seront plus le mercredi matin) et encore plus intensément le mercredi après-midi et le samedi.

Ce sont donc les communes qui vont porter l'essentiel du poids de la réforme.

Il faut d'abord présenter le dispositif du décret du 24 janvier 2013 avant de cerner les conséquences pour les communes.

Le décret prévoit la mise en place d'une semaine scolaire de 24 heures d'enseignement réparties sur 9 demi-journées. Les heures d'enseignement sont organisées les lundi, mardi, jeudi, vendredi et le mercredi matin, à raison de cinq heures trente maximum par jour et de trois heures trente maximum par demi-journée. Le mercredi matin est privilégié au samedi matin (ce n'est donc pas un simple retour au système d'avant la rentrée 2008). En effet, le report du mercredi matin sur le samedi matin doit faire l'objet d'une demande de dérogation de la part du maire. C'est également par dérogation qu'un maire peut demander le report de l'application de la réforme dans sa commune pour la rentrée 2014… On s'achemine vers de telles demandes, y compris dans des villes acquises pourtant à la nouvelle majorité (Lille, Strasbourg, Montpellier, etc.). C'est à se demander si les communes sollicitant une dérogation ne seront pas plus nombreuses que les communes qui acceptent d'entrer dans la réforme dès la rentrée 2013. Il est difficile de redéployer en peu de temps vers les nouvelles plages horaires (en milieu d'après-midi), les activités traditionnellement programmées le mercredi matin.

C'est le directeur académique des services de l'éducation nationale (DASEN) qui, dans chaque département, arrête l'organisation du temps scolaire de chaque école, à partir du projet d'organisation qui lui a été transmis par la commune et/ou le conseil d'école (circulaire MEN 2013-17 du 6 février 2013 relative à l'organisation du temps scolaire dans le premier degré et des activités pédagogiques complémentaires).

Les nouveaux rythmes scolaires engendrent des conséquences financières redoutables pour les communes. Pour les départements, la réforme alourdit le coût des transports scolaires, au point que certains départements vont renoncer à la gratuité pour les transports scolaires (ex. : conseil général du Haut-Rhin). En effet, ne s'agissant pas d'un transfert de compétence, qui n'aurait pu se faire que par une loi, le dispositif n'ouvre droit à aucune compensation de la part de l'État. Ce dernier, pour encourager l'application de la réforme à la rentrée 2013, offre aux communes une somme forfaitaire de 50 euros par élève. Les communes qui entreront dans la réforme en 2014 n'y auront pas droit. Par manque de temps, d'argent et de soutien, peu de communes alsaciennes ont accepté d'appliquer la réforme dès la rentrée 2013. Alors que la nécessité de réformer les rythmes scolaires fait pourtant la quasi-unanimité… chacun trouve une bonne raison de repousser la réforme proposée.

Alors que le partenariat entre l'éducation nationale et la commune devient l'élément central de la réussite du nouveau dispositif de rythme scolaire, la circulaire précisant les objectifs et les modalités d'élaboration d'un projet éducatif territorial (mentionné à l'article

D. 521-12 du Code de l'éducation) n'a été publiée que le 21 mars 2013, à quelques jours de l'échéance fatidique du 31 mars. Autant dire que les collectivités territoriales n'ont pas eu en temps utile les précisions qui auraient pu les inciter à entrer dans la réforme dès 2013. En effet, la circulaire définit le rôle des collectivités territoriales dans l'établissement d'un parcours éducatif cohérent pour chaque enfant et définit surtout la complémentarité des temps éducatifs. Le projet éducatif territorial doit favoriser la mise en place d'activités périscolaires :

> « Il prévoit prioritairement, mais non exclusivement, des activités proposées pendant le temps périscolaire aux jeunes scolarisés dans les écoles primaires du territoire concerné. Ce temps est lié aux horaires de début et de fin de l'école, ainsi qu'à l'horaire de la pause méridienne… »

La conclusion d'un tel contrat de projet suppose une succession de consultations et de concertations. Ce qui suppose de la réflexion et donc du temps !

La circulaire a le mérite de définir le temps périscolaire et extrascolaire :

> « Le temps périscolaire est constitué des heures qui précèdent et suivent la classe durant lesquelles un encadrement est proposé aux enfants scolarisés.
>
> Il s'agit :
>
> – de la période d'accueil du matin avant la classe ;
>
> – du temps méridien (de la fin de la matinée de classe au retour en classe l'après-midi) comprenant le cas échéant un temps de restauration ;
>
> – de la période d'accueil du soir immédiatement après la classe (études surveillées, accompagnement à la scolarité, accueil de loisirs, activités culturelles ou sportives, garderie). »
>
> Par opposition, le temps extrascolaire
>
> « est le temps durant lequel un encadrement est proposé aux enfants :
>
> – en soirée après le retour de l'enfant à son domicile ;
>
> – le mercredi ou le samedi après la classe lorsqu'il y a école le matin ;
>
> – le mercredi ou le samedi toute la journée s'il n'y a pas école ;
>
> – le dimanche, les jours fériés et durant les vacances scolaires ».

En réalité, les structures périscolaires représentent déjà un coût important pour les communes qui assurent la subvention d'équilibre de ces structures et qui mettent à disposition des locaux dédiés. À défaut de tissu associatif, la municipalité peut engager l'instituteur ou professeur des écoles pour occuper la plage horaire de l'après-midi entre l'enseignement et l'heure de sortie de l'école. La commune doit proposer des activités périscolaires dans les plages horaires libérées, mais les enfants ne sont pas obligés d'y participer… Dans cette confusion, il apparaît que le service public local « activités périscolaires » devient un service obligatoire… et que la responsabilité du maire est encore étendue.

Finalement, en Alsace, ce ne sont que 36 communes sur 904 qui ont confirmé au DASEN leur acceptation d'appliquer la réforme dès la rentrée de septembre 2013.

Au plan national, selon le ministère de l'Éducation nationale, ce sont 1,5 million d'élèves scolarisés dans les écoles publiques qui se sont vu appliquer les nouveaux rythmes scolaires à la rentrée de septembre 2013, soit environ 30 % des communes. L'objectif du ministre était de 40 % !

Les écoles privées ne sont pas visées *a priori* par le dispositif. Il y a en France pas moins de 8 800 établissements privés qui scolarisent plus de 2 millions d'élèves, soit 13 % de l'effectif global des élèves de l'enseignement primaire. Ces établissements privés, même sous contrat d'association, ne sont pas concernés par le décret du 24 janvier 2013, car le contrat qui les lie à l'État porte sur les contenus pédagogiques et non pas sur l'organisation du temps scolaire. Cependant, le bénéfice du fonds d'amorçage mis en place par l'État pour aider les collectivités à financer les activités périscolaires a été étendu aux écoles privées qui acceptent le principe des nouveaux rythmes scolaires. Dès lors, les communes peuvent comptabiliser à la fois les élèves des écoles publiques et des écoles privées, dès lors que les établissements pratiquent les nouveaux rythmes scolaires depuis la rentrée 2013.

C. La Loi d'orientation et de programmation pour la refondation de l'école de la République

Le projet de loi d'orientation et de programmation pour la refondation de l'école (Ass. nat., 2012-2013, n° 653 du 23 janvier 2013) consacre une section aux relations avec les collectivités territoriales. Il ne s'agit pas de nouveaux transferts de compétences ou de charges, mais plutôt d'une clarification de la répartition de compétences. À titre d'illustration, l'article 12 du projet de loi prévoit une nouvelle rédaction de l'article L. 211-8 du Code de l'éducation : ainsi, le nouvel article dispose expressément que « la maintenance, indispensable au bon fonctionnement des équipements, est liée à l'acquisition et au renouvellement des matériels et revient donc aux collectivités ».

Par ailleurs, l'article 46 du projet de loi prévoit la possibilité de formaliser l'organisation des activités périscolaires dans le cadre d'un « projet éducatif territorial ». Dans les faits, le partenariat entre l'école, la commune et les associations gérant les activités périscolaires existe, mais il n'est pas formalisé. Cette disposition donne un socle législatif à l'une des dispositions clés du décret du 24 janvier 2013 relatif aux rythmes scolaires. Le décret précède la loi ! Il s'agit clairement d'une reconnaissance des activités périscolaires : ces dernières sont présentées comme étant complémentaires des apprentissages assurés par les enseignants, dès lors qu'elles sont intégrées dans un projet éducatif territorial.

Le rôle des collectivités territoriales en matière éducative est pleinement reconnu !

D. Les régions et la formation professionnelle : vers la reconnaissance d'une compétence pleine et entière ?

L'IGAS, dans un rapport publié en mai 2012, a fait le point sur le rôle des conseils régionaux dans le pilotage de la formation professionnelle et de leurs relations avec les autres acteurs en la matière, en l'occurrence l'État, Pôle-Emploi, les partenaires sociaux, etc. La loi du 13 août 2004 précise bien que la région définit et met en œuvre la politique régionale d'apprentissage et de formation professionnelle des jeunes et des adultes à la recherche d'un emploi ou d'une nouvelle orientation professionnelle. Dans les faits, les régions sont-elles en situation de piloter le dispositif alors que le financement est principalement assuré par les entreprises et dans une moindre mesure par l'État ?

Le président de la République a annoncé une réforme de la formation professionnelle afin d'améliorer l'efficience de la dépense de 33 milliards d'euros par an qu'elle représente. Un projet de loi doit s'articuler avec l'acte III de la décentralisation.

II. Législation – Réglementation

– Loi n° 2013-108 du 31 janvier 2013 tendant à abroger la loi n° 2010-1127 du 28 septembre 2010 visant à lutter contre l'absentéisme scolaire, *JO*, 1er février 2013, p. 1961.
– Décret n° 2012-16 du 5 janvier 2012 relatif à l'organisation académique, *JO*, 6 janvier 2012.
N. B. : les inspecteurs d'académie, directeurs des services départementaux de l'éducation nationale, prennent le titre de « directeurs académiques des services de l'éducation nationale » (DASEN).
– Décret n° 2013-77 du 24 janvier 2013 relatif à l'organisation du temps scolaire dans les écoles maternelles et élémentaires, *JO*, 26 janvier 2013, p. 1627.
– Décret n° 2013-246 du 25 mars 2013 portant création du Conseil national de l'innovation pour la réussite éducative, *JO*, 26 mars 2013, p. 5076.
– Circulaire MEN n° 2012-136 du 28 août 2012 relative aux assistants chargés de prévention de sécurité, *BO MEN* du 6 septembre 2012, n° 32, p. 57.
– Circulaire MEN n° 2013-019 du 4 février 2013 relative aux obligations de service des instituteurs et professeurs des écoles, *BO MEN* du 21 février 2013, n° 8, p. 115.
– Circulaire n° 2013-017 du ministère de l'Éducation nationale du 6 février 2013 relative à l'organisation du temps scolaire dans le premier degré et des activités pédagogiques complémentaires, *BO MEN* du 7 février 2013.
– Circulaire n° 2013-036 du ministère de l'Éducation nationale du 20 mars 2013 relative au projet éducatif territorial, *BO MEN* du 21 mars 2013.

III. Bibliographie

A. Articles

– Catherine A., « Pour une réforme du contentieux des accidents scolaires », *AJDA*, 21 mai 2012, p. 983 et suiv.

– TAILLEFAIT A., « Accompagnement des sorties scolaires par les parents d'élèves et port du voile religieux, note sous TA Montreuil, 22 novembre 2011 », *Droit administratif*, février 2012, p. 42.

– TOULEMONDE B., « Les cahiers d'exercices des collégiens ne sont pas des manuels scolaires », note sous CE, 27 avril 2012, *Ministère de l'Éducation nationale c/Deschaume*, *AJDA*, 15 octobre 2012, n° 34, p. 1917 et suiv.

– QUESSETTE L., « Le chômage, ma cantine, le maire et moi… », *AJDA*, 17 décembre 2012, n° 43, p. 2361 et suiv.

– VERGELY D., « Sorties scolaires : la question du voile », *AJDA*, 16 juillet 2012, n° 25, p. 1388 et suiv.

B. Rapports

– DÉFENSEUR DES DROITS, *L'*égal accès des enfants à *la cantine de l'*école primaire, 28 mars 2013, 61 p. (*www.defenseurdesdroits.fr*).

– IGAS, É*valuation du pilotage de la formation professionnelle par les conseils régionaux*, mai 2012, 97 p.

V. Environnement

Bernard Dyssli

I. Réalisations – Innovations

A. Les zones d'actions prioritaires pour l'air vont entrer dans une phase active

Afin de lutter contre la pollution atmosphérique dans les grandes villes ou agglomérations (plus de 100 000 habitants) qui sont régulièrement confrontées à des dépassements de normes de pollution, en particulier pour les émissions de particules et d'oxydes d'azote, la loi Grenelle II du 12 juillet 2010 donne la possibilité d'instituer à titre expérimental des zones d'actions prioritaires pour l'air (ZAPA). Dans ces zones pourront être instituées des interdictions d'accès aux véhicules les plus polluants afin de lutter contre cette pollution et notamment tenter de la réduire.

Le dispositif va entrer dans une phase active avec la publication de deux décrets d'application au début de l'année 2012 (décrets n° 2012-237 et n° 2012-238 du 20 février 2012 relatifs à la classification des véhicules, aux véhicules autorisés à circuler et aux sanctions applicables dans les zones d'actions prioritaires pour l'air).

Les infractions aux mesures d'interdiction ou de restriction de circulation dans les zones prioritaires seront passibles d'une contravention de quatrième classe pour les poids lourds, les bus et autocars, et d'une contravention de troisième classe pour les autres véhicules.

Par ailleurs, la classification des véhicules en fonction de leurs émissions polluantes a été harmonisée et les ministres des Transports, de l'Environnement et de l'Intérieur sont chargés d'élaborer une nomenclature des véhicules en fonction de différents critères comme leur date de première immatriculation et de la norme Euro qui leur est applicable.

Le second décret fixe la liste des véhicules qui ne pourront faire l'objet d'une interdiction d'accès comme les véhicules utilisés dans l'intérêt général ou encore ceux relevant du ministère de la Défense et enfin des véhicules des personnes handicapées. La loi laisse également la possibilité aux collectivités locales à l'origine de l'expérimentation de présenter des demandes en vue de déroger à l'interdiction de circulation au sein des zones d'action prioritaire, mais dans ce cas le dossier de demande devra comprendre une évaluation environnementale des effets de la dérogation.

Dès le 1er juillet 2010, l'ADEME a fait un appel à projets « Faisabilité des ZAPA » afin d'aider les collectivités candidates à définir, selon leur contexte local, les modalités et les conditions d'accès à la future zone protégée pour dès fin 2011 ou début 2012 débuter sur le terrain les premières expérimentations de ZAPA sur le terrain à partir des conclusions tirées des premières études préalables. En parallèle, l'ADEME a mis en place un groupe d'échanges national afin de permettre à toutes les collectivités de prendre connaissance des actions qui ont été menées pour améliorer la qualité de l'air. Par ailleurs, les directions régionales de l'ADEME et les Directions régionales de l'environnement, de l'aménagement et du logement (DREAL) sont chargées de la coordination régionale des projets de ZAPA.

La ministre de l'Écologie, du Développement durable, des Transports et du Logement et le président de l'ADEME ont présenté les six premières collectivités qui ont été retenues pour participer à l'expérimentation de ces zones d'action prioritaires pour l'air : il s'agit des collectivités ou agglomérations suivantes : Grand Lyon, Grenoble-Alpes Métropole, Clermont Communauté, Pays d'Aix, Plaine Commune et la ville de Paris.

B. Lille, capitale 2012 de la biodiversité

La Commission européenne soutient avec son programme Life + un concours intéressant les collectivités locales et qui s'est en même temps déroulé dans cinq pays de l'Union : l'Allemagne, l'Espagne, la Slovaquie, la Hongrie et enfin la France.

En France, le concours a été placé sous le patronage du ministère de l'Écologie et du Développement durable, mais aussi celui de la Convention sur la diversité biologique et il a bénéficié du soutien d'entreprises comme Gaz réseau Distribution France (GrDF), d'associations de protection de l'environnement comme la Ligue pour la protection des oiseaux, l'Union nationale de l'Apiculture française, le Fonds mondial pour la nature (WWF), le Comité français de l'UICN. Figurent également parmi les partenaires de l'opération l'Office national des forêts (ONF) et des médias comme *Environnement Magazine*.

Ce concours est destiné à récompenser les communes les plus dynamiques dans le domaine de l'éducation à la biodiversité.

Pour la troisième édition de ce concours, c'est la ville de Lille qui a été choisie par le jury qui a souhaité la récompenser pour la qualité globale de sa stratégie et les actions concrètes menées sur le terrain. C'est un comité scientifique et technique composé de praticiens et spécialistes de la nature en ville, mais aussi d'urbanistes et de chercheurs ou de naturalistes, qui a procédé à l'évaluation des actions menées par les collectivités locales candidates.

Si la ville de Lille a obtenu le prix de la capitale française de la biodiversité, c'est que, depuis plusieurs années, elle a mené une politique active en matière de biodiversité. Lille a ainsi élaboré un plan biodiversité et s'est engagée dans une étude sur la « trame verte, bleue et noire ». Ces actions s'ajoutent à celles menées pour favoriser le retour de la nature dans le tissu urbain dense et minéral de la ville : cela passe par des actions variées classiques comme la création de jardins familiaux, mais aussi par des actions plus novatrices comme la végétalisation des façades et des pieds d'immeuble, la reprise des délaissés fonciers et la transformation des friches en nouveaux espaces verts en lieu et place de la création de parkings et/ou la réalisation d'opérations d'urbanisme de renouvellement urbain. Un autre aspect de la politique menée par la ville a aussi séduit le jury : la commune a réussi à faire émerger une forte implication tant des élus et que des services, mais a aussi réussi à faire participer les habitants à l'élaboration et au mûrissement des projets.

Le concours a aussi permis de primer l'action d'autres collectivités relevant d'autres catégories comme Saint-Nolff (Morbihan), dans la catégorie des petites villes, Niort (Deux-Sèvres), dans la catégorie des villes moyennes, la Communauté urbaine de Strasbourg (Rhin), pour les communautés urbaines et d'agglomération. Enfin la ville de Versailles (Yvelines) a en parallèle reçu le prix « Natureparif » qui est décerné à une collectivité francilienne.

C. « Ma ville est belle sans pesticide »

« Ma ville est belle sans pesticides » est la dénomination d'une opération de sensibilisation de la population sur l'usage des pesticides et leurs dangers qui a été menée par la ville de Quimperlé au mois de septembre.

Consciente que les pesticides sont de « véritables bombes écologiques » et qui font peser un risque environnemental important, la ville de Quimperlé a depuis neuf ans décidé de suspendre l'utilisation des produits phytosanitaires sur sa voirie. La ville a décidé d'aller plus loin en se fixant l'objectif d'arriver à inciter les différents acteurs du territoire, notamment les particuliers et agriculteurs, à réduire leur utilisation de pesticides. Parmi les actions de sensibilisation qui sont menées, les élèves des écoles et collèges de la ville qui sont en CM1-CM2 ou encore en 6e participent dans le cadre d'un grand week-end d'animations à des ateliers sur le jardinage au naturel. En parallèle, les élèves participent à un atelier toute la journée de vendredi. Les dix classes seront également engagées dans un concours de dessins ayant pour thème les pesticides.

Lors du même week-end de sensibilisation, le public a pu voir un film intitulé *Guerre et paix dans le potager* et qui a été réalisé en Bretagne. Reprenant le principe du film *Microcosmos* datant de 1996, ce film permettra aux spectateurs de découvrir de très près les insectes du jardin auxiliaires du jardinier et qui constituent des alternatives aux produits chimiques pour chasser les indésirables du jardin. En parallèle dans le cadre de cette opération l'association Bretagne vivante a organisé une balade urbaine, promenade au cours de la laquelle elle a présenté les bonnes « mauvaises herbes » qui poussent en ville en montrant leur intérêt médicinal, mais aussi culinaire ou ornemental.

Enfin pendant le week-end a été organisée une bourse aux plantes et aux graines qui a permis aux participants et au public d'échanger non seulement des plantes, boutures, bulbes ou racines, mais encore conseils pour jardiner sans pesticides.

D. Une piscine bio

Confrontée à l'eutrophisation du lac des sapins servant de baignade publique depuis son ouverture en 1979, la Communauté de communes du Pays d'Amplepuis Thizy dans le Beaujolais a préféré, dans l'esprit du développement durable, réaménager la zone de baignade dans le respect de la qualité naturelle du site plutôt que de construire un équipement nouveau.

Le plan d'eau a été divisé en plusieurs bassins dédiés au bain auquel il faut ajouter un bassin de filtration. Depuis les côtés des bassins dédiés au bain, l'eau est acheminée jusqu'au bassin de filtration puis l'eau filtrée est aspirée pour être réintroduite dans la partie baignade. Le biofiltre du bassin de filtration garantit une qualité constante de l'eau conforme aux exigences de l'administration pour les 2 500 baigneurs que le site peut accueillir.

Pour autant, cette nouvelle baignade est résolument moderne puisque les nouveaux aménagements réalisés permettent son utilisation par des personnes à mobilité réduite. Le coût total du projet s'élève à 5 millions hors taxes dont 4 pour l'aménagement de la partie baignade et 1 pour les bâtiments liés au projet et notamment les locaux techniques.

E. Bordeaux affiche ses espaces verts sur le web

La Communauté urbaine de Bordeaux a décidé de mettre ses espaces verts sur la toile. Elle a ainsi créé un nouveau site dédié (*www.natures.lacub.fr*) sur lequel l'internaute pourra faire une promenade virtuelle dans tous les parcs et espaces naturels de l'agglomération.

Le site comporte une carte interactive de la communauté urbaine sur laquelle des pictogrammes signalent les cent cinquante parcs et jardins qui sont ouverts au public. Pour chaque espace vert, il est possible d'accéder à une fiche sommaire de présentation sur laquelle on trouvera la surface et l'histoire et les particularités de chaque espace, mais aussi des informations pratiques comme les horaires d'ouverture ou les moyens de transport qui desservent l'endroit.

Le site sera progressivement enrichi puisque la ville a déjà prévu de permettre à l'internaute de rechercher ou sélectionner des espaces en fonction de leurs caractéristiques comme le type de milieu (cours d'eau, bois, prairie, plan d'eau, etc.), les différents types de paysages ou encore les services disponibles dans chaque espace.

II. Législation – Réglementation

A. Lois et ordonnances

– Ordonnance n° 2012-6 du 5 janvier 2012 modifiant les livres Ier et V du Code de l'environnement, NOR : DEVX1133595R, *JO* n° 5 du 6 janvier 2012, p. 218.

– Ordonnance n° 2012-34 du 11 janvier 2012 portant simplification, réforme et harmonisation des dispositions de police administrative et de police judiciaire du Code de l'environnement, NOR : DEVX1135308R, *JO* n° 10 du 12 janvier 2012, p. 564.

– Ordonnance n° 2012-92 du 26 janvier 2012 relative à la partie législative du Code forestier, NOR : AGRX1121770R, *JO* n° 23 du 27 janvier 2012, p. 1549.

– Loi n° 2012-1460 du 27 décembre 2012 relative à la mise en œuvre du principe de participation du public défini à l'article 7 de la Charte de l'environnement, NOR : DEVX1234090L, *JO* n° 302 du 28 décembre 2012, p. 20578.

B. Décrets

– Décret n° 2012-14 du 5 janvier 2012 relatif à l'évaluation des moyens d'aération et à la mesure des polluants effectuées au titre de la surveillance de la qualité de l'air intérieur de certains établissements recevant du public, NOR : DEVP1134919D, *JO* n° 5 du 6 janvier 2012, p. 262.

– Décret n° 2012-140 du 30 janvier 2012 relatif aux conditions d'autorisation d'entrée sur le territoire et d'introduction dans l'environnement de macro-organismes non indigènes utiles aux végétaux, notamment dans le cadre de la lutte biologique, NOR : AGRG1124788D, *JO* n° 26 du 31 janvier 2012, p. 1803.

– Décret n° 2012-209 du 13 février 2012 relatif à l'Institut national de recherche en sciences et technologies pour l'environnement et l'agriculture (IRSTEA), NOR : ESRR1114266D, *JO* n° 38 du 14 février 2012, p. 2545.

– Décret n° 2012-237 du 20 février 2012 relatif à la classification des véhicules et aux sanctions applicables en cas d'infraction à une mesure d'interdiction ou de restriction de la circulation dans les zones d'actions prioritaires pour l'air, NOR : DEVR1200227D, *JO* n° 0045 du 22 février 2012, p. 2986.

– Décret n° 2012-238 du 20 février 2012 relatif aux véhicules autorisés à circuler au sein des zones d'actions prioritaires pour l'air, NOR : DEVR1202478D, *JO* n° 45 du 22 février 2012, p. 2987.

– Décret n° 2012-440 du 2 avril 2012 relatif à la dévolution de terrains non bâtis en cas de dissolution d'une association agréée pour la protection de l'environnement, NOR : DEVK1201661D, *JO* n° 81 du 4 avril 2012, p. 6074.

– Décret n° 2012-616 du 2 mai 2012 relatif à l'évaluation de certains plans et documents ayant une incidence sur l'environnement, NOR : DEVD1203745D, *JO* n° 105 du 4 mai 2012, p. 7884.

– Décret n° 2012-948 du 1er août 2012 portant modification du Code de l'environnement dans sa rédaction issue du décret n° 2012-118 du 30 janvier 2012 relatif à la publicité extérieure, aux enseignes et aux préenseignes, NOR : DEVL1225587D, *JO* n° 180 du 4 août 2012, p. 12821.

– Décret n° 2012-1053 du 14 septembre 2012 modifiant le décret n° 2009-235 du 27 février 2009 relatif à l'organisation et aux missions des directions régionales de l'environnement, de l'aménagement et du logement, NOR : DEVK1209654D, *JO* n° 215 du 15 septembre 2012.

– Décret n° 2012-1470 du 26 décembre 2012 relatif aux modalités d'élaboration des plans d'exposition au bruit de certains aérodromes, NOR : ETLA1220338D, *JO* n° 302 du 28 décembre 2012, p. 20648.

C. Arrêtés

– Arrêté du 24 février 2012 relatif au bruit émis par les aéronefs ultralégers motorisés, NOR : DEVA1203064A, *JO* n° 60 du 10 mars 2012, p. 4425.

– Arrêté du 3 avril 2012 pris pour l'application de l'article R. 427-6 du Code de l'environnement et fixant la liste, les périodes et les modalités de destruction des animaux d'espèces classées nuisibles sur l'ensemble du territoire métropolitain du 1er juillet 2012 au 30 juin 2013, NOR : DEVL1107115A, *JO* n° 98 du 25 avril 2012, p. 7350.

– Arrêté du 16 août 2012 fixant la liste des produits chimiques pouvant présenter un risque significatif pour la santé et l'environnement, prévue aux I et III de l'article R. 543-228 du Code de l'environnement ainsi que les critères prévus au 1° du II du même article, NOR : DEVP1131715A, *JO* n° 195 du 23 août 2012, p. 13720.

D. Circulaires et instructions

– Circulaire du 20 janvier 2012 relative à la gestion durable et intégrée du domaine public maritime naturel, NOR : DEVL1121741C, *Bulletin officiel : BO* 2012-07.

– Circulaire du 26 mars 2012 relative à la mise en œuvre de la circulaire du Premier ministre du 3 décembre 2008 relative à l'exemplarité de l'État au regard du développement durable dans le fonctionnement de ses services – modalités de collecte des résultats 2011 du plan administration exemplaire (PAE) du ministère de l'Écologie, du Développement durable, des Transports et du Logement (MEDDTL), NOR : DEVK1207601C, *Bulletin officiel : BO* 2012-07.

– Circulaire du 14 mai 2012 relative à l'agrément des associations au titre de la protection de l'environnement et à la désignation d'associations agréées, organismes et fondations reconnues d'utilité publique ayant vocation à examiner les politiques d'environnement et de développement durable au sein de certaines instances, NOR : DEVD1223201C, *Bulletin officiel : BO* 2012 10 du 10 juin 2012.

– Note de service SG/SAJ/N2012-9103 DGPAAT/SDFB/N2012-3035 du 20 septembre 2012 explicitant les modifications intervenues suite à la réécriture du Code forestier.

E. Divers

– Délibération n° 2012-088 du 29 mars 2012 dispensant de déclaration les traitements automatisés de données personnelles mis en œuvre aux fins de consultation de données issues de la matrice cadastrale par toute commune, groupement et organisme privé ou public chargé d'une mission de service public ainsi que la diffusion sur Internet de base géographique de référence au sens du Code de l'environnement, et abrogeant la délibération n° 2004-074 du 21 septembre 2004 (décision de dispense n° 16), NOR : CNIA1200004X, *JO* n° 88 du 13 avril 2012.

III. Bibliographie

– ASPE C., JACQUE M., *Environnement et société. Une analyse sociologique de la question environnementale*, Maison des sciences de l'homme, 279 p.

– BARRET P., *Guide pratique du dialogue territorial, Concertation et médiation pour l'environnement et le développement local*, Éditions de l'aube.

– BLANC M., HAMMAN P., « La ville aux défis de l'environnement », *Revue des Sciences Sociales* n° 47/2012, Université Marc Bloch, Strasbourg.

– BOY D., LASCOUMES P., BRUGIDOU M., HALPERN C., *Le Grenelle de l'environnement – Acteurs, discours, effets*, Armand Colin, 352 p.

– CLEREMBAUX J., *Le maire et la lutte contre le bruit*, Territorial Éditions, 92 p.

– CNPP, *La fonction sécurité – Guide pour la gestion de la santé, de la sécurité, de la sûreté et de l'environnement*, CNPP Entreprise.

– CONSEIL DE L'EUROPE, *Manuel sur les droits de l'homme et l'environnement*, Conseil de l'Europe, Strasbourg, 208 p.

– GAUTIER D., BENJAMINSEN T. A., *Environnement, discours et pouvoir – L'approche Political ecology*, QUAE Éditions, 256 p.

– GINIES M.-L., LATRONCHE B., VIGNY A., *Les métiers de la nature et de l'environnement*, Studyrama, 218 p.

– LARCHER J.-L., GELGON T., *Aménagement des espaces verts urbains et du paysage rural – Histoire, composition, Éléments construits*, Tec & Doc, 596 p.

– LASCOUMES P., *Action publique et environnement*, Presses Universitaires de France, 128 p.

– LATIRI-OTTHOFFER L., Collectif, Initiation aux métiers de l'aménagement – Paysage, environnement, forêt, eau, nature, animation, Educagri.

– *Le Particulier*, « Les relations de voisinage – Plantations, bornage, servitudes, distances, mitoyenneté, bruit », 162 p.

– OCDE, *Vers un développement plus vert*, 120 p.

– OCDE, *Perspectives de l'environnement de l'OCDE à l'horizon 2050 – Les conséquences de l'inaction*, OCDE, 392 p.

– PECQUEUX A., Collectif, *Les bruits de la ville*, Seuil, 232 p.

– PRIEUR M., SOZZO G., *La non-régression en droit de l'environnement*, Bruylant, 547 p.

VI. Information – Communication

Karine Favro

Depuis la création de cette chronique en 2007, l'aménagement numérique des territoires y prend place en toile de fond et s'y inscrit de façon récurrente en raison des atermoiements des gouvernements successifs face à ce chantier d'envergure porteur d'un nouveau modèle de société. Les principales questions auxquelles se heurtent les pouvoirs publics procèdent du choix des technologies éligibles selon les territoires. L'engouement initial pour l'implantation de la fibre optique est quelque peu remis en cause de par les particularismes des territoires locaux et les difficultés de financement. Il est aujourd'hui question de déployer la technologie la plus adéquate au regard de la densité de population, de la géographie des territoires, en impliquant au mieux, aux côtés des pouvoirs publics, les opérateurs privés. L'entreprise n'est pas aisée, et le nouveau gouvernement tente une nouvelle fois en 2012 de revoir les objectifs en la matière (I). À cela s'ajoute une dynamique nouvelle tirée du respect de l'objectif de santé publique qu'il va falloir concilier à l'aménagement numérique du territoire. L'exposition aux ondes électromagnétiques conduit les maires à s'intéresser depuis quelques années à l'implantation des antennes de téléphonie mobile sur le territoire communal. Des jurisprudences récentes relancent avec acuité le débat sur la compétence de l'édile dans ce domaine (II).

Enfin, le nouveau modèle de société induit par la prégnance des nouvelles technologies n'est pas neutre sur le fonctionnement des services publics. Les collectivités territoriales produisent nombre de données circulant de services en services en raison de leur numérisation, et soumises à des régimes juridiques distincts, selon qu'elles contiennent ou non des informations personnelles. Les collectivités ne peuvent pas utiliser librement les données personnelles collectées sous peine de porter atteinte à la vie privée des usagers (III). Mais le mouvement de *l'open data* est amorcé et tend à se généraliser, obligeant les collectivités à mettre à disposition leurs données publiques en vue de leur réutilisation (IV). L'une des principales difficultés est de savoir quelles sont les données pouvant être libérées sans porter atteinte notamment au respect de la vie privée.

I. L'aménagement numérique des territoires… de nouvelles perspectives gouvernementales ?

A. La feuille de route du nouveau gouvernement

Le nouveau gouvernement, sous l'égide de la ministre de l'Économie numérique, Fleur Pellerin, a annoncé pour la fin de l'année, la révision du Plan national très haut débit qui garantit du THD pour tous en 2022. Désormais, ce plan devrait intégrer deux paliers. Le premier a pour objectif le haut débit « pour tous » en 2017, avec des débits minimums de 3 à 5 Mb/s. Ces débits sont insuffisants pour bénéficier d'une offre *triple play* comprenant Internet, télévision et téléphonie, habituelle pour les abonnés ADSL. Ce premier palier vient contredire la proposition de loi visant à assurer l'aménagement numérique du territoire dont nous avions fait écho lors de la précédente chronique, déposée au Sénat le 17 novembre 2011 par MM. Maurey et Leroy, adoptée par le Sénat en première lecture et actuellement devant l'Assemblée nationale[1], qui imposait du 2 Mb/s « pour tous » fin 2012, et un débit de 8 Mb/s, permettant lui le *triple play*, d'ici à fin 2015. Le second palier vise le THD d'ici 2022, acquis par un « mix technologique » adapté aux situations géographiques et aux coûts de déploiement. Les technologies éligibles sont la fibre optique, le VDSL2 (qui exploite les lignes cuivre servant à l'ADSL), ou encore les réseaux radio 4G dédiés à un usage fixe. Par rapport à l'ancien plan national THD, l'objectif est donc avancé de trois ans, de 2025 à 2022, comme l'indiquait le programme de campagne du nouveau gouvernement.

Le mode de financement envisagé est fiscal et se décline en deux axes. Le premier procède de la création d'une taxe sur les réseaux cuivre fournissant l'ADSL, depuis longtemps rentabilisés par leurs propriétaires. Le second consiste à financer les réseaux d'initiative publique en zones peu denses, donc gérés par les collectivités, avec une partie des recettes de réseaux ADSL bénéficiaires en zones denses[2]. Cette « péréquation » est déjà appliquée pour la résorption de certaines zones blanches.

L'objectif visé est peu réaliste compte tenu de la couverture actuelle et du faible investissement des opérateurs. D'autant que les sommes nécessaires sont colossales. En juin, le président de l'Arcep, Jean-Ludovic Silicani, estimait que des investissements annuels de 6 milliards d'euros étaient nécessaires pour atteindre les précédents objectifs de débits. L'AVICCA (Association des villes et collectivités pour les communications électroniques et l'audiovisuel) évalue l'investissement des opérateurs précisant qu'ils devront les « *multiplier par cinq* » pour atteindre les objectifs fixés par le gouvernement. La création d'un réseau fibre

1. Proposition n° 118 (2011-2012) visant à assurer l'aménagement numérique du territoire, de MM. H. Maurey et P. Leroy, déposé au Sénat le 17 novembre 2011.

2. S. Marechal, « Plan national très haut débit : les réseaux d'initiatives publiques espèrent encore peser dans les derniers arbitrages », Gazette des communes, 13 février 2013, http://www.lagazettedescommunes.com/154324/plan-national-tres-haut-debit-les-reseaux-d%e2%80%99initiatives-publiques-esperent-encore-peser-dans-les-derniers-arbitrages/.

(fibrage « horizontal ») en zones denses et moyennement denses est la priorité en raison des bénéfices engendrés. Mais les co-investissements des opérateurs dans ces zones sont toujours aussi peu nombreux en l'absence de tout dispositif obligatoire en ce sens.

B. L'adaptation de la technologie aux particularités des territoires : l'idée d'un « mix technologique »

L'idée d'un « *mix* technologique » peut contribuer à l'allégement de cette charge financière et semble potentiellement plus réaliste[3]. Le déploiement du VDSL2, qui est en cours d'examen par l'Arcep, permettrait de diviser par dix le coût pour les opérateurs. De même, la 4G « fixe » peut atteindre des lieux reculés à des tarifs plus intéressants que la fibre optique. Ces solutions amènent pourtant à des limites techniques. Le VDSL2 a ainsi une portée très réduite de 1,5 km ce qui est insuffisant pour atteindre les zones les plus reculées. La 4G « fixe », susceptible d'améliorer la portée du réseau, apparaît comme une solution difficilement pérenne. Comme le Wimax avant elle, la 4G doit encore faire ses preuves en situation réelle. Le Wimax, associé à de grandes promesses de débit et de longue portée, a rapidement déçu, voyant de nombreux acteurs se désengager et les restants chercher des solutions pour recycler les licences acquises à des tarifs prohibitifs. L'Internet par satellite, qui couvre certains territoires, pâtit toujours de fortes latences et de débits insuffisants pour permettre des accès THD. La montée en débit des réseaux hertziens est également envisagée dans le cadre des télévisions et radios connectées. Les enjeux et atermoiements des solutions pour le futur plan national très haut débit devront concilier les considérations économiques et techniques pour atteindre des objectifs de couverture du territoire à dix ans. L'aménagement numérique du territoire est un débat sans fin auquel prennent part les opérateurs soucieux de maintenir un seuil de rentabilité et l'Arcep, régulateur national de cet aménagement.

Par ailleurs, cette autorité de régulation, qui assure l'interface entre les opérateurs et les usagers, a annoncé en mars dernier la mise en place d'un dispositif assurant la mesure de la qualité de l'Internet fixe, opérateur par opérateur, de façon à ce que les internautes puissent opérer des choix éclairés et stimuler la concurrence au profit de la qualité des offres. Cette mesure procède de sept indicateurs de performance techniques (notamment sur les débits) et relatifs aux usages types (web, *streaming*, *peer-to-peer*) et s'établira auprès d'utilisateurs volontaires qui réaliseront des tests à partir de leurs propres équipements[4]. Le rôle du régulateur est également d'informer les internautes de l'existence et l'intérêt du très haut débit afin d'inciter les opérateurs privés à investir à raison de la forte demande. Pour l'heure tel n'est pas le cas, au 30 juin 2012, la France recensait 5,8 millions de foyers raccordables à la fibre,

3. S. Marechal, « La mission très haut débit apporte des précisions sur la feuille de route », Gazette des communes, 26 février 2013, http://www.lagazettedescommunes.com/156080/la-mission-tres-haut-debit-apporte-les-precisions-sur-la-feuille-de-route/.

4. AFP, « Qualité de l'internet fixe : l'Arcep met en place un dispositif de mesure », Gazette des communes, 25 mars 2013, http://www.lagazettedescommunes.com/160325/qualite-de-linternet-fixe-larcep-met-en-place-un-dispositif-de-mesure/.

un chiffre en progression de 9 % sur un an. Seulement 556 000 ménages ont souscrit un abonnement au très haut débit *via* la fibre, soit un taux de pénétration (ratio abonnés/foyers raccordables) d'environ 10 %, alors que la moyenne pour l'Europe des 35 est de 18 %, et que les États-Unis et le Japon affichent respectivement 35 % et 40 %. En France, le réseau en cuivre (par lequel transite l'ADSL) est de bonne qualité et les usagers, globalement satisfaits, ne voient pas toujours l'utilité de migrer vers la fibre optique. Il appartient alors aux opérateurs de promouvoir cette technologie et développer des services attractifs. La promotion de la fibre optique par les opérateurs est insuffisante, car ils tirent encore leurs revenus du réseau cuivre. Plusieurs maires ont investi dans une infrastructure fibre optique, sans que les opérateurs ne soient venus l'exploiter, arguant de l'absence de clients potentiels[5].

C. L'Arcep sur la sellette ?

Cela étant, un rapport « confidentiel » très critique au sein duquel s'expriment Arnaud Montebourg et Fleur Pellerin, dénoncé par *BFM TV* le 15 mars 2013, envisage de retirer un certain nombre de pouvoirs à l'Arcep au profit du gouvernement[6]. Plus particulièrement, le gouvernement reproche à l'Arcep son action dans les domaines des réseaux mobile, de la fibre optique et de la protection du consommateur et tout particulièrement sa capacité à évaluer l'impact économique des mesures de régulation mises en place qui auraient dû stimuler le marché. S'agissant du déploiement du THD, chantier majeur du gouvernement, l'Arcep aurait échoué dans sa mission en n'ayant pas « *réussi à insuffler seule une réelle dynamique de marché* » ce qui justifierait des mesures réglementaires du gouvernement pour définir les modalités de déploiement et d'accès au réseau, laissant à l'autorité de régulation une intervention résiduelle sur les points non réglementés. Le gouvernement reproche également à l'Arcep son investissement dans la protection du consommateur ne nécessitant pas une régulation sectorielle en présence d'outils juridiques suffisants. Reste que le champ d'action de l'Arcep, largement balisé par les directives européennes et les recommandations de la Commission, fait obstacle à un repositionnement du gouvernement en la matière. Qu'il s'agisse du déploiement des réseaux ou de la protection du consommateur, les problématiques envisagées ont une dimension européenne qui s'exprime sur le territoire national par l'action de l'Arcep intervenant sous le regard bienveillant de la Commission européenne. Le coût des infrastructures suppose l'existence d'un marché organisé en sa forme oligopolistique, selon les prescriptions de la Commission européenne. En outre, les particularités des territoires français, dont il est régulièrement fait état dans les projets de réforme des collectivités territoriales, sont de nature à ralentir le dynamisme du marché en l'absence de réelles contraintes d'investissements pesant sur les opérateurs privés. Il n'appartient par ailleurs ni à l'Arcep ni

5. AFP, « La fibre optique peine à décoller et les maires s'impatientent », Gazette des communes, 18 novembre 2011, http://www.lagazettedescommunes.com/85405/la-fibre-optique-peine-a-decoller-et-les-maires-simpatientent/; J. Lelong, « Aumont-Aubrac (Lozère) expérimente la fibre optique jusqu'à l'abonné », Gazette des communes, 15 juin 2011, http://www.lagazettedescommunes.com/67963/aumont-aubrac-lozere-experimente-la-fibre-optique-jusqu%e2%80%99a-l%e2%80%99abonne/.

6. J. Henni, « Bercy veut réduire les pouvoirs du gendarme des Télécoms », BFMTV. com, 16 mars 2013, www.bfmtv.com/economie/exclusif-bercy-veut-reduire-pouvoirs-gendarme-telecoms-469150.html 1/4.

au gouvernement de se prononcer sur les choix stratégiques réalisés par ces opérateurs privés dont dépend directement le dynamisme du marché. Il n'en demeure pas moins que la mise en concurrence des opérateurs ne doit pas occulter le consommateur, principal bénéficiaire. Si dans un premier temps, elle a eu pour effet de réduire les coûts d'abonnement au réseau, cela ne doit pas se faire au détriment de la qualité des services offerts et de la protection effective des consommateurs à l'égard des tout-puissants opérateurs. Or, en ce domaine, l'action du gouvernement n'est en aucun cas exclusive de l'action de l'Arcep qui fait peser son autorité et son expertise sectorielle sur les opérateurs. L'équilibre n'est pas facile à atteindre d'autant que de nouvelles contraintes liées à l'exposition aux ondes électromagnétiques qui ne sont pas à la faveur du marché impactent directement les territoires locaux, et tout particulièrement les territoires municipaux.

II. Une plus grande visibilité de l'implantation des antennes relais sur le territoire communal

La couverture numérique des territoires pose la délicate question des effets de l'exposition aux ondes électromagnétiques au regard de l'implantation des antennes relais de téléphonie mobile dans les communes. Les maires sont divisés en l'absence de réglementation en la matière, et certains posent des moratoires pour refuser ou limiter l'implantation des antennes sur le territoire dans l'attente d'une certitude raisonnable des effets engendrés[7]. D'ailleurs, les opérations de démantèlement ne sont pas rares et font suite à des décisions judiciaires qui les légitiment. Il s'agit donc d'arbitrer entre l'obligation de couvrir le territoire et l'application du principe de précaution contre les nuisances sanitaires. En effet, les antennes relais sont nécessaires au bon fonctionnement de la téléphonie mobile, car ce sont des émetteurs-récepteurs qui acheminent les appels de cellules en cellules dont le rayon de chacune varie d'une centaine de mètres en zone urbaine (en raison de la densité du trafic et de la puissance du réseau), à plusieurs kilomètres en zone rurale. Pour couvrir le territoire, seul le maillage se révèle d'une particulière efficacité. Seulement l'exposition du public aux champs électromagnétiques n'en est que plus grande d'autant que les seuils d'exposition fixés ne sont pas uniformes et sont largement contestés.

A. Les rapports d'expertise et une récente proposition de loi militent en faveur de la réduction du seuil d'exposition

En 2009, l'Agence française de sécurité sanitaire de l'environnement et du travail (Afsset), aujourd'hui Agence nationale de sécurité sanitaire de l'alimentation, de

7. S. Marechal, « Réseaux 4G : les maires pris entre le marteau du développement et l'enclume de la santé », Gazette des communes, 5 février 2013, http://www.lagazettedescommunes.com/152993/reseaux-4g-les-maires-pris-entre-le-marteau-du-développement-et-l % e2 % 80 % 99enclume-de-la-sante/.

l'environnement et du travail (Anses) avait rendu un avis à la faveur d'une réduction de l'exposition[8]. Cette expertise portait sur l'ensemble des radiofréquences (de 9 kHz à 300 GHz selon le seuil définit dans la recommandation 1999/519/CE du Conseil du 12 juillet 1999 relative à la limitation de l'exposition du public aux champs électromagnétiques) auxquelles la population peut être exposée : télévision, radiodiffusion, radars, télécommandes, téléphone portable, micro-onde, Wi-Fi... Afin de rendre cet avis, près de 3 500 études récentes ont été passées aux cribles par des experts sélectionnés par l'Afsset pour leur indépendance et leur compétence en médecine, biologie, biophysique, métrologie des champs électromagnétiques et sciences humaines et sociales, sous le regard attentif d'un observateur issu du monde associatif (Association Priartém). L'avis de l'Afsset reposait au final sur des études jugées incontestables au niveau méthodologique et sur une campagne de mesure des niveaux de champ électromagnétique réalisée pour l'occasion. L'Afsset, tout en reconnaissant l'existence d'une incertitude scientifique, recommandait de réduire l'exposition du public « *« autant que possible » : dès lors qu'une exposition environnementale peut être réduite, cette réduction doit être envisagée, en particulier par la mise en œuvre des meilleures technologies disponibles à des coûts économiquement acceptables »*. L'agence préconisait notamment l'usage des téléphones à faible niveau de Débit d'absorption spécifique ou DAS. Cet indicateur spécifique à chaque téléphone traduit la quantité d'ondes absorbée par le corps et par conséquent l'élévation de température des tissus en résultant. L'agence recommandait de rechercher les points du territoire où les niveaux de radiofréquences étaient nettement plus élevés que la moyenne, de les cartographier et de proposer une procédure pour réduire les niveaux. Il n'était toutefois pas question de réduire le niveau d'émissions des antennes relais par de nouvelles valeurs limites réglementaires ou de les interdire en l'absence de données scientifiques suffisantes. Pourtant, le professeur Jean-Claude Étienne, premier vice-président de l'Office parlementaire d'évaluation des choix scientifiques et technologiques, exprimait déjà l'idée selon laquelle

> « ce n'est pas parce qu'on ne comprend pas que ça n'existe pas. Notre réflexion est emplie d'incertitudes. Nous avons à faire valoir ces incertitudes, ces limites. Nous sommes dans une dérive intellectuelle théorisée qui peut avoir des conséquences concrètes dans la société. Nous avons une nécessité de ne pas oublier les incertitudes sous peine de catastrophes »[9].

Il est vrai que la classification des champs électromagnétiques de radiofréquences par le Centre international de recherche sur le cancer (CIRC) comme « peut être cancérigène pour l'homme » pose essentiellement l'hypothèse d'un risque lié à l'utilisation intensive des téléphones portables sur le long terme.

Suivant ce raisonnement, la députée écologiste du Val-de-Marne, Laurence Abeille, a déposé une proposition de loi relative à l'application du principe de précaution défini par la Charte de l'environnement aux risques résultant des ondes électromagnétiques. Cette proposition de loi ne fait pas l'unanimité tant auprès des opérateurs que des élus locaux, ces derniers

8. http://www.actu-environnement.com/ae/news/impact_sante_exposition_radiofrequence_8589.php4.

9. Voir S. Fabregat, « Nocivité des champs électromagnétiques : la question reste en suspens », 30 janvier 2009, http://www.actu-environnement.com/ae/news/risque_sanitaire_champ_electromagentique_6621.php4.

invoquant l'égalité entre les personnes et les territoires[10]. La version initiale disproportionnée au regard des objectifs à atteindre prévoyait l'interdiction du Wi-Fi dans les crèches et les maternelles, l'imposition d'un seuil de 0,6 V/m – alors qu'un décret de 2002 fixe à 41 et 58 V/m les niveaux d'émission des antennes – la soumission à permis de construire de toutes les nouvelles implantations, l'élaboration d'un cadastre électromagnétique, la réalisation d'une étude sur la mutualisation des réseaux mobiles. Largement amendée en commission, la proposition n'emporte toujours pas la conviction du gouvernement, dans l'attente d'un nouveau rapport de l'Anses, risquant de freiner l'essor de la technologie 4G mobile faisant partie du Plan national très haut débit. Or, les quatre opérateurs français disposant de la licence 4G, déploient rapidement leurs services. Par conséquent, la densité du trafic et la puissance du réseau qui ont pour effet de surexposer le public aux champs électromagnétiques, n'auront de cesse de relancer le débat avec ou en dehors de toute réglementation. L'idée de privilégier les réseaux filaires, et d'encadrer plus strictement le Wi-Fi n'est pas incongrue, mais elle se heurte à la réalité économique et au potentiel des territoires. Tout comme il est injustifié au regard du principe d'égalité, de limiter l'usage des téléphones portables à certaines parties des territoires. Revoyant les prétentions à la baisse, c'est l'application du principe ALARA – « *as low as reasonably achievable* » qui est recherchée visant concomitamment à baisser la puissance des antennes relais et à mutualiser leur implantation entre les opérateurs[11]. Quelle que soit l'issue, le soutien des élus locaux est nécessaire.

B. Un principe de précaution malmené

Au titre des critiques, l'inscription du principe de précaution dans cette proposition de loi ne reçoit pas les faveurs du gouvernement. Ce principe, strictement apprécié par les juridictions françaises, sert encore de fondement aux opérations de démantèlement d'antennes de téléphonie mobile. La Cour suprême de cassation italienne n'a pas hésité à admettre l'existence d'une certitude raisonnable liée aux effets de l'exposition aux ondes électromagnétiques sur les personnes et dépasse ainsi l'application du principe de précaution pour imposer en la matière le principe de prévention. En effet, la haute juridiction italienne[12], certes dans le domaine particulier du droit du travail, vient de se prononcer le 18 octobre 2012, sur l'existence d'un lien de causalité entre l'exposition aux ondes électromagnétiques et la tumeur au cerveau développée par un cadre supérieur de 60 ans, suite à l'utilisation intense de son téléphone mobile (30 heures par semaine pendant douze ans). La tumeur au cerveau, ainsi qualifiée de maladie professionnelle, ouvre droit à une pension d'invalidité au profit de ce salarié et pourrait ouvrir la voie à la reconnaissance et à l'indemnisation d'une plus large variété de pathologies résultant de l'exposition aux champs électroma-

10. S. Marechal, « Réseaux 4G : les maires pris entre le marteau du développement et l'enclume de la santé », préc.

11. G. de Lacour, « « Les ondes électromagnétiques polluent, il faut les limiter au maximum » – Laurence Abeille, députée EELV du Val-de-Marne », Gazette des communes, 15 janvier 2013, http://www.lagazettedescommunes.com/149957/%c2%ables-ondes-electromagnetiques-polluent-il-faut-les-limiter-au-maximum%c2%bb-laurence-abeille-deputee-eelv-du-val-de-marne149957/.

12. Décision n° 17438, 3-12.10.12.

gnétiques *via* les téléphones portables, mais également les DECT, GSM, 3G, 4G, Wi-Fi, Bluetooth, RFID, Linky, etc. De façon tout à fait inattendue, les juges de la Cour suprême n'ont pas hésité à remettre en cause les études excluant tout lien entre l'usage du téléphone mobile et la santé, telles l'étude Interphone, ou celles relevant notamment de l'OMS ou les compagnies de téléphonie mobile, en reconnaissant la présence de conflits d'intérêts dans ces nombreuses études et institutions du fait de leur financement par les entreprises. Pour appuyer leur décision, ils ont validé les thèses développées par les scientifiques indépendants de l'Association italienne pour la prévention contre les nuisances des ondes électromagnétiques (APPLE) en retenant le principe général selon lequel la certitude raisonnable du lien de cause à effet peut être prise en considération pour qualifier une telle pathologie de maladie professionnelle. Les conséquences de cette décision ne sont pas neutres si l'on considère que le débat sur les incertitudes scientifiques est anéanti. Pour le juge italien, le risque est avéré. Par un tel raisonnement, les relations de travail sont loin d'être les seules impactées, alors que le juge y admet plus facilement l'existence d'un lien de causalité en raison du lien de subordination entre l'employeur et l'employé qui confère un caractère obligatoire à l'utilisation de la technologie litigieuse. Dès lors, et en l'absence de débat scientifique, l'urgence des pouvoirs publics à intervenir au titre du principe de prévention afin de protéger l'ensemble des citoyens, et pas seulement les travailleurs, est caractérisée.

C. La compétence des maires

En France, les juridictions de l'ordre judiciaire et administratif restent vigilantes à l'égard des questions de santé publique posées par l'implantation des réseaux et traitent des litiges opposant les maires aux opérateurs, les opérateurs aux usagers. Par six décisions en date du 14 mai 2012, le Tribunal des conflits a déterminé la compétence du juge pour se prononcer sur des actions tendant au démantèlement d'antennes de téléphonie mobile[13]. Le juge administratif se voit reconnaître compétent pour juger les actions tendant à

> « obtenir l'interruption de l'émission, l'interdiction de l'implantation, l'enlèvement ou le déplacement d'une station radioélectrique régulièrement autorisée et implantée sur une propriété privée ou sur le domaine public, au motif que son fonctionnement serait susceptible de compromettre la santé des personnes vivant dans le voisinage », et ce même si « les titulaires d'autorisations [sont] des personnes morales de droit privé et ne [sont] pas chargés d'une mission de service public ».

En revanche, le Tribunal des conflits estime que le juge judiciaire reste compétent, sous réserve d'une éventuelle question préjudicielle au juge administratif de la compétence duquel relèvent les litiges relatifs à la police spéciale des communications électroniques, pour connaître des litiges opposant un opérateur de communications électroniques à des usagers ou à des tiers, lorsque l'implantation litigieuse n'a pas le caractère d'un ouvrage public, ou

13. TC, 14 mai 2012, C3846 ; C3850 ; C3852 ; C3854 ; C3844 ; C3848, à paraître au Recueil *Lebon* ; Voir à ce sujet, A. Van Lang, « La Clause générale de répartition des compétences au secours des antennes », *AJDA*, 2012, p. 1525.

lorsque les troubles anormaux de voisinage liés à l'implantation litigieuse sont étrangers au domaine de la santé publique et aux brouillages préjudiciables[14].

Si le pouvoir de police générale de l'édile n'avait pas été remis en cause par le juge administratif à l'occasion des opérations de démantèlement, une répartition est opérée depuis une décision d'Assemblée du 26 octobre 2011 reprise par la première chambre civile de la Cour de cassation le 17 octobre 2012[15], de façon à assurer, sur l'ensemble du territoire national et conformément au droit de l'Union européenne, un niveau élevé et uniforme de protection de la santé publique contre les effets des ondes électromagnétiques émises par les réseaux de communications électroniques, lesquels sont identiques sur tout le territoire. Mais également, en vue d'assurer un fonctionnement optimal de ces réseaux notamment par une couverture complète de ce territoire, le législateur a confié au ministre chargé des Communications électroniques, à l'Arcep, et à l'Agence nationale des fréquences de fixer les modalités d'implantation des stations radioélectriques sur l'ensemble du territoire ainsi que les mesures de protection du public contre les effets des ondes qu'elles émettent. Les pouvoirs de police spéciale ainsi attribués aux autorités nationales, qui reposent sur un niveau d'expertise, peuvent être assortis de garanties indisponibles au plan local. Dès lors, les autorités nationales sont chargées de veiller, dans le cadre de leurs compétences respectives, à la limitation de l'exposition du public aux champs électromagnétiques et à la protection de la santé publique.

Si le législateur a par ailleurs prévu que le maire serait informé, à sa demande, de l'état des installations radioélectriques exploitées sur le territoire de la commune, et si les articles L. 2212-1 et L. 2212-2 du Code général des collectivités territoriales habilitent le maire à prendre les mesures de police générale, celui-ci ne saurait, sans porter atteinte aux pouvoirs de police spéciale conférés aux autorités de l'État, adopter sur le territoire de la commune, une réglementation relative à l'implantation des antennes relais de téléphonie mobile et destinée à protéger le public contre les effets des ondes émises par ces antennes.

En revanche, les communes peuvent conclure avec les opérateurs des chartes pour l'implantation des antennes relais telles que le prévoit l'article 42 de la loi n° 2009-967 du 3 août 2009 relative à la mise en œuvre du Grenelle de l'environnement[16]. La ville de Strasbourg s'est dotée d'une charte de bonne conduite qui engage notamment les opérateurs à diffuser un état des lieux détaillé des installations existantes, la réalisation d'études pour les installations nouvelles visant à prendre en compte l'impact sur les cibles sensibles. Le premier adjoint au maire de Strasbourg a eu l'occasion de constater qu'en interdisant l'implantation de nouvelles antennes, l'augmentation des besoins des usagers avait eu pour effet pervers d'augmenter la puissance des antennes existantes de façon à les couvrir. En associant les

14. Voir pour confirmation, Cass. 1re civ., 17 octobre 2012, Société Orange France, pourvoi n° 11-19259 ; Orange France et SFR, pourvoi n° 10-26854.

15. CE, Ass., 26 octobre 2011, Commune de Saint-Denis, req. n° 326492 ; Société française de radiotéléphonie, req. n° s 341767 341768 ; Commune des Pennes-Mirabeau, req. n° 329904 : Voir également sur ce point, la position similaire de la Cour de cassation ; Cass. 1re civ., 17 octobre 2012, Société Orange France, pourvoi n° 11-14553 et pourvoi n° 11-19259.

16. Réponse ministérielle, Question Sénat de A. Archimbaud, *JO Sénat*, 17 mai 2012, n° 22823.

usagers et les experts au sein d'un comité technique opérationnel et d'une commission consultative, l'objectif procède également d'une nécessité d'informer le public qui tient le maire responsable de ces installations alors que l'implantation et l'autorisation d'émettre ressortent à la compétence des autorités nationales[17]. La mairie de Paris a également élaboré une nouvelle charte avec les quatre opérateurs fruit d'un compromis entre l'exposition aux ondes – le niveau d'exposition a été réévalué par rapport à la charte précédente de façon à permettre l'implantation de la 4G – et la qualité de couverture[18]. Cependant, cette concertation renforcée avec les opérateurs n'a pas fait obstacle à ce que la ville demande à Orange d'abandonner un projet d'implantation d'une antenne dans le 18e arrondissement controversé et ayant reçu un avis défavorable de la Commission parisienne de téléphonie mobile[19].

Le respect de la santé publique doit donc désormais accompagner la réduction de la fracture numérique de façon à concilier les objectifs de couverture du territoire avec le niveau d'exposition aux ondes électromagnétiques.

III. Les pratiques des collectivités territoriales à l'épreuve de la CNIL

A. La constitution des fichiers de population

Les communes ne sont pas autorisées par la CNIL à utiliser les informations provenant des listes électorales ou celles issues des recensements de la population en raison de la finalité clairement définie de ces fichiers. Le 1er octobre 2012, la formation restreinte de la CNIL a prononcé un avertissement public à l'encontre de la commune de Montreuil pour avoir diffusé sur Internet des informations issues de la liste électorale. En janvier 2012, la CNIL a reçu une plainte de la part d'une habitante de la commune de Montreuil. Celle-ci avait constaté que ses données personnelles (nom, prénom, date et lieu de naissance et adresse personnelle) étaient référencées sur un site spécialisé dans l'hébergement de documents en ligne. Or, la publicité des tableaux rectificatifs des listes électorales doit s'opérer par affichage. En cas d'impossibilité matérielle, la commune doit alors, selon la jurisprudence du Conseil d'État, informer par une affiche de la mise à disposition desdits tableaux. La commune ne peut en aucun cas publier sur un site Internet ces tableaux, même s'il est impossible de les copier ou

17. D. Bonnet, « À Strasbourg, les antennes vont refleurir mais les opérateurs sont cadrés par une charte », Gazette des communes, 2 octobre 2012, http://www.lagazettedescommunes.com/131882/a-strasbourg-les-antennes-vont-refleurir-mais-les-operateurs-sont-cadres-par-une-charte/.

18. AFP, « Antennes-relais à Paris : accord entre la mairie et les opérateurs », Gazette des communes, 19 septembre 2012, http://www.lagazettedescommunes.com/129661/antennes-relais-a-paris-accord-entre-la-mairie-et-les-operateurs/.

19. AFP, « Projet d'antenne-relais d'Orange suspendu dans le XVIIIe à Paris », Gazette des communes, 30 juillet 2012, http://www.lagazettedescommunes.com/125159/projet-dantennes-relais-dorange-suspendu-dans-le-xviiie-a-paris/.

les enregistrer ; cette technique, par surcroît, permet illégalement un accès à ces tableaux au profit de tiers non autorisés, sans contrôle possible de la commune du non-usage commercial des informations[20].

La sécurité de la population ne saurait constituer un motif légitimant l'utilisation des listes électorales ou des listes de recensement de la population. Pour ce faire, le maire doit constituer l'annuaire opérationnel matérialisé par un fichier soumis à la loi n° 78-17 relative à l'informatique, aux fichiers et aux libertés du 6 janvier 1978 modifiée par la loi du 6 août 2004 aux fins de transposition en droit français des dispositions de la directive 95/46/CE dédiée à la protection des données personnelles. Pour ce faire, il appartient aux maires de collecter les coordonnées de la population. La constitution de cet annuaire opérationnel doit concilier le respect de la vie privée avec les exigences tirées de la sécurité publique. Dès lors, les services municipaux doivent entreprendre indépendamment des listes officielles partiellement communicables, une recension des coordonnées de la population. En dépit de la motivation tout à fait légitime qui sous-tend la constitution d'un tel annuaire opérationnel, la collecte des données personnelles doit résulter d'une démarche volontaire, non obligatoire, et suppose qu'elle soit acceptée par la population. La CNIL a d'ailleurs eu l'occasion de souligner récemment en décembre 2011, que la constitution de l'annuaire ne doit pas être « *prétexte à la constitution d'un « fichier de population », [son] utilisation doit être strictement limitée aux secours déclenchés par le maire en cas d'alerte* »[21]. Cette collecte est pourtant précieuse. Plus complète que le contenu des fichiers France Télécom, elle restitue les numéros de téléphone mobile et les adresses électroniques. Cependant, la gestion de cette opération est lourde renforçant la nécessité de campagne d'affichage municipal, et nombre de personnes ne répondent pas à l'appel. Si l'objectif de cette opération n'est pas de constituer un réseau exhaustif, il doit être suffisamment représentatif des réseaux de la commune afin que l'information circule entre les habitants à brefs délais. Il va de soi que le refus de figurer dans l'annuaire n'exclut aucune personne du bénéfice des secours qui seront déclenchés. Mais une description objective des capacités de la personne semble néanmoins pertinente afin de prévoir le mode d'évacuation et le matériel de premiers secours. Ces données sensibles relatives à « *l'état de santé* » nécessitent le recueil du consentement éclairé de la personne et une sécurité accrue et aucune autre source de données n'est envisageable.

Afin d'appuyer cette démarche, la CNIL propose un modèle de formulaire de collecte et précise les conséquences de cette démarche dans le cadre d'une délibération en date du

---

20. D. Dutrieux, « Prohibition de la publication sur Internet des tableaux rectificatifs des listes électorales – CNIL, délib. n° 2012-320, 20 septembre 2012, portant public à l'encontre de la commune de Montreuil », JCP Adm. Coll. Terr., 15 octobre 2012, n° 41, act. 657 ; D. Gerbeau, « La protection des données personnelles : une obligation impérative », Gazette des communes, 3 octobre 2012, http ://www. La gazettedescommunes. com/132231/la-protection-des-donnees-personnelles-une-obligation-imperative/.

21. http://www.cnil.fr/dossiers/collectivites-locales/article/article/les-dispositifs-dalerte-a-la-population/.

29 mars 2012[22]. L'édile est responsable du traitement. Il doit garantir la confidentialité et la durée des données. Les personnes accédant à ce registre sont tenues à la confidentialité de la même façon. La mise à jour de l'annuaire opérationnel doit être annuelle alors que l'article 6 du décret du 13 septembre 2005 est plus souple à ce sujet en prescrivant que le délai de révision ne peut excéder cinq ans. Cela étant une révision quinquennale n'est pas compatible avec les mouvements de population rendant ce fichier rapidement obsolète. Contenant des données personnelles, cet annuaire doit faire l'objet d'une déclaration préalable auprès de la CNIL sauf si un correspondant informatique et libertés a été désigné au sein de la municipalité.

B. Le guide des bonnes pratiques de vidéosurveillance

L'installation de systèmes de vidéosurveillance est prévue par la loi n° 95-73 du 21 janvier 1995 modifiée, précisée par un décret d'application de 1996[23] et un arrêté de 2007[24]. Ces textes prévoient qu'afin de pouvoir installer des systèmes de vidéosurveillance de la voie publique, la commune doit avoir préalablement obtenu une autorisation préfectorale. Cela étant, la loi n° 2011-267 du 14 mars 2011 d'orientation pour la performance de la sécurité intérieure, donne compétence à la CNIL pour contrôler l'ensemble des dispositifs de vidéosurveillance au regard de la protection de la vie privée. Sur les quelque neuf cent mille caméras installées en France, soixante-dix mille surveillent la voie publique et plus particulièrement les lieux ouverts au public. La CNIL, dans un but pédagogique, a donc mis à disposition des maires sur son site Internet, six fiches pratiques expliquant concrètement comment installer des dispositifs dans le respect de la loi et du droit des personnes filmées. Ces fiches concernent les installations les plus sensibles ayant trait à la vidéosurveillance sur la voie publique, au travail, dans les établissements scolaires, dans les commerces dans les immeubles d'habitation et au domicile. Par ailleurs, en collaboration avec l'Association des maires de France (AMF), la CNIL a élaboré aux termes d'une convention de partenariat signée par les deux organismes, un guide de bonne conduite prodiguant des conseils aux maires désireux d'installer des caméras[25]. Dans la droite ligne de la doctrine de la CNIL, il est conseillé aux maires de définir l'objectif recherché, de délimiter les zones placées sous vidéosurveillance, d'informer le public de manière claire et visible sous forme de panonceaux apposés à l'entrée des zones, comportant le pictogramme d'une caméra et mentionnent

22. Délibération CNIL, n° 2012-087, 29 mars 2012, portant autorisation unique de traitements automatisés de données à caractère personnel mis en œuvre dans le cadre d'un système d'information géographique (SIG) et abrogeant la délibération n° 2006-257 du 5 décembre 2006 (décision d'autorisation unique AU-001), JO, 13 avril 2012.

Le Plan d'alerte et d'urgence au profit des personnes âgées et des personnes handicapées en cas de risques exceptionnels, prévu par le Code d'action sociale et des familles et qui reprend en substance le Plan canicule, répond aux mêmes principes.

23. Décret n° 96-926, 17 octobre 1996, modifié.

24. Arrêté du 3 août 2007.

25. JCP Coll. Terr., « Plus de 900 000 caméras nous surveillent, la CNIL publie 6 fiches pour de bonnes pratiques », 2 juillet 2012, n° 26, act. 462.

les coordonnées du point de contact. Il est conseillé aux maires d'accueillir les demandes de renseignement et rectifier toute erreur signalée, de limiter la conservation des données, d'identifier les destinataires des images, de sécuriser l'accès au système.

*IV. Une généralisation de l'*open data

Le projet de loi de décentralisation transmis au Conseil d'État prévoit en son article 111 une obligation d'ouverture des données publiques. Faisant suite à la chronique de l'an dernier, le sujet répond aujourd'hui encore à une préoccupation majeure du nouveau gouvernement. La mesure phare du projet est d'affirmer le principe de gratuité de la réutilisation des données publiques à l'égard des collectivités, des délégataires de service public, des autorités administratives indépendantes, là où il ne s'imposait qu'à l'administration centrale. Cela étant, le gouvernement souhaite ouvrir la concertation sur le sujet notamment avec les collectivités, car cette obligation de mettre gratuitement à disposition les données publiques est de nature à remettre en cause les pratiques en vigueur. L'exposé des motifs du projet de loi souligne que

> « le renforcement de l'ouverture des données publiques des collectivités représente un enjeu important, notamment parce qu'elles disposent des jeux de données présentant un fort potentiel de réutilisation (transports publics, gestion des déchets, services de l'eau, voirie, activités économiques, éléments budgétaires…). La mise à disposition des informations locales contribuera, par ailleurs, au rayonnement territorial (attractivité économique, touristique…) et au renforcement de la confiance des citoyens dans leurs élus ».

Il est clair que la valorisation du patrimoine immatériel est l'enjeu majeur de ce mouvement favorable à l'*open data*, certes fortement porté par les hébergeurs de sites souhaitant réexploiter les données publiques, mais aussi par les collectivités elles-mêmes qui y voient l'occasion d'y asseoir leur notoriété[26]. L'exposé va assez loin pour les données concernées puisque sont envisagés contre toute attente les documents budgétaires dont on peut imaginer les effets de la mise à disposition.

Par conséquent, le projet de loi prévoit l'ajout d'un article L. 1112-23 au Code général des collectivités territoriales rendant obligatoire pour les communes de 3 500 habitants et plus, et les établissements publics de coopération intercommunale à fiscalité propre auxquels elles appartiennent, la mise à disposition de données publiques par une mise en ligne, « *lorsque ces informations se rapportent à leur territoire et sont disponibles sous forme électronique* ». Ces données pourront être réutilisées dans les conditions prévues aux articles 10 à 19 de la loi n° 78-753 du 17 juillet 1978 portant diverses mesures d'amélioration des relations entre

26. A. Cheron, « Open data et valorisation du patrimoine immatériel », AJ Coll. Terr., 2013, p. 123.

l'administration et le public modifiée[27]. Un décret en Conseil d'État précisera les conditions dans lesquelles cette mise en ligne se déroulera.

La mise à disposition des données devra être gratuite notamment pour « *les données économiques, sociales, démographiques et territoriales dont elles disposent en format électronique* », ainsi que l'indique le nouvel article L. 1112-23 du CGCT ce qui peut se révéler contraire au principe constitutionnel de libre administration, mais également à l'ordonnance n° 2005-650 du 6 juin 2005 relative à la liberté d'accès aux documents administratifs et à la réutilisation des informations publiques transposant la directive n° 2003/98/CE du 17 novembre 2003 concernant la réutilisation des informations du secteur public, qui permet de répercuter les coûts de mise à disposition (investissements, coût du serveur, de la mise en forme…). La ville de Montpellier s'interroge d'ailleurs sur la possibilité de faire payer à partir d'un certain nombre de requêtes par minute. La communauté Grand Lyon pourrait mettre en place une redevance d'accès en fonction de l'audience des sites où sont rediffusées ses données[28]. C'est pourquoi il faut permettre à l'administration de lancer et maintenir une dynamique de diffusion en la laissant libre de proposer un catalogue de données mêlant, selon des critères objectifs tels que les délais de mise à disposition ou de la qualité des données diffusées, gratuité et données payantes. Ce n'est qu'à cette condition que la collectivité en retirera un gain de transparence, et une image dynamique et positive. Les praticiens sont unanimes à ce sujet.

Le texte du projet de loi reste à préciser, car les termes utilisés sont sujets à interprétation, au même titre que la temporalité de l'obligation posée. Il n'est notamment fait mention d'aucun délai pour se conformer à cette obligation. L'identification des jeux de données à libérer est souvent ressentie comme la principale difficulté par les collectivités. De façon casuistique, il faut déterminer le degré de confidentialité ou de sensibilité et notamment les atteintes potentielles à la vie privée[29]. La jurisprudence de la cour administrative d'appel de Lyon du 4 juillet 2012 illustre cette problématique dans le cadre de la réutilisation de données détenues par les services des archives par un site Internet proposant d'établir des généalogies familiales. La Cour conclut à cet effet,

> « qu'il résulte de ces dispositions [la loi du 17 juillet 1978 et la loi du 6 janvier 1978] que les informations publiques communicables de plein droit, figurant dans les documents détenus par les services d'archives publics, qui constituent des services d'archives culturels au sens des dispositions de l'article 11 de la loi du 17 juillet 1978, relèvent de la liberté de réutilisation consacrée de façon générale par cette loi, dans sa rédaction issue de l'ordonnance du 29 avril 2009 ; qu'il appartient toutefois à l'autorité

---

27. La loi du 17 juillet 1978 est tout d'abord intervenue afin d'imposer l'accès libre aux informations publiques, suivies d'une volonté en faveur de leur diffusion et généralisation par l'adoption de programmes d'actions gouvernementales pour la société de l'information. Enfin, est apparue la nécessité de prendre de nouvelles dispositions législatives pour permettre leur réutilisation.

28. F. Ville, « Open Data : le service public augmenté – Des données ouvertes de plus en plus cadrées », Gazette des communes, 8 mars 2013, http://www.lagazettedescommunes.com/158006/open-data-le-service-public-augmente-des-donnees-ouvertes-de-plus-en-plus-cadrees/.

29. V. Fauvel, « Open data : comment les collectivités s'y mettent », Gazette des communes, 8 mars 2013, http://www.lagazettedescommunes.com/151408/open-data-comment-les-collectivites-sy-mettent/.

compétente, saisie d'une demande de réutilisation de ces documents, de s'assurer que cette réutilisation satisfait aux exigences qu'imposent les dispositions de l'article 13 de cette loi qui, s'agissant d'informations publiques comportant des données à caractère personnel, renvoient aux dispositions de la loi du 6 janvier 1978, la demande de la société Notrefamille. com portant sur la réutilisation d'informations publiques comportant des données à caractère personnel, le département du Cantal, qui n'était pas tenu de satisfaire cette demande, pouvait, dès lors, légalement lui opposer un refus fondé sur le non-respect des dispositions de la loi du 6 janvier 1978 »[30].

Autrement dit, les données sont publiques pour justifier leur disponibilité, mais pas assez pour tolérer une réutilisation libre et entière, comme a pu le fait valoir le professeur Jean-Michel Bruguière lors du commentaire de cette jurisprudence[31].

Si aux termes du nouvel article L. 1112-23 du CGCT, sont concernées les collectivités et leurs groupements, cette obligation risque de peser très lourdement et financièrement à l'endroit des petites communes, car la rédaction du texte incite fortement les collectivités à produire leurs propres données dans les formats requis – mais que doit-on entendre par format électronique ? – pour en faciliter la réutilisation. Par-delà les petites collectivités, il n'est pas aisé de rentabiliser les données à l'échelle d'une simple agglomération. C'est la mutualisation des plateformes qui est visée au même titre que l'enrichissement des données par des prestataires externes ou des associations pour un gain de temps[32]. La Région Pays de la Loire, le département de la Loire-Atlantique, Nantes métropole et la ville de Nantes ont inauguré, le 21 décembre, une plateforme commune d'*open data*. Ce portail permet aux internautes d'accéder de manière simple à trois cent cinquante jeux de données visualisables, et non sous de multiples formats. Si chaque collectivité locale, pour son propre territoire, possède les données essentielles, d'autres intervenants, sur ce territoire, doivent compléter la démarche. C'est le cas par exemple des délégataires de service public, dont on ne sait pas s'ils sont ou non concernés par le nouvel article L. 1112-23 du CGCT alors qu'ils sont mentionnés dans l'exposé des motifs du projet de loi posant l'obligation d'ouverture. Aujourd'hui, les données des délégataires peuvent être mises à disposition si elles appartiennent par contrat au délégant, ce qui est encore assez rare. Dans le cas contraire, leur ouverture nécessite l'autorisation du délégataire, qui n'est pas obligé de le faire gratuitement. Afin d'anticiper de tels refus, les collectivités et leurs groupements peuvent négocier des accords à l'occasion des renouvellements de contrats de délégation de service public à l'instar de Rennes Métropole qui publie les données relatives aux transports et bientôt les informations relatives aux déchets. Autre exemple, la région PACA a entraîné dans le sillage de sa plateforme tous

30. Commentaire J.-M. Bruguiere, « Des données publiques, pas si publiques que cela... », JCP Adm. Coll. Terr., 8 octobre 2012, n° 40, étude 2318.

31. Ibidem.

32. F. Ville, « Le service public augmenté », Gazette des communes, 8 mars 2013, http://www.lagazettedescommunes.com/158021/open-data-le-service-public-augmente-%e2%80%93-1-cap-sur-la-reutilisation/; http://www.lagazettedescommunes.com/158033/open-data-le-service-public-augmente-2-l%e2%80%99atout-de-la-mutualisation/; http://www.lagazettedescommunes.com/158038/open-data-le-service-public-augmente-%e2%80%93-3-des-territoires-riches-de-donnees/.

les partenaires de *Marseille-Provence 2013 capitale européenne de la culture* : la communauté urbaine, bien sûr, mais aussi les agences régionales du livre et du spectacle, Bouches-du-Rhône Tourisme, la chambre de commerce et d'industrie de Marseille, le comité régional du tourisme, le centre régional de l'information géographique, la fédération régionale des offices de tourisme, le port de Marseille, la régie culturelle régionale. Par ailleurs, tous les acteurs de la région qui souhaitent se joindre à ce mouvement sont invités à le faire de façon à optimiser cette démarche territoire impulsée par un événement culturel.

Le format informatique dans lequel les données sont mises à disposition est déterminant pour favoriser leur réutilisation. Il faut privilégier ceux ouverts et interopérables (tel CSV pour les tableurs). Les formats ouverts (ou non propriétaires) sont standardisés et libres d'utilisation, au contraire de ceux fermés (propriétaires), de type XLS pour les tableurs. Les formats propriétaires ne sont, en outre, pas interopérables : ils ne permettent pas de communiquer avec les autres, sauf exception (tels GTFS sur les données de transport en temps réel). Ce choix peut s'avérer délicat lors de la réutilisation des données. Inversement, les logiciels libres ne sont pas tous interopérables. Reste que les collectivités ont tranché, optant presque toutes pour des logiciels libres ; ODBL est la plus utilisée. Elle oblige à remettre à disposition les données enrichies, ce qui pose néanmoins la question du contrôle de la qualité des enrichissements et constitue un frein pour les entreprises non désireuses de republier leurs informations pour des raisons de temps, de coût ou de concurrence[33]...

V. Bibliographie

A. Ouvrages et articles

– Dossier *Open Data*, « Réutilisation des données publiques : des promesses vertigineuses », *Gazette des communes*, 8 mars 2013.

– Dossier TIC : « Les communes investissent les champs du numérique », *Journal des communes durables*, juin-juillet 2012, n° 2163, p. 27 et s.

– Dreyfus J.-D., « Nom des collectivités et droit des marques », *AJ Coll. Terr.*, 2013, p. 127.

– Font N., « Le statut des agents auteurs, facteur de valorisation du patrimoine immatériel des collectivités territoriales », *AJCT*, 2013, p. 130.

– *JCP Adm. Collect. Terr.,* « Le gouvernement présente sa feuille de route pour le numérique », 11 mars 2013, n° 11, act. 239.

33. F. Ville, « Open Data : le service public augmenté – Des données ouvertes de plus en plus cadrées », Gazette des communes, 8 mars 2013, http://www.lagazettedescommunes.com/158006/open-data-le-service-public-augmente-des-donnees-ouvertes-de-plus-en-plus-cadrees/.

– *JCP Adm. Collect. Terr.,* « Modernisation de l'action publique : un site Internet pour innover et simplifier avec les agents publics », 11 mars 2013, n° 11, act. 242.

– *Journal des communes durables*, « La collecte des déchets électroniques : une « mine urbaine » encore à exploiter », décembre 2012, n° 2167.

– Koubi G., « Logiciels libres dans les administrations publiques : de la circulaire à la note d'intention... », *JCP Adm. Collect. Terr.*, 3 décembre 2012, n° 48, étude 2383.

– Koubi G., « L'État d'Internet », *JCP Adm. Collect. Terr.*, 23 avril 2012, n° 16, étude 2120.

– Maréchal S., « Les réseaux d'initiatives publiques débordent d'idées pour un *New deal* », *Gazette des communes*, 24 octobre 2012, *http://www.lagazettedescommunes.com/134750/les-reseaux-d%e2%80%99initiatives-publiques-debordent-didees-pour-un-new-deal-nemerique/.*

– Marechal S., « Programme national très haut débit : quelques premières indications sur la feuille de route de Fleur Pellerin », *Gazette des communes*, 14 décembre 2012, *http://www.lagazettedescommunes.com/143451/programme-national-tres-haut-debit-quelques-premieres-indications-sur-la-feuille-de-route-de-fleur-pellerin/.*

– Marseille S., « Le plan numérique à l'école suscite l'espoir des maires ruraux », 23 janvier 2013, *Gazette des communes, http://www.lagazettedescommunes.com/151073/le-plan-numerique-a-de-l%e2%80%99ecole-suscite-1%e2%80%99espoir-des-maires-ruraux/.*

– Marseille S., « École numérique : une volonté de partenariat avec les collectivités territoriales », *Gazette des communes*, 14 décembre 2012, *http://www.lagazettedescommunes.com/143434/ecole-numerique-une-volonte-de-partenariat-avec-les-collectivites-territoriales/.*

– Martin L., « Fonction publique : comment tirer profit des TIC sans dégrader les conditions de travail », *Gazette des communes,* 25 janvier 2013, *http://www.lagazettedescommunes.com/151421/fonction-publique-comment-tirer-profit-des-tic-sans-degrader-les-conditions-de-travail/.*

– Megard D., *La communication publique et territoriale*, Éditions Dunod, 2012.

– Ndagijimana F., Gaudare F., *Au cœur des ondes,* Éditions Dunod, 2013.

– Seban D., chr. (dir.), « Droit pénal public », *JCP Adm. Collect. Terr.,* n° 23, étude 218411, juin 2012.

– Stoli S., « Pourquoi la Bretagne parie sur le coûteux. bzh », *Gazette des communes*, 15 juin 2012, *http://www.lagazettedescommunes.com/118261/pourquoi-la-bretagne-parie-sur-le-couteux-bzh/.*

– Tchen V., « L'informatisation des documents d'identité numérisés », *Droit Adm.*, n° 5, comm. 48, mai 2012.

B. Textes

Réponse ministérielle n° 00637, *JO* Sénat Q., 11 octobre 2012, p. 2241 : Le coût pour les communes de la mise en œuvre de la dématérialisation du contrôle de légalité

La télétransmission des actes soumis au contrôle de légalité par les collectivités territoriales, leurs établissements publics locaux ou les EPCI ne nécessitent aucun programme informatique spécifique ; l'application ACTES s'interface avec n'importe quelle application bureautique ou n'importe quelle base de données.

Le coût de la prestation des tiers de télétransmission est fonction de la taille de la collectivité. Ainsi pour une petite commune le coût de la prestation est de l'ordre de 100 euros par an. La première année de raccordement à ACTES la commune bénéficie de l'appui de son tiers de transmission pour l'installation du logiciel, les conseils, la formation des agents. La seconde année, le coût diminue. Il est recommandé aux collectivités de faire jouer la concurrence avant de choisir leur prestataire. La Direction générale des collectivités locales tient à jour sur son site internet la liste des tiers de télétransmission homologués. Pour toutes les raisons précitées et, du fait que le raccordement à l'application ACTES n'est pas obligatoire et permet de réaliser des économies (papier, frais postaux, déplacements en préfecture ou en sous-préfecture), aucune compensation financière ne peut en conséquence être prévue.

C. Jurisprudence

1. Cons. Const., n° 2012-652 DC, 22 mars 2012

Décision relative à la Loi relative à la protection de l'identité : dans cette décision le Conseil a globalement éludé la question de la biométrie ou de la constitutionnalité d'un fichier réunissant les données biométriques.

2. CE, 29 octobre 2012, *EURL Photo Josse*, req. n° 341173, *Droit Adm.*, décembre 2012, n° 12, comm. 96, S. Ziani, « Image et domanialité : le reflet de l'autorité »

L'image d'un bien meuble qui appartient à une collection de musée suit le régime domanial, car il est affecté à un service public culturel. L'usage et l'accès à l'image supposent une autorisation délivrée par le maire. Cette autorisation discrétionnaire ne constitue pas un acte soumis au principe de la liberté du commerce et de l'industrie, mais doit respecter le principe d'égalité.

3. CE, 30 mai 2012, *Min. Budget c/SAS Aficom*, req. n° 345418

Le juge administratif constate

« qu'il incombe à l'administration, quelle que soit la procédure d'imposition mise en œuvre, et au plus tard avant la mise en recouvrement, d'informer le contribuable dont elle envisage soit de rehausser, soit d'arrêter d'office les bases d'imposition, de l'origine et de la teneur des renseignements obtenus auprès de tiers, qu'elle a utilisés pour fonder les impositions, avec une précision suffisante pour permettre à l'intéressé de demander que les documents qui contiennent ces renseignements soient mis à sa disposition avant la mise en recouvrement des impositions qui en procèdent ; que, lorsque le contribuable lui en fait la demande, l'administration est tenue, sauf dans le cas d'informations librement accessibles au public, de lui communiquer les documents ou copies de documents contenant les renseignements obtenus auprès de tiers qui lui sont opposés, afin de lui permettre d'en vérifier l'authenticité ou d'en discuter la teneur ou la portée ; qu'en ce qui concerne les documents ou copies de documents contenant des renseignements recueillis sur des sites Internet ou sur des serveurs de données et utilisés par l'administration pour établir un redressement, il appartient à celle-ci de les mettre à disposition du contribuable avant la mise en recouvrement des impositions qui en résultent si celui-ci lui indique avant cette mise en recouvrement, en réponse à un refus de communication fondé sur le caractère librement accessible des informations en cause, qu'il n'a pu y avoir accès ».

4. Cass. com., 10 juillet 2012, n° 11-21.919, *Société Dataxy*

Un nom de domaine reprenant la dénomination d'une collectivité territoriale peut être contesté, a jugé la chambre commerciale de la Cour de cassation. Elle était saisie d'un pourvoi de la commune de Marmande qui voulait faire interdire à la société Dataxy d'exploiter un site dénommé « Marmande. fr ». Ce site étant ouvert depuis juin 2004, la cour d'appel avait estimé qu'à l'époque de sa création il n'existait aucune protection du nom des communes et que les dispositions de l'article L. 711-4 h du Code de la propriété intellectuelle protègent les collectivités territoriales contre un dépôt de marque et ne concernent pas les noms de domaine. Mais, la Cour de cassation juge « qu'en se déterminant ainsi, sans rechercher, comme elle y était invitée, l'existence d'un trouble manifestement illicite résultant d'un risque de confusion dans l'esprit du public, la cour d'appel n'a pas donné de base légale à sa décision ».

5. CE, 4 octobre 2012, *M. Christophe C.*, req. n° 356271

Site créé en 2002 par un candidat en vue de diffuser de l'information sur la vie municipale de sa commune. Pendant les semaines qui ont précédé l'élection cantonale de 2011, les articles diffusés ont été, pour l'essentiel, consacrés à rendre compte, en des termes très favorables, de la campagne menée par l'intéressé, à soutenir sa candidature et à critiquer son principal adversaire. Ces articles étaient, pour la plupart d'entre eux, signés par le candidat lui-même qui s'exprimait à la première personne du singulier. Si le candidat dispose par ailleurs d'un autre site, qu'il présente comme étant son site de campagne, les deux sites, de présentation très semblable, ont comporté des renvois réciproques de l'un à l'autre pendant la période précédant l'élection. Dans ces circonstances, eu égard au contenu des articles publiés sur le site, à leur tonalité et à l'identité de leur auteur, ce site doit être regardé comme ayant contribué à la campagne électorale du candidat. Ainsi, les dépenses afférentes à ce site, pour la période mentionnée à l'article L. 52-4 du Code électoral, ont été effectuées en vue de l'élection et auraient dû être retracées au compte de campagne du candidat.

VII. Population

Guy Siat

I. Réalisations – Innovations

A. Gens du voyage

Le juge administratif presse les autorités administratives ! Dans un arrêt du 17 novembre 2011, la cour administrative d'appel de Marseille a jugé que le préfet des Bouches-du-Rhône avait commis une erreur manifeste d'appréciation en ne demandant pas aux communes de son département de se mettre en conformité avec le schéma départemental d'accueil des gens du voyage ! Ce schéma avait été publié en 2002... Or, cinq ans après, alors que le schéma prévoyait une trentaine d'aires d'accueil (soit au minimum 1 070 places d'accueil), seules trois aires avaient été réhabilitées et aucune créée ! Le juge administratif a sanctionné la carence du préfet (il aurait dû mettre les communes en demeure de créer les places prévues) et l'inertie des communes (CAA, Marseille, 17 novembre 2011, *Ministère de l'Intérieur c/Association La vie en voyage*, *AJDA*, 20 février 2012, n° 6, p. 342).

Les gens du voyage ont encore obtenu gain de cause sur une question relative à leur statut personnel. En effet, le Conseil d'État a accepté de transmettre au Conseil constitutionnel une QPC sur la question de la constitutionnalité de la loi du 3 janvier 1969 qui impose aux personnes circulant en France sans domicile ou résidence fixe un carnet ou un livret de circulation (CE, 17 juillet 2012, *AJDA* 2012, p. 1436). La loi de 1969 rend obligatoire un titre de circulation pour les personnes n'ayant pas de résidence fixe, mais il faut distinguer entre le carnet de circulation et le livret de circulation. Les gens du voyage pouvant justifier de ressources régulières bénéficient d'un « livret de circulation » qui est visé par l'administration une fois par an seulement ; les autres reçoivent un « carnet de circulation » qu'elles doivent faire viser tous les trois mois. Le carnet de circulation comporte un volet pénal que le Conseil constitutionnel a sanctionné. En effet, dans une décision QPC du 5 octobre 2012 (*JO* 6 octobre 2012, p. 15655), le Conseil constitutionnel a validé l'existence même de titres de circulation (ils sont compatibles avec la liberté de circulation). En revanche, le Conseil constitutionnel a sanctionné la différence de traitement entre le porteur d'un livret de circulation et d'un carnet de circulation (abrogation du volet pénal sur le carnet de circulation). Il a également sanctionné l'exigence d'une commune de rattachement pour être inscrit sur les listes électorales.

De son côté, dans son rapport thématique consacré à l'accueil et à l'accompagnement des gens du voyage, la Cour des comptes met en évidence de fortes disparités dans l'application de la loi Besson du 5 juillet 2000 qui oblige les communes de plus de 5 000 habitants à organiser l'accueil des gens du voyage par la création d'aires permanentes d'accueil et de grand passage. La Cour regrette que seulement la moitié des places prévues en aires d'accueil aient été réalisées en dix ans et seulement 30 % des aires de grand passage. C'est, selon la Cour, l'insuffisance des efforts des communes et EPCI qui explique que les stationnements illégaux soient particulièrement importants. La Cour déplore encore que l'accompagnement social ou scolaire des gens du voyage soit encore très faible.

B. État civil

Le mariage « pour tous », promesse de campagne du nouveau président de la République, cristallise de fortes oppositions. Certains maires ont fait savoir qu'ils refuseraient d'appliquer la loi, d'autres qu'ils délégueraient ces mariages à un adjoint, voire à un conseiller municipal dûment investi. En attendant la loi… lire *Mariage de personnes de même sexe et homoparentalité*, Sénat, étude de législation comparée, rapport n° 229, 14 novembre 2012, 68 p.

C. Service public funéraire

La crémation progresse de manière spectaculaire : elle concerne 32 % des obsèques en France (à peine 1 % il y a encore trente ans). Les nouveaux crématoriums sont très majoritairement confiés à des opérateurs privés par délégation de service public.

II. Législation – Réglementation

– Décret 2012-909 du 24 juillet 2012 modifiant l'annexe au décret 2003-561 du 23 juin 2003 portant répartition des communes pour les besoins du recensement de la population, *JO*, 26 juillet 2012, p. 12236.

– Décret 2012-966 du 20 août 2012 relatif à l'enregistrement de la déclaration de la modification et de la dissolution du PACS reçu par un notaire, *JO*, 12 août 2012, p. 13675.

III. Bibliographie

A. Articles

– AUBIN E., « Le statut des gens du voyage », note sous Conseil constitutionnel, n° 2012-279 du 5 octobre 2012, QPC, « Régime de circulation des gens du voyage » (*JO* 6 octobre 2012, p. 15655), *AJDA*, 17 décembre 2012, n° 43, p. 2393 et suiv.

– COLSON E., « L'applicabilité de la loi du 5 juillet 2000 relative à l'accueil et à l'habitat des gens du voyage aux Roms », *Droit administratif*, novembre 2012, p. 75 et suiv.

– GUYOMAR M. et DOMINO X., « Le passeport biométrique au contrôle : empreintes et clichés », *Chronique générale de jurisprudence administrative française*, sous CE, Ass, 26 octobre 2011, *Association pour la promotion de l'image et autres*, *AJDA*, 16 janvier 2012, n° 1, p. 35 et suiv.

B. Rapports

– COUR DES COMPTES, *Rapport thématique, L'accueil et l'accompagnement des gens du voyage*, 11 octobre 2012, 347 p.

– CENTRE D'ANALYSE STRATÉGIQUE, *Vieillissement et espace urbain : comment la ville peut-elle accompagner le vieillissement en bonne santé des aînés ?*, rapport, 28 février 2013.

– DÉFENSEUR DES DROITS, *Rapport relatif à la législation funéraire*, novembre 2012, 34 p. (téléchargeable sur le site du Défenseur des droits).

VIII. Santé publique

Anne Hulne

I. Réalisations – Innovations

En 2012, la santé publique a continué à être confrontée à des problèmes d'évolution et de modernisation. Par-delà les problématiques techniques et organisationnelles, ce secteur de l'action publique poursuit les efforts de réforme sur le fond, engagés pour déterminer des solutions adaptées aux exigences devenues multiples en ce début de XXIe siècle (A). Elle tente de tout mettre en œuvre afin de renforcer la confiance qui figure l'élément essentiel dans toute politique publique (B).

A. Santé publique et le défi des mutations sociétales

1. Quelles avancées de la recherche pour quels résultats ?

En 2012, la veille sanitaire concerne notamment le grave problème posé par la multiplication des ruptures des prothèses mammaires « PIP » et leur risque pour la santé des femmes porteuses d'implants. Un renforcement du système basé sur des techniques qui doivent faire l'objet d'un contrôle *a priori* a été engagé. Des mesures ont aussi été prises pour que la vérification des dispositifs médicaux ait ensuite lieu tout au long de la vie des produits et pas uniquement au moment précis de leur mise sur le marché. Une lutte globalisée contre les conflits d'intérêts susceptibles d'apparaître dans ce secteur a été prévue afin de le sécuriser et rendre confiance aux patientes. La prise en compte des médicaments génériques évoque la nécessité de faire évoluer le système de santé vers l'utilisation de moyens plus innovants. Dans un contexte budgétaire contraint, la maîtrise de la croissance des dépenses de médicaments au sein des dépenses de santé doit également être analysée sous cet angle. L'impact des nouvelles technologies sur la santé (Wi-Fi, antennes relais, etc.) fait l'objet de constats partagés, mais de réponses multiples. L'indépendance de l'expertise en ce domaine est aussi une question dont l'étude est à approfondir de même que l'accès aux données. Transparence, citoyenneté et progrès de la science sont en attente de solutions efficientes et pérennes… L'État ne peut pas tout faire. Aussi faudra-t-il promouvoir la réussite locale et le multipartenariat.

2. Le patient face au risque de standardisation des soins ? Relever le défi de la diversité

Si l'on évoque la prévention, celle-ci devrait mettre en exergue son rôle de justice sociale envers les populations les plus fragiles dont les besoins sanitaires exigent une adaptation de la réponse à apporter à leur santé (les personnes qui vivent dans la rue, les travailleurs pauvres, les personnes handicapées vieillissantes, les personnes qui se prostituent, etc.). L'impact de la crise économique sur la santé des populations conduit de plus en plus à un renoncement aux soins. La hausse des cas de tuberculose résistante est aussi inquiétante. L'augmentation de la consommation de psychotropes interpelle et révèle un mal-être profond de la société. Il en va de même de la prise en charge psychiatrique des personnes atteintes de troubles mentaux : il est devenu urgent d'inciter à une acceptation différente du patient, des soins à lui donner. Dans cet esprit, la solidarité entre les générations doit également être dynamisée. La lutte contre la maladie d'Alzheimer demeure l'un des éléments de la politique de santé publique à renforcer. La situation des patients en fin de vie mérite que l'on s'y attache. Il s'agit là, d'enjeux majeurs de civilisation où la santé publique est un vecteur fondamental.

B. Santé publique et les enjeux de confiance

1. La place de l'hôpital ou les difficultés du mieux agir ensemble

En mars 2013, sur fond de crise dans les services d'urgence des hôpitaux, le conseiller à la Cour des comptes Édouard Couty a remis son rapport sur « l'hôpital » à la ministre de la Santé. Celle-ci a dévoilé à cette occasion certains aspects de la réforme de l'hôpital prévue pour 2014, qui visera selon elle à « rétablir la confiance » entre les professionnels de santé et l'État. Ce rapport propose 46 mesures en vue de réformer l'hôpital, dont certaines représentent un changement total de direction par rapport à la loi Bachelot de 2009. Il préconise notamment de rétablir dans la loi la notion de service public hospitalier. Parmi les 46 propositions, on retiendra plusieurs pistes allant dans le sens d'un renforcement de l'ancrage territorial de l'hôpital : « Le service public de l'hôpital doit s'inscrire dans un territoire sur lequel sont identifiées des missions de service public », écrit le conseiller à la Cour des comptes, Couty. Il indique que « Le parcours de soins exige la bonne articulation entre l'amont de l'épisode hospitalier, le séjour à l'hôpital, et l'aval (soins de suite et de réadaptation, accueil en établissement du secteur médico-social, retour au domicile) ». Il suggère ainsi de « mieux définir le périmètre du territoire », un « territoire à l'échelle humaine », intégrant « toute la palette des réponses sanitaires de première intention, médico-sociales et sociales ».

L'association puis la coopération des élus semblent s'inscrire dans la logique de la démarche, et ce, pour être plus efficaces du point de vue de l'organisation et de la gestion des territoires. Dès la présentation par la ministre des Affaires sociales et de la Santé du « plan global et cohérent contre les déserts médicaux » à l'Assemblée nationale le 12 décembre 2012, le Bureau de l'Association des Maires de France a voulu que soit soulignée la responsabilité de l'État en matière d'offre de santé et d'accès aux soins. Aujourd'hui, pour les maires, la nécessité de mettre en œuvre des mesures favorisant une couverture médicale de l'ensemble des territoires, et ce à des tarifs accessibles, est devenue indispensable.

2. La médecine de demain ou l'influence de l'humain sur la réforme

Dans la logique de cette réflexion sur le devenir de notre système de santé d'où émerge progressivement l'idée d'un « *service public territorial de santé* », la médecine de proximité, encouragée, pourrait apporter des réponses plus adéquates à certaines exigences structurelles. Le moment venu, la place de la médecine ambulatoire devrait être davantage favorisée. Quant au rôle des médecins libéraux, il mériterait d'être valorisé en l'adaptant conséquemment. Or force est de constater que l'analyse de ces pistes de réflexion est complexe et que les problématiques qui en découlent ne sont pas simples à résoudre. L'installation des médecins libéraux est devenue plus difficile qu'autrefois et la gestion des zones sous-médicalisées reste une question fort sensible. Alors que la liberté d'installation est depuis toujours l'un des piliers centraux de la médecine libérale dans notre pays, la lutte contre les déserts médicaux constitue, dans un État unitaire comme la France, une impérieuse nécessité. Or à l'heure de la République que l'on a choisie d'être décentralisée, l'équilibre à trouver n'est pas aisé surtout dans un contexte de crise économique et budgétaire aux conséquences sociales défavorables.

L'accès aux soins suppose la prise en considération du savoir médical tel qu'il existe aujourd'hui, mais aussi l'adaptation de la décision budgétaire au renforcement de la capacité de la France à avoir un développement plus prospectif en ce domaine. Cette conception est liée à l'émergence d'un pouvoir territorial et de ses outils. Pour être soutenue, cette réflexion doit faire des recommandations qui, pour être suivies d'effets, exigent d'engager le dialogue. Il est dès lors indispensable de tenir compte des acquis de l'expérience. Dans son rapport annuel de 2012, la Cour des comptes a souligné le non-aboutissement de la réforme du médecin traitant et du parcours de soins coordonnés. Elle a également apporté l'illustration des difficultés rencontrées au cours des restructurations hospitalières entreprises. Dans l'attente de la future loi qui sera consacrée à la santé publique programmée pour 2013-2014, et pour développer l'émergence de solutions originales, ce secteur devra être orienté vers une culture partagée et transversale. Cette stratégie de santé devra inclure le préventif, le curatif et le palliatif. La santé publique devra également être envisagée à un niveau européen. Cela favorisera la mutualisation des moyens à mettre en œuvre pour l'assurer.

II. Législation – Réglementation

– Loi n° 2012-300 du 5 mars 2012 relative aux recherches impliquant la personne humaine, *JO* du 6 mars 2012.

– Loi n° 2012-1509 du 29 décembre 2012 de finances pour 2013, *JO* du 30 décembre 2012.

– Loi n° 2012-1442 du 24 décembre 2012 visant à la suspension de la fabrication, de l'importation, de l'exportation et de la mise sur le marché de tout conditionnement à vocation alimentaire contenant du bisphénol A, *JO* du 27 décembre 2012.

– Loi n° 2012-1404 du 17 décembre 2012 de financement de la sécurité sociale pour 2013, *JO* du 18 décembre 2012.

– Décret n° 2012-1562 du 31 décembre 2012 relatif au renforcement de la sécurité de la chaîne d'approvisionnement des médicaments et à l'encadrement de la vente de médicaments sur Internet, *JO* du 2 janvier 2013.

– Décret n° 2012-769 du 24 mai 2012 relatif aux attributions du ministre des Affaires sociales et de la Santé, *JO* du 25 mai 2012.

– Décret n° 2012-745 du 9 mai 2012 relatif à la déclaration publique d'intérêts et à la transparence en matière de santé publique et de sécurité sanitaire, *JO* du 10 mai 2012.

– Décret n° 2012-561 du 24 avril 2012 relatif aux missions de service public définies aux articles L. 6112-1 et suivants du Code de la santé publique, *JO* du 26 avril 2012.

– Arrêté du 21 décembre 2012 fixant la liste des dispositifs médicaux pouvant faire l'objet d'une publicité auprès du public en application de l'article L. 5213-3 du Code de la santé publique, *JO* du 27 décembre 2012.

– Arrêté du 28 septembre 2012 modifiant la liste des spécialités pharmaceutiques agréées à l'usage des collectivités et divers services publics, *JO* du 9 octobre 2012.

– Circulaire du 9 novembre 2012 relative à la mise en œuvre de la réforme de la médecine du travail (NOR : ETST1239145C).

– Circulaire du 5 avril 2012 relative aux orientations de l'exercice 2012 pour la campagne budgétaire des établissements et services médico-sociaux accueillant des personnes handicapées et des personnes âgées, *www.circulaires.gouv.fr*.

– Instruction n° DS/DSB2/SG/-DGS/DS/-DGCS/2012/434 du 24 décembre 2012 relative à la mise en œuvre opérationnelle des mesures visant à promouvoir et développer la pratique des activités physiques et sportives comme facteur de santé publique, annoncées en Conseil des ministres du 10 octobre 2012. Date d'application : Immédiate (NOR : SPOV1243368J).

– Instruction n° DGOS/RH1/2012/317 du 9 août 2012, relative à la mise en œuvre des plans de santé publique dans les programmes de formation initiale des professions paramédicales (NOR : AFSH1232230J).

Sites internet relatifs à la santé publique

- *http://www.academie-sciences.fr.*
- *http://www.amf.asso.fr.*
- *http://www.ccomptes.fr.*
- *http://www.service-public.fr.*
- *http://vie-publique.fr.*

III. Bibliographie

– *Acteurs publics. com*, « Le budget contesté de la dépendance », le 10 avril 2012.

– Ars Alsace (Agence régionale de santé), « AVC : une campagne de sensibilisation et un débat public », *Lettre électronique*, 20 octobre 2012.

– Amf (Association des maires de France), « Les maires et présidents de communautés pour un égal accès aux soins sur l'ensemble du territoire », 12 décembre 2012.

– Aubin C., Jourdain-Menninger D., Emmanuelli E., *Prostitutions : les enjeux sanitaires*, Inspection générale des affaires sociales, La Documentation française, décembre 2012.

– Beguin F., « Lutter contre les déserts médicaux : l'équation impossible », *Le Monde*, 3 décembre 2012.

– Blisko S., Lefrand G., *La mise en œuvre de la loi n° 2011-803 du 5 juillet 2011 relative aux droits et à la protection des personnes faisant l'objet de soins psychiatriques et aux modalités de leur prise en charge, Rapport d'information*, n° 4402, Assemblée nationale, 22 février 2012.

– Boissier P., (chef de l'Inspection générale des affaires sociales), *L'hôpital, Rapport 2012*, 14 février 2013, 298 p.

– Cazi E., Clavreul L., « Prothèses PIP – « l'incroyable récit d'une supercherie » », *Le Monde*, 14 janvier 2012.

– Conseil d'État, « Santé et Justice : quelles responsabilités ? », *Droits et débats* n° 7 ; « Dix ans après la loi du 4 mars 2002 », colloque organisé par le Conseil d'État et la Cour de cassation, La Documentation française, 2013.

– Cour des comptes, « La politique vaccinale de la France », 20 février 2013, *http://www.ccomptes.fr.*

– Cour des comptes, *Les services interentreprises de santé au travail : une réforme en devenir*, La Documentation française, 10 décembre 2012.

– Cour des comptes, *Rapport public annuel 2012*, La Documentation française, février 2012, 1535 p.

– Couty E., *Pacte de confiance pour l'hôpital, Rapport final de synthèse des trois groupes de travail relatifs à la réaffirmation du service public hospitalier, à la rénovation du dialogue social à l'hôpital et à la refonte de la gouvernance interne des établissements*, 4 mars 2013, Ministère des Affaires sociales et de la Santé.

– INSPECTION GÉNÉRALE DES AFFAIRES SOCIALES (IGAS), *Les enjeux sanitaires de la prostitution*, Rapport remis le 18 décembre 2012 à la ministre des Droits des femmes, *www.vie-publique.fr*, 31.12.2012.

– GØTZSCHE P., SAINT-MARTIN F., « médecine et produits de santé : pas de sécurité sans accès public aux données scientifiques », 7 février 2013, *www.prescrire.org*.

– IMBAUD D., MORIN A., Dr PICARD S., TOUJAS F., Inspection générale des affaires sociales, *Évaluation de la politique française des médicaments génériques*, La Documentation française, décembre 2012, 151 p.

– INSTITUT NATIONAL DU CANCER (France), *La situation du cancer en 2012, Rapport public*, 15 février 2013, 350 p.

– LE MENN J., (Sénateur), « Proposition de loi portant réforme de la biologie médicale », n° 243 (2012-2013) déposée le 19 décembre 2012, adoptée au Sénat le 5 février 2013.

– *La Gazette Santé Social, «* La hausse des cas de tuberculose résistante inquiète le ministère de la Santé *», le 25* janvier 2013.

– *La Gazette Santé Social, «* Rapport du 18 décembre 2012 du professeur Didier SICARD sur la mission présidentielle sur l'accompagnement des personnes en fin de vie *»,* le 20 décembre 2012.

– *La Gazette Santé Social*, « Face aux contraintes financières, les hôpitaux publics freinent leurs investissements », le 10 avril 2012.

– *Maire-info*, « Le rapport Couty préconise un service public de santé territorial », 5 mars 2013.

– MEGERLIN F. (juriste), *De nouveaux outils « défragmentant » le système de santé français*, actes du colloque national « La Prévention : aujourd'hui et demain ? », organisé le jeudi 20 décembre 2012 au Palais d'Iéna, sous le haut patronage du Conseil économique, social et environnemental, p. 8.

– SAINT-PAUL G., *Réflexions sur l'organisation du système de santé*, Conseil d'analyse économique, La Documentation française, 2013.

– TISSERAND P. (président de la fédération nationale des infirmiers), *Horizon 2030 – Vision pour les soins infirmiers ambulatoires*, Imprimerie Moderne, juillet 2012, 168 p.

– *Vie publique,* « consommation de médicaments psychotropes : un état des lieux », 2 novembre 2012, *http://www.vie-publique.fr.*

IX. Sécurité publique

Anne Hulne

I. Réalisations – Innovations

En 2012, la menace contre l'ordre public républicain s'est encore davantage globalisée en rendant la violence totalement insupportable pour les victimes et particulièrement difficile à contrer pour les forces chargées d'assurer la sécurité intérieure et la tranquillité publique. Cependant, l'adaptation des moyens de prévention et de réaction tente, sans relâche, de s'inscrire dans l'évolution d'une réponse en constante recherche de correspondance avec les évolutions des actes de terrorisme, des faits criminels et délictuels (A).

Quant à la sécurité civile, la charte qui a été adoptée pour les sapeurs-pompiers volontaires souligne également la volonté des pouvoirs publics de reconnaître leur rôle comme une force citoyenne de secours au service de la population venant en renfort complémentaire et efficace à l'action générale des pouvoirs publics (B).

A. Des outils pour plus d'efficacité dans la lutte contre le terrorisme et la délinquance

1. La réactivité des forces de l'ordre public républicain au nouveau visage de la délinquance

Certains quartiers populaires de grandes villes de France connaissent une recrudescence de la violence, c'est notamment le cas de Marseille. Comment éradiquer cette criminalité souvent liée aux trafics ? Le député Henri Jibrayel a saisi le M. le ministre de l'Intérieur de la vive préoccupation des Marseillais suite à une fusillade mortelle le 1er novembre 2012. Le parlementaire a souligné que depuis le début de l'année 2012, 23 personnes avaient ainsi été abattues dans l'agglomération marseillaise dans des situations comparables. Dans sa réponse, le ministre a indiqué les projets envisagés par le gouvernement et les moyens prévus pour faire cesser ces violences. Marseille est désormais considérée comme une priorité. Un travail de fond a été engagé pour lutter contre la grande criminalité (trafics d'armes et de stupéfiants, économie souterraine, règlements de comptes, délinquance économique et financière, etc.). Il s'agit d'une question d'intérêt national ayant un ancrage local. Il s'agit d'éviter que cette situation de crise, somme toute, ne dégénère.

Cette politique exige plus de moyens humains. Des forces de l'ordre envoyées en renfort viendront accroître les capacités des effectifs déjà sur place dans les deux zones de sécurité définies comme prioritaires (ZSP). Elles seront déployées sur l'ensemble de la ville. La gestion de modes d'action nouveaux et la mise en place d'une stratégie de sécurité adaptée à la situation seront confiées au préfet de police des Bouches-du-Rhône qui, par sa légitimité et ses pouvoirs propres, peut désormais assurer la coordination de l'ensemble des forces de police et de gendarmerie. Les moyens d'enquête, ainsi que les capacités de recueil de renseignements opérationnels dans les cités sensibles seront également envisagées en raison de cet accroissement des effectifs. Quant à l'action de police judiciaire, elle sera davantage consacrée à la lutte contre les « trafics de quartiers ». Le groupe d'intervention régional (GIR) de Provence-Alpes-Côte d'Azur qui s'occupe plus spécifiquement de la lutte contre l'économie souterraine sera lui aussi doté de moyens plus importants, dont un groupe uniquement consacré à Marseille. Le ministre de l'Intérieur a souligné que le ministère de la Justice, en cohérence avec l'action publique conduite en ce domaine, a lui aussi défini par une circulaire du 23 novembre 2012 les buts à atteindre pour la mise en œuvre de la politique pénale pour l'agglomération marseillaise. L'État avec les élus et les partenaires institutionnels de la ville de Marseille ont décidé de l'organisation d'un partenariat pour travailler ensemble. Cela se traduira notamment par un renforcement de la collaboration avec la police municipale et le développement de la vidéoprotection. Le 11 janvier 2013, un groupe de travail a été réuni au sein de l'Association des maires de France, sur « la sécurité et la prévention de la délinquance ». Différentes problématiques ont été abordées parmi lesquelles les dispositions de l'avant-projet de loi décentralisation en matière de prévention de la délinquance et plus particulièrement la future stratégie nationale de prévention de la délinquance présentée par Raphaël le Méhauté, secrétaire général du Comité interministériel de prévention de la délinquance (CIPD).

2. Le renforcement de la lutte contre l'insécurité et le devenir de la police de la tranquillité publique

Dans leur important rapport « sur les polices municipales » les sénateurs François Pillet et René Vandierendonck ont fait un constat fondamental : il n'y a pas une police municipale, mais des polices municipales. « Il est impossible de comparer une police municipale comptant 2 ou 3 agents, voire un seul garde champêtre, avec celles des grandes villes dépassant les 500 agents », a indiqué le sénateur Pillet. Ils ont également insisté sur une deuxième problématique essentielle : à force de voir leurs pouvoirs augmenter en raison, notamment, du désengagement de l'État, « les polices municipales connaissent une crise d'identité et de croissance ». Pour le sénateur Vandierendonck, « La principale crainte des maires est que leur police municipale ne devienne un supplétif aux forces nationales de l'ordre ». Pour engager l'amélioration du fonctionnement des polices municipales, les deux sénateurs ont fait 25 propositions. La première consisterait à créer une police territoriale en fusionnant la police municipale, les gardes champêtres et les agents de surveillance de la voie publique (ASVP). « Cette réforme mettra fin à l'éparpillement des statuts et sera un facteur de lisibilité des compétences pour les citoyens ». Cette mesure semble faire l'objet d'un consensus du fait de son caractère concret et potentiellement très efficace. Ils suggèrent également une meilleure coordination entre les forces de l'ordre (police et gendarmerie) et polices municipales. De nouvelles conventions de coordination seront amenées à être signées par les procureurs. Pour le sénateur Vandierendonck, il « devra (y) être indiqué très précisément qui fait quoi, où, quand, comment en matière de police de proximité ». Le rapport est favorable à une meilleure mutualisation intercommunale des polices municipales. En revanche, les deux sénateurs soulignent qu'en matière d'armement, il s'agit en premier lieu « de la liberté des maires ». Ils proposent aussi de ne plus renforcer les prérogatives judiciaires des policiers municipaux.

Les deux sénateurs ont précisé qu'une proposition de loi pourrait reprendre quelques-unes de leurs propositions, parmi lesquelles la recommandation visant à la création d'une police territoriale.

Le 24 janvier 2013, le ministre de l'Intérieur s'est exprimé sur les polices municipales. Intervenant au Sénat lors d'un débat sur la police municipale, il a d'abord déclaré : « la sécurité est une mission régalienne. Les polices municipales ne doivent donc pas être un palliatif d'un État défaillant ». Il a précisé que leur rôle est « de venir en complément des forces nationales ». Pour le ministre, « le maître mot est la coproduction de sécurité ». Indiquant « ne pas croire aux solutions uniformes », le ministre de l'Intérieur a développé son point de vue au sujet de l'armement. Il a souligné que « Là encore, il n'y a pas de réponse unique. C'est nécessaire à Évry, non ailleurs. » Toutefois, il a poursuivi son propos en indiquant qu'il fallait « néanmoins donner aux policiers municipaux les moyens de se défendre » et a ajouté qu'un décret était en préparation pour « confier à la police municipale, si besoin, des tonfas ou des matraques télescopiques ». Il a aussi évoqué qu'il était « pour un creuset unique », en matière de formation initiale pour la police municipale et la police nationale. S'agissant de la formation continue, il a considéré qu'elle pourrait prendre la forme « d'une véritable filière de sécurité ». Un groupe de travail va « réfléchir à une mutualisation possible entre CNFPT, police nationale, gendarmerie nationale et centres de formation pour les agents privés ». Le ministre a en revanche évoqué « la prudence » sur les questions d'uniformes et d'accès aux fichiers. Il a souligné qu'il était favorable à la prise en considération de l'échelon intercommunal « qui autorise une meilleure adaptation des forces au terrain » en illustrant son intervention avec l'exemple de la police intercommunale de Roissy-en-France, dans le Val-d'Oise. Les sénateurs Pillet et Vandierendonck s'étaient déjà appuyés auparavant sur cet exemple dans leur rapport sur les polices municipales. Pour les deux sénateurs, la mutualisation intercommunale constitue l'une de leurs trois propositions centrales.

Au-delà de la spécificité du pouvoir de police du maire et de l'atout que constitue l'intercommunalité pour contrer la délinquance, outre l'expression sur le terrain de la police de proximité qui renforce le sentiment de sécurité, le législateur a voté une loi en décembre 2012 principalement consacrée à la sécurité et à la lutte contre le terrorisme. La volonté du Parlement a été de permettre que puissent être tirées d'importantes leçons de la terrible affaire « Mohamed Mehra » de Toulouse. Ce texte est d'une importance vitale pour lutter contre les attentats. Il donne des moyens efficients aux services concernés pour assurer la sécurité extérieure et intérieure du pays. Il s'agit aussi d'une stratégie pour demain afin de prévenir la barbarie. La sécurité est un droit fondamental. L'enjeu est même européen. À l'heure où la crise sociétale est devenue permanente, la question se pose de savoir comment protéger les citoyens européens contre les réseaux criminels qui se déploient dans toute l'Europe. Cette violence ne connaît pas de frontières.

B. Sécurité civile et la modernisation des secours

Comment intervenir de manière adaptée pour protéger au mieux les populations, comment assurer la continuité des services publics et de l'État ? La nécessaire adaptation du réseau national d'alerte a été prise en considération par la Direction de la sécurité civile. Ce réseau concerne la gestion des 4 500 sirènes dont la mise en fonctionnement doit permettre d'alerter la population en cas de catastrophe naturelle ou technologique. Des améliorations ont ainsi été budgétisées. Quant aux exigences du risque d'inondation, une mission d'information sénatoriale a rendu ses conclusions le 10 octobre 2012 au sujet des inondations qui ont eu lieu dans le sud-est de la France en novembre 2011. À cet effet, les sénateurs ont pris soin de tenir compte des phénomènes qui se sont produits en juin 2010 dans le Var. Quant aux dispositions de la directive européenne sur le risque « inondation », transposée dans la loi Grenelle II, elles sont actuellement en train d'être mises progressivement en place avec des particularités importantes pour les collectivités territoriales.

1. Le Conseil national des sapeurs-pompiers volontaires

Le décret du 3 janvier 2012 a créé le Conseil national des sapeurs-pompiers volontaires qui succède à l'Observatoire national du volontariat institué en 1996. Le but de cet organisme, par ses missions et sa composition, est de constituer un outil au service du volontariat chez les sapeurs-pompiers. Ce conseil a pour mission d'éclairer le gouvernement, les collectivités territoriales et leurs établissements publics dans la définition de la conduite des politiques publiques destinées à pérenniser et à développer le volontariat. Il effectue des analyses prospectives, et participe à l'évaluation des incidences des dispositions législatives et réglementaires sur le volontariat. Il peut par ailleurs être consulté sur toute question qui concerne le volontariat. Il peut aussi être amené à formuler des propositions visant à promouvoir le volontariat, à le développer ou encore à en faciliter l'exercice. La coordination nationale des conseils départementaux de sécurité civile pour la promotion du volontariat chez les sapeurs-pompiers lui a été confiée.

2. La Charte du sapeur-pompier volontaire

Depuis le 5 octobre 2012, les sapeurs-pompiers volontaires disposent désormais d'une charte définissant leur rôle et leur statut. Tout volontaire devra la signer au moment de son premier engagement. Cette charte mentionne les valeurs du volontariat et définit les droits et devoirs des pompiers volontaires. Sa création a été effectuée en application d'une disposition de la loi du 20 juillet 2011 relative à leur engagement. Aujourd'hui, la grande majorité des sapeurs-pompiers français est constituée de volontaires qui exercent les mêmes activités que les sapeurs-pompiers professionnels. Le préambule de cette charte rappelle d'emblée que « les sapeurs-pompiers sont des acteurs indispensables dans la sécurité nationale à laquelle concourent la sécurité intérieure, la sécurité civile et la sécurité économique ». Ce texte fondamental met en exergue le fait que

> « le sapeur-pompier joue un rôle essentiel dans la sécurité civile qui a pour objet la prévention des risques de toute nature, l'information et l'alerte des populations ainsi que la protection des personnes, des biens et de l'environnement contre les accidents, les sinistres et les catastrophes par la préparation et la mise en œuvre de mesures et de moyens appropriés relevant de l'État, des collectivités territoriales et des autres personnes publiques ou privées ».

Dans ce domaine aussi, en plus de l'optimisation du retour d'expériences en matière de protection civile des populations, le renforcement de la capacité européenne pour faire face à l'urgence est un investissement voulu et important. Il est à l'instar de ce qui est engagé en matière de lutte contre la cybercriminalité à l'égard de laquelle l'Union européenne encourage le développement de la cyber-sécurité.

II. Législation – Réglementation

– Loi n° 2012-1509 du 29 décembre 2012 de finances pour 2013, *JO* du 30 décembre 2012.

– Décision du Conseil constitutionnel sur le projet de loi de finances pour 2013, *JO* du 30 décembre 2012.

– Loi n° 2012-1432 du 21 décembre 2012 relative à la sécurité et à la lutte contre le terrorisme, *JO* du 22 décembre 2012.

– Décret n° 2012-1132 du 5 octobre 2012 approuvant la charte du sapeur-pompier volontaire, *JO* du 7 octobre 2012.

– Décret n° 2012-154 du 3 janvier 2012 relatif au Conseil national des sapeurs-pompiers volontaires, *JO* du 4 janvier 2012.

– Décret n° 2012-2 du 2 janvier 2012 relatif aux conventions types de coordination en matière de police municipale, *JO*, 4 janvier 2012.

– Circulaire du 30 janvier 2013 ministère de l'Intérieur, NOR INT K 1300185 C portant sur le décret n° 2012-2 du 2 janvier 2012 relatif aux conventions types de coordination en matière de police municipale (références : circulaire ministérielle NOR INT D 0000071 C du 6 avril 2000 sur les polices municipales).

Sites internet relatifs à la sécurité publique

– *http://www.gardechampetre.fr.*

– *http://www.inhes.interieur.gouv.fr.*

– *http://www.pluiesextremes.meteo.fr.*

– *http://www.pompiersdefrance.org.*

– *http://www.risques.gouv.fr.*

– *http://www.securite.commune-info.fr.*

III. Bibliographie

– AMF (Association des maires de France), « Les points suivants ont été abordés lors de cette réunion : – les dispositions de l'avant-projet de loi décentralisation en matière de prévention de la délinquance ; – la future stratégie nationale de prévention de la délinquance, présentée par Raphaël le Mehaute, secrétaire général du Comité interministériel de prévention de la délinquance (CIPD) », 18 mars 2013.

– AMF, « Prévention de la délinquance : circulaire du 31 octobre 2012 relative aux orientations de la politique de prévention de la délinquance et d'emploi des crédits du FIPD en 2013 », 4 février 2013.

– AMF, « Polices municipales : positions du Bureau de l'AMF », 23 avril 2012.

– *Maire-info*, « Les sapeurs-pompiers désormais dotés d'une charte », 9 octobre 2012.

– AMF, « Note à l'attention des maires et des présidents d'EPCI sur « Un nouveau cadre pour la prévention et la gestion du risque inondation » », mai 2012.

– Ça vous regarde, « Affaire Mehra, affaire d'État ? », (Alain Bauer, Yves Bonnet, Christophe Caupenne, Frédéric Ploquin), mercredi 4 avril 2012, 20 h 50.

– Carpentier B, « vidéo-protection de l'espace public : les communes voient flou », coll. « Master collectivités territoriales et politiques publiques », février 2012. Estrosi Ch., député, « Perspectives pour la police municipale », question écrite, JO du 13 novembre 2012, p. 6426.

– Cresta J. député, « réforme de la police municipale », question écrite, *JO* du 13 novembre 2012, p. 6439.– Jibrayel H., député, « L'inquiétude des Marseillais après la fusillade mortelle du 1er novembre 2012 », *JO* du 22 janvier 2013, p. 864.

– Kokoreff M., « La sociologie des bandes », *http://www.laviedesdees.fr*, 2 janvier 2012.

– *Le Figaro*, « L'armée doit-elle se déployer dans les quartiers nord de Marseille ? », 31 août 2012.

– *LCP Assemblée nationale*, « Affaire Mehra », les explications de Guy Teissier, mercredi 4 avril 2012, 15 h 22.

– *Maire-info*, « Pour Manuel Valls, les polices municipales ne doivent pas être le palliatif d'un État défaillant », 27 janvier 2013.

– *Maire-info,* « graves dysfonctionnements dans le réseau national d'alerte », 27 novembre 2012.

– *Maire-info,* « une mission sénatoriale tire les leçons des inondations dans le Sud-Est », 12 octobre 2012.

– *Maire-info,* « les pompiers volontaires désormais dotés d'une charte », 9 octobre 2012.

– *Maire-info,* « les sapeurs-pompiers veulent plus de présence l'État auprès des élus », 1er octobre 2012.

– *Maire-info*, « Pour le Premier ministre, Marseille est « une question d'intérêt national » », 7 septembre 2012.

– *Maire-info,* « Loi sur le voile intégral : sur 354 femmes contrôlées pour dissimulation du visage dans l'espace public, 299 ont été verbalisées », 11 avril 2012.

– *Maire-info*, « Police municipale et intercommunale : la nouvelle convention type de coordination avec les forces de sécurité de l'État est publiée », 4 janvier 2012.

– OBSERVATOIRE NATIONAL DES RISQUES NATURELS, « développement durable : données sur les risques naturels », *Ondes Moyennes*, 3 avril 2013, n° 644.

– POLITI C., « Règlements de comptes à Marseille : comment faire cesser la série noire ? », *L'Express*, 30 août 2012.

– PILLET F. et VANDIERENDONCK R., sénateurs, *De la police municipale à la police territoriale : mieux assurer la tranquillité publique*, Sénat, rapport n° 782, session extraordinaire 2011-2012.

– RAUFFER X., « Guérilla urbaine à la française : les fondamentaux », *Le Huffington Post*, 26 mars 2013.

– SCHULER M., « L'un des principaux enseignements de Fukushima : si l'on ne progresse pas, on augmente les risques », 23 juillet 2012, *www.techniques-ingenieurs.fr.*

– YVOREL J.-J., « le plus grand danger social, c'est la bande imberbe – La justice à la belle époque », 16 juin 2012, *http://www.laviedesdees.fr.*

X. Transports

Guy Siat

I. Réalisations-Innovations

A. Les grands projets

Les agglomérations de province, fort heureusement, ne renoncent pas à leurs projets : 5 métros, 18 tramways, 3 tram-trains, 29 lignes à haut débit de service et même 5 projets de transport par câble.

En dehors de la région parisienne, cinq agglomérations ont fait le choix du métro et sont en passe de lancer des projets d'extension de leur offre de service : Lille, Lyon, Marseille, Rennes et Toulouse. À Lyon, le métro est en service depuis 1974, à Lille depuis 1983 il faut prolonger les lignes existantes et en créer de nouvelles afin de compléter le réseau. Et il faut aussi renouveler le matériel roulant, augmenter le nombre de rames (27 nouvelles à Lille), souvent à défaut de pouvoir augmenter les cadences. Rennes, qui est la plus petite agglomération en Europe à être équipée d'un métro, a décidé d'investir plus d'un milliard d'euros dans une seconde ligne qui doit être mise en service en 2018.

Selon une étude du GART, le kilomètre de métro a un prix qui peut varier du simple au double selon la configuration du tracé, les obstacles (74 millions d'euros le kilomètre à Marseille contre 140 à Lyon).

Deux grands opérateurs se partagent le marché des métros : Alstom (Lyon et Marseille) et Siemens (Lille, Rennes et Toulouse).

B. Le financement des transports publics urbains

Depuis quarante ans, se pose constamment la question du financement des transports publics urbains, malgré la création du versement – transport. Ce dernier représente 6 milliards de recettes annuelles (dont près de la moitié pour la seule région parisienne) pour les collectivités qui l'ont instauré et qui sollicitent régulièrement le législateur pour une augmentation du taux plafond. Les transports publics urbains représentent un besoin de 20 milliards d'euros chaque année. Le versement transport n'est donc qu'une source de recettes parmi d'autres, même si elle est appréciable. Il faut manier le versement – transport avec précaution, car il s'agit d'une charge supplémentaire pour les entreprises (de plus de neuf salariés). La seule solution raisonnable est d'augmenter régulièrement le prix du ticket, c'est-à-dire la participation de l'usager du service. Mais si les transports collectifs deviennent trop chers, les usagers risquent d'opter pour la fraude ou changer de mode de transport. Une étude commandée par le GART et par l'UTP tend à montrer que sur la période 1999-2011, le ticket unitaire ou l'abonnement n'a pas réellement augmenté : en euros constants (euros corrigés de la progression de l'indice des prix), les tarifs seraient même à la baisse. L'étude est suffisamment représentative, puisqu'elle a été menée sur 122 réseaux de transports publics urbains de province, soit 90 % du total. Il faut se souvenir que les tarifs des transports publics urbains ont été parmi les derniers à avoir été libéralisés (2003). Avant d'augmenter le prix des tickets, les collectivités font le choix de sacrifier la gratuité pour certaines catégories d'usagers (chômeurs par exemple) ou de réduire les avantages consentis à d'autres (tarifs familles et autres).

Le cas de l'Île-de-France reste particulier. L'autorité organisatrice est le Syndicat des transports d'Île-de-France. Le prix du forfait mensuel a augmenté de 36 % au cours des dix dernières années. Paris a des projets ambitieux en matière de transports collectifs, mais se heurte encore aux problèmes de financement. Pour la construction du métropolitain, le financement avait été assuré en deux années : pour la création d'une ligne transversale, il faut compter maintenant vingt années !

C. Le versement transport

L'idée d'étendre le bénéfice du versement transport aux régions fait son chemin. En 2012, une étude a prôné à la fois le versement transport additionnel et le versement transport interstitiel.

Le premier s'applique à l'ensemble des entreprises imposables sur le territoire régional, le second ne s'appliquerait qu'aux entreprises implantées dans les communes en dehors du périmètre des transports urbains. Roland Ries, sénateur-maire de Strasbourg et président du GART, est resté prudent face à ces propositions émanant d'un consultant spécialisé. Il appartiendra au gouvernement de trancher dans le cadre de l'acte III de la décentralisation. L'UTP a renouvelé son attachement au versement transport, « ressource pérenne et dynamique, affectée au transport urbain ».

En attendant, l'article 84 de la loi de finances initiale 2013 (loi du 29 décembre 2012) a relevé le plafond des taux du versement transport en Ile-de-France (voir CGCT, art. L. 2531-4). Le STIF est compétent pour fixer les taux applicables dans la limite des plafonds de l'article L. 2531-4 CGCT.

Il faut encore relever que la Cour de cassation, dans un arrêt du 20 septembre 2012 (*Aff Agglobus*), a annulé la perception du versement transport par le syndicat mixte de transports urbains de Bourges, au motif que jusqu'au 1er juillet 2008, la loi n'autorisait expressément que les seuls EPCI à bénéficier du versement transport… Or les « syndicats mixtes » ne sont pas des EPCI. Alors que le GART défendait l'idée que le législateur avait implicitement englobé les syndicats mixtes dans les établissements publics (en l'occurrence les EPCI) pouvant recevoir le produit du versement transport, la Cour de cassation a retenu une interprétation restrictive : dès lors, l'instauration du versement transport par un syndicat mixte était illégale avant le 1er juillet 2008. La prescription en la matière étant de trois années, toutes les entreprises qui ont payé le versement transport à un syndicat mixte avant le 1er juillet 2008, peuvent en obtenir le remboursement (dans la limite de trois années) ; en cas de refus du syndicat mixte concerné, les entreprises pourront obtenir gain de cause devant le tribunal des affaires de sécurité sociale.

D. La location de vélos en libre-service : un succès qui dépasse toutes les prévisions

Le succès du Vélib'à Paris ne cesse de se confirmer ! Ce sont en fait, avec Paris, 31 communes qui sont desservies. Inauguré en 2007, le système met en œuvre 23 000 vélos répartis en 1 700 stations. L'opérateur, la société de publicité extérieure et de mobilier urbain JC Decaux affirme être arrivée à l'équilibre financier après une période difficile (le vandalisme avait été manifestement sous-évalué).

E. L'autopartage

Le système du Vélib'a été reproduit à Paris avec la location de voitures électriques : le système Autolib'a été mis en service fin 2011, au grand dam des sociétés de locations de voitures et des syndicats de taxis qui jugent l'initiative publique contraire à la liberté du commerce, l'initiative privée ne faisant pas défaut (cour administrative d'appel de Paris, 3 juillet 2012, *Chambre syndicale des loueurs de voitures automobiles, Syndicat professionnel des centraux radio-taxi de Paris et de la région parisienne*, *AJDA*, 24 décembre 2012, n° 44, p. 2444 et suiv., avec les conclusions de Stéphane Dewailly).

L'autopartage est le système qui permet d'utiliser ponctuellement une voiture sans subir les inconvénients liés à sa possession. Il est géré par un opérateur privé ou directement par la collectivité locale. L'ADEME promet à ce système un bel avenir : il permet de réaliser des économies substantielles, de réduire l'utilisation de la voiture en ville et surtout de développer de manière significative les modes alternatifs de déplacement en complément. Pour un véhicule en autopartage, il y aurait neuf voitures en moins en circulation et autant de places de stationnement libérées. À Paris, l'Autolib'compte 47 000 abonnés. Une vingtaine de villes de province a déjà adopté un système autopartage.

L'agglomération de Grenoble, en partenariat avec Toyota, veut lancer en 2014 un système de micro-voitures électriques sur le modèle d'Autolib'.

F. Les lignes transfrontalières

La ligne TER du Grand Genève (entre Genève-Cornavin et Annemasse, en passant par Évian) va voir le jour. Le bouclage financier a été rude. C'est finalement le département de Haute-Savoie qui va devenir le principal contributeur avec 65 millions d'euros… devant la Région Rhône-Alpes (55 millions d'euros). Estimée en 2005 à 130 millions d'euros, la réalisation de cette ligne représente finalement un coût estimé aujourd'hui à 234 millions d'euros pour les partenaires français (on est loin de l'estimation initiale), alors que les autorités suisses ont accepté de payer 878 millions d'euros (ce coût s'explique notamment par l'obligation de créer un tunnel de plus de 16 kilomètres côté Suisse). Cette réalisation doit faciliter les déplacements à un flux pendulaire journalier de 50 000 travailleurs transfrontaliers !

II. Bibliographie

– « Les grandes infrastructures de transport », *Administration*, juillet-août 2012, 112 p.

XI. Urbanisme

Bernard Dyssli

I. Réalisations – Innovations

A. un écohameau à la campagne

La commune de Bertignat qui compte près de 500 habitants mène à bien son projet d'écohameau. Plutôt que de faire le lotissement banal et consommateur d'espace qui lui était proposé, la commune a demandé l'intervention d'un architecte pour qu'il réfléchisse à un aménagement plus respectueux des lieux et mieux connecté au village. Ce projet, qui a obtenu le label « Éco-quartier » décerné par le ministère de l'Écologie, a été soutenu, notamment financièrement, par le parc naturel régional Livradois-Forez. Ce dernier pilote une mission d'accompagnement de la réalisation de ce projet, mission qui bénéficie d'une aide financière du ministère de l'Écologie.

Le projet est conçu pour conserver un cône de vue sur le magnifique paysage sur la vallée. Sur les parcelles, plus petites que dans le projet de lotissement original, les emprises des constructions ont été fixées afin qu'elles bénéficient toutes de la vue sur les espaces naturels environnants et les projets de maison devront respecter des prescriptions architecturales précises pour assurer l'unité de cet éco-hameau.

Il faut enfin signaler un dernier volet qui montre l'originalité de la démarche suivie : les habitations seront réalisées en autopromotion et il y aura des mesures incitatives pour que les candidats mettent leur projet en commun afin mutualiser leurs commandes et de réaliser des équipements collectifs communs. Enfin le projet comporte trois logements sociaux construits sous maîtrise d'ouvrage de la commune et qui bénéficient d'une chaufferie bois commune et d'une laverie collective.

B. Reconquête commerciale des centres urbains

La ville d'Orléans a décidé de reconquérir son centre ancien, plus précisément le quartier des Halles. Ce quartier, un ancien port en bordure de la Loire, connaissait une forte dégradation.

Plutôt que de réaliser un centre commercial classique dont la ville a déjà fait l'expérience dans un autre quartier, les élus ont cette fois choisi de créer une rue commerciale avec une trentaine de commerces ayant chacun une surface de vente entre 150 m^2 et 1 000 m^2, pour un total de 12 000 m^2. En sus des commerces, le projet comporte la création d'une cinquantaine de logements. Même si le projet est mené par un promoteur privé, il est prévu que cette nouvelle rue commerciale restera toujours ouverte au public.

Le projet au travers d'une opération de « couture urbaine » marie aussi harmonieusement l'ancien et le nouveau, puisque des bâtiments anciens ont échappé à la démolition pour être restaurés. Ces édifices côtoieront des constructions neuves pour lesquelles l'acier le verre, mais aussi le bois seront utilisés.

Une opération différente, mais poursuivant le même but a été à L'Arbresle dans le département du Rhône. Dans cette commune de 6 000 habitants située à vingt kilomètres de Lyon, le centre ancien était victime des voitures engorgeant les rues étroites. Pour remettre en valeur son patrimoine médiéval, la commune a renoué avec des politiques anciennes en décidant de rendre son centre réservé aux piétons. Au-delà de l'exclusion de la voiture (les riverains bénéficient quand même du droit d'accès pour les livraisons des commerces et des habitants), la ville a mis en place des containers à déchets communs en lieu et place des poubelles individuelles. Le nouvel aménagement des voies recouvertes de pavés en porphyre avec un caniveau central a mis fin au phénomène de remontée de salpêtre le long des façades des maisons. Preuve du succès de l'opération, l'adhésion des commerçants qui sont pourtant réputés pour préférer la desserte automobile de leurs commerces.

C. Prism : un logiciel pour limiter les impacts environnementaux des chantiers d'aménagement

Le logiciel « PRISM » est un outil permettant de faire des bilans environnementaux des chantiers. Ce logiciel qui prend en compte l'analyse des cycles de vie fonctionne avec différents critères ce qui permet d'aller au-delà de la simple analyse du bilan carbone du chantier. Sont ainsi appréhendées la consommation d'eau, l'analyse du trafic des véhicules générés par le chantier ou encore la production des déchets.

Ce logiciel a notamment été utilisé et a fait ses preuves dans le cadre du projet d'aménagement Clichy-Batignolles dans le 17e arrondissement de Paris qui doit permettre la création de 3 400 logements, mais aussi de 170 000 m^2 de bureaux et de commerces autour d'un parc de 10 hectares. Le projet comporte des équipements publics comme le nouveau Palais de justice de Paris et les nouveaux locaux de la Direction régionale de la police judiciaire.

II. Législation – Réglementation

A. Lois et ordonnances

– Ordonnance n° 2012-11 du 5 janvier 2012 portant clarification et simplification des procédures d'élaboration, de modification et de révision des documents d'urbanisme, NOR : DEVL1131926R, *JO* n° 5 du 6 janvier 2012, p. 246.

– Ordonnance n° 2012-787 du 31 mai 2012 portant extension et adaptation à Mayotte du Code de l'urbanisme, NOR : ETLL1202226R, *JO* n° 126 du 1er juin 2012, p. 9454.

B. Décrets

– Décret n° 2012-87 du 25 janvier 2012 relatif aux exonérations de la taxe d'aménagement prévues par l'article L. 331-7 du Code de l'urbanisme, NOR : DEVL1122562D, *JO* n° 23 du 27 janvier 2012, p. 1514.

– Décret n° 2012-274 du 28 février 2012 relatif à certaines corrections à apporter au régime des autorisations d'urbanisme, NOR : DEVL1125740D, *JO* n° 51 du 29 février 2012, p. 3563.

– Décret n° 2012-290 du 29 février 2012 relatif aux documents d'urbanisme et pris pour l'application de l'article 51 de la loi n° 2010-874 du 27 juillet 2010 de modernisation de l'agriculture et de la pêche, NOR : DEVL1103849D, *JO* n° 53 du 2 mars 2012, p. 4006.

– Décret n° 2012-330 du 6 mars 2012 relatif au concours particulier de la dotation générale de décentralisation pour l'établissement et la mise en œuvre des documents d'urbanisme dans le département de Mayotte, NOR : OMEO1129574D, *JO* n° 58 du 8 mars 2012, p. 4341.

– Décret n° 2012-489 du 13 avril 2012 pris pour l'application des articles L. 142-4, L. 213-2 et L. 214-1 du Code de l'urbanisme et relatif à la dématérialisation de la déclaration d'intention d'aliéner, NOR : LOGL1206419D, *JO* n° 90 du 15 avril 2012, p. 6924.

– Décret n° 2012-995 du 23 août 2012 relatif à l'évaluation environnementale des documents d'urbanisme, NOR : ETLL1207168D, *JO* n° 197 du 25 août 2012, p. 13811.

– Décret n° 2012-1529 du 28 décembre 2012 portant extension et adaptation à Mayotte du Code de l'urbanisme, NOR : ETLL1234004D, *JO* n° 304 du 30 décembre 2012, p. 21108.

C. Arrêtés

– Arrêté du 10 février 2012 relatif aux formulaires de demandes d'autorisations d'urbanisme, NOR : DEVL1203445A, *JO* n° 42 du 18 février 2012, p. 2832.

– Arrêté du 13 avril 2012 fixant le modèle de déclaration d'intention d'aliéner ou de demande d'acquisition d'un bien soumis à l'un des droits de préemption prévus par le Code de l'urbanisme, NOR : LOGL1209283A, *JO* n° 105 du 4 mai 2012, p. 7922.

– Arrêté du 13 avril 2012 fixant le modèle de déclaration d'intention d'aliéner ou de demande d'acquisition d'un bien soumis à l'un des droits de préemption prévus par le Code de l'urbanisme, NOR : LOGL1209283A, *JO* n° 105 du 4 mai 2012, p. 7922.

– Arrêté du 11 septembre 2012 portant application des dispositions du dernier alinéa de l'article L. 321-9 et de l'article L. 321-22 du Code de l'urbanisme, NOR : ETLL1222798A, *JO* n° 227 du 29 septembre 2012, p. 15347.

– Arrêté du 21 décembre 2012 relatif à l'actualisation annuelle des tarifs au mètre carré pour le calcul de la redevance pour la création de locaux à usage de bureaux, des locaux commerciaux et des locaux de stockage en Région d'Ile-de-France (articles L. 520-1 et L. 520-3 du Code de l'urbanisme) et pour le mètre carré de taxe d'aménagement (article L. 311-11 du même code), NOR : ETLL1240794A, *JO* n° 302 du 28 décembre 2012, p. 20649.

D. Circulaires et instructions

– Circulaire du 2 mai 2012 relative au rôle et aux missions des architectes-conseils et paysagistes-conseils des services du ministère de l'Écologie, du Développement durable, des Transports et du Logement, NOR : DEVL1206752C, *Bulletin officiel* 2012-10.

– Circulaire du 26 mars 2012 relative à la mise en œuvre de la circulaire du Premier ministre du 3 décembre 2008 relative à l'exemplarité de l'État au regard du développement durable dans le fonctionnement de ses services – modalités de collecte des résultats 2011 du plan administration exemplaire (PAE) du ministère de l'Écologie, du Développement durable, des Transports et du Logement (MEDDTL), NOR : DEVK1207601C, *Bulletin officiel* : *BO* 2012-07.

III. Bibliographie

– AILLERET R., *Le choix de la ville. L'urbanisme au service d'une ville partagée et créative*, L'Harmattan, 126 p.

– BEAUDET G., MELOCHE J.-P., SCHERRER F., *Questions d'urbanisme*, PU Montréal, 144 p.

– BECET E., *Guide de l'*élu délégué à l'*urbanisme*, Territorial Éditions

– BOURRIER R., SELMI B., *Pratique des VRD et aménagement urbain. Voirie et réseaux durables*, Le Moniteur Éditions 973 p.

– CERTU, *Plans locaux d'urbanisme intercommunaux. Retours d'expériences, des pistes pour demain*, CERTU.

– CHARLOT A., Collectif, *Vers un nouveau modèle urbain. Du quartier à la ville durable*, Victoires, 159 p.

– COULAUD N., « Planification urbaine, Les outils pour une politique foncière efficace », *Le Moniteur des TP*, 22 juin 2012, p. 30-33.

– Darin M., Targat G., *Patchworks parisiens. Petites leçons d'urbanisme ordinaire*, Parigramme, 208 p.

– Guelton S., *Gérer l'aménagement urbain*, PU Rennes, 250 p.

– Herce S., Rich T., « Documents d'urbanisme, le second souffle de l'évaluation environnementale », *Le Moniteur des TP*, 16 novembre 2012, p. 5859.

– Hocreitere P., Meng J.-P., *La réforme des autorisations d'urbanisme. Corrections et évolutions*, Berger-Levrault, 2e édition, 605 p.

– Jacquot H., « La dimension juridique de l'écriture du plan local d'urbanisme », *Les Cahiers du GRIDAUH*, n° 23/2012.

– Larcher J.-L., Gelgon T., *Aménagement des espaces verts urbains et du paysage rural. Histoire, composition, Éléments construits*, TEC & DOC (Éditions), 596 p.

– Lefebre P. *Ressources de l'architecture pour la ville durable*, Apogée (Éditions), 128 p.

– Legrand C., *Diriger un service urbanisme et aménagement*, Territorial Éditions, (classeur).

– *Le Moniteur*, « Aménagement 2012 (urbanisme, paysages, territoires) », Numéro spécial novembre 2012, 122 p.

– Letang P., Dutoit A., Encinas S., Le Fouler G., *Urbanisme commercial*, Studyramapro.

– Levy A., Barles S., Baudoui R., Fleuret S., *Ville, urbanisme et santé – Les trois révolutions*, Pascal (Éditions), 316 p.

– Menu S., « L'heure de vérité de la politique de la ville », *La Lettre du cadre territorial*, n° 441, 15 avril 2012, p. 14-16.

– Picon A., Orillard C., *De la ville nouvelle à la ville durable. Marne-la-Vallée*, Parenthèses, 301 p.

– Vigano P., Grillet-Aubert A. (traducteur), *Les territoires de l'urbanisme. Le projet comme producteur de connaissance*, Métis Presses, 293 p.

XII. Voirie publique

Anne Hulne

En 2012, la voirie publique connaît des évolutions dans différents domaines parmi lesquels la sécurité (I) et l'accessibilité (II).

I. Réalisations – Innovations

A. Comment sécuriser davantage la voirie publique ou réduire son accidentologie ?

La lutte contre la mortalité routière s'est accrue depuis quelques années. Les opérations de sensibilisation se sont poursuivies et ont connu des retombées positives en 2012. Ces actions ont effet permis de mieux faire face aux comportements à risque (consommation d'alcool, de stupéfiants, vitesse excessive, conduite sans permis) en s'appuyant sur la prévention.

Aujourd'hui, la clé de l'amélioration de la sécurisation de la voirie publique se trouve aussi dans l'entretien des infrastructures et dans l'évolution des transports. Elle est également conditionnée par l'adaptation progressive des capacités des collectivités territoriales, l'action des associations et l'investissement des entreprises. Elle ne pourra aboutir sans le renforcement du rôle de l'éducation nationale, de la formation et de la santé, mais aussi de la justice et de l'ordre public ou encore du soutien qu'apporte la recherche dans la lutte contre la dangerosité et l'accidentologie de la voirie.

B. Quelle perspective envisager pour améliorer l'accessibilité de la voirie publique ou favoriser « la rue pour tous » ?

L'accessibilité des lieux par l'aménagement de la voirie publique est aujourd'hui l'un des facteurs d'intégration sociale. La loi n° 2005-102 du 11 février 2005 prévoit d'organiser, pour les personnes handicapées ou dont la mobilité est réduite, l'accessibilité aux établissements recevant du public et aux transports publics en commun. Presque dix ans après son adoption, elle rencontre toujours des difficultés financières et techniques pour sa mise en œuvre. Les collectivités locales ont du mal à programmer des budgets suffisamment conséquents à cet effet, quant à l'aide de l'État celle-ci est peu aisée à organiser en raison des conséquences de la crise économique.

Bien que le rendez-vous de 2015 paraisse encore très difficile à honorer notamment pour l'accessibilité du bâti, des efforts sont cependant entrepris. C'est notamment le cas pour le mobilier urbain. Un arrêté du 18 septembre 2012 a défini de nouvelles règles pour « faciliter l'accessibilité de la voirie et des espaces publics ». À compter du 1er avril 2013, « les poteaux et bornes installés sur la voirie devront présenter des dimensions minimales pour éviter les chutes ». La règle ne concerne que le mobilier nouvellement installé, ou ceux installés à l'occasion de travaux de réhabilitation ou de réfection. Il a pour objectif d'empêcher la mise en place de bornes ou de poteaux trop bas, qui sont peu aisés à voir et représentent du fait de cette difficulté un danger pour les personnes malvoyantes. Cette nouvelle norme est destinée à « accroître la sécurité des cheminements, rendre plus aisée l'inscription des bornes et poteaux dans le paysage urbain, et assurer une plus grande sécurité des marchés publics des collectivités territoriales ». Cet arrêté, très attendu par les associations de personnes malvoyantes, a été élaboré après concertation entre le Certu (Centre d'études sur les réseaux, les transports, l'urbanisme et les constructions publiques), les Cete (Centres d'études techniques de l'équipement) et des représentants des collectivités locales.

Les questions liées à l'éthique et à la citoyenneté doivent également être prises en compte dans la mission de réaliser une accessibilité publique aux établissements et aux transports concernés. Elles supposent aussi des mesures d'aménagement de l'espace social qui soient de qualité. Dans cet esprit, voirie et Cité étant liées, l'Association des maires de France et l'Institut des routes, des rues et des infrastructures pour la mobilité, ont rédigé un guide appelé : *Le maire et l'ingénierie*. Ce document indique avec précision les rôles et responsabilités des différents acteurs qui participent à la construction d'un nouvel équipement ou la réalisation d'un nouvel aménagement de voirie ou d'espaces publics par exemple (les assistants à maîtrise d'ouvrage, les maîtres d'œuvre, les services techniques des communes ou des intercommunalités, les urbanistes, les architectes, les paysagistes, les CAUE [Conseil en architecture urbanisme et environnement], les coordonnateurs SPS [coordonnateur sécurité protection de la santé], les services de l'État).

La Délégation ministérielle à l'accessibilité a choisi d'organiser à Paris le 27 mars 2013, un colloque sur le partage de la voirie intitulé « vers des espaces publics plus sûrs et partagés ». Pour la déléguée ministérielle,

> « La voirie est un lien indispensable pour permettre à chacun une vie correcte dans la cité. C'est la source du lien social. De nouveaux usages se créent, et il faut apprendre à faire cohabiter dans ce petit corridor les piétons, les voitures, les vélos qui reviennent en force, les jeunes en roller. L'idée de ce colloque, c'est de réfléchir sur les moyens qui permettent ce partage ».

Elle a souligné la difficulté à gérer cette situation due au fait que dans les « piétons », sont inclus aussi bien « les valides que les non-valides, les usagers de fauteuils roulants, les aveugles, les personnes âgées en déambulateur… » La déléguée ministérielle a également apporté un éclairage à cette problématique en mettant en exergue que « la mobilisation des 680 000 personnes en fauteuil roulant a permis de faire évoluer les choses. Le grand sujet aujourd'hui, ce sont les personnes âgées ». Elle a ajouté que pour les aider à se déplacer, si de nombreuses solutions peuvent être retenues, certaines sont aussi efficaces et simples que « de faire en sorte que les bancs ré-envahissent nos villes ».

En matière de voirie publique, l'année 2012 annonce une approche positive de la contrainte liée à l'ampleur des travaux à réaliser. Malgré les difficultés architecturales, techniques et budgétaires, l'émergence de notions telles que « le tout accessible » ou « la conception universelle » de l'accessibilité aux services publics, est alors à considérer comme une chance pour les citoyens.

II. Législation – Réglementation

– Loi n° 2012-1509 du 29 décembre 2012 de finances pour 2013, *JO* du 30 décembre 2012.

– Décision du Conseil constitutionnel sur le projet de loi de finances pour 2013, *JO* du 30 décembre 2012.

– Décret n° 2012-1196 du 26 octobre 2012 modifiant le décret n° 2012-280 du 28 février 2012 relatif au label « autopartage », *JO* du 28 octobre 2012.

– Arrêté du 18 septembre 2012 modifiant l'arrêté du 15 janvier 2007 relatif aux prescriptions techniques pour l'accessibilité de la voirie et des espaces publics, *JO* du 2 octobre 2012.

Sites internet relatifs à la voirie publique

http://www.academie-sciences.fr.

http://www.amf.asso.fr.

http://www.cnrs.fr.

http://www.legifrance.fr.

http://www.vie-publique.fr, Rapport d'information n° 635 du 4 juillet 2012.

III. Bibliographie

– AMF (Association des maires de France), « Le maire et l'*ingénierie », Memento à destination des élus pour une aide à la réalisation des projets – aménagement, voirie, espaces publics*, AMF/IDRRIM (Institut des routes, des rues et des infrastructures à mobilité) du 19 janvier 2012.

– AMF, (note n° 17), *Note à l'attention des maires et des présidents de communautés*, (Modèle d'arrêté de permission de voirie accordé à France Télécom), 4 février 2013.

– Campion C.-L. et Debre I., (sénatrices), *Rapport d'information fait au nom de la commission de contrôle de l'application des lois sur « loi handicap : des avancées réelles, une application encore insuffisante* », Sénat, session 2011-2012, n° 635 du 4 juillet 2012.

– Conférence de presse sur la sécurité routière, Ministre de l'Intérieur, de l'Outre-mer, des Collectivités territoriales et de l'Immigration, le 5 janvier 2012.

– Didier E., (sénatrice), *Proposition de loi « visant à répartir les responsabilités et les charges financières concernant les ouvrages d'art de rétablissement des voies »*, n° 47 (2011-2012) adopté par le Sénat le 17 janvier 2012.

– Institut des sciences biologiques, « Instabilités dans l'organisation spontanée du trafic des piétons », CNRS, *www.cnrs.fr*, avril 2012.

– *Lagazette. fr*, « L'échéance de 2015 (officiellement) maintenue », Dossier d'actualité, 11 février 2013.

– *Maire-info*, « Un colloque pour apprendre à partager la voirie », 15 mars 2013.

– *Maire-info*, « Le gouvernement réfléchit à la dépénalisation des amendes de stationnement », 8 mars 2013.

– *Maire-info*, « Le maire et l'ingénierie : un mémento à destination des élus pour une aide à la réalisation des projets (aménagement, voirie, espaces publics…) », 24 janvier 2012.

– *Ondes Moyennes*, « Voirie accessible à tous », mercredi 30 janvier 2013, n° 635.

– Povinelli R., « Coordination des travaux de voirie », Sénat, Question écrite n° 22042 du 26 janvier 2012.

– *Réseaux et canalisations*, « Campagne d'information sur la consultation obligatoire, à compter du 1er juillet 2012, d'un télé-service avant tous travaux extérieurs », *www.reseaux-et-canalisations.gouv.fr*.

7. Les collectivités territoriales et les institutions européennes

Jean-Michel Bricault
Jean-Claude Némery

Sommaire

I. L'Union européenne

Jean-Claude Nemery

L'Union européenne a défini les grandes orientations d'une importante refonte de la politique de cohésion qui sera mise en œuvre sur une période de sept ans (2014-2020).

La crise économique et monétaire que traversent actuellement l'Union européenne et les États membres rend très difficile le travail de prospective et de programmation pour ces sept prochaines années. Néanmoins, la publication du 7e rapport sur la cohésion économique, sociale et territoriale de l'Union fournit un certain nombre d'orientations qui concernent essentiellement les régions et les villes à l'horizon 2020[1].

Le Conseil européen a donné son approbation, en juin 2020, sur cette nouvelle stratégie. En particulier, il a été convenu que les autorités régionales et locales apporteraient une contribution majeure à cette nouvelle stratégie au travers des actions qui relèvent de leur responsabilité. Les États membres décentralisés ou fédéraux sont particulièrement concernés par cette nouvelle orientation.

L'objectif est de faire intervenir les autorités régionales dans les politiques européennes pour accroître l'efficacité de ces dernières. Somme toute, on assiste à un renversement du raisonnement classique dans lequel la politique de cohésion européenne devait contribuer à renforcer les régions et à réduire les écarts de niveau de vie entre les espaces européens.

Désormais, les autorités locales doivent participer dans un mécanisme ascendant au renforcement de l'Union européenne. Cette nouvelle orientation fondée sur une approche plus régionale et locale nécessite toutefois, comme le souligne la Commission, une solide capacité administrative et institutionnelle.

Le 5e rapport sur la cohésion avait déjà souligné la nécessité de renforcer la dimension régionale et urbaine de la politique de cohésion[2]. La politique de cohésion est désormais considérée par la Commission comme l'élément clé de la stratégie de l'Europe à l'échéance 2020[3].

---

1. Commission européenne, 7e rapport d'étape de la cohésion économique, sociale et territoriale, Bruxelles, 24.11.2011, COM (2011) 776 final.
2. Voir DGCT GIS-GRALE CNRS, Ed. du Moniteur, 2012, p. 717 et s.
3. Voir Une stratégie pour une croissance intelligente, durable et inclusive, COM (2010), 2020.

Le 7e rapport d'étape évalue avec beaucoup plus de précisions et de préconisations comment les régions et les villes pourront contribuer à l'évolution de la croissance européenne. Ainsi sera analysée l'évolution des régions et des villes par rapport aux objectifs nationaux pour 2020 qui sont proposés dans les programmes nationaux de réforme (PNR). Ces analyses sous-tendent des situations hétérogènes entre les régions et villes européennes et leurs programmes nationaux.

I. L'objectif de croissance intelligente

Par objectif de croissance intelligente, la Commission entend améliorer l'éducation et promouvoir le passage à une société numérique. Ainsi, l'éducation et la formation sont érigées comme des facteurs clés de la croissance régionale. L'investissement dans ces deux domaines devrait s'accompagner de réformes politiques sur le même type qui figurent dans la stratégie « Éducation et formation 2020 ».

La volonté est nettement affichée d'attirer et de développer les talents pour dynamiser l'innovation, la croissance et conduire à l'implantation accrue d'un nombre d'entreprises innovantes dans chaque région[4].

Sur le plan quantitatif, l'objectif de la stratégie Europe 2020 est de porter la proportion de diplômés de l'enseignement supérieur âgés de 30 à 34 ans à 40 % d'ici 2020. Actuellement, seule une région sur cinq a atteint cet objectif. L'écart est significatif pour de nombreuses régions au Portugal, en Slovaquie et en Allemagne.

Des études montrent qu'il peut être plus efficace de déléguer aux régions davantage de décisions concernant le développement du capital humain.

La recherche et l'innovation constituent des éléments essentiels pour la création d'emplois et la croissance économique. Toutefois, recherche et innovation sont en général concentrées dans quelques régions prospères.

Toute stratégie d'innovation régionale devrait s'accompagner d'une évaluation rigoureuse des forces et des faiblesses d'une région ainsi que d'une comparaison des performances avec d'autres régions similaires.

En conséquence de quoi, des efforts significatifs sont nécessaires dans tous les États membres pour tenir les objectifs nationaux en la matière.

4. Voir le 6e rapport d'étape : Des régions créatives et innovantes, COM (2009) 295.

II. Les villes, plateformes d'innovation

Le 7ᵉ rapport précité de la Commission insiste sur le constat que les villes ont toujours été des centres de spécialisation et d'innovation. Les régions métropolitaines ont une forte activité de « brevetage ». Pour cette raison, la pleine exploitation du potentiel que représentent les villes est l'un des principaux moyens de soutenir l'innovation régionale. Autrement dit, le couple région-ville est complémentaire dans les processus de développement.

Dans l'Union européenne, la Commission constate que trois zones métropolitaines sur quatre affichent un niveau de productivité supérieur à celui des autres régions d'un même État membre.

Les villes sont également en première ligne dans la lutte contre le changement climatique, car elles permettent d'utiliser les ressources plus efficacement. Le rapport souligne que la demande énergétique finale par personne est de 40 % plus élevée dans les zones rurales que dans les zones urbaines. Ceci en grande partie du fait que les villes se caractérisent par une utilisation plus efficace des ressources.

Ainsi, souligne encore le rapport, il conviendrait de développer les politiques tendant à renforcer l'attrait de la vie et du travail en ville.

En conclusion, il apparaît très nettement dans le contenu du 7ᵉ rapport de la Commission que la dimension régionale et urbaine constitue le noyau dur de la stratégie de l'Europe pour 2020. Cette nouvelle approche prospective peut s'analyser comme une inflexion majeure de la politique européenne de cohésion.

II. Les travaux du Comité des régions

Jean-Michel Bricault

Au cours de l'année 2012, le Comité des Régions (CdR) a évidemment adopté plusieurs avis en vue de contribuer à l'élaboration des nouvelles réglementations pour la politique de cohésion 2014-2020. Il s'est à plusieurs reprises prononcé sur le cadre stratégique commun (CSC) et plus globalement sur la nouvelle programmation des fonds structurels. En dépit des coupes infligées à la politique de cohésion, les régions françaises devraient percevoir une somme peu ou prou équivalente à la période actuelle – soit 14 milliards d'euros.

Selon la CdR, la « crise qui frappe actuellement l'Europe, à la fois crise financière et crise de confiance envers ses institutions » appelle « plus que jamais à faire de la gouvernance à multiniveaux une réalité dans les États membres »[1]. L'objectif étant d'assurer, dans une logique de subsidiarité, une meilleure participation des régions et des villes aux politiques européennes. Tel est sans doute le message adressé par les membres du CdR en adoptant à l'unanimité un avis relatif à la gouvernance multiniveaux en février.

L'année 2012 a également été l'occasion pour le CdR d'élire un nouveau président pour succéder à Mercedes Bresso. Il s'agit de Ramón Luis ValcárcelSiso, président de la région de Murcie et le premier président d'une région espagnole à être élu à la tête du CdR. Enfin, la stratégie d'élargissement, la coopération territoriale européenne ou encore le nouveau cadre financier pluriannuel ont également été au menu des débats de cette année écoulée.

I. Révision du règlement du GECT et gouvernance multiniveaux

Lors de sa *94e session plénière* (15 et 16 févr. 2012), le CdR a voté une proposition de modification du règlement du Parlement européen et du Conseil relatif au *groupement européen de coopération territoriale* (GECT)[2]. Le CdR propose notamment que les

1. COR/12/7, CdR, 16-2-2012.

2. CdR 371/2011 rév. 1 – COTER-V-022. Rapp. : Michel Delebarre.

GECT déjà créés bénéficient des dispositions du nouveau règlement plus favorables que les dispositions du règlement 1082/2006 actuellement en vigueur. Rappelons que 25 GECT ont été créés en moins de quatre ans. Dans un avis d'initiative relatif à la « gouvernance multiniveaux »[3], le CdR confirme l'engagement politique pris avec son Livre blanc adopté le 17 juin 2009[4]. Sans surprise, il réaffirme avec vigueur « le principe de subsidiarité comme le corollaire de la valeur ajoutée européenne » et « la gouvernance à multiniveaux comme un mode de gouvernance flexible et participatif qui conforte les valeurs de l'Union européenne ». Il considère en particulier que l'élaboration d'une Charte de l'Union européenne de la gouvernance à multiniveaux constituera une étape essentielle dans la concrétisation de son projet politique.

II. Quatrième session plénière de l'ARLEM

L'ARLEM a été fondée afin de conférer une dimension territoriale à l'Union pour la Méditerranée (UpM) et de renforcer le rôle des collectivités locales à la coopération euro-méditerranéenne. Deux ans après le « printemps arabe », l'ARLEM poursuit son engagement en faveur de la transition démocratique. Pour cela, il apparaît essentiel de « stimuler la coopération régionale, de consolider la décentralisation et de renforcer les capacités institutionnelles ». Tel est l'engagement pris par les responsables politiques locaux soutenus par l'UpM, la BEI et la Commission réunis le 18 févr. 2012 pour la 4e session plénière de l'ARLEM. Les objectifs de l'ARLEM pour 2013 ont été approuvés par l'assemblée plénière en adoptant le « rapport sur la dimension territoriale de l'UpM » centré sur trois priorités (consolidation de la décentralisation et de la régionalisation, développement d'une stratégie macrorégionale et d'une politique de cohésion dans la zone Euromed). Un débat a été également organisé autour du rôle des villes et des régions sur la promotion du tourisme durable pour atténuer les fortes pressions exercées sur l'environnement (Rapp. M. Sabban) et la modernisation de l'enseignement technique et de la formation professionnelle (Rapp. P. Bossman).

III. Proposition de règlement général sur les fonds du cadre stratégique commun (CSC)

La **95e session plénière** (3 et 4 mai 2012) a été l'occasion pour le CdR d'adopter un avis relatif au règlement général sur les fonds du *cadre stratégique commun*[5]. Ce dernier joue un rôle clé dans le cadre des propositions de la Commission pour les fonds relatifs

3. CdR 273/2011 rév. 2 – CIVEX-V-020. Rapp. : Luc Van Den Brande.

4. Livre blanc du CdR sur la « gouvernance à multiniveaux », CdR 89/2009 fin.

5. CdR 4/2012 rev. 1 – COTER-V-017. Rapp. : Catiuscia Marini.

à la politique de cohésion, au développement rural et à la pêche après 2013. Le 14 mars 2012, la Commission a présenté un projet de CSC. Ce document est le fil conducteur pour traduire la stratégie Europe 2020 et les actions clés des cinq fonds (FEDER, FSE, Fonds de cohésion, FEADER et FEAMP). Le CSC vise à établir, dans les États membres et leurs régions, des priorités d'investissement pour la prochaine période de programmation financière 2014-2020. Il s'agit d'associer les différents fonds afin de maximiser l'impact des investissements de l'UE. Les autorités nationales et régionales utiliseront alors ce cadre comme base pour élaborer leurs « contrats de partenariats » avec la Commission dans lequel elles s'engagent à atteindre les objectifs de l'UE en matière de croissance et d'emploi pour 2020. Le futur CSC remplacera les orientations stratégiques communes (OSC) de la période 2007-2013, qui elles ne concernaient que les fonds structurels. L'enveloppe des fonds structurels 2014-2020 devrait être répartie en fonction de trois catégories de régions : les régions les moins développées (PIB inférieur à 75 % de la moyenne communautaire), les régions en transition (PIB entre 75 et 90 % du PIB de l'UE) et les régions les plus développées (PIB supérieur à 90 % de la moyenne UE)[6]. Conformément au traité de Lisbonne, le CSC vise la concrétisation d'une « approche territoriale intégrée ». Les acteurs locaux sont ainsi appelés à jouer « un rôle majeur dans la mise en œuvre des fonds relevant du CSC ». Dans son avis, le CdR exige en particulier une plus grande flexibilité dans la répartition des fonds. Selon lui, une telle flexibilité devrait concerner la répartition entre le FEDER et le FSE, ainsi que la concentration des Fonds sur certains objectifs thématiques d'Europe 2020. À ce titre, il demande que les seuils minimums imposés dans les règlements spécifiques soient sensiblement abaissés ou dotés d'une plus grande souplesse. Il soutient l'approche stratégique du CSC intégrant l'ensemble des Fonds à vocation territoriale, qui permettra selon lui une meilleure coordination avec le FEADER et le FEAMP. Il soutient également la meilleure prise en compte du principe de cohésion territoriale *via* les actions urbaines, les actions de développement local… mais souhaiterait « en revanche qu'une plus grande attention soit portée aux zones où s'opère une transition industrielle ou souffrant de handicaps démographiques ». Dans un avis relatif à une proposition de règlement relatif au FEDER[7], le CdR souligne notamment que les régions doivent avoir la possibilité de dispenser les aides de manière flexible en fonction des besoins locaux. Il propose également à la Commission de renforcer le dialogue politique sur les stratégies de développement urbain et d'assurer une collaboration entre les territoires urbains et ruraux d'Europe. S'agissant de son avis relatif au FSE[8], il salue la proposition d'augmenter modestement l'enveloppe disponible pour le FSE (84 milliards d'euros soit 25 % du budget global de la politique de cohésion 2014-2020). Il émet toutefois des doutes sur cette hausse qu'il juge trop modeste. Dans son avis relatif au Fonds de cohésion[9], il salue la proposition de la Commission de conserver pour la période 2014-2020 une dotation substantielle. Toutefois, il s'oppose à toute initiative susceptible de réduire le budget alloué à la politique de cohésion, en particulier en ce qui concerne les

6. S'agissant de la catégorie de régions intermédiaires, dix régions françaises pourraient répondre aux critères, en raison d'un PIB par habitant inférieur à 90 % de la moyenne européenne.

7. CdR 5/2012rev. 1 – COTER-V-018. Rapp. : Michael Schneider.

8. CdR 6/2012 rev. 1 – COTER-V-019. Rapp. : Konstantinos Simitsis.

9. CdR 7/2012 rev. 1 – COTER-V-020. Rapp. : Romeo Stavarache.

10 milliards d'euros du budget du Mécanisme pour l'interconnexion en Europe alimentés par le Fonds de cohésion. Dans un avis relatif à la révision du *cadre législatif des RTE-T*[10], le CdR demande une présence obligatoire dans les plateformes de corridor des autorités locales et régionales et appelle à la signature de « contrats de programme » entre l'UE, chaque État membre et les régions concernées.

Cette session a également été l'occasion d'aborder la réforme de la *politique commune de la pêche*[11], mais également *l'efficacité énergétique dans les villes et les régions* avec un accent particulier sur les différences entre les zones rurales et urbaines[12].

Signalons ensuite l'adoption d'un avis portant sur les propositions législatives sur la *réforme de la PAC et de développement rural* après 2013[13]. Le CdR considère que les propositions de la Commission restent trop éloignées d'une réforme en profondeur de la PAC. Il considère que la Commission fait une erreur stratégique en privilégiant la gestion des crises *a posteriori* au détriment d'une régulation des marchés en amont. Il estime essentiel de réserver les fonds adéquats au titre du FEADER pour le développement des infrastructures locales dans les zones rurales et de garantir aux collectivités rurales un accès aux fonds de la politique de cohésion, au titre du FEDER, dans le cadre d'une politique globale de développement rural. Il demande aussi que les représentants des territoires ruraux soient pleinement associés à l'élaboration des contrats de partenariat. Enfin, le CdR a adopté un avis *sur la stratégie d'*élargissement[14]. Rappelons juste que tous les pays concernés par la stratégie d'élargissement[15] ont ratifié la Convention européenne des droits de l'homme et la Charte européenne de l'autonomie locale du Conseil de l'Europe.

IV. Élection d'un nouveau président

Lors de sa **96e session plénière** (18 et 19 juillet 2012), le CdR a élu son nouveau président. Il s'agit de M. Ramón Luis ValcárcelSiso (PPE/Espagne)[16].

Dans le domaine de la *coopération territoriale européenne*[17], le CdR souligne le rôle primordial joué par les GECT et invite instamment les États membres à lever les barrières

10. CdR 8/2012 rev. 1 – COTER-V-023. Rapp. : Bernard Soulage.

11. CdR 239/2011 rev. 3 – NAT-V-014. Rapp. : Mieczysław Struket ; Voir aussi CdR 34/2012 rév. 1 – NAT-V-019. Rapp. : Pierre Maille.

12. CdR 85/2012 – ENVE-V-020. Rapp. : Brian Meaney.

13. CdR 65/2012 rev. 1 – NAT-V-016. Rapp. : René Souchon.

14.CdR 365/2011 fin – CIVEX-V-026. Rapp. : Stanisław Szwabski.

15. À l'exception du Kosovo, conformément à la résolution 1244/1999 des Nations Unies.

16. Cette élection respecte l'accord conclu entre les deux principaux partis politiques du CdR (Parti des socialistes européens et Parti populaire européen) garantissant une répartition équitable des fonctions dirigeantes au cours du mandat quinquennal (févr. 2015).

17. CdR 647/2012 rév. 1 – COTER-V-021. Rapp. : Petr Osvald.

qui entravent l'établissement ou le bon fonctionnement des GECT[18]. En ce qui concerne, le « mécanisme pour l'interconnexion en Europe »[19], le CdR appelle dans le domaine des transports, de l'énergie et des télécommunications à une mise en œuvre réalisée en étroite coopération avec les États membres, les collectivités locales et régionales et les acteurs sur le terrain, conformément au principe de subsidiarité. Cette session a également été l'occasion d'adopter un avis sur le « Paquet aéroports »[20] et sur « les villes de demain »[21].

V. Nouveau cadre financier pluriannuel

Lors de la 97e session plénière (8 et 9 oct. 2012), le *nouveau cadre financier pluriannuel* pour la période après 2013[22] a été au menu des débats. Dans un avis élaboré par sa première vice-présidente, Mercedes Bresso, le CdR examine la proposition révisée présentée par la Commission le 6 juillet 2012 qui tient compte de l'évolution récente des résultats économiques des États membres ainsi que des besoins financiers liés à l'adhésion de la Croatie. Le CdR a adopté à l'unanimité cet avis qui évalue également le dernier cadre de négociation présenté par la présidence chypriote le 18 sept. 2012. Mme Bresso a pu souligner que « les régions et les villes réaffirment leur entier soutien à la position exprimée par le Parlement européen et elles plaident en faveur d'un budget 2014-2020 à hauteur de 1,14 % du revenu national brut des États membres de l'UE ». Le CdR insiste sur le fait qu'une grande partie des investissements publics dans les États membres sont conditionnés par les fonds structurels et rappelle les engagements pris dans le cadre du Pacte pour la croissance et l'emploi conclu lors du Conseil européen des 28 et 29 juin 2012. Il réitère son soutien aux deux nouvelles ressources propres proposées par la Commission, celle fondée sur la TVA et la nouvelle taxe sur les transactions financières (TTF)[23].

---

18. Voir la loi n° 2012-1471 du 28 déc. 2012 autorisant l'approbation du protocole n° 3 à la convention-cadre européenne sur la coopération transfrontalière des collectivités ou autorités territoriales relatif aux groupements eurorégionaux de coopération (GEC), JO du 29 déc. 2012.

19. CdR 648/2012 rév. 1 – COTER-V-024. Rapp. : Ivan Žagar.

20. CdR 649/2012 rév. 1 – COTER-V-026. Rapp. : Roland Werner.

21. CdR 650/2012 rév. 1 – COTER-V-027. Rapp. : Hella Dunger-Löper.

22. CdR 1777/2012 – BUDG-V-003. Rapp. : Mercedes Bresso.

23. Au terme « d'âpres négociations », les dirigeants européens se sont mis d'accord, lors du Conseil européen des 7 et 8 févr. 2013, sur le cadre financier pluriannuel de l'UE pour la période 2014-2020. Le montant global des engagements a été fixé à 960 milliards d'euros et celui des paiements à 908 milliards d'euros (baisse de 3 % par rapport à 2007-2013). Les principales politiques de l'UE, la politique agricole et la politique régionale connaissent une baisse respective de leur enveloppe de 11 et 8.5 %. Pour la politique régionale, les États membres se sont entendus sur un montant de 325 milliards d'euros, soit 29,7 milliards de moins que pour la période actuelle. L'enveloppe est repartie ainsi : 164 milliards pour les régions les moins développées ; 66 milliards pour les États membres qui bénéficient du Fonds de cohésion, 31 pour les régions en transition, 49 pour les régions les plus développées, 9 milliards pour la coopération territoriale, 1,3 milliard pour les régions ultrapériphériques. La France devrait percevoir à peu près l'équivalent du montant actuel qui lui est alloué, environ 14 milliards d'euros. Pour être définitivement adopté le CFP devra être validé par le Parlement européen aux alentours du mois de juillet 2013. Source : Brèves européennes, n° 105, 21 févr. 2013.

Dans un avis relatif au paquet « marchés publics »[24], le CdR considère notamment que la proposition[25] contrevient au droit des États membres à organiser eux-mêmes leur administration et est contraire au principe de subsidiarité. Il a enfin adopté un avis sur la stratégie révisée de l'Union européenne *pour la région de la mer Baltique*[26].

VI. Pour une amélioration de la programmation et de la gestion des fonds structurels

Lors de sa **98e session plénière** (29 et 30 nov. 2012), le CdR s'est exprimé à nouveau sur le cadre stratégique commun. Rappelons que le CSC est l'instrument permettant d'établir des règles communes et de clarifier les fonctions de chaque fonds. En ce sens, le CSC « devrait permettre d'éviter les chevauchements et les incohérences et d'harmoniser les procédures »[27]. Dans un avis élaboré par Marek Woźniak[28] et adopté à l'unanimité, le CdR demande que soit amélioré le CSC actuel « en précisant les mécanismes de mise en œuvre des fonds, apportant ainsi une valeur ajoutée évidente comparé aux propositions de règlements relatifs à chaque fonds ». Il fait part également de sa crainte quant aux « fréquentes reprogrammations autorisées par les dispositions actuelles ». Pour éviter de brouiller la « prévisibilité » des fonds, la reprogrammation devrait, selon l'avis du CdR, « être limitée au strict nécessaire ». Pour cette raison, le CdR « émet des réserves quant au fait de procéder à des révisions du CSC sur la base de la nouvelle gouvernance économique de l'UE, mais soutient l'option consistant à amender les contrats de partenariat et les PO en se fondant sur les recommandations faites dans le cadre du semestre européen ». Pour améliorer la coordination des fonds, le CdR « souligne que le CSC doit éliminer le danger de duplication ». L'avis préconise aussi de mettre en œuvre des PO qui s'appuient sur plusieurs fonds. Une coordination est également souhaitée avec Horizon 2020 ou encore le nouveau PCRD. Enfin, il conteste la possibilité de modifier le CSC par voie d'acte délégué pour ne pas être écarté de la procédure.

L'intégration de différents fonds était également au cœur des préoccupations concernant l'avis d'initiative portant sur « le développement local mené par les acteurs locaux » élaboré par Graham Garvie[29]. Le CdR estime que le développement local mené par les acteurs locaux fait partie des aspects les plus novateurs du paquet législatif proposé pour 2014-2020 et qu'il convient d'encourager vivement sa mise en œuvre. L'avis souligne d'ailleurs qu'il s'agit là « de la seule disposition du nouveau règlement portant dispositions communes qui prévoit de réelles synergies pour la mise en œuvre conjointe du FEADER, du

24. CdR 99/2012 rév. 2 – ECOS-V-029. Rapp. : Catarina Segersten-Larsson.
25. Voir COM (2011) 895 final et COM (2011) 896 final.
26. CdR 1272/2012 rév. 1 – COTER-V-028. Rapp. : Pauliina Haijanen.
27. COR 12/80.
28. CDR2027-2012 – COTER-V-032. Rapp. : Marek Woźniak.
29. CDR1684-2012 – COTER-V-031. Rapp. : Graham Garvie.

FEAMP et du Fonds de cohésion ». On rejoint grâce à cela l'idée d'un « guichet unique »[30] pour les bénéficiaires locaux. Un sujet de préoccupation toutefois, « les charges concernant la gestion financière et d'audit » pouvant entraîner des retards dans la mise en œuvre ou des réticences à entreprendre des initiatives. Outre l'intégration des fonds de cohésion, la participation effective des collectivités locales et régionales à la conception des prochains PO et des nouveaux contrats de partenariat a fait l'objet d'un débat. En adoptant l'avis de Stanislaw Szwabski[31], le CdR soutient la proposition de la Commission d'établir un *code de conduite européen en matière de partenariats* (CCEP) qui viendrait compléter le règlement portant dispositions communes. Le CdR regrette toutefois profondément la décision du Conseil de supprimer le code de conduite du cadre de négociation. L'avis souligne « la nécessité d'avoir une hiérarchie des partenaires et de reconnaître les collectivités territoriales en tant que partenaires de premier plan en raison de leur légitimité démocratique et de leurs fonctions dans le cadre de la gestion des fonds structurels et du cofinancement des politiques européennes ».

Dans un avis relatif au statut de la *fondation européenne* (FE), le CdR soutient le projet de règlement proposé par la Commission. Cet outil permettra « de faciliter la coopération transfrontalière, transnationale et interrégionale au niveau communautaire »[32]. Cette dernière session de l'année 2012 a aussi été l'occasion d'aborder notamment la question de la modernisation de la politique de l'Union en matière d'aides d'État[33].

30. COR 12/80.

31. CDR1683-2012 – COTER-V-029. Rapp. : Stanislaw Szwabski.

32. CDR1364-2012 – ECOS-V-034. Rapp. : Claudette Brunet-Lechenault.

33. CDR1528-2012 – ECOS-V-035. Rapp. : Clemens Lindenmann.

III. Les travaux du Conseil de l'Europe (Congrès des pouvoirs locaux et régionaux)

Jean-Michel Bricault

Les collectivités d'Europe en temps de crise, tel a sans doute été le thème majeur de la 22e session (20-22 mars 2012) du Congrès. La situation portugaise[1] a été examinée. Sévèrement touchées par la crise économique, les collectivités locales ont vu depuis 2008 le gouvernement réduire leurs moyens au nom d'impératifs financiers. Cette situation remet en question plusieurs aspects de l'autonomie locale, en recul ces dernières années, constate le Congrès. La recommandation invite les autorités portugaises à donner une plus grande autonomie fiscale aux collectivités locales et à garantir une participation effective des communes au processus de réforme de la loi de 2007 sur les finances locales. Le Congrès a étudié la situation de la démocratie locale et régionale en République de Moldova[2]. Le Congrès note les progrès réalisés depuis la recommandation de 2005. Il recommande aussi aux autorités moldaves d'allouer aux autorités locales des ressources proportionnelles à leurs compétences et d'adopter une nouvelle loi sur le statut de la capitale, Chisinau. Il estime que les efforts de ce pays doivent être encouragés afin que les bonnes intentions affichées par les autorités se concrétisent dans l'avenir (voir priorités du gouvernement pour 2011-2014). Dans une recommandation relative à la démocratie locale et régionale en Bosnie-Herzégovine[3], le Congrès note également avec satisfaction la compatibilité générale de la législation avec les principes de la Charte. Il déplore toutefois le niveau assez faible d'autonomie financière des collectivités locales. La recommandation adoptée appelle en particulier les entités de la Bosnie-Herzégovine à élaborer des plans de réforme sur la décentralisation et insiste notamment sur la nécessité de poursuivre les discussions en cours sur la révision de la Constitution de la Republika Srpska afin d'octroyer un statut particulier à la ville de Banja Luka et à lui attribuer des compétences et des ressources appropriées.

1. Recommandation 323 (2012) sur la démocratie locale et régionale au Portugal. Rapp. : J. Wienen et D. Çukur.

2. Recommandation 322 (2012) sur la démocratie locale et régionale en Rép. de Moldova. Rapp. : F. Lec et A. Miele.

3. Recommandation 324 (2012) sur la démocratie locale et régionale en Bosnie-Herzégovine. Rapp. : B. Hir et J-M. Belliard.

Le Congrès a examiné le rapport sur la situation de la démocratie locale en Allemagne et adressé une recommandation[4] à cet État membre. D'après le rapport du suivi, l'Allemagne a accompli « des progrès considérables en mettant en œuvre les recommandations formulées par le Congrès après son rapport de suivi sur la situation des finances des collectivités locales en 1999 ». Le Congrès a toutefois invité les autorités allemandes à établir des normes de connexité du financement des collectivités locales, à renforcer et institutionnaliser les droits de participation des associations de pouvoirs locaux, tant au niveau fédéral qu'à celui des *Länder* et à signer et ratifier le Protocole additionnel à la Charte européenne de l'autonomie locale sur le droit de participer aux affaires des collectivités locales.

Dans une recommandation sur la situation de la démocratie locale et régionale en Lituanie[5], le Congrès relève que cette dernière a été l'un des premiers pays à signer le Protocole additionnel à la Charte européenne de l'autonomie locale. Toutefois, il existe aussi certains motifs de préoccupation (ressources des communes insuffisantes, réduction de leurs compétences, statut de Vilnius). S'agissant de la situation en République tchèque[6], des progrès considérables ont été accomplis depuis la dernière mission de suivi (1999) et le cadre juridique est désormais globalement conforme à la Charte. Le Congrès s'est également prononcé sur les élections locales en Bulgarie (23 oct. 2011)[7]. Enfin, il a adopté une résolution sur la manière de « rendre les villes résilientes »[8] face aux menaces climatiques.

Lors de la 23e session (16-18 oct. 2012), Herwig Van Staa (Autriche) a été élu nouveau président du Congrès[9]. Le Congrès a également adopté ses nouvelles priorités pour 2013-2016[10]. Elles sont organisées autour de trois axes : la qualité de la démocratie locale et régionale et les droits de l'homme en Europe, les nouveaux défis résultant de la crise économique et financière et la coopération et les partenariats au sein et en dehors du Conseil de l'Europe. Dans les quatre prochaines années, le Congrès poursuivra son activité principale de suivi de la démocratie locale et régionale à la lumière de la Charte européenne de l'autonomie locale et du Cadre de référence pour la démocratie régionale, ainsi qu'à travers l'observation des élections locales.

Une résolution et une recommandation sur la situation de la démocratie locale en Azerbaïdjan[11] ont été débattues. Le rapport fait le bilan de l'évolution de la démocratie locale

4. Recommandation 320 (2012) sur la démocratie locale en Allemagne. Rapp. : B.-M. Lövgren.

5. Recommandation 321 (2012) sur la démocratie locale et régionale en Lituanie. Rapp. : I. Loizidou et G. Mosler-Törnström.

6. Recommandation 319 (2012) sur la démocratie locale et régionale en Rép. tchèque. Rapp. : E. Calota et P. Receveur.

7. Recommandation 318 (2012) et résolution 338 (2012) sur les élections locales en Bulgarie (23 oct. 2011). Rapp. : M. Juhkami.

8. Résolution 339 (2012) sur Rendre les villes résilientes. Rapp. : P.B. Andersen.

9. Les personnes élues à la présidence seront en fonction pendant deux ans. Quant aux 636 membres du Congrès, leur mandat est de quatre ans.

10. Résolution 341 (2012) sur les priorités du Congrès 2013-2016. Rapp. : L. O. Molin et K.-H. Lambertz.

11. Recommandation 326 (2012) et résolution 345 (2012) sur la démocratie locale et régionale en Azerbaïdjan. Rapp. : J. Wienen, et G. Mosler-Törnström.

depuis le rapport de suivi établi par le Congrès en 2003 et observe que la plupart des recommandations adressées aux autorités nationales n'ont pas été mises en œuvre. Autre motif de préoccupation, le non-respect de la majorité des dispositions de la Charte européenne de l'autonomie locale pourtant ratifiée par ce pays. La capitale n'est ainsi pas dirigée par une instance élue, mais par une autorité exécutive responsable seulement devant le président. La liste des préoccupations pointées par le Congrès est très longue.

Au cours de cette session, une recommandation sur les changements en cours suite au « printemps arabe » a également été adoptée[12]. Le Congrès salue en particulier l'élaboration de priorités 2012-2014 pour le Maroc et la Tunisie dans le cadre de la coopération du Conseil de l'Europe avec les régions voisines qui bénéficieront du soutien de l'UE. Le Congrès invite le Comité des ministres à examiner la possibilité d'ouvrir la Charte européenne de l'autonomie locale à l'adhésion par les pays du sud de la Méditerranée, notamment le Maroc et la Tunisie.

Dans une recommandation relative à la démocratie locale en « ex-République yougoslave de Macédoine »[13], le Congrès relève avec satisfaction une nette amélioration de la situation de la démocratie locale depuis sa recommandation 217 (2007). Divers points restent à améliorer : la clarification des compétences, la péréquation financière ou encore la dissociation des fonctions de la ville de Skopje en tant que ville-capitale et en tant que collectivité locale subdivisée en dix communes. Il insiste également sur le renforcement de la parité.

Le Congrès a également examiné la question des élections locales en Serbie (6 mai 2012)[14] qui « ont été plutôt bien organisées, mais il reste à améliorer l'équipement », estime le rapporteur. Le Congrès encourage les autorités serbes à poursuivre la décentralisation à d'autres unités administratives locales que la province autonome de Voïvodine.

Le Congrès s'est également intéressé au cours de cette session à la question de la « gouvernance des macro-régions » en Europe[15]. Dans une recommandation relative « aux collectivités locales – gouvernance intermédiaire en Europe »[16], le Congrès prend note de la position prise par l'Arc latin qui, en adoptant le Manifeste de Salerne le 16 mars 2012, a plaidé « pour un rôle renouvelé des gouvernements locaux intermédiaires en Europe ». En conséquence, le Congrès recommande que le Comité des ministres invite les États membres à veiller notamment à ce que « le principe de gouvernance « multiniveaux » soit respecté pour toute réorganisation territoriale ». Enfin, le Congrès a adopté également une recom-

12. Recommandation 325 (2012) et résolution 342 (2012) sur les changements en cours dans les pays arabes. Rapp. : A. Koopmans chap. Voir aussi Résolution 343 (2012) sur la politique du Conseil de l'Europe à l'égard des régions voisines : le rôle du Congrès. Rapp. : J.-C. Frécon.

13. Recommandation 329 (2012) sur la démocratie locale en « ex-République yougoslave de Macédoine ». Rapp. : S. James et A. Buchmann.

14. Recommandation 330 (2012) et résolution 348 (2012) sur les élections locales en Serbie (6 mai 2012). Rapp. : N. Mermagen.

15. Recommandation 331 (2012) et résolution 349 (2012) sur la gouvernance des macro-régions en Europe. Rapp. : E. Mohr.

16. Recommandation 333 (2012) et résolution 351 (2012) sur « le second niveau des collectivités locales – gouvernance intermédiaire en Europe ». Rapp. E. Verrengia.

mandation sur le droit des collectivités locales d'être consultées par les autres niveaux de gouvernement[17].

17. Recommandation 328 (2012) et résolution 347 (2012) sur le droit de consultation des collectivités locales par les autres niveaux de gouvernement. Rapp. : B.-M. Lövgren.

8. Rapports, études et avis des organismes consultatifs

Olivier Debarge
Laurent Derboulles
Fabrice Thuriot

Sommaire

I. Rapport 2012 de la Cour des comptes

Laurent Derboulles

Alors que nous concluions notre précédente chronique en notant l'attention croissante du juge financier quant à la gestion locale (*Rapport 2011 de la Cour des comptes, Droit et gestion des collectivités territoriales*, p. 738), la nouvelle livraison du rapport le plus emblématique de la Cour des comptes vient renforcer cette analyse. Lors de la conférence de presse de présentation du *Rapport annuel* le 12 février 2013, le Premier président Didier Migaud a, en ce sens, précisé que « les chambres régionales et territoriales des comptes y ont apporté cette année un concours accru ». Cette implication peut être illustrée par quelques données statistiques. Ainsi, ce sont non moins de onze insertions sur vingt-sept au sein du Tome I du *Rapport annuel* qui sont issues des travaux des chambres régionales et territoriales des comptes ou de travaux conjoints avec la Cour. S'agissant du « *suivi* » des observations (Tome II), si la proportion des thématiques locales est sensiblement inférieure (25 % contre 40 %), elle n'en est pas moins significative.

Cette attention ne se cantonne d'ailleurs pas aux seules observations portant sur la gestion publique ou sur les politiques publiques dès lors que, dans l'analyse de la Cour sur les finances publiques, elle n'omet pas d'identifier la contribution attendue des finances locales à l'effort d'assainissement qu'elle appelle de ses vœux, tout en identifiant d'ores et déjà certaines situations soumises à de réelles tensions qui devront faire l'objet d'un traitement spécifique. Tel est le sens de l'analyse particulière qu'elle consacre aux finances départementales.

On le voit, les enjeux, les perspectives, mais aussi, les insuffisances de la gestion locale, alimentent abondamment la livraison 2012 du *Rapport annuel*. Gageons que nous avons atteint un niveau paroxystique dès lors que la parution du premier *Rapport public annuel de la Cour sur les finances publiques locales* est annoncée pour le second semestre 2013.

Respectant la structuration du *Rapport annuel*, cette chronique est organisée autour de trois axes : l'analyse des finances publiques (I), les observations (II) et le suivi des observations des juridictions financières (III). Nous renvoyons le lecteur au Tome III du Rapport annuel quant aux données chiffrées relatives à l'activité des juridictions financières.

I. L'analyse des finances publiques

Le juge de la rue de Cambon accorde un volume croissant, au sein du Rapport annuel, à l'analyse des finances publiques. Les développements qui y sont consacrés figurent dans le Tome I (Volume I.1, p. 25 à 116).

A. Sur la situation d'ensemble des finances publiques

Nous nous cantonnerons, dans ce cadre, à rappeler les principaux éléments d'analyse de la Cour. Le redressement des comptes, engagé en 2011, s'est poursuivi et a progressé en 2012. Cependant, selon les termes mêmes du Premier président, « une partie toujours importante du chemin reste à faire ». Alors que les efforts annoncés pour 2013 sont qualifiés de « sans précédent », la Cour constate que l'objectif de déficit de 3 % ne sera pas atteint, du fait d'un niveau de croissance sensiblement inférieur aux prévisions. Insistant sur l'importance de la réalisation de l'effort structurel programmé en 2013 au nom de la crédibilité de la parole de la France vis-à-vis de ses partenaires européens, elle préconise de faire porter les efforts à venir, non plus sur le volet recettes (fortement impacté par les dernières lois financières), mais sur la seule maîtrise des dépenses publiques. À ce titre, le slogan « *faire mieux avec moins* » reste d'actualité et doit être au cœur de la politique de modernisation de l'action publique (MAP) de la majorité actuelle.

Ces tendances impacteront nécessairement la gestion locale, dès lors que la Cour insiste sur le fait que les efforts doivent concerner « tous les acteurs de la dépense publique » et qu'elle constate que les collectivités territoriales, notamment, « y ont jusque-là plus ou moins échappé ». Elle détaille différentes marges de progrès dans la fonction immobilière des collectivités, dans les relations communes-intercommunalité, dans la mise en œuvre de projets lourds d'investissement dans les domaines touristiques, sportifs et culturels ou des transports (voir II. Observations des juridictions financières).

B. Sur la situation et les perspectives financières des départements

À titre de constat, la Cour relève que les départements sont, en moyenne, dans une situation financière difficile « en raison du faible dynamisme de leurs recettes et de dépenses accrues dans le champ social ». S'agissant plus précisément du volet « *dépenses* », le poids croissant des dépenses d'intervention (elles représentent aujourd'hui 65 % de leurs dépenses de fonctionnement) et, en leur sein, le poids des dépenses sociales (qui ont connu une augmentation annuelle moyenne de 7,1 % sur la période 2005-2011), apparaît de plus en plus difficilement « supportable » pour les gestionnaires départementaux. Cette tendance inflationniste pèse d'autant plus fortement sur les finances départementales que, par le jeu des mécanismes propres à la compensation des transferts ou extensions de compétences, l'écart entre la charge supportée et le financement reçu de l'État va croissant, pour être estimé à cinq milliards d'euros en 2011 (pour les seuls dispositifs RMI/RSA, APA et PCH). Ultime difficulté, l'évolution parallèle de la structure de leurs recettes fiscales, avec une prépondérance en droit positif de la fiscalité indirecte, prive les autorités départementales d'une part nécessaire d'autonomie fiscale, par la maîtrise des taux d'imposition de la fiscalité directe.

Écartant toute tentation d'une réponse uniforme aux difficultés décelées (ex. transfert d'une nouvelle ressource) ou d'une réponse purement conjoncturelle (ex. par la voie d'un fonds d'urgence), la Cour formule deux types de préconisations. En appelant à la responsabilité des gestionnaires départementaux, elle les incite à dégager des marges de manœuvre financières au moyen (encore une fois) d'efforts de gestion et à recentrer leur politique d'investissement sur les actions départementales prioritaires. Plus globalement, elle propose un réaménagement de la répartition de la fiscalité locale, en transférant du bloc communal aux départements une part de la taxe sur le foncier bâti, en contrepartie d'une part des droits de mutation à titre onéreux (DMTO). Ce réaménagement pourrait être complété par le renforcement de la péréquation (puisque les situations départementales ne sont pas uniformes) et la mise en place d'un mécanisme pérenne de « lissage » sur cinq ans du produit (fluctuant) des DMTO.

II. Observations des juridictions financières

Les observations de la Cour et des chambres régionales et territoriales des comptes figurent dans la deuxième partie du volume I-1 (*p.* 117 *à 653*) s'agissant des politiques publiques, et dans le volume I-2 du Tome I s'agissant de la gestion publique (*p. 5 à 541*). Ce sont ainsi 25 sujets différents qui sont abordés.

A. Les politiques publiques

Au titre de la politique « *Santé et cohésion sociale* », la Cour constate que le « RSA activité » est une prestation « peu sollicitée » et « d'un impact restreint ». Décrivant les « défauts » d'un dispositif (parfois) considéré comme « stigmatisant », ressenti comme « trop complexe », qui peine à s'articuler avec d'autres dispositifs à objet social (ex. prime pour l'emploi, aides au logement, aides sociales « locales », etc.), la Cour en appelle notamment à une réflexion sur une meilleure complémentarité entre le RSA et la prime pour l'emploi et sur le remplacement de l'allocation de solidarité spécifique par le RSA.

Au titre de la thématique « *Transports et aménagement du territoire* », quatre « *dossiers locaux* » sont évoqués, pour lesquels les difficultés décelées relèvent d'un registre bien différent. S'agissant du *Syndicat mixte de transports en commun de l'agglomération toulousaine*, les interrogations formulées portent principalement sur la gouvernance (ex. caractère inadapté de la règle de l'unanimité dans le processus décisionnel) et sur certains choix financiers (ex. tarification laissant une large place à la gratuité, programme d'investissement ambitieux dans un contexte où les ressources du versement transport sont stables et où les participations des collectivités membres ne pourront garantir de manière pérenne l'équilibre financier). En ce qui concerne le *projet de tramway d'Artois Gohelle*, les appréciations sont de nature différente et portent tant sur la définition du projet (« un projet ambigu »), sur ses modalités de financement (« un financement incertain ») que sur son portage (« une maîtrise d'ouvrage incompétente »). Au-delà du projet, qui est susceptible de faire l'objet d'une remise en cause totale ou partielle en raison des vices rédhibitoires dont il est affecté, la Cour préconise d'apporter des précisions à l'article L. 2333-67 du CGCT pour éviter que l'insuffisante maturité de projets n'entraîne une mobilisation trop prématurée ou inutile de la ressource fiscale générée par la majoration du taux du versement transport. Les observations relatives à *la participation des collectivités territoriales au financement de la ligne à grande vitesse Est* (LGV Est) apparaissent emblématiques de tels projets, identifiés comme cruciaux quant à l'attractivité des territoires. Ce sont ainsi non moins de dix-sept collectivités territoriales qui ont participé au « tour de table » financier. La définition même du projet (ex. tracé de la ligne) et les conditions de desserte (positionnement de la gare TGV Lorraine, dessertes régulières multiples de gares non situées sur la ligne LGV) s'en sont trouvés impactés. La Cour préconise, pour de tels projets, de limiter, en cas de cofinancements, le nombre de collectivités participantes, en confiant le rôle de chef de file à la région. Il convient aussi de s'assurer que la recherche de cofinancements locaux ne nuise pas à la cohérence globale du projet (optimisation du tracé et équilibre de l'exploitation future) et que les participations financières soient éclairées par des études précises, complémentaires des études « globales » de Réseau ferré de France.

S'agissant enfin *des ports de pêche en Bretagne*, outre des évolutions souhaitables quant au mode de gestion du service public (ex. substitution de l'affermage à des contrats de concession anciens et souvent déséquilibrés au détriment du concédant) et quant au régime juridique de la redevance d'*équipement des ports de pêche (laquelle favorise actuellement, à l'*excès, les ports de débarquement au détriment de ceux disposant de halles à marée), la Cour en appelle à un pilotage régional renforcé. Ce dernier devrait se traduire par l'*élaboration* d'un plan régional d'équipement, contractualisé entre les départements et la région, pour déterminer (en toute cohérence) la liste et la localisation des investissements à réaliser. De manière plus drastique, l'*État pourrait (à l'*occasion de l'acte III de la décentralisation ?) modifier la répartition de cette compétence, en renforçant le rôle de la région.

B. La gestion publique

La gestion des collectivités territoriales fait l'objet de quatre observations.

Dans un contexte d'inflation annoncée du prix de l'électricité, la Cour s'interroge sur *les concessions de distribution d'*électricité. Ces dernières s'inscrivent dans un schéma atypique dès lors que les communes et leurs groupements sont tenus de confier la gestion de la distribution d'électricité à une filiale d'EDF (ERDF), qui bénéficie d'un monopole légal. Les autorités concédantes ont par ailleurs la capacité juridique d'assurer la maîtrise d'ouvrage de certains travaux en zone rurale, en bénéficiant de financements versés par le concessionnaire. Alors que des incertitudes pèsent sur le monopole légal d'ERDF, la Cour note que de lourds investissements devront être consentis par ERDF et les autorités concédantes, en raison du vieillissement du réseau et du développement des énergies nouvelles décentralisées et intermittentes (ex. photovoltaïque, éolien, etc.). Dans le contexte juridique actuel et comme alternative à une hausse systématique des tarifs, la Cour préconise une meilleure régulation des investissements et une rationalisation des dépenses. L'exploitant est invité à maîtriser ses charges (ex. personnels, achats), l'actionnaire à modérer les remontées de dividendes et les concédants à se grouper et à mieux coordonner leurs décisions d'investissement avec ERDF (ex. en « ciblant » le réseau moyenne tension responsable de la majorité des coupures). Quoi qu'il en soit, la question de l'évolution du modèle de distribution de l'électricité reste posée, à long terme.

*Le traitement des eaux usées de la r*égion de Corbeil-Essonnes Évry constitue une illustration caricaturale des conséquences financières de rivalités « *locales* », parfois « *historiques* », entre collectivités. Partant d'une situation où deux stations contiguës assurent l'épuration des eaux usées de Corbeil-Essonnes et de la ville « nouvelle » d'Évry et confrontées à la nécessité d'une mise aux normes « européennes » de ces équipements, les autorités locales et les gestionnaires n'ont pas su faire le choix d'une politique globale et cohérente des eaux usées, lui préférant un choix « issu du passé » de rénovation des deux usines, indépendamment l'une de l'autre (avec un surcoût de 10 millions d'euros en investissement et de 1,11 million annuels en fonctionnement, etc.). Une telle situation apparaît d'autant plus regrettable que l'État n'a pu imposer une conception respectueuse de l'intérêt général, lui préférant une solution plus rapide, permettant d'éloigner le spectre d'une nouvelle condamnation française pour méconnaissance de la directive de 1991 sur les eaux résiduaires urbaines.

Le rétablissement du caractère maritime du Mont-Saint-Michel est qualifié par la Cour de « projet mal conduit ». Projet « ancien », porteur d'enjeux financiers, économiques et culturels d'importance, il apparaît desservi par un pilotage complexe associant un syndicat mixte et l'État (à l'origine d'un projet dont il n'a pu finalement s'abstraire). Alors que l'achèvement de la phase « travaux » est programmé pour 2015, la Cour en appelle en particulier à une réflexion associant l'État et l'ensemble des collectivités concernées sur les conditions d'exploitation futures du site. Elle invite également le syndicat mixte à mettre en place un véritable contrôle sur son délégataire (gestion des ouvrages d'accueil).

Alors que l'amélioration de la gestion immobilière de l'État a constitué un volet spécifique de la RGPP, la Cour s'intéresse à *la gestion du patrimoine des collectivités territoriales* qui, selon ses propres termes, « manque de dynamisme ». Ce patrimoine, qui s'est développé et diversifié du fait de la décentralisation, est identifié comme une des variables budgétaires sur lesquelles les collectivités doivent agir. Afin de pouvoir mettre en œuvre une véritable stratégie immobilière, elles sont invitées à procéder à un recensement complet de leurs biens et à en assurer le suivi. Les informations essentielles relatives aux biens (ex. numéro d'inventaire unique, date et mode d'acquisition, surface, état de vétusté, coût d'entretien annuel, etc.) doivent être agrégées dans un document unique et actualisé. Cette démarche doit également être appliquée aux régimes juridiques qui définissent les conditions d'occupation et les obligations attachées aux biens détenus et/ou occupés (propriété totale ou partielle, location, occupation partagée, mise à disposition gratuite, etc.). La Cour relève que les collectivités territoriales qui ont mis en place des éléments de gestion dynamique en tirent des bénéfices sensibles en termes d'économie, d'efficience et d'efficacité. À terme, il convient d'identifier une fonction « immobilier » dans l'organisation des collectivités et de mettre en place des outils de pilotage exploitant les données disponibles dans les systèmes d'information.

III. Suivi des observations des juridictions financières

Les « suites » sont dorénavant insérées dans un Tome II spécifique du *Rapport annuel* comprenant 589 pages. Elles illustrent la volonté de la Cour et des chambres régionales et territoriales des comptes de s'assurer des conséquences de leurs contrôles. Les enquêtes de suivi des recommandations formulées sont menées en moyenne trois années après un rapport public de la Cour. Trois catégories de « suites » sont identifiées par la Cour : celles où les recommandations de la Cour ont été suivies en totalité ou presque (onglet vert), celles où la prise en compte de ses recommandations est insuffisante (onglet orange) et celles où se manifestent des dérives persistantes (onglet rouge).

A. La Cour constate des progrès

Deux dossiers « locaux » bénéficient d'un « onglet vert » synonyme de progrès identifiés par la Cour.

S'agissant de la gestion du *port autonome de la Guadeloupe*, la Cour constate une dynamique de progrès. Après de « vives critiques » formulées lors d'un précédent contrôle, elle met en évidence des « progrès » qu'il convient de confirmer. Sur la base d'une véritable réflexion stratégique sur le devenir de la structure, un projet d'investissement ambitieux a été défini, visant à accroître les capacités des infrastructures portuaires. Constatant que la réussite de ces investissements est notamment conditionnée par l'attractivité commerciale du port, elle préconise d'optimiser les outils de gestion mis en place suite à son précédent rapport (ex. contrôle de gestion, comptabilité analytique, etc.), d'améliorer la pratique de la commande publique, de maîtriser certaines dépenses de fonctionnement (ex. locations mobilières, frais de mission, etc.) et de faire preuve de modération salariale.

Elle constate également un « rétablissement rapide » de l'équilibre budgétaire de la *commune d'Hénin-Beaumont* qui demande à être « consolidé ». Ainsi, le rétablissement de l'équilibre a été atteint en 2012 au prix d'une réduction des dépenses de fonctionnement (un tiers de l'effort) et d'un fort accroissement de la fiscalité locale (augmentation des taux de près de 20 % entre 2007 et 2009). Dans ce contexte fragile, les recommandations particulières adressées à la commune apparaissent des règles de bonne gestion : maîtrise des dépenses de fonctionnement (ex. participations et subventions), maintien d'une politique fiscale et d'investissement, compatibles avec un équilibre durable des comptes, etc. Sur la base des dysfonctionnements constatés et à titre de recommandation générale, la Cour propose de faire évoluer la législation pour autoriser l'engagement de la responsabilité de l'ordonnateur devant la CDBF, en cas de manquement grave dans l'exécution d'une procédure de redressement budgétaire, lorsqu'il passe outre les arrêtés pris par le préfet pour régler le budget. Il conviendrait également de pouvoir imposer à l'organe délibérant de respecter les dispositions arrêtées par le préfet et de l'empêcher, une fois que les mesures de redressement ont été adoptées, de les remettre en cause par une décision modificative rétablissant des crédits supprimés ou par une délibération réduisant les taux d'imposition.

B. La Cour insiste

Au titre des « *avancées à amplifier* », la Cour revient sur la gestion de *l'Aqueduc du Grand Nouméa.* Ouvrage surdimensionné, qui n'est utilisé, au mieux, qu'au dixième de sa capacité, il se caractérise par un contrat de concession éminemment favorable au concessionnaire, lequel voit sa rémunération garantie initialement à hauteur de 99 %. Si les renégociations demandées par la Cour en 2008 ont été mises en œuvre, le poids total de la rémunération garantie au concessionnaire (530 millions d'euros, contre 800 à l'origine) reste sans commune mesure avec le prix de l'ouvrage (66 millions d'euros). La Cour demande aux acteurs publics de choisir un mode d'exploitation, alternatif à la concession, en lien avec le développement de l'intercommunalité, pour garantir des bases plus équilibrées quant aux relations avec l'exploitant.

L'établissement public d'aménagement de La Défense Seine Arche (EPADESA) reste également un sujet de préoccupation pour la Cour, alors que le champ de ses compétences est encore mal défini (notamment dans ses relations avec Defacto, établissement public local chargé de l'exploitation des équipements publics) et que ses perspectives, notamment financières, apparaissent incertaines, se fondant sur des prévisions pluriannuelles particulièrement optimistes.

C. La Cour alerte

Trois sujets de préoccupation sont mis en évidence par la Cour.

Le complexe Cap'Découverte à Carnaux (Tarn), constitue l'illustration d'un projet d'équipement touristique lourd, mal né, qui continue à peser lourdement sur les finances locales. Alors que les fréquentations constatées après cinq années d'exploitation sont sans commune mesure avec les prévisions qui fondaient le modèle économique du projet, la Cour ne voit d'autre issue que de « réduire, voire de supprimer totalement, l'activité commerciale assurée par le délégataire (tyrolienne, télćski nautique, pistes de descentes), afin de diminuer les coûts d'exploitation et, par voie de conséquence, le montant du déficit », supporté par les communes membres du syndicat de la Découverte. Plus globalement, elle rappelle aux gestionnaires locaux qu'à titre de prudence, de tels projets d'investissement devraient faire l'objet d'un « phasage », permettant une montée en puissance et évitant d'engager trop lourdement les finances publiques *ab initio*.

La gestion de la *commune de Bussy-Saint-Georges* fait également l'objet de « suites » dès lors que les autorités communales ne semblent pas mettre en œuvre les efforts nécessaires au rétablissement de l'équilibre budgétaire. La cour formule en ce sens les mêmes recommandations générales que sous ses observations concernant la commune d'Hénin-Beaumont qui fait, elle, l'objet d'un satisfecit sur sa gestion actuelle (voir III. 1).

L'abattoir de la Basse-Terre (Guadeloupe) constitue la dernière insertion du Tome II consacré aux « suites ». Pour mettre fin à des dysfonctionnements persistants, la Cour préconise un regroupement d'abattoirs situés à moins de dix kilomètres au sein d'une même structure regroupant la région, le département et les communautés d'agglomération. Sur le plan économique, le choix doit être (enfin) opéré de fixer les taxes et redevances à un niveau qui permette l'équilibre financier du service.

IV. Conclusion

Pour conclure cette chronique, osons affirmer qu'il n'y a rien d'anecdotique dans cette succession de « mises en lumière » par les juges financiers de thématiques « locales ». Sans conteste, c'est véritablement la « profondeur du droit local » (selon l'intitulé des *Mélanges en l'honneur de Jean-Claude Douence*, Dalloz, 2006) qui se trouve, par ce biais, mise en évidence. Pour le juriste et le financier contemporain, les questions locales ne peuvent, d'évidence, être considérées comme des « petites » questions (voir en ce sens la « Préface » de Denys de Béchillon, Pierre Bon, Bertrand Faure et Philippe Terneyre, ouvrage précité, p. XXII).

II. Rapport public du Conseil d'État

Olivier Debarge

L'activité consultative du Conseil d'État est en légère augmentation, 1 224 textes et demandes d'avis ayant été examinés en 2011, soit 12 de plus qu'en 2010[1]. Plus de 83 % des projets de lois, d'ordonnances et décrets bénéficient d'un examen réalisé par les sections administratives en moins de deux mois[2].

Le délai des saisines reste très perfectible, les formations consultatives n'ayant pas rendu leurs avis avec la même rapidité. Les saisines en extrême urgence, pleinement justifiées, doivent être distinguées des saisines tardives relatives à des questions budgétaires ou fiscales dont l'analyse nécessairement approfondie ne peut être réalisée en quelques jours. Ainsi, le Conseil d'État avait déjà fait ces dernières années le constat d'une dégradation des conditions d'examen des textes lui étant soumis. Il souhaite donc l'élaboration d'un calendrier pour d'une part remédier à cette dégradation et, d'autre part, que l'article 46 de la LOLF puisse être respecté[3].

Depuis la révision constitutionnelle du 23 juillet 2008, « le président d'une assemblée peut soumettre pour avis au Conseil d'*État, avant son examen en commission, une proposition de loi déposée par l*'un des membres de cette assemblée, sauf si ce dernier s'y oppose »[4]. L'utilisation de cette procédure s'accroît progressivement, l'année 2011 ayant occasionné 5 examens contre 1 en 2009 et 2 en 2010, la première saisine du Sénat portant sur les compétences des collectivités territoriales.

Quelques grands thèmes transparaissent dans les différents avis rendus au premier rang desquels les réponses normatives à l'intensification de la crise économique, la santé avec la réforme de la pharmacovigilance consécutive au scandale du Médiator®, la participation des

---

1. Conseil d'État, Rapport public 2012, « Activité juridictionnelle et consultative des juridictions administratives », p. 294.

2. Pour mémoire, le Parlement a estimé que 80 % des textes doivent être examinés dans le délai de deux mois.

3. Article 46 de la Loi organique n° 2001-692 du 1er août 2011 relative aux lois de finance, « Le projet de loi de règlement, y compris les documents prévus à l'article 54 et aux 4° et 5° de l'article 58, est déposé et distribué avant le 1er juin de l'année suivant celle de l'exécution du budget auquel il se rapporte. »

4. Article 39 de la Constitution, dernier alinéa.

citoyens à la justice pénale, la libre administration des collectivités territoriales, ou encore l'achèvement de la réforme de la fonction publique d'encadrement supérieur.

I. Activités consultatives

A. Assemblées générales et commissions permanentes

Réunie lors de 34 séances en 2011, l'Assemblée générale a examiné 55 textes contre 56 en 2010 et 65 en 2009, la commission permanente étant réunie à onze reprises, pour une activité soutenue portant sur l'examen de douze projets de textes[5]. Les délais moyens d'examen des textes sont sensiblement similaires, 42 jours en 2011 (43 jours en 2010) pour l'assemblée générale, 12 jours (11 jours en 2010) pour la commission permanente.

Plus de 80 % des textes soumis à l'Assemblée générale sont examinés en moins de deux mois[6]. Leur complexité accrue a cependant occasionné l'augmentation des délais d'examen. L'activité a notamment porté sur six lois de finances (dont quatre rectificatives), nécessitées par l'urgence des solutions à proposer face à la crise économique.

Parmi les textes étudiés, le Conseil a rendu un avis favorable au projet de loi permettant de déterminer le nombre de conseillers territoriaux de chaque département et de chaque région, un tableau fixant cette répartition y étant annexé à la loi du 16 décembre 2010 de réforme des collectivités territoriales[7].

Sur un tout autre plan, l'examen de la partie législative du nouveau Code de l'énergie révèle que les contrats conclus avec « GDF Suez » et « Gaz de France » ne peuvent omettre, notamment en matière de distribution, les compétences des collectivités territoriales, « autorités organisatrices de la distribution publique d'*électricité et de gaz* »[8].

Une part de l'activité fut consacrée aux collectivités régies par l'article 73 de la Constitution. Le projet de loi relatif aux collectivités de Guyane et de Martinique énonce, en matière d'élection des conseillers généraux et régionaux, la fin anticipée des mandats en cours au lendemain des élections de la nouvelle assemblée. Cette disposition est admise par le Conseil qui a rappelé que la jurisprudence constitutionnelle n'y fait pas obstacle dès lors que cette initiative résulte d'un changement majeur modifiant les institutions concernées[9]. En l'espèce, la réforme répond à cette condition, celle-ci mettant « en place des nouvelles insti-

5. Voir les statistiques présentées dans les rapports publics du Conseil d'État, 2011, p. 263 et 2010, p. 263.

6. 89 % des lois et ordonnances et 65 % des décrets font l'objet d'un examen en moins de deux mois.

7. Décision n° 2010-618 DC du 9 décembre 2010. Le Conseil constitutionnel avait censuré l'article 6 de la Loi de réforme sur les collectivités territoriales et le tableau annexé présentant la répartition des conseillers territoriaux, car ils ne respectaient pas le principe de l'égalité démographique pour la participation à un même conseil.

8. Conseil d'État, Rapport public 2012, op. cit., 3.2.2., « Un nouveau code de l'énergie », p. 180.

9. Voir décision n° 2010-603 DC du 11 février 2010, cons. 11 à 14.

tutions qui, par leurs règles d'organisation et leurs attributions, se distinguent profondément des conseils généraux et régionaux actuels »[10].

L'ordonnance introduisant l'extension du RSA au département de Mayotte méconnaît le principe d'identité législative. Pour bénéficier de cette prestation, des ressortissants hors UE doivent avoir séjourné quinze ans à Mayotte avec un titre de séjour les autorisant à travailler, alors que, dans les autres départements, la présence requise est de cinq ans. Cette durée, déterminée par analogie avec d'autres prestations sociales conditionnées par une présence de quinze ans sur le territoire et adoptée sous le précédent régime de spécialité législative, ne peut être supérieure à dix ans.

Le Conseil d'État a également été saisi pour deux projets de lois relatifs à la collectivité territoriale de Corse. Dans le cadre de l'examen du projet de loi relatif au plan d'aménagement et de développement durable de la Corse, l'assemblée a précisé que c'est bien l'État, et non la collectivité territoriale de Corse, qui précise « les règles applicables à la cartographie générale du plan d'aménagement », et plus spécifiquement « le degré de précision de la carte correspondante », en vertu d'un décret en Conseil d'État[11]. Dans le projet d'ordonnance relatif aux réserves naturelles, le Conseil d'État a considéré que la consultation de la collectivité territoriale de Corse était obligatoire, bien que n'étant pas expressément mentionnée dans l'article L. 4422-16 du Code général des collectivités territoriales, le législateur, pour les projets et propositions de loi et décret, visant implicitement l'ensemble de la législation et les actes réglementaires.

B. Section de l'intérieur

Le nombre des textes examinés par la section de l'intérieur s'est élevé à 383 au cours de l'année 2011, soit une sensible augmentation (369 textes en 2010) après les fortes baisses subies en 2009 et 2010. Son activité s'est principalement axée sur le droit de l'outre-mer.

Pour les collectivités relevant de l'article 73 de la Constitution, l'étude du projet de loi relatif aux collectivités de Guyane et de Martinique soulève le cas de l'inaction d'une collectivité territoriale, de ses groupements ou établissements publics, qui omet d'adopter des mesures liées soit à ses obligations (santé publique, sécurité publique ou l'environnement) soit au respect, par la France, de ses engagements européens ou internationaux. Le représentant de l'État, après une mise en demeure, peut prendre toute disposition nécessitée par l'urgence, le Conseil estimant que cette disposition n'est pas contraire au principe de libre administration des collectivités territoriales[12].

10. Conseil d'État, Rapport public 2012, op. cit., « Élections des conseillers généraux et régionaux en Guyane et Martinique », p. 203.

11. En vertu de l'article 34 de la Constitution, il revient au décret en Conseil d'État de fixer l'échelle maximale et les règles que doit respecter cette cartographie.

12. Les collectivités situées dans le ressort de La Réunion sont également concernées.

L'activité de la section a, en très grande partie, porté sur les collectivités relevant de l'article 74 de la Constitution. En matière de répartition des compétences, la section a considéré que la Nouvelle-Calédonie peut édicter, dans son domaine de compétence, des peines d'amende ou des peines supplémentaires en conformité avec l'article 86 de la loi organique statutaire du 19 mars 1999 modifiée[13]. En vertu de l'article 87 de la même loi, le Congrès de Nouvelle-Calédonie peut corréler les infractions avec les peines d'emprisonnement, en respectant le maximum imposé en métropole. Les interdictions et prescriptions fixées relèvent de l'infraction, ce qui habilite le législateur national à intervenir, y compris dans les domaines de compétence locale, une coordination entre les deux niveaux d'action s'avérant alors nécessaire.

La répartition des compétences implique, pour la Nouvelle-Calédonie et la Polynésie française, de nouvelles matières nécessitant des conditions de mise en œuvre souvent délicates. Plusieurs textes en précisent donc les contours : le transfert des compétences détenues par l'État en matière civile et commerciale à la Nouvelle-Calédonie en application du point 3.1.2 de l'accord de Nouméa[14], l'applicabilité en Nouvelle-Calédonie des dispositions du titre II de la loi du 5 mars 2007 régissant les mandataires judiciaires à la protection des majeurs, et les règles applicables à la Polynésie française qui, selon les articles 13 et 14 de la loi organique statutaire du 27 février 2004, est compétente pour réglementer la profession de notaire[15].

Une demande d'avis fut présentée au tribunal administratif de la Polynésie française par le président de l'assemblée de la Polynésie française et portant sur l'application des articles 78 et 81 de la loi organique n° 2004-192 du 27 février 2004 modifiée portant statut d'autonomie de la Polynésie française. La section, à qui la demande d'avis a été transmise, clarifie le régime juridique de départ et d'arrivée des ministres au sein du gouvernement polynésien, ainsi que les conditions de leur retour au sein de l'Assemblée à la place de leur suppléant.

Sur le plan électif, la section souhaite remédier à la manœuvre du « tapis roulant » pratiquée en Nouvelle-Calédonie : après le vote du gouvernement par le Congrès, lorsqu'un ministre quitte son poste, il est remplacé par le candidat qui le suivait dans la liste sur laquelle il a été élu. Si ce processus ne permet pas d'organiser la vacance, le gouvernement

13. L'article 86 de la loi organique statutaire n° 99-209 du 19 mars 1999 modifiée, rappelé dans l'article R. 272 du Code de procédure pénale, dispose : « En matière pénale, le congrès peut assortir les infractions aux lois du pays et à ses règlements de peines d'amendes qui respectent la classification des contraventions et délits et n'excèdent pas le maximum prévu pour les infractions de même nature par les lois et règlements de la République. Il peut assortir ces infractions de peines complémentaires prévues pour les infractions de même nature par les lois et règlements de la République. Le congrès peut également prévoir des sanctions administratives en toutes matières. »

14. Ce transfert de compétence doit être réalisé au plus tard à l'expiration du second mandat du congrès, en mai 2014 (ceci en tenant compte des attributions que pourrait conférer l'État). Il nécessite une stricte délimitation, impliquant « l'exhaustivité » dans la rédaction de la loi du pays et une précision évitant toute ambiguïté. L'efficacité est mise en exergue en procédant par une approche systématique positive retenant les matières incluses conformes à la loi statutaire, certaines exclusions, à titre résiduel, étant envisageables.

15. La Polynésie française ne peut, en revanche, habiliter les juges du parquet et du siège à sanctionner les notaires, champ relevant de la loi nationale. Le contenu des règles relève de la compétence des autorités locales.

est « démissionnaire de plein droit », une nouvelle élection étant organisée[16]. Au début de l'année 2011, les membres d'un parti politique démissionnaient tous après leur élection afin de bloquer le fonctionnement de l'exécutif. La loi organique 19 mars 1999 relative à la Nouvelle-Calédonie peut introduire une démission de plein droit dans les 18 derniers mois en raison d'une démission « *en bloc* », le gouvernement ne pouvant se maintenir que si les départs libèrent un nombre de postes inférieur à la moitié de ses membres. Il pourra, de plus, être complété à tout moment par les représentants des partis dont sont issus les démissionnaires.

Enfin, la section a estimé que le nombre de mandats réalisés par les Président et vice-président de la Polynésie Française n'a pas à être restreint, une limitation à deux mandats serait possible si leur responsabilité ne pouvait être engagée devant l'Assemblée pendant le mandat. De plus, pour l'élection basée sur un scrutin de liste à deux tours, la section a rétabli une répartition des sièges plus équitable en abaissant de 12,5 % à 10 % le seuil permettant à une liste de se présenter au second tour dans les cinq circonscriptions, se conformant ainsi au principe du pluralisme des courants d'idée ou d'opinion.

C. Section des finances

La section des finances s'est réunie lors de 98 séances, réalisant l'examen de 195 textes, ce qui marque une légère baisse comparativement aux 208 textes étudiés en 2010. L'activité de la section des finances a, dans le domaine du droit des collectivités territoriales, principalement concerné le droit de l'outre-mer.

Dans un succinct résumé, notons l'examen du projet de décret relatif à la répartition et à la gestion de la dotation territoriale pour l'investissement des communes de la Polynésie française, pris pour l'application de l'article 168 de la loi de finances pour 2011. Les dispositions législatives du Code général des collectivités territoriales prévoient une représentation des communes d'outre-mer, parmi lesquelles celles de la Nouvelle-Calédonie et de Polynésie française, au comité des finances locales des communes d'outre-mer. Le silence de la loi rend les règles relatives à ce comité applicables à ces communes. Tout projet de décret comportant des dispositions financières dont ces communes relèvent « doit nécessairement être préalablement soumis à ce comité »[17].

L'examen de la mise en œuvre des lois du pays de la Nouvelle-Calédonie portant diverses dispositions d'ordre douanier a mis en exergue les prérogatives du Congrès de Nouvelle Calédonie en cas d'adoption d'une loi du pays au regard de la loi organique du 19 mars 2009, celui-ci pouvant s'habiliter, par « l'adoption d'une délibération à caractère réglementaire », à déterminer l'affectation partielle du produit d'une taxe pétrolière et d'une taxe pétrolière additionnelle à deux syndicats mixtes.

16. Conseil d'État, Rapport public 2012, *op. cit.*, p. 209.
17. *Ibidem*, p. 187.

D. *Section des travaux publics*

La section a tenu 111 séances en 2011, son taux d'activité étant le plus développé. Le nombre de textes étudiés a évolué de 210 en 2010 à 293 en 2011.

Dans une brève analyse, notons que la section a notamment précisé les contours des contrats de développement territorial conclus dans le cadre du Grand Paris en rappelant qu'ils doivent être soumis à une évaluation environnementale, la mise en œuvre de travaux et projets d'aménagement relevant de l'article L. 122-4 du Code de l'environnement[18].

Une importante part de l'activité est également consacrée aux droits de l'outre-mer. La section a notamment examiné le « projet de décret relatif à la réforme de l'agrément au titre de la protection de l'environnement et à la désignation des associations agréées, organismes et fondations reconnues d'utilité publique au sein de certaines instances » et son applicabilité à la Nouvelle-Calédonie et à la Polynésie française[19].

Le régime des grands ports maritimes fait l'objet d'une adaptation au sens de l'article 73 de la Constitution pour être appliqué aux ports relevant de l'État dans les DOM. Le projet de loi portant réforme des ports d'outre-mer relevant de l'État prend en compte les spécificités des DOM dont les ports peuvent, contrairement aux autres grands ports, exploiter des outillages, ceci afin de ne pas renforcer la position des opérateurs privés. Pour la composition du Conseil de surveillance des ports, si les « caractéristiques ou des contraintes spécifiques » ont induit l'augmentation de la représentation des CCI ainsi que des collectivités territoriales par des élus de communes en Guyane et en Guadeloupe[20], elles ne peuvent justifier une baisse conséquente de la représentation de l'État, ce dernier bénéficiant en outre de pouvoirs accrus par la réforme portuaire.

18. Conseil d'État, Rapport public 2012, *op. cit.*, p. 242 : « Cet article l'impose de façon générale et notamment aux plans, schémas, programmes et autres documents de planification adoptés par l'État, les collectivités territoriales ou leurs groupements. »

19. Ibid., p. 207. L'environnement, selon les lois organiques du 19 mars 1999 relative à la Nouvelle-Calédonie et du 27 février 2004 portant statut d'autonomie de la Polynésie française, relève de la compétence « respectivement des provinces en Nouvelle-Calédonie et de la Polynésie française ». Les dispositions du décret « relatives à la réforme de l'agrément des associations au titre de la protection de l'environnement concernent « les conditions essentielles d'exercice de la liberté d'association » ». Elles confèrent aux associations agréées un intérêt à agir pour les actes administratifs les concernant et ayant un effet néfaste sur l'environnement ou sur tout ou partie du territoire pour lequel elles sont habilitées. Ces dispositions sont relatives à la liberté d'association et à la procédure administrative contentieuse, matières qui relèvent de la compétence de l'État. Mais les dispositions concernant la désignation des associations agréées au sein de certaines instances nationales, régionales et départementales, dès lors qu'elles examinent des politiques d'environnement ou de développement durable, sont relatives à l'environnement, et donc pas de la compétence de l'État. Elles n'ont par conséquent pas été rendues applicables à la Nouvelle-Calédonie et à la Polynésie française.

20. Le Conseil d'État a décidé, face à la forte baisse (de 5 à 3), de remonter le nombre de représentants de l'État à 4.

E. Section sociale

La section sociale a tenu 93 séances, se prononçant sur un nombre de projets en baisse (161 en 2011 contre 226 en 2010).

Très succinctement, les travaux de la section ont notamment porté sur l'interprétation de l'article L. 1211-4-2 du Code général des collectivités territoriales relatif à la Commission consultative d'évaluation des normes (CCEN) créée au sein du Comité des finances locales. Cet article mentionne les « mesures réglementaires créant ou modifiant des normes à caractère obligatoire » pour que la consultation soit réalisée. Ces normes peuvent être réglementaires, procédurales ou expérimentales, et sont nécessairement coercitives, tout en ayant des incidences sur les collectivités territoriales. Celles-ci peuvent être directement concernées, mais elles peuvent également l'être au même titre que d'autres personnes publiques et privées[21].

Lors de son examen du projet d'ordonnance relatif à l'évolution de la sécurité sociale à Mayotte dans le cadre de la départementalisation, la section s'est prononcée sur les dérogations relatives à la protection sociale, toujours dans un souci d'adaptation, en retenant trois critères applicables par type de cotisation ou prestation : les écarts permanents qui subsistent avec la métropole, la perspective d'un rapprochement progressif et la durabilité des dispositions transitoires[22].

Enfin, dans un tout autre registre, l'examen du décret relatif aux fêtes et foires visées par l'article L. 3322-9 du Code de la santé publique[23] a notamment confirmé que le régime de déclaration et d'autorisation est conforme au droit de l'UE, l'organisation de ces évènements étant assimilée à des prestations de service au sens de l'article 57 TFUE (et suivants), et a clarifié les prérogatives des collectivités territoriales en la matière.

F. Section de l'administration

La section de l'administration a tenu 83 séances, réalisant l'examen de 188 textes, principalement des décrets réglementaires, dans la continuité de l'année 2010.

---

21. L'article L. 1211-4-2 du Code général des collectivités territoriales dispose : « [...] Elle est consultée préalablement à leur adoption sur l'impact financier, qu'il soit positif, négatif ou neutre, des mesures réglementaires créant ou modifiant des normes à caractère obligatoire concernant les collectivités territoriales, leurs groupements et leurs établissements publics [...]. » Pour une norme relative à une seule collectivité territoriale qui génère une consultation obligatoire, ce sera celle du conseil délibératif de la collectivité qui sera consultée, la consultation du comité des finances publiques pour d'autres motifs dispensant celle de la CCEN.

22. Conseil d'État, Rapport public 2012, *op. cit.*, p. 202.

23. L'article L. 3322-9 du Code de la santé publique dispose : « Sauf dans le cadre de fêtes et foires traditionnelles déclarées, ou de celles, nouvelles, autorisées par le représentant de l'État dans le département dans les conditions définies par décret en Conseil d'État, ou lorsqu'il s'agit de dégustations en vue de la vente au sens de l'article 1587 du Code civil, il est interdit d'offrir gratuitement à volonté des boissons alcooliques dans un but commercial ou de les vendre à titre principal contre une somme forfaitaire. »

Les textes relatifs à la fonction publique représentent une part importante de l'activité de la section, notamment par l'étude du projet de décret relatif à la participation des collectivités territoriales et de leurs établissements publics au financement de la protection sociale complémentaire de leurs agents. Ce financement doit être adapté afinde ne pas recevoir la qualification d'aide d'État sur la base de l'article 107 TFUE, « le dispositif de solidarité entre les bénéficiaires, agents et retraités, entrant ainsi dans la dérogation prévue pour les aides d'*État à caractère social* »[24]. Si des règles applicables aux agents de l'État et aux militaires ne sont pas strictement applicables à la fonction publique territoriale, les principes sont les mêmes. La législation étant muette, le pouvoir réglementaire doit déterminer, pour les contrats ouverts à la souscription individuelle, les critères applicables aux prestataires relatifs à leur compétence et leur expérience, ainsi que les conditions permettant d'éviter tout conflit d'intérêts et d'assurer une pratique déontologique. La section a procédé à trois disjonctions du texte : l'institution d'un cas de résiliation anticipée du contrat ; l'obligation d'information de leurs agents faite aux collectivités territoriales sur le versement de la participation aux contrats et règlements labellisés qui, par leurs effets, « est susceptible d'entraîner des effets sur leur fonctionnement et de créer des charges »[25]; le maintien du versement de participations pour une durée de six mois postérieurement à l'entrée en vigueur du traité, ces aides étant, selon la Commission européenne, contraires au droit de l'UE.

La compétence des préfets a également fait l'objet d'éclaircissements. L'article 72 de la Constitution dispose que :

> « Dans les collectivités territoriales de la République, le représentant de l'État, représentant de chacun des membres du gouvernement, a la charge des intérêts nationaux, du contrôle administratif et du respect des lois. »

Les compétences dévolues aux préfets de Région et préfets de département sont inscrites dans différents textes : l'article 21-1 de la loi du 5 juillet 1972[26], l'article 34 de la loi du 2 mars 1982[27] et l'article 2 du décret du 29 avril 2004[28].

Le pouvoir réglementaire précise quelle est l'autorité compétente pour mettre en œuvre les différentes politiques publiques. Néanmoins, dès que la loi mentionne les expressions « préfet de département » ou « représentant de l'*É*tat dans le département », cela rend impossible l'utilisation du pouvoir d'évocation du préfet de Région mentionné par l'article 2 du décret du 29 avril 2004. Cet article ne peut déroger à l'ordre des compétences définies par le législateur.

Pour les décisions administratives individuelles, c'est en principe le préfet de département qui est compétent, sauf dérogation résultant d'un décret en Conseil d'État donnant

24. Conseil d'État, Rapport public 2012, *op. cit.*, p. 2.

25. *Ibid.*, p. 258.

26. Loi n° 72-619 du 5 juillet 1972 portant création et organisation des régions, *JO* du 9 juillet 1972, p. 7176.

27. Loi n° 82-213 du 2 mars 1982 relative aux droits et libertés des communes, des départements et des régions, *JO* du 3 mars 1982, p. 735.

28. Décret n° 2004-374 du 29 avril 2004 relatif aux pouvoirs des préfets, à l'organisation et à l'action des services de l'État dans les régions et départements, *JO* du 30 avril 2004, p. 7755.

compétence au ministre ; en l'absence de précision dans la loi ou tout décret, il faut se référer aux textes réglementaires particuliers, et à défaut, à l'article 2 du décret du 29 avril 2004 qui fixe une hiérarchie de droit commun entre préfets[29].

Toujours en matière d'attribution de compétences, le projet de décret ayant pour objet « de réattribuer au ministre chargé de l'*É*cologie, des compétences initialement dévolues aux préfets relatives à l'agrément des plans d'actions d'*économies d'énergie et à la délivrance des certificats d'économies d'énergie* », a obtenu un avis favorable, dès lors que cette mesure est assortie de la création d'un service à compétence nationale rattaché à la Direction générale de l'énergie et du climat. Cette évolution, née de l'absence d'un besoin de proximité géographique entre l'administration et les usagers, procède également de la volonté d'une plus grande rationalisation de l'action étatique.

La section s'est également prononcée sur le projet de décret qui confie la maîtrise de l'attribution des quotas laitiers aux préfets de Région coordonnateurs. Leurs larges pouvoirs excédant la simple coordination et l'absence de limitation dans le temps sont admis dès lors qu'ils résultent d'un décret en Conseil d'État délibéré en conseil des ministres, niveau normatif nécessaire à ce type de dérogation.

II. Section du rapport et des études

La section du rapport et des études est chargée, dans le cadre de deux procédures distinctes, « d'accomplir les diligences permettant d'obtenir l'exécution de la décision de justice »[30]. En outre, elle est parfois saisie d'une « demande d'éclaircissement » présentée par l'administration afin d'obtenir des informations lui permettant de faire exécuter une décision rendue par une juridiction administrative. La section a traité onze demandes d'éclaircissement en 2011, se situant dans la moyenne de ces dernières années malgré des chiffres qui peuvent fluctuer d'une année sur l'autre. Les motivations de l'administration sont diverses, plusieurs saisines ayant pour finalité de tempérer une décision contentieuse lui étant défavorable, d'autres permettant à celle-ci de renforcer sa position vis-à-vis des requérants.

La section a fait l'objet d'une saisine afin de déterminer les conséquences de l'annulation des préemptions de commune. En l'espèce, une préemption en 1999 d'un ensemble immobilier était annulée par un jugement du tribunal administratif rendu en 2003, la commune devant proposer d'acquérir le bien en respectant les motifs du jugement faisant référence à la jurisprudence *Bour* du Conseil d'État[31]. Mais la commune affirmait ne pas avoir acquis le bien, aucun acte authentique n'ayant été signé, aucune somme n'ayant été versée.

Le jugement ne mettait pas fin au droit de propriété de la commune sur le bien et ne pouvait être exécutoire que si le transfert de propriété avait été réalisé. L'appréciation relevait

29. Pour obtenir une analyse complète, Conseil d'État, Rapport public 2012, *op. cit.*, p. 342.

30. *Ibid.*, p. 116.

31. Conseil d'État, 26 février 2003, M. et Mme Bour et autres, n° 231558.

du juge judiciaire et l'injonction du tribunal, sans transfert de propriété, étant donc dépourvue d'effet utile.

La section a également été saisie par le département de Paris pour que soit déterminée la portée d'une décision du Conseil d'État en date du 28 mai 2010[32]. Une collectivité territoriale, qui souhaite obtenir le remboursement de sommes qu'elle a versées, ne peut s'opposer à la mainlevée d'une hypothèque prise au titre de l'article L. 132-9 du Code de l'action sociale et des familles afin de récupérer des sommes dues. En effet, le bénéficiaire des aides n'étant pas débiteur d'une créance certaine à l'égard de la collectivité territoriale concernée, aucun remboursement ne peut être imposé. Cela n'empêche pas les deux parties de passer par la voie d'un accord amiable afin de récupérer la somme due sur le montant de la vente[33]. Ces principes s'appliquent à tous les bénéficiaires de l'aide sociale dont « les modalités de récupération sont régies par les articles L. 132-8 et L. 132-9 du CASF, donc les handicapés ou les personnes âgées »[34].

32. Conseil d'État, 28 mai 2010, Département de Paris, n° 330567.

33. Rapport, p. 120. La section précise que cet accord ne peut « subordonner la mainlevée de l'hypothèque au versement d'un montant correspondant globalement aux frais d'hébergement payés par l'aide sociale, sauf à contrevenir aux dispositions sus-rappelées ».

34. *Op. cit.*, Rapport, p. 120.

III. Rapports et avis du CESE en 2012

Fabrice Thuriot

L'activité du CESE en lien direct avec les collectivités locales concerne quatre avis, dont l'un assorti d'un rapport pour l'Outre-mer en 2012 :

– l'investissement public : malgré les difficultés, une priorité, présenté par Didier Ridoret pour la section de l'économie et des finances et adopté le 11 juillet 2012 ;
– l'ouverture à la concurrence des services ferroviaires de voyageurs, présenté par Jean-Marie Geveaux et Thierry Lepaon pour la section de l'aménagement durable des territoires et adopté le 27 juin 2012 ;
– pour un renforcement de la coopération régionale des Outre-mer, présenté par Rémy-Louis Duboc pour la Délégation à l'Outre-mer et adoptés le 9 mai 2012 ;
– projet de schéma national des infrastructures de transport (SNIT), présenté par Pierre-Jean Rozet et Sébastien Genest pour la section de l'aménagement durable des territoires et adopté le 28 février 2012.

I. Investissement et coopération

L'investissement public est très important à mobiliser malgré les difficultés budgétaires de l'État et les collectivités ne doivent pas être les variables d'ajustement même si leur poids devrait encore augmenter. En Outre-mer, l'élargissement des zones de coopération aux pays voisins des territoires français devrait permettre d'amplifier les projets de développement.

A. La stabilité de la part de l'investissement public dans le PIB depuis trente ans

(Maintien de l'État et hausse des collectivités locales), soit un peu plus de 3 % se sont accompagnés d'une hausse de la dette publique à 86 % du PIB en 2011 (voir avis du CESE, *La dette : un pont entre passé et avenir*, juin 2012) et d'un niveau record des dépenses publiques. Leur réduction risque donc d'entraîner une baisse du niveau de l'investissement, déjà touché dans les transports alors que le logement a le plus crû ces dernières années.

D'autres secteurs sont primordiaux au niveau local : la mobilité et les réseaux en général, la transition énergétique et le développement durable, le soutien à la vitalité économique des territoires, mais les disparités entre territoires nécessitent une péréquation fiscale entre eux. Le CESE avance aussi des pistes sur les critères d'évaluation de ces inégalités et des investissements à prendre en compte, par exemple dans les domaines de la R & D ou de l'éducation.

Malgré les difficultés d'accès au crédit [en attendant les apports prévus de la Banque publique d'investissement en 2013] et la plus grande dépendance financière à l'égard de l'État, l'investissement local devrait croître et donc le service de la dette également, qui passerait de 40 à 45 % de l'épargne aujourd'hui à 60 % en 2020. Il serait dû à l'augmentation des charges de fonctionnement des investissements et des intérêts de la dette, conjuguée à une hausse limitée des recettes fiscales. La tentation du recours aux PPP, actuellement de 31 Mds d'euros sur huit ans et 7 % du total, se heurte à des critiques croissantes sur leur coût à long terme pour les finances publiques.

Tout en réaffirmant le rôle majeur de l'État, direct, partenaire ou normatif, le CESE formule des propositions de rationalisation de l'organisation des pouvoirs territoriaux et de leurs compétences en accord avec les recommandations de l'OCDE, qui estime qu'il faudrait réduire les services déconcentrés, fondre les départements dans les régions et développer l'intercommunalité de manière démocratique. Au moins, il faudrait rapidement renforcer les mécanismes de solidarité et de péréquation financière entre territoires. Pour assurer la cohérence des investissements sur le territoire national, l'État devrait améliorer la valorisation de son patrimoine et programmer des engagements pluriannuels valables aussi pour les travaux d'entretien et s'appuyant sur des études préalables des besoins en lien avec le développement durable et la notion d'utilité sociale. Pour améliorer l'accès au financement, le CESE soutient les dispositifs existants (AFITF, ANRU, etc.) et la création de la banque publique d'investissement, tout en préconisant également une remobilisation des banques, une collecte « fléchée » de l'épargne et l'émission d'emprunts obligataires mutualisés entre plusieurs collectivités locales, mais encadrées pour éviter les risques des emprunts toxiques.

B. L'avis et le rapport du CESE « Pour un renforcement de la coopération régionale des Outre-mer »

Ils visent à favoriser la constitution d'espaces d'échanges au sein des zones régionales de chacune des entités outre-mer, au-delà des liens ou de la dépendance avec l'État et l'Union européenne. Le CESE identifie quatre enjeux :

– « le développement économique, social, sanitaire, éducatif, environnemental (notamment la biodiversité) des collectivités ultramarines dans leur bassin de vie respectif ;

– la promotion et la sauvegarde des identités culturelles ultramarines ;

– une meilleure organisation et maîtrise des flux migratoires dans les différentes zones concernées ;

– une contribution au rayonnement de l'Union européenne (UE) et au développement de la francophonie » ;

et quatre axes de travail pour renforcer la coopération régionale des Outre-mer :
– « la mise en place ou l'amélioration des outils et des dispositifs qui existent », ainsi que « l'instauration d'infrastructures et de relations diplomatiques » ;
– la refondation de la gouvernance en améliorant la coordination et la formation des acteurs ;
– le ciblage « en priorité des projets répondant aux intérêts réciproques des Outre-mer et des pays et territoires partenaires en matière de coopération » pour « mieux définir et hiérarchiser les objectifs afin d'en améliorer l'efficacité », en particulier le développement économique, social et environnemental, la préservation des biens publics mondiaux et l'enseignement supérieur, la formation (avec notamment un dispositif semblable à Erasmus) et la recherche ;
– l'esquisse d'« une nouvelle politique européenne de voisinage basée sur le développement humain », conformément à l'objectif de « cohésion territoriale » au sein de la politique de cohésion.

Parmi les nombreuses propositions, on peut citer :
– l'organisation annuelle « pour chacune des zones géographiques concernées (Caraïbe, Amazonie-Plateau des Guyanes, Océan Indien, Atlantique Nord et Océanie) d'une conférence de coopération régionale élargie à l'ensemble des acteurs impliqués, y compris les partenaires sociaux et les organisations non gouvernementales » ;
– la mise en place d'une conférence permanente de la coopération régionale par zone « présidée par l'ambassadeur délégué à la coopération régionale » ;
– la création sur Internet d'un atlas de la coopération pour chaque zone ;
– le développement systématique de commissions mixtes pour avoir une vue d'ensemble ;
– le renforcement de la formation des « personnes en charge de la coopération régionale dans les territoires ultramarins » ;
– l'amélioration de l'implication des acteurs de la société civile, gage de réussite des projets de coopération régionale ;
– la création d'un « Groupement européen de coopération territoriale (GECT) ultrapériphérique pour fédérer les acteurs locaux et les pays tiers voisins et promouvoir l'émergence de projets » ;
– l'amélioration des « synergies entre le Fonds européen de développement (FED) et le Fonds européen de développement régional (FEDER) » ;
– l'augmentation des moyens financiers pour 2014-2020 ;
– « une présidence tournante des Comités de décision » pour les programmes Interreg, en particulier celui de la Caraïbe (voir *Note de synthèse*).

II. Transports

Après avoir émis un avis sur le projet de schéma national des infrastructures de transport (SNIT), le CESE s'est penché sur l'ouverture à la concurrence des services ferroviaires régionaux de voyageurs (SRV). Là encore, les collectivités locales risquent d'être très sollicitées par l'État, tous secteurs confondus, et le CESE préconise une nouvelle expérimentation afin de préparer au mieux et au moindre coût la libéralisation des TER.

A. Le projet de schéma national des infrastructures de transport (SNIT)

Le projet de schéma national des infrastructures de transport a été soumis pour avis au CESE par le gouvernement avant sa présentation au Parlement. « Ce schéma fixe les orientations de l'État à 20/30 ans pour développer, moderniser et entretenir les réseaux d'infrastructures relevant de sa compétence, en réduisant leur impact sur l'environnement tout en favorisant le développement économique. Il précise comment l'État entend soutenir les collectivités territoriales dans le développement de leurs réseaux. » Le CESE constate avec satisfaction que le document réunit les « actions pour optimiser l'existant [105 Md€] et (les) projets de développement [140 Md€], l'inscription dans le long terme, la prise en compte de l'environnement, l'ambition affichée d'un rééquilibrage en faveur du multimodal et des alternatives à la route et à l'aérien », mais il reste insuffisant pour « atteindre le « facteur 4 » de réduction des émissions de GES [gaz à effet de serre] », provenant à 26,4 % des transports en 2009, dont près de 94 % des transports routiers (voyageurs et marchandises) en 2008 et, surtout, l'État ne serait pas en mesure de le réaliser financièrement sans des apports accrus des collectivités territoriales.

« La répartition modale de ces 245 Md€ serait la suivante : ferroviaire 71 %, fluvial 9 %, portuaire 2 %, route 17 %, aérien 1 %. En y ajoutant les 47 Md€ des projets de transports collectifs urbains pour lesquels un soutien de l'État est prévu (hors « Grand Paris »), la répartition des dépenses estimées serait d'environ 33 % pour l'État, 32 % à la charge des collectivités territoriales et 34 % pour les autres contributeurs (notamment opérateurs de l'État). En 2010, [les] parts modales du transport intérieur de voyageurs [étaient de] 81,8 % pour les voitures particulières, 5,6 % pour les autobus et cars, 11,2 % pour le transport ferroviaire, 1,4 % pour l'aérien. » (Note de synthèse).

Les propositions du CESE visent notamment à construire un développement cohérent aux diverses échelles territoriales, que ce soit pour les LGV et les réseaux de proximité ferroviaires, fluviaux et routiers, les transports collectifs et la logistique de marchandises périurbaine et locale, le fret ferroviaire, les dessertes fluviales des grands ports maritimes et l'intermodalité du SNIT, la solidarité territoriale de l'État et l'articulation du projet de SNIT avec les schémas de transport des collectivités territoriales, le renforcement des liaisons intercités en zones rurales.

B. L'ouverture à la concurrence des services ferroviaires régionaux de voyageurs (SRV)

L'ouverture à la concurrence des services ferroviaires régionaux de voyageurs concerne un sujet délicat mettant en jeu l'État, les régions, l'Europe et les grands groupes privés ou parapublics. Le CESE a donc été saisi pour avis, particulièrement sur certains points : le périmètre géographique, la propriété du matériel roulant, les relations contractuelles entre la région et l'exploitant, ainsi que sur la dimension sociale du processus. Le CESE établit un bilan très positif du transfert des TER depuis l'expérimentation du début des années 2000, tant en termes d'offre de TER (+ 20 % entre 2002 et 2010) que de trafic (+ 40 % en nombre de voyageurs avec une stabilisation à partir de 2008) et de coût pour les voyageurs (28 % seulement en 2011). Les TER transportaient 800 000 voyageurs par jour dans 5 700 TER, soit 15 % du transport ferroviaire national et plus de 18 % du chiffre d'affaires de la SNCF constituée en EPIC, qui affecte 30 000 équivalents temps plein au TER sur 160 000 agents, dont 5 100 équivalents temps plein entièrement dédiés au TER. La contrepartie réside bien sûr dans la pression fiscale pour les contribuables afin de compenser ces hausses de coûts.

La libéralisation européenne progressive du ferroviaire a concerné le fret international en 2003, puis domestique en 2007, les services internationaux de voyageurs en 2010 et du transport ferroviaire régional d'ici décembre 2019. Le monopole de la SNCF devrait donc tomber à cette date et, par conséquent, les conventions des régions avec la SNCF devront être revues d'ici là. Certaines courent jusqu'en 2018. Les exemples allemand et britannique montrent que la libéralisation peut s'accompagner d'un développement du transport ferroviaire régional de voyageurs si elle est progressive et maîtrisée, au contraire d'une ouverture à la concurrence tardive et mal préparée.

Le CESE préconise donc la mise en place d'une expérimentation de l'ouverture à la concurrence puisque celle-ci est inéluctable même si elle est controversée, notamment concernant le mauvais état du réseau ferroviaire, la complexité de sa gouvernance en France et le manque de moyens financiers des régions. Le CESE propose également de nombreuses mesures pour assurer la transition, concernant notamment les collectivités locales : la détermination du périmètre de son appel d'offres pour chaque autorité organisatrice de transport (AOT) régionale, hors Île-de-France et hors région entière, pour l'expérimentation, privilégier un allotissement par groupe de lignes cohérent et équilibré de taille moyenne (1 à 3 millions de trains-km) et un étalement dans le temps des appels d'offres avec une durée des contrats de quatre ans au minimum ou plus si l'opérateur doit fournir le matériel roulant.

On peut conclure de ces quatre avis et un rapport que la préoccupation principale du CESE en 2012, sur saisine du gouvernement ou autosaisine, a été de prévenir un désengagement de l'État malgré ses problèmes budgétaires et de garantir une place viable pour les collectivités locales, en métropole comme en outre-mer, grâce à une vision prospective et programmée sur plusieurs années, dans un contexte européen et international de libéralisation forcée.

9. Annexe bibliographique

Sous la direction de

Jean-Luc Pissaloux

avec la collaboration de

André Dauteribes
Philippe Juen

Sélection d'ouvrages publiés en 2012

I. *Administration, gestion des collectivités territoriales et services publics locaux*[1]

– Allaire F., *L'essentiel du droit des marchés publics 2012-2013*, 5e éd., Gualino Éditeur, coll. « Les Carrés », 2012, 130 p.

– Alventora J.-R., *Les outils du management public*, LGDJ, coll. « Systèmes », 2012.

– Alventora J.-R., *Management public et gestion des ressources*, LGDJ, coll. « Systèmes », 2012.

– Auber E., Cervelle D., 2e éd., *Les collectivités territoriales*, SEDES Impulsion, 2012.

– Aulagnier J., Aynes L., Chamouard El Bakkali S., *Droits du patrimoine juridique, fiscal, financier*, codes annotés édition 2012, Lamy, coll. « Axe-Droit », 2012.

– Bezançon X., Cucchiarini Ch., Cossalter Ph., *Le guide de la commande publique, marchés publics, contrats de performance énergétique, contrats de partenariats public-privé, baux emphytéotiques administratifs, délégations de service public*, Le Moniteur, 2012.

– Bomati Y., *Dictionnaire de l'administration : les mots clefs du vocabulaire administratif*, Studyrama, coll. « Concours », 2012.

– Bourrier R., Bechin S., *Pratique des voiries et réseaux durables et aménagement urbain*, Le Moniteur, 2012.

– Braconnier S., *Précis du droit des marchés publics,* 4e éd., Le Moniteur, coll. « Essentiels experts », 2012.

– Brunel L., Lievre P., *100 fiches et QCM sur les collectivités territoriales,* Studyrama, coll. « Concours », 2e éd., 2012.

– Centre interdépartemental de gestion de la petite couronne d'Ile-de-France, Institut de la décentralisation, *Vivre et habiter un territoire*, n° 94 III/septembre 2012, coll. « Pouvoirs locaux », La Documentation française, 2012.

– Chapsal P., *Les collectivités territoriales en France*, 2e éd., Vuibert, 2012.

– Charrel N., Guibal M., *Code commenté des marchés publics*, Le Moniteur, 2012.

– Clérambaux J., *Abécédaire de la police municipale*, Éditeur Territorial, 2012.

1. Cette rubrique a été réalisée avec la collaboration d'André Dauteribes, Maître de Conférences HDR à l'université de Bourgogne.

– Creusot S., *Une nouvelle organisation décentralisée de la République*, LGDJ, coll. « Systèmes », 2012.

– *Code électoral 2013*, 19e éd., Dalloz, 2012.

– *Code général des collectivités territoriales 2013 commenté*, 16e éd., Dalloz, 2012.

– *Code général de la propriété des personnes publiques 2012 commenté*, 2e éd., Dalloz, 2012.

– *Code des marchés publics et autres contrats 2012 commenté*, 5e éd., Dalloz, 2012.

– Collectif, *Répertoire de la responsabilité de la puissance publique*, 2 volumes, Dalloz, 2012.

– Collectif (Groupe Moniteur), *Dématérialisation : un bilan en demi-teinte : contrats publics*, n° 120, avril 2012, Le Moniteur, 2012.

– Collectif (Groupe Moniteur), *Règlement de sécurité incendie des établissements recevant du public : dispositions générales*, volume I, Le Moniteur, 2012.

– Conseil D'État, *La valorisation économique des propriétés des personnes publiques, Droits et débats*, La Documentation française, 2012.

– Conseil D'État, *Rapport public 2012 : Les Agences : une nouvelle gestion publique ? Étude annuelle 2012*, La Documentation française, 2012.

– Cornu M., Negri V., *Code du patrimoine 2012 et autres textes relatifs aux biens culturels,* 2e éd., LexisNexis, coll. « Codes Bleus », 2012.

– Cornu M., Fromageau J., Wallaert C., *Dictionnaire comparé du droit du patrimoine culturel*, CNRS éditions, 2012.

– Deffigier C., LACHAUME J.-F., PAULIAT H., Code général de la propriété des personnes publiques : annotations, commentaires, jurisprudence, 3e éd., coll. « Le Moniteur : Codes », 2012.

– Deffigier C., Pauliat H., *La réforme des collectivités territoriales commentée : impacts de la loi n° 2010-1563 du 16 décembre 2010*, Le Moniteur, 2012.

– Deliancourt S., *Droit domanial : principes généraux, textes, jurisprudence*, Éditions du Papyrus, coll. « Collectivités territoriales », 2012.

– Derkenne M., Lecat D., *Culture territoriale 2013-2014,* Ellipses, coll. « Actu-concours », 2012.

– Derkenne M., Lecat D., *Culture territoriale en QCM : 2013-2014,* Ellipses, coll. « Actu-concours », 2012.

– Douence J.-Cl. (dir.), *Encyclopédie des collectivités territoriales*, coll. « Encyclopédie juridique Dalloz », Dalloz, 2012.

– Dreyfus B., *Vademecum des collectivités territoriales*, 11e éd., Arnaud Franel Vademecum, 2012.

– Durand P., *Permis de construire valant division : nouveau régime, champ d'application, permis avec division primaire, prévention des contentieux*, Le Moniteur, 2012.

– Espuglas P., *Le service public*, 3e éd., coll. « Connaissance du droit », Dalloz, 2012.

– FERSTENBERG J., PRIET F., QUILICHINI P., *Droit des collectivités territoriales*, 2e éd., Dalloz, coll. « Hyper-Cours », 2012.

– GODFRIN Ph., DEGOFFE M., *Droit administratif des biens : Domaine, Travaux, Expropriation*, Sirey Dalloz, 2012.

– GOUJON Y., *Taxe d'aménagement et versement pour sous densité : principes, champ d'application, mise en œuvre*, Le Moniteur, 2012.

– JOSPIN L., *Pour un renouveau démocratique – Rapport Jospin*, Rapport de la Commission de rénovation et de déontologie de la vie politique, La Documentation française, 2012.

– LACHAUME J.-F., PAULIAT H., DEFFIGIER C., BOITEAU C., *Droit des services publics*, LexisNexis, 2012.

– LA DOCUMENTATION FRANÇAISE, *Guide du bureau de vote édition 2012*, La Documentation française, 2012.

– LAJOYE Ch., *Droit des Marchés publics*, Gualino Éditeur, 5e éd., coll. « Master pro », 2012, 480 p.

– LATRECHE A., *Marchés publics : les droits des candidats évincés*, Territorial éditions, coll. « L'essentiel sur », 2012.

– LEBRUN P.-B., *Collectivités territoriales*, n° 70, 2e éd., Vuibert, 2012.

– MANSON S., *L'opposition dans les associations locales*, LGDJ, coll. « Systèmes », 2012.

– MAYAUD Y., *La responsabilité des décideurs locaux*, Éditions Lamy, 2012.

– MICHON J., *Les marchés publics en 100 questions : guide pratique à l'usage des acheteurs et prestataires*, Le Moniteur, 2012.

– MOYRAND A., *Droit institutionnel de la Polynésie française, n° 17*, 2e éd., L'Harmattan, coll. « Portes Océanes », 2012.

– PORTELLI E., *Audit interne des collectivités territoriales*, Ellipses, 2012, coll. « gestion ».

– QUILLIEN Ph.-J., *Tout savoir sur les collectivités territoriales*, Ellipses, 2012.

– ROYER E., *100 questions sur les collectivités territoriales*, Sirey, 2012.

– SYMCHOWICZ N., *Partenariats public-privé et montage contractuels complexes*, Le Moniteur, 2012.

– TRAORE S., *L'usager du service public*, LGDJ, coll. « Systèmes », 2012.

– TRETARE F., *Campagnes électorales : principes et pratiques de la préparation et la conduite de campagnes*, Gualino Lextenso, 2012.

II. Aménagement du territoire, planification et urbanisme[2]

– Auby J.-B., Perinet-Marquet H., Noguellou R., *Droit de l'urbanisme et de la construction*, 9e éd., Paris, éd. Montchrestien, coll. « Domat », 2012, 1254 p.

– Audebert A., Vigreux T., *Aménagement du territoire et archéologie préventive*, Territoriales Éditions, coll. « Dossiers d'experts », 2012, 232 p.

– Becet E., *Guide de l'élu délégué à l'urbanisme*, Territorial Éditions, coll. « Dossiers d'experts », 2012, 86 p.

– Berger-Levrault, *Code de l'urbanisme 2012*, Groupe Berger-Levrault, coll. « Les codes », 2012, 757 p.

– Blanc N., *Les nouvelles esthétiques urbaines*, Armand Colin, 2012, 214 p.

– Bonnet J., *Aménagement et développement territorial*, Ellipse, 2012, 304 p.

– Bourrier R., Selmi B., *Pratique des VRD et aménagement urbain : voirie et réseaux durables*, Éd. Le Moniteur, 2012, 973 p.

– Boy D., Brugidou M., Halpern C., Lascoumes P., *Le Grenelle de l'environnement : acteurs, discours, effets*, Armand Colin, 2012, 352 p.

– Camous D.-A., *L'essentiel du droit de l'urbanisme*, 3e éd., coll. « Ellipses-Fiches », Ellipses, 2012.

– Certu, *Plans locaux d'urbanisme intercommunaux : Retours d'expériences, des pistes pour demain*, Éd. du Certu, coll. « Dossiers du Certu », 2012, 156 p.

– Charlot-Valdier C., Outrequin Ph., *Concevoir et évaluer un projet d'écoquartier*, Le Moniteur, coll. « Technique », 2012, 467 p.

– Collectif (Groupe Moniteur), *Code pratique de l'urbanisme*, Le Moniteur, 2012.

– Cristini R. (dir.), *Code de l'urbanisme 2012*, 21e éd., Ed. Dalloz – Sirey, 2012, 3290 p.

– De Sartre X.-A., Gagnol L. (dir.), *Échelles de territorialités*, L'Harmattan, 2012, 146 p.

– De Villanova R., Rose Duarte C. (dir.), *Nouveaux regards sur l'habiter. Outils et méthodes, de l'architecture aux sciences sociales*, éd. Le Manuscrit, coll. « Recherche université », 2012, 276 p.

– Drobenko B., *Droit de l'urbanisme : les conditions de l'occupation du sol et de l'espace, l'aménagement, le contrôle, le financement, le contentieux*, Gualino, coll. « Mémentos LMD », 7e éd., 2012, 319 p.

– Durand P., *Permis de construire valant division*, Le Moniteur, coll. « Guides juridiques », 2012, 248 p.

– Faure A., Negrier E., *Les politiques publiques à l'épreuve de l'action locale : critiques de la territorialisation*, L'Harmattan, 2012, 305 p.

2. Cette rubrique a été réalisée avec la collaboration de Philippe Juen, Maître de conférences HDR à l'université de Bourgogne.

– Foucault M., *Urbanisme durable*, Éd. Édilivre-Aparis, coll. « Universitaire », 2012, 106 p.

– Garnier J.-P., *Un espace indéfendable : L'aménagement urbain à l'heure sécuritaire*, Éd. Le monde à l'envers, 2012, 48 p.

– Gateau Leblanc N., *Montage d'opérations d'aménagement*, Les éditions EFE, coll. « Gestion locale », 2012, 145 p.

– Genot J.-M., *Desseins de ville : un retour de l'État aménageur ?*, Éditions de l'Aube, coll. « Bibliothèque des territoires », 2012, 377 p.

– Goujo Y., *Taxe d'aménagement et versement de sous densité*, Le Moniteur, 2012, 237 p.

– Gralepois M., *Face aux risques d'inondation : entre prévention et négociation*, Éd. Rue d'Ulm, 2012, 68 p.

– Gridauh, *Droit de l'aménagement, de l'urbanisme et de l'habitat*, Le Moniteur, 2012, 667 p.

– Gridauh, *La question prioritaire de constitutionnalité et l'aménagement du territoire*, Éd. du GRIDAUH, coll. « Les cahiers du GRIDAUH », 2012, 172 p.

– Guillot P. Ch.-A, Darnanville H.-M., *Droit de l'urbanisme*, 3e éd., Ellipse, coll. « Universités Droit », 2012, 224 p.

– Hamelin E., Razemon O., *La tentation du bitume. Où s'arrêtera l'*étalement urbain *?*, éd. Rue de l'échiquier, 2012, 160 p.

– Hamman Ph., *Sociologie urbaine et développement durable*, éditeur : De Boeck, coll. « Ouvertures Sociologiques », 2012.

– Hocreitere P., Meng J.-P., *La réforme des autorisations d'urbanisme : corrections et évolutions*, 2e éd. éd. Berger-Levrault, 2012, 605 p.

– Holley M., *Urbanisme vertical et autres souvenirs*, Somogy éditions d'art, 2012, 143 p.

– Kalflèche G., *Droit de l'urbanisme*, PUF, coll. « Thémis Droit », 2012, 384 p.

– Huglo C., Maitre M.-P., *Code de l'environnement 2012 et autres textes relatifs au développement durable*, 6e éd., coll. « Codes Bleus », Lexis-Nexis, 2012.

– Labordiere J.-M., *Haussmann à Paris : Architecture et urbanisme Seconde moitié du xixe siècle*, éd. Charles Massin, coll. « Les essentiels du patrimoine », 2012, 191 p.

– Lacaze J.-P., *Les méthodes de l'urbanisme*, PUF, coll. « Q.-S.-J »., 2012, 128 p.

– Lacharme B., *Logement : une question de droits de l'Homme*, L'Harmattan, 2012, 174 p.

– Lachaud J., *SAFER, Société d'aménagement foncier et d'établissement rural : définition, missions, moyens d'action*, 3e éd., éd. France agricole, 2012, 118 p.

– Lamorlette B., Moreno D., *Code de l'urbanisme 2012*, 21e éd., LexisNexis, 2012, 1298 p.

– Le Fouler G., *Les droits de préemption*, éd. Berger-Levrault, coll. « Pratiques locales », 2012, 241 p.

– Legrand C., *Diriger un service urbanisme et aménagement*, Territoriales éditions, coll. « Les classeurs », 2012, 344 p.

– Letang P., Dutoit A., Encinas S., Le Fouler G., *Urbanisme commercial*, éd. Studyrama, 2012, 736 p.

– Masboungi A., *Estuaire Nantes Saint Nazaire : écométropole mode d'emploi*, Le Moniteur, 2012.

– Masboungi A. et Collectif groupe moniteur, *Projets urbains durables : stratégies,* Le Moniteur, 2012.

– Michaud C., *Le droit au logement opposable : les limites de sa mise en œuvre*, Édilivre-Aparis, coll. « Universitaire », 2012, 68 p.

– Monot J., De Castelbajac P., *L'aménagement du territoire*, PUF, coll. « Q.-S.-J. », 2012, 128 p.

– Paris D., Breuillard M., *Aménagement et urbanisme en France et en Grande-Bretagne : étude comparative*, L'Harmattan, 2012, 348 p.

– Pousse J.-F., *Vers de nouveaux logements sociaux – Tome II*, éd. Silvana, 2012, 128 p.

– Savarit-Bourgeois I., *L'essentiel du droit de l'urbanisme*, 9e éd., Gualino, coll. « Les carrés », 2012, 168 p.

– Seydou T., *Les documents d'urbanisme*, SA Lamy, coll. « Axe Droit », 2012, 296 p.

– Soler-Couteaux P., Llorens F., LaVielle N., *Droit et financement du logement social*, Le Moniteur, coll. « Essentiels experts », 2012, 562 p.

– Taton X., *Droit de l'énergie, droit de l'environnement et droit de l'urbanisme*, Bruylant/ LGDJ, 2012, 220 p.

– Traoré S., *Les documents d'urbanisme*, coll. « Axe-Droit », Lamy, 2012.

III. Droit des collectivités locales

– Auber E. et Cervelle D., *Les collectivités territoriales : Une approche juridique et pratique de la décentralisation*, 2e éd., éd. Sedes, 2012, 286 p.

– Barret Ph., *Guide pratique du dialogue territorial : Concertation et médiation pour l'environnement et le développement local*, éd. de l'Aube, coll. « Monde en cours/Villes et Territoires », 2012.

– Bizet J.-F., Dupont J.-L. (préf.), *Entreprises publiques locales : SEM, SPLA, SPL*, 2e éd., éd. Sa Lamy, coll. « Axe Droit », 2012, 378 p.

– Creusot S., Une nouvelle organisation décentralisée de la République, LGDJ, 2012, 225 p., coll. « Systèmes collectivités locales ».

– Dreyfus B. et coll., *Vademecum des collectivités locales et territoriales*, 11e éd., éd. SEFI, coll. « VADEMECUM (SEFI) », 2012, 220 p.,

– Giuily E., *Il y a 30 ans, l'Acte I de la décentralisation ou l'histoire d'une révolution tranquille*, Berger-Levrault, 2012.

– Gontcharoff G., *Décentralisons autrement : Le livre blanc citoyen du développement local et de la décentralisation*, éd. Adels Unadel, 2012.

– Goutal Y., *La société publique locale : création et fonctionnement : La SPL, un nouvel outil de l'action locale*, Territorial Éditions, coll. « Dossier d'experts », 2012, 158 p.

– Grale, *Droit et gestion des collectivités territoriales*, « Transports et politiques locales de déplacement », Le Moniteur, coll. « Juridique », 2012, 838 p.

– La Documentation française, *Guide du bureau de vote édition 2012*, La Documentation française, 2012.

– Le Saout R., *Réformer l'intercommunalité : Enjeux et controverses autour de la réforme des collectivités territoriales*, éd. PU Rennes, coll. « Res Publica », 2012, 267 p.

– Maré C., *La coopération décentralisée*, éd. Studyrama, 2012, 172 p.

– Milot G., *Construire une ville participative en 10 questions*, Territorial Éditions, coll. « L'essentiel sur », 2012, 106 p.

– Moreau J., Ayrault L., Bonamy P. et Domenach J., *Code général des collectivités territoriales*, 8e éd., LexisNexis, coll. « Codes bleus », 2012, 2481 p.

– Némery J.-Cl., *RGPP et réforme des collectivités territoriales*, coll. « GRALE », L'Harmattan, 2012.

– Pauliat H. et Deffigier C., *La réforme des collectivités territoriales commentée*, Le Moniteur, coll. « Juridique », 2012, 239 p.

– Portelli É., Ifaci, Migaud D. (préf.), *Audit interne des collectivités territoriales*, éd. Ellipses Marketing, coll. « Gestion », 2012, 176 p.

– Quillien Ph.-J., *Les collectivités territoriales en 70 fiches*, 2e éd., éd. Ellipses Marketing, coll. « Objectif Fonction Publique », 2012, 224 p.

– Quillien Ph.-J., *Tout savoir sur les collectivités territoriales*, Ellipses, 2012.

– Regourd S., Carles J., Guignard D. et Collectif, *Réformes et mutations des collectivités territoriales*, L'Harmattan, coll. « GRALE », 2012, 604 p.

– Royer E., *100 questions sur les collectivités territoriales*, 2e éd., éd. Dalloz-Sirey, 2012, 114 p.

– Sow A. A., *Droit et pratiques des conventions locales au Sénégal : Décentralisation, gestion des collectivités locales, des ressources naturelles et environnementales*, éd. Presses Académiques Francophones, 2012, 68 p.

– Vinci N., *Création et fonctionnement d'une régie*, Territorial Éditions, coll. « L'essentiel sur », 2012, 96 p.

IV. Économie locale, régionale, urbaine et rurale et développement durable

– *Agenda Terre Sauvage 2013*, éd. Milan, coll. « Nature », 2012.

– Aké Ngbo G-M et Collectif, *Agriculture et sécurité alimentaire en Afrique de l'Ouest,* L'Harmattan, 2012, 304 p.

– Albagli Cl. et Le Grand J.-F., *Les sept scénarios du Nouveau Monde*, L'Harmattan, 2012, 275 p.

– Albaladejo Ch., De Sartre X. A., Lena Ph., *L'Amazonie brésilienne et le développement durable : Expériences et enjeux en milieu rural*, L'Harmattan, 2012, 288 p.

– Allemand S., *Le développement durable : Au regard de la prospective du présent*, L'Harmattan, 2012, 137 p.

– Alphandéry P., Djama M., Fortier A. et Fouilleux È., *Normaliser au nom du développement durable*, Quae éditions, coll. « Update Sciences & technologies », 2012, 197 p.

– Ambolatiana A. et Ranaivo M., *Le commerce équitable pour Madagascar : Une alternative au développement durable ?*, Éditions universitaires européennes, 2012, 76 p.

– Amouzou E., *Le mythe du développement durable en Afrique noire*, L'Harmattan, 2012, 280 p.

– Arnaudet M., *La participation du commerce international au développement durable : L'exemple euro-asiatique*, éd. Edilivre-Aparis, coll. « Universitaire » 2012.

– Atout France, *Espaces naturels et développement durable*, éd. Atout France, 2012, 120 p.

– Augier H., *Construire un monde équitable pour demain*, Éditions Sang de la Terre/ Medial, 2012, 240 p.

– Augier H., *Le développement peut-il être durable ? : Pour le meilleur et pour le pire*, éd. Sang de la Terre/Médial, 2012, 304 p.

– Ballet J., Dubois J.-L. et Mahieu F.-R., *L'autre développement : Le développement socialement soutenable*, L'Harmattan, 2012, 288 p.

– Balthazard B. L., Monédiaire G. (préface de), *Le développement durable face à la puissance publique*, L'Harmattan, 2012, 321 p.

– Baqué Ph., *La bio : Entre business & projet de société*, éd. Agone, coll. « Contre-feux », 2012, 432 p.

– Barrey S. et Kessous E. (dir.), *Consommer et protéger l'environnement : Opposition ou convergence ?*, L'Harmattan, 2012, 202 p.

– Beauchamp A., *Regards critiques sur la consommation : Pour une conversion écologique*, éd. Novalis, 2012, 95 p.

– Beckouche P., Luçon Z., Taithe A. et Juppé A., *L'eau en Méditerranée : fonder une stratégie commune. Services de l'eau, climat et sécurité*, L'Harmattan, 2012, 164 p.

– Bee S., Marchand B., Collectif et Pelletier Ph., *Aménagement durable : Des zones aménagées prenant en compte le développement durable et réalisées par des aménageurs*, Éditions du Public. com, coll. « UCI », 2012, 124 p.

– Bensahel-Perrin L., François H. et Marcelpoil E., Les *stations de sports d'hiver face au développement durable : État des lieux et perspectives*, L'Harmattan, 2012, 179 p.

– Berlan-Darqué M. et Mermet L., *Environnement : décider autrement. Nouvelles pratiques et nouveaux enjeux de la concertation*, L'Harmattan, 2012, 378 p.

– Bernier A., *Comment la mondialisation a tué l'écologie : Les politiques environnementales piégées par le libre-échange*, éd. Fayard/Mille et une nuits, 2012, 357 p.

– Beuret J.-E., *La conduite de la concertation : Pour la gestion de l'environnement et le partage des ressources*, L'Harmattan, 2012, 340 p.

– Birnbaum Ph., *Biodiversité au Sahel : Les forêts du Mali*, Quae éditions, 2012, 174 p.

– Blanchard O., Lecomte D., Zelem M.-Ch. et Sauvé L. (préface de), *L'éducation au développement durable : De l'école au campus*, L'Harmattan, 2012, 485 p.

– Bookchin M., *Qu'est-ce que l'écologie sociale ?*, éd. Atelier création libertaire, 2012, 54 p.

– Boras K., *Développement durable : l'avenir des PME – Pour une économie partenariale*, AFNOR, 201, 246 p.

– Borloz P. et Gielen P., *Atlas des développements durables en Champagne-Ardenne*, éd. CRDP de Champagne-Ardenne, 2012, 190 p.

– Bost F., Carroué L., Colin S. et Girault Ch., *Images économiques du monde 2013 : Crises et basculements des équilibres mondiaux*, Armand Colin, 2012, 400 p.

– Bouché M. et Moreau R., *Pour un renouveau dans l'environnement*, L'Harmattan, coll. « Biologie, Écologie, Agronomie », 2012, 375 p.

– Boureima M., *Économie agricole au Niger*, coll. « Études africaines », L'Harmattan, 2012.

– Bourg D., Roch Ph. et Collectif, *Sobriété volontaire : En quête de nouveaux modes de vie*, éd. Labor et Fides, coll. « Fondations écologiques », 2012, 224 p.

– Bourget B., *Les défis de l'Europe verte : Essai sur la politique agricole commune*, L'Harmattan, 2012, 116 p.

– Boy D., Brugidou M., Halpern C. et Lascoumes P., *Le Grenelle de l'environnement : Acteurs, discours, effets*, Armand Colin, 2012, 352 p.

– Bréaud O., *Regards croisés sur le commerce équitable : Vers un libéralisme responsable ?*, L'Harmattan, 2012, 130 p.

– Brongniart O., Jacouton M. et Gonnord G., *Performance économique responsable*, Demos Éditions, coll. « Vie professionnelle », 2012, 176 p.

– Brunel S., *Le développement durable*, QSJ n° 3719, PUF, 2012, 129 p.

– Canard F., *Management de la qualité : vers un management durable*, Gualino Éditeur, 2012, 2e éd., 304 p.

– Caplat J., *L'agriculture biologique pour nourrir l'humanité : Démonstration*, éd. Éditions Actes Sud, 2012, 432 p.

– CARRÉ F., *L'essentiel du développement durable : La loi grenelle 2 et le verdissement des politiques publiques*, Gualino Éditeur, coll. « Les Carrés », 2012, 160 p.

– CARY P., *Le commerce équitable : Quelles théories pour quelles pratiques ?*, L'Harmattan, 2012, 150 p.

– CESE, *Rio + 20 : un rendez-vous majeur pour l'avenir de la planète*, éd. Direction des Journaux Officiels, coll. « Rapports du CESE », 2012, 48 p.

– CETIM, *Environnement et enjeux stratégiques : Quelles démarches entreprendre ?*, CETIM, coll. « Performances », 2012.

– CHALMIN Ph., *Les marchés mondiaux 2012*, Économica, coll. « CyclOpe », 2012, 720 p.

– CHARBONNEAU B. et CÉRÉZUELLE D., *Le système et le chaos*, Coédition Sang de la Terre, coll. « La pensée écologique », 2012, 304 p.

– CHARBONNEAU B. et CÉRÉZUELLE D., *Une seconde nature*, Coédition Sang de la Terre, coll. « La pensée écologique », 2012, 420 p.

– CHRISTOPHE B., *L'entreprise et la décroissance soutenable : Réussir les reconversions écologiques*, L'Harmattan, 2012, 224 p.

– CHRISTY G., *Développement durable : État des lieux des initiatives dans la filière des fruits et légumes*, éd. Centre Technique Interprofessionnel des Fruits et Légumes, 2012.

– CLUB DES BIO-ÉCONOMISTES ET ROY C., *Triples A de la bio-économie*, coll. « Développement durable », L'Harmattan, 2012, 294 p.

– COCHET Y. et STOEKEL H., *La faim du monde : L'humanité au bord d'une famine globale*, Max Milo Éditions, 2012, 320 p.

– COLLECTIF, *Le sommet RIO + 20, Vraiment durable n° 2*, éd. Victoires, 2012, 16 p.

– COLLECTIF, *Par-dessus le marché ! Réflexions critiques sur le capitalisme*, éd. Ecosociété, coll. « Actuels », 2012, 264 p.

– COLLECTIF, *Patrimoine et développement durable*, éd. Confluences, coll. « Des lieux et des liens », 2012, 208 p.

– COLLECTIF, *20 ans de développement durable*, La Documentation française, coll. « Problèmes économiques », 2012, 48 p.

– COLLECTIF, BOURDIN A., RAUTENBERG M. et YOUNÈS Ch., *Patrimoines et développement durable : Ressources – Enjeux – Lien social*, éd. PU Rennes, coll. « Espace et Territoires », 2012, 332 p.

– COMELIAU Ch., *Développement durable et responsabilité citoyenne*, éd. Privat, coll. « Le comptoir des idées », 2012.

– CORNIL J., LEGROS B. et GODINOT J.-B., *La pertinence de l'escargot : En route vers la décroissance*, éd. Le Sang de la Terre, 2012, 136 p.

– COUDEL É., DEVAUTOUR H., SOULARD Ch. et FAURE G., *Apprendre à innover dans un monde incertain : Concevoir les futurs de l'agriculture et de l'alimentation*, Quae éditions, coll. « Synthèses », 2012, 234 p.

– CRIFO P., GLACHANT M., HALLEGATTE S. et LAURENT É., *L'économie verte contre la crise : 30 propositions pour une France plus soutenable*, PUF, 2012, 372 p.

– CROUŸ Ph. et LHÉRÉTÉ J.-F., *Oser la performance autrement – Transformer l'incertitude en opportunité*, Dunod, coll. « Stratégies et Management », 2012, 192 p.

– DADD D. L., LENGLET R. et GROSMAN M., *Alerte aux produits toxiques : Manuel de survie en milieu nocif*, Éditions Actes Sud, 2012, 304 p.

– DAYAN L. et JOYAL A., *L'ingénierie de territoire à l'épreuve du développement durable*, L'Harmattan, 2012, 285 p.

– DECAILLOT M., *L'économie équitable : Un nouveau projet de société*, L'Harmattan, 2012, 191 p.

– DEGRON R., *La France, bonne élève du développement durable ?*, La Documentation française, 2012, 100 p.

– DEPERNE H. et COLLECTIF, *Le tourisme durable*, L'Harmattan, 2012, 133 p.

– DEVILLÉ H., *Économie et politiques de l'environnement : Principe de précaution – Critères de soutenabilité, Politiques environnementales*, L'Harmattan, 2012, 297 p.

– DIETMANN D. et LEPAGE C., *La terre trop belle pour mourir*, L'Harmattan, 2012, 182 p.

– DOLIQUE L., *Risques globaux et développement durable : Fausses pistes et vraies solutions*, L'Harmattan, 2012, 120 p.

– DONGOTOU T. et BOWAO Ch. Z., *Repenser le développement durable au XXIe siècle*, L'Harmattan, 2012, 176 p.

– DRUON E., *Écolonomies : Entreprendre et produire autrement*, éd. Pearson, coll. « Village mondial », 2012, 192 p.

– DUBOIS Ph.-J., *La grande amnésie écologique*, éd. Delachaux et Niestlé, 2012, 121 p.

– DU BOYS C., FOUCHET R., TIBERGHIEN B. et COLLECTIF, *Management Public Durable : dialogue autour de la Méditerranée*, éd. Bruylant/LGDJ, coll. « Administration publique aujourd'hui », 2012, 466 p.

– DUCOMMUN M., *Rompre avec le capitalisme : utopie ou nécessité ?*, L'Harmattan, 2012, 126 p.

– DULIEU D., TOE P. et NIANOGO A.J. (préface de), *Ressources naturelles entre conservation et développement*, L'Harmattan, 2012, 116 p.

– ECOINFO, GOSSART C., BALIN Ph. et BOHAS A., *Les impacts écologiques des technologies de l'information et de la communication*, Edp Sciences, coll. « QuinteSciences », 2012, 224 p.

– FAGNART J.-F. et HAMAIDE B., *Reflets et Perspectives de la vie économique*, Tome 51, n° 4/2012 : « Environnement et développement économique », éd. De Boeck, 2012 p.

– FARRAS PEREZ L., *Eco House : Solutions écologiques et technologiques pour un habitat durable*, éd. Maomao Publications, 2012, 160 p.

– FELLI R., *Les deux âmes de l'écologie : Une critique du développement durable*, L'Harmattan, 2012, 104 p.

– Ferreira N. et Lipietz A., *Économie sociale et autogestion : Entre utopie et réalité*, L'Harmattan, 2012, 240 p.

– Feyder J., Juncker J.-Cl. (préface de), *La faim tue*, L'Harmattan, 2012, 308 p.

– Fialaire J., *Les stratégies de développement durable*, L'Harmattan, 2012, 422 p.

– Filliastre M., Mauger-Parat M., Meynaud H.-Y. et Collectif, *Développement durable et sciences sociales*, éd. P.I.E.-Peter Lang S. a, 2012, 231 p.

– Fleury C., *L'exigence de la réconciliation : Biodiversité et société*, Fayard, 2012, 375 p.

– Furfari S., *L'écologie au pays des merveilles : Mirages et vérités du développement durable*, François Bourin Éditeur, coll. « Société », 2012, 249 p.

– Gallety J.-Cl., *Développer l'économie territoriale dans un contexte de mondialisation*, CERTU, coll. « Dossiers du Certu », 2012.

– Gendron C., *Vous avez dit développement durable ?*, éd. Pip, 2012, 2e éd.

– Girod A. et Origet Du Cluzeau Cl., *Le tourisme de destruction massive*, L'Harmattan, 2012, 272 p.

– Gonçalves Dias J., *Prospective et dynamique des territoires à l'ère de l'information : Comment le management stratégique peut contribuer au développement durable des territoires*, éd. Universitaires Européennes, 201, 428 p.

– Gourcy C. de et Bordreuil J.-S., *Paysage et développement durable : Marseille et sa région*, Publications de l'Université de Provence, coll. « Espace & développement durable », 2012, 146 p.

– Guesnerie R. et Stern N., *Deux économistes face aux enjeux climatiques*, éd. Le Pommier, coll. « Savoirs et débats économiques », 2012, 128 p.

– Guguenheim P., *Regard écologique et social sur l'économie*, L'Harmattan, 2012, 192 p.

– Hainard F. et Nedelcu M., *Pour une écologie citoyenne : Risques environnementaux, médiations et politiques publiques*, L'Harmattan, 2012, 189 p.

– Hache É., Collectif et Le Roy C., *Écologie politique : Cosmos, communautés, milieux*, éd. Amsterdam, 2012, 403 p.

– Hance Th., *Dix voies d'avenir pour neuf milliards d'humains*, éd. Racine Lannoo, 2012.

– Henderson H., Ikeda D. et Nagel F., *Pour une citoyenneté planétaire*, L'Harmattan, 2012, 202 p.

– Hervé A., *Merci la terre*, éd. Médial/Sang de la Terre, coll. « Nature Animaux », 2012, 72 p.

– Houndo K. Z., *De l'ethno-écologie aux droits de la nature : Environnement – Santé – Développent durable*, Éditions Universitaires Européennes, 2012, 108 p.

– Hutchinson M., *Les effets sournois de notre surconsommation sur notre santé et l'environnement*, MultiMondes Éditions, 2012, 216 p.

– Iacona E., Taine J. et Tamain B., *Les enjeux de l'énergie – Après Fukushima*, 2e éd., Dunod, coll. « UniverSciences », 2012, 240 p.

– Ifore, *Éthique et développement durable*, L'Harmattan, 2012, 144 p.

– Irigaray J.-L., *Savoirs et société*, éd. Publibook, 2012, 217 p.

– Jacques G., *Virer de bord. Plaidoyer pour l'homme et la planète*, L'Harmattan, 2012, 142 p.

– Jamet Ph., *Le Septième Continent – Trois études sociales sur le développement durable*, Amazon Media EU S. à r.l., 2012, 239 p.

– Jaud J.-P. et Murier A.-L., *Nos enfants nous accuseront*, Alternatives éditions, 2012, 159 p.

– Juan É. et Juan S., *Consommer autrement : La réforme écologique des modes de vie*, L'Harmattan, 2012, 322 p.

– Kouassi N'Guettia R., *Les défis du développement de l'Afrique contemporaine*, L'Harmattan, 2012, 190 p.

– Koutouzi R. N., Bossoken E., Wandji K. et N'Gahanep., *Problématiques énergétiques et protection de l'environnement en Afrique*, L'Harmattan, 2012, 252 p.

– Lacapelle D., *Manuel d'anti-économie*, éd. Didier Lacapelle, 2012, 192 p.

– Laget Ph., *Développement durable et responsabilité d'entreprise : Mes quatre vérités*, L'Harmattan, 2012, 130 p.

– Lahrichi M., *Du développement durable au développement optimal : Le mode de développement optimal en 78 recommandations*, Société des écrivains, 2012, 229 p.

– Lamarque D., *Le sport à l'heure du développement durable ?*, Éditions Universitaires Européennes, 2012, 112 p.

– Lamic J.-P., *Tourisme durable : utopie ou réalité ? : Comment identifier les voyageurs et voyagistes éco- responsables ?*, L'Harmattan, 2012, 222 p.

– Landrieu J., Heurgon É et Collectif, *L'économie des services pour un développement durable : Nouvelles richesses, nouvelles solidarités*, L'Harmattan, 2012, 394 p.

– Latouche S. et Harpagès D., *Le temps de la décroissance*, éd. Le Bord de l'eau, coll. « Troisième culture », 2012, 92 p.

– Laura M., *Industriels et le développement durable – le cas de l'industrie cimentière*, L'Harmattan, 2012.

– Laurent É. et Le Cacheux J., *Économie de l'environnement et économie écologique*, Armand Colin, coll. « Cursus », 2012, 224 p.

– Lazzeri Y. et Guillaumin G., *Développement durable, entreprises et territoires : Vers un renouveau des pratiques et des outils*, L'Harmattan, 2012, 286 p.

– Lazzeri Y. et Moustier E., *Le développement durable : Du concept à la mesure*, L'Harmattan, 2012, 156 p.

– Lazzeri Y., Moustier E., Collectif et Salord S., *Vulnérabilité, équité et créativité en Méditerranée*, éd. Publications de l'Université de Provence, coll. « Espace & développement durable », 2012, 280 p.

– Lazzeri Y., Salord S. (préface de), *Les indicateurs territoriaux de développement durable : Questionnements et expériences*, L'Harmattan, 2012, 322 p.

– *Le développement économique en Afrique 2012 : La transformation structurelle et le développement durable en Afrique*, éd. United Nations, 2012, 275 p.

– Le Quément J., *La Pauvreté durable ? : Au Bangladesh et en particulier à Dacca*, L'Harmattan, 2012, 171 p.

– Levard L. et Mazoyer M., *Pour une nouvelle révolution agricole : Sortir de l'impasse du libéralisme et du productivisme*, éd. Bruno Leprince, coll. « Politique à gauche », 2012, 128 p.

– Levesque R. et Cochet H., *Terre nourricière : Si elle venait à nous manquer – Halte au pillage des biens communs*, L'Harmattan, 2012, 188p.

– Maathai W. et Haas P., *Réparons la Terre*, Éditions Héloïse d'Ormesson, 2012, 184 p.

– Maillot U., *La Réunion et le développement durable*, Éditions universitaires européennes, 2012, 96 p.

– Malsa G. et Chamoiseau P., *L'écologie ou la passion du vivant : Quarante ans d'écrits écologiques*, L'Harmattan, 2012, 295 p.

– Mancebo F., *Développement durable*, Armand Colin, coll. « 128 », 2012, 2e éd., 128 p.

– Martin C. et Poissonnier H. (dir.), *Après la crise l'Europe comme espace de compétitivité renouvelée*, L'Harmattan, 2012.

– Matagne P., *Éduquer à la biodiversité pour un développement durable*, L'Harmattan, coll. « Biologie, Écologie, Agronomie », 2012, 112 p.

– Matagne P., *Le développement durable en questions*, L'Harmattan, 2012, 188 p.

– Matagne P., Allemand S. (préface de), *Les effets du développement durable*, L'Harmattan, 202, 306 p.

– Matagne P., Collectif et Morin E., *Les enjeux du développement durable*, L'Harmattan, 2012, 218 p.

– Mathevet R., *La solidarité écologie : Ce lien qui nous oblige*, Actes Sud Éditions, coll. « Nature », 2012, 206 p.

– Maupu J.-L. et Wiel M., *La ville creuse pour un urbanisme durable : Nouvel agencement des circulations et des lieux*, L'Harmattan, 2012, 183 p.

– Mertz F. et Collectif, *Éthique et commerce : Réalités et illusions*, L'Harmattan, 2012, 219 p.

– Monnier Cl., *L'agriculture française en proie à l'écologisme : Moissons interdites*, L'Harmattan, 2012, 242 p.

– Morin M. et Laville É., *Banque et développement durable : De la communication à l'action*, L'Harmattan, 2012, 174 p.

– Mumengi D., *La révolution du pouvoir-faire*, coll. « Comptes rendus », L'Harmattan, 2012, 354 p.

– Muratet L. et Godinot É., *Un nouveau monde en marche*, éd. Yves Michel, coll. « Société civile », 2012, 360 p.

– Neveu A., *Agriculture mondiale : Un désastre annoncé*, éd. Autrement, 2012, 208 p.

– OCDE, *Comportement et pratiques de gestion des agriculteurs face au changement climatique*, OCDE, 2012, 88 p.

– OCDE, *Études de l'OCDE sur la croissance verte*, OCDE, coll. « Énergie », 2012, 120.

– OCDE, *La gouvernance de l'eau dans les pays de l'OCDE – une approche pluri-niveaux*, OCDE, 2012, 276 p.

– OCDE, *L'évaluation environnementale stratégique dans la coopération pour le développement : Panorama des expériences*, OCDE, 2012, 148 p.

– OCDE, *Perspectives agricoles de l'OCDE et de la FAO 2012*, OCDE, coll. « Agriculture », 2012, 308 p.

– OCDE, *Politiques agricoles : suivi et évaluation 2012*, OCDE, coll. « Agriculture », 2012, 308 p.

– OCDE, *Vers un développement plus vert – Améliorer les capacités pour la gestion et la gouvernance de l'environnement*, OCDE, 2012, 120 p.

– OCDE, *Vers une croissance verte : Suivre les progrès – Les indicateurs de l'OCDE*, OCDE, coll. « Économie », 2012, 144 p.

– OMC, *Rapport annuel 2012*, OMC, 2012, 160 p.

– OMC, *Rapport sur le commerce mondial 2012 : Commerce et politiques publiques : gros plan sur les mesures non tarifaires,* OMC, 2012, 252 p.

– OSWALD Ph., NICOLA A. et HERRERO D., *La qualité au service d'une démarche responsable : Histoire d'une entreprise de tourisme social et familial*, AFNOR, 2012, 154 p.

– OTHILY D., *Manifeste pour une réforme foncière en Martinique*, éd. Mon Petit Éditeur ; coll. « Essai », 2012, 104 p.

– PAPON P., *Énergie : la science peut-elle changer la donne ?*, éd. Le Pommier, coll. « Les Petites Pommes du Savoir », 2012, 64 p.

– PASCALLON P., *Les démondialistes pourraient-ils demain nous sauver ?*, L'Harmattan, 2012, 182 p.

– PEREZ D., GOIRAN R. et DAVIDENKOFF E., *Les métiers de l'environnement et du développement durable*, éd. L'Étudiant, coll. « L'Étudiant », 2012, 159 p.

– PERRIN J. et GOBIN J., *Valeurs et développement durable : Questionnement sur la valeur économique*, L'Harmattan, 2012, 158 p.

– PESCHE D., DUGUÉ M.-J., LE COQ J.-F. et LHOSTE Ph., *Appuyer les organisations de producteurs*, Quae éditions, coll. « Agricultures tropicales en poche », 2012, 143 p.

– PETRINI C., *Terra madre : Renouer avec la chaîne vertueuse de l'alimentation*, Alternatives éditions, 2012, 208 p.

– PETROPOULOU Ch., *Développement urbain et éco-paysages urbains : Une étude sur les quartiers de Mexico et d'Athènes*, L'Harmattan, 2012, 613 p.

– PINEAU G., MONEYRON A., BACHELART D. et COTTEREAU D., *Habiter la terre : Écoformation terrestre pour une conscience planétaire*, L'Harmattan, 2012, 292 p.

– PING J., *Et l'Afrique brillera de mille feux*, L'Harmattan, 2012, 302 p.

– POUJADE G., *Une politique de développement durable : Acteur d'une vie digne*, L'Harmattan, 2012, 197 p.

– RANCUREL A., *Le commerce équitable entre l'Europe et l'Amérique latine : Vers un nouveau droit des relations Nord-Sud ?*, L'Harmattan, 2012, 140 p.

– REYNAUD E., *Stratégies d'entreprises en développement durable*, L'Harmattan, 2012, 305 p.

– RIOT S. et NOVEL A.-S., *Vive la corévolution !*, éd. Alternatives éditions, 2012, 240 p.

– RIVIERE-WEKSTEIN G., *Faucheurs de science : Les fanatiques sont dans nos campagnes*, éd. Le Publieur, 2012, 164 p.

– RIVIERE-WEKSTEIN G., KERVASDOUÉ J. DE (préface de), *Bio fausses promesses et vrai marketing*, éd. Le Publieur, 2012, 246 p.

– ROTILLON G., *Faut-il croire au développement durable ?*, L'Harmattan, 2012, 233 p.

– ROYER J.-M., *Science, Creuset de l'inhumanité, Décoloniser l'imaginaire occidental*, coll. « Questions sociologiques », L'Harmattan, 2012.

– SADIGH É., *Le développement durable et équitable*, L'Harmattan, 2012, 136 p.

– SALAMA P., *Les économies émergentes latino-américaines : Entre cigales et fourmis*, Armand Colin, 2012, 232 p.

– SAMBA SYLLA N., *Le scandale commerce équitable : Le marketing de la pauvreté au service des riches*, L'Harmattan, 2012, 226 p.

– SANSON-STERN C. et PAICHELER P., *Le développement durable à petit pas*, Actes Sud Junior, 2012, 69 p.

– SCHIESSER Ph., *Pratique de l'éco-conception en 53 outils*, Dunod, 2012, 208 p.

– SEGIHOBE BIGIRA J.-P., *Partenariat pour les forêts du bassin du Congo et développement durable*, éd. Academia, coll. « Espace Afrique », 2012, 496 p.

– SERREAU C., *Solutions locales pour un désordre global*, éd. Actes Sud, coll. « Babel », 2012, 261 p.

– STOESSEL-RITZ J., BLANC M. et MATHIEU N., *Développement Durable, Communautés et sociétés : Dynamiques socio-anthropologiques*, éd. P.I.E.-Peter Lang S. a, 2012, 231 p.

– STOFT S. E. et THOMAS M., *Dépasser Copenhague : Apprendre à coopérer – Proposition de politique mondiale post-Kyoto*, L'Harmattan, 2012, 160 p.

– SUBRA Ph., *Le Grand Paris : Géopolitique d'une ville mondiale*, Armand Colin, coll. « Perspectives géopolitiques », 2012, 336 p.

– TARRIER M., *Nous, peuple dernier : Survivre sera bientôt un luxe*, L'Harmattan, 2012, 488 p.

– THIBODEAU J.-Cl. et LAMONTAGNE F., *Le Québec à l'heure du développement durable*, Presses de l'Université du Québec, 2012, 116 p.

– VAN INGELGEM O., *Agriculture sud-coréenne face au défi de la mondialisation*, L'Harmattan, 2012.

– VELUT F., *L'Âge d'or de la misère*, éd. Melibée, 2012, 342 p.

– Vetillard A., *Énergie, climat, développement : l'heure des choix*, L'Harmattan, 2012, 247 p.

– Walden B., Chemla F. (traductrice) et Chemla P. (traducteur), *La fabrique de la famine*, éd. Carnets Nord, coll. « Essai », 2012, 224 p.

– Warren J., *Commerce équitable*, éd. Fayard/Mille et une nuits, 2012, 208 p.

– Welzer H. et Lortholary B., *Les guerres du climat : Pourquoi on tue au xxie siècle*, Folio, coll. « Folio actuel », 2012, 448 p.

– Worldwatch Institute, *Rio + 20 : L'État de la planète. Rapport du Worldwatch Institute sur l'avancée vers une société durable*, Éditions de la Martinière, coll. « GoodPlanet », 2012, 494 p.

– Yunus M., *Pour une économie plus humaine*, Le Livre de poche, coll. « Littérature & Documents », 2012, 336 p.

– Zammit N., *L'Afrique et la question environnementale*, éd. Connaissances et Savoirs, coll. « Sciences humaines et sociales », 2012, 290 p.

– Zarifian Ph., *La question écologique*, L'Harmattan, 2012, 158 p.

– Zelenko I., *La finance carbone*, Dunod, 2012, 200 p.

V. Finances locales

– Baudot N. et Fichot D., *Guide de l'imputation des dépenses et des recettes communales : Lexicompta*, éd. Pédagofiche, coll. « Les Essentiels », 2012.

– Brolles R. et Straub B., *Budget des communes : Gestion et comptabilité*, 22e éd., Berger-Levrault, coll. « Les indispensables », 2012, 1085 p.

– Cohen A.-G., *La nouvelle gestion publique*, Gualino Éditions, coll. « Guides Pro », 2012, 224 p.

– Clérembaux J., *Les dépenses des collectivités : Nature, engagement et exécution*, Territorial Éditions, coll. « Dossier d'experts », 2012, 136 p.

– Fruchard E., *Après les emprunts toxiques : comprendre les contrats de prêts aux collectivités locales*, Territorial Éditions, coll. « Dossier d'experts », 2012, 270 p.

– Illiassou I. I., *Décentralisation et gestion des finances locales : Gestion financière à la Commune V de Niamey*, Éditions universitaires européennes, 2012, 96 p.

– Joly P., *Mémento-Guide financier Ressources des collectivités locales 2011-2012*, 32e éd., Maxima Laurent du Mesnil éditeur, 2012.

– Levoyer L., *Finances locales*, Hachette Éducation Technique, coll. « Les Fondamentaux », 2012, 160 p.

– Marico I., *Finances locales en Afrique francophone : Une analyse de la mobilisation des ressources financières du district de Bamako, 2012*, Éditions universitaires européennes, 2012, 116 p.

– MOUZET P., *L'essentiel des finances locales : 2012-2013*, 7e éd., Gualino, coll. « Les carrés », 2012, 128 p.

– MUZZARELLI G. et ROUSTAN Ph., *La M14 en pratique*, Territorial Éditions, coll. « Dossier d'experts », 2012, 160 p.

– PELLION J.-P., *Le budget communal*, 2e éd., éd. Pédagofiche, coll. « Les fondamentaux », 2012.

VI. Fonction publique territoriale

– AUBIN E., *La fonction publique territoriale*, 3e éd., Gualino Éditeur, coll. « Master », 2012.

– AUBIN E., *La fonction publique : le droit applicable aux trois fonctions publiques : État, Territoriale, Hospitalière*, 5e éd., Gualino Éditeur, 2012, 560 p.

– AUBIN E., *L'essentiel du droit de la fonction publique*, 6e éd., Gualino Éditeur, coll. « Les carrés », 2012, 152 p.

– AUBY J.-M., AUBY J.-B., DIDIER J.-P., TAILLEFAIT A., *Droit de la fonction publique : État, Collectivités Territoriales, Hôpitaux*, coll. « Précis Dalloz : Droit Public-Science politique », Dalloz, 2012.

– BLEITRACH F., *La prise de fonctions de DGS*, Territorial Éditions, coll. « Dossier d'experts », 2012, 130 p.

– BILAND E., *La fonction publique territoriale*, La Découverte, coll. « Repères » 2012, 125 p.

– BOGHOSSIAN L., *Prendre en main sa carrière territoriale*, Territorial Éditions, coll. « Dossier d'experts », 2012, 166 p.

– BROUSSOLLE Y., *Délégations de pouvoir, de fonction et de signature dans les collectivités territoriales*, éd. Territorial, coll. « L'Essentiel sur », 102 p.

– CENTRE INTERDÉPARTEMENTAL DE GESTION DE LA PETITE COURONNE D'ÎLE-DE-FRANCE, *Recueil 2012 de jurisprudence administrative applicable aux agents territoriaux : décisions de l'année 2011*, La Documentation française, 2012, 418 p.

– CFDT, *Fonctionnaires : guide de vos droits*, éd. La Découverte, coll. « Guides », 2012, 335 p.

– CHAPERON E., TERRIEN G., *Droit public : toutes fonctions publiques. Ville de Paris*, éd. 2012-2013, n° 55, Foucher, coll. « Fonctions publiques », 2012.

– COLLECTIF, *Recueil de la responsabilité de la puissance publique applicable aux agents territoriaux*, La Documentation française, 2012.

– COLLECTIF, *Répertoire de la responsabilité de la puissance publique*, 2 vol., Dalloz, 2012.

– CONIEZ H., *Questions de culture générale*, LGDJ, coll. « Les grands concours », 2012, 280 p.

– David Beauregard-berthier O. de, *Méthodes de travail pour réussir en droit administratif*, 2e éd., Gualino Éditeur, coll. « Méthodo LMD », 2012, 176 p.

– Deslandes L., *Concours Éducateur territorial de jeunes enfants, Épreuves écrites et orale, Catégorie B*, 2e éd., Vuibert, coll. « Admis concours de la fonction publique », 2012, 224 p.

– Domingo L. et Icard M., *La procédure disciplinaire dans la fonction publique territoriale : Cadre juridique et outils pratiques*, Territorial Éditions, coll. « Les classeurs ».

– Dord O., *Droit de la fonction publique*, 2e éd., PUF, coll. « Thémis », 2012.

– Dunas A., *Petit guide de survie statutaire pour la fonction publique territoriale*, éd. La Plume d'Hippopotame, coll. « Expert », 2012.

– Dupuis Ch., *Travailler dans la fonction publique territoriale*, Gualino Éditeur, coll. « Territoriale », 2012, 420 p.

– Duriez A., *Harcèlement moral et autres risques psychosociaux dans la fonction publique territoriale : Environnement juridique, enjeux et anticipation*, Territorial Éditions, coll. « Dossier d'experts », 2012, 234 p.

– École nationale d'administration, *Les concours administratifs en questions*, Revue française d'administration publique n° 142, La Documentation française, 2012.

– Fraissenon M., *La fonction publique territoriale*, Studyrama, 2012, 256 p.

– Géléoc Ph., *Réussir la RAEP. La reconnaissance des acquis de l'expérience professionnelle Catégories A B C*, Foucher, coll. « Concours Fonction Publique », 2012, 144 p.

– Granguillot D., *Institutions politiques et administratives de la France*, 7e éd., coll. « Mémentos LMD », Gualino Éditeur, 2012.

– Le, p. B., *Connaître la fonction publique territoriale*, n° 11, Foucher, 2011.

– Lesaint P., *Le guide des primes de la fonction publique territoriale*, Territorial Éditions, coll. « Les classeurs », 2012.

– Libes M., *L'accident et la maladie du fonctionnaire imputables au service : Régime juridique et garanties statutaires*, 2e éd., Berger-Levrault, coll. « Les indispensables », 2012, 576 p.

– Martin F., Morcillo A., Le Gourieres A. et Bonnal K., *Agir en fonctionnaire de l'État et de façon éthique et responsable*, Dunod, coll. « Je prépare », 2012, 272 p.

– Peiser G., *Droit de la fonction publique : la fonction publique de l'État, la fonction publique territoriale, la fonction publique hospitalière*, 21e éd., Dalloz, coll. « Mémentos », 2012.

– Plantey A. et Plantey M.-C., *La fonction publique*, 3e éd., LexisNexis, coll. « Traités », 2012, 1185 p.

– Puigserver F., *Le droit de l'administration*, LGDJ, coll. « Les grands concours », 2012, 1064 p.

– SALON S., SAVIGNAC J.-Ch. et GAUDEMONT Ch. DE, *Code de la fonction publique commenté*, Dalloz-Sirey, 2012, 2450 p.

– VIGOUROUX Ch., *Déontologie des fonctions publiques 2013/2014*, 2e éd., Dalloz-Sirey, coll. « Dalloz référence », 2012, 731 p.

TROISIÈME PARTIE

Prix de thèse sur les collectivités territoriales du GRALE

Premier prix, Prix Georges-Dupuis
des collectivités territoriales,
Sébastien HOURSON

Deuxième prix, Marie-Joëlle KODJOVI

Prix de thèse du Centre national de la fonction publique territoriale

Pierre-Henri BOMBENGER

Sommaire

Présentation : Le prix de thèse 2012

Gérard Marcou

L'édition 2012 du Prix de thèse des Collectivités territoriales est celle d'une année de transition. D'une part, c'est la deuxième année de la mise en œuvre de l'accord entre le CNFPT et le GRALE par lequel le CNFPT confie au jury du Prix de thèse des Collectivités territoriales, constitué par le conseil scientifique du GRALE, le soin d'attribuer également le Prix de thèse du CNFPT. Le jury est élargi pour l'attribution de ce prix à des représentants du CNFPT. Cet accord, conclu pour trois ans sera renouvelé en vue de l'édition 2014 du Prix. D'autre part, le Prix de thèse 2013 bénéficiera d'un partenariat élargi, grâce au soutien de Nantes-Métropole. L'Association des Anciens Élèves de l'ENA et les Éditions Lamy confirment leur soutien au Prix de thèse des Collectivités territoriales, et nous les en remercions. Ces évolutions témoignent de l'attractivité du Prix de thèse des Collectivités territoriales et de la notoriété acquise par le GRALE ; dès 2013 les récompenses pourront ainsi être revalorisées. Tout cela devrait renforcer le Prix de thèse dans sa vocation principale, qui est d'encourager les travaux de thèse sur les institutions locales et l'action publique locale, largement entendue et dans le registre des différentes disciplines qui peuvent être mobilisées pour les recherches sur ce thème, du droit public et de la science politique aux sciences de gestion, en passant par la science économique, l'histoire, la sociologie ou la géographie.

Précisément, le Prix 2012 illustre la vocation pluridisciplinaire du Prix de Thèse des Collectivités territoriales. Trois disciplines différentes sont représentées dans le palmarès : le droit public, la science économique et la géographie (aménagement de l'espace - urbanisme).

Le Jury, présidé par le professeur Jean-Claude Némery, président du Conseil scientifique du GRALE, a attribué le Premier et le Deuxième Prix, mais il n'a pas jugé pouvoir attribuer cette année le Prix spécial du Jury. Élargi à des représentants du CNFPT, il a ensuite attribué le Prix du CNFPT, dont c'est la deuxième édition.

Le Palmarès est ainsi le suivant :

Le Premier Prix, Prix Georges Dupuis des Collectivités territoriales, a été attribué à M. Sébastien Hourson, pour sa thèse de droit public, « Les conventions de l'administration », qui a été dirigée par le professeur Bertrand Seiller (Université Paris-II, Panthéon-Assas). Les administrations publiques, et notamment les collectivités territoriales ou leurs groupements ont de plus en plus recours à des conventions pour régler leur coopération ou harmoniser leurs actions, parce que la loi le prévoit souvent, ou même en dehors de toute prévision législative. La nature et le régime juridiques de ces conventions n'ont jamais cessé d'être discutés. La thèse de M. Sébastien Hourson dresse un état des lieux et renouvelle l'approche juridique de ce problème, qui intéresse au premier chef les collectivités territoriales, au moment où les nouveaux projets de loi de réforme de la décentralisation prévoient de nouvelles formes de conventions entre administrations.

Le Deuxième Prix a été attribué à Mme Marie-Joëlle Kodjovi, pour sa thèse de science économique, « La participation des usagers à la régulation des services d'eau en France », qui a été dirigée par le professeur Claude Ménard (Université Paris-I, Panthéon-Sorbonne). Les problèmes de qualité de l'eau et l'augmentation du prix de l'eau ont rendu les élus locaux et la population beaucoup plus sensibles au choix du mode de gestion et à l'organisation de la distribution d'eau. Le sujet est le plus souvent étudié sous l'angle du droit public, de la sociologie ou de la science politique. Avec les ressources méthodologiques de la nouvelle économie institutionnelle, Mme Marie-Joëlle Kodjovi renouvelle l'approche de la question. En les appliquant à plusieurs études de cas, elle montre comment la participation des usagers peut contribuer à l'amélioration de l'efficacité économique, et que ni la participation ni les gains d'efficacité qu'elle permet ne sont liés à un mode de gestion particulier. Sous les conditions définies par l'auteur, la participation des usagers peut donc être un facteur d'efficacité économique.

Enfin, *le Prix de thèse du CNFPT a été décerné à M. Pierre-Henri Bomberger, pour sa thèse en aménagement de l'espace et urbanisme, « L'urbanisme en campagne. Pratiques de la planification des sols et d'aide à la décision dans les communes rurales françaises », dirigée par les professeurs Corinne Larue, Jean-Philippe Waaub et Maurice Blanc (Université de Tours et Université du Québec à Montréal).* On oublie souvent que l'urbanisme n'est pas seulement le problème des villes. Des milliers de communes rurales sont concernées par l'urbanisation, qu'elles la suscitent ou qu'elles la subissent. Ces communes, souvent d'assez petite taille, ont bénéficié comme les villes de la décentralisation des compétences en matière d'urbanisme, mais sans avoir, en général les capacités techniques de les assumer, qu'il s'agisse d'élaborer et d'adopter un document d'urbanisme ou d'instruire des permis de construire si la commune est couverte par un tel plan. Mais alors que les services de l'État apportaient traditionnellement leur appui aux petites communes, la réduction des moyens des services déconcentrés de l'État, par suite de transferts de compétences et plus récemment d'économies budgétaires, laisse ces communes désarmées face aux enjeux économiques, sociaux et environnementaux de l'utilisation des sols. La thèse montre que le retrait de l'État qui a suivi les réformes de la décentralisation n'a pas toujours été compensé par le renforcement des collectivités territoriales.

Le lecteur trouvera dans les articles qui suivent, écrits par les lauréats pour présenter les résultats de leurs recherches, une présentation plus complète et plus riche. Nous ne doutons pas qu'il souhaitera ensuite, s'il le peut, prendre connaissance de ces ouvrages, qui seront bientôt, ou sont déjà, publiés. Tous répondent parfaitement à la vocation du Prix de Thèse des Collectivités territoriales : récompenser des travaux remarquables par leur apport à l'enrichissement des connaissances et par leur pertinence pour les enjeux politiques et administratifs de l'action publique locale.

I. Pour l'élaboration d'une catégorie infra-contractuelle : Les conventions d'administration[1]

Sébastien Hourson

L'action publique est saisie par l'idéologie contractuelle. Depuis trois décennies, ce phénomène semble s'affermir au sein des modes d'intervention des autorités administratives territoriales. La doctrine ne manque pas, en tout cas, de relever de manière très régulière la profusion des actes conventionnels. Du moins fait-elle état de l'existence d'un mouvement contractualiste qui inspirerait toujours plus l'ensemble des méthodes d'administration contemporaines. Preuve particulièrement édifiante de la place accordée aujourd'hui au contrat, le Conseil d'État a lui-même consacré l'un de ses derniers rapports publics à ce thème. Il y est souligné, une nouvelle fois, les fonctions multiples qu'assurent ces actes pour lesquels l'ouvrage entrevoit différentes perspectives. Mais surtout, les auteurs insistent sur les nombreuses difficultés théoriques et pratiques que suscite cette évolution. C'est d'ailleurs la raison pour laquelle ils invitent, dans divers passages, à la réflexion. Selon les termes du rapport public pour 2008, « le désordre contractuel souvent relevé au sein du droit administratif français est [...] d'abord un désordre conceptuel et terminologique. Penser la société du contrat suppose en amont des concepts et une terminologie claire et communément acceptée. Ils restent à définir »[2]. Sans doute cette nécessité n'est-elle propre ni à la matière conventionnelle ni au droit administratif interne. Mais elle se manifeste avec une acuité tout à fait singulière ici en raison des confusions qui affectent gravement l'activité administrative tant au niveau étatique que local.

1. Ce texte expose, à grands traits, les enjeux et le contenu d'une thèse de doctorat de droit public soutenue le 8 décembre 2011 à l'université Paris-II – Panthéon-Assas, « Les conventions d'administration », sous la direction du professeur Bertrand Seiller.

2. CE, Rapport public, Le contrat, mode d'action publique et de production de normes, EDCE, n° 59, 2008, p. 252.

Trop souvent, cette situation se trouve envisagée au moyen d'une expression peu explicite et guère satisfaisante : la contractualisation. Sont désignées par ce terme des réalités juridiques très variables. Il peut s'agir de viser d'authentiques contrats, des actes unilatéraux dont la procédure d'élaboration est trompeuse, ou bien des procédés extrajuridiques. Dans certaines hypothèses, ce sont surtout des instruments formellement conventionnels, produisant des effets de droit, sans pour autant présenter tous les caractères matériels des contrats qui sont concernés. En témoignent notamment les anciens contrats de plan, auxquels ont succédé les contrats de projets, les contrats de pays, de programme, d'objectifs et de moyens, d'objectifs et de performance, de développement territorial, de paysage, d'objectifs territorialisés, locaux de sécurité, d'agglomération ou encore les conventions d'objectifs et de gestion. Peu significative, l'expression de contractualisation devrait donc être abandonnée afin de rétablir plus de rigueur au sein des qualifications juridiques. Elle permet néanmoins d'ouvrir un vaste champ d'examen au moyen d'une hypothèse de travail qu'il convient de présenter brièvement.

Pour l'heure, la plupart des auteurs, de droit public comme de droit privé, limitent les conventions aux seuls contrats. Cette présentation semblait jusqu'alors parfaitement légitime au vu de l'action administrative et correspondait à une perception étroite du droit, caractérisé par la contrainte. Mais l'évolution des procédés pourrait justifier désormais que soit opérée une distinction nette entre les actes conventionnels, du moins entre ceux des personnes publiques.

Pour ce faire, il est possible de recourir à un critère d'ordre normatif. Seraient alors qualifiés de contrats les actes résultant de l'expression de plusieurs consentements, présentant un caractère de réciprocité, et qui comportent des droits et obligations ; ce dernier aspect supposant que la teneur des stipulations contractuelles soit toujours impérative. Recevraient en revanche la qualification de simples conventions d'administration les actes dont les caractères formels sont identiques à ceux des contrats, mais ne comprenant que des stipulations directives.

Une telle séparation permet de mieux situer les conventions d'administration dans la classification juridique tout en redéfinissant la notion de contrat. Elle conduit en outre à leur conférer des fonctions propres et à en faire une utilisation spécifique selon les besoins des acteurs. La terminologie adoptée tente précisément de rendre compte – comme cela est possible dans la mesure où plusieurs niveaux de langage hermétiques coexistent au sein des discours, et souhaitable pour le processus nécessaire « d'enrichissement de la langue juridique »[3] – de cette conception originale des phénomènes juridiques.

Parmi d'autres intérêts, l'élaboration d'une notion voisine de celle de contrat pourrait se justifier à deux égards.

En premier lieu, les difficultés pour concevoir et organiser les actions conventionnelles résultent à l'évidence de plusieurs carences théoriques. Ces dernières expliquent pour une large part le décalage, qui se creuse aujourd'hui, entre les instruments dont les personnes

3. J.-J. Bienvenu, « Actes juridiques et classification », Droits, 1988 (n° 7), p. 22.

publiques font usage et les outils conceptuels. En effet, la classification des actes juridiques ne correspond plus assez rigoureusement aux modalités d'action administratives. Admettre cela ne revient pas à postuler que le droit serait toujours tributaire de l'évolution des faits. Néanmoins, il existe un écart trop important entre la pauvreté de la classification des conventions, laquelle se limite aux énoncés normatifs, et le développement de pratiques dont on peut penser qu'elles sont d'ordre conventionnel bien qu'elles ne produisent aucune norme, au moins de façon directe. Pour éviter plusieurs écueils, il convient en particulier de ne pas céder à la tentation de s'inspirer de la différenciation consacrée par l'article 1101 du Code civil[4]. Celle-ci apparaît en vérité largement fictive, car fondée sur un critère reposant sur l'objet des actes. Vouée à introduire une complication inutile, elle n'emporte pas de conséquence normative et paraît légitimement négligée par les acteurs du droit et la doctrine.

En second lieu, sur un plan pratique, les autorités administratives, qu'elles soient étatiques ou territoriales, expriment visiblement des besoins auxquels ne pourvoit pas l'état actuel du droit positif. Donnant l'illusion que des obligations juridiques ont été prévues, la qualification de contrat fige la souplesse des actes signés en les soumettant, en principe, à un régime inapproprié. C'est donc bien l'efficacité des instruments utilisés qui s'en trouve menacée. S'il faut écarter cette approche, une exigence de sécurité des relations conventionnelles suppose toutefois que des garanties soient reconnues aux parties. Cela commande de dessiner les contours d'une nouvelle catégorie d'actes conventionnels dont le régime juridique serait adapté à ces situations.

S'agissant des choix méthodologiques, les phénomènes peuvent être étudiés sous l'angle de la classification des actes en partant d'un postulat volontariste. Il ne suffit pas de donner une simple description d'une catégorie dont les éléments seraient, en quelque sorte, préalables à l'étude. Adopter une telle perspective, ce serait méconnaître l'état du droit et dissimuler la démarche adoptée. Il s'agit, après une observation des pratiques administratives, de rassembler plusieurs procédés d'apparence conventionnelle ne comportant pas toutes les caractéristiques des contrats sous la dénomination de convention d'administration. L'argumentation développée a donc pour objet de vérifier la possibilité de dissocier ces actes des contrats, de montrer leur unité et de s'assurer de l'utilité de la notion élaborée.

Aussi la méthode choisie impose-t-elle d'opter pour un regard globalisant des phénomènes conventionnels au sein de l'action administrative. Assumée, une telle approche vise à compléter, voire à dépasser, une vision trop souvent fragmentaire de ces actes, chacun étant analysé dans son domaine particulier. Un examen général des actions s'avère en effet nécessaire eu égard à l'objectif fixé. Ces choix méthodologiques conduisent à organiser l'examen au moyen d'une articulation binaire simple en montrant, d'une part, l'autonomie de la notion de convention d'administration par rapport à celle de contrat (I) et, d'autre part, les spécificités touchant à l'utilisation de ces procédés juridiques au sein de l'action administrative (II).

4. Selon les termes de cet article : « Le contrat est une convention par laquelle une ou plusieurs personnes s'obligent, envers une ou plusieurs autres, à donner, à faire ou à ne pas faire quelque chose. »

I. L'autonomie de la notion de convention d'administration

Le recours intempestif aux procédés conventionnels par les différentes personnes publiques a profondément bouleversé la nature même du contrat. Et, de façon assez paradoxale, à mesure que se multiplient tous ces instruments au sein de l'action administrative, les notions contractuelles défaillent. La gangue ainsi formée par les conventions de l'administration doit être brisée. La nécessité de dégager de celle-ci des catégories intelligibles pour les parties, mais également pour les tiers, et susceptibles d'être employées par le juge impose un renouvellement des notions. Il faut pour cela retenir une acception moins évasive du contrat. Puis, définir les contours d'une seconde notion, certes proche de cette dernière, mais autonome au vu de plusieurs éléments.

Dans cette optique, il s'agit d'envisager une recherche sur deux plans distincts. Elle portera d'abord sur les caractéristiques des actes et insistera ensuite sur les fonctions que ces derniers assurent. Un tel raisonnement s'avère nécessaire dans la mesure où l'autonomie des conventions d'administration n'est pas juste en tout point. En premier lieu, elle demeure relative au regard de la structure des actes, entendue en son sens le plus large. D'apparence contractuelle, les conventions d'administration ne produisent pas tous les effets liés à cette catégorie en raison de l'absence de stipulation obligatoire. Seuls les contrats en contiennent et constituent, par conséquent, le *noyau normatif* des conventions de l'administration (A). En second lieu, l'autonomie des conventions d'administration ressort de façon manifeste à l'aune des fonctions qu'elles remplissent ponctuellement. Plus souples, ces procédés autorisent le franchissement d'obstacles insurmontables en théorie pour les contrats. Ce constat rend d'autant plus certaine l'autonomie de la notion de convention d'administration par rapport à celle de contrat (B).

A. Les difficultés rencontrées pour ordonnancer les actes conventionnels contrastent singulièrement avec les multiples ramifications de l'organigramme des actes unilatéraux. On ne saurait toutefois négliger les efforts conjugués de la doctrine, du juge et du législateur pour distinguer les catégories contractuelles entre elles. Mais c'est d'une autre difficulté dont il s'agit de traiter ici. Elle tient au désintérêt doctrinal pour une classification des actes conventionnels en fonction de l'impérativité de leurs stipulations. Distinction première pour les actes administratifs unilatéraux, elle demeure étrangement absente s'agissant des conventions. On souhaite proposer une argumentation afin de justifier son utilité pour situer les actes *infra-contractuels* dans l'ordonnancement juridique.

L'étude structurelle des actes conventionnels pourrait décevoir l'observateur en ce qu'elle ne permet pas d'isoler avec netteté une notion autonome par rapport à celle de contrat. Découlent de cette analyse des conclusions qui peuvent apparaître divergentes. Pour en juger, il convient d'abord de dire précisément ce que comprend la structure ici. Ce terme ne renvoie pas simplement à la forme de l'acte, mais, plus globalement, à sa constitution. Il comporte donc aussi des éléments relatifs au fond des actes. De sorte que, adoptant ces deux points de vue, l'examen des actes conventionnels sera plus complet. Il en ressort, d'une part, une véritable assimilation formelle entre les actes conventionnels en dépit de leurs apparences hétéroclites. Cela tient au fait que, dans chacune de ces hypothèses, l'expression de plusieurs consentements et la présence d'une réciprocité sont nécessaires. Mais surtout, il en résulte, d'autre part, une distinction matérielle entre les authentiques contrats et les simples conventions d'administration. Une telle conclusion oblige à mener une investigation relative aux stipulations des actes. Elle présente en outre l'intérêt de conférer, en théorie, un rôle important aux parties publiques dans la détermination des clauses conventionnelles.

B. Aborder les conventions d'administration sous l'angle fonctionnel n'implique pas de réfuter les développements précédents. À l'inverse de ce que pourrait laisser penser une lecture stricte du concept de notion fonctionnelle, cette approche permet seulement de confirmer ponctuellement l'autonomie structurelle de cette catégorie par rapport à celle de contrat. Elle autorise simplement à souligner que, comme toute notion juridique, son existence se trouve justifiée par l'utilité de la fonction qu'elle remplit. La mise en exergue de cet aspect suggère d'affermir la distinction entre les contrats et les conventions d'administration. C'est en ce sens que l'on recourt dans cette présentation à l'expression d'*autonomie fonctionnelle*.

Par-delà les divers intérêts que présentent les conventions d'administration, dont une fonction évidente de formalisation de négociations portant sur l'action administrative territoriale, celles-ci exercent une *fonction substitutive* par rapport au contrat. Il arrive en effet que les parties rencontrent un obstacle théorique pour conclure un contrat et que la passation d'une convention s'avère malgré tout souhaitable. Lorsqu'une telle situation se réalise, la signature d'une convention d'administration permet de contourner cette difficulté. Tel est le cas notamment dans deux hypothèses : soit l'impossibilité qui frappe la conclusion d'un contrat se rapporte aux parties, c'est-à-dire aux sujets qui passent une convention ; soit l'obstacle théorique tient dans l'objet même de l'acte conclu, interdisant en principe la signature d'un contrat. L'autonomie fonctionnelle des conventions d'administration résulte ainsi d'examens convergents portant sur les sujets et les objets. Cette opposition classique au sein de la pensée cartésienne permet, dans son acception juridique, de fonder une distinction fructueuse.

II. Les spécificités de l'utilisation des conventions d'administration

La signature d'un contrat recouvre des réalités diverses. De façon compréhensible, les applications changent notablement en fonction des attentes des signataires. Illustre de façon remarquable cet aspect la typologie, d'inspiration réaliste, des contrats spéciaux en droit civil. Toutes proportions gardées, les conventions d'administration présentent aussi un certain nombre de singularités. Mais il ne s'agit pas tant de procéder à une analyse *micro-juridique*. Bien au contraire, en visant les spécificités touchant à l'utilisation des conventions d'administration, on entend montrer plusieurs originalités communes aux actes qui relèvent de cette potentielle catégorie. Une approche plus générale, que l'on pourrait nommer ici *macro-juridique*, sera donc adoptée.

Dans cette perspective, une difficulté générale tenant à la faible juridicité des conventions d'administration apparaît d'emblée. L'absence de clause impérative laisse augurer, en effet, une quantité restreinte de règles applicables. Aussi déterminer un régime commun aux conventions d'administration consiste-t-il surtout à montrer que leur utilisation est loin d'être assimilable à celle des contrats. Pour ce faire, il est possible de raisonner sur deux plans distincts bien qu'ils soient liés. Produisant du droit (A), les conventions d'administration se trouvent logiquement soumises au droit (B).

A. Une controverse relative à l'appartenance des contrats aux sources du droit perdure au sein de la doctrine. Certes, les auteurs admettent volontiers que les stipulations de ces actes créent des normes juridiques. Mais il arrive parfois qu'on leur refuse, à l'instar des décisions individuelles, le *label* de source de la légalité. Cette situation, qui trouve peut-être une influence dans les choix effectués par le juge, peut paraître curieuse lorsque l'on adopte une approche positiviste *largo sensu*[5]. Elle n'empêche pas, en tous les cas, d'envisager les conventions d'administration comme étant intégrées aux sources de la légalité administrative. Cela appelle néanmoins des remarques de deux ordres.

D'une part, les sources de la légalité administrative sont habituellement réduites à leurs composantes les plus nobles. C'est-à-dire à celles qui, pour créer le droit et fonder son autorité[6], ont vocation à modifier par elles-mêmes l'ordonnancement juridique. Pour autant, il arrive que d'autres actes élaborés par les acteurs de l'administration soient perçus comme des sources *indirectes* de la légalité administrative. Cela signifie alors que les phénomènes envisagés ne modifient pas, par leur seule existence, l'ordonnancement juridique, mais qu'ils peuvent fort bien participer à cette modification. Tel semble être le cas des conventions d'administration. Elles assurent une fonction d'orientation des politiques publiques comparables, à certains égards, aux directives dites « Crédit foncier de France ».

D'autre part, la doctrine a estimé pendant plusieurs décennies que l'expression *acte administratif* désignait seulement l'acte administratif unilatéral. Cette affirmation supposait d'assumer un raccourci théorique en évinçant nécessairement les actes conventionnels. Malgré ses finalités et ses mérites, cette perception doit être écartée. Admettre toutefois que l'acte administratif ne saurait être réduit à l'acte unilatéral ne suffit pas. Encore faut-il cerner le processus de détermination du genre des conventions. Car le fait d'établir l'administrativité des conventions d'administration permet de soutenir avec plus d'assurance l'idée que ces procédés forment une source indirecte de la légalité administrative.

B. En adoptant une approche générale, les illégalités n'affectent pas uniquement les normes. D'autres actes juridiques peuvent encourir des risques similaires alors même que leur teneur ne s'avère pas impérative. Ainsi n'est-il pas satisfaisant de considérer, *a minima*, que la légalité des actes non normatifs ne se vérifie pas. Pour autant, il est légitime que la recevabilité des recours à l'encontre de certains actes soit limitée. Mais cela ne signifie pas qu'aucun contrôle ne puisse être exercé, ne serait-ce que par la voie de l'exception. Il en va

5. Voir not., H. Kelsen, Théorie générale du droit et de l'État, trad. B. Laroche et V. Faure, Bruylant/LGDJ, coll. « La pensée juridique », 1997, p. 186.

6. Voir not., Ch. Perelman, « Ontologie juridique et sources du droit », APD, 1982, p. 23.

du respect du principe de légalité comme, en l'espèce, de la préservation de la sécurité des relations conventionnelles entre personnes publiques.

Nul doute que les conventions d'administration sont, elles aussi, régies par des règles permettant de s'assurer de leur validité juridique. Toutefois, il faut bien reconnaître que cette soumission est imparfaite pour deux motifs principaux. D'une part, les normes susceptibles d'encadrer ces procédés conventionnels paraissent, en définitive, peu nombreuses. D'autre part, cette carence est d'autant plus manifeste que le contrôle appliqué aux conventions d'administration reste particulièrement discret. Toutes ces carences sont amplement justifiées par la nature spécifique des conventions d'administration, qui demeurent d'abord des actes encadrant les politiques publiques. Cela n'empêche pas toutefois de juger cet état du droit perfectible.

III. Conclusion

Au terme de cette brève exposition, l'existence d'une distinction au sein des actes conventionnels administratifs pourrait être soutenue au moyen d'une argumentation mieux assurée. L'hypothèse formulée en introduction repose essentiellement sur quelques intuitions liées à l'observation de l'action publique et à un examen comparatif de la classification des moyens unilatéraux. Une étude précise et systématique semble permettre de confirmer la plupart d'entre elles. Voilà pourquoi il ne paraît plus satisfaisant de se borner à envisager les contrats comme étant les seuls phénomènes de droit relevant de la branche des actes conventionnels. Une représentation plus pertinente de l'action publique est sans doute susceptible d'être livrée. Elle consisterait à ajouter à l'approche théorique une nouvelle notion, laquelle pourrait répondre à la terminologie de *convention d'administration*. Si une telle proposition ne ressort pas de l'évidence, elle peut néanmoins se prévaloir de solides motifs.

Non seulement il est possible de concevoir une différenciation d'ordre normatif entre les actes conventionnels, mais celle-ci trouve une confirmation dans les fonctions assurées par les conventions d'administration. La dissociation ainsi opérée pourrait faire l'objet de contestations eu égard à son caractère prétendument spéculatif. Pour en dissuader, de nombreux aspects reliés à l'utilisation des conventions d'administration, par l'État et les collectivités territoriales, sont susceptibles de confirmer la pertinence de la thèse soutenue. L'analyse de ces éléments suggère en effet la nature juridique et administrative de ces procédés. Elle révèle en outre que les conventions d'administration sont soumises à un régime, perfectible il est vrai, supposant l'application de règles de droit et l'exercice de contrôles. La mise en exergue de ces éléments est décisive car elle permet d'écarter une critique reposant sur l'appartenance des conventions d'administration au domaine du non-droit.

De telles conclusions corroborent l'idée selon laquelle le droit ne peut plus être envisagé comme un simple phénomène coercitif. Cette conception a sans doute été admissible autrefois. Mais elle paraît largement contredite par l'évolution des pratiques juridiques adoptées par les personnes publiques, et ce depuis plusieurs décennies. Admettre le contraire condamne à ignorer des aspects fondamentaux du droit contemporain.

Proposant un affinement de la classification des actes conventionnels, l'étude présentée recouvre des intérêts d'ordre pratique et théorique. D'un côté, il est certain que la catégorie des conventions d'administration pourrait rendre de précieux services aux parties. Elle leur permettrait de convenir tout en assurant une sécurité minimale à leur relation. D'un autre côté, les conventions d'administration sont à même de conforter, à la fois, les prérogatives dont bénéficient les personnes publiques, quelles qu'elles soient, et la notion de contrat. En signant de tels actes, les administrations ne se départent pas de leurs pouvoirs. Les parties publiques se réservent au contraire des possibilités d'action et des marges de manœuvre souvent plus importantes que lorsqu'elles signent de véritables contrats. La seconde de ces perspectives tient au fait qu'en chassant de la catégorie contractuelle des actes qui n'en revêtent pas tous les caractères, on participe à un effort de délimitation plus stricte de la notion de contrat. Cette préoccupation semble fondamentale eu égard aux assauts portés à la conception classique qu'en retient la doctrine. Dans cette optique, la notion de convention d'administration apporte un contrepoint à celle de contrat au sein de la théorie juridique. Et, en définitive, elle est moins le gage d'une révolution de l'action administrative que de la pérennité des appareils conceptuels du droit administratif.

II. La participation des usagers à la régulation des services d'eau en France[1]

Marie-Joëlle Kodjovi

Le xxe siècle a vu éclore une nouvelle forme d'organisation de la régulation des services publics avec la participation de la société civile ou de gens ordinaires au sein du processus même de régulation. À ceux qui pensent que le changement viendra par les populations, le présent donnerait-il raison ? Selon le Conseil d'État, les dispositifs de participation des usagers permettent de réguler la décision publique, de la rendre plus dynamique, délibérative et transparente. Cependant, dans les faits, rares sont ceux qui sont effectivement mis en place et fonctionnent correctement (Conseil d'État, 2011). Or les effets négatifs de l'absence de participation ou d'une mauvaise organisation de la participation ont été soulignés à maintes reprises par la littérature (Shirley & Ménard, 2002). Dans ce contexte, la thèse interroge le rôle et l'impact de la participation des usagers à la régulation des services publics en apportant un éclairage nouveau mobilisant l'économie néo-institutionnelle.

La thèse examine plus spécifiquement la participation organisée par les autorités publiques, soit pour répondre à des obligations réglementaires, soit de manière volontaire. Concernant la participation réglementaire, la thèse examine en particulier une institution participative : la commission consultative des services publics locaux instituée par la loi n° 2002-276 du 27 février 2002, dite loi Vaillant. Concernant l'organisation volontaire de démarches de participation, la thèse se penche sur l'exemple de la conférence de citoyens sur les services publics locaux, organisée par l'Institut de la gestion déléguée.

1. Thèse de sciences économiques soutenue le 22 novembre 2011 à l'université Paris-I – Panthéon-Sorbonne sous la direction du professeur Claude Ménard.

Le terme « usagers » désigne les utilisateurs des services. En règle générale, ces derniers peuvent être aussi bien des ménages, des entreprises, des agriculteurs, des administrations publiques, ou encore des associations. Ici, l'emploi du terme renvoie principalement à deux catégories : les associations qui représentent les usagers et les citoyens. Les services d'eau font référence aux services de distribution d'eau potable et d'assainissement des eaux usées. La régulation de ces services est décentralisée : chaque autorité publique locale organisatrice des services d'eau est le régulateur de ces services.

La thèse questionne tout d'abord l'intérêt de la participation des usagers pour les autorités publiques. La conférence de citoyens sur les services publics locaux permet d'étudier si la participation réduit les coûts de surveillance et de contrôle des services. Elle montre que les usagers-citoyens peuvent effectivement jouer un rôle d'alarme et d'auxiliaire, mais leur participation génère aussi des coûts d'organisation et de transaction. L'étude du rôle de la participation des usagers dans la construction d'une relation de confiance entre autorités publiques et usagers complète cette analyse. Il en ressort que la participation peut par ce biais affecter l'acceptabilité sociale des décisions publiques et les décisions elles-mêmes.

La thèse examine ensuite les institutions participatives et notamment la commission consultative des services publics locaux. Celle-ci semble à la fois introduire plus de flexibilité dans la régulation et renforcer l'application des institutions générales encadrant la contractualisation publique. L'étude comparative de quatre commissions consultatives (Grand Lyon, Nantes Métropole, Orléans-Val-de-Loire, Rennes) permet d'évaluer la coopération entre les autorités publiques et les usagers qui y participent. Elle met en évidence le rôle des micro-institutions dans cette coopération et interroge l'impact qui en résulte sur l'ensemble des usagers, ainsi que sur l'évolution des performances des services et des contrats de service public.

La présentation qui suit est divisée en quatre parties : (I) le contexte de ce projet de recherche, (II) le cadre conceptuel déployé et les hypothèses de recherche, (III) la méthodologie mise en œuvre et les données récoltées, (IV) les résultats obtenus.

I. Contexte du projet de recherche

Depuis quelques décennies, le législateur tend à accroître le rapprochement entre l'administration publique et les citoyens. La décentralisation de la régulation de certains services publics, le droit à l'information ou encore la simplification des procédures administratives en sont quelques exemples. Depuis une vingtaine d'années, ce mouvement s'est accéléré et de nouvelles lois sur la participation des usagers à la régulation des services publics ont fait leur apparition.

L'usager est ainsi devenu une figure incontournable de la régulation des services publics. Le dernier rapport du Conseil d'État paru en 2011 en témoigne. Dans ce rapport, le Conseil d'État analyse les relations entre l'administration publique et les usagers des services publics et leurs faiblesses. Il conclut sur la nécessité de concevoir d'autres méthodes de consultation des usagers pour que la participation de ces derniers devienne effective. Il consacre le terme de « régulation de la décision publique » et souligne que, par la consultation des habitants, la régulation de la décision publique se transforme et s'améliore (Conseil d'État, 2011).

Néanmoins, la participation des usagers reste un sujet controversé, notamment parce qu'il est difficile de déterminer avec précision si son impact est positif ou négatif. Ainsi, dans le cadre de la régulation des services d'eau, il apparaît que la participation des usagers peut avoir un impact positif. Elle permet, par exemple, de faire remonter l'information, de révéler des faits de corruption comme ce fut le cas à Grenoble dans les années 1990 ou d'améliorer la légitimité des choix. Cependant, d'autres exemples montrent que l'effet est parfois moins clair, notamment si l'aboutissement en est la rupture d'un contrat. Cet impact controversé a été mis en évidence dans la littérature théorique par les travaux de Shirley et Ménard (2002). Ces derniers montrent que, dans le cadre de la réforme des infrastructures dans des environnements institutionnels difficiles, la participation des usagers peut être un facteur de réussite ou au contraire de conflits et d'échec des réformes. D'autres travaux mettent aussi en évidence les défaillances potentielles d'une participation mal organisée ou mal pensée, comme l'adoption de décisions allant dans le sens contraire à l'intérêt des usagers qui ne participent pas (Moe, 1990 ; 2005).

Finalement, il est difficile de faire *a priori* un bilan de la participation des usagers à la régulation des services d'eau. D'autant plus que peu de travaux en économie examinent le sujet et que, plus généralement, peu d'études portent sur le fonctionnement effectif et l'impact des dispositifs de participation d'un point de vue économique.

C'est dans cette perspective que la thèse pose la question suivante : quels sont le rôle et l'impact économique de la participation des usagers à la régulation des services d'eau en France ?

II. Cadre théorique et hypothèses de recherche

Pour répondre à cette question de recherche, la première difficulté a été de construire un cadre d'analyse approprié. En effet, très peu de travaux en sciences économiques se sont intéressés à la participation des usagers et il n'existe pas de cadre théorique unifié ou standardisé traitant de ce sujet.

Notre centre d'intérêt étant le rôle institutionnel de la participation des usagers et son impact économique, le cadre de l'économie néo-institutionnelle nous est apparu comme le plus pertinent. De manière plus spécifique, le cadre conceptuel s'appuie sur la littérature en économie néo-institutionnelle portant plus généralement sur la régulation des services publics et les problèmes de gouvernance associés, et plus particulièrement sur trois champs d'analyse : l'économie politique, la nouvelle économie de la régulation et l'économie des organisations. En économie politique, les travaux sur l'impact de la participation de citoyens sur l'information du régulateur (McCubbins & Schwartz, 1984 ; de Figueiredo *& al.*, 1999) et les rapports entre les acteurs (Levi, 1997 ; Moe, 1990 ; 2005) ont été les plus enrichissants. Pour compléter cette analyse, la nouvelle économie de la régulation est apparue pertinente concernant notamment les conséquences de l'introduction d'une tierce partie dans la régulation sur les contrats de partenariat public-privé (Spiller, 2009), l'efficacité de la régulation (Levy & Spiller, 1994) et le rôle des micro-institutions dans celle-ci (Ménard, 2003 ; 2004 ; 2008 ; 2009). Pour mieux évaluer cette efficacité, les études en économie des organisations sur les coûts de transaction (Coase, 1937 ; 1960 ; Williamson, 1975 ; 1976 ; 1985 ; 1989 ; 1991) ont fourni les outils pour définir et mesurer les coûts d'organisation et de transaction au sein de la régulation des services. Par ailleurs, comme le sujet se situe au carrefour de la littérature en sciences sociales, il nous est paru nécessaire d'emprunter quelques références à la littérature en sciences économiques en dehors du cadre théorique principal précité, non pour analyser directement l'objet de recherche, mais pour montrer comment d'autres recherches ont pu questionner le sujet avec des perspectives différentes. Ainsi, les approches disciplinaires en sociologie, en sciences politiques ou en droit se focalisent davantage sur l'analyse du rôle des citoyens et de leurs interactions lors des processus de négociation.

Il est ressorti des travaux mobilisés que l'introduction des usagers dans la régulation des services publics peut modifier les relations entre l'autorité publique et ces derniers, ceci pouvant avoir un impact sur la régulation et les performances socioéconomiques des services. Par conséquent, trois axes de recherche sont apparus : (1) la relation entre autorité publique et usagers ; (2) les impacts sur la régulation de ces interactions participatives ; et (3) leurs conséquences sur le service.

La qualité de la relation entre autorité publique et usagers constitue le premier axe de cette recherche. Sur la base des travaux de Levi (1997), Moe (1990 ; 2005) et Spiller (2009), deux variables sont investiguées pour évaluer cette relation : la confiance et la coopération. L'analyse présuppose ici que la participation peut augmenter la confiance des usagers vis-à-vis de l'autorité publique et la coopération entre les acteurs. En conséquence, elle peut améliorer l'acceptabilité des décisions publiques ou plus largement leur acceptation. Cependant, une coopération forte peut se faire au détriment de ceux qui ne participent pas, les usagers-outsiders. Aussi, notre hypothèse énonce que plus la coopération entre les usagers-insiders et l'autorité publique est forte, plus celle-ci se fait au détriment des usagers-outsiders, sauf si ces derniers sont pris en compte par d'autres biais. Elle suppose également qu'un échec de la participation peut entraîner une hausse de la méfiance et même le rejet de décisions publiques.

Deux paramètres sont mobilisés pour estimer l'impact sur la régulation : l'information du régulateur (McCubbins & Schwartz [1984] ; de Figueiredo *& al.* [1999]) et les coûts de la régulation (Williamson [1985] ; Levy & Spiller [1994]). La participation peut favoriser la remontée d'information vers le régulateur et réduire les coûts de pilotage du service que doit supporter le régulateur. Elle permet en quelque sorte de réduire le « fardeau du régulateur » (Shirley & Ménard, 2002).

L'évaluation des conséquences sur le service mobilise plusieurs indicateurs : la nature des contrats, le prix et la qualité du service. Notre analyse s'appuie sur les travaux de Spiller (2009) qui considère que l'exposition publique des contrats de partenariat public-privé les rend plus sensibles à l'opportunisme des tierces parties. Selon Spiller, des contrats peu rigides ouvrent la porte à une plus grande contestation témoignant de l'opportunisme des tierces parties. Notre approche se distancie de cette hypothèse : nous supposons que l'autorité publique a justement le plus intérêt à coopérer avec les usagers lorsque les contrats sont peu rigides et par conséquent plus facilement contestables par les usagers. Cette nouvelle perspective anticipe donc une plus forte coopération lorsque les contrats sont peu rigides. Par ailleurs, elle attend un effet mitigé sur le prix et la qualité du service étant donné que la coopération peut se faire au détriment des usagers qui ne participent pas. En nous appuyant sur les travaux de Ménard (2003) relatifs aux micro-institutions conçues pour encadrer le déroulement des processus participatifs, nous faisons l'hypothèse que ces micro-institutions jouent un rôle déterminant sur les résultats obtenus.

III. Méthodologie et données

D'un point de vue méthodologique, la recherche repose principalement sur les méthodes du récit analytique et de l'étude de cas. Les données collectées ont été recoupées en employant la méthode de la triangulation. Ces données provenaient de plusieurs sources :

– premièrement, d'une recherche documentaire élaborée à partir de rapports publics ;
– deuxièmement, des informations issues de notre contribution à un groupe de travail mis en place par l'Institut de la gestion déléguée ;
– troisièmement, des études de cas conduites par une méthode de recherche-action (pour la conférence de citoyens) et par des entretiens semi-directifs dans des collectivités ayant mis en place une commission consultative des services publics locaux.

Les études de cas ont porté sur deux modalités de participation des usagers : volontaire et institutionnalisée. La conférence de citoyens est la forme de participation volontaire étudiée. Les autorités publiques peuvent en effet organiser une conférence de citoyens quand et comme elles le souhaitent avec toutefois un minimum de règles à respecter. La conférence de citoyens sur les services publics locaux, organisée par l'Institut de la gestion déléguée nous a permis d'analyser le rôle de la participation dans l'information du régulateur et sur les coûts de la participation. Pour ce faire, l'avis de quatorze citoyens a été analysé.

La commission consultative des services publics locaux (CCSPL) est le dispositif de participation institutionnalisée examiné afin d'évaluer l'impact de la participation des usagers à la régulation des services d'eau. La loi Vaillant, qui institue la CCSPL, laisse une large marge de manœuvre aux autorités publiques locales pour organiser la participation, ce qui laisse supposer que les commissions consultatives ne fonctionnent pas toutes de la même manière. Quatre exemples de CCSPL ont été investiguées : celles du Grand Lyon, de Nantes Métropole, d'Orléans Val-de-Loire et de Rennes.

IV. Résultats

Trois axes d'investigation guident cette recherche : la relation entre autorités publiques et usagers, la régulation du service, les effets des processus participatifs sur la qualité du service.

A. La relation entre autorité publique et usagers

1. La participation : un laboratoire de confiance

Les résultats montrent que la participation favorise l'établissement d'une relation de confiance et qu'elle améliore ainsi l'acceptabilité des décisions publiques, même celles *a priori* impopulaires comme la délégation de service public ou la hausse des prix. Les résultats montrent toutefois que cette hausse de l'acceptabilité n'entraîne pas nécessairement une meilleure acceptation des décisions par l'ensemble de la population, ce qui nuance l'analyse de Levi (1997). En outre, il apparaît qu'un échec de la participation peut entraîner de la méfiance, le rejet des décisions publiques et même un accroissement des conflits.

L'analyse souligne que les micro-institutions jouent bien un rôle déterminant : elles peuvent favoriser l'établissement de la confiance ou temporiser les conflits. Elle indique également qu'il est nécessaire d'être vigilant sur les potentiels effets pervers de la confiance. Il est, par exemple, possible que des décisions publiques souhaitées par la population soient rejetées par ceux qui participent. Il faut également tenir compte des risques de capture de l'autorité publique par les usagers et vis versa.

2. Les institutions participatives : des structures de coopération ou de pouvoir ?

Concernant la coopération entre l'autorité publique et les usagers-insiders, les études de cas montrent qu'il y a toujours un minimum de coopération mis en place. La participation favorise donc la coopération. À titre d'exemple, toutes les commissions consultatives étudiées ont des activités qui vont bien au-delà de ce que prévoit la loi Vaillant. Dans le cas du Grand Lyon, on constate aussi que même s'il y a des conflits, des adaptations sont mises en place et donc des réponses sont apportées à ces conflits. Ces résultats permettent de nuancer certaines conclusions de Spiller (2009) concernant l'opportunisme des tierces parties, puisque la participation ne semble pas ouvrir la porte à plus de contestation. Ce n'est pas la contestation, mais au contraire la coopération qui prédomine. Différents degrés de coopération sont néanmoins observables, qui dépendent bien des micro-institutions mises en place par chaque autorité publique locale. Il est toutefois difficile de les relier à un opportunisme potentiel des usagers.

Concernant l'effet de la coopération sur les usagers-outsiders, cette recherche montre que la coopération entre l'autorité publique et les usagers-insiders peut être contrebalancée par la prise en compte des usagers-outsiders par d'autres biais, validant ainsi notre hypothèse initiale. À ce sujet, deux stratégies peuvent être observées : consulter les usagers-outsiders autrement ou investir dans la transparence du dispositif. La coopération ne semble pas se faire au détriment des usagers-outsiders, ce qui nuance notre hypothèse découlant des travaux de Moe (1990 ; 2005) sur les risques d'une coopération trop forte entre *insiders*.

B. L'impact de la participation sur la régulation

Sur la base de l'étude de la conférence de citoyens, la participation semble favoriser la révélation d'information, mais l'impact de ce processus sur les coûts de régulation est mitigé. Ces résultats permettent donc de nuancer l'analyse de McCubbins & Schwartz (1984), selon laquelle une surveillance faisant intervenir les citoyens est une stratégie de régulation réduisant les coûts de surveillance à la charge du régulateur. Si d'un côté la participation fait effectivement baisser les coûts de collecte d'informations, de l'autre, elle génère elle-même des coûts (par exemple de tri de l'information) et ne dispense pas de rechercher de l'information complémentaire par d'autres biais.

C. Les conséquences sur le service

L'analyse comparative des CCSPL révèle que, comme supposé, le degré de coopération entre autorité publique et usagers-insiders est plus fort lorsque les contrats sont peu rigides. Dans ces cas, la participation permet de réduire les conflits et d'aboutir à des niveaux de coopération plus élevés que lorsque les contrats sont formels et rigides. Nos résultats questionnent ainsi les conclusions des travaux de Spiller (2009). Enfin, lorsque la coopération l'autorité publique et les usagers-insiders est forte, la participation institutionnalisée des usagers contribue à faire baisser le prix et améliorer la qualité. Une coopération forte n'est donc pas nécessairement au détriment de ceux qui ne participent pas, ce qui nuance le modèle développé par Moe (1990 ; 2005).

V. Conclusions

Les apports de cette thèse sont de trois ordres : théorique, méthodologique et empirique. Sur le plan théorique, elle formalise un cadre analytique basé sur les sciences économiques permettant de prendre en compte la participation des usagers. Sur le plan méthodologique, elle propose des indicateurs de mesure de la coopération et une évaluation des coûts de la participation. Enfin sur le plan empirique, les résultats apportent un éclairage sur le fonctionnement de la participation des usagers des services d'eau en France et montrent l'importance de la relation entre autorité publique et usagers.

Ces résultats peuvent avoir des implications d'un point de vue académique et politique. Ils montrent que la participation peut avoir un impact positif sous certaines conditions : la transparence du processus de participation, la crédibilité des engagements de l'autorité publique et le pouvoir réellement transféré aux usagers par l'intermédiaire des micro-institutions.

La thèse ouvre également un certain nombre de perspectives. Ainsi, il serait intéressant de répliquer l'étude à d'autres cas (autres villes, pays ou secteurs d'activité) pour voir si les résultats convergent et rechercher à cette occasion des régularités statistiques. Il serait également intéressant de réfléchir, compte tenu des débats actuels en France sur la démocratie participative, aux conséquences socioéconomiques d'un droit à la participation.

VI. Bibliographie

– COASE R. H., « The Nature of the Firm », *Economica, nouvelles séries* (4), 1937, p. 386-405.

– COASE R. H., « The problem of social cost », *Journal of Law and Economics, 3* (1), 1960, p. 1-44.

– CONSEIL D'ÉTAT, *Consulter autrement, Participer effectivement. Rapport public 201,* Paris, La Documentation française, 2011.

– DE FIGUEIREDO R. J., SPILLER P. T., & URBIZTONDO S., « An Informational Perspective on Administration Procedures », *Journal of Law, Economics and Organization, 15* (1), 1999, p. 283-305.

– LEVI M., *Consent, Dissent and Patriotism,* Cambridge University Press, 1997.

– LEVY B. & SPILLER P. T., *Regulation, Institutions, and Commitment in Telecommunications : a Comparative Analysis of five Country Studies,* The World Bank, 1994.

– MCCUBBINS M. D. & SCHWARTZ T., « Congressional Oversight Overlooked : Police Patrols versus Fire Alarms », *American Journal of Political Science, 28* (1), 1984, p. 165-179.

– MÉNARD C., « L'approche néoinstitutionnelle : des concepts, une méthode, des résultats », *Cahiers d'économie politique* (44), 2003.

– MÉNARD C., *L'économie des organisations. Nouvelle édition*, Paris, La Découverte, 2004.

– MÉNARD C., « Redesigning public utilities : the key role of micro-institutions », *in* J. KORNAI, L. MATYAS, & G. ROLAND (Éds.), *Corruption, Development and Institutional Design,* Palgrave Macmillan, 2008.

– MÉNARD C., « From technical integrity to institutional coherence : regulatory challenges in the water sector », *in* C. MÉNARD, & M. GHERTMAN (Éds.), *Regulation, Deregulation, Reregulation. Institutional Perspectives,* Edward Elgar, 2009.

– MOE T. M., « Political Institutions : The neglected side of the story », *Journal of Law, Economics and Organization, 6*, 1990, p. 213-253.

– Moe T. M., « Power and Political Institutions », *Perspectives on Politics, 3* (2), 2005, p. 215-233.

– Shirley M. M. & Ménard C., « Cities Awash : A Synthesis of the Country Cases », *in* M. M. Shirley (Éd.), *Thirsting for efficiency : The Economics and politics of urban water system reform,* Pergamon/Elsevier, 2002.

– Spiller P. T., « An institutional theory of publics contracts : regulatory implications », *in* C. Ménard & M. Ghertman (Éds.), *Regulation, Deregulation, Reregulation. Institutional Perspectives.* Edward Elgar, 2009.

– Williamson O. E., *Markets and Hierarchies : Analysis and Antitrust Implications. A Study in the Economics of Internal Organization*, New York, Free Press, 1975.

– Williamson O. E., « Franchise Bidding for Natural Monopolies in General and with respect to CATV », *The Bell Journal of Economics, 7 (1),* 1976, p. 73-104.

– Williamson O. E. *The Economic Institutions of Capitalism,* New York, Free Press, 1985.

– Williamson O. E., « Transaction Cost Economics », *in* R. Schmalensee, & R. Willig (Éds.), *Handbook of Industrial Organization* (Vol. 1, p. 136-82), Elsevier Science, 1989.

– Williamson O. E., « Comparative Economic Organization : The Analysis of Discrete Structural Alternatives », *Administrative Science Quaterly*, 36, 1991.

III. L'urbanisme en campagne. Pratiques de planification des sols et d'aide à la décision dans des communes rurales françaises[1]

Pierre-Henri Bombenger

Dans les petites communes rurales françaises, les modalités d'élaboration des règles locales d'urbanisme se distinguent des territoires urbains par l'absence d'ingénierie propre, la prégnance de l'interconnaissance entre élus municipaux et usagers de l'espace et la forte disponibilité physique potentielle de la ressource foncière. Le processus de normalisation du droit des sols qui caractérise les campagnes interroge ainsi les effets de la proximité sociale entre décideurs et publics cibles, de la bureaucratie administrative restreinte et des pratiques d'arrangements entre acteurs territoriaux.

En s'appuyant sur ce contexte politico-administratif particulier, cette recherche interprète les pratiques d'élaboration des plans locaux d'urbanisme (PLU) sous l'angle des injonctions à la mise en œuvre d'une planification durable de l'espace et de la transformation du cadre organisationnel de l'action publique territoriale. Depuis quelques années, le législateur renforce l'étendue des champs sociaux régulés par les documents locaux d'urbanisme et tend à faire de la préservation de l'environnement l'enjeu majeur de ces dispositifs. Mais cette dynamique « d'écologisation » des objectifs de l'action publique (Mélard, 2008) se déploie dans un contexte marqué par la remise en cause du modèle de co-administration (Duran et Thoenig, 1996) des territoires entre les agents des services déconcentrés de l'État et les élus locaux. La vacance technique engendrée par ce recentrage de l'action des directions départementales des territoires (DDT) n'est que partiellement compensée par l'intercommunalité rurale, les acteurs intermédiaires (chambre d'agriculture, parc naturel régional) ou le recours à une maîtrise d'œuvre privée.

Si la littérature scientifique a abondamment traité de l'émergence dans les espaces urbains d'institutions, de dynamiques et de référentiels d'urbanisme durable pour la planification des villes (Da Cunha *et al.*, 2005 ; Emelianoff, 2007), elle a fait peu de cas des

1. Thèse d'aménagement de l'espace – urbanisme, soutenue le 21 novembre 2011 sous la direction des professeurs Corinne Larrue, Jean-Philippe Waaub, Maurice Blanc, Université de Tours et université du Québec à Montréal. Thèse lauréate du Prix 2012 du Centre national de la fonction publique territoriale et du 32e (2012) Prix Philippe Aydalot de l'Association de Science Régionale de langue française (ASRDLF).

espaces ruraux. Alors que les territoires urbains sont apparus comme les grands gagnants de la décentralisation en développant des politiques, des programmes et des projets parfois remarquables, les petites communes rurales sont perçues comme des reliquats voués à disparaître avec le renforcement de la coopération intercommunale. Juridiquement, une ville de plusieurs milliers d'habitants a les mêmes prérogatives d'urbanisme qu'une petite commune de quelques centaines de citoyens. Pourtant la nature et l'ampleur des enjeux d'organisation spatiale sont largement différenciées, tout comme les ressources d'action territoriale. En particulier, l'accroissement des enjeux sociaux saisis par le droit, les relations de proximité entre élus-décideurs et propriétaires-usagers de l'espace et la technicisation croissante des expertises environnementales laissent les communes rurales relativement démunies face aux exigences d'une gestion parcimonieuse des ressources naturelles.

Dans ce cadre, cette recherche pose l'hypothèse de la diffusion d'un processus de « régulation locale » de la planification spatiale centrée sur le maire rural dont les mécanismes institutionnels questionnent la possibilité de produire localement une norme opérationnelle d'urbanisme rural durable. L'expression met en évidence l'opposition entre l'autonomie décisionnelle croissante des élus ruraux dans les choix d'aménagement des territoires locaux et l'affaiblissement des ressources dont ils disposent pour mettre en œuvre cette gestion du droit des sols. La « régulation locale » engendre donc une fragilisation de l'action publique aménagiste en interrogeant l'exercice de l'autorité décisionnelle au regard des moyens d'action publique disponibles.

Pour investiguer cette assertion, nous nous appuyons sur une démarche de recherche-action organisée autour d'un outil d'aide à la décision baptisé « Système Intégré Urbanisme » (SIU). Celui-ci est développé dans le cadre de la révision de la charte du Parc naturel régional (PNR) des Ballons des Vosges et expérimenté avec les élus de trois communes élaborant leur plan local d'urbanisme. Ce dispositif de recherche permet d'analyser en situation les caractéristiques du système de gouvernance des petites communes rurales, et notamment les effets de la proximité sociale sur le contenu de la norme locale de planification spatiale.

La démarche SIU a été conçue pour répondre conjointement à un enjeu d'action publique et à un enjeu méthodologique. D'un point de vue de l'action publique, elle constitue la réponse opérationnelle proposée au PNR des Ballons des Vosges, à ses partenaires et aux élus locaux pour construire une traduction territoriale des grands principes d'urbanisme du projet de Charte dans les documents locaux d'urbanisme. D'un point de vue de la recherche, la démarche constitue un prétexte et un contexte pour s'immiscer dans les relations sociales de proximité qui caractérisent l'élaboration de nombreux PLU ruraux. En proposant un cadre opératoire et un outil concret, elle est perçue de manière positive par les élus municipaux qui bénéficient ainsi d'une expertise publique récurrente.

Techniquement, l'outil SIU est un système intégré d'aide à la décision (Côté *et al.*, 2001) visant à développer et partager les connaissances sur le territoire communal, à hiérarchiser les enjeux et à se projeter dans l'avenir. Pour ce faire, il mobilise trois interfaces : un module de connaissance territoriale développé autour d'un système d'information géographique, un module d'évaluation multicritère développé autour de onze critères d'urbanisme durable traduisant les grands principes du volet urbanisme de la Charte du Parc et un module de modélisation territoriale permettant de simuler les projets d'extension urbaine dans leur environnement. Les outils ne sont pas utilisés lors des rencontres. Seuls les cartes, images, schémas, chiffres et données qui en résultent sont mobilisés, pour limiter le décalage cognitif entre acteurs techniques et non-techniques. En outre, de nombreuses bases de connaissances sont élaborées avec les usagers des territoires, et notamment les agriculteurs et les élus. La démarche a été construite et testée pendant près de 24 mois dans le cadre d'une collaboration active avec les agents du Parc naturel régional des Ballons des Vosges, des Chambres d'agriculture du Haut-Rhin, de Haute-Saône et des Vosges ainsi que les communes de l'expérimentation et leurs prestataires d'études.

Le cadre conceptuel mobilisé pour cette recherche s'inscrit dans une approche interdisciplinaire en articulant l'analyse de politiques publiques (Knoepfel *et al.*, 2006), la sociologie de la transaction sociale (Blanc, 1992) et l'analyse instrumentale de l'action publique (Hood, 1986). La conjonction de ces entrées politistes et sociologiques permet de saisir conjointement les dynamiques institutionnelles et leurs effets dans les micronégociations locales entre acteurs de la décision publique. Réalisée entre les universités de Tours, Strasbourg et du Québec à Montréal, cette recherche doctorale bénéficie d'un cadre international, tant sur les plans des méthodes que des fondements bibliographiques.

L'analyse repose sur une analyse critique des théories de l'action publique française en montrant les évolutions institutionnelles et administratives observées depuis la formalisation des modèles de co-administration territoriale. Elle insiste en particulier sur le rôle des conceptions intégratives du territoire véhiculées par la notion de durabilité, les tensions que cette dernière fait naître et les particularités des relations individus-institutions dans des espaces ruraux où les agents de l'État déconcentrés sont de moins en moins présents au côté des élus. L'analyse est fondée sur des études de cas retenus pour la diversité des dynamiques socioéconomiques qui caractérisent ces communes. Il n'en reste pas moins que si les résultats présentés permettent une montée en généralité, ils doivent être nuancés afin de s'adapter à la diversité des mondes ruraux.

À partir de ces matériaux empiriques, la thèse interroge en particulier trois aspects des tensions entre les enjeux globaux d'un urbanisme durable et une gestion locale du dispositif d'action publique. L'hypothèse générale est ainsi déclinée selon trois objectifs spécifiques de recherche portant sur les effets de cette dynamique de régulation locale du point de vue des acteurs de l'élaboration du PLU (objectif 1), sur l'évaluation de la capacité de cette dynamique institutionnelle induite à favoriser la production de normes d'urbanisme rural durable (objectif 2) et sur l'aptitude des outils d'aide à la décision à construire une traduction des objectifs du législateur dans les dispositifs locaux de gestion du droit des sols (objectif 3).

I. Identifier les effets de la dynamique de régulation locale (objectif 1)

La dynamique de régulation locale réorganise autour du maire rural l'équilibre des pouvoirs entre les acteurs institutionnels associés à l'élaboration du PLU. Elle reconfigure ainsi le référentiel cognitif de l'action publique locale en redessinant les contours du processus d'hybridation entre les connaissances des techniciens de l'action publique et les savoirs territoriaux des élus locaux.

Le désengagement progressif des services déconcentrés de l'État de l'élaboration des PLU ruraux n'apparaît que partiellement compensé par les transferts de compétences et de moyens issus de la décentralisation. Centrées essentiellement sur des enjeux de meilleure allocation des ressources financières et humaines dans les territoires, les dynamiques de réorganisation de l'État ont ainsi fait de la légitimité à agir un « impensé » de la régulation locale. L'analyse du processus de régulation locale met en évidence l'existence d'une spécificité rurale dans le processus d'élaboration de la norme d'urbanisme. Celle-ci ne repose pas sur son contenu substantiel, mais essentiellement sur des ressources techniques et d'ingénierie territoriale limitée et une forte proximité sociale entre élus municipaux et usagers de l'espace.

En confiant aux maires ruraux la responsabilité de porter des enjeux globaux, liés par exemple à la préservation des terres agricoles ou le maintien de la biodiversité, l'État n'a pas pris la mesure de la forte contrainte qui pèse sur ces acteurs. Les maires tirent en effet leur légitimité d'action des électeurs communaux qui ne peuvent que rarement escompter un gain individuel et direct d'une réduction des droits à bâtir. Les élus municipaux disposent ainsi d'une plus grande marge d'action dans la définition des priorités locales. Mais le maire rural se retrouve isolé, privé du soutien de l'administration, à devoir arbitrer entre les injonctions croissantes à la réduction de la consommation des ressources naturelles, formulées par les techniciens de l'action publique, et les doléances locales de ses concitoyens à la pérennisation des droits à construire octroyés par les anciens plans d'occupation des sols. Deux conséquences majeures résultent ainsi de ce processus de régulation locale. Premièrement, le déficit de l'action de l'État nécessite pour les élus municipaux de trouver des substituts de légitimité et de capacité d'action. Le recours aux bureaux techniques privés constitue un substitut partiel. La légitimation requiert quant à elle l'intervention des personnes publiques comme garant de l'action municipale dans la construction d'un équilibre entre prise en compte des intérêts particuliers et défense d'un intérêt général. La difficulté pour les élus municipaux tient au fait qu'ils cherchent à légitimer leur action en mobilisant des acteurs publics qui véhiculent des intérêts et des valeurs qui peuvent rentrer en contradiction avec la pérennisation des droits à construire. Mais l'action de ces personnes publiques s'exprime – et c'est la deuxième conséquence de la régulation locale – dans un cadre d'interaction où en l'absence des agents de l'État, les élus disposent d'une capacité accrue à définir unilatéralement les frontières de la négociation, en incluant ou excluant ces différents acteurs. La régulation locale ouvre ainsi la voie à un déséquilibre dans la norme locale d'urbanisme entre la prise en compte des attentes des propriétaires et des principes d'urbanisme durable.

II. Déterminer les conditions de production d'un urbanisme rural durable (objectif 2)

Cette situation questionne ainsi la capacité du processus de « régulation locale » à favoriser la production de normes locales d'urbanisme rural durable. Dans le modèle de co-administration de l'action publique, les contre-pouvoirs à la décentralisation sont exercés par les agents de l'État dans le cadre institutionnel de la déconcentration. Au contraire, dans la dynamique de régulation locale, ces contre-pouvoirs à l'autonomie décisionnelle du maire reposent sur des mécanismes sociaux, non saisis par la réglementation ou les institutions. C'est le besoin de légitimation et l'absence de capacités techniques propres qui rendent nécessaire l'exercice des contre-pouvoirs pour les élus. Ce modèle est donc fragile institutionnellement. Si le maire peut légitimer ses choix autrement que par le droit ou la technique apportés par les personnes publiques, alors il pourra s'affranchir de leur intervention. De cette manière, il remettra encore un peu plus profondément en cause le principe d'élaboration associée des documents d'urbanisme. Ainsi le processus d'élaboration de la norme locale d'urbanisme s'inscrit dans un cadre où la dynamique institutionnelle cède progressivement la place à des modalités de gestion informelles, ouvrant ainsi la voie à la recherche de compromis entre acteurs interdépendants. Ce faisant, tous les acteurs semblent placés dans une situation où leurs ressources institutionnelles ne suffisent plus à légitimer et à garantir la prise en compte de leurs enjeux. La dynamique de régulation locale renforce ainsi la dimension transactionnelle de la négociation des règles du PLU.

Et dans ce cadre de transactions entre acteurs, l'expérimentation SIU met en évidence que le cadre institutionnel de négociation de la norme locale d'urbanisme est inapte à garantir la production d'un projet d'urbanisme rural durable. En effet, l'atteinte de cet objectif semble passer essentiellement par des facteurs non institutionnels qui sont la compétence individuelle et la volonté individuelle du maire. Il révèle ainsi un second impensé des réformes de l'action de l'État qui est la non-substitution des capacités d'action entre les échelles institutionnelles. En ce sens, la régulation locale ne traduit pas seulement un désajustement provisoire entre un retrait rapide des agents de l'État et une organisation intercommunale encore insuffisante. Elle repose en effet également sur la pratique territoriale de l'intercommunalité rurale qui fait de nombre de ces institutions une juxtaposition d'intérêts communaux.

À l'échelle municipale, ni les conditions actuelles de fonctionnement, ni les effets prévisibles de la réforme territoriale engagée en 2010, ne garantissent qu'une ingénierie intercommunale constitue un substitut efficace au retrait de l'État. Les élus locaux jouent des zones d'incertitudes issues de la vacance de l'État afin d'accroître leur latitude décisionnelle, pouvant aboutir à la marginalisation de l'action des personnes publiques associées. La régulation locale traduit ainsi un processus « d'in-formalisation » des interactions entre acteurs qui président à la production de la norme locale d'urbanisme.

À l'échelle supracommunale, la dynamique de régulation locale engendre également une perturbation dans la circulation des connaissances entre techniciens. Alors que traditionnellement les techniciens de l'urbanisme construisaient à l'échelle départementale, autour des agents des DDT, une interprétation territoriale de grands principes réglementaires – comme les notions de densité ou de compacité –, la régulation locale produit un affaiblissement de cette « doctrine territoriale ». Il en résulte que les élus communaux et les bureaux d'études ont de plus en plus de difficulté à inscrire leurs projets dans une pratique acceptable pour les agents du contrôle de légalité, accroissant ainsi le risque de contentieux. Cette évolution ne résulte pas de changements réglementaires, mais essentiellement de la transformation des conditions de la relation qui lie les communes et la DDT. L'effacement unilatéral des agents de l'État place les élus locaux dans une position inchangée sur le plan juridique, mais bien plus centrale sur le plan symbolique et du système d'action concret.

Ainsi, si les élus peinent à porter des projets d'urbanisme limitant l'artificialisation des sols, c'est notamment parce que le cadre institutionnel de l'urbanisme rural ne leur permet pas de s'affranchir des contraintes de la proximité avec leurs concitoyens desquels ils tirent leur légitimité politique.

III. Caractériser le rôle des dispositifs et des outils techniques (objectif 3)

Pour suppléer le déficit de médiation par les personnes engendré par la dynamique de régulation locale, les techniciens publics tendent à développer une médiation par les outils. Notre recherche met en évidence les conditions institutionnelles à une action efficace de ces substituts techniques. Nous montrons que par la nature transactionnelle des connaissances mobilisées, l'efficacité de cette médiation par les outils renforce, la plupart du temps, la nécessité d'une présence territoriale des institutions auprès des élus locaux. En effet, ce sont moins les caractéristiques techniques de l'outil que la fonction sociale qui leur est attribuée qui positionne le rôle des savoirs médiatisés par ces dispositifs. La médiation par les outils n'est donc pas exclusive d'une médiation par les personnes.

L'usage croissant des outils techniques met en évidence un troisième impensé des réformes actuelles. Les élus locaux n'ont pas d'intérêt politique direct à mettre en œuvre un projet restreignant le foncier disponible sur la commune. La restriction à l'urbanisation, mis à part un calibrage avec les capacités de gestion des équipements publics la commune, n'est pas un enjeu prégnant à cette échelle. L'intérêt général local ne retrouve pas un intérêt général territorial qui est celui de la préservation des espaces naturels et du capital de production agricole. En effet, à l'échelle temporelle et spatiale d'un PLU d'une petite commune, l'ampleur des impacts demeure assez limitée. C'est donc les acteurs techniques supracommunaux qui défendent cet objectif. Or la reconfiguration des relations entre acteurs à l'aune de la régulation locale réduit les scènes dans lesquelles des compromis transactionnels peuvent se nouer entre élus locaux et personnes publiques associées. Le nouveau cadre de négociation de la norme locale d'urbanisme aboutit ainsi à rigidifier les positions institutionnelles autour d'une différenciation d'échelle des enjeux. Il fait donc de l'urbanisme durable un argument de mise en tension entre des représentations antagonistes de gestion de la ressource foncière.

Finalement, notre recherche met en évidence l'absence de dispositifs de mise en visibilité des enjeux aux différents niveaux institutionnels de l'action publique territoriale.

Au final, la régulation locale favorise la légitimation des règles d'urbanisme du PLU non par leur conformité à l'énoncé de la loi, mais par leur similitude avec le langage juridique. La dynamique de co-administration de l'action publique était également construite sur ce schéma. Or ce qui la différencie de la régulation locale, c'est que les agents de la DDT accompagnaient en continu la prise en compte d'une interprétation territoriale des enjeux définis par le législateur. Ce n'est plus le cas aujourd'hui. Alors que dans le modèle de la co-administration, l'accord transactionnel est imposé par la proximité géographique des contractants et l'autorité de l'administration déconcentrée, la régulation locale engendre quant à elle une plus grande autonomie décisionnelle des parties, mais génère un accroissement potentiel des tensions *a posteriori*.

Dans un cadre législatif et institutionnel en transformations accélérées, le processus de régulation locale n'apparaît donc pas simplement comme un état transitoire issu de l'ajustement de réformes menées en parallèle. Loin d'être des effets provisoires, elle génère trois « impensés » (légitimité à agir, capacité à agir, caractère conflictuel de la notion d'urbanisme durable « écologisé ») qui ne favorisent pas la production de normes d'urbanisme durable dans les territoires ruraux. La conclusion générale de cette thèse ouvre sur différents scénarios d'évolution des modalités de régulation institutionnelle des usages de ces territoires.

IV. Bibliographie

– Blanc M., *Pour une sociologie de la transaction sociale*, Maurice Blanc, Paris, L'Harmattan, 1992, p. 7-15.

– Coté M.-J., Poulin G., Prévil C., Saint-Onge B. et Waaub J.-Ph., « Un système intégré d'aide à la décision pour une gestion participative du territoire. Le cas de l'Outaouais, Québec », *Géocarrefour*, vol. 76, n° 3, 2001, p. 253-264.

– Da Cunha A., Knoepfel P., Leresche J.-Ph. et Nahrath S., *Enjeux du développement urbain durable – Transformations urbaines, gestion des ressources et gouvernance*, Lausanne, Presses Polytechniques et Universitaires Romandes, 2005.

– Duran P., et Thoenig J.-Cl., « L'État et la gestion publique territoriale ». *Revue française de science politique*, vol. 46, n° 4, 1996, p. 580-623.

– Emelianoff, C., « La ville durable : l'hypothèse d'un tournant urbanistique en Europe », *L'Information géographique*, vol. 71, 2007, p. 48-65.

– Hood C. *The Tools of Government*, Chatham (N.J.), Chatham House, 1986.

– Knoepfel P., Larrue C. et Varone F., *Analyse et pilotage des politiques publiques*, coll. « Analyse des politiques publiques », Zürich, Éditions Rüegger, 2006, 387 p.

– Mélard F., *Écologisation – Objets et concepts intermédiaires*, coll. « Ecopolis », n° Ecopolis, Bruxelles, P.I.E. Peter Lang, 2008, 214 p.

Table des matières générale

DEUXIÈME PARTIE : CHRONIQUES

Photocomposition et mise en page : Image in air, Carsac-Aillac (24)
Achevé d'imprimer sur les presses de Jouve à Mayenne en août 2013
N° d'imprimeur : 2116951F
Dépôt légal : août 2013
Imprimé en France